KB189222

매일의 묵상

역사의 우물에서 길어 올린
매일의 묵상

2022년 10월 25일 초판 인쇄
2022년 10월 30일 초판 발행

지은이 김인수
펴낸이 이찬규
펴낸곳 북코리아
등록번호 제03-01240호
전화 02-704-7840
팩스 02-704-7848
이메일 ibookorea@naver.com
홈페이지 www.북코리아.kr
주소 13209 경기도 성남시 중원구 사기막골로 45번길 14
우리2차 A동 1007호
ISBN 978-89-6324-971-1 (03230)

값 48,000원

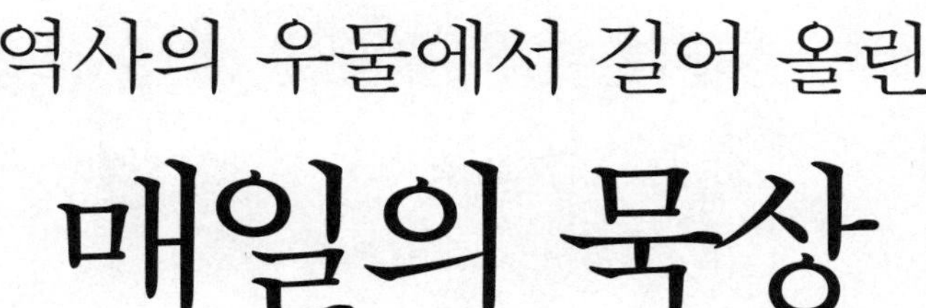

김인수 지음

북코리아

서문

오랫동안 신학교에서 교회의 역사를 강의하며, 또 성경을 읽으면서 하나님의 말씀을 역사적 사건과 연결해서 묵상했습니다. 그때마다 역사 속에 나오는 여러 사건이 오늘날 우리에게도 적지 않은 교훈이 된다는 사실을 깨닫고는 했습니다. 하나님의 말씀과 역사적 사건이 만나는 이 지점이 제가 쓰는 〈매일의 묵상〉의 출발점이라고 할 수 있겠습니다. 글을 쓰다 보니 우리가 실천해 나가야 할 일들이 적지 않았습니다.

코로나19가 시작되면서 어제를 살았고, 오늘을 살고 있으며, 내일도 살아갈 그리스도인을 위해 무엇인가 해야겠다는 생각이 간절했습니다. 그래서 누구나 읽기 쉽게 써 보자는 각오로 SNS(카톡이나 페이스북 등)에 올리기 시작한 〈매일의 묵상〉이 어언 1천 회를 바라다보게 되었습니다. SNS에 글을 올리면 더욱 많은 사람이 읽을 수 있다는 말에 시작할 수 있었습니다. 덕분에 오랫동안 격조했던 친구들, 제자들과 연락을 주고받고 있는 것은 또 다른 소득입니다.

이 글들은 필자의 신앙고백이며, 신학 사상이기도 합니다. 따라서 당연히 필자의 견해에 동의하지 않을 분들도 있을 것이고 반론을 제기할 사람도 있을 것입니다. 〈매일의 묵상〉을 읽고 난 후 각자의 견해와 생각이 다를 수 있겠습니다만, 또 서로 다른 입장을 이해하면서 대화를 나누었으면 합니다.

그동안 많은 분께서 〈매일의 묵상〉의 글들을 모아 책으로 냈으면 좋겠다고 말씀해 주셨는데, 이렇게 장로회신학대학교에서 만나 교제했던 제자들 중심으로 힘을 모아 “역사의 우물에서 길어 올린 매일의 묵상”이라는 제목으로 책이 나오게 되어 기쁘게 생각합니다.

특별히 출판을 위해 물질로 도움을 주신 분들과 이 일을 기획하고 실천에 옮겨 준 출판 위원장 박경수 교수를 비롯한 준비위원들에게 마음 깊은 감사를 드립니다. 모쪼록 이 책이 여러분들의 삶에 조그마한 도움이 된다면 보람으로 여기겠습니다. 어려운 세대 가운데서 모두 믿음으로 승리하시길 기원합니다.

Los Angeles, Korea Town에서
김인수

목차

1 JANUARY

2 February

3 March

4 April

5 May

6 June

7 JULY

8 AUGUST

9 SEPTEMBER

10 OCTOBER

11 NOVEMBER

12 DECEMBER

1 January

새해 복 많이 받으세요

“내가 주는 물을 마시는 자는 영원히 목마르지 아니하리니 내가 주는 물은 그 속에서 영생하도록 솟아나는 샘물이 되리라.” (요 4:14)

오늘은 구정(舊正)입니다. 한국에서는 고향에 내려가려는 사람들과 코로나의 확산을 걱정하는 위생 당국의 줄다리기가 계속되는 모양입니다. 중국에서는 구정을 춘절(春節)이라 해서 최대 10일간의 휴일이 계속되어 수억 명이 이동하는 대 혼란을 빚어내는 명절이기도 합니다. 한편 미국에 사는 한국 사람들은 구정에도 직장에 나가야 하고, 아이들은 학교에 가서 공부를 해야 하는 일상적 삶이 계속됨으로 구정이란 개념이 별로 없습니다. 그래도 한인 노인 계층에서는 구정이라고 떡국도 끓여 먹고 조촐하게 구정을 지나는 사람들도 있습니다.

해가 바뀌면 사람들은 새해 인사로 “복 많이 받으세요.”라는 덕담을 합니다. 그 복은 어떤 복일까요? 한국 사람들은 전통적으로 오복(五福)을 이야기합니다. 오복은 사서삼경(四書三經) 중 서경(書經: 홍범편(洪範編)에 있는 다섯 가지 복을 의미합니다. 첫째 수(壽)입니다. 즉 오래 사는 것입니다. 요절(夭折)한 사람을 복받은 사람이라 말하지 않습니다. 오래 사는 것은 세상 모든 사람들의 염원입니다. 둘째는 부(富), 즉 재산이 많은 것입니다. 부자가 복받은 사람이지 찢어지게 가난한 사람을 누가 복받았다 하겠습니까? 셋째는 강녕(康寧), 즉 건강입니다. 육체적으로, 정신적으로 건강한 사람이 복받은 사람입니다. 아무리 돈이 많아도 병들어 고생하면 복받은 사람이 아니지요. 넷째, 유호덕(攸好德), 즉 남에게 선행을 많이 베풀어 덕을 쌓는 것입니다. 마지막 다섯째는 고종명(考終

命), 즉 천수를 누리고 평안하게 죽는 것입니다. 특히 병 없이 편안하게 살다가 조용히 죽는 것이 큰 복입니다.

그 외에도 고운 마음씨를 갖고 태어나는 것, 공부를 많이 하는 것, 귀한 신분이 되는 것, 자손(아들)을 많이 두는 것, 치아가 좋은 것, 부부가 해로 하는 것, 죽은 후 명당에 묻히는 것, 좋은 친구를 많이 두는 것 등 나라, 지방, 개인에 따라 복이라 생각하는 것이 각각 다를 수 있습니다.

수(壽)는 내 마음대로 못하지만, 부(富)는 내가 하기에 달려 있습니다. 가난한 가정에서 태어나 밥도 제대로 못 먹고 산 사람이라도 뜻을 세우고 열심히 일하고 돈을 모아 재벌이 된 사람도 적지 않습니다. 요즘 같은 자본주의 사회에서는 '돈복'이 제일이라 여기지요. 돈만 많으면 못 할 것이 없는 세상이기 때문에 돈 많이 벌라는 말이 제일가는 덕담이라 여깁니다. 특히 사업을 하는 사람들에게 '복 많이 받으세요.'란 말은 금년에 사업이 잘 돼서 크게 번창하라는 말입니다. 또 직장에 다니는 사람들은 지금의 위치에서 승진하여 직원이 계장으로, 과장, 부장, 이사, 전무, 사장, 회장까지 고속 승진해서 직급도 높아지고, 그에 따라 연봉도 많아지는 복을 받으라는 의미지요.

다음은 건강의 복입니다. 사실 돈보다 더 중요한 것은 건강이지요. 한국 제일의 부자도 많은 재산을 가지고 있었지만 건강이 나빠 수 년 동안 식물인간으로 살다 근래에 세상을 떠나는 것을 보았습니다. 건강하면 돈도 벌 수 있지만, 아무리 많은 돈이 있어도 건강은 살 수 없기 때문입니다. 그래서 온 가족이 1년 동안 건강하게 사는 것만큼 큰 복은 없습니다.

다음으로 1년 동안 온 가족들이 무탈(無頉)하게 지내는 것입니다. 아무리 돈이 많아도, 아무리 건강해도 치명적 병에 걸리거나, 교통사고가 나거나 기타 순간적인 실수로 당사자는 말할 것 없고, 온 가족을 절망에 빠지게 하는 경우가 흔합니다. 다른 하나는 가족이 행운을 맞는 경우입니다. 고3 자녀를 둔 가정은 아들과 딸이 원하는 대학에 들어가는 것이 행운입니다. 우수한 대학을 졸업하고 의사나 판사, 검사, 변호사가 되는 것이 복이고 또 그런 사위나 며느리를 얻는 것도 복입니다.

위에 열거한 복은 모두 세상 사람들이 복이라 여기는 것입니다. 그러나 그런 복은 항구적이지 않습니다. 단기적이고 조건적입니다. 아무리 돈이 많아도 하루아침에 쪽박 차는 경우도 많지요. 건강한 사람이 하루아침에 시한부 판정을 받는 경우도 흔합니다. 복은 복이로되 오래 갈 복이라는 보장이 없습니다. 내일 일을 모르는 인생입니다.

예수님께서는 이런 세상 복을 단 한 번도 말씀하신 일이 없습니다. 마태복음 5장에 예수님은 전혀 다른 복을 말씀하고 계십니다. 세상에서 이야기하는 복과 정반대되는 복입니다. "마음이 가난한 자, 애통하는 자, 의를 위하여 박해를 받는 자"가 복이 있다고 말씀했습니다. 예수님께서 말씀하신 복은 세상에서 이야기하는 복과 전혀 다른 복입니다. 오히려 세상에서 이야기하는 복과 정 반대되는 개념입니다. 이것은 오히려 세상에서는 저주일 수 있습니다. 즉 예수님께서 말씀하신 복은 물질적, 세상적 복이 아니고, 영적이고 내세적 복입니다.

오히려 세상에서는 돈 많이 벌면 복받았다고 말하지만 성경은 많은 돈을 가진 자는 천국에 가기가 "약대가 바늘귀로 들어가는 것이 부자가 하나님의 나라에 들어가는 것보다 쉬우니라."(마 19:24) 그 이유가 뭘까요? 하나님께서 주신 부를 자기와 가족만을 위해 쓰기 때문입니다. 이웃을 위해 땡전 한 푼 안 쓴 나쁜 사람이기 때문입니다.

기독교에서 이야기하는 복은 요리문답 제1문과 같이, "하나님을 영화롭게 하는 것과 영원토록 그를 즐거워하는 것."이라 정의했습니다. 하나님을 즐거워하는 것, 이것이 복입니다. 내적이고 영적인 복을 의미하는 것입니다. 세상의 복은 모두 다 상대적이고 제한적이며 일시적입니다. 아무리 장미꽃이 아름다워도, 시간이 지나면 시들고 보기 흉한 모습으로 변합니다.

굶어 죽는 사람 많은 세상에 삼시 세끼 먹을 수만 있다면 그것은 복입니다. 바울 사도의 말입니다. "우리가 세상에 아무 것도 가지고 온 것이 없으매 또한 아무 것도 가지고 가지 못하리니 우리가 먹을 것과 입을 것이 있은즉 족한 줄로 알 것이니라."(딤전 6:7-8). 그리스도인의 복은 세상적인 것이 아닙니다. "어떠한 형편에든지 나는 자족하기를 배웠노니 나는 비천에 처할 줄도 알고 풍부에 처할 줄도 알아 모든 일 곧 배부름과 배고픔과 풍부와 궁핍에도 처할 줄 아는 일체의 비결을 배웠노라."(빌 4:11-12) 세상을 초월한 사람의 술회(述懷)요 진정한 영적 복을 받은 사람의 고백입니다. 오늘 하루 세상 복이 아닌 영생하는 복을 위해 기도하는 하루로 살아갑시다. 한국에서 구정을 보내는 모든 분들에게 인사합니다. "영적 복을 많이 받으세요."

새로운 시작

"그러므로 우리가 낙심하지 아니하노니 우리의 겉 사람은 낡아지나 우리의 속사람은 날로 새로워지도다." (고후 4:16)

미국에서는 자기 생일이 돌아와야 1살을 더 먹는 데 반해, 한국에서는 정월 초하루가 되고 떡국을 한 그릇 먹으면 1살을 더 먹었다고 계산합니다. 필자의 생일은 11월 말이라 미국에서는 법적으로 그날까지, 지난해와 같은 나이로 쓰다가 생일이 되면 비로소 1살을 더 먹게 됩니다. 한 해가 지났다는 것은 내 인생의 시간에서 한 해가 사라졌다는 이야기입니다. 이제 내 인생은 몇 년이나 남았을까요? 자기 생이 얼마나 남았는지를 아는 사람은 지구상에 아무도 없습니다. 그냥 살다가 하나님께서 부르시면 모든 것을 내려놓고 가야만 하는 게 인생입니다. 어제와 오늘이 별로 달라진 것이 없는데, 한 해가 가고 새해가 되었다는 사실은 변함이 없습니다. 내 수명이 그만큼 짧아졌다는 의미입니다.

오랜만에 만난 친구들을 보면 몰라보게 늙어 있습니다. 얼굴에는 잔주름이 자글자글하고, 대부분 안경을 끼고 있으며, 더러는 지팡이까지 짚고 있지요. 세월이 그렇게 흘렀기 때문입니다. 바울 선생은 "우리의 겉 사람은 낡아지나 속은 날로 새롭도다."고 말씀합니다. 인간에게는 겉 사람과 속사람이 있다는 말입니다. 물리학의 열역학 제2법칙, 즉 엔트로피는 우리 몸이 점점 낡아지는 것을 말합니다. 쉽게 이야기해서 우리가 늙어 가면 점점 쓸모가 없어지고, 가족이나 남들에게 짐만 지워 준다는 말입니다.

그러나 우리가 날로 새로워지는 원리가 있습니다. 바울 선생이 가르쳐 주었습니다. "그런즉 누구든지 그리스도 안에 있으면 새로운 피조물이라 이전 것은 지나갔으니 보라 새것이 되었도다."(고후 5:17) 그리스도 안에 있으면 새로운 존재가 된다고 말씀했습니다. 우리의 몸이 늙어가는 것은 세월이 가면서 그렇게 되는 것이기에 다른 길이 없습니다. 그러나 우리 몸이 낡아져도 '그리스도 안'에 있으면 속사람이 새로워질 수 있다고 말씀하셨습니다.

그러면 그리스도 안에 있다는 것은 무엇을 의미일까요? 네, 그것은 그의 말씀 안에 있는 것입니다. 말씀 안에 있다는 말은 또 무슨 의미일까요. 그것은 말씀을 실천하며 사는 삶입니다. 말씀을 실천하며 산다는 것은 간단한 일이 아닙니다. 주님의 말씀이 한두 가지가 아니고, 헤아릴 수 없이 많은데 그 많은 것을 어떻게 다 실천하느냐라는 의문이 생기지요. 또 우리가 도저히 실행할 수 없는 명령도 적지 않습니다. 그렇습니다. 그것은 물론 우리의 힘으로는 안 됩니다. 성령님의 도우심이 있어야 합니다. 어린 아이가 들 수 없는 무거운 물건도, 건장하고 힘이 센 아빠는 들 수 있는 것과 같은 원리입니다.

우리는 힘이 없지만, 전능하신 성령님께서 우리 곁에서 우리로 하여금 말씀 안에서 말씀을 실천하며 살아가게 해주시면 우리는 그렇게 살 수 있습니다. 결코 불가능한 일이 아닙니다. 문제는 성령님이 내 속에 내주(內住)해 계시느냐 입니다. 성령님께서 내 안에 계시기 위해서는 먼저 참회를 해야 합니다. 우리가 지은 갖가지 죄악을 모두 청산해야 합니다. 죄로 가득한 사람 속에 성령님께서 오실 리 만무합니다. 또 말씀을 봉독, 묵상하는 것과, 기도 생활에 철저해야 합니다. 말씀과 기도 외에는 성령님께서 내 마음에 오시게 하는 방법이 없습니다. 성령님께서 내 마음에 와 계시지 않으면 우리의 겉 사람이 낡아가는 것과 같이 우리의 속도 계속 낡아 질 수박에 없습니다. 속사람이 날로 새로워지기 위해서는 말씀과 기도에 진력해야 합니다.

미얀마와 아도니람 저드슨 선교사

01
03

JAN

"내가 진실로 진실로 너희에게 이르노니 한 알의 밀이 땅에 떨어져 죽지 아니하면 한 알 그대로 있고 죽으면 많은 열매를 맺느니라." (요 12:24)

요즘 미얀마에서 군부 쿠데타가 일어나서 수치여사를 비롯한 주요 정치인들이 감금되고 입법 사법 행정 모든 기관이 정지가 된 상태입니다. 최대 도시 랑군을 비롯한 각 지역에서 반혁명 민중봉기가 계속되고 있고, 군인들과 데모 군중들 사이에 일촉즉발의 위기감이 감돌고 있어 세계 뉴스 가운데 중요한 뉴스로 시시각각 보도되고 있습니다.

필자가 버마를 생각할 때마다 잊을 수 없는 선교사 한 사람이 있습니다. 그분은 미국교회가 버마에 파송한 첫 침례교 선교사 아도니람 저드슨(Adoniram Judson, 1788-1850)입니다. 필자는 오래전에 이분의 전기를 읽었는데 많은 감동을 받아서 소개하려 합니다. 저드슨은 1788년 미국 매사추세츠주 몰든(Malden)에서 회중교회 목사의 아들로 태어났습니다. 그는 19세에 프로비던스 플랜테이션 대학(현재 Brown University)을 3년 만에 수석으로 졸업했습니다. 대학 시절 그는 부모로부터 받았던 강압적 신앙교육에 반발해서 이신론(理神論: deist)과 회의론에 빠져 신앙생활을 거의 포기했습니다. 그러나 가까운 친구의 죽음을 목도하고 다시 신앙으로 돌아왔습니다.

그는 목사가 되기로 결심하고 1808년 앤도버 신학교에 입학하여 공부하던 중 몇몇 친구들과 더불어 선교사가 되기로 결의하는 기도를 드렸습니다. 선교사로 결심하게 된 동기는 영국교회가 인도에 파송한 현대 선교의 아버지 윌리엄 캐리의 선교 보고서를 읽었기 때문입니다.

졸업 후 목사 안수를 받자 여러 큰 교회에서 목회자로 와 달라는 요청이 있었지만, 선교사를 지원했기에 다 거절했습니다. 1812년 아내 앤과 더불어 미국 회중교회로부터 인도 선교사로 파송 받았습니다. 긴 항해 끝에 인도 캘커타에 상륙했으나 선교사를 백안시(白眼視)하던 영국 동인도회사와의 갈등으로 선교 사역이 어렵게 되었습니다. 이때 벌써 인도에 와서 선교 활동을 하고 있던 캐리를 만났습니다. 저드슨은 인도로 오는 선상(船上)에서 성경을 깊이 연구하던 중 세례보다 침례가 더 성서적임을 깨달았습니다. 침례교 전향을 고심하던 중 인도에 도착하여 캐리를 만나 성경 토론을 하고 나서 침례교회로 교단을 옮기기로 결심하고 캐리와 다른 침례교 선교사로부터 침례를 받았습니다.

인도에서 선교가 용의치 않자 선교사가 전혀 없던 버마 랑군으로 가서 카렌족을 상대로 전도를 시작했습니다. 아내와 함께 현지인 선생으로부터 버마어 공부를 시작했습니다. 그는 하루에 12시간씩 공부를 하며 매달렸습니다. 언어 습득 속도가 빨랐던 저드슨은 1817년 먼저 버마어 마태복음 번역을 마쳤습니다. 1818년부터 본격적으로 전도를 시작하여 35살의 고산족 'Maung Naw'에게 처음으로 침례를 베풀었습니다. 미얀마에 도착한 후 6년 만의 일이었습니다. 2년 후인 1820년 드디어 10명의 미얀마인들이 침례를 받으면서 서서히 전도의 결실이 나기 시작했습니다. 그런데 이 해에 영국과 미얀마 간에 전쟁이 벌어지면서 백인인 저드슨이 무고하게 간첩 혐의로 투옥되어 19개월 동안 고생을 했습니다. 저드슨이 갇혔던 지하 감옥은 말로 표현할 수 없는 생지옥이었습니다. 그의 투옥 생활을 쓰려면 10페이지도 넘습니다.

1826년 그에게 큰 불행이 찾아왔습니다. 첫 아이를, 다음 둘째 아들을 8개월 만에 그리고 사랑하는 아내 앤과 생후 9개월 된 셋째 딸 마리아가 말라리아로 세상을 떠나고 말았습니다. 저드슨은 동시에 세 아이들과 아내를 잃고 만 것입니다. 그는 가족을 잃은 슬픔으로 2년간 우울증에 시달렸습니다. 그러던 중 1834년 랑군에 교회를 세우던 때 폐결핵으로 사망한 선교사의 미망인 사라와 재혼했습니다. 그들 사이에 8명의 아이가 태어났는데, 그중 둘이 죽고 6명만 생존했습니다. 그러나 사라 역시 1845년 출산 후 걸린 폐결핵으로 세상을 떠나고, 얼마 후 어린 아기마저 세상을 떠났습니다. 슬픈 마음을 안고 저드슨이 미국에 도착한 것은 그가 미국을 떠난 지 33년 만이었습니다.

미국에 도착하자 각지를 다니며 미얀마 선교 보고를 하고 선교 자금을 모금하러 다녔습니다. 모금 운동을 다니던 1845년, 20살의 소설가 에밀리를 만나 세 번째 결혼을 했습니다. 저드슨은 아내와 함께 미얀마로 돌아와 함께 선교 사역을 계속했습니다. 그는 1813년부터 1850년까지 37년간 미얀마에서 선교 사역을 했는데 그가 남긴 선교 유산은 '팔리어-버마어 사전 편찬, 1817년 기독교 소책자와 마태복음 번역, 1848년 버마어 신약성경 완역, 1848년 버마어-영어 사전 편찬, 100여 개 교회에 약 8천 명 교인, 여러 병원, 학교 설립, 아도니람 대학(현재 양곤(랑군)국립대학교) 설립' 등이었습니다. 이 위대한 미얀마 선교사는 61세였던 1850년 질병 치료를 위해 미국으로 돌아가다 벵골 만에서 순교해 바다에 수장되면서 시신마저 물고기 밥으로 제공했습니다.

그의 사후 그를 기념하는 일들이 여럿 있었습니다. 미얀마 침례교회는 매년 7월 중, 저드슨을 기념하여 '저드슨 데이'(Judson Day)를 정하고 그를 기념하는 예배를 드리고 있고, 그가 설립한 양곤대학교에는 저드슨기념교회가 있고, 미국에도 일리노이주 락폴드에 저드슨대학교가 있습니다. 한편 저드슨이 졸업한 앤도버 신학교(Andover Theological Seminary)에는 그를 기념하는 '저드슨 상'(Judson Award)이 있습니다. 성공회에서는 그가 순교한 날인 4월 12일을 축제의 날로 기념하고 있습니다. 오하이오주 지사였던 저드슨 하몬(Judson Harmon)은 저드슨 선교사의 성을 이름으로 차용(借用)했고, 제2차 세계대전 당시, 미국 자유 선박

이름을 '아도니람 저드슨 호'로 명명했으며, 침례교 목사 데빈 코민스키(Devin Cominskie)는 그의 아들 이름을 저드슨이라 지었습니다.

요즘 같이 좋은 세상에 전 세계 여러 곳에서 선교하는 선교사들은 5년에 한 번씩, 더러는 7년에 한 번씩 안식년을 갖지만, 저드슨 선교사는 37년 동안 단 한 번도 안식년을 갖지 못했습니다. 죽는 날까지 여러 자녀들과 두 아내까지 선교지에 묻으며 전 생애를 미얀마 선교에 바친 저드슨이야 말로 진정한 선교사의 모델이라 할 수 있습니다.

저드슨선교사가 척박한 불교의 나라에서 많은 희생을 하며 뿌린 복음의 씨앗이 결실할 때를 기다리는 시간이 오래 걸리는 것 같아 마음이 아픕니다. 지금도 군부 독재 치하에서 자유를 갈구하는 민중들의 목소리가 울려 퍼지는 가운데, 앞으로 얼마나 많은 희생이 뒤따를지 무척 염려되는 오늘입니다. 모쪼록 저드슨 선교사가 피를 흘리며 뿌린 씨앗들이 백 배 아니 천 배의 결실이 나와 미얀마가 불교의 나라에서 복음의 나라로 변모할 날을 기도하면서 기다려야겠습니다.

한국판 삭개오

"삭개오가 서서 주께 여짜오되 주여 보시옵소서 내 소유의 절반을 가난한 자들에게 주겠사오며 만일 누구의 것을 속여 빼앗은 일이 있으면 네 갑절이나 갚겠나이다." (눅 19:8)

교회 생활을 어느 정도 한 분들은 삭개오를 모르지 않을 겁니다. 누가복음 19장에 나오는 삭개오를 생각하면 무슨 생각이 드시나요? 필자가 삭개오를 생각할 때 맨 먼저 떠오르는 것은 자기 재산의 절반을 팔아서 가난한 사람들에게 나눠 주겠다는 결단입니다. 이 삭개오의 결단은 향후 2천 년 교회에 커다란 영향을 미쳐 많은 그리스도인들이 자기 재산을 가난한 사람들과 지극히 작은 자들에게 나누어 주는 결단의 촉매제가 되었습니다. 사실 우리가 경험해 보는 일이지만 소득의 십분의 일을 헌금하는 것도 그리 쉬운 일은 아닙니다. 그런데 죽은 후에 유산의 절반을 가난한 사람들에게 나누어 주는 것이 아니라 살아생전에 재산의 절반을 나눠 준다는 것은 보통 결단이 아니면 실천하기 어려운 일입니다.

그러나 그것을 실천한 사람들도 있습니다. 과거 서양의 재벌들 중, 석유재벌 록펠러, 강철왕 카네기, 석유재벌 세브란스, 백화점 왕 페니, 철도재벌 스탠포드, 해운업의 왕 반더빌트 등 많은 재벌들이 전 재산을 혹은 절반을 선교와 교육, 대학 설립 등 사회에 환원한 일은 얼마든지 있습니다. 많이 알려진 일이지만, 마이크로소프트사 빌 게이츠 회장이 자기 재산의 90%를 코로나 백신 개발과 지구 온난화 해소 등 현재 인류가 당면한 난제 해결을 위해 기부한 일은 참으로 귀한 일이 아닐 수 없습니다. 페이스북 회장 마크 주커버그, 미국 기업인이며 투자가인 워렌 버핏도 많은 재산을 사회에 환원하고 있습니다.

2천 년 동안 기독교 문화권에서 산 사람들은 평생 모은 재산을 자손들에게 물려주지 않고 사회에 환원하는 것이 당연한 것으로 여기는데 반해, 유교 문화권 즉 가족 중심의 동양에서는 이런 통 큰 기부를 한 사람이 거의 없습니다. 그것은 동양 사람들이 나빠서라기보다 문화 자체가 가족 중심이어서 이웃에 대한 배려가 적기 때문입니다.

유튜브에서 들은 이야기입니다. 어떤 부자가 만년에 전 재산을 두 아들에게 나누어 주었습니다. 재산을 받은 아들들은 만년에 부친이 병원에 입원을 했는데도 찾아와 보지도 않았습니다. 그런데 가족 중 아무도 모르는 혼외 아들이 하나 있었는데, 그에게는 매달 생활비 정도밖에 준 것이 없었습니다. 부친이 입원했다는 이야기를 듣고 주말마다 며느리와 함께 와서 지극 정성으로 부친을 돌보았습니다. 이 부자는 두 아들에게 알리지 않았던 숨겨 놓은 재산 50억이 있었는데, 많은 재산을 받고도 문병조차 오지 않은 두 아들이 괘씸해서 혼외자 아들에게 50억을 모두 주었습니다. 필자는 이 이야기를 들으면서 50억이란 큰 재산을 혼외자에게 모두 준 일이 무척 유감스러웠습니다. 그 재산의 절반인 25억만 주었어도 개인에게는 어마어마하게 큰돈인데, 50억을 모두 주다니. 아들에게 25억만 주고, 나머지 25억은 사회에 환원을 해야 마땅하지 않았을까요? 이 부자처럼 한국의 재벌들은 그 많은 재산을 자식들에게 모두 물려주면서도 사회에는 한 푼도 기부하지 않은 것이 너무 안타깝습니다.

그런데 최근 한국판 삭개오가 나타났다는 보도를 접하고, 무척 마음이 흔쾌했습니다. 우리가 날마다 사용하는 카카오톡 김범수 회장이 전 재산의 절반인 5조원을 사회에 기부하겠다는 결단을 발표했습니다. 필자가 과문(寡聞)한 탓인지 모르지만, 지금까지 한국 재벌 가운데 생전이나, 사후에 전 재산의 50%를 사회에 기부했다는 소식은 들은 일이 없습니다. 이 회사 대표는 "(김 회장의 결정이) 더 나은 사회와 환경을 만드는 밑거름이 되고, 선진적인 기업 경영과 기부 문화를 여는 촉매제가 될 것이라 기대한다."고 말했습니다.

일부 한국 재벌들이 적지 않은 재산을 사회에 환원한 경우가 있었는데, 그것은 사회적 물의를 일으킨 후에 마지못해 억지로 내놓는 경우와, 정권의 눈에 보이지 않은 압박 때문에 울며 겨자 먹기 식으로 재산을 내어 놓는 경우는 더러 보아왔지요. 이런 유(類)의 기부는 진정한 기부가 아닙니다. 마지못해 내놓는 것은 진정한 사회 환원이 아니고, 밀려서 그리고 압박 때문에 내어 놓은 것으로 받는 사람도 흔쾌하지 않을뿐더러 꺼림직도 하지요.

1884년 한국 선교가 시작될 수 있었던 것은 미국 뉴욕 브룩클린 소재 라파예트 장로교회 교인 데이비드 맥윌리엄스(David McWilliams) 덕분입니다. 그는 조선에 선교사를 임명했는데, 자금이 없어 파송을 하지 못하고 있다는 선교 잡지의 기사를 보았습니다. 이 기사를 읽은 맥윌리엄스는 두 사람의 선교사 2년간 경비를 위해 당시 미화 5천 달러를 기부했습니다. 이 기금이 들어오면서, 한국의 첫 선교사 알렌과 언더우드가 한국에 들어올 수 있었습니다. 만일 그분이 5천 달러를 그때 기부하지 않았다면 한국 선교가 얼마나 오래 지연되었을지는 아무도 모르는 일입니다.

자, 여러분은 두 가지 가운데 한 가지를 선택하셔야 합니다. 먼저 모든 유산 100%을 자녀들에게 물려주는 것, 아니면 재산의 몇 %을 선교와 교육, 기타 지극히 작은 자들을 위해 남기는 것 중에 당신은 어떤 쪽을 택하시겠습니까? 몇 %를 기부하시겠습니까?

양심

“내 양심이 성령 안에서 나와 더불어 증언하노니” (롬 9:2)

오늘은 양심에 대해서 생각해 보겠습니다. 국어사전에서 양심(良心)을 찾아보면 “도덕적인 가치를 판단하여 옳고 그름, 선과 악을 깨달아 바르게 행하려는 의식”이라 정의합니다. 그러나 이것도 결국은 시대에 따라, 지역에 따라, 종족에 따라 양심은 죄의식(guilty feeling)과 직접 연결되어 있습니다. 영어의 ‘길티’(guilty)라는 단어는 “떳떳하지 못한, 죄를 자각하는, 가책을 느끼는”이라 정의되어 있습니다. 우리가 흔히 하는 말 가운데 “네가 양심이 있는 놈이냐?” 더러는 “양심에 털이 난 놈 아니야?”라는 말을 하지요. 그것은 양심에 거리끼는 일을 하고도 아무 가책도 없이 행동하는 사람을 두고 하는 말입니다. 그러나 이 양심이라고 하는 것은 자기에게 표준을 두고 하는 말이지, 그 양심에 어그러진 일을 하는 사람은 그 일을 하고도 양심의 가책을 느끼지 않을 수도 있습니다. 따라서 양심은 천차만별의 차등이 있다고 여겨집니다.

가장 비근한 예로 식인종을 들 수 있습니다 식인종은 사람을 잡아먹는 야만인들입니다. 그들은 살이 통통하게 찌고 또 싱싱한 젊은 사람을 잡으면 무척 기뻐하고 좋아합니다. 오늘 참 운이 좋아서 싱싱하고 살찐 먹잇감을 구했다며 잔치를 베풀지요. 그렇게 사람을 죽여 구워 먹기도 하고 삶아 먹기도 하면서도 식인종들은 전혀 양심에 가책을 느끼지 않지요. 그러나 그들에게도 분명 양심은 있습니다. 왜냐하면 아무리 짐승 같은 삶을 살아도 사람은 사람이니까요.

옛날 스파르타나 로마 제국에서는 부모가 어린 자식을 죽일 수 있는 권리를 가지고 있었습니다. 장애아를 낳은 후에는 말할 것 없고, 아들을 난 후에 그 아이가 남자로, 군인으로 제구실을 하지 못할 것 같다고 판단되면 바로 죽였습니다. 그 부모들은 자기 자식을 죽이고도 전혀 양심에 가책을 느끼지 않았지요. 요즘 태아를 살해하고도 양심의 가책을 느끼지 않은 여인들도 이런 사람들과 다름이 없습니다.

노비제도가 있을 때, 노비는 사람이 아니고 주인의 재물과 같은 것이었습니다. 따라서 노비는 사고 팔 수 있는 물건이었지요. 주인이 노비를 죽여도 살인죄가 되지 않았습니다. 왜냐하면 노비는 사람이 아니었기 때문이었습니다. 그들이 살던 시대에는 노비가 사람이 아니라고 생각했었지요. 오늘 우리가 사는 이 시대에는 아무리 예수를 믿지 않는 사람이라 할지라도 적어도 문명사회에서는 노비가 있을 수 없고, 있다 하더라도 그를 죽일 수는 없습니다.

미국 초창기에 장로교 총회에서 아메리칸 인디언들에게도 전도를 해야 하지 않으냐는 말이 나왔을 때, 적지 않은 총대 목사, 장로들이 "인디언들에게는 영혼이 없는데 전도는 해서 무얼 하느냐?"고 말했습니다. 당시 그들은 인디언을 짐승으로 여겼고 또 그렇게 믿었습니다. 사람을 짐승으로 보면서도 양심의 가책은 없었지요.

2018년 11월, 미국 플로리다 드베리에서 15살 그레고리 라모스가 학교 성적이 떨어졌다고 야단치는 친모 게일 클리벤저(46세)를 목 졸라 살해한 끔찍한 사건이 벌여졌습니다. 라모스는 죽은 모친의 시신을 교회 뒤뜰에 암매장하고, 집에 강도가 들어왔다고 경찰에 거짓 신고하여 범행을 은폐하려 했습니다. 경찰은 라모스를 의심했고 결국 자백을 받아냈습니다. 경찰에 의하면 그는 "체포 직후 양심의 가책을 전혀 느끼지 않았고, 범행을 은폐하려 했던 것을 자랑하기까지 했다."고 말했습니다. 여기 양심의 가책을 느끼지 않았다는 경찰의 말에 경악을 금치 못하지요. 어떻게 친엄마를 죽이고 암매장까지 한 일에 양심의 가책이 없었을까요? 이는 분명 정신병자라 보아야 하겠지요. 사탄이 라모스 속에 들어가 이런 끔찍한 범행을 저지르게 했고, 또 사탄은 그의 양심을 마비시켜 가책을 느끼지 못하게 한 것이라 여겨집니다. 사탄은 인간의 양심을 마비시킵니다. 마비된 양심은 못할 일이 없지요.

그럼 이 양심문제를 성경으로 돌아가 생각해 봅시다. 바울 선생이 얘기하는 '청결한 양심'(딤후 1:3)이란 무엇을 의미했을까요? 여기서 얘기한 청결한 양심이란 인간의 문화나 종족이나 시대에 따라 달라지는 그런 상대적 양심이 아니고, 즉 인간의 표준에 따라 달라지는 그런 것이 아니라, 하나님께서 정해 놓으신 법에 따라 결정 되는 것입니다. 하나님의 법에 어그러진 행동이나 삶은 양심에 어그러지는 것이고, 범죄행위입니다.

따라서 우리는 하나님의 법이 무엇인가를 잘 알아야 합니다. 성경을 통해서 내가 무엇이 잘못된 것이고 무엇이 양심에 걸리는지를 반드시 깨달아야만합니다. 청결한 양심을 가진 사람만이 그리스도인입니다. 죄를 범하면서도 그것이 죄라고 느끼지 못하면 그의 양심은 이미 마비된 것입니다. 그 사람의 양심은 이미 화인(火印) 맞은(딤후 4:2) 사람이고 양심이 청결하지 못한 사람입니다. 이런 사람들은 아무리 교회를 오래 다녔어도 아무리 십일조를 열심히 해도, 아무리 교회 봉사를 열심히 해도 다 헛된 일입니다.

기독교 신앙은 관습적 행위로 구원받는 것이 아니고 믿음으로 구원 받습니다. 믿음은 하나님의 말씀에 따라 사는 것입니다. 그런 삶이 없으면 믿음이 없는 것이고 믿음이 없으면 구원이 없습니다. 양심에 거리끼는 일을 했으면 바로 회개하고 청산하는 것 이것이 바로 기독교 신앙임을 명심해야 하겠습니다. 우리 모두는 항상 "청결한 양심"(딤후 1:3)을 갖고 살기 위해 기도하면서 성령님의 도우심을 구해야 합니다.

헌금할 수 없는 돈

"창기의 번 돈과 개 같은 자의 소득은 어떤 서원하는 일로든지 네 하나님 여호와 전에 가져오지 말라 이 둘은 다 네 하나님 여호와께 가증한 것임이니라." (신 23:18)

오늘은 하나님 앞에 헌금 할 수 있는 돈과 할 수 없는 돈에 대해 생각해 보겠습니다. 오늘 말씀 신명기 23장 18절에 보면 여호와 하나님께 드려서는 안 되는 돈 두 가지를 규정해 놓았습니다. 첫째는 '창기가 번 돈'이고, 둘째는 '개 같은 자의 소득'입니다. 이 두 가지는 가증(可憎)한 것이기 때문에 여호와의 전에 가져와서는 안 된다고 말씀하셨습니다. 무슨 돈이든지 하나님께 드리는 것이 아니라 돈의 성격에 따라 드릴 수 있는 것과 드릴 수 없는 것이 있다는 말씀입니다. 이 말씀은 달리 말해, 깨끗하게 번 돈과 더럽게 번 돈을 얘기하는 것입니다. 깨끗하게 번 돈은 정당하게 일해서 합법적으로 모은 돈이고, 더러운 돈은 부정한 방법으로, 불법적으로 번 돈을 말합니다.

성경에서 얘기하는 창기가 번 돈은 두말할 필요도 없이 창녀가 몸을 팔고 화대(花代)로 받은 돈입니다. 이 돈은 더러운 돈이기 때문에 어떤 경우에도 성전 헌금 궤에 넣어서는 안 된다는 말씀입니다. 이 항목은 더 이상 설명이 필요 없겠지요. 두 번째, 개 같은 자의 소득이란 말씀은 주석이 좀 필요합니다. 우선 개는 동물입니다. 동물의 세계는 법이 없고, 양심이란 개념이 없습니다. 물론 윤리도 도덕도 없습니다. 다만 본능에 의해 살아가는 것이 동물의 세계입니다. 개는 내 것과 남의 것이 따로 없고 또 구별할 필요도 없습니다.

모든 동물은 두 가지 본능으로 살아갑니다. 첫째는 식욕 즉 먹는 일이고, 둘째는 생식(生式)입니다. 식욕은 자기가 살기 위한 것이고, 생식은 종족을 세상에 남겨 놓기 위함입니다. 따라서 개나 동물은 먹을 것이 있으면 바로 먹어 버립니다. 먹어도 되는 것과 먹어서는 안 된다는 개념이 없습니다. 또 발정기가 되면 아무하고나 암수가 교미를 하고 알 또는 새끼를 낳습니다. 이것이 동물이 살아가는 원칙입니다. 보다 더 건강한 후손을 남기기 위해 숫놈들은 발정한 암놈을 놓고 서로 힘자랑을 하며 생명을 걸고 싸웁니다. 이 싸움을 하다 상대방 뿔에 찍혀 죽기도 하지요. 힘센 놈의 씨를 받아 건강한 후손을 남기는 것이 동물 세계의 원칙입니다.

동물은 법도 윤리도 질서도 없고, 그냥 본능대로 살다 죽습니다. 그러나 사람은 동물이지만 양심이 있고, 법이 있고, 윤리와 도덕 그리고 관습이 있습니다. 따라서 법을 어기면 그에 따른 처벌이 가해집니다. 그러면 개 같은 자의 소득이 무엇인가를 한번 생각해 봅시다. 간단히 얘기해서 이것은 법을 어기고, 양심에 거리끼는 일을 하고, 윤리와 도덕에 어그러지는 일로 벌어들인 돈을 의미합니다. 도둑질, 사기, 절도, 강도, 공금횡령, 탈세 등으로 번 돈이지요. 정당하게 번 돈이 아니고, 더러운 개가 입에 물고 온 먹이 같은 돈이기 때문에 헌금을 해서는 안 된다고 규정하신 것입니다.

오래된 얘기입니다. 서울 서초동에 있던 정보사 땅을 민간에게 불하한다는 기사가 난 일이 있었습니다. 그 일이 있고 난 얼마 후, 이 정보사 땅을 싸게 사주겠다며 사기를 친 사건이 있었습니다. 사기꾼 일당을 체포하기 위해 전국에 수배령이 내렸는데 그 가운데 '김인수'라는 자가 있었습니다. 김인수란 이름이 하도 흔해서 목사도 있고 사기꾼도 있었네요. 잡고 보니 초등학교밖에 안 나온 일용직 노동자였는데, 머리가 좋아 사기 집단에 가담해서 한몫을 단단히 했지요. 그가 사기 친 돈이 약 20억 원이었습니다. 김인수가 사기 친 돈 대부분은 서울 명동에 있는 모 생명보험회사의 돈이었습니다. 검찰에서 당신이 사기 친 돈 20억을 어떻게 썼는지 다 기록하라며 종이 한 장과 펜을 주었습니다. 그가 적어 놓은 것을 보았더니, 빚 갚는 데 얼마 썼고, 아내 옷 사주는 데 얼마 썼고, 유흥비로 얼마 썼다고 기록했는데, 마지막에 인천에 있는 모교회에 건축헌금으로 2억을 했다고 기록했습니다. 20억에 2억 이니까, 십일조를 한 모양이네요. 참 믿음 좋은 사람이지요? 십일조 아무나 하나요? 보통 신앙 가지고는 십일조 하기 힘들죠. 빚 갚고 아내 옷 사주고, 유흥비로 쓴 돈은 회수가 어렵지만, 교회에 건축헌금 한 2억은 받을 수 있겠다고 생각한 그 생명보험회사가 인천 모교회 당회장 앞으로 공문서를 보냈습니다. "귀 교회 교인 김인수가 건축 헌금으로 낸 2억은 김인수의 돈이 아니고, 우리 회사의 고객들이 맡겨 놓은 예탁금이니 돌려주시기 바랍니다."라고 써 보냈습니다.

그러나 한동안 답장이 오지 않았습니다. 그래서 다시 독촉장을 보냈는데 이번에는 교회로부터 답장이 왔습니다. 답장에 "우리 교회에 출석하는 김인수 성도가 교회 건축을 위해 드린 헌금은 돌려 드릴 수 없습니다."라고 쓰여 있었습니다. 얼마나 기가 막힌 일입니까? 그 돈이 사기 쳐서 번 불법적인 돈이라는 것이 명명백백하게 밝혀졌는데, 그 돈을 돌려 줄 수 없다며 그 돈으로 예배당 지어 놓고 헌당 예배를 드리는 것이 한국교회의 현주소라면 기가 막히는 일이 아닙니까? 하나님께서 그 예배를 받으신다고 생각하십니까?

사기꾼의 돈으로, 도둑질한 돈으로, 간첩이 공작금으로 갖고 온 돈으로 예배당을 지을 수는 없는 일이지요. 그래서 하나님께서 개 같은 자의 소득은 결코 받아서는 안 된다고 명령하신 것입니다. 정당하게, 깨끗하게, 땀 흘려 당당하게 노력해서 번 돈, 양심적으로 장사해서 번 돈을 하나님께 바쳐야 하는 것입니다. 더러운 돈으로 헌금을 아무리 많이 해 봐야 하나님께서는 그 헌금을 받으시지 않습니다.

필자가 어렸을 때, 할머니께서 토요일 날이 되면 내일 주일에 헌금할 돈을 꺼내서, 구겨진 부분을 인두로 깨끗하게 빳빳하게 다려서 헌금하시는 것을 보았습니다. 필자는 12월 중순쯤 거래하는 은행의 아는 직원에게 1년 헌금할 돈을 부탁해서 깨끗한 새 돈으로 매주 헌금을 하고 있습니다. 그러나 그 돈이 깨끗한 새 돈이냐, 인두로 다렸느냐가 중요한 것이 아니고, 그 돈을 벌 때, 양심에 가책 없이 벌었느냐가 더 중요하지요. 하나님께서 받으실 만한 돈을 헌금해야 합니다. 우리 모두 하나님 앞에서 정직하고 진실 되게 살면서 깨끗한 돈을 헌금하여 하나님께 복받으시는 여러분 되시기 기원합니다.

김교신 선생 '그리스도의 향기'

"그러므로 내가 너희에게 권하노니 너희는 나를 본받는 자가 되라."
(고전 4:16)

김교신(金教臣, 1901-1944)은 1901년 함남 함흥에서 태어나 함흥농업학교를 마치고 일본에 건너가 동경에 있는 정칙(正則) 영어 학교에서 수학했습니다. 그는 1920년 4월 동양선교회 성서학원 학생들의 노방 전도에 감동하여 복음을 받아들인 후 하숙집 동네 성결교회에 출석하여 1920년 세례를 받았습니다. 그런데 그가 출석하던 교회 안에 분규가 일어나 학자풍의 훌륭한 목사가 축출당하는 광경을 목도하고 기성교회에 회의를 느끼기 시작했습니다.

김교신은 당시 무교회주의자로 유명한 내촌감삼(内村鑑三: 우찌무라 간조)의 문하에서 성경공부를 통해 강한 영향을 받았습니다. 일본을 누구보다도 사랑하던 내촌에게서 김교신은 그의 애국사상을 배웠고, 조선을 사랑해야 한다는 사명감을 갖게 되었습니다. 내촌은 "나는 두 J를 사랑한다. 즉 'Jesus'(예수)와 'Japan'(일본)이다."라 말했습니다. 김교신은 그와 마찬가지로 자기는 "두 C를 사랑한다. 그것은 'Christ'(그리스도)와 'Chosun'(조선)."이라 말하며 조국 사랑의 정신을 표현했습니다.

1927년 4월 일본에서 귀국한 김교신은 함흥 영생여자고보에서 교편을 잡으면서, 내촌의 문하생들인 함석헌, 송두용, 유석동 등과 함께 성경연구 잡지인 「성서조선」을 그해 7월 창간했습니다. 제목에 보이듯이, 이 잡지는 '성서'와 '조선'이라는 두 가지 표제를 내세웠습니다. 김교신은 섭리사관(攝理史觀)에 입각하여 하나님께서 우리 민족에게 주신 사명이 무엇인가를 규명하고 실천하는 것을 제일의 사명으로 생각했습니다. 따라서 우리 민족의 정신사적, 교회사적 사명을 강조했고, 이는 필연적으로 선교사들이 전수해 준 교파적 신앙을 거부하고 우리 민족 자체가 가져야 하는 민족 신앙을 주창하게 되었습니다. 또한 선교사의 재정(財政)에 의지하는 의존적 교회기구를 거부하게 되었으며, 민족이 주체가 되는 독립적, 토착적 신앙을 강조하는 방향으로 나갈 수밖에 없었습니다. 김교신은 「성서조선」 사설의 필화(筆禍) 사건으로 인해 투옥되어 1년간 옥고를 치렀고, 1944년 함흥 질소회사에 입사하여 노무자들의 권익을 위해 힘쓰다 해방을 서너 달 앞둔 1945년 4월, 43세의 아까운 나이에 발진티푸스로 세상을 떠났습니다.

필자가 김교신의 생애를 간단히 설명한 것은 그의 무교회주의를 비판하려는 것은 아니고 그의 일화(逸話) 하나를 소개하기 위함입니다. 김교신은 서울 양정고보(현 서울양정고등학교)에서 교편을 잡았습니다. 그때 우리나라 사람 최초로 올림픽에서 금메달을 획득한 손기정 선수를 훈련시켰습니다. 김교신은 손기정이 1936년 독일 베를린에서 개최된 하계올림픽 때 비록 일장기를 가슴에 달고 뛰었지만 조선 남아의 기상을 온 세계에 드높인 마라톤 1등의 영광을 얻게 했습니다. 손기정이 올림픽 금메달을 얻게 된 것은 바로 김교신 선생의 제자 사랑과 철저한 훈련의 덕이었습니다. 김교신은 학생들을 무척 사랑했고 인격적으로 대하면서 모든 선생이 퇴근한 후에도 혼자 남아 학생들에게 운동을 가르쳤고, 지진아를 지도하는 등 학생들을 끔찍이 사랑했습니다.

어느 해, 입학 시즌이 되어 양정고보 3학년 학생 하나가 '경성의전'(현재 서울의과대학)에 지원을 하여 필기시험을 마치고 면접을 하게 되었습니다. 일본인 의사 교수들 몇이 이 학생 면접을 했습니다. 한 교수가 입학원서를 살펴보더니, '종교'란에 '기독교'라고 쓴 것을 보았습니다. 당시 일본인들은 신사참배를 반대하고 항일투쟁에 앞장선 기독교를 몹시 증오하고 있었습니다. 그 교수는 학생에게 "자네는 왜 기독교를 종교로 갖고 있나?"라며 힐난(詰難) 섞인 질문을 했습니다. 그 학생은 서슴지 않고 "예, 저는 우리학교 김교신 선생님이 예수님을 믿기 때문에 저도 예수님을 믿게 되었습니다."라고 당당히 답변했습니다. 그런데 김교신 선생은 한 번도 학생들에게 "예수를 믿으라."고 말을 한 바 없었습니다. 뿐만 아니라 "나는 예수를 믿는 사람이다."라고 말을 한 일도 없습니다. 그런데 학생들은 김교신 선생의 삶과 학생들을 진심으로 사랑하는 태도에서 다른 선생들과 전혀 다른 점을 발견했던 것입니다.

학생들은 궁금하게 생각했습니다. 왜 김교신 선생은 다른 선생들과 달리 저렇게 희생적으로 학생들을 사랑하고 열정적으로 지도하는가를 분석해본 결과 김교신 선생이 예수님을 믿기 때문임을 알게 된 것입니다. 그러므로 김교신이 학생들에게 예수를 믿으라는 말을 하지 않았음에도 불구하고, 김교신 선생을 흠모하던 학생들 스스로 "나도 김교신 선생과 같은 인격을 보유하기 위해서는 예수를 믿어야겠다."라고 생각하며 스스로 교회에 출석한 것입니다. 우리는 이 일화 속에서 큰 교훈을 얻을 수 있습니다. 김교신 선생의 삶 속에서 학생들은 '그리스도의 향기'를 맡았습니다. 그 향기의 근원이 무엇인가를 찾아가던 학생들은 그것이 바로 예수를 믿는 데서 나왔다는 것을 깨닫게 되었고 자기들도 그런 인격자가 되기 위해 스스로 교회에 출석하게 된 것입니다.

과연 나는 예수를 믿는 사람으로 다른 사람들이 나의 삶을 보고 나도 예수를 믿어야겠다고 생각하고 교회에 나온 사람을 단 한 사람이라도 만들었을까요? 나는 비록 교회에 출석하지 못하지만 우리 아이들은 교회 나가게 해야겠다고 하는 말을 들을 수 있는 신앙생활을 하고 있는지 스스로 반성해 봐야겠습니다. 나의 삶을 보고 교회에 나온 사람이 과연 몇 명이나 있었을까요? 평생 예수님 믿었는데 나의 삶을 보고 단 한 사람도 교회에 나오지 않았다면 어떻게 해야 할까요? 우리는 이 일을 역(逆)으로 생각해 볼 수 있습니다. 나 때문에 교회에 나온 것이 아니고, 오히려 나 때문에 교회 나오기를 포기한 사람은 한사람도 없었을까요? "나는 아무개 장로 사는 꼴을 보고 예수를 믿지 않기로 작정했소." "나는 아무개 권사가 며느리에게 하는 태도를 보니까, 예수를 믿느니 차라리 부처를 믿는 것이 낫겠다."며 교회로부터 발걸음을 돌린 사람은 없었는지 심각한 반성을 해 볼 필요가 있습니다.

우리의 삶이 곧 전도입니다. 우리의 삶을 지켜본 사람들 가운데 교회로 나올 수도 있고 교회를 등지고 갈 수도 있습니다. 나 때문에 교회에 나온 사람이 있다면 이것은 하나님께로부터 칭찬과 상을 받을 일이지만, 오히려 나 때문에 교회를 등진 사람이 있다면 그것은 하나님 앞에 무서운 심판을 받을 수밖에 없는 엄청난 죄악임을 깨달아야 합니다. 한 생명을 멸망의 구렁텅이에 빠뜨린 죄악이 가벼운 일일까요?

우리는 늘 우리의 삶 속에서 그리스도의 향기를 드러내야만 합니다. 그리스도의 향기를 맡은 사람들은 교회를 찾아 나오게 되어 있습니다. 꽃에서 향기가 나면 벌과 나비는 멀리서도 찾아옵니다. 우리의 삶은 단순한 삶이 아니고, 세상 사람들이 지켜보는 삶입니다. "예수 믿는 사람은 좀 다른가? 장로, 권사, 집사의 삶은 우리와 다르겠지." 우리는 항상 우리 삶을 지켜보고 있는 믿지 아니하는 사람들이 있다는 것을 의식하면서 살지 않으면 안 됩니다. 우리의 삶은 그리스도의 냄새요 그리스도의 향기라는 사실을 늘 염두에 두고 삼가는 삶을 살아야 합니다. 바울 사도는 자신만만하게 "너희는 나를 본받는 자가 되라."(고전 11:1)고 말씀하셨습니다. 우리도 믿지 않은 사람들에게 "예수님 믿는 나의 삶을 보고 교회에 나오세요."라 말할 수 있어야겠습니다. 참 어려운 일이지만 성령님 안에 살면 불가능한 일은 아닙니다.

숫자 4와 13

"너희 모든 염려를 주께 맡기라. 이는 그가 너희를 돌보심이라."
(벧전 5:7)

4와 13, 이 숫자가 무엇인지 아시겠습니까? 미국에서 과거에 살았던 혹은 현재 살고 있는 사람들 중에는 아마도 알아차린 이가 있을 겁니다. 4는 한국에서 기피하는 숫자고, 13은 미국(서양)에서 기피하는 숫자입니다. 한국에서 4자를 기피하는 미신은 상당한 힘을 갖고 있습니다. 어떤 아파트는 4층이 없고 3층 다음 바로 5층으로 가는 아파트도 있고, 특히 병원에 4층이 없고 3층에서 5층이 되는 병원도 있습니다. 아시는 대로 4는 한자의 '죽을 사'(死)자로 죽음을 의미한다고 여깁니다. 4층이 있는 아파트의 엘리베이터를 타면 층수를 표시하는 판에 1 2 3 다음에 F로 되어 있습니다. 영어 '4'(Four)의 첫 자를 써 놓은 것이지요. 이것은 완전 미신입니다. 아무런 과학적 근거도, 통계도 없는 잘못된 미신에 불과합니다.

필자는 미국에 오기 전에, 미국은 기독교 국가이고, 기독교 문화가 2천년 동안 지배해온 기독교 문화권이기에 미신이 없는 줄 알았습니다. 그러나 정작 미국에 와서 알게 된 것은 이들에게도 확실히 근거 없는 숫자에 미신이 있다는 것이었습니다. 그것은 13입니다. 13을 싫어하는 근거는 예수님과 열두 제자를 합해서 13명이라서 라고 합니다. 이 열세(13) 사람을 차례로 세어보면 먼저 예수님, 베드로, 요한, 야고보… 이렇게 해서 마지막 13번째가 가룟 유다가 됩니다. 따라서 13번째가 가룟 유다여서 13은 재수 없는 숫자라고 여기지요.

그리고 또 한 가지, 숫자는 아니지만 이들은 금요일을 기피합니다. 금요일은 예수님께서 십자가에서 고난을 받으신 날이기 때문입니다. 따라서 이들은 금요일을 기피합니다. 예수님의 고난을 기리는 뜻에서 가톨릭교회에서는 금요일에는 육고기를 먹지 않고 생선만 먹습니다. 이에 따라 1년 열두 달 중, 13일과 금요일이 겹치는 날이면 가장 재수 없는 날로 여기는 사람들이 적지 않습니다. 그날은 재수가 없는 날이어서 그날 될 수 있는 대로 중요한 일을 기피하는 경향이 있습니다.

1974년 필자가 광나루 장신대의 부름을 받고 한국에 가기 위해 비행기 예약을 했습니다. 아무 생각 없이 예약을 했는데 후에 확인해 보니까 그날이 바로 1974년 8월 13일 금요일이었습니다. 왜 하필 13일 금요일이지 하면서 날짜를 바꿔 볼까라는 생각도 했는데, 그 비행기로 친구와, 전에 장신대에서 필자를 가르치셨던 연로하신 은사님을 모시고 나가기로 약속돼 있어서 날짜 바꾸는 것은 어려웠습니다. 조금 마음에 걸렸지만, 목사가 그런 미신에 마음을 쓰다니 자책하면서, 당일 친구 목사와 은사님을 모시고 비행기에 올랐습니다. 당시는 대한항공도, 아시아나도 없던 때였고, 유일하게 서북항공(Norwest Airline)밖에 없어서 미국 비행기에 올랐습니다.

그런데 놀랍게도 비행기 안이 텅 빈 것을 보았습니다. 한국 사람만 좀 있고 미국 사람들은 불과 몇 명 되지 않았습니다. 평소엔 이 비행기가 유일한 한국행 항공기여서 많은 사람이 이용했는데 그날이 13일 금요일이어서 그랬는지 서양 사람들이 거의 없었습니다. 속으로 서양 사람들도 별 수 없구나 라고 생각했지요. 필자와 친구, 그리고 은사님은 13일 금요일 덕분에 편히 누워 잠을 자면서 한국으로 날아갔고 무사히 김포공항에 내렸습니다. 13일 금요일에도 비행기는 추락하지 않던데요. 수천 년 동안 기독교 문화권에 살던 사람들도 터무니없는 미신에 마음이 쓰여 그날 많은 승객이 비행기 예약을 하지 않은 것으로 추측

했습니다.

2021년 1월 27일 미국 ABC 방송 보도에 노스캐롤라이나 롤리(Raleigh)에 사는 앤서니(Anthony)는 한 주 전에 새로 산 차를 타고 상쾌한 마음으로 출근을 하던 중에 갑자기 튀어 나온 사슴 두 마리를 치었습니다. 사슴의 생사는 알려지지 않았지만 앤서니의 새 차는 많이 망가졌습니다. 아침부터 새 차가 부서지고 짐승까지 치어 기분이 무척 안 좋은 앤서니는 그냥 집으로 돌아와 쉬고 있었습니다. 쉬고 있던 앤서니는 갑자기 며칠 전 사 둔 로또 복권이 생각났습니다. 복권을 찾아 신문에 발표된 숫자를 맞춰봤는데 6개 숫자 중 5개가 모두 맞았습니다. 그 복권 1등에 당첨될 확률은 1 : 1,260만이었습니다. 본디 당첨금은 100만 달러였는데, 앤서니가 당첨금에 2배를 받는 복권을 구입한 덕분에 200만 불을 받게 되었습니다. 세금 제하고 수령한 당첨금이 140만 달러(약 17억 원)였습니다. 보통 사람들이 생각하는 미신과 배치되는 결과였지요. 짐승을 치고 새 차가 부서진 날은 하루 종일 재수가 없어야 하는데, 오히려 일생에 가장 재수 좋은 날이었습니다.

이런 것은 인간의 약한 마음 그리고 무엇인가 운명에 자기의 삶을 맡기려는 허약한 심성(心性)에서 나온 것입니다. 성경은 분명히 우리에게 너희 모든 염려를 주께 맡기라고 말씀하십니다. "너희가 염려함으로 키를 한 자나 더할 수 있느냐?"(마 6:27)고 주님은 말씀하셨습니다.

오래된 전통은 없애기가 쉽지 않습니다. 공교롭게도 그날 비극이 일어나면 그날이 4일어서 그랬다고 확신하고, 13일 금요일이어서 그런 일이 일어났다고 단정해 버립니다. 그렇게 되면 그들은 그 숫자의 저주에서 해방되기가 대단히 어렵습니다. 자기뿐만 아니라 가족, 친척, 친구들에게도 자기 경험을 강력히 이야기 하면서 설득하려 합니다. 그렇다면 4일이나 13일 이외의 날에 일어난 교통사고나 건설현장에서의 사고는 어떻게 해석해야 하나요? 그리고 4일이나 13일에 아무 사고도 없으면 왜 그런 건가요?

주님께서는 이런 미신에 사로잡혀 사는 가련한 인생들을 해방시키시려고 세상에 오셨습니다. 나를 믿으라, "내가 세상을 이기었노라."(요 16:33)고 선언하십니다. 그분은 세상의 온갖 잡신과 무속신앙, 그리고 미신을 싹쓸이하셨습니다. 우리는 주님 안에서 자유를 누리고 살 수 있습니다. 만일 미국에서 비행기 탈 일이 있으면, 13일 금요일에 타도 아무 상관없습니다. 오히려 자리가 넉넉해서 여행하기 좋을 겁니다. 13일 금요일이 재수 없는 날이라고 스케줄을 바꾸어 다른 날에 가다 비행기 추락 사고가 나면 뭐라고 말할지 궁금하네요.

비행기가 상용화 된 후로 전 세계의 비행기가 추락 날짜를 확인해 보면 과연 13일 금요일이 제일 많을까요? 누가 이런 통계를 내 보면 재미있는 결과가 나올 것 같습니다. 필자는 자신합니다. 결코 13일 금요일에 가장 많이 추락하지 않았을 거라고요. 주님은 말씀하십니다. "진리가 너희를 자유하게 하리라."(요 16:32)

관용과 용서 (1)

"네 원수가 주리거든 먹이고 목마르거든 마시게 하라 그리함으로 네가 숯불을 그 머리에 쌓아 놓으리라. 악에게 지지 말고 선으로 악을 이기라." (롬 12:20-21)

이삭에게는 쌍둥이 아들 에서와 야곱이 있었습니다. 에서는 사냥꾼이었고, 야곱은 소심한 소년이었습니다. 그러나 야곱은 간교하고 꾀가 많은 사기꾼 기질이 많은 사람이었습니다. 야곱은 한 날 한 시에 태어난 에서가 장자라는 사실이 늘 탐탁지 않았습니다. 그는 장자의 명분을 빼앗아 올 기회를 엿보고 있었습니다. 하루는 자기 뜻을 관철하려고 일부러 맛있는 팥죽을 끓여 놓고 사냥에서 돌아와 몹시 배고파하는 형을 유혹했습니다. 배가 고픈 에서가 죽 한 그릇만 먹자고 말하자 장자의 명분을 양도하면 주겠노라고 말하고 결국 장자의 명분을 양도 받습니다. 아무리 배가 고파도 장자의 명분을 죽 한 그릇에 팔아서는 안 된다는 사실을 무겁게 여기지 않은 에서도 문제지만, 형의 약점을 노려 자기 욕심을 채운 야곱은 도덕적으로 더 지탄받아 마땅한 사람입니다.

이삭은 죽기 전에 장자 에서에게 마지막 축복 기도를 해 주려고 에서를 불러 맛있는 들짐승 고기 요리를 해오라고 말했습니다. 이 말을 들은 리브가는 그 기도를 야곱이 받게 하려고 야곱에게 이 일을 말하고 양을 잡아 남편 이삭이 가장 좋아하는 요리를 만들었습니다. 눈이 잘 보이지 않은 이삭을 속이기 위해 털이 많은 에서처럼 꾸미기 위해 야곱의 목과 손목을 양털로 두른 후 요리를 들고 아버지 이삭에게 들어가 형이 받아야 할 축복 기도를 가로챘습니다. 사냥을 마친 후 맛있는 별미를 갖고 들어간 에서는 동생 야곱이 이미 자기 축복을 가로챘다는 사실을 알고 대성통곡했습니다. 에서의 야곱에 대해 분기탱천(憤氣撑天)을 짐작하고도 남지요. 동생을 죽일지도 모른다고 판단한 리브가는 야곱을 하란에 있는 친정으로 도피시킵니다. 야곱은 그곳에서 수십 년 고생한 끝에 4명 아내와 열두 아들, 그리고 많은 가축과 재물을 갖고 귀향합니다.

그러나 야곱의 마음속에는 아직도 건재하고 있는 형 에서가 무척 두려웠습니다. 보복이 무서웠던 것이지요. 우리 속담에, "맞은 사람은 두 다리 펴고 자고, 때린 자는 두 발을 꼬부리고 잔다."라는 말이 있지요. 형 에서가 옛날 자기가 형에게 저지른 행위에 대해 보복하는 날에는 자기 생명은 말할 것 없고 죄 없는 아내들과 자식들 그리고 평생 모은 재산까지 물거품이 되는 결과를 가져올 것을 생각하니 눈앞이 캄캄했겠지요. 결국 야곱은 얍복 강가에서 천사와 새벽까지 씨름을 하고 환도 뼈가 부러지는 고통을 당하면서도 끝까지 견뎌 드디어 축복을 얻어냈습니다. 약삭빠른 야곱은 만일을 대비해서 적지 않은 선물을 형에게 보내고, 맨 앞에 짐승들과 하인들 그리고 아들들과 아내들을 그리고 가장 사랑하는 라헬과 요셉 등과 함께 맨 나중에 가는 간특함도 보였습니다. 여차하면 도망가려는 속셈이었지요.

야곱은 형 에서를 만났을 때, "몸을 일곱 번 땅에 굽히며 그의 형 에서에게 가까이 가니, 에서가 달려와서 그를 맞이하여 안고 목을 어긋맞춰 그와 입 맞추고 서로 울었다."(창 33:3-4)고 기록했습니다. 에서는 옛날의 원한을 마음속에서 불살라 버리고 세상에 하나밖에 없는 핏줄인 동생을 보고 과거의 한(恨)을 씻고, 그를 뜨겁게 영접했습니다. 처음에는 동생이 주는 선물까지도 거절하는 관대함을 보여 주었습니다. 에서의 관용과 용서의 정신은 칭찬받을만한 일임에 틀림없습니다.

우리는 여기에서 비록 에서가 하나님의 선택을 받지 못했지만 동생을 용서하는 이 장면에서 그의 넓은 도량을 엿볼 수 있습니다. 오히려 야곱은 간교하여 형을 속이고, 아버지를 속인 간특한 사람인 것을 성경은 우리에게 보여 줍니다. 그러나 하나님께서는 이렇게 간교하고 윤리적으로나 도덕적으로 비판받아 마땅한 야곱을 택하셔서 만민을 구원하실 예수님을 그의 아들 유다의 혈통에서 나게 하셨습니다.

두 번째로 우리는 야곱의 아들 열둘 중, 11번째 아들 요셉의 관용을 볼 수 있습니다. 야곱은 치명적 실수를 했습니다. 그것은 요셉에 대한 편애였습니다. 야곱의 심정을 이해하지 못하는 바는 아닙니다. 4명의 아내 가운데 가장 사랑했던 라헬이 말년에 낳은 첫아들 요셉을 특히 사랑했던 것은 자연스러운 일이었습니다. 라헬을 위해 처음 7년을 묵묵히 일했고, 또다시 7년을 일했습니다. 라헬을 위해 14년 세월 동안 노력을 했던 것이지요. 그리하여 그에게 채색 옷을 입히고, 형들은 들로 내보내 양을 치게 했지만, 요셉은 아버지 품 안에서 좋은 것만 먹고 편안하게 놀고 지냈습니다.

형들이 요셉을 질투한 것은 자연스러운 일이었지요. 야곱의 편애는 결과적으로 사랑스런 요셉이 들짐승들에게 찢겨 죽었다는 비보를 듣게 하고야 말았습니다. 병들어 죽은 것도 아니고, 들짐승들에게 찢겨 먹혔다는 사실에 야곱의 절망이 얼마나 컸을 가는 짐작을 하고도 남습니다. 요셉은 이집트 바로왕의 경호대장 보디발의 집에서 노예생활을 했고 보디발의 아내의 모함으로 감옥에서 고난의 세월을 보냈지만, 결국 하나님의 뜻에 따라 이집트의 총리대신이 되었습니다. 요셉은 양식을 얻기 위해 멀리서 온 10명의 형들이 자기 앞에 무릎 꿇고 엎드려 있는 모습을 보았습니다. 요셉의 꿈이 이루어진 장면이지요. 요셉에게 그 형들은 철천지 원수들이었습니다. 그들 때문에 세상에서 가장 호사스런 생활을 했던 그가 세상에서 가장 비천한 노예가 되었고 억울하게 누명을 쓰고 감옥살이까지 한 일을 생각하면 그들을 간첩으로 몰아 당장에 처형시킬 수 있는 힘도 그는 갖고 있었습니다.

그러나 사랑하는 친동생 베냐민과 연로하신 아버지를 모시고 오라 말하고 그들을 선대하면서 관용을 베풀었습니다. 야곱이 죽은 후 형들은 요셉이 자기들에게 보복하지 않을까 걱정을 했습니다. 그러나 요셉은 다음과 같은 말을 했지요. "당신들이 나를 해하려 하였으나 하나님은 그것을 선으로 바꾸사 오늘과 같이 많은 백성의 생명을 구원하게 하시려 하셨나니."(창 49:20) 형들의 행위를 악으로 해석하지 않고 선으로 여기하면서 하나님의 섭리를 간파했습니다. 여기서 용서와 관용이 작동하는 것입니다. 형들이 나를 판 것은 사실이지만 그것은 하나님의 섭리 가운데서 이루어진 것이라고 말하면서 형들에게 보복하지 않고 용서를 했습니다.

우리가 세상을 살아가면서 억울한 일을 당한 때가 한두 번이 아닙니다. 철천지 원수가 분명히 우리의 삶 속에 있습니다. 중국 춘추전국시대 때 유래된 '와신상담'(臥薪嘗膽)이란 말이 있습니다. "장작더미 위에서 잠을 자고, 쓸개를 씹으면서 원수 갚는 일을 스스로에게 다짐한다."는 뜻입니다. 기독교에서는 와신상담 대신 원수를 갚지 말고 용서해주며 관용하라고 권면합니다. 이것이 기독교의 정신이요 세상을 평화롭게 하는 첩경입니다. 여기 진정한 평화가 있습니다. 이 관용과 용서는 국가 간뿐만 아니라, 가문 간, 개인 간에도 적용되는 말씀입니다. 대단히 실천하기 어려운 명령입니다만, 그렇게 하지 않으면 이 세상에는 결코 평화가 찾아오지 않습니다. "내 사랑하는 자들아 너희가 친히 원수를 갚지 말고 하나님의 진로하심에 맡기라. … 원수 갚는 것이 내게 있으니 내가 갚으리라고 주께서 말씀하시니라."(롬 12:19) 혹 내 마음속에 밉살스런 사람이 있으신가요? 관용과 용서란 말씀을 되새겨 보는 하루 되세요.

관용과 용서 (2)

"네 원수가 주리거든 먹이고 목마르거든 마시게 하라 그리함으로 네가 숯불을 그 머리에 쌓아 놓으리라. 악에게 지지 말고 선으로 악을 이기라." (롬 12:20-21)

주님께서 우리에게 가르쳐 주신 기도를 "주기도문"(The Lord's Prayer)이라 합니다. 이 기도문 가운데 "우리가 우리에게 잘못한 사람을 용서하여 준 것 같이 우리의 죄를 용서하여 주시고"라는 대목이 있습니다. 그런데 정작 우리는 우리에게 잘못한 사람을 용서해 주기가 어려운 구조를 가지고 있습니다.

옛날 중세 유럽 어느 성에 제임스(James)라는 성주가 있었습니다. 제임스는 항상 말씀을 묵상하며 기도에 힘쓰고, 어려운 성민들을 돌보면서 한 사람도 굶지 않도록 항상 챙겼습니다. 모든 성민들은 세상에 우리 성주님 같은 분은 없다고 칭찬을 아끼지 않았습니다. 그런데 제임스에게는 한 가지 문제가 있었습니다. 그것은 과거 선친(先親)이 성주였을 때, 이웃 성의 성주가 자기 성을 침략해 와서 전쟁을 하는 동안에 많은 전사들이 죽었고, 지금도 전쟁미망인들과 고아들이 무수히 있었습니다. 그는 평화로운 성을 침략하여 잔혹한 일을 했던 악랄한 그 성주를 도저히 용서할 수 없었습니다.

따라서 제임스는 항상 그 이웃 성주에 대한 원한을 마음속에 품고 있었습니다. 그런데 하루는 신부가 와서 개인 미사를 집전했습니다. 미사 마지막 순서로 주기도문을 함께 외우게 되었습니다. "하늘에 계신 우리 아버지여, 이름이 거룩히 여김을 받으시오며"그리고 "우리가 우리에게 죄지은 자를 용서해 준 것 같이"라는 대목에서 신부는 기도를 중지시켰습니다. 신부는 말했습니다. "성주님, 이 대목의 기도를 드리시려면, 이웃 성주의 죄를 용서해 주셔야 됩니다. 그렇지 않으면 이 기도문을 계속할 수 없습니다."라고 말했습니다. 한동안 말없이 조용히 생각에 잠겨 있던 제임스는 마침내 무거운 입을 열고 "우리가 우리에게 죄지은 자를 용서해 준 것 같이"라며 기도문을 마지막까지 외웠습니다. 제임스는 마음속으로 그 이웃 성주를 용서해 준 것입니다. 우리는 주기도문을 수없이 외우면서도 여전히 내 마음속에 용서할 수 없는 사람을 두고 있을 수 있습니다. 그러면서도 습관적으로 주기도문을 외우고 있지요. 이런 마음으로 하는 주기도문이 무슨 소용이 있을까요?

어느 날 베드로가 예수님께 "형제가 내게 죄를 범하면 몇 번이나 용서하여 주리이까 일곱 번까지 하오리이까? 예수께서 이르시되 네게 이르노니 일곱 번뿐 아니라 일곱 번을 일흔 번까지라도 할지니라."(마 18:22) 490번을 용서하란 말씀이 아니고, 무한대로 하란 말씀이지요. 마태복음 18장에, 예수님은 계속 말씀하셨습니다. 어떤 사람이 임금에게 1만 달란트를 빚졌는데, 임금이 그 사람을 끌어다가 빚을 왜 안 갚느냐며 호통 치면서 네 몸과 아내와 자식들과 모든 소유를 다 팔아 갚으라고 엄히 명했습니다. 그때 그 종이 엎드려 절하며 "내게 참으소서 다 갚으리이다."고 읍소하자 임금은 그 종을 가련히 여겨 모든 빚을 탕감해 주었습니다. 그 종은 수십 번 감사하다고 절을 했지요. 그 종이 기쁜 마음으로 밖에 나가 집으로 가던 중 자기에게 불과 1백 데나리온 빚진 친구를 만나자, 갑자기 갑(甲)으로 변하여 동료의 멱살을 잡고 빚을 갚으라고 윽박질렀습니다. 그 친구는 엎드려 간구하며 조금만 참아 주면 다 갚겠다고 호소했지만, 그 종은 친구를 옥에 가두어 버렸습니다. 이 모습을 본 친구들이 그런 사실을 임금에게 고하자, 임금은 대노(大怒)하며, 그 비정한 종을 끌어 오라 명했습니다. "이 악한 종아 네가 빌기에 내가 네 빚을 전부 탕감하여 주었거늘 내가 너를 불쌍히 여김과 같이 너도 네 동료를 불쌍히 여김이 마땅하지 아니하냐." 결국 빚을 다 갚을 때까지 그를 투옥시켰습니다.

예수님은 말씀하셨습니다. "너희가 각각 마음으로부터 형제를 용서하지 아니하면 나의 하늘 아버지께서도 너희에게 이와 같이 하시리라.(마 18:35) 우리는 가끔 이렇게 말하지요. "뭐, 부모를 죽인 죄도 아니고" 이 말은 부모를 죽인 죄는 결코 용서할 수 없다는 의미입니다. 아무 죄 없이 간신배의 모략으로 이조판서(吏曹判書)에 있던 부친이 참수형에 처해 죽었다면 그 사실을 안 아들이 어떻게 그 간신을 용서할 수 있을까요?

억울하게 돌아가신 선친의 원수를 반드시 죽여 그 목을 억울하게 세상을 떠난 아버님의 묘 앞에 놓고, "불초(不肖) 소자가 이제야 아버님의 원수를 갚았습니다. 이제 구천(九泉)을 떠돌지 마시고 저승에서 편히 쉬시옵소서."라고 말해야 합니다. 이것이 동양의 효(孝)요 윤리입니다. 죄 없는 부모를 죽인 죄는 결코 용서할 수 없습니다. 평생을 두고 원수를 갚아야 합니다. 그와 그 가족을 용서할 수 없습니다. 원수를 갚기 전까지는 결혼도, 취직도 아무 것도 해서는 안 되고, 무술(武術) 고수(高手)을 찾아가서 무술을 익혀 반드시 아버지를 죽인 원수의 목을 베어야 합니다. 이것이 아들이 마땅히 해야 할 당위(當爲)며 도리입니다. 효(孝)를 국가와 가문의 근본으로 삼았던 동양에서 아버지를 죽인 원수를 용서한다는 것은 불가능한 일입니다. 그러나 기독교에서는 그를 용서하라 말합니다. "원수 갚는 것이 내게 있으니 내가 갚으리라"고 주께서 말씀하십니다."(롬 12:19)

예수님께서 원수를 갚지 말고 내게 맡기라고 말씀하신 것은 부모의 원수를 갚는다고 그 원수를 죽이면 그는 살인범이 되는 것이고, 그 원수의 아들은 또 나를 자기 아버지를 죽인 원수로 여기고, 그 일생을 내 목을 베기 위해 쫓아다니게 되어있습니다. 악의 고리가 계속 되는 것입니다. 예수님께서는 이런 '악의 고리를 끊으라.'고 말씀하십니다. "나는 너희에게 이르노니 너희 원수를 사랑하며 너희를 박해하는 자를 위하여 기도하라."(마 5:44) 원수를 사랑한다는 것은 참으로 어려운 일입니다. 특히 부모를 죽인 철천지원수를 사랑할 수 있을까요? 인간적으로는 불가능한 일입니다. 보복을 하지 않은 것만도 엄청난 인내며 자제심입니다.

용서와 관용의 극치는 예수님께서 보여 주셨습니다. 무죄한 자신을 모함하여 십자가에 매달고 가시관을 씌웠으며, 양손과 양발에 대못을 박고, 마지막에는 창으로 옆구리를 찔러 물과 피를 모두 쏟게 한 원수들을 위해 "아버지여 저들의 죄를 용서하여 주옵소서. 자기들이 하는 것을 알지 못함이니이다."(눅 23:34)라고 말씀하셨습니다. 예수님의 말씀을 본받아 스데반 집사도 자기를 향해 우악스럽게 돌을 던지는 무리를 위해 "주여 이 죄를 그들에게 돌리지 마옵소서."(행 7:60)라는 유언의 말씀을 했습니다. 기독교의 용서와 관용의 산 표본입니다.

그런데 예수님께서 원수를 사랑하라고 말씀하신 이유는 내가 죄인인 너희를 위해서 생명을 버렸으니, 나를 본받아 너희도 보복하지 말고 용서하라고 하신 것입니다. 한 걸음 더 나아가 원수가 주리면 먹이고 목마르면 마시우게 하라고 바울 선생은 권면했습니다. 참 어려운 일이지만, 고난의 십자가를 바라보면 불가능한 일은 아닙니다. 손양원 목사님이 두 아들을 죽인 철천지원수 공산주의자 강재선을 용서하고 양자로 삼은 예가 바로 원수를 사랑한 산 표본(標本)입니다. 대단히 어렵지만, 불가능한 일은 아닙니다. 주님 안에서, 성령님의 인도를 받으면 초인적인 역사가 가능합니다.

01
11

JAN

죄악세

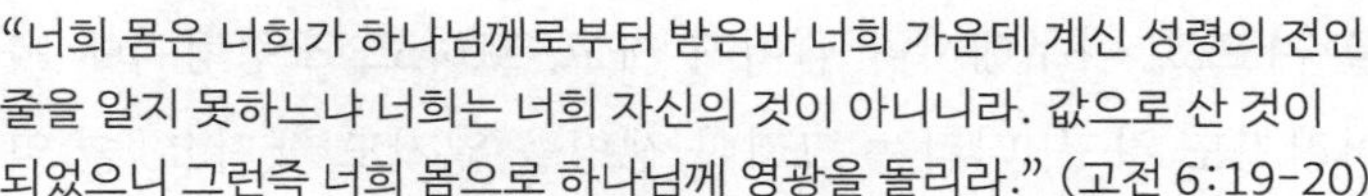
"너희 몸은 너희가 하나님께로부터 받은바 너희 가운데 계신 성령의 전인 줄을 알지 못하느냐 너희는 너희 자신의 것이 아니니라. 값으로 산 것이 되었으니 그런즉 너희 몸으로 하나님께 영광을 돌리라." (고전 6:19-20)

필자는 전통적인 장로교 가정에서 태어나 담배나 술, 제사, 미신 같은 것과는 거리가 멀었고, 선친께서는 우리 5남매를 아침저녁으로 가정예배를 드리면서 철저한 신앙 교육을 시키셨습니다. 선친께서는 담배를 피우거나, 술 마시는 사람은 지옥에 간다는 말씀을 직접 하시지는 않았지만, 그렇게 생각하고 계시다는 것은 행간을 더듬어 알 수 있었습니다. 따라서 필자도 어려서는 담배 피우고 술 마시는 사람은 지옥에 간다고 생각했던 것 같습니다. 그러나 성장하면서, 또 신학을 공부하면서 담배나 술이 천국과는 아무 상관이 없다는 것을 알게 되었습니다. 담배는 콜럼버스가 신대륙에 도착했을 때, 아메리칸 인디언들이 피우는 것을 알게 된 때부터였으니, 겨우 500년의 역사밖에 안 되었습니다. 따라서 담배는 2천 년 전에 쓰인 성경이나 기독교와는 아무 상관이 없습니다. 술은 워낙 역사가 깊어서 구약에도 술을 마시면 안 된다는 말씀이 여러 곳에 있고, 신약에도 역시 술을 금하는 말씀이 다수(多數) 있습니다.

초기 선교사들이 한국에 들어와서 본 한국 사람들의 흡연 습관은 심각했습니다. 먹거리가 없어 아이들은 굶어 죽는데, 담배를 사서 줄담배를 피웠습니다. 또 일을 하면서도 담배를 피우느라 제대로 일을 하지 않았습니다. 그래서 선교사들은 신자가 되면 담배를 끊도록 권하고 담배를 끊을 때까지 세례를 베풀지 않았습니다. 한국의 술 습관 역시 역겨워 말을 할 수도 없었습니다. 모두가 그런 것은 아니지만, 많은 사람이 술에 취하면 짐승이 되어 제 정신이 아니고, 집에 들어와 마누라와 애들을 두들겨 패고, 살림을 때려 부수며, 온 동네가 떠나가도록 고래고래 소리를 지르고, 아무데서나 넘어져 자고, 토하고, 구렁텅이에 빠져 허우적거리기도 하고, 더러는 그러다 생명을 잃기도 했지요. 술 악습(惡習)이 얼마나 험악했는지, 백범 김구 선생 모친이 어린 김구에게 "우리 집안의 모든 풍파가 네 할아버지와 아버지의 술 때문에 일어났다. 내가 두고 보아서 네가 또 술을 마시기만 하면 나는 그때 자살을 하고 말 것이다."고 말했다고 『백범 일지』에 기록해 놓았습니다. 이 말 속에 한국의 술 악습의 폐해를 정확히 보고도 남습니다. 선교사들은 예수 믿는 교인이 술 취해서 믿지 않은 사람들의 얼굴을 찌푸리게 하면 전도에 도움이 되지 않는다고 여겨 교인들에게 술을 끊을 것을 강력히 권고했습니다. 술을 끊지 못하면 세례를 베풀지 않았습니다.

한국에서 '범죄세'(犯罪稅)란 말 들어 보셨나요? 국가가 이제 술과 담배에 높은 세금을 부과할 예정이랍니다. 왜냐하면 담배를 피우고 술을 마시는 것은 자기 자신에, 가정에, 사회에, 인류에 범죄를 한 행위이기 때문입니다. 술과 담배로 인해 발생하는 사회적 비용 특히 건강보험공단에서 지불하는 돈이 천문학적 액수가 될 뿐만 아니라, 술과 담배를 하지 않은 사람들이 낸 건강보험료가 술과 담배를 하는 사람들의 치료비로 쓰이는 것은 이치에 맞지 않기 때문입니다. 따라서 술과 담배로 인해 발생하는 병의 치료비를 줄이기 위해 높은 세금을 부과해서 술과 담배의 소비를 줄이려 '범죄세'를 생각한 것입니다.

흡연이 범죄일까요? 그렇습니다. 범죄입니다. 무슨 죄일까요? 먼저 자신에게 해를 끼치는 것이기 때문입니다. 담배에는 4천여 종의 유해 물질이 들어 있고, 40여 가지의 발암물질이 들어 있습니다. 이 담배로 해서 간암에 걸려 죽는다면 자신에게 범죄한 것입니다. 바울 사도는 "너희 몸은 너희가 하나님께로부터 받은바 너희 가운데 계신 성령의 전인 줄을 알지 못하느냐 너희는 너희 자신의 것이 아니니라. 값으로 산 것이 되었으니 그런즉 너희 몸으로 하나님께 영광을 돌리라."(고전 6:19-20)고 말씀하셨습니다. 성령의 전(殿)인 우리 몸을 술과 담배로 망치는 것은 하나님께 범죄 하는 일임에 틀림없습니다. 술도 마찬가지입니다 알코올 중독은 심각한 문제입니다. 특히 미국의 노숙자들 중 약 절반 이상이 알코올 중독자들로 추정합니다. 가장(家長)이 알코올 중독자가 되면 결국 자신과 가정이 망가지고, 사회에도 큰 피해를 안겨 주는 결과가 되지요.

한국에서도 술과 담배에 '건강 증진 부담금' 소위 범죄세를 부과하기 위해서 적극적인 검토를 하고 있다 합니다. 지금은 TV를 켜면 언제, 어디서든지 술 광고가 나옵니다. 그러나 앞으로는 오전 7시부터 오후 10시까지는 술 광고를 TV에서나 인터넷, 데이터 방송 등에서 하지 못하게 하고, 광고 모델 사진도 부착하지 못하게 하는 계획을 한답니다. 바람직스러운 정책이라 여겨집니다.

한국에서 1년에 음주로 약 10조원의 사회 경제적 비용이 들고, 담배도 7조원 이상을 정부가 부담을 해야 되는 현실입니다. 실은 돈 드는 게 문제가 아니고 음주 운전으로 무고한 사람들을 죽이는 일이 더 심각한 문제지요. 선진국에서는 설탕세도 죄악세로 세금을 매깁니다. 설탕이 당뇨병의 원인이 되기 때문에 당뇨병으로 인해서 들어가는 사회적 비용이 엄청나서 이제 설탕을 사는 사람들에게도 무거운 세금을 매깁니다.

담뱃값이 한국은 2021년 현재 2천 원에서 4,500원 정도인데, OECD 국가 평균 담배 가격은 8천 원입니다. 따라서 한국 사람들은 약 3천 원 정도 싼 가격으로 담배를 살 수 있어서 싼 담배를 쉽게 사서 피우는 것입니다. 또 한 가지 심각한 것은 장년층은 흡연 인구가 줄어드는데, 청소년 흡연 인구가 늘고 있다는 점입니다. 또 여학생들의 흡연 인구가 늘어나는데, 이들이 앞으로 결혼해서 임신을 했을 때, 체내에 쌓인 니코틴이 태아에 치명적 영향을 주어 기형아를 낳을 확률이 높은데도 담배를 피우는 것은 개인이나 한 가정을 넘어 사회, 국가에까지 심각한 문제를 일으키게 됩니다.

범죄세가 시행되더라도 우리 그리스도인들과는 상관없는 일입니다. 진실한 그리스도인은 술, 담배를 하지 않습니다. 소위 '나일론' 신자가 술 마시고, 담배 피우지요. 우리 모두 누구나 본받을 만한 그리스도인이 되기 위해 부지런히 하나님께 기도드리면서 노력합시다. 당신의 몸은 성령님이 내주(內住)해 계시는 귀한 성전임을 잊지 말기 바랍니다.

가치와 가격

01
12

JAN

"사람이 만일 온 천하를 얻고도 제 목숨을 잃으면 무엇이 유익하리요
사람이 무엇을 주고 제 목숨과 바꾸겠느냐?" (마 16:26)

2021년 1월 말 신문에 르네상스 시대의 거장 보티첼리(Sandre Botticelli, 1445-1510)의 초상화 "원형 장식을 든 젊은이"(Young Man Holding a Roundel)이 유명한 뉴욕에 소더비 경매에서 9,218만 달러에 낙찰되었습니다. 한화로 약 1,100억 원입니다. 이탈리아 작가가 그린 그림 중 최고가에 경매되었는데 낙찰자의 이름은 공개되지 않았습니다. 이 작품은 1982년에 낙찰되었는데 낙찰자는 당시 가격보다 약 70배의 이득을 얻었습니다. 보티첼리 작품은 경매에 잘 나오지 않는데 그 이유는 그의 초상화가 불과 10점밖에 되지 않아 미술관이 대부분을 보관하고 있기 때문입니다. 이 금액은 2017년 크리스티 경매에서 낙찰된 레오나르도 다빈치의 '살바토르 문디'(Salvator Mundi: 구세주, 1513) 이후 미술 경매 사상 두 번째로 높은 가격입니다.

르네상스 시대의 거장 레오나르도 다 빈치의 작품 '살바토르 문디'가 2017년 11월 15일 미국 뉴욕 크리스티경매에서 4억 5천만 달러(약 5천억 원)에 낙찰되어 경매 사상 최고의 기록을 세웠습니다. '남자 모나리자'로 불리는 이 그림은 '세상을 구원하는 자'(Saver of the World)입니다. 즉 구세주 예수님의 초상화입니다. 그림 속의 예수님은 푸른색 로브(robe)를 입고 왼손에 수정으로 만든 투명 구슬을 들고 있으며, 오른손으로는 축복을 가리키고 있습니다. 크기는 가로 40cm 세로 65.6cm이며 목판에 유화(Oil on Walnut)로 그린 그림입니다. 그런데 이 작품이 1958년 소

더비 경매에서 불과 45파운드(6만 6천원)에 낙찰되었습니다.

당시 작품은 예수님의 얼굴과 머리 부분이 심하게 덧칠해져 있었습니다. 2005년에 미국 아트 딜러 협회는 이 작품이 다빈치의 진품이라 판정하고 1만 달러에 사들였습니다. 이 그림은 6년간의 복원 과정을 거쳐 2011년, 세상에 내놓았는데 다빈치의 원작임이 판명되면서 2013년 러시아 미술품 수집가이며 사업가인 리볼로프레프(Dmitry Rybolovlev)가 1억 2천 750만 달러(한화 약 1,400억 원)에 구입했습니다. 이런 세기의 명작이 어마어마한 돈에 팔려 박물관에 전시되어 온 세상 사람들이 관람하고 감상할 수 있다면 그만한 돈을 들여 구입해도 좋겠다는 생각이 듭니다. 그러나 어떤 재벌이 그 인류 문화유산을 구입해서 자기 방에 걸어 놓고, 기껏 가족들이나, 그 집을 방문하는 제한된 사람들만이 감상을 한다면 그것은 인류에 대한 모독이며 죄악이라 여겨집니다. 그런 인류 문화유산은 개인이 소유해서는 안 되는 것이지요. 인류가 공동으로 소유해야 하는 것과 개인이 소유할 수 있는 작품이 구별되어야 하지 않을까요?

필자가 신학교에 다닐 때인 60년대 말, 당시 서울여자대학 학장이셨던 고황경 박사가 우리 신학교에 와서 특강을 했는데, 그때 강의 제목이 "가격과 가치"였습니다. 결론적으로 이야기해서 가격이 가치를 규정하는 것은 아니란 내용이었습니다. 일반적으로 가격이 높은 물건은 금, 백금, 다이아몬드 등이지요. 그러나 그런 것은 우리 일상생활에 크게 필요한 것은 아닙니다. 금이나 백금, 다이아몬드가 없어도 우리가 생활하는 데는 아무 지장이 없습니다. 그런데 왜 그것이 그렇게 비싸냐 하면 희귀성 때문입니다. 최영 장군 어머니가 아들에게 "황금을 보기를 돌 같이 하라."는 말씀은 돈에 연연하지 말라는 말씀이지요. 돌은 흔한 것이고, 황금은 희귀한 물체이기 때문에 한 말입니다. 돈에 눈독을 들이면 반드시 후회할 날이 올 수 있다는 것입니다.

그러나 인간에게 절대로 필요한 것은 공기입니다. 단 몇 분간만 공기를 마시지 못하면 모든 인간은 생명을 잃습니다. 그러므로 공기의 가치는 절대적이지만 공기에 가격을 매길 수 없습니다. 태양도 마찬가지입니다. 태양의 빛이나 열이 없으면 지구상의 모든 생명은 죽습니다. 그러나 태양의 빛이나 열에 가격을 매길 수는 없습니다. 비도 마찬가지지요. 비가 내리지 않으면 지구상의 모든 생물은 소멸합니다. 그러나 비를 가격으로 매길 수 있나요.

고가의 미술품과 마찬가지로, 운동선수나 영화배우들에게 터무니없이 많은 돈을 주는 것도 동의할 수 없습니다. 그들은 남들이 넘볼 수 없는 연기력과 운동 기량을 갖고 있다는 것을 인정한다 해도 수백, 수천 명이 평생 벌어도 만져볼 수도 없는 엄청난 돈을 혼자 갖는다는 것에 동의하십니까? 보통 사람보다 뛰어난 재능을 가진 것에 대한 보상을 받는 것은 당연하지만 정도가 있어야 한다고 생각합니다.

상식선에서 연봉을 주어야지 수백, 수천만 달러를 주는 것은 무엇인가 잘못된 것이라 여겨집니다. 꼭 주고 싶으면 세금을 왕창 매겨서 다시 회수하는 것이 사회 정의에, 평등에, 균등 분배의 원칙에 부합한다고 판단됩니다. 천문학적인 보상을 받은 사람들이 받은 돈을 나누는 정신을 갖는다면 또 이야기는 달라지지요. 세계적 부호 빌 게이츠(Billl Gates)나 워렌 버핏(Warren Buffett)이 자기의 엄청난 재산을 사회에 환원하는 것을 보면 역시 미국 청교도 정신이 조금은 남아 있다고 보입니다. 그런 사람들은 많은 돈을 벌어도 괜찮다고 여겨지지요. 왜냐하면 그들은 자기 재물의 많은 부분을 지극히 작은 자들에게 돌려주기 때문입니다.

세상에서 가장 완벽한 철통 방범 장치를 한 프랑스 루브르 박물관에서 1911년 저 유명한 모나리자가 도난당한 사건이 발생했습니다. 도둑 빈센조 페루지아(Vincenzo Peruggia)는 이탈리아 사람으로, 애국적 동기로 모나리자를 도둑질했습니다. 본디 모나리자는 이탈리아에 있었던 것인데, 나폴레옹이 이탈리아를 점령했을 때, 프랑스로 가져간 것이라며 본래 있던 자리에 되돌려 놓아야 한다며 도둑질한 것입니다.

기독교 신앙은 독점이 아니고 분배와 사랑입니다. 초기 예루살렘 교회 교인들의 삶, "믿는 무리가 한 마음과 한 뜻이 되어 모든 물건을 서로 통용하고 재물을 조금이라도 자기 것이라 하는 이가 하나도 없더라… 그중에 가난한 사람이 없으니 이는 밭과 집 있는 자는 팔아 그 판 것의 값을 가져다가 사도들의 발 앞에 두매 그들이 각 사람의 필요를 따라 나누어줌이라."(행 4:32,34) 이것이 기독 공동체의 모범입니다. 비록 우리는 현실에서 이런 교회를 이룰 수 없겠지만, 무엇이든 독점하려는 생각을 버리고 지극히 작은 자들과 더불어 나누는 삶을 위해 믿음 안에서 최선의 노력을 경주하는 오늘 하루 되세요.

선물과 뇌물

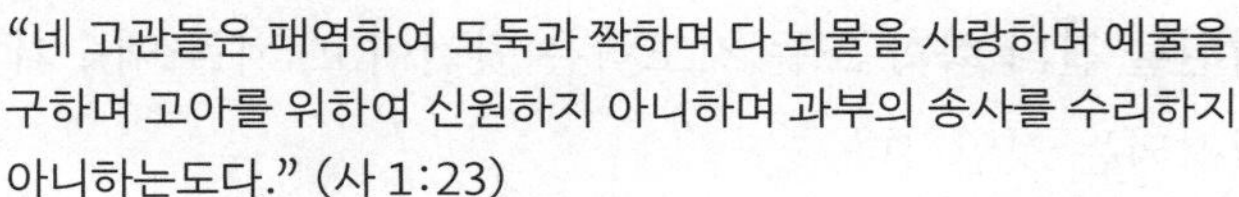

“네 고관들은 패역하여 도둑과 짝하며 다 뇌물을 사랑하며 예물을 구하며 고아를 위하여 신원하지 아니하며 과부의 송사를 수리하지 아니하는도다.” (사 1:23)

‘선물’ 하면 일반적으로 생일 선물이 떠오릅니다. 또 구정이나 추석 같은 명절에 부모님이나 형제자매 그리고 평소에 신세를 많이 진 사람들, 은사님들에게 선물을 드립니다. 크리스마스 때 아이들이 가장 기다리는 것은 산타클로스 할아버지의 선물입니다. 선물은 주는 사람이나 받는 사람들 모두 기분을 좋게 그리고 즐겁게 만들어 줍니다. 선물을 주고받는 일은 고마움을 나누는 인간 사회에서 없어서는 안 되는 귀한 관습입니다. 그런데 선물이 지나치면 뇌물이 됩니다. 뇌물은 어떤 목적 특별히 자기에게 유익이 되는 목적을 위해, 대개 윗사람 즉 상사에게 줍니다. 주된 목적은 자리 보존과 승진을 위한 것이지요. 연말(年末)이 되면 상사는 하급자들의 평가서 즉 고과표(考課表)를 상부에 제출합니다.

이 평가서는 승진과 바로 직결됩니다. 연초(年初) 차장이나 부장으로 승진할 자리가 하나 생기면 여러 과장들 간에 눈에 보이지 않은 경쟁이 일어나기 시작하지요. 그 자리에 오르려면 두말할 것 없이 상사에게 잘 보여야 하고, 잘 보이는 방법 가운데 제일은 뇌물 공여입니다. 뇌물을 어떻게 전달하느냐하는 것이 관건인데, 전에는 사과 상자를 전달하는 척하지만, 그 상자 속에는 사과가 아니고, 요즘 같으면 5만 원권 지폐가(미국에서는 100달러 지폐) 가득 들어 있지요. 현금이 아니면 기록이 남게 되어 추적하면 발각될 수 있어서 뇌물은 반드시 현금으로 해야 합니다. 이렇게 뇌물을 받은 상사는 당연히 뇌물을 많이 준 사람의 고과표에 좋은 성적을 주게 되어 승진이 보장되는 것이지요. 그 과장의 업무 능력이나 직원들 간의 화합 또는 지도력은 뒷전이고, 뇌물 액수가 얼마냐에 따라 결정되는 것입니다.

뇌물의 역사는 아주 오래되었습니다. 구약성경 특히 잠언에 뇌물에 대한 경계의 말씀이 많습니다. 잠언 18장 7절에 "뇌물은 그 임자가 보기에 보석 같은즉 그가 어디로 행하든지 형통하게 하느니라." 뇌물이 가는 곳에 형통이 있다했습니다. 같은 장 23절에 "악인은 사람의 품에서 뇌물을 받고 재판을 굽게 하느니라."고 말씀하십니다. 재판관이 뇌물을 받고 재판을 굽게 한다는 말씀인데, 예나 지금이나 판관들이 뇌물을 받는다는 사실은 다 알려진 비밀이지요.

한국에 유전무죄(有錢無罪), 무전유죄(無錢有罪)란 말이 있습니다. 돈 많은 재벌이나 부자는 풀려나고, 돈 없는 서민은 같은 죄를 지었어도 징역형을 선고 받는다는 말입니다. 실제로 보면 재벌들은 같은 죄를 지었을 때, 증거가 확실해 무죄라 할 수 없을 때는 집행유예로 풀어 줍니다. 더러운 자본주의의 뒷모습이지요. 모든 판사들이 다 그렇게 하지는 않겠지요. 요즘 세상에 재판 전에 돈을 받는 판사는 없겠지만, 잘 봐 주면 사후에 어떤 형식으로라도 사은(謝恩)은 하게 되겠지요. 성경말씀에 뇌물에 대한 경계는 이 외에도 출애굽기 23장 8절, 신명기 10장 10절, 이사야 5장 23절, 잠언 18장 16절, 19장 6절, 21장 14절 등 많은 곳에 뇌물을 받지 말라고 명하고 있지만, 타락한 인간들은 어떤 모양으로라도 크고 작은 뇌물을 주고받는 악습이 있습니다. 구약성경에 이렇게 여러 곳에 뇌물을 경계한 것은 당시에도 뇌물이 일반화되어 있었다는 방증입니다.

필자는 짧은 군 생활에서 계급이 얼마나 중요한가를 충분히 간파했습니다. 군에서는 그야말로 계급이 그 사람을 규정합니다. 계급이 한 단계 높으면 언제 어디서 만나도 경례를 해야 합니다. 물론 그 경례는 그 사람의 인격에 하는 것은 아니고, 단순히 계급장에 하는 것이지요. 계급이 높으면 어쩐지 훌륭해 보이고, 고매한 인격을 가진 것 같이 보이지만, 천만에 말씀입니다. 필자가 처음 군목 생활을 한 부대의 연대장은 입에 담지 못할 욕지거리를 스스럼없이 내뱉었습니다. 그리고 자기 스스로 자기는 돈에 대해 정직하지 못하다고 간부회의에서 거침없이 말하는 것을 들었습니다. 그래도 갓 임관한 중위인 필자는 그런 비열한 인격을 가진 자라도 연대장이니까 깍듯이 경례를 붙이고 존경의 태도를 보여야 했습니다. 그래서 필자는 군 생활에 염증을 느꼈습니다. 물론 계급도 높고 인격적으로도 존경할 만한 이들도 많이 있겠지요.

군에서는 계급이 제일인데 일반 사회는 돈이 으뜸입니다. 돈만 많으면 인격이나, 품격은 중요하지 않습니다. 결혼할 때, 돈 많은 시가(媤家)나, 처가는 무조건 OK입니다. 돈 없는 가난한 집안 딸이나 아들은 며느리, 사위 선택권에서 멀리 밀려나 버립니다. 그래서 사람들은 수단 방법을 가리지 않고 돈 버는 데 혈안이 되는 것이지요. "개 같이 벌어서 정승같이 쓴다."는 격언은 틀린 말입니다. 개같이 번다는 말은 수단 방법 가리지 않고, 개가 먹어도 되는 것과 먹어서는 안 되는 것을 구별하지 못하고 먹을 것이 있으면 무조건 먹어 치우는 것 같이, 무슨 수를 쓰더라도 돈만 벌면 된다는 뜻입니다. 뇌물도, 탈세도, 횡령도 모든 수단을 동원해서 돈만 벌면 되는 것이 개같이 버는 것입니다. 정승같이 쓴다는 말도 맞지 않습니다. 정승도 정승 나름이지 정승들이 흉년에 자기 집 곳간 문을 활짝 열고 겹겹이 쌓아 놓은 곡식을 가난한 사람들에게 나누어 주었다는 역사 기록은 지금까지 찾아보지 못했습니다.

그럼 어떻게 하면 인간 사회에서 뇌물을 없앨 수 있을까요? 답은 간단합니다. 예수님 믿으면 됩니다. 예수님 믿는 진실한 그리스도인은 뇌물을 받지 않고도 공정하게 행정 처리를 하고 부하들의 고과를 정당하게 평가합니다. 따라서 현재 예수 믿는 공직자와 회사의 갑(甲)이 을(乙)을 정당하고 진실 되게 또 그리스도인답게 평가하면 세상은 공평하게 됩니다. 문제는 그리스도인 '갑'들이 비그리스도인 '갑'들과 별반 차이가 없다는 데 있습니다.

형식적 그리스도인이 아니고 진실한 그리스도인이 절실히 요청되는 때입니다. 모두 뇌물을 받는데 유독 한 사람 그리스도인 '갑'만 안 받으면, 받는 사람들이 그를 모략중상해서 그 자리에서 몰아내는 것이 마귀가 다스리는 이 세상입니다. 그래서 그리스도인이 이 죄악 세상에서 신앙을 지키며 살아가기가 어렵습니다. 그래도 이 외롭고 좁은 길을 계속 걸어가야 합니다. 그것이 자기 십자가를 지고 주님을 따르는 길입니다. 길이 "좁고 협착하여 찾는 이가 적지만"(마 7:13-14) 우리는 그런 가시밭길을 걸어가야만 합니다. 그리스도의 명령이니까요.

나는 교인이지만 교회는 안 나갑니다

01
14

JAN

"우리 많은 사람이 그리스도 안에서 한 몸이 되어 서로 지체가 되었느니라… 성도들의 쓸 것을 공급하며 손 대접하기를 힘쓰라… 즐거워하는 자들과 함께 즐거워하고 우는 자들과 함께 울라."
(롬 12:5,13,15)

2020년 12월에 한국에 있는 교회탐구센터, 목회데이터연구소, 21세기 교회연구소, 실천신학대학원대학교 등이 공동으로 기독 청년들의 여론조사를 실시했습니다. 조사대상은 한국 내 19세에서 39세 사이의 개신교인 700명이었습니다. 질문 중에, 앞으로 교회 생활을 지속할 의향이 있느냐고 물었는데 5명 가운데 2명 즉 약 40%가 기독교 신앙은 유지하지만 교회에는 잘 안 나갈 것 같다고 응답을 했습니다. 소위 '가나안 교인'(교회를 '안 나가'는 교인)이 계속 많이 생겨날 것 같습니다.

필자가 이 조사에 관심을 갖게 된 것은 왜 젊은이들이 교회를 나가지 않으려는가 하는 점입니다. 기독교 신앙은 유지하지만 교회에 나가지 않겠다고 하는 것은 두 가지 요인이 있다고 생각합니다. 첫째는 외적 원인입니다. 현재 교회가 청소년들의 마음에 맞게 대응하지 못하고, 지나치게 전통적인 것만 고집하면서 시대의 흐름을 따라가지 못하고 있다는 점입니다. 둘째는 내면적인 요인입니다. 그들은 자기가 기독교 신앙을 가지고 있다고 생각하지만 그것은 대부분 부모로부터 물려받은 모태 신앙이기 때문입니다. 그들은 하나님을 믿고, 예수 믿으면 구원을 받는다는 교리는 알고 있지만, 사실상 예수님을 믿는 것은 아닙니다. 자기가 예수를 믿는다고 생각하고 있으므로 교회는 안 나가도 구원은 받을 것으로 착각하고 있는 것입니다. 왜냐하면 그 사람은 예수님을 인격적으로 만나지도 못했고, 또 성령님의 충만한 은사를 받지 못했기 때문입니다. 이런 사람들은 자기는 그리스도인이라고 말하지만 사실 그것은 자기 생각일 뿐 주님은 그를 주님의 제자로 여기지 않으십니다.

가끔 미국 사람을 만나 대화할 기회가 있을 때, 필자는 반드시 이렇게 묻습니다. "그리스도인입니까?"(Are you a Christian?) 하면, 자신 있게, "그렇습니다."(Yes, I am a Christian.)라고 대답합니다. 그래서 어느 교회에 나가느냐고 물으면, 대부분 교회는 안 나간다고 말합니다. 그러면서도 자기는 그리스도인이라 말하지요. 그러나 그것은 자기 머릿속으로 그렇게 생각하는 것이지 사실 그 사람은 그리스도인은 아닙니다. 교회는 그리스도의 몸이요 그리스도는 교회의 머리입니다. 성경은 "너희는 모이기를 폐하지 말라."(히 10:25)고 엄히 명하십니다.

초기 예루살렘 교회는 "날마다 성전에 모이기를 힘썼다."(행 2:46)고 기록했습니다. 교회의 사명이 셋 있습니다. 첫째는 복음 선포, 둘째는 성도들 간의 교제, 셋째는 봉사입니다. 성도들이 교회에 나오지 않으면 이 세 가지 교회의 사명을 이행할 수 없습니다. 전도인이나 선교사를 개인이 파송하는 일은 거의 불가능합니다. 2천 년 동안 교회가 전도인과 선교사를 파송했고 또 지금도 그렇게 하고 있습니다. 한국교회 초기 역사에 많은 서양 선교사들이 와서 전도를 했기에 오늘 한국교회가 있습니다. 이 선교사들을 누가 파송했나요? 개인이 파송한 사람은 거의 없습니다. 모두 교회가 파송한 것입니다. 한국에 선교사들 파송해 준 미국교회가 없었으면 한국 선교도 오늘의 한국교회도 없습니다. 그러므로 반드시 '눈에 보이는 교회'(Visible Church)는 이 세상의 역사가 지속되는 한, 주님께서 재림하실 때까지 존속해야 합니다.

물론 청년들이 지적한 것처럼 현실 교회가 여러 가지 문제를 안고 있는 것은 사실입니다. 또 청년들 눈에 교회가 여러 가지 모순된 일을 하고 있는 것도 사실입니다. 그것은 어쩔 수 없는 일입니다. 왜냐하면 교회는 주님의 몸이지만, 여전히 인간들의 집단이기 때문입니다. 인간이 모인 곳에는 반드시 문제가 있습니다. 세상 어떤 단체에 문제가 전혀 없는 곳이 있던가요? 문제 있는 사람이 있는 곳에 반드시 문제가 있습니다. 교회는 천사들이 모이는 곳이 아닙니다. 그렇다고 교인들이 모두 성자, 성녀들도 아니지 않습니까?

교회는 다양한 사람들이 모여 있는 집단입니다. 그 다양한 사람 가운데 성격, 성향, 생각이 독특한 사람이 있게 마련입니다. 2천 년 교회 역사에서 가장 모범이 되는 교회는 예수님 부활 직후에 이루어진 예루살렘 교회입니다. 그 예루살렘 교회는 가장 바람직스러운 교회였습니다. 날마다 성전에 모여 기도하고 예배하며 떡을 떼면서 친교를 나누었던 이상적 교회였습니다. 그러나 과부들의 구제 문제에 있어서 균열이 생겼습니다. 교회가 히브리파 과부들과 헬라파 과부들을 구제하는 문제에서 편파적인 문제가 발생했습니다. 히브리파 과부들에게만 더 많이 구호를 했다는 헬라파 과부들의 불만이 터져 나온 것입니다.

바울 사도가 고린도교회에 써 보낸 편지 가운데 고린도교회의 문제점 몇 가지를 지적했는데 그 가운데 첫째가 바로 교회 안의 분열 문제였습니다. 교인들 간에 바울파, 아볼로파, 게바파, 그리스도파가 서로 갈등했습니다.(고전 1) 이것이 지상에 있는 교회의 진면목(眞面目)입니다. 물론 교회에도 문제가 있습니다. 문제없는 교회는 세상에 단 하나도 없습니다. 문제 있는 집단을 모두 해산시키면 이 세상에 존재하는 집단은 단 하나도 남아 있지 않습니다. 교회에는 성령의 충만한 은사를 받은 사람도 있지만 사탄의 조정을 받는 사람도 있습니다. 사탄의 조정을 받는 사람이 교회에서 분란을 일으킵니다.

교회 안에 있는 청소년들이 교회에 붙어 있도록 그들의 신앙을 확실하게 길러 주어야 합니다. 그들이 문제 있는 교인들을 보지 않고, 주님만 바라다 볼 수 있도록 이끌어 주고, 무엇보다 성령님의 은총을 받도록 유도하여 영적 체험을 할 수 있도록 본을 보여 주어야 합니다. 무엇보다 주님을 만나게 해 주어야 합니다. 특히 모태 신앙을 가진 자녀를 둔 부모의 책임은 막중합니다. 내가 어떻게 신앙생활을 하느냐에 따라 우리 아이들의 신앙이 결정됩니다. 우리 아이들이 '가나안' 교인이 되는 것은 80% 이상이 부모의 신앙생활에 실망한 결과입니다.

내 아이가 교회를 떠나 세상으로 나가 결국 멸망의 길로 간다면 그 책임의 대부분은 부모가 져야 합니다. 세상에 나가 믿지 않은 사람 전도하기 전에 내 가정의 아이들이 확실한 신앙인이 될 수 있도록 모범적인 신앙생활을 해야 합니다. 나 자신과 자녀들의 신앙생활을 위해 날마다 눈물로 기도하여 성령님께서 움직이게 해야 합니다. 우리는 너무 약합니다. 따라서 성령님의 도우심이 절대 필요합니다.

바람과 믿음

JAN

"그는 하나님과 모든 백성 앞에서 말과 일에 능하신 선지자이거늘…
우리는 이 사람이 이스라엘을 속량할 자라고 바랐노라." (눅 24:19,21)

예수님이 부활하신 후 예루살렘에서 25리쯤 되는 엠마오로 가는 두 제자가 있었습니다. 그들은 글로바(Cleopas)와 이름이 알려지지 않은 제자였습니다. 그들은 며칠 전 예루살렘에서 일어난 예수님의 수난에 대해 이야기를 하면서 엠마오로 내려갔습니다. 그때 홀연히 예수님께서 그들에게 가까이 가셔서 동행하셨지만 그들의 눈이 어두워 예수님인지 알지 못했습니다.

그때 예수님께서 그들에게 "너희가 무슨 이야기를 서로 주고받느냐?"며 질문하셨습니다. 그때 글로바는 슬픈 빛을 띠며 "당신이 예루살렘에 체류하면서도 거기서 된 일을 혼자만 알지 못하느냐?"며 말했습니다. "그는 하나님과 모든 백성 앞에서 말과 일에 능하신 선지자이거늘 우리 대제사장들과 관리들이 사형 판결에 넘겨줘 십자가에 못 박았느니라. 우리는 이 사람이 이스라엘을 속량할 자라고 바랐노라. 뿐만 아니라 어떤 여자들이 새벽에 무덤에 갔다가 시체는 보지 못하고 그가 살아나셨다는 천사들의 나타남을 보았다 함이라. 또 우리와 함께 한 자 중에 두어 사람이 무덤에 가봤는데 과연 여자들이 말 한 바와 같음을 보았으나 예수는 보지 못하였다."(눅 24:22-24)고 말했습니다.

날이 저물자 그들은 동리 여인숙에 들어가 함께 식사를 하게 되었는데, 식탁에서 예수님께서 빵을 가지시고 축사하신 후, 떼어 그들에게 주실 때, 비로소 그들의 눈이 밝아져 예수님임을 깨달았으나 예수님은 이미 그들에게 보이지 아니하셨습니다. 그들은 서로 말하면서 그분이 우리에게 말씀하시고 우리에게 성경을 풀어주실 때에 우리 속에서 마음이 뜨겁지 않더냐고 말하며 즉시 예루살렘으로 돌아가서 열한 제자와 다른 제자들에게 예수님께서 자기들에게 나타나셨다는 말을 했습니다.

여기서 두 제자에 대해 같이 한번 생각해 보겠습니다. 우선 이들은 예수님에 대해 잘 알고 있었습니다. 길을 가면서 예수님의 근황에 대해 대화하고 있었습니다. 또 예수님이 "하나님과 모든 백성 앞에서 말과 일에 능하신 선지자."(눅 24:19)라고 말했습니다. 그들은 예수님을 선지자로만 여겼지, 그리스도나 메시아로 보지 않았습니다. 특히 그들은 예수님이 "이스라엘을 속량할 자라고 바랐노라."(We had hoped)고 말했습니다. '바란다'는 것은 '믿는 것'이 아닙니다. 내일 비가 오길 바란다는 것은 오기를 기대하는 것이지 믿는 것은 아닙니다.

우리 신앙도 '바람의 신앙'과 '믿음의 신앙'이 있습니다. 바람의 신앙은 확신이 없는 신앙입니다. 예수님은 말씀하셨습니다. "무엇이든지 기도하고 구하는 것은 받은 줄로 믿으라. 그리하면 너희에게 그대로 되리라."(막 11:24)고 말씀하셨습니다. 예수님께서 세상에 계실 때, "믿음이 너를 구원하였다"라는 말씀을 자주 하셨습니다. 예수님 뒤로 와서 옷자락을 만진 열두 해 동안 혈루병을 앓던 여인에게 "네 믿음이 너를 구원하였으니 평안히 가라."(막 5:34)고 말씀하셨습니다. 맹인 디매오의 아들 바디매오에게도 "가라, 네 믿음이 너를 구원하였느니라."(막 10:52)고 말씀하셨습니다. 또한 열 사람의 나병환자를 치료해 주신 후, 감사를 드리러 온 유일한 사마리아인에게도 "네 믿음이 너를 구원하였느니라."(눅 17:19)고 말씀하셨습니다.

당시에 많은 사람들이 예수님에게 병 고침을 받으러 왔을 때, 적지 않은 경우, "네 믿음대로 될지어다."(Let it be done as you believed.)라고 말씀했습니다. 예수님께서 가버나움에 가셨을 때, 백부장의 하인이 중풍병에 걸려 누워 있었는데, 예수님께서 구태여 집에까지 오실 필요 없고, 그저 말씀 한 마디만 해 주시면 자기 하인이 나을 것이라는 신앙 고백을 했을 때, "네 믿음대로 될지어다."(마 8:13)라고 말씀하시자 그 시로 하인이 나았다는 기록이 있습니다. 믿음만이 승리이며 구원입니다. 예수님만이 유일한 구세주이심을 믿는 믿음이 우리를 구원으로 이끌어 줍니다. 엠마오의 두 제자와 같이 예수님을 '바람'의(had hoped) 상대로 여기면, 구원은 없습니다. 100%의 확신과 믿음만이 구원에 이르는 길입니다.

성령 받기 전, 후의 베드로

01/16

“베드로와 요한이 대답하여 이르되 하나님 앞에서 너희의 말을 듣는 것이 하나님 말씀 듣는 것보다 옳은가 판단하라.” (행 4:19)

신약성경에 베드로 이야기가 많이 나옵니다. 베드로는 예수님께서 택하신 열두 제자 가운데 한 사람입니다. 그러나 그는 여러 면에서 특출했고 성격이 급하고 나서기를 좋아하는 사람이었으며 예수님을 최측근에서 섬겼기 때문에 수(首)제자란 명예를 얻었습니다. 그는 갈릴리 지방의 보잘것없는 어부였습니다. 그러나 예수님에 의해 선택받은 후, 교회 역사에 놀라운 일을 이룬 사람이 되었습니다. 정경(Canon)인 베드로 전후서를 써서 지금도 우리는 그의 은혜로운 글을 읽고 있습니다.

그가 처음 예수님을 따랐을 때, 배와 그물과 기타 모든 것을 다 버리고 주님을 좇았습니다. 자기 삶 전체를 주님께 바쳤던 것입니다. 그때 무슨 심정으로 예수님을 따라갔는지는 알 수 없지만 분명한 것은 예수님이 하나님이심과 앞으로 십자가에서 수난 당하시고 부활하신 후 승천 하실 것은 전혀 알지 못했습니다. 아마도 그는 예수님이 이스라엘을 로마 제국으로부터 해방시키고, 왕이 되면 자기가 영의정 자리에 앉을 것이라는 허황된 꿈을 꾸었을지도 모릅니다. 그러나 그런 기대와는 정반대로 예수님께서 십자가를 지시고, 죽음으로 향해 가는 모습을 멀리서 지켜볼 뿐이었습니다.

막달라 마리아와 야곱의 어머니 마리아, 살로메 등 여자들이 예수님의 무덤에 갔다 와서 주님의 부활의 소식을 전했을 때, 그는 즉시 무덤으로 달려가 그 사실을 확인했습니다. 그리고 부활하신 예수님께서 제자들이 모인 자리에 나타나셨을 때, 분명히 두 눈으로 똑똑히 부활의 주님을 보았고 확인했습니다. 그 후에도 한두 차례 더 뵈었고, 요한복음 마지막에 보면 그가 밤새 물고기 잡는 데 헛고생을 하고 돌아올 때, 배 오른쪽에 그물을 내리라는 주님의 말씀에 따라 그물을 내려 생선 153마리나 잡는 기적을 다시 눈으로 확인했습니다. 또한 주님께서 숯불에 구워놓은 생선과 빵을 베드로와 다른 제자들이 먹었습니다. 이것이 세 번째 제자들에게 나타나신 장면입니다.

그러고 나서 예수님께서는 베드로에게 "네가 나를 사랑(agape)하느냐?"고 물었습니다. 베드로는 세 번 다 인류애(Philos)의 사랑으로 주님을 사랑하다고 고백합니다. 베드로는 주님을 아가페의 사랑으로 사랑할 준비가 되어 있지 않았습니다. 그렇게 요한복음은 마무리됩니다. 이유가 뭘까요? 네, 바로 성령님을 받지 못했기 때문입니다. 요한복음에 이어지는 사도행전에 와서 비로소 베드로가 진정한 예수님의 제자, 수제자가 됩니다.

오순절에 불같은 성령님을 받은 후의 베드로는 전혀 다른 사람이 되었습니다. 성령님을 받은 베드로와 다른 제자들은 그 이전의 모습과는 180도 다른 사람들이 되었습니다. 베드로와 열한 제자는 소리를 높여 유대인들과 예루살렘에 사는 모든 사람들에게 "회개하여 각각 예수 그리스도의 이름으로 세례를 받고 죄 사함을 받으라 그리하면 성령을 선물을 받으리라."(행 2:38)고 외쳤습니다. 이 외침의 내용을 들어 봅시다. 성령님의 선물을 받기 전에 세 가지를 해야 합니다. 첫째, 회개해야 합니다. 둘째 세례를 받아야 합니다. 셋째 죄 사함을 받아야 합니다. 그러고 나서야 성령님을 받을 수 있습니다. 우리가 성령님을 받지 못하는 것은 위 세 가지 중 세례 받은 것 하나뿐이고, 회개하지 않았으며, 죄 사함을 받지 못했으므로 성령님을 받지 못한 것입니다.

성령님을 받지 못하고 신앙생활 하는 것은 서기관과 바리새인과 같이 형식적이고 외식적인 신앙생활이지 주님께서 원하시는 신앙생활이 아닙니다. 마치 베드로가 수제자라며 자랑했지만, 성령님 받기 전에 부끄러운 삶을 산 것과 같습니다. 3년간 예수님을 수제자로 섬겼지만, 그의 섬김은 외형적이고 형식적인 것이었지 진정한 섬김이 아니었습니다. 성령님을 받은 베드로는 나면서 앉은뱅이 된 사람을 일으키는 기적을 행했습니다. "심지어 병든 사람을 메고 거리에 나가 침대와 요 위에 누이고 베드로가 지날 때에 혹 그의 그림자라도 누구에게 덮일까 바라고 예루살렘 부근의 수많은 사람들도 모여 병든 사람과 더러운 귀신에게 괴로움을 받는 사람을 데리고 와서 다 나음을 얻으니라."(행 5:15-16) 성령 받은 베드로의 모습입니다.

우리가 신앙생활을 오래해도 능력이 없고, 차지도 뜨겁지도 않은 신앙생활을 하는 것은 바로 성령님을 받지 못한 연고입니다. "성령을 받으라."(요 20:22)는 주님의 말씀을 오늘 나에게 주시는 말씀으로 받읍시다.

사울과 바울

"너희는 유대인이나 헬라인이나 종이나 자유인이나 남자나 여자나 다 그리스도 예수 안에서 하나이니라." (갈 3:28)

우리는 바울 선생의 예수 믿기 전 이름이 사울임을 알고 있습니다. 사울은 히브리식 이름이고, 바울은 그리스, 로마에서 흔히 쓰는 이름입니다. 사울이 이방인의 사도가 되기로 결정하고 나서 바울이라는 이름을 사용하기 시작했습니다. 사울은 베냐민 지파 후손이었고, 바리새파였으며, 율법주의에 매몰된 사람으로 정통 유대인이었습니다. 사울은 자기 민족 종교인 유대교의 율법과 전통, 장로의 유전을 철저하게 지키며 보존하려 힘쓴 열혈 청년이었습니다. 자기 민족 종교를 추호라도 흐리게 하려는 세력은 철저히 응징하려는 열정으로 가득 찬 사람이었습니다. 그리하여 예루살렘교회 일곱 집사 중 한 분인 스데반을 돌로 쳐 죽이는 데 앞장섰고, 스데반을 죽음에 이르게 하는 증인들의 옷이 사울의 발 앞에 놓였습니다.(행 7:58)

사울은 교회를 잔멸하고 각 집에 들어가 남녀를 끌어다가 옥에 가두는 일을 계속했습니다.(행 8:3) 뿐만 아니라 사울은 여전히 주의 제자들에 대해서 위협과 살기가 등등해서 대제사장으로부터 다메섹의 여러 회당에 갈 공문을 받아 남녀를 막론하고 결박하여 예루살렘으로 끌고 오려 했습니다. 이 장면에서 우리는 사울을 결코 나쁜 사람이라고 매도할 필요는 없습니다. 왜냐하면 그는 아직 예수님을 알지 못했고, 자기 민족 종교인 유대교에 철저한 신앙과 수호 의지를 가지고 있었던 열혈 청년이었기 때문입니다. 순교자들이 기독교 선교를 위해 열정과 생명을 바치는 일과 비견(比肩)되는 일입니다.

주님께서는 이런 열정을 가진 사울을 눈여겨보시고 그를 부르셔서 하나님의 사람으로 쓰시기로 결단하셨습니다. 사울이 다메섹으로 가는 도중에 주님께서 나타나셔서 그를 부르시어 교회 역사에 길이 빛나는 거인으로 만드셨습니다. 주님에게서 나오는 밝은 빛에 눈이 어두워진 사울은 사람들의 손에 이끌려 다메섹에 들어간 후 사흘 동안 먹지도, 마시지도 못하고 혼란 상태에 빠져 있었습니다. 다메섹에 살고 있던 예수님의 제자 아나니아가 사울에게 안수하여 눈을 뜨게 했고, 성령 충만을 선포하자 사울은 바로 일어나서 세례를 받았고 음식을 먹은 후 강건하여졌습니다.

사울이 다메섹에 있는 제자들과 며칠 머물면서 회당에 나가 예수님이 하나님의 아들이심을 전파하자, 듣는 사람이 다 놀라, "이 사람이 예루살렘에서 이 이름을 부르는 사람을 멸하려던 자가 아니냐 여기 온 것도 그들을 결박하여 대제사장에게 끌고 가려 함이 아니냐?"(행 9:21)며 경계했습니다. 예수 믿기 전의 사울은, 믿은 후에 바울로 이름을 바꾸었을 뿐만 아니라 사람 자체도, 종교관도, 가치관도 완전히 바뀌었습니다. 유대인만이 하나님의 선민(選民)이고 그 이외의 모든 족속은 하나님의 저주를 받을 종족으로 여기던 유대교에서 우주적 차원의 기독교로 이입(移入)했습니다. 바울 신학에서 가장 중심이 되는 우주적 하나님의 구원이 이방인들에게도 확대됨을 깨닫고, 이방인의 사도로 나서게 되었습니다.

인간의 구원은 유대교에서 강조하는 율법의 행위에 의해서가 아니고, "사람이 의롭게 되는 것은 율법의 행위로 말미암음이 아니요 오직 예수 그리스도를 믿음으로 말미암는 줄 알므로 우리도 그리스도 예수를 믿나니 이는 우리가 율법의 행위로서가 아니고 그리스도를 믿음으로서 의롭다 함을 얻으려 함이라 율법의 행위로서 의롭다 함을 얻을 육체가 없느니라."(갈 2:16)는 결론에 이른 것입니다.

우리는 바울 선생을 통해 하나님의 우주적 구원 사역을 바르게 알게 되었고, 유대교의 율법주의에서 해방되어 복음으로 구원 얻는 원리를 깨닫게 되었습니다.

예수님의 말씀을 가장 정확하게 해설하신 분이 바울 선생이고, 바울의 신학을 재해석한 이가 초기교회 교부 어거스틴(Augustinus)이며, 어거스틴의 신학을 보다 섬세하게 풀이한 이가 16세기 교회 개혁자 장 칼뱅 선생입니다. 우리는 이들이 제시한 믿음으로 구원받는다는 진리를 확신하게 되었고, 이를 통해 구원의 반열에 서게 되었습니다. 우리도 사울이 바울 되는 것과 같이 과거 편협한 종교관에서 우주적 그리고 보편적 복음에로의 전환이 필요한 시점입니다. 이 아름답고 기쁜 소식을 더 널리 전하기 위해 기도와 물질의 봉헌에 더욱 힘써야겠습니다.

오순절 성령 강림

01/18

"홀연히 하늘로부터 급하고 강한 바람 같은 소리가 있어 그들이 앉은 온 집에 가득하며 마치 불의 혀처럼 갈라지는 것들이 그들에게 보여 각 사람 위에 하나씩 임하여 있더니 그들이 다 성령의 충만함을 받고" (행 2:2-4)

기독교의 하나님은 세 분이십니다. 성부 하나님, 성자 하나님, 그리고 성령 하나님이십니다. 성부 하나님은 천지를 창조하시고 온 우주를 주관하시는 분이시며, 성자 하나님 예수님은 우리를 구원하시기 위해서 인간의 몸을 입으시고 세상에 오셔서 33년 동안 사시다가, 마지막에 십자가의 고난으로 우리를 구원해 주신 구세주이십니다. 예수님께서는 내가 가면 성령님을 선물로 보내 주시겠다고 약속하셨습니다. 세 번째 하나님이 성령 하나님이십니다. 그분은 우리에게 오셔서 우리로 하여금 먼저 회개하게 하시고, 진리의 사람답게 세상에서 올바르게 살면서 능력을 받아 말씀을 선포하게 하십니다.

사도행전 1장 8절에, "오직 성령이 너희에게 임하시면 너희가 권능을 받고 예루살렘과 온 유대와 사마리아와 땅 끝까지 이르러 내 증인이 되리라."고 말씀하셨습니다. 이 말씀을 자세히 살펴보면 성령님이 우리에게 임하셔야 권능을 받게 되고, 권능을 받아야 온 세상의 증인이 된다는 말씀입니다. 따라서 성령님이 임하지 아니하시면 우리가 권능을 받을 수 없고, 권능을 받지 못하면 증인 즉 전도인이 될 수 없습니다.

사도행전 8장에 보면, 예루살렘 교회가 사마리아 사람들도 하나님의 말씀을 받았다함을 듣고 베드로와 요한을 그곳에 보냈습니다. 그들이 그곳에 내려가 보니 아직 한 사람에게도 성령 내리신 일이 없고 오직 주 예수의 이름으로 세례만 받았을 뿐이었습니다.(16절) 바울 사도가 에베소에 갔을 때, 어떤 제자들을 만나 "너희가 믿을 때에 성령을 받았느냐?"고 묻자, "우리는 성령이 계심도 듣지 못하였노라."(행 19:2)고 답했습니다. 이 말의 뜻은 예수님은 믿었지만 성령이 계시는 줄은 몰랐다는 이야기입니다. 그들은 성령님과 상관없이 단순히 예수님의 이름으로 세례를 받고 예수님을 믿었을 뿐입니다.

이들은 성령님과 상관없이 예수님을 믿었고 또 신앙도 고백을 했습니다. 우리는 예수님을 믿을 때, 성령님이 계시다는 것을 알고 믿었습니다. 그러나 '안다'는 것과 '받는다'는 것은 전혀 다른 개념입니다. 유치원에 다니는 아이가 자전거가 자전거포에 많이 있다는 것을 알고 있습니다. 그러나 아빠가 그 자전거를 사서 아이에게 주지 않으면 그 자전거는 아이의 자전거가 아닙니다. 성령님이 계시다는 것을 우리는 다 알고는 있지만, 아직 소유하지는 못한 경우가 많습니다. 즉 능력 없는 신앙생활을 하고 있다는 말입니다.

한국교회는 선교사들이 내한하기 시작한 1880년대 중반에 시작되었습니다. 선교사들은 병원을 세우고, 학교를 세웠으며 열심히 전도해서 교회가 세워졌고 적지 않은 교인들이 생겼습니다. 그러나 우리 조상들은 예수는 믿었지만 성령님과는 상관없는 신앙생활을 했습니다. 그러다 1907년 평양에서 대부흥운동이 일어났습니다. 이 운동으로 조상들은 강력한 성령님의 강림을 체험했습니다. 성령님의 강림을 체험한 우리 조상들은 철저한 회개 운동을 시작했습니다. 성령님이 맨 먼저 우리에게 하시는 사역은 회개하게 하는 일입니다. 우리가 철저한 회계를 하지 않았다면 성령님은 우리 속에 오시지 않았고, 우리는 성령님이 계시다는 것을 알고만 있을 뿐, 모시지는 못하고 신앙생활을 하고 있었을 것입니다. 예수님의 열두 제자를 비롯해서 많은 제자들이 오순절 성령님 강림 이전까지 예수님을 알고는 있었지만, 구세주인 것을 확실히 믿지 않았습니다. 그래서 부활 후에 예수님을 몇 차례나 만났던 베드로도 물고기 잡으러 갔고, 나머지 제자들도 그를 따랐습니다.

예수님을 아는 것과 성령님을 받는 것은 전혀 다른 개념입니다. 성령님을 받지 못한 사람은 평생 예수님을 알 뿐 믿지는 못한 사람입니다. 성령님 받지 못한 사람에게는 회개의 능력이 없어 평생 제대로 된 회개를 못합니다. 다만 입에 붙은 회개만 할 뿐이지요. 회개하지 않은 사람은 예수님이나 하나님과는 상관없는 사람입니다. 그는 여전히 죄인이고, 여전히 죄악 속에 살고 있을 뿐입니다. 철저한 회개를 하지 않은 사람은 전도하지 못합니다. 성령님에 의한 회개가 바로 전도로 이어집니다. 전도하는 사람은 성령님을 받은 사람입니다. 한국교회, 미국교회, 그리고 세계교회가 새로워지기 위해서는 강력한 성령 강림 운동을 일으켜야 합니다. 우리 마음속에 성령님을 모시지 않고는 결코 하나님의 자녀가 될 수 없습니다.

배려

"즐거워하는 자들과 함께 즐거워하고 우는 자들과 함께 울라… 할 수 있거든 너희로서는 모든 사람과 더불어 화목하라." (롬 12:15,18)

배려라는 말은 혼자 살 때 사용되는 용어가 아니고 더불어 사는 곳에서 쓰이는 단어입니다. 남을 배려 한다는 말은 상대방의 입장에 서는 것을 의미합니다. '역지사지'(易地思之)라는 말이 있습니다. 이 말의 뜻은 입장을 바꾸어 놓고 생각하라는 말입니다. 어떤 분이 이런 말을 했습니다. '사랑'이란 '입장을 바꾸어 놓고 생각하는 것'이라고요. 예를 들어 어떤 걸인이 나에게 한 푼만 동정해달라고 구걸할 때, 내가 바로 그 걸인의 입장이 되어 보면, 내가 지갑을 열지 않을 수 없습니다. 그러므로 모든 어려운 문제가 있을 때, 역지사지를 생각하면 문제가 간단히 풀리게 됩니다. 역지사지가 안 되는 것은 결국 내 마음속에 있는 이기적 생각 때문입니다. 근래에 '사재기'라는 말이 자주 등장합니다. 천재지변(天災地變)이 일어났을 때, 사람들은 식품점과 잡화점에 몰려가 평소 가정에서 필요한 물건을 하나도 남기지 않고 몽땅 다 싹쓸이해 갑니다. 이웃에 대한 배려는 손톱만큼도 없습니다. 자기 집에 첩첩이 쌓아 놓고 행복해 하지요. 이제 우리 집은 적어도 한 달 이상 부족함 없이 풍성히 쓸 수 있다는 안도감에 행복해 하지요. 이웃은 고통을 당하든지 말든지 나와 상관없는 일이라 여깁니다.

누가복음 10장에 예수님께서 말씀하신 강도 만난 사람의 비유에서, 강도 만난 사람을 피해 도망간 제사장이나 레위인에게 강도 만난 사람을 돕는 일은 '나와 상관없는 일'(not my business or I don't care)이었습니다. 우리는 정작 우리에게 도움을 요청하는 사람에게 '나와 상관없는 일'이라고 말하지요. 그런데 예수님께서는 일개 떠돌이 장사꾼 사마리아 상인처럼 온 힘을 다해 도와주라고 말씀하십니다. 강도 만난 사람을 배려하라는 말씀입니다.

남을 배려하는 마음은 추호도 없고 오직 나와 우리 가족만을 생각하는 모습이 많습니다. 벌써 수년이 지났습니다만 일본 후쿠시마에 원자력 발전소가 폭발해서 많은 사람들이 어려움을 겪고 있을 때 일본 사람들도 모두 다 필요한 물품들을 식품점에서 사갔습니다. 그런데 어느 날 아침 한 부인이 매장에 와서 식품을 사는데 필요한 만큼만 사고 나머지는 사지 않았습니다. 그래서 한 사람이 물었습니다. "왜 더 가지고 갈 수 있는데 그것만 가지고 가느냐?"고 물었더니, "우리뿐만 아니라, 이웃들도 써야 하기 때문에 우리 가족에게 필요한 만큼만 샀다."고 말했다는 보도를 읽은 일이 있었습니다. 이것이 이웃을 배려하는 공동체 생활의 원칙입니다. 예수님께서는 "네 이웃을 내 몸과 같이 사랑하라."고 말씀하셨습니다. 그러나 아무리 생각해도 이웃을 내 몸처럼 사랑하는 것은 보통 교인들이 할 수 있는 일은 아닌 것 같습니다.

네 이웃을 내 몸과 같이 사랑하라고 하는 예수님의 말씀대로 살아가기는 거의 불가능합니다. 따라서 필자는 이렇게 얘기합니다. 내 이웃을 네 여동생 사랑하는 만큼만 사랑하라고. 그렇다면 같은 교회에 다니는, 비록 이름도 얼굴도 잘 모르는 교인이지만 그 교인에게 주차공간을 양보할 수 있습니다. 필자가 주장하는 교회 주차장 주차 원리는 다음과 같습니다. 교회에 맨 먼저 온 사람은 주로 목회자, 당회원, 성가대원, 교회학교 교사, 차량부, 주방 봉사자 등 신앙의 연조가 오래고, 신앙심이 두터운 분들이지요. 그렇다면 일반 신자들보다 교회 생활에 본을 보여야 합니다. 따라서 주차장 주차 원리는 맨 먼저 온 사람이 가장 먼 곳부터 주차하는 겁니다. 그래서 예배당에서 가까운 주차 공간은 비워 두어야 합니다. 그것은 교회 처음 오는 사람들을 위해서, 신앙생활을 처음으로 하는 사람들, 그리고 만부득이한 사정으로 예배 시간에 늦게 오는 교인들을 위한 공간으로 비워 두어야 합니다.

주님께서 말씀하신 이웃 사랑은 배려입니다. 배려하는 사람은 사랑할 수 있습니다. 그러나 이웃에 대한 배려가 없는 사람은 끝까지 이기주의에 가쳐 살아가게 되어있습니다. 우리 교회 교우에 대한 조그마한 배려가 우리 교회에 평화를 가져오고, 이웃 특히 곤란 속에 살아가는 이웃에 대한 배려의 마음이 우리 사회를 평온하게 하는 지름길입니다. 배려는 그리스도인의 삶의 구체적 표현입니다. 이웃에 대해 끝없는 관심을 갖고 도움을 제공하는 삶이 곧 이 세상을 살아가는 그리스도인의 삶입니다. 주님께서는 그렇게 사는 사람을 눈 여겨 보고 계십니다.

미국 역사에 기록될 정부통령 취임식

01/20

"이는 네 속에 거짓 없는 믿음이 있음을 생각함이라 이 믿음은 먼저 네 외조모 로이스와 네 어머니 유니게 속에 있더니 네 속에도 있는 줄을 확신하노라." (딤후 1:5)

2021년 1월 20일 미국 워싱턴 D.C. 국회 의사당 앞에서 역사적인 미국의 제46대 대통령 조 바이든(Joe Biden)과 부통령 카멀라 해리스(Kamala Harris)의 정부통령 취임식이 거행되었습니다. 이 취임식은 미국 역사에 길이 기록될 만한 일을 여럿 남겼습니다. 우선 이 뜻깊은 행사에 매번 수십만 명이 운집한 가운데, 비단 미국뿐만 아니라 전 세계의 매스컴과 헤아릴 수 없이 많은 사람들이 지켜보는 가운데 벌어졌던 행사가 참석 인원 겨우 3천 명에 경비 인력 주 방위군 2만 5천 명의 삼엄한 경비 속에 치러졌다는 것은, 코로나를 감안한다 해도 이해하기 어려운 역사의 기록이 될 것입니다. 그 많은 경비 인력이 있어야 할 정도로 미국이 피폐해져 있다는 단적 증거였습니다. 취임식에 몰려 왔던 인파 대신 '깃발의 들'(Field of Flags)에 미국 국기와 50개 주 깃발 등 19만 1,500개의 깃발들로 가득 채워진 것도 미국 역사에 처음 있는 일입니다. 미국 역사에서 최고령(78세) 대통령이 취임한 것도 기록입니다. 또한 152년 만에 현직 대통령이 승계하는 대통령 취임식에 참석하지 않은 트럼프의 입장에 이해가 되는 면도 있지만, 어떻든 결과적으로 본인과 미국 역사에 또 하나의 불명예를 남겼습니다.

기독교는 미국의 국교가 아닙니다. 이는 헌법에 명시된 조항입니다. 미국은 유대교, 이슬람, 불교, 힌두교 등 수많은 종교가 섞여있는 종교 혼합 국가입니다. 그러나 취임식에 여전히 기독교 영향이 짙게 배어 있는 것은 어쩔 수 없이 미국이 청교도가 세운 기독교 국가여서 그런 듯합니다. 미국 인기 컨트리 가수 브룩스(Garth Brooks)가 찬송가 '나 같은 죄인 살리신'을 불렀습니다. 그런데 브룩스는 공화당원입니다. 조 바이든 대통령 부인인 질(Jill) 여사의 부탁으로 성사되었답니다. 민주당 대통령 취임식에 공화당원 가수가 노래를 불러 축하한 것은 정파를 초월한 미국의 화합 정신을 보여준 일이라 여겨집니다.

또 한 가지 인상적인 것은 역사적으로 그랬던 것처럼 대법원장이 들고 있는 성경 위에 왼손을 얹고, 오른손을 들고 바이든이 대통령 서약을 한 것입니다. 근대에는 링컨 대통령이 어머니로부터 물려받은 성경에 손을 얹고 선서했는데, 이번에는 바이든 대통령 집안 대대로 128년 동안 가보(家寶)로 내려온 성경이었습니다. 선서 마지막에는 "하나님이시여, 나를 도와주소서."(So help me God.)이라고 말합니다. 하나님의 도우심을 기원하는 것입니다.

바이든 집안은 전통적인 아일랜드계 가톨릭(Irish Catholic)으로 뿌리 깊은 신앙을 가진 가문입니다. 한 가정에서 130여 년간 자자손손 가보로 보관해 오는 성경이 있다는 점은 참 존경스럽고 본받을 만한 일이라 여겨집니다. 이 성경은 1893년부터 그 가문에 보존되어 왔으며 두께가 5인치(12.7cm)나 되는 두꺼운 성경인데, 이 성경 안에는 바이든이 과거에 다른 공직(상원의원, 부통령)에 취임할 때 했던 선서 일자가 기록되어 있다고 합니다. 아마도 2021년 1월 20일 대통령 취임을 한 날짜도 그 성경에 기록되겠지요. 그 집안에서 미국 대통령이 나온 것은 그야말로 '가문의 영광'이 아닐 수 없습니다. 후손들이 자랑할 만한 일이라 여겨집니다.

보통 기독교 가정에서 쉽게 있을 수 있는 일이 아니지요. 여러분 집안에 가보로 내려오는 성경이 혹 있는지요? 자자손손 조상들의 손때가 묻은 성경을 후손들에게 유산으로 물려주는 일을 이번에 한 번 생각해 보시는 계기가 되기 바랍니다. 재산을 물려 줄 생각 대신에.

다른 하나는 카멀라 해리스가 부통령에 취임한 일입니다. 해리스는 미국 역사상 첫 여성 부통령입니다. 또 흑인이면서 아시아인 여성(부친은 흑인, 모친은 인도인)이 부통령이 된 것도 처음 있는 일입니다. 물론 오바마가 흑인으로 대통령이 됐지만, 여성이 부통령까지 올라간 것은 이번이 최초입니다. 그야말로 유리천장을 깬 사건입니다. 아마 미국도 여성 대통령이 나올 날이 멀지 않았다고 여겨집니다.

사실 세계 여러 나라에서는 여자가 대통령이나 수상이 된 일은 참 많습니다. 그러나 동 아시아에서는 중국이나 일본에서 단 한 번도 여자가 수상이 된 일이 없습니다. 한국은 4천 년 역사에 처음으로 여자가 국가의 수반이 되었는데, 남은 1, 2년을 참지 못하고 결국 대통령 자리에서 끌어내려 감옥에 보내는 불행한 기록을 남겼네요. 21세기 이 문명사회에서 아직도 여자들이 철저하게 무시되고 차별받으며, 사람대우를 받지 못하는 세상에 미국에서 여성이 그것도 흑인이 부통령이 됐다는 것은 여성의 장벽 흑인의 장벽을 동시에 깬 일로 역사에 기록할 만한 일입니다. 해리스 부통령은 자동으로 상원 의장이 되어 4년 동안 상원을 이끌고 갈 것입니다. 이번 상원은 의원 100명 중 공화당 50명, 민주당 50명으로 동수입니다. 어떤 법률안이 50:50으로 가부 동수가 되면 결정권은 자동으로 의장이 갖게 되어 미국의 중요 법률이 이제 해리스의 손으로 넘어가게 됐습니다.

성경에 보면 예수님께서는 여성에 대한 배려를 무척 많이 하고 있음을 볼 수 있습니다. 사마리아 수가성 야곱의 우물가에서 한 가련한 여인과 대화를 통해 그녀를 음란한 생활을 청산하고 복음을 전하는 여인으로 만드셨습니다.

12년 동안 혈루병을 앓던 여인이 예수님 뒤로 와서 옷 가를 만져 병이 낫게 되자 예수님은 그 여인을 격려하고 위로해 주셨습니다. 베드로의 장모가 열병으로 누워 있을 때 그녀를 고쳐 주셨습니다. 막달라 마리아가 옥합을 깨뜨려 예수님의 발에 붓자 제자들이 왜 귀한 것을 낭비 하냐며 힐난할 때 예수님께서는 오히려 그 여자의 행위를 인류 역사가 지속되는 한 계속 회자 될 것이라 칭찬해 주셨습니다. 간음하다 현장에서 잡힌 여자를 "너희 중에 죄 없는 자가 먼저 돌로 치라."(요 8:7) 고 말씀하시며 살려 주셨습니다.

바울 사도의 유명한 무차별의 정신을 보여주는 말씀, "너희는 유대인이나 헬라인이나 종이나 자유인이나 남자나 여자가 다 그리스도 예수 안에서 하나이니라."(갈 3:28) 남자나 여자가 다 하나라는 말씀으로 남녀 차별을 경계했습니다. 아무튼 이번 미국 정부통령 취임식은 여러 면에서 많은 기록을 남긴 행사였습니다. 좋은 전통은 살려 나가고, 그렇지 않은 것은 척결해 나가야 역사가 발전되고, 하나님의 뜻이 이 땅 위에서도 이루어질 것입니다.

입양

"가난한 자들은 항상 너희와 함께 있으니 아무 때라도 원하는 대로 도울 수 있거니와" (막 14:7)

제시 헬름스(Jesse A. Helms)는 미국 보수주의 지도자며, 1973년에서 2003년까지 노스캐롤라이나주의 연방 상원의원이었습니다. 그는 1995년에서 2001년까지 상원 외교위원장을 맡아 외교 문제에서 큰 영향력을 행사한 분입니다. 그런데 이분에 대해 최근 알게 된 사실은 뇌성마비를 앓는 9살 아이를 입양했다는 사실입니다. 일반적으로 입양은 자녀를 가질 수 없는 부부가 영아원이나 보육원에서 갓난아기나 한두 살 먹은 아이를 양자로 입적시켜 자기 아이로 기르는 것을 의미합니다. 한국 사람으로는 모르는 이가 거의 없을 정도로 유명한 홀트아동복지회는 6.25전쟁 이래 최근까지 전쟁고아를 포함한 일반 아동 약 10만 명을 미국 가정을 비롯 전 세계 가정에 입양시킨 입양 알선 기관입니다.

전쟁고아는 물론, 미혼모가 아이를 낳았지만 키울 여력이 안 돼서, 또는 고등학생, 심지어 중학생이 출산을 해서 도저히 아이를 키울 형편이 안 돼, 아기의 생년월일과 이름을 적은 종이에 "잘 길러 주세요. 미안합니다."라고 기록한 쪽지와 함께 한 밤중에 아기를 홀트아동복지회 사무실, 영아원, 고아원, 성당, 예배당, 절간 앞에 몰래 버리고 가는 일은 흔히 있습니다. 미혼모의 기아(棄兒: 길러야 할 의무가 있는 사람이 아이를 몰래 버림)뿐만 아니라, 엄연히 법적 부부 사이에 난 아이도 집안이 가난해서 도저히 아이를 키울 여력이 없어 유기(遺棄:보호할 사람이 보호 받을 사람을 돌보지 않은 일)하는 경우도 적지 않습니다.

필자는 가슴 아픈 사연의 글을 읽은 일이 있었습니다. 이혼을 한 어떤 엄마가 직업도 없고, 기술도 없으며, 돈도 없어 5살 난 아들을 도저히 혼자 키울 수 없는 상황에 처했습니다. 엄마는 어쩔 수 없이 눈물을 머금고 고아들을 돌보는 깊은 산속에 있는 어떤 사찰에 맡기기로 결심했습니다. 그날 아침 깨끗한 옷을 입혀서 밥을 먹이고, 아이를 데리고 산길을 걸어서 사찰로 올라갔습니다. 아들이 "엄마, 우리 지금 어디 가?"라고 묻자 "좋은데 간다."며 조용히 따라오라고 타이르면서 절간 앞에 갔습니다. 엄마는 "여기서 조금만 기다리면 엄마가 곧 데리러 올 테니까 스님 말씀 잘 듣고, 친구들과 잘 지내라."며 주지 승려에게 애를 맡기고 돌아섰습니다. 그때, 아들은 울부짖으며, "엄마, 나 버리고 가지 마, 나 데리고 가"라고 소리치며 울었습니다. 그러면서 "엄마, 나, 엄마 말 잘 들을게, 밥 달란 말 하지 않을게."라고 울부짖었습니다. 그러나 엄마는 뒤도 돌아보지 않고, 눈물을 흘리면서 산을 내려갔습니다.

필자는 이 글을 읽으면서 눈에 눈물이 고였습니다. 다른 말보다, "엄마, 나 밥 달란 말하지 않을게."라는 말이 얼마나 마음을 아프게 했는지 모르겠습니다. 얼마나 배가 고팠으면 평소에 "엄마, 나 밥 줘, 나 배고파."라는 말을 할 때마다, 엄마는 "먹을 것이 없는데 뭘 주냐?"며 아들을 야단쳤을 것을 유추해 볼 수 있습니다. 그래서 자기를 버리고 떠나가는 엄마를 향해서 "밥 달란 말 하지 않을게"라고 울부짖는, 5살 먹은 아이를 생각하면 마음이 얼마나 아팠는지 지금도 마음이 아려옵니다.

필자는 세 끼 식사할 때마다 늘 하나님께 기도합니다. 나 같이 죄 많은 인간은 세끼 배불리 먹는데, 죄 없는 어린 것들은 굶어서 죽고 있는 이 현실을 바라보면서 그들에게 아무 도움도 주지 못하는 죄악을 용서해 달라고 기도하고 있습니다. 세상에서 가장 불행하고 고통스러운 것은 굶주림입니다. 배고파보지 않은 사람들은 굶주리는 사람들의 고통을 알 수 없습니다. 고아들의 가장 고통스런 문제는 배고픔입니다. 성경에 고아를 돌보라는 말씀은 고아들이 굶주리지 않게 하라는 명령입니다. 고아가 굶주림을 해결할 수 있는 길은 입양되는 것입니다. 따라서 입양하는 사람들, 특히 자기 자녀들이 있음에도 불구하고 입양하는 사람들은 특별한 은총을 받은 사람들입니다.

미국 가정에 입양된 한국인

"가난한 자들은 항상 너희와 함께 있으니 아무 때라도 원하는 대로 도울 수 있거니와" (막 14:7)

필자는 미국 이민자의 한 사람으로 살면서, 필자와 같이 미국에 이민 와서 사는 사람들에 관심을 많이 가졌습니다. 7, 8년 동안의 이민 목회를 하는 동안 이민자들의 삶을 접했고, 또 문제를 직접 해결해주기도 하면서 이민자들과 함께 웃고, 우는 삶을 살았습니다. 따라서 미국에 있는 한국인들에 대한 관심은 주로 이민자들이었습니다. 이민자들 이외에도 유학생, 공관원, 지사 근무자, 방문객, 관광차 온 사람들, 불법 체류자들 등 다양한 한국 사람들이 미국에 살고 있고, 또 자기 임무가 끝나면 다시 한국으로 돌아가는 사람들도 많습니다.

필자는 사실 그동안 미국 가정에 입양한 입양아나 입양아로 성장해서 성인이 된 사람들에 대한 관심은 거의 갖지 않았습니다. 이따금씩 지역 신문에 어떤 지역의 한인 교회나 어떤 입양인 가정에서 그 지역의 한인 입양인들을 초청해서 잔치를 베풀고 또 한국 전통 무용과 태권도 등 한국 문화와 접하는 기회를 가졌다는 기사를 본 일은 있습니다. 그러나 입양인들에 대해 큰 관심을 갖지 못했었습니다. 그런데 이번에 코로나 사태 속에 아시아인에 대한 증오 범죄가 계속되고 있고, 또 그중에 한국인들의 피해가 속출한다는 보도를 접하면서, 입양인들도 아시아인으로 피해를 본다는 점에 새로운 인식을 하게 됐습니다.

대체로 입양아는 갓 낳았을 때, 또는 1살, 2살 때 입양되는 경우가 대부분이라, 미국 가정에서 자라나면서 영어는 물론, 음식, 행동양식,

사고방식까지도 철저하게 미국인으로 성장합니다. 따라서 이들은 자기 얼굴을 거울에서 볼 때만 아시아인이란 생각을 할 뿐, 밖에 나가면 자기가 한국인 즉 아시아인이라는 사실을 잊고 미국인으로 착각하며 살아갑니다. 얼굴이 아시아인이기에 다른 미국인들이 볼 때 그는 분명 아시아인일 뿐입니다. 따라서 아시아인을 공격할 때, 입양인도 공격 대상이 되는 것은 자연스런 일입니다. 사실 얼굴은 노랗고, 속은 미국인으로 하얗기 때문에 소위 바나나형 인간, 즉 겉은 노랗고, 속은 하얀 바나나 같은 모양이지요.

입양인들에 대해 더욱 관심을 가지고 이들에게 한국 문화를 가르쳐야 합니다. 한국의 역사, 문화, 전통, 관습, 현재 한국의 상황 등 가르쳐야 할 내용이 참 많습니다. 또 중요한 문제 중 하나는 많은 입양인들이 생모와 생부 그리고 친형제, 친자매를 찾기 원한다는 사실입니다. 사람은 누구나 길러준 부모 못지않게 자기를 세상에 나오게 해 준 생모, 생부가 궁금할 수밖에 없습니다. 또 그들이 어떤 사람들인지, 왜 자기를 고아원 문 앞에 버리고 갔는지에 대한 궁금증이 일어나 찾기 시작합니다. 그중에 찾는 사람도 없지 않지만, 찾지 못해서 한을 품고 살아가는 입양인도 많습니다.

성경에도 입양의 예가 여럿 있습니다. 우선 구약에서 입양은 아브라함이 아들이 없으므로 충복(忠僕) 엘리에셀에게 가업을 물려줄 계획을 합니다.(창 15:2) 그러나 하나님께서는 엘리에셀이 아니고, 아브라함의 적자(嫡子)가 후계자가 될 것이라고 말씀했습니다. 아브라함이 엘리에셀을 양자를 삼으려는 계획이 무산된 경우입니다. 다음은 모세입니다. 애굽 왕 바로의 명에 의해 이스라엘 여인이 난 아들은 모두 나일 강에 버리게 되어 있었습니다. 그러나 모세의 어머니 요게벳은 준수한 아들 모세를 버릴 수 없어 상자에 역청을 발라 갈대 숲 속에 숨겨 두었습니다. 그때 마침 목욕을 하러 나온 바로의 공주 눈에 띄어 모세는 그녀의 양 아들로 입적하게 됩니다. 그로부터 40년 후 모세는 왕궁을 떠나게 되었고, 40년 동안 광야에서 양들을 돌보다 하나님의 부르심을 받고 대업을 이룹니다. 다음으로, 부모 없는 에스더는 외사촌 오빠 모르드개의 양녀가 되어, 후에 페르시아 왕국의 아하수에로 왕의 왕후가 되어 동족 이스라엘 민족을 구한 유명한 사건이 있었습니다. 신약에서는 예수님의 육신의 아버지 요셉이 정혼한 마리아가 성령으로 잉태하여 출산한 아기 예수를 양아들로 받아들이고 양육했습니다.

바울 사도는 우리가 "그 기쁘신 뜻대로 우리를 예정하사 예수 그리스도를 통해 구원을 받게 되었는데 이는 예수 그리스도로 말미암아 자기의 아들들이 되게 하셨다."(엡 1:5)고 말씀하고 있습니다. 우리는 멸망의 자식들이었으나, 예수 그리스도를 통해 하나님의 양자가 되어 구원을 얻게 되었다는 말씀입니다. 죽을 수밖에 없는 기아(棄兒)가 환경 좋은 집에 입양되어 행복하게 살아가는 것과 같이, 우리도 하나님의 자녀로 택정함을 받고 입양되어 영원한 복락을 누리며 살게 되었습니다.

01
23

예수에 미친 사람, 바울

"바울이 이같이 변명하매 베스도가 크게 소리 내어 이르되 바울아 네가 미쳤도다. 네 많은 학문이 너를 미치게 한다 하니" (행 26:24)

예수님께서 무리를 가르치시고, 병자들을 고치시며, 식사할 겨를도 없이 일하시는 모습을 보고 "예수의 친족들이 듣고 그를 붙들러 나오니 이는 그가 미쳤다 함일러라."(막 3:21)고 기록되어 있습니다. 당시 예수님을 미친 사람으로 본 무리가 많았습니다. 정상적인 사람을 보고 미쳤다 하면 과연 누가 미친 사람일까요? 오늘 말씀에 나오는 사도 바울도 유대의 총독 베스도로부터 "네가 미쳤도다."라는 말을 들었습니다. 바울의 많은 학문이 그를 미치게 했다 했습니다. 그렇습니다. 바울 사도는 미친 사람이었습니다. 많은 학문이 그를 미치게 한 것이 아니고, 바로 예수님에 미친 사람이었습니다.

바울이 당한 고난을 살펴보면 사람으로는 감당할 수 없는 고통을 당했습니다. 미친 사람이 아니면 가정도 포기하고, 자기 모든 것을 버리고 주님을 위해, 죽어 가는 이방 영혼들을 위해 이런 고생을 자초할 수 없습니다. 사도 바울이 당한 고생은 우리 범인들로서는 상상도 할 수 없는 가시밭길이었습니다. 그분이 당한 고생을 직접 들어봅시다.

"그들이 그리스도의 일꾼이냐 정신없는 말을 하거니와 나는 더욱 그러하도다. 내가 수고를 넘치도록 하고, 옥에 갇히기도 더 많이 하고, 매도 수없이 맞고, 여러 번 죽을 뻔하였으니, 유대인들에게 사십에서 하나 감한 매를 다섯 번 맞았으며, 세 번 태장으로 맞고, 한 번 돌로 맞고, 세 번 파선하고, 일주야를 깊은 바다에서 지냈으며, 여러 번 여행하면서 강의 위험과, 강도의 위험과, 동족의 위험과, 이방인의 위험과, 시내의 위험과, 광야의 위험과, 바다의 위험과, 거짓 형제 중의 위험을 당하고, 또 수고하며, 애쓰고, 여러 번 자지 못하고, 주리며, 목마르고, 여러 번 굶고, 춥고, 헐벗었노라."(고후 11:23-27)

왜 바울 선생은 이런 고생을 자초했을까요? 그것은 다른 이유가 없고, 그가 만난 예수님 때문이었습니다. 그는 본디 유대 베냐민 지파의 정통 유대인이요 율법을 제일 원리로 삼는 바리새파 사람이었습니다. 그는 자기 민족 종교인 유대교가 골수에까지 가득한 열혈 청년이었습니다. 그는 다메섹에 있는 그리스도인들을 체포하여 예루살렘으로 끌고 오려고 다메섹으로 가던 중 예수님을 만납니다. 예수님을 만난 그의 삶은 180도로 변했습니다. 그가 박해하던 예수님을 위해 자기 생명을 바쳐 일했습니다. 바울은 가는 곳마다 유대인들에게 철저히 외면당했을 뿐만 아니라, 오히려 폭행과 죽음의 위협을 당했습니다. 그는 동족 선교를 포기하고 이방인 선교에 매진했습니다. 유대인들은 이방인을 개처럼 취급했습니다. 자기들만 하나님의 택한 백성이라 자칭하면서 이방인들은 짐승과 같이 취급했습니다.

그러나 골수 유대인인 바울이 이방인의 사도가 되어, "유대인이나 헬라인이나… 그리스도 안에서 다 하나"(갈 3:28)라는 사해동포주의(四海同胞主義: Cosmopolitanism)의 기수가 되었습니다. 그는 이방인들에게 주 예수의 이름으로 세례를 베풀었고, 또 그들을 모아 교회를 세웠습니다. 이제 하나님의 구원의 사역은 선민 유대인을 넘어 온 세계의 이방인들에게로 확장되었습니다.

교회 역사 초기에 예수에 미친 사람들이 예수의 이름 때문에 그 처절한 십자가에 매달려 죽임을 당했고, 굶주린 맹수들의 먹이가 되었으며, 로마 시민권이 있는 사람들은 목 베임을 당하는 순교의 행렬에 나섰습니다. 예수님의 진리에 자기 생명을 내놓은 예수에 미친 사람들이었습니다. 중세시대에는 부패한 로마 교황청에, 성경적 진리를 주장하다 화형(火刑)에 처해진 진리의 투사들은 그 수를 헤아리기 어렵습니다. 그들은 자기들이 그런 주장을 하면 화형에 처해진다는 사실을 잘 알면서도 진리를 선포하지 않을 수 없어서 외치다 결국 죽음의 길로 나간 예수에 미친 사람들이었습니다. 16세기 교회(종교)개혁 시기에 파문을 두려워하지 않고 진리의 봉화를 들어 올린 마르틴 루터, 장 칼뱅, 울리히 츠빙글리 등 개혁자들은 죽음을 불사하고 불의한 로마 교황청과 싸웠던 예수에 미친 사람들이었습니다.

오늘날에도 세계 도처에서 진리를 선포하다 테러를 당하고 구타를 당하며, 거주지가 불태워지고, 마침내 목숨까지 앗아가는 사악한 악의 세력 앞에 굳게 서서 진리를 외치는 예수에 미친 사람들이 이 어두워져 가는 세상에 진리의 횃불을 높이 들고 외치고 있습니다. 우리는 예수님에 미쳐야 합니다. 예수님에 미친 사람들이 세상에 참 진리를 선포할 수 있습니다. 제 정신으로는 예수님을 믿기도, 전하기도 어렵습니다. 온전히 예수에 미쳐야 합니다. 우리 모두 예수님에 미친 사람이 되어, 이 진리를 온 세상에 선포하는 전위대가 됩시다.

누가 실업자인가?

"우리가 너희와 함께 있을 때에도 너희에게 명하기를 누구든지 일하기 싫어하거든 먹지도 말게 하라." (살후 3:10)

요즘 한국에 실업자가 많다는 이야기를 듣고 있습니다. 대학교 졸업자의 거의 절반이 취직을 위해 이력서 수백 통을 써서 이곳저곳 넣어 봐도 아무데서도 오라는 데가 없어 결국 취업을 포기해버리는 사람들도 많이 있다 합니다. 캥거루족이라고 해서 반듯하게 대학을 졸업하고도 여전히 부모의 집에서 얹혀살며 용돈까지 타다 쓰는 '한심족'(?)들이 많다 하네요. 그런데 이 사람들이 실업자일까요? 실업자란 일하고 싶어도 일자리가 없어 못하는 사람을 말합니다. 그럼 한국에 정말 일자리가 없을까요? 필자가 볼 때 한국에 일자리는 무수히 많습니다. 무슨 근거로 그런 말을 하느냐고 묻는 사람이 있을 겁니다. 잘 아시는 대로 한국에 현재 약 50만 명의 외국인 노동자들이 들어 와서 한국 사람들이 하기 싫어하는 소위 '3D 업종'의 일을 하기 때문에 결국 한국 사람들이 하지 않는 이런 일들을 외국노동자들이 그 일을 하고 있습니다.

그러니까 한국사람 50만 명이 하지 않은 일을, 외국에서 노동자를 불러다가 그 일을 시켜, 사회가 유지되고 있습니다. 공업단지에 가보면 중소기업에서 사람을 구하는 구인 광고가 널려 있습니다. 한국 사람들이 와서 일을 하지만, 2~3일도 못 버티고 그만둡니다. 일이 너무 힘들고, 위험하고 더럽다는 이유지요. 일을 하지 않아도 세끼 밥 먹을 데가 있는 사람들이지요. 정말 밥을 굶는 사람이 이 일, 저 일을 가려서 합니까? 대학을 나온 사람들은 거의 양복에 넥타이 메고 에어컨 나오는 시원한 사무실에서 컴퓨터로 일하는 데만 찾아다니지요. 그러나 그런 일은 한계가 있고 또 서로 그런 일자리만 찾기에 쉽게 자리가 날 리 만무합니다. 그러나 중소기업체, 소기업체, 농촌, 어촌에서는 일손이 모자라 어려움을 겪고 있습니다.

6.25전쟁 직후에는 정말 실업자들이 많았습니다. 아무리 일을 하고 싶어도 일자리가 없어서 일을 못 하는 사람이 태반이었지요. 어떤 실업자가 기술도 없고 배운 것도 없어 좋은 일자리는 상상도 못하고, 겨우 막일밖에 할 일이 없었는데, 그것도 쉽지 않았습니다. 그래서 서울 남대문 시장에서 짐이라도 져 주고 돈을 벌어야겠다 생각하고 지게를 하나 마련해서 아침 일찍 남대문시장으로 나갔습니다. 나가보니 이미 오래전부터 그곳에서 터를 잡은 선배 지게꾼들이 많이 있었습니다. 그래서 맨 끝에 가서 자리 잡고 자기 차례를 기다리고 있었지만, 당시는 모두 생활이 어려웠기 때문에 웬만한 짐은 자기가 직접 가지고 가고, 짐을 지고 가자는 사람이 드물었습니다. 그나마 일이 나와도 선배 지게꾼들이 차지하고 자기에게는 차례가 오지 않았습니다. 점심때가 지나고 해가 서산으로 넘어가면서 땅거미가 지는데 하루 종일 한 푼도 벌지 못했습니다.

어쩔 수 없이 그는 지게를 한쪽 어깨에 걸치고 힘없는 걸음으로 서대문 적십자병원까지 갔습니다. 당시에는 헌혈하는 사람이 없었기 때문에 피를 사고파는 매혈(賣血)이 합법적으로 적십자병원에서 시행되고 있었습니다. 응급환자용 피를 확보하기 위해 매혈을 했습니다. 이 실업자는 적십자병원에 가서 뼈와 가죽밖에 남지 않은 팔뚝을 내밀고 피 한 봉지를 빼 주고 돈 몇 푼을 받았습니다. 그는 남대문시장으로 다시 돌아와서 납작보리 한 봉지와 연탄 1개를 사서 산동네 쓰러져가는 오두막집에 들어와서 연탄에 불을 붙이고 보리죽을 끓였습니다. 죽 그릇을 들고 방에 들어가 병들어 누워있는 아내에게 몇 수저 떠먹이고,

아침부터 아빠가 돈을 벌어서 양식을 사가지고 오기를 학수고대하며 하루 종일 굶고 있는 어린것들에게 죽 몇 수저를 떠먹였습니다. 죽 그릇에는 죽이 한 수저도 남아 있지 않았지요. 그는 입에 풀칠도 못했습니다. 이 실업자의 부인은 보리죽을 먹은 것이 아니라 남편의 피를 먹고 남편의 생명을 먹은 것입니다. 이 아이들이 먹은 것은 납작보리 죽이 아니라 아빠의 피와 생명을 먹었던 것입니다. 우리 민족은 이렇게 4천년의 서러운 역사를 이어오면서 끈질긴 맥을 이어왔습니다.

그때는 미증유(未曾有)의 전란 시기였기에 일자리가 없었지만, 현재 한국은 세계 경제 대국 10위권에 진입하여 일자리가 넘쳐나는데 3D 업종 일을 기피하다 보니 실업자 아닌 실업자가 거리를 메우고 있는 현실입니다. 근면하게 일하는 사람에게 하나님께서는 복을 내려 주십니다. 장 칼뱅 선생은 "세상에서 하는 모든 일이 하나님의 창조 세계를 아름답게 만드는 일이다."라고 말했습니다. 우리 모두 이런 정신으로 살면서 자녀 손들에게도 주입시켜야 할 주요 덕목 중 하나입니다.

지구 온난화 (1)

"생육하고 번성하여 땅에 충만 하라, 땅을 정복하라… 모든 생물을 다스리라 하시니라" (창 1:28)

오래전 일입니다. 중국의 어느 곳에서 약 3천 년 전 묘지를 발굴했습니다. 그런데 그 묘 속에서 항아리가 하나 나왔는데 그 속에 곡식 종자가 들어 있었습니다. 식물학자들이 정성껏 모판을 만들고 혹시나 해서 그 씨앗을 심었는데, 놀랍게도 싹이 나고 자라기 시작했습니다. 실로 3천 년 전에 항아리 속에 넣어둔 씨앗의 생명이 살아 있었다는 사실이 믿어지시나요? 생명은 그렇게 모질고 질긴 것입니다.

빙하 속에 얼어 있었던 것들 중 1%만 나와도 1만여 종이 됩니다. 1918년에 약 3천만 명의 생명을 앗아간 스페인 독감 바이러스도 알래스카의 녹아내린 빙산에서 발원했습니다. 지금같이 지구 온도가 계속 상승하면 빙하는 계속 녹아내릴 것이고, 필연적으로 대홍수가 나서 해수면이 계속 상승하고, 도시 침수, 어류의 대 이동, 바이러스 창궐 같은 엄청난 재앙이 몰려 올 것입니다. 이 모든 것은 화석연료 특별히 석유와 석탄, 나아가 액체 연료인 휘발유를 소모해서 나오는 이산화탄소 때문입니다. 이렇게 지구가 계속 온난화되면 이런 재앙이 점점 우리 앞으로 다가올 것입니다. 인류는 초기에 고체 연료를 사용했습니다. 나무, 석탄, 무연탄 등입니다. 그 후 액체 연료로 대체됐습니다. 휘발유 석유, 경유, 중유 등입니다. 이제는 기체연료를 사용할 때가 되었습니다. 기체연료는 전기, 산소, 탄소, 수소 같은 것입니다.

이제 액체연료 시대가 가고 기체연료 시대가 왔습니다. 가스, 전기, 태양열, 풍력, 조수(潮水) 등입니다. 액체 연료는 지구와 우주를 멸망으로 이끌고 가지만, 기체 연료는 전혀 유해 물질을 생성치 않습니다. 물론 전기 생산을 위해 석유를 태워야 하는 화력 발전은 이야기가 다르지만, 앞으로는 석유를 때는 발전을 없애고 기체 에너지로 전환해야 합니다. 원자력 에너지는 무궁무진한 에너지를 생산하고, 생산가도 낮고 안전한 에너지원이라 합니다. 문제는 원자력 발전소에서 나오는 폐기물이 문제입니다. 이 고준위 폐기물은 10만 년이 지나도 그 위험이 사라지지 않은 위험한 쓰레기라 합니다. 이 폐기물 앞에 17초만 서 있으면 어떤 사람도 예외 없이 죽음을 맞이합니다.

이 무서운 폐기물을 10만 년을 보관할 장소가 있어야 하는데 우리나라에는 그런 장소가 없답니다. 이것을 어디에 보관할 것인가가 문제입니다. 모든 사람들이 님비(NIMBY: Not in My Back Yard, 내 뒤뜰에는 안 돼)를 주장하고 자기들 고장에는 안 된다 하니 어디로 가야 하나요? 설령 적당한 자리가 있어서 지하에 보관한다 해도 일본 후쿠시마처럼 지진이나 쓰나미가 와서 흔들어 버리면 그것들이 땅위로 솟아 올라와 후쿠시마에서 보는 것 같은 가공할 해악을 주다고 하니 이 또한 안전한 에너지원은 아닌 듯싶네요.

전에 서울 광나루 장신대에 있을 때, 교회음악과 교수 한 사람이 자기 집 지붕에 태양광 패널을 설치했는데, 여름에 24시간 에어컨을 켜 놓고, 주방에 전기 오븐을 쓰고 전기는 밤낮으로 쓰고 싶은 대로 써도 전기세가 거의 0원으로 어떤 때는 남는 전기를 한전에 팔아 돈도 받는다는 꿈같은 이야기를 하는 것을 들었습니다. 이제는 하나님께서 인간에 무한정 값도 없이 제공해 주시는 태양광과 풍력, 그리고 조력(潮力)으로 전기를 생산해서 대기에 오염 물질 배출을 중지해야만 합니다. 이 길만이 우리와 지구, 나아가 우주가 살아남는 길입니다. 하나님께서는 지금도 인류에게 "자연을 잘 다스리라."고 명령하고 있습니다.

지구의 온난화 (2)

"생육하고 번성하여 땅에 충만 하라, 땅을 정복하라… 모든 생물을 다스리라 하시니라" (창 1:28)

인간은 자연의 질서를 무시하고 하나님께서 만드신 창조 질서를 깨뜨려 많은 재난을 자초했습니다. 중세 14~15세기에 유럽에서 창궐하여 인구의 1/3인 2천만에서 5천만 명이 사망한 흑사병의 원인도 굶주린 쥐와 쥐벼룩이 원인이었고, 콜레라는 시궁창에서 발생했으며, 우유를 빼앗긴 젖소가 천연두라는 무서운 괴질로 인간에게 보복을 한 것입니다. 앞으로 인간들이 계속해서 이렇게 지구를 학대하고 지구를 보호하지 않으면 지금까지 경험해 보지 못한 훨씬 더 엄청난 재난을 겪을 수 있다는 사실을 결코 잊어서는 안 됩니다. 하나님께서 아담과 이브를 창조 하신 후, "땅을 정복하라 그리고 땅을 다스리라."(창 1:28)고 말씀하셨습니다. 다스린다는 것은 잘 관리하고 보존하라는 말입니다. 세종대왕이 백성들을 '잘 다스렸다.'고 말할 때, 그는 백성들이 편히 살 수 있도록 돌보아주었다는 의미입니다. 특별히 가난하고 고통 속에 살고 있는 사람들을 잘 보살피며 살아가는 데 어려움 없이 관리해 주었다는 의미지요.

따라서 하나님께서 다스리라고 말씀하신 것은 학대하고, 악용하라는 것이 아니라, 선용하고 보전, 관리하라는 의미입니다. 그러나 인간은 지구를 관리하는 것이 아니라 자원을 남용하고, 이기적 욕망에 돈벌이가 되는 일은 무슨 일이든 서슴지 않고 파헤치는 무서운 짓을 자행해 왔습니다. 특히 천민자본주의는 오로지 돈밖에 모르는 샤일록 같은 인간을 양산해 냈습니다.

세계 최고봉이라는 에베레스트 산 정상도 산악인들이 버린 쓰레기로 가득 차 있고, 오대양 바다 속은 인간이 버린 쓰레기로 가득 차 물고기들이 몸살을 하며 죽어 가고 있습니다. 공기, 물, 하천, 산천 온 세상 어디든지 파헤쳐 온전한 곳이 없지요. 지구의 허파라고 하는 남미 아마존 열대림 지역이 무섭게 파괴되어 가는데, 그 이유는 원주민들이 삼림을 베어내고, 그 자리에 목초를 재배하여 소와 양을 길러 고기와 양모를 팔아 돈 벌이를 하기 위함입니다.

이번 코로나 사태가 지나면 여전히 공중에는 비행기가 어지럽게 나르면서 공해를 뿜어낼 것이고, 프리웨이에는 미어지게 자동차가 한도 끝도 없이 24시간 달리며, 계속에서 이산화탄소를 뿜어낼 것입니다. 그럴수록 지구의 온도는 점점 더 상승하게 될 것이고 우리가 정말 경험해 보지 못했던 엄청난 재난을 또다시 당하게 될 것이라는 것은 불문가지의 사실 아닙니까?

우리들 세대는 그럭저럭 살다 가겠지만, 우리 후손들이 당면하게 될 세상은 끔찍한 그것이 될 것입니다. 이런 문제를 우선 해결하는 길은 석유, 휘발유를 쓰는 자동차, 비행기, 기타 장비들을 전기와 수소 엔진으로 대체하는 길밖에 없습니다. 그러나 이런 것들의 발전을 석유 메이저(Major)들이 석유를 팔아먹으려고 방해하고 있다니 참으로 한심스런 이야기가 아닐 수 없습니다.

하나님께서 아담과 이브에게 부탁하셨던 "정복하라." 그러나 "다스리라."는 말씀 중, 인간은 정복만 했지, 다스리지 못한, 또는 하지 않은 대가를 톡톡히 치를 것임을 명심해야겠습니다. 소 한 마리가 사람 50명이 먹고 살 양식을 먹어 치운다고 합니다. 한쪽에서는 그 양식이 없어 굶어 죽어가고 있는데, 사람들은 맛있는 소고기를 먹으려 계속 소를 사육하고 있지요. 이런 사실을 알게 된 어떤 사람이 자기 한 사람이라도 소고기 소비를 줄이기 위해 채식으로 전환했다는 이야기를 했습니다. 나 하나가 고기 안 먹는다고 무슨 대수가 나겠느냐고 생각할 사람이 있겠지만, 그런 말을 하는 사람은 일(1)의 중요성을 모르는 사람입니다. 역사에서 한 표만 작았어도 처형을 면했을 왕이나 통치자들이 한 표 차로 무참히 살해된 예는 심심치 않게 찾아볼 수 있습니다. 섭씨 99도에서 1도가 오르지 않으면, 물은 영원히 끓지 않습니다. 섭씨 1도에서 1도만 내려가지 않으면 우리는 영원히 얼음을 볼 수 없습니다.

이제 성경으로 돌아가서 하나님의 말씀에 귀를 기울여야 합니다. 물론 정복은 계속해야 합니다. 그것은 과학의 발전이기 때문입니다. 그러나 정복보다 더 중요한 것은 다스리는 것입니다. 자연을 다스리는 즉 보호, 관리하지 않으면 그 자연이 인류를 멸망시킬 수도 있습니다. 하나님의 명령을 거역한 사람, 민족이 살아남은 일은 없습니다. 하나님을 만홀(漫忽)히 여겨서는 안 됩니다. 하나님은 사랑의 하나님이지만 또한 심판하시는 하나님이심을 명심해야 합니다.

억지로 진 십자가

01
27

"구레네 사람 시몬이 시골로부터 와서 지나가는데 그들이 그를 억지로 같이 가게 하여 예수의 십자가를 지우고 예수를 끌고 골고다라 하는 곳에 이르러" (막 15:21-22)

예수님께서 빌라도의 법정에서 십자가형을 언도 받은 후, 그 무거운 십자가를 짊어지고 갈보리 언덕을 힘겹게 '슬픔의 길'(Via Dolorosa)을 올라가고 있었습니다. 로마 병정들의 무자비한 채찍질과 군중들의 조롱과 비웃음, 돌팔매질에 굶주림과 목마름으로 피와 땀을 다 쏟아 버린 예수님은 지칠 대로 지쳐 그 자리에서 쓰러지고 말았습니다. 로마 병정들은 그때 마침 시골에서 올라 와서 지나가는 구레네 시몬을 강제로 끌어다 예수님 대신 십자가를 지고 골고다를 향해 걸어가게 했습니다. 구레네 시몬은 하필 그 시간, 그 장소에 있다 강제로 십자가를 지게 된 것입니다. 구레네 시몬의 입장에서는 그날 몹시 재수가 없는 날이었습니다. 예수님이 십자가를 지고 비틀거리며 힘겹게 올라가실 때, 수많은 군중들이 구경을 하고 있었습니다. 그중에는 여자들과 어린이 그리고 장정들도 많이 있었습니다. 그는 하필 그 장소 그 시간에 그곳을 지나가다 강제로 십자가를 지게 되었지만 시몬이 예수님을 대신해서 십자가를 강제로 지고 간 일로 인해, 그 이름이 성경에 남게 되었고, 예수님의 인류 구원의 정점인 십자가를 지고 가시는 길에 예수님 대신 십자가를 짐으로 그 구원의 길 한 자락을 채웠다는 영예를 얻게 되었습니다.

당시 시몬에게는 로마 제국에서 가장 처절한 사형 도구인 십자가를 진다는 것이 얼마나 억울하고, 창피하며, 고통스러운 일인지 몰랐습니다. 만일 마르고 약해 보였더라면 병정들의 눈에 띄지 않았을 것이고, 십자가를 지지 않아도 되었을 텐데, 튼튼한 몸에 힘이 넘치는 체력으로 인해 결국 억울한 십자가를 지는 상황에 처하게 된 것입니다.

우리가 세상을 살아가는 동안 전혀 예상하지 못한 상황에서 억울하게 남의 짐을 지고 갈 때가 있습니다. 내가 지지 않아도 될 짐을 재수없게 그때 그 시간 그 장소에 있었기 때문에 내가 지지 않아도 되는 다른 사람의 짐을 질 경우가 있습니다. 그렇지만 남의 짐을 대신 져 주는 것은 결코 재수 없는 일도 아니고, 운이 나빠서도 아닙니다. 고통 속에 살아가는 사람들의 짐을 대신 져주는 것은 그 사람을 돕는 일일뿐만 아니라, 나 자신에게도 보람 있는 일입니다.

예수님의 '선한 사마리아인'의 비유에서 잘 볼 수 있습니다. 강도를 만나 죽어 가는 사람을 보고도 그냥 지나간 제사장이나 레위인은 지극히 이기적 존재입니다. 죽어 가는 사람을 위해 자기 시간과 물질 얼마를 추호도 나눌 생각이 없었습니다. 못 본체하고 지나가버리면 그것으로 끝나는데, 그에게 가까이 가서 도우려 하면 위험부담뿐만 아니라, 시간과 물질의 손실이 적지 않기 때문에 그냥 스쳐 지나갔습니다. 그러나 사람 취급도 받지 못하던 사마리아 행상(行商)은 제사장과 레위인과는 달랐습니다. 강도 만난 사람에게 가까이 가서, 여행 중 자기가 써야 될 기름으로 그 사람의 상처를 씻어주고, 자기 옷을 입혀 주었으며, 나귀에 태워 여관까지 데려가, 간병을 해 주었고, 숙박비뿐만 아니라 앞으로 드는 비용까지 지불하겠다고 약속했습니다. 사마리아 사람은 시간적으로, 물질적으로, 정력적으로 철저하게 손해를 보았습니다. 그러나 그는 천하보다 귀한 한 생명을 살렸습니다.

우리는 구레네 시몬처럼 고난당하는 누군가의 십자가를 대신 져야 합니다. 이 일은 위대한 역사를 창조할 수 있습니다. 그리스도인의 삶이란 결코 내 이익만을 위해서 사는 것이 아니라 어렵고 힘들며 고난 속에 살아가는 사람들의 짐을 대신 져주는 삶이어야 합니다.

악어의 눈물

"예수께서 눈물을 흘리시더라." (요 11:35)

눈물에는 두 종류가 있습니다. 진정한 눈물과 가짜 눈물입니다. 어머니가 자식들을 위해 기도하면서 흘리는 눈물은 진정한 눈물입니다. 예수님께서 예루살렘 성을 바라다보시면서 흘리신 눈물은 진정으로 동족과 모국을 사랑해서 흘린 눈물이었습니다. 나사로의 죽음 앞에서 흘리신 눈물은 진정으로 친구를 위한 흘린 눈물이었습니다. 성경에서 가장 짧은 절은 "Jesus wept."(요 11:35)입니다. 예수께서 눈물을 흘리셨다는 의미지요.

자식을 위해 흘리는 부모의 눈물, 가족을 위해 흘리는 눈물 나아가 가련한 사람을 위해 흘리는 눈물은 진정한 눈물입니다. 초대 주(駐) 월남 한국군 사령관 최명신 장군이 처음으로 고국에 돌아왔을 때, 김포공항에서 바로 동작동 국립묘지 월남전 전사자 묘역에 가서 무릎 꿇고 눈물을 흘렸습니다. 이국땅에서 산화한 부하 장병들을 위해 흘리는 진정한 눈물이었습니다. 채 장군의 뺨 위에 흐르는 눈물을 촬영한, 어떤 기자가 "장군의 눈물"이란 제목으로 사진을 보도한 것을 본 일이 있습니다. 전사한 부하들을 애도하며 흘린 진정한 눈물이었지요.

반면, 가짜 눈물이 있습니다. 이집트에 전해 내려오는 전설이 있습니다. 나일 강에 사는 악어들이 사람을 잡아먹은 후, 죽은 사람을 애도하기 위해 눈물을 흘리는데 이것을 '악어의 눈물'이라 합니다. 2021년 5월 초, 미국 콜로라도주 카페 카운티에 사는 베리 모퓨(53세)의 아내 수잔이 자전거를 타고 나갔다가 실종된 사건이 있었습니다. 남편 모퓨는 아내가 실종된 지 몇 주 뒤에 페이스북 동영상을 통해 눈물을 글썽거리며 아내를 찾아달라며 호소했습니다. "수잔, 당신을 데려오기 위해 필요한 것은 뭐든 하겠소. 당신을 납치한 그들에게 아무것도 묻지 않을 것이오. 돈을 얼마나 달라고 하더라도 당신을 데려 오기 위해 뭐든지 필요한 것은 다할 것이요. 여보, 사랑하오. 정말 진심으로 돌아오길 바라오."라는 간절한 글을 올렸습니다. 실종 며칠 뒤 수색하여 수잔이 타고 나간 자전거는 발견됐으나, 그녀는 발견하지 못했습니다. 경찰은 범인을 잡기 위해서 400여 명을 심문했으나 별 소득이 없었습니다. 현지 경찰뿐만 아니라 콜로라도주 수사 당국과 연방수사국(FBI)까지 동원됐으나 실마리를 찾지 못했습니다. 오랫동안의 수사 끝에 최종적으로 남편 모퓨가 진범이라는 것이 밝혀졌습니다. 아내를 살해하고 나서, 아내를 찾겠다고 눈물을 흘리며 하소연한 그의 눈물은 참으로 악어의 눈물이었지요.

정치인들이 어떤 대형사건 현장에서 목숨을 잃은 자식 시신 앞에서 통곡하는 부모와 친족들 앞에 가서 눈물을 훔치는 모습을 가끔 봅니다. 그러나 그들의 눈물은 악어의 눈물일 뿐입니다. 진정한 눈물이 아닙니다. 정치적 쇼에 불과합니다. 그들의 눈물은 진심으로 애달파하는 모습처럼 보여, 다음 선거에 표를 많이 얻기 위해서 흘리는 악어의 눈물일 뿐입니다.

인간은 완전히 이중적 존재입니다. 인간의 마음속에서는 천사와 악마가 동시에 존재하고 있습니다. 천사는 진정한 눈물을 흘리게 하지만, 악마는 악어의 눈물을 흘리게 만듭니다. 많은 사람들이 악어의 눈물을 흘립니다. 그들 눈에서는 분명히 눈물이 흘러내리지만 그것은 진정한 눈물이 아닙니다. 계산된 눈물이지요. 마치 드라마나 영화 촬영 현장에서, 눈물 흘리는 장면이 나오면 배우들에게 가짜 눈물을 떨어뜨리면서 눈물인 것처럼 하는 것과 마찬가지입니다.

오늘 우리가 사는 세상에는 악마의 눈물은 많지만, 진정으로 눈물을 흘리는 사람은 적습니다. 주님께서 예루살렘을 보시며 눈물을 흘리신 것과 같이, 우리도 죽어 가는 영혼들을 위해 진정한 눈물을 흘리며 전도하는 일에 진력해야겠습니다.

인간 신

01
29

"나는 너를 애굽 땅, 종 되었던 집에서 인도하여 낸 네 하나님 여호와니라." (출 20:2)

구약성경 창세기에 하나님께서 세상을 창조하시고, 인간을 창조하셨다고 기록되어 있습니다. 따라서 하나님과 인간은 창조주와 피조물의 관계입니다. 창조주는 인간을 창조할 수 있지만 인간은 천하 없는 재주를 가지고 있다 할지라도 신을 만들 수도, 신이 될 수도 없습니다. 그런데 역사에서 인간이 신이 된 때가 많았습니다. 우선 고대 로마제국에서 제국의 황제는 신이었습니다. 따라서 각지에 신상을 세워놓고 매월 첫날, 모든 주민이 나와 신상 앞에 음식을 차려놓고 악대가 악기를 울리면 모두 신상에 절을 해야 했습니다. 이집트에서도 왕 파라오가 신이었습니다. 각지에 신상을 세워놓고 주민들 역시 제사를 지내고 거기에 절을 하도록 강요했습니다. 절대 권력을 가지고 있는 제왕들은 신성시되었고 그 신성화된 왕을 모든 사람들이 신으로 섬겼습니다. 이것은 역사를 통하여 지속된 일이었습니다.

그런데 현대에도 이런 일이 있습니다. 일본 제국의 왕을 천황(天皇)이라 하며 신격화해서 사람이 신이 되었습니다. 일본의 왕은 살아있는 '현인신'(現人神)으로 둔갑했습니다. 일본 국민들은 의심 없이 천황을 신으로 받들어 섬겼습니다. 물론 식민지 조선에도 천황을 신으로 선포하면서 우리 부모들도 그를 신으로 섬겨야 했습니다. 제2차 세계대전이 끝난 후에 맥아더 사령관은 항복 조인식에서 일본 왕에게, 당신이 신이요?"(Are you a god?)라고 물었더니, "아니요, 나는 신이 아닙니다."(No, I am not.)라고 답했습니다. 그래서 그는 신에서 인간이 되었습니다. 한 인간을 신으로 믿었던 일본 사람들의 어리석음을 어떻게 이해해야 할까요?

2천 년 전으로 거슬러 올라가서 신약 시대로 가보겠습니다. 사도행전 14장에, 바울과 실라가 루스드라에 갔을 때, 바울이 나면서 앉은뱅이 된 사람을 고쳐줬습니다. 놀란 주민들은 신들이 인간의 형상으로 내려 오셨다면서 바나바를 제우스로, 바울을 헤르메스로 칭했습니다. 또한 사도행전 28장에 바울이 로마로 향하던 중 배가 파선되어 멜리데라는 섬에 이르렀습니다. 그때 바울이 추워하는 동료 죄수들과 선원들을 위해 나뭇가지를 주어다 불을 피우는데, 거기 있던 독사가 튀어 나와 바울의 손을 물었습니다. 바울은 그 독사를 불에 털어버리고 계속 불을 지폈습니다. 섬사람들은 맹독을 가진 독사에 물린 바울이 곧 쓰러져 죽을 줄 알았는데 시간이 지나도 아무 이상이 없는 것을 보고, 바울을 신이라(행 28:6)고 말했습니다.

인간들은 약한 존재이기 때문에 초월적인 힘을 가진 신을 항상 그리워하며 조금이라도 힘이 있다고 여겨지는 존재를 신으로 삼아 섬겨왔습니다. 따라서 여러 신을 섬기는 다신교(多神教) 사회가 형성된 것입니다. 이스라엘 백성들이 광야에서 모세가 시내 산에 올라간 지 오래되어도 내려오지 않자, 급기야 황금송아지를 만들어 놓고 그것이 자신들을 애굽에서 인도한 신이라며 그 송아지 앞에 절하고 경배하며 춤추고 노래했던 장면을 볼 수 있습니다.(출 32:1-6)

신학자 폴 틸리히(Paul Tillich)는 인간의 "궁극적 목적이 신이다."라고 선언했는데, 이 말을 현대인들에게 꼭 맞는 말입니다. 돈, 권력, 향락이 현대인들의 신입니다. 이제 우리가 할 일은 분명합니다. 황금 송아지가 신이 아니고, 야웨 하나님만이 진신(眞神)임을 선포해야 할 책무가 우리에게 지워져 있습니다.

소돔과 고모라 그리고 폼페이 (1)

01/30

"누구든지 여인과 동침하듯 남자와 동침하면 둘 다 가증한 일을 행함인즉 반드시 죽일지니 자기의 피가 자기에게로 돌아가리라." (레 20:13)

소돔과 고모라 그리고 폼페이, 이 세 도시는 공통점을 가지고 있습니다. 하루아침에 도시 전체가 삽시간에 사라져 버린 점입니다. 소돔과 고모라가 사라진 것은 수천 년 전 이야기고, 폼페이가 사라진 것은 2천 년도 되지 않은 A.D. 79년의 일입니다. 왜 이 도시들은 순식간에 사라져버렸을까요? 그 이유에 대해 같이 한번 생각해 보겠습니다.

먼저 소돔과 고모라에 대해서 말씀드리겠습니다. 구약 창세기 19장에 소돔과 고모라가 멸망한 기사가 나옵니다. 그런데 성경은 그 두 도시가 멸망한 원인에 대해 구체적으로 말하지 않고 있습니다. 일반적으로 소돔과 고모라는 음란한 특히 동성애가 유행했던 도시라 여겨집니다. 또한 그 도시는 지나친 풍요로움과 사치, 낭비, 나태, 향락 등 온갖 망할 짓을 한 것으로 추정됩니다. 하늘에서 천사 둘이 내려와서 아브라함을 방문합니다. 아브라함에게 앞으로 아들을 낳을 것이고 그 아들이 큰 민족을 일으킬 것이라고 예언합니다. 그러고 나서 아브라함에게 소돔과 고모라를 멸망시키기 위한 조사를 하러 간다고 이야기했습니다. 아브라함은 조카 롯이 살고 있는 소돔과 고모라를 살려 볼 요량으로 의인 50명이 있어도 멸망을 시키겠느냐고 질문하고, 마지막에 10명까지 내려갔습니다.

천사들로부터 그곳에 의인 10명만 있으면 멸망시키지 않겠다는 약속을 받아냈습니다. 천사들은 저녁 때 소돔에 이르렀습니다. 롯이 두 사람의 나그네를 보고 자기 집으로 모셔 들였습니다. 그러나 소돔의 백성들이 롯의 집에 두 사람의 나그네가 들어왔다는 사실을 알고 노소(老小)를 막론하고 다 모여 롯의 집을 에워싸고 오늘 밤에 네게 온 사람들이 어디 있느냐? 이끌어내라. 우리가 그들과 상관하겠다고 위협했습니다. 롯은 나그네를 보고하기 위하여 남자를 가까이하지 아니한 딸 둘을 내놓겠다고 협상 제의했지만 그들은 그 말을 듣지 않았습니다. 그리고 그들이 이르되 "너는 물러나라 또 이르되 이자가 들어와서 거류하면서 우리의 법관이 되려 하는도다. 이제 우리가 그들보다 너를 더 해하리라. 하고 롯을 밀치며 가까이 가서 그 문을 부수려고 할 때"(창 19:9) 천사가 롯을 집 안으로 끌어들이고 문 밖의 무리들의 눈을 멀게했습니다. 결국 천사는 롯과 아내, 두 딸을 피난가게 하고 하늘로부터 유황과 불이 소나기처럼 내려 그 성들과 온 들과 성에 거주하는 모든 백성과 땅에 난 것을 다 엎어 멸하셨습니다. 소돔과 고모라는 역사에서 깨끗이 사라져 버렸습니다. 오직 성경에만 그 도시가 있었다는 기록이 있을 뿐입니다.

자, 여기서 소돔과 고모라가 멸망한 원인을 찾아봅시다. 분명한 것은 그 도성에 의인 10명이 없었다는 점입니다. 의롭게 산 사람이 그렇게 적었다는 것이지요. 의인이 없는 도시가 온전할 수가 없었습니다. 그만큼 그 도시는 타락한 도시라는 것을 암묵적으로 보여준 것입니다. 다음으로 그 도시에 동성애가 판을 치고 있었다는 것을 간접적으로 들여다 볼 수 있었습니다. 롯의 집에 천사들이 들어온 것을 본 그들은 성경에 있는 대로 노인과 청소년들까지 떼거리로 몰려 와서 천사를 끌어내려했습니다. 롯이 시집도 안 간 딸 둘을 내어 주겠다고 해도 저들은 들은 척도 하지 않았습니다. 처녀보다 남자가 필요한 것이었지요. 여자와의 관계는 이제 식상(食傷)해서 남자와 관계를 해보겠다는 심산이었습니다.

소돔(Sodom)에서 파생된 영어 'Sodomy'는 남색(男色) 또는 수간(獸姦) 즉 짐승과 교접한다는 뜻입니다. 결론적으로 이야기하면 하나님께서 소돔과 고모라를 멸망시키신 이유는 음란과 동성애 때문이었습니다. 만약 소돔과 고모라에 먹을 것이 없어서 굶주리고 고통당했다면 이런 음란한 일은 저지르지 않았을 것입니다. 그것도 남녀 간의 관계가 아니고 동성애나 수간을 하나님께서 참고 넘기실 수 없으셨습니다. 이 어두워져 가는 세상을 위해 우리 모두 기도를 게을리해서는 안 되겠습니다.

소돔과 고모라 그리고 폼페이 (2)

"누구든지 여인과 동침하듯 남자와 동침하면 둘 다 가증한 일을 행함인즉 반드시 죽일지니 자기의 피가 자기에게로 돌아가리라." (레 20:13)

폼페이는 이탈리아 나폴리에서 남서쪽으로 23km 떨어진 베수비오(Vesuvius) 산 근처에 있는 고대 로마도시입니다. 이 도시는 주후 79년 8월 24일 베수비오 산의 화산 폭발로 인근 도시와 함께 화산재와 분석(噴石)에 파묻혀 완전히 소멸되었습니다. 이 도시는 당시 농업과 상업의 중심지이자 로마 귀족들의 휴양지가 많이 있었던 곳으로 유명한 곳이었습니다.

화산이 폭발하던 날 정오 베수비오 화산이 폭발하면서 검은 구름이 분출되면서 화산이 분화되기 시작했습니다. 운 좋게 도시를 빠져 나온 사람들도 있었지만 조금 늦게 나온 사람들은 뜨거운 열기에 모두 타 죽었습니다. 일반적으로 폼페이는 타락한 도시의 원형으로 신의 징벌을 받고 사라졌다고 이야기합니다. 화려한 문화를 자랑하던 광장과 웅장한 건물, 극장, 상가, 당시 최고의 설비를 자랑하던 스타비안 목욕탕 등 모든 것이 화산재에 묻히고 말았습니다.

주전 89년에 로마의 지배하에 들어간 후 완전히 로마화한 도시로 로마 상류층들이 별장을 짓고, 연중(年中) 좋은 때에 와서 휴식을 하던 휴양 도시였습니다. 화산이 폭발하기 16년 전인 63년 대지진이 있었으나 빠르게 복원되었습니다. 그로부터 16년 후인 79년에 화산 폭발이 있었습니다. 역사를 지나고 보면 대 지진은 하나님의 경고였었는데, 그들은 이를 깨닫지 못하고 타락한 생활을 하다 역사 속으로 사라져 버렸습니다.

이 도시가 역사에서 사라졌다가 다시 등장한 것은 1592년 폼페이 위를 가로지르는 운하를 건설하는 과정에서 건물과 여러 작품들이 발견되면서입니다. 그러다가 1748년 당시 이탈리아를 지배하던 프랑스의 부르봉 왕조가 발굴을 다시 시작했습니다. 1861년 이탈리아가 통일되면서 다시 폼페이의 발굴이 시작되어 옛날 모습이 재현되었습니다. 오늘 날 폼페이의 4/5가 복원되었습니다. 여기서 출토된 여러 작품들은 나폴리 미술관에 소장되어 있습니다.

자, 여기서 우리는 폼페이가 멸망한 이유를 살펴볼 필요가 있습니다. 물론 구체적인 이유는 단정할 수 없지만 이 도시 역시 풍요와 타락의 도시임에 틀림없습니다. 항상 사치스러운 생활은 음란한 생활과 직결되어 있습니다. 음란한 생활은 남녀 간의 그것을 넘어 동성 간에 음란으로 이어졌음은 불문가지(不問可知)의 사실입니다. 아마 수간(獸姦)도 흥행했을 것이라 여겨집니다. 인간의 탐욕과 욕망은 끝을 모르고 내닫게 되어있습니다. 구약성경에 동성애자나 수간하는 자는 돌로 쳐 죽이라고 명령하신 것을 보면 구약 시대 때도 동성 간의 음란행위는 말할 것도 없고, 여러 동물과도 스스럼없이 수간을 했음에 틀림없습니다.

폼페이가 멸망한 이유를 일반 역사에서는 밝힐 수 없습니다. 그러나 교회 역사를 거슬러 올라가보면 하나님께서는 소돔과 고모라를 멸망시키셨고, 니느웨도 멸망시키시기로 작정하였으나, 선지자 요나의 경고를 듣고 니느웨 성 전체가 철저한 회개를 했기에 멸망을 면할 수 있었습니다. 분명한 사실은 하나님께서는 범죄 한 도시와 그곳 사람들을 '칼(전쟁)과 기근(흉년) 그리고 염병(전염병)으로 심판하신다는 사실입니다. 이 무서운 징벌을 피할 수 있는 유일한 길은 회개밖에 없습니다. 범죄 한 개인이나 민족은 하나님께서 예외 없이 심판하신다는 사실을 명심하면서 하나님을 경외하는 마음으로 삼가는 삶을 이어 갑시다.

2 February

무효가 된 세례

02
01

FEB

"주 예수를 믿으라 그리하면 너와 네 집이 구원을 받으리라."
(행 16:31)

미국 애리조나주 피닉스에 있는 성 그레고리 교구의 아랑고(Andres Arango) 신부가 2022년 2월 1일자로 교구 사제직을 사임한다고 발표했습니다. 아직도 일할 날이 많이 남아 있는데, 조기 은퇴를 한 것입니다. 그가 이렇게 은퇴를 하게 된 것은 신자들에게 영세줄 때, 잘못된 용어를 사용해서 효력이 없는 세례를 베풀었기 때문이라고 말했습니다. 지난 20년 동안 아랑고 신부에게 영세를 받은 신자가 수천 명에 이르는데, 로마가톨릭교회는 그 모든 영세를 무효로 선포하고 다시 영세를 받으라고 했습니다.

그 이유는 아랑고 신부가 영세를 베풀 때, "우리는 성부와 성자와 성령의 이름으로 영세를 베푸노라."라고 선포했는데, 여기서 "나는"이라고 말해야 하는데, "우리"로 선언했다는 것입니다. 신부나 목사가 "나는"이라고 말할 때, 그 '나'는 인간 아무개가 아니고, 그리스도의 대리자로써 '나'를 지칭하는 것인데, '우리'라는 복수 용어를 사용함으로써 그리스도의 대리자가 복수가 되어 영세가 무효라는 것입니다. 일부 성직자들은 영세식에서 신앙 공동체가 함께 참여하는 행사라는 의미를 부여하기 위해 '우리'로 지칭하는 문구를 만들었으나 이 교구 담당 옴스테드 주교는 "예수 그리스도께서 모든 성례를 주관하시고, 영세를 주시는 분도 예수 그리스도"라고 강조했습니다.

바티칸 신앙교리성의 2020년 지침을 인용해 '우리'로 시작되는 문구를 만들었으나 교황청이 2년 전 교리에 근거해 이를 바로 잡는다는 지침을 내렸습니다. 아랑고 신부는 신자들에게 사과하면서, "부정확한 방식으로 효력 없는 영세를 베푼 것을 알게 되어 슬프다. 제 실수를 유감스럽게 생각한다."며 신부직에서 물러났습니다. 필자도 목회를 하면서 세례를 베풀 때, 신자들의 머리에 물을 적신 손을 얹고 "나는 주 예수 그리스도를 믿는 자 ○○○에게 성부와 성자와 성령의 이름으로 세례를 베푸노라. 아멘" 하고 선언했습니다. 물론 '우리는'이라는 용어는 쓰지 않았지요. 세례는 '우리'라는 복수가 베푸는 것이 아니고, 성직자인 목사 단독으로 베푸는 것이기에 '나는'이라고 해야 합니다.

그런데 우리가 여기서 잠시 생각해 볼 것은, '나는' 대신 '우리'라는 말을 했다고 해서 과연 성삼위 하나님의 이름으로 선포한 성례가 무효가 되느냐 하는 점입니다. '나는'이라고 말하면 유효하고, '우리'라고 말하면 무효일까요? 물론 가톨릭교회와 개신교회는 교리적 차이가 있습니다. 가톨릭교회에서는 7성례(영세, 견진, 고백, 성찬, 종부, 혼배, 서품)가 있고, 이 성례는 구원에 필수 불가결한 요소입니다. 다시 말하면 성례를 행하지 않으면 구원을 받을 수 없습니다. 왜냐하면 구원의 은총이 성례를 통해서 임하기 때문입니다.

그러나 개신교회에는 성례가 두 가지(세례와 성찬)입니다. 이 두 가지는 중요한 교회의 예식이지만, 구원에 필수 요인은 아닙니다. 즉 평생 세례를 안 받아도, 성찬에 참여하지 않아도 구원을 받은 데는 아무 지장이 없습니다. 다만 세례를 받지 않으면 교회의 정회원이 되지 못하고, 선거권과 피선거권이 없어서, 집사, 권사, 장로가 될 수 없습니다. 그러므로 가톨릭교회에서는 영세가 구원이 이르는 첫걸음이기에 교회법에 따라 정확성을 기해 베풀어야 합니다. 따라서 잘못된 용어를 써서 베푼 영세가 무효라 선언하는 것은 그 교회의 특성상 바른 일이라 여겨집니다.

그러나 필자 개인 생각으로는, 개신교회의 입장에서 비록 '나'를 '우리'라 했다고 해도, 즉 잘못된 용어를 썼다 해도 성삼위 하나님(성부, 성자, 성령)의 이름으로 선포한 세례를 무효라고 하는 것이 옳은지는 신학적으로 검토해 볼 만한 문제라 생각됩니다. 필자의 개인적 견해를 묻는다면, 이미 삼위 하나님의 이름으로 선포된 세례를 무효라 선언하고, 수천 명의 신자들에게 다시 영세를 받으라고 하는 것이 신학적으로 옳은지는 토의가 필요하다 생각되어집니다.

아랑고 신부가 집례한 영세를 받고 세상을 떠난 신도들도 있을 수 있는데, 그럼 그들은 무효를 선언한 영세를 받았으니, 천국에 가지 못하는지도 의문입니다. 아무든 이 문제는 좀 더 깊은 신학적 고찰과 논의가 필요한 항목입니다. 우리는 세례나 성찬이 구원과는 상관없고, 오직 "주 예수를 믿으라 그리하면 너와 네 집이 구원을 얻으리라."고 선포한 바울 선생의 말씀을 믿습니다. 오직 예수님만 믿으면 구원을 받습니다. 우리(개신교회)는 이것을 믿습니다.

02/02

영상예배와 대면예배 (1)

"아버지께 참되게 예배하는 자들은 영과 진리(in spirit and truth)로 예배할 때가 오나니 곧 이때라 아버지께서는 자기에게 이렇게 예배하는 자들을 찾으시느니라." (요 4:23)

우리는 코로나 기간 동안 영상 예배라는 특이한 예배를 드렸습니다. 물론 코로나가 유행하기 전에도 영상예배는 있었습니다. 특히 질병으로 예배당에 나올 수 없는 분들 혹은 주일 날 당번이 되어 직장에서 일하는 사람들은 TV를 켜 놓고 혹은 라디오를 통해서 예배를 드리곤 했습니다. 일반 교인들은 당연히 예배당에 가서 예배를 드렸지요. 건강한 몸으로 집에 앉아서 영상 예배를 드리는 것은 상상할 수 없었습니다. 그러나 코로나가 휩쓸고 지나간 이후에 영상, 즉 줌(Zoom)이나 아이패드, 스마트폰으로 예배를 드리는 것이 일반화되었습니다. 이제 코로나 백신을 맞은 사람들이 많아지면서 서서히 일상을 되찾아 가고 있습니다. 미국에서는 전 국민의 50% 이상이 백신을 맞아서 안전한 단계로 들어가고 있습니다. 따라서 캘리포니아에서는 6월 15일부터 정상으로 돌아간다며 예배도 이제 정상적으로 드릴 수 있게 되었습니다.

미국에서는 어떠한 상황에서도 행정부가 예배의 자유를 제한할 수 없다는 연방 최고법원의 판결이 났기 때문에 자유롭게 예배드릴 수 있습니다. 다만 교회나 성당 스스로 교인들의 건강을 생각하여, 인원을 제한한다든지, 혹은 시간을 변경한다든지 할 수 있습니다. 문제는 교인들이 얼마나 예배당에 출석할 것인가 입니다. 우선은 코로나가 완전히 해결된 것이 아니고, 여전히 확진자와 사망자가 나오는 상황이기 때문에 아무리 많은 사람들이 백신을 맞았다고 할지라도 위험성은 상존(尙

存)하고 있습니다. 가장 안전하고 효율적이라는 화이자나 모더나 백신도 그 방어력이 94%라고 하니 여전히 6%는 감염될 가능성이 있고, 비록 백신을 두 번 맞았다고 할지라도 그것이 완벽하게 방어를 해준다는 보장이 없기 때문에 언제나 우리는 이 병에 노출될 수 있습니다.

옛날 중세시대 때 흑사병이 완전히 사라져버린 후에는 흑사병에 대한 두려움에서 해방이 되었습니다. 근래에 유행했던 천연두로 전 세계에서 헤아릴 수 없이 많은 사람들이 생명을 잃었고, 한국에 나온 초기 선교사들 가운데서도 이 병으로 생명을 잃은 분들이 많았습니다. 그러나 이제는 이 병이 지구상에서 완전히 소멸되어 버렸기 때문에 이 병으로 고통을 당하거나 생명을 잃는 사람은 없습니다. 코로나가 이 지구상에서 완전히 소멸되어버리지 않는 한, 인간은 언제나 이병에 감염될 가능성이 있고 또 이 질병으로부터 해방될 수가 없습니다. 그러므로 많은 사람들이 모이는 곳에 가는 것을 꺼려하고, 가더라도 마스크를 쓰고 거리를 유지하려고 하는 사람들이 많이 있을 것입니다. 그 여파로 많은 사람이 모이는 대형교회 예배당에 가서 예배를 드리는 것을 꺼리는 교인이 생겨날 것은 불을 보듯 확실합니다.

자, 그러면 여기서 우리가 영상예배에 대해 한번 생각해 보겠습니다. 백신을 두 번씩 맞았고 또 감염될 가능성이 별로 없는 사람들이 예배당에 가기를 꺼려하는 사람들이 있으리라고 여겨집니다. 특별히 초신자나 믿음이 약한 사람들은 그런 생각을 할 가능성이 대단히 높습니다. 무엇보다도 집에서 TV를 켜놓고 예배를 드리는 것이 편하기 때문에 그 편을 선택할 가능성은 더욱 농후합니다. 그러면 어디서 예배를 드리는 것이 합당하냐하는 문제가 대두됩니다. 예배당에서 드리는 예배는 진정한 예배고 집에서 드리는 예배는 진정한 예배가 아니라고 아무도 말할 수는 없습니다. 그렇습니다. 예배와 장소는 아무 연관이 없습니다. 어디서 예배를 드리든지 그것은 상관이 없음에 틀림없습니다.

02
03

영상예배와 대면예배 (2)

“사람은 외모를 보거니와 나 여호와는 중심을 보느니라” (삼상 16:7)

요한복음 4장에 사마리아 수가성 야곱의 우물가에서 예수님과 한 사마리아 여인과의 대화가 소개되었습니다. 사마리아 여인은 예수님께, 예배를 어디서 드려야 되느냐고 묻습니다. 사마리아 사람들은 그곳에 있는 그리심 산에서 예배를 드려야 한다고 말하고, 유대 사람들은 예루살렘 성전에서 드려야 한다고 하는데, 어디서 예배를 드려야 하느냐고 물었습니다. 그때, 예수님께서는 그리심 산에서도 말고, 예루살렘에서도 말고, 너희가 예배를 드릴 때(hour)가 오는데 그때는 영과 진리로 예배를 드려야 한다고 말씀하셨습니다.

예배는 장소가 중요한 것이 아니고 영과 진리로 드리는 예배가 더 중(重)하다고 말씀하셨습니다. 따라서 예배당에서 예배를 드리느냐 집에서 예배를 드리느냐는 별 문제가 되지 않습니다. 다시 말하지만 장소만을 얘기할 때는 그것은 아무 의미가 없습니다. 예배당에서 예배를 드리면서도 영과 진리 없는 예배는 무용지물이고, 집에서 영과 진리로 예배를 드리면 그 예배는 하나님께서 기뻐 받으시는 예배가 됩니다.

자, 그렇다면 여기에서 이런 문제를 한번 생각해 봅시다. 우리가 예배당에 예배를 드리려고 갈 때는 물론 하나님께 예배를 드리러 갑니다. 그러나 단순히 하나님을 뵙기 위해서 가는 것만은 아닙니다. 우리는 거기서 일주일에 한 번씩, 혹은 1년에 몇 번, 아들, 며느리, 딸, 사위 그리고 손주들을 만나는 기쁨이 있습니다. 뿐더러 교우들과 친구들을 만나 식사를 하고, 즐거운 대화를 나누며 아름다운 성도의 교제를 합니다. 따라서 우리는 교회 갈 때 하나님께 예배를 드리지만 성도들과의 교제가 필수적으로 따라오게 되어 있습니다.

다시 말하자면 하나님께 예배만 드리러 가는 것이 아니라 사람도 만나러 갑니다. 사람을 만나기 위해서는 집에서 생활하던 모습 그대로 갈 수 없습니다. 이제 세상을 떠나셨지만, 모친께서는 토요일에는 꼭 미장원에 가셔서 머리 손질을 하시고, 주일 아침에는 화장도 하셨으며 또 철에 따라 맞는 옷을 곱게 차려입고 가셨습니다. 그래서 그런지 어떤 주일에 안수 집사 한 분이 필자에게 와서 목사님, 모친이 우리교회에서 옷을 제일 잘 입는 베스트 드레서(best dresser)라며 치켜세워 주어서 기분이 좋았던 일이 있었습니다. 모친은 예배가 끝나면 가족들을 만나고, 또 친구 권사들과 여러 교우들과 만나 즐거운 시간을 갖고 집으로 돌아오십니다.

대체적으로 다른 사람들도 그런 과정을 밟습니다. 우리는 교회에 가서 하나님께 예배를 드릴 뿐만 아니라 가족과 교우들을 만나기 위해 정성을 다 합니다. 남자들도 아침에 샤워를 하고 깨끗하게 면도도 하고, 곱게 다려진 와이셔츠를 입고, 좋은 넥타이를 매고 정장을 하고 교회로 갑니다. 교회와 거리가 먼 사람들은 장시간 드라이브하고 와서 예배를 드립니다. 그러나 예배를 집에서 영상으로 드릴 때는 전혀 이런 것이 필요 없습니다. 여자들은 집에서 예배드리는데, 토요일에 미장원에 가서 머리 손질할 필요도 없고, 곱게 화장을 할 필요도 없으며 또 고운 옷을 차려 입을 필요도 없습니다. 남자들도 꼭 샤워를 해야 할 필요도 없고, 와이셔츠에 넥타이 매고 정장을 하고 앉아서 예배드릴 필요가 없습니다. 여자들은 여자들대로, 남자들은 남자들대로 보통 생활하던 모습 그대로 TV 앞에 앉아 1시간 예배를 드리면 끝이 납니다. 그러고 나서 예배드리기 직전에 하던 일로 돌아가 계속할 수 있습니다.

영상예배와 대면예배 (3)

02
04

"모든 지킬 만한 것 중에 더욱 네 마을을 지키라 생명의 근원이 이에서 남이니라." (잠 4:23)

가정에서 TV로 보는 예배에는 영과 진리가 없을 가능성이 농후합니다. 예배당에서 가족과 다른 교우들을 만나지 않기 때문에 단장을 하거나 혹은 외모에 신경을 쓸 필요가 전혀 없습니다. 물론 하나님께서는 예배드리는 자의 마음을 보시지 겉모양을 보시지는 않습니다. 그러나 우리가 예배를 드릴 때, 예배에 정성이 결여되어 있으면 진정한 예배가 될 수 없습니다.

정성은 마음가짐뿐만 아니라 겉모양까지도 포함됩니다. 머리 손질을 하고 화장을 하고 고운 옷을 입고, 샤워를 한 후, 깨끗이 면도를 하고 정장을 하고 예배당에 가서 예배를 드리는 것과 청바지 차림에 헐렁한 티셔츠 하나 걸치고, 수염도 깎지 않은 모습으로 TV 앞에 1시간 앉아 예배드리는 것은 결코 정성스런 예배라 볼 수 없습니다. 정성이 전혀 들어가지 않는 형식적 예배는 하나님께서 받으실 이유가 없습니다. 정성이 빠진 예배는 이미 예배가 아닙니다. 정성은 예수님께서 말씀하신 영입니다. 온 정성을 다 쏟아붓는 예배는 나의 영을 쏟아 놓은 예배입니다. 하나님께서는 그런 예배를 받으십니다.

기독교가 한국에 들어오기 전 우리 민족은 4천 년 동안 무속신앙을 가지고 살아왔습니다. 집안에 어려움이 있을 때, 즉 부모님이나 남편, 자식이 병이 났을 때, 혹은 아들이 과거시험을 보러 갔을 때, 시집온 지 수년이 지나도 아들은 고사하고 딸 하나도 낳지 못하는 며느리를 위해서 정성을 들입니다. "천지신명(天地神明)이시여, 우리 남편 병 낫게 해 주세요. 우리 아들 장원 급제하게 해 주세요, 며느리에게 아들 하나만 점지 해 주세요."라고 빌 때, 그 정성이 얼마나 간절한지 옆에서 보는 사람에게까지도 그 간절함이 느껴집니다.

무속신앙에서 보여주는 정성 정도도 없는 예배를 하나님께 드린다면 그런 예배가 진정으로 영과 진리가 들어 있는 예배일까요? 필자는 왜람되지만 예배당에 가서 예배를 드릴 수 있음에도 불구하고, 편하게 예배를 드리기 위해 집에서 영상을 켜놓고 드리는 예배는 정성이 빠진 예배이기 때문에 하나님께서 받으시는 예배가 아니라고 확신합니다. 하나님께서 받으시지 않는 예배는 백 번 천 번 드려도 아무 소용이 없습니다. 그러므로 이제 코로나 문제가 해결되어 예배당에서 예배를 드릴 때가 되면, 신자들 모두는 반드시 예배당에 가서 예배를 드려야만 합니다. 집에서 영상 예배로 대신하려는 것은 결코 올바른 그리스도인의 자세가 아닙니다.

하나님께서는 이런 사람의 예배를 기뻐 받으시지 않습니다. 하나님께서 기뻐하시는 예배를 드리면서 우리의 소원을 간구해야 들어 주시지, 하나님께서 기뻐하시지 않은 예배를 드리면서 간구해봐야 들어주실 리 만무합니다. 예배하는 자는 영과 진리로 예배해야 하는데, 편한 쪽을 택해 정성이 빠진 예배를 드린다면 그 예배는 형식에 그친 예배지 진정한 예배일 수 없습니다. 어려움을 헤치고 예배 처소로 향하는 그 자체가 예배의 일환입니다.

초기교회 시절, 로마 관헌에게 붙잡히면 사형장으로 끌려간다는 사실을 잘 알면서도 어렵게 지하 동굴 예배처 카타콤(catacomb)로 향하던 교인들의 예배가 진정한 예배였습니다. 비오고 폭풍이 몰아치는 주일에, 그것을 뚫고 예배당을 향해가는 교우들의 발걸음이 곧 예배입니다. 하나님은 그런 사람에게 복을 내려 주십니다.

로마 제국은 왜 그리스도인들을 박해했을까?

02/05

“나로 말미암아 너희를 욕하고 박해하고 거짓으로 너희를 거슬러 모든 악한 말을 할 때에는 너희에게 복이 있나니 기뻐하고 즐거워하라 하늘에서 너희의 상이 큼이라 너희 전에 있던 선지자들도 이같이 박해하였느니라.” (마 5:11-12)

로마 제국이 기독교도들을 박해했다는 말을 많이 들었을 것입니다. 로마는 주전 753년 이탈리아의 중부 지방에서 작게 시작한 부족국가였습니다. 그러나 차차 세력을 키워 가면서 거대 제국으로 발전했습니다. 그런데 로마제국은 주후 1세기를 전후해서 기독교를 박해하기 시작했습니다. 보통은 그리스도인들을 십자가형에 처했고, 다음으로 굶주린 맹수의 굴에 던져 맹수의 밥이 되게 했으며, 기름이 설설 끓는 가마솥에 던져 죽였고, 로마의 시민권을 갖고 있는 사람은 바울 사도처럼, 죽을 때 고통을 덜어주기 위해 큰 칼이나 큰 도끼로 목을 쳐서 죽이는 참수형에 처했습니다. 로마제국은 로마 시민은 물론 점령지의 주민에게도 관용 정책을 써, 많은 자유를 주었습니다. 로마제국은 고대에 광대한 영토를 다스리던 대제국이었습니다. 로마는 끊임없이 주변 나라들을 침략해서 그 영토를 넓혔습니다.

로마 제국은 다른 나라를 점령한 후에 세 가지 원칙을 정했습니다. 첫째는 로마 황제를 숭배할 것, 둘째는 세금을 낼 것, 셋째는 병역의 의무를 다할 것이었습니다. 이 세 가지만을 요구하고 그 외는 모든 자유를 주었습니다. 즉 그들의 언어, 종교, 전통, 관습 등 모든 것을 존중해 주고 일체 간섭하지 않았습니다.

물론 반란이 일어났을 때는 지체 없이 중앙 정부에서 대군을 이끌고 가서 초토화시키고, 씨를 남기지 않고 진멸해서 대 제국의 위용을 보였지요. 따라서 감히 반란을 일으킬 생각을 할 수가 없었습니다. 모든 길은 로마로 통한다는 말이 있듯이 수도 로마에서 사방팔방으로 넓은 도로를 건설해서 모든 도로가 로마로 집중하게 만들었습니다. 이 좋은 도로는 모두 노예들을 동원해서 만든 것입니다. 필자가 로마에 갔을 때 2천 년 전에 만든 도로를 그대로 쓰고 있는 지역을 보았습니다. 그만큼 단단하게 만들었던 것이지요.

그럼 왜 기독교도들을 그렇게 박해하고 죽였을까요? 그것은 두말할 것도 없이 기독교도들이 세 가지 가운데 두 가지 명령을 따르지 않았기 때문입니다, 즉 황제 숭배 거부와 병역 의무의 거부였습니다. 세금은 꼬박꼬박 냈지만, 이 두 가지는 목숨을 걸고 거절했습니다. 가장 큰 문제는 황제 숭배 거부였습니다. 로마 제국은 광대한 땅을 통치하기 위해 로마 황제를 신으로 여기고, 매달 초하루와 보름날 모든 주민이 황제 신상 앞에 모여, 울리는 나팔 소리에 맞추어 허리를 굽혀 절을 해야만 했습니다.

그러나 그리스도인들에게 황제 숭배는 두말할 필요 없이 십계명의 제1계명, "내 앞에 다른 신을 네게 두지 말라." 그리고 제2계명, "우상을 만들지 말고, 숨기지 말고, 거기 절하지 말라."는 계명을 정식으로 범하는 것이기 때문이었습니다. 그리스도인들에게는 오직 예수 그리스도만이 만왕의 왕이었습니다. 따라서 그들은 예수 그리스도 이외 다른 어떤 존재에게도 절할 수 없었습니다. 따라서 그들은 황제 숭배를 거부했습니다. 죽음이 전제된 의식과 제국의 명령도 초기 그리스도인들의 열렬한 신앙심을 꺾을 수 없었습니다. 제국의 입장에서는 말할 것 없이 반역이었고 용서받을 수 없는 반국가적 행위였으므로 교인들이 사형을 피할 도리가 없었습니다. 이에 따라 수많은 그리스도인들이 죽임을 당해 순교했습니다.

로마제국이 기독교에 끼친 좋은 영향 (1)

02/06

"나로 말미암아 너희를 욕하고 박해하고 거짓으로 너희를 거슬러 모든 악한 말을 할 때에는 너희에게 복이 있나니 기뻐하고 즐거워하라 하늘에서 너희의 상이 큼이라, 너희 전에 있던 선지자들도 이같이 박해하였느니라."
(마 5:11-12)

우리는 로마제국하면 일방적으로 기독교를 박해한 국가로 알고 있습니다. 물론 300년경에 제국이 기독교에 자유를 주어서 기독교 선교에 크게 이바지했다는 사실을 알고 있는 사람들도 많이 있습니다. 이런 자유를 얻기 전까지는 헤아릴 수 없이 많은 그리스도인들이 로마제국으로부터 박해를 당했고, 또 죽음을 당하는 고통을 받았습니다. 그렇지만 기독교는 로마제국으로 인해 여러 가지 혜택을 본 것도 있습니다. 그 가운데 몇 개를 살펴보도록 하겠습니다.

첫째는 로마제국의 광대한 영토입니다. 로마 시민뿐 아니라 속지(屬地)의 주민도 이 넓은 영토를 자유롭게 여행할 수 있었습니다. 광대한 영토 내에서 마음대로 다닐 수 있었기 때문에 전도자들이 전도하러 다니는 데 아무런 간섭을 받지 않았습니다. 로마 제국 내에서는 여권도 비자도 필요 없이 자유롭게 여행이 가능했습니다. 바울 사도가 선교 여행 중 한 번도 장애를 받지 않은 것은 그가 로마 시민이었고, 여행의 자유가 보장되었기 때문에 다른 이유 특히 유대인들이 예수를 전한다는 이유로 말할 수 없는 고난을 당했지만, 여행증명서나 비자가 없어서 어려움을 당했다는 기록은 성경에서 찾아볼 수 없습니다.

또 다른 이유는 교통의 편리였습니다. 로마 제국은 광대한 영토를 통치하기 위해서는 넓고 긴 도로가 필수였습니다. 수많은 나라와 부족을 점령했으므로, 수시로 각지에서 반란이 일어났습니다. 반란을 진압하기 위해서는 군인을 실은 마차들이 빠른 속도로 이동을 해야 하기 때문에 잘 닦여진 도로가 사방으로 뻗어 있어야 효율적인 진압을 할 수 있었습니다. 따라서 수많은 노예들을 동원해서 잘 닦여진 도로를 수 없이 건설했지요. "모든 길은 로마로 통한다."는 말이 여기에서 나왔습니다. 자연히 바울 사도를 위시한 많은 전도자들이 이 도로를 이용해서 자유롭게 다니며 전도할 수 있었습니다.

다른 하나는 언어의 통일이었습니다. 로마시대에는 서부에서는 라틴어를, 동부에서는 그리스어를 사용했지요. 이 두 언어만 사용할 수 있으면 언어 소통에 아무 문제가 없었습니다. 오래전 일입니다만 필자가 홍콩에 갔을 때 중국 교회를 방문한 일이 있었습니다. 그때 중국 목사가 중국 사람들에게 설교하는데 중국 사람이 통역을 하는 것을 보았습니다. 그 목사는 현지 교인들의 언어를 몰랐고, 현지 교인들은 목사의 말을 알아듣지 못했던 거지요. 지금도 세계 여러 나라 오지(奧地)에서 선교하는 선교사들이 오랜 세월 현지어를 익히고, 소통이 될 만해서 현지어로 성경을 번역, 출판해서 그것을 갖고 산 고개 하나 넘어 다른 부족에게 가면, 언어가 전혀 통하지 않을 뿐만 아니라, 문자도 없어, 성경 번역은 꿈도 못 꾸는 것이 오늘의 현실입니다. 로마 제국의 언어 통일이야 말로 복음 선포에 결정적 역할을 했습니다.

또 다른 원인은 안정된 치안유지였습니다. 가끔 산적이나 강도가 전혀 없었던 건 아니었지만, 대체로 군국주의 하에서 군인들이 곳곳에 배치되어 있어 민간인을 괴롭게 하는 무리를 철저히 응징했기에 치안이 완벽하게 이루어졌습니다. 오늘날에도 후진국은 말할 것도 없고, 심지어 멕시코 같은 나라도 정부의 행정력이 미치지 않는 곳에서는 마약이나 조직 깡패들이 사람들을 괴롭히는 수가 있는 데 반해, 2천 년 전 로마는 대체로 치안이 안전해서 전도인들의 활동이 안전했다는 점이 복음 전파에 뒷받침이 되었습니다.

로마제국이 기독교에 끼친 좋은 영향 (2)

02/07

"나로 말미암아 너희를 욕하고 박해하고 거짓으로 너희를 거슬러 모든 악한 말을 할 때에는 너희에게 복이 있나니 기뻐하고 즐거워하라 하늘에서 너희의 상이 큼이라, 너희 전에 있던 선지자들도 이같이 박해하였느니라." (마 5:11-12)

기독교 선교가 로마 제국으로부터 도움을 받았던 이유 중 하나는 유대인의 분산입니다. 흩어진 유대인 즉 디아스포라(diaspora)는 주전 300년경 1차로 알렉산더 대왕 때 한 번 시행됐고, 다음은 주후 70년에 유대인의 반란이 일어났을 때, 로마 중앙 정부에서 디도(Titus) 장군을 보내 진압한 후, 유대인들을 사방으로 흩어 버렸습니다. 유대인들은 모이기만 하면 힘이 생겨 반란을 도모하기 때문에 모두 내쫓아 버린 것입니다. 유대인들은 가는 곳마다 회당을 세우고 안식일(토요일)에 모여 예배를 드립니다. 바울 선생이 각지에 다니며 복음을 전할 때, 가는 곳마다 유대인의 회당에 들어가서 복음을 전했던 것을 볼 수 있습니다. 비록 유대인들은 복음을 받아들이지 않고 오히려 박해를 했지만 회당에서 복음을 전할 수 있어서 많은 도움을 받은 것은 사실입니다.

마지막으로 로마제국은 새로운 종교를 필요로 하고 있었습니다. 인류 역사를 살펴보면 모든 제국은 때가 되면 멸망했습니다. 이 세상에서 항구적으로 지속된 제국은 없었습니다. 그런데 그 막강한 제국들이 멸망한 원인을 분석해 보면 대체로 외적의 침략보다 자체 내의 부패로 그렇게 된 예가 훨씬 더 많습니다. 막강한 로마제국은 여러 면에서 망해가는 문화를 가지고 있었습니다. 격언에 "배부른 돼지보다 배고픈 소크라테스가 되라."는 말이 있습니다. 인간은 배가 부르다고 해서 만족하는 것이 아니라 영적 삶의 만족을 바라는 존재입니다. 성경은 배부른 삭개오가 예수님을 찾아 나선 사건을 보여 줍니다.

지금도 노예 제도가 있는 곳이 있지만, 로마 제국 당시에는 전쟁 포로를 비롯해서 많은 사람을 동물처럼 매매하고 귀족 가정에서 부리는 노예가 많았습니다. 고린도 같은 도시의 신당에는 수천 명의 기녀(妓女)들이 있어, 제사가 끝나면 남자들은 이 기녀들과 음란한 행위를 버젓이 행하는 습속(習俗)이 있었습니다. 물론 노예는 물건처럼 사고파는 상품이었지, 인간이 아닌 동물 취급을 당했습니다. 한국에서도 불과 100년 전에 노비를 물건처럼 돈 주고 사고파는 일이 있었습니다. 1906년에 평양 서촌마을에 사는 할머니가 예수 믿기 전에 1천 량을 주고 산 계집종을 주님을 영접한 후에, 계집종을 해방시키고, 노비 문서를 불사른 일이 있었다는 말씀을 드렸지요. 하물며 2천 년 전 로마제국 시대에 노비 제도가 있었던 것은 당연한 일이겠지요. 인간을 동물로 취급한 사회, 즉 인간성을 말살하는 제국은 영적으로 타락한 사회이어서 결국 파국을 맞이하게 됩니다.

다음으로 로마 제국의 타락은 자녀 살해입니다. 즉 자녀의 생사여탈권이 부모들에게 주어져 있었습니다. 우리가 상식으로 알고 있는 사실은 스파르타에서 사내아이가 태어났을 때, 아들다운 모습이 없고, 울음소리도 빈약하여 모든 면에서 건장한 군인이 될 가능성이 없다고 여겨지는 사내아이는 죽였다는 사실을 알고 있습니다. 특히 장애애가 나오면 바로 죽였습니다. 사람의 생명을 아무렇지도 않게 생각하는 제국은 몰락할 수밖에 없습니다. 이러한 상황에서 깨끗하고 정결한 생활을 하며, 일부다처제 사회에서 일부일처제를 철저히 준수하고, 어떤 자녀라도 귀하게 여겼으며, 비록 장애아가 나와도 결코 유기(遺棄)하지 않고 소중히 다루는 기독교 가정의 고귀함은 로마 사람들에게 기독교 신앙을 기이히 여기기에 충분했습니다.

기독교는 로마제국으로부터 혹독한 박해를 받았지만, 동시에 거대한 제국 덕분에 선교에 많은 영향을 받은 것 또한 부인할 수 없습니다. 역사에는 항상 밝은 면과 어두운 면이 교차한다는 사실을 여기서도 엿볼 수 있습니다. 아무튼 칠흑 같은 어두움 속에서도 복음은 서서히 그리고 꾸준히 누룩과 같이 퍼져 나가다 드디어 자유를 얻는 기쁨을 향유하게 됩니다.

02
08

FEB

로마제국이 기독교에 자유를 준 이유

"통치자들과 권세들을 무력화하여 드러내어 구경거리로 삼으시고 십자가로 그들을 이기셨느니라." (골 2:15)

오늘은 로마제국이 기독교에 자유를 주게 된 과정에 대해 살펴보겠습니다. 주후 33년 예루살렘에서 시작된 복음 전파는 조용히 널리 퍼져 나갔습니다. 각지에 교회가 세워지고 많은 사람들이 교회에 나오기 시작했습니다. 미약하게 시작된 기독교가 점점 그 세력이 확장되면서 처음에는 하층민들이 기독교 신앙을 받아들였지만, 차차 귀족들에게도 전파되었습니다. 기독교 세력이 무시할 수 없게 되자 로마제국에서는 그대로 두면 어떤 문제가 생길지 모른다고 생각하고 서서히 박해의 고삐를 쥐기 시작했습니다. 그렇게 해서 교회는 형언할 수 없는 고난의 세월을 보내었습니다. 물론 300년 동안 줄기차게 기독교를 박해한 것은 아니고 황제에 따라 완화되기도 하고 가혹해지기도 했습니다.

대략 약 300년 동안 기독교는 열 번에 걸쳐 대대적인 박해를 받았습니다. 그러나 300년경에 이르러서는 이미 기독교 세력은 무시할 수 없을 정도로 로마제국 내에 확산되어 있었습니다. 하층민뿐만 아니라 귀족들까지도 기독교 신앙을 가지고 은밀하게 예배에 참석하면서 기독교 신앙을 그대로 방치할 수 없다는 판단을 하게 되었습니다. 그러던 차에 콘스탄티누스가 영국 요크(York)에서 자기 아버지의 뒤를 이어 서쪽 로마 지역의 황제가 되었습니다. 그러나 제국 동쪽에는 막센티우스(Maxentius)가 황제로 자리 잡고 있었습니다. 따라서 제국의 통일을 위해서는 이 두 황제 사이의 전쟁은 불가피했습니다.

드디어 313년에 콘스탄티누스 쪽과 막센티우스 쪽 사이에 전투가 벌어졌습니다. 쌍방 간에 치열한 전투가 벌어지다가, 로마 근교에 있는 밀비안(Milvian) 다리에서 최후의 대 접전을 치르게 되었습니다. 이 전투에서 이기는 자가 최후 승자되어 로마 제국의 유일 황제가 되는 것입니다. 그런데 그날 밤, 콘스탄티누스 황제가 잠을 자는데 꿈속에서 한 천사가 나타나서 십자가를 보여 주면서 "내일 전투에 이것을 가지고 나가서 승리 하라."는 신탁을 받게 됩니다. 깜짝 놀라 꿈을 깬 콘스탄티누스는 이것이 분명 기독교의 신이 우리에게 승리를 알려주기 위한 것이라 생각하고, 모든 장병들에게 십자가의 표식을 그들의 방패 와 견장에 붙이도록 명령합니다.

그것은 그리스어의 X와 P 두 글자를 겹쳐 놓은 것으로, 영어의 그리스도의 첫 번째 그리고 두 번째 글자를 겹쳐 놓은 십자가입니다. 이 십자가 견장이 그려진 방패를 들고 나가서 전투를 한 결과 콘스탄티누스 군이 대승을 거두게 됩니다. 따라서 콘스탄티누스는 이 전투에서 승리한 것은 기독교의 신이 자기 쪽에 승리를 안겨 준 것이라 확신하고, 이탈리아의 밀라노에서 기독교도들에게 자유를 선포합니다. 기독교는 앞으로 로마제국 내에서 어떠한 박해도, 간섭도 받지 않고 자유롭게 신앙생활을 할 수 있고 또 전도할 수 있다는 자유를 선포했습니다. 이것이 '밀라노 칙령'(Edict of Milan)입니다.

기독교가 300여 년 동안 혹독한 박해를 받아오다 비로소 자유를 얻게 되었습니다. 적잖은 사람들이 콘스탄티누스가 313년에 기독교에 자유를 준 것을 기독교를 제국의 유일한 종교로 선포 한 것으로 오해하고 있습니다. 그러나 313년에 선포된 포고령은 기독교가 로마 제국의 합법적 종교라는 것을 선포한 것이지, 로마제국의 유일 종교로 선포된 것은 아닙니다. 기독교가 유일 종교로 선포된 것은 그로부터 약 100년 후인 테오도시우스 1세에 의해서입니다.

02
09

FEB

어떤 지도자

"내가 진실로 진실로 너희에게 말하노니 나는 양의 문이라… 나로 말미암아 들어가면 구원을 받고 또는 들어가며 나오며 꼴을 얻으리라." (요 10:7,9)

감동적인 글이 하나 있어서 소개합니다. 이 글은 스웨덴 주재 한국 대사 이정규 씨가 SNS에 올린 글로, 스웨덴 총리에 대한 것입니다. "그는 운동권 출신이었지만, 24년간 총리를 하면서 각계각층 인물들과 스스럼없이 만나 대화와 타협을 했다. 열한 번 선거에서 승리했으나 권력의 절정에서 물러났다. 1969년 득표율 50%를 넘는 압승을 거두자 '지금은 새 인물이 필요하다'며 스스로 걸어 내려왔다. 그는 총리 관저에서 공식 업무만 보고 임대주택에 거주했다. 막상 총리에서 퇴임하자 살 집이 없었다. 이를 안 국민들이 한적한 시골 마을에 별장을 지어주었다. 55년간 해로한 부인 아이나도 검소했다. 남편이 총리였지만 고등학교 화학 교사를 계속했다. 그녀는 남편이 퇴임한 후, 한 뭉치의 볼펜을 들고 총무 담당 장관을 찾아가 건네주었다. 볼펜에는 '스웨덴 정부' 마크가 새겨져 있었다. 그녀는 '남편이 총리 때 쓰던 볼펜인데 이제 정부에 돌려주는 것이 맞다.'고 말했다."

필자는 이 글을 읽으면서 과연 선진국, 진정한 민주주의가 정착된 나라, 그리고 수천 년 동안 기독교 문화를 배경으로 한 나라 권력자들의 의식 구조와 생활 모습, 그리고 이런 일을 당연히 여기는 국민들의 의식 수준이 참으로 부럽기 그지없었습니다. 지금 기억이 나지 않지만 이런 말을 한 사람이 있었습니다. "한 나라의 지도자는 그 나라 국민의 수준에 맞는 사람이 선출된다." 이 말은 명언이라 여겨집니다. 국민들의 수준이 낮으면 그에 맞는 지도자를 뽑을 수밖에 없습니다. 옛날 자유당 시절에 시골에서 고무신 한 켤레 받고 찍어 주던 시절이 있었지요, 이런 수준의 국민은 누가 대통령이 되든 상관없고, 막걸리 한 잔 사주면서 막대기 몇 개를 찍으라 면 찍었던 때가 있었습니다. 한국의 경제적 수준과 학력 수준이 높아진 것은 사실이지만, 오히려 더 악랄하고 교묘해진 것 같습니다.

요즘 독일 하면 세계에서도 선두를 달리는 나라라 여겨집니다. 메르켈이라는 불세출의 여성 지도자가 나와 독일뿐만 아니라 유럽연합의 지도자로서도 손색 없는 지도력을 발휘하기도 했습니다. 그러나 지금부터 80년 전으로 돌아가면 독일 국민은 세계사에 길이 남을 악명을 떨친 히틀러를 수상으로 선출하고 그의 웅변에 도취한 나머지 나치를 지지하여, 씻을 수 없는 치욕의 역사를 남겼습니다. 사람을 살아 있는 신이라며 일본 왕을 신으로 섬겼던 일본 국민의 모습에서 대중의 우매성을 뚜렷이 엿볼 수 있습니다. 그들은 원자탄 세례를 받고 몰락했습니다.

참된 진리가 무엇인지 모르는 민중은 달콤한 말에 현혹되고 도취하여 사리 판단이 흐려지게 되어 있습니다. 위대한 지도자는 물질의 탐욕에서 벗어난 사람입니다. 청빈한 지도자는 국민의 칭송을 받지만, 아무리 훌륭한 지도자라 해도 물질의 덫에 걸리면 그의 끝은 패망입니다. 영원한 진리, 변할 수 없는 진리이신 그리스도만이 우리 인류를 참된 길로 인도하시는 분이시며, 우리의 구원자이십니다. 진리의 길로 가는 지도자는 만인의 칭송 속에 퇴장하지만, 탐욕에 가득 찬 지도자가 갈 곳은 교도소일 뿐입니다.

위대한 국민만이 위대한 지도자를 갖는다는 평범한 진리를 되새겨 볼 때입니다. 예수 그리스도를 본받는 지도자가 진실한 지도자가 될 수 있습니다. 우리도 이런 지도자를 만날 때까지 부단히 기도하면서 우리 자신이 그리스도를 본 받아 사는 삶을 이어 가야겠습니다.

02
10

FEB

부고

“내가 모태에서 알몸으로 나왔사온 즉 또한 알몸이 그리로 돌아가올지라 주신 이도 여호와시요 거두신 이도 여호와시오니 여호와의 이름이 찬송을 받으실지니이다.” (욥 1:21)

오늘 아침 필자가 매일 받아 보는 조간신문에 큼직한 부고 광고가 난 것을 보았습니다. 수십만 명의 한국인이 살고 있는 LA 지역에는 세상을 떠나는 사람들이 계속 있고, 또 대부분의 유가족들은 부고를 일일이 보내기 어려워서 신문에 부고 광고를 냅니다. 신문 하단 광고란에 대개는 1/4 또는 1/3, 더러는 1/2 혹은 아래 전체에 광고가 납니다. 그런데 가끔 신문 한 면 전체에 광고가 나는 것을 봅니다. 그런 경우 대체로 누구나 알 수 있는 유명 인사가 대부분입니다. 고인의 과거 약력이 간단히 나오고 밑에는 ○○고등학교 동창회, ○○대학교 동문회, ○○○○회, ○○회 지부 등 고인이 생전에 관계했던 단체명이 화려하게 장식되곤 합니다.

그런데 오늘 전면 광고는 필자를 어리둥절하게 했습니다. 전면 광고에 난 할머니는 그냥 평범한 분이었습니다. 대개는 ‘사랑하는 우리들의 할머니, 어머니, 아내 ○○○ 씨(더러는 권사, 집사, 성도)가 하나님의 부르심을 받고 향년 00세로’와 같은 수식어를 사용합니다. 그런데 이 할머니는 그냥 할머니, 어머니 외에 아무 이력이 없었습니다. 평범한 아내, 엄마, 할머니로 사시다 세상을 떠나셨는데 거금(미화 1,500달러, 한화 170만원)을 드려 전면 광고를 낸 것을 보았습니다. 그냥 아래 광고란에 1/2이나 1/3 정도 내도 다 읽어 볼 텐데 굳이 많은 돈을 들여 부고를 낸 이유가 무엇일까 하고 의아해했네요.

부고를 말하다 보니까, 노벨상으로 유명한 노벨의 부고가 생각났습니다. 알프레드 노벨(Alfred Nobel, 1833-1896)은 1833년 10월 스웨덴 스톡홀름에서 태어났습니다. 그의 생의 말년인 1888년, 프랑스의 한 신문에 난 자기의 부고 보도를 보고 충격을 받았습니다. "죽음의 상인, 노벨 사망"이라는 기사가 난 것을 보았기 때문입니다. 멀쩡하게 살아 있는 자기 부고가 난 것입니다. 그 신문사는 노벨의 형 루드비그 노벨의 사망 소식을 알프레드의 죽음인 줄 알고 오보를 낸 것입니다. 이 사건은 노벨에게 큰 충격이었습니다. 자기가 죽고 난 다음 자기에 대한 세상의 평가는 "죽음의 상인"이라는 좋지 않은 평판이었기 때문입니다. 그가 발명한 다이너마이트는 광산이나 건설현장에 없어서는 안 되는 필수품이지만, 악한들의 손에 넘어간 다이너마이트는 그 폭발력으로 수많은 사람의 생명을 앗아가는 죽음의 도구로 쓰이기도 했습니다. 그는 다이너마이트의 발명으로 많은 돈을 벌었지만 죽은 후, 그에 대한 세상의 평판은 가혹할 것이라 여겼습니다.

큰 충격을 받은 노벨은 돈을 많이 벌었으면 또 값지게 써야 한다는 생각으로 다양한 분야에서 인류에 공헌한 사람들에게 상을 주어야겠다고 결심하고 이룬 것이 "노벨상"입니다. 노벨은 죽기 1년 전에 유언장을 작성했는데, 자기 재산 대부분을 노벨상 기금으로 내어 놓는다는 내용이었습니다. 유언장에 "저는 전쟁을 완전히 불가능하게 만들 수 있는 물질이나 기계를 만들고 싶었습니다. 스웨덴 사람이든 외국인이든 남자든 여자든 조금도 차별하지 말고, 인류에 가장 큰 유익을 가져다 준 사람에게 '노벨상'을 수여하는 것이 나의 확고한 소원입니다." 라고 썼습니다. 1901년 시작된 노벨상은 물리학상, 화학상, 생리학-의학상, 문학상, 평화상 등이 있습니다. 다만 노벨 경제학상은 스웨덴 중앙은행의 상입니다. 노벨상은 이제 세상에서 가장 큰 상이 됐고, 또 인류에 가장 위대한 공헌을 한 사람에게 주어지는 상으로 본인이나 모국에 커다란 영예가 되고 있습니다.

사람이 죽은 후에 부고를 아무리 많은 돈을 드려 광고를 해도, 아무리 호화로운 묘를 쓴다 해도 그것은 아무 의미가 없습니다. 다만 그가 살아서, 혹은 죽어서 인류에 혹은 단 한 사람에게라도 어떤 유익한 일을 했느냐가 중요한 것이고, 또 하나님께서는 바로 그것을 평가하십니다. 모세와 같은 위대한 인물의 무덤이 어디 있는지 아는 사람이 없고(신 34:6), 16세기의 유명한 교회 개혁가요 장로교회의 창시자인 장 칼뱅 선생의 묘도 어디 있는지 알지 못합니다. 다만 제네바 공동묘지의 한 초라한 묘 앞 비석에 J.C.라는 두 글자가 칼뱅의 이니셜이 아닌 가 추측할 뿐입니다.

한 사람의 불신자를 전도해서 확실한 그리스도인으로 만들었다면, 그 일은 노벨이 이룬 업적보다 더 크다는 사실을 명심해야 합니다. 왜냐하면 한 사람의 생명은 천하보다 귀하기 때문입니다. 우리 모두는 노벨보다 더 큰 일을 할 수 있는 가능성을 갖고 살아가고 있습니다. 다만 실천하느냐가 관건이지요.

달은 어느 나라 소유일까?

02
11

"생육하고 번성하여 땅에 충만 하라. 땅을 정복하라, 바다의 물고기와 하늘의 새와 땅에 움직이는 모든 생물을 다스리라 하시리니라." (창 1:28)

필자가 살고 있는 거리에서 두 블록 서쪽으로 가면 웨스트모어랜드 거리가 있습니다. 이 거리 이름은 LA 뿐만 아니라 미국 여러 도시에도 있습니다. 주월 미군 초대 사령관 이름이 윌리엄 웨스트모어랜드(William C. Westmoreland)입니다. 이 성(姓)은 미국 초창기 서부가 개척될 때, 생겨난 이름입니다. 당시 광활한 미국의 서부는 주인이 없는 땅이었습니다. 그러므로 누구든지 광활한 대지에 먼저 달려가 말뚝을 박고 여기는 내 땅이라고 하면 그 땅은 그의 소유가 되었습니다. 그래서 발이 빠른 사람, 말을 빨리 달려 먼저 말뚝을 박은 사람이 더 많은 땅을 소유하게 됩니다. 그래서 서부에(west), 더 많은(more), 땅(land)을 차지 한 사람이 웨스트모어랜드라 불렸고 이것이 성이 된 것입니다.

인류가 그리워하던 달에 인간이 가서 걸어 다닌다고 하는 것은 꿈에도 상상하지 못한 일이었지요. 그러나 그런 꿈이 현실이 되었습니다. 미국 플로리다 켄터키 우주 센터에서 아폴로 11호가 1969년 7월 16일에 발사되었습니다. 3인의 우주인은 나흘 후인 7월 20일 20시 17분 달 표면에 착륙했습니다. 이들은 달에서 21.5 시간을 보낸 후 지구로 귀환했습니다. 이 우주인들은 "서기 1969년 7월, 여기 행성 지구로부터 온 인간들이 달에 첫 발을 내디뎠다. 우리는 모든 인류를 위해 평화의 목적으로 왔다."(Here men from the planet Earth first set foot upon the Moon, July 1969 A.D. We came in peace for all mankind.)는 푯말을 세웠습니다. 동시에 그들은 달 표면에 미국 국기인 성조기를 꽂았습니다. 미국 서부에 먼저 발을 디딘 사람이 그 땅의 주인이 되는 논리로 한다면 달은 미국의 소유가 되어야 합니다.

그러나 비록 미국인이 인류 최초로 달에 착륙하여 걸어 다니고, 성조기를 꽂았다 해도, 달은 미국의 소유가 아닙니다. 아폴로 11호가 달에 착륙하기 2년 전인 1967년 유엔회원국 60개국이 모여 '우주 조약'을 맺습니다. "지구를 제외한 모든 우주 공간과 천체는 모든 인류에게 열려 있으며 어느 국가도 소유하지 않는다."는 내용이었습니다. 따라서 미국이 맨 먼저 미국 시민을 달에 착륙시켰고 성조기를 꽂았다 해도 달은 결코 미국의 소유가 될 수 없습니다. 앞으로 러시아나 중국, 기타 어떤 나라가 달에 자국인을 착륙시키고 그 나라 국기를 꽂는다 해도 그 나라의 소유가 될 수 없습니다. 달은 인류 공동의 소유입니다.

하나님께서 우주를 창조하실 때, 지구에서만 사람이 살 수 있게 만드셨습니다. 아무리 과학이 발전해도 지구 이외 달을 비롯한 어떤 행성에서도 사람은 살 수 없습니다. 왜냐하면 사람이 살아가는 데 필요한 산소가 부족하기 때문입니다. 달에서도 산소 공급이 끊기면 사람은 죽습니다. 사람이 항상 우주복을 입고 살 수는 없습니다. 아담과 이브에게 "자연을 정복하라, 다스리라."고 명령하셨지만, 인류는 정복만 하고 다스리지는 않고 있습니다. 따라서 지구는 점점 몰락해 가고 있습니다. 이산화탄소의 대량 배출로 인한 지구 온난화로 세계 각지는 급격한 기후 변화로 지구가 몸살을 앓고 있습니다. 언제가 지구가 인간이 살아갈 수 있는 환경을 포기 하는 날 인류는 멸망하고 말 것입니다. 아마 그때가 주님께서 재림 하시는 때가 아닐지 모르겠습니다. 지구가 파멸하면 인류 역사도 끝이 납니다. 살기 좋은 지구를 후손들에게 물려주려면 자국이기주의를 버리고 우주적 차원에서 지구 정화를 위해 노력해야 합니다.

의사야 너 자신을 고치라

02
12

"예수께서 그들에게 이르시되 너희가 반드시 의사야 너 자신을 고치라 하는 속담을 인용하여" (눅 4:23)

최근 필자와 관계 깊은 의사 두 분이 세상을 떠났습니다. 한 분은 필자의 주치의로 지난 10여 년간 필자의 건강을 관리해 주었고, 또 부모님 생전에는 부모님의 주치의로 두 분의 건강도 수십 년간 관리했습니다. 이분은 본디 그리스도인이 아니었는데 서울 유명 여자 의과대학에 다닐 때, 친구 따라 대학 성경공부 모임에 참석했다가 주님을 영접했습니다. 그때 이분은 의사가 된 후에도 평생 복음을 위해 살겠다고 결단했습니다. 전문의가 된 후 의사인 남편과 결혼해 미국에 와서 내과 전문의가 되었고, LA 필자 집에서 걸어 다닐 수 있는 거리에 병원을 개업해 30여 년간 진료를 했습니다. 필자와는 각별한 사이가 되어 예약 없이 찾아가도 수시로 만날 수 있었고, 필자가 목사요 신학교에서 오래 교수 생활을 했다는 사실을 안 후로는 신앙적 얘기도 많이 나누었습니다.

이분은 매년 봄, 가을로 열흘씩 단기 선교 여행을 다닐 정도로 열심히 복음 선교를 위해 헌신했습니다. 클리닉 문을 닫고, 자비량으로 아프리카, 남미, 아시아 등 오지로 다니면서 의료 선교 여행을 다녔습니다. 이분의 주선으로 필자는 주기적으로 위장 내시경, 대장 내시경을 받았습니다. 그런데 아이러니컬하게도 필자의 내시경을 해 주던 의사가 작년 대장암으로 67세 나이에 세상을 떠났습니다. 필자를 위시한 다른 사람들의 대장 내시경은 해 주면서 정작 자기는 하지 않아 결국 말기에 가서야 발견했고, 생명을 잃은 것입니다. 자기도 가끔 대장 내시경만 했어도 세상을 떠나지는 않았을 터인데, 참 안타까운 일이었습니다.

그런데 필자를 더욱 놀라고 안타깝게 하는 사건이 터졌습니다. 필자의 주치의가 대장암으로 세상을 떠난 것입니다. 그것도 70세라는 아까운 나이에요. 1년 전, 아랫배가 가끔 아파 검사해 본 결과 대장암 말기로 이곳저곳에 전이되어 손을 쓸 형편이 못 된다는 진단이 나왔습니다. 그래도 처음에는 항암 치료를 받으면서 증상이 호전되는 듯했는데 차차 기력이 떨어지더니 급기야 집에서 치료를 하게 되었습니다.

필자에게는 주기적으로 위장, 대장 내시경을 받으라며 검사 의사에게 보내더니 정작 본인은 하지 않아 결국 이런 비극을 초래하게 된 것입니다. 자기도 가끔 검사를 했다면 초기에 발견할 수 있었을 것이고, 충분히 치료가 가능했을 것인데, 참 안타까운 일이었습니다. 이 병원에 근무하시는 간호사 권사님이 주치의가 필자가 와서 예배를 한 번 드려주면 좋겠다 말을 했다는 소리를 듣고 그 주말에 주치의 집에 갔습니다. 이미 음식도, 물도 넘기지 못해 몹시 마른 모습으로 다리가 퉁퉁 부어 있는 것을 보고 너무 마음이 아팠습니다.

남편도 의사고, 맏아들도 의사여서 곁에서 돌보아 주었지만, 꺼져가는 생명은 어떻게 할 수가 없었습니다. 필자는 예배를 인도하면서 하나님께 간절히 기도했습니다. 옛날 히스기야 왕이 죽을병에 들었을 때, 하나님께 기도하여 수명을 15년 연장받은 것처럼, 주치의에게도 15년 더 살 수 있도록 해주시옵소서, 다시 환자를 진료할 수 있게 되고, 단기 선교도 나갈 수 있도록 해 달라고 간절한 기도를 드리고 돌아왔습니다. 그로부터 나흘 뒤 주치의는 하나님의 부르심을 받았습니다. 필자의 예배가 임종 예배가 되었습니다. 생사화복을 주관하시는 하나님께서 하시는 일이니 우리는 속절없이 바라보고 있을 수밖에 없습니다. 혹 이 글을 읽는 의사분이 계시다면, 환자들의 건강만 챙기지 말고 자신의 건강도 철저히 관리하기를 권면합니다.

02
13

수염을 자를(기를) 수 있는 자유 (1)

"제사장들은 머리털을 깎아 대머리 같게 하지 말며 자기의 수염 양쪽을 깎지 말며 살을 베지 말고" (레 21:5)

수염은 남성의 상징입니다. 호르몬 작용으로 인해 남자는 수염이 나고 여자는 수염이 나지 않습니다. 따라서 남녀를 구분하는 중요한 요소 가운데 하나가 수염이 있느냐 없느냐 입니다. 성 전환을 한 사람들 가운데, 남성이 여성이 된 경우, 매일 한 주먹씩 먹어야 하는 여성 호르몬을 한두 번만 먹지 않아도, 바로 수염이 난다고 합니다. 요즘 남자들은 대체로 아침에 수염을 깎습니다. 물론 수염을 기르는 사람들도 적지 않습니다. 특히 미국에 오니까 적지 않은 남자들이 수염을 기르고 있는 것을 보았습니다.

수염을 기르거나 깎는 것은 본인의 자유 의지에 따르는 것이 정상입니다. 그런데 구약성경에 제사장만은 머리털이나 수염을 깎지 못하도록 못을 박아 놓았습니다. 다른 사람은 자유롭게 수염을 기르거나 깎아도 되지만, 제사장은 깎아서는 안 되게 명하셨습니다.

그러나 신약 시대에 와서는 수염에 대한 규제는 사실상 없었습니다. 예수님의 사진을 보면 언제나 수염을 기른 모습인데, 사실 예수님께서 수염을 길렀는지, 깎았는지는 아무도 모릅니다. 우리가 흔히 보는 예수님의 초상화는 후대 화가들이 상상으로 그린 것이지 실제 예수님의 초상이 아닙니다. 초기교회는 감독들의 수염 문제에 대해 특별한 규정을 두지는 않았습니다. 그런데 언제부터인가 그리스정교회(동방교회)에서는 신부들은 수염을 반드시 길러야 하고 깎아서는 안 된다는 계율을 정했습니다.

기독교회가 시작된 이래, 1천년 동안 서방교회(로마가톨릭교회)와 동방교회(그리스정교회)가 하나의 통일된 교회로 내려왔습니다. 그러다가 1천 년경에 이르러 두 교회 간에 분열이 일어났습니다. 분열의 원인이 여럿 있었는데 그중 하나가 바로 신부들의 수염 문제였습니다. 서방교회에서는 신부들이 수염을 기르는 것을 각인의 자유에 맡겼습니다. 기르고 싶으면 기르고 아니면 깎아도 됩니다. 그러나 동방교회는 모든 신부는 수염을 길러야 합니다. 절대 깎아서는 안 됩니다. 물론 병이 나서 수염을 깎아야 할 상황이 되면 잠시 깎을 수는 있어도, 병이 나으면 또 수염을 길러야 합니다. 즉 수염을 길러야 하는 것은 어길 수 없는 교회법입니다.

이것은 구약의 제사장들의 전통에 따른 것입니다. 그러나 서방교회인 로마가톨릭교회는 교회가 구약의 전통을 따를 필요가 없다고 선언하고 수염 문제는 신부 각인이 결정하도록 허용했습니다. 결국 이 신부들의 수염 문제를 비롯한 여러 가지 사유로 인해 천 년 동안 한 교회로 내려오던 동, 서방 교회 즉 로마가톨릭교회와 동방교회, 그리스정교회가 둘로 나뉘는 비극을 연출했습니다.

02
14

수염을 자를(기를) 수 있는 자유 (2)

"제사장들은 머리털을 깎아 대머리 같게 하지 말며 자기의 수염 양쪽을 깎지 말며 살을 베지 말고" (레 21:5)

아프가니스탄의 이슬람 극단주의 텔레반 정권은 이슬람의 전통 교리를 국민들에게 강요했습니다. 그중 남자들은 수염을 깎아서는 안 되고, 여자들은 반드시 부르카(얼굴을 가리는 천)를 해야 하며, 학교 교육도 받아서는 안 된다는 포고를 했습니다. 2002년 미국이 연합국 군대와 더불어 911을 일으킨 빈 라덴을 체포하기 위해, 아프가니스탄의 탈레반 정권을 소탕하자, 탈레반이 시행했던 남성들은 수염을 길러야 하는 계율에서 해방되었습니다. 수염을 깎으려는 남성들이 이발소로 몰려들어 이발소마다 문전성시를 이루었고, 면도를 마친 사람들은 수염을 기르도록 강요한 탈레반 정권에 한바탕 욕을 퍼부었습니다.

또한 부르카를 쓸 수밖에 없었던 여성들이 탈레반 정권이 무너지자 이제 얼굴을 내어 놓고 다닐 수 있는 자유가 주어져 기쁨을 감추지 못했습니다. 뿐만 아니라 탈레반이 여성 교육을 금지했기에 여성들은 집안에서 가사를 배우는 정도에 그쳤으나, 이제 마음 놓고 학교에 다닐 수 있게 되어 여학생들이 환호성을 질렀습니다. 탈레반은 TV 방송도 금지하여 TV 시청을 할 수도 없었습니다. 심지어 남자들의 수염이 짧다고 공개석상에서 매질을 했던 일도 있었습니다. 이것은 옛날 우리나라 박정희 정권 때, 청소년들의 머리를 길게 기르지 못하게 하여, 장발족(長髮族)을 붙잡아 파출소로 끌고 가서 강제로 머리를 잘랐던 것과 비교됩니다. 심지어 머리가 길다 싶으면 경찰이 자(尺)를 갖고 와서 머리

길이를 잰 후, 길면 그 자리에서 싹둑 싹둑 잘라 버린 일이 있었지요.

얼마 전에 말씀드린 것처럼 신체발부(身體髮膚) 수지부모(受之父母) 불감회상(不敢회傷) 효지시야(孝之施也)라 하여 부모에게서 받은 피부와 머리털을 감히 상(傷)할 수 없다는 동양의 윤리는 남성들로 하여금 상투를 틀게 만들었습니다. 요즘 한국에서 어떤 정권이 머리를 자르지 말고 길러 상투를 틀라고 명령한다면 아마 그 정권은 몇 달 가지 못해 무너질 겁니다. 머리를 기르고 자르는 것은 개인의 자유 선택이지 누가 자르라, 기르라고 명령할 항목이 아니지 않습니까? 하물며 수염을 기르라 마라 하는 것은 참으로 우스꽝스런 일이 아닐 수 없습니다. 그런데 최근 미국이 철수한 아프가니스탄에 다시 탈레반 정권이 들어설 거라는 암울한 뉴스가 전해지고 있습니다. 이슬람 극단주의 정권이 들어서면 또다시 남자는 수염을 길러야 하고, 여자는 부르카를 써 얼굴을 가리고 다녀야 하며, 더욱이 학교에도 가지 못하는 그야말로 수백 년 전으로 돌아가는 상황이 벌어질 게 명약관화(明若觀火)한 일입니다.

하나님께서 인간에게 주신 가장 소중한 선물은 '자유'입니다. 내가 행사하는 자유가 남에게 해를 끼치지 않는 한, 나는 무엇이든지 할 수 있는 자유가 주어져 있습니다. 이 천부(天賦: 하늘이 주신)의 자유는 어떤 정권이나 독재자도 앗아갈 수 없는 소중한 하나님의 선물입니다. 정권이 남자의 수염을 기르라 마라 한다거나 여자는 얼굴을 가리고 다니라 마라 할 권리가 전혀 없습니다. 인류의 역사는 독재자들이나 관습, 전통에 빼앗긴 자유를 쟁취한 기록입니다. 자유가 많이 보장된 사회가 선진 사회이고, 제약이 많은 사회가 후진 사회입니다. 일찍이 예수님께서는 "진리가 너희를 자유하게 하리라."(요 8:32)고 말씀하셨습니다. 우리는 진리이신 예수님을 통해 자유를 얻었습니다. 이 소중한 자유를 더 이상 빼앗겨서는 안 됩니다.

전염병

02/15

"네가 악을 행하여 그를 잊으므로 네 손으로 하는 모든 일에 여호와께서 저주와 혼란과 책망을 내리사 망하며 속히 파멸하게 하실 것이며 여호와께서 네 몸에 염병이 들게 하사 네가 들어가 차지할 땅에서 마침내 너를 멸하실 것이며" (신 28:20-21)

구약성경에는 여러 가지 질병이 나옵니다. 염병(pestilence cleave), 폐병, 열병, 염증, 학질, 종기, 치질, 괴혈병, 피부병. 미친병, 시각장애, 정신병, 간질 또는 정신 착란, 악령 들림, 뇌졸중 내지 심근경색, 열사병/일사병, 창자의 중병 등입니다. 특히 이스라엘 백성이 악을 행하고 하나님을 떠나 이방 신을 섬길 때, "저주와 혼란과 책망과 파멸"에 해당하는 각종 병과 자연 재난이 축복과 반대되는 것으로 열거되어 있습니다. 이런 여러 병은 대개 개인의 병으로 그친데 반해 염병은 강력한 전파력으로 많은 사람이 걸리는 특성이 있습니다. 하나님의 뜻을 어긴 이스라엘 백성에게 하나님께서 심판하시는 방법 중 하나로 염병을 전파시킨 일이 있습니다.(출 9:3, 레 26:25, 민 14:12, 신 28:21) 특히 예레미야 선지자는 칼, 기근, 염병을 자주 언급했습니다. 염병은 전쟁과 흉년과 더불어 하나님의 심판의 도구로 쓰였습니다.

신구약에 나오는 나병은 전염병의 하나입니다. 따라서 나병에 대해서는 지나칠 정도로 자세한 규정을 하고 있습니다. 구약 시대에는 모든 병이 죄 값으로 말미암아 오는 것으로 여겼습니다. 오늘에 와서, 모든 전염병이 하나님의 저주라고 말하기는 어렵지만, 그렇지 않다고 말하기도 어렵습니다. 어떤 전염병이 하나님의 저주인지 가릴 수는 없으나 많은 사람이 희생되고 장기간 지속될 때는 하나님의 저주가 아닐까 하고 의심을 하게 되는 것은 어쩔 수가 없습니다.

어떤 전염병이 하나님의 저주인지 알 수는 없으나, 우리는 의학 전문가들의 조언에 귀를 기울이면서 방역에 힘을 써야 하는 것은 분명합니다. 기독교는 과학을 거절하지 않고, 품고 가는 종교입니다. 그런 의미에서 염병내지 전염병이 인간을 파멸로 끌고 가지는 못할 것입니다. 왜냐하면 인간은 지금까지 다양한 자연의 도전 앞에 많은 희생은 했지만, 자연에 완전히 정복되지는 않았습니다.

하나님께서는 인간에게 자연을 정복하라고 말씀하셨습니다. 인간은 수많은 자연의 재해에 대해 끊임없는 응전을 해왔고 또 승리했습니다. 그러므로 인간은 또 코로나를 정복할 날이 올 것입니다. 다만 이 고약한 병균이 끊임없이 변형을 하면서 인간을 괴롭히고 있는 것은 사실입니다. 인간이 언젠가 자연(코로나)을 정복할 날이 오리라 믿습니다.

비록 우리가 이 전염병이 하나님의 저주인지 심판인지 알 수는 없으나, 분명한 것은 이런 재난이 일어났을 때, 스스로를 점검하면서 내가 하나님 앞에 부끄러움 없이 신앙생활을 제대로 하고 있는지 자신을 돌아보면서 믿음의 생활에 전력투구해야 할 것입니다. 이것이 미증유(未曾有)의 재난을 돌파하고 있는 우리가 하나님 앞에서 취해야 할 자세라 여겨집니다.

빈익빈 부익부

02
16

“그에게서 그 한 달란트를 빼앗아 열 달란트 가진 자에게 주라 무릇 있는 자는 받아 풍족하게 되고 없는 자는 그 있는 것까지 빼앗기리라.”
(마 25:28-29)

자본주의와 시장경제 그리고 민주주의는 지금까지 인류가 고안한 정치 체제 가운데 가장 우수한 제도라는 평가를 받고 있습니다. 그러나 이 좋은 제도도 많은 부작용을 낳고 있습니다. 특별히 자본주의 사회에서는 돈이 가장 소중하고, 가장 힘 있고, 영향력 있어서, 많은 사람들이 이것을 소유하려고 고군분투하고 있습니다.

개인의 능력에는 한계가 있어서 구멍가게를 운영할 사람이 있고, 수만 명의 종업원을 거느린 대기업을 경영할 사람이 있습니다. 사람의 성품에도 게으른 사람이 있고 부지런한 사람이 있으며, 머리가 좋은 사람이 있고 그렇지 못한 사람이 있습니다. 구두쇠 같이 절약하는 사람이 있는가 하면, 낭비벽과 사치가 심하여, 소비가 지출보다 많은 사람도 있습니다. 한 걸음 더 나아가 도박장에서 세월을 보내다 패가망신하는 사람도 있습니다. 이런 여러 요인은 결국 돈이 없는 가난한 사람은 더욱 없어 가난하게 되고, 있는 사람은 더욱 많이 소유하게 되어 결국 빈익빈 부익부란 현상이 나타나게 됩니다. 이런 빈익빈 부익부의 문제는 개인 간의 문제일 뿐만 아니라 국가 간에도 적용됩니다. 돈을 많이 소유한 국가는 더욱 더 많은 돈을 벌고, 가난한 나라는 더욱 가난에 시달리는 악순환이 계속됩니다.

잘 아시는 대로 부한 나라는 먹거리나, 약이 넘쳐 쓰레기로 폐기처분되는 데 반해, 가난한 나라는 그 버려지는 먹거리와 약이 없어 굶어 죽고 병들어 죽어가는 현실이 참으로 개탄스러울 뿐입니다. 요즘 인류를 괴롭히고 있는 코로나 유행병의 대처도 빈익빈 부익부의 법칙이 적용되고 있습니다. 미국을 비롯한 선진국들은 그들이 가지고 있는 부로 다양한 백신을 개발해서 국민들에게 주사하고 있습니다. 이들 나라의 문제는 백신을 맞지 않으려는 사람 처리 문제입니다. 미국 같이 백신이 남아도는 나라의 백신 접종률이 전 국민의 50%가 채 되지 못하다는 사실을 어떻게 이해해야 할까요? 아이러니컬하게도 이번 델타 바이러스에 감염된 사람들의 99.7%가 백신을 맞지 않은 사람들입니다.

그런데 2021년 7월 현재, 코로나 백신은 하루 평균 약 3천만 도스가 접종되고 있습니다. 그러나 2차 접종 완료 비율이 1% 이하인 국가가 30여 개국이고, 접종을 시작도 하지 못한 국가도 여럿 있습니다. 따라서 선진국이 아무리 철저히 백신 접종을 한다 해도 지구촌의 어떤 부분에서 이 유행병이 살아남아 있으면 이것이 또 다시 전 세계로 퍼져 나가지 않으리라는 보장이 없습니다. 문제의 해결은 쉽지 않아 보입니다. 결국 개인이나, 국가가 자기 혹은 자국 이기주의에 머물러 있는 한 문제의 해결은 난망(難望)입니다. 이 어려운 문제를 해결할 수 있는 첩경은 없어 보입니다. 주님께서는 그 길을 제시해 주셨습니다. 강도 만난 사람을 도와준 선한 사라미라인과 같이 "너도 가서 이와 같이 하라."는 말씀입니다. 사마리아인은 자기 유익을 돌아보지 않고 자기 소유를 아낌없이 강도 만난 자에게 제공했습니다. 이것이 바로 우리 사회와 인류의 문제를 해결할 수 있는 유일의 첩경입니다. 문제는 그렇게 할 사람이, 나라가 과연 몇이나 되느냐 입니다. 말씀을 읽기는 쉬워도 실천하기가 어렵다는 데 문제가 상존합니다. 인간은 이기적 존재입니다. 이 이기(利己)를 넘을 수 있는 길은 십자가의 희생을 바라보면서 그 희생을 조금이라도 실천하며 살아가는 길뿐입니다.

02
17

미국에 있는 한인 교회의 미래

"내가 참으로 하나님은 사람을 외모를 보지 아니하시고 각 나라 중 하나님을 경외하며 의를 행하는 사람은 다 받으시는 줄 깨달았도다."
(행 10:34-35)

2022년 2월 17일 조간신문 기사에 "사라지는 원주민 언어"라는 제목의 기사가 실렸습니다. 남미 칠레 원주민 야간(Yagan)족의 언어를 쓰던 마지막 남은 원어민이 세상을 떠났습니다. 크리스티나라는 애칭으로 불렸던 칼데론의 딸 리디아 곤잘레스 칼데론은 "어머니가 93세로 돌아가셨다. 야간족에게 슬픈 소식이다."고 말했습니다. 야마니 족으로도 알려진 야간족은 남미 대륙 최남단인 칠레와 아르헨티나 티에라 델 푸에고 일대에 살던 원주민이었습니다. 이들의 언어인 야간어는 친족 언어가 없고, 고립어로 문자는 따로 없습니다. 3만 2,400개가량의 단어로 이루어져 있습니다.

크리스티나 할머니는 어린 시절 집에서 야간어를 사용했지만, 9명의 자녀와 14명의 손주들에게는 조상들의 언어를 가르치지 않았습니다. 야간족 젊은이들은 원주민이라는 이유로 차별 받는 것이 싫어서 원주민 언어 배우는 것을 꺼려했고, 공용어인 스페인어를 모국어로 삼았습니다. 야간어를 쓰던 이들이 하나둘 세상을 떠나고, 카타리나가 야간어를 쓰는 마지막 사람이었습니다. 할머니가 떠남으로 야간어는 이제 세상에 존재하지 않은 언어가 되었습니다.

미국의 역사는 아시는 대로 영국이 국교인 성공회를 국민들에게 강압하므로, 신앙의 자유를 찾아 모국을 떠나온 청교도에 의해 세워진 나라입니다. 청교도들은 물론 모국어인 영어를 사용했습니다. 이들은 가는 곳마다 교회를 세웠고, 또 학교를 세워 자녀교육에 열심이었습니다.

그런데 미국은 영국에서 온 사람들뿐만 아니라, 프랑스, 독일, 스페인, 포르투갈, 스웨덴, 스위스, 노르웨이 등 많은 나라에서 이민을 왔고, 당연히 저들은 자신들의 모국어를 사용했으며, 교회를 세워도 자기 나라 목사가 와서 자기 나라말로 목회를 했습니다.

그러나 세월이 가면서 이민 1세대들은 세상을 떠나고, 1.5세대, 2세대들이 교회를 이어받아 부모들의 정신으로 민족 교회를 이어갔습니다. 그러나 3세, 4세, 5세로 내려가면서 점점 모국어는 잊혀진 언어가 되었습니다. 이유는 그들이 모국어를 알지 못했기 때문입니다. 뿐만 아니라, 자기 민족끼리만 결혼하는 게 아니라, 학교에서 만난 다양한 나라의 배우자를 만나 결혼을 하게 되었습니다. 아빠는 영국인, 엄마는 프랑스인, 아빠는 유대인, 엄마는 중국인인 경우도 자주 생겨났습니다. 이렇게 되자, 모국어는 더 이상 쓸 수 없게 되었고, 자연히 영어가 가족의 언어가 될 수밖에 없었습니다.

이런 현상은 한인교회에도 비슷하게 이루어지고 있습니다. 필자가 출석했던 LA의 대형교회도 이민 1세대는 한국어 예배를, 1.5세대와 2세대는 영어 예배를 드립니다. 한국인 1세대가 계속 이민을 온다면 그런대로 한인교회가 명맥을 유지할 수 있을 것입니다. 그러나 1세대 이민이 끝나거나, 숫자가 미미해지면 한인교회는 미국에서 이름은 있어도, 사용하는 언어는 영어가 될 수밖에 없습니다. 문제는 한인교회에서 한국어를 계속 쓰느냐, 마느냐가 아니고, 2, 3, 4세대가 비록 영어를 쓴다 해도 계속 한국교회라는 간판을 걸어 놓고 '한국'(Korea)이라는 이름을 유지하느냐 입니다. 민족의 고유 언어가 문제가 아니고, 조상들이 물려준 신앙의 유산을 승계(承繼)하는 것이 더 중요한 문제 아닐까요?

미국에 있는 오래된 다른 민족들의 교회를 보면, 노인들만 몇 명

앉아 있을 뿐, 젊은이들은 거의 없는 시들어 가는 교회들이 대세를 이루고 있습니다. 젊은이들이 많이 모이는 교회도 어떤 민족의 동질성을 찾아보기는 어렵고 모두 혼혈이 되어 버린 그야말로 미국인들의 교회일 뿐입니다. 미국에서 민족의 고유한 특성을 찾는 것은 별 의미가 없습니다. 어차피 미국은 여러 민족이 서로 결혼을 해서 민족의 특성을 유지하는 것은 사실상 무의미합니다. 민족의 특성이 무엇이든지 간에 우리는 영적으로 모두 그리스도의 피로 맺어진 한 가족이며 한 혈통입니다. 우리 민족의 특성을 유지하기보다, 후손들이 신앙의 전통을 유지하게 해 주는 일이 더 급선무라 여겨집니다. 이것이 우리 1세들의 소명이며 당면한 과제입니다. 우리의 후손들이 신앙의 유산을 이어가기 위해 더욱 많은 기도가 요청되는 시기입니다.

법대로 경기하자

02
18

FEB

"경기하는 자가 법대로 경기하지 아니하면 승리자의 관을 얻지 못할 것이며" (딤후 2:5)

2022년 2월, 북경에서 동계 올림픽 경기가 열렸습니다. 그런데 이번 경기에 불법이 난무했다는 소식이 매스컴을 타고 전 세계에 전해졌습니다. 한국 선수가 1,000m 준결승전에서 가장 먼저 들어왔는데도, 석연치 않은 이유로 실격 처리하고, 중국 선수가 결승전에 나가도록 했다는 소식이 우리 민족을 분노케 했습니다. 중국 선수가 명백히 불법을 했음에도 불구하고 그를 결승전에 나가게 한 국제 심판은 어떤 사람인지 궁금합니다. 비단 한국 선수뿐만 아니라, 세계 여러 나라 선수들에게도 같은 방법으로 실격 처리하고 중국 선수에게 메달을 안겨 주는 기막힌 일이 바로 우리가 살고 있는 이 시대에 벌어졌습니다.

올림픽 경기나 월드컵 경기 등 국제 대회에서 개최국의 이점(利點, Home adavantage)이 있다는 것은 상식입니다. 성적이 엇비슷하게 나왔을 때, 혹은 심판이 판단하기에 애매한 경우, 개최국 선수에게 유리한 점수를 주는 정도는 이해할 만합니다. 다른 나라에서 경기를 했었다면 메달을 받을 수 없는 선수가 자국에서 경기를 했기 때문에 받는 경우는 흔히 있는 일입니다. 그러나 그것도 정도 문제지 누가 봐도 불법임이 분명한데도, 개최국 선수의 손을 들어 주는 것은 양심의 문제 이전에 국제 심판의 자격 문제이기도 합니다.

그런 경우는 둘 중 하나일 것입니다. 개최국으로부터 뒷돈을 받고 매수되었거나, 개최국의 무수한 관중들의 눈치를 보느라 양심에 거리끼는 일을 한 경우지요. 이 두 가지 이유로 편파 판정을 했다면 그는 국제 심판의 자격이 없는 사람입니다. 더욱이 돈에 매수되었다면 그 심판은 영구히 심판 자격을 박탈해야 마땅합니다. 정당하게 실력으로 금메달을 받아야지 아무 흠결이 없는 선수를 실격시키고 심판의 편파 판정으로 금메달을 받았다 해도 그것은 금메달이 아니고, 수치의 메달일 뿐입니다.

우리는 88 서울올림픽 당시, 남자 100m 경기에서 금메달을 획득한 캐나다의 벤 존슨(Ben Johnson)을 기억합니다. 당시 남자 100m 경주는 많은 사람의 이목이 집중된 경기 중 하나였습니다. 4년 전 올림픽에서 남자 100m 경기에서 금메달을 획득한 미국의 칼 루이스(F. Karlton Lewis)가 역사상 최초로 2연패를 달성할지, 1년 전 세계 신기록을 달성한 캐나다의 벤 존슨이 금메달을 획득할지 전 세계의 이목이 집중되었습니다.

경기 결과는 예상과 달리 벤이 자신의 최고 기록보다 0.04를 앞당긴 9.79라는 세계 기록으로 칼 루이스를 제치고 금메달을 획득했습니다. 그는 엄지손가락을 하늘로 높이 치켜세우고, 의기양양하게 잠실 운동장을 천천히 한 바퀴 뛰었습니다. 한 기자가 존슨에게 "세계 기록과 금메달 중 어떤 것이 더 의미 있느냐?"고 물었을 때, 그는 "금메달이죠. 누구도 내게서 빼앗아 갈 수 없습니다."라고 답했습니다. 그러나 불과 3일 후에 그의 소변에서 금지 약물이 검출되었다는 쇼킹한 뉴스가 온 세계에 전해졌습니다. 그에게 주어진 금메달과 포상금은 당연히 박탈되었고, 금메달은 은메달을 받은 칼 루이스에게로 돌아갔습니다. 아무리 금메달을 받고 환호성을 치고, 많은 찬사를 받았다 할지라도 그것이 끝은 아닙니다. 마지막 한 단계가 더 남아 있습니다. 바로 약물 검사지요. 약물 검사에 걸리면 금메달은 고사하고, 세계의 웃음거리가 되고, 경우에 따라서는 영원히 운동장에 나오지 못할 수도 있습니다.

2천 년 전, 예수님께서는 "불법을 행하는 자들아 내게서 떠나가라."(마 7:23)고 준엄하게 말씀하셨습니다. 바울 선생도 "경기하는 자가 법대로 경기하지 아니하면 승리자의 관을 얻지 못할 것이며"라고 말씀하셨습니다. 우리가 세상을 살아가면서 법을 지키며 살아가야 할 이유가 바로 여기에 있습니다. 온갖 명예와 재물을 얻었다 하더라도 그것을 불법으로 획득했다면, 결국 무위로 돌아갈 뿐만 아니라, 불법을 행한 자라는 기록이 영구히 남게 됩니다.

그리스도인들이 양심에 거리끼는 일을 해서는 안 되는 이유가 바로 여기에 있습니다. 세상에서는 밝혀지지 않은 작은 일들도 하나님 앞에 서면 낱낱이 밝혀지게 된다는 사실을 명심해야 합니다.

민간인 우주여행

02
19

"가난한 자들은 항상 너희와 함께 있거니와 나는 항상 있지 아니 하리라."
(요 12:8)

인간은 창조 때부터 지금까지 지구 안에서만 살았고, 또 여행을 했습니다. 그러나 인간이 지구를 벗어나, 우주로 처음 나간 것은 소련의 우주인 유리 가가린입니다. 그는 1961년 4월 12일, 보스톡 1호을 타고 우주로 나아가 지구 궤도를 도는 우주 비행을 했습니다. 그 이후 인간은 우주 탐험에 박차를 가하여 1969년 드디어 인간이 달에 착륙해서 걸어다니는 쾌거를 이루었습니다. 그 이후 우주여행은 주로 다른 행성에 대한 탐구를 위해 지속되었습니다.

그러나 이제 고도의 훈련을 받은 우주인이 아니고, 일반인이 우주여행을 하는 시대가 도래되었습니다. 그 첫 테이프를 끊은 사람은 영국 버진 그룹의 억만장자 리차드 브랜슨(Richard Branson)입니다. 브랜슨은 버진 갈라틱 회사를 설립하고 우주여행의 꿈을 꾸었습니다. 그는 2021년 7월 11일 조종사 2명과 더불어 여섯 사람이 우주여행을 했습니다. 그들을 태운 우주선은 고도 85km까지 올라가는 데 성공하면서 민간 우주여행 시대의 첫 테이프를 끊었습니다. 이 일을 계기로, 앞으로 우주여행을 하려는 사람들 약 600명이 이미 예약을 끝내고 티켓을 구매했다 합니다. 비용은 최소 45만 달러(약 5억 4천만 원)에 달합니다. 티켓을 구매한 이들은 로켓을 타고 우주로 올라가 약 4분간의 무중력 상태를 경험하게 되는데, 유니티의 객실을 유영(遊泳)하게 됩니다.

브랜슨 다음으로 우주여행을 한 사람은 아마존 회사 회장인 제프

베조스(Jeff Bezos)입니다. 그는 2021년 7월 20일 로켓을 타고 우주를 관광하는 데 성공했습니다. 그가 만든 우주 탐사 기업 블루 오리진(Blue Origin)의 로켓은 베조스와 그의 동생 마크 베조스, 네덜란드 부호의 아들 18세 올리버 데이먼(최연소)과 최고령 82살 할머니 월리 펑크를 싣고 우주여행을 했습니다. 최초 민간 우주 여행객 브랜슨이 86km까지 올라간데 반해, 베조스는 106km까지 올라가 실제로 100km가 넘는 곳까지 간 최초 우주 여행객이 되었습니다. 이들이 우주에 올라간 후, 캡슐 안에서 무중력에 가까운 '극미중력' 상태를 3~4분간 체험한 후 지상으로 내려왔습니다. 도대체 우주에서 3~4분 무중력을 체험하려고 25만 달러, 한화 약 3억 원을 주고 600여 명이 예약을 했다는 소식을 듣고 참담한 마음을 가눌 길이 없었습니다.

지금 이 순간, 수많은 어린이들이 먹을 것이 없어 굶어 죽고, 약이 없어 병들어 죽고 있으며, 선진국에 남아도는 코로나 백신이 없어 죽어가는 후진국 사람들이 부지기수인 상태에서 기껏 우주에서 무중력 상태에서 4분간 경험하기 위해 그 많은 돈을 쓴다니, 도대체 이 세상이 어떻게 돌아가는지 알 길이 없습니다. 이 불공평, 불공정이 언제쯤 완화될 수 있을까요? 빈익빈 부익부의 치졸(稚拙)한 세상이 언제쯤 치유될 수 있을까요? 주님 재림 하실 때까지 도저히 불가능해 보입니다. 그 근본 원인은 인간의 이기심 때문입니다.

물론 주님께서는 "가난한 자들은 항상 너희와 함께 있거니와"(요 12:8)라고 말씀하시면서 이 세상 끝 날까지 가난한 사람들이 우리 주변에 있을 것을 예언하셨습니다. 그러므로 우리 그리스도인들은 이 가난한 사람들을 위해 끊임없는 도움의 손길을 펼쳐야 합니다. 세상 부자들이 어떻게 살아가든지 상관없이 우리는 우리가 해야 할 일을 해야 합니다. 주님께서는 이 일을 원하고 계십니다.

이름

02
20

"선한 사람은 그 쌓은 선에서 선한 것을 내고 악한 사람은 그 쌓은 악에서 악한 것을 내느니라." (마 12:35)

세상에 존재하는 것은 거의 다 이름을 가지고 있습니다. 하나님께서 천지를 창조하신 후에 마지막으로 사람을 창조하셨는데 맨 먼저 창조한 사람은 아담입니다. 그 후 하나님께서는 아담이 "혼자 사는 것이 좋지 아니하니, 내가 그를 위하여 돕는 배필을 지으리라."(창 2:18) 하시고, 그에게 아내를 만들어 주셨습니다. 아담은 아내에서 여자라는 이름을 지어 주었습니다.

우리가 어떤 이름을 들을 때 그 존재에 대해 상상을 하게 됩니다. 세종대왕이나 이순신 장군, 링컨 대통령 하면 그분들이 과거에 어떤 선한 일을 했으며 어떤 삶을 살았는지 상상을 합니다. 히틀러나 스탈린, 김일성이란 이름을 들을 때, 그들이 인류에 얼마나 악한 일을 했는지가 떠오릅니다. 이처럼 이름은 그 사람의 인격이요, 삶이요, 생명입니다.

사람은 자기 고유의 이름을 갖고 하나의 인격체로 살아갑니다. 그런데 언제부턴가 자기 이름을 감추고 사는 사람들이 늘어나기 시작했습니다. 소위 익명이나 가명으로 자기를 가리고 악플을 답니다. 다른 사람을 비방하고, 욕하며, 터무니없는 이야기를 공론화하기도 합니다. 실재 있지도 않은 이야기를 지어내거나 부풀려서 인터넷이나 SNS에 올리면, 당사자는 변명이나 해명을 할 길이 없습니다. 한 번 퍼져 나간 소문은 수습할 길이 없습니다. 적지 않은 연예인들이 이런 헛소문에 시달리다가 스스로 생명을 끊는 일까지 일어나고 있습니다.

이런 행위를 한 사람을 법에 고발해서 손해 배상을 물리거나 벌을 받게 할 수도 있지만, 실추된 명예나 이미 세상을 떠나 버린 생명을 되찾아올 수는 없는 노릇입니다. 이렇게 익명이나 가명 뒤에 숨어서 온갖 나쁜 짓을 하는 사람에게 일체 가명이나 익명을 쓰지 못하게 하면 좋겠는데, 알량한 '표현의 자유'라는 명목으로 그것도 마음대로 할 수 없다니 세상이 어떻게 돌아가는지 알 수가 없네요.

실재하지도 않은 이야기로 인격 살인을 하고 그 결과 사람이 죽어 나가는데 그것도 표현의 자유에 속하는 것일까요? 누군가의 악플이 한 사람의 생명을 앗아가고, 한 가정을 파멸로 끌고 가도, 표현의 자유란 명목으로 방치해도 될까요?

자기 이름을 떳떳이 밝힐 수 없는 사람은 SNS에 글을 써서는 안 됩니다. 자기가 쓴 글에 책임을 질 수 있는 사람들에게 글을 쓰는 공간이 제공되어야지 그렇지 못한 사람들에게 허용되어서는 안 될 것입니다. 예수님께서 말씀하셨습니다. "선한 사람은 그 쌓은 선에서 선한 것을 내고 악한 사람은 그 쌓은 악에서 악한 것을 내느니라."(마 12:35)

SNS에서 남에 대해 비방, 악평, 모욕, 조소하는 사람들은 모두 그 마음이 악으로 가득 찬 사람들입니다. 그 쌓은 악에서 악을 쏟아내는 것입니다. 우리 그리스도인들은 평소 우리가 쌓은 선에서 선한 말과 선한 행실을 세상 사람들에게 보여 줄 수 있어야 합니다. 익명이나 가명으로 누구를 비방하는 일은 생각조차 해서는 안 됩니다. 물론 우리 가정의 아이들에게도 자기 이름을 밝히고 떳떳하게 행동하고 글을 써야 한다는 교육을 게을리해서는 안 되겠습니다.

02/21

어처구니없는 일

"사람이 만일 온 천하를 얻고도 제 목숨을 잃으면 무엇이 유익하리요
사람이 무엇을 주고 제 목숨과 바꾸겠느냐" (마 16:26)

2022년 2월 전 세계가 관심을 갖고 지켜본 뉴스가 하나 있었습니다. 북아프리카 모로코 북부 쉐프샤우엔 주 이그란 마을에 사는 라얀 오람(5세)은 아버지가 우물 보수 작업을 하러 가는 데 따라갔다가 32m 깊이의 우물에 빠졌습니다. 그런데 우물의 입구 직경이 45cm에 불과해 구조대원이 곧바로 진입할 수 없었습니다. 어쩔 수 없이 우물 옆의 토사를 32m까지 수직으로 파고 들어가서 다시 우물 벽 쪽으로 굴을 뚫어 우물에 들어가 소년을 구조하기로 하고 작업을 시작했습니다. 보통으로 하면 1주일이 걸리는 작업을 5일 만에 끝내고, 아이가 있는 곳으로 갔으나 4일이 지난 후라 아이는 이미 생명을 잃은 상태였습니다.

시신을 수습하고 나서 2월 7일 장례식이 마을 사람들을 비롯 수백 명이 모여 라얀이 살던 동네 공동묘지에서 이슬람식으로 진행되었습니다. 조문객 가운데 한 사람은 "내 나이가 50살이 넘었는데 장례식에 이렇게 많은 사람이 모인 건 처음 본다."고 말하면서 "라얀은 우리 모두의 아들"이라고 슬퍼했습니다. 다른 주민은 "서로 다른 언어를 쓰는 많은 나라 사람들이 (라얀 구조) 연대의 뜻을 밝혔다. 인간에 대한 신념을 새롭게 하는 계기가 됐다."고 말했습니다. 라얀의 구조 작업에 참석했던 자원 봉사자 한 사람은 "아이를 생환시키기 위해 모든 노력을 기울였다. 밤낮을 가리지 않는 작업으로 일주일은 걸리는 작업을 닷새 만에 해냈는데 너무 슬프다."고 말했습니다. 사망 소식이 알려진 뒤 모로코

국왕 모하메드 6세와 교황 프란체스코, 프랑스 대통령 에마뉘엘 마크롱 등 전 세계 많은 유력 인사들이 조전(弔電)을 보냈습니다.

여러분들은 이 기사를 읽고 어떤 생각을 하셨나요? 필자는 이 기사를 읽으면서 어처구니없다는 생각을 했습니다. 우물에 빠진 5살 소년 라얀을 구출해 내는 것은 당연한 일이고 또 마땅히 해야 할 일입니다. 소년이 우물에 빠졌는데, 그냥 죽으라고 그대로 놔둘 수는 없는 노릇이지요. 한 소년을 구출하기 위해 여러 사람들이 동원되고, 많은 장비를 동원하여 라얀이 빠진 우물 옆에 구조대원이 들어갈 수 있는 홀을 만들기 위해 밤낮 5일이나 걸려 파내려간 일 역시 마땅히 해야 할 일이라 생각합니다.

그러나 필자는 모로코 국왕, 교황, 프랑스 대통령, 기타 많은 사람들이 조전을 보내 왔다는 사실에 쓴웃음이 나왔습니다. 과연 이들이 북아프리카 모로코의 작은 마을에 사는 한 소년의 죽음에 그렇게 슬퍼했을까요? 지금 이 순간 10초에 1명의 아이가 아프리카와 세계 도처에서 굶어 죽고 있다는 사실을 알면서도, 왜 그들에 대해서는 아무도 슬퍼하지도 않고 조전을 보내지도 않을까요? 캐나다에서 미국으로 불법 입국하기 위해 부모와 한 소녀가 혹독한 추위 속에서 동사(凍死)한 시신이 발견되었는데, 교황은 왜 조전을 보내지 않았을까요? 멕시코를 통해 불법으로 미국 국경을 넘어 황량한 사막에서 굶어죽고, 탈수로 죽는 사람들에 대해서는 왜 애도하는 사람이 없을까요?

라얀에게는 일을 해서 돈을 벌어 오는 아빠가 있었고, 집에는 아마도 엄마와 동생이나 형이 있었을 것입니다. 즉 고아는 아니었다는 말이지요. 그런데 우리 주변에 고아들이 얼마나 많고, 의지할 곳 없는 독거노인들이 아무도 없는 빈 방에서 세상을 떠나 수개월이 지난 후 냄새가 나서 들어가 본 후에야 시신이 발견되어도 이 노인들의 죽음에 조전을 보내는 사람은 아무도 없습니다. 우리는 주변에 참으로 애달파하고, 동정해야 하는 사람들의 죽음에 대해 너무 무심한 거 아닐까요?

예수님께서 말씀하신 '지극히 작은 자'에 대한 죽음에 교회는 진심으로 애달파하고 문상을 한 일이 있는가요? 진심으로 고통 중에 죽어간 수많은 어린 소년, 소녀들의 죽음에 교회가 동정해 주지 못한 일에 대해 회개해야 합니다. 우리는 지나치게 나와 우리 가족만을 위해 사는 것은 아닐까요? 강도 만나 자를 보고도 그냥 지나간 제사장이나, 레위인을 비난하기 전에 내가 바로 그런 사람이 아닌지 스스로 돌아봐야 하는 시점이라 여겨집니다.

마스크는 결국 벗어야 한다

02
22

FEB

"유다가 그 조각을 받고 곧 나가니 밤이러라." (요 13:30)

현재 필자가 살고 있는 캘리포니아 LA 지역의 오렌지카운티 교육위원회가 각 학교 학생들에게 교실, 실내 시설 내에서 마스크를 의무적으로 착용하라고 한 개빈 뉴섬(Gavin C. Newsom) 캘리포니아 주지사의 명령에 대해 소송을 제기하기로 결정했습니다. 어린 학생들에게 마스크를 강요하는 것은 맞지 않는다는 이유에서입니다.

어떤 의사는 마스크를 쓰면 쓰지 않았을 때보다 산소가 약 6% 덜 흡입된다고 합니다. 따라서 마스크를 쓰면 어린이들에게 해롭다는 것입니다. 그런데 문제는 마스크를 쓰는 것이 코로나 펜데믹을 방지하는 첩경이라는 데 있습니다. 코로나 펜데믹이 유행하면서 마스크를 쓰는 일이 일상이 되었고, 오히려 마스크를 쓰지 않은 사람을 보면 자연히 경계하게 되고 피하게 됩니다. 마스크를 쓰면 얼굴이 가려져 그 사람이 누군지 확실히 알 수 없다는 것도 문제입니다.

"사람의 나이 40이 되면 자기 얼굴에 대해 책임을 져야한다."라는 아브라함 링컨 대통령의 유명한 이 말을 모르는 사람은 별로 없을 겁니다. 사람의 얼굴은 결국 자기의 삶의 흔적을 보여 주는 성적표입니다. 사람이 사람을 만나면 서로 얼굴을 봅니다. 얼굴 모양을 보고 그 사람됨을 짐작하기도 하고 심지어 직업까지도 추정할 수도 있습니다. 그가 생각하는 일, 행동하는 것, 인생관이 얼굴에 나타나게 됩니다.

마스크는 얼굴을 가리는 물건이어서 결국 얼굴을 감추고 싶은 사람들에게는 유용한 물건이지만, 보통 사람들에게는 전혀 필요 없는 거추장스러운 물건입니다. 옛날 우리 할머니들은 외출할 때, 장옷이라는 것을 입었고, '쓰개'를 쓰고 얼굴을 가리고 두 눈만 내어 놓고 다녔습니다. 요즘도 이슬람권에서는 여자들이 외출할 때는 반드시 부르카, 니캅, 차도르, 히잡 등의 용어로 불리는 얼굴 가리개를 쓰고 다녀야 합니다. 여자가 얼굴을 아버지나 오라버니들 외에 다른 남자들에게는 보여주어서는 안 된다는 그들의 계율이 있습니다. 그러나 이제 여자들이 차별받던 시대는 지났습니다. 왜 남자들은 얼굴을 내놓고 다니는데, 여자들은 안 되는 것일까요? 이런 후진적 종교는 결코 세계의 정신적 지도 역할을 할 수 없습니다. 그 어떤 명분으로도 인간을 차별하는 종교나 이념은 결코 인류 역사에 보편적 지도 이념이 될 수 없습니다.

코로나가 유행하는 이 시대에는 이 유행병을 예방하기 위해 어쩔 수 없이 마스크를 써야 하는 상황이지만, 이 펜데믹이 지나가면 인류는 다시 마스크를 벗고 살아가야 합니다. 얼굴은 드러내놓고 사는 것이지 감추고 사는 것이 아닙니다. 얼굴은 그 사람을 나타냅니다. 은연중에 그 사람의 과거가 얼굴에 나타납니다. 얼굴을 가리고 나타나는 사람은 은행을 털려고, 혹은 금은방을 털려는 강도들입니다. 자기 얼굴이 드러나는 것이 두려운 사람은 사회를 어둡게 하는 사람들입니다.

3년이나 따라다니며 섬기고 말씀으로 훈련받아 오던 가룟 유다가 선생님을 팔기로 작정하고 선생님과 동료들을 버리고 밖으로 나갔을 때가 '밤'이라고 성경은 기록했습니다. 밤은 그의 얼굴을 볼 수 없게 만들었습니다. 어둠은 얼굴을 감추어 주는 악의 세상입니다. 주님께서는 "너희는 세상의 빛이라."(마 5:14)고 말씀하셨습니다. 빛이 비치는 시간에는 얼굴에 있는 작은 점도 뚜렷이 보입니다. 마스크 쓰는 세상은 정상이 아닙니다. 마스크를 벗는 날이 속히 오게 해 주시라고 열심히 기도합시다.

대형교회, 어떻게 생각하시나요? (1)

"하나님을 찬미하며 또 온 백성에게 칭송을 받으니 주께서 구원받는 사람을 날마다 더하게 하시니라." (행 2:47)

신학교를 졸업한 후 목사 안수를 받고 갓 목회를 시작한 모든 목사들의 공통된 소원은 현재 자기가 목회하고 있는 교회를 큰 교회로 발전시키는 것입니다. 어떤 목사가 평생 20~30명 모이는 교인들과 함께 목회하기를 바라겠습니까? 세월이 지나면서 20명이 200명이 되고, 200명이 2천 명이 되고, 2천 명이 2만 명이 되기를 바라는 게 공통적인 염원일 겁니다. 그러나 모든 일이 그렇지만 목사들도 각각 역량이 있어서, 평생을 작은 교회에서 목회하는 목사가 있는가 하면, 수백 명, 좀 더 규모가 크면 수천 명 모이는 교회도 있습니다. 수만 명이 모이는 소위 대형교회를 목회하는 목사들도 있습니다.

그런데 시기(猜忌)를 해서 그런지 질투가 나서 그런지는 모르지만, 심심치 않게 대형교회를 해산시켜 몇백 명 모이는 작은 교회로 분산시켜야 한다고 말하는 사람들이 있습니다. 그렇게 말하는 사람들은 그 나름대로 이론과 이유를 가지고 이야기합니다.

지금부터 100년 전에 평양 장대현교회를 목회하던 길선주 목사님이 계셨습니다. 길 목사님은 평양 장로회신학교의 제1회 졸업생 7명 중 한 분으로, 당시 평양에서뿐만 아니라, 조선 8도에서 가장 큰 평양 장대현교회를 목회하셨습니다. 1907년 정월 평양 대부흥운동이 일어날 당시 길 목사는 장로로 장대현교회를 섬기면서 부흥운동의 중심인물이 되었습니다. 그해 6월 신학교를 졸업하고, 9월에 독(립)노회

(Independent Presbytery)에서 목사 안수를 받고 평양 장대현교회 담임으로 목회를 시작했습니다. 뛰어난 설교와 지도력으로 많은 교인들이 장대현교회로 몰려왔습니다. 그때 약 2천 명의 교인이 모였습니다. 지금부터 100년 전, 전체 교인수가 아주 적었을 때, 이렇게 많은 교인이 모였다는 것은 놀랄 만한 일이었습니다.

예배당이 협소해서 개축을 했으나 모여드는 교인들을 더 이상 감당할 수 없어서 당회는 특단의 결의로 교회를 분립(分立)하기로 했습니다. 분립은 교인들의 협의 하에 교회를 나누는 것입니다. 이렇듯 장대현교회는 교인들 협의 하에 교회를 분립하기로 하고, 서문밖에서 오는 교인들은 새로 생긴 서문밖교회로 가고, 남산현 지역에서 오는 교인들은 새로 선 남산현교회로, 창동교회, 산정현교회 등으로 분리하기로 결의하고 광고한 후에 교인들은 교회의 결의에 따라 각각 자기 구역에 있는 교회에 출석했습니다. 참으로 은혜로운 교회 분립이었습니다.

오늘 우리 교회에서 이렇게 은혜롭게 분립하는 교회가 몇 개나 될까요? 요즘 교회는 당회나 제직회가 그렇게 결의를 했다 해도, 교인들이 그에 따르지 않으면 결의는 무위(無違)로 돌아가고 말지요. 요즘 대형교회에 교인들이 몰려드는 것은 대개 그 교회 목사의 설교가 소위 명설교이기 때문입니다. 명설교가 무엇이냐고 묻는다면 그 정의 내리기가 난감합니다. 명설교의 정의가 무엇인지 알 수 없지요. 일반적으로 '은혜로운 말씀'이라고 말합니다. 그럼 '은혜롭다.'는 정의는 무엇일까요? 은혜로운 설교는 교인들에게 '감명(感銘)을 주는 설교'라 합니다. 그런데 그 감명을 주는 설교의 내용은 무엇일까요? 이것 역시 정의하기가 쉽지 않습니다. 아무튼 교인들이 몰려가는 교회 목사는 설교를 잘하는 목사입니다. 무엇이 잘하는 설교냐는 각인이 다른 정의를 하겠지만, 어쨌든 교인이 많이 모이는 교회는 다른 교회에서 주지 못하는 무엇인가가 있어서 모이는 것입니다. 그 무엇인가가 무엇일까요?

대형교회, 어떻게 생각하시나요? (2)

02
24

FEB

"하나님을 찬미하며 또 온 백성에게 칭송을 받으니 주께서 구원받는 사람을 날마다 더하게 하시니라." (행 2:47)

필자는 수만 명 모이는 대형교회에는 분명 성령님의 역사(役事)가 있다고 생각합니다. 아무리 인간이 노력하고 애를 쓴다고 해도 수만 명을 모으는 것은 쉽게 되는 일이 아닙니다. 옛날 전도관 박태선이나 통일교 문선명, 제법 오래전부터 문제가 되어 오다 이번 코로나 펜데믹으로 세간의 이목이 집중된 신천지 이만희 같은 사람들도 수만 명이 모이는 집단을 이룬 일도 있습니다. 그러나 이런 이단들은 분명 악령의 역사로 많은 사람들이 모인 것이지 성령님과는 상관없는 사탄의 무리입니다.

교회가 성장하고 커지는 것은 성령님의 역사가 없으면 불가능합니다. 그러므로 대형교회를 매도하거나 욕하는 것은 잘못된 일입니다. 대형교회는 그 교회대로 하는 일이 많습니다. 예를 들면 소형교회 100개가 모여도 할 수 없는 일을 대형교회 하나가 감당합니다. 100명이 모이는 교회는 수십 년이 가도 단독으로 선교사 한 사람을 해외에 파송하지 못합니다. 선교사 한 가정을 파송하기 위해서는 생활비 외에 활동비를 적지 않게 매달 보내야 합니다. 또 필요한 경우 예배당, 교육관, 유치원, 초등학교를 개설하기 위해서는 그에 해당하는 건물을 지어야 하는데, 건물을 하나 짓는 데는 많은 돈이 필요하지요. 그런데 100여 명 모이는 소형 교회는 이런 큰 프로젝트를 감당할 수 없습니다. 그러나 수만 명 모이는 대형교회는 한 사람이 아니라 수십 명, 혹은 백 명 이상도 파송할 수 있습니다.

제법 오래되었지만, 필자가 서울 광나루 장신대에서 봉직하고 있을 때, 필자가 60년대에 신학교 다닐 때 전교생이, 대학부(기독교교육과), 신학대학원, 대학원 모두 합해 300명 정도였습니다. 그러나 후에는 모두 3천 명이 되어 10배 이상 늘어났습니다. 따라서 당시 건물들로는 감당이 안 되어, 이전 건물을 없애고 새 건물들, 강의동, 예배당, 교수 연구실, 학생관, 남, 여 기숙사 등 여러 건물을 새로 짓기로 하고 모금 운동을 전개했습니다. 주로 동문들이 목회하는 교회에 협조 공문을 보내고 총장이하 여러 교수들, 이사들, 동문회가 총동원되어 적극적으로 모금 운동을 전개했습니다.

장로교회(통합) 대표적 교회인 영락교회는 '한경직 기념 예배당'을 신학교에 헌납하기로 결의하고 당시 돈 30억 원 (약 300만 달러)을 기증하여 '한경직 기념 예배당'을 건축했습니다. 또 소망교회가 5층 기숙사 '소망관'을 제공하기로 하고, 건축비 수십억을 기증했고, 명성교회가 역시 5층 기숙사 '명성관' 건축비 수십억을 기증했습니다. 몇만 명 모이는 대형교회가 단독으로 수십억을 헌금하여 몇천 명 신학생들이 들어가 예배드릴 수 있는 예배당과 수백 명 학생들이 기숙할 수 있는 기숙사 건축비를 마련할 수 있었습니다.

이런 실례를 봐도 대형교회는 필요합니다. 대형교회는 중형, 소형 교회가 할 수 없는 엄청난 일을 수행합니다. 선교와 봉사를 과감하게 수행할 수 있습니다. 그러므로 대형교회를 욕하거나 비방하지 말고, 대형교회는 그 교회 나름대로 복음 선교와 세상을 위한 봉사를 계속 하도록 격려하고 기도해야 합니다. 하나님께서는 필요하시기 때문에 다양한 교회를 세상에 두시는 것입니다. 바울 선생은 "하나님께서 지으신 모든 것이 선하매 감사함으로 받으면 버릴 것이 없나니"(딤전 4:4)라고 말씀하셨습니다. 교회는 하나님이 세우신 기관입니다. 어떤 형태의 교회도 성령님이 역사하고 계십니다.

역사 해석의 자유

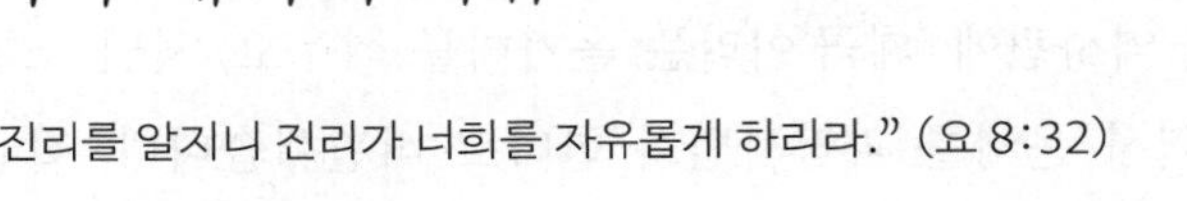

“진리를 알지니 진리가 너희를 자유롭게 하리라.” (요 8:32)

한국 대통령 선거유세가 한창일 때 일입니다. 여당 대선후보가 ‘역사왜곡단죄법’을 조속히 통과시켜야 한다고 공언을 했습니다. 이 법의 목적은 “인권유린 역사를 왜곡하지 못하게 하겠다.”며 독립운동비방, 친일행위찬양, 일본군 위안부를 비롯한 일제강점기 전쟁 범죄와 5.18민주화운동 등의 진실을 왜곡, 부정하는 행위 등을 처벌 대상으로 꼽았답니다. 만약 이 법이 통과된다면 역사 속의 어떤 사건에 대해 어떤 해석을 하면 처벌을 받게 됩니다.

필자와 같이 역사를 전공한 사람은 과거 역사를 평가하고 비판하게 됩니다. 뿐만 아니라, 역사학자가 아닌, 일반인들도 처벌이 무서워서 어떤 사건에 대해서 아무 말도 못 한다면 이것은 심각한 문제가 아닐 수 없습니다. 이런 법은 전체주의 국가에서나 있을 법한 일입니다. 전체주의 국가에서 정부가 국민들에게 무엇을 하면 처벌 받는다고 선포하면 무조건 따라야만 합니다. 비록 그것이 역사를 평가하는 일이라고 할지라도 정부가 원하는 대로, 지시하는 대로 해석을 해야지 정부가 원하지 않은 혹은 반(反)하는 해석을 하거나 개인적 의견을 개진하면 처벌을 받게 되어 있습니다. 이것은 근본적으로 학문의 자유를 제한하는 것이고 정부가 역사를 재단하는 결과를 가져오는 것입니다.

이 법에 대해 대한변호사협회는 “전체주의 국가에서 주로 사용하는 입법 방식으로서 대한민국 헌법 질서와 배치된다.”며 철회를 요구했습니다. 또한 역사학계에서도 일제히 철회 요구가 나왔습니다. 역사학자들은 "특정한 역사관에 '왜곡'이라는 올가미를 씌우고, 처벌 조항을 명시하는 등 역사 문제를 과잉사법화"한다고 비판했습니다. 집권 세력에 따라 역사 해석이 달라질 수 있어, '역사왜곡방지법' 자체가 정치적으로 악용될 소지가 많습니다. 이 법안은 '진실한 역사를 위한 심리위원회'가 역사왜곡 행위 여부를 판단하도록 한다고 합니다. 그러나 그 위원이 누가 되느냐에 따라서 어떤 결정이 나올 것인가 하는 것은 예측하고도 남음이 있습니다. 간단히 말해서 이 법의 문제는 표현의 자유를 억누르게 될 것이고, 역사학자 개인의 학문적 자유를 제한하는 결과가 되는 것입니다.

역사는 누가 어떤 입장에서 그 사건을 보느냐에 따라 전혀 상반된 해석이 나올 수 있습니다. 예를 들면 1945년 8월 15일은 일본이 연합국에 무조건 항복한 날이고 제2차 세계대전이 종말을 고한 날입니다. 물론 우리에게나 연합국 쪽에서는 해방의 기쁨을 억제할 수 없는 감격적인 사건입니다. 그러나 일본 입장에서 1945년 8월 15일은 국치의 날이고, 개인과 국가가 영원히 잊을 수 없는 수치스러운 날입니다. 따라서 그들은 패전이란 용어를 쓰지 않고 항상 종전이란 용어를 씁니다. 패전은 완전히 망한 것이지만, 종전은 전쟁이 그쳤다는 의미입니다. 이와 같이 역사는 보는 사람, 또는 나라에 따라 전혀 다른 해석이 나올 수 있습니다.

역사 해석의 자유는 학문의 자유와 표현의 자유와 직결되어 있습니다. 역사 해석의 자유는 반드시 존중되어야 하는 자유민주주의 국가의 기본 가운데 하나입니다. 따라서 법에 의해서 학문의 자유를 규제하고 개인의 역사 해석을 제한하는 것은 전체주의적 발상이라는 것을 명심해야 합니다. 역사는 흘러가는 것이고, 언제나 재해석될 수 있다는 사실을 확인해야 합니다.

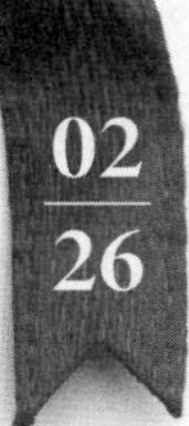

02
26

FEB

B.C.와 A.D.

"옛날을 기억하라 역대의 연대를 생각하라 네 아비에게 물으라 그가 네게 설명할 것이요 네 어른들에게 물으라 그들의 네게 말하리로다."
(신 32:7)

요즘 통상적으로 써오던 B.C.(Before Christ)와 A.D.(Anno Domini)가 아니고, 앞으로는 B.C.(Before Corona)와 A.D.(After Disease)로 써야 할지 모른다고 합니다. 그러니까 세상이 코로나 이전과 이후로 나누어야 한다는 말을 할 정도로 코로나가 세상을 획기적으로 바꿔 놓았다는 것이지요.

인류 역사를 반으로 가르는 기준은 예수님의 탄생입니다. 탄생 이전이 B.C.이고, 주후 A.D.는 탄생 이후지요. 그런데 Before Christ는 영어인데, Anno Domini는 라틴어입니다. Anno는 해(年), 즉 Year이고 Domini는 주님, 즉 Lord입니다. '주님의 해' 즉 '주님이 태어나신 해'라는 뜻입니다. 아마 이 글을 읽는 분들 중에 중학교 세계사 시간에 예수님이 B.C. 4년에 태어나셨다는 이야기를 들은 분이 있을 것입니다. 그런데 이게 얼마나 웃기는 얘긴가요. B.C.가 예수님 이전인데 어떻게 예수님이 탄생하시기 이전 4년에 태어나셨다는 걸까요?

그럼 예수님 탄생 이전에는 연대를 무엇으로 썼을까요? 우리나라는 단군기원을 썼습니다. 단군 할아버지가 주전 2333년에 조선을 개국했다며, 단군이 개국한 때를 0년으로 하여, 단기 몇 년이라 했습니다. 필자가 어렸을 때는 단기를 썼습니다. 1950년 6.25전쟁이 일어났는데, 당시 달력에는 단기 4283년이라 기록되어 있었지요. 그런데 언제부터인지 우리나라도 단기는 사라지고, 이제 오직 서력기원 B,C. A.D.를 쓰기 시작했습니다.

일본에서도 왕의 등극을 기준으로 연대를 기록했습니다. 우리 부모님들은 대정(大正:다이쇼)에 태어나셨고, 필자는 소화(昭和:쇼와) 시대에 태어났습니다. 부모님이나 필자는 일제 강점기에 태어났기에 일본식 연대 표기법에 따라 호적등본이 되어 있습니다, 해방 후 단기로, 그 후 다시 서력기원으로 바뀌었습니다. 대정이나 소화 연대는 일본에서나 쓰이지, 일단 세계무대에 나가면 쓸 수 없고 무조건 주전 B.C. 주후 A.D.를 사용해야 합니다.

그런데 아라비아 지방에 가보면 달력에 금년이 A.D. 2020년이 아니고, 1398년으로 되어 있습니다. 왜일까요? 그들의 기원은 A.D. 622년입니다. 그러니까 이슬람권에서는 서력기원을 쓰지 않고 자기들 기원을 쓰고 있습니다. 이유는 기독교에 대한 적대감 때문입니다. 왜 무슬림들은 A.D. 622년을 기원 즉 0년으로 할까요? 마호메트는 그의 고향 사우디아라비아 메카의 어느 산속에서 기도하던 중 천사 가브리엘의 계시를 받은 후 '알라'(Allah)라는 유일신을 섬겨야 한다고 주장하기 시작했습니다. 또한 가브리엘의 계시를 적은 경전, 즉 코란(Koran)을 그들의 경전으로 하는 종교를 믿어야 함을 역설했지요. 그런데 당시 아라비아인들은 다신교를 섬겼기 때문에 여러 신들을 부정하고 난생처음 듣는 알라를 섬기라고 전도하는 마호메트를 박해하기 시작했습니다. 어쩔 수 없이 그는 메디나로 박해를 피해 도망을 갔는데, 그해가 바로 주후 622년이었습니다. 이슬람권에서는 이 사건을 '헤지라'(Hejira)라고 하는데, 이 헤지라를 그들의 기원으로 삼습니다. 또한 그들의 성일은 금요일입니다. 기독교권에서는 주일을, 유태인들은 토요일을, 무슬림들은 금요일을 성일로 정하고 휴식합니다.

메디나로 도망간 마호메트는 그곳에서 자기를 지지하는 세력을 규합해 청년들에게 군사 훈련을 시켰습니다. 그는 군대를 이끌고 메카를 점령하고 그 여세를 몰아 아라비아 전역을 자기 세력권에 넣었습니다. 이들은 한 손에 코란을, 한 손에 칼을 쥐고 아랍인들에게 알라를 섬기든지, 죽든지 양자택일 하도록 강요하고 거역하는 자는 죽였습니다.

그런데 재미있는 현상은 아랍권에서 원유를 비롯, 물건을 만들어 세계 시장에 내다 팔 때는 제작 연도를 반드시 A.D. 연호를 쓴다는 점입니다. 그렇게 미워하고 증오하는 기독교권 연호를 쓰는 이유는 무엇일까요? 그것은 자기들 기원은 아라비아 권에서는 통하지만, 세계에서는 통하지 않기 때문입니다. 힌두교가 주류인 인도, 불교가 강한 태국, 베트남, 캄보디아, 미얀마, 중국, 한국, 일본 등 불교권 국가에서도 A.D.를 쓰고 있지요. 세계 기축 통화가 미국 달러인 것처럼, 연대 기록도 기독교권에만 쓰던 A.D.를 쓸 수밖에 없는 것은 현재 세계를 기독교권 국가들이 지배하고 있기 때문입니다.

언제 한 번 자세히 쓸 기회가 있겠습니다만, 제가 역사를 전공한 학자로 역사를 정의할 때, 이렇게 얘기합니다. "역사는 역사가 역사한 것이다." 이렇게 말하면 그게 무슨 말이냐고 당장 질문을 하지요. 그래서 한자를 공부해야 할 이유가 있습니다. 한자를 넣으면 바로 이해가 될 겁니다. "역사(歷史)는 역사(力士 또는 力事)가 역사(役事)한 것이다." 이해가 되시지요? 인류 역사란 역사(力士) 즉 힘 있는 사람, 권력과 돈, 막강한 군대를 가진 사람이 지배하는 것이고, 역사(力事)는 거대한 힘, 즉 자연을 의미합니다. 자연 재해, 지진, 쓰나미, 태풍, 폭설, 폭우 등을 의미합니다. 자연이 인류에 끼친 거대한 사건이 역사입니다. 예를 들어 노아의 홍수, 주후 79년 폼페이(Pompeii)가 베수비우스(Vesuvius)산 꼭대기에서 분출되어 나온 용암이 갑자기 덮쳐 순식간에 도시가 사라진 버린 사건, 인도네시아의 쓰나미 사건 등 자연이 인간에 미친 거대한 사건이 역사입니다. 그러므로 역사란 힘 있는 사람, 힘 있는 자연이 역사(役事), 즉 일한 것이란 뜻입니다. 따라서 B.C. A.D.를 쓸 수밖에 없는 것은 군사, 경제, 문화 등 다양한 분양에서 기독교권 나라들이 회교권이나, 힌두교권, 불교권 나라들보다 센 힘을 소유하고 있기 때문입니다.

아무리 코로나가 세상에 커다란 영향을 미쳤다 해도 그것은 세상에 잠시 영향을 준 것뿐이지 인류 역사를 양분할 정도의 대사건은 될 수 없습니다. 역사는 오직 예수 그리스도의 탄생 이전과 이후로 나뉠 수밖에 없습니다. 인류 역사에 가장 거대한 사건은 영원한 존재이신 하나님이 유한한 시간 속으로 인간의 몸을 입고 오신 사건입니다. 이 사건이 인류 역사를 양분하는 것입니다. 인류 역사에서 이보다 더 큰 사건은 있을 수 없습니다. 역사의 주인은 하나님이시요, 인간이신 예수님이시고 역사를 주관하시는 분은 삼위일체 하나님이십니다. 결코 코로나가 역사를 양분할 수 없습니다. 역사의 주인 되시는 하나님의 섭리에 따라 역사는 지금도 그리고 미래에도 진행될 것입니다.

독일 총리 앙겔라 메르켈

02
27

FEB

"한번 죽는 것은 사람에게 정해진 것이요 그 후에는 심판이 있으리니"
(히 9:27)

얼마 전 독일 수상 직에서 물러난 앙겔라 메르켈은 1954년 독일 함부르크에서 출생했습니다. 아버지는 독일 루터교회 목사로 동독으로 발령이 나자 가족들과 함께 동독으로 이주했습니다. 따라서 메르켈은 동독에서 자랐고, 수학했습니다. 그녀는 정치 활동을 시작하여 헬무트 콜 총리에게 발탁되어 1991년부터 94년까지 독일여성청년부 장관, 94년부터 98년까지 환경, 자연보호, 원자력부 장관을 지냈습니다. 그 후 연방 의회 회원으로 활발한 활동을 벌였는데, 드디어 2005년 독일의 8대 연방 총리에 취임했습니다. 독일 역사상 최초로 연방 총리직에 오른 여성입니다.

메르켈은 16년간 네 차례 총리를 끝내고, 2021년 12월 총리직에서 물러났습니다. 총리를 하는 동안 세계에서 가장 신뢰할 수 있는 지도자로 칭송 받았고, 인디라 간디 상을 비롯하여 여러 상을 수상했습니다. 그의 퇴임에 세계가 찬사를 보냈고, 그의 훌륭한 통치에 모두 박수를 보냈습니다. 분명 독일 정치사에 한 획을 긋는 족적을 남긴 여성 리더로써 손색이 없는 인물임에 틀림없습니다.

그러나 매사가 그렇듯, 한 인물을 평가하는 데 밝은 면만 있는 것은 아닙니다. 그녀의 총리 재임 시 실책에 대해, 정치, 경제, 사회 등 여러 분야의 평가는 그 분야 전문가들이 할 일이고 필자가 할 일은 아닙니다. 그러나 필자는 기독교회 역사가의 한 사람으로 기독교적 관점에서 그녀의 실책 두 가지를 지적하고자 합니다.

먼저 그녀의 실책은 시리아, 이라크, 아프가니스탄, 튀르키예(터키) 등지의 난민(難民)들을 받아들인 일입니다. 인도주의적 입장에서는 크게 칭찬할 만 한 일이고, 잘한 일이라고 평가할 만 하다는 것은 인정합니다. 그러나 그리스도인의 입장에서는 이는 실로 큰 실책이라고 말하지 않을 수 없습니다. 왜냐하면 그들은 모두 이슬람 종교를 믿는 무슬림들입니다. 무슬림은 기독교 및 그리스도인에 대해 적대적 태도를 보이며, 극단주의자들은 폭탄을 터뜨려 자신과 무고한 시민들 및 그리스도인들은 살해합니다.

2015년 말, 독일 쾰른에서 새해맞이 축재 때, 약 1천 명의 중동, 북아프리카 출신 난민들이 주로 여성 행인 등을 대상으로 성폭행, 강도, 절도, 폭행을 자행했습니다. 2016년 바이에른 주 뷔르츠부르크의 한 열차 안에서 17세 난민 아프가니스탄 소년에 의한 무차별 칼, 도끼 난동으로 4명이 심한 부상을 당했고, 소년은 사살되었습니다. 2016년 7월 뮌헨에서 총기 난사 사건이 일어났습니다. 난사 범을 비롯 10명이 죽고, 21명이 부상을 당했는데 난사 범은 18세의 이란계 남성이었습니다. 그 이외에도 난민들에 의한 폭력 사건이 끊임없이 일어나고 있어, 독일 사회의 골칫거리가 되고 있습니다.

무엇보다 심각한 것은 이들 무슬림들은 산아제한을 하지 않아서 아이들을 무한대로 낳는다는 점입니다. 독일 젊은이들은 아이들을 낳지 않는 데 반해 이들 무슬림들은 한 남자가 네 아내를 데리고 살면서 아이들을 마구 낳습니다. 애가 나오면 독일 정부는 그 아이들에게 들어가는 모든 비용을 대야 합니다. 교육, 건강, 생활비까지 책임져야 하기 때문에 정부로서는 이들 난민들에게 들어가는 비용을 끝까지 감당해야 하는 고충이 적지 않습니다.

다른 하나는 메르켈이 동성 결혼을 합법화하는 데 앞장섰다는 점입니다. 목사의 딸이요, 교인인 메르켈이 부모도, 자기가 속한 정당도 반대하는 동성 결혼을 적극 추진해 인정한 것은 기독교 입장에서는 큰 실책이라 아니할 수 없습니다. 아무리 자기가 페미니스트라 해도 성경에 금하는 것을 정책적으로 밀고나가 관철시킨 것은 커다란 실책이라 아니할 수 없습니다. 비록 자기가 수상 직을 내어 놓는 한이 있어도 아닌 것은 아니라 했어야 했는데, 하나님의 명령을 어기고 상황에 밀려 비 진리를 끝까지 밀고 나간 것은 큰 실책일 수밖에 없습니다.

한 정치인이 공직에 있을 때 행한 일들은 역사가 지난 후에 평가를 하지만, 비록 세월이 지난다 해도 잘못된 것은 결코 합리화되지 않고, 두고두고 후유증을 남긴다는 사실을 지도자들은 명심해야 합니다. 자신이 그리스도인이라고 여기면 성경 말씀이 사생활과 공생활의 기본 지침이 되어야 합니다. 우리는 죽은 후에 하나님의 심판대 앞에 서서 심판을 받을 사람들이기 때문입니다. 아무리 사람들로부터 칭송을 받는다 해도 하나님께로부터 인정을 받지 못하면 그의 삶은 잠간 눈에 보이다 사라지는 물거품에 불과합니다.

목사라는 직업

02
28

"주 예수께 받은 사명 곧 하나님의 은혜의 복음을 증언 하는 일을 마치려 함에는 나의 생명조차 조금도 귀한 것으로 여기지 아니하노라. (행 20:24)

미국 기독교 여론조사기관인 '바르나 리서치 그룹'(Barna Research Group)이 전임 사역자들에 대한 조사를 진행했습니다. 2021년 10월 12일에서 28일 사이에 전임 목회를 하는 사역자 507명을 대상으로 조사를 했습니다. 이번 조사의 질문 가운데 "최근 전임 사역을 하는 가운데 심각하게 목회를 그만두는 것을 고려한 적이 있는가?"라는 질문에 5명 가운데 2명 즉 약 40%가 그렇다고 대답했습니다. 45세 미만 목회자 중에서는 46%가 전임 목회 중단을 고려한 적이 있다고 답했습니다. 46%는 실제로 거의 50% 정도가 되는 셈입니다. 반면 45세 이상 목회자의 경우 34%만이 전임 목회 중단을 고려해 보았다고 답했습니다. 근래에 전임 목회자들이 목회 사역 중단을 심각히 고려한 원인은 무엇보다 코로나 펜데믹으로 인한 재정적 압박과 교인들과의 관계 단절, 그리고 외부의 관계 중단이 주원인이 된 것으로 사료됩니다.

바르나 리서치 부대표 조 젠선은 "팬데믹 기간 동안 많은 목회자는 사실상 생존을 위해 몸부림쳤다. 이는 목회적으로 소명을 흔들리게 하고 사역적으로 악영향을 끼치는 원인이 됐다."라고 분석했습니다.

매년 봄, 신학교에서는 신학 지원자들이 학과시험을 치르고 나면 마지막으로 면접을 합니다. 교수 세 사람이 앉아서 지원자 한 사람을 앉혀놓고 여러 각도에서 질문을 합니다. 무엇보다 소명감, 신학과 철학, 일반 상식 등 다양한 질문을 합니다. 대체로 시니어 교수가 가운데 앉고 주니어 교수가 양 쪽에 앉아 질문을 합니다. 필자는 지원자에게 딱 두 가지 질문만 했습니다. 첫 번째 질문은 "당신은 언제, 무슨 동기로 목사가 되기로 결심하셨나요?"입니다. 질문에 지원자들은 다양한 대답을 합니다. 두 번째 질문은 "당신이 목사가 되기로 결단을 할 때, 순교를 각오하셨나요?"입니다. 그러면 대체로 수험생들은 그 질문에 상당히 당황합니다. 더러는 솔직하게 "아직까지 그것은 생각해 본 일이 없습니다." 혹은 "순교는 아무나 하는 것이 아니고 성령께서 순교할 수 있도록 힘을 주셔야 할 수 있는 것이므로 그때 현장에 가봐야 합니다."라고 대답하기도 합니다.

혹은 자신 있게 "네, 순교할 각오를 했습니다."라고 대답하는 지원자들도 더러 있습니다. 그 후 "김인수 교수는 순교할 각오를 했느냐?"고 묻는다는 소문이 나서, 필자에게 면접을 하러 오는 지원자들은 질문이 떨어지기가 무섭게 "네, 순교할 각오를 했습니다."라고 씩씩하게 대답을 합니다. 사실 지금이 일제 강점기 신사참배를 강요하는 때도 아니고, 공산 치하도 아닌데 난데없이 순교할 각오를 묻는 것은 걸맞지 않을 수도 있습니다. 그러나 필자는 적어도 목사가 되겠다고 결단하고 신학교에 들어오는 사람은 목회하다 순교할 상황이 되면 망설이지 않고 순교의 길에 들어서야 한다고 믿고 있습니다.

필자가 구태여 순교의 각오가 되어 있느냐고 질문하는 것은 목회는 일반 직장이 아니고, 자기의 생명이 끝날 때까지 주님께서 맡겨주신 소임에 충성을 다 해야 하는 직책이기 때문입니다. 선한 목자는 양떼를 위하여 자기의 목숨을 내어 놓는 사람입니다. 어렵다고 목회를 그만둘 생각을 하는 사람은 이미 삯군 목자라는 것을 자인하는 것입니다. 목회자가 목회를 그만두고 무슨 직업을 갖고 생계를 유지하려고 할까요?

목회는 결코 쉬운 일이 아닙니다. 세상에서 가장 어려운 일이 목회일 수 있습니다. 따라서 순교의 각오가 서 있지 않으면 목회를 끝까지

하기 어렵습니다. 목사도 인간이기 때문에 어려움을 당하고 괴로움을 당할 때 그만두고 싶다는 생각이 날 수도 있겠지요. 그러나 목사 안수를 받을 때, 하나님 앞에서 오른손을 들고 생명이 끝날 때까지 맡겨 주신 소임에 충성을 다하겠다고 서약을 했으면 그 서약을 이행해야 하지 않겠습니까?

미국 목사들 중 거의 절반이 어려움이 있다고 목회를 그만둘 생각을 했다고 하니, 미국교회가 성장하고 발전할 수 있겠습니까? 미국교회가 점점 기울어져 가는 모습을 보면 그 해답이 나오지 않습니까? 평신도들은 우리 교회 목사가 마지막까지 목회에 충성하도록 기도로 응원해 주고, 최소한의 생활에 어려움이 없도록 도와주어야 합니다. 목회, 참 어려운 일입니다. 그러나 주님의 십자가를 바라보면서 마지막까지 참고 견디며 나아가야 합니다.

3 March

3.1운동 (1)

"나의 형제 곧 골육의 친척을 위하여 내 자신이 저주를 받아 그리스도에게서 끊어질 지라도 원하는 바로다." (롬 9:3)

미국에 사는 한국인들은 3.1운동에 대해 별 관심이 없어서 언제 지내는 지도 모르는 사람들이 대부분입니다. 물론 한국같이 공휴일도 아니고 일상적인 날이지요. 영사관이나 기타 평통(대한민국민주평화통일자문회의) 등 정부와 관계되는 기관들이나 조촐한 기념식을 갖고 있습니다. 그러나 이 운동은 일제 강점 35년에 가장 두드러진 독립운동이었고, 거족적(擧族的)으로 일어난 운동이어서 매우 뜻깊은 사건입니다.

먼저 이 운동이 일어나게 된 배경에 대해 살펴봅시다. 일제가 한국을 강제 병탄(併呑)한 것이 1910년으로 3.1운동이 일어나기까지 약 10년간의 한국 상황은 극도로 악화되고 있었습니다. 초대 총독 사내정의(寺內正毅)는 시정 운영을 군정(軍政)으로 시작했습니다. 보병 2개 사단, 약 4만 명의 헌병과 경찰 그리고 약 2만 명의 헌병보조원이 전국에 배치되어 국민들을 감시하며 억압했습니다. 일반 관리도 군인과 같이 제복을 입고 칼(넙본도)을 찼는데 그 칼은 권위의 상징으로, 심지어 남자학교 교사도 칼을 차고 수업을 했습니다. 교실에 들어오는 교사들의 칼 찬 모습에서 경찰이나 헌병을 연상하고 두려움에 떨게 하려는 군국주의적이며 권위주의적 행정을 폈습니다. 따라서 일제가 한국을 병탄한 그때부터 해방이 되어 물러갈 때까지 단 한 번도 문관(文官)이 총독으로 임명된 일은 없었습니다. 한국을 병탄한 후 일제의 대한(對韓) 정책은 다음의 몇 가지로 요약할 수 있습니다.

첫째, 동화 정책과 우민화 정책입니다. 동화 정책이란 한국이라는 개념을 없애고 한국을 완전히 일본에 예속시키고 동화시키는 정책을 말합니다. 이런 동화 정책은 일제의 치밀한 한국의 영구(永久) 식민화를 획책하기 위한 수단이었습니다. 심지어 일본의 그리스도인까지도 한국인과 일본인의 생김새의 유사성을 말하면서 조선인의 동화에 큰 희망이 있다고 말했습니다. 1910년 병탄 이후에 한국인의 신문, 잡지, 학술지들을 금지하여 충의록(忠義錄), 무용전(武勇傳), 위인전(偉人傳), 역사서(歷史書) 등 51종 20만 권을 모아 불태워 버렸습니다. 1911년에 발표된 교육령의 목적은 '한국인들을 일본 천황의 충직한 국민이 되게 하는 것'이었습니다. 이를 위해서 한국인들의 고유한 역사적 독립성을 말살시키고 그 역사와 정통성을 부인하고 모든 역사서를 소각하는 만행을 저질렀던 것입니다. 아울러 저들은 한국 민족의 우수성을 말살하기 위해서 어떻게 조상들이 조국을 위해서 분투했으며, 순국했는지에 대한 이야기, 노래, 민요 등을 애기하거나 가르치는 일을 엄격히 규제했습니다. 또한 학교에서 역사와 언어 교육을 제한했고 민족적 자긍심이나 민족주의를 자극하는 어떤 문학작품도 철저히 색출하여 회수해 갔습니다. 반면에 일본사(日本史)와 일본 문화의 우월성을 강조하여 한국인 스스로를 열등민족으로 비하하도록 유도하는 정책을 폈습니다. 이는 한국민을 일본인과 철저히 차별하여 2등 국민을 만들겠다는 계획인데도, 말로는 일본인과 동등한 대우를 하며 동화되는 국민을 만든다는 허울좋은 명목을 내세웠습니다.

둘째, 경제적 수탈을 자행했습니다. 중국은 오랫동안 한국을 정치적으로 지배해 왔지만 자치권을 확보해 주었습니다. 특히 경제적인 침탈은 하지 않았습니다. 그러나 일제는 달랐습니다. 일제는 한국을 병탄한 후 토지 조사국을 설치하고 토지 조사령(1912)을 내려 8년 동안 구(舊)한국 왕실 소유의 토지를 비롯하여 종교 사원의 토지를 강제로 빼앗아 총독부 소유로 만들었습니다. 또한 여러 가지 명목으로 농민들의 농토를 빼앗아 이들이 거둬들인 연간 소작료만도 50만 석에 달했습니다. 일제의 경제적 억압으로 한국인들은 토지와 삶의 터전을 잃고 약 50만 명이 일본으로, 200만 명이 만주나 시베리아, 하와이 등지로 유랑의 길을 떠날 수밖에 없었습니다. 농토 외에도 광업, 임업, 어업까지 수탈을 자행했습니다. 1905년 독도를 불법으로 일본에 편입시킨 것도 수산자원을 침탈하려는 의도에서 비롯된 것입니다.

셋째, 퇴폐문화의 유입 정책이었습니다. 일제는 일본의 창녀들을 대거 한국에 이주시켜 한국 청년들의 정기를 뽑아 버리기 위해 공창(公娼)제도를 도입했습니다. 또한 일본에서는 철저히 규제하고 금지하는 아편을 재배, 판매함으로 우리 민족을 정신적, 육체적으로 황폐시키는 야만적 정책을 실시했습니다. 또한 술과 담배를 전매하고 화투를 보급하여 민족 말살 정책을 지속적으로 실시했습니다.

넷째, 교회를 조직적으로 억압하기 시작했습니다. 한일병탄이 공포된 때로부터 3.1운동이 일어날 때까지 10년간 교회는 계속 위축되었습니다. 병탄이 되던 1910년에 신입교인이 약 2천 명이었는데, 운동이 일어나던 1919년에는 368명으로 다섯 배 이상 줄어들었습니다. 이는 일제가 음양으로 교회에 박해를 가한 결과였습니다. 1915년에 '포교규칙(布教規則)'을 발표하여 모든 성직자들은 총독부로부터 자격증을 받아야 하며, 교회나 종교 집회소를 신설 또는 변경할 때는 반드시 허가를 받아야 한다고 규정했습니다. 이러한 모든 일에 대한 허가제도로 교회 활동을 철저히 제압하려는 일제의 정책에 대해 평양에서 사역하던 감리교 의료 선교사 홀(S. Hall)은 한국이 은둔의 왕국(Hermit Kingdom)에서 허가의 왕국(Permit Kingdom)으로 전락했다고 개탄했습니다. 경찰은 모든 예배를 감시하고 설교의 내용을 검열했으며, 신자들이 모이는 정기 예배 외에도 기도회, 사경회, 부흥회에 참석하여 감찰을 게을리하지 않았습니다. 설교의 내용 중 다윗이 골리앗을 이긴 이야기나, 여호수아와 갈렙, 혹은 기드온의 300용사 등의 기사는 약자가 강자를 이기는 이야기이며, 더 나아가 약한 한국이 강한 일본을 이길 수 있다는 암시적 내용이라며 거론하지 못하게 했습니다. 기독교 학교에 대한 탄압은 1915년에 발표된 '개정사립학교법'에 따라 학교 수업 중 성경교육과 예배를 금지시켰고, 반드시 일본어만 사용토록 하여 언어까지 말살하려는 작태를 서슴지 않았습니다.

3.1운동의 직접적 동기가 된 또 다른 원인은 제1차 세계대전이 끝나기 전 해인 1917년 미국의 우드로 윌슨 대통령이 밝힌 '민족자결주의' 때문이었습니다. 약소국들이 강대국들의 통치로부터 벗어나며, 자신들의 문제는 자신들이 결정한다는 자결주의 원칙은 비록 제1차 대전에서 패전한 국가들의 식민지에 해당하는 것이었지만, 일제의 억압 속에 살던 우리 민족에게는 하나의 희망적인 소식이 아닐 수 없었습니다.

3.1운동이 일어나게 된 직접적 동기 중 또 다른 하나는 그해 정월 22일에 고종황제가 갑자기 붕어(崩御)하자, 그의 사인(死因)이 일제의 독살이라는 소문이 퍼지면서 백성의 분노가 폭발했습니다. 그동안 쌓인 분노가 독립 쟁취를 위한 행동으로 표출될 때를 절실히 요청하고 있던 중에 고종의 급서(急逝)는 타오는 불에 기름을 끼얹은 결과가 되어 3월 3일 인산일(因山日) 이틀 전인 3월 1일에 독립운동이 촉발된 것입니다. 위와 같은 여러 가지 원인으로 3.1운동이 일어났는데, 이 운동의 중심에 선 세력이 바로 조선교회였음은 앞으로 쓰는 내용을 통해 알게 될 것입니다. 요즘 한국의 상황이 우리 그리스도인들 입장에서는 무척 걱정스럽습니다. 특히 기독교를 억압하려는 세력의 암약(暗躍)은 우리 모두의 기도 제목 중 하나입니다.

3.1운동 (2)

"나의 형제 곧 골육의 친척을 위하여 내 자신이 저주를 받아 그리스도에게서 끊어질 지라도 원하는 바로다." (롬 9:3)

우드로 윌슨의 민족자결주의 원칙이 발표되자, 민족 지도자들은 이 원칙이 우리에게도 적용 된다 판단하고 발 빠르게 움직이기 시작했습니다. 먼저 동경에 유학하던 학생들이 YMCA에서 모임을 갖고 독립을 요구하는 선언서와 결의문을 작성하여 일본 정부와 국회, 그리고 각국 공관에 전달키로 했습니다. 이때 이들의 운동을 격려하기 위해 상해에서 장덕수 등이 왔고, 이광수도 북경에서 와서 독립선언서를 작성했습니다.

드디어 3.1운동의 도화선이 되었던 '2.8 동경유학생독립선언식'이 2월 8일 동경YMCA에서 약 400여 명의 학생, 교민들이 참가한 가운데 엄숙하게 거행되었습니다. 계획대로 선언서를 일본 정부, 각국 공관 그리고 언론기관에 보내어 한국의 독립을 내외에 선포하는 자랑스러운 일을 해냈습니다. 이 일은 국내에서 활동하고 있던 독립지사들과 기독교계 지도자들에게 직접적인 동기 부여가 되었고, 독립운동을 촉진시키는 자극제가 되었습니다.

국내에서의 독립운동에 대한 모의는 주로 종교계를 중심으로 나타났습니다. 먼저 천도교 측에서는 1919년 1월, 천도교 교주 손병희를 찾아가 독립운동의 허락을 받았습니다. 또한 독립운동의 3원칙도 합의했는데, 첫째, 독립운동을 대중화할 것, 둘째, 독립운동을 일원화할 것, 셋째, 독립운동의 방법은 비폭력으로 할 것 등이었습니다. 이때, 비폭력 원칙을 세운 것은 당시에 폭력을 동원하여 일제의 군대와 겨룬다는 것은 계란으로 바위를 치는 것과 같은 무모한 짓일 뿐만 아니라, 그 즈음 인도에서 마하트마 간디가 벌인 비폭력, 무저항운동에 영향을 받았기 때문입니다. 기독교 측에서도 상해에서 선우혁이 평양에 와서 이승훈과 양전백, 길선주 등을 만나 서북 지역에서 기독교 세력을 일원화하여 독립운동을 전개할 것을 확인하고 돌아갔습니다. 한편, 서울에서는 YMCA 간사인 박희도와 세브란스병원 약제사였던 이갑성 등이 주축이 되어 학생들을 중심으로 독립운동을 계획했습니다.

이때 천도교 측에서 최남선(崔南善)을 통하여 기독교와 거사를 함께 하자는 제의를 해왔고, 이승훈이 상경하여 이 문제를 협의하던 중 학생들이 그 사실을 알고 천도교 측과 힘을 합하자고 건의하여 기독교가 천도교 측과 연합하게 되었습니다. 민족 대표는 기독교에서 16인, 천도교 측에서 15인, 불교에서 2인 등 33명으로 결정했습니다. 당시 기독교의 교세는 약 20만 정도로 천도교의 1/10 정도도 안 되는 형편이었음에도 불구하고 천도교보다 그 숫자가 많은 것은 무척 의미심장한 일입니다. 16명의 기독교 대표들 가운데 길선주 목사를 비롯하여 목사가 13명, 평신도가 3명이었습니다. 목사들이 애국 운동의 최전방에 맨몸으로 나선 것입니다. 장소는 사람들이 많이 모이는 종로의 파고다공원으로 정했습니다. 그러나 거사 전날 장소를 갑자기 서울 종로 인사동에 있는 한식당 명월관(明月館)으로 옮기기로 했습니다. 그 이유는 파고다에서 선언식을 하면 피 끓는 청년들과 학생들이 이를 말리는 일본 경찰, 헌병들과 충돌하여 유혈 사태의 가능성이 있기 때문이었습니다. 뿐만 아니라 이런 소요 사태로 선언식을 제대로 진행하지 못할 수도 있으므로, 대중이 없는 조용한 곳에서 하는 것이 더 안전하다고 판단했기 때문입니다.

그리하여 마침내 3월 1일 민족 대표 33인 중 29인이 참석하여 명월관에서 역사적인 독립선언식을 거행했습니다. 식이 끝난 후 자기들이 그곳에 있다는 사실을 종로 경찰서에 연락한 후, 모두 현장에서 체포, 연행되었습니다.

한편 파고다공원에서는 많은 군중이 모여 민족 대표들이 오기를 기다렸으나 나타나지 않자, 경신학교 졸업생이며, 해주(海州) 교회학교 교사였던 정재용(鄭在鎔)이 연단 위에 올라가 그가 가지고 있던 독립선언서를 읽어 내려갔습니다. 낭독을 끝낸 후, 그는 '대한독립만세'를 힘차게 외쳤고 군중도 지난 10년간 외쳐 보지 못했던 '대한독립만세'를 목청이 터지도록 부르짖었습니다. 그 후, 군중들은 서서히 종로 거리로 나가면서 평화적 시위를 시작했습니다. 이 시위 대열에 각계각층의 사람들이 망라하여 참여했고, 종파나 신앙의 차이 없이 모두가 참여한, 문자 그대로 거족적 시위요, 민족의 함성이었습니다. 이날 40~50만의 대중이 온종일 시위를 벌였으나 단 한 건의 폭력 사건도 일어나지 않았습니다.

독립선언식은 서울뿐만 아니라 평양, 진남포, 안주, 선천, 의주, 원산 등지에서도 동시에 행해졌습니다. 평양에서는 장로교 총회장 김선두 목사를 필두로 강규찬, 이일영 목사 등이 중심이 되어, 평양의 6개 교회가 연합했고, 고종(高宗)황제의 인산(因山)을 기해 약 3천 명의 교인들이 숭덕학교에 모여 황제 추모 예배를 드렸습니다.

예배가 끝나고 김선두 목사는 교인들에게 조용히 그대로 남아 있으라고 요청한 후에 독립선언서를 낭독하기 시작했습니다. 읽기를 마친 후 '대한독립만세'를 외치면서 평화적인 시위를 시작했습니다. 총회장 김선두 목사는 이 일로 체포되었고 그해 가을에 모인 장로교 총회에 참석지 못하여 부회장 사무엘 마펫(S. Moffett, 마포삼열) 목사가 사회를 대신 맡았습니다. 이렇게 평화적으로 진행되던 시위가 시간이 지나면서 일본 경찰과 헌병들이 시위대에 대해 총칼과 곤봉을 마구 휘두르며 폭압적 진압을 하자, 군중들도 자기 방어 차원에서 이들에게 폭력으로 대처하기 시작했습니다. 지방에 따라서는 시위 진압군과 경찰에 무력으로 대항했고, 헌병대, 경찰서, 각급 관공서들을 습격하고 파괴하는 사태로 돌변하기도 했습니다.

당시 전국적 조직을 갖고 있던 기구는 종교 단체밖에 없었으므로 기독교, 천도교, 그리고 불교가 연합 또는 단독으로 시위를 계획하고 주도한 곳이 많았습니다. 3월 1일에 시작된 시위는 그 후 약 6개월 동안 진행되어 수백만의 인원이 동원되었습니다. 다만 분명한 것은 일제의 무단통치에 억눌려 있던 민중들의 울분과 신앙에 입각한 그리스도인들의 불의에 대한 저항의식과 맞물려 이 시위운동은 요원의 불길처럼 확산된 점입니다. 유관순 열사를 비롯한 개인의 투쟁기는 지면이 모자라 일일이 기록하지 못합니다. 오늘, 모국의 독립을 위해 투쟁하고 희생되었던 조상들과 선배들의 애국정신과 신앙적 결단을 되새겨 보는 시간을 가지시기 바랍니다.

3.1운동 (3)

"나의 형제 곧 골육의 친척을 위하여 내 자신이 저주를 받아 그리스도에게서 끊어질 지라도 원하는 바로다." (롬 9:3)

약 6개월 동안 진행된 3.1운동은 여러 부분에서 그리스도인들이 주도했습니다. 각지의 교회는 독립선언서를 비밀리에 인쇄, 운반했으며, 태극기를 제작, 살포하는 임무를 담당했습니다. 따라서 그 어떤 종교나 단체보다 피해가 극심했으리라는 점은 추측하기 어렵지 않습니다. 각 종단별 체포자 수를 비교하면, 천도교 2,200명(12%), 기독교 3,448명(18%), 불교 220명(1%), 유교 346명(1.8%) 등 입니다. 특히 무종교가 9,304명(50%)이고 종교 불명이 3,007명(16.2%)이었는데, 무종교 또는 종교 불명인 사람은 그리스도인으로 추정합니다. 일제가 그리스도인들에게 특히 혹독한 고문을 가했고, 가혹하게 다루었기에 교회를 나가면서도 무종교라 대답했고, 종교에 대해 침묵했기에 종교 불명으로 기록된 것으로 추측합니다. 이들까지 다 포함하면 그리스도인 체포자수가 약 70%에 이른다는 것을 알 수 있습니다. 당시 그리스도인 인구가 약 20만 명에 불과했는데, 불교와 천도교가 전체 인구 2/3인 점을 감안하면 이 운동은 기독교가 기획과 진행을 했고 또 가혹한 학대를 받았음을 짐작하고도 남습니다.

당시 조선에는 일제의 1개 사단 병력과 2만 명 이상의 헌병, 그리고 무수한 헌병 보조원들과 경찰이 있었으므로 교회와 교인들에 대한 보복은 혹독했습니다. 당시에 평양에 주재했던 한 선교사 부인이 쓴 편지에 다음과 같은 내용이 있습니다. "수많은 일제의 관리들이 교회당에 와서 종탑을 파괴했고, 교회당 안의 모든 유리창을 박살냈고, 모든 성경과 찬송가 그리고 교회학교의 명부와 교회의 서류들을 파괴하였으며, 교회 직원들을 체포하고 옷을 벗긴 후 교회당 뜰에서 구타하였다."

이 사건의 모의, 주도가 교회를 중심으로 이루어졌다고 판단한 일제는 교인들을 대대적으로 검거했고, 그들에게 모진 고문을 가했습니다. 한 여신도가 직접 당한 고문의 증언을 소개합니다. "나는 평양에서 3월 2일 체포되어 경찰에 구금되었다. 그 감옥에는 여자들도 여럿 있었고 남자들도 많이 있었다. 경관들은 우리가 그리스도인인가를 자세히 물어보았으나… 거기에는 12명의 감리교 여자들과 2명의 장로교 여자 및 1명의 천도교 여자가 있었다. 감리교 여자 중 세 사람은 전도부인이었다. 그런데 경관들은 채찍으로 우리 여자들을 내려치면서 옷을 다 벗기고, 벌거숭이로 여러 남자들 앞에 세워놓았다. 경관들은 나를 길거리에서 만세를 불렀다는 죄목밖에 찾지 못했다. 그들은 내 몸을 돌려 가며 마구 구타해서 전신에 피와 땀이 흠뻑 젖었다… 내 양손은 뒤로 잡혀져서 꽁꽁 묶였다. 그러고는 내 알몸을 사정없이 때리고 피와 땀이 흐르면 찬물을 끼얹곤 했다. 춥다고 말하면, 그때는 담뱃불로 내 살을 지졌다… 어떤 여자는 정신을 잃도록 심한 매를 맞았다… 또 한 전도부인은 두 손을 다 묶였을 뿐만 아니라 두 발을 꽁꽁 묶인 채 기둥에 매달아 놓았다. 우리는 성경책을 빼앗겼고, 기도는 고사하고 서로 말도 못했다. 사람으로는 견딜 수 없는 무서운 욕과 조롱을 다 받았다."

개인과 교회가 당한 수난을 어찌 글로 다 적을 수 있을까요? 교회의 피해 중 대표적 사건 몇 가지를 살펴보면, 평남 강서 학살사건, 정주 학살 방화사건, 서울 십자가 학살사건, 의주 예배당 방화사건, 천안 병천 학살사건 등이 있습니다. 그 가운데 가장 비극적 사건은 수원 제암리(堤岩里) 감리교회에서의 학살사건입니다. 각지에서 만세 시위가 계속되던 4월 15일 오후 2시경에 일본군 중위 유전준부(有田俊父)의 인솔로 일단의 군인과 경찰들이 이 마을에 들이닥쳤습니다. 그들은 교인들을 모두 모아 손을 꽁꽁 묶어 예배당 안으로 밀어 넣었습니다. 그러고는 밖에서 문을 걸어 잠그고 예배당에 불을 질렀습니다. 불 속에서 밖으로 뛰쳐나오려는 사람들을 부녀자 어린이를 가리지 않고 그 자리에서 총격을 가하여 사살했습니다. 이런 천인공노할 만행이 마을 사람들이 모두 보는 앞에서 대낮에 자행되었습니다.

통계를 보면, 1919년 3월부터 5월 30일까지 사망자 7,509명, 부상자 1만 5,961명, 체포된 자 4만 6,948명, 교회 파손 47개소, 학교 파손 2개소, 민가 파손 715채였으며, 1년 뒤인 1920년 3월 1일까지 사망자 7,645명, 부상자 4만 5,562명, 체포자 4만 9,818명, 가옥 소각 724채, 교회 소각 59개소, 학교 소각 3개교 등이었습니다. 일제는 길거리에서 행인에게 그리스도인인가를 묻고 확인되면 체포하고 비그리스도인이면 놓아주는 등 집중적으로 그리스도인들만을 체포했습니다. 특히 장로교회의 피해가 컸는데, 총회에 보고된 자료에 의하면, 누락된 것을 제외하고도, 체포 3,804명, 체포된 목사, 장로 134명, 지도자 202명, 체포된 남자 신도 2,125명, 여자 신도 531명, 방면된 자 2,162명, 사살된 자 41명, 죽은 자 6명, 파괴된 예배당 12동 등이었습니다. 평양 장로회 신학교도 독립운동의 여파로 개교하지 못하고 장기 휴교를 했습니다.

당시에 기독교 인구가 전체 인구 2천만의 1% 정도밖에 안 된 상태에서 그리스도인 체포자 수가 17.6%를 차지한 것을 보면, 우리 교회가 당한 수난을 가히 짐작하고도 남습니다. 일제는 이런 천인공노할 만행이 해외에 알려질까 두려워 철저한 보안을 유지하려 했지만, 이런 만행은 선교사들을 통해 외부 세계에 알려지게 되었습니다. 이 일을 알린 사람들 중 가장 큰 역할을 한 사람은 세브란스병원의 캐나다 선교사 스코필드(F.W.Scofield) 박사였습니다. 그의 활약상이 지대하여 그를 일컬어 민족대표 34인이라 합니다.

스코필드는 일본 군인들이 제암리에서 저지른 야만적 행위를 사진 찍어 해외로 보냈고, 또 「꺼버릴 수 없는 불」(*Unquenchable Fire*)이라는 소책자를 써서 전 세계에 일제의 만행을 고발했습니다. 그가 보낸 사진과 보고서가 세계의 언론에 보도되면서 이 시위운동이 온 세계에 알려지기 시작했습니다. 선교사 개인으로 피해를 본 사람들도 여럿 있었습니다. 평양숭실전문학교 교수 모의리(E. M. Mowry)는 독립선언서와 태극기를 제작한 학생들을 자기 집에 은신시키고, 선언서를 영문으로 번역하여 선교부에 보낸 혐의로 6개월 징역형을 구형받았습니다.

선천신성학교 교장 맥퀸(G. S. McCune)은 그 지방 교회 지도자들과 운동을 모의했다는 혐의로 추방당했고, 평양장로회신학교 교장 마펫(S. Moffett)목사는 세계선교사대회에서 한국 독립을 지원하는 강연을 했다는 이유로 한동안 구금당했습니다. 선교부가 사전에 조직적으로 운동에 협력 또는 사주한 일은 없었어도 개인적으로 교회의 피해에 분개하고, 몰래 지원한 일들은 어렵지 않게 찾아볼 수 있습니다. 선교사들은 운동 전에는 관여한 바 없었으나, 사건이 진행되면서는 개인적으로뿐만 아니라 선교부 단체로도 일제의 만행을 규탄하는 일에 힘을 모아 저들이 할 수 있는 최선을 다했습니다. 선교사들은 우리가 울 때 같이 울어 준 우리의 친구요, 은인들이었습니다. 비록 이 운동의 목적인 독립은 쟁취하지 못했지만, 일제가 한국인을 다른 각도에서 보게 했고 무력 일변도로 통치하던 정책을 변경하여 문민 정책으로 전환케 만들었습니다. 우리가 오늘 이런 자유와 변영을 누릴 수 있는 데는 선현들의 피에 젖은 투쟁이 있었다는 사실을 항상 마음에 새겨야 합니다.

3.1운동 (4)

"나의 형제 곧 골육의 친척을 위하여 내 자신이 저주를 받아 그리스도에게서 끊어질 지라도 원하는 바로다." (롬 9:3)

3.1 독립운동으로 독립을 쟁취하는 일은 실패했지만, 우리 민족사에 길이 남을 결과 몇 개를 남겼습니다. 3.1 독립운동의 결과는 한마디로 단정하기 어렵습니다. 비록 정치적 독립을 쟁취하는 데는 실패했지만 다른 측면에서 볼 때 성공한 운동이라고 평가할 수 있습니다. 이 운동은 한민족이 독립의 강렬한 의지를 일제에, 그리고 세계에 알리는 위대한 일을 이룩했습니다. 이 운동의 결과 중 몇 가지 중요한 항목을 살펴보겠습니다.

첫째, 이 운동은 민족을 하나로 묶어 주었습니다. 그동안 여러 요인으로 내부 분열이 적지 않았던 민족이, 이 운동의 단일한 목적을 위해 한마음으로 동참했다는 사실은 우리 민족사에 획기적 사건이라 할 수 있습니다. 이는 마치 미국이 영국과 독립 전쟁을 할 때 다양한 종족적, 언어적, 문화적 배경 때문에 분리되어 있었던 13개 주의 식민지 주민이 혼연일체가 되어 전쟁에 임해 결국 승리를 가져온 사실과 견줄 수 있습니다.

둘째, 이 운동의 결과로 대한민국 임시 정부가 창설되었습니다. 3.1운동이 일어났던 해인 1919년 겨울, 중국 상해에서 대한민국 임시 정부가 수립되어 이승만이 초대 대통령에 취임했습니다. 이는 비록 망명 정부라 할지라도 대한민국에 정부가 존재한다는 깊은 의미가 있었고 또 세계에 알리는 계기가 되었습니다. 임시 정부의 요인 8명 중 7명이 그리스도인이었다는 사실은 우리 교회사에 기억할 만한 일입니다. 이 정부는 민주공화제의 형식을 취함으로, 3.1 독립운동을 통하여 한국이 과거 4천년 동안 왕정(王政) 체제로 내려오던 정치 체제를 민주(民主) 즉 국민이 주인이 되는 정부를 세운 값진 결과를 가져왔습니다.

셋째, 이 운동은 일제로 하여금 한국 통치 방법을 무단통치에서 소위 문화정치로 바꾸게 만들었습니다. 세계의 압력에 굴복한 일제는 장곡천호도(長谷川好道) 총독을 소환하고, 해군대장 제등실(齊藤實)을 새 총독으로 세웠습니다. 그는 서울로 오는 기차 안에서 회견을 갖고 정치는 다른 개혁과 같이 국민의 행복을 촉진하는 일과 언론과 보도의 자유를 보장하는 일에 공헌할 것임을 천명했습니다. 제등실은 문화정치를 표방하며 우리 민족에 제한적 자유를 허용하고, 종교 문제에도 화해의 모습을 보였습니다. 그는 9월에 취임하고 나서 관제개혁을 단행하여 헌병제를 철폐하고 보통 경찰제를 실시했습니다. 일반 관리들이 칼을 차는 것을 금지했고, 한국인 관리의 임명과 급여 규정을 바꾸었으며, 한글신문인 「동아일보」와 「조선일보」 발행을 허가했고, 한국인에 대한 차별을 철폐하는 등의 개혁을 실시한다고 발표했습니다. 그러나 그것은 한낱 구호에 그쳤고 실제로는 더욱 간교한 방법으로 식민지 통치를 강화해 나갔습니다. 헌병들은 제복만 바꾸었을 뿐 대부분 경찰에 그대로 남아 있었으므로 경찰력의 증강은 자연스러웠습니다. 3.1운동 이후 경찰력은 그 전에 비해 3배로 늘어났고, 1920년에는 전국적으로 경찰관 주재소(駐在所: 파출소)가 없는 마을이 없었습니다. 새 총독은 9월에 선교사들을 초청하여 그들의 의견을 청취했는데, 그때 선교사들은 총독부에 '연합 종교 회견 백서'를 제출했습니다. 선교사들은 일본 헌법이 종교의 자유를 보장하고 있는데, 현행 법규 아래서는 이러한 자유를 향유할 수 없다고 주장하며 다음 같은 몇 가지 내용을 요구했습니다.

- 교회 및 선교사에 대한 단속을 완화할 것
- 기독교계 학교에서의 성서교육과 종교의식을 허용할 것
- 한국어의 사용 금지를 조속 철폐할 것
- 기독교 문서에 대한 검열을 철폐할 것
- 교회의 출판물 발행의 제한을 완화할 것
- 교회 및 선교기관을 재단으로 인정할 것
- 그리스도인으로서 구금된 정치범에 대한 학대를 중지할 것
- 형무소의 교화사업에 교회가 참여할 수 있도록 법을 제정할 것 등

제등실은 선교사들의 이런 건의를 받아들여 '포교(布教)규칙'을 개정했고, 과거의 시책을 수정, 완화했습니다. 개정된 포교 규칙은 예배당, 포교소 설립을 과거 허가제에서 신고제로 바꾸고, 신고 사항도 간소화했으며, 종교 규칙 위반자에 대한 벌금형을 삭제했고, 포교(布教) 수속의 간편(簡便)과 포교자의 편의를 도모하려는 모습을 보여 주었습니다. 기독교에 대한 종래의 정책을 변경시켜 화해를 시도하고 특히 문제가 되었던 기독교 학교에서의 성경교육과 예배의식의 허용은, 비록 도덕과 일본어 과목을 요구하기는 했으나, 이 운동이 가져다 준 값비싼 대가였습니다. 또한 총독부 학무국에 종교과를 두고 전도인의 편의를 도모했으며, 일본인 기독교 신자 3인을 임명하여 친 기독교 모습을 보여 주었습니다. 그러나 제등실은 밀주(密酒)의 자유화, 담배 재배의 자유화란 명목으로 교회가 줄기차게 전개해온 금주, 금연 정책을 교묘히 와해시키는 악랄한 법을 만들어 시행했습니다.

넷째, 이 운동은 우리 민족에게 기독교가 더 이상 외래 종교가 아니고 가장 애국적이요 우리 민족을 사랑하는 종교라는 점을 알려주는 계기를 마련해 주었습니다. 기독교가 한국에 소개된 이래, 이런 거족적 민족운동에 대규모로 참가하여 처음부터 이 일을 선도해 나간 종교는

천도교보다 오히려 기독교였다는 점을 백성들이 인식하기 시작했습니다. 그것은 시위를 선도한 인사들이나 체포된 사람들의 숫자에서나 예배당, 학교 등 기관과 인적, 물적 피해에서도 여실히 나타나 있었습니다. 그 당시 그리스도인들은 "조국을 잃고 죽은 영혼은 천국에도 못가고 지옥에 떨어진다."는 노래를 교회 안에서 부를 정도였고, 많은 애국의 노래를 부르며 조국 독립의 염원을 불태웠습니다. 따라서 이 운동이 끝나고 나서 한국인들이 교회로 몰려오는 결과도 뒤따랐습니다. 선교사들은 이 운동 후에 일반 백성들이 기독교에 대해 무척 호의적 태도를 보였다고 기록했습니다. 한 선교사는 1923년 한 해 동안의 세례자가 지난 3년 동안의 숫자와 맞먹는다고 보고했습니다.

결론적으로, 3.1운동은 우리 민족의 결집된 독립에 대한 강렬한 욕구를 온 세계에 천명할 수 있는 기회가 되었습니다. 교회는 그동안 꾸준히 전도하고 교육하여 길러온 '나라 사랑'의 정신을 유감없이 발휘할 수 있었고, 민족의 운명과 같이하는 민족종교로서 그 자리 매김을 확실히 할 수 있었습니다. 평양에서 사역하던 감리교 의료 선교사 홀도 "조선 민중들은 이때 처음으로 그리스도인들도 조선의 애국자들이라는 점을 인식하게 되었다."고 기록했습니다.

3.1운동은 우리 민족 역사에서뿐만 아니라 우리 교회 역사에도 빼놓을 수 없는 민족과 국가 사랑의 마음을 발현한 거대한 몸짓이었습니다. 3.1운동은 자유는 대가를 피로 지불한 민족에게 주어진다는 값진 교훈을 남긴 위해한 투쟁의 산 기록입니다. 그것은 신앙의 자유를 위해 무수한 순교자들이 한없이 많은 피를 흘린 교회의 역사에도 적용되는 말입니다. 이 일을 위해 희생한 조상들과 선현들 앞에 오늘 우리가 민족과 국가를 위해 무엇을 해야 하는지에 대해 깊은 성찰이 있어야 합니다.

내부 고발자와 배신자

03
05

"예수께서 이르시되 가서 너도 이와 같이 하라 하시니라." (눅 10:37)

MAR

'내부 고발자'라 하면 회사의 기밀을 외부에 알리는 것을 생각합니다. 그런데 내부 고발자 중에서도 선한 내부 고발자와 악한 배신자가 있습니다. 선한 고발자는 회사가 비리를 저지르고 있는 사실, 가령 세금을 포탈하기 위해 장부를 여럿 갖고 있다거나, 제품에 결함이 있음을 감추고, 소비자에게 그대로 판다거나, 식료품에 먹어서는 안 되는 유해물을 첨가해서 파는 행위를 고발하는 경우입니다. 이런 일은 우선 국법을 어기는 불법적인 행위이며, 사람의 먹거리에 유해 물질을 첨가하면 병에 걸릴 수도 있고, 심하면 생명도 잃을 수 있는 위험한 일임에도 그대로 소비자에게 파는 행위를 고발하는 것은 바람직하고 또 마땅히 해야 하는 일입니다.

다른 하나는 회사의 비밀을 빼내어 다른 경쟁 회사나, 한걸음 더 나아가 외국에 팔아먹는 악한 배신자들입니다. 이 악인(惡人)은 회사가 많은 돈을 들여 과학자들을 유치하여 수년 혹은 수십 년 동안 연구한 결과물을 몰래 빼내어 팔아먹는 악랄한 인간들입니다. 국내 경쟁 회사에 팔아먹는 것은 그렇다 치고, 외국에 팔아먹는 것은 바로 매국(賣國)이지요. 가끔 회사의 기밀을 중국에 팔려다 발각되어 처벌받는 경우를 보는데, 이런 인간들이 바로 회사의 배반자요, 국가 이익을 해치는 매국노입니다.

2021년 11월, LA에서 발행되는 한국 신문에 필자의 눈길을 끄는 기사가 났습니다. 로이터 통신 등에 따르면 한국의 모 자동차 회사의 김 전 부장은 이 회사의 안전법 위반 관련 정보를 제공했다고 보도했습니다. 소위 내부 고발자입니다. 김 전 부장은 이 회사에서 20여 년간 엔지니어로 일하면서 이 회사가 자체 개발한 세타-2 엔진의 결함을 인지하고도 적절한 조치를 취하지 않는 것을 보고, 2016년 '연방도로교통안전국'(NHTSA)과 한국 정부에 제보를 했습니다.

2015년 세타-2 엔진 결함으로 미국서 화재가 발생했습니다. 당시 이 회사 차는 NHTSA이 리콜(recall)을 명하자, 조사 보고서에 문제를 축소해 문제 차량의 일부만 리콜을 했습니다. NHTSA는 11월 9일 보도 자료를 내고 이 회사 미국 법인에 대한 정보 제공과 관련한 내부 고발자에게 2,400만 달러(한화 288억 원)가 넘는 돈을 지급한다고 밝혔습니다. NHTSA는 두 회사가 세타-2를 정착한 160만 대의 차량에 대해 시기적으로 부적절한 리콜을 했고, 엔진의 결함도 NHTSA에 중요한 정보를 부정하게 보고했다고 판단했습니다. 이에 따라 2020년 12월, 과징금 8,100만 달러를 부과하는 한편 이 회사가 안전 성능 측정 강화와 품질 데이터 분석 시스템 개발 등을 위해 모두 5,600만 달러를 투자하기로 두 회사와 합의했습니다.

김 전 부장은 성명을 내고 "이 결함 있는 차들의 소유주를 보호하기 위해서 내가 감수한 위험에 대해 정당하게 보상받아 기쁘다."며 미국의 법체계에 감사한다는 뜻을 밝혔습니다. 또 "나의 제보가 이 회사와 업계 전반에 걸쳐 안전을 실질적으로 개선하게 되길 희망한다."고 말했습니다. 김 전 부장은 이 문제를 미국과 한국 정부에 고발한 뒤 2016년 11월, 회사의 영업 비밀을 유출하는 등 사내 보안규정을 위반했다는 혐의로 해임되었습니다. 또 업무상 배임 혐의로 검찰에 고소되기도 했습니다.

이 회사가 미국에서 안전성에 문제가 있는 차를 160만 대나 팔았다는 것은 놀랄 만한 소식입니다. 자동차 엔진에 문제가 있다면 사고가 날 확률이 높다는 이야기인데, 만일 이 차들이 사고가 나면 무고한 생명들이 얼마나 많이 희생되며, 평생 장애를 갖고 살아야 하는 장애인들이 무수하게 나올 수 있는 것 아니겠습니까? 또한 어린 아이들이, 온 가족이 차 사고로 생명을 잃을 수 있다는 사실을 알고 있었을 터인데, 이런 일을 행했다는 것은 징벌을 받아 마땅한 일입니다. 김 전부장의 고발이 아니었더라면 계속 차를 팔았을 것이고, 사고는 계속 나지 않았을까요? 참 한심스런 뉴스입니다. 우리 민족이 언제나 정직하게 제품을 만들고 정직한 민족으로 인정받을 수 있을까요?

2021년 11월 9일, 캘리포니아 연방북부법원에 따르면 산호세 소재 브로드컴 전직 직원 한국인 김 모 씨(50세)는 회사 기밀 18건의 유출 관련 혐의로 기소되었습니다. 김 씨는 회사 퇴직 전 이 회사의 대용량 데이터 센터에서 자주 사용되는 전자칩에 관한 기밀을 빼돌려 중국 기반 회사에 건네주고, 디렉터로 일하기 시작했습니다. 그의 유죄가 확정되면 징역 10년과 25만 달러 벌금, 혐의당 3년간 보호 관찰에 처하는 벌을 받을 수 있습니다. 배신자가 받아야 할 마땅한 형벌이지요. 바울 선생은 "청결한 양심"을 언급했습니다.(딤후 1:3) 기업인들이 청결한 양심으로 제품을 만들어 팔 날이 언제쯤 올까요? 우리 그리스도인들이 회사의 비리를 용감히 고발할 수 있는 용기를 가져야 이 세상에 하나님의 뜻이 실현되는 날이 오지 않겠습니까?

재의 수요일

03/06

"그가 찔림은 우리의 허물 때문이요 그가 상함은 우리의 죄악 때문이라 그가 징계를 받으므로 우리는 평화를 누리고 그가 채찍에 맞음으로 우리는 나음을 받았도다." (사 53:5)

필자는 1974년 가을, 미국에 유학생으로 왔습니다. 필자가 공부한 장로교신학교가 가톨릭신학교와 같은 건물, 강의실, 기숙사, 식당, 도서관 등 여러 시설을 공동으로 사용했습니다. 다만 예배와 미사만 따로 드렸습니다. 가톨릭신학교는 성당에서 미사를, 우리 장로교신학교는 성당 아래 층 예배당에서 예배를 드렸습니다. 가을 학기가 끝나고 봄 학기가 시작된 후 한 달쯤 지난 어느 날 아침, 식당에 갔는데, 신부 후보생, 수녀, 교수 신부들 모두 미간에 새까만 칠을 해 놓은 것을 보았습니다. 한두 사람이 그랬다면 검정이 묻었나보다 했을 텐데 모두 다 까맣게 묻어 있어서 왠일인가 하고 의아해했습니다. 식탁 맞은편에 앉아 식사하던 가톨릭 신학생(신부 후보생)에게 "너희들 왜 모두 미간에 까만 것이 묻어 있느냐."고 물었더니, "오늘은 재의 수요일이야."(Today is the Ash Wednesday.)라고 대답했습니다.

필자는 그때 재의 수요일이 무엇인지 몰랐습니다. 필자가 신학교에 다니던 60년대에는 한국교회에 재의 수요일도, 사순절이라는 말도 없었습니다. 단 한 번도 그런 용어를 들어본 일이 없었습니다. 그래서 필자가 질문을 했습니다. "재의 수요일이 무슨 날이야?" 하니까 그 친구가 대답했습니다. "사순절이 시작하는 날이지." 그런데 필자는 그때 사순절을 몰랐지요. 그래서 "What's the lent?" 그랬더니 "너 'lent'가 뭔지 몰라?"라고 하더군요. 그래서 모른다 했지요. 그 친구는 재의 수요일과 사순절에 대해 간단히 설명을 해 주었습니다.

창피해서 대강 알았다고 말한 후 식사를 하는 둥 마는 둥 하고 바로 도서관으로 달려가서 교회사 사전을 찾아 'Ash Wednesday'도 'Lent'도 찾아보고, 착실히 공부를 했습니다. 요즘 교인들은 필자의 60~70년대 목사보다 재의 수요일이나 사순절에 대해 더 잘 알고 있으니 참 세월이 많이 좋아졌네요. 사순절이 시작되는 재의 수요일에는 하루 종일 하나님께 참회하는 날로 보내셔야 합니다. 나의 지난 날 지은 죄를 낱낱이 참회하고, 우리 가족이 지은 죄, 우리 교회가 지은 죄, 우리 민족이 지은 죄, 나아가 인류가 하나님께 지은 죄를 참회하는 하루로 살아야 합니다. 하나님께서는 구체적인 참회를 원하십니다. 예를 들어 다윗 왕이 전쟁에 나가 생명을 걸고 국가와 민족을 위해 전투 중인 우리야 장군의 아내 밧세바를 취했습니다. 그리고 밧세바가 임신을 하자 그 아기가 우리야의 아이인 것처럼 착각하게 하려고 우리야에게 특별 휴가를 주어 아내와 동침케 하려했습니다. 그러나 자기 뜻대로 되지 않자 결국 우리야를 전쟁 최전방에 보내 죽게 하는 살인죄까지 범했습니다.

다윗 왕이 이 죄를 깨닫고 회개의 기도를 이렇게 했다 합시다. "하나님 나는 죄인입니다. 나의 모든 죄를 용서해 주시옵소서." 하나님께서 이 기도를 들으시고 용서해 주셨을까요? 다윗은 기도하기를 "내가 탄식함으로 피곤하여 밤마다 눈물로 내 침상을 띄우며 내 요를 적시나이다."(시 6:6) 이것이 참된 회개입니다. 거기에 간음과 살인죄까지 포함해서 "모든 죄를" 용서해 달라고 기도하면 그 기도가 하나님께 상달 되겠습니까? 하나님은 그런 무성의하고 입에 발린 회개의 기도는 결코 듣지 않으십니다. 구체적으로 밧세바를 끌어들인 죄, 임신한 것을 우리야에게 뒤집어 씌우려 했던 죄, 그리고 충직한 우리야 장군을 죽인 죄를 구체적으로 낱낱이 회개해야 되지 않을까요?

사순절을 어떻게 지내야 할까요?

03/07

"그러므로 너희가 더욱 힘써 너희 믿음에 덕을, 덕에 지식을, 지식에 절제를, 절제에 인내를, 인내에 경건을, 경건에 형제 우애를, 형제 우애에 사랑을 더하라." (벧후 1:5-7)

개신교회는 16세기 종교개혁 시기에 가톨릭교회의 잔재를 청산하는 과정에서 사순절(四旬節) 제도마저 없애버렸습니다. "아기를 목욕시킨 후, 통 안의 물을 버리면서 아기까지 버린다."는 서양 속담이 있습니다. 목욕을 시킨 후, 아기를 꺼내 놓고 물을 버려야 하는데, 정신 나간 엄마가 이것을 잊고, 통 안에 물을 비우면서 통 안에 있는 아기까지 버렸다는 의미지요. 이 말은 쓸데없는 것을 버리면서 소중한 것까지 버렸다는 의미입니다.

지난 2천 년 동안 가톨릭교회나 그리스정교회는 사순절 기간 동안, 두 가지 일을 금했습니다. 첫째로 육식을 금했습니다(단, 생선은 허락했음). 어느 누구도 일체 육식을 해서는 안 됩니다. 그럼 달걀, 우유, 버터, 치즈 같이 동물에게서 나온 식품은 어떻게 할 것인가 하는 문제로 두 교회가 서로 의견을 달리했습니다. 로마교회는 육고기는 먹으면 안 되지만 그런 것은 먹어도 된다는 입장인데 반해 그리스교회는 그것도 동물성이기에 먹어서는 안 된다고 주장했습니다. 결국 두 교회는 이 문제와 기타 여러 문제로 인해, 1천년 동안 하나로 내려오던 교회가 결국 1054년에 영구히 갈라서고 말았습니다. 육식은 우리의 입을 즐겁게 하고, 동물성 단백질이 우리 몸에 유익하기 때문에 채식주의자들을 제외한 세계 모든 사람들이 선호하는 식품입니다. 하루 이틀이라도 육고기를 먹지 않으면 안 되는 사람들도 많지요. 그러나 사순절 기간 동안만은 우리가 평소 즐기던 육식을 하지 않는 것으로 주님의 고난에 동참하는 삶을 살라는 것이 교회의 규율입니다. 요컨대 나의 죄를 대신 지시고, 십자가에 죽으신 주님의 고난을 묵상하며, 육식을 금함으로 나의 작은 마음과 정성을 표시하는 것입니다.

다른 하나는 사순절 기간에 혼배성사(결혼)를 금한 것입니다. 우리 개신교회는 세례와 성찬 두 가지 성례가 있지요. 그러나 로마교회나 그리스교회는 7가지입니다. 영세(유아세례), 견진(입교문답), 성찬, 고백(또는 고해), 종부(죽기 직전 마지막 고백성사), 혼배(결혼), 그리고 (신부)서품입니다. 로마가톨릭교회나 그리스정교회는 혼배(결혼)를 성사로 간주하여, 신자는 반드시 성당에서 신부 주례로 결혼식을 올려야 합니다. 결혼은 당사자는 물론 가족, 친족, 친구, 교우 등 여러 사람들에게도 즐겁고 행복한 시간이며 또 축하해야 할 행사지요. 식이 끝나면 잔치를 베풀고, 식사를 하고 포도주, 맥주 등을 마시며 춤추고, 노래하면서 흥겨운 시간을 갖습니다. 물론 신혼부부는 신혼여행도 합니다. 이런 결혼식을 사순절 기간에 하는 것은 그리스도인의 가정에 전혀 걸맞지 않는 일입니다. 따라서 교회는 일체 결혼식을 올리지 못하게 합니다. 물론 신부(神父)가 주례도 해 주지 않고, 성당도 결혼식장으로 쓸 수 없으니, 하고 싶어도 결혼식을 할 수 없습니다.

개신교회에는 이런 강제 규정은 없습니다. 그러나 이런 좋은 전통은 지켜야 하지 않을까요? 육식을 좋아 하는 사람들도 나를 위해 십자가에 죽으신 주님의 고난을 생각하면서 사순절 기간, 특히 고난주간 한 주간만이라도 육식을 금하는 것은 어떨까요? 고기가 정 먹고 싶으면, 생선을 먹을 수도 있겠지요. 금년에는 어차피 결혼식을 하기 어렵게 됐지만 앞으로라도 기독교 가정에 결혼식 날짜를 잡을 때, 사순절을 피하는 것이 신자의 도리라 여겨집니다. 담임 목사가 다음같이 말하면 아무도 사순절 기간에 결혼식을 올릴 엄두를 내지 않을 겁니다.

음식과 결혼식 외에도 신자들의 생활에서 꼭 지켜야 하는 것은 복장에 관한 것도 있습니다. 전통적으로 사순절 동안은 복장도 화려한 옷이나 고급스런 옷, 값비싼 옷, 유난스러운 옷을 입지 않게 되어 있습니다. 여자들도 짙은 화장이나 값나가는 보석으로 치장하지 않게 되어 있습니다. 수수하게 간단히 화장하고 눈에 띠게 요란스럽게 하지 않는 것이 원칙입니다.

가톨릭교회는 성직자들이나 수도사, 수녀들은 물론 일반 신자들도 검은 옷이나, 회색 계통 옷을 입도록 권장하고, 화려한 색깔 옷 입는 것을 경계합니다. 그렇게 한다고 죄를 짓는 것은 물론 아니고, 교회가 책벌을 하지도 않습니다. 그러나 만일 그렇게 하는 신도가 있다면 주님께서 과연 기뻐하실까요? 우리의 외형이 인격이나 신앙을 말해 주는 것은 아닙니다. 그러나 그의 차림이 그 사람 됨됨이를 말 해 줄 때가 많습니다. 건달들이나 꽃뱀들이 어떻게 그리고 어떤 옷을 입는지, 머리 모양이나 태도가 어떤지 상상해 보면 곧 답이 나오지요.

사순절 40일간은 1년 365일 가운데 가장 경건하게 지내야 하는 기간입니다. 마치 부모님이 세상을 떠난 후 돌아가신 부모님을 애도하는 기간과 같습니다. 부모를 잃은 자녀들이 어떻게 지내야 하는지를 생각하면 답이 나오지요. 사순절은 주님의 십자가와 고난을 묵상하면서 경건한 마음과 참회의 기도를 드리며 주님의 죽으심을 애도하는 기간입니다. 애도 기간을 어떻게 지내야 할지는 필자가 더 이상 설명하지 않아도 다 알 수 있는 지성과 신앙을 갖고 계시리라 사료(思料)됩니다.

장기 기증

"그가 우리를 위하여 목숨을 버리셨으니 우리가 이로써 사랑을 알고 우리도 형제들을 위하여 목숨을 버리는 것이 마땅하니라." (요일 3:16)

오늘은 장기(臟器) 기증에 대해 생각해 봅시다. 우리 몸은 수많은 기관으로 구성되어 있습니다. 얼굴에는 눈 코 입 귀 등이 있고, 뱃속에도 다양한 장기들이 가득 차 있어 각자 자기 기능을 조화롭게 수행하므로 우리의 생명이 연장되고 있습니다. 우리가 가진 장기들 가운데 기증 할 수 있는 것이 적지 않습니다. 살아생전에 장기를 기증하겠다고 서약한 사람들은 간이나, 신장을 지금 급하게 꼭 필요로 한 사람들에게 줍니다. 사후(死後)에 기증하겠다고 서약한 사람은 그의 생명이 끝났을 때, 사용 가능한 장기를 떼어 필요한 사람에게 이식을 해서 받은 사람의 삶을 윤택하게 해줍니다.

미국에서는 운전면허증에 장기 기증 표시란이 있어서, 그가 갑자기 죽으면 바로 병원으로 옮겨 사용 가능한 장기를 떼어 대기하고 있는 사람에게 이식을 합니다. 장기를 이식받은 환자는 새로운 삶을 살게 되지요. 비록 기증자의 몸은 죽어 땅 속에 들어갔지만, 기증된 장기는 살아 다른 사람 속에 건재해 있습니다. 그것은 내가 부분적으로 생존해 있다는 증거입니다. 죽은 후에 우리의 몸은 어차피 다 썩어 분토로 돌아가는데 내가 갖고 있는 장기를 필요한 사람에게 기증하는 것은 우리가 살던 세상을 위해 마지막 봉사를 하는 길입니다. 특히 우리 그리스도인들이 장기 기증을 서약하고 필요한 사람에게 주는 것은 그리스도인으로 할 수 있는 마지막 봉사입니다. 이틀에 한 번씩 병원에 가서 장시간 투석을 하는 신장이 망가진 환자가 신장을 이식 받고 건강하게 살아가는 것만큼 기쁘고 즐거운 일이 세상에 어디 있겠습니까?

얼마 전 미국에서 6살 난 어린 소년이 교통사고로 생명을 잃었습니다. 부모의 동의하에 각막, 신장, 간 등 이식할 수 있는 모든 장기를 떼어 필요한 어린이에게 나누어 주었다는 보도가 있었습니다. 죽으면 썩어 없어질 각막을 필요한 소년에게 이식 해주어 앞을 보지 못하는 시각 장애인이 기증받은 각막으로 세상을 밝게 살아갈 수 있게 되었습니다. 비록 소년은 사라졌지만 눈은 살아서 지금도 세상을 보고 있다는 사실은 소년이 완전히 죽지 않았다는 것을 의미합니다.

스티브 잡스를 모르는 사람은 별로 없을 겁니다. 그는 미국 애플 회사의 최고 경영인이었고, 또 세계 부자 순위에 속한 사람이었습니다. 요즘도 미국 주식 시장에서 애플은 가장 인기 있는 우량주 가운데 하나지요. 그런 부자가 2003년 무렵에 췌장암이란 치명적 병에 걸려 투병 생활을 하다 2011년 향년 56세의 나이로 세상을 떠났습니다. 췌장암이 간으로 전이되어 간이식이 필요해서 2009년 1월 캘리포니아 주 간 이식 대기자 명단에 이름을 올렸습니다. 그러나 아무리 세계적인 부자라도 앞선 대기자보다 먼저 이식을 받기 위해 새치기를 할 수는 없습니다. 모든 대기자들이 자기 차례가 올 때까지 기다려야만 합니다.

모든 대기자들은 공식 웹사이트에 데이터로 현재 상황을 확인할 수 있고 누구든지 수시로 그냥 볼 수 있기 때문에 불법은 통할 수 없지요. 그가 등록을 할 때는 앞으로 약 6개월쯤 기다려야 하는데, 당시 의사들은 그의 간 기능은 4개월 정도밖에 안 되어 기능이 멈출 것이라는 비관적인 이야기를 했습니다. 대기자 이름을 올리는 것은 2개 주(州)에 동시에 등록이 법적으로 허용되어 있습니다. 그러나 조건이 있는데 그것은 8시간 안에 지정 병원에 도착할 수 있어야 하고 또한 해당 주 의사들의 허락을 받아야만 합니다.

잡스는 세계적인 부자였기 때문에 전용기가 있어서 언제든지 다른 주로 빠르게 이동할 수 있는 수단을 갖고 있었습니다. 2009년 3월 21일 20대 청년 하나가 교통사고로 사망을 하면서 장기를 기증했기 때문에 잡스는 이 청년의 간을 이식 받을 수 있었습니다. 잡스는 "그때 하마터면 죽을 뻔했다."고 나중에 자서전에 기록했습니다. 그러나 2009년 3월에 간 이식 수술을 받았지만 결국 2011년 10월에 생명을 잃어, 겨우 2년 반 정도 생명을 연장할 수 있었을 뿐이었습니다. 결국 56세란 젊은 나이에 세상을 떠나고 말았습니다. 스티브 잡스의 경우에서 보는 것처럼 세계적인 부호도 그 많은 돈으로 생명을 연장할 수 없었습니다. 우리나라에서도 삼성의 이건희 회장이 병에 걸려 한국 최고의 병원 중 하나를 소유하고 있었고, 그 병원에 세계 최고 수준의 의사들이 수두룩했지만, 그는 병을 고치지 못하고 세상을 떠났습니다. 많은 돈도 결국 병 앞에서는 무력하다는 증거지요. '인명(人命)은 재천(在天)이라' 했고, 우리 그리스도인들은 생사(生死)를 주관하시는 분은 여호와 하나님이심을 고백합니다.

장기 기증은 우리가 이웃에게 할 수 있는 최대의 봉사요 헌신입니다. 살아생전에 간의 일부나, 신장 하나를 떼어 기증하는 분들도 적지 않게 있습니다. 또 보통 사람은 단 한 번도 하지 않은 헌혈을 수십 번 혹은 수백 번 하는 사람들도 적지 않게 있습니다. 그러나 누구든지 쉽게 할 수 있는 일은 사후 장기 기증입니다. 어차피 땅속에서 썩거나 화장장에서 재가 될 시신에서 장기를 떼어 절실히 필요한 사람에게 기증하는 일은 마지막으로 우리가 세상에 줄 수 있는 귀한 선물입니다. "너는 흙이니 흙으로 돌아갈 것이니라."(창3:19) 내 장기가 절대 필요한 사람에게 가서 그 사람의 생명이 연장된다면 그것처럼 귀한 일이 어디 있겠습니까? 스티브 잡스도 죽은 청년의 간을 이식 받아 2년 반 동안 생명을 더 연장할 수 있어서 그동안 다른 사람이 할 수 없는 엄청난 일을 하고 세상을 떠났습니다.

우리가 이웃에게 줄 수 있는 것이 많이 있습니다. 돈, 옷, 음식, 또 필요로 하는 물건을 기증할 수 있습니다. 그러나 사후 장기 기증은 돈이나 옷이나 음식에 비교할 수 없을 정도로 소중하고 그 무엇으로도 바꿀 수 없는 귀한 선물입니다. 생명을 연장시켜 주는 일이니까요. 생전 기증을 무서워하는 사람도 죽은 후에는 아무것도 모르니까 얼마든지 기증할 수 있다고 생각합니다. 의과대학생들의 교육을 위해 시신 전체를 기증하는 사람도 적지 않습니다.

생전 기증을 두려워하는 사람은 죽은 후에라도 남겨줄 것을 한번 생각해 보는 것이 좋을 듯합니다. 특히 나이든 노인들보다 혈기 왕성한 젊은 청소년들은 장기를 기증하는 것을 심사숙고 해보고 실천할 것을 강력히 권고합니다. 젊다고 오래 사는 것은 아니니까요. "주 예수께서 친히 말씀하신 바 주는 것이 받는 것보다 복이 있다 하심을 기억하여야 할 것."(행 20:35)이란 말씀을 다시 상기합시다. 선물은 내가 가장 소중히 여기는 것을 주는 것입니다.

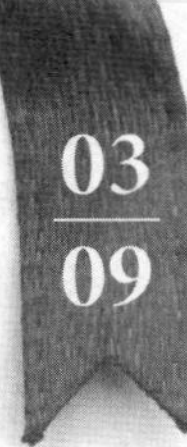

피 한 방울도

"모든 생물은 그 피가 생명과 일체라… 너희는 어떤 육체의 피든지 먹지 말라 하였나니 모든 육체의 생명은 그것의 피인 즉 그 피를 먹는 모든 자는 끊어지리라." (레 17:14)

MAR

피는 생명 그 자체입니다. 인체(人體)는 몸에 필요한 많은 것을 만들어 내지만, 피만은 만들지 못합니다. 그래서 피를 많이 흘린 환자에게는 다른 사람의 피를 수혈해야만 살 수 있습니다. 구약성경에 동물은 잡아 먹되 피는 모두 땅에 쏟아 생명의 주인인 하나님께 돌려 드리라고 말씀하고 있습니다. 피는 생명이기 때문에 그 피를 먹는 자는 죽임을 당하리라고 말씀하셨습니다.(레 17:10) 피의 흐름은 혈통(血統)입니다. 특히 동양에서는 혈통을 매우 중요시합니다.

집성촌(集性村)은 한 성씨들만 모여 사는 동네를 의미합니다. 집성촌이 유지되는 것은 대대로 아들이 있기 때문입니다. 집성촌에서 모든 며느리가 딸만 낳으면 그 집성촌은 끝이 납니다. 그래서 집안 어른들은 며느리가 아들 낳기를 오매불망(寤寐不忘) 기다립니다. 딸은 아무리 많이 낳아도 소용이 없습니다. 딸 7공주는 아들을 낳기 위해 계속 낳다 보니까 결국 딸만 일곱을 낳는 결과가 된 것이지요.

특히 왕실에서는 아들을 많이 두어야 합니다. 왕실에 아들이 많아야 왕실의 혈통이 튼튼하게 유지되기 때문입니다. 그래서 중전(中殿) 외에도 다수의 후궁을 두어 아들을 많이 두려고 한 것입니다. 솔로몬 왕도 후궁이 700명, 첩이 300명이었습니다.(왕상 11:3). 하나밖에 없는 독자가 결혼을 해서 아들을 낳지 못하면 그 집안의 대는 끊어져버립니다. 요즈음 같은 세상에서도 며느리가 아들을 낳지 못하면 외도를 해서라도 아들을 낳으라고 시어미가 아들을 윽박지르기도 하지요. 피는 어쩔 수 없는 면이 있습니다. 우리 집안의 피가 섞인 사람과 남을 비교할 때 친근감이 드는 것은 그의 혈관에 우리 집안의 피가 흐르기 때문입니다.

동양에서는 특히 혈통을 몹시 중요시합니다. 우리 집안의 피가 흐르는 친족은 무조건 우대해야 하고, 감싸 안아 주어야 합니다. 누가복음 10장에 나오는 강도 만난 사람의 이야기에서, 강도 만난 사람을 보고 그냥 지나친 제사장이나 레위인이 그 강도 만난 사람이 자기 친동생이라면 혹 사촌 동생이라면 결코 그냥 지나치지 않았을 것입니다. 왜냐하면 우리 가문의 피가 흐르고 있기 때문이지요. "피는 물보다 진하다."는 말은 우리가 흔히 쓰는 말입니다. 그러나 이스라엘 민족은 조금 다른 개념을 갖고 있습니다. 유대인과 이방인 사이에는 하늘과 땅만큼 차이가 있습니다. 유대인들에게 이방인은 사람이 아니었습니다. 심지어 개처럼 취급했습니다.

이방인은 야웨 하나님을 섬기지 않고, 모세의 율법을 지키지 않으며, 남자는 할례를 받지도 않고, 돼지고기나 먹는 더러운 짐승으로 여겼습니다. 심지어 같은 아브라함의 후손임에도 불구하고 혼혈을 했다는 이유로 사마리아 사람들과는 결연하고 그들이 사는 땅에는 가지도 오지도 않을 만큼 선민(選民)의식이 강했습니다. 그러나 그들의 그런 선민의식은 아버지의 피로 결정되지 않습니다. 다시 말하자면 유대인 아버지의 피가 중요한 것이 아니고, 어머니의 교육이 더 중요했습니다. 유대인은 아버지가 유태인이고, 어머니가 이방인이면 그 아들이 아버지 유태인의 피를 받았어도 유태인으로 간주하지 않았습니다. 비록 아버지가 이방 사람이라도 어머니가 유대인이면 유대인으로 여겼습니다. 그러니까 이들에게 아버지 형통이란 의미가 없습니다. 중요한 것은 어머니의 유아교육이지요.

반면 한국 사람들은 아버지가 김 씨면 아들도 김 씨가 되고, 어머니가 김 씨라도 아버지가 이 씨면 아들도 이 씨가 되므로 부계(父系)의 혈통을 따릅니다. 교육이 문제가 아니고 피가 문제지요. 한국에서는 흔히 우리 집안은 뼈대 있는 가문이란 말을 합니다. 조상들 중 장원 급제한 분이 몇 분계시고 삼정승, 판서 등등을 거론하면서 과거 조상들의 이력을 거들먹거리지만, 현재 자기 아들은 마약을 상습적으로 복용하다 감옥에 갇혀 있는데, 뼈대 있는 가문이 무슨 소용이 있겠나요.

알렌이 제중원에 의학교(醫學校)를 세우고 의사 양성을 시작했습니다. 그때 백정(白丁) 박성춘의 아들 박서양이 알렌 선교사의 호의로 의학교에 입학해서 공부를 했는데 양반 자제들의 왕따가 장난이 아니었습니다. 양반 자제들이 공부하는데 어디 피비린내 나는 백정 새끼가 와서 같은 자리에 앉으려느냐며 온갖 수모를 주었습니다. 박서양은 의자에 앉지도 못하고 바닥에 앉아 공부를 어렵게 마치고, 1908년 한국 최초 의사 7명 가운데 한 사람으로 외과의사가 되었습니다. 비록 천민의 자식이었지만 이제 정식 외과 의사가 되어 여러 사람들의 수술을 하게 되었지요. 큰 부상을 당해 죽어가는 양반의 자녀들도 백정의 자식이라며 멸시했던 의사 박서양에게 수술을 받았습니다. 그때부터는 생명을 구해준 의사를 천민이라 멸시할 수가 없었습니다. 그 후 양반과 천민의 구별이 서서히 무디어져 갔습니다.

천민의 피는 의사가 못 된다는 법은 없었지요. 가문이나 혈통이 중요한 것이 아니고, 그가 무슨 일을 하느냐가 더 중요하지 않겠습니까? 양반의 아들이 기생집에서 술이나 마시고, 기생들과 음란한 짓이나 하고 투전이나 하면서 무위도식(無爲徒食)하는 것보다 백정의 아들이라도 최고의 기술자가 되어 많은 사람을 위해 일하면 그것이 귀한 집안이고 귀한 혈통이 아닐까요? 이제 현대 사회에서 혈통은 무의미해졌습니다. 혈통 좋은 광산 김씨 집안 아들이 큰 부상을 당하여 피를 모두 흘려 죽어 가고 있을 때, 다양한 성씨를 가진 사람들이 헌혈한 피를 거의

100%를 그에게 수혈했습니다. 그 광산 김씨 자제의 몸에 흐르는 피는 어떤 집안의 혈통일까요? 그의 몸속에는 광산 김씨 피가 한 방울도 없는데, 아들에게 광산 김씨의 피를 물려 줄 수 있을까요?

본디 유태인과 헬라인(이방인)은 결코 하나가 될 수 없었습니다. 유태인과 이방인은 같은 자리에 앉지도, 식사도, 교재도 할 수 없었습니다. 그러나 그리스도의 피가 유태인과 헬라인을 한 가족으로 만들었습니다. 사도행전 2장에 나오는 초대 예루살렘 교회는 이방인들과 유태인들이 같은 자리에서 예배를 드리고 음식을 나누는 한 형제자매들이 되었습니다.

예수님께서는 인류를 구원하시기 위해 십자가에서 보혈을 흘리셨습니다. 그 보혈의 피가 우리의 죄를 완전히 씻어 주셨습니다. 할렐루야! 그리하여 예수 그리스도의 피로 말미암아 우리는 하나님의 자녀가 되었고 우리 모든 그리스도인들은 그 피를 나눈 형제자매가 되었습니다. 성만찬에서 나누는 예수님의 보혈은 온 세계 그리스도인을 한 가족으로 그리고 한 혈통으로 맺어 주었습니다. 피 한 방울도 섞이지 않는 남이라도 그리스도 안에서 그의 피로 온전히 한 가족이 되었습니다. 그리스도 안에서는 인간의 피, 혈통은 아무 의미가 없습니다. 그리스도의 보혈은 온 세상을 하나로 만드셨습니다. 이 기쁜 소식을 온 세상에 전합시다.

너희는 세상의 빛이라 (1)

03/10

MAR

"너희는 세상의 빛이라 산 위에 있는 동네가 숨기지 못할 것이요 사람이 등불을 켜서 말 아래 두지 아니하고 등경 위에 두나니 이러므로 집안 모든 사람에게 비치느니라." (마 5:14-15)

예수님께서는 우리에게 "너희는 세상의 빛이라."고 말씀하셨습니다. "이같이 너희 빛을 사람 앞에 비치게 하여 그들로 너희 착한 행실을 보고 하늘에 계신 너희 아버지께 영광을 돌리게 하라."(마 5:16)고 말씀하십니다. 오늘은 빛에 대해 같이 한번 생각해 보겠습니다. 요한복음 1장에 빛에 대한 말씀이 많이 있습니다. "그 안에 생명이 있었으니 이 생명은 사람들의 빛이라" "빛이 어둠에 비치되 어둠이 깨닫지 못하더라." 예수님은 왜 우리를 세상에 빛이라고 말씀하셨을까요? 그럼 빛의 성질에 대해 생각해 보겠습니다.

빛의 첫 번째 성질은 두말할 필요 없이 어둠을 밝히는 기능입니다. 캄캄한 방에 스위치만 켜면 전깃불이 들어오고 그 불은 캄캄했던 온 방을 환하게 비춰줍니다. 빛에도 강도(强度)가 있습니다. 6.25전쟁 후, 필자가 초중고 시절, 밤 12시가 되면 전기가 나갔습니다. 11시 반에 전기가 몇 번 깜빡거렸지요. 30분 후에 전기가 나간다는 신호입니다. 5분 전 12시에 또 몇 번 깜빡깜빡합니다. 5분 후에 전기가 나간다는 뜻이지요. 촛불이나 등잔을 준비하라는 신호입니다. 그리고 밤 12시가 되면 또 몇 번 깜빡거린 후에 완전히 나가서 내일 저녁 해가 지고 캄캄할 때까지 전기가 들어오지 않았습니다. 그렇게 한국의 전기 사정은 열악했습니다.

고3, 대학 입시 준비를 하고 있었던 때, 밤 12시가 넘도록 공부를 했기에 초는 비싸서 못쓰고, 석유를 넣은 호롱불을 켜놓고 공부를 했습니다. 등잔불이 밝지 않아서, 빛을 반사시키기 위해 쓰지 않는 큰 대학 노트를 등잔 뒤에 세워 놓고 빛의 반사를 받으면서 공부를 했습니다. 하루 종일 공부하고 밤 12시가 넘을 때까지 공부했기 때문에 피곤해서 공부하다가 깜빡 졸면 머리가 앞으로 숙여지면서 앞 머리털이 호롱불에 타버립니다. 아침에 학교에 가서 보면 공부 좀 하는 친구들 앞머리도 필자의 머리와 같이 탄 것을 보고 서로 바라보면서 웃곤 했지요. 벌써 60년 전 이야기입니다.

분명히 호롱불도 빛입니다. 그렇지만 그 빛은 너무 약해서 조금만 멀리 가면 사물을 잘 분별할 수 없습니다. 그러나 100촉(볼트)짜리 백열등을 켜 놓으면 온 방이 환해서 구석구석까지 잘 보입니다. 큰 예배당이나 대형 강당 같은데도 밤에는 캄캄해서 아무것도 보이지 않지만 스위치를 켜서 전기 불을 밝히면 구석구석까지 환하게 잘 보이는 것을 알 수 있습니다. 빛은 밝게 하는 성질이 있습니다. 어둠을 물리치는 성질이지요. 그리스도인들이 가는 곳에 어둠이 물러가야 됩니다. 어두워진 사람들의 마음을 밝게 해 줘야 되고 어두움이 깔린 가정을 환하게 밝혀 줄 의무가 있습니다. 어두운 마음으로 일하는 직장에서도 그리스도인이 가면 분위기가 밝게 바뀌어야 합니다. 그리스도인인 나 때문에 어두움이 물러가야 합니다. 그래서 예수님께서는 우리에게 너희는 세상의 빛이라고 말씀하셨습니다. 그리스도인은 언제 어디서나 빛나는 사람이어야 합니다. 믿지 않은 사람과 무언가 달라야 합니다. 뒷돈을 습관적으로 받는 곳에서는 이런 어둠의 일을 척결시켜야 합니다. 그렇게 하기 위해서는 나의 삶의 앞과 뒤가 항상 밝아야 합니다.

요즘 도둑들은 대담해서 낮에도 활동을 하지만, 본디 도둑이란 어두움 속에서 활동합니다. 가룟 유대가 예수님을 팔아먹기 위해 밖으로 나갔을 때는 밤이었습니다.(요 13:30) 밤에 유다는 선생 예수님을 팔아먹었습니다. 유다는 밤에 체포 조(組)를 이끌고 겟세마네 동산에 와서 주님께 배반의 입맞춤을 했습니다. 유다는 밤, 즉 어두움의 사람이었습니다. 마지막도 참회가 아니라 자살이라는 어두움 속으로 사라졌습니다. 3년이나 예수님을 따라 다녔지만, 그의 마음은 항상 어두움에 잠겨 있었습니다. 어두움의 자식이었지요. "역사는 밤에 이루어진다."라는 말이 있습니다. 밤에 이루어지는 역사는 항상 흑(黑)역사였고 반역의 기록입니다. 필자는 저녁 잠자기 전에 하루 마무리 기도를 할 때, 자주 이런 기원을 합니다. "이 밤에 난폭하고 흉포(凶暴)한 음모를 꾸미는 자들의 계획이 무너지게 하시고, 사전에 밝혀지게 하시며, 체포되어 그런 어두움의 역사가 이행되지 않게 하옵소서."

두 번째로 빛은 따뜻함을 제공합니다. 우리가 남향집을 선호하는 것은 겨울에 하루 종일 태양이 집 앞을 비추면서 따뜻한 햇볕을 비춰주기 때문입니다. 그래서 한국 속담에 "삼대(三代)가 적선(積善)을 해야 정(正)남향 집에서 산다."는 말이 있습니다. 한국은 국토의 73% 이상이 산입니다. 그리고 강(江)도 하천도 많습니다. 따라서 지리적으로 정남향에 집을 짓기가 매우 어렵습니다. 누님이 살고 있는 호주 시드니에 갔을 때 일입니다. 누님은 아침에 해가 잘 들어오는 식탁 끝 의자에 앉아 아침마다 성경을 읽고 또 묵상하는 시간을 가졌습니다. 그래서 필자가 누님에게 질문을 했습니다. "이쪽이 남쪽인가 보지요?" 했더니 "아니야, 그 쪽이 북쪽이야."라고 대답했습니다. 생각해 보니, 해가 지구 적도를 따라 돌기 때문에 북반구는 남쪽에서 해가 돌고, 남반부인 호주는 북쪽에서 해가 돌기 때문에 한국에서는 남향이 좋지만, 호주에서는 북향이 좋은 것입니다. 필자는 거기서 깨닫는 바가 있었습니다. 인간 사회에서 통용되는 원리는 상황과 위치에 따라 달라진다는 것을요. 남향집이 좋다는 것은 북반구에서나 통용되는 말이지 남반부에서는 정반대가 되는 것입니다.

왜 남향을 선호할까요? 여름에는 해가 하루 종일 지붕 위로 돌기 때문에 집이 시원하고, 겨울에는 하루 종일 집 앞 쪽으로 돌기에 집안이 따뜻하지요. 북반구에서 남향집은 북향집보다 겨울에 난방비가 훨씬 적게 드는 이유가 바로 태양이 열을 제공하기 때문입니다. 겨울에 양지쪽에 앉아 있으면 무척 따뜻한 이유가 바로 태양이 따스함을 제공하기 때문입니다. "그 친구 정말 냉혈한(冷血漢)이드만."이란 말을 가끔 듣지요. 냉혈 즉 피가 차다는 뜻입니다. 사람을 포함한 많은 동물은 온혈(溫血)입니다. 그러나 뱀을 비롯한 양서류 동물은 냉혈입니다. "그대의 찬 손"이란 말이 있지요. 필자는 그런 말을 하는 사람에게 "그대의 찬 손은 병원에 돈 많이 갖다 줘야 해."라고 농담을 합니다. 사실 농담이 아니고 손발이 찬 사람은 병이 잦다는 말을 의사들이 하지요.

우리 그리스도인들은 냉혈한이 되어서는 안 됩니다. 몸도 마음도 따뜻한 사람이 되어야 합니다. 따뜻한 마음, 따뜻한 얼굴 표정, 따뜻한 말, 따뜻한 손을 가져야 합니다. 따뜻한 마음과 손으로 찬 마음과 찬 손을 가진 사람을 만져주어 찬 기운을 몰아내고 따뜻한 사람으로 바꾸어 주어야 합니다. 그렇게 되기 위해서는 성령님의 불을 받아야만 합니다. 빛은 따스함을 제공해 줍니다. 겨울에 그늘진 곳에 앉아 있을 때와 햇볕이 잘 비치는 양지쪽에 앉아 있을 때, 확실히 다르다는 것을 우리는 경험을 통해서 잘 알고 있습니다. 따뜻한 태양이 잘 비치는 곳에 농작물이 잘 되는 것은 두말할 필요도 없습니다. 동물들도 따뜻한 햇볕이 비추는 곳에서 일광욕을 합니다. 그리스도인은 따뜻한 사람이어야 합니다. 손을 잡았을 때, 상대의 마음의 온기가 지극히 작은 자들에게 전달되어야 합니다.

너희는 세상의 빛이라 (2)

"너희는 세상의 빛이라 산 위에 있는 동네가 숨기지 못할 것이요 사람이 등불을 켜서 말 아래 두지 아니하고 등경 위에 두나니 이러므로 집안 모든 사람에게 비치느니라." (마 5:14-15)

MAR

빛의 또 다른 성질은 세균을 죽이는 소독의 힘을 갖고 있습니다. 태양이 비치면 박테리아와 바이러스, 세균이 죽습니다. 오래된 물건이나 이불 등을 햇볕에 쬐이면 모든 잡균들이 죽지요. 더럽고 추악한 인간 사회 속에 상존하는 악한 요소들을 소독하고 없애며 청소해서 건강한 사회를 만들어 가야 합니다. 태양 빛이 잘 드는 곳에 물건을 두면 돈 들이지 않고 깨끗하게 소독을 할 수 있습니다.

그리스도인은 빛입니다. 빛이 가는 곳에 무서운 병을 일으키는 병균이 살 수 없듯이, 그리스도인은 썩어 냄새나고 문드러진 곳을 깨끗하게 정화시키는 빛의 역할을 감당해야 합니다.

그런데 문제는 어느 사회, 어느 직장에서나 그런 사람을 미워하고, 모략중상하여 죽이려 듭니다. 이것은 사악한 사탄의 역사(役事)입니다. 사탄이 부정을 하는 인간들 속에 들어가 부정의(不正義)를 타협하지 않으려는 사람을 그냥두지 않고 온갖 수단 방법을 동원해 몰아내려 합니다. 심지어 인격 살인도 서슴지 않고 감행합니다. 우리 그리스도인들은 이런 악의 요소를 깨끗이 정화시켜야 할 힘을 가져야 합니다. 이 힘은 확고한 믿음과 움직일 수 없는 신앙으로 무장되어 있을 때 가능합니다. 성령님의 도우심을 받아야 합니다.

빛은 직진하는 성질이 있습니다. 빛은 항상 곧게 뻗어 나갑니다. 빛이 프리즘 같은 물체를 통과하지 않은 한, 공간에서 곧게 나갑니다.

"너희는 세상에 빛이다."고 말씀하신 것은 세상을 곧게 살라는 의미입니다. 그리스도인의 삶은 좌로나 우로나 치우치지 않습니다. "그런즉 너희 하나님 여호와께서 너희에게 명령하신 대로 너희는 삼가 행하여 좌로나 우로나 치우치지 말고"(신 5:32) 중국 고전에 『중용』(中庸)이 있습니다. 한쪽으로 치우침 없이 올곧게 살아가는 길을 가르쳐 줍니다.

그런데 곧은 길로 간다는 것은 보통 어려운 일이 아닙니다. 휘어지는 철사는 잘 끊어지지 않습니다. 그러나 곧은 강철은 휘려하면 부러져버립니다. 휜다는 것은 시류에 타협하고 휩쓸린다는 뜻입니다. 이방원의 시조 '하여가'(何如歌)에 "이런들 어떠하며 저런들 어떠하리 만수산 드렁칡이 얽혀진들 어떠하리"라는 말과 같이 이래도 좋고, 저래도 좋다는 지조 없는 삶은 시정잡배(市井雜輩)들의 삶이지, 신앙의 지조를 갖고 사는 신자들의 삶은 아닙니다. 그리스도인은 어떤 유혹과 어려움이 있어도 진리의 길에 똑바로 서서 좌우로 흔들리지 않는 삶을 사는 것입니다.

상식적인 이야기지만 태양은 자체가 발광체지만, 달은 발광체가 아니고 태양의 빛을 받아 다시 반사합니다. 우리는 발광체가 아닙니다. 예수님께서 우리에게 너희는 세상에 빛이라 하셨을 때, 우리 자체가 태양과 같이 발광체라는 말씀이 아니고 받은 빛을 다시 비추는 달과 같은 존재라는 뜻입니다. 따라서 우리는 발광체인 예수님에게서 빛을 받아야만 합니다. 그 빛을 받아야 어두움의 자식들인 우리가 비로소 빛의 반사체가 될 수 있습니다. 예수님에게서 빛을 받지 못하면 우리는 결코 빛을 발할 수 없습니다. 예수님과 멀어지면 멀어질수록 우리는 그 빛을 제대로 받지 못합니다.

예수님과 우리 사이에 죄악이 가로막고 있으면 예수님의 빛은 우리에게 전달되지 못합니다. 죄가 가로 막고 있기 때문입니다. 따라서 예수님의 빛을 제대로 받기 위해서는 필연적으로 회개가 우선되어야 합니다. 따라서 예수님께서 세상에 오셔서 인간에게 하신 첫마디가 "회개하라"였습니다. 회개 없이 예수님께 갈 수 없고 또 예수님께 가까이 가지 않고는 그의 빛을 받을 수 없습니다.

1895년 독일의 물리학자 뢴트겐은 새로운 빛을 하나 발견했습니다. 그러나 그 빛이 어떤 빛인지 알 수가 없었습니다. 그래서 그 빛의 이름을 '엑스레이'(X-Ray)라 했습니다. 뢴트겐이 이 빛을 발견했기에 그의 이름을 따서 '뢴트겐 광선'이라고도 부릅니다. 그는 최초로 노벨물리학상을 받았습니다. 우리가 부상을 당해 뼈에 이상이 있다고 여겨질 때 엑스레이 촬영을 합니다. 엑스레이는 사람의 눈으로 볼 수 없는 인체 내부의 뼈를 찍습니다. 갈비뼈를, 치과에서 잇몸 속에 있는 이의 뿌리를 엑스레이로 촬영해서 들여다봅니다.

빛은 물체를 뚫고 들어가는 투과(透過)의 능력이 있습니다. 우리 속담에 "열 길 물속은 알아도 한 길 사람 속은 모른다."는 말이 있습니다. 사람의 마음속을 들여다 볼 수 없으니 하는 말입니다. 그러나 예수님으로부터 나오는 빛은 우리 속사람을 꿰뚫어 볼 수 있습니다. "하나님의 말씀은 살았고 운동력이 있어 좌우에 날선 어떤 검보다도 예리하여 혼과 영과 및 관절과 골수를 찔러 쪼개기까지 하며 또 마음의 생각과 뜻을 판단하시니"(히 4:12)라고 기록했습니다. 햇빛보다 강한 예수님의 빛은 우리의 마음의 생각과 뜻을 꿰뚫어 보십니다. 우리의 심령 골수를 찔러 쪼개는 힘을 갖고 계십니다. 사람이 사람을 속일 수는 있으나, 하나님은 결코 속일 수 없습니다.

우리는 흔히 "그 친구 겉보기와 달리 음흉한 면이 있었네,"라는 말을 합니다. 그 사람의 속을 알 수 없다는 것이죠. "착한 며느리에게 그런 속셈이 있는 줄 몰랐지요."라는 말은 사람의 이중성을 표현하는 말입니다. 그러나 예수님의 빛이 비치면 그 사람의 모든 것이 백일하에 드러나게 됩니다. 결코 숨길 수 없습니다. 빛나는 사람 앞에서 보통 사람들은 고개를 숙이게 됩니다. 모세가 시내 산에서 하나님께로부터 십계명을 받고 하산했을 때 그의 얼굴 피부에 광체가 났습니다.(출 34:29) 그의 얼굴의 광채로 사람들이 그 얼굴을 볼 수 없었습니다. 그리하여 수건으로 그 얼굴을 가렸습니다. 하나님과 대면한 사람은 얼굴에서 광채가 납니다. 그 광채는 사람들이 똑바로 바라다 볼 수 없을 정도로 빛나는 얼굴입니다.

우리는 세상에 발광체가 되어야 합니다. 세상 사람들이 믿는 사람 앞에 고개 숙이게 해야 합니다. 예수님께서는 "이같이 너희 빛이 사람 앞에 비치게 하여 그들로 너희 착한 행실을 보고 하늘에 계신 너희 아버지께 영광을 돌리게 하라."(마 5:16)고 말씀하십니다. 우리가 착한 행실을 할 때 비로소 우리의 빛이 세상사람 앞에 비치게 된다는 말씀입니다. 착한 행실은 우리가 그리스도인임을 확증하는 살아 있는 증거입니다.

빛은 반사경에 비추면 그대로 투사합니다. 빛이신 예수님의 빛이 우리 그리스도인들에게 비치면 그 빛은 고스란히 우리를 통해 반사됩니다. 즉 예수님의 말씀과 삶이 우리에게 투사되어 우리는 예수님의 모습을 그대로 되받게 되고 또 이것이 세상 사람에게 투영되는 것입니다. 예수님께서 "너희는 세상에 빛이라."고 하신 말씀은 빛의 여러 가지 성질과 같이 세상에서 참된 그리스도인으로써 바르게 행동하며 살아가라는 뜻입니다. 세상 사람들이 우리의 착한 행실을 볼 때 비로소 그들이 하나님께 나아 올 수 있는 길이 열린다는 뜻입니다.

성수 주일 (1)

"안식일을 기억하여 거룩히 지키라. 엿새 동안은 힘써 네 모든 일을 행할 것이나 제 칠일은 너희 하나님 여호와의 안식일인즉 너나 네 아들이나 네 딸이나 네 남종이나 네 여종이나 네 육축이나 네 문안에 유하는 객이라도 아무 일도 하지 말라." (출 20:8-10)

오늘은 성수주일에 대해 같이 생각해 봅시다. 십계명 제4계명은 "안식일을 기억하여 그날을 거룩하게 지키라."는 말씀입니다. 본디 안식일은 토요일입니다. 그러나 우리 기독교에서는 토요일 대신 일요일을 '주일' The Lord's Day라 칭하면서 초기교회부터 지켜 오고 있습니다. 유대인들이 토요일을 안식일로 거룩하게 지키는 것처럼 우리 기독교에서도 주일을 거룩하게 지켜오고 있습니다. 제4계명의 정신대로 주일에는 아무 일도 하지 않고 하나님을 예배하고 쉬면서 지냅니다.

한 주간 월요일에서부터 토요일까지 할 수 있는 일을 주일(날) 해서는 안 되는 것으로 되어 있습니다. 토요일이나 월요일에 할 수 있는 일, 즉 장보기, 빨래, 청소 등의 일은 주일에 해서는 안 됩니다. 주일에 어쩔 수 없이 할 수밖에 없는 일이면 몰라도 그렇지 않고 조금 미뤘다가 내일 또는 그 다음날 해도 되는 일은 주일날 해서는 안 됩니다. 이것이 성경의 가르침이며 또한 명령입니다.

3.1 기미(己未) 독립 기념일은 1919년 3월 1일입니다. 일제 강점기에 있어났던 이 운동은 우리나라의 독립을 쟁취하기 위한 민족적 항쟁이었습니다. 그런데 왜 하필 3월 1일이었느냐는 문제에 대해 아는 사람은 거의 없습니다. 삼일운동이 일어나게 된 동기는 1910년 일제가 조선을 강제로 평탄한 후 10년 가까이 지내는 동안, 우리 민족은 일제로부터 헤아릴 수 없이 많은 고난을 받고 살았습니다. 따라서 국가의

독립을 위한 독립 운동가들의 투쟁이 산발적으로 계속되었습니다.

그러나 온 민족이 다 같이 독립운동을 일으켜야 한다는 선각자들이 뜻을 모아 일으킨 것이 삼일운동입니다. 1919년 3월 1일에 이 운동이 일어나게 된 이유는 다음과 같습니다. 조선 왕조를 일제에 넘길 수밖에 없었던 조선왕조 26대 비운의 왕 고종 황제가 붕어(崩御:임금이 돌아가심)하고 장례를 치르게 됐습니다. 일제의 독살에 의해 붕어했다는 소문이 돌면서 민심이 흉흉해졌습니다. 그렇지 않아도 일제에 반감이 증폭하던 때에 이런 소문은 민족 감정에 불을 붙인 격이 되었습니다. 이에 온 민족의 감정이 폭발해서 일어난 운동이 바로 3.1운동입니다.

이 운동은 천도교와 기독교가 주도했습니다. 고종 황제 인산(因山:임금의 장례)일이 3월 3일이었습니다. 일반인 통행을 통제하던 일제가 국왕 장례에 참여하러 서울로 올라가는 사람들의 통행을 일시 해제해 주었습니다. 그때 전국 각지에서 수많은 사람들이 국왕의 마지막 가는 길을 조상(弔喪)하기 위해 서울로 모였습니다. 이 운동을 이끌었던 지도자들은 이때를 기해 독립운동을 일으키기로 결정했습니다. 그래서 3월 3일 인산일 하루 전날인 3월 2일에 운동을 개시하기로 했습니다. 그런데 공교롭게도 3월 2일이 주일날이었습니다. 당연히 기독교 측에서 우리는 주일에 예배를 드려야 하기 때문에 2일에 하면, 운동에 동참할 수 없다고 통보했습니다. 이 문제를 갖고 협의한 끝에 어쩔 수 없이 하루를 더 당겨 인산일 이틀 전날인 토요일 즉 3월 1일로 합의를 했고 이날 독립운동이 일어났습니다.

따라서 3월 1일에 독립운동이 일어난 것은 성수주일 하겠다는 기독교 측의 강력한 요청에 의한 것이었습니다. 3.1운동에 우리 조상들의 성수주일 정신이 깊게 서려 있다는 사실을 명심해야 합니다.

다음으로 필자의 선친(先親) 이야기를 하겠습니다. 태평양 전쟁이 한창 벌어졌던 1944년, 필자의 선친은 경기도 시흥(始興)에서 큰 교량 공사 현장 건축 기술자로 일을 하셨습니다. 첫 주 토요일 날 일을 마치고 선친은 일본인 십장(什長)에게 가서 내일은 주일 날(일요일)이라, 교회에 가서 예배를 드려야 하기 때문에 일하러 나올 수 없다고 이야기했습니다.

그때 십장은 "지금 무슨 소리를 하고 있느냐? 이 시간에도 전장에서 수많은 젊은 군인들이 생명을 잃고 있으며, 부상을 당하면서도 모국을 위해 목숨을 걸고 전투를 하고 있다. 후방에서 건설공사를 하는 중에 한가롭게 일요일 날 교회 가서 예배드린다고 공사에 못 나온다는 말이 나오느냐? 그 딴 소리 집어치우고 내일 반드시 와서 일을 해야 된다."고 단호히 말했습니다. "만약 나오지 않으면 당장 남양 군도에 징용으로 보내겠다."고 으름장을 놓았습니다. 당시 남양군도에 징용으로 가는 것은 죽으러 가는 것과 마찬가지였습니다. 그곳에 가서 살아 돌아온 사람은 거의 없었기 때문이지요. 따라서 내일 주일에 일을 하러 안 나가면 남양 군도에 끌려갈 각오를 해야만 했습니다.

그러나 선친은 일하러 나가지 않고, 교회에 가서 예배를 드리고, 월요일 날 현장에 나갔습니다. 십장은 화가 머리끝까지 나서 "너는 이제 남양군도로 가야 한다며 난리를 쳐 댔습니다. 그러면서 "이번 한 번은 내가 봐 주겠지만 만일 이번 일요일에도 안 나오면 그대로 남양 군도 행이니까 알아서 하라."며 엄포를 놓았습니다. 다음 주일에도 선친은 일을 나가지 않고, 교회에 가서 예배들 드렸습니다. 당시 우리 가족은 할머니와 아버지, 어머니, 그리고 2살 위 누님과 돌이 갓 지난 필자 이렇게 다섯 식구가 선친이 벌어 오는 돈으로 호구지책(糊口之策)을 면하고 있었습니다. 만일 선친이 남양군도로 끌려가시거나, 못 돌아오시면 우리 네 식구는 굶어 죽을 수밖에 없는 절박한 상황이었습니다.

월요일에 현장에 나갔더니, 십장이 벌써 면(面) 서기를 불러 남양 군도에 갈 서류 준비를 다 끝내고 선친이 오기만을 기다리고 있었습니다. 선친이 갔더니 십장이 길길이 뛰면서 "이 자를 당장 끌고 가서 남양 군도로 보내라고 면 서기에게 소리를 지르자, 면 서기가 선친을 끌고 막 출발하려는데, 무슨 생각을 했는지, "잠깐, 내가 한 번만 더 기회를 주겠다. 다음 일요일에는 반드시 나와야 한다."면서 면서기를 돌려 보냈습니다. 그런데 선친은 다음 주일에도 그러니까 세 번째 주일에도 일을 안 나가고, 교회에 가서 예배들 드렸습니다. 선친은 이미 남양군도로 갈 각오가 된 것입니다. 죽는 한이 있어도, 주일을 범하지 않겠다는 각오였습니다. 모든 일은 하나님께 맡기고 과감히 성수주일의 신앙에 목숨을 걸었던 것입니다.

남양 군도로 갈 각오를 하고 월요일에 현장에 갔습니다. 십장이 선친을 한 참 바라다보더니, 너는 "혼또노 크리스천"(진짜 그리스도인) 이로구나 하면서, "다음 일요일부터는 교회 가서 예배를 드려도 좋으니, 월요일부터 토요일까지 열심히 일하라."고 했습니다. 할렐루야!! 선친은 사탄의 권세, 일제의 폭압에 승리하셨습니다. 당신은 요즘 주일을 성수하고 있나요? 하나님 앞에 그리고 믿음의 조상들 앞에 부끄러움 없이 성수하고 계시는지요?

성수 주일 (2)

“안식일을 기억하여 거룩히 지키라. 엿새 동안은 힘써 네 모든 일을 행할 것이나 제 칠일은 너희 하나님 여호와의 안식일인즉 너나 네 아들이나 네 딸이나 네 남종이나 네 여종이나 네 육축이나 네 문안에 유하는 객이라도 아무 일도 하지 말라.” (출 20:8-10)

서울 감리교신학대학교 교수를 지낸 선배 목사님 한 분이 계셨습니다. 미국에 처음 유학 와서 같은 학교에서 그분이 박사과정을 공부할 때 필자는 석사과정을 밟으면서 교제를 했습니다. 한번은 다음과 같은 이야기를 해 주었습니다. 선배가 미국 감리교회를 목회하고 있을 때, 하루는 겨울철에 교인 심방을 마치고 귀가 하던 중, 눈이 많이 내린 고속도로를 달리다가 그만 미끄러져 갓길로 차가 곤두박질을 해서 눈 속에 박혔습니다.

몸은 크게 다치지는 않은 것 같았는데 꼼짝도 못하고 있었더니 한참 지난 후 경찰이 와서 꺼내 주어 밖으로 나왔습니다. 경찰이 선배를 보고 “You are closed to call.”이라 말했습니다. 영어에 close는 물론 ‘가까이’라는 뜻이고, call은 ‘부르다’ 인데, 이런 경우는 하늘의 부르심이란 뜻입니다. 따라서 ‘너는 부름에 가까이 갔다.’는 말은 “너 죽을 뻔했다.”란 의미입니다. 그런데 그 와중에도 선배 목사님은 이렇게 대답했답니다. “God called me, but I did not answer!”(하나님께서 나를 부르셨는데, 내가 대답을 하지 않았다.) 그래서 살아났다는 의미지요. 그 어려운 상황에서도 유머가 넘치는 여유 있는 대답이지요?

선배 목사님이 한 번은 수요 성경 공부 시간에 교인들과 함께 십계명을 제1계명부터 공부했습니다. 어느 수요일에 제4계명을 공부하게 되었습니다. 목사님은 “안식일을 기억하여 거룩하게 지키라.”고 명하신 것은 지금부터 수천 년 전 유대인들이 목축을 하던 때 주신 계명으로 토요일 즉 안식일 하루는 일하지 말고, 하나님께 예배하는 일에 집중하라고 명령하신 것입니다. 그러나 오늘날에는 이 계명이 모든 그리스도인에게 적용 되지는 않습니다. 직업에 따라 주일 성수를 할 수 없는 사람은 성수하지 않아도 됩니다.

이 말을 듣고 어떤 나이 많은 여자 교인 한 분이 손을 들면서, "목사님, 여호와 하나님의 명령은 수천 년 전이나 지금이나 영원토록 변함없는 절대 명령인데 어떻게 시대가 변했다고 성수주일을 하지 않아도 되는 사람이 있다고 말씀하십니까? 라며 항변했습니다. 그래서 선배 목사님이 이렇게 답변했습니다. "자, 그럼 같이 한번 생각해 봅시다. 우리 마을 인근에 원자력 발전소가 있다 합시다. 그 원자력 발전소는 24시간 관리하는 직원이 있어야 합니다. 따라서 하루 24시간 365일 하루도 빠짐없이 관리자가 있어야 합니다. 이상 신호가 울리면 즉시 현장에서 조치를 취해야 하기 때문입니다. 주일날도, 공휴일에도 최소 당직 직원이 나와서 모든 계기판을 주시하고 있다가 만약 어떤 문제가 생기면 즉시 조치를 취해야 되는 민감한 발전소입니다.

그런데 발전소 모든 직원이 교인이어서 주일에 다 교회 가서 예배를 드려야 하므로 아무도 근무를 하지 않았다가, 발전소에 문제가 발생하면 그때는 어떻게 될까요? 또 의사들이나 간호사들은 일주일 내내 환자를 치료하고 돌보는 일을 합니다. 주일날은 모든 그리스도인 의사와 간호사들이 교회에 가서 예배를 드려야 되고 휴식을 취해야 합니다. 그러면 응급실에 근무하는 사람이 아무도 없을 경우, 교통사고로 생명이 위독한 환자가 왔을 때 그 환자는 누가 치료를 해야 하나요? 세상의 모든 약국이 주일에 문을 다 닫으면 응급 시 꼭 필요한 약은 어디서 사야 하나요? 경찰서, 소방서, 발전소, 수도국, 가스회사, 24시간 경비를 해야 되는 육 · 해 · 공군, 국경수비대 등등 생각해 보면 주일날 꼭 일을 해야만 하는 일터가 한둘이 아닙니다. 따라서 주일성수는 직장에 따라 일부 당직자들은 교회 가서 예배를 드릴 수 없는 상황이 된다는 것을 우리는 고려해야 합니다. 여기까지 이야기했더니 그 할머니가 두 손으로 자기 머리를 감싸면서, "Oh, I never thought about that."(아, 내가 그것까지 생각을 못 했네요.)하면서 잘 알았다며 자리에 앉았습니다.

주일에 매식(買食)을 해서는 안 되는 것이 원칙입니다. 그러나 어쩔 수 없이 식당에 가서 매식을 해야 할 경우가 있습니다. 예를 들어 대학 다닐 때 가깝게 사귀던 친구를 수십 년 만에 만났는데 그날 저녁 비행기로 한국을 간다고 합니다. 그런데 마침 그때가 주일 저녁입니다. 이런 때는 부득이 친구를 식당에 데리고 가서 식사 대접을 하면서 밀린 이야기를 나누고 석별을 하는 것이 좋다고 생각합니다. "오늘이 마침 주일이어서 자네하고 식사를 할 수 없어 유감이네."라며 헤어진다면, 그는 율법주의자지, 진리 안에서의 자유인은 아닙니다.

모든 법에는 예외가 있습니다. 우리가 율법을 지키는 것은 당연합니다. 그러나 그 지킴이 율법주의로 흘러서는 안 됩니다. 원칙을 지키되, 경우에 따라서는 원칙을 비켜갈 수도 있습니다. 주일 성수는 반드시 해야 하는 그리스도인의 의무입니다. 위에서 말씀드린 대로 토요일이나 월요일에 할 수 있는 일을 주일에 해서는 안 됩니다. 그러나 주일에 하지 않으면 안 되는 일은 해도 된다고 생각합니다. 예수님께서 말씀하셨습니다. "너희 중에 어떤 사람이 양 한 마리가 있어 안식일에 구덩이에 빠졌으면 끌어 내지 않겠느냐?"(마 12:11)

의사나 간호사가 응급실에서 사람의 생명을 구하는 일이나 구덩이에 빠진 양을 구하는 것은 사람이나 동물을 가리지 않고 생명을 구하는 일이기 때문에 주일이라도 반드시 해야 한다는 것이 예수님의 가르치심입니다. 예수님은 또 말씀하십니다. "안식일이 사람을 위하여 있는 것이요, 사람이 안식일을 위하여 있는 것이 아니니"(막 2:27) 성수

주일의 정신은 주일에 나를 위해서 일하는 것이 아니고, 하나님께 예배드리는 일을 최우선으로 하고, 다음으로 고통 중에 있는 이웃을 돕는 일입니다. 주일성수는 문자주의에 빠져 율법주의자가 되는 것이 아니고, 하나님의 명령의 정신을 헤아려 지키는 일을 우선하는 것입니다. 자기 안일을 위해 주일을 범하지 말고, 전심전력을 다해 말씀에 순응하는 것이 그리스도인들의 삶의 자세입니다. 세월이 험악해져도 여호와의 말씀을 철저히 지키며 사는 삶을 위해 최선을 다해야겠습니다. 하나님께서는 불꽃 같은 눈으로 우리의 일거수 일투족을 지켜보고 계십니다.

성수 주일 (3)

"안식일을 기억하여 거룩히 지키라. 엿새 동안은 힘써 네 모든 일을 행할 것이나 제 칠일은 너희 하나님 여호와의 안식일인즉 너나 네 아들이나 네 딸이나 네 남종이나 네 여종이나 네 육축이나 네 문안에 유하는 객이라도 아무 일도 하지 말라." (출 20:8-10)

MAR

필자의 선친(先親)은 건축업을 하셨습니다. 6.25전쟁 전에는 무슨 일이든지 다 하셨지만, 6.25 때 가족과 결별하고 나서 하나님께 서원 기도를 드렸습니다. 만일 하나님께서 가족을 다시 만나게 해 주시면, 앞으로는 복음 사업과 관계되는 일만 하겠습니다. 후에 어머니와 우리 4남매가 무사히 재회를 하여 함께 모여 살게 되었습니다. 6.25 후, 선친은 하나님께 서원 기도를 드리신 대로 복음 사업에 관계되는 일 즉 예배당, 교회 교육관, 병원, 학교, 학교 기숙사, 선교사 주택, 기독교 기관 건축물 등의 일만 했습니다. 특히 예배당 건축과 선교사들 주택, 선교사가 경영하는 병원, 치과병원, 간호사 숙소 등을 주로 건축하셨습니다.

건축을 하려면 기술자와 인부가 많이 필요합니다. 우선 목수, 석수, 토수, 미장이, 전기공, 수도공, 페인트, 창문 유리공, 잡역부, 식사(함바 식당) 담당 등이 한 조가 되어 같이 움직입니다. 이렇게 많은 사람들이 함께 일을 하고 또 공사판이 한 도시에만 있는 것이 아니고, 여러 도시를 다니며 일을 하게 되어 있습니다. 모든 사람들이 집에서 출퇴근하는 것이 아니라 집을 떠나 타지에서 수개월 혹은 거의 1년 동안 현장에서 일을 합니다.

기술자들이나 기타 일꾼들에게 보름에 한 번 또는 한 달에 한 번씩 임금을 지급합니다. 그런데 선친께서 경험해 본 바로는 그때그때 임금을 지급하면 이들 중 예수 믿지 않는 사람들도 적지 않아서 그 돈으로 일단 담배를 사서 피우고 또 술집에 가서 술을 사 마시며, 때로는 몸을 파는 여자들에게 가서 돈을 주고 매음(賣淫)을 하는 사람들도 적지 않았습니다. 또 자기들끼리 화투로 도박을 하기도 하고, 더러는 아예 도박장에 가서 도박으로 돈을 다 날리는 경우도 있음을 일찍이 간파하셨지요. 선친께서 판단해 볼 때 어떤 물건은 사지 않아도 될 것 같은데 별로 요긴하지도 않은 물건을 사서 낭비하는 경우가 있는 것 또한 보셨습니다. 선친은 일꾼들 모두 모아 놓고, 일을 하기 전에, 임금 지급에 대해서 설명을 했습니다.

"당신들이 집을 떠나 객지에 와서 고생하며 돈을 버는데 그것을 쓸데없는 데 낭비하면 일이 다 끝나고 집에 돌아갈 때 빈손으로 돌아가게 될 것이오. 그동안 일한 임금을 갖고 가서 가족들 먹을 것, 입을 것, 자녀들 교육비 등등 써야 할 일이 많은데, 돈을 쓸데없는 데 써 버리고 수개월 혹은 1년 동안 일하고 집에 돌아갈 때 빈손으로 들어가면, 남편이 또 아빠가 돈 벌어 올 것을 학수고대하는 가족들이 얼마나 실망하겠소. 그러니 공사하는 동안 당신들 임금을 내가 관리하겠소. 내가 여러분 각자의 통장을 하나씩 만들어서 임금을 그 통장에 넣어 두었다가 공사가 다 끝나고 돌아갈 때 통장을 주겠소. 그 통장을 가지고 고향에 가서 돈을 찾아서 쓰도록 하시오. 그리고 혹시 그동안에 꼭 필요한 게 있으면 나한테 와서 이야기하면 내가 판단해서 꼭 사야 될 것 같으면 돈을 줄 것이고, 내가 판단해 볼 때 사지 않아도 된다고 생각되면 허락하지 않겠소. 그리고 나는 교회 장로로 교회 기관을 건축하는 일을 하기 때문에 주일은 반드시 쉬고 월요일부터 토요일까지만 일을 하겠소. 이 방침에 동의하는 사람은 나와 같이 일을 할 것이고 동의하지 않으면 같이 일을 할 수 없소. 그리고 이번 기회에 담배도 끊고, 술도 끊고 새로운 삶을 시작하시오. 담배나 술 사 먹는 돈은 지급하지 않겠소."

6.25전쟁 후, 일거리도 없고 실업자들이 떼로 몰려다니던 시기여

서, 대부분의 사람들은 이에 동의했고 또 그렇게 실천했습니다. 중간중간 꼭 필요한 것이 있을 때는 돈을 주었지만, 담배나 술, 기타 선친께서 판단해볼 때 사지 않아도 된다고 판단될 때는 돈을 주지 않았습니다. 그리고 공사가 다 끝나고 집으로 돌아갈 때 각자의 통장을 주었습니다. 수개월 또는 1년 동안 열심히 일한 결과물이 두둑하게 든 통장을 들고 흡족한 마음으로 가족들에게 돌아갔습니다. 그러면서 그들은 그런 이야기를 했습니다. "일반 공사판에서는 1년 365일, 비가 억수로 쏟아지는 날 외에는 계속해서 일을 해야 했고 또 그때그때 임금을 받아, 담배, 술, 도박, 매음으로 낭비하고, 정작 고향에 갈 때는 몇 푼 못 가지고 갔는데, 김 장로님과 일을 하면서 일주일에 하루씩 한 달에 4~5일을 쉬었고, 공사가 끝나고 집에 돌아갈 때 이렇게 두둑한 돈이 들어 있는 통장을 가지고 가니 김 장로님과 같이 일하는 것이 얼마나 좋은지 모르겠다."고 말하면서 꼭 계속해서 장로님과 함께 일하고 싶다고 했다는 말씀을 필자에게 들려 주셨습니다. 물론 담배, 술, 도박, 매음을 끊는 사람이 늘어난 것은 자연스런 현상이었지요.

하나님께서 이스라엘 백성들에게 안식일에 쉬게 하신 것은 휴식의 은총을 베풀어 주신 것입니다. 주일에는 모든 일을 그치고 하루 쉬는 것은 다음 한 주 동안 일하기 위한 휴식의 시간이고 마음을 정비하는 기회입니다. 안식일 휴식은 사람뿐만 아니라 짐승들도 쉬고, 한 걸음 더 나아가 땅도 쉬게 하셨습니다. 6년 동안 경작 한 후 7년 되는 해는 농경지를 휴경(休耕)하도록 했습니다.(레 25:3-4) 6년 동안 작물 생산을 위해 지력(地力)을 다 소모한 땅이 한 해 쉬면서 회복한 후 다시 6년 동안 더 많은 농작물을 생산하게 됩니다.

재미있는 현상은 1917년 제정 러시아가 무너지고 공산당 소비에트 러시아가 등장하여 80년 동안 공산체제로 다스렸습니다. 그들은 러시아 정교회 고위 성직자들을 처형했으며, 성당을 마구간, 도서관, 수

영장, 유치원으로 전환시켰으며, 러시아 정교회에 온갖 박해를 가했지만, 농경지를 6년 경작한 후에 7년째 해는 휴경하는 안식년 전통은 그대로 유지시켰습니다. 농경지를 1년 쉬게 하면 생산성이 높아져 농작물이 훨씬 더 많이 생산된다는 사실을 간파(看破)했기 때문입니다. 하나님의 율법을 지키는 것은 복을 받는 길입니다. 하나님께서는 인간들에게 복 주시기 해서 율법을 주셨고 지키도록 명령하셨습니다. 우리도 하나님의 법도를 성실히 지키는 삶을 살면서 더 큰 하나님의 복을 받는 자리로 나가게 되기를 소망합니다. 항상 주일을 성수(聖守)하는 생활을 일상화합시다.

그리스도인의 직업

03
15

MAR

"너희는 믿지 않은 자와 멍에를 같이 하지 말라 의와 불법이 어찌 함께하며 빛과 어두움이 어찌 사귀며 그리스도와 벨리알이 어찌 조화되며 믿는 자와 믿지 않는 자가 어찌 상관하며" (고후 6:14-15)

오늘은 그리스도인의 직업에 대해 생각해 보겠습니다. 사람은 세상에 살면서 누구나 다 직업을 갖고 살아갑니다. 농사를 짓는 농부로부터 국가를 다스리는 최고의 직책에 있는 사람까지 헤아릴 수 없이 많은 직업에 종사합니다. 그리스도인들은 이 수많은 직업 가운데 어떤 직업을 가지고 삶을 유지해야 할까요?

직업은 크게 두 가지로 대별할 수 있습니다. 첫째로 사람에게 유익을 주고 사람의 생명을 살리는 직업입니다. 사람이 세상을 살아가는 데 가장 기본적인 것은 먹거리입니다. 세 끼 밥을 먹지 못하면 사람은 생명을 잃게 됩니다. 따라서 농사는 사람이 살아가는 데 가장 중요한 먹거리를 제공하는 직업입니다. 그래서 우리나라에서는 옛날부터 '농(農)은 천하지대본"(天下之大本)이라며 농사를 천하의 근본이라 했습니다. 따라서 직업으로 사람을 분류할 때 사농공상(士農工商)이라 하여 선비(양반, 관리 등) 다음으로 농(農)을 둘째로 여겼습니다. 옛날에는 모든 것을 인력(人力)에 의지해 농사를 지었기 때문에 많은 사람의 노동력이 필요해서 자연히 농업 인구가 절대 다수였습니다. 우리나라에서는 옛날부터 '품앗이'라는 좋은 전통이 있어서 온 동네가 서로 도우면서 농사일을 했습니다. 그러나 오늘날은 농업 기계가 잘 발달되어 그렇게 많은 인력이 필요 없게 되었습니다. 많은 사람이 하던 일을 이제 기계가 대신합니다.

필자가 살고 있는 미국의 현재 인구가 약 3억 3천만 명이 약간 넘는데, 농사에 종사하는 인구는 고작 3% 정도에 불과합니다. 그 3%가 농사를 지어 3억 3천이 넘는 미국인을 모두 먹여 살리고, 또 양식이 남아 외국에 팔기도 하고 개발도상국가에 무상 원조도 하고 있습니다. 농사뿐 아니라, 수산업에 종사하는 사람들도 다양한 물고기를 잡아 사람들의 식탁에 올려 우리가 여러 가지 생선을 먹고 있습니다. 식당, 양복, 구두, 가구, 자동차, 컴퓨터, 스마트폰 등 우리 생활에 필요한 물품을 생산하여, 사람들의 삶을 윤택하게 하고 풍성하게 하는 직업이 헤아릴 수 없이 많습니다. 우리 그리스도인들은 이런 곳에서 일하고 생계를 유지해야 합니다.

필자가 인디애나에서 목회를 하고 있을 때, 한 번은 한국에서 연수차 온 젊은 집사 부부가 있었습니다. 예배가 끝나고 점심시간에 같이 식사를 하면서 이런 저런 이야기를 하던 중 남자 집사가 이렇게 말했습니다. "목사님, 제가 천국에 갈 수 있을지 모르겠습니다." 그래서 필자가 그게 무슨 말이냐고 물었더니, 자기는 한국 국방과학연구소에서 연구원으로 일하고 있는데, 이번에 미국 국방과학 연구소에 연수를 위해 왔답니다. 그러면서 하는 말이, "저희들이 날마다 하는 일은 어떻게 하면 많은 사람들을 효율적으로 죽일 수 있을까를 연구하는 것입니다. 사람을 많이 죽일 수 있는 폭탄과 무기를 개발하고 연구하는 것이 우리들의 일입니다." 그래서 필자가 할 말을 잃었습니다. 계속 그곳에서 그런 일을 하라고 할 수도, 당장 직업을 바꾸라고 말할 수도 없어서 그냥 웃고 지나갔습니다.

그러나 생각해 보면, 그때, 분명히 그 집사에게 이렇게 이야기했어야만 합니다. "집사님이 지금 하시는 일은 그리스도인에게 합당한 일이 아닙니다. 그리스도인은 어떻게 하면 많은 사람의 생명을 살릴 수 있을까 하는 일에 종사해야지, 사람을 많이 죽이는 법을 연구하는 것은 옳지 않으니, 차차 직업을 바꾸는 것을 심사숙고 해 보세요."라고요. 비단 국방과학연구소에서만 사람을 효율적으로 많이 죽이는 것을 연구하는 것이 아니고, 직접 사람을 죽이는 것은 아니지만, 사실상 사람을 죽이고, 가정을 파탄 나게 하는 직업이 있습니다. 극단적인 예지만, 양귀비를 재배하고, 모르핀을 채취해서 마약을 만드는 일입니다. 남미의 여러 나라에서 양귀비를 제조하고 마약을 만드는 일을 하는 사람들은 형식상 로마가톨릭교회 교인들입니다. 물론 저들은 진실한 그리스도인들은 아니지요.

사실 주조(酒造) 즉 술을 만드는 회사에 근무하는 것도 그런 종류입니다. 술은 많은 사람을 알코올 중독자로 만들어, 그 개인뿐 아니라 가정까지 파탄 나게 합니다. 또한 음주 운전으로 인해 자신이나 또 그 사람과 아무 상관없는 사람이나 가족을 죽이거나, 중상을 입히기도 합니다. 자기 스스로 장애인이 되기도 하고 마주 오는 쪽 운전자를 영구 장애인으로 만들어 놓는 것이 술입니다. 이런 비극을 초래하게 하는 술 제조업에 종사하는 그리스도인을 하나님께서 기뻐하실 리 만무합니다.

다음으로 담배입니다. 한 때 한국에서 담배를 국가가 전매(專賣)한 일이 있었습니다. 요즘은 담배인삼공사라는 공공기관으로 바뀌었는데, 여전히 전매합니다. 담배 역시 술만큼 사람에게 해독을 끼칩니다. 담배를 직접 피는 사람이나, 간접흡연을 하는 사람에게도 얼마나 많은 해를 끼치는 지는 많은 보도를 통해 우리는 잘 알고 있습니다. 한국 초기교회 유명한 길선주 목사님이 한 번은 설교 시에 "예수 믿는 사람들은 담배 공장에서 일을 하면 안 됩니다. 담배는 사람을 죽일 수 있고 많은 피해를 주는 것이기 때문에 우리 예수 믿는 사람들은 그런 직장에서 일하면 안 된다."고 설교하셨습니다. 이것이 일본 밀정(密偵)을 통해 일본 경찰에 보고되어, 당장 순사(巡査)가 목사님을 경찰에 연행해서 왜 국가가 담배를 생산하고 판매하는데 담배 공장에서 일하지 말라고 했느냐, 이는 당신이 국가의 시책에 반(反)하는 말을 한 것이다. 앞으로는 절대 그런 소리를 해서는 안 된다고 단단히 책망하고 훈방했다는 기록이 남아있습니다.

결론적으로 이야기해서 사람에게 유익을 주는 일, 사람을 살리는 직장에서 일하는 것은 그리스도인이 마땅히 해야 될 일입니다. 반대로 사람을 해치는 일을 하는 곳에서 일하는 분들은 지금 당장 직업을 바꿀 수 없다면 차차 시간을 두고 장기적으로 기도하면서 더 나은 직업 즉 사람을 살리는 직장으로 옮겨가는 것을 심각하게 고민해야 합니다. 하나님께서 여러분들을 선한 길로 인도 하실 것입니다. 자녀들이 그리스도인으로 바람직스럽지 못한 직종에서 일 한다면, 기도하면서 자녀들에게 직장을 바꾸는 것이 좋겠다는 뜻을 전하고 설득해야 합니다. 하나님께서 기뻐하시고, 복 주실 만한 일을 하는 것이 우리 그리스도인들이 해야 할 일입니다. "하나님의 선하시고 기뻐하시고 온전하신 뜻이 무엇인지 분별하도록"(롬 12:2) 해야 합니다.

지극히 작은 자와 소수민족

03/16

MAR

"내가 진실로 너희에게 이르노니 너희가 여기 내 형제 중에 지극히 작은 자 하나에게 한 것이 곧 내게 한 것이니라." (마 25:40)

영화 007를 모르는 사람은 별로 없습니다. 007 영화가 처음 나왔을 때 정말 새로운 영화 시대가 열린 것 같았습니다. 재래 영화에 식상해하던 관객들에게 신선하고 특별한 재미를 제공했습니다. 이 영화의 주인공 숀 코너리(Thomas Sean Connery)가 2020년 10월 31일 종교개혁 기념일에 그의 바하마 자택에서 90세를 일기로 세상을 떠났다는 보도가 있었습니다. 코너리는 1930년 영국 스코틀랜드 에든버러에서 아일랜드계 이민자 가정에서 태어났습니다. 아버지는 트럭 운전과 공장에서 막노동을 하는 사람이었고, 어머니는 청소부로 일한 어려운 가정에서 자라났습니다. 제2차 세계대전으로 학교를 그만두게 된 그는 우유배달 등 궂은일을 닥치는 대로 했습니다. 전쟁이 끝난 후 1946년 영국해군에 입대한 지 3년 만에 위장병으로 제대한 후에 벽돌공, 인명구조원, 관 닦기, 미술과 학생들을 위한 누드모델 등 거친 일을 닥치는 대로 했습니다. 그는 취미로 보디빌딩을 했는데 1953년에 미스터 유니버스(Mr. Universe) 대회에서 동메달을 획득하기도 했습니다.

그가 영화계에 발을 디디게 된 것은 1954년 영국 영화 "봄에 피는 라일락"에서 단역을 하면서였습니다. 8년 뒤에 007 살인번호(Dr. No.)의 주연으로 발탁되면서 그의 생에 전환점을 맞이하게 됩니다. 원작자 이안 플레밍(Ian Fleming)은 덩치만 큰 스턴트맨 같다고 코너리를 비웃었습니다. 그러나 제작자 로버트 알 브로콜리는 키 190m의 무명 배우에게서 가능성을 보았습니다. 007 1편은 엄청난 화재를 뿌리며 전 세계에서 인기리에 방영되면서 제작비의 50배가 넘는 수익을 올려 제작자에게 큰 선물을 안겨주었습니다. 그는 007 시리즈 26편 가운데 일곱 편에 출연해서 열연하여 세계적 스타로 부상했습니다. 2000년 영국 여왕 엘리자베스 2세로부터 영국 기사 작위를 받았지만 그는 자기의 고향인 스코틀랜드의 독립을 위해서 계속 암투했고, 그의 몸에는 "스코틀랜드는 영원하라."는 문신을 새기고 다닐 정도로 스코틀랜드의 독립을 염원했습니다. 뿐만 아니라 그는 영화에 출연하면서도 끝까지 스코틀랜드 억양의 영어를 사용하면서 고국의 정체성을 고수했습니다. 코너리에게서 우리는 민족주의의 강인한 모습을 엿볼 수 있습니다. 1910년 우리 배달겨레가 일제에 독립을 빼앗긴 이후 1945년 해방을 맞이할 때까지, 35년 동안 수많은 독립투사들이 줄기차게 생명을 바쳤으며 일생을 독립운동에 헌신했던 일을 생각해 보면 코너리의 투쟁을 이해하고도 남습니다.

스코틀랜드는 본디 독립 국가였습니다. 잉글랜드와는 아무 상관없는 독립된 나라였지요. 스코틀랜드의 조상들은 켈트족입니다. 켈트족은 런던을 중심으로 한 날씨가 온화하고 비가 자주 와서 농사와 목축에 좋은 지역에서 살고 있었습니다. 그러다 주후 500년경에 게르만 민족의 일원인 앵글족과 색슨 야만족들이 영국을 침략해서 켈트족이 살고 있던 런던을 중심한 좋은 지역을 차지하고, 켈트족들을 북쪽, 날씨도 좋지 않고 비도 잘 오지 않아, 농사와 목축에 적합하지 않은 지역으로 몰아 내버렸습니다. 그곳이 스코틀랜드입니다. 이때부터 켈트족들의 앵글로 색슨족에 대한 원한은 깊어 갔습니다. 두 나라 간에 끊임없는 전쟁이 계속되었지요.

보신 분도 많이 계시겠지만, 1995년 작품으로 멜 깁슨이 감독, 주연으로 열연한 '브레이브 하트'(Brave Heart)에서 켈트족과 영국과의 전투에서 영웅적 전사(戰士)였던 윌리엄 월레스(William Wallas, 1270?-1305?)가 투쟁하는 모습을 잘 보여주었습니다. 스코틀랜드의 독립을 위해 월레스가 잉글랜드왕 에드워드 1세 군대와 전투를 하다 장렬하게 최후를 맞이하는 역사를 그린 영화입니다. 월레스는 이 영화에서 "우리 목숨을 앗아갈지언정 자유를 앗아가지는 못하리라."(They may take our lives but they will never take our freedom!)이라 절규했습니다. 자유를 향한 통한의 함성이었지요.

스코틀랜드의 독립운동은 지금도 계속되고 있습니다. 필자가 스코틀랜드에 갔을 때, 알게 된 사실은 스코틀랜드에서는 여전히 켈트어를 사용하고 있고, 가게 간판도 켈트어로 크게 쓰여 있으며, 그 밑에 작은 글씨의 영어가 쓰여 있는 것을 보았습니다. 또 스코틀랜드에서는 영국 파운드화를 상용하지 않고, 자기들끼리 쓰는 화폐가 따로 있었습니다. 지금도 스코틀랜드는 영국에서 독립하기 원합니다. 얼마 전 스코틀랜드 주민들에게 영국에서 독립하기를 원하는지, 아닌지를 묻는 투표를 했는데 간신히 영국에 그냥 남아 있는 것으로 가결되었습니다. 이것은 스코틀랜드 사람들이 독립을 원치 않아서가 아니고, 당장 독립을 하면 경제적으로 불리하기 때문에 좀 더 때를 기다리기 위해서라 합니다.

지금도 전 세계적으로 소수민족들은 강대국의 지배에서 벗어나려는 투쟁을 계속하고 있습니다. 아일랜드의 켈트가 영국으로부터 독립하기 위해서 피 터지는 전쟁이 오랫동안 지속되었습니다. 남부 아일랜드는 가톨릭 신자가 대부분인데 반해 북아일랜드는 앵글로 색슨 장로교인이 대다수입니다. 따라서 오랜 세월 동안 남쪽 가톨릭과 북쪽 장로교인들 간에 끊임없는 전투가 이어졌고 수많은 사람이 생명을 잃은 역사가 이어져 내려왔습니다. 지금은 남과 북이 화해하고 평화롭게 살고 있습니다. 남쪽 아일랜드는 가톨릭을 중심으로 한 독립국가가 되었고, 북쪽 장로교를 중심한 아일랜드는 영국(UK: United Kingdom)의 한 부분이 되었습니다.

지금도 튀르키예(구 터키) 북쪽의 이란계 민족 쿠르드족(Kurds)은 독립을 위해 투쟁하고 있고, 위구르족(Uyghurs)과 티베트 민족주의자들도 중국으로부터 독립을 위한 투쟁을 계속하고 있습니다. 아마도 인류 역사가 끝나는 날까지 소수민족과 강대국 간의 피 흘리는 투쟁의 역사는 지속될 것입니다. 이것이 세상 역사이기 때문입니다. 소수 민족들은 자기들만의 국가를 이루어 평화롭게 살기를 원하지만, 강대국은 여전히 자국 이기주의에 매몰되어 약소국의 독립을 원하지도, 허락하지도 않고 있습니다. 힘이 약한 소수민족은 정규전으로 이길 수 없기 때문에 자살 폭탄 테러, 살인, 방화, 독약 살인, 암살, 자동차 폭발 등으로 끊임없이 자기들을 괴롭히는 민족과 국가에 보복을 계속할 것입니다. 이것은 아마도 인류의 역사가 끝나기까지 지속되리라 예측됩니다.

이 문제 해결은 비록 독립을 허락하지 않더라도 완전 자치권을 주고 미국의 연방제처럼 각 주(State)가 자기 고유한 헌법을 가지고 상, 하원에서 법률을 정하며, 자체적으로 매사를 처리해 나가면서 연방 정부에 일정한 세금을 내고, 전쟁이 일어나면 모든 주민들이 전쟁에 동참한다면 각 주 연합 국가가 이루어지지 않을까 생각합니다. "네 이웃을 자기 몸처럼 사랑하라."는 말씀 속에 나타난 사랑의 원칙은 문제를 해결할 수 있는 유일한 첩경입니다. 거의 완벽한 자유와 독립을 주고 형식적 유대만을 요구한다면 서로 좋은 관계를 갖게 되지 않을까라고 생각해 봅니다. 그러면 코너리가 몸에 자국의 독립을 위해 문신을 하고 땅에 묻힌 한이 풀리지 않을까요? 여러분들 생각은 어떠신지요?

03/17

MAR

미국교회 헌금 봉투

"네가 어려서 성경을 알았나니 성경은 능히 너로 하여금 그리스도 예수 안에 있는 믿음으로 말미암아 구원에 이르는 지혜가 있게 하느니라." (딤후 3:15)

필자가 인디애나주 사우스벤드에서 목회할 때, 미국 장로교회 예배당을 빌려서 예배를 드렸습니다. 미국교회는 10시 반에 예배를 드리고 우리 교회는 오후 1시에 예배를 드렸습니다. 예배당 입구에 미국교회 헌금 봉투가 놓여 있었습니다. 늘 무심코 지나다, 하루는 우연히 헌금 봉투를 유심히 살펴보았습니다. 그런데 거기에 좀 이상한 게 있었습니다. 보통 한국교회 헌금 봉투에는 십일조, 감사헌금, 선교헌금, 장학헌금, 건축헌금 등 여러 헌금 종류가 기록되어 있고, 자기가 하는 헌금에 표시를 한 후, 이름을 쓰고, 액수를 쓰는 게 보통이지요.

그런데 미국교회 헌금 봉투에는 한국교회 같이 구체적인 헌금 종류가 구별되어 있지 않고 단순히 이름만 적게 되어 있었습니다. 그런데 봉투에 이런 문장이 있었습니다. "당신이 교회에 출석하지 않아도 교회는 여전히 동일한 지출을 하고 있습니다."라는 내용이었습니다. 다시 말하면 당신이 교회 나오지 않아 헌금을 하지 않더라도 교회는 고정적으로 지불하는 항목 즉 교역자 사례비, 서기, 사찰 월급, 예배당 유지비, 전기, 가스, 수도, 여름에는 잔디를 깎고, 겨울에는 눈을 치우며, 예배당 수리를 하는 비용 등입니다. 또한 해외 선교사들에게 보내는 선교비 등도 있습니다.

미국교회는 12월 중순쯤, 모든 교인들의 헌금 봉투 52개를 각 개인이 갖고 가도록 비치해 놓고, 교회에 잘 출석하지 못하는 환자들이나, 잘 나오지 않은 교인들에게는 우송합니다. 교회 올 때 그 주일에 해당하는 봉투에 헌금을 넣어와 헌금 시간에 내고, 입구에 있는 헌금 통에 넣기도 합니다. 만일 출타를 하거나, 장기간 집을 떠날 때는 헌금 봉투에 헌금을 넣어 미리 교회에 내거나 갖다 와서 한꺼번에 내기도 합니다. 만일 병이 나서 장기간 입원이나 자택 가료를 하는 경우는 가족들을 통해 헌금을 교회가 가져가게 하거나, 우송을 합니다. 물론 홀로 사는 이들이 사정이 생겨 교회에 나오지 못하면 우편으로 헌금을 보내지요. 미국 교인들 특히 신앙이 돈독한 교인들은 몸은 교회에 나가지 못해도 헌금은 꼭 냅니다. 이것은 교인의 의무고, 하나님과 관계가 유지되는 통로이기도 합니다.

필자가 목회했던 인디아나 북쪽 지방은 겨울에 무척 춥습니다. 그래서 겨울이 되면 눈이 많이 내리지요. 눈이 많이 와도 고속도로나 큰 길은 모두 치우지만 작은 길은 다 치우지 못해 가끔 아이들 학교도 쉬고, 관공서도 휴무를 하며, 주일에는 예배를 드리지 못하는 때가 가끔 있습니다. 1980년대 초 2월이었습니다. 월요일부터 금요일까지 기온은 많이 내려갔지만 날씨는 청명했습니다. 그런데 토요일 아침부터 눈이 내리기 시작했습니다. 필자는 물론 내일 주일 설교와 주보까지 다 만들어 놓고 예배 준비를 해 두었습니다. 토요일 아침부터 눈이 내리더니 밤에까지 계속 내렸습니다. 주일 아침에 밖을 내다보니 눈이 무릎 높이까지 쌓여 있었습니다. 그래서 직감적으로 오늘은 예배를 드리지 못하겠구나라고 예상했습니다. 작은 길까지 눈을 치우지 못하기 때문에 예배를 드릴 수가 없었습니다.

그래서 그 주일은 그냥 집에서 가족들끼리 예배를 드리고 끝냈습니다. 월요일부터 또 날씨가 맑게 개었습니다. 한 주 내내 맑은 날씨가 계속되더니 또 다시 토요일 아침부터 눈이 내리기 시작했습니다. 밤까지 눈이 계속 내리는 것을 보고 내일 예배를 드릴 수 있을까 근심하면서 잠을 잤습니다. 주일 아침에 눈을 떠 보니 눈이 역시 무릎 높이까지 쌓여 있었습니다. 물론 그 주일예배도 드리지 못했습니다. 이튿날 월요일이 되니 또 언제 그랬냐는 듯이 맑게 갠 하늘에 태양은 찬란히 빛나고 있었습니다. 물론 기온은 내려가 있었지요. 금요일 밤까지 맑은 날씨였는데, 토요일 아침부터 또다시 눈이 내리기 시작했습니다.

하루 종일 내리고 밤까지 눈이 계속 내리는 것을 보면서 내일도 또 예배를 드리지 못하겠구나 하는 불길한 예감을 가지고 잠자리에 들었습니다. 주일 아침에 일어나 보니 여전히 눈은 무릎 높이까지 쌓였고, 그 주일 역시 예배를 드리지 못했습니다. 2월에 내리 3주간 예배를 드리지 못한 것이었죠. 다행히 네 번째 주일은 눈이 내리지 않아 약 한 달 만에 교인들이 모여서 예배를 드렸습니다. 이민 교회 특히 시골 교회 교인들은 대체로 신앙이 돈독한 사람들이 아닙니다. 한국에서 교회 문전에도 가 본적이 없는 사람들이 대부분입니다. 이들이 교회에 나오는 이유는 한국 사람들 만나기 위해, 정보를 교환하기 위해, 그리고 한국 사람이 그리워서 나오는 교인들이 상당수지요. 따라서 신앙생활 훈련이 전혀 되어 있지 않는 사람들이 대부분입니다.

교회에 나오면 헌금을 하고 교회에 나오지 않으면 물론 헌금을 하지 않았지요. 헌금이라야 겨우 1달러 정도에 그쳤지만요. 따라서 지난 3주 동안 교회에 출석하지 않았으므로 물론 3주치 헌금을 하는 사람은 거의 없었습니다. 그래서 2월은 완전히 적자가 났습니다. 본디 우리 교회가 개척 교회여서 헌금이 많이 들어오지도 않았지만 한 달에 3주를 예배를 드리지 못하고 헌금을 걷지 못했으니 교회 재정이 어떻게 되었을지는 여러분이 짐작을 하고도 남겠지요.

미국교회는 이런 경우에 예배를 드리지 못했지만 교인들이 교회에 나올 때, 지난 3주 치 헌금을 가지고 와서 냅니다. 물론 모두가 그렇지는 않겠지요. 그러나 대부분이 그렇게 합니다. 이것은 그들이 조상적부터 그런 신앙 훈련을 받았기 때문입니다.

헌금은 하나님과의 약속이요 교회와의 약속입니다. 내가 금년에는 주정헌금으로 얼마를 하겠다고 작정한 것은 나 온자 작정한 것이 아니고, 하나님과 교회와 작정한 것입니다. 따라서 눈이 와서 몇 주 교회를 가지 못했어도 헌금은 반드시 해야 한다는 훈련을 받았기에 주저하지 않고 밀린 헌금을 합니다. 각 주에 배당된 헌금 봉투에 각각 현금이나 개인 수표 Personal Check를 헌금합니다. 내가 교회에 출석하지 못해도 교회는 여전히 같은 지출을 한다는 사실을 인지하고 있기에 더욱 자기 의무를 게을리하지 않습니다.

여기서 우리는 신앙의 기초 훈련이 얼마나 중요한가를 알 수 있습니다. 사도 바울 선생은 믿음의 아들 디모데에게 "네가 어려서 성경을 알았나니 성경은 능히 너로 하여금 그리스도 예수 안에 있는 믿음으로 말미암아 구원에 이르는 지혜가 있게 하느니라."(딤후 3:15)고 말씀했습니다. 디모데가 어려서부터 외조모 로이스와 어머니 유니게로부터 철저한 신앙 훈련을 받았기에 흔들리지 않는 믿음을 가지고 맡겨진 사명에 충성을 다 한 것입니다.

우리는 오랜 교회 역사를 가진 미국교회와 서구 교회로부터 많은 것을 배우고 습득해야 합니다. 헌금을 잘 내는 것은 교인의 의무이고 또 하나님과의 약속을 지키는 일입니다. 약속은 지켜야 합니다. 비록 사정이 있어 교회에 출석하지 못해도 헌금은 꼭 해야 합니다. 당신이 교회에 출석하지 않아도 교회는 여전히 같은 지출을 하고 있기 때문이지요.

교회에 출석하는 목적

"제 구시 기도 시간에 베드로와 요한이 성전에 올라갈 새 나면서 앉은뱅이 된 자를 사람들이 메고 오니 이는 성전에 들어가는 사람들에게 구걸하기 위하여 날마다 미문이라는 성전 문에 두는 자라." (행 3:1-2)

사도행전 3장에 보면 베드로와 요한이 제9시(한국 시간 오후 3시)에 성전에 기도하러 올라갔다고 기록되어 있습니다. 그런데 나면서부터 걷지 못하는 앉은뱅이가 어떤 사람 등에 업혀 역시 성전으로 올라갔습니다. 그는 성전의 미문(美門) 즉 '아름다운 문' 앞에 앉아서 성전에 드나드는 사람들에게 구걸을 했습니다.

우리는 오늘 베드로, 요한 그리고 앉은뱅이 이들이 성전에 올라간 목적에 대해 생각해 보겠습니다. 베드로와 요한이 성전에 예배를 드리러 올라갈 때, 앉은뱅이도 성전을 향해 올라갔습니다. 그러나 이들이 성전을 향한 올라가는 모양은 같았으나, 목적은 상이했습니다. 베드로와 요한은 기도를 드리러 올라갔으나, 앉은뱅이는 성전에 오르내리는 사람들에게 구걸하기 위해 올라갔습니다. 그러므로 베드로와 요한은 하나님을 만나기 위해서 그러나 앉은뱅이는 사람을 만나기 위해서 올라갔습니다. 앉은뱅이는 사람들 주머니 속에 있는 몇 푼의 동전을 얻기 위해 올라간 것입니다. 그러므로 베드로와 요한은 진정한 예배자였지만, 앉은뱅이는 예배자가 아니라 물질을 얻기 위한 목적이었지요.

오늘날 주일이면 대형교회 예배당으로 수만 명의 교인들이 갑니다. 그런데 그들 모두 예배를 드리러 가는 목적이 각각 다릅니다. 물론 대부분의 사람들은 예배를 드리기 위해서, 하나님을 만나기 위해 갑니다. 그러나 그중에서는 예배가 목적이 아니고, 자기의 개인적 목적을 위해서 가는 사람도 적지 않습니다. 믿지 않는 며느리가 예수님 믿는 집에 시집와서 주일에 시어머니와 남편의 권고 따라 어쩔 수 없이 교회에 가는 새댁도 있을 수 있습니다. 어떤 교회가 매년 발행하는 '교인수첩' 맨 뒤쪽에 보면 '교우 업체 소개'난이 있습니다. 거기 보면 우리 교인들이 운영하는 각종 직업, 예를 들면 변호사, 의사, 치과의사, 식품점, 음식점, 미용실, 동물병원, 잡화상 등등 각종 업체 명부가 있고, 교인 이름, 주소, 전화번호, 위치 등이 상세히 나와 있습니다. 교회에는 많은 교인들이 출석하므로, 그 교인들이 우리 업체에 많이 오면 매상이 올라가고, 따라서 돈도 많이 벌수 있다고 생각하고 신앙과는 상관없이 교회에 출석하고, 서리 집사가 되고, 이런 동기로 교회에 가는 사람은 이기적 그리고 물질적 동기가 그들의 목적입니다. 앉은뱅이가 성전을 향해 갔던 행위와 진배없습니다.

한국에서는 국회의원 선거철이 되면 그 지역 국회의원에 출마한 후보자들이 평소 나가지 않던 대형교회에 출석합니다. 비서관이 예배 시작 전에 목사에게 쪽지를 전해주지요. 아무개 당 국회의원 후보가 오늘 예배에 참석했는데, 광고 시간에 잠깐 교인들에게 인사할 시간을 주시면 감사하겠다는 내용이지요. 국회의원 후보자는 두둑한 돈 봉투를 헌금함에 넣습니다. 어떤 교회 담임 목사는 후보자에게 인사할 기회를 주면 나중에 국회의원에 당선된 후에 교회가 그에게 아쉬운 소리를 할 수 있다 판단하고 인사할 기회를 줍니다.

필자가 한국에 있을 때 대형교회에서 그렇게 인사하는 사람들을 여럿 보았습니다. 이 후보자가 교회에 온 목적은 무엇입니까? 두말할 필요도 없이 예배를 위함이 아니고, 자기소개를 하고 표를 얻어 보려는 심산이지요. 그들 중에는 불교 신자도 있을 수 있고 혹은 다른 종교를 가지고 있는 사람도 있을 수 있는데 그들이 주일날 교회에 나오는 목적은 분명하지 않습니까?

따라서 교회는 '눈에 보이는 교회'(visible church)와 '눈에 보이지 않는 교회'(invisible church)가 있습니다. 눈에 보이는 교회는 여러 목적을 위해 모인 사람들까지 포함된 교회입니다. 그러나 눈에 보이지 않은 교회는 베드로와 요한과 같이 순수하게 하나님께 예배드리러 오는 사람들의 모임입니다.

우리가 교회에 갈 때, 대개 예배를 드리러 갑니다. 그런데 더러는 예배 외에도 누구를 만나러 가기도 하고, 성가대 음악이 좋아서 가기도 하고, 혹 배우자를 찾아보기 위해 가기도 합니다. 다양한 사람들이 여러 목적을 가지고 교회에 가는데, 예배 이외의 목적으로 가는 사람들은 쭉정이들입니다. 쭉정이는 마지막 때에 꺼지지 않은 불의 땔감밖에 되지 않습니다. 진정한 예배를 드리려 가는 사람이 알곡 신자입니다. 그런데 그 알곡 신자는 예배를 드리는 것으로 확정되는 것이 아니고, 말씀을 순응하며 사는 사람입니다. 베드로와 요한은 예배뿐만 아니라 말씀 증거를 위해 생명을 바쳤습니다. 단순히 예배를 드리는 것으로 끝난 게 아니고, 삶을 통한 말씀 증거에 생명을 걸었습니다. 우리 모두 베드로와 요한같이 진정한 예배와 더불어 생명을 걸고 말씀 증거에 매진해야 합니다. 이런 사람이 알곡 신자가 되어 천국에 입성하는 광영을 누리게 될 것입니다.

내게 있는 이것을 네게 주노니

03
19

"제 구시 기도 시간에 베드로와 요한이 성전에 올라갈 새 나면서 앉은뱅이 된 자를 사람들이 메고 오니 이는 성전에 들어가는 사람들에게 구걸하기 위하여 날마다 미문이라는 성전 문에 두는 자라." (행 3:1-2)

"예배를 드린다"는 말과 "예배를 본다"는 말이 있습니다. 진정한 예배는 드리는 것입니다. 구경하러 갈 때 보러 간다 하지요. 우리는 예배를 보러 가는 것이 아니고, 드리러 갑니다. 우리의 몸, 마음, 정성, 시간, 물질 등을 하나님께 드리는 것이 참된 예배입니다. 예배를 드리는 것이지, "○○을 하여 주시옵소서."라는 기도 대신 살아 있음에, 걸어서 성전에 올 수 있는 건강 주심에, 좋은 교회, 교우를 주심에, 좋은 배우자, 자녀, 가정을 주심 등등 헤아릴 수 없이 많은 은총에 감사를 드려야 합니다. "○○을 주셔서 감사합니다."라는 말로 바꿔야 합니다.

절에 가는 할머니나 아주머니는 복 빌러 갑니다. 시줏돈 놓고, 108배, 3천배를 하면서 부처에게 복을 빕니다. 결혼한 지 오래되었는데 아이를 낳지 못하는 며느리에게 아들 하나 점지해 달라고, 병든 남편 회복하게 해 달라고, 아들 사업 잘 되게 해 달라고, 고3 딸 수능시험에 좋은 성적 얻게 해 달라고 간절히 절하면서 빕니다. 무엇을 해달라는 기도지요. 절에 가는 이들에게 감사의 기도는 없습니다. 달라는 기도뿐입니다.

예배는 복을 비는 것이 아닙니다. 우리의 마음, 정성, 감사, 헌물을 드리는 것입니다. 베풀어 주신 그리고 받은 은혜에 감사하며, 보답하는 마음으로 드리는 것입니다. 앉은뱅이의 삶은 언제나 받기만 하는 삶이었지, 한 번도 남에게 주지 못한 삶이었습니다. 사도행전 20장 35절에 주님께서 친히 "주는 것이 받는 것보다 복이 있다 하심을 기억해야 할지니라."고 말씀하십니다. 베드로는 앉은뱅이에게 "은과 금은 내게 없거니와 내게 있는 이것을 네게 주노니 나사렛 예수의 이름으로 일어나 걸으라."(행 3:6)고 말했습니다. 베드로는 앉은뱅이에게 나사렛 예수의 이름을 주었습니다. 그리고 앉은뱅이는 베드로가 준 것을 받았습니다.

평생 앉아서 뭉개던 앉은뱅이가 나사렛 예수의 이름을 받은 후 "발과 발목이 곧 힘을 얻고 뛰어 서서 걸으며, 그들과 함께 성전 안으로 뛰어들어가면서 걷기도 하고 뛰기도 하며 하나님을 찬송"했습니다. 앉은뱅이는 이제 더 이상 다른 사람의 도움을 받지 않고 걸을 수 있게 되었고, 뛸 수도 있었습니다. 완전 자활 능력을 얻었습니다. 나사렛 예수님을 만난 사람은 완벽하게 변화합니다. 나사렛 예수를 만났으면서도 변화가 없으면 그는 나사렛 예수를 만난 사람이 아닙니다. 예수님을 제대로 만나지 못한 사람입니다.

누가복음 8장에 나오는 거라사 지방의 군대마귀 들린 사람이 예수님을 만난 후 어떻게 변화되었는지는 본문이 잘 보여주고 있습니다. 미친 인간이 정상적인 사람이 되었습니다. 앉은뱅이가 나사렛 예수님 이름으로 온전한 사람이 된 것처럼 군대 마귀 들린 사람도 완벽하게 변화했습니다. 옷을 벗은 자가 옷을 입었고, 정신이 나가 자가 정신이 온전해졌으며, 미처 날뛰던 자가 예수님의 발 앞에 겸손히 앉아 있었습니다. 완벽한 변화였지요.

예수님 믿어도 변화가 없는 삶을 사는 사람들이 적지 않습니다. 예수님 만났다는 사람이 작년이나 금년이나, 5년 전이나 10년 전이나 '쌤쌤'(same same)입니다. 교회 안에서 보면 청년 때나 노년 때나 여전히 옛 성질, 말투, 습성, 태도에 조금도 변화가 없는 모습을 보여 주는 사람들이 적지 않습니다. 여전히 교만하고, 부정적이고, 비판적이고, 남을 깎아 내리는 사람들, 여전히 앉은뱅이 신세로 남아 있는 사람들입니다.

베드로를 만난 그 장애인이 나사렛 예수님의 이름으로 근본적 변화를 했는데, 우리는 베드로를 통해서가 아니고, 예수님의 말씀을 통해 직접 만났습니다. 세례를 받았고, 집사, 권사, 장로, 목사가 되었습니다. 그러나 우리는 여전히 앉은뱅이 신세로 살아가고 있지는 않는지요?

예수님을 만난 후 미친 듯이 기뻐 날뛰며 성전 깊숙이 들어가 걷기도 하고 뛰면서 춤추며 감격의 찬송을 부른 날이 있었던가요? 당신은 그런 경험을 한 일이 있으신가요? 정말 미치도록 기쁜 순간이 있으셨는지요? 날 구원하신 예수님의 십자가를 바라보면서 주체할 수 없는 기쁨과 감격으로 걷고 뛰고 춤추며 주님을 찬양하신 일이 단 한번이라도 있으신가요? 여러분은 나사렛 예수 그리스도의 이름을 주는 사람인가요? 아니면 미문에 앉아서 성전에 오고 가는 사람들이나 쳐다보고 있는 앉은뱅이 신앙 상태에 머물러 있지는 않으신지요?

03
20

우리를 보라

"제 구시 기도 시간에 베드로와 요한이 성전에 올라 갈 새 나면서 앉은뱅이 된 자를 사람들이 메고 오니 이는 성전에 들어가는 사람들에게 구걸하기 위하여 날마다 미문이라는 성전 문에 두는 자라." (행 3:1-2)

MAR

사도행전 3장에 보면 베드로가 앉은뱅이를 일으킬 때, "우리를 보라"(Look at us.)고 말했습니다. 베드로가 "우리를 보라."고 말 할 때 무엇을 보라 했을까요? 돈이 많으니 재력(財力)을, 학력을, 가정이나 가문의 배경을, 자녀들이 잘된 것을, 내가 입고 있는 명품 옷을, 아니면 손에 낀 다이아몬드 반지를 보라 했을까요? 베드로가 우리를 보라고 말한 것은 나사렛 예수를 영접한 자기들의 삶을 보라는 것이었습니다. 실은 베드로도 3년 동안 예수님과 동고동락했지만 예수님을 바르게 이해하지 못했습니다. 베드로는 예수님께서 이 세상 왕이 되실 것으로 기대하고 있었습니다. 이때 베드로에게서는 시정잡배의 모습밖에 보이지 않았습니다.

예수님에 대한 그의 세속적 기대가 무너지자 좌절한 나머지 보잘것없는 계집종 앞에서 예수님을 세 번씩이나 부인했습니다. 그 후 유대인들이 무서워 다른 제자들과 더불어 방문을 걸어 잠그고 숨어 있었습니다. 심지어 부활하신 예수님을 몇 차례나 직접 만난 후에도 "나는 물고기 잡으러 가노라."(요21:3)며 옛 생활로 회귀했습니다.

그런 베드로가 완벽하게 변모했습니다. 예수님의 "성령을 받으라."(요 20:22)는 말씀에 따라 오순절에 성령님을 받은 후 그는 완전히 변화됐습니다. 이젠 세상에 아무것도 무서울 것이 없었습니다. "하나님 앞에서 너희의 말을 듣는 것이 하나님의 말씀을 듣는 것보다 옳은가 판단하라. 우리는 보고 들은 것을 말하지 아니할 수 없노라."(요 4:19-20) 며 죽음을 두려워하지 않고 외쳤습니다. 계집종 앞에서 두려워하던 베드로가 180도 변화한 모습을 보여주고 있습니다. 나사렛 예수님을 소유한 사람에게는 두려움이 없습니다.

앉은뱅이의 삶은 사실 내 놓을만한 것이 없는 창피한 삶이었습니다. 장애가 부끄러운 것이 아니고, 삶의 모습, 즉 구걸하지 않으면 목구멍에 풀칠도 하지 못하는 삶이 부끄러웠습니다. 자력(自力)으로 살지 못하고 남의 주머니에 있는 동전 몇 개에 삶을 얹어야 하는 모습이 창피하고 부끄러운 것이었지요. 그러나 이제 걸을 수 있게 되었으니, 남의 등에 업혀 이동할 필요가 없어졌고 자기 두 다리로 걸을 수 있게 되었으며, 뛸 수 있게 되었습니다. 이제는 무슨 일이든지 떳떳하게 해서 가족의 생계를 책임 질 수 있는 독립적 인간이 되었다는 자부심과 뿌듯함을 내 보일 수 있게 되었습니다.

진정한 그리스도인의 삶은 부끄러울 것이 없는 자랑스러운 삶이어야 합니다. 누구에게라도 자신 있게 "나를 보라, 우리 가정을 보라, 우리 아이들을 보라."고 말할 수 있어야 합니다. 여기 '보라'는 물질적이거나 세상적인 것이 아닙니다. 돈이 많다, 손주들이 SKY 대학에, 아이비리그에 다니고 있다, 아들도 딸도 사(士)자 붙은 직업을 가지고 있다, 며느리도, 사위도 다 사(士)자 붙은 직업을 가졌다는 것을 자랑하라는 것이 아닙니다. 그런 것은 예수님 믿지 않은 불신 가정에 더 많을 수도 있습니다.

우리가 자랑스럽게 '우리를 보라'고 할 수 있는 것은 예수님 믿지 않은 사람들이 할 수 없는 일을 하는 것입니다. 믿지 않은 사람들은 죽을 때까지 단 한 번도 "예수님 믿으세요." "교회 나갑시다." "신앙생활 합시다."라는 말을 하지 않습니다. 또 예수님이나 교회가 무엇인지도 모릅니다. 막연히 알 뿐 증거할 수도, 할 필요도 없습니다. 우리의 자랑은 주님을 증거 하는 삶입니다. 나사렛 예수의 이름을 주는 삶입니다. 나사렛 예수님을 만난 후 "보세요, 예수님이 나의 삶을 송두리째 바꾸어 놓았습니다. 나는 주님과 더불어 세상을 이겼습니다. 세상적으로는 자랑할 것이 없을지 모르지만, 영성 생활은 그 누구보다 만족하고 행복한 삶을 살고 있습니다."라고 자신 있게 증언할 수 있어야 합니다. 세상 앞에 나서서 목소리 높여 나사렛 예수님을 소개해야 합니다. 세상의 모든 것을 가진 사람도 나사렛 예수님을 소유하지 않으면 그의 결국은 파멸입니다. 우리는 그들을 파멸에서 영생으로 이끌어 주어야 할 책무가 있습니다.

우리가 살고 있는 이 시대는, 한국교회사에 전설같이 내려오는 최권능(본명 최봉석) 목사의 "예수 천당"을 외치던 시절이 지났습니다. 요즘도 "예수 천당, 불신 지옥"이라 쓴 샌드위치 패널을 매고 다니는 전도꾼들을 가끔 보지만, 이는 일반인들의 비웃음을 살 뿐입니다. 현재 복음 선포 방식은 우리의 삶을 보여 주는 길밖에 없습니다. 베드로 같이 "우리를 보라."며 나사렛 예수의 이름을 살아가면서 묵묵히 보여 주는 길밖에 없습니다.

사실 말이 쉽지 이것이야말로 참으로 어렵고 힘들며 괴로운 일입니다. 그리스도인으로서 나의 삶이 너무 부끄러워 노출하기 어려운 것이 사실입니다. 누가 베드로처럼 "나를 보라"(Look at me. Look at my home. Look at my children)이라 자신 있게 말할 수 있겠습니까? 그럼에도 불구하고 우리는 나사렛 예수의 증인이 되어야 합니다. 이 길만이 정신적으로 방황하는 이들에게 바른 삶의 좌표를 제시해 줄 수 있는 유일한 첩경이기 때문입니다. 우리 모두 무언(無言)의 그리고 삶을 통한 전도자가 되기 위해 성령님의 도우심을 구하는 기도 일꾼이 되어야 합니다.

일어나 걸으라

03
21

"예수께서 대답하여 이르시되 열 사람이 다 깨끗함을 받지 아니하였느냐 그 아홉은 어디 있느냐?" (눅 17:17)

신생아는 처음에 똑바로 누워 있다 다음에 뒤집기를 합니다. 그리고 때가 되면 앉고 일어섭니다. 그러고 나서 아장아장 걷기 시작합니다. 어린이가 걷는 것은 오랜 훈련과 넘어짐의 과정을 거쳐 급기야 넘어지지 않고 걷게 되고 후에는 뛰게 됩니다. 인간의 삶이라 걷고 뛰는 일의 연속입니다. 요즘 흔히 운동을 위해 뛰는 것을 '조깅'(jogging)이라 합니다. 올림픽에 100m부터 다양한 거리 달리기와 맨 마지막 결승선으로 마라톤을 하지요. 42.195km를 완주하는 사람은 많지 않습니다.

사람은 걷기 시작하는 날부터 죽는 날까지 두 발로 걸어 다니면서 일을 합니다. 나이가 많아 늙으면 지팡이를 짚고 걷고, 그것이 여의치 않으면 보조 장치(walker)를 밀고 다니다가 그것도 안 되면 결국 휠체어를 타고, 그 힘조차 없으면 다른 사람이 뒤에서 밀어줘야 움직일 수 있는 상황이 됩니다. 나면서 앉은뱅이 된 사람은 태어나서 단 한 번도 자기 다리로 걸어본 일이 없었습니다. 이동을 하려면 항상 다른 사람의 등에 업혀야 했습니다. 스스로 걷는 일은 그에게 있어서 얼마나 부러운 일인지 모릅니다. 예루살렘 성전 미문 앞에 앉아 있던 나면서 앉은뱅이 된 사람이 베드로로부터 "나사렛 예수의 이름으로 일어나 걸으라."며 오른손을 잡아 일으키니 난생처음으로 벌떡 일어나서 걷기 시작했습니다. 그리고 그는 성전 안으로 걸어 들어갔습니다. 평생을 성전에 오르내렸지만 단 한 번도 안에 들어가 본 일이 없었습니다. 그런데 이제

두 다리에 힘이 생겨 걸을 수 있게 되자 성전을 향해 걸어 들어가서 하나님을 찬양했습니다.

우리는 아침에 일어나서 저녁 잘 때까지 하루 종일 걸으며 삽니다. 아침 9시에 회사에 출근해서 5시 퇴근할 때까지 줄곧 책상에 앉아 일을 하는 사람도 있습니다. 그러나 그런 사람도 중간 중간 일어나 화장실에도, 점심 식사도, 또 필요한 경우에 일어나서 잠시 이곳저곳을 걸어 다니면서 일을 합니다. 그런가 하면 우편배달부나 택배 배달부처럼 하루 종일 걸으면서 우편물을 배달하는 사람도 있습니다.

한번은 필자가 외출 준비를 하고 나가려 하는데 어린 딸이 필자를 보면서, "Where to?"라고 물었습니다. "Where are you going to go?"(지금 어디 가시려는 거예요?)라는 문장을 짧게 "Where to?"라고 물은 겁니다. 우리가 집을 나설 때는 반드시 어디론가 가고 있습니다. 목적 없이 이리 저리 배회한다 해도 그 목적 없는 것이 목적입니다. 앉은뱅이가 일어서서 간 곳은 성전이었습니다. 그는 평생 걷지 못하다 이제 걸을 수 있고, 뛸 수 있었기 때문에 집을 향해 질주할 수 있었습니다. 사랑하는 아내에게, 아이들에게, 부모님께, 친구, 이웃들에게 자기가 걷게 되었다는 희소식을 전해주며 같이 팔짝팔짝 뛰면서 기쁨을 나눌 수도 있었습니다.

그러나 그는 성전 안으로(into the temple) 발걸음을 옮겼습니다. 그곳에서 하나님을 찬양했습니다. 그는 평생을 성전 미문에 앉아서 구걸했기 때문에 한 번도 성전 안에 들어가 본 일이 없었습니다. 또 들어갈 필요도 사실상 없었습니다. 그래서 성전 안에서 울려 퍼지는 찬양 소리와 말씀을 읽는 낭랑한 소리는 들었을 뿐, 단 한 번도 들어가 보지 못한 성전으로 달려 들어간 것입니다. 예수님이 세상에 오신 이후, 많은 사람이 성전을 향해서 가는 것이 아니라 성전을 등지고 갔습니다. 일생 동안 예배당 앞을 지나 다녔지만 단 한 번도 예배당 안에 들어가 본 일이 없는 정신적 앉은뱅이가 태반입니다. 반면에 차로 1시간 혹은 2시간을 달려 예배당을 향해서 오는 사람들도 많습니다.

누가복음 17장에 보면 열 사람의 나병환자가 예수님으로부터 치료를 받은 사건이 기록되어 있습니다. 그런데 나병환자 열 사람 모두 완치되었지만, 예수님을 향해서 온 사람은 단 한 사람, 사마리아인밖에 없었습니다. 예수님은 한탄하시면서 "그 아홉은 어디 있느냐?"(17절)고 물으셨습니다. 그들은 예수님을 등지고 각각 제 길로 가버렸습니다. 예수님은 깨끗함을 받은 이 사마리아 사람에게 말씀하셨습니다. "일어나 가라. 네 믿음이 너를 구원하였느니라."(19절) 주님께 온 사마리아인은 육신의 구원뿐만 아니라, 영혼까지 구원을 받았습니다. 나머지 9명은 비록 육신은 나병에서 깨끗함을 받았는지 모르지만, 그들의 영혼은 멸망을 향해 내달렸습니다. 자신들을 깨끗하게 해 주신 주님을 등지고 간 배은망덕한 인간들에게는 파멸이 기다리고 있을 뿐입니다.

여러분은 은과 금을 많이 소유하고 계십니까? 그것을 세상 사람들에게 나누어 줄 수 있습니까? 비록 은과 금은 없어도 여러분이 갖고 있는 세상에서 가장 소중한 것, 곧 '나사렛 예수님'을 가슴에 품고 계시지요? 교회가 그리고 그리스도인이 세상에 줄 수 있는 최선의 선물은 나사렛 예수 그리스도입니다. 이것보다 더 귀한 선물은 없습니다. 세상을 향해 내닫고 있는 가련한 영혼들을 위해 나사렛 예수의 이름을 전하여 주고 저들의 발걸음을 주님께로, 성전으로 향하도록 해야 합니다. 이 일을 위해 열심히 전도하고 권면하여 구원받은 자들의 숫자가 날로 늘어날 수 있도록 최선을 다 해야겠습니다.

03
22

MAR

세월은 지나도 양심은 늙지 않는다

"자기 양심에 화인을 맞아서 외식함으로 거짓말하는 자들이라."
(딤전 4:2)

2021년 2월 8일 미국 NBC TV는 한 토막 뉴스를 전했습니다. 지금부터 60년 전에 미국 캘리포니아 LA 교외 밸리 지역에 살던 소년(자신의 이름은 밝히지 않음)이 자기 동네 한 식당 앞에서 경찰과 불량배들이 다투는 모습을 보았습니다. 소년은 식당 앞에서 구경을 하다가 경찰이 떨어뜨린 플라스틱 수갑 하나를 발견했습니다. 호기심에 소년은 그것을 몰래 집으로 가지고 왔습니다. 한 동안 그것을 가지고 놀다 어딘가에 두었습니다.

60년의 세월이 흐른 후(74세), 어느 날 어린 손주들이 그 수갑을 가지고 노는 것을 보았습니다. 노인은 그 수갑을 보는 순간, 저 수갑은 자기의 것이 아니고 경찰에 돌려줘야 하는 물건이라는 것을 깨닫게 되었습니다. 그래서 그는 수갑을 경찰에게 돌려주기로 마음먹고 편지를 썼습니다. 노인은 손주들에게 플라스틱 수갑을 보여주면서 그것은 자신이 어렸을 때 슬쩍 가지고 온 것이라는 사실을 이야기했습니다. 노인은 편지에서 손주들에게 "그런 행위는 잘못된 일이며 자랑스럽게 여기지 않는다. 내가 잘못된 일을 했다는 생각을 떨쳐버릴 수가 없다. 이 수갑은 돌려주어야 한다. 진심으로 죄송합니다."라는 사과의 말과 함께 100달러를 동봉해서 경찰서로 보냈습니다. 박스를 받은 경찰은 이 사실을 트위터에 수갑과 노인의 편지를 기재하며 "지난 60년의 세월 속에서 얻은 인생 교훈이다. 올바른 일을 하는 데 결코 늦은 때란 없다."라고 써놓은 것을 NBC TV가 보도한 것입니다. 이 할아버지는 60년의 세월이 지났지만 어렸을 때 수갑을 몰래 가지고 왔던 일이 생생하게 기억이 났고 양심에 가책이 되어 결국 경찰에게 돌려준 것입니다.

세월이 지나도 우리의 양심은 변하지 않고 생생히 기억하고 있습니다. 인간이 동물과 다른 점이 많이 있지만 그중 가장 중요한 것은 양심을 가지고 있다는 점입니다. 하나님께서 천지를 창조하실 때 모든 동물들은 흙으로 만드셨지만, 인간은 흙으로 만드신 후에 코에 '생기'(breath of life)를 불어넣어 살아 움직이게 하셨습니다. 그 생기는 '생명'이며 또한 '양심'입니다. 일반 동물은 생명은 있으나 양심은 없습니다. 인간에게 불어 넣은 생명과 양심은 '하나님의 형상'(image of God: imago dei)입니다. 에스겔 골짜기의 마른 뼈에 "내가 또 보니 그 뼈에 힘줄이 생기고 살이 오르며 그 위에 가죽이 덮이나 그 속에 '생기'(breath)는 없더라."(겔 37:8)는 말씀처럼 생기 즉 생명과 양심이 없는 인간은 살아있어도 마른 뼈와 같은 존재입니다. 하나님의 생기가 인간 속에 들어오면서 인간이 생명체가 됨과 동시에 양심도 작동을 시작했습니다.

한국교회 역사에 빼놓을 수 없는 사건은 1907년 평양에서 일어난 대부흥운동입니다. 이때 회개 운동이 일어났는데, 4천 년 동안 한국 사람들이 단 한 번도 죄라고 여기지 않았던 두 가지를 고백했습니다. 당시에 살인, 도둑질, 강간 등은 죄로 인정했지만, 노비를 부리는 일이나 첩을 두는 것은 죄로 여기지 않았습니다. 이런 일은 전혀 양심의 가책을 받을 일이 아니었습니다. 그것은 당시 사회문화가 그랬기 때문이지요. 그러나 성령님께서 조상들 마음속에 '생기'를 작동하게 하셨을 때, 그들의 원초적 양심이 움직이기 시작했습니다. 노비를 부리는 것은 하나님 앞에 범죄하는 것임을 깨달았고, 일부다처제도 범죄임을 간파(看破)하고 회개했습니다. 인간은 양심이 살아있는 인간이고, 그 양심이 죽어있으면 인간이 아닙니다.

디모데전서 4장 2절에 “자기 양심에 화인을 맞아서 외식함으로 거짓말하는 자들이라.”는 말씀이 있습니다. 양심에 화인(火印) 맞은 자는 양심이 마비되어 있어서 거짓말을 하고도 그것이 전혀 가책이 되지 않기에 양심 없는 짐승으로 변하는 것입니다. 우리는 세상에 살면서 크고 작은 양심에 거리끼는 일들을 합니다. 인간은 범죄 할 수밖에 없는 존재이기 때문입니다. 특히 마귀가 유혹할 때 사람은 어쩔 수 없이 죄를 범하게 되어 있습니다. 그러나 인간이 잠시 마귀의 유혹에 넘어가 범죄를 했어도 그것이 죄임을 깨닫고 회개함으로 청산할 수 있는 양심이 있습니다. 아무리 어렸을 적에 한 일이라 해도 양심은 늙지 않고 그때 그 일을 기억하고 있습니다. 또한 나의 양심은 그런 행위를 청산하고 회개하라고 지속적으로 외치고 있습니다.

양심에 거리낌을 느끼면서도 청산하지 않은 죄는 죽는 날까지 우리 마음속에 그대로 남아 있습니다. 살아생전에 그 일을 청산하지 않으면 죽은 후에 하나님의 심판대 앞에 섰을 때, 용서받지 못합니다. 죄악을 회개하고 청산하라는 양심의 소리를 무시하고 지내다가 어느 날 갑자기 죽어 하나님의 심판대 앞에 서게 되는 날이 순식간에 찾아올 수 있습니다. 나의 양심에 거리끼는 일이 있으면 바로 청산해야 됩니다. 시간이 많이 남아있지 않습니다. 하나님께서 오늘 저녁에 나의 생명을 불러 가실 수 있습니다. 바로 지금 양심에 거리끼는 일을 청산해야만 합니다. 이것이 하나님께서 원하시는 일이며, 또 하나님께서 기뻐하시는 일입니다. 우리 모두는 죽은 후 하나님의 심판대 앞에 서게 된다는 사실을 항상 명심해야 합니다.

진리를 말할 수 없는 세상

03
23

"오직 너희 말은 옳다 옳다 아니라 아니라하라 이에서 지나는 것은 악으로 좇아 나느니라." (마 5:37)

하나님께서 인간에게 주신 선물 가운데 무엇보다 소중한 것은 말을 할 수 있는 기능입니다. 세상의 수많은 동물 가운데 말을 할 수 있는 능력을 가진 동물은 사람밖에 없습니다. 앵무새가 말을 한다고 하지만 그것은 사람들이 가르쳐 준 몇 마디지 그것을 말할 수 있는 기능이라고 할 수 없습니다. 인간은 자기 생각, 사상과 감정을 말로 표현합니다. 또한 다른 사람이 말하는 것을 듣고 그 사람의 의도를 파악한 후 아름다운 대화를 이어갑니다. "웅변은 은이요 침묵은 금이다."라는 말이 있습니다. 이것은 말을 적게 하는 것이 많이 하는 것보다 귀함을 교훈하는 말입니다. 말을 많이 하면 할수록 실수할 가능성이 높기 때문입니다.

2021년 1월 28일자 조간신문에, 남자 골프 세계 3위 저스틴 토마스(Justin Thomas, 28) 선수가 대회 도중 내뱉은 한 마디 때문에 스폰서(후원사)를 잃게 되었다는 보도가 났습니다. 1월 10일에 열린 미국 프로 골프 PGA 투어 중 짧은 퍼트를 놓치고 홧김에 한 마디 한 그 단어가 그를 어렵게 만들었습니다. 경기 내내 중계방송 카메라가 그를 따라붙었는데, 그가 한 말이 고스란히 TV에 생중계되었습니다. 그가 한 말의 내용은 구체적으로 보도되지 않았지만, 남자 동성애자를 비난하는 말이었습니다. 파장이 커지자 토마스는 경기 직후 "어른으로서 하지 말아야 할 짓을 했다. 정말 부끄럽고 끔찍하다. 변명의 여지가 없다."고 사과했습니다.

PGA 투어 사무국도 용납할 수 없는 행동을 했다며 그를 비난했습니다. 치명적인 것은 토마스에게 의류 용품을 후원하던 랄프 로렌사가 후원 중단을 결정했다고 발표한 것입니다. 회사 측은 성명서에서 "토마스가 심각성을 인지하고 사과를 했을지라도 브랜드 홍보대사인 그의 행동은 포용 문화를 지키고자 하는 회사 가치를 해친다며 후원 중단 이유를 밝혔습니다. 또한 토마스는 PGA 투어 측으로부터도 징계를 받을 것이라고 합니다.

2020년에도 비슷한 사례가 있었는데 3월 PGA 투어 통산 4승인 스콧 피어스(Scott Piercy, 43)도, 동성애자란 사실을 밝힌 정치인을 비난하는 글을 소셜 미디어에 올린 일이 있었습니다. 많은 사람들이 피어스의 행동을 비난하자, 피어스는 "누군가에게 상처를 주려고 올린 글은 아니다."라고 사과했습니다. 당시 PGA 투어에서는 제이 모나헌 커미셔너가 나서서 "골프는 만인을 위한 스포츠다. 이번 일은 매우 심각한 사건"이라 비판했습니다. 그를 지원했던 타이틀리스트와 풋조이, 제이 린드버그 등 용품, 의류업체가 후원을 중단했습니다. 개인적으로는 엄청난 재정적 손실을 입은 셈입니다.

자, 여기서 우리 그리스도인들은 한 번 생각해 봅시다. "동성애는 절대 안 됩니다."라는 말을 공개적으로 할 수 없는 세상이 됐습니다. 분명히 성경에 동성애는 안 된다고 누누이 밝히고 있는데, 이제 목사가 설교를 할 때 "동성애는 죄악이다. 용납할 수 없다."라는 말을 할 수 없는 세상이 되었습니다. 도대체 목사가 성경에 있는 말도 못하는 세상이 되었으니 앞으로 어떤 세상이 될까요? 공산당이 다스리는 세상도 아닌데요. 말해야 할 때 말하지 아니하고 침묵하는 것은 비겁한 행동이며 그것은 자기 스스로에게 해를 자초할 수도 있습니다. 조선왕조 세조 때, 남이(南夷) 장군이 누명을 쓰고 억울한 죽음에 직면했을 때, 그가 무죄하다는 사실을 알면서도, 같은 전장에서 싸웠던 늙은 장군 강순(당시 영의정)이 끝까지 눈감고 남이를 위해 한마디 변명도 해주지 않았습니다. 이를 괘씸하게 여긴 남이가 강순도 반역에 가담했다는 말을 하자, 결국 강순도 형장으로 끌려가게 되었습니다. 형장으로 끌려가던 강순이 남이에게 왜 애꿎은 나까지 끌고 들어갔느냐고 말하자, 남이가 "당신은 내가 무죄하다는 것을 알면서 입 다물고 침묵하고 있는 모습을 보고 있자니 하도 역겨워 저승길에 길동무나 하려고 그렇게 말했다." 고 했습니다.

말해야 할 때, 비록 그것이 자기에게 해가 된다 하여도, 할 말은 해야 하는 것이 인간의 도리입니다. 비록 그것이 나에게 불리할지라도 다른 사람의 생명을 건지는 일에는 서슴지 않고 말할 수 있는 용기 그것이 바로 신앙과 믿음입니다. 오늘 수많은 사람들이 진리 앞에서 침묵하고 있습니다. 그러나 하나님께서 인간에게 말할 수 있는 기능을 주신 것은 말할 필요가 있을 때는, 손해나 고통을 생각하지 말고 용감히 외치라는 책무를 지워 주셨기 때문입니다.

'옳은 것은 옳다.' 말하고 '아닌 것은 아니다.'라고 말할 수 있는 용기는 성령님을 통해서만 가능합니다. 인간은 본디 이기적 존재여서 내가 손해 보는 일은 결코 하지 않습니다. 그러나 신앙 양심이 명할 때 용기를 내어 말하는 것은 나의 의지가 아니고, 성령님의 도우심입니다. 죽음을 두려워하지 않고 용감히 진리를 외쳤던 수많은 순교자들은 육신의 생명은 일찍 끝났을지라도, 그들의 신앙과 용맹은 역사에 길이 기억되고 있습니다. 우리도 말해야 할 때 두려움 없이 말할 수 있도록 영적 훈련을 게을리해서는 안 됩니다.

03
24

MAR

가룟 유다는 어쩌다가 선생님을 팔았을까요?

"마귀가 벌써 시몬의 아들 가룟 유다의 마음에 예수를 팔려는 생각을 넣었더니" (요 13:2)

오늘은 왜 가룟 유다가 선생인 예수님을 팔아 넘겼을까 하는 점에 대해 묵상해 봅시다. 필자는 가룟 유다를 생각할 때마다, 참 안됐습니다. 유다가 처음부터 선생을 팔 생각으로 제자가 된 것이 아니고 순수한 마음으로 예수님을 흠모하여 주님을 따르기로 결심했다고 생각합니다. 왜냐하면 유다를 부르실 때 예수님은 그렇게 유명한 사람도, 기적을 행하는 분도, 알아주는 사람도 없던 그야말로 무명의 인사였지요. 대제사장과 서기관, 바리새인들에게 은 삼십이나 받고 팔 인물이라고 생각인들 했겠습니까?

대체로 한 단체의 회계를 맡길 때는 믿음직한 사람에게 맡기지요. 공사 구별이 불분명하고, 계산이 흐리고, 믿을만한 구석이 없는 사람에게는 결코 현금을 취급하는 회계 장부를 맡기지 않습니다. 믿을 만하고 신용이 있으며, 인격적으로도 나무랄 데 없는 이에게 맡기지요. 예수님께서 자신 포함 열세 사람의 경비를 맡을 사람을 12명 중에서 가룟 유다에게 맡기신 것은 그가 그만큼 믿을 만했고 장부를 맡겨도 좋겠다는 판단을 하셨기 때문이라 여겨집니다. 그는 참으로 이재(理財)에 밝은 사람이었고 재주가 많은 사람이었습니다. 예수님께서 유다에게 한 달에 한 번씩 금덩어리를 주시면서 이것으로 일행의 경비를 쓰라고 한 기록은 없습니다.

그런데 유다는 3년 동안 장정 13명이 먹고, 입고, 쓰고, 자고, 여행하는 모든 경비 일체를 조달했습니다. 예수님을 항상 따라 다녔기에 따로 사업을 할 수도 없었고, 그렇다고 누가 거액을 기부해 준 것도 아니었을 텐데 어떻게 그 많은 경비를 조달했는지 참 대단한 능력을 가진 사람임이 분명합니다. 아무튼 그는 단 한 번도 예수님에게 돈이 떨어졌다는 말로 불평을 하지 않았습니다. 그 모든 일을 홀로 감당했습니다. 문제는 항상 돈을 만지는 사람들에게 찾아오는 사탄의 유혹입니다. 사탄의 유혹에 넘어간 유다는 도둑으로 변했고, 돈궤에서 돈을 도둑질하기 시작했습니다.(요 12:6) 즉 공금을 횡령하기 시작한 것이지요. 돈에 맛을 들인 유다는 급기야 통 큰 일을 저지르고 말았습니다. 가룟 유다는 당시 유대교 지도자들이 예수님을 죽이기로 결의하고 기회를 엿보고 있을 때, 선생을 팔아넘기면 적지 않은 돈을 벌 수 있다는 생각을 했습니다.

성경에 보면 유다가 그런 생각을 한 것은 결코 그의 의지로 한 것이 아니고, 사탄이 유다의 마음속에 그런 생각을 '넣었다'(put into)고 기록하고 있습니다. 즉 그는 사탄의 유혹에 넘어가 결국 선생을 팔아넘기는 인류역사에 가장 치욕스런 '배신자 유다'라는 오명을 얻게 되었지요. 그래도 유다는 예수님이 고난 받으시는 광경을 목도하고는 양심의 가책을 받아, 은 30을 성전 궤에 던져 넣고, 나가서 자살을 하고 말았지요. 그는 순간적으로 마귀의 유혹에 넘어가 선생을 팔아넘겼지만 돈을 써 보지도 못하고 비극적으로 생을 마감하고 말았습니다. 우리는 여기에서 그가 처음부터 선생을 팔 생각을 한 것이 아니라, 마귀 유혹에 넘어가 엄청난 일을 저질렀다는 데 유념해야 합니다. 인간은 언제나 마귀의 유혹에 넘어갈 수 있습니다. 마귀는 항상 우리 주변에서 기회를 노리고 있습니다. 돈을 좋아하는 자에게는 돈으로, 명예를 탐하는 자에게는 명예로, 성욕이 강한 자에게는 성적으로 유혹하여 죄를 범하게 만듭니다.

예수님께서 40일 금식기도를 마치시고 몹시 시장하셨을 때, 마귀가 나타나서 예수님을 시험했습니다. 금식하신 예수님에게 가장 절실히 필요한 것은 음식이었습니다. 마귀는 그런 예수님을 음식으로 유혹했습니다. 돌로 떡을 만들어 먹으라고요. 어떤 사람에게 절실히 필요한 걸 갖고 마귀는 유혹합니다. 그리고 떡은 물질입니다. 물질은 사람이 가장 잘 넘어지는 유혹입니다. 그러나 예수님은 떡 즉 물질보다 더 소중한 것이 있으니, 그것은 하나님의 말씀이라 하셨지요. 육신의 양식인 물질보다 더 소중한 것 그것은 영적 양식입니다.

물질에 대한 욕망은 인간의 기본적 욕망입니다. 세상을 버리고 홀로 수도원에 들어간 수도사가 아니고, 세속에 사는 범인(凡人)들에게는 물질의 유혹이 가장 기본적이고, 근본적 유혹입니다. 특히 우리가 살고 있는 자본주의 체제는 돈이 없으면 아무것도 할 수 없는 세상이지요. 예수님께서는 "한 사람이 두 주인을 섬기지 못할 것이니 혹 이를 미워하고 저를 사랑하거나 혹 이를 중히 여기고 저를 경히 여김이라 너희가 하나님과 재물을 겸하여 섬기지 못하느니라."(마 6:24)고 말씀하셨습니다. 하나님과 물질 중 하나를 택하란 말씀이지요. 예수님께서 하나님과 물질을 견줄 만큼 물질은 강력한 힘을 가지고 있고 인간에게 그만큼 중요합니다.

특별히 자본주의 사회에서는 자본이 왕입니다. 돈만 있으면 안 되는 것이 없고, 권력도 돈 앞에 고개를 숙이는 법입니다. 빌 클린턴이 대통령 선거 유세 초반에 고전을 면치 못하다가 "It's the economy, stupid."(바보야, 문제는 경제야)라는 말로 결국 대통령에 당선됐다고들 하지요. 우리가 세상을 살아가는 동안 계속해서 물질의 유혹을 받습니다. 사탄은 끊임없이 우리를 물질로 유혹합니다. 특히 사업을 하는 사람에게는 세금 포함, 여러 가지 양심에 거스르는 행위를 하도록 끊임없이 유혹합니다.

이곳 신문에 심심치 않게 보도되는 내용 중, 의사나 변호사가 많은 돈을 부정하게 챙기다가, 수사 당국에 발각되어 결국 의사, 변호사 자격을 박탈당하고 부정으로 취득한 돈에 벌금까지 덧붙여 결국 파산하고 투옥되어 본인도 가정도 폭망했다는 보도를 접합니다. 그때 우리는 의사나 변호사가 남들보다 훨씬 많은 돈을 벌면서 왜 그런 어리석은 짓을 해서 폭망할까 하지만, 그들이 특별히 악해서 그런 것이 아니고, 사탄이 그들 맘속에 그렇게 하도록 'put into'했기 때문입니다. 나는 결코 그러지 않을 것이라고 자신만만하게 큰 소리 칠 사람이 있을까요? 나도 사탄이 'put into'하면 빠져 나오기 어렵다는 사실을 인정할 수밖에 없습니다.

우리의 마음이 성령님으로 가득 차 있지 않으면 마귀는 우리에게 계속해서 물질로 유혹하며 put into합니다. 어떤 병에 물이나 기름이 가득 차있으면, 아무 것도 넣을 수 없지요. 그러나 속이 비어 있으면 물, 기름, 석유 등 무엇이든지 들어갑니다. 여러분들의 마음은 성령님으로 가득 차 있으신가요? 아니면 잘 청소되고, 비어 있나요? "청소되고 비어있는 집에 자기보다 더 악한 귀신 일곱을 데리고 들어갔으니 그 나중 형편이 어떻겠느냐?"(눅 11:24-26)고 예수님은 묻고 계십니다. 성령님으로 가득 찬 사람은 사탄이 결코 범접할 수 없습니다. 그러나 그 마음이 비어 있는 사람에게는 언제나 마귀가 들락거립니다. 따라서 성령 충만하기 위해 철저하게 참회하고 성령님을 영접할 준비를 하셔야 합니다.

MAR

가상칠언 (1)

"아버지여 저들을 용서하여 주옵소서 자기들이 하는 것을 알지 못함이니이다." (눅 23:34)

다음 주는 금년 고난주간입니다. 이번 고난주간에는 예수님께서 십자가 위에서 말씀하신 일곱 번의 말씀 즉 '가상(架上) 칠언(七言)'을 묵상하겠습니다. 한 주간에 7언을 모두 보낼 수 없어 오늘부터 시작합니다. 예수님께서 세상에 오신 목적은 인류를 구원하시기 위함입니다. 그 구원의 완성은 십자가에 죽으심입니다. 목요일 저녁 열두 제자들과 더불어 마가의 다락방에서 최후의 만찬을 가지신 후 찬미하시며 기드론 시내를 건너 겟세마네 동산으로 가셔서 기도 하시다 배반자 가룟 유다가 이끄는 무리들에게 붙잡히셨습니다.

로마 군병들에게 이끌려 대제사장 가야바에게 심문을 받으시고, 이튿날 마지막으로 빌라도의 법정에서 십자가형을 확정 받으셨습니다. 예수님께서는 그 무거운 십자가를 지시고 '슬픔의 길'(via dolorosa)을 따라 넘어지시고 채찍에 맞으시며 골고다까지 가셔서 십자가에 처형당 하십니다. 금요일 정오에 양손과 양발에 못에 박히시고 오후 3시에 운명하십니다. 예수님께서는 십자가 상에서 일곱 마디 말씀을 하셨는데 이 말씀을 가상칠언이라 합니다.

오늘은 가상칠언 중 첫마디 말씀 "아버지여 저들을 용서하여 주옵소서 자기들이 하는 것을 알지 못함이니이다."를 묵상해 보겠습니다.

이 말씀의 요점은 '용서'입니다. 이 용서는 사소한 잘못에 대한 용서가 아니고, 자기를 죽인 원수들을 향한 용서였습니다. 빌라도는 예수님이 무죄하다는 사실을 확신했으면서도 군중들의 폭동이 두려워 예수님을 십자가형에 처하도록 판결한 역사에 길이 남을 비겁한 행위를 자행했습니다. 예수님의 용서는 빌라도까지 포함해서 십자가에 못 박으라고 울부짖던, 바람에 날리는 낙엽들 같은 군중들, 그리고 질투와 증오에 눈 먼 제사장, 바리세인, 서기관 등 당시 종교 지도자들까지 아우르는 포괄적 용서였습니다.

옛날 조선왕조 시절, 충직한 좌의정 한 분이 있었습니다. 그 이는 충신이고, 올곧은 충언을 서슴지 않으며, 일편단심 왕과 국가를 위해 충성을 다하는 모두가 존경하는 인물이었습니다. 이런 경우 반드시 그를 시기, 질투하는 간신배가 있게 마련이지요. 이조(吏曹)판서는 간사하고, 아첨 잘하고 충신을 모함하는 소인배였습니다. 이조판서는 동류들과 야합해서 좌의정을 확실한 증거도 없이 역모를 했다는 누명을 씌워 사약을 내려 좌의정을 죽음에 이르게 했습니다. 가산은 적몰(籍沒)되었고, 가솔들은 모두 관노(官奴)가 되었지요. 그러나 젖먹이 어린 아들은 유모의 기지(奇智)로 무사히 도피하여 깊은 산속 작은 절에 들어가 유모는 부엌일로, 아들은 동자승(童子僧)으로 연명하며 살았습니다. 유모는 철없는 아이에게 너는 커서 반드시 억울하게 돌아가신 아버님과 노비가 된 가족들의 원수를 갚아야 한다며 어린 아이를 세뇌(洗腦)를 시켰습니다.

좌의정의 아들을 편의상 A라 부르겠습니다. A는 부친의 원수를 갚겠다는 일념으로 검술을 익히고 닦은 후, 원수를 갚으러 떠났습니다. 은퇴 후 호화롭게 만년을 보내던 이조판서는 A에 의해 죽임을 당했고, A는 이조판서의 머리를 들고 즉시 묘비도 없이 아무렇게나 묻혀 있던 아버지 좌우정의 묘로 갔습니다. A는 흐느끼며, “아버님, 소자가 원수의 목을 베어 왔습니다. 이제 한을 푸시고 더 이상 구천(九天)을 헤매지 마시고 좋은 곳으로 가세요.”라며 통곡했습니다. 평생 절치부심(切齒腐

心) 하던 원수를 갚았지요. 그런데 문제는 이조판서의 아들은 A가 자기 아버지를 죽인 원수가 되는 것이지요. 이조판서 아들 B는 또 A의 목을 따기 위해 검술을 익혀 결국 A의 목을 베어 자기 아버지 이조판서 묘 앞에 놓고 똑같이 원수를 갚았다고 외쳤습니다.

그러면 이제 A의 아들 C는 또 B가 자기 아버지를 죽인 원수이므로 그 원수를 갚아야 하는 의무가 지워지지요. 이렇게 두 집안 간에 화해란 있을 수 없습니다. 원수를 갚기까지는 결혼도 가정도 있을 수 없습니다. 아버지의 원수가 호화스럽게 잘살고 있는데, 어떻게 가정을 이루고 아이들 낳고, 그런 일이 없었던 것 같이 일상생활을 할 수 있나요. 죽는 날까지 부모의 원수는 갚아야 하는 것이 동양의 효(孝) 사상입니다. 이런 윤리에서는 두 가문 간에 영원히 평화가 존재할 수 없습니다.

그런데 예수님께서는 이 피의 보복의 연결 고리를 끊어 버릴 수 있는 원리를 알려 주셨습니다. "네 원수를 사랑하라."입니다. 바울 선생도 원수를 사랑하는 것은 그의 머리에 숯불을 쌓아 놓는 것(롬 12:20)이라 했습니다. 어느 쪽이라도 복수극을 그치면, 피의 보복의 악순환이 끝나게 됩니다. 이것은 참으로 어렵고 힘든 일입니다. 그러나 이것이 예수님의 가르침이며, 기독교 정신입니다. 이 원리가 두 가문간의 연속되는 비극이 끝나는 일이고, 양 가에 평화를 가져오는 첩경입니다.

원수를 사랑한다는 것이 말은 쉽지만 그렇게 쉬운 일이 아니지요. 그렇지만 불가능한 일은 아닙니다. 다만 그가 성령의 사람이어야 한다는 단서가 붙을 뿐이지요. 이것이 두 가문 간에 피의 보복전이 아니고, 사랑의 연결고리가 생겨 평화가 찾아오게 하는 유일한 길입니다. 예수님께서는 십자가상에서 자기를 죽이는 원수들의 죄를 용서해 달라고 기도하셨습니다. 여기서 원수 간의 고리가 끊기는 역사가 비롯되었습니다. 보복전이 연속되는 현실에서 주님께서 보여주신 용서의 정신이 절실히 요청되는 시절입니다.

가상칠언 (2)

03
26

"내가 진실로 네게 이르노니 오늘 네가 나와 함께 낙원에 있으리라."
(눅 23:43)

예수님의 가상 칠언 중 두 번째 말씀은 "오늘 네가 나와 함께 낙원에 있으리라."입니다. 예수님께서 골고다에서 십자가에 못 박히실 때 좌우편에 강도 두 사람도 함께 십자가에 달렸습니다. 그들은 로마법에 따라 십자가 처형을 받고 형이 집행되었는데, 공교롭게도 예수님과 한 날 한 시에 또 같은 장소에서 십자가에 달렸습니다. 이때 강도 가운데 하나가, "네가 그리스도가 아니냐 너와 우리를 구원하라."(눅 23:39)며 조롱했습니다. 그러나 다른 쪽 강도는 그 친구를 꾸짖으며 "네가 동일한 정죄를 받고서도 하나님을 두려워하지 아니하느냐 우리는 우리가 행한 일에 상당한 보응을 받는 것이니 이에 당연하거니와 이 사람이 행한 것은 옳지 않은 것이 없느니라."(눅 23:40-41)하였습니다.

이어 그는 "예수여 당신의 나라에 임하실 때에 나를 기억하소서."(눅 23:42)라고 호소했습니다. 그때 예수님께서 그에게 이르시기를 "내가 진실로 네게 이르노니 오늘 네가 나와 함께 낙원에 있으리라."(눅 23:43)고 말씀하셨습니다. 여기서 우리는 왜 한편 강도가 죽기 직전에 낙원에 이르는 즉 구원을 받을 수 있었을까, 예수님은 왜 그 강도에게 그 자리에서 즉시 구원을 선포하셨을까 하는 의문을 갖게 됩니다. 그 이유를 한번 묵상해 보겠습니다.

이 강도는 두 가지 신앙을 고백했습니다. 첫째는 "예수님이 행한 모든 일이 옳았다."고 한 것입니다. 제사장들과 서기관과 바리새인들이 볼 때 예수님이 행하는 것은 모두 다 옳지 않았습니다. 안식일을 범하는 일, 모세 율법을 하찮게 여기는 일, 하나님을 자기 아버지라고 말한 일, 군중들을 이끌고 다니면서 그들을 선동한 일, 음식을 먹을 때 손을 씻지 아니하는 일, 세리와 창녀와 죄인들과 더불어 먹고 마신 일, 마귀의 왕 바알세불의 힘을 의지해서 귀신을 쫓아낸다고 매도당한 일, 많은 병자를 고쳐 군중들의 인기를 모은 일, 무엇보다 당시 유대교를 지탱하고 있는 종교지도자들인 자기들을 욕하고, 고발하며, 규탄한 모든 일이 그들 눈으로 볼 때 하나부터 열까지 옳지 않은 행동이었으며 하나님의 뜻에 배반되는 일이라고 여겼습니다. 그러나 이 강도는 서기관과 바리새인들이 생각하는 것과 정 반대로 예수님께서 하신 행동은 다 옳았다고 술회했습니다. 여기 이 강도가 구원의 반열에 설 수 있는 자격이 갖추어진 것입니다. 예수님을 전적으로 신뢰한 것입니다.

둘째로, 이 강도는 낙원의 신앙을 가지고 있었습니다. 그는 예수님이 사후(死後)에 분명히 낙원에 이를 것이라는 확신을 갖고 있었습니다. 그러므로 자기도 그곳에 갈 수 있게 해 달라고 요청한 것입니다. 만일 예수님이 원하신다면 자기도 낙원에 갈 수 있다는 확실한 신앙을 갖고 있었습니다. 이것이 내세에 대한 확고한 신앙입니다. 현재, 내세에 대해 불신과 회의를 갖는 사람들이 얼마나 많은지 모릅니다.

내세 없는 종교는 종교가 아니고, 한 낱 윤리, 도덕을 가르치는 학문입니다. 교회를 다니는 사람들 가운데, 아니 목사들 중에도 내세의 신앙이 없는 사람들이 있습니다. 또 회의론에 빠진 사람들도 있습니다.

대개 이런 말을 합니다. 세상에서 불과 몇 년 살지도 못하고 죽은 사람이 예수를 믿지 않았다는 이유로 영원토록 그 뜨거운 지옥 불속에서 고통을 당해야 한다는 것이 말이 되느냐? 자비롭다는 하나님이 그렇게 잔인무도한 악한 신이냐고 질문하는 사람들도 있습니다. 그러나 천국과 지옥에 대해서 우리의 이성적 판단으로 이야기할 수 없습니다.

내세에 관해서는 오직 하나님만 아시고, 또 관장하고 계시기 때문에 인간이 왈가왈부할 수 없습니다. 우리는 성경에 있는 그대로 믿을 뿐입니다. 이것을 믿는 사람은 그리스도인이고, 믿지 않은 사람은 그리스도인이 아닙니다. 예수님께서는 죽음 일보 직전에 있는 이 강도의 신앙고백을 들으시고 그 자리에서 그의 낙원의 삶을 허락하셨습니다. 이 예수님의 말씀은 신앙의 연조와는 상관없다는 뜻입니다. 다시 말해 구원은 오래 믿은 것과 죽음 직전에 믿은 것과는 아무 상관이 없습니다.

모태에서부터 100세가 되어 죽을 때까지 흔들리지 않는 믿음을 지켜온 사람도 천국에 가고, 죽음 일보 직전에 자기의 죄를 고백하고 그리스도를 영접한 사람도 낙원에 갈 수 있는 자격이 주어집니다. 이것은 마태복음 20장에 나오는 포도원에서 일한 일꾼들이 받은 임금(賃金)에 대한 예와 대비됩니다. 아침 9시부터 하루 종일 땀을 뻘뻘 흘리면서 열심히 일한 일꾼과 오후 5시에 와서 겨우 1시간밖에 일하지 않은 일꾼에게 똑같은 임금을 준 자애로운 주인과 같은 원리입니다.

하나님께서는 신앙의 연조가 길고 짧은 것에 구애 받지 않으십니다. 그 사람의 중심을 보시고 일생동안 신앙생활 한 사람이나 죽기 5분 전에 신앙을 고백한 사람이나 똑같이 구원의 은총을 주시는 자애로우신 하나님이십니다. 인간의 시간이 아니고 하나님의 시간으로 이해하면 인간이 말하는 시간은 하나님의 시간 앞에 입을 다물게 됩니다. 평생 예수님 믿고도 죽기 직전에 주님을 부인하고 죽는 사람도 있습니다. 평생 예수님 믿는다고 하면서도 성령님의 충만한 감동을 받지 못하고 머릿속으로만, 또는 이론적으로만 생각했던 사람은 결코 천국을 유업으로 받을 수 없습니다. 낙원 입성은 과거의 삶이 어찌되었든 죽기 직전에 진정한 신앙을 고백하고 그리스도를 영접했느냐가 구원의 갈림길이라는 사실을 명심해야 합니다.

가상칠언 (3)

"여자여 보소서 아들이니이다" (요 19:26)

예수님의 가상 칠언 중 세 번 째 말씀은 사랑하는 육신의 어머니 마리아를, 사랑하는 제자 요한에게 부탁하신다는 말씀입니다. 우선 여기서 문제가 되는 것은 예수님께서 자기 어머니에게 "여자여"라고 부른 호칭입니다. 영어로 'Woman'입니다. 그리스어 원문에는 'gunai'라는 용어를 썼는데 이 말의 뜻은 귀부인, 젊은 여자 등으로 쓰입니다.

그럼 왜 예수님이 어머니라 호칭하지 않고 여자라고 하셨을까요? 그건 아무도 모릅니다. 성서 주석을 쓰는 사람들은 다 자기 의향에 따라 주석을 하지만 그것은 그들의 견해일 뿐 진리는 아닙니다. 왜 그런 용어를 쓰셨는지는 오직 예수님만 아실뿐입니다. 따라서 아무리 유명한 신약학자라도 예수님의 본심을 알 수는 없습니다.

그럼 필자의 견해를 써보겠습니다. 우선 우리가 생각할 수 있는 것은 예수님은 사람임과 동시에 하나님이시라는 사실을 전제해야 합니다. 따라서 인간 예수와 마리아와의 관계는 모자(母子) 사이입니다. 그러나 하나님으로써 예수님은 마리아가 모친이 아닙니다. 예수님께서 30세가 될 때까지 어머니 마리아와 여러 동생들과 함께 나사렛에서 목수 일을 하면서 살 때는 마리아가 어머니입니다. 분명 어려서는 엄마, 커서는 어머니라 불렀을 것입니다.

그러나 30세가 되었을 때 사생활을 끝내고 공생활로 접어들었을 때는 인간이면서도 하나님으로 사역을 하셨습니다. 그러므로 30세 이

전의 사생활을 했을 때의 예수와 공생활로 접어 든 후의 예수님은 확연히 그 하시는 사역이 달랐습니다. 그러므로 과거 가정에서 함께 살 때의 어머니 마리아와 현재의 삶은 근본적으로 다르기 때문에 과거 사생활 때 부르던 어머니라 부르지 않고, 이제 하나님으로써 '여자여'라고 부르는 것이 오히려 더 합당하다 여겨집니다. 공생활의 예수님은 이미 나사렛 동네 목수가 아니고 인류 구원의 대업을 이루어야 하는 대속주(代贖主)로써 사명을 감당해야 하는 막중한 짐을 지신 인간이시며 하나님이십니다.

다음으로 묵상해 볼 사항으로, 예수님은 상상할 수 없는 십자가의 고난과 고통을 겪으면서도, 처참하게 죽어가는 아들을 바라다보며 애간장이 녹아 피눈물을 흘리고 있는 육신의 어머니를 눈여겨보았습니다. 여기서 예수님의 가련한 어머니를 사랑하는 제자에게 부탁하시는 그지없는 효심(孝心)을 깊게 느끼게 해 줍니다. 인간이 도저히 감내(堪耐)할 수 없는 고통 속에서도 슬픔의 절정에 이른 어머니를 내려다보면서, 예수님은 부활하시고 승천하신 후의 마리아의 삶을 걱정하면서 요한에게 어머니를 부탁하시는 장면은 지극히 자상하고 세심한 예수님의 효성을 엿볼 수 있게 합니다.

그렇습니다. 예수님은 나 같이 보잘것없고 티끌 같은 존재도 눈 여겨 보고 계시면서 우리의 영원한 삶뿐만 아니라 현실 세계의 삶까지도 보살펴 주고 계시다는 사실을 암시하고 있습니다. 자기가 죽은 후 연노하신 어머니, 병든 아내, 철없는 아이들은 길거리에 노숙자가 될 것이 확실한데도, 사업에 실패한 사업가가 자식, 남편, 아비의 책무를 내 버리고 극단적 선택을 하는 사람은 지극히 무책임하고 무정한 사람입니다. 살아서 노동판에 나가 막노동이라도 하면서 빚도 서서히 갚고, 어머니, 아내, 아이들을 살려야 하는 지상 명령이 있음에도 그걸 포기한 사람은 무책임하면서도 잔인한 사람입니다.

시골에서 농사지어 어렵게 대학까지 보낸 아들이 제법 여유 있는 집으로 장가들어 살면서 명절에 부모를 찾아보지도 않고 처가 집에서 명절을 보내던 아들이 하루는 찾아왔습니다. 어머니는 먼저 세상을 떠났고 아버지 홀로 옛집을 지키고 있었습니다. 아들은 아버지에게 시골에서 혼자 계시다가 무슨 일이 나면 안 되니까 남은 전답과 집을 모두 팔고 서울에 올라와 남은 여생은 자기들과 함께 지내자며 설득했습니다. 아버지는 점점 기운이 빠지는 것을 느끼고 있던 터에 아들 말대로 하기로 하고 전답과 집을 모두 팔아 아들에게 주었습니다.

어디서 들은 것이 기억나서 아들에게 형식적인 것이지만, 서약서는 하나 쓰자고 했습니다. 아들은 서약서를 안 쓰면 재산을 주지 않을 것 같아 동의하고 서약서에 도장을 찍었습니다. 서약서 내용은 "만일 아버지에게 효성을 다하지 않으면 모든 재산을 도로 환수한다."는 내용이었습니다. 처음에는 아버지를 정성껏 모시던 아들 며느리가 시간이 흐르자 차츰 소홀히했고 급기야 식사도 제대로 주지 않더니 마지막에는 깊은 산속 무너져가는 빈집에 유기(遺棄)해 버렸습니다. 마침 그쪽을 지나가던 등산객의 도움을 받아 하산한 후 늘 간직하고 있던 서약서를 갖고 변호사를 찾아가 소송을 통해 아들이 가져간 재산을 모두 환수해 버렸습니다. 우리가 사는 세상은 이렇게 사탄의 자식들이 득실거리는 곳이 되었습니다. 재산 없는 부모는 자식들로부터 홀대 받는 세상입니다.

죽음의 문턱에서도 가난한 집안에서 홀로 살아갈 어머니를 배려한 예수님의 말씀은 오늘을 살아가는 모든 자손들에게 보여 주신 효(孝)의 산 표본입니다. 선생을 배신한 사탄의 자식인 제자도 있었지만, 어머니를 믿고 맡길 수 있는 신뢰할 만한 제자를 두신 것도 주님의 사역의 한 부분이었습니다. 십계명의 제5계명 "네 부모를 공경하라 그리하면 네가 땅에서 잘되고 장수하리라"는 말씀은 이 세상에서 성공의 비결이 바로 효에 있다는 말씀입니다. 소위 성공하는 삶, 장수하는 삶의 근원이 부모를 잘 섬기는 길임을 하나님께서 약속하신 것입니다.

조선왕조 선조 때 좌의정을 지낸 송강 정철의 시조 중, "어버이 살아신 제 셤길 일란 다 하여라 디나간 휘면 애닯다 엇디하리 평생애 고텨 못할 일 잇뿐인가 하노라."가 있습니다. 살아생전에 효성을 다하란 경구의 시조입니다. 살아계신 부모를 제대로 못 섬기는 사람이 눈에 보이지 않으신 삼위 하나님을 잘 섬길 수 없지요. 양친 부모가 다 돌아가신 분들은 무의탁 노인들이라도 찾아가 섬기는 것이 어떨까요?

03
28

가상칠언 (4)

"엘리 엘리 라마 사박다니" (마 27:46)

가상칠언(架上七言), 네 번째 말씀은 "엘리 엘리 라마 사박다니"(나의 하나님 나의 하나님 어찌하여 나를 버리셨나이까?)입니다. 이 말씀의 뜻은 십자가에서 처절하게 죽어가는 자신을 하나님께서 외면하시고 버리셨음을 의미합니다. 왜 하나님은 십자가에서 비참하게 죽으시는 예수님을 버리셨을까요? 예수님의 생애 가운데 그 어떤 때보다도 가장 절실하게 그리고 절박하게 하나님의 애처로운 얼굴이 그리울 때, 그리고 가까이 계셔서 위로하고 격려하며 끝까지 사명을 완수하라고 용기를 북돋아 주셔야 할 하나님께서 완전히 외면을 하신 것입니다.

그 이유는 무엇이었을까요? 먼저, 하나님과 예수님과의 단절입니다. 하나님과 예수님과의 관계가 끊어져 버렸다는 의미입니다. 더 이상 하나님께서는 예수님을 돌아보지 않으셨습니다. 그 이유는 두말할 필요 없이 예수님께서 "세상 죄를 지고 가는 하나님의 어린양"(요 1:29) 즉 온 인류의 죄를 대신 지시고 십자가에서 죽으시기 때문이었습니다. 다시 말하자면은 세상 죄를 모두 지시고 십자가에서 죽어가는 예수님을 하나님께서는 바라다보실 수 없었습니다. 왜냐하면 하나님은 완전 선(善)이시기에 죄를 짊어지신 예수님과 교통할 수 없었기 때문입니다. 이에 따라 두 분 사이에 완벽한 단절이 이루어진 것입니다.

하나님과 예수님과의 개인적 관계 단절을 의미하는 것이 아니고, 죄를 뒤집어 쓴 인간 예수와의 단절이었습니다. 하나님은 결코 죄 지은 인간과 화목하지 않으십니다. 자기의 죄를 청산한 사람과만 화목이 이루어질 뿐이기 때문입니다. 예수님의 십자가 희생으로 하나님과 우리 사이에 막힌 담을 허시고 "십자가로 이 둘을 한 몸으로 하나님과 화목하게 하려 하심이라 원수 된 것을 십자가로 소멸하시고… 한 성령 안에서 아버지께 나아감을 얻게 하려 하심입니다."(엡 2:16,18) 그러므로 죄지은 인간은 하나님과의 관계 회복이 불가능합니다. 자기의 모든 죄를 해결하기 전에는 하나님을 아버지라고 부를 수 없습니다. 아무리 불러도 하나님은 결코 대답하지 않으십니다. 왜냐하면 그분은 죄와는 완전 단절된 '완전자' 그리고 '완전 선 자체'이시기 때문입니다.

인간의 모든 죄를 지고 있는 예수님을 하나님께서는 바라다보지 않으시고 외면하셨습니다. 그래서 예수님은 비통한 음성으로 왜 나를 버리느냐고 절규하신 것입니다. 그러나 이 절규 후에 예수님의 십자가 희생으로 인류의 모든 죄가 해결되었고 하나님과의 관계가 회복되었습니다. 하나님께서는 3일 만에 예수님을 부활하게 하셨습니다. 주 예수 그리스도의 보혈의 피로 나의 모든 죄악을 청산하기 전에는 결코 아버지를 볼 수 없습니다. 탕자가 아버지에게 돌아와서 아버지의 환대를 받은 것은 그가 아버지 앞에 무릎 꿇고 "나는 하나님과 아버지께 죄인입니다."라고 자복했기 때문이었습니다. "나를 아들로 여기지 마시고 품꾼의 하나로 여겨 달라."는 참회의 순간에 아버지는 그를 아들로 받아들였고 영접했습니다, 아버지가 그를 위하여 성대한 잔치를 베풀어 환대한 것 같이, 우리가 하나님과의 관계를 회복하는 길은 참회하고 하나님께 돌아가는 길밖에 없습니다.

죄지은 인간은 하나님의 얼굴을 피하게 되어 있습니다. 에덴동산에서 하나님의 명령을 어기고 선악과를 따 먹은 아담과 이브가 자기들의 수치를 가리기 위해 넓은 무화과나무 잎으로 허리 아래를 가린 후에 그들은 몸을 숨겼습니다. 창세기 3장 8절에서 그들이 "그날 바람이 불 때 동산에 거니시는 여호와 하나님의 소리를 듣고 아담과 그의 아내가 여호와 하나님의 낯을 피하여 동산 나무 사이에 숨은 지라."고 기록되어 있습니다. 죄를 지은 인간은 하나님의 낯을 피할 수밖에 없습니다. 그것은 죄에 대한 심판이 두렵기 때문입니다.

무서운 죄를 범한 자가 자기의 몸을 감추고 '잠수를 타 버리는 것'과 같은 맥락입니다. 외국으로 도피하는 것은 상당히 안전한 방법이라 여기지만, 중범자는 인터폴을 통해 체포되고 결국 본국으로 압송됩니다. 영장 담당판사가 영장을 발부하는 이유 중, "주거가 일정치 않고 도피의 가능성이 있다."가 있습니다. 범죄 한 자는 도피하게 되어 있습니다. 부모에게 죄를 지은 자는 부모의 얼굴을 똑바로 쳐다보지 못하고 슬슬 피합니다. 친구에게 범죄 한 자는 친구와의 연락을 끊고 전화번호를 바꾸고 관계를 단절합니다. 죄가 있기 때문이지요. "모든 인간이 죄를 범하였으매 하나님의 영광에 이르지 못하였으므로"(롬 3:23) 죄는 하나님과 원수가 되게 합니다. 누가 원수와 대면하기 원하겠습니까?

다음으로, 죄를 범한 사람은 버림을 받습니다. 부모는 많은 죄를 지은 자식을 더 이상 자식으로 여기지 않습니다. "우리는 그 놈과 이미 부자의 연(緣)을 끊었다."고 말합니다. "그 놈은 이미 내놓은 자식이고 호적에서도 파 버렸다."고 말합니다. 금슬 좋던 부부 사이게 금이 가더니 급기야 남편이 바람피우는 것이 들통 나면, 아내는 남편에게 이혼을 선언합니다. "내가 미쳤나 봐, 한 번만 용서해 줘요"라고 아무리 빌어도 이미 남편에게 마음이 떠난 아내는 결국 남편을 버리고 맙니다.

하나님께서는 범죄 한 모든 인간을 다 버리셨습니다. 그리하여 노아 시대 때 홍수로 모든 인류를 쓸어 버리셨습니다. 그리고 또 다시 범죄 한 인간 구원을 위해 하나님께서는 이스라엘 민족에게 율법을 주셨지만, 유대인들은 율법을 지키지 아니하고 오히려 여호와 하나님을 배반하고 이방신을 섬기는 참람한 죄를 범했습니다. 회개하고 돌아온 인간을 하나님께서는 자기 자녀로 영접해 주십니다. 인간의 모든 죄를 짊어지신 예수님을 철저히 외면하셨던 하나님께서, 십자가를 보시고, 그 십자가를 통하여 우리 모두를 받아들이셨습니다. 하나님으로부터 외면당한 예수님 덕분에 우리는 하나님과 대면할 수 있는 자격을 얻게 되었습니다. 하나님께 버림받은 십자가는 이제 우리가 하나님께 나아갈 수 있는 하늘의 통로가 되었습니다.

MAR

가상칠언 (5)

"내가 목 마르다" (요 19:28)

가상칠언 중, 다섯 번째 말씀이 "내가 목마르다."였습니다. 여기 "내가 목마르다."(I thirst)라는 단 두 단어에 많은 뜻이 내포하고 있습니다. 목이 마르다는 것은 물론 물을 마시고 싶다는 뜻입니다. 실제로 예수님은 목요일 저녁 마가의 다락방에서 마지막 만찬을 하실 때 물을 마신 후, 밤새도록 그리고 이튿날 금요일 새벽부터 이리 저리 끌려 다니셨습니다. 대 제사장과 빌라도의 심문까지 받으시고, 급기야 그 무거운 십자가를 지시고 '슬픔의 길'을 서서히 올라가셨습니다. 무자비한 로마 병정들의 채찍을 맞으면서, 많은 사람들의 조롱과 비난의 손가락질을 당하시면서 쓰러지고. 넘어지면서 해골의 골짜기까지 오르셨습니다. 금요일 정오에 양손과 양발에 대못이 박혔고 머리에는 가시관을 쓰셔서 피가 머리로부터 얼굴로 낭자하게 흘러내렸고, 마지막으로 옆구리에 창을 받으셔서 물과 피를 다 쏟으셨습니다. 그때까지 예수님은 물을 단 한 방울도 마시지 못했습니다.

사람의 몸은 60% 이상이 물로 되어 있습니다. 사람은 밥은 먹지 않아도 상당기간 살 수 있습니다. 우리 주변에 목사들을 비롯해서 40일 금식기도한 분들이 적지 않습니다. 사람은 며칠만 물을 마시지 않으면 생명을 잃게 됩니다. 사막을 여행하는 사람들이 가지고 갔던 물이 바닥이 나고 오아시스를 만나지 못하여 목이 말라 죽을 지경이 되면 최후 수단으로 여행하는 데 절대 필요한 자기의 생명과 같이 귀중하게 여기는 낙타를 잡아 내장 속에 간직한 물을 꺼내 먹는다고 합니다. 물은 곧 생명입니다. 예수님에게는 지금 물이 절대로 필요했지만, 물을 제공해 주는 사람은 단 한 사람도 없었습니다. 결국 예수님의 온몸에서 물과 피가 다 빠져나갔고 결국은 생명을 잃으셨습니다.

오래 금식기도를 하는 분들도 음식은 먹지 않지만 물은 계속해서 마셔야만 합니다. 모세가 시내 산에 올라가서 40일 동안 물도 마시지 않고, 음식도 먹지 않아도 살 수 있었던 것은 하나님을 직접 만나 십계명을 받는 과정이어서 하나님의 특별한 은총으로 그렇게 된 것이지 일반적인 사람이 물을 마시지 않으면 며칠 못 버티게 됩니다. 예수님께서 내가 목마르다고 하시는 두 번째 의미는 단순히 물리적 물이 마시고 싶다 하는 말씀이 아니고, 예수님 곁을 떠난 사람들을 그리워하는 목마름이었습니다.

제일 먼저 열한 제자였습니다. 모든 사람이 다 예수님을 등지고 떠나더라도, 3년 동안 동거동락(同居同樂) 하며 숙식을 같이 한 가족과 같은 열한 제자는 주님께서 죽으시는 현장에 있어야 했습니다. 그러나 정작 예수님이 죽음에 이르렀을 때 모두 다 주님을 버리고 도망가 버렸습니다. 베드로는 호언장담했습니다. "주여 내가 주와 함께 옥에도, 죽는 데에도 가기를 각오하였나이다."(눅 22:33) 그러나 그런 맹세는 허세에 불과했습니다. 위로와 격려가 절대 필요한 죽음의 현장에서 수제자 베드로를 비롯한 제자들이 사라져버렸을 때 주님은 바로 그 제자들을 목마르게 그리워했습니다. 그러나 아무도 그와 함께 해주지 않았습니다. 참혹한 그 현장에 제자는 아무도 없었고 여인 몇이 울면서 주님의 마지막을 애도하고 있었습니다.

다음으로 예수님이 목말라 한 사람들은 바로 예수님으로부터 큰 사랑을 받은 사람들입니다. 예수님의 생애에서 이미 죽은 사람 몇을 살려 주셨습니다. 죽은 지 나흘이나 되어 썩어 냄새나는 나사로를 무덤에서 회생시켜 주셨습니다. 회당장 야이로의 딸을, 그리고 나인성 과부의 외아들을 살려 주셨습니다. 이미 죽은 사람들에게 새 생명을 부여해 주신 것입니다. 그런데 그 새 생명을 받은 사람들 중 단 한 사람도, 심지어 나사로까지도 주님 고난의 현장에 없었습니다. 배은망덕도 이런 배은망덕이 없었습니다. 심지어 그 가족들까지 그곳에 없었습니다.

또한 천형(天刑)의 병이라 하는 나병을 고쳐 준 사람들이 많았지만 그들 중 그곳에 있었던 사람은 아무도 없었습니다. 예수님께서는 더럽고 냄새나며 살이 썩어 들어가는 처참한 몸에 친히 손을 대시고 그들을 깨끗하게 해주셨는데, 정작 위로를 해주어야 할 사람은 단 하나도 없었습니다. 각종 귀신들린 사람들, 베데스다 연못가의 38년 된 환자, 12년 동안 혈루병에서 해방된 여인, 그 외 시각장애인, 청각장애인, 말 못하던 사람, 한편 손 마른 사람, 귀신들려 괴로움을 당하던 사람 등등 무수한 병자들이 고침을 받았지만 아무도 없었습니다.

마지막으로 군중들입니다. 예수님께로부터 날마다 생명의 양식을 받았고, 들에서 빵을 얻어먹었던 5천 명, 7천 명의 군중들, 그리고 예수님이 나귀 새끼를 타시고 예루살렘에 입성하셨을 때, 종려나무 잎사귀를 들고 호산나! 호산나! 찬송하며 주님을 영접했던 그 군중들, 주님의 교훈을 듣고, 기적을 눈으로 보면서 주님을 찬양하고 경배했던 수많은 무리들은 다 어디로 사라져 버렸을까요? 그들은 오히려 예수님을 비난하고, 욕하며, 손가락질하고, 침 뱉으면서 예수님을 십자가에 못 박으라고 목이 터져라 외쳤던 사람들이었습니다. 이 무리들의 모습을 본 예수님께서는 저들의 배역(背逆)에 얼마나 심한 갈증을 느끼셨을까요? 반역의 무리요, 배덕(背德)에 우민(愚民)이며 배은(背恩)의 폭도들이었습니다.

예수님의 갈증은 급기야 자신을 버리신 하나님에게까지 증폭되어 더욱 심화되었습니다. 그러나 예수님은 자신이 세상에서 져야 할 십자가를 잘 알고 계셨기에, 마지막까지 이 모든 목마름에서 견뎌낼 수 있으셨습니다. 그리고 그에게는 고난의 가시 면류관 대신 영광과 승리의 면류관이 예비되어 있었습니다. 사막에서 물이 없어 고통당하는 대상(隊商)들과 같이 우리도 세상을 살면서 타는 목마름을 겪는 때가 많습니다. 그러나 그럴 때마다 십자가상에서 느꼈을 예수님의 목마름을 기억하면서, 나의 목마름은 지극히 일시적이고 경미한 것임을 자각하면서 견뎌내는 믿음의 훈련을 해야겠습니다.

가상칠언 (6)

"다 이루었다." (요 19:30)

예수님의 가상칠언 여섯 번째 말씀은 "다 이루었다."입니다. 이 말씀은 크게 두 가지 의미를 갖고 있습니다. 첫째, 예수님께서 세상에 오신 목적은 요한복음 3장 16절과 같이, 하나님께서 세상을 사랑하셔서 독생자를 세상에 보내셨고, 그를 믿는 자들에게 영생을 얻게 하려 하신 것입니다. 예수님께서 세상에 오신 목적은 세상을 심판하려 하심이 아니고, 그로 말미암아 세상이 구원을 받게 하려 하심이었습니다.(요 3:17) 예수님은 동정녀 마리아에게서 태어나시고 30년 동안 육신의 부모인 요셉과 마리아의 가정교육을 받으셨고, 모세의 율법과 장로들의 유전을 배우며 사셨습니다. 또 육신의 아버지 요셉의 직업을 따라 자연히 어린 예수도 목공 일을 배워, 30세가 될 때까지 목수 일을 하며 가난한 삶에 보탬을 주었습니다. 요셉과 마리아를 육신의 부모로 섬겼고 또 한 가정의 장남으로 여러 동생들을 보살피면서 그들을 위해 열심히 일했습니다. 그리하여 30년 동안의 사생활을 완수하시고, 다 이루셨습니다.

그 후, 30살쯤 되었을 때, 공적 생활을 시작하셨습니다. 3년이란 짧은 기간에 하나님께서 그에게 맡겨주신 인류 구원의 역사를 완수하셨습니다. 그의 첫 번째 사역은 인간들로 하여금 자기의 죄를 고백하고 하나님께 돌아오게 하는 일이었습니다. 그래서 그의 공생활의 첫마디가 "회개하라 천국이 가까웠다."는 말씀이었습니다.

예수님의 첫 번째 사명은 회계의 선포였습니다. 인간이 죄를 갖고는 하나님께 올 수도, 또 하나님의 자녀가 될 수도 없습니다. 따라서 예수님이 하셔야 할 첫 번째 공적 임무는 인간들로 하여금 죄인임을 깨닫게 하고, 자기의 죄를 참회하고 하나님 앞에 나오게 하는 일이었습니다. 그는 많은 사람들에게 복음을 선포했고 또 많은 사람들이 회계하고 주님 앞에 나왔습니다. 그는 하나님 나라의 복음 선포를 제일의 목적으로 삼으셨습니다. 복음을 선포하셔서 천국 백성을 만드시는 일, 우매한 백성을 교육시켜 세상을 살아가는 지혜를 찾게 하는 일, 육적으로 병든 사람의 병을 고쳐 주셔서 새로운 삶을 살게 하는 일을 하셨습니다.

따라서 예수님을 만나 그의 설교와 교훈을 받은 사람들은 그의 교훈에 감탄하면서 지금까지 들어오던 서기관과 바리새인들의 교훈과는 전혀 다른 가르침임을 간파하고 기이히 여겼습니다. 그리고 예수님을 만난 병자들은 하나같이 모두 고침을 받았습니다. 예수님을 만난 후 병 고침을 받지 못한 사람은 없었습니다. 심지어 예수님 몰래 예수님의 뒤로 와서 옷자락만 만진 열두 해 혈루증을 앓던 여인도 고침을 받았습니다. 예수님께서는 많은 환자들의 몸에 직접 손에 대어 병을 고쳐 주셨습니다. 온몸이 썩어 코를 찌르는 냄새가 나는 나병환자의 몸에도 친히 손을 대시어 고쳐 주셨습니다. 백부장의 종이 병들었을 때, 백부장이 예수님께 종의 병을 고쳐 달라고 부탁했을 때, 예수님께서 그의 집으로 가던 중, 그의 병이 이미 나은 것이 발견되기도 했습니다. 백부장의 믿음으로 그 종의 병이 나은 것입니다.

천국 복음 선포와 가르침과 병 고치는 사역을 계속 하셔서 "식사할 겨를도 없으셨습니다."(막 3:20) 그들을 보듬어 안아주시고 병을 고쳐 주셨습니다. 이렇게 예수님은 이 세상에서의 사역을 모두 다 마치시고 마무리하셨습니다. 종국에는 고난의 십자가를 지시는 그 일까지도 끝까지 견디며 모든 고난을 한 몸에 받으면서 인류 구원의 역사를 완수하셨습니다. 예수님께서 십자가 위에서 "다 이뤘다."고 말씀하신 것은 예수님이 세상에 오신 그 목적을 다 이뤘다는 의미입니다.

유명한 아일랜드의 극작가 겸 소설가며 노벨 문학상을 수상한 조지 버나드 쇼(George Bernard Shaw, 1856-1950)는 묘비명으로도 유명합니다. 묘비에 적은 내용은 "I know if I stayed around long enough something like this would happen."입니다. 이 말의 의미는 "오래 버티다 보면(나이 들면) 이런 일(죽음)이 생길 줄 내가 알았지"입니다. 그런데 누군가 이 문장을 "우물쭈물하다 내가 이렇게 될 줄 알았지."라고 번역을 했는데, 오히려 이 의역이 더 유명해졌습니다. 필자는 이 의역이 더 좋습니다. 우리에게 주는 교훈이 있기 때문입니다.

대부분의 인간들은 자기 죽음을 심각하게 생각하지 않고 멀리 있는 사건, 나와는 별로 상관없는 일로 여깁니다. "설마 그렇게 빨리 죽음이 오겠어?"라고 생각들 하지요. 그런데 그 설마가 그야말로 사람을 삼켜 버리는 수가 있지요. 우리의 종말이 우물쭈물하다 어느 날 갑자기 찾아오는 수가 있습니다. 어제 저녁 특별한 문제없이 잠든 남편이 혹은 아내가 아침에 차가운 몸으로 누워있는 일이 더러 있습니다. 물론 그런 사람은 이 세상에서 해야 할 일을 다 이루지 못하고 간 것이지요.

부활하신 예수님은 각기 자기 길로 갔던 제자들을 다시 모아 위대한 사도들로 만들어 온 세계에 나가 복음을 전하는 위대한 사역을 감당케 하셨습니다. 심지어 부활 하신 후에도, 그리스도인들을 박해하던 사울을 택하셔서 바울로 만들어 이방인의 사도로 세우셨습니다. 예수님의 사역은 이 세상에서 모두 끝났지만, 승천 후에도 모든 세상 사람들을 이처럼 사랑하신 것입니다. 우리도 주님과 같이 이 세상 끝나는 날, "내가 이 세상에서 할 일을 모두 마쳤습니다. 주님 감사합니다."라는 유언과 같은 말을 할 수 있도록 경건생활을 계속 유지하기 위해 기도하면서 성령님의 도움을 구하는 삶을 이어 갑시다.

가상칠언 (7)

03
31

"아버지, 내 영혼을 아버지 손에 부탁하나이다." (눅 23:46)

예수님의 십자가 위에서 마지막 말씀, 즉 일곱 번째 말씀은 "아버지 내 영혼을 아버지 손에 부탁하나이다."였습니다. 이 말씀은 예수님께서 가상(架上)에서 하신 마지막 말씀이며 또한 살아생전에 하신 최후의 말씀입니다. 예수님께서 그의 육신의 생명이 끝나는 시각에 자기 영혼을 하나님께 맡기시는 장면입니다. 이로써 예수님의 지상에서의 33년에 짧은 삶은 종지부를 찍었습니다. 예수님께서는 십자가의 모진 고통 속에서 세상의 모든 사역을 33년이라고 하는 짧은 기간에 다 완수하시고 영원한 낙원으로 올라가셨습니다. 예수님의 영혼은 천사들의 환영을 받으며 낙원에 이르렀습니다.

예수님의 마지막 말씀과 같은 말을 한 분들이 많습니다. 그중 한 분이 초기 예루살렘 교회의 일곱 집사 가운데 한 분이었던 스데반 집사입니다. 스데반 집사는 생의 마지막에 "주 예수여 내 영혼을 받으시옵소서."(행 7:59)라고 외쳤습니다. 한국교회 역사에 빛나는 순교자 주기철 목사님도 같은 말씀을 하셨습니다. 형극(荊棘)의 일제 감옥에서 5년 6개월여 동안 필설(筆舌)로 표현하기 어려운 고문에 시달렸습니다. 일제는 주 목사를 굴복시켜 신사참배를 시키려 했지만, 순교를 각오한 주 목사의 절개를 꺾을 수는 없었습니다. 결국 일제는 주 목사를 죽이기로 결정하고, 기름을 다 뺀 콩 껍데기 주먹밥을 소금물에 적셔 주던 것 마저 끊어버리고 결국 굶겨 죽였습니다. 1944년 4월 21일 밤 9시경 평양 감옥에서 죽은 듯이 누워 있던 주 목사는 서서히 몸을 일으켜 앉아 두 손을 천천히 하늘을 향해 들고 "주 예수여, 나의 영혼을 받으시옵소서." 라고 큰 소리를 지르고 쓰러져 순교했으니, 그때 나이 47세였습니다.

사람은 누구나 세상에 살다가 그 수명이 끝나는 날을 맞게 됩니다. 그 후 그 영혼은 두 곳 가운데 한 곳으로 갑니다. 무신론자들이나 회의론자들은 천국이 없다거나 있는지 없는지 확신할 수 없다고 말하지만, 그들의 생각이나 주장과는 상관없이 내세는 분명 존재하고 있다는 것을 예수님도 성경도 증언하고 있습니다. 따라서 사람이 죽으면 두 곳 가운데 한 곳으로 가게 되어 있습니다. 예수님을 믿고 자기가 죄인임을 깨달아 참회하고 거룩한 성도의 삶을 산 사람들은 천국으로 갑니다. 그러나 예수님을 믿지 않은 사람은 지옥으로 갈 수밖에 없습니다.

가톨릭교도는 죽기 직전 신부에게 마지막 고해를 하는 종부성사를 하지만, 개신교는 종부성사가 없기에 자기가 지은 죄는 자기 스스로 해결해야 합니다. 입으로 할 수 있는 죄는 입으로 청산하고, 남에게 물질적인 해를 끼친 일은, 배우자나 자녀들에게 대신 갚아달라고 부탁해야 비로소 그 죄가 용서함을 받습니다. 교통사고나 지진, 혹은 전쟁에서 순간적인 죽음을 맞이하지 않는 한, 죽음을 맞이할 때까지 약간의 시간이 있습니다. 그때 우리의 죄악을 청산해야 천국으로 올라갑니다. 그렇지 않으면 아무리 "아버지여 내 영혼을 받으시옵소서."라고 소리쳐도 하나님께서는 우리의 영혼을 받아주시지 않습니다.

우리가 흔히 오해하는 것이 있습니다. 그것은 "예수를 믿기만 하면 구원받는다."는 단순한 확신입니다. 그러나 '예수를 믿는다'는 말을 우리는 다시 한 번 곱씹어 봐야 합니다. 입으로 예수를 믿는다고 말한다고 해서 그것이 믿는 것이 아닙니다. 믿음은 반드시 행함이 뒤따라야 합니다. 행함이 없는 믿음은 죽은 것입니다. 우리는 불안전한 존재이기 때문에 끊임없이 사탄의 유혹에 넘어가 죄악을 범하게 되어 있습니다.

따라서 인간이 죄를 범하는 것은 어쩔 수 없는 일입니다. 이것이 인간의 한계입니다. 기독교회는 그 범죄 한 것을 참회할 수 있는 길을 마련해 두었습니다. 진심으로 참회하면 됩니다. 그리고 삭개오처럼 남을 속여 빼앗은 것이 있으면 4배는 아니어도 본전이라도 되갚아야 합니다.

필자는 본디 책을 좋아해서 누구 서재에 들어가면, 책장에 꽂혀 있는 책들을 자세하게 보는 습관이 있습니다. 한번은 후배 목사 서재에 들어가서 책을 훑어보던 중, 맨 밑 칸에 낯익은 표시가 있는 책 두 권을 보게 되었습니다. 그것은 우리 장신대 도서관의 번호가 붙어 있는 책이었습니다. 보아하니 꽤 오랫동안 꽂아 놓아 먼지가 뽀얗게 쌓여 있었습니다. 의심스러워서 그 책 번호를 적어 왔습니다. 다음날 학교 도서관에 가서 검토했더니 '분실'이라 되어 있었습니다. 그 책을 빌려 간 후 오랫동안 반납이 안 되자, 결국 분실 처리된 것 같았습니다.

그 목사가 도서관에 반납하고 연체료를 지불하지 않으면 그 죄는 죽은 후에도 그대로 남아 있습니다. 청산하지 않은 죄는 결코 없어지지 않습니다. 당신 서재에 꽂혀 있는 책 중, 빌려보고 돌려주지 않은 책, 도서관에 반납하지 않은 책은 원위치시켜야 합니다. '하나님 아버지 나의 모든 죄를 용서해 주시옵소서.'라고 기도할 때, 당신의 양심은 "친구에게 빌려온 책, 도서관에 반납하지 않은 책을 먼저 돌려주고 와서 기도하시오."라고 소리칩니다. 우리 모두 죽는 순간에 "아버지 내 영혼을 받아 주시옵소서."라고 기도하기를 원한다면 모든 죄를 청산해야 합시다. 그러고 아무 부끄럼 없이 주님 얼굴을 뵙기 원한다면 하루하루 청결한 삶을 이어가야만 합니다.

4 April

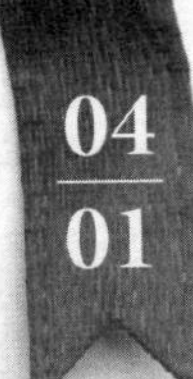

04/01

고난주간 (1)

"모세가 광야에서 뱀을 든 것 같이 인자도 들려야 하리니 이는 저를 믿는 자마다 영생을 얻게 하려 하심이니라." (요 3:14-15)

APR

교회는 1년에 큰 절기 둘을 기념하고 있지요. 부활절과 성탄절입니다. 부활절 전 40일은 사순절(四旬節: Lent)이라 하고, 성탄절 전 한 달을 대림절(待臨節: Advent) 혹은 대강절이라 합니다. 사순절은 부활절 전 40일(주일 빼고, 월~토까지)입니다. 그러므로 주일까지 포함하면 약 45일 내지 46일이 되는 셈이지요. 이 사순절은 항상 수요일에 시작되는데, 이 날을 "재의 수요일" 혹은 "성회(聖灰)수요일"이라 합니다. 회(灰)자는 "재 회"자로, 불이 탄 후 남은 재를 말합니다. 재는 이스라엘 민족이 하나님 앞에 참회의 기도를 드릴 때, 머리와 온몸에 재를 뒤집어쓰고 기도드린 데서 비롯됐습니다. 따라서 주님의 고난을 묵상하며, 하나님 앞에 죄를 참회할 때 우리 마음속에 재를 뿌리고 참회하는 의미에서 재의 수요일이라 합니다. 가톨릭교회나 동방정교회(그리스정교회)에서는 재의 수요일에 큰 미사를 드리며 각자 이마에 재로 십자가를 그리고 주님의 고난을 묵상하며 한 날을 지냅니다.

개신교회는 16세기 종교개혁 시기에 가톨릭교회의 잔재를 청산하는 과정에서 이 사순절 제도마저 없애버렸습니다. "아기를 목욕시킨 후, 물을 버리면서 아기까지 버린다."는 서양 속담이 있습니다. 목욕이 끝난 후, 아기를 꺼내 놓고 물을 버려야 하는데, 정신 나간 엄마가 이것을 잊고, 아기가 있는 목욕통을 비우면서 아기까지 버렸다는 의미지요. 이 말은 쓸데없는 것을 버리면서 소중한 것까지 버렸다는 의미입니다.

로마가톨릭교회의 부정과 부패에 항거하여 일어난 종교개혁운동은 철저히 가톨릭 전통과 전례를 버렸는데, 그 와중에 사순절을 지키는 전통까지 버린 것입니다. 사순절은 주님께서 나의 죄를 대신 지시고 십자가의 고통을 겪으시며, 처절하게 돌아가신 일을 기억하며 경건과 참회와 절제의 시간을 갖는 기간입니다. 따라서 이 기간에는 검소하고, 근검한 생활을 하며, 여자들도 빨간 계통의 호화로운 의상이나 장식물로 몸을 치장하는 일을 삼가고, 남자들도 비싼 복장이나 요란한 의상을 삼가게 되어있습니다.

이 기간을 자기 부모가 세상을 떠나고 난 후, 상당 기간, 세상 떠나신 부모님을 애도하며 지내는 시간이라고 생각하면 이해가 쉬울 것입니다. 부모님 돌아가신지 불과 며칠 되지도 않았는데, 호화로운 의상에 값비싼 보석으로 치장하고 다닌다면 사람들이 뭐라 하겠습니까. 진정으로 예수님께서 나의 죄를 대신 지시고 십자가에서 죽으셨다는 사실을 신앙고백하는 신자라면 주님의 고난을 묵상하면서 참회하는 사순절 기간에 어떻게 살아야 하는 것은 쉽게 답을 얻을 수 있을 것입니다. 사순절 마지막 절정인 고난주간은 예수님께서 십자가의 처형으로 공생활이 끝이 나고, 부활로 이어지는 가장 엄숙한 시간이요, 참회의 기간입니다. 이번 고난주간 동안 엄숙하게 자신을 돌아보며, 철저하게 자기 죄악을 성찰하면서 참회의 기도를 드리는 시간을 가지시기를 권해드립니다.

고난주간 (2)

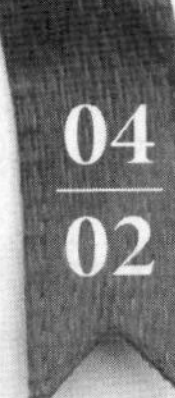

"그가 찔림은 우리의 허물 때문이요 그가 상함은 우리의 죄악 때문이라 그가 징계를 받으므로 우리는 평화를 누리고 그가 채찍에 맞음으로 우리는 나음을 받았도다." (사 53:5)

우선 가톨릭교회(서방교회)와 그리스정교회(동방정교회)는 어떻게 다른지 말씀드리겠습니다. 초기교회에 5대 교구가 있었습니다. 로마, 예루살렘, 안디옥, 알렉산드리아(이집트의 제2도시), 콘스탄티노플(현재 튀르키예 이스탄불)입니다. 이 5대 교구 중, 로마만 서쪽(서로마제국)에 있었고, 나머지 4교구는 동쪽(동로마제국)에 있었습니다. 주 후 622년에 일어난 이슬람 세력이 동쪽 4개 교구를 완전 점령하고 교회를 박해하면서, 동쪽 교구들은 힘을 잃고 말았지요.

그러나 로마는 이슬람의 침공을 받지 않아 더욱 성장해 갔습니다. 특히 로마는 주후 64년 폭군 네로 황제 때, 사도 베드로와 사도 바울이 이곳에서 동시에 순교를 했습니다. 로마 교회는 베드로의 무덤 위에 성당을 세웠는데, 이것이 현재 로마 바티칸에 있는 베드로 대성당입니다. 초기교회의 위대한 사도 두 분이 로마에서 순교의 피를 뿌림으로 로마는 그 위치가 더욱 상승되는 결과를 가져왔지요. 로마를 중심한 서유럽 교회를 로마가톨릭교회라 하는데, 가톨릭(catholic)은 '세계적', '우주적'이란 뜻입니다.

주후 313년, 박해받던 기독교를 로마제국의 합법 종교로 인정한 콘스탄티누스 대제는 주후 330년 로마 제국의 수도를 로마에서 비잔티움(현재 튀르키예 이스탄불)으로 옮기면서 자기 이름을 따서 콘스탄티노플이라 명명했지요. 이 콘스탄티노플을 중심한 교회가 그리스정교회입니다. 콘스탄티노플(튀르키예)이 그리스 바로 옆에 있어서, 그리스정교회라 부릅니다. 이 두 교회는 천 년간 한 교회로 내려왔습니다,

지난 2천 년 동안 가톨릭교회나 그리스정교회는 사순절 기간 동안, 두 가지 일을 금했습니다. 첫째로 육식을 금했습니다(단, 생선은 허락했음). 그런데 달걀, 우유, 버터, 치즈 같은 동물에게서 나온 식품은 어떻게 할 것인가 하는 문제로 두 교회가 서로 의견을 달리했습니다. 로마교회는 해도 좋다는 입장인 데 반해 그리스정교회는 그것도 동물성이기에 해서는 안 된다고 고집했습니다. 결국 이 두 교회는 이 문제와 더불어 기타 여러 문제들로 인해, 천년 동안 한 교회로 내려오다, 결국 1054년에 영구히 갈라서고 말았습니다.

육식은 우리의 입을 즐겁게 하고, 동물성 단백질이 우리 몸에 유익하기 때문에 채식주의자들을 제외한 세계 모든 사람들이 선호하는 식품입니다. 하루 이틀이라도 육고기를 먹지 않으면 안 되는 사람들도 많지요. 사순절 기간 동안만은 우리가 평소 즐기던 육식을 하지 않는 것으로 주님의 고난에 동참하는 삶을 살라는 것이 교회의 규율입니다. 요컨대 나의 죄를 대신 지시고, 십자가에 죽으신 주님의 고난을 묵상하며, 육식을 금함으로 나의 작은 마음과 정성을 표시하는 것입니다.

다른 하나는 사순절 기간에 결혼식을 금한 것입니다. 우리 개신교회는 세례와 성찬 두 가지 성례가 있지요. 그러나 로마교회나 그리스정교회는 7가지입니다. 영세(유아세례), 견진(입교문답), 성찬, 고백(또는 고해), 종부(죽기 직전 신부에게 마지막 고백성사 하는 일), 혼배(결혼), 그리고 (신부)서품입니다. 로마교회와 그리스정교회는 혼배(결혼)를 성사로 간주하여, 신자는 반드시 성당에서 신부 주례로 결혼식을 올려야 합니다. 결혼은 당사자나 가족, 친족, 친구 등 여러 사람들에게 일생에 가장 즐겁고 행복한 시간이며 또 축하해야 할 행사지요. 이런 결혼식을 사순절 기간에 갖는 것은 그리스도인의 가정에 전혀 걸맞지 않은 일이지요. 주님의 고

난을 묵상하며 참회하는 시간을 보내는 사순절에 결혼식은 상상할 수 없는 일이지요. 따라서 교회에서는 일체 결혼식을 올리지 못하게 하는 것입니다. 물론 신부가 주례도 해주지 않고, 성당도 결혼식장으로 쓸 수 없으니, 하고 싶어도 결혼식을 할 수 없습니다.

개신교회에서는 이런 강제 규정은 없습니다. 그러나 이런 좋은 전통은 지켜나가야 하지 않을까요? 육식을 좋아 하는 사람들도 나를 위해 십자가에 죽으신 주님의 고난을 생각하면서 사순절 기간, 특히 고난주간 한 주간만이라도 육식을 금하는 것은 어떨까요? 고기가 정 먹고 싶으면, 생선을 먹을 수도 있겠지요. 앞으로 기독교 가정에 결혼식 날짜를 잡을 때, 사순절을 피하는 것이 신자의 도리라 여겨집니다. 여러분들은 고난주간에 무엇으로 주님의 고난에 동참하시렵니까?

고난주간 (3)

04/03

"이에 총독의 군병들이 예수를 데리고 관정 안으로 들어가서 온 군대를 그에게로 모으고, 그의 옷을 벗기고 홍포를 입히며 가시관을 엮어 그 머리에 씌우고 갈대를 그 오른손에 들리고 그 앞에서 무릎을 꿇고 희롱하여 이르되 유대인의 왕이여 평안할 지어다 하며 그에게 침 뱉고 갈대를 빼앗아 그의 머리를 치더라." (마 27:27-30)

장신대에서 교수로 있을 때 어느 날 오후, 필자가 지도 교수로 있는 반 학생 대표 두 사람이 드릴 말씀이 있다며 연구실에 들어왔습니다. 무슨 일이냐고 물었더니, 우리 클래스의 김○○ 전도사와 이○○ 전도사가 아산병원에 입원을 했는데, 이 전도사가 김 전도사에게 신장을 이식해주는 수술을 하기 위해 입원을 했습니다. 김 전도사의 신장이 망가져, 일주에 3번 아산병원에서 투석을 하는데, 보통 7~8시간 걸린답니다. 그리고 현재 학교를 다니면서, 주말이면 시골 교회에서 주일예배, 저녁예배까지 인도하고 다시 학교에 와서 공부하는 세 가지 일을 동시에 하고 있습니다. 하나만도 감당키 어려운 판에 병든 몸으로 3가지 일을 하는 것이 힘에 부쳐, 나날이 쇠약해 갔습니다. 그런데 직계 가족인 부모도, 형제자매 단 한 사람도 김 전도사와 신장이 맞는 이가 없어 주지 못하고 안타까워하면서 맞는 신장이 나타날 때까지 하염없는 세월을 보내고 있습니다. 힘들게 살아가는 김 전도사의 모습을 지켜보던 학우 중 몇이, 혹 우리들 중에 김 전도사의 신장과 맞는 사람이 있으면 신장을 기증하자는 의견을 모으고, 반에서 그 취지를 설명했습니다. 자기 신장이 김 전도사 신장과 맞으면 기증할 용의가 있는 사람은 서명하라며 백지를 맨 앞 사람부터 돌리기 시작했습니다. 당시 그 반에 약 100여 명의 학생이 있었는데, 몇 명이 사인을 했을까요? 놀라지 마세요. 단

3명이 사인했을 뿐이었습니다. 100여 명 중, 단 3명!!! 예수님은 "사람이 친구를 위하여 자기 목숨을 버리면 이에서 더 큰 사랑이 없나니"(요 15:13)라 말씀하셨습니다. 기독교 신앙의 관점에서 보면, 앞으로 목사가 될 신학도들 100명 모두가 사인해야 했어요. 예수님은 말씀하셨습니다. "인자가 올 때에 세상에서 믿음을 보겠느냐?"(눅 18:8) 필자는 저녁에 문병을 가겠노라 말하고, 퇴근 후 격려금 봉투를 준비해서, 아산병원으로 갔습니다.

사인을 했다고 신장을 바로 주는 것이 아니고, 신장이 맞는지 여러 가지 검사를 했는데, 놀랍게도 딱 맞아 버렸어요. 그래서 두 전도사가 주고, 받기 위해 입원을 한 것입니다. 먼저, 이 전도사에게 어떻게 그렇게 어려운 결심을 했느냐고 물었더니, "김 전도사가 고생하는 것을 보니, 너무 가여워 혹 내 신장이 맞으면 주는 것이 좋겠다는 결단을 했습니다. 그런데 감사하게도, 내 신장이 맞아 고생하는 친구에게 주게 되어 얼마나 좋은지 모르겠습니다."고 말했습니다. 여기서 필자는 진정한 그리스도인의 감사가 무엇인지, 다시 생각했습니다. 이 전도사 신장이 맞지 않았으면, 당시 검사비 30만 원이 날라 가고, 다음 사람이 안 맞으면 다시 30만 원, 마지막 세 번째 친구도 안 맞으면, 결국 검사비 90만 원만 날리고 다시 원점으로 돌아가게 되는데, 맨 먼저 검사한 자기가 맞았으니 얼마나 감사한 일이냐는 것이지요. 그리스도인의 진정한 감사는 자기 신장이 맞은 것에 대한, 자기의 귀중한 신체의 일부를 떼어 친구에게 줄 수 있는 것이 감사한 일이라는 것이지요.

이 전도사더러 부인이 동의했냐니까, 동의를 했답니다. 참 귀한 결단을 해주어 고맙다고 말하고 수술이 잘 되게 해달라고 하나님께 간절히 기도하고, 준비해 간 격려금을 주고 나와, 신장을 받을 김 전도사 병실로 갔습니다. 김 전도사가 필자를 보더니 눈물을 줄줄 흘리면서, "교수님, 하나님께서 나를 이렇게 사랑하시는 줄 몰랐습니다. 부모님도,

형제자매도 안 맞는 신장이, 어떻게 피 한 방울 섞이지 않은 친구 것이 맞았는지, 이 일은 하나님께서 나를 살리시려는 사랑의 극치"라며 감격하여 눈물을 흘렸습니다. 김 전도사는 참으로 하나님의 은총을 받았다고 말하고, 기도하고, 격려금을 주고 병실을 나오면서 많은 생각을 했습니다.

과연 내가 이런 상황에 부딪혔다면, 나는 기꺼이 신장을 주겠다고 사인을 할 수 있었을까? 예수님 말씀처럼 친구를 위해 생명을 주는 것도 아니고, 신장 하나 떼어 주는 일인데, 과연 흔쾌히 응할 수 있었을까? 이튿날, 신장을 주고받는 수술이 잘 되어, 두어 주 후 퇴원을 하고 학교로 돌아왔습니다. 신장을 이식 받은 김 전도사는 일주에 세 번 병원에서 7~8시간 투석을 하던 것에서 완전히 해방되어, 이제 3개월에 한 번 가서 정기검진만 하면 되는 자유인이 되었지요. 가끔 교정에서 신장을 기증한 이 전도사를 만나, 몸이 어떠냐고 물어보면, "교수님 좋습니다. 괜찮습니다."며 명랑하게 답하곤 했습니다. 두 전도사 모두 신학교를 졸업하고 목사가 되어 목회를 잘 하고 있는 것으로 알고 있습니다. 주님은 당신의 믿음을 행함으로 보여 달라고 말씀하십니다. 주님은 말로만 하는 고백보다, 행함을 절실히 요구하고 계십니다.

고난주간 (4)

"제 육 시로부터 온 땅에 어둠이 임하여 제 구 시까지 계속되더니 제 구 시쯤에 예수께서 소리 질러 이르시되 엘리 엘리 라마 사박다니 하시니 이는 곧 나의 하나님, 나의 하나님, 어찌하여 나를 버리셨나이까 하는 뜻이라… 예수께서 크게 소리 지르시고 영혼이 떠나가시니라." (마 27:45-46,50)

APR

필자가 미국 유학생활을 마치고 모교의 부름을 받고 와서 가르치기 시작하던 때, 고난주간 성 금요일 점심때 우연히 학생 식당엘 갔습니다. 학생들이 밥상에 둘러앉아 식사를 하는데, 즐거운 대화를 나누며, 웃고, 즐기고 떠들썩하게 식사를 하고 있었습니다. 학생들이 식사하는 12시는 주님께서 십자가 위에서 머리에는 가시관을 쓰시고, 양손과 양발에 대못을 박고, 옆구리가 창에 찔려 물과 피가 쏟아져 나오는 처절한 모습으로 죽어 가시던 바로 그 시간이지요. "나를 위해 십자가에 죽으신 주님을 사랑합니다. 그 은혜를 감사합니다. 주님께서 십자가 위에서 흘리신 보혈로 내가 죄 씻음을 받고 구원을 받았습니다. 이 큰 은혜를 무엇으로 갚을 수 있사오리까?"라고 입만 열면 되뇌이던 신학도들이 아니었던가요? 말로는 그 크신 하나님의 은혜라면서도 정작 자기를 위해 처절하게 죽어 가시는 주님은 안중에도 없고, 밥 먹는 데 집중하면서 친구들과 재미있는 얘기를 나누는 신학생들을 보면서 정말 한심한 생각을 지울 수가 없었습니다.

매달 마지막 금요일에 정기 교수회가 모이는데, 모든 안건이 처리된 후, 필자가 제안을 했지요. 성금요일 점심에 신학생들이 식당에서 즐겁게 얘기 나누며 웃고, 즐기면서 식사를 하고 있는데, 이는 신학도들이 해서는 안 되는 일이 아니겠느냐? 내년 성금요일부터 교직원 식당, 학생 식당 문을 닫고 점심 한 끼 금식하기로 합시다. 적어도 신학교에서 성금요일 예수님이 운명하시는 시간에 식사를 즐긴다는 것은 어불성설 아닌가 라며 의견을 제시했더니, 모든 교수들이 동감을 표시하여, 교수회의 결의로 식당 문을 닫기로 했습니다. 그리고 모든 교수, 직원, 학생들에게 미리 공지하여, 성금요일 점심에는 식당 문을 닫고 한 끼 금식하는 것을 교수 회의가 결정했다고 공고했지요. 이는 실로 장신대 역사 100년에 처음 있는 일이고, 한국 신학교육 역사 최초의 사건이었지요. 이런 전통은 지금까지 잘 지켜져 내려와 매년 성금요일 점심시간에 교직원, 학생 식당은 문을 닫고 있습니다.

이런 예를 들면 쉽게 이해가 될 줄 압니다. 가정해서, 90세가 넘은 연로하신 어머니가 운명할 즈음, 아들, 딸, 손주들 모든 가족이 모여 임종을 지켜보고 있다고 가정합시다. 어머니 병상 곁에서 운명의 시간을 기다리던 중, 어머니가 숨이 넘어가는데 12시가 되자 식사하자라며 밥을 먹을 수 있을까요? 세상을 떠나는 어머니는 수한이 다 되어 세상을 떠나는 것이지, 내 죄를 대신 지고 돌아가시는 것은 아니지요. 내 죄를 지고 돌아가시는 것이 아닌 어머니 침상 곁을 떠나 점심을 할 수 없는데, 하물며, 내 죄를 대신 지시고, 운명하시는 주님 앞에서 즐겁게 식사를 한다면, 그 사람을 어떻게 신자라 할 수 있을까요? 그것은 예수님이 내 죄를 대신 지시고 고난을 받으셨다는 것을 아는 것이지, 믿는 것은 아닐 것입니다. 진정으로 주님의 고난의 믿는 자가 식사를 할 수 있을까요?

지금까지 이런 의식이 없이 무심코 성금요일 점심에 식사를 하신 분이라면 금년부터 성금요일 점심 한 끼 금식하는 것이 어떨까요? 하루 온종일 금식하는 사람도 있는데, 한 끼 정도 생각해 보면 못할 것도 없겠지요. 필자는 여러분들에게 금식하라고 강력히 권고하지는 않겠습니다. 이런 일은 자신의 신앙 양심으로 결단할 일이지, 누가 하라 해서 하는 일은 아니지요. 필자가 인디애나에서 목회할 때, 어느 해 종려

주일 설교에 이번 성금요일 하루 금식할 수 있는 분은 금식하고, 하루가 어려우면 점심 한 끼만이라도 금식 하라고 권면했지요. 사실 70년대 후반 시골 이민교회 교인들은 신앙이 있어 교회 출석하는 게 아니고, 한국 사람들 만나기 위해 오는 교인들이 많아서, 신앙적 차원에서 접근하기가 어려운 상황이었는데도 담임 목사의 권면에 따라 주는 교인들이 적지 않았습니다.

이 글을 읽으시는 분들 중 모태 신앙인도 많을 것이고, 교회 중직을 맡은 분들도 있을 것이며, 신앙의 연조가 깊은 분들도 있겠지요. 여러분들의 신앙 양심에 호소할 뿐입니다. 결코 강요하는 것은 아니고, 그저 원론적 얘기를 할 뿐입니다. 여러분이 어떻게 성금요일을 보내셨는지 필자가 알 길이 없고, 또 알 필요도 없지요. 다만 하나님은 알고 계시겠지요.

고난주간 (5)

04
05

"내 너를 위하여 몸 버려 피 흘려 네 죄를 속하여 살길을 주었다.
널 위해 몸을 주건만 너 무엇 주느냐 널 위해 몸을 주건만 너 무엇 주느냐?"
(찬송가 311장)

1941년 7월, 제2차 세계대전이 한창 진행될 때 저 악명 높은 폴란드 아우슈비츠 오센침 포로수용소에서 있었던 역사적 사실입니다. 폴란드 병사들이 수감되어 있던 오센침 수용소에 프리츠라는 신임 소장이 새로 부임했습니다. 이 프리츠는 "악마의 화신"이라는 별명을 가진 잔인하기 그지없는 악한이었습니다. 그는 취임하는 첫날, 포도들을 연병장에 모두 집합시켜 놓고, 일장 훈시를 했는데, 맨 첫마디가 "너희 중, 한 명이 수용소를 탈출하면 같은 방 동료 열 명을 처형시키겠다. 따라서 너 한 명이 살려고 탈출하면, 네 동료 열 명이 죽는다는 사실을 유념하라."였습니다.

어느 날 아침 점호를 했는데, 14호 감방의 포로 1명이 결원이 된 것이 확인됐습니다. 어젯밤, 병사 1명이 탈출을 한 것이지요. 다른 포로들을 각각 자기들 감방으로 보낸 후, 14호 감방 포로들만 연병장에 세워 놓고 내일 아침 점호 때까지 탈출한 병사가 돌아오지 않으면 너희들 중 10명이 처형될 것이라고 선언했습니다. 7월의 뜨거운 태양 아래 음식도, 물도 주지 않고 세워 놓았으니, 평소 영양실조에 시달린 병사들이 오래 버티지 못하고 한두 명씩 쓰러지기 시작했습니다. 프리츠는 14호 감방 병사 전원을 연병장에 한 줄로 세워 놓고, 부관을 데리고 나타나 포로들 앞을 지나며, 병사의 가슴을 지휘봉으로 꾹 찌르며, '너' 하고 지명하면 부관이 포로 번호를 노트에 적었습니다. 조금 가다 또

'너, 너' 지명을 해나갔습니다. 병사들은 프리츠가 자기 앞에 이르렀을 때, 지명이 되느냐, 안 되느냐에 따라 생사가 갈리는 것이지요.

9명을 지명하고 나서 10번째를 지명했는데, 그는 프렌치스코 중사였습니다. 프렌치스코는 그 자리에 푹 쓰러지면서 대성통곡을 했습니다. "아, 이제 나는 사랑하는 아내와 아이들을 영원히 볼 수가 없겠구나."라며 울부짖었습니다. 그러나 짐승 같은 프리츠는 눈 하나 깜박하지 않고 포로들의 신발을 벗기고, 옷을 벗긴 후 아사(餓死:굶어 죽는)감방으로 출발시키려 했습니다. 포로수용소 지하에는 아사감방이 있었는데, 그곳은 지하라 창문이 없어 햇빛 한 줄기도 안 들어오고, 이전에 죽어나간 시체들의 썩은 냄새와 온갖 더러운 오물들이 쌓여있는 그야말로 지옥과 같은 곳이었지요. 물론 음식은 고사하고 물도 주지 않고 굶겨 죽이는 형벌 방이지요. 10명을 1열로 세우고 지하 감방으로 막 출발하려는 때, 남아있는 병사들 중 16670번호를 단 병사가, "소장님" 하며 프리츠 앞으로 걸어 나왔습니다. 프리츠는 권총을 뽑아들고, "뭐야, 이 폴란드 돼지 새끼야"라며 권총을 겨누었습니다. 그때 그 병사가, "제가 저들 중 한 명을 대신하여 죽겠습니다."라고 말했습니다. 이 말은 들은 프리츠도 충격을 받은 듯 한동안 말을 못하고 있다가, "그래 누구를 위해 죽겠다는 거냐?" "네, 제가 프렌치스코 중사를 대신하여 죽겠습니다." 충격을 받은 프리츠는, 음성을 낮추며, "도대체 너는 누구냐?"라고 묻자, "네, 저는 막시밀리안 콜베(Maximilien kolbe) 신부입니다. 저는 신부라 가족이 없지만, 프렌치스코 중사는 가족이 있으니 프렌치스코 중사가 가족에게 돌아갈 수 있게 해주세요." 콜베 신부를 한참 바라보던 프리츠는 "그래, 네 원대로 하라."며, 프렌치스코 중사를 감방으로 보내고, 열 사람을 아사 감방으로 보냈는데, 콜베 신부는 맨 마지막에 힘없는 걸음으로 지하 감방으로 내려갔습니다.

지하 감방은 그야말로 지옥 그 자체였습니다. 한 치 앞도 안 보이는 어둠속에, 온갖 더러운 오물과 시체 썩는 냄새, 생쥐와 물것들 등 이루 말로 표현할 수 없는 생지옥이었습니다. 평소 피폐해질 대로 피폐해진 병사들이 물 한 방울도 먹지 못하고, 얼마 지나지 않아 죽어가기 시작했습니다. 콜베 신부는 운명 직전의 병사에게 다가가 마지막 종부성사를 하며, 그들 영혼을 하늘나라로 인도했습니다. 6명이 세상을 떠나고, 콜베 신부 외 3명이 살아있었지만, 의식이 있는 사람은 콜베 신부 한 사람뿐이었습니다. 그냥 나둬도 죽을 텐데, 독일 병사 하나가 독약이 든 주사기를 갖고 와서 의식도 없는 세 병사에게 주사를 놓고, 콜베 신부에게 와서 "신부님, 주사를 맞으셔야 합니다."고 말하자, 신부는 뼈와 가죽밖에 남아있지 않은 팔뚝을 내밀고, 주사를 맞은 후 조용히 하늘나라에 입성했습니다. 그때가 1941년 7월이었습니다. 전쟁이 끝난 후, 콜베 신부의 추모 미사를 드릴 때, 프렌치스코 중사가 참석하여, 당시의 상황을 눈물로 증언했습니다. 콜베 신부가 대신 죽으므로 프렌치스코 중사가 살아난 것이지요.

예수님께서 나를 대신해서 돌아가심으로 내가 살아난 것입니다. 입으로만이 아니라 심장 터지는 감격과 감사가 우리 삶을 통해 발현해야 하지 않겠습니까? 매년 돌아오는 성금요일이라 생각지 마시고, 진실로 주님의 고난을 가슴 속 깊이 명상하며 참회와 감사의 하루를 보내시기 바랍니다. 제 글을 읽고 점심 한 끼를 금식 하시는 분이 있으시면, 글로나마 고마움을 표하고자 합니다. 고맙습니다.

부활절 날짜는 왜 매년 바뀔까요?

"그가 빌라도에게 가서 예수의 시체를 달라 하여 이를 내려 세마포에 싸고 아직 사람을 장사한 일이 없는 바위에 판 무덤에 넣어두니 이날은 준비일이요 안식일이 거의 되었더라." (눅 52:54)

오늘은 왜 부활절 날짜가 해마다 바뀌는지 알아보겠습니다. "성탄절은 매년 똑같은 날인 12월 25일인데, 부활절은 왜 매년 바뀔까?" 하는 생각을 해보셨겠지요. 성탄절인 12월 25일이 예수님의 탄생하신 날로 알고 있지만 사실 예수님 탄생의 정확한 날짜는 알려져 있지 않습니다. 매년 12월 22일은 동지(1년 중 해가 제일 짧고, 밤이 제일 긴 날)로, 23일부터는 차차 밤이 짧아지고, 낮 시간이 길어지기 시작하지요. 로마제국에서 이때 빛의 원천인 태양신 미트라에게 큰 제사를 드렸습니다. 따라서 여러 성서학자들은 초기교회에서 빛으로 오신 주님의 탄생 기념일을 이때, 즉 25일로 정하는 것이 좋겠다는 의견을 모으고, 이날로 정해 축하해 왔다고 생각합니다.

그러면 왜 부활절 날짜는 왔다 갔다 할까요? 그것은 그럴 만한 이유가 있습니다. 부활절 날짜가 정해지기 전에 로마가톨릭교회와 그리스정교회가 지키는 부활절 날짜는 성탄절 날짜처럼 서로 달랐습니다. 로마가톨릭교회에서는 꼭 주일을 부활절로, 그리스정교회는 성탄절같이 주중에 한 날로 정해 축하해 왔었지요. 그러다 주후 325년에 니케아(튀르키예에 있는 작은 마을)에서 로마 제국 전체 교회 대표들이 모여 세계교회회의를 열었습니다. 당시 로마 황제 콘스탄티누스(기독교를 로마제국의 합법 종교로 공인한 황제)의 명에 의해 모인 것입니다. 이때 모인 목적은 "예수님이 인간인가?" 아니면 "인간이며 하나님인가?" 하는 문제로 교회 안에 분쟁이 생겨, 이 문제 해결을 위해 모였습니다. 예수님의 인성과 신성 문제로 모인 이 회의에서 이 문제를 결정하고 나서, 바로 부활절 날짜를 결정했습니다.

부활절은 춘분(낮과 밤의 길이가 동일한 날) 지나고, 음력 보름(15일)이 지난 후 오는 주일로 정했습니다. 이렇게 정한 이유는 예수님의 부활이 유대인의 절기인 유월절 기간에 있었기 때문입니다. 우리는 태양력을 사용합니다만 유태인들은 음력을 사용하지요. 필자가 학생들에게 혹은 교인들에게 "양력으로 1년은 며칠입니까?"라고 물으면 한결같이 "365일입니다."라고 답하지요. "그러면 왜 4년마다 있는 윤년은 366일입니까?"라고 물으면 쉽게 대답은 못하지요. 왜 그럴까요? 그것은 1년은 정확히 말해 365일 6시간입니다. 1년에 6시간이 남으니까, 4년이면 24시간, 즉 하루가 생기지요. 그래서 4년마다 하루를 더해 2월이 29일이 됩니다. 이렇게 2월이 29일이 되는 해를 윤년(閏年)이라 하지요.

그런데 문제는 유대인들은 태양력을 쓰지 않고 특히 절기는 꼭 음력을 쓴다는 데 있습니다. 음력은 아시다시피 달을 표준으로 계산하기에 문제가 되는 것입니다. 음력도 1년이 물론 365일지요. 그런데 양력은 365일에 6시간이 남는 데 반해, 음력은 365일 하고 열흘이 남습니다. 그러니까 매 3년에 한 달이 더 생기는 셈이지요. 이렇게 나오는 달을 윤달이라 합니다. 그러니까 음력으로 같은 달이 두 번 있는 것이지요. 예를 들면 음력 4월이 지났는데, 또 4월이 다시 시작되는 것이지요.

필자가 좋아해서 지금도 외우고 가끔 읊조리는 청록파 시인 박목월 선생의 "윤사월"이란 시가 있습니다.

송화(松花)가루(소나무 꽃가루) 날리는 외딴 봉우리
윤사월 해 길다 꾀꼬리 울면
산지기 외딴집 눈 먼 처녀가

문설주에 귀 대이고 엿듣고 있다.

산지기 딸이 앞 못 보는 맹인이라, 나가지 못하고 방안에서 문설주에 귀를 대고 꾀꼬리 소리를 듣고 있는 모습을 처연하게 표현한 서정적인 시입니다. 음력 4월이 빨리 지나야 익은 보리를 베어 보릿고개를 넘는데, 또 4월이 반복되니 해는 길고 언제 또 이 4월이 가는가를 애처롭게 노래한 시라 여겨집니다. 그런데 문제는 유월절 날짜를 음력으로 계산한다는 데 있습니다. 그래서 춘분은 대체로 3월 21일로 고정되어 있으나, 음력은 3년마다 윤달이 끼어, 결국 어떤 해는 부활절 날짜가 한 달이나 늦어지게 됩니다. 따라서 부활절 날짜를 정하려면 그해 양력 달력과 음력 달력, 둘 다 갖다 놓고, 먼저 양력에서 춘분 날짜를 찾고, 이어 음력 달력에서 춘분 다음에 오는 보름(15일)을 찾고 나서 바로 오는 주일이 부활절이 되는 것입니다.

좀 복잡하지요? 그러나 여러분들은 신경 쓸 필요 없습니다. 매년 발행되는 교회 달력을 보면 요즘에는 친절하게 '재의 수요일', '성금요일', '부활주일' 날짜까지 정확히 표시되어 있습니다. 부활절 날짜가 왜 해마다 바뀌냐고 묻는 사람이 있으면 설명해 주시려 애쓸 필요 없고, 그것은 좀 복잡해서 내가 설명키 어려우니, 목사님께 직접 물어보라고 하시면 됩니다. 대신 목사들은 설명을 할 수 있게 분명히 알아둘 필요가 있겠지요.

오늘은 예수님의 제자라는 사실이 드러나는 것을 두려워하지 않고, 당당히 빌라도에게 예수님의 시신을 수습할 수 있게 해달라고 말했던 아리마대 요셉의 용기와 믿음을 본받는 날이기도 합니다. 짧지 않은 사순절, 그리고 고난주간을 잘 지켜 오신 여러분들의 마음을 주님께서는 흔쾌히 받으셨으리라 믿습니다. 죽음의 권세를 이기시고, 생명의 부활을 하신 주님을 감격과 기쁨으로 맞이하시기를 기원드립니다.

예수님의 부활을 진심으로 믿으시나요?

04/07

"그 후에 열한 제자가 음식 먹을 때에 예수께서 그들에게 나타나사 그들의 믿음 없는 것과 마음이 완악한 것을 꾸짖으시니 이는 자기가 살아난 것을 본 자들의 말을 믿지 아니함일러라." (막 16:14)

예수님이 부활하셨다는 사실을 증언하는 사람들이 여럿 있었습니다. 주일 새벽 무덤에 간 막달라 마리아와 야고보의 어머니 마리아, 살로메가 예수의 시신에 향을 바르기 위해 무덤에 갔습니다. 무덤 속에서 천사가 그들에게 예수님의 부활 사실을 알려 주었습니다.

예수님은 막달라 마리아에게 먼저 보이셨는데,(막 16:9) 마리아는 놀라서 급히 전에 예수님과 함께 있던 사람들에게 예수님의 부활의 소식을 전했으나 마리아의 말을 듣고도 믿지 않았습니다.(막 16:11) 심지어 예수님의 열 한 제자도 막달라 마리아가 예수님이 부활을 증언했으나 믿지 않았으므로 예수님이 그들을 꾸짖었습니다.(막 16:14)

예수님을 3년 동안 따라다니며, 그의 삶과 기적, 말씀과 교훈을 듣고, 보고 확인했던 제자들조차 믿지 않았는데, 여느 사람들이야 말해 무엇 하겠습니까? 예수님께서 열 한 제자들에게 나타나셨을 때도, 그들이 예수님의 영을 보는 것이 아닌가하고 의심했고, 예수님께서 "어찌하여 두려워하며, 어찌하여 마음에 의심이 일어나느냐, 내 손과 발을 보고 나인 줄 알라 나를 만져 보라 영은 살과 뼈가 없으되 너희 보는 바와 같이 나는 있느니라."라고 말씀하시고 손과 발을 보여 주셨지만 아직도 믿지 못하고 놀랍게 여겼다고 성경은 기록하고 있습니다.

살아나신 예수님을 눈으로 보고, 손으로 만져 보고도 믿지 못한 열 한 제자들, 마침 그 자리에 함께 있지 않았던 디두모라 불렸던 도마는 나머지 열 제자들이 부활하신 예수님을 뵈었다고 말할 때, "내가 그의 손의 못 자국을 보며 내 손가락을 그 못 자국에 넣으며 내 손을 그 옆구리에 넣어보지 않고는 믿지 아니하겠노라."고 말했습니다.(요 20:25) 실증주의자요, 경험주의 철학의 선구자다운 말이었지요. 그후 8일이 지난 후, 도마가 열 제자와 함께 있을 때, 문들이 닫혔는데 또 예수님께서 나타나셔서 도마에게 "네 손가락을 내밀어 내 손을 만져보고 네 손을 내밀어 내 옆구리에 넣어보라 그리하여 믿음 없는 자가 되지 말고 믿는 자가 되라."(요 20:27)고 말씀하시니, 그때에야 비로소, "나의 주님이시오, 나의 하나님이시니이다."(요 20:28) 그때 예수님께서 "너는 나를 본 고로 믿느냐 보지 못하고 믿는 자들은 복되도다."(요 24:29)라고 말씀했습니다.

예수님의 부활을 믿지 못하는 사람들은 초기 고린도교회에도 있었습니다. 바울 선생은 예수님의 부활을 부정하는 사람들을 책망하고 있습니다.(고전 15:12) 부활을 부정하는 데는 세 가지 유형이 있습니다. 첫째는 '기절설'입니다. 예수님께서 십자가에서 고난 중 기절을 하셨다가 후에 깨어났다는 허무맹랑한 주장입니다. 둘째는 '도둑설'입니다. 성경에도 나오는 것 같이 예수님의 제자들이 예수님의 시신을 도둑질해 가서 부활했다고 헛소문을 냈다는 것입니다.(마 28:11-15) 그리고 마지막은 루돌프 불트만 같은 자유주의 신학자들로 예수님이 육체로 부활하신 것이 아니고, 그 정신과 사상이 제자들 맘속에 부활했다는 주장입니다. 부활을 믿지 못하는 사람들이 무슨 소리를 못하겠습니까?

눈으로 본 제자들도 믿지 못하는 부활을 이천 년이 지난 오늘에 믿어진다면 이는 실로 기적이 아닐 수 없습니다. 오늘날에도 부활의 사실을 믿지 않은 사람들은 비그리스도인들, 타종교인들은 말할 것도 없고, 어제 말씀드린 대로 기독교 평신도들, 심지어 목사, 신학자들 중에도 있습니다. 사실 죽은 사람이 다시 살아났다는 사실이 그만큼 믿기 어렵기 때문이지요. 예수님께서 승천하시고, 바울 사도가 순교한 후에는, 단 한 번도 일어나지 않은 부활 사건을 오랜 세월이 흐른 후에 믿는다는 것은 자기의 이성과, 경험과 판단에 의해서는 불가능한 일이지요.

미국의 유명한 모 신학교 학생들에게 천국, 지옥이 있다고 생각하느냐는 질문에 적지 않은 학생들이 없다고 대답했습니다. 목사가 되겠다고 신학을 수학하고 있는 자들이 천국, 지옥을 못 믿으면서 어떻게 목사가 되겠다고 하는지, 도무지 상상을 할 수 없습니다. 그런 자들이 성도들 앞에서 성경을 읽고 설교하고 교인들 헌금으로 먹고 살겠다고 신학을 공부한다고 생각하니 기가 막힐 노릇이지요. 천국과 지옥이 없으면, 성경 말씀도 다 거짓이고, 예수님도, 하나님도 안 계시는 것이 아닐까요? 신약성경에 나오는 사두개인들처럼 내세도, 부활도, 천사도 없고, 오직 현재만 있다고 생각하는 사람이 지금도 부지기수로 많은 게 사실입니다.

만일 당신이 추호의 의심 없이 예수님의 부활이 믿어진다면, 그것은 결코 당신의 이성, 경험, 학력, 경력, 판단에 의한 것이 아닙니다. 이것은 오직 성령님의 은총입니다. 우리가 의심 없이 부활 사실을 믿는 것은 성령님이 우리로 하여금 믿게 하셨기 때문입니다. 예수를 믿는 것도 마찬가지지요. 우리의 이성으로는 결코 믿을 수 없습니다.

의심 없이 주님의 부활이 믿어진다면 당신은 복받은 사람입니다. 아무나 믿을 수 없는 이 사실을 믿을 수 있는 것은 전적으로 성령님의 은총이기 때문입니다. 당신 속에 성령님이 함께 하신다는 증거입니다. 부활 사실을 의심 없이 믿는 당신을 축복합니다.

부활을 의심하는 사람들

"예수께서 이르시되 너는 나를 본 고로 믿느냐 보지 못하고 믿는 자들은 복되도다 하시니라." (요 20:29)

APR

요한복음 20장에 보면 예수님의 열두 제자 가운데 하나인 디두모라 불리는 도마는 부활하신 예수님께서 제자들이 모여 있는 곳에 오셨을 때 함께 있지 않았습니다.(24절) 다른 제자들이 부활하신 예수님을 보았다고 말하자, 도마는 내가 그의 손의 못 자국을 보며 내 손가락을 못 자국에 넣으며 내 손을 그 옆구리에 넣어보지 않고는 믿지 아니 하겠노라고 말했습니다.(25절) 도마는 대표적인 실증주의(實證主義)자였습니다. 자기 눈으로 확인해보고, 자기 손으로 만져보기 전에는 믿지 않는 부류의 사람이었습니다. 죽은 사람이 부활한 일은 인류 역사가 시작된 이래 단 한 번도 없었습니다. 따라서 도마가 예수님이 부활하셨다는 사실을 믿지 않은 것은 당연한 일입니다. 그러나 예수님께서 살아생전에, 죽은 후에 다시 부활 하실 것을 누누이 말씀하셨음에도 불구하고 도마가 예수님의 부활을 믿지 않은 것은 그가 의심 많은 사람임을 입증합니다.

사실 부활하신 주님을 눈으로 보지 않고 믿는 것은 쉬운 일이 아닙니다. 보통 신앙 가지고는 믿기 어렵습니다. 눈으로 직접 본 사람은 믿을 수 있지만 눈으로 보지 못하고 다른 사람들이 부활하신 예수님을 보았다는 말만 듣고 믿는다는 것은 그리 용이한 일이 아닙니다. 따라서 우리는 도마를 너무 나무랄 필요는 없습니다. 우리도 그런 상황이 되면 그렇게 할 수 있기 때문입니다. 실증주의자들은 하나님의 존재를 믿지 않습니다. 무신론자들과 공산주의자들, 회의론자들은 당연히 하나님의 실체를 믿지 않습니다. 왜냐하면 하나님은 눈에 보이지도 않고, 손으로 만질 수도 없는 초월적 영적 존재이시기 때문입니다.

그러므로 하나님을 보지 않고 믿는 것은 어떤 면에서 맹신(盲信)일 수도 있습니다. 터무니없는 것을 믿는 사람들을 볼 때 우리는 어리석은 사람이라고 말하고 머리가 좀 모자란다고도 말합니다. 예수님께서는 도마가 다른 제자들과 함께 있을 때, 나타나셔서 "네 손가락을 이리 내밀어 내 손을 보고 네 손을 내밀어 내 옆구리에 넣어보라. 믿음 없는 자가 되지 말고 믿음 있는 자가 되라."(요 20:27)고 말씀하셨습니다. 당황한 도마는 "나의 주님이시오, 나의 하나님이시니이다."라며 신앙을 고백했습니다.

전설에 의하면 목공(木工)인 도마는 멀리 인도에까지 가서 목수 일을 했습니다. 도마가 유능한 목수라는 말을 들은 인도 국왕이 도마를 불러 자기를 위하여 왕궁을 지어 달라며 많은 돈을 내어 주었습니다. 도마는 그 돈을 가지고 나가서 왕궁을 짓는 대신 가난한 사람들에게 다 나누어 줘 버렸습니다. 시간이 어느 정도 지난 후, 왕궁 건축 현장을 보러 나온 국왕은, 왕궁은커녕 초가삼간도 없는 허허 벌판을 보고 몹시 화가 나서 당장 도마를 끌고 오라며 소리 쳤습니다. 끌려 온 도마에게 궁전을 지어달라고 그렇게 많은 돈을 줬는데, 그 돈은 다 어떻게 하고 왕국 건축을 하지 않았느냐고 질책했습니다.

그때 도마는 이렇게 대답했습니다. "임금님의 왕궁은 지상에 없지만 천국에 크고 아름답게 건축되어 있습니다. 임금님의 돈은 모두 가난한 사람들에게 다 나누어 주었는데, 그들은 임금님의 자비하심에 감격하며 고마워했습니다. 그들의 감격과 감사가 하늘나라에 왕궁으로 건축되어 있습니다. 이 말을 들은 왕은 감동을 받고 오히려 잘했다고 칭찬을 했다는 전설이 내려오고 있습니다. 비록 소수지만 지금도 인도에 가면 2천년의 역사를 지닌 '성 도마 교회'(St. Thomas Church)가 남아 있습니다.

예수님께서 말씀하셨습니다. "너는 나를 본 고로 믿느냐? 보지 못하고 믿는 자들 은 복되도다."(요 20:29) 우리 모두는 부활하신 예수님을 단 한 번도 본 일이 없습니다. 그러나 우리는 예수님의 부활을 추호(秋毫)도 의심 없이 확신하며 믿고 있습니다. 부활하신 주님은 지금도 나와 함께 계시고 나의 기도를 들어주시며, 나와 동행하고 계십니다. 우리가 이 세상 장막을 벗은 후, 천국에서 부활의 주님을 만날 믿음을 가지고 오늘도 살아가고 있습니다. 이런 믿음을 가지고 살아가는 모든 분들에게 하늘의 풍성한 은총이 함께 하시기를 바랍니다.

부활 주일

04/09

"천사가 여자들에게 일러 가로되 너희는 무서워 말라 십자가에 못 박히신 예수를 너희가 찾는 줄을 내가 아노라, 여기 계시지 않고 그의 말씀하시던 대로 살아 나셨느니라 와서 그의 누우셨던 곳을 보라." (마 28:5-6)

예수님은 예언하신대로 안식(일) 후 첫날(주일) 부활하셨습니다. 막달라 마리아와 몇 여인이 예수님의 시신에 향을 바르러 무덤에 갔는데, 예수님은 보이지 않고 천사 2명이 그곳에 있어, 예수님이 살아나셨다고 증언했습니다. 예수님은 생전에 누차 죽으신 후에 다시 살아날 것이라 말씀하셨는데, 아무도 이 사실을 믿지 않았습니다. 심지어 베드로를 비롯한 열두 제자도 예수님의 말씀을 믿지 않았습니다. 설마 죽은 사람이 살아나겠는가?, 죽은 지 나흘이 지나 무덤 속에서 썩어 가는 나사로를, 회당장 야이로의 죽은 딸을, 나인성 과부의 죽은 외아들을 살리신 것은 눈으로 보았고, 확인했기에 부인할 수 없는 사실이라 믿었으면서도 정작 예수님의 부활 사실은 믿지 않았습니다.

이 세상에 예수님의 부활 사실을 믿는 불신자는 아무도 없습니다. 한갓 신화나 꾸며낸 이야기로 치부할 뿐이지요. 심지어 목사, 신학자들 중에서도 예수님의 육체의 부활을 믿지 않는 이들이 있습니다. 특히 자유주의 신학자들(이들은 성경에 나오는 이적과 기사를 믿지 않고 신화로 여깁니다.)도 부활을 믿지 않습니다. 이들은 예수님의 육체는 썩어 없어졌고, 다만 예수님의 교훈과 희생적 삶과 그 정신이 제자들의 가슴에 되살아나, 그들이 예수님의 교훈과 복음을 증거하여 교회가 형성됐고, 널리 확산됐다고 주장합니다. 그러나 이는 엄연히 성경에 있는 사실을 부인하는 것으로 그들을 진정한 그리스도인이라 말할 수 없습니다. 진정한 그리스도인은 성경에 기록된 내용을 사실 그대로 믿는 사람입니다. 예수님께서 육체로 부활하셔서 제자들에게 나타나셨을 때, 혹 유령이 아닌가하고 의심하는 제자들에게 "내 손과 발을 보고 나인 줄 알라. 또 나를 만져보라. 영은 살과 뼈가 없으되 너희 보는 바와 같이 나는 있느니라."(눅 24:39)고 분명히 육체로 부활하셨음을 확인시켜 주셨습니다. 따라서 예수님의 육체의 부활을 부인하는 사람은 예수님의 말씀을 믿지 않는 사람이기에, 그가 목사든, 신학자든 그리스도인은 아닙니다.

인류 역사에 죽었다 다시 살아난 사람은 없었습니다. 말씀 드린 나사로, 야이로의 딸, 나인성 과부의 아들, 바울 선생이 살린 유두고 등은 스스로 살아난 것이 아니고, 하나님의 능력으로 기적적으로 살아났습니다. 그러나 예수님은 스스로 살아나셨습니다. 이 엄연한 사실을 믿느냐 마느냐에 따라 신자인지 불신자인지가 판가름 납니다. 우리 모두는 언젠가 죽는데, 죽은 후에는 반드시 다시 살아납니다. 즉 부활이지요. 그러나 그 부활은 두 가지 부활입니다. 영원한 삶의 부활과 영원한 사망의 부활입니다. 예수 믿고 죽은 자는 영생의 부활을, 불신자는 영멸(永滅)의 부활을 합니다.

필자가 부활절 설교에 늘 쓰는 예가 하나 있는데, 그것은 달걀의 부화 이야기입니다. 먼저 교회 학교에서 아이들이 부활절에 왜 달걀에 색칠을 하고, 삶은 달걀을 나누어 주고, 숨겨 놓은 달걀을 찾기도 할까요? 물론 달걀이 병아리가 되어 새 생명으로 태어나는 것은 부활과 연계시킨 것이지요. 그러면 언제부터 부활절에 달걀을 쓰기 시작했을까요? 교회사적으로 살펴보면 11세기 십자군 운동 때부터라는 기록이 있습니다. 무슬림에게 빼앗긴 성지 예루살렘을 탈환하기 위해 유럽 여러 나라에서 동쪽으로 진군해 오는 십자군들에게 동방교회(그리스정교회) 교인들이 부활절에 달걀을 삶아 접대한 데서 비롯되었습니다.

달걀이 병아리가 되기 위해서는 암탉이 3주 동안 알을 품어야 합

APR

니다. 여러 개의 알을 품고, 3주 후가 되면 병아리가 나오는데, 분명히 10개를 품었는데, 5개는 병아리가 되어 나왔는데, 5개는 곪아 썩어 버렸지요. 분명히 똑같은 알을 품었는데, 왜 어떤 것은 병아리가 되고 어떤 것은 썩었을까요?

그 이유는 간단합니다. 초등학교 저학년 학생도 간단해 대답할 수 있는 질문이지요. 달걀 안에 씨눈(난황 배아)이 있고 없고가 병아리와 곪아 버리는 원인이지요. 달걀을 깨보면 노른자위에 하얀 짧은 끈 같은 것이 있는데, 이것이 씨눈입니다. 이 씨눈은 모든 달걀에 있는 것이 아니고, 수탉과 같이 지내는 암탉이 낳은 알에만 있지요. 즉 수탉과 부부생활을 한 암탉은 씨눈이 있는 알을 낳지만, 수탉 없이 암탉 혼자 낳은 알에는 씨눈이 없어 병아리가 절대 될 수 없습니다. 우리가 달걀을 삶아 먹거나 부쳐서 먹는 데는 조금도 차이가 없습니다. 그러나 그 알이 생명으로 태어나느냐 아니면 썩어 버리느냐는 씨눈이 있느냐 없느냐에 달려 있지요.

이 달걀의 예에서 영생의 부활과 영멸의 부활의 원리를 알 수 있습니다. 달걀의 씨눈은 신자들의 믿음입니다. 주 예수께서 내 죄를 위해서 십자가에서 고난당하심과, 거기서 흘린 보혈로 나의 모든 죄가 씻김을 받았다는 사실을 믿는 사람은 영생의 부활을, 믿지 않은 사람은 영멸의 부활을 하게 됩니다. 여기서 믿는다는 것은 안다는 사실이 아닙니다. 아는 것은 믿는 것이 아닙니다. 많은 신자들이 이 사실을 알고는 있지만, 믿지는 않지요. 아는 것과 믿는 것의 차이는 무엇일까요? 답은 간단합니다. 죄를 죄로 아느냐하는 것과 죄로 알았으면 즉시 철저한 회개를 했느냐 입니다. 회개 없는 기독교 신앙은 기독교 신앙이 아닙니다. 그런데 많은 사람들이 죄를 죄로 깨닫지 못하고 죄를 짓고도 죄로 여기지 않는다는 데 문제가 있습니다. 마치 식인종들이 사람을 잡아먹고도 살인했다는 의식이 없고, 부른 배를 어루만지면서 잘 먹었다고 행복해 하는 것과 다름없지요.

예를 들면 캘리포니아 '프리웨이'(free way) 최고 시속은 65마일입니다. 그러나 프리웨이를 달리는 차치고 65마일로 달리는 차는 거의 없지요. 분명히 65마일을 넘는 것은 교통 법규를 위반하는 것이지만, 죄의식을 느끼는 사람은 없지요. 왜일까요? 대답은 간단합니다. 거의 모든 차가 법규를 위반하기 때문이지요. 그러나 그것은 분명히 불법입니다. 신자들도 많은 사람들이 행하면 죄가 분명한데도 죄로 느끼지 않기 때문에 회개하지 않습니다. 그러나 성경은 죄를 회개하지 않는 자에게는 영생의 부활이 없다고 단언합니다.

나는 과연 어떤 부활을 할까요? 영생과 영멸의 분기점은 여러분이 얼마나 날카로운 양심을, 얼마나 청결한 양심을 갖고 사느냐에 달려 있습니다. 양심이 무뎌져, 죄를 죄로 알지 못하고, 철저히 참회하지 않으면 영생의 부활은 없습니다. 이 말은 필자가 하는 얘기가 아니고, 성경이, 예수님이 하신 말씀입니다. 부활의 새아침에 우리도 영생의 부활을 위해 부활의 감격과 더불어 나의 부활에 대해 심각한 반성을 하는 아침이 돼야겠습니다.

아미쉬

04
10

"너희는 이 세대를 본받지 말고 오직 마음을 새롭게 함으로 변화를 받아 하나님의 선하시고 기뻐하시고 온전하신 뜻이 무엇인지 분별하도록 하라." (롬 12:2)

온 세상이 코로나 펜데믹으로 몸살을 앓고 있을 때, 이상한 세상이 한 곳 있었습니다. 그곳 사람들은 마스크도 쓰지 않고, 사회적 거리도 유지하지 않으며, 물론 백신 접종은 일체 하지 않습니다. 그러나 확진자도 거의 없고, 걸렸다 하더라도 사망자도 거의 없습니다. 이 세상이 바로 아미쉬가 살고 있는 동네입니다.

아미쉬는 본디 16세기 교회개혁이 한창이던 유럽 스위스에서 일어난 재세례파의 한 줄기입니다. 1693년 야콥 암만(Jakob Ammann)의 지도에 따라 이들은 유아 세례를 반대하고 성인 침례만을 주장하던 사람들입니다. 유아 세례를 반대하는 이유는 성경에 유아 세례를 베풀라는 말씀이 없다는 데 근거합니다. 세례(침례)는 성인이 자기 입으로 그리스도를 주로 고백하고, 신구약성경이 하나님의 말씀임을 고백하는 사람에게 베푸는 것으로, 자의식이 없는 갓난아기에게 세례를 베푸는 것은 비성서적이라 주장합니다.

따라서 이들은 개혁파들에게 박해받아 심지어 죽임을 당하기도 했습니다. 이들은 이런 박해를 피해 신앙의 자유가 확보된 신대륙으로 건너가 새로운 삶의 터전을 마련했습니다. 이들은 국가와 교회를 철저히 분리하는 집단입니다. 이들은 현대 과학 문명을 거부하고 옛날 생활방식을 그대로 유지하면서 농기계 사용을 금지하고, 오직 사람의 힘과 동물의 힘을 의지하여 농사를 지으며 살아가는 평화의 사람들입니다.

유럽에서 박해를 받던 이들은 18세기에 미국 펜실베이니아로 이민을 왔습니다. 현재 미국에는 2021년 기준으로 약 35만 명 정도의 아미쉬가 살고 있습니다. 이들의 인구는 꾸준히 증가하고 있는데, 그 이유는 낙태를 금지하기 때문입니다.

아미쉬들은 일반 세상과 분리되어 자기들끼리만 살아갑니다. 이들은 16세에서 19세 사이에 침례를 받고 정식 멤버가 됩니다. 대체로 20 내지 40 가정이 한 지역을 형성하고, 2주에 한 번씩 멤버의 가정이나 창고에서 예배를 드립니다. 이들은 철저하게 금주(禁酒)를 하며 전기를 사용하지 않고, 전화, 자동차, 컴퓨터 등 현대 문명의 이기를 사용하지 않습니다. 이들은 스스로 학교를 만들어 초등학교 정도의 교육만 실시하기 때문에 중, 고, 대학은 없습니다. 국가가 규정한 교육의 의무를 거부합니다.

이들은 일반 사회의 보험에 들지 않고, 사회보장제도(Social Security)에도 아예 가입하지 않습니다. 비폭력이 원칙이어서 전쟁에 나가지도 않습니다. 즉 병역의 의무를 거부합니다. 결혼도 오직 아미쉬 안에서만 하고 일반 사람과의 결혼은 금지됩니다. 이들은 주로 단순한 생활을 하고, 손으로 하는 노동, 겸손, 검소를 생활 원칙으로 하며, 만약 이런 규칙을 따르지 않으면 파문을 당합니다. 농사를 주업으로 하기에 노동력이 필요하므로 많은 가족을 선호하고, 특별히 아들이 많으면 농사일을 쉽게 할 수 있다고 생각합니다.

코로나의 위험이 최고조에 이른 2020년 5월에도 모든 주민이 모여 성찬식을 거행했습니다. 한 곳에서는 주민 모두가 코로나에 감염되었으나, 전통적인 방식으로 코로나에 대응했습니다. 이들은 죽는 것보다 일을 그만두는 것이 더 나쁘다고 여깁니다. 미국 내에서 첫 코로나 지역 전파가 발생한 지 1년 후 전국 뉴스 매체와 AP 통신은 일제히 펜실베이니아, 랭커스터 카운티 아미쉬 마을이 집단 면역에 도달했다고 보도했습니다. 주민 대부분이 코로나에 대한 면역이 형성되었음을 의미합니다.

필자는 아미쉬가 현대 문명을 거부하고, 특히 병원이나 약을 거부하는 것에는 동의할 수 없습니다. 그러나 하나님을 절대 신뢰하는 믿음과 자기들의 신념을 위해서 죽고 사는 것까지 초월하는 신앙심에는 경의를 표하고 싶습니다. 요즘 같은 세상에 이런 신앙을 찾아보기 힘들기 때문입니다.

손양원 목사 순교기 (1)

"큰 소리를 불러 가로되 거룩하고 참되신 대 주재여 땅에 거하는 자들을 심판하여 우리 피를 신원하여 주지 아니하시기를 어느 때까지 하시려나이까 하니" (계 6:10)

APR

손양원은 1902년 경남 함안군 칠원면에서 손종일 장로의 장남으로 태어났습니다. 그는 1908년 부친과 함께 예수를 믿고 신자가 되었습니다. 손양원은 고향 칠원공립보통학교에 다닐 때 학교가 동방요배를 강요하자 이는 기독교 신앙에 위배된다며 단호히 거절했습니다. 이 일로 인해 그는 퇴학 처분을 받았습니다. 1919년 3.1 독립운동이 있던 해에 서울로 올라와 고학을 하면서 중동(中東)중학교를 다녔는데, 그의 부친이 3.1 독립운동에 가담하여 투옥되면서 그는 다시 퇴학 처분을 받았습니다.

손양원은 일본으로 건너가 동경의 소압(巣鴨)중학교를 다녔는데, 어느 날 거리에서 동양 선교회 노방전도대의 설교에 큰 감화를 받고 귀국하여 경남성경학교에 입학했습니다. 여기서 그는 부산초량교회에서 목회하면서 주기철 목사를 만나게 되었고 그의 가르침에 크게 감동을 받아 일생동안 주 목사를 스승으로 흠모했습니다. 그는 1925년 성경학교를 졸업하고 전도사가 되어 부산 나병원교회 전도사로 부임했습니다. 보통 사람들이 가기를 꺼리는 나병원에서 일하는 것으로 그의 아가페 사랑의 사역은 시작되었습니다. 그는 천형의 병을 앓고 있는 불쌍한 환자들과 더불어 그의 사역을 시작하여 생을 마칠 때에도 나병환자들과 더불어 살다가 순교함으로 그리스도 사랑의 진면목을 보여 주었습니다.

손양원은 신학 수업을 보다 철저히 하기 위해 1935년 평양장로회 신학교에 입학하여 1938년에 졸업했습니다. 졸업한 한 후, 그는 어디서 목회를 할까 생각하다, 내가 영남 사람이니, 호남에 가서 목회하면서 영, 호남의 간의 갈등을 푸는 작은 역할을 할 수 있지 않을까 하는 생각으로 전라도로 갔습니다. 그러나 경상도 사람인 그를 불러 주는 교회는 없었습니다. 그런데 한 곳에서 부름이 왔습니다. 그곳은 순천과 여수 사이 신풍이라는 조그만 동네에 있는, 미국 남장로교회 선교부가 운영하는 애양원(愛養院)이라는 나병환자촌 교회였습니다. 그가 신학교를 졸업하던 1938년은 장로회 총회가 불법으로 신사참배를 선포하여 우상 앞에 절하는 추태를 보이던 해였습니다. 손양원은 신사참배는 우상숭배라며 단호히 거부하여 집회 시마다 일제의 악정과 우상숭배 강요를 신랄하게 공격했습니다.

일제는 1940년 9월 손양원을 검속하여 광주형무소에 수감했다가 다시 청주형무소로 이감하고 온갖 고문을 가했으나 그는 끝까지 신앙의 절개를 지켰습니다. 그가 심문을 당할 때, "왜 신사참배와 동방요배를 하지 않으냐."고 다그치자 "나는 국민 된 도리로서 하지 않는다."고 말했습니다. 이 말에 형사는 깜짝 놀라 "그게 무슨 소리냐? 국민이면 당연히 국가의 명령에 복종하고 이를 실행해야 되지 않느냐?"고 소리를 질렀습니다. 손양원은 침착한 어조로 "나는 우상을 숭배하고 하나님을 공경치 않는 나라가 망하지 않은 경우를 보지 못했소. 그러므로 만일 일본이 계속 우상을 숭배하고 하나님을 공경치 않으면 망하게 될 것이므로, 국민 된 도리로 국가가 망하는 것을 원치 않아 신사참배하지 않는 것이요."라고 단호히 말했습니다.

모진 고문과 형극의 길을 걷던 그에게 1945년 해방이 찾아왔습니다. 장장 6년의 감옥살이로 고난의 길을 걸어온 손양원은 자유의 몸이 되었습니다. 석방된 후 과거에 목회하던 애양원교회로 돌아왔는데, 이

때 1천여 명의 나병환자가 뛰어나와 손양원을 환영하고 부둥켜안고 눈물을 흘렸으니 위대한 투사의 금의환향이었습니다. 뿔뿔이 흩어졌던 가족들이 모두 만나 실로 오래간만에 온 가족이 단란한 한 때를 보냈습니다. 손양원 전도사는 해방된 이듬해인 1946년 3월 경남노회에서 목사 안수를 받았습니다.

손 목사의 평온한 삶도 잠시뿐, 곧 그와 그 가정에 피해갈 수 없는 시련이 다가오고 있었습니다. 1948년 10월 여수 · 순천사건이 터졌습니다. 이 사건은 여수에 주둔하고 있던 14연대를 제주도에서 일어난 4 · 3사건 진압을 위해 파견하는 과정에서 좌익사상에 물든 김지회 중위(대전차포 중대장), 홍수석 중위, 지창수 상사 등 40여 명의 남로당 조직책들이 주동이 되어 일으킨 반란이었습니다. 이들은 경찰타도, 동족상잔 제주출동 반대, 남북통일 실현, 북조선 인민군의 남진 등의 기치를 내걸고, 4월 19일에 반란을 일으켜 여수, 순천, 벌교 등지를 사흘 동안 점령하고 경찰관 가족 등 우익 진영의 인사들을 대량 학살했습니다. 이때 손 목사의 두 아들이 순교당하는 불행한 사건이 있었습니다. 당시 손 목사의 큰아들 동인(東仁, 25세)은 순천사범학교 4학년에, 둘째 아들 동신(東信, 19세)은 순천중학교 2학년에 다니고 있었는데 그들은 같은 학교의 공산당 급우들에게 예수 믿는다는 이유로 같은 날 총살당해 순교했습니다.

초기 로마제국 치하의 그리스도인들은 죽음을 각오하고 기독교 신앙을 받아들였고, 고난이 왔을 때 조금도 주저치 않고 십자가형에, 굶주린 맹수의 굴에, 끓는 가마솥 속으로, 목 베임의 현장에 스스럼없이 걸어 나갔습니다. 평화의 세상에 사시는 여러분. 저들은 신앙을 위해 생명을 버렸습니다. 당신은 무엇을 드리고 있습니까?

손양원 목사 순교기 (2)

"큰 소리를 불러 가로되 거룩하고 참되신 대 주재여 땅에 거하는 자들을 심판하여 우리 피를 신원하여 주지 아니하시기를 어느 때까지 하시려나이까 하니" (계 6:10)

반란이 진압되고 반란의 주모자들이 처형될 때 동인 형제를 죽이는 데 앞장섰던 강재선(姜在善: 일부 책에는 강재선이 아니고 안재선으로 되어 있으나 손목사의 딸 동희 권사가 쓴「나의 아버지 손양원 목사(아가페, 1996)」, 250쪽에는 강씨로 되어 있음.)도 포함되어 있었습니다. 손 목사는 강재선이 처형되기 직전 군사령관에게 그를 석방시켜주면 양아들로 입적시켜 그를 새사람으로 만들겠다는 특청을 하여 허락을 받았습니다. 손 목사는 죽은 두 아들 대신 그를 양아들로 입적시키고, 예수를 믿게 하여 부산성서학원에 보내 공부하게 했습니다.

그로부터 2년 후인 1950년에 한국 전쟁이 일어나 부산을 제외한 남한 전체가 공산당의 수중에 들어감으로써 여수 애양원에까지 공산군들이 다가오고 있었습니다. 애양원 장로들이 손 목사더러, 다른 목사들 같이 빨리 피난을 가셨다가 공산당이 물러가면 다시 와서 우리를 위해 목회를 해 달라고 청원했으나 손 목사는, "주님의 이름으로 죽는다면 이보다 더 큰 영광이 어디 있겠어요. 나는 일제 때 감옥에서 죽었을 것인데 하나님이 보호하사 해방을 주셔서 더 살게 된 것도 감사하기 그지없습니다. 내 눈을 빼고, 코를 베고, 손이 잘리고, 발이 떨어지고, 목이 끊어져서 석 되밖에 안 되는 피가 쏟아지고, 내 뼈가 가루가 된들 내 주님의 사랑을 다 갚을 길이 없는데 나를 부모같이 원하는 이 양떼를 버리고 어찌 피하겠습니까?"라고 대답하고 여전히 몸을 제대로 움직이지 못하는 중증 환자들 집을 찾아가 밥을 지어 먹이고, 상처를 치료해 주고, 방을 청소해 주고, 빨래를 해주면서 환자들을 섬겼습니다. 수많은 목사들이 교회와 성도들을 남겨두고 가족과 함께 재빠르게 피난을 떠난 것과 대조적으로 손 목사는 양떼를 떠나지 않고 끝까지 남아 목장을 지키는 선한 목자의 본을 보여 주었습니다.

그해 9월 공산당들이 드디어 애양원에 들이닥쳐 손 목사를 체포하여 심문하고 난 후 그는 2주일 만에 순교 당했습니다. 당시 상황을 김린서 목사가 기록으로 남겨 두었습니다.

"공산군은 손양원 목사 외 120여 명을 여수 감옥에 구금했다가 9월 28일 밤에 모두 한 줄에 묶어 미평(美坪)이란 동네 야산으로 끌고 갔습니다. 신발을 벗기고 40리 자갈 돌길에 걷게 하니 발은 다 찢어져 피의 행로였습니다. 손 목사는 끌려가면서도 계속 전도를 했습니다. "사랑하는 젊은이들이여, 공산당을 따르면 안 됩니다. 예수님 믿고 구원 받아야 합니다."라고 계속 전도하자, 인민군 하나가 "그 입 닥치지 못하겠느냐?"며 소리 질렀습니다. 그래도 손 목사가 계속 전도하자, 쫓아와서 따발총 개머리판으로 손목사의 입을 내리쳤습니다. 이가 한꺼번에 모두 빠져 쏟아져 나왔습니다. 입술이 찢어져 피가 낭자하게 흘러내렸습니다. 그럼에도 불구하고 손 목사는 계속, "여러분 공산당 따르면 안 됩니다. 예수 믿고 구원 받으셔야 합니다."라고 말하자 이번에는 인민군 하나가 커다란 돌멩이를 하나를 갖고 와서 피가 줄줄 흐르는 손목사의 입을 그것으로 틀어막아 버리자, 더 이상 전도를 못하고 비틀거리면 따라갔습니다. 밤중에 10여 명씩 묶어 꿇어앉히고 총으로 쏘고 칼로 찌르며 돌로 쳐서 죽였습니다. 그중에 한두 사람이 살아남아 그 밤의 참상을 전하여 주었습니다. 그중에는 80세 되는 목사도 있었고 여전도사와 청년회 회장도 있었습니다. 불신자들의 울부짖음과 신자들의 찬송 소리와 기도 소리가 한데 어우러졌습니다. 처음에는 많은 사람의 찬송 소리가 들리다가 차차 10여 명, 한두 명의 소리로 가늘게 들리더니 나중에는 그 소리마저 끊어져 조용한 밤이 되었고 희미한 달과 별빛이 순교자들의 시체를 조상했습니다. 손양원 목사의 시체는 어깨와 두 손가락에 총알이 관통했고 그 입은 돌에 맞아 상하고 이빨이 부러져 있었습니다. 아마 찬송하며 전도하면서 쳐든 어깨와 손을 총으로 쏘고 기도하며 전도하는 그 입을 돌로 친 것이었습니다. 1950년 9월 28일 밤 11시 위대한 사랑의 성자 손양원 목사는 그렇게 천국으로 갔습니다. 그때 그의 나이 48세로 한국교회 순교자의 명단에 그 귀한 이름을 올렸습니다."

그가 살아생전에 "재지일일장 재천일일단"(在地一日長 在天一日短: 땅 위에서 하루가 길면 하늘에서 하루가 짧고), "재지일일단, 재천일일장"(在地一日短 在天一日長: 땅 위에서 하루가 짧으면 하늘에서 하루가 길다)"는 말을 했습니다. 이 말은 그의 생이 지상의 생활과 천국의 생활이 단절되지 않고 서로 연결되어 일직선상에 있었다는 것을 의미합니다.

한국교회에 이런 신앙의 선배가 있다는 것은 후세의 귀감이 되고, 목회자의 길이 얼마나 험난한가를 보여 주는 시금석입니다. 선생 주기철 목사에 제자 손양원 목사는 그 선생에 그 제자였던 것입니다. 더럽고 추한 현실에 타협한 목사, 장로들이 지천으로 깔려 있던 때 고고하게 신앙의 절개를 지킨 두 순교자로 인해서 추한 몰골의 한국교회에 꺼지지 않은 작은 불빛이 비추고 있었습니다.

오늘을 사는 우리는 너무 행복한 시대에 살고 있습니다. 우리가 처절하게 어려웠던 일제 치하나, 공산당들이 난장을 치던 시대에 살지 않고, 자유를 만끽하고 살 수 있는 시대와 땅에 살고 있다는 사실이 얼마나 감사하고 다행한 일인지 헤아리기 어렵습니다.

한경직 목사의 신사참배 참회

"내가 너희에게 이르노니 이와 같이 죄인 하나가 회개하면 하늘에서는 회개할 것 없는 의인 아흔 아홉을 인하여 기뻐하는 것보다 더하리라." (눅 15:7)

일제는 1941년 전쟁 포고도 없이 하와이의 진주만을 포격함으로 지금까지 제2차 세계대전에 중립을 견지하던 미국으로 하여금 자연스럽게 전쟁에 뛰어들게 만들었습니다. 전쟁이 본격화되자 일제는 조선에까지 전국총동원령을 내리고, 전시 체제로 전환했습니다. 특히 미국 유학파 목사들을 미제국주의 스파이로 몰아 모두 목회 현장에서 배제시켜 버렸습니다. 한경직 목사도 미국 유학을 했기에 목회하던 신의주 제2장로교회에서 물러나 교회가 운영하던 양로원 원장으로 일하게 되었습니다. 전쟁이 막바지로 접어들자 일제는 식량 공급을 배급제로 전환하여 일인당 일정량의 식량을 배급해 주었습니다. 그런데 일제는 한 목사님이 신사참배를 거부하자, 노인들에게 줄 양식을 끊어버리겠다고 협박을 했습니다. 일이 이렇게 되자, 한 목사님은 어려운 결단을 해야 했습니다. 한 목사님 개인이라면 얼마든지 신사참배를 하지 않겠는데, 노인들이 굶게 생겼기 때문에 어쩔 수 없이 신사 참배를 할 수밖에 없었다고 말했습니다. 아무튼 한 목사님의 말씀에 의하면 본인의 본래 뜻은 아니고 노인들 때문에 어쩔 수 없이 신사참배를 했다고 말씀하셨습니다.

잘 알려진 대로 한 목사님이 종교의 노벨상이라 불리는 템플턴상(상금 미화 약 120만 달러)을 받으시게 되었습니다. 이 상은 세계적으로 교회에 큰 공로를 세운 이들에게 수여하는 상으로 본인은 물론 본국 교회의 영예입니다. 한 목사님은 이 영예로운 상을 1992년 4월 독일 베를린 샤우쉬필 하우스에서 수상했습니다. 한 목사님이 이 상을 받게 된 이유는 목회, 사회복지, 복음전파, 남북화해 등의 공적을 인정받았기 때문입니다. 한 목사님은 이 상금은 북한 선교를 위해 사용하게 될 것이라고 말했습니다. 상금은 그해 5월 영국 버킹검 궁에서 엘리자베스 여왕의 부군 필립 공으로부터 받았습니다. 이는 참으로 한국교회의 자랑이요, 동양에서 처음으로 수상하는 영예를 얻는 일이었습니다.

이 기쁘고 즐거운 일은 한국교회 전체가 축하해야 하는 일이라며 축하 감사 예배를 드리기로 하고, 초교파적으로 위원회가 구성되어 준비를 했습니다. 수상감사예배를 그해 6월 18일 63빌딩 대회의실에서 한국의 초교파 지도급 인사들이 모여 예배를 드리게 되었습니다. 필자가 봉직하던 장신대 교수들 모두에게 초대장이 와서 필자도 받았습니다. 필자는 그런 곳에 잘 안가는 성격이라 처음에는 가지말까 하다 그래도 귀한 상을 받으시는데, 참석해야겠다는 마음이 일어 예배에 참석했습니다. 설교가 끝나고 두 분이 축사를 하고, 한 목사님이 답사를 하실 시간이 되었습니다. 한복을 곱게 차려입은 목사님이 강대상 앞에 나오셨습니다. 당시 약 3천여 명의 내로라하는 인사들이 참가한 가운데, 모두 한 목사님을 주목하고 무슨 말씀을 하시나 기대하고 있었습니다. 그런데 뜻밖에도, "저는 죄를 많이 지었습니다. 저는 신사참배를 한 죄를 범했습니다."라고 말씀을 하셨습니다. 장내는 갑자가 찬물을 끼얹은 것 같이 조용해졌습니다. 필자는 이 말씀을 들을 때, 북받쳐 오르는 감격을 억누를 수가 없었습니다. 왜냐하면 일제 강점기에 수백 수천의 목사 장로들이 신사참배를 했으면서도 공개적으로 신사참배 한 죄악을 고백한 사람은 단 한사람도 없었기 때문이었습니다. 한 목사님이 그때 유일하게 공개석상에서 신사 참배 죄악을 고백한 것입니다. 물론 개인적으로 하나님 앞에 엎드려 눈물 흘리며 참회한 사람도 있었으리라 생각하지만, 과연 그런 사람이 몇이나 될는지 의심스러울 뿐입니다. 수천 명이 모인 곳이 아니더라도 자기가 목회하는 교회에서 교인들 앞에 서라도 진정으로 참회한 목사, 장로가 있었다는 말을 들어 본 일이 없습니다. 오직 한 목사님이 유일하게 공개적으로 수많은 사람들 앞에서 그것도 초교파적으로 내로라하는 지도자들 앞에서 신사참배 죄악을 고백한 것은 참으로 귀한 일이 아닐 수 없습니다.

필자는 속으로 목사님이 오래 사신 보람이 있다고 여겼습니다. 그때 나이 90세였습니다. 만일 한 목사님이 90세 이전에 세상을 떠나셨거나, 또는 템플턴상을 수상하지 못했으면 그런 공개 참회의 기회 없이 세상을 떠났을 수도 있지 않겠습니까? 그런 의미에서 한 목사님은 참 복을 많이 받으신 분이십니다. 그분은 백수(白壽)인 99세에 세상을 떠나셨습니다. 자기의 죄악을 공개적으로 참회하는 것은 쉬운 일이 아닙니다. 그러나 자기 혼자만 아는 죄악이 아니라, 모두가 다 아는 죄악을 공개적으로 참회하지 아니하고 그대로 덮고 넘어가는 것은 또 다른 죄악을 짓는 것이라 여겨집니다.

한 목사님의 임종에 참여하셨던 목사님의 증언이 있습니다. 한 목사님이 말년에 머무셨던 남한산성 별장에, 임종이 가까웠다는 소식을 접한 초교파 여러 목사들이 한 목사님 숙소를 방문했습니다. 한 목사님이 유언과 같이 그들 목사들에게 하신 마지막 말씀은 "목사님들 예수 잘 믿으세요."였답니다. 목사들에게 예수 잘 믿으라는 말씀은 도대체 무슨 의미였을까요? 필자가 판단하기에는 두 가지 의미가 있지 않나 생각합니다. 첫째, 목사니까 당연히 예수 잘 믿는다고 여기고 있겠지만 하나님 보시기에는 아직도 멀었다는 의미가 아닐까요? 그러니까 지금보다 더 열심히, 간절히, 진지하게 예수님을 믿고 섬기라는 의미가 아니었을까 생각해 봅니다. 둘째는, 좀 지나친 상상인지 모르지만, 당신들 목사라고 평생 목회하고 복음을 위해 일했다고 하지만, 사실상 예수 믿는 것이 아니고, 일신상의 영달과 물질과 명예와 향락을 위해 예수님 이용하고, 헛된 일 했으니, 이제라도 개과천선해서 예수님 잘 믿고, 바른 신앙생활 하라는 뜻이 아니었을까 생각해 봅니다.

일제 강점기에 신사참배를 했던 목사들이 예수 믿는 목사들이었을까요? 예수 믿는 목사가 우상 앞에 절할 수 있을까요? 요즘 어떤 목사가 절간에 가서 부처상 앞에 고개 숙이고 절한다면 그 목사가 목사겠습니까? 미치지 않고는 그렇게 할 수는 없지 않겠습니까? 그런데 일제 강점기에 목사들이 천조대신 태양신 앞에 고개 숙이고 절을 하지 않았습니까? 이런 목사가 목삽니까? 목사는 목사지요. 그러나 예수 안 믿는 목사지요. 한경직 목사님도 신사참배 한 목사지만, 그는 공개적으로 참회하는 기회를 가졌는데, 그때 거기 있는 목사들 중 신사참배 한 목사가 있었다면, 그가 교회 앞에 공개 사죄하지 않았다면 목사라 얘기할 수 없겠지요. 그래서 한 목사님이 예수 제대로 믿으라 하지 않았을까 하고 생각해 봅니다.

우리 모든 그리스도인들은 물론 공개적으로 사죄할 악을 범하지 말아야 하지만, 인간은 언제, 어디서나 죄악을 범할 수 있는 존재이기에, 하나님께서는 참회할 기회를 주시고 기다리고 계시는 것이지요. 용기를 갖고 오래된 죄악을 공개적으로 참회할 수 있는 훌륭한 선배 목사님을 둔 것도 우리의 행운이라 여겨집니다. 여러분 예수님 믿으십니까? '예'라고 대답하시는 분들에게 묻습니다. 예수 믿는다는 증거가 무엇입니까? 입으로만 하는 고백, 성수주일, 십일조, 교회 봉사입니까? 주님께서 당신에게 진정으로 원하시는 것은 무엇일까요? 이 문제를 가지고, 묵상 하시는 오늘 하루 되소서.

성례의 효율성

04
14

"유태인이나, 헬라인이나, 종이나 자유인이나 남자나 여자가 다 그리스도 예수 안에서 하나이니라." (갈 3:28)

APR

성례의 효율성과 관계되는 말씀을 한 가지 드리겠습니다. 필자가 있었던 장신대는 매일 오전에 전교생이 모여 예배를 드립니다. 어느 날 예배 시간이 되어 채플에 갔습니다. 그날은 외부 강사가 설교를 하는 날이었습니다. 예배 순서에 따라 설교 시간이 되어 강사 목사가 단에 서서 다음과 같이 말했습니다. "저 같은 사람이 하나님의 은혜로 목사가 되어서 장신대 채플에서 말씀을 전하게 된 것이 얼마나 영광스럽고 감격스러운지 하나님의 은혜 무한 감사합니다."라고 운을 떼었습니다. 그러면서 자기 간증을 했습니다.

본래 자기는 6.25전쟁 후, 부산에서 조직 깡패 두목으로 활동을 했답니다. 그런데 한 번은 관할구역 문제로 이웃 구역 깡패들과 싸움이 벌어지게 됐는데, 자기가 이웃 깡패 두목에게 시끄럽게 할 것 없고 보스 두 사람이 맞장을 떠서 이기는 사람이 모든 구역을 갖는 걸로 하자고 제안했더니, 좋다고 해서 날짜를 잡고 다투기로 했습니다. 정해진 날, 나가기 전에 만일을 위해 자기 오른쪽 발목에 칼을 하나 차고 나갔답니다. 달 밝은 밤에 해운대 바닷가에서 양쪽 졸개들이 지켜보는 가운데 주먹다짐을 했습니다. 한참 싸우다 보니까 자기가 힘이 달려 도저히 힘으로 제압할 수 없다고 판단되어, 에라 모르겠다하는 심정으로 오른쪽 발목에 차고 갔던 칼을 꺼내 충만하게 찔렀더니 충만하게 죽어버렸습니다. 결국 살인 혐의로 지명수배가 되었고, 얼마 못가 체포되어 기소되었는데, 조직 깡패, 살인, 폭행, 절도, 사기 등 수많은 죄목으로 재판에 넘겨졌습니다. 1심에서 사형선고를 받았고, 2심에서도 역시 사형선고를 받았으며 마지막 대법원에서도 사형 확정이 되어 교도소에서 처형 날짜를 기다리고 있었습니다. 그런 상황에서 어느 날 교도소 원목이 와서 자기에게 어차피 당신은 사형을 당하게 되었는데, 죽기 전에 예수를 믿고 구원을 받아 천국에 가는 것이 좋지 않겠냐고 전도를 했습니다. 그래서 어차피 언제 죽을지 모르는 인생, 죽은 다음에 천국에라도 가야 되지 않겠나 생각해서 예수를 믿기로 결심하고 목사님께 자기의 모든 죄를 고백하고 세례를 받았습니다.

보통 사형수가 있는 방에 같이 있는 죄수들은 눈을 뜨는 순간부터 눈을 감는 때까지 그리고 자는 동안에도 모두가 다 긴장의 끈을 놓을 수가 없습니다. 사형수의 심기를 건드리는 날에는 그가 무슨 짓을 할지 몰라 전전긍긍합니다. 조금이라도 신경을 건드리는 일이 있으면 엄청난 일을 저지른다는 거예요. 어차피 자기는 죽을 몸인데, 사람 하나 더 죽였다고 두 번 죽이는 것도 아니고, 어차피 한 번 죽는 건데 무슨 짓을 못 하겠습니까? 그래서 온 감방 죄수들이 그의 눈치를 보면서 조금이라도 신경을 거슬리지 않게 최고의 대접을 하면서 초조한 나날을 보냈습니다. 그런데, 자기가 예수를 믿은 후에는 오히려 모든 죄수들이 가장 하기 싫어하는 일, 즉 변기통을 치우는 일부터 청소 등 온갖 궂은일은 다 맡아 하고, 어린 죄수에게도 존칭어를 쓰면서 180도 다른 사람이 되었습니다. 그의 달라진 모습을 보고 간수들이 감동을 받아, 이런 사람은 죽여서는 안 된다고 법무부에 감형 상신을 했고, 결국 대통령 사면령에 의해 사형에서 무기징역으로 감형이 되고, 또 무기에서 20년으로 감형되어 만기 출소를 했습니다.

가만히 생각해 보니 자기는 이미 죽은 몸인데, 예수 믿고 감형이 되어 출소하여 세상에 나왔는데 이제 하나님께서 자기에게 덤으로 주신 나머지 삶은 주님을 위해 헌신해야겠다고 결심했습니다. 신학교(장신대는 아님)에 들어가 신학을 공부를 마치고 목사 안수를 받고 현재 목회를 하고 있는데, 오늘 여기 장신대 채플에까지 와서 말씀을 전하게 되었으니 하나님의 은혜가 얼마나 큰지 말로 다할 수 없다는 간증을 했습니다. 그 목사의 말씀에 학생들이 많은 감동을 받았습니다.

필자는 그 목사의 간증을 들으면서 그런 생각을 했습니다. 저 목사가 목회를 하니까 1년에 몇 차례 성례, 즉 세례식과 성찬식을 할 텐데, 그러면 그의 손은 사람을 죽이고 온갖 부정할 일을 했던 더러운 손인데 그 손으로 세례를 베풀고 또 그 손으로 주님의 몸과 피를 나누어 주는 일을 할 것이 아닌가? 물론 우리가 이미 도나티스트 논쟁에서 살펴보았지만, 성례를 행하는 사람과는 아무 상관이 없고, 성삼위의 이름으로, 교회법에 따라 적법하게 행했으면 그 목사가 누구건 간에 다 유효하다는 것을 알고 있지요. 그러나 세례를 받는 사람의 입장에서나 성찬의 떡과 잔을 받는 사람 입장에서는 별로 기분은 좋지 않을 것 같지 않습니까? 왜냐하면 특별히 큰 죄를 지은 일이 없는 목사의 손으로 귀여운 손자가 유아세례를 받는 것과, 옛날 살인자의 손으로 세례를 받는 것 중에 어떤 것이 더 기분이 좋겠습니까? 그래서 필자는 신학생들에게 이렇게 얘기합니다. 여러분들이 목사가 되면 여러분의 손으로 성례를 집행해야 합니다. 따라서 여러분들의 손을 깨끗하게 관리하고 유지해야 됩니다. 따라서, 가서는 안 될 곳이 있고, 만져서는 안 될 것이 있고, 보아서는 안 될 것이 있습니다. 왜냐하면 여러분의 손은 앞으로 세례식과 성찬식을 거행해야 하기 때문입니다.

목사의 몸과 마음이 깨끗하다고 해서 성례의 효율이 크게 나타나는 것은 물론 아니지만, 받는 교인 입장에서는 흠이 적은 목사에게 받는 것이 훨씬 더 기분이 좋기 때문이지요. 필자는 신학생들에게, 여러분들의 손은 앞으로 성례를 집행해야 하는 손이므로 하루에 적어도 다섯 번은 비누로 깨끗이 씻어야 된다고 농담 삼아 얘기를 하곤 했습니다. 구약성경에 다윗 왕이 하나님의 성전을 건축할 의향이 있어 준비를 하고 있을 때, 하나님께서는 그것을 허락하지 않으셨습니다. 왜냐하면 너는 군인이라 많은 피를 흘렸기 때문에 피 묻은 손으로 성전을 건축할 수 없고 네 아들이 성전을 건축할 것이라고 다윗에게 성전을 건축할 것을 허락하지 않았습니다. 하나님께서는 피 묻은 손이 아닌 정결한 손으로 성전이 건축되기를 바라셨습니다.

물론 우리는 지금 구약 시대에 살고 있지 않습니다. 따라서 손에 피가 묻었느냐 안 묻었느냐를 따지지는 않습니다. 아무리 무서운 죄를 지었다 할지라도 진정으로 참회하면 주 예수 그리스도의 십자가의 보혈로 깨끗이 씻음을 받을 수 있고, 새로운 사람이 되어서 과거의 그가 어떤 사람이건, 어떤 죄를 지었던 상관없이 성직에 임할 수 있고 또 성례도 집행할 수 있습니다. 그렇지만 우리의 몸은 하나님의 성전이기 때문에, 또 우리 몸 안에 성령님이 내주(內住)해 계시기 때문에 목사들뿐만 아니라 성도들은 항상 몸과 마음을 정결케 하고 깨끗하게 보존할 필요가 있습니다.

성만찬의 의미 (1)

04
15

“이에 잔을 받으사 사례하시고 가라사대 이것을 갖다가 너희끼리 나누라.”
(눅 22:17)

APR

오늘은 우리가 성찬에 참여할 때, 그 성찬에 어떤 의미가 포함되어 있는지를 알아보겠습니다. 첫째, 우리가 성찬을 받을 때 주님의 몸과 주님의 피를 받습니다. 이것은 두말할 필요 없이 예수님께서 십자가 위에서 머리에 가시관을 쓰시고 양손과 양발이 못에 박혔고, 옆구리에 창을 받으시고 몸 안의 모든 피와 물을 다 쏟으시면서 받으신 처절한 십자가형을 회상하는 것입니다. 이 성찬은 예수님의 상하신 몸과 흘리신 피를 회상하며 그 고난을 묵상하는 의미가 있습니다. 우리가 먹는 것이 빵이고 우리가 마시는 것이 포도주(즙)지만 그 빵과 포도주는 예수님의 몸과 예수님의 피를 상징하는 의미가 있습니다. 또한 받는 빵과 포도주에는 예수 그리스도의 몸과 피가 영적으로 임재에 계셔서 우리가 주님의 몸과 주님의 피를 우리의 몸 안에 받아들이는 깊은 의미가 있습니다. 따라서 주님의 몸이 우리 몸 안에 들어와서 우리의 썩을 육신을 영원한 생명의 몸으로 바꿔주시고, 언젠가 없어질 우리 몸 안의 피가 예수 그리스도의 보혈로 말미암아 마찬가지로 영원한 생명에 이르게 하는 감격과 특권을 주신 것을 묵상하는 것입니다. 그러므로 성찬의 첫 번째 의미는 그리스도께서 우리를 구원하시기 위해 당하신 수난을 기억하고 감격하며 감사하는 일입니다.

둘째, 성도 간의 교제입니다. 예수님께서 제자들에게 떡을 나누어 주시면서 “이것을 갖다가 너희끼리 나누라.”고 말씀을 하셨습니다. 여기서 나눔은 음식을 함께 나누어 먹는다는 의미고 또 다른 하나는 공평하게 분배한다는 뜻입니다. 초대교회에서는 성만찬을 거행하기 전에 먼저 애찬(愛餐)을 했습니다. 예배를 드린 후, 식사를 먼저 하고 나서 성찬식을 가졌습니다. 그런데 바울 선생이 고린도 교회에 써 보낸 편지에 보면 일부 교인들은 자기들 만찬을 먼저 먹음으로 어떤 사람은 시장하고 어떤 사람은 취해 있어, 교회를 업신여기고 빈궁한 자들을 부끄럽게 하는 일이 있다고 질책했습니다.(고전 11:21-22) 부자들은 좋은 음식을 많이 먹고, 빈궁한 자는 굶주리고 있는 집단은 그리스도의 교회가 아닙니다.

교회는 식탁 공동체입니다. 예배 후 교인들은 같은 솥에서 지은 밥을 같이 나눕니다. 식구(食口)라는 우리말의 의미는 한 솥에 밥을 먹는 사람들을 지칭합니다. 비록 육신의 피를 나눈 형제자매가 아니라 해도 주님의 몸을 나누어 먹고, 피를 함께 나누어 마신 형제자매들입니다. 유학이나 사업 기타 목적으로 타지에 가 있어 몇 년 씩 떨어져 있는 우리 형제자매는 식탁 공동체가 아니어서 혈연적으로는 가족이지만 매일 같이 교제하지 못하기 때문에 점점 그 친근함이 멀어집니다. 차라리 같은 솥에 밥을 먹는 남이 형제보다 더 가깝고 더 친근하게 되는 것은 우리의 경험을 통해 알 수 있습니다.

잠언에 "가까운 이웃이 먼 형제보다 나으니라."(잠 27:10) 했고, 우리 속담에 "먼 친족보다 가까운 이웃이 더 낫다."는 말이 있습니다. 성찬은 성도들의 식탁 공동체입니다. 식탁 공동체는 상 위에 차려놓은 음식을 고르게 나눠먹는 실체적 가족입니다. 필자는 신학교에서 강의할 때 가끔 이런 얘기를 했습니다. 여러분들이 목회를 할 때, 교인 1/3은 세 끼 밥을 먹고, 1/3은 두 끼 먹고, 1/3은 한 끼만 먹는다고 가정했을 때, 목사는 몇 끼를 먹어야 할까요? 세 가지 선택이 있지요. 세끼를 다 먹는 것, 두 끼를 먹는 것, 한 끼만 먹는 것입니다. 그럴 때 필자가 바라는 정답은 한 끼를 먹는 것이라고 얘기했습니다. 교인 1/3이 하루 한 끼밖에 밥을 못 먹는데, 목사가 세끼 밥을 먹는다면 그는 이미 목자로서의 자격을 상실한 사람입니다. 교인 1/3이 한 끼만 먹고 배고파하는데 목사는 세 끼 먹고 배불러 있다면 그를 어떻게 선한 목자라고 얘기할 수 있겠습니까?

그래서 필자는 이렇게 얘기했습니다. 이런 경우, 목사는 한 끼만 먹고, 목사 부인은 두 끼, 그리고 목사의 자녀들은 세 끼 먹는 것이 정답이라고 했습니다. 이렇게 얘기하는 것은 바로 성찬의 식탁 공동체의 정신을 말하려 함입니다. 교인 1/3이 한 끼만 먹고 배고파하는데 목사가 세끼 먹고 배가 부르다면 교회 식탁 공동체는 이미 무너진 것입니다. 바울 선생은 "우는 자들과 함께 울라."(롬 12:15)고 권고했습니다. 교인들 중에 우는 자들은 누굴까요? 당연히 한 끼만 먹는 교인들이지요. 목사는 마땅히 한 끼만 먹으며 그들과 함께 울어야 합니다. 목사가 가야 하는 길은 그래서 좁은 길이고, 십자가의 고난의 길입니다. 부자(富者)는 세끼 먹고, 가난한 사람은 한 끼 먹는 곳은 일반 세상이지만, 교회는 모두 고르게 먹는 공동체입니다. 세끼 먹는 사람이 한 끼 먹는 사람에게 자기 먹을 한 끼를 양보해서 모두 두 끼만 먹는 공동체, 이것이 그리스도를 주로 고백하는 신앙공동체 즉 교회입니다.

셋째, 성만찬은 주님의 재림을 고대하는 의미가 있습니다. 우리가 성찬에 참여할 때 오실 주님을 기대하면서 주님의 몸과 보혈을 받습니다. 언젠가 주님이 오시는 날, 세상에서 하는 성만찬은 끝이 나고, 하늘에 차려질 거룩한 잔칫상에서 주님과 더불어 먹고 마실 소망을 갖고 살아갑니다. 우리가 여기서 받는 푸짐한 밥상보다도 주님께서 하늘에 마련해 놓으신 신령한 만찬은 세상의 그 어떤 것과 비교할 수 없는 귀한 만찬이 될 것입니다. 우리가 성찬에 참여할 때 주님의 재림을 고대하며 주님께서 마가의 다락방에서 베풀어 주셨던 마지막 만찬(Last Supper)이 아니고, 주님의 나라에서 주님이 베풀어 주시는 첫 번째 만찬(First Supper)을 기대하면서 살아가는 것이 성도들의 진정한 삶의 태도입니다.

성찬의 네 번째 의미는 교회의 일치입니다. 교회는 한 몸입니다. 바울 선생은 "너희는 그리스도의 몸이요 지체의 각 부분이라."(고전 12:27)고 말했습니다. 그런데 그 지체들은 모두 생긴 모양이 각각 다르지만 결국 한 몸에 고유의 기능을 갖고 있습니다. 어떤 기능이 특별히 중요하고 중요하지 않다고 말할 수 없습니다. 우리 몸에 여러 기관이 각각 다른 기능을 갖고 있지만 그 기능들은 하나하나 정말 소중합니다. 우리 몸에 어떤 기관 하나가 없다면 얼마나 고통스러운 삶이 되겠습니까? 우리 몸에 보잘것없는 것 같은 기관이라도 그 기관이 없으면 말로 다할 수 없는 고통을 겪게 됩니다. 예를 들어서 항문은 우리 몸에서 가장 지저분한 사역을 담당하지만 항문이 없는 상황을 한번 생각해 보세요. 발은 평생 양말 속에서 그리고 구두 속에서 공기도 제대로 쐬지 못하고 여름에는 땀 냄새에 짓눌리고 더러는 발가락 사이의 무좀 때문에 가려움으로 고통을 당합니다. 그러나 발이 얼마나 중요한 기관인지는 발을 다쳐보면 압니다. 필자는 저녁 자기 전에 발을 따뜻한 물로 깨끗이 씻어 주고 주물러 주면서, 늘 이렇게 말합니다. "발아, 고맙다. 네가 이 몸뚱이를 하루 종일 잘 다니며 살게 해 주어 고맙다."

마찬가지로 교회 안에서도 별 볼일 없는 사람 같고, 쓸모없는 사람 같아 보이지만 그가 교회에 출석한다는 사실만으로도 커다란 역할을 담당하고 있는 것입니다. 눈에 보이지 않는 곳에서 그는 주님을 위해서 교회를 위해서 봉사하고 있습니다. 특별한 봉사를 하지 않는 교인일지라도 하나님께서는 어떤 계획을 가지고 계실 수도 있습니다. 인간의 눈으로 볼 때, 보잘것없다고 여겨지는 사람도 하나님께서 보실 때, 그를 통해 놀라운 역사를 이루실 수 있습니다. 인간을 인간의 눈으로 보지 말고, 영적 눈으로 보아야 합니다.

성만찬의 의미 (2)

04
16

"이에 잔을 받으사 사례하시고 가라사대 이것을 갖다가 너희끼리 나누라."
(눅 22:17)

APR

필자는 교회 역사 전공자로 다른 교회 순방하는 것을 좋아합니다. 필자는 모태 장로교 인으로 잔뼈가 굵어, 장로교회는 속속들이 잘 알고 있지만, 다른 교회들 즉 로마가톨릭교회, 그리스정교회, 성공회 등은 주로 책에서만 만났지 실제 미사를 볼 기회가 별로 없어 시간 나는 대로 참석해 보곤 했습니다. 미국에서 공부할 때, 어떤 주일에 그리스정교회 미사에 참석했습니다. 그 주일 성체성사 시간에 신부가 먼저 큰 빵을 가지고 와서 제단 앞에 서고 신도들이 한 사람씩 제단 앞으로 나와서 신부가 떼어 주는 빵을 받아먹었습니다.

다음으로 포도주를 줄 차례가 되었는데, 신부가 포도주 담긴 주발을 들고 서자, 신도들이 한 사람씩 앞으로 나와 신부가 들고 있는 포도주 그릇에 입을 대고 한 모금씩 마셨습니다. 맨 처음 신도가 포도주 한 모금을 마신 후, 신부가 들고 있는 수건으로 자기가 입술을 댄 곳을 닦았습니다. 다음 사람이 와서 먼저 신도가 입술을 댄 자리에 자기 입술을 대고 한 모금 마시고 수건으로 닦고, 그 다음 사람도 마찬가지로 한 모금 마시고 수건으로 닦았습니다. 필자는 그 광경을 보면서 이런 의심이 생겼습니다. 아무리 수건으로 닦는다고 해도 그건 형식일 뿐이고, 만일 교인들 중 전염병을 가진 사람이 있다면 감염될 수 있지 않을까?

미사가 끝난 후 신부를 찾아갔습니다. "저는 개신교 목사인데 오늘 성체성사 때, 포도주가 담긴 그릇의 동일한 자리에 모든 교인들이 입술을 대고 마시는 것을 보았습니다. 비록 수건으로 닦았다 할지라도 그 가운데 전염병 환자가 있으면 병균이 전염될 가능성이 있지 않을까요?"라고 질문을 했습니다. 그랬더니 신부가 웃으면서 다음과 같은 이유로 그런 걱정은 할 필요가 없다고 말했습니다. 첫째로 포도주는 술이기 때문에 균이 살지 못하고, 둘째는 그릇이 순은(銀)으로 되어 있어서 균이 잘 붙지 않고, 셋째로 교회는 운명 공동체이기 때문에 살아도 다 같이 살고, 죽어도 다 같이 죽는다고 말했습니다. 마지막으로 성체 성사에는 성령님께서 역사하시기 때문에 그럴 염려가 없다는 말을 해주었습니다. 그리고 중요한 것은 우리 교회 2천 년 역사에 성만찬 때문에 단 한 번도 집단 감염이 된 사례는 없다고 말했습니다.

필자는 성도들은 운명 공동체라는 말을 듣고 깊은 감명을 받았습니다. 비록 전염병을 가진 신도가 있다 할지라도 성령님께서 역사하셔서 다른 사람을 안전하게 하신다는 믿음에 마음 깊은 감동을 받았습니다. 그렇습니다. 교회는 운명공동체이고, 성령님께서 강하게 역사하시는 장(場)이기에, 세상의 염려가 쓸데없는 상념이란 것을 깊이 깨우쳤습니다. 1년에 몇 번 하는 성찬식을 우리는 연례행사로 여기는 경향이 있습니다. 요즘은 목사들이 이런 말을 잘 하지 않는데, 필자가 젊었을 때만 해도 분병(分餠), 분잔(分盞)하기 전에 "이 성찬을 받기 전에 자신을 성찰하고 성찬을 받기에 합당하지 않은 일이 있다고 생각되는 분은 사양하시기 바랍니다."라는 말을 꼭 했습니다. 요즘은 왜 이런 말을 안 할까요? 목회하는 목사들에게 권합니다. 여러분들이 성찬식 집례할 때, 이 말을 꼭 해서 교인들이 자신을 돌아보는 계기를 갖게 하고 양심에 거리끼는 일이 있으면 사양하도록 유도해야 합니다. 이전에는 집례 목사가 위와 같은 말을 하면 거절하는 교인들을 여러 번 목격했었습니다. 나는 주님의 몸과 보혈을 부끄럼 없이 받을 수 있을까요? 스스로 양심에 물어보시기 바랍니다.

세례냐? 침례냐? (1)

"예수께서 세례를 받으시고 곧 물에서 올라오실 새 하늘이 열리고 하나님의 성령이 비둘기같이 내려 자기 위에 임하심을 보시더니" (마 3:16)

APR

1980년대 초, 필자가 인디애나에서 목회할 때 한국에서 선친이 오셨습니다. 그때 마침 미국 은퇴한 목사들이 성지순례를 한다는 정보를 입수했는데 선친께서 이번 기회에 성지순례를 한 번 하고 싶다는 말씀을 하셔서 아버님과 제가 함께 성지순례를 가게 되었습니다. 미국 목사, 사모들 23명 우리 둘 합해 25명이 팀이 되어 이스라엘로 출발했습니다. 주일 광고 시간에 아버님과 함께 성지순례를 다녀오겠다고 한두 주일 교회를 빠지게 됐다고 광고를 했습니다.

예배가 끝나고 목사실에서 있었는데, 여자 집사 한 분이 들어왔습니다. 그 집사가 하는 말이 "목사님 이번에 성지에 가시면 꼭 요단 강 물을 좀 가지고 오세요. 제가 전에 다니던 교회 목사님이 성지순례를 다녀오시면서 요단 강 물을 떠 가지고 오셔서 제가 요단 강 물로 세례를 받았습니다. 일반 물로 세례를 받는 것보다 요단 강 물로 우리 교인들이 세대를 받으면 좋지 않겠습니까?"라고 말을 했습니다. 그래서 필자가, "알겠습니다. 제가 한 번 생각해 보지요."라고 말하고, 성지 순례를 떠났습니다.

드디어 요단강에 이르렀습니다. 요즘은 없어졌는데 옛날 찬송가에 "요단 강가에 섰는데 내 친구 건너가네, 저 건너편에 뵈는 집 내 눈에 희미하다."란 찬송가가 있었습니다. 필자가 요단 강가에 앉아서 생각을 좀 했습니다. 요단 강 가에는 물통을 파는 장사치들이 많이 있었습니다. 5불짜리 작은 것, 큰 것은 10불짜리 등등 여러 종류를 팔고 있었습니다. 한국 목사들이 이곳에 오면 물통을 사서 물을 떠간다는 것입니다. '물통을 사서 물을 떠 갈 것인가 말 것인가.' 일단 생각되는 것은 요단 강 물을 떠가면 그 물통을 들고 여행을 해야 하는데, 성지 순례가 끝나면 유럽 여행도 해야 되는데, 내 짐도 많은데 거기다 물통까지 끌고 다닐 일을 생각하니 엄두가 안 났지요. 또 그때가 더운 여름철이라 물도 오래 되면 썩는데, 집에 갈 때까지 안 썩을까하는 의구심도 생겼구요.

사실 그런 것보다, 이 물을 갖고 가서 세례를 주려면, 세례식이 매주 매달 있는 것도 아니고 1년에 한두 번 있는데, 그동안 물을 냉동시켜 놓았다가, 세례식 이삼 일 전에 꺼내 녹여서 세례식을 하고 나머지 물을 또 얼렸다가 다음 세례식에 쓰고 하는 일을 생각하니 난감했습니다. 그래도 교인들이 좋아한다면 그런 수고는 해야 하겠지요.

그러나 필자가 생각한 것은 그렇게 되면 우리 교회 안에 두 파가 생길 것 같아요. 하나는 '요단 강파' 다른 하나는 '한강 파' 그러면 그렇지 않아도 파가 많은 판에 또 다른 파가 생길게 아닙니까? 만일 '이 두 파가 싸우면 어떻게 될 것인가?' 생각하니 웃음이 나왔습니다. 그래서 강물을 안 떠가는 것으로 결정을 하고 그냥 돌아왔습니다.

여기서 우리가 생각해 봐야 하는 점은 '세례는 무엇인가?' 하는 점입니다. 장로교회는 세례를 하지만, 침례교회는 침례를 하지요. 그럼 세례와 침례는 무슨 의미가 있나요? 이는 둘 다 같은 의미로 예수 믿기 전에 지은 모든 죄를 씻는 표시요, 의식이지요. 따라서 세례냐 침례냐 하는 것은 별 문제가 되지 않습니다. 침례교회에서는 예수님께서 침례 요한에게 요단강에서 침례를 받으시고 올라오셨다고 주장을 합니다. 필자가 침례교회에서 침례식 하는 모습을 본 일이 있었습니다. 침례교회 예배당에 가서 보면 강대상 뒤에 큰 침례 통이 있습니다. 그 침례 통에 물을 받아 놓고 집례 목사와 침례 받을 교인, 그리고 그 뒤에 또 한 사람이 침례 예복을 입고 통 안에 들어갑니다. 목사가 서고 그 앞에 침례 받을 교인이 서고, 또 다른 사람은 침례 받는 사람 뒤에 섭니다.

목사가 "내가 성부와 성자와 성령의 이름으로 주 예수 그리스도를 믿는 자 ○○○에게 침례를 베푸노라."라는 말을 할 때, 침례 받는 사람을 물속으로 집어넣는데, 목사 앞으로 그러니까 그 침례 받는 사람이 허리를 굽혀 앞으로 물속에서 들어가는 것이 아니라 뒤로 넘어뜨려 물속에 집어넣습니다. 그 사람이 어깨를 받쳐서 물속으로 완전하게 잠기게 도와줍니다. 잠시 후 다시 어깨를 올려서 물에서 일으킵니다. 그러면 물속에 완전히 들어갔다가 나온 후라 온몸이 물에 젖어 있지요. 이것이 침례입니다.

세례냐? 침례냐? (2)

04
18

"백성이 다 세례를 받을 새 예수도 세례를 받으시고 기도하실 때에 하늘이 열리며 성령이 비둘기 같은 형태로 그의 위에 강림하시더니 하늘로부터 소리가 나기를 너는 내 사랑하는 아들이니 내가 너를 기뻐하노라 하시니라." (눅 3:21-23)

그런데 생각해 보면 세례는 죄가 다 안 씻어지고, 침례는 죄가 다 씻어지는 것일까요? 세례를 받으면 죄가 그대로 있고 침례를 받으면 죄가 다 없어지는 것은 아니지 않습니까? 물론 침례를 받는 사람 입장에서는 물로 세례를 받는 거보다 훨씬 더 의미가 있다고 보여 집니다. 세례는 목사가 물그릇에 손가락을 넣어서 그 손을 수세자(授洗者) 머리 위에 얹으므로 물 몇 방울 떨어지고 말지요. 수세자는 물 몇 방울이 과연 모든 죄를 씻을 수 있을까 하는 의심을 할 수도 있을 것입니다. 반면에 침례를 받은 사람은 온몸이 물속에 들어갔다 나왔으므로 죄가 깨끗이 씻어졌다는 의식을 가질 수도 있다고 여겨집니다. 그러나 완전히 들어갔다가 나왔다고 해서 죄가 다 시해지고 하는 것은 아니지요.

학생들에게 농담조로 그런 이야기를 합니다. 성경에, "보라 새것이 되었도다."라는 말씀이 있지요. 필자는 "보라 젖었도다."라고 그 말씀을 응용합니다. 몸이 물에 온전히 젖은 것뿐이지요. 침례 받았다고 새것이 되는 것은 아니지요. 침례나 세례는 형식이고 의식일 뿐입니다.

한 번은 침례교 목사와 대화를 한 일이 있습니다. 왜 침례교회에서는 침례를 주장하느냐니까 예수님께서 요단강에서 침례를 받으셨으니까 침례를 받아야 한다는 주장이었습니다. "그러면 예수님이 하는 대로 우리가 꼭 해야 되느냐? 그럼 왜 당신은 요단강에 가서 침례 받지 한국에서 받았느냐? 당신은 왜 장가갔느냐? 예수님이 언제 장가들었느냐? 당신은 33살까지만 살지, 왜 더 오래 살았느냐?" 이어지는 필자의 질문에 그 목사는 대답할 말이 없었지요.

우리가 여기에서 신앙적으로 깊이 생각해 봐야 하는 점은 교회 의식은 그것이 행해지는 장소나 여건에 따라 달라질 수밖에 없다는 것입니다. 필자가 중동 지방의 어느 지역을 여행했는데, 그곳은 물이 대단히 귀한 지역이었습니다. 부인들이 물통 하나를 들고 20~30리(5~8마일)를 걸어 우물 있는 곳이나 오아시스에서 물 한 통을 짊어지고 다시 돌아와서 그 물로 가족들이 마시고, 밀가루 반죽을 해서 빵을 구워서 먹습니다. 그런 지방에서 어디 물이 있어 온몸을 담구는 침례를 할 수 있을까요? 또 다른 곳, 시베리아 같이 영하 30~40도 내려가는 추운 지방에서 성탄절에 침례를 하고 나오면 바로 천국행이 될 수도 있지 않을까요? 이런 지방에서는 침례보다 세례가 더 합리적이지 않을까요?

장로교회는 원칙적으로 세례를 베풉니다. 그러나 미국 장로교회는 세례를 원칙으로 하되, 본인이 침례를 원하면 침례를 해도 됩니다. 이 제도는 상당히 유연성이 있어 보입니다. 물론 침례 통이 없으니, 냇가나 물을 새로 갈아 넣은 수영장에서 하면 되겠지요. 이렇게 어떤 교리에 얽매이지 말고, 유연성 있게 운영하는 것이 더 바람직합니다.

가톨릭교회는 성례가 구원에 필수 요소입니다. 그러나 개신교회는 성례가 필수는 아닙니다. 개신교회의 성례인 세례와 성찬 두 가지는 귀한 것이고 적극적으로 세례를 받고, 성찬에는 빠지지 말고 참가해야 합니다. 이것은 세례를 받은 자들의 특권입니다. 그러나 성례는 목사가 아니면 집례할 수 없습니다. 따라서 목사가 희귀하던 시절, 전도사가 목회하는 시골 교회에서는 아무도 세례를 받지 못했고, 성찬식에 참석도 못했지요. 그렇지만 그 시골교회 교인이 세상을 떠난다면 그 영혼은 두말할 것 없이 천국으로 갑니다. 성례가 구원의 필수 요인이 아니기 때문이지요. 그러나 가톨릭교회는 성례가 구원에 필수 요인이므로 성례에 참가함 없이 천국으로 갈 수 없습니다.

"예수님만 믿으면 구원받는다."는 교리를 가진 개신교인들은 그런 의미에서 행복한 사람들입니다. 이신득의(以信得義) 진리는 바로 성경이 가르치는 구원의 원리입니다. 이 진리를 주신 하나님께 감사드립시다.

04
19

사후의 심판

“한번 죽는 것은 사람에게 정해진 것이요 그 후에는 심판이 있으리니”
(히 9:27)

APR

세상 사람들은 사람이 죽으면 모든 것이 끝난다고 생각합니다. 무신론자들, 공산주의자들, 무종교인들은 죽으면 모든 것이 끝나지 그 후에 무엇이 있겠느냐는 말을 합니다. 사실 사람이 죽으면 이 세상에서 모든 것이 끝나는 것은 사실입니다. 중한 범죄인도, 살인강도도 죽은 시체로 발견되면 그 사건은 일단락됩니다.

필자는 구약성경을 읽다가 왕하 23장 15절 16절에서 재밌는 것을 발견했습니다. 유다 왕 요시아는 바알 산당을 헐고 그 산당을 불살라 가루를 만들었고, 또 아세라 목상을 불살랐습니다. 요시아는 산에 있는 무덤들을 보고 그 무덤을 파헤쳐 해골을 가져다가 재단 위에서 불살라 그 제단을 더럽게 하라고 명령합니다.

필자는 이 구절을 읽으면서 우리나라에서 옛날에 행하던 부관(剖棺:관을 쪼갬)참시(斬屍:시체를 베다)가 생각났습니다. 부관참시는 죽은 후에 그 사람의 큰 죄가 들어났을 때 무덤을 파헤치고, 시신을 꺼내어 목을 치고 뼈를 도끼로 찍는 형벌입니다. 이미 죽은 사람의 시체나 뼈를 꺼내어 두 번 죽이는 형벌입니다. 대체로 그가 살았을 때는 그의 위세에 눌려 감히 죄를 묻지 못하다, 죽고 나서 시간이 흐른 후에 그의 생전을 죄를 묻는 벌이지요.

조선 왕조에서 부관참시를 당한 사람이 여럿 있었는데, 그중 한 사람이 연산군 재위 시절 무오사화(戊午士禍)가 일어났을 때 김종직입니다. 김종직은 세조가 어린 조카 단종을 폐위시키고 자기가 왕좌를 차지하고 조카를 죽인 일을 〈조의제문(弔義帝文)〉에 쓴 것이라고 간신 유자광이 연산군을 부추겨 부관참시를 당했습니다. 또한 사람은 수양대군이 조카 단종을 죽이고, 세조로 등극할 때 1등 공신인 한명회입니다. 그는 영의정에까지 올라 권세가 하늘에 뻗쳤고, 왕 3대를 섬긴 세력가였습니다. 은퇴한 후에는 현재 한국에서 제일 땅값이 비싸다는 강남에 자신의 호인 압구정(鴨鷗亭)이란 별장 겸 정자를 지어 놓고 노년을 보냈습니다. 현재 압구정동 현대 아파트가 선 자리이지요. 그는 연산군 때, 갑자사화와 연류되었다 하여 무덤이 파헤쳐져 시체가 토막 나고 하남 저잣거리에 효수(梟首:죄인의 목을 베어 높은 곳에 메어 달아 놓음)되었습니다.

서양 사회에서도 부관참시가 있었습니다. 주로 중세 교회에서 성성삼위 하나님을 배반하고, 교황의 명령에 불복한 자는 이단으로 몰아 화형을 시켜 죽였습니다. 사후에 이단이란 것이 밝혀진 경우에는 무덤을 파헤쳐 시신을 끄집어내어 화형에 처했습니다. 그가 비록 죽었어도, 그 죄는 그대로 남아 있기 때문에, 죄를 불로 태워 정화시킨다는 이유에서였습니다.

영국의 개혁자 위클리프(John Wycliff)는 옥스퍼드를 졸업하고 교회의 혁신을 부르짖으며 교황청의 부패를 비난했습니다. 그는 성경이 라틴어로만 기록되어 평신도들이 읽지 못하게 한 것은 잘못이라며 영어로 번역했습니다. 그가 죽은 후, 31년이 지난 1415년 독일 콘스탄츠 공의회에서 이단으로 정죄된 후, 그의 무덤을 파헤쳐 유골을 꺼내 화형에 처했습니다. 재는 아본 강의 지류인 스위프트 강변에 뿌렸습니다. 일본에서는 임진왜란을 일으켰던 도요토미 히데요시(風臣秀吉)가 그의 후계자 도쿠가와 이에야스(德川家康)에 의해 무덤 자체가 폭파되는 불명예를 얻었습니다.

인간이 죽으면 모든 것이 끝나는 것이 아니고, 사후에 사람들에 의해 죄의 심판을 받는 경우가 있습니다. 물론 그들이 내세운 죄가 과연 부관참시나, 화형에 해당한지는 역사적으로 따져 봐야 하지만, 어떻든 죽으면 모든 것이 끝나는 것은 아닙니다. 죽은 후에도 죄상이 드러나면 파묘(破墓:묘를 파헤침)하여 뼈를 불태우거나, 도끼로 토막 내는 형을 받을 수 있습니다. 죽음으로 끝나는 것이 아니라는 사실을 입증하고 있습니다.

그런데 성경은 우리가 죽은 후, 하나님 앞에서 마지막 심판을 받는다고 말씀합니다. 죄는 인간 사회에서도 생전에 또는 사후에 형벌을 받지만, 세상에서 받지 못한 벌은 하나님 앞에서 받게 되어 있습니다. 세상을 살면서 죄를 짓지 않고 살 수는 없습니다. 그러나 그 죄를 지었을 때는, 그때그때 하나님 앞에서 참회하여 해결을 해야 합니다. 죄는 언젠가 밝혀지고 벌을 받게 되어 있습니다. 우리 그리스도인들은 십자가의 보혈로 우리의 죄를 씻을 수 있는 은혜의 길이 마련되어 있습니다.

주기철 목사의 순교를 추모합니다

04/20

"스데반이 성령이 충만하여 하늘을 우러러 주목하여 하나님의 영광과 및 예수께서 하나님 우편에 서신 것을 보고" (행 7:55)

오늘은 주기철 목사가 모교 평양장로회신학교에서 행한 사경회 설교 내용을 소개하겠습니다. 주기철 목사는 졸업생 중에서 자주 초청받는 강사 중 한 명이었습니다. 그가 처음으로 모교에 초청된 것은 1933년 11월로 마산 문창교회 시무할 때 모교에서 매년 갖는 사경회의 강사로 초청되었습니다.

주 목사는 험난한 세태에서 목사가 될 후배들에게 목사의 가장 중요한 사생관(死生觀)에 대한 설교를 했습니다. 이것이 유명한 "일사각오"(一死覺悟)라는 제목의 설교입니다. 주 목사가 직접 작성한 이 설교 원문은 전해지지 않습니다. 다만 김린서 목사가 메모해 놓은 것에 옛 기억을 더듬어 재생해 놓은 것이 남아있을 뿐입니다. 따라서 내용은 주목사의 설교 내용과 일정 부분 일치하지 않을 수도 있습니다. 그러나 그 줄거리는 대동소이(大同小異) 하다 여겨집니다. 본문은 요한복음 11장 16절로 "디두모라 하는 도마가 제자들에게 말하되 우리도 주와 함께 죽으러 가자 하니라."였습니다. 설교 내용의 요약은 다음과 같습니다. 순교자 주 목사의 설교를 들어 봅시다.

일사각오(一死覺悟)

1. 예수를 따라서 일사각오

십자가를 지시기 위해 예루살렘으로 올라가시는 예수를 따르는 길은 자기의 생명을 아끼고는 따라갈 수 없는 길이다. '예수를 버리고 사느냐? 예수를 따르고 죽느냐?'의 갈림길에 놓여 있는 도마였다. 예수를 버리고 사는 것은 정말 죽는 것이요, 예수를 따라 죽는 것은 정말 사는 것이다. 이를 깨달은 도마는 "우리도 죽으러 가자"라고 말하였다. 예수를 환영하던 한 때는 사라지고, 수난의 때는 박도하였나니, 물러갈 자는 물러가고 따라갈 자는 일사를 각오해야 한다. 예수님께서 말씀하시기를 "무릇 나에게 오는 자는 부모와 처자와 형제와 자매와 자기의 생명보다 나를 더 사랑하지 아니하면 능히 나의 제자가 되지 못하고 또 누구든지 저의 십자가를 지고 나를 좇지 아니하면 능히 나의 제자가 되지 못하리라."(눅 14:26-27)라고 하신 말씀이 곧 우리에게 하신 말씀이다.

2. 남을 위해 일사 각오

예수의 삶 전체는 남을 위한 것이었다. 이 세상에 탄강(誕降) 하심도 남을 위하심이오, 십자가에 죽으심도 죄인을 위하심이었나니 이 예수를 믿는 자의 행위도 또한 남을 위한 희생이라야 한다. 세상 사람은 남을 희생하여 자기의 이익을 도모하지만 예수교는 자기를 희생하여 남을 구원하는 것이다. 살신애인(殺身愛人), 그 얼마나 숭고한 정신이며 그 얼마나 거룩한 행위이냐! 선교사 아펜젤러는 조선 감리교회의 기초석이오, 배재와 이화학당의 아버지시다. 이보다 그의 최후는 더욱 고귀하였나니 마지막 전도 여행에 수증기선으로 남행하다가 그 배는 불행히 파선하였다. 자기는 일등실 손님으로 구조를 받아 살 수 있음에도 불구하고 동행자인 조선인 여학생을 건지려다가 그만 죽어버렸다. 오! 이 얼마나 거룩한 죽음이

APR

냐! 남을 위하여, 일개 외국인 여학생을 위하여 만리타국에 그 생명을 버리는 그 정신은 우리 조선 교회 역사상에 살아있고 그 영혼은 하늘나라에서 영원히 빛나리로다. 더구나 그 아들 그 딸도 조선을 위하여 선교를 계속하고 있지 아니한가? 남양 군도와 인도와 중국의 선교를 위하여 목숨을 버린 자 백이요, 천이다. 이들은 다 예수의 정신을 계승한 희생이다. 일사각오 한 도마는 후일 억만의 인도인을 위하여 목숨을 버리었도다! 숭고하구나! 도마의 일사각오! 오늘 우리에게도 남을 위한 일사각오.

3. 부활 진리를 위하여 일사각오

주님의 이번 베다니 행차는 죽은 나사로를 다시 살리기 위하여서의 모험이다. 주님이 베다니에 도착한 때는 벌써 나사로는 죽은 지 나흘이 되어 애곡의 베다니었나니 주님은 사랑하는 나사로의 무덤 앞에서 인생의 비극을 눈물 뿌려 곡하시었다. 기도와 함께 "나사로야 나오라" 하시는 예수님의 말씀에 응하여 천지도 놀라는 듯 나사로는 부생하였다. 아! 부활! 할렐루야! 영광일세. 이는 주님의 부활과 신자의 부활을 믿게하는 큰 이적이다. 도마가 이번에 예수께 배종(陪從)하여 부활의 사실을 목도하고 "우리도 또한 가서 같이 죽자"함은 미리 안 것은 아니나 부활을 목도할 수 있는 일사의 각오라 할 수 있다. 후일 도마는 예수의 부활을 확신하고 대오철저(大悟徹底)하여 "나의 주시며 나의 하나님이시라."(요 20:28)고 증거하였다. 그런 도마는 나사로의 부생을 통하여 예수의 부활을 확신하는 동시에 신자의 부활을 확신하였다. 그래서 도마는 이 부활의 복음을 파사와 인도에 전하였다.

일사각오 한 뒤에 승리가 있고, 발명이 있고 살 길이 있다. 하물며 천래의 진리, 부활의 진리리오. 내세를 부인하는 공산당 무리도 그 주의를 위하여 목숨을 버리거늘 영생을 믿고 부활을 소망하는 신자들은 왜? 죽음을 두려워하느냐? 부활의 복음이 우리에게 이르기까지 피로써 전지 우전하여 나려오는 것이다. 궁중에 봉쇄된 성경을 개방하여 만민의 성경이 되기 위하여는 위클리프의 백골이 불에 타지고 틴달의 몸이 재가 되지 않았는가? 신학생 여러분, 제군의 읽는 성경은 피의 기록! 피의 전달이다. 신학을 말함으로 제군의 사명이 다 되는 것인가. 피로서 전하여 온 부활의 복음을 위하여 인도 도상에 피를 뿌리었소. 오! 오늘 우리에게도 부활의 복음을 위한 일사각오!

이 설교는 후배 신학생들에게 외친 피 끓는 애절한 절규였습니다. 주님을 위해 한 목숨을 버려 신앙을 지키고, 복음을 전파하자는 내용입니다. 자기의 생명이 아까워서 신앙 보수를 못하면 그가 어찌 목사요 그리스도의 제자일 수 있는가라는 뜻입니다. 자신이 그렇게 살아가지 않으면, 또 순교의 각오가 되어 있지 않으면 이런 설교는 함부로 할 수 없는 것입니다. 주 목사는 선배답게, 그리고 자기가 설교한 대로 주님을 위해 죽음의 길로 나아감으로써 우리 앞에 영원히 살아있습니다. 목사가 되려는 목사후보생들에게 주님 위해 내 한 생명 바칠 각오로 목사가 되어야 한다는 점을 강조한 무서운 설교입니다. 뒤집어 말하면 주님 위해 생명을 바칠 각오가 되어 있지 않은 사람은 목사가 되어서는 안 된다는 말씀이지요. 생명을 바칠 각오가 되어 있는 사람에게 무서울게 무엇이 있겠습니까? 주님 위해 목숨을 버릴 각오가 안 된 삯꾼 목사들은 신사 앞에 고개 숙여 절하여, 신앙의 절개를 꺾고 현실에 타협했지요. 이 설교는 비단 목사후보생들에게만 해당 한 것은 아니고, 모든 믿는 자들에게 해당되는 말씀입니다. 주님 위해 내 생명을 버릴 각오가 된 사람이 예수 믿는 사람입니다.

주기철 목사를 회상합니다.

04
21

"나를 인하여 너희를 욕하고 핍박하고 거짓으로 너희를 거슬러 모든 악한 말을 할 때에는 너희에게 복이 있나니" (마 5:11)

오늘은 주기철 목사님이 순교하신 날입니다. 주기철 목사님이 신사참배를 반대하고 투옥된 지 5년 6개월 만에 모진 고문에 여러 병까지 겹쳐, 해방을 불과 1년 서너 달 앞둔 1944년 4월 21일 밤, 평양 감옥에서 순교하셨습니다.

주기철은 1897년 11월 25일 경남 창원군 웅천면에서 주현성 장로의 7남매 중 넷째 아들로 태어났습니다. 집안은 여유가 있는 편이어서 웅천면의 개통소학교를 마치고, 1912년 평북 정주에 있는 오산학교에 진학에서 20세에 우수한 성적으로 졸업했습니다. 오산 학교는 남강 이승훈 장로가 세운 학교로 민족의식을 교육하는 반일의식이 강한 학교였습니다. 당시 교장은 고당 조만식 장로였고 교사로는 춘원 이광수, 함석헌, 유영모, 김정식 등의 민족 지도자들이 학생들에게 철저하고 강력한 민족교육을 시켰습니다. 주기철이 신사참배를 끝까지 반대하며 순교에까지 이른 이유는 물론 철저한 신앙정신이었지만, 감수성이 예민한 10대에 오산학교에서 받은 철저한 민족 교육이 바탕이 되었다는 사실을 간과해서는 안 됩니다,

오산 학교를 졸업한 그는 우리나라가 일제의 식민지가 된 것은 민족 산업이 없어 가난한 연고라 여기고 사업가가 되어 한국을 강력한 경제 대국으로 이끌겠다는 큰 꿈을 꾸면서 연희전문학교 상과에 진학했습니다. 수학을 하던 중 안질에 걸려 몹시 고생을 했습니다. 그런데

병이 심해져, 눈이 충혈 되고, 눈물이 계속 흐르더니, 급기야 눈을 뜰 수도 없을 정도로 악화됐습니다. 도저히 학업을 계속할 수 없어 학교에 휴학계를 제출했습니다. 고향 웅천에 내려와 병을 치료하면서 청년들을 모아놓고 민족 교육을 시키면서 웅천교회의 젊은 집사로 교회를 봉사했습니다.

그러던 중 고향에서 멀지 않은 김해교회에 이적 기사를 수없이 행하던 유명한 부흥사 김익두 목사가 사경집회 차 왔다는 소식을 듣고 그곳에 가서 말씀을 들었습니다. 말씀을 듣던 중 성령님께서 그의 마음을 깊이 감동시켜, 그는 사업가가 되서 민족 산업을 일으킬 것이 아니라 목사가 되어 영적으로 민족을 구원해야 되겠다는 각오를 합니다. 안질이 완치되자 그는 바로 평양장로회신학교에 입학합니다.

신학교에 가서 그는 기숙사 제도가 특이한 것을 파악합니다. 신학교에 기숙사가 네 동 있었는데 한국에 나와 선교하던 각 선교회가 각각 하나씩 지은 것이었습니다. 따라서 학생들 입주도, 그 선교부 지역 학생들이 입주해 생활하고 있었습니다. 즉 캐나다 장로교가 지은 기숙사에는 함경도 학생들이, 북장로교회 기숙사는 평안도, 황해도, 경기도, 경상북도 출신들이, 남장로교회 기숙사는 충청도와 전라도, 그리고 호주장로교회 기숙사는 경상남도 출신 학생들이 입주해 있었습니다. 이런 기숙사 상황을 파악한 주기철은 이 제도는 잘못됐다 여기고, 뜻을 같이하는 학생들과 더불어 학우회를 통해 교수회의에 다음과 같이 건의했습니다. 즉 신학생들이 신학교에서부터 각 지방별로 거주하는 것은, 그렇지 않아도 지방색이 강한 민족인데 신학교에부터 지역별로 거주하면 앞으로 한국교회 내에 상존하는 지방색을 더욱 고착시킬 염려가 있습니다. 그러므로 각 지방을 고루 섞어 입주하는게 좋겠다는 의견을 제시했습니다. 교수회의는 이를 좋게 여기고, 지방별 입주를 폐지하고 다음 학기부터 여러 지방 학생들이 고루 섞여 생활하게 했습니다.

이로써 오래 내려오던 신학교의 지방별 입주 기숙사 제도가 사라지게 되었습니다.

처음부터 주기철은 지방색을 타파하는 데 앞장섰고 누구보다 지역색에 의지하는 폐습 철폐를 통렬히 논박했습니다. 한국교회 역사에 귀한 자료를 많이 제공해 준 김린서 목사는 주기철 목사에 대해, "그는 경남 사람으로 평양 여자와 결혼했고, 평양에서 목회하다, 평양에서 순교하고 평양에 묻혔으니 그는 에큐메니즘의 화신이라."고 말한 바 있습니다.

주기철은 1926년 30세에 신학교를 졸업하고, 부산 초량교회에서 첫 목회를 시작했습니다. 초량교회에서 6년 동안 열정적으로 목회하여 초량교회는 굴지의 교회로 성장했습니다. 자연히 주기철 목사의 명성이 나면서 조선은 물론 일본에서까지 주 목사를 사경회 강사로 초청했습니다. 주 목사는 20살 때, 김해읍교회 교인 안갑수와 결혼을 하고, 아들 셋을 두었습니다. 그런데 셋째 아들 영묵이 3살 때 병으로 세상을 떠났습니다. 2년 후, 주 목사 내외는 기다리던 딸을 얻었는데, 외동딸이 2살 때 또 세상을 떠났습니다. 자식 하나만 잃어도 그 슬픔이 큰데 하물며, 두 자식을 먼저 보내는 것이 얼마나 큰 슬픔인지는 겪어 보지 않은 사람들이 어찌 알 수가 있겠습니까? 그래서 "부모가 세상을 떠나면 땅에 묻고, 자식이 죽으면 가슴에 묻는다."는 말이 있겠지요.

생각해 보면 주 목사는 일생을 통해 많은 슬픔을 안고 사신 분입니다. 마산 문창교회로 목회지를 옮긴 2년 후 안갑수 사모가 어느 날 목 밑에 조그만 뾰루지가 곪아가더니 화농이 점점 심해졌습니다. 동네 병원에서 치료를 받았는데, 의사의 실수로 결국 목숨을 잃고 말았습니다. 주 목사 36살 젊은 나이에 아들 넷을 남겨두고 부인이 세상을 떠났습니다. 그때 막내 광조(서울 영락교회 원로 장로)가 1살로 아직 젖도 떼기 전에 사모가 세상을 떠난 기막힌 현실에 부닥친 것이지요. 하나님께서는 왜 주기철 목사 같은 위대한 순교자에게 이런 시련을 주셨을까요? 필자는 역사를 공부하면서 또 세상을 살아오면서 의인들이 세상 복을 받지 못하고 살아간 사례를 많이 보았는데, 그 대표적인 분이 바로 주기철 목사입니다. 어떻게 6남매 가운데, 둘이 죽고 게다가 30대 중반에 어린 아이들 넷을 남겨두고 부인이 세상을 떠나는 기막힌 현실을 생각해 보세요. 만일 나에게 이런 시련이 닥친다면 감당할 수 있을까요?

APR

평양노회의 주기철 목사 복권 시행과 죄책 고백문 (1)

04/22

"그러므로 너희가 회개하고 돌이켜 너희 죄 없이 함을 받으라 이같이 하면 유쾌하게 되는 날이 주 앞으로부터 이를 것이요." (행 3:19)

해방 후 평양노회가 우선적으로 해야 할 일이 하나 있었습니다. 그것은 주기철 목사의 복위 문제였습니다. 일제의 강압에 의해 마지못해 했을망정 신앙의 절개를 지키기 위해 신사참배를 거부하고 투옥되어 있던 동료 목사를 면직시켜 목사 자격을 박탈한 것은 우선 하나님 앞에 죄악이었고, 한국교회 앞에 죄악이었으며, 유족들에게 씻을 수 없는 과오를 범한 일이었습니다. 그러나 어찌된 영문인지 평양노회는 이 일을 처리하는 데 소극적이었고, 어떻게 보면 이 사건 자체를 무시하고 없었던 일로 치부하는 것 같은 인상을 주기도 했습니다. 해방 후, 평양 노회가 처음 모였을 때, 무엇보다 먼저 했어야 할 일은 일제 강점기에 마지못해 행한 주기철 목사 목사직 파면을 참회하고 원상 복귀시키는 일이었습니다. 물론 해방이 된 후에, 북한에 공산 정권이 들어서고 서서히 교회를 옥죄면서 탄압의 고삐를 감아쥐고 조여 들어오는 혼란 중에 많은 목사와 교인들이 남한으로 피난을 떠났으므로, 그 와중에 평양노회가 제대로 기능을 하기 어려웠다는 것은 이해가 가는 대목입니다.

그러던 중 6.25전쟁이 터졌고 전쟁에 휘말리면서 노회도 제정신을 차릴 수가 없었습니다. 1953년 휴전협정이 조인되면서 일단 전쟁은 멎었고, 불안하지만 평화가 찾아왔으므로 모든 것이 서서히 제 자리를 잡아가고 있었고 개교회, 노회, 총회도 원 위치로 돌아오는 몸짓을 시작했습니다. 남한에서 개최된 총회에서 북한에 있었던 노회들을 무 지역 노회로 받기로 확정했으므로 평양노회도 자연히 정회원으로 받아들여졌습니다. 그러면 해방 정국과 전쟁의 소용돌이 속에서 해결하지 못했던 주 목사 복위 문제가 자연스럽게 대두되었어야만 했으나, 여전히 평양노회는 이 문제를 제기하지 않고 침묵으로 일관하고 있었습니다.

총회가 고려파, 기장 측으로 갈렸고, 1959년에는 소위 통합측과 합동측이 갈려, 각 총회 안에 평양노회가 각각 있었지만 여전히 이 문제는 수면 밑에 가라앉아 있었습니다. 세월은 흘러, 1984년 한국교회 선교100주년기념대회를 치르고, 수많은 사람들에게 표창을 하고 그들의 공을 기리면서도 주기철 목사 문제는 여전히 침묵 속에 묻혀 있었습니다. 세월이 지나면서 여기저기서 주기철 목사의 복위 문제가 불거지기 시작하더니 급기야 통합측 서울 산정현교회가 소속되어 있던, 실제로는 아무런 법적 권한이 없는 서울 동노회의 발의로 대한예수교장로회 통합측 총회가 주기철 목사의 복위를 결정했습니다. 1997년 4월 20일 서울 산정현교회에서 주기철 목사 복권예배를 드리고, 당시 총회장이 주기철 목사 복권을 선언했습니다.

그러나 이것은 합법적인 일은 아니었습니다. 목사의 적(籍)은 노회에 있고, 또 평양노회가 주 목사의 목사직을 면직시켰으므로 목사직을 복위시키는 권한과 의무는 당연히 평양노회에 있었습니다. 다시 말해 총회가 할 일이 아니었다는 것이지요. 그러나 평양노회는 이 문제에 대해 아무런 행동도 취하지 않고 세월이 지나고 있었습니다.

그러던 중 평양노회가 장로회신학대학교에 석좌교수를 한 사람 담당하기로 함에 따라 신학교에서 교회역사를 강의하는 필자를 평양노회 석좌교수로 지정해 주었습니다. 필자는 신학교와 평양노회 사이의 협정으로 은퇴할 때까지 평양노회 석좌교수로 공식 지명을 받았습니다. 필자는 사실 평양노회와는 직접 관계가 없는 사람입니다. 그러나

APR

학교가 필자를 추천해서 그렇게 된 것인데, 지내 놓고 보니까 이것도 하나님의 뜻이 아니었나 하는 생각을 해 봅니다. 만일 필자가 평양노회 석좌교수가 안 됐었다면 아마 아직도 주기철 목사의 복권 문제가 해결되지 않고 그대로 있었을 지도 모를 일이기 때문입니다.

2005년 가을에 석좌를 제공한 평양노회가 필자에게 정기노회 때 예배 설교를 해 달라는 요청을 받고 노회에 출석하여 설교를 했습니다. 필자는 첫마디로, "평양노회가 해서는 안 될 일 하나를 했고, 또 반드시 해야 할 일 한 가지를 안 했다."고 일갈(一喝)했습니다. 해서는 안 될 일은 신사참배를 반대하고 감옥에 간 목사의 적을 박탈한 것이고, 반드시 해야 할 일을 안 한 것은, 해방이 되었으면 무엇보다 먼저 순교자 주기철 목사의 적을 다시 회복하고 평양노회 순교자 명부에 기재했어야 하는데, 60년이 지난 오늘까지 그 일을 하지 않은 것이라고 말했습니다. 비록 만시지탄(晩時之歎)이 있으나 지금이라도 회복하는 절차를 밟는 일을 서둘러야 할 것이라고 강조해서 말했습니다.

평양노회는 필자의 말에 크게 자극받고 그 노회에서 바로 '주기철 목사 복적준비위원회'를 구성하고 이 이를 적극 추진하여 이듬해 인 2006년 봄 노회 때 이를 실천하기에 이르렀습니다. 평양노회는 드디어 2006년 4월 17일 경기도 남양주시 동화고등학교에서 모인 정기노회에서 주기철 목사의 유가족들을 초청한 자리에서 "한국교회에 보내는 죄책 고백문"을 발표하고 실로 제명 처분된 지 62년 만에 주기철 목사의 복적과 복권을 선포 선포했습니다. 이로써 평양노회는 비록 일제의 강압에 의해 이루어진 일이라 할지라도 해서는 안 될 일을 한 죄악을 하나님과 한국교회 앞에 그리고 유가족들 앞에서 사죄하고 참회하는 예배를 드림으로써, 오랜 세월 앙금처럼 가라앉아있던 문제를 척결하는 결단을 하기에 이르렀습니다. 이로써 평양노회는 마땅히 해야 할 일을 뒤늦게나마 정리할 수 있게 되었습니다.

평양노회의 주기철 목사 복권 시행과 죄책 고백문 (2)

"그러므로 너희가 회개하고 돌이켜 너희 죄 없이 함을 받으라 이같이 하면 유쾌하게 되는 날이 주 앞으로부터 이를 것이요." (행 3:19)

주기철 목사를 67년 만에 복권하면서 한국교회에 발표한 평양노회의 죄책 발표문은 다음과 같습니다.

우리는 1907년에 있었던 조선예수교장로회(독노회)의 창립과 그해 평양의 모교회인 장대현교회에서 열렸던 죄의 고백, 대부흥성회 100주년이 되는 2007년을 기다리면서, 일제 시대에 우리 노회가 행한 중대한 잘못들을 고백함으로 이 시대에 하나님께서 우리 노회에 엄중히 요구하시는 참된 회개와 갱신을 성실히 수행하기로 지난 제163회 평양노회 정기노회(2005년 10월 방주교회)에서 결의했습니다. 우리는 평양노회가 일본제국주의자들의 강압적 통치하에서 교회가 마땅히 지켜야 할 신앙 양심을 지키지 못하고 신사참배에 가담한 것과, 신사참배에 반대하여 신앙을 고수하기 위해 일제에 항거했던 주기철 목사를 목사의 직에서 파면하고 산정현교회를 강제로 폐쇄하는 일을 행했던 우리 노회의 죄악상을 애통하는 마음으로 참회하며 고백합니다.

우리 평양노회원들은 이 죄악들이 이미 지나간 어제의 문제가 아닌 우리가 살고 있는 오늘의 문제이며 우리의 죄악임을 통절히 시인합니다. 우리는 너무 오랜 세월 동안 이 죄악을 정직하게 시인하고 고백하기보다 덮어 놓고 외면하며 지내왔습니다. 지금 우리는 과거의 죄악을 우리 앞에 두고 큰 슬픔 속에서 이 참람한 죄악을 바라봅니다. 우리 노회는 일제의 압력에 굴복하여 진리를 외면하고 하나님의 교회를 욕되게 하였으며 우리 중 어떤 이들은 일제가 하나님의 교회를 짓밟는 일에 적극적으로 협력하였습니다. 우리는 주기철 목사의 일사각오의 신앙이 우리 믿음의 뿌리임을 재확인함과 동시에, 주기철 목사를 목사직에서 파면할 것을 결의한 선배들의 그 잘못된 결의도 우리 자신의 것임을 가슴 아프게 고백합니다. 우리는 일제치하에서의 신사참배와 관련하여 우리 평양노회에 구제적인 몇 가지의 죄가 있었음을 아래와 같이 인정하며 고백합니다.

첫째, 신 · 구교를 망라한 우리나라의 여러 교단들이 신사참배를 공식적으로 허용하는 일이 진행되면서 1938년 9월 9일, 평양 서문밖교회에서 개회된 제27회 조선예수교장로회 총회는 동 9월 10일 일제의 강압에 굴복하여 신사참배를 가결하는 큰 죄악을 범하였습니다. 이때, 현 평양노회의 전신인 평양, 평서, 안주 3노회는 신사참배 결의안 상정 및 결의를 주도하였습니다. 일제가 미리 계획한 각본대로 3노회의 연합대표인 평양노회장 박응률 목사는 신사참배 결의 및 성명서 발표를 위한 긴급 제안을 하였고, 평서노회장 박임현 목사와 안주노회 총대 길인섭 목사는 동의와 재청을 하였습니다. 이는 우리 장로교가 신사참배를 결의함에 있어서 평양노회가 앞장 선 증거입니다. 일제가 한국교회 및 장로교의 중심인 평양 지역의 노회들을 앞세워 한국교회가 완전히 신사참배 하는 교회가 되었음을 선언한 이 악마적 계략에 동조하고 앞장섰던 우리 노회의 씻지 못할 죄악을 우리 모두는 깊이 참회합니다.

둘째, 총회가 신사참배를 결의하였음에도 불구하고 주기철 목사는 평양노회에 속한 산정현교회에서 순교를 각오로 설교를 계속하였습니다. 평양의 산정현교회와 주기철 목사는 한국교회 신앙 양심의 마지막 보루였습니다. 수차례에 걸친 투옥과 회유, 탄압 속에서도 주기철 목사와 산정현교회가 굴복하지 않자 일제는 주기철 목사를 세 번째로 구속한 상태에서 평양노회를 협박하였습니다. 계속되는 위협과 회유를 견디지 못한 노회원들은 1939년 12월 19일에 평양경찰서의 강압으로 열린 임시노회에서 주기철 목사의 파면을 결의하였습니다. 이제 우리는 신앙의 지도자요, 민족의 십자가를 진 하나님의 종 주기철 목사에게 목사직 파면의 큰 고통을 안긴 엄청난 죄악을 통회 자복하며 회개합니다.

셋째, 주기철목사가 없는 상황에서도 산정현교회가 여전히 노회에서 파송하는 목사를 거부 하는 일이 계속되자, 일제 경찰 당국은 결국 산정현교회 예배당을 폐쇄하기 위해 다시 평양노회를 이용하였습니다. 제38회 정기노회(1940년 3월 19-22일 평양 연화동교회)에서 평양노회는 목사 명부에서 주기철 목사의 이름이 삭제된 것을 확인하고 산정현교회에 관한 전권을 부여하는 전권특별위원회를 구성하였습니다. 전권위원으로 선정된 사람은 장운경,, 김선환. 심익현, 박응률, 차종식, 이용직, 김취성, 변경환 등이었습니다. 전권위원회는 3월 24일 부활주일에 신사참배를 지지하는 목사를 강단에 세우기 위해 일본 경찰의 호위를 받으며 시도하였지만, 산정현교회 교인들의 격렬한 저항으로 뜻을 이루지 못하자 마지막으로 예배당 폐쇄라는 수단을 쓰게 되었습니다. 하나님의 교회를 보호해야 할 성 노회가 신앙을 지키려 울부짖는 성도들의 통곡으로 가득한 교회를 강압적으로 폐쇄한 이 추악한 전대미문의 역사적 범죄 행위를 우리 노회는 진심으로 회개합니다.

넷째, 예배당 폐쇄 2주 후, 일제 경찰은 노회 전권위원들을 앞세워 주기철 목사의 노모를 포함한 가족을 교회 구내에 있던 사택에서 추방하는 일까지 감행하였습니다. 이후 주기철 목사 가족은 해방될 때까지 5년 동안 열세 번이나 이사를 하며 핍박과 유랑의 생활을 해야만 했습니다. 또한 해방 이후, 마땅히 회개하여 유가족들에게 사과하고 그들을 돌보았어야 할 노회는 오히려 주기철 목사의 유가족들을 외면하고 박대하여 그들의 가슴에 깊은 상처를 남기고 그들이 신앙의 갈등을 안고 방황하게 만

APR

들었습니다. 그 과정에서 주기철 목사의 자녀들은 생계의 고통을 겪고 고아원과 공장 등을 전전하며 정상적인 배움과 성장의 기회를 상실하게 되었습니다. 우리는 우리의 이 모든 비인간적인 처사들에 대하여 하나님께 회개함과 동시에 우리의 악행으로 고통당한 순교자의 유가족 여러분들께 머리 숙여 깊이 사과하며 진심으로 용서를 구합니다.

다섯째, 주기철 목사는 긴 옥중 생활에서의 고문과 위협 속에서도 한국교회 신앙의 순수성을 끝까지 지키다 1944년 4월 21일 금요일 밤 중에 영광스럽게 하나님의 부르심을 받았습니다. 그의 나이 만 47세였습니다. 주기철 목사의 죽음은 핍박을 견디지 못한 평양 노회원들의 변절과 비신앙적인 비겁한 결의와 직접적인 관련이 있습니다. 주기철 목사는 일제뿐 아니라 당시의 노회와 교회로부터도 핍박과 외면을 받은 것입니다. 불행하게도 주기철 목사의 부인 오정모 사모는 44세가 되는 1947년 1월 27일에 병환으로 별세하였고 장남인 주영진 전도사는 대동군 신재교회에서 목회하다 1950년 공산군에 의해 죽임을 당하여 순교의 대를 이었습니다.

오늘, 우리는 60여 년 전에 우리 평양노회가 범한 이 모든 죄악을 숨김없이 고백합니다. 그 당시 대다수의 평양노회 교회 지도자들이 신앙 양심을 지키지 못하고 일제의 위협 앞에 굴복하고 침묵하였을 뿐 아니라 그 범죄에 동참하였음을 부끄러운 마음으로 고백합니다. 우리 노회는 그때 하나님이 주신 영광스러운 교회의 사명을 온전히 감당하지 못하였습니다. 이 뼈아픈 실패는 우리 노회 역사의 치명적 수치입니다. 우리들은 우리의 이 수치스러운 죄악을 오고 가는 모든 세대 속에서 지속적으로 아파하고 기억하면서 역사의 경고와 교훈으로 길이 간직할 것을 다짐합니다. 우리 평양노회는 우리 노회의 불의와 죄를 참회하고 고백하면서 하나님께 용서를 구하고 우리의 참회와 고백을 듣는 모든 교회와 민족 앞에 슬픈 마음으로 용서를 간구합니다. 또한 우리의 부끄러운 모습으로 인하여 순교를 당하고 상처와 고통을 입은 주기철 목사와 그의 유가족, 후손 여러분과 평양 산정현교회 성도들에게도 다시 한 번 머리 숙여 우리의 참람한 잘못에 대해 용서를 구합니다.

그러나 우리는 주기철 목사님을 우리 노회의 선배 노회원으로 다시 회복하여 감히 모시게 된 것을 크나큰 영광과 말로 다 표현할 수 없는 은혜로 여겨 눈물로 하나님께 감사드립니다. 이제 우리 노회는 다시 주기철 목사의 순교 정신을 이어받아 병든 한국교회를 치유하고 한국교회의 새로운 부흥과 세계교회의 발전을 위해 쓰이기를 간절히 원합니다. 자비로우신 주님께서 우리 지난날의 죄악을 용서하시고 새롭게 하여주시기를 엎드려 간구합니다.

2000년 4월 18일

대한예수교장로회 평양노회 노회장 권영복 목사
평양노회 주기철 목사 복권추진 및 참회고백 특별위원회 위원장
손달익 목사 외 제164회 평양노회 노회원 일동

네가 이 사람들보다 나를 더 사랑하느냐?

04
24

"그들이 조반 먹은 후에 예수께서 시몬 베드로에게 이르시되 요한의 아들 시몬아 네가 이 사람들보다 나를 더 사랑하느냐 하시니 이르되 주님 그러하나이다 내가 주님을 사랑하는 줄 주님께서 아시나이다 이르시되 내 어린 양을 먹이라 하시고" (요 21:15)

오늘은 예수님께서 승천하시기 직전 베드로와 나눈 대화를 묵상해 보겠습니다. 요한복음 마지막 장인 21장 마지막은 예수님께서 베드로에게 나를 사랑하느냐고 세 번 묻는 것으로 대미를 장식합니다. 우리나라 말에는 '사랑'이라는 말이 한 가지 뿐입니다. 영어도 마찬가지로 사랑이란 단어가 'Love' 하나뿐입니다. 그런데 헬라어에는 사랑이란 단어가 넷 있습니다. 에로스(eros), 필레오(phileo), 스토르게(storge), 아가페(agape)입니다. 신약은 원래 헬라어로 쓰여 있어서 사랑이란 단어가 다르게 쓰인 때가 종종 있습니다.

필자가 신학교 일학년 때 헬라어를 배웠습니다. 그때 '에로스'라는 단어가 나왔는데 어떤 친구가 교수님께 "에로스는 어떤 사랑입니까?"라고 질문을 하자, 교수님께서 "에로스는 에로틱한 사랑입니다." 라고 답하셔서 모두 한바탕 웃은 일이 있었습니다. 잘 아시다시피 에로스 사랑은 이성간의 사랑입니다. 남자가 여자더러 "나는 당신을 진심으로 사랑합니다. 나와 결혼해 주세요. 행복하게 해드리겠습니다."라고 고백할 때, 이 사랑이 바로 에로스입니다. 필레오 사랑이란 어려운 이웃을 도와주는 인류애입니다. 성경, 특히 구약에서 고아, 과부, 나그네를 돌보라는 말씀이 자주 반복되는데, 이들을 돌보아 주는 일이 필레오 사랑입니다. 미국 동부 도시 이름 필라델피아는 '필레오'+'델포스'(동포)가 합해 필라델피아가 된 것이지요. 애국심, 측은지심 등입니다. 다음은 스토르게인데, 이것은 가족들 간의 사랑입니다. 엄마가 아기를 사랑하는 모성애, 아버지가 아들을 사랑하는 부성애, 형제 자매간의 우애, 일가 친족을 사랑하는 그런 사랑이지요.

마지막으로 아가페는 잘 아시는 것 같이 하나님이 인간을 사랑하시는 신(神)적 사랑입니다. 인간도 이런 사랑을 할 수 있는데 이때 철저한 자기 부정과 전적으로 타자를 사랑할 때 가능합니다. 성경 본문 요한복음 21장의 예수님과 베드로의 대화 내용을 헬라어 원문을 보면 예수님은 "네가 나를 '사랑'하느냐?"라고 물어보실 때 아가페의 사랑(agapas me)으로 질문하십니다. 그런데 베드로가 "내가 주님을 사랑하는 줄 주께서 아시나이다."고 대답할 때, 필레오(phileis se)로 대답합니다. 둘째 질문도 똑같이 예수님은 아가페로, 베드로는 필레오로 대답합니다. 그러나 세 번째로 예수님께서 베드로에게 "네가 나를 사랑하느냐"고 물으실 때, 아가페가 아니고 필레오로 묻습니다(phileis me). 이에 베드로가 '근심하면'서도 첫째나 둘째와 똑같이 필레오(phileis se)라 대답합니다. 즉 예수님께서는 베드로에게 네가 나를 아가페의 사랑으로 사랑하느냐고 묻는데, 베드로는 끝까지 필레오의 사랑으로 사랑한다고 대답하고 있지요. 왜 그랬을까요? 답은 간단합니다. 성령 받지 못했기 때문입니다. 성령 받지 못한 베드로는 예수님을 아가페로 사랑할 수 없었습니다. 아가페의 사랑으로 예수님을 사랑하려면 성령을 받아야 합니다. 베드로가 답한 필레오는 인류애입니다. 굶주린 자, 병든 자, 옥에 갇힌 자, 고아, 과부, 나그네, 독거노인, 장애인을 사랑하는 사랑이지요. 예수님은 우리에게 필레오의 사랑을 요구하지 않습니다. 아가페의 사랑 즉 자신을 희생하는 사랑을 요구합니다. 자기희생 없는 사랑은 필레오에 머물지요. 필레오는 예수 안 믿는 사람도 많이 합니다. 불쌍한 사람을 긍휼히 여기는 비그리스도인들은 허다합니다.

1906년, 한국 최초 목사 선교사인 언더우드가 발행한 「그리스도

APR

신문」에 다음과 같은 기사가 실렸습니다.

"우리 교인은 마귀의 종을 벗어나서 노임을 엇고 하나님의 자녀가 되엇으니 하나님의 사랑하시는 동류를 종으로 부려 짐승같이 대접함이 올치 아니한 줄을 만히 깨달은지라… 순안 박인시 씨는 그 종을 속량하야 딸을 삼았고, 평양 서촌 창마을 사는 리씨는 주를 밋기 전에 일개 비자를 천여 금을 주고 사다가 부리더니 자긔가 죄에서 속량하고 은혜로 하나님의 딸이 됨을 깨닷고 그 종과 하는 말이, "내가 지금 주께 기도할 때와 성경 말씀을 생각할 때마다 너를 종으로 두는 거시 늘 마음에 불안하고 다시 팔자 한즉 인생을 참아 짐승과 같이 매매하는 거시 하나님의 사랑하시는 뜻에 합당치 아니한즉 오늘부터 너를 속량한다." 하고 문셔를 내어 소화하고 친딸 갓치 사랑한다 하니 이 세상 사람의 동류를 종으로 부리는 사람에게 비하면 깁게 생각하고 넓게 사랑함이 몃백 층이 놉흔지라 그윽히 착한 마음 생긴 거슬 궁구하면 하나님을 공경하고 예수씨를 밋고 사람을 사랑하는 대로부터 나온 거시니 이런 거룩한 일을 우리나라 이천만 동포들이 마귀와 사람의 종을 속량할 본이 될 터이니 입으로만 사랑하고 모양으로만 개화한 사람의 마음을 곳치기를 바라나이다."(「그리스도신문」 1906. 5. 24일자)

지금부터 100년도 더 된 1906년이면 분명히 교육도 제대로 받지 못했을 이씨 할머니가, 예수 믿기 전에 1천 냥을 주고 사다 부리던 계집종을 면천(免賤: 천민에서 해방시킴)하고, 노비 문서를 꺼내 불 지르고 계집종을 친딸처럼 데리고 사는 일은 성령 받지 못한 사람은 상상도 할 수 없는 일이지요. 당시 1천 냥이면 엄청난 재산인데 그것을 포기할 수 있는 힘은 성령님의 역사가 아니고서는 설명할 길이 없습니다. 이 사건은 우리 배달겨레 4천 년 역사에 처음 있는 기적입니다. 4천 년 내려오던 노비 문화를 끝장낸 대 사건입니다. 1천 냥의 재산을 불 지른 이유는 단순합니다. 하나님께서, 성경이 인간 차별을 금한 원리를 따른 것이고, 계집종을 아가페로 바라봤기 때문입니다. 우리 교인 중, 어떤 사람을 위해 1천 불짜리 수표를 불지를 사람이 몇이나 될까요? 만일 만 불짜리 수표라면 과연 불지를 사람이 있을까요? 그런데 대답은 간단합니다. 성령 받은 사람은 가능합니다,

성령 받은 사람은 1만 불이 아니라, 자기 전 재산도, 자기 생명도 희생할 수 있습니다. 교회 역사에서 성경 말씀을 읽고 자기 전 재산을 팔아 가난한 사람들에게 나누어 주고 수도자가 된 성 프란시스를 비롯하여 얼마든지 찾을 수 있습니다. 예수님은 영생의 길은 묻는 어떤 관원에게 네 모든 재산을 팔아 가난한 자에게 나누어주고 나를 따르라고 명하셨지만, 그 관원은 근심하며 돌아갔지요.(눅 18:22) 쉬운 일이 아닙니다. 그러나 주님이 명령하시면 해야 합니다. '못 하겠습니다'라고 하면 주님과의 관계는 단절되는 것입니다. 예수님을 제대로 만난 사람은 전 재산을 포기할 수 있는 사람입니다. 문제는 예수님을 제대로 만났느냐 아니냐, 성령님을 온전히 받았느냐 못 받았느냐에 달려 있지요. 그래서 예수님께서 믿는 자 보기기 어렵다고 말씀하신 것이지요. 우리도 성령님을 받으면 보통 사람이 하지 못하는 일을 할 수 있습니다. 평양 서촌 리씨 할머니도 결단한 일을 우리라고 못할 이유가 없지 않겠습니까? 문제는 성령님께서 우리 안에 계시냐의 문제일 뿐이지요.

APR

장학금

04
25

"또 주 예수의 친히 말씀하신 바 주는 것이 받은 것보다 복이 있다 하심을 기억하여야 할지니라." (행 20:35)

오늘은 신학교에 장학금 기증하는 문제를 이야기하는 게 좋겠다고 여겨 이 글을 씁니다. 뜻이 있는 분들 가운데, 장학금을 내는 분들이 있습니다. 필자가 장신대에 있을 때 적지 않은 분들이 장학금을 기탁해 오는 것을 보았습니다. 대체로 우리 학교를 졸업한 목사님 자제들 중, 재정적으로 여유가 있는 분들 중에, 조부님이나 아버님 목사님 성함으로 장학금을 제공하는 분들이 제법 많았습니다.

필자가 대학을 졸업할 무렵 하루는 학장님이 찾으신다는 얘기를 듣고 학장실에 갔습니다. 학장님은 필자에게 "당신이 신학교에 가게 되었는데, 당신의 신학교 3년 동안 등록금 전액을 장학금으로 보내오신 분이 있습니다. 그러니 장학금을 제공하신 분의 뜻을 따라 열심히 공부해서 훌륭한 목사가 되세요."라는 말씀을 하셨습니다. 필자가 신학교에 입학할 때가 60년대 중반으로, 나라 전체가 몹시 어려운 때여서 비록 크게 비싸지는 않았지만, 신학교 등록금 마련도 힘겨울 때였습니다. 이 소식은 가뭄에 단비와 같았습니다. 그래서 "그분이 누구십니까?"라고 물었더니, 미국 텍사스주, 샌안토니오(San Antonio)시에 사시는 번즈 장로(Elder Burns)라 했습니다. 두말할 것도 없이 필자와 번즈 장로님과는 일면식도 없는 전혀 알지 못하는 분이었지요. 필자가 그분께 감사의 편지를 써야겠으니, 주소를 달라 해서 받았습니다. 받은 주소로 번즈 장로님께 감사의 편지를 보냈는데, 그분은 샌안토니오 시에서

페인트 상을 하시는 분이었습니다. 답장과 함께 가족사진도 보내와서 몇 차례 서신 왕래가 있었습니다. 필자가 지금도 안타깝게 생각하는 것은 미국 유학을 왔을 때 그 장로님을 찾아가서 감사를 드렸어야 했는데, 실천에 옮기기 전에 장로님이 소천 받으셔서 그럴 기회를 놓친 것을 지금도 후회하고 있습니다. 후에 알고 보니 필자 외에도 그때 같이 신학교에 간 세 사람 모두 똑같이 다른 이들로부터 3년간 전액 장학금(full scholarship)을 받은 것을 알게 되었습니다. 그러니까 우리 네 사람 모두 미국에 있는 어떤 성도들이 보낸 장학금으로 공부를 한 것이지요.

장학금을 기증할 계획을 갖고 계시는 분들께 필자의 견해를 말씀드리겠습니다. 장학금을 기증하면 대체로 가난한 집안의 성적이 우수한 학생에게 줍니다. 일반적으로 중고등학생과 대학생, 신학생 등이지요. 물론 석사, 박사 과정에서 공부하는 학생들도 포함됩니다. 필자는 기왕 장학금을 기증하시려면 신학생과 신학석사, 박사 학위 학생에게 주시기를 권면합니다. 그 이유는 이렇습니다. 일반 대학을 다니는 학생에게 장학금을 주면 대학 4년 동안 등록금 어려움 없이 평안히 공부할 수 있을 것입니다. 물론 그 학생이 외국 유명 대학에서 석사, 박사 학위를 받고 귀국해서 또는 미국에 남아 대학에 혹은 거대 회사에 취업해서 보람 있는 일을 할 수도 있을 것입니다. 그러나 대학만 마친 사람은 직장에 취직하고 결혼해서 행복한 삶을 영위할 수도 있을 것입니다. 그러나 그 장학금을 받은 친구의 삶이란 결국 가장으로, 직장인으로 살다, 명퇴(名退), 조퇴(早退), 은퇴하면 그의 공적(公的) 삶은 그걸로 그치고 말지요. 물론 높은 직위까지 승진해서 회사와 사회를 위해 큰일을 하는 사람도 없지 않다고 생각해 봅니다.

그러나 신학생은 어떤 분이 기탁한 장학금을 받고 졸업하면 목사가 되고 교회를 맡아 목회를 합니다. 경우에 따라서는 수천, 혹은 수만 명 교인을 목회할 수도 있습니다. 필자와 같이 신학교에서 후학들을 가르치는 일을 하는 학자도 나올 수 있습니다. 자기가 낸 장학금을 받은 사람이 대학 졸업하고 평범한 사회인의 한 사람으로 살아가는 것과, 목사가 되어 많은 영혼을 돌보는 것과는 큰 차이가 있고, 또 보람도 다를 것입니다.

모두 장학금을 받고 신학 공부를 한 우리 동기 네 사람은, 각기 도미(渡美)한 때는 다르지만, 모두 공부를 마치고 한 친구만 미국에서 목회를 했고, 나머지 셋은 모교에 교수로 와서 후학들을 가르쳤습니다. 우리에게 장학금을 마련해 준, 번즈 장로님을 비롯한 나머지 세 분들은 장학금을 보내 준 보람을 느꼈을 것입니다. 세 사람이 모두 모교 교수로 일하면서 많은 목사후보생들을 훈련시키고 있으니 뿌듯한 보람을 느끼지 않겠습니까?

그러므로 혹 장학금을 기증하려는 계획을 갖고 계신 분은 신학교에 기증하시는 것을 적극 고려해 보시라고 이 글을 씁니다. 특히 '홀 사모' 가정의 자녀들 중, 신학교에 진학하는 학생에게 장학금을 주는 것도 생각해 보시기 바랍니다. 교회에 헌금하는 것만 하나님께 드리는 것이 아니고, 신학교에 장학금을 기증하는 것도 하나님께 헌금하는 것입니다. 자녀들에게 모든 재산을 다 물려 줄 생각을 하신다면 다시 한 번 생각하시고, 그중에 얼마라도 신학교에 장학금 기증 하시는 것을 오늘 잠시 묵상해 보시기를 권면 드립니다. 예수님 말씀에 따르면, "장학금을 주는 것은 받은 것보다 복된 일입니다."

유산

"하나님께서 이르시되 어리석은 자여 오늘 밤에 네 영혼을 도로 찾으리니 그러면 네 예비한 것이 뉘 것이 되겠느냐 하셨으니" (눅 12:20)

APR

오늘은 유산 상속에 관한 얘기를 해보겠습니다. 우리가 죽을 때 다만 얼마간의 유산이 있을 것입니다. 그 유산을 처리하는 방법이 세 가지가 있다고 생각합니다. 첫째는 100%를 하나님과 사회에 환원하는 것입니다. 둘째는 절반은 헌금하고, 나머지 절반은 자녀들에게 남겨 주는 것입니다. 셋째는 유산 전체를 자녀들에게 남겨 주는 것입니다.

그럼, 첫 번째 유형부터 한 번 생각해 봅시다. 첫 번째 유형은 자기 전 재산을 교회나 사회에 헌납하는 것입니다. 이것은 예수님께서 "내가 무엇을 하여야 영생을 얻겠습니까?"라고 묻는 젊은 관원에게 하신 말씀입니다. "네게 있는 것을 다 팔아 가난한 자들에게 나누어 주라."(눅 18:22)고 말씀하신 것 같이 모두 팔아 사회에 환원하라는 명령입니다. 두 번째는 누가복음에 나오는 삭개오의 경우입니다. 삭개오가 예수님을 만난 후에 자기 결단을 했습니다. 그는 "보시옵소서, 내 재산의 절반을 가난한 자들에게 주겠습니다."(눅 19:8)고 말했습니다. 재산의 절반 즉 50%를 사회에 환원하겠다는 선언이었습니다. 세 번째 유형은 유산 모두를 자녀들에게 주고, 교회나 사회에 단 한 푼도 환원치 않는 경우입니다.

필자가 80년대 초 인디애나에서 이민 목회를 할 때, 미국 장로교회 예배당을 빌려서 예배를 드렸습니다. 어느 주일 날 미국교회 목사님을 만났습니다. 그 목사님이 필자를 보고 기쁜 낯으로, "Today is burning Sunday."(오늘이 불태우는 주일이에요)라고 말했습니다. 필자는 처음 듣는 말이어서 "burning Sunday"가 무어냐고 물었지요. 목사가 설명했습니다. 우리가 이 예배당을 건축할 때 은행에서 대출을 해서 짓고, 매달 월부금을 냈는데, 이제 대출금을 다 갚고 오늘 그 빚 문서를 불태운 주일이라는 것이었습니다. 그 내역은 이렇습니다. 그 교회 어느 노인이 세상을 떠나면서 자기의 전 재산을 교회에 헌납했습니다. 그래서 그 노인이 가지고 있던 현금과 주식, 여러 가지 귀금속 그리고 살던 집까지 다 팔아, 그것으로 은행 대출금을 모두 청산하고, 오늘 예배 중 광고 시간에 그 내역을 교인들에게 알리고, 은행 빚 문서를 불태우는 순서를 가졌습니다. 그래서 오늘을 "burning Sunday"라 합니다는 내용이었습니다. 그래서 필자는 미국교회에서는 이런 주일도 있구나 하고 생각했었지요.

다음 두 번째는 유산의 50%를 하나님께, 50%는 자손에게 남겨 주는 경우로 누가복음 19장에 나오는 삭개오의 경우입니다. 삭개오는 동족들의 혈세를 거둬 원수 같은 로마 제국에 갖다 바치고, 나머지는 자기가 먹는 생활을 했겠지요. 그러나 그가 예수님을 만난 후에 그의 삶이, 인생관이, 가치관이 100% 달라졌습니다. 예수님께서 젊은 관원에게 한 것 같이 그렇게 하라는 말씀도 하지 않았는데도, 그는 스스로 전 재산의 50%를 가난한 사람들에게 나누어 주겠다는 결단을 했습니다. 필자는 이런 경우를 '50 : 50'이라고 말합니다. 즉 절반은 하나님께, 절반은 자녀에게 남겨 주는 것이지요. 세 번째 경우는 매우 고약한 경우지요. 교회에나 사회에는 단 1불도 환원하지 않고 전 재산을 자녀들에게 주는 케이스지요. 우리 교우 중에서도 이런 사람이 적지 않다고 여겨집니다. 교인들을 포함, 우리나라 사람들 대부분이 이렇게 하지요.

자, 이 세 사람이 죽은 후에 하나님 앞에 섰습니다. 하나님께서 처음 사람에게 묻습니다. "너는 죽을 때, 남은 유산을 어떻게 하고 왔느냐?" 당연히 이 사람은 "네, 제 전 재산 300만 불을 교회에(혹 신학교에 장학금으로) 헌납하고 왔습니다."라는 말을 자신 있게 하겠지요. 그때 하나님께서 그에게 크게 칭찬을 하시면서 "잘 하였도다, 착하고 충성된 종아… 내가 네 자녀들에게 헤아릴 수 없을 만큼 물질의 복을 내려 주겠노라."고 말씀하실 것입니다.

두 번째 삭개오와 같은 경우입니다. 하나님께서 똑같은 질문을 하셨을 때, "유산 300만 불 중, 150만 불은 교회에 헌금하고, 나머지 150만 불은 자녀들에게 주고 왔습니다."라고 말하면, 하나님께서는 그것도 참 잘했다고 칭찬하시며, 자녀들에게 복을 내려 주시겠다고 말씀하실 것입니다.

세 번째 경우입니다. 하나님께서 똑같은 질문을 했을 때, "죄송합니다. 저는 전 재산 300만 불 모두를 자녀들에게 주고 왔습니다."라고 말하면, 하나님께서 무어라 말씀하실까요? 아마도, "내가 그렇게 많은 물질로 네게 복 내려 주었는데, 그래 나에게 단 1불도 헌금하지 않고 왔단 말이냐? 그래 네 생각에 네 자녀들이 그 돈으로 잘 먹고, 잘살 것 같으냐? 내가 네 자녀들에게 복을 내려줄 것 같으냐? 이 악하고 무익한 종을 바깥 어두운 데로 내어 쫓으라 거기서 슬피 울며 이를 갈게 하라." 고 말씀하시지는 않겠지요?^^ 예수님은 어리석은 농부에게 말씀하셨습니다. "오늘밤에 네 영혼을 도로 찾으리니." 오늘 밤에라도 하나님이 나를 부르시면, 속절없이 가야 합니다. 오늘 저녁에라도 하나님께서 나를 부르시면 가야 합니다. "한 번 죽는 것은 사람에게 정하신 것이요 그 후에는 심판이 있으리니"(히 9:27) 우리는 후에 하나님의 심판대 앞에 반드시 설 것입니다. "네 유산을 어떻게 하고 왔느냐?"라고 물으실 때, 무어라 대답하시겠습니까?

우리는 위의 셋 중 하나를 선택해야 합니다. 첫째는 현실적으로 실현하기 어려운 게 사실입니다. 특히 자녀들, 그중 어렵게 사는 자녀들

APR

이 있으면 전 재산을 헌금하기도 어렵지요. 또 세 번째, 전 재산을 모두 자녀들에게 주는 것도 그리스도인으로 할 일은 아니지요. 따라서 필자는 삭개오의 철학, 즉 '50 : 50'을 권해 드립니다. 절반은 하나님께, 절반은 자손에게. 오늘 잠시 이 문제를 묵상해 보는 시간을 가지시기 바랍니다.

콜럼버스의 동상

04
27

"모든 사람이 죄를 범하였으매 하나님의 영광에 이르지 못하더니"
(롬 3:23)

APR

미국 미네소타주 세인트폴 주 의사당 앞에 세워진 콜럼버스 동상을 시위대가 끌어내려 짓밟는 사진 보도가 있었습니다. 그곳 백인 경찰의 잔혹한 행위에 분노한 시위대가 엉뚱하게 콜럼버스 동상을 끌어내리고 그 얼굴을 짓밟은 행위는 어떻게 해서 이루어진 것일까요?

콜럼버스(Christopher Columbus, 1451-1506)는 이탈리아 제노아 출신 항해사입니다. 그는 스페인의 페르디난트 왕과 이사벨라 여왕의 후원을 받아 산타마리아 호 등 세 척의 배로 인도를 향해 출발했습니다. 스페인 남서부 팔로스 항을 떠난 것이 1492년 8월 3일이었습니다. 이는 콜럼버스가 후원자를 찾아 이리저리 다닌 지 실로 7년 만에 성사된 일입니다. 그가 인도로 간 이유는 인도에서 대량 생산되는 향신료(香辛料)를 구매하기 위함이었습니다. 그 당시에는 아직 냉장고가 없었기 때문에 향신료는 음식물을 오래 보관하기 위해서는 꼭 필요했고, 음식에 맛도 내고, 상처 치료약으로도 요긴한 물품이었습니다. 지금까지 향신료 무역은 지중해를 통해 인도에 이르는 육로로 이루어졌습니다. 그러나 이슬람교도 오스만 튀르크가 지중해를 장악하면서 기독교 국가들 동방 무역로를 차단해 버렸기 때문에 어쩔 수 없이 해상로를 이용할 수밖에 없었습니다.

당시만 해도 지구는 평평하고, 바다 멀리 가면 낭떠러지가 있다고 믿어 사람들은 바다 멀리 갈 생각을 하지 못했습니다. 그러나 선구자 콜럼버스는 지구가 평평한 게 아니고, 둥글다 확신하고, 한 방향으로 계속 가면 다시 출발지로 돌아온다고 믿었습니다. 이런 확신이 그로 하여금 지금까지 아무도 도전해 보지 못한 항해의 길에 나설 수 있게 했습니다. 또 당시 향신료 한 주먹이 노예 10명의 가치를 지닐 만큼 비싸, 대단한 돈벌이가 된 것 또한 그가 이런 위험한 항해를 하는 동기임에 틀림없습니다.

두 달이 넘자 긴 여정에 지친 선원들은 동요하기 시작했습니다. 심지어 콜럼버스를 죽이고 다시 돌아가자는 움직임도 있었습니다. 콜럼버스는 3일만 더 가보고 육지가 안 나오면 돌아가자고 최후 패를 던졌습니다. 그런데 3일 째 저녁에 선원들은 푸른 잎이 달린 조그만 나뭇가지가 바다에 떠 있는 것을 발견했습니다. 다음날 오전 그들은 벌거벗은 채 이상한 눈으로 자기들을 쳐다보는 한 떼의 사람들을 보고 감격했습니다. 실로 두 달 열흘 만에 육지에 도착한 것입니다. 콜럼버스는 바닷가에 첫 발을 내려놓고, 무릎을 꿇고 땅에 키스한 다음 하나님께 감사의 기도를 드렸습니다. 그의 오른손에는 큼직한 성경이, 왼손에는 큰 칼이 들려 있었습니다. '전도와 정복' 두 가지 목적의 상징이었습니다. 당시 교황은 모든 항해사들에게 이방 땅에 도착하면 반드시 그 종족들에게 복음을 전하라는 명령을 내렸던 것입니다.

콜럼버스가 도착한 지점은 현재 중남미 바하마 제도였습니다. 콜럼버스는 이곳을 산 살바도르(San Salvador: 엘살바도르의 수도, 구원자의 땅)라고 명명했습니다. 콜럼버스는 이곳이 자기가 목적한 인도라 착각했습니다. 그래서 그들을 보러 온 사람들을 인도인(Indians)으로 여겼습니다. 그래서 지금도 이 지역을 공식적으로 서인도제도라 부르고 있습니다. 사실 아메리카에 처음 도착한 사람은 콜럼버스가 아니고, 그가 도착한 때로부터 500년 전인 주후 1000년경 아이슬란드 태생 노르웨이 출신 탐험가 레이프 에릭슨(Leif Erikson)입니다. 그는 그린란드도 발견했고, 후에 35명의 동료들과 함께 북아메리카에 도착했습니다. 따라서 콜럼버스가 처음으로 아메리카에 도착했다는 것은 사실이 아닙니다. 그러나 일반적으로 그가 발견한 것으로 여기는 것은 그곳이 유럽에 이때 처음 알려졌기 때문입니다. 콜럼버스는 사실 죽는 날까지 이곳이 인도라고 생각했지 자기가 새로운 대륙에 도착했다는 사실을 몰랐습니다. 그곳이 인도가 아니고 새로운 땅이라는 것을 알아낸 사람은 이탈리아의 탐험가 아메리고 베스푸치(Amerigo Vespucci)입니다. 그는 콜럼버스의 제2차 항해 때 동승하여 남미 여러 곳을 탐험하고 나서 콜럼버스가 도착한 곳은 인도가 아니고 새로운 대륙이란 결론을 얻었습니다. 1507년 독일인 지도 제작자 발트제물러(Waldseemuller)가 새로운 지도를 만들면서 콜럼버스가 도착한 곳이 신대륙이란 사실을 알아낸 아메리고 베스푸치의 아메리고에서 '아메리카'라는 이름을 붙였는데, 그 후 이것이 공식적으로 인정되어 아메리카로 확정됐습니다.

콜럼버스의 동상이 끌어내려진 이유는 다음과 같습니다. 콜럼버스는 재화(財貨)를 스페인에 보내라는 압박을 받고 있었으나, 기대했던 향신료는 얻지 못했습니다. 대신 원주민들이 금목걸이, 금팔찌, 금반지 등으로 치장한 것을 보고 금이 많다고 여겼습니다. 그는 14살 이상의 인디언들에게 일정량의 황금을 바치도록 강제했습니다. 할당량을 채우지 못하면 구타, 고문을 했고, 급기야 "양손이 잘려, 출혈과다로 죽었다."는 기록이 있습니다. 수많은 인디언들이 노예로 유럽에 실려 갔는데, 한번 출항할 때마다 약 500여 명이 갔으나, 그중 200여 명은 항해 중 죽었습니다. 그는 노예를 가련히 여기기는커녕 "성령의 이름으로 팔 수 있는 모든 노예들을 계속 보내자."고 소리쳤습니다.

콜럼버스가 상륙한지 2년 만에 25만 명의 아이티 인디언 중 절반이 "살해, 수족절단, 자살"로 죽었고, 또 선원들이 옮겨 온 유럽의 전염병이 원주민에게 옮아, 이런 병에 면역력이 전혀 없는 이들이 무수히 죽었습니다. 그 후 스페인 통치 하에서 계속 억압 받던 인디언들은 1515년 겨우 5만 명만 남았고, 1550년에는 500명만 생존했는데, 1650년경 결국 원주민들이 전멸하는 지경에 이르렀습니다. 여러분은 동상을 끌어내리는 행위에 대해 어떤 생각을 하십니까?

04
28

미국 그리스도인들의 의식 구조

"다른 이로써는 구원을 받을 수 없나니 천하 사람 중에 구원을 받을 만한 다른 이름을 우리에게 주신 일이 없음이라." (행 4:12)

APR

"미국은 기독교 국가인가?"라고 물으면, '네 혹은 아니오'라고 말할 수 있습니다 '네'라고 말할 수 있는 것은 우선 미국의 시작이 청교도들에 의해서였고, 이 청교도 신앙이 지금까지도 미국의 주류를 이루는 신앙이기 때문입니다. '아니오'라고 말하는 것은 일단 미국에는 국교가 없기 때문입니다. 기독교는 미국의 국교가 아닙니다. 미국 헌법이 공포될 때, 국가와 종교 간에 분리를 선언했습니다. 또 다른 측면은 현재 미국 국민들 가운데 기독교를 믿는다고 고백하는 사람은 60~70%밖에 되지 않습니다. 나머지 30~40%는 다른 종교를 믿거나 아니면 무종교 또는 무신론자들입니다.

미국의 여론조사기관인 '퓨리서치센터'(Pew Research Center)가 2021년 9월 20~26일까지 전국 성인(18세 이상) 7,252명을 대상으로 조사를 했습니다. 이 조사에 따르면 10명 중 6명(58%)이 성경이 이야기하는 하나님(God)을 믿고 있다고 대답했습니다. 또한 3명 중 1명(33%)은 우주에 어떤 절대적인 힘, 강력한 영적 존재가 있는 것으로 여겼습니다. 미국인 10명 중 7명(73%)은 천국(heaven)의 존재를 믿고 있는 것으로 조사됐습니다. 이를 세부적으로 분류해 보면 복음주의 개신교의 96%, 흑인 개신교인 93%, 가톨릭교인 90%, 주류 개신교인 88% 등 대부분이 천국의 존재를 믿었습니다. 기독교 복음주의 개신교인 91%, 흑인 개신교인 89% 등 대부분이 지옥의 존재를 믿는다고 답했지만, 가톨릭교인은

74%, 주류 개신교인 69%이었습니다.

다른 하나는 천국이 있다고 생각하는 응답자 중 40%는 하나님을 믿지 않아도 천국에 갈 수 있다고 답했습니다. 하나님을 믿지 않으면 천국에 갈 수 없다고 생각한 응답자는 32%였습니다. 복음주의 개신교인의 71%, 흑인 개신교인 60%는 하나님을 믿지 않으면 천국에 갈 수 없다고 답했습니다. 반면 가톨릭교인 약 70%, 주류 개신교인 60% 등, 절반 이상이 하나님을 믿지 않아도 천국에 갈 수 있다고 답했습니다. 우선 복음주의 개신교인 중 70%, 흑인 개신교인 50%는 나의 종교만이 영원한 천국으로 갈 수 있는 유일하고 참된 신앙라고 답했습니다. 반면 자신의 종교만이 천국에 갈 수 있다는 믿음을 가진 주류 개신교인은 30%, 가톨릭교인 20%로 상대적으로 적었습니다.

우리는 이 조사에서 현재 미국 그리스도인들의 신앙의 단면을 엿볼 수 있습니다. 성경이 말하는 하나님을 믿는 사람이 60%로, 40%는 믿지 않는다는 의미입니다. 그러니까 미국 국민의 절반에서 조금 넘는 숫자만 성경에서 말하는 하나님을 믿고, 나머지는 다른 신을 믿거나 무종교란 의미입니다. 또 한 가지 심각한 것은 하나님을 믿지 않으면 천국에 갈 수 없다고 대답한 사람이 복음주의 개신교인의 71%, 흑인 개신교인 60%, 가톨릭교인 약 70%, 주류 개신교인 60% 등 절반 정도가 하나님을 믿지 않으면 천국에 갈 수 없다고 답했습니다. 이 통계에 따르면 미국 교인들 중, 30~40%가 하나님을 믿지 않아도 천국에 갈 수 있는 길이 있다고 생각하고 있다는 것이기에 심각한 문제가 아닐 수 없습니다.

우리는 분명히 해야 합니다. 미국 기독교회가 교인들에게 복음을 어떻게 전했으면 이런 통계가 나왔을까요? 그리스도인은 하나님을 믿어야 천국에 갈 수 있고, 그 하나님 외에 다른 신으로는 천국에 갈 수 없다는 점을 분명히 가르쳤어야 했는데, 그렇지 못한 결과를 가져 온 것은 현재 미국 기독교가 방향을 잃고 방황하고 있다는 방증(傍證)입니다. 진리를 가르치는 교회만이 하나님의 교회이지, 간판만 걸어 놓고 진리를 가르치지 않은 기독교회는 기독교회가 아닙니다. 한국에서 이런 조사를 한다면 어떤 결과가 나올까요? 필자는 분명히 선언합니다. 성경에서 가르치는 하나님만이 진신(眞神)이시고 이 하나님께서 보여 주시는 길만이 유일한 천국행 통로입니다. 그 이외는 기독교가 아닙니다. 기독교의 가면을 쓴 이색(異色) 종교일 뿐입니다.

지구촌 (1)

04
29

"그러므로 너희는 가서 모든 민족을 제자로 삼아 아버지와 아들과 성령의 이름으로 세례를 베풀고 내가 너희에게 분부한 모든 것을 가르쳐 지키게 하라." (마 28:19-20)

필자가 아프리카의 작은 나라 보츠와나를 알게 된 것은 박사과정을 이수할 때, 함께 공부하던 친구로부터였습니다. 그때, 3명이 같이 공부를 했는데 한 친구가 보츠와나에서 선교 사역을 했던 관계로 그 나라를 알게 되었습니다. 보츠와나는 아프리카 남서쪽에 있는 작은 나라로, 인구는 240만 정도, 국토는 약 36만 평방 km, 일인당 국민 소득은 8천 달러 정도 되는 나라입니다. 그런데 이번 오미크론 변이 바이러스가 바로 이 보츠와나에서 발생하여 남아프리카로 전해지면서 삽시간에 전 세계로 퍼져 나갔습니다.

지구촌이라는 말은 허버트 맥루한(Herbert M. Mcluhan)이 1988년 브루스 파워스(Bruce R. Powers)와 함께 저술한 『지구촌-21세기: 인류의 삶과 미디어의 변화』(The Global Village: Transformation in World Life and Media)에서 처음 사용한 말입니다. 지구촌은 온 세상이 한 마을이란 말입니다. 세계는 라디오, 전화, TV, 스마트폰 같은 통신 매체로 인해 세계가 한 마을이 되었습니다.

지구촌은 쉽게 이야기해서 옛날 우리가 살았던 동네 혹은 마을이라는 개념입니다. 한 동네는 어느 집에 초상이 났고, 어느 집 둘째 딸이 시집을 갔고, 어느 집 첫째 며느리가 아들을 낳았다는 소식이 삽시간에 퍼지는 공동체입니다. 슬픈 일을 당한 사람 집에 찾아가서 위로하고, 기쁜 일을 당한 사람 집에 가서 함께 기뻐해주는 운명 공동체가 동네입니다. 한 동네에서 어떤 집이 생활이 어려워 굶고 있다하면 십시일반(十匙一飯)으로 그 집을 돕고, 농사를 짓는 마을에서는 품앗이를 하여 온 동네가 번갈아 가면서 공동으로 일하며 살아갑니다.

그런데 지구촌은 전혀 다른 나라, 사람들, 언어, 문화, 생활수준, 종교로 세분되어 있어서 사실상 한 촌락의 개념이 없습니다. 한 번도 가보지도 않은 지구 반대편 사람들이 굶고 있고, 병들어 있다 해도 먼 나라 이야기로 그치고 말지요. 바로 이웃집 사람이 먹을 것이 없어 굶어 죽는다면 내가 못 먹더라도 먹거리를 갖다 주는 것이 동네인데, 아프리카 어린이들이 굶어 죽어 간다 해도, 당장 갖다 줄 수 없으니 지구촌 개념이 와 닫지 않습니다.

그런데 문제는 이번 오미크론 펜데믹처럼, 이 무서운 질병이 비행기를 타고 내가 살고 있는 동네까지 바로 전파된다는 사실입니다. 통신과 교통의 발전으로 지구가 좁아져, 비행기가 전 세계를 날아다니면서 병균을 퍼뜨리는 것입니다. 부자 나라 대다수의 국민이 백신을 맞았다 해도 맞지 않은 사람들이 적지 않고, 또 맞았다 해도 소위 돌파 감염으로 백신을 맞은 사람도 감염이 되는 현상이 계속 되고 있습니다. 따라서 부국(富國)들만 백신을 다 맞아도 소용이 없습니다. 아예 문을 걸어 닫고, 항공편이나 선박을 완전히 닫아 버리기 전에는 날아드는 새로운 병을 막을 길은 없습니다. 그러므로 이 무서운 질병을 방어할 수 있는 길은 온 인류가 모두 백신을 맞는 길밖에 없습니다.

우리는 다시 성경으로 돌아가 예수님께서 하신 말씀을 들어야 합니다. 우리의 '이웃(지구촌 사람들)을 내 몸처럼 사랑하는 길'밖에 다른 도리가 없습니다. 우리 집, 우리나라라는 울타리를 벗어나 과감히 이웃집(나라)에까지 온정의 손길을 뻗어야 합니다. 우리 집만 철저히 청소하고 소독해도 소용없습니다. 그러나 온 동네(지구촌)가 모두 소독을 하고 철저히 위생 수칙을 지키면 어떤 무서운 질병도 물리칠 수 있습니다.

04
30

지구촌 (2)

“내가 주릴 때에 너희가 먹을 것을 주었고 목마를 때에 마시게 하였고 나그네 되었을 때에 영접하였고, 벗었을 때에 옷을 입혔고 병들었을 때에 돌아보았고 옥에 갇혔을 때에 와서 보았느니라.” (마 25:35-36)

인류가 코로나 바이러스 때문에 말로 다 할 수 없는 어려움과 고통을 당하고 있습니다. 전 세계적으로 수천만 명이 감염되어 괴로워하고 있고, 수십만 명이 생명을 잃는 엄청난 재난에 직면해 있습니다. 코로나 바이러스가 시작된 곳은 중국의 우한이란 듣지도 보지도 못한 도시입니다. 필자는 중국을 여러 번 다녀왔지만, 우한이 어디쯤 있는지도 모릅니다. 그러나 이 코로나 바이러스가 지금 온 세계 인구의 삶을 근본적으로 바꾸어 놓았습니다. 중국 우한에서 발생한 코로나 바이러스가 어떻게 전 세계로 빠르게 퍼져 나갔을까요? 그것은 바로 지구가 ‘Global Town’이기 때문입니다. 지구가 하나의 촌락이어서 이름도 처음 들어 본 중국 한 도시에서 발생한 이 병균이 비행기를 타고 전 세계로 퍼져 나간 것입니다.

옛날 지구촌이란 말이 없었을 때, 다시 말해 통신과 교통이 발전되지 않았을 때는 전염병이 돌아도 그 지역에 그치고 말았지, 전 지구가 이렇게 고통을 당하지는 않았습니다. 중세 흑사병으로 수천만 명이 죽었을 때도 그 병은 유럽이란 한계를 벗어나지 않았습니다. 그러나 이 코로나로 전 세계가 몸살을 앓고 있습니다. 지구촌 덕분이지요. 지구촌에 살고 있는 우리는 지구 곳곳의 상황을 TV나 유튜브(You-tube)를 통해 생생히 보고 있습니다. 옛날에는 높은 산 이쪽에 살던 사람들은 산 너머 저쪽 동네에 사는 사람들이 먹는지 굶는지 알 수가 없었습니다.

그러나 우리는 이제 가난한 나라 아이들이 10초에 1명씩 굶어 죽고 있다는 사실을 TV를 통해 보고, 알고 있습니다. 그러나 그것은 배불리 먹고 사는 사람들에게는 전혀 상관이 없는 소식에 불과합니다.

1년에 300만 명 이상의 사람이 굶어 죽는 것은 먹을 양식이 없어서가 아닙니다. 양식은 남아돌고 있습니다. 뷔페식당에서 식사를 하신 분들은 많은 사람들이 자기가 가져온 음식을 다 먹지도 아니하고 쓰레기 통해 버리는 것을 눈으로 보고 또 이 글을 읽는 여러분들 자신도 그런 일을 지금까지 많이 해왔습니다. 한쪽에서는 굶어 죽고 한쪽에서는 음식을 쓰레기통에 내다버리는 일이 지구촌에서 벌어지고 있는 아이러니컬한 현실입니다. 수많은 곳의 아이들이 치료할 약이 없어 죽어 가고 있습니다. 그러나 선진국에서는 유효 기간이 얼마 남지 않았거나 지났다는 이유로 그 비싸고 소중한 약을 쓰레기통에 버립니다.

부자들은 호화에 극한 삶을 살고, 가난한 사람들은 굶어 죽고 있으며, 약이 없어 병으로 죽고 있는 이 지구는 지구촌이 아닙니다. 말이 촌이지 무서운 범죄가 창궐하는 거대한 어둠의 도시일 뿐입니다. 현재 우리가 살고 있는 이 세상은 약육강식의 동물의 세계일 뿐입니다. 진정한 의미의 지구촌이 되기 위해서는 예수님의 가르침에 귀를 기울여야 합니다. "내가 주릴 때에 먹을 것을 주었느냐 내가 나그네 되었을 때 영접하여 주었느냐, 내가 병들었을 때 문병했느냐, 감옥에 있을 때 나를 찾아보았느냐?"는 말씀입니다. "너희가 여기 내 형제 중에 지극히 작은 자 하나에게 한 것이 곧 내게 한 것이니라."(마 25:40)

굶는 자, 헐벗은 자, 병든 자, 옥에 갇힌 자를 방치한 일로 하나님께서는 코로나 바이러스를 보내 지구촌을 부수는 중입니다. 수억의 사람들이 지구 구석구석을 다니며 관광하면서도, 굶어 죽는 사람에게 단 한 푼 도와주지 않은 인간들의 발을 묶어 버리셨습니다. 관광객이 타고 다니던 비행기가 이제는 짐을 싣고 다니는 화물기로 변모했습니다. 관광으로 먹고 살던 나라들이 스스로 문을 걸어 잠그고, 관광객이 모여드는 것을 막아 버렸습니다.

이제는 지구촌이란 말을 더 이상 쓸 수 없게 되었습니다. 타운이 아니고 고립된 암흑의 도시일 뿐입니다. 고통 중에 있는 사람들을 돌보지 않은 사람은 지구촌이란 말을 쓸 자격이 없습니다. 진정으로 굶주리는 사람에게 먹을 것을 나누어주는 세상, 병든 자를 돌보아 주는 세상, 고통 중에 있는 사람에게 따뜻한 말과 사랑을 나눌 수 있는 세상이 진정한 지구촌이 아니겠습니까? 코로나 바이러스가 지나가고, 다시 지구촌이 되면, 그때는 진정으로 옛날 살가운 정을 나누던 마을로 돌아 가야 합니다. 우리 마을에 굶는 사람은 없어야 하고, 약만 있으면 충분히 치료할 수 있는 병을 앓고 있는 아이들이 없어야 합니다. 이 일은 결코 불가능한 일이 아닙니다. 지극히 작은 자를 향한 사랑하는 마음만 있으면 충분히 가능합니다. 물질이 없어서가 아니고 마음이 없어서 지구촌은 흑암의 도회지로 변모한 것입니다.

주님은 오늘도 우리에게 질문 하시고 계십니다. 내가 주릴 때에 너희가 먹을 것을 주었느냐, 내가 목마를 때에 마시게 하였느냐, 내가 나그네 되었을 때에 영접하였느냐, 내가 벗었을 때에 옷을 입혀주었느냐, 내가 병들었을 때에 돌아보았느냐, 옥에 갇혔을 때에 와서 보았느냐? 오늘 우리 앞에 굶주리고, 목마르고, 나그네 되고, 헐벗고, 병들고, 옥에 가쳐 있는 그 사람에게 하는 것이 곧 주님께 하는 것입니다. 부잣집 대문 앞에 누워있는 거지 나사로가 바로 우리 집 문전에 누워 있지 않나요? 굶주리며 병들어 고통당하면서 억수 같이 쏟아지는 폭우와 눈보라를 막아 줄 조그마한 움막조차 없었던 나사로를 거들 떠 보지도 않았던 부자는 지옥에서 영원한 고통을 받고 살아가고 있습니다. 우리는 그런 전철을 밟지 말아야 합니다. 진정한 의미의 지구촌은 이런 비극이 사라지는 평화의 동네일 것입니다.

5 May

재산의 사회 환원

"주 예수께서 친히 말씀하신바 주는 것이 받은 것보다 복이 있다하심을 기억하여야 할지니라." (행 20:35)

2021년 12월 13일 조간신문에 '뉴욕 한인, 카이스트(KAIST)에 8,500만 달러 부동산 기부'라는 큰 제목의 기사가 났습니다. 이 기부자는 서울 유명 대학 신학과를 졸업하고 맨손으로 미국으로 건너와 뉴욕에서 아내와 함께 옷가게와 세탁소를 운영하면서 열심히 일을 해서 돈을 모아, 뉴욕 시내 부동산에 투자하여 적지 않은 돈을 모을 수 있었습니다. 그는 뉴욕 시내에 수십 채의 건물과 토지 등 부동산을 소유하고 있는 것으로 알려졌습니다.

그는 "4차 산업혁명 시대에 창의적인 생각과 적극적인 개척 정신을 지닌 글로벌 인재를 육성하고 싶은 꿈이 있었는데, 총장이 그런 비전을 보여 주었다. ○○대가 모교지만 거기에서는 카이스트와 같은 꿈을 찾기 어려웠다."고 말했습니다. 즉, 과학 발전을 위해 거금을 희사했다는 말입니다. 과학의 발전, 참 좋은 일입니다. 과학이 발전하지 않았다면 우리는 아직도 18세기 사람들처럼 마차 타고, 우물에서 물을 길러 먹고, 전기도 없는 세상에서 살고 있겠지요.

그러나 생각해 보면 그런 삶이 행복하지 않은 불행한 삶이었을까요? 그 당시 우리 조부모들은 모두 불행한 삶을 살았을까요? 그럼 오늘 과학이 극도로 발전해서 모든 것이 자동으로 돌아가고, 인간이 달 위를 뛰어 다니고, 부자들은 거금을 들여 우주여행을 하는 이 시대는 참 행복한 세대일까요? 2, 3세대 전의 한국과 지금의 한국을 비교하면 비교

자체가 안 될 정도로 사람들은 편안한 삶을 살고 있습니다. 그러나 모두가 잘 사는 것처럼 보이지만, 빈부의 격차는 더욱 심해졌고, 인간들은 점점 더 포악해져 가고 있습니다. 과거에는 상상도 할 수 없었던 흉악한 범죄가 계속 일어나고 있고, 사람을 파리 죽이듯이 하는 시대에 살고 있습니다. 사람들의 심성은 피폐해졌고 잔인해졌으며, 냉혈한과 같은 개인주의가 팽대되어, 자신과 가족밖에 모르는 철저한 이기주의자로 변질되고 말았습니다. 사람들이 흔히 생각하는 것처럼 과학이 발전하고, 살기 편해지면 사람들이 행복해질 것이라고 생각하지만, 그것은 착각일 뿐입니다.

세계에서 과학이 가장 발전한 나라 미국에 살고 있는 사람들이 세상에서 가장 행복하게 살고 있다고 생각하십니까? 필자가 살고 있는 LA에는 날마다 노숙자가 늘어나고 알코올 중독자, 마약 중독자, 도박 중독자, 성(性) 중독자가 계속 증가하고 있습니다. 총기 사고가 일어나지 않은 날이 없고, 심지어 학생들이 학교에 기관총을 갖고 와서 친구들과 선생들을 쏴 죽이는 곳이 바로 미국이란 나라입니다. 이런 일은 무슬림 극단주의자들이 일으킨 사건이 아니고, 바로 미국 일반 시민이, 학생이 저지르는 일입니다. 아시아인들은 마음 놓고 거리를 활보할 수 없습니다. 언제 누가 어떻게 공격을 할지 몰라 두려움에 떨면서 시내를 걸어 다녀야 하고, 여성인 경우에는 노소(老小)를 불문하고 마구잡이로 주먹으로 얻어맞고, 발로 걷어차이는 세상이 되었습니다. 거의 모든 사람들이 차에 총을 갖고 다니기 때문에 작은 시비라도 붙으면 생명의 위협을 받게 됩니다. 이런 사회는 분명히 행복한 세상은 아닙니다.

학문은 균형 있게 발전해야 됩니다. 자연과학에 500만 달러를 기부했다면 인문학에도 500만 달러를 기증하는 것이 바람직합니다. 철학과를 폐지할 것이 아니라, 철학을 공부하는 사람들을 후원하고 격려해야만 합니다. 철학 없는 개인, 단체, 민족, 국가를 한 번 생각해 보세요. 인문학은 인간의 기본적 삶의 문제를 고민하는 학문입니다. 인문학 없이 인간은 살아 갈 수 없습니다. 인문학 없이 밥만 먹고, 일만하고, 과학만 발전시키면 모든 문제가 해결된다고 생각한다면 그것은 단세포적인 판단입니다.

인문학의 발전 없이 자연과학의 발전만으로는 사람답게 살아 갈 수 없습니다. 문학, 역사, 어학 등 여러 인문학이 동시에 균형 있게 발전되어야 인간 삶이 윤택하게 되는 것입니다. 앞으로 재산의 일부를 학술재단이나 대학에 기부할 때는 자연과학뿐만 아니라, 인문사회과학에도 균형 있게 기부를 해야 합니다. 음식을 먹을 때, 편식을 해서는 안되고, 고루 먹어야 하는 것처럼, 세상사(世上事)는 모든 것이 균형이 중요합니다.

자연과학 연구에 거금을 기부한 분은 참 훌륭한 분입니다. 자기 재산을 기부한다는 것은 한국 사람으로는 쉬운 일이 아닙니다. 그분의 행위를 높이 칭찬합니다. 다만 아쉬운 것은 거금을 한쪽 연구에만 모두 기부했다는 점입니다. 균형 있게 했더라면 더 좋았을 걸 하는 아쉬움이 있습니다. 특히 본인이 졸업한 신학대학에, 이번에 기부한 금액의 1/10만 장학금으로 내 놓아 어려운 후학들이 신학을 공부하고 목사가 되어, 포악해 가는 세상에서 복음의 진리를 선포한다면 얼마나 좋았을까요? 복음의 진리, 즉 예수님 없이 세상에 진정한 행복은 없습니다.

05
02

입양아

"고아와 과부를 위하여 정의를 행하시며 나그네를 사랑하여 그에게 떡과 옷을 주시나니" (신 10:18)

전쟁이 나면 전쟁터에서 전사한 젊은 군인들이 가장 불쌍한 사람들입니다. 그러나 그들은 이미 세상을 떠났기 때문에 어떻게 도와줄 방법이 없습니다. 다음으로 전쟁 중에 가장 가련한 사람들은 전쟁고아들입니다. 졸지에 부모를 잃고 고아가 된 아이들은 의지할 곳 없는 천애(天涯) 고아가 되어 살아가기가 막막합니다. 전쟁 중에 자기 자식들도 돌보기 어려운 상황에서 피 한 방울 섞이지 않은 남의 자식인 고아를 거둬 줄 사람은 흔치 않습니다.

6.25전쟁 때, 수많은 고아들이 생겼는데, 이 고아들을 불쌍히 여기고 돌보아 준 사람이 있습니다. 미국 오레곤주에서 농사와 목재상을 하던 해리 홀트(Herry Holt) 씨는 한국에서 선교하던 미국 선교사가 보여준 한국 고아들, 특히 미군들이 한국에서 낳아 놓고, 비정하게 떠난 혼혈아들의 참상을 보고, 이들을 도우라는 주님의 음성을 들었습니다. 그는 바로 한국에 나가 고아 80여 명을 미국으로 데리고 와서 각 가정에 입양시켰고, 자신도 그중 8명을 입양했습니다. 1명 입양도 힘든데, 8명을 입양한다는 것은 보통 사람은 할 수 없는 일이지요.

홀트 씨는 본격적으로 한국의 전쟁고아들을 입양하기 위한 기관을 설립했는데 이것이 '홀트아동복지회'입니다. 이때가 1956년입니다. 홀트아동복지회의 설립에 대한 기록이 남아 있습니다. "오레곤주 그리스웰 지방에서 농업에 종사하는 해리 홀트 씨는 한국으로부터 혼혈

고아 80여 명을 데리고 항공편으로 포트랜드에 안착하였다. 홀트 씨는 지금까지 미국에 데려온 500여 명의 고아들을 그 양부모들에게 소개해 주느라고 늘 동분서주해서 그의 건강과 얼마 되지 않은 재산마저 희생하여 왔다 하며, 그는 남가주 파사데나에 있는 월드비전재단이라는 전도기관의 후원과 격려를 받은 이외에는 아무 보조도 받지 않았고 그 거대한 고아 구호 사업의 부담을 순전히 혼자 짊어지고 헌신투쟁하고 있으며 그 자신이 8명의 고아들을 자기 가정에서 수양하고 있다고 한다."

1956년에 홀트아동복지회를 발족하여 지금까지 약 8만 명의 전쟁고아 및 일반 아동을 입양시켰는데 오늘도 계속해서 입양 프로그램이 진행되고 있습니다. 우리나라 보건복지부에 따르면 1955년에서 2015년 사이에 한국에서 미국으로 입양된 어린이는 11만 2천여 명입니다. 이 가운데 약 2만여 명 입양아의 시민권 취득 여부가 불투명한 상태입니다.

제2차 세계대전 이후 냉전기에 미국은 각 동맹국에서 고아들을 대거 받아들였는데, 당시 입양 가정의 자격을 제대로 조사하지 않고 보조금을 주며 입양을 장려했습니다. 따라서 입양할 자격이 안 되는 가정에서 보조금을 받을 욕심으로 등록을 하고 고아들을 받은 후, 전혀 돌보지 않고, 오히려 노예처럼 혹사시켰으며, 여아들에게는 성추행과 성폭력을 행하고 쫓아내는 악랄한 인간들도 적지 않았습니다. 이들은 본국 여권은 물론 미국 여권도 없이 그야말로 국제 미아가 되어 떠도는 신세가 되었습니다. 이들의 숫자는 약 4만 9천여 명인데, 이 가운데, 한국인이 가장 많은 약 2만여 명으로 추산하고 있습니다.

지난 2000년, 빌 클린턴 대통령 시절에 부모 중 1명만 미국 시민권을 갖고 있으면 입양아에게 시민권을 자동으로 부여하는 '소아 시민권법'이 통과되었으나, 혜택을 볼 수 있는 대상이 18세 미만으로 제한되었기 때문에 구제받지 못한 성인 입양인이 많았습니다. 미국 최대 한인 유권자 단체인 미주한인유권자연합(KAGC: Korean American Grassroots Conference)은 '입양인 시민권 법안'(Citizenship Act)을 마련해서 국적 없는 한인 입양인들의 미국 시민권 획득을 위해 노력하고 있습니다. 세상에 가련한 사람들이 많지만, 미국이라는 환상(?)의 나라에 입양되어 편안한 삶, 온전한 교육, 그리고 약속된 미래가 있을 것을 희망했던 입양아들이 버림받은 것도 가련한데, 시민권도 받지 못해 그야말로 국제 고아가 된 이들을 위해 우리 이민 교회들이 나서야겠습니다. 한국도 세계경제대국 10위권의 나라답게 미국 행정부와 의회에 적극적으로 교섭을 해서 우리 피를 받은 동족들의 슬픈 현실을 타개해 주어야 합니다.

구약에서 반복적으로 이야기하는 '고아와 과부와 객'을 돌보라는 말씀이나, 신약에서 예수님께서 '지극히 작은 자'에게 한 일이 곧 나에게 한 일이라고 말씀하신 맥락과 맞닿아 있습니다. 그렇습니다. 고아를 입양하는 것은 곧 주님의 명령을 따르는 일이며, 그리스도인의 사랑을 실천하는 귀한 일입니다.

역사 교육 (1)

"너희는 옛적 일을 기억하라." (사 46:9)

2021년 5월 22일자 LA 지역 신문에 역사 교육을 정치권이 좌지우지하려는 시도가 있다는 우려 섞인 보도가 있었습니다. 텍사스주는 전통적으로 보수적이고 정치적으로는 공화당이 지배적인 주입니다. 따라서 주지사도 공화당 소속이고, 주 의회도 공화당 소속 의원들이 장악하고 있습니다. 이런 가운데, 주지사와 의원들이 아이들 역사 교육을 자기들 입맛에 맞게 가르치려는 시도를 하고 있답니다. 텍사스는 본디 멕시코 영토였는데, 일부 분리주의자들이 텍사스를 멕시코에서 분리시켜 미국에 편입시키려는 운동을 전개했습니다.

이들은 1836년 텍사스를 멕시코에서 분리시키려고 반란을 일으켰습니다. 그 이유 중 하나는 멕시코에서 금지된 노예제도를 미국에서 시행하고 있었기 때문에 노예제도를 존속시키기 위함이었습니다. 이런 배경으로 텍사스에서는 노예 제도에 관한 사항을 학생들에게 가르치는 것을 금하는 법안을 만들려하고 있습니다. 또한 각 학교와 박물관, 공원, 역사 관련 공공시설에서도 애국심을 고취하는 전시물들을 설치되도록 하려고 계획하고 있습니다. 특히 수업 시간에 시사 문제 토론을 금지하는 법 제정을 서두르고 있습니다.

이 법이 통과되면 학생들이 인권단체나 정치 관련 단체에서 봉사하고 1학점으로 인정받는 관행도 금지가 됩니다. 이 법의 목적은 텍사스주의 기독교적 전통과 총기 소유 권리를 강조하는 교육을 실시하기 위함입니다. 노예제에 대한 교육을 제한하려는 시도는 다른 주에서도 진행 중에 있는데, 아이다호주에서는 이미 학생들 애국심을 저해하는 교육을 하는 공립학교에 재정 지원을 중단하는 법안을 통과시켰습니다. 루이지애나주, 뉴햄프셔주, 테네시주에서는 노예제와 인종 간 분리에 대한 교육을 제한하는 법안의 초안이 제출되어 있습니다.

텍사스주 전체 학생의 절반이 히스패닉인데 이들에게 백인의 역사적 인식을 일방적으로 가르치는 것은 바른 역사 교육이라 할 수 없습니다. 노예제도를 빼 놓고는 미국 역사를 제대로 쓸 수도, 이해할 수도 없습니다. 이 노예제 때문에 미국이 남북으로 나뉘어 4년 동안 전쟁을 했고, 약 62만 5천 명이 생명을 잃었습니다. 당시 남부 주들은 노예를 백인과 동등한 사람으로 여기지 않았습니다. 실상 최고의 지성들이 모인 연방 대법원에서 전쟁이 일어나기 불과 5년 전인 1857년에 다음과 같은 판결문을 냈습니다. "노예들은 굉장히 열등한 존재이기 때문에, 백인들이 가진 권한을 동일하게 가질 수 없다."

이런 판결이 불과 150여 년 전에 나왔다는 사실을 납득할 수 있습니까? 당시 백인들의 사고 구조가 흑인들을 열등한 인간으로 여겼기 때문에 이런 판결이 나온 것입니다. 심지어 장로교회 총회 안에서 아메리칸 인디언에게 전도를 해야 한다는 제안에 인디언들은 영혼이 없는데 전도를 해서 무슨 소용이 있느냐는 말을 한 목사도 있었습니다.

이미 2천 년 전에 바울 사도가 "종이나 자유자나 그리스도 안에서 모두 하나라."(갈 3:28)는 말씀을 하셨는데 그 말씀이 실현되기까지 2천 년도 모자라 언제까지 기다려야 하는지 인간들의 오만이 하늘을 찌르고 있습니다. 오늘 나는 인간을 차별하는 마음을 불식(拂拭) 하고 있는지 스스로 반성하는 시간을 가져 봅시다.

05/04

역사 교육 (2)

“너희는 옛적 일을 기억하라.” (사 46:9)

유명한 영국의 정치학자이며 역사학자인 카(Edward H. Carr)는 “역사는 과거와 현재와의 대화”란 유명한 말을 했습니다. 역사는 흘러간 옛날 이야기가 아니고 현재도 살아 있어 오늘을 살아가는 사람들에게 과거 역사를 통해 강하게 이야기하고 있다는 말입니다. 따라서 역사는 현재를 사는 모든 사람들에게 교훈과 미래를 예측할 수 있는 자료를 제공해 줍니다.

그러나 과거 역사는 힘 있는 자들의 기록일 뿐입니다. 다시 말해 역사는 승자의 기록일 뿐, 패배자는 말이 없다는 것이지요. 이 말은 역사 기록이 편향적일 수밖에 없다는 뜻입니다. 승자는 자기와 우군(友軍)에 대한 불행한 역사는 지우고, 패자의 실수와 오류만 적어 자기를 정당화하고 상대를 악인으로 몰아간 기록일 뿐입니다. 사관(史官:역사를 기록하는 관리)은 생명을 내어 놓고 사실을 기록해야 하지만, 힘 있는 자는 목숨을 내어 놓고 기록한 사실을 수정해서 자기에게 유리한 기록만 남게 만든다는 데 역사 기록의 한계가 있습니다. 흔히 쓰는 말 가운데 이기면 충신이고 지면 역적이란 말이 바로 그런 것입니다.

아무튼 완전하지 못한 역사라도 후세 사람들은 그 기록을 읽을 수밖에 없고, 또 그 기록을 사실로 인정할 수밖에 없는 한계가 있습니다. 그러나 다행이도 역사가 오래 지나면서 과거 잘못된 기록이 수정되고 바르게 되는 경우가 많습니다. 사실 역사는 사실대로 기록되고, 가르쳐야 하지만 역사적 사실을 누가 보느냐에 따라 달리 해석될 수 있고 또한 기록될 수 있습니다.

16세기 초에 일어난 교회(종교)개혁 운동을 가톨릭교회는 500년 동안 완전히 이단 운동으로 여기며 신도들에게 가르쳤습니다. 개혁자 마르틴 루터를 색욕(色慾)에 미친 수도사로 매도했습니다. 따라서 지난 500년 동안 가톨릭의 교육을 받은 사람들은 개신교회가 가톨릭교회를 배반하고 나간 이단으로 치부한 역사 교육을 받았습니다. 이런 잘못된 역사적 시각은 1962년 제2차 바티칸 회의에서 비로소 시정되어, 개신교회를 가톨릭에서 '갈라져 나간 형제들'로 인정했습니다. 거대한 역사의 정정(正正)입니다. 뿐만 아니라 유명한 갈릴레오(Galileo Galilei, 1564-1642)의 파문은 가톨릭교회가 범한 오류 중 치명적 실책으로 기록되어 있습니다. 온 세상이 특히 교회가 우주의 중심을 지구라고 확신하면서, 태양은 지구 주변을 돈다고 생각하던 때, 코페르니쿠스(Nicolaus Copernicus, 1473-1543)는 과감하게 지구가 태양의 주위를 돈다고 역설했습니다.

그보다 100년 후에 태어난 갈릴레오는 코페르니쿠스의 주장을 발전시켜, 확신에 찬 목소리로 천동설 대신 지동설을 주장함으로, 교회는 그를 강압해서 지동설을 취소하게 만들었습니다. 그러나 과학적 진실을 교회의 권위로 굴복시킨다고 해서, 그 과학적 사실이 변경되지는 않습니다. 결국 교회는 그가 사망한 지 323년 만인 1965년에 교황 바오로 6세가 갈릴레오의 재판이 잘못이었음을 인정하고 사죄했습니다. 이와 같이 역사는 오류를 만들어냅니다. 힘 있는 자는 한때 역사를 왜곡시킬 수 있으나 항구적으로 그런 사실이 유지되지는 않습니다.

역사는 바로 기록되어야 하고, 바로 가르쳐야 하며, 또 바로 인식되어야 역사의 교훈을 따르며 실수를 반복하지 않습니다. 연산군은 현재의 왕인 자신이나 선친 왕의 사기(史記)를 볼 수 없다는 원칙을 어기고, 사관들을 협박하여, 자기 생모 윤비가 사약을 먹고 죽었다는 사실을 소상히 알게 되자, 모친의 죽음에 진노했습니다. 이에 연산군은 자기 생모의 폐비 사건에 연루된 김굉필을 비롯한 10여 명을 처형했고, 이미 죽은 한명회 등 8명을 부관참시 했습니다. 그는 연거푸 사화(士禍)를 일으켜, 피바람을 불러 일으켰습니다.

성경은 이스라엘 조상들의 실수와 과오를 소상히 기록해 놓고, 오고 오는 모든 세대에 역사 교육을 철저히 시켜 여호와 하나님만을 섬기며 그 명령을 따르게 하는 교육을 지속하고 있습니다. 이스라엘은 작은 나라지만, 큰 거인이 된 원인은 끊임없이 후손들에게 자신의 역사를 바르게 교육시켜 민족적 자긍심과 하나님만을 공경하는 법을 가르친 결과입니다. 우리도 자손들에게 편향적 역사를 가르치지 말고, 올바른 역사 교육을 시켜 올곧은 길로 나가도록 인도해 주어야 합니다. 이것이 옳은 일입니다.

그리스도의 사랑

05
05

"너희 중에 누구든지 그에게 이르되… 덥게 하라, 배부르게 하라 하며 그 몸에 쓸 것을 주지 아니하면 무슨 유익이 있으리요 이와 같이 행함이 없는 믿음은 그 자체가 죽은 것이라." (약 2:16-17)

조간신문을 읽던 중, 어떤 교회 부목사들이 그리스도의 사랑을 보여준 감동적인 글이 있어 소개합니다.

"얼마 전 필자의 교회에서 어려운 이웃을 위해 사랑을 실천하는 아름다운 일이 있었다. 수요일 저녁에 수백 명의 교인들이 예배당 안에서 예배를 드리고 있었다. 그때 한 노숙자가 덜컹거리는 자전거에 짐을 가득 싣고 예배당 창가에 와서 안을 기웃거렸다. 오랫동안 옷을 갈아입지 않아 그의 몸에서는 악취가 났다. 자전거 위에는 더러운 담요와 옷들, 비닐봉지에 담긴 음식물들이 가득 실려 있었다. 자전거 뒷바퀴는 휘어져서 제대로 굴러가지 않았다. 노숙자는 예배당 안을 쳐다보며 간간히 흘러나오는 설교 내용에 귀를 기울였다. 마침 이런 노숙자의 모습을 본 젊은 부목사가 노숙자에게 다가가 교회 안에 들어가서 예배에 참석할 것을 권했다. 노숙자는 자기 몸에서 악취가 난다며 거듭 사양했다. 젊은 부목사는 괜찮다며 노숙자를 데리고 예배당 안으로 들어가 자리를 마련해 주었다. 그리고 밖으로 나와 동료 부목사들과 함께 노숙자의 자전거 위에 있던 더러운 담요와 옷들을 세탁했다. 또 다른 부목사는 고장 난 자전거를 가까운 수리점으로 가지고 가서 휜 뒷바퀴를 새 것으로 교체했다. 노숙자가 예배를 마치고 나와서 보니 자신의 더러운 담요와 옷들이 깨끗하게 세탁 되어 있을 뿐만 아니라 자전거도 고쳐진 것을 보고 눈물을 흘리며 연거푸 고맙다는 인사를 했다. 젊은 부목사들은 언제든지 예배에 참석 해달라며 정중하게 그를 초청했다."

참 오랜만에 읽어본 시원 상쾌한 이야기였습니다. 숨을 쉴 수조차 없을 정도의 악취가 나는 노숙자를, 많은 성도들이 깨끗한 옷을 입고 정갈한 모습으로 예배를 드리고 있는 예배당 안으로 안내해서 예배를 드리라고 자리를 마련해 주는 것은 사실 그렇게 쉬운 일은 아닙니다. 마음은 있지만, 막상 교인들이 어떻게 생각할까, 교인들에게 미운털이라도 박히지 않을까 망설일 수도 있었던 상황임에도, 주저하지 않고 노숙자를 예배당 안으로 인도하여 예배에 동참케 한 그 부목사의 행동은 무척 감동스럽습니다. 한걸음 더 나아가 노숙자의 악취 나는 담요와 옷을 깨끗하게 세탁해 주고, 고장 난 자전거를 수리해 준 것은 그렇게 쉬운 일은 아닙니다.

두어 세대 전에 미국에서 백인들만 모여 예배드리는 예배당에 정장을 한 흑인 한 사람이 예배드리려고 예배당에 들어갔습니다. 뒤에 앉아 있던 백인 교인들이 흑인이 들어오는 것을 보고, 감히 흑인이 백인들의 예배당에서 예배를 드리려 한다며 당장 나가라고 소리치며 쫓아내 버렸습니다. 우리가 그리스도의 사랑을 말하기는 쉽지만, 정작 실천하는 것은 쉽지 않습니다. 우리 교회에 찾아오는 냄새나는 노숙자를 스스럼없이 안으로 인도해서 같이 예배드리자고 할 교회가 과연 몇이나 될까요?

야고보 선생은 일찍이 "만일 너희 회당에 금가락지를 끼고 아름다운 옷을 입은 사람이 들어오고 또 남루한 옷을 입은 가난한 사람이 들어올 때에 너희가 아름다운 옷을 입은 자를 눈여겨보고 말하되 여기 좋은 자리에 앉으소서 하고 또 가난한 자에게 말하되 너는 거기 서 있든지 내 발등상 아래에 앉으라 하면 너희끼리 서로 차별하며 악한 생각으로 판단하는 자가 되는 것이 아니냐… 만일 너희가 사람을 차별하여 대하면 죄를 짓는 것이니 율법이 너희를 범법자로 정죄하리라."(약

2:2-4,9)

인간은 누구나 인간의 겉모양밖에 볼 수가 없습니다. 그 누구도 사람의 속을 알 수 없습니다. 따라서 그리스도의 사랑을 실천하는 것은 말같이 쉽지 않습니다. 세상 어느 곳에서도 받아 주지 않는 노숙자 같이 당장 도움이 필요한 사람에게 사랑을 베풀어주는 개인, 가정, 교회에 하나님께서는 복을 내려 주십니다.

타이타닉 호의 마지막 위인들

05/06

"여호와의 말씀이 너는 집을 정리하라 네가 죽고 살지 못하리라."
(왕하 20:1)

타이타닉 호는 영국의 '와일드 스타 라인'(Wild Star Line)이 운영하는 북대서양 횡단 여객선입니다. 이 배가 1912년 4월 10일, 영국 사우스햄턴(Southampton)에서 뉴욕으로 첫 출항을 한지 4일 만에 북대서양에서 빙하와 충돌한 것이 1912년 4월 15일 주일 새벽이었습니다. 타이타닉 호가 완전히 침몰한 시간은 새벽 2시 20분입니다. 이때 승객 수는 2,224명이었는데, 사망자는 1,514명이었습니다. 승객 대부분은 영국과 스코틀랜드에서 미국으로 새로운 삶을 찾아 떠나는 이민자들이었습니다.

이 배에는 구명정이 충분히 갖추어져 있지 않았고, 20여 척밖에 없었는데, 승선 최대 인원은 1,178명뿐이었습니다. 배 안으로 물이 들어오기 시작하자 구명정에는 우선 어린이들과 여자들을 태웠습니다. 타지 못한 승객들은 바다로 뛰어 들었지만, 몇 분 지나지 않아 저체온증으로 사망했습니다. 배 안에는 1천여 명의 사람들이 남아있었습니다. 스미스 선장은 구명정을 탈 수 있음에도 불구하고, 끝까지 타이타닉 호에 남아 승객들을 탈출시키다가 배와 함께 장렬히 세상을 떠났습니다.

이 배의 악단 지휘자였던 감리교회 신자 윌리스 하틀리(Willis Hartley)는 배가 기울기 시작하자 많은 승객들이 아우성을 치면서 우왕좌왕하는 것을 보았습니다. 하틀리는 8명의 악단 대원들에게 연주를 시작하자고 제안하고 찬송가 "내 주를 가까이 하려 함은"을 연주하기 시작했습니다. 이 찬송을 들은 적지 않은 승객들은 악단 주변에 모여 조용히 함께 찬송가를 불렀습니다. 연주는 배가 완전히 침몰하기 10분 전까지 계속되었습니다. 하틀리의 시신은 고향인 영국 콜른에 묻혔고, 장례 예배에는 4만여 명이 모였으며, 그의 동상도 세워졌습니다. 생의 마지막에 죽어 가는 많은 승객들을 위해 위안의 찬송을 끝까지 연주했던 그의 불굴의 신앙은 후세에 귀감이 되고도 남습니다.

토마스 빌레스(Thomas Biles) 신부는 구명보트의 승선을 거부하고, 어린이와 부녀자들이 먼저 타는 구명보트 승선을 도왔습니다. 배에 남아 있는 가톨릭 신자들의 종부성사를 집례하면서 신자들의 고백을 듣고 죄의 사유를 선언하면서 신자들과 함께 선종했습니다. 타이타닉 호의 설계자인 토마스 앤드류스(Thomas Andrews)는 승객들의 구명보트 승선과 쓸 만 한 물건을 던져주는 일을 돕다가, 1등실 흡연실에 들어가서 조용히 흡연을 하면서 초연하게 임종했습니다. 이때 흡연실에 들어간 앤드류뿐만 아니라 다른 1등석 승객들도 있었는데, 어떤 승객들은 카드놀이를 했고, 당시 저명한 언론인이었던 스테드(Thomas T. Stead)는 조용히 독서를 하다 배와 함께 바다 속으로 사라졌습니다. 죽음 앞에서 이렇게 초연한 태도를 지녔던 이들은 평소 어떻게 자신의 마지막을 준비하고 있었을까요?

미국에서 유명한 백화점 가운데 하나인 뉴욕의 메이시스(Macy's)백화점 소유주였던 이시도르(Isidor)와 아이다 스트라우스(Ida Straus)는 배가 침몰하기 시작하자, 여러 사람이 구명보트에 승선하기를 권했지만, 거절하고 하녀 엘렌 버드에게 모피 코트를 건네준 후 장렬히 물속으로 사라졌습니다. 그 외에도 기관장은 배가 완전히 침몰하기 2분 전까지 자리를 계속 지키면서 엔진을 작동시키는 작업을 하면서 책임을 완수했습니다.

백만장자인 철강업자 벤자민 구겐하임(Benjamin Guggenheim)은 자신이 살 수 없음을 직감하고, 아내와 하녀를 구명보트에 태웠습니다. 그는 턱시도로 갈아입은 뒤 자신을 따르던 하인과 함께 "우리는 가장 어울리는 복장을 입고 신사답게 갈 것이다."며 마지막까지 시가와 브랜디를 즐기면서 마지막을 맞이했습니다. 그의 딸 구겐하임은 아버지에게서 물려 받은 유산으로 예술 작품들을 모은 후, 뉴욕에 '구겐하임 미술관'을 설립하고 선친을 기념했습니다. 그 외에도 영웅답게 마지막을 맞이한 사람들은 2명의 전파사, 기관장과 기관사들, 항해사 등 승무원 대다수는 선장과 함께 배에서 최후를 맞이했습니다.

인생은 그가 살아생전에 무슨 일을 했느냐도 중요하지만, 마지막에 어떻게 생을 정리했느냐가 오히려 더 중요합니다. 어차피 죽는 인생 마지막도 멋지게, 후세에 모범이 될 수 있게, 그리고 그리스도인답게 가는 것도 멋진 일이 아니겠습니까?

MAY

의도와 실수

05
07

"그러나 칼이 임함을 파수꾼이 보고도 나팔을 불지 아니하여 백성에게 경고하지 아니하므로… 그 죄는 내가 파수꾼의 손에서 찾으리라."
(겔 33:6)

당시 세계 최대 호화여객선 타이타닉 호가 1912년 4월 10일, 영국 사우스햄턴에서 뉴욕으로 첫 출항을 한지 4일 만에 북대서양에서 빙하와 충돌한 것이 1912년 4월 15일 주일 새벽이었습니다. 결국 이 배는 침몰했고, 승선한 승객 2,224명 중, 1,514명이 생명을 잃었습니다. 이렇게 많은 사람이 사망한 원인은 구명보트가 절대 부족했기 때문입니다. 그럼 당시 최고의 기술자들이 거액의 돈을 들여 건설한 이 배가 침몰한 원인이 무엇이었을까요? 이 배의 침몰 원인은 거대한 빙하와 충돌했기 때문입니다. 그러면 빙하와 충돌을 피할 수 있는 방법은 없었을까요? 물론 있었습니다.

그 방법은 빙하가 멀리 있었을 때, 미리 발견하고 피해 갔으면 되었는데, 빙하가 멀리 있을 때 발견하지 못하고, 코앞에 다가 왔을 때에야 비로소 배의 방향을 돌리려 했으나 때는 늦었습니다. 그렇다면 왜 빙하가 멀리 있을 때 발견하지 못했을까요? 그것은 이 배에 설치되어 있는 전망대의 망원경을 쓸 수 없었기 때문입니다. 그 원인은 망원경이 들어있는 보관함을 열지 못한 결과입니다. 당시 2등 항해사 블레어가 배의 출항 직전 서둘러 하선하면서 쌍안경과 망원경이 들어 있는 보관함 열쇠를 놓고 내리는 것을 잊어버렸기 때문입니다. 망에서 근무를 하다 살아남은 선원은 법정에서 망원경만 있었으면 사고를 피할 수 있었을 것이라고 말했습니다. 이 증언으로 블레어는 타이타닉 호의 침몰 원인 제공자로 낙인찍히게 되었습니다.

그러나 훗날 밝혀진 사실은, 열쇠가 없었더라도 박스를 열 수 있는 방법은 얼마든지 있었을 뿐 아니라, 블레어가 하선하게 된 원인도 갑자기 선장이 바뀌면서 원래 선장이 1등 항해사로 내려와 블레어가 밀려나게 되어 하선한 것이 밝혀졌습니다. 그는 일부러 열쇠를 갖고 내린 것이 아니고, 열쇠를 남겨두고 내리는 것을 깜빡한 것뿐이었습니다. 그는 결코 비겁한 인물이 아니었습니다. 다른 여객선 항해사로 근무할 때, 실수로 배에서 떨어져 익사할 번한 승객을, 바다로 뛰어 내려 익사 직전에 놓인 승객을 구해낸 공로로 국왕의 훈장을 받았습니다. 또한 제1차 세계대전 때, 해군으로 참전하여 공훈을 세워, 대영제국 훈장과 프랑스 최고 권위 훈장인 레지옹 되뇌르 등 많은 훈장을 받았습니다.

수만 명이 탄 호화 여객선이 침몰하리라는 사실을 알고도, 열쇠를 갖고 내릴 인간은 없습니다. 블레어는 본의 아니게 하선을 하게 되었고, 본의 아니게 열쇠를 놓고 내리는 것을 잊고 내린 것뿐인데, 그에게 모든 책임을 돌리는 것은 너무 속 보이는 행위 아닙니까? 역사의 비극은 아주 조그마한 일에서 비롯되는 때가 많습니다. 그것이 의도적이었던, 아니었던 한두 사람의 실수는 수많은 사람들의 생명과 재산에 막대한 손실을 가져오는 경우가 흔합니다. 따라서 중요한 위치에 있는 사람들은 자기의 실수나 의도가 엄청난 결과를 가져 올 수 있다는 생각을 하면서 항상 삼가며 조심하면서 직무에 충실해야 합니다.

블레어의 건망증은 많은 사람을 죽음에 이르게 했으나, 망원경 함을 깨고 그것을 꺼내 써야 했는데도, 그냥 항해를 한 선장이나 1등, 2등 항해사의 책임은 두고두고 무한(無限) 책임을 져야 하는 버거운 짐으로 남아 있습니다. 우리가 세상을 살면서 항상 자신을 살피고, 나 때문에 다른 사람이 피해를 보지 않을까하는 마음으로 살아가야겠습니다.

36명의 작은 영웅들

05
08

"사람이 친구를 위하여 자기 목숨을 버리면 이보다 더 큰 사랑이 없나니"
(요 15:13)

오늘 아침에는 다음 글을 같이 읽어 봅시다.

> "영국에서 코로나 바이러스에 고의로 감염시키는 실험을 한 결과, 증상은 접촉 후 이틀 만에 빠르게 나타났다. 영국의 임페리얼 칼리지 런던(Imperial College London)은 건강한 18세에서 30세 남녀 36명을 코로나 바이러스에 일부러 감염시킨 뒤, 통제된 환경에서 2주간 관찰한 결과를 발표했다. 이번 연구는 코로나 바이러스 감염부터 회복까지 전 과정을 지켜본 첫 사례다. 알파 변이가 나오기 전, 초기 바이러스의 최소 분량을 코안에 뿌린 결과 절반인 18명이 감염됐다. 증상은 약 2일 만에 나타났고, 5일 째가 감염력이 가장 높았다. 실험실 검사에서는 평균 9일 뒤까지 바이러스가 검출되었으며, 일부는 12일까지도 나왔다. 감염 초기에는 목에서 바이러스가 많이 나왔지만 시간이 지나면서 코에 더 많아졌다. 감염자 중 2명은 중도에 항체가 검출 돼서 실험을 중단했고, 나머지 16명은 경증 혹은 중증의 감기 같은 증상을 보였다. 코 막힘, 콧물, 재채기, 목 부음 등이 나타났고, 일부는 두통, 몸살, 피로, 열 증상이 있었다. 그러나 심각한 경우는 없었고, 폐에 변화가 생긴 사례도 없었다. 13명은 일시적으로 냄새를 맡지 못했지만, 대부분은 90일 이내에 정상으로 돌아왔고, 3명은 계속 개선되고 있다. 이번 연구에서는 신속항원검사도 감염력 있는 바이러스 유무를 확인할 수 있는 신뢰할 만한 검사 방법이라는

결론이 나왔다. 다만, 감염 초기나 말기에 바이러스 양이 적을 때는 효과가 덜했다. 이번 실험을 이끈 임페리얼 칼리지 런던의 크리스토퍼 치우(Christopher Chiu)교수는 '참가자 중에 증상이 심각한 경우는 없었다.'고 밝혔다. 이번 연구 결과는 아직 동료 평가를 거치지 않았다. 델타 변이를 이용한 새로운 연구에서는 왜 바이러스 접촉 후 감염에 차이가 있는지가 연구된다."

필자는 이 글을 읽으면서 코로나 바이러스에 대한 것은 필자의 분야가 아니기 때문에 별 흥미를 느끼지 못했으나, 건강한 36명의 젊은 사람들이 자기 몸을 실험용으로 내놓았다는 사실에 초점이 맞추어졌습니다. 현재 지구상의 수십억 인구가 마스크를 쓰고 소위 사회적 거리두기를 두며 지내고 있으며, 외출에서 돌아온 후에는 반드시 비누로 3분 이상 두 손을 씻어야 하고, 소금물로 목을 가글하고, 수시로 손소독제를 바르면서 혹시 코로나 바이러스가 내 몸 안에 들어올까 봐 노심초사하는 것이 일반적 형태 아닙니까?

그런데 이 36명의 젊은이들은 자기 몸을 실험용으로 내놓아, 스스로 코로나 바이러스를 자기 몸속에 집어넣어 그 반응을 보는 실험에 참여했다는 사실입니다. 근래에 와서 오미크론 바이러스는 감염력은 높아도 증상이 대체로 경미하고, 사망률은 현저히 떨어졌다는 고무적인 소식을 듣고 있습니다. 그러나 얼마 전까지만 해도 코로나에 걸리면 여러 가지 증상이 나타나 사람에 따라서는 견딜 수 없는 통증에 시달리고, 2022년 2월 통계상 전 세계적으로 생명을 잃은 사람만도 약 500만 명에 이른 것으로 확인되고 있습니다.

이런 상황에서 건강한 자기 몸을 코로나 바이러스 연구에 실험용으로 내어 놓는다는 것은 보통의 용기를 갖고는 실천하기 어려운 일 아닙니까? 결혼한 사람은 배우자의 동의도 얻어야 하고, 미혼인 경우

MAY

는 부모의 동의도 받아야 하는 경우도 없지 않았을 겁니다. 그러나 이들이 이런 영웅적 행동에 거침이 없었던 것은 그들이 이 무서운 질병을 물리칠 수 있는 가장 효율적인 방도를 얻어야한다는 인류 구원의 차원에서 행한 일이라 여겨집니다.

우리 그리스도인들은 이런 상황에서 어떤 결정을 해야 할까요? 만일 나에게 이런 제안이 들어온다면, 과연 스스럼없이 내 몸을 실험용으로 내어 놓을 수 있을까요? 이 36명 가운데 기독교 신앙을 가진 사람이 얼마나 될까요? 예수님께서는 "사람이 친구를 위하여 자기 목숨을 버리면 이보다 더 큰 사랑이 없나니"라고 말씀하십니다. 과연 나는 인류를 위해 내 몸을 내어 놓을 수 있을까요.

인구 문제

"하나님이 그들에게 복을 주시며 하나님이 그들에게 이르시되 생육하고 번성하여 땅에 충만 하라, 땅을 정복하라." (창 1:28)

오늘 인류가 당면한 시급한 문제가 뭐냐고 물으면 사람마다 다르게 대답할 것입니다. 대체적인 대답은 지구 온난화라고 말할 것 같습니다. 그렇습니다. 지구 온난화는 발등에 떨어진 불입니다. 이대로 온난화가 진행된다면 지구의 생명이 얼마나 오래 갈 지는 아무도 장담할 수 없습니다. 필자는 장기적인 전망으로 지구가 당면한 문제는 인구 감소라 여깁니다. 지구에 사람이 살아야 지구지, 지구에 인구가 없으면 지구는 하나의 행성에 지나지 않습니다. 지구에 인구가 너무 많아지면, 식량 문제, 식수 문제, 의료 문제, 교육 문제, 주택 문제, 사회 인프라 구축 문제 등 헤아릴 수 없이 많은 문제가 야기됩니다.

그러나 이 모든 문제는 인구가 있을 때 문제지 인구가 획기적으로 줄어든다면 모두 헛된 이야기가 되는 것입니다. 지금까지 지구는 기하급수적인 인구 팽창을 걱정했습니다. 그러나 현실은 무섭게 변했습니다. 우선 우리나라만 해도, 현재 인구 증가율이 0.8%입니다. 즉 결혼한 부부가 아이를 1명도 낳지 않는다는 뜻입니다. 0.8명은 한 아이가 아닙니다. 적어도 3명은 나아야 인구가 늘어날까 말까하는 판에 3명은 고사하고 하나도 낳지 않으니 인구가 늘어날 가능성은 제로가 되는 것이지요. 결혼을 해도 아이를 하나밖에 낳지 않고, 또 낳을 수 있는데도 낳지 않고 소위 딩크(DINK: Double Income No Kids)족이 되어 같이 벌어 둘이 즐기는 데 쓰고 있습니다. 아이를 갖고 싶어도 두 사람 가운데 한 사람이 불임이어서 갖지 못하는 부부도 적지 않습니다. 물론 처음부터 결혼을 하지 않는 비혼주의자, 독신주의자, 돌아온 싱글로 다시는 결혼을 하지 않으려는 사람들 등 다양한 이유로 결혼을 기피하여 혼기의 청년들이 결혼을 하지 않으니 인구가 늘어날 가능성이 희박한 것입니다.

현재 중국의 인구를 약 15억으로 추산하는데, 얼마 전까지만 해도 중국은 인구 팽창을 억제하기 위해 한 가정 한 자녀 정책을 밀고 나갔습니다. 둘째를 낳으면 호적에도 올릴 수 없었고, 직장에서 불이익을 당했을 뿐만 아니라, 여러 분야에서 많은 부당한 대우를 받았습니다. 그러나 생활수준이 높아지고, 서구화의 바람이 불어오면서 이제는 결혼을 해도 아이를 낳지 않는 부부가 많아지다 보니까, 정부는 한 가정 한 자녀 정책을 폐기하고, 마음대로 낳도록 하여도 요즘 젊은이들이 아이를 낳지 않는 경향이 짙어지고 있습니다. 물론 비혼주의자도 늘고 있습니다. 2020년 출생률은 1천명 당 1.45명으로 지난 43년 이래로 최저에 이르렀습니다.

이 문제는 미국에서도 마찬가지입니다. 본디 미국은 이민으로 이루어진 나라지만, 근래에 이르러서는 미국도 서서히 이주민 입국을 까다롭게 하고, 국가가 원하는 사람만 받는 선별적 이민 방향으로 나가고 있습니다. 최근 보도에 의하면 미국 인구 증가가 역사상 최저로 떨어졌습니다. 인구의 고령화로 사망률이 높아졌고, 근래에는 코로나 펜데믹의 영향으로 인구 증가가 더욱 둔화되고 있습니다. 2020년에서 2021년까지 인구 증가율은 0.13%로 보고되었습니다.

세상이 묘해져서 애 낳으면 이상하게 보는 시대가 되었다고 합니다. 미국의 18세에서 49세까지의 성인 44%가 아이 계획이 없다고 대답했습니다. 거의 절반이 아이를 낳지 않겠다는 것입니다. 이런 현상은 비단 미국뿐만 아니고, 영국, 프랑스, 독일, 스웨덴, 노르웨이, 네덜란드 등 서유럽 국가들, 특히 기독교 문화권의 국가들에서 두드러지게 나타나고 있습니다.

지구상의 인구가 줄어든다는 것은 지구의 종말이 오고 있다는 산 증거입니다. 물론 이슬람권이나 아프리카 등 저개발 국가의 인구는 증가하고 있으나, 이들 나라도 언제까지 인구가 계속 늘어날지는 알 수 없는 일입니다.

하나님께서는 태초에 아담과 이브를 창조하시고, 생육하고 번성하라, 땅에 충만하라고 명령하셨습니다. 그러나 인간은 피임, 낙태, 비혼, 딩크 등의 명분으로 새 생명의 출생을 억제하고 있습니다. 이 현상은 바울 선생이 "말세가 되면 인간들이 자기를 사랑하고, 돈을 사랑하고, 향락을 사랑할 것이다."(딤후 3:2,4)고 하신 말씀이 이루어지고 있는 것입니다. 젊은이들이 아이들을 낳지 않는 이유는 한마디로 이기주의, 물질주의, 향락주의 때문입니다. 하나님의 뜻을 거스르는 개인이나, 나라는 반드시 하나님의 심판을 받게 되어 있습니다. 그렇다고 젊은이들에게 무조건 낳으라고 할 수도 없는 노릇이고, 어떻게 하면 좋을까요?

05
10

봉사는 선한 결과를 가져온다

“예수께서 이르시되 가서 너도 이와 같이 하라 하시니라.” (눅 10:37)

미국 버지니아 대학의 심리학과 엘렌 조셉(Ellen Joseph) 교수 팀은 한 가지 흥미로운 조사를 했습니다. 1991년에서 1995년 사이에 남녀 고등학생 685명을 대상으로 연구를 했습니다. 이들을 무작위로 두 팀으로 나누었는데, 한 팀(342명)에게 ‘틴 아웃리치’(Teen outreach)라는 봉사 프로그램에 참가하게 했고, 다른 한 팀(343명)에게는 봉사를 권하지 않았습니다. 이 봉사 프로그램은 병원, 양로원, 기금 모금 행사, 학업이 미진한 친구에게 개인 교습을 하게 하는 등 봉사활동과 더불어 자신들의 경험을 공유하고, 토론하는 것으로 진행되었습니다.

틴에이저 봉사에 참여한 학생들은 두 학기 동안 평균 46시간 봉사 활동을 했습니다. 엘렌 교수팀은 봉사 활동 전후의 ‘정학률’, ‘낙제율’, ‘임신율’을 비교했습니다. 봉사에 참여하지 않은 학생들의 정학률은 24%에서 29%로 높아졌는 데 반해 봉사를 한 학생들의 수치는 17%에서 13%로 낮아졌습니다. 낙제율도 봉사활동을 하지 않은 학생은 38%에서 47%로 올라갔는데, 봉사활동에 참여한 학생들은 30%에서 27%로 줄어들었습니다. 임신율도 봉사하지 않은 학생들은 별로 차이가 나지 않았는데, 봉사에 참여한 학생들은 6%에서 4%로 역시 낮아졌습니다. 같은 학생들인데 봉사를 한 학생들과 하지 않은 학생들 간에 차이가 분명히 나타난 것을 볼 수 있습니다. 남을 위한 봉사는 남을 이롭게 할 뿐만 아니라, 자신에게도 큰 유익을 준다는 사실을 보여주는 연구였습니다.

캘리포니아의 스탠포드대학교 칼 소렌슨(Karl Sorenson) 교수팀의 연구도 흥미로운 결과를 보여주었습니다. 이 연구에서는 봉사활동에 열심히 참여하는 노인들의 사망률을 그렇지 않은 노인들과 비교를 했습니다. 우선 캘리포니아에 거주하는 55세 이상의 남녀 2,025명을 상대로 조사를 했습니다. 두 가지 이상의 봉사 활동에 참여하고 있으면 '열심히 봉사하는 사람' 한 가지 봉사 활동만 하는 사람은 '봉사하는 사람', 전혀 하지 않으면 '봉사하지 않는 사람'으로 구분했습니다.

이 세 그룹을 5년간 관찰했는데, 이 기간에 남자 203명과 여자 247명이 사망했습니다. 사망률은 100명을 10년 동안 관찰했을 때, 몇 명이 사망했는지 환산해서 비교했는데 봉사와 사망률 관계는 분명했습니다. '봉사하지 않은 사람'은 10년 동안 30명이 사망했는데, '봉사하는 사람'은 24명이 사망했고, '열심히 봉사하는 사람'은 단 13명만 사망했습니다. '열심히 봉사하는 사람'의 사망률은 '봉사하지 않는 사람'에 비해 44%나 줄어들었는데, 일주일에 네 번 이상 운동하는 것이 사망률 30% 정도 줄었다는 점과 비교하면 봉사가 사망률에 미치는 영향은 대단히 컸습니다.

어려운 사람을 위해 봉사하는 일은 분명히 시간과 정력을 소비하고 또 왕복 차량 운행을 감안하면 비용도 적지 않게 드는 것이 사실입니다. 다시 말하면 내가 손해를 보는 것이지요. 그러나 그 봉사가 우리의 삶을 풍요롭게 하고 심지어 그렇게 오래 살고 싶어 하는 사람들에게 장수의 길도 열어 주는 것을 볼 수 있었습니다.

구약성경에는 나그네와 고아와 과부를 돌보라고 반복해서 명하고 있습니다. 예수님께서도 "지극히 작은 자에게 행하는 것이 곧 나에게 행하는 것이라."고 말씀하셨습니다. 주님께서는 강도 만난 자를 도와주었던 사마리아 사람의 예를 들면서 "가서 너도 이와 같이 하라."(눅

MAY

10:37)고 명령하셨습니다. 사마리아 사람은 강도의 위협이 있는 곳에 이르러, "가까이 가서 기름과 포도주를 그 상처에 붓고, 싸매고, 자기 짐승에 태워 주막까지 가서 돌보아 주니라. 그 이튿날 그가 주막 주인에게 데나리온 둘을 내어 주며… 비용이 더 들면 내가 돌아올 때에 갚으리라."(눅 10:34-35)고 말했습니다. 철저히 손해 보는 장사였지요. 시간, 재물(기름, 포도주), 정력, 돈까지 손해를 보았습니다. 그러나 그는 한 생명을 살렸습니다. 주님은 오늘도 우리에게 명령하십니다. "너도 가서 이와 같이 하라." 이 말씀을 순종하면 장수할 수 있는 길이 열려 있습니다. 우리 자신도, 자녀들에게도 어려운 이웃을 위한 봉사 시간을 갖도록 권면하고 또 솔선수범하며 살아갑시다.

고백

"자기의 죄를 숨기는 자는 형통하지 못하나 죄를 자복하고 버리는 자는 불쌍히 여김을 받으리라." (잠 28:13)

최근 한 의사가 쓴 의미 있는 글을 보았습니다. 1991년 캘리포니아 샌프란시스코 대학 병원의 앨버트 우 교수 팀은 500개 병상 이상 큰 대학병원 세 곳에 내과 전공의 245명에게 설문지를 보냈습니다. 내용은 지난 1년간 자기가 저지른 실수가 있었는지 혹 있었다면 어떻게 대처했는지를 알려달라는 내용이었습니다. 절반이 채 안 되는 114명의 전공의가 회신을 해왔는데, 오진 33%, 부적절한 평가와 치료 21%, 약물 과다 투여 29%, 시술 합병증 11%, 부정확한 의사소통 5% 등 모든 상황이 포함되어 있었습니다. 대부분은 경미한 것들이었지만, 갑상선 호르몬을 적정 용량의 50배를 투여했다든지, 원래 사용 중이던 천식 치료제 처방을 빼먹어 환자가 호흡 부전에 빠졌다든지, 4살짜리 꼬마에게 투여하면 안 되는 항생제를 처방했다든지 등의 큰 실수를 저질렀다고 고백한 전공의들도 있었습니다. 전공의들에게 자신이 저지른 실수에 어떻게 대처했는지를 물었는데, 절반 정도의 전공의만 교수에게 알렸고, 환자나 가족에게 알린 경우는 반의 반에 불과했습니다. 실수를 인정할 경우 무능한 의사로 낙인찍힐 뿐만 아니라 법적 책임을 져야 하는 두려움 때문이었습니다.

그러나 자신의 실수에 대한 자백은 오히려 긍정적인 효과를 낳았습니다. 실수를 인정한 전공의 82%가 그 후부터 환자를 좀 더 주의 깊게 살피게 되었고, 72%는 환자에 대한 정보를 이전보다 꼼꼼히 파악하게 되었으며, 62%는 판단이 어려운 경우 적극적으로 주위의 조언을 구하게 되었다고 말했습니다. 저지른 실수가 자신의 책임이었다고 인정한 전공의들은 업무 과다가 실제 원인이라고 응답했던 전공의들보다 더 긍정적으로 변했습니다. 매사추세츠 의과대학의 캐슬린 마졸 교수팀의 연구를 보면 의사가 자신의 실수로 합병증을 겪은 환자에게 정확히 알리고 사과한 경우와 사과 대신 병원비를 감면해 주겠다고 제안한 경우를 비교해 보면, 병원비를 깎아 주겠다고 제안한 경우는 전혀 효과가 없었다는 결과가 나왔습니다. 자신의 실수를 솔직하게 인정하고 진심으로 사과하는 것이 의사에게도 이익이었음이 확인되었습니다.

인간은 누구나 실수를 합니다. 의사도 사람이므로 실수를 합니다. 그런데 문제는 실수를 한 후 그 실수를 솔직히 인정하고 사과를 하느냐 아니면 실수하지 않은 것처럼 모른 척 하거나, 실수를 인정하되 사과 없이 금전적으로 보상을 하겠다고 제안하느냐의 차이가 있습니다. 위의 예에서 보는 것 같이 솔직히 자기의 실수를 인정하고 진심으로 사과할 때, 화해가 이루어질 수 있습니다. 그러나 실력 없는 의사라는 소문이 두려워, 법적으로 책임을 져야 한다는 부담감 때문에 책임을 전가하거나 회피하는 경우, 당장은 모면할 수 있을지 모르나 후에 엄청난 대가를 치를 수도 있다는 것을 명심해야 합니다.

인간이 실수나 범죄를 한 경우 진심으로 참회하는 태도나 결단은 용서받을 수 있으나 뻔뻔하게 고개를 쳐들고 "너는 실수하지 않느냐"며 대드는 사람은 그렇지 못합니다. 진정한 용서는 진정한 고백에서 시작됩니다. 탕자가 아버지에게 아들로 받아들여진 것은 진정한 참회의 모습을 보였기 때문입니다. 우리는 세상을 살아가면서 하나님께 그리고 사람들에게 크고 작은 실수를 합니다. 그러나 진심으로 회개할 때, 하나님께서 우리의 죄악을 용서해 주시며, 사람에게 지은 실수도 진정어린 사과를 할 때 용서를 받게 됩니다.

특히 의료 과실은 환자와 그 가족들에게 치명적인 상처를 안겨줄 수 있습니다. 의료계에 종사하시는 분들은 환자가 내 가족이라고 생각하면서 최선을 다할 때, 많은 실수를 줄일 수 있을 것입니다. 실수가 없으면 제일 좋겠지만, 실수할 수 있다는 생각으로 진정한 사과와 너그러운 용서를 해 주는 곳에 평화의 강이 흐를 것입니다. 사죄와 용서, 이 두 가지가 기독교 신앙의 핵심 중 하나입니다.

당신은 그리스도인이신가요?

05/12

"우리는 구원 받는 자들에게나, 망하는 자들에게나 하나님 앞에서 그리스도의 향기니" (고후 2:15)

필자는 미국인을 만나 대화를 하게 되면 흔히 "Are you a Christian?"(그리스도인이신가요?)라고 묻습니다. 그러면 대부분은 "Yes, I am."(그렇습니다)라고 대답합니다. 어느 교회에 나가냐고 물어보면, 교회는 안 나간다고 대답합니다. 소위 가나안 교인입니다. 그렇다면 그 사람은 그리스도인일까요? 그것은 알 수 없습니다. 만약 그가 비록 교회에 출석하지는 않아도 진정으로 주님을 구세주로 고백하고 그리스도인답게 산다면 인정할 수 있습니다. 반면에 교회에 너무 실망했다, 목사의 설교가 맘에 들지 않는다, 꼭 교회에 나가야 구원을 받은 것은 아니지 않느냐는 등의 이유를 댄다면 필자는 그를 그리스도인으로 인정할 수 없습니다. 엄연히 교회가 존재하는데 교회에 나가지 않고 혼자 신앙생활을 하는 것은 그리스도인으로써 모순된 생활이라 말하지 않을 수 없습니다. 하나님의 교회는 교인들로 구성된 주님의 몸이요, 교회의 머리는 그리스도입니다. 따라서 특별한 이유가 없는 한, 교회에 출석하는 것은 교인의 마땅한 의무입니다.

미국 최대 종교 싱크탱크인 '공공종교연구소'(PRRI)가 7년간(2013~2019) 조사한 통계를 보면 미국 전체 인구의 70%가 그리스도인이라고 대답했습니다. 유대교 2%, 무슬림 2%, 불교 1%, 힌두교 1%, 기타 종교가 1%였습니다. 즉 미국 전체 인구 약 70%, 10명 중 7명이 자기를 그리스도인이라고 고백했는데 이들은 소위 자칭 그리스도인이라 말할 수 있습니다. 본인은 그리스도인이라고 말하지만, 다른 사람들이 볼 때, 그 사람에게서 '그리스도의 향기'를 전혀 맡을 수 없을 뿐만 아니라 오히려 악취가 나는 경우도 흔합니다. 저들이 아무리 그리스도인이라고 말한다 해도 타인이 인정해주지 않으면 그 사람의 말은 의미가 없습니다. 왜냐하면 소위 자칭 그리스도인일 뿐이기 때문입니다.

두 번째로는 타칭 그리스도인입니다. 즉 그리스도인이라고 말하지 않아도, 다른 사람이 그를 그리스도인으로 인정하는 경우입니다. 그의 삶은 모두가 본받아야 할 정도로 모범적이고 귀감이 되는 삶입니다. 자신은 그렇게 살지 못하지만, 우리 아이들은 저 사람같이 살았으면 좋겠다는 말을 듣는 사람이라고 할 수 있습니다.

그는 주일에 열심히 교회에 출석하고, 부지런히 봉사하며, 또 끊임없이 전도하면서, 어떤 경우에도 거짓말을 하지 않고, 정직한 생활을 합니다. 사람들은 그를 그리스도인으로 인정합니다. 아무리 자기가 그리스도인이라고 말해도 다른 사람이 인정하지 않으면 소용없는 것처럼, 아무리 타인이 그리스도인이라고 인정한다 하더라도 하나님께로부터 인정받지 못하면 역시 아무 소용이 없습니다. 그럼 하나님께서는 어떤 사람을 그리스도인으로 인정해 주실까요?

다른 행성의 생물

05/13

"하나님이 이르시되 땅은 풀과 씨 맺는 채소와 각기 종류대로 씨가진 열매 맺는 나무를 내라 하시니 그대로 되어" (창 1:11)

태초에 하나님께서는 만물을 창조하셨습니다. 그중에 생명체 즉 눈에 보이지도 않은 박테리아, 바이러스를 비롯해서 식물, 동물 그리고 마지막에 인간을 창조하셨습니다. 성경적으로 보면 생명은 오직 지구에만 존재하고, 다른 행성에는 생물체가 존재하지 않은 것으로 추정됩니다. 그러나 늘 궁금한 것에 관심을 갖고 연구하는 과학자들은 근래에 이르러 다른 행성에 생명체가 있느냐에 관심을 갖고 연구를 진행하고 있습니다. 다른 행성에 생명체가 존재한다면 그 생명체는 지구에 존재하는 생명체와 어떻게 다르냐는 궁금증을 갖고 연구를 합니다.

인류 역사 처음으로 1969년 달에 인간이 착륙한 후, 지구로 되돌아올 때, 달의 흙과 모래, 그리고 바위 파편을 채취해 돌아왔습니다. 물론 그것들을 갖고 온 것은 그 속에 미세한 바이러스나 박테리아와 같은 생명체가 있느냐를 알아보기 위함이었지요. 그러나 생명체는 발견되지 않았습니다. 최근 미국에서 쏘아 올린 화성 탐사 로봇이 화성에 착륙했습니다. 그리고 그곳에서 연구 활동을 시작했습니다. 그 역시 가장 큰 관심은 생명체가 화성에 있느냐 하는 것입니다. 앞으로도 다른 행성에 쏘아 올릴 탐사 로봇의 사명은 그곳의 흙과 모래를 갖고 돌아와, 생명체가 있는지를 분석하는 것입니다. 우주 탐사 로봇이 어떤 행성에서 갖고 온 흙이나 모래에서 미생물을 발견했다면 그 생명체가 과연 우주가 생성된 때부터 존재한 것인가 아니면 중도에 나타난 것인가

하는 문제를 연구해야 합니다.

그런데 문제는 그 생명체가 행성이 생성 될 때부터 존재한 것인지 아니면, 인간들이 쏘아 올린 탐사 로봇에 묻어간 지구의 생명체인지를 판별할 수 없다는 것입니다. 우주선을 쏘아 올리기 전에 모든 부품을 철저하게 소독하고 멸균시키지만, 완벽하게 100% 소독되었다고 자신 있게 말할 수 없습니다. 인간에게는 완벽, 100%란 존재하지 않기 때문입니다. 우주 탐사라는 인간의 호기심은 언젠가 목적을 달성할 수도 있을 것입니다. 그러나 그것이 과연 인간에 큰 행복을 안겨 줄 것인가 아니면 엄청난 재앙을 가져다 줄 것인지는 아무도 알지 못합니다.

근래 코로나 펜데믹으로 지구가 몸살을 앓고 있습니다. 중국 우환에서 조그마하게 시작된 이 유행병이 지구 위에 살고 있는 모든 인류에 엄청난 재앙을 안겨 주고 있습니다. 최초 코로나가 변형되어 알파(남아공), 베타(영국), 감마(인도네시아), 델타(인도)형까지 나타났는데, 앞으로 또 얼마나 많은 변형 바이러스가 나올지 알 수 없습니다. 그런데 우주의 다른 행성에서 가져온 흙이나 모래에서 발견된 바이러스나 박테리아가 코로나의 몇백 배 혹은 몇천 배 강력한 악성 병원체가 나타나 인류를 파멸로 몰아넣지 않는다고 누가 자신할 수 있을까요?

인간의 끝없는 탐욕이 하나님의 창조 질서를 무너뜨리는 날, 그 재난을 인류가 어떻게 담당할 수 있을까요? 만일 하나님의 뜻에 어긋난 일을 인간들이 계속 한다면 인류는 어떤 재난에 부닥칠지 알 수 없습니다. 인간이 연구하거나 탐구하는 일이 과연 하나님께서 기뻐하시는 일인지를 철저히 규명해야 하는 일에 많은 관심을 가져야 합니다.

요리문답 제1문이 "인간의 제일 되는 목적이 무엇이뇨?" 그 답은 "하나님을 영화롭게 하는 것과 영원토록 그를 즐거워하는 것이다."입니다. 우리 모두는 하나님을 영화롭게 하고 그를 즐거워하는 일을 하며 살아가고 있을까요? 당신은 그렇게 살고 있습니까?

신학교의 미래

05
14

"선지자의 제자들이 엘리사에게 이르되 보소서 우리가 당신과 함께 거주하는 이곳이 우리에게는 좁으니… 그곳에 우리가 거주할 처소를 세우사이다." (왕하 6:1-2)

최근 친구 목사가 보내준 카톡에서 한국의 신학교 학생 지원자가 많이 줄어들었다는 사실을 알게 되었습니다. 제법 큰 신학교도 지원자가 미달되어 앞으로 한국교회 목회자 공급 상황이 어떻게 될지 걱정되는 상황입니다. 필자의 모교이며 약 30년간 봉직했던 장로회신학대학교를 생각해 보겠습니다. 초기 한국교회는 처음부터 괄목할 만하게 성장을 했는데, 특히 1907년의 평양 대부흥운동 후에 교회의 성장이 빠르게 진행되었습니다.

1901년 평양에서 사역하던 사무엘 마펫(Samuel A. Moffett, 마포삼열) 선교사는 자기 집 사랑방에서 평양 장대현교회 장로였던 김종섭, 방기창 두 사람을 데리고 같은 북장로교회 소속 선교사 리(G.Lee)와 함께 신학교육을 시작했습니다. 이것이 오늘날 장로회신학대학교의 효시입니다. 신학반이 시작한 이듬해인 1902년에는 신학생들이 6명으로 늘어났고 1904년에는 19명, 1905년에는 3학급이 되면서 학생수가 40명으로 늘어났습니다. 10년 후인 1915년에는 등록학생 수가 250명이 넘어 당시 '세계에서 가장 큰 장로교신학교'라는 말을 들었습니다.

당시 한국의 인구를 대체로 약 2천만 명으로 계산했는데, 신학교가 시작할 즈음 교인수는 한국 전체를 통틀어 신입교인까지 불과 몇만 명에 불과했습니다. 필자가 신학교를 지원하던 1960년대 중반에는 장신대 입학 정원 40명이 다 채워지지 않아 미달되는 경우가 많았습니다. 그런데 필자가 교수로 있던 1980년에서 2000년대에 광나루 장신대 학생수가 약 3천 명이었습니다. 신학대학원(Master of Divinity, 정규 4년제 대학을 마친 학사 학위 소유자가 지원) 지원자 수가 평균 한 해 1,300명으로 정원 300명에 4 : 1의 높은 지원율을 보였습니다.

그런데 2022학년도 대학 입시 정시 모집에서 절반의 신학대학들이 신학과 정원 미달이라는 통계가 나왔습니다. 한국 전체 신학교 중 네 곳만 정원을 채우고, 나머지 학교는 미달이라 합니다. 총신대(예장합동) 1 : 2.68, 장신대(예장통합) 1 : 1.81, 순복음 계통 한세대 1 : 1.58, 침신대 1 : 1.13로 정원을 간신히 넘겼고, 미달 학교는 1959년 개교한 이래 최초로 서울신대(기성) 1 : 0.57, 한신대(기장) 32명 모집에 11명 지원으로 1 : 0.34, 고신대(예장고신) 27명 모집에 5명 지원으로 1 : 0.19, 그리고 감신대는 비공개 방침이라고 했습니다. 기타 정원 미달 신학교가 수십 개가 넘었습니다.

아마 이렇게 많은 신학대학에 지원자가 미달된 것은 처음이 아닌가 합니다. 그럼 왜 이렇게 신학교 지원자가 적을까요? 그 원인은 교회 내적, 외적 원인이 복합적으로 작용했을 것으로 여겨집니다. 교회 내적 원인은 교회의 성장 둔화라 생각되어 집니다. 매년 교회수와 교인수가 줄어들면서 자연히 신학교 지원자가 줄었을 것입니다. 요즘 코로나 펜데믹으로 인해 교회가 위축되었을 뿐만 아니라 각 교회의 대학생부와 청년부가 위축될 대로 위축되어 젊은이들이 교회를 등지고 세상으로 나갔기 때문입니다. 교회가 크게 성장하고 성령님의 역사가 불같이 일어날 때는 교회의 성장과 더불어 신학교도 활성화되었고, 목사후보생들도 많이 지원했습니다. 그러나 교회가 시들어가니까 신학 지원자도 자연히 감소할 수밖에 없습니다. 사회적 요인은 무엇보다 전체 인구의 둔화가 큰 원인 중 하나일 것이고, 또한 빠른 세속화의 물결이 요즘 젊은이들로 하여금 교회는 물론 신학교에도 무관심하게 만들었다고 여

MAY

겨집니다.

이런 문제들은 하루아침에, 한두 교회가 각성한다고 해결될 문제는 아닙니다. 미국 신학교의 형편도 비슷합니다. 신학교마다 지원자가 적어 신학교의 존폐 문제를 걱정해야 하는 상황에 이르렀습니다. 세상은 극도로 타락해 가고 있고, 성경에 어그러지는 일들을 하는 교회가 제대로 성장할 수는 없는 노릇입니다. 세상이 점점 마지막을 향해 가고 있는 징조가 사방에서 보입니다. 이런 때 우리는 더욱 경성해서 믿음생활에 철저해야겠으며 열심히 전도하기 위해 부단한 노력을 경주해야 합니다.

복음을 전해야 하는 이유

"너는 말씀을 전파하라 때를 얻든지 못 얻든지 항상 힘쓰라" (딤후 4:2)

최근 유튜브에서 이것저것 뒤적거리다 여러 사연을 읽어 주는 프로그램을 접하게 되었습니다. 필자는 모태신앙으로 어려서부터 교회 생활을 시작했고 신학교 졸업하고 목사 안수 받고 군목 생활을 잠깐 한 후, 신학교에서 신학생들을 40여 년 가르쳐 왔기 때문에 교회라는 울타리 안에서만 살아온 셈입니다. 따라서 필자는 사실 세상 사람들의 생활에 대해 자세히 모르고 살아왔습니다. 그런데 이 프로그램을 통해서 적나라한 세상의 모습을 알게 되었고, 인간들이 얼마나 악랄하고, 잔인하며 이중적인지 어느 정도 알게 되었습니다.

필자는 오후에 걷기 운동을 하는데, 이때 이 프로그램을 가끔 듣고 있습니다. 드라마도 소설도 아니고, 자기가 실제 경험한 이야기를 진솔하게 들려주기 때문에 재미도 있고, 앞으로 전개되는 과정이 궁금하기도 해서 운동 중 즐겨 듣게 되었습니다.(개 중에는 꾸민 이야기도 있는 모양인데 그 진위를 알 수는 없습니다.) 드물지만 사연 중 10% 나 15% 정도는 정말 다시 없이 좋은 분들의 이야기가 전개되는 것을 보고 참 인정이 많은 민족임을 확인하면서 요즘 같이 냉혹한 세상에 좋은 이들도 적지 않구나 하는 생각도 합니다.

그러나 거의 90% 이상의 이야기는 아주 나쁜 사람들에 대한 것입니다. 가정인 경우 대부분은 이혼으로 정리되고, 부인은 이혼녀란 딱지를, 죄 없는 아이들은 편모 혹은 편부 슬하에서 또는 할머니에게 맡겨져 서럽게 자라는 이야기도 많습니다. 그런데 이렇게 가정이 깨어지는 3대 이유는 주로 남편의 외도, 음주, 도박입니다. 남편의 외도는(더러 아내의 외도) 결국 가정의 파탄으로 이어지고, 이혼녀와 편부모 자녀만 양산하는 결과를 가져옵니다. 그런데 외도하는 남편은 그런 일에 대한 죄의식이 전혀 없습니다. 한번만 용서해 달라고 해서, 아빠 없이 자랄 아이들을 생각에 한번만 참고 지나가자 하고 없었던 일로 여기고 용서하고 살면 남편의 못된 버릇은 어김없이 반복되고, 결국 가정이 깨지는 결과를 가져 오는 것입니다. 문제는 갈수록 이런 가정이 늘어 가고 있다는 개탄할 현실입니다.

남편의 주벽(酒癖)은 또 다른 가정 파탄의 원인입니다. 술을 많이 마시는 것도 문제지만, 만취해 집에 들어와서 부인을 두들겨 패고 아이들을 때리고, 살림살이를 부숴버리는 고약한 질병을 가지고 있는 남자들이 적지 않게 있다는 사실을 알게 되었습니다. 부인이 술 취한 남편에게 맞아 병원에 실려 가는 지경에 이르고, 결국 참다 참다 견디지 못한 아내가 이혼 소송을 해서 결국 가정이 절단 나는 경우도 흔한 것을 알게 되었습니다.

또 다른 원인은 도박입니다. 도박은 마약보다 끊기 어렵다는 이야기를 들었지만 정말 도박은 무서운 중독입니다. 모든 재산을 탕진하고 나중에는 빚쟁이들에게 자기 부인을 팔아, 건장한 남자들이 들이 닥쳐, 졸지에 아내를 끌고 가서 강제 노동을 시키기도 하고, 심지어 몸을 팔게까지 한다는 기막힌 사실도 알게 되었습니다. 이런 가정 파탄의 원인인 외도, 음주, 도박은 사탄의 작전입니다. 술 마시지 않았을 때는 천사같이 순한 사람이 술만 들어가면 표변해서 악마가 되는 것은, 결국 사탄의 역사일 수밖에 없습니다.

자기도 모르는 사이에, 사탄에게 끌려서 그런 일들을 저지른 것입니다. 어떤 남편이, 어떤 아빠가 이혼을 당하고, 가정이 깨어져, 사랑하는 아내와 아들, 딸들이 편모슬하에서 가난과 편견과 차별을 받고 힘들게 살아가는 것을 원하는 사람이 있겠습니까? 그러나 그들은 악마에 사로잡혀 있어서 그 그물을 벗어날 수 없는 것입니다. 사탄은 순진한 사람들이 악마로 변하게 만들고, 행복한 가정이 파괴되어 지옥이 되게 합니다. 아무 죄 없는 부인이 이혼녀라는 낙인이 찍혀 평생의 오점을 안고 고통 속에 살아가고, 아이들은 '아비 없는 자식', '아비가 없어서 못 배워 쳐 먹어서'라는 갖가지 저주스런 말을 듣고 살아가야 하는 고난의 사람들이 우리 주변에 흔히 있는 것은 모두 사탄의 역사입니다.

이런 고난의 삶을 사는 사람들을 구원하는 길, 즉 외도, 음주, 도박 등의 악습에서 벗어나게 하려면 다른 길이 없습니다. 이혼하자고 다그치는 아내에게 다시는 외도, 음주, 도박하지 않겠다고 맹세하고 각서 쓰고, 다짐해도 작심삼일로 끝나는 경우가 대부분입니다. 그러나 이런 악습이 각오나 각서로 간단히 해결될 수 없는 어려운 문제라는 것은 주지의 사실 아닙니까?

이런 어려운 문제의 해결책은 아주 간단합니다. 복음이, 진리가 그들 마음속에 들어가면 간단히 해결됩니다. 즉 그가 세상의 더러운 일을 버리고, 성령님의 은총을 받으며 해결됩니다. 그럼 어떻게 이렇게 외도, 음주, 도박에 빠져 있는 사람들이 성령님의 은총을 받게 할 수 있을까요? 그것은 우리가 그들에게 복음, 즉 예수 그리스도를 알려주면 됩니다. 황해도 안악의 술주정뱅이, 건달 깡패 김익두가 복음을 받은 후에, 예수님을 알고 나서 위대한 영계(靈界)의 거성이 된 것을 우리는 알고 있습니다.

복음은 사람을 근본적으로 변화 시킵니다. 완전히 다른 사람으로 바꾸어 놓습니다. 외도, 음주, 도박의 악습은 복음이 아니면 거의 불가능합니다. 우리가 시급히 복음 전도에 발 벗고 나서지 않으면 안 되는 이유가 여기 있습니다. 우리의 전도가 파괴되는 무수한 가정을 구원합니다. 전도는 남편 잃은 아내, 아빠 잃은 아이들을 고난의 삶에서 구원해 주는 첩경입니다. 주님께서는 "너희는 가서 모든 족속으로 제자를 삼아"라고 말씀하셨고, 바울 선생도, "너는 말씀을 전파하라 때를 얻든지 못 얻든지 항상 힘쓰라."고 말씀하십니다. 시급한 전도의 사명을 일깨워 주시는 말씀입니다. 우리 모든 그리스도인들에게는 말씀 선포의 책임이 무겁게 지워져 있습니다.

기도의 반성

05/16

"내 은혜가 네게 족하도다 이는 내 능력이 약한데서 온전하여 짐이니라."
(고후 12:9)

우리 그리스도인들은 끊임없이 하나님께 기도를 드립니다. 아침에 일어나서, 저녁에 자기 전에, 그리고 수시로 생활 중 기도드립니다. 그런데 주일예배 대표기도를 중심으로 가정예배, 개인기도 내용의 대중은 처음부터 끝까지 "주시옵소서"로 연속되는 것을 들을 수 있습니다. "건강을 주시옵소서. 사업이 잘 되게 하시옵소서. 아이들 공부 잘 하게 하여 주시옵소서. 아들 낳게 하여 주시옵소서, 등등 하나같이 '주시옵소서'입니다. 과연 기독교의 기도가 이렇게 '주시옵소서'로 점철되어야 하는지 다 같이 한번 생각해 봅시다. 잠언 30장 15절에 "거머리에게는 두 딸이 있어 다오 다오 하느니라."라는 말씀이 있습니다. 기독교회의 기도가 이와 같이 '주시옵소서'로 누벼져서는 안 된다고 생각합니다. 물론 "내게 부르짖으라," "너희 소원을 다 주께 고하라."고 말씀하십니다. 그러나 부르짖는 내용과 고하라는 말씀의 내용을 검토해 볼 필요가 있습니다.

필자가 광나루 장신대에 봉직할 때, 매해 연말에 입학시험이 있었습니다. 우리 신학교는 실기시험과 면접이 있습니다. 필기시험은 구약(100점), 신약(100점), 영어(100점) 이렇게 세 과목이고, 그 후 교수와 면접(50점)이 있습니다. 오래 신학교에 있으면서 면접 시 별별 사람이 다 있는 것을 봅니다. 한 번은 우리 학교에 여러 차례 낙방한 친구가 와서, 눈물을 흘리며, "교수님 저는 이번에 꼭 합격을 해야 합니다. 저희 어머

MAY

님이 제 합격을 위해서 40일 금식기도를 하고 계십니다. 이번에도 제가 낙방을 하면 어머님은 아마 세상을 떠나실 지도 모릅니다. 그리고 제 아내도 어머니와 같이 40일 금식을 하고 있습니다. 이번에 꼭 합격하게 해주세요."라며 눈물을 줄줄 흘립니다. 사실 40일 금식은 생명을 걸고 하는 기도 아닙니까? 실제로 40일 금식기도를 하는 동안에 생명을 잃는 사람들도 적지 않게 있음을 알고 있습니다. 따라서 남편의 합격을 위하여, 아들의 합격을 위하여 생명을 내걸고 하나님 앞에서 40일 금식을 하는 것은 보통 일이 아니지요.

자, 그럼 여기서 한 번 생각해 봅시다. 하나님께서 40일 금식기도하는 어머니와 아내의 기도를 들어주시고 수험생을 합격시켜 주신다면, 아마도 수많은 수험생의 어머니와 아내들이 40일 금식할 것입니다. 그렇다면 신학교에서 입학시험을 치르는 것은 아무 의미가 없어지고 오직 40일 금식기도를 했는지, 안 했는지에 따라 당락이 결정되는 것이 아니겠습니까. 하나님께서는 결코 이러한 기도에 응답해 주시지 않습니다. 왜냐하면 신학교 합격, 불합격 여부는 신학교에서 실시하는 시험 성적과 면접 점수를 합산해서 결정하는 것이기 때문입니다.

따라서 합격, 불합격은 사실상 40일 금식과는 아무 상관이 없고 수험생이 얼마나 시험 준비를 충실히 준비했느냐에 따라 결정되는 것입니다. 어머니, 아내가 40일 금식기도 하는 것과는 아무 상관이 없다는 말이지요. 하나님은 공평과 정의의 하나님이십니다. 40일 기도를 안 해도 실력이 있으면 합격되는 것이고, 기도해도 아들이, 남편이 실력이 없으면 불합격이 되는 것입니다. 엄마가 40일 금식기도해서 아들, 딸이 SKY 대학에 들어간다면 이 세 대학에는 모두 기독교 가정의 자녀들만 합격한다는 우스운 이야기가 되지 않습니까? SKY 대학에 들어가는 것은 기독교와는 아무 상관이 없고, 다만 실력이 좋은 학생은 합격하고 그렇지 못한 학생은 불합격 하는 것, 이것이 하나님의 정의 아니겠습니까?

한국에서는 연말 수능 때가 되면 전국 불교 사찰에서는 수능생을 위한 특별 법회가 열립니다. 불교도 엄마들은 그곳에 가서 시주 돈을 두둑이 내고, 부처상 앞에 108배 또는 3천 배를 하면서 자기 아들이 좋은 성적을 받고 좋은 대학에 가게 해달라고 공을 들입니다. 3천 배를 드리다 졸도를 하는 엄마도 있고, 그 후 허리디스크로 큰 고생을 하는 엄마도 적지 않지만, 그런 것쯤이야, 자녀들이 원하는 대학, 원하는 학과에 합격한다고만 하면 얼마든지 감내할 준비가 되어 있는 것이 한국 엄마들의 각오지요.

그러나 냉철히 생각해 보면 그것이 얼마나 어처구니없는 일입니까? 엄마가 돈을 많이 내고, 절을 많이 하기 만 하면 좋은 성적을 얻고, SKY 대학에 들어간다면 엄마들은 소 팔고, 전답을 팔아서라도 시주를 내고, 3천 배 아니라 3만 배라도 할 수 있는 것이 한국 어머니들의 자식 사랑 아닙니까? 이런 불교도 자녀들이 모두 다 SKY 대학가고, 전교에서 수석 하는 아이들이 나온다면 전 국민이 불도가 되지 않겠습니까?

교회 역시 연말에 고3 수험생들을 위한 특별 기도회를 열고 고3 어머니를 모아놓고 기도회를 하지요. 필자는 그런 기도회에 한 번도 가보지 않았기 때문에 그 기도회의 내용이나 그들이 드리는 기도가 어떤지 알 수는 없습니다. 다만 추측해 보건대 틀림없이 우리 아들이 이번 수능시험에 좋은 성적을 얻게 하시고, 원하는 대학, 원하는 과에 꼭 합격하게 해주시라고 기도 하겠지요. 그렇게 기도하는 엄마의 아들이 고교 전체에서 꼴등 수준의 성적인데, 그렇게 기도했다고 해서 최고 좋은 대학에 가면, 비싼 돈 주고 과외하고 잠 제대로 자지 않고 열심히 공부하겠습니까? 그냥 엄마가 기도만 열심히 하면 되는 것이 아니겠습니까?

한국 기독교 신앙이 여전히 기복적 신앙이라 할 수밖에 없지요. 기도만 열심히 하면 다 된다고 하는 잘못된 생각 말입니다. 하나님께서는 잘못된 기도는 들어주시지 않습니다. 노력하지 않고 기도로 다 되면 이미 기독교 신앙이 아니지요. 할 수 있는 최선을 다하고 나서 기도하되 기도의 내용이 달라야 합니다. 내용은 이러해야 합니다. "우리 아들이 이번에 수능 시험을 보는데 그동안 준비한 것 잘 기억나게 해주시고, 실수하지 않게 해주시고 준비한 만큼 성적을 얻게 해주시옵소서. 모든 시험이 끝날 때까지 건강을 지켜 주시고, 몸과 마음을 지켜 주시기를 기도합니다."라고 하는 기도가 올바른 기도지, "좋은 성적 얻게 해주시옵소서, 좋은 대학에 들어가게 해주시옵소서."라는 내용은 잘못된 것입니다.

목회하는 목사들은 자기 자녀가 좋은 성적을 얻어 좋은 대학에 가게 해 달라는 엄마의 순박한 생각을 바른 기독교 신앙의 가치관으로 바꿔줘야 할 필요가 있습니다. 기독교 신앙과 하나님의 정의는 모든 것이 '기도만 하면' 다 이루어진다는 것이 아닙니다. 우리 옛 글에 '진인사대천명'(盡人事待天命)이란 말이 있지요. 사람이 할 수 있는 최선을 다한 후에 하늘의 뜻을 기다린다는 말입니다. '최선을 다하라'에 방점이 찍혀 있지요.

"주시옵소서"를 다음과 같은 말을 바꿔 봅시다. "주시기를 기도드립니다, 주실 줄 믿고 감사드립니다, 주시기를 소원합니다, 주시기를 원합니다, 주시기를 바랍니다." 무조건 '주시옵소서'라고 막무가내로 부르짖는 것보다 훨씬 부드럽지 않습니까?

개화인의 예배 십계명 (1)

05/17

"여자여 내 말을 믿으라 이 산에서도 말고 예루살렘에서도 말고 너희가 아버지께 예배할 때가 이르리라… 아버지께 참으로 예배하는 자는 영과 진리로 예배할 때가 오나니 곧 이때라." (요 4:21,23)

1885년 한국에 최초 선교사(목사)로 입국해서 사역했던 언더우드 선교사는 여러 분야에서 다양한 사역을 했는데 그중 하나가 기독교 신문을 발행한 일입니다. 1897년 4월에 「그리스도 신문」(The Christian News)이라는 주간(週間) 신문을 발행하기 시작했습니다. 그리고 1906년 8월 30일자 신문에 "개화인의 예배 10계명"이란 제목의 글을 실었습니다. 그 내용은 다음과 같습니다.

"1. 남이 기도 할 때에 일어나서 돌아보지 말거시오. 2. 기지개 쓰고 큰 하품하지 말거시오. 3. 한국 갓 쓰거든 벗지 말고 4. 외국 갓(모자) 쓰거든 버슬 거시오. 5. 재채기가 나거든 코를 막고 참아 볼 거시오. 6. 회당에 들어와 안즌 후에 왓다 갓다 하지 말지니 그러케 하면 정셩 적은것 뵈이는 표와 갓흔 거시오. 그런 사람을 가라쳐 누가 말하기를 적은 그릇 쉬 채웟다 하엿나니라. 7. 전도(설교)할 때에 귀밝히 듯고 책장을 공연히 뒤적거리고 안젓지 말거시오. 8. 회당에서 기침하다가 정 어려우면 출입문 박긔 나가 춤을 밧흘거시로되 류리문이나 자리 밋헤 춤밧지 말지니 그것스로 남의게 병만 옴게 할 뿐아니라. 또한 대단히 무례한 거시니라. 9. 회당에서 서로 보고 례배하기 젼에는 말노 인사하지 말거시오. 10. 이 우헤 하지 말나 하는 것 외에 한 가지가 맛당히 잇여야 할거시 잇으니 온젼한 례배스런 마음을 두십시다."

한국인들은 그때까지 하나님께 예배를 드린 일이 없었습니다. 기독교에서 말하는 하나님 개념 자체가 없었습니다. 수천 년 내려오는 무당, 잡신을 섬겼고, 불교 전래 이후부터는 절에 가서 부처상에 절을 하는 정도만 알고 있었지 기독교 예배를 알지 못했습니다. 선교사들이 예배를 어떻게 드리는지 교육시켜 가르쳐 준대로 하긴 했어도 그 정신을 바르게 터득하지를 못 했지요. 따라서 언더우드 선교사는 하나님께 예배드릴 때, 한국 교인들이 흔히 저지르는 잘못된 형태를 지적하면서 예배는 이렇게 드려야 한다는 교육용 내용을, '개화인의 예배 10계명'이라는 제목으로 게재한 것입니다. 이 10계명을 항목 별로 훑어보기로 합니다.

첫째, "남이 기도할 때에 일어나서 돌아보지 말거시오." 이 항목은 두말할 필요 없이 기도할 때 딴 짓하지 말라는 것입니다. 가끔 기도할 때 남몰래 눈을 뜨고, 주변을 두리번거리고, 누가 왔는지 둘러보는 사람이 있습니다. 그러나 이런 행동은 하나님께 기도할 때에 절대 해서는 안 되는 일이라고 경계했습니다. 비록 내가 하는 기도는 아니라도 대표기도를 하는 분은 나를 대신해서 기도하는 것이므로 온몸과 마음을 기울여서 그 기도 내용 한 마디 한 마디를 들으면서 그 말씀이 나의 기도가 되어서 하나님께 드리는 기도가 돼야 한다는 뜻입니다.

둘째 "기지개를 쓰고 큰 하품 하지 말 것이며" 요즘에는 이런 사람이 없지만 지금부터 110여 년 전에 한국 사람들은 하나님께 예배를 어떻게 드려야 되는지, 어떻게 정성을 드려야 되는지에 대한 개념이 부족했습니다. 특별히 교인들 대부분이 쌍놈 출신, 천민 출신이다 보니, 전혀 교양 교육을 받지 못하고 제멋대로 노는 사람들이라 더욱 그랬습니다. 예배를 한참 드리고 있는데 크게 두 팔을 공중으로 뻗어서 기지개를 켜는 것이 아무렇지도 않은 것으로 여겼지요. 하품이 나면 입이 찢어지도록 크게 벌리고 입을 손으로 가리지도 않고 하는 것은 전혀 상관없는 태도였습니다. 언더우드는 목사는 예배 중에는 기지개를 켜지 말고, 하품도 가능한 한 참아보고 꼭 해야 할 경우에는 입을 가리고 예의 바르게 하도록 유도했습니다. 예배 중 하품을 하는 것은 하나님께 드리는 예배 중 삼가야 할 일이라 일렀습니다.

셋째 "한국 갓 썼거든 벗지 말고" 옛날 한복을 입었을 때 남자는 갓을 쓰는 것이 정장(正裝)의 일환이었습니다. 오늘 모자와는 다른 의미로 정장의 한 부분이었기에 예배 중에도 갓은 쓰고 있어도 좋다고 했습니다.

넷째, '외국 갓(모자)를 쓰거든 벗을 것이오.' 그 당시에는 '모자'도 없었고, 또 모자란 말도 없었습니다. 그래서 여기 '외국 갓'이란 말을 사용했습니다. 그러나 미국이나, 일본에 유학을 갔다 온 사람 중 중절모를 쓴 사람이 생겨나면서, 모자에 대한 규제가 들어갔습니다. 모자 쓰는 법을 모른 이들이 갓 쓴 이들이 예배를 드리는 것을 보고 모자 쓰고 예배를 드리자, 서양 갓, 모자는 벗어야 한다고 일깨우고 있습니다. 요즘에 예배 시간에 보면 젊은 사람들이 모자를 쓰고 예배를 드리는 경우가 있습니다. 이것은 하나님 앞에 예배드리는 바른 태도가 아닙니다. 필자가 장신대에 봉직하고 있을 때, 가끔 기숙사 새벽기도회 인도를 할 때가 더러 있었습니다, 기숙사에 거주하는 모든 사생들은 아침 6시에 드리는 새벽기도회에 한 사람도 빠짐없이 의무적으로 나와야 했습니다. 그런데 시간이 거의 되어 잠자리에서 겨우 일어나, 머리를 제대로 다듬지 못하고 헝클어진 머리에 운동모자 하나 눌러 쓰고 온 학생들이 제법 있었습니다.

한쪽 구석에 앉아서 모자를 푹 눌러 쓰고 고개를 숙이고 앉아서 졸고 앉아 있는 학생들이 있습니다. 필자는 예배를 시작하기 전에 700~800명의 학생들을 한번 둘러보고, 모자를 쓰고 앉아 있는 학생이 있으면 모자를 벗으라고 이야기합니다. 그러면 어떤 학생들은 모자를 벗지 않으려 합니다. 헝클어진 머리를 보여 주기 싫어서겠지요. 그러나 필자는 예배를 시작하지 않고, 모자를 벗으라고 강렬하게 이야기합니다. 예배가 시작되지 않고 수백 명의 학생들이 기다리고 있기 때문에 마지못해서 어쩔 수 없이 모자를 받는 경우가 있습니다.

그 학생의 태도는 이미 하나님께 드리는 예배는 아닙니다. 예수님께서 말씀하셨습니다. "영과 진리로 예배할 지니라."(요 4:24) 예배는 우리의 영이, 진리가 포함된 것이어야 합니다. 하나님께서는 이런 예배를 받으십니다. 정성 없이 머리 손질도 제대로 하지 않고 모자를 푹 눌러 쓰고 구석에 앉아 조는 태도를 하나님께서 기뻐 받으시겠나요?

개화인의 예배 십계명 (2)

"여자여 내 말을 믿으라 이 산에서도 말고 예루살렘에서도 말고 너희가 아버지께 예배할 때가 이르리라… 아버지께 참으로 예배하는 자는 영과 진리로 예배할 때가 오나니 곧 이때라." (요 4:21,23)

다섯째, "재채기가 나거든 코를 막고 참아볼 것이오." 재채기가 나는 것은 생리적 현상입니다. 따라서 내가 조절할 수 있는 일은 아닙니다. 그러나 적지 않은 경우 재채기가 나려 할 때, 코를 꼭 잡고 있으면 그냥 지나가기도 합니다. 따라서 코를 막고 참아 보라는 것이지요. 물론 예배에 방해가 될까 염려되어 당부하는 것입니다.

여섯째, "회당에 들어와 안즌 후에 왓다 갓다 하지 말지니 그러케 하면 정셩 적은것 뵈이는 표와 갓흔 것시오. 그런 사람을 가라쳐 누가 말하기를 적은 그릇 쉬 채웟다 하엿나니라." 일단 예배당에 들어와 자리 잡고 앉았으면 정중히 예배가 끝날 때까지 앉아 있으라는 권고입니다. 이런 행위는 예배장의 경건한 태도가 아니고, 경박하게 보인다는 것입니다. 예배는 몸과 마음을 모아 정성을 다해 신중하게 예배에 임해야 함을 교훈합니다.

일곱째, "전도(설교)할 때에 귀 밝히 듯고 책장을 공연히 뒤적 거리고 안졋지 말거시오." 요즘도 교회에서 설교 시간에 공연히 성경을 이곳저곳 뒤적거리는 사람들을 볼 수 있습니다. 그것도 책장 넘기는 소리를 제법 크게 내면서 설교를 귀 기우려 듣지 않고 딴청을 하는 사람들, 눈을 감고 졸고 있는 사람들, 요즘은 아예 설교 시작 때부터 스마트폰을 들고 이곳 저곳을 들여다보는 사람들, 참 예배드리는 모습이 가관이 아닐 수 없습니다. 도대체 그런 사람들은 왜 예배당에 나와 앉아 있는

MAY

지 모르겠습니다. 차라리 집에서 차분하게 자기 할 일을 할 것이지 예배당까지 와서 앉아 곁에서 정성껏 예배드리는 교인까지 짜증나게 만드는지 모를 일입니다. 하나님께서 그의 예배 태도를 기뻐하시겠나요?

여덟째, "회당에서 기침하다가 정 어려우면 출입문 박긔 나가 춤을 밧흘거시로되 류리문이나 자리 밋헤 춤밧지 말지니 그것스로 남의게 병만 옴게 할 뿐 아니라 또한 대단히 무례한 거시니라." 당시에는 많은 사람들이 폐결핵에 걸려 있어서 기침을 하는 사람이 많았습니다. 또 날씨가 추워지면 감기에 걸린 사람이 많아 기침 하는 사람들이 많을 수밖에 없었습니다. 폐결핵 환자나 감기 환자도 기침을 하면 가래가 올라오지요. 그러면 당시 사람들은 위생 관념도 없었고, 또 실례되는 것도 몰라 창문 밖으로 가래를 뱉거나 심지어, 당시에는 의자가 없고 바닥에 앉았었는데, 바닥에 깔려 있는 자리를 들추고 거기 가래침을 뱉는 경우가 흔했습니다.

필자가 오래전에 중국 심양에 있는 동북신학교에 가서 조선족 신학생들에게 한 주간 강의를 한 일이 있었습니다. 강의 중 쉬는 시간에 화장실을 가기 위해 걸어가는데 필자보다 한 5~6m 앞서가던 어느 여학생이 "캬!" 하면서 목구멍에서 가래를 끌어내더니 걸어가던 예배당 (일본말로 독게다시 해 놓은) 바닥에 누른 가래를 탁 뱉고 그대로 걸어가는 것을 보고 경악을 했습니다. 심양이 있는 만주는 석탄이 많이 생산되는 지역이어서 모든 공장에서 석탄을 때서 에너지를 얻고, 겨울에는 모든 가정에서도 석탄을 사용합니다. 따라서 석탄 연기 중에 석탄 가루가 섞여 나와 공중에 날아다니다가, 사람들이 호흡할 때 폐 속으로 들어가서 후에 가래로 밖으로 나온답니다. 지금은 좀 나아졌겠지요. 한 나라의 수준은 가래침을 어떻게 처리하느냐에 달렸다 해도 과언이 아닙니다. 휴지에 뱉었다가 쓰레기통에 넣는 것이 정석이지요.

아홉째, "회당에서 서로 보고 례배하기 젼에는 말노 인사하지 말거시오." 이 항목은 우리에게 시사해 주는 바가 많습니다. 교인들이 교회에서 예배 전에 만나면 반갑게 인사말을 건네고, 악수를 하고 더러 포옹을 하기도 하지요. 그러고 나서 간단한 인사말을 합니다. "어제 따님 결혼식을 올린다는 청첩장을 받았지만, 한국(미국) 출장을 갔다가 오늘 새벽에 도착해서 참석하지 못해 죄송했습니다. 어떻게 식을 잘 마쳤지요?" "집사님, 유럽 출장 다녀오셨다면서요. 요즘 유럽은 어떻든가요?" 예배 전에 이런 신변 이야기나 세상 이야기를 하지 말라는 것입니다. 이런 말을 주고받을 때 이미 하나님께 예배드릴 마음이 흩어지고, 정성이 사라진다는 의미지요. 그래서 서로 만나도 악수 정도하고 눈인사만 하고 정성껏 예배드리고 나서 예배 후에 만나 자세한 이야기를 나누며, 식사를 하면서 코이노니아를 하라는 말입니다. 정성과 진실성이 없는 예배는 하나님께서 받지 않으시기에 시간 낭비, 정력 낭비일 뿐입니다.

열째, "이 우혜 하지 말나 하는 것 외에 한 가지가 맛당히 잇여야 할거시 잇으니 온젼한 례배스런 마음을 두십시다." 마지막 열 번째는 "온전한 예배스런 마음"이라고 했습니다. 이 말은 예배를 드릴 때 온전한 마음으로 임해야 한다는 것입니다. 예수님께서 수가 성 야곱의 우물가에서 만난 여인에게 하신 말씀 중, "하나님은 영이시니 영과 진리로 예배할 지니라."(요 4:24)는 말씀에 예배에 임하는 신자들의 태도를 집약해서 말씀하셨습니다. 영은 성령과 우리의 영입니다. 성령님이 없는 예배, 우리의 몸만 아니고 우리 영혼이 깃든 예배가 진정한 예배란 말씀입니다. 또 진리로 예배드려야 합니다. 진리는 예수님이십니다. 예수님은 자신이 진리라 말씀하셨습니다. "내가 곧 길이요 진리요 생명이니"(요 14:6) 예수님께, 그리고 함께 드리는 예배가 참 예배입니다. 예수님 외 다른 헛된 신에게 예배나 제사 드리는 것은 헛일입니다.

우리가 예배당에서 예배드릴 때, 가정에서 가정예배를 드릴 때, 성령님과 우리의 영이 예수님과 함께 예수님께 예배를 드리고 있는지 반성할 때입니다. 110여 년 전, 불학무식(不學無識)한 농부, 노동자, 부녀자, 천민, 백정들에게 예배는 이렇게 드려야 한다고 교훈했던 이 '예배 10계명'이 오늘날 높은 대학졸업율과 학력을 가진 현대 교인들에게도 적용된다는 것이 참 아이러니하지 않으신가요?

외래 종교, 수도원, 서원

05
19

"우리가 너희와 함께 있을 때에도 너희에게 명하기를 누구든지 일하기 싫어하거든 먹지도 말게 하라." (살후 3:16)

세계사에서 중국의 무종(武宗: 재위 840-846)과 영국의 헨리 8세(재위: 1509-1547) 그리고 조선조의 대원군(재위: 1862-1872) 이 세 사람 사이에는 특별한 공통점이 있습니다. 우선 중국 무종에 대해 말씀드리겠습니다. 무종은 중국 당나라 15대 왕으로 선정을 베풀었습니다. 그런데 무종이 통치하면서 한 가지 마음에 들지 않는 일이 있었습니다. 그것은 불교가 중국내에서 크게 번창하면서 산 좋고 물 좋은 곳에 불교 사찰들이 들어서서 중국 전역에 수천, 수만 명의 젊은이들이 머리를 깎고 속세를 떠나 절간에서 도를 닦는다고 일도 하지 않고, 날마다 불경을 외우고 있는 모습을 보게 되었습니다.

이 모습을 본 무종은 불교가 본래 중국에서 일어난 종교도 아니요 인도에서 온 외래 종교인데 중국에 수많은 젊은이들이 종교에 빠져서 일도 하지 않고 무위도식 하는 것을 못마땅하게 생각했습니다. 중국의 공자와 맹자, 도가와 순자, 법가 등 많은 사상가들과 철학자들이 있는데, 중국의 젊은이들이 외래 종교에 침착(沈着)하는 것에 대해 못마땅하게 생각하고 중국 내에 모든 외국에서 들어온 종교는 완전히 척결하고 정화시키라는 어명을 내렸습니다. 이에 따라 전국에 있는 모든 사찰들이 문을 닫았고, 승려들은 모두 환속시켜 추방하고 가정으로 돌려보냈습니다. 이때 635년에 중국에 들어온 경교(景教: Nestorianism)도 페르시아에서 들어온 외국 종교라며 중국 전역에서 척결되어 버려 기독교가 중

MAY

국에서 사라졌습니다.

이제 영국으로 돌아가서 튜더 왕가의 헨리 8세의 이야기를 하겠습니다. 헨리 8세는 왕위에 오를 후계자(아들)를 얻기 위한 일련의 사건 속에, 1534년 수장령(Supremacy Act)을 발하여, 1천 년 동안 로마 교황청의 지배를 받아오던 영국 가톨릭교회를 교황청과 단절시키고, 영국교회(Anglican Church: 성공회)를 출범시키면서 자신이 영국교회의 수장이라고 선포했습니다. 그가 영국교회를 선포한 후 영국 내에 있는 많은 수도원들을 폐쇄시켰습니다. 상징적으로 유서 깊은 수도원 몇 개만 남겨놓고 나머지는 전부 폐쇄시켰습니다. 그리고 폐쇄된 수도원의 재산, 토지, 건물, 기타 소유를 모두 국유화했습니다.

헨리 8세는 수도원에서 거주하고 있던 모든 수도사들을 추방시켜 각각 자기의 집으로 돌아가서 생업에 종사할 것을 명했습니다. 그의 의도는 물론 지나친 수도원의 난립도 문제였지만, 결국 수도원의 재산을 탐냈다는 사실을 역사는 암시하고 있습니다. 당시 수도원은 점점 세속화되어 수도원 재산 증식으로 물질에 탐닉하게 되었고, 배가 부르니 수도는 하지 않고, 놀고먹으면서 음심이 솟아나 수녀원의 담을 넘어 타락한 수녀들과 불륜 관계를 맺는 등 정도를 넘고 있었던 때였습니다. 상황이 이러니까 헨리의 수도원 폐쇄에 대해 수도원 측에서 항의를 해도 평신도들의 반응은 싸늘하기만 했습니다. 따라서 이러한 폐해를 잘 알고 있는 헨리 8세가 수도원을 없앤 것은 어떤 면에서 긍정적인 평가를 받을 만한 일이라고 이야기할 수 있습니다.

다음으로 우리나라 역사 조선조에 와서 대원군의 서원(書院) 철폐에 대해서 생각해보겠습니다. 조선왕조 제26대 왕인 고종(재위 1864~1897)이 나이 어려 부친 흥선대원군이 섭정을 하게 되었습니다. 대원군은 권력을 잡자 전해 내려오던 여러 가지 제도를 격파했는데, 그 가운데 조선 양반과 유림들의 근거지인 전국의 서원을 강제로 철폐하는 서원 철폐령을 내렸습니다.

본래 서원은 조선 왕조 유림들이 학문을 익히고 선조들을 섬기며 충효의 정신을 가르치던 곳이었고, 성균관과 함께 유림의 학문의 전당으로 여겼던 곳입니다. 초창기 서원은 유림의 인재 양성과 충(忠) 효(孝) 예(禮) 교육을 목적 하지만, 조선 왕조의 병폐인 분당에 휩쓸리면서 학연(學緣) 지연(地緣) 사제(師弟) 관계 등 온갖 비리와 부패가 난무하면서 여러 가지 폐단의 근거지가 되기 시작했습니다. 성현(聖賢)을 모신다는 명분으로 농민들에게 고리대금업과 제사 비용을 징수하기도 하고 군역 회피를 하는 등 폐단이 적지 않았습니다. 대원군은 서원의 폐단을 조목조목 들어가면서 서원 철폐를 명했습니다. 당연히 서원과 관계되는 유림들과 양반 사대부가에서 반발을 하면서 상소를 올렸지만 대원군의 단호한 의지를 꺾을 수는 없었습니다. 비리가 많은 대부분의 서원을 철폐시키고 유서 깊은 몇몇 서원만 남기고 전국에 약 600여 개에 이르는 서원이 철폐되었습니다.

중국 당나라의 무종, 영국 튜더 왕가의 헨리 8세, 그리고 우리나라 조선조의 대원군이 사찰, 수도원, 서원을 철폐한 이유가 무엇이라고 생각되시나요? 그 이유는 당연히 사찰이나 수도원, 서원이 본디 소명이 잊어버리고, 일탈(逸脫)했기 때문입니다. 중국의 불교는 무조건 누구나 출가해서 머리 깎고 산속에서 불경을 공부하며 수도를 하는 것을 지향하는 종교가 아닙니다. 모두가 다 산속에 들어가면 누가 농사를 지우며 가솔들은 어떻게 살아 갈 수 있겠나요? 무종이 불교 사원을 철폐하고 무위도식(無爲徒食)하는 청년들을 환속(還俗)시킨 것은 가짜 중들을 몰아내기 위함이었습니다. 속된 말로 땡중이 '염불에는 맘이 없고, 젯밥에 관심을 쏟는다.'는 말이 있습니다. 바로 이 땡중들을 몰아낸 것입니다.

이들 삼인, 무종, 헨리 8세, 그리고 대원군이 정조준한 것은 일하지 않고 무위도식하는 자들에게 철퇴를 내린 점입니다. 바울 사도는 데

MAY

살로니가 교회에 보낸 편지에서 "누구든지 일하지 싫어하거든 먹지도 말게 하라."고 했습니다. 이는 누구든지 열심히 일하라는 것이며 특히 젊은이들이 일하지 않고 무위도식하는 일에 대해 경계한 것으로 이해해야 합니다.

예수님의 달란트 비유에서 보는 것 같이 한 달란트 받은 종이 그 한 달란트를 땅에 파묻어 놓고 아무 일도 안하고 놀다 주인이 돌아왔을 때, 한 달란트를 그대로 내어 놓았을 때, 주인이 진노한 것은 그가 최선을 다해 일하지 않았기 때문이지, 많이 남기지 못해서가 아닐 것을 우리는 잘 알고 있습니다. 설령 장사를 하다 손해를 봐서 그 한 달란트가 없어졌다 해도 필자는 주인이 야단치지 않고, 칭찬했으리라 여깁니다. 주인은 이문을 노린 것이 아니고, 종들이 최선을 다해 맡겨진 일에 충실했느냐를 겨냥하지 않았을까요?

질투

"가인이 그의 아우 아벨에게 말하고 그들이 들에 있을 때에 가인이 그의 아우 아벨을 쳐 죽이니라." (창 4:8)

인류 최초의 가정인 아담과 이브 사이에 가인과 아벨이 태어났습니다. 가인은 농사를 지었고 아벨은 목축을 했습니다. 1년이 지난 후 가인과 아벨은 각각 하나님께 제사를 지냈습니다. 가인은 거두어들인 농작물 가운데 얼마를 가져다가 제사를 드렸고, 아벨은 자기가 기르는 가축 가운데 한두 마리 잡아 하나님께 제사를 드렸습니다. 그런데 하나님께서는 아벨이 제사를 받으시고 가인의 제사를 받지 않으셨습니다. 성경은 그 이유를 기록해두지 않아서 하나님께서 왜 그렇게 하셨는지는 알 도리가 없습니다. 우리가 추측하던데 가인은 성의 없이 제사를 드렸고 아벨은 정성을 다해서 제사를 드린 것이 아닐까 추정을 할뿐입니다.

아무튼 이 일은 친형제간의 비극을 초래하는 단초가 되었습니다. 가인은 생각했을 겁니다. 저놈 아벨만 없었으면 하나님께서 자기의 제사를 받으셨을 텐데 동생 때문에 일이 이렇게 되었다고 판단했겠지요. 결국 동생을 죽이기로 결정하고 둘이 들에 있을 때, 동생을 쳐 죽였습니다. 가인이 아벨을 죽인 원인은 두말할 필요도 없이 질투였습니다. 따라서 인류가 최초의 범죄를 한 것은 특히 친형이 친동생을 죽인 이 비극적 친형제간 살인 사건은 바로 질투 때문에 이루어졌습니다.

질투에는 순기능과 역기능이 있습니다. 순기능은, 예를 들어서 공부를 잘하는 학생을 질투해서 내가 꼭 저 애보다 앞서겠다는 생각으로 분발해서 밤잠을 자지 않고 공부하는 것입니다. 드디어 그 아이를 제치고 1등이 되었을 때 그것은 질투라는 것이 촉매제가 되었음을 알 수 있습니다. 그러나 대부분의 경우는 질투는 불행한 결과를 가져올 때가 더 많습니다. 자기보다 잘난 사람, 돈이 많은 사람, 공부를 잘하는 사람, 소위 잘 나가는 사람을 질투하고 모함까지 합니다. 그래서 우리나라 말 가운데에 "사촌이 땅을 사면 배가 아프다."라는 말이 있는데 이것은 바로 질투심을 의미하는 것입니다.

질투는 많은 경우 불행한 결과를 가져옵니다. 야곱에게는 11명의 아들이 있었습니다. 그중에서 막내아들 요셉은 막내인데다(베냐민이 태어나기 전), 네 아내 중 가장 사랑했던 라헬이 낳은 아들이어서 더욱 사랑했습니다. 그렇게 기다리고 기다리던 아들이 드디어 태어났으니 가장 사랑하는 것은 인지상정(人之常情)이겠지요. 야곱이 요셉을 품에 품고 색동저고리를 입히고 좋은 것만 먹이고, 불면 날아갈까, 쥐면 깨질까하고 금지옥엽(金枝玉葉)같이 키우니까, 다를 아들들의 질투가 심할 수밖에 없었습니다.

그런데다 요셉이 꿈을 잘 꾸었는데, 꿈을 꾼 후, 혼자만 알고 있으면 좋았을 텐데 꼭 밥상머리에 앉아서 부모들과 10명의 형들 앞에서 꿈 이야기를 하는 바람에 형들에게 완전 미운털이 박히고 말았지요. 질투는 남자들보다 여자들 사이에 훨씬 더 강한 것 같습니다. 세상에 질투하지 않는 여자는 아무도 없습니다. 특히 자기보다 예쁘거나, 자기보다 공부 잘하거나, 자기보다 집안이 잘살거나, 자기보다 남학생들에게 인기가 더 있는 친구를 질투하는 것은 어떤 면에서 인지상정일 수도 있습니다.

그런데 이 질투는 많은 경우 불행한 결과를 가져옵니다. 그중에 가장 두드러진 질투는 시어머니가 며느리를 질투하는 경우입니다. 자기가 사랑하고 곱게 키운 아들을 젊은 여자가 들어와서 독차지한다다, 아들의 관심이 자연히 어머니에서 색시에게 옮겨가고, 더욱이 젊은 며느리와 같이 잠자리를 하면서 자기와 멀어지는 것을 보고는 질투의 감정이 들끓게 되지요. 이때부터 시어머니의 며느리 학대가 시작됩니다. 그래서 생트집을 잡고 야단을 치고, 추운 겨울에 찬물로 이불 빨래를 시키고, 큰 커튼을 뜯어서 찬물로 손빨래를 시키며, 돈 든다고 설거지를 할 때도 뜨거운 물 쓰지 못하게 하고 찬물로 설거지를 하게 하는 등 질투는 학대로 연결됩니다. 심지어 만삭의 며느리를 불러 수백 포기 배추를 쌓아 놓고 다듬는 것부터 시작해서 절이고, 씻고, 양념을 넣게 하는 김장을 담으라고 하지요. 그러면서 시누이들은 손 하나 까딱하지 않고, 더욱이 사돈댁이 좀 사는 집 며느리는 물도 묻히지 못하게 하는 고약한 팔쥐 어미 같은 시어머니가 있었다는 것을 알고 있습니다.

이것은 질투라기보다 사디즘(Sadism: 상대방을 신체적으로 학대하거나 정신적으로 고통을 주어 성적 쾌감을 얻는 것)이라 해야 할 것 같습니다. 자기 아들에게 밥 해주고, 빨래 해 주고, 손주들 낳아주고 집안의 대를 이어주는 며느리를 못 잡아먹어 안달하는 것은 질투를 넘어 정신병이라 해야 할 것 같습니다. 요셉의 형들은 요셉을 질투한 나머지 물 없는 우물에 쳐넣어 굶어 죽게 하려다가, 죽이는 것보다 돈도 벌고 살리는 것이 낫겠다는 판단으로 길르앗에서 애굽으로 장사 차 가던 이스마엘 상인들에게 은 20을 받고 팔아넘겨 버렸습니다. 형들의 요셉에 대한 질투가 결국 동생을 노예로 팔아먹는 일을 저지르게 한 셈입니다.

조선시대에 시집간 며느리가 시댁에서 쫓겨날 수 있는 7가지가 이유가 있었는데 이를 일컬어 칠거지악(七去之惡)이라 했습니다. 그 내용은 '시부모에게 순종하지 않음(不順父母), 아들을 못 낳음(無子), 음탕함(不貞), 질투함(嫉妬), 나쁜 병이 있음(惡疾), 말이 많음(口說), 도둑질함(竊盜)' 등이었습니다. 이 중 특히 질투가 소박(疏薄)을 맞는 이유 중 하나가 된 것은 첩을 들이는 것이 용인되던 시대에, 조강지처(糟糠之妻)가 첩을 질투하면 가정의 평화가 깨어질 수 있기 때문이었습니다. 그러나 질투를 어느 정도 했는지를 측정하는 것도 참 어렵지 않았을까요? 즉 어느 정도 질투를 해야 쫓겨나는 걸까요?

결론적으로 이야기하면, 사람 마음속에 질투심이 일어나는 것은 어쩔 수 없는 인간 본성 중 하나입니다. 그러나 그것을 행동으로 옮겨 다른 사람에게 해코지를 하면 그는 이미 사탄의 종이 되었다는 점을 잊어서는 안 됩니다. 우리는 사탄의 도구나 종이 되어서는 안 됩니다. 선의의 경쟁은 격려되어야 하지만 질투의 화신(化神)이 되어 상대를 고통으로 몰아가는 것은 결국 사탄의 하수인으로 전락하는 것입니다. 질투는 양면성을 가진 양 날의 칼입니다. 좋은 데 쓰면 선한 결과를 가져오지만 잘못 쓰면 불행한 결과를 가져옵니다. 우리는 항상 내 마음속에 일어나는 질투의 마음이 이웃에게 어떤 영향을 미치는 가를 항상 기억하면서 "그리스도의 마음"으로 모든 일을 처리할 때 선한 결과를 가져올 수 있음을 유념하며 살아갑시다.

채식과 육식 (1)

"하나님이 이르시되 내가 온 지면의 씨 맺는 모든 채소와 씨가진 열매 맺는 모든 나무를 너희에게 주노니 너희의 먹을거리가 되리라." (창 1:29)

하나님께서는 아담과 이브가 에덴동산에서 선악과를 따 먹는 죄를 범함으로 그들을 세상으로 추방시키셨습니다. 이들은 살기 위해 음식을 먹어야만 했습니다. 성경에 보면 이들의 첫아들 가인은 농사를 지었다고 기록하고 있습니다. 이때부터 농사는 인간에게 먹거리를 제공하는 가장 중요한 수단으로 오늘까지 계속되고 있습니다. 하나님께서는 땅위에 각종 곡식과 과일, 채소를 풍부히 마련해 주셨습니다. 따라서 인간은 곡식과 채소와 과일을 먹고 살아 왔습니다. 노아 홍수 이전의 사람들은 채식만 하고 살았습니다. 육식을 하지 않았습니다.

성경은 아벨이 목축을 했다고 기록하고 있는데, 짐승을 기른 것은 식용을 위해서가 아니고, 털을 베어 옷을 만들거나 기타 여러 물건을 만들고, 양을 잡아서 가죽을 이용했던 것으로 여겨집니다. 어쨌든 노아의 홍수 이전까지 인간들은 육식을 하지 않고도 잘 살았습니다. 그때 당시의 사람들의 나이를 오늘의 나이와 똑같이 여길 수는 없겠지만, 아무튼 오랜 세월 동안 살았던 것만은 분명합니다. 그 이유는 두말할 필요 없이 스트레스도 없었을 것이고, 공해도 없었을 것이며, 맑은 공기에 신선한 곡물과 야채, 과일을 먹었고 복잡한 일없이 단순한 생활을 했기 때문에 장수를 했던 것으로 여겨집니다.

그러나 인간들이 점차 번성하면서 하나님을 배반하는 일들이 일어나기 시작했고, 사탄은 언제나 인간들로 하여금 죄악으로 범하게 하는 임무가 있기 때문에 많은 사람들로 하여금 죄악을 범하게 만들었습니다. 하나님께서는 인간들의 죄악 된 생활을 보시고 저들을 지으신 것을 한탄 하시면서 지구상에서 완전히 멸절시키기로 결단하셨습니다. 당대 의인이었던 노아와 그 가족을 살리시려 아라랏 산 위에 큰 방주를 만들게 하시고 노아와 그의 여덟 식구를 살려서 인간의 맥을 이어가게 하셨습니다.

하나님께서는 홍수 후부터 육식을 허용했습니다. 사람들은 지금까지 동물을 잡아서 여러 가지 목적으로 이용은 했지만, 식용으로는 사용하지 않았는데 이때부터 육식을 하기 시작했습니다. 육식을 하기 시작하면서 인간의 성품은 거칠어지고, 사납고 흉포해지기 시작했고, 난폭하여 야수와 같은 마음과 행동을 하기 시작했습니다. 구약성경에 보면 육식을 하는 데 두 가지 제한이 있었습니다. 되새김질을 하지 아니하는 동물이나, 발의 굽이 갈라지지 않은 동물은 먹지 못하게 하셨습니다. 따라서 토끼는 새김질은 하지만 굽이 갈라지지 않았고, 돼지는 굽은 갈라졌지만 되새김질을 하지 않기 때문에 먹지 못하게 규정하셨습니다.

그러나 여호와 하나님을 섬기지 아니하는 이방 족속들은 닥치는 대로 잡아먹었습니다. 예수님께서 거라사 지방에 가셨을 때, 군대 마귀 들린 사람을 만나, 그 속에 들어 있던 마귀들을 그 근처에 있던 돼지 떼들에게 들어가게 하셔서 그 사람을 정상적인 사람으로 만드셨다는 기록이 있습니다.(눅 8) 이것을 보면 당시에 돼지를 많이 길렀고 돼지를 식용으로 썼다는 증거가 됩니다. 왜냐하면 돼지는 식용 외에 다른 용도로 쓸 데가 없는 동물이기 때문입니다. 문제는 인간이 육식을 시작하면서 점점 사나워지고 동물적 태도를 갖기 시작한 점입니다. "짐승보다 못한 놈," "개 같은 녀석," "인간이 아니고 완전 짐승이네."라는 말을 자주 듣고 있습니다.

육식의 대표적 동물은 소(고기)입니다. 인도 힌두교 권에서는 소고기를 먹지 않지만, 전 세계적으로 소고기를 먹지 않는 지역은 거의 없습니다. 돼지고기를 먹지 않는 유대인들이나 무슬림들도 소고기는 먹습니다. 물론 그들이 소고기를 먹는 것은 우리가 먹는 것과 같이 스테이크에 피가 줄줄 흐르는 그런 고기를 먹지는 않습니다. 소를 잡은 후에 목에 대동맥을 잘라 거꾸로 매달아서 피가 한 방울도 남아 있지 않는 소를 잡아 그것을 먹습니다. 이것은 구약성경에 여호와 하나님께서 고기는 먹되 피는 먹지 말고 땅에 쏟아 생명의 주인인 하나님께 돌리고 고기만 먹으라고 하는 말씀에 근거한 것입니다. 육식을 먹으면서 사람들은 많은 질병을 앓게 되었습니다. 동물성 단백질을 많이 섭취하면 이것이 비만, 고혈압, 심장병, 당뇨, 동맥경화, 심혈관 질환 등 많은 병을 일으키게 됩니다.

특별히 동물성 기름은 무엇보다도 나쁘다고 합니다. 사실 우리 배달겨레는 4천 년 동안 고기를 먹지 못하고 살아 왔습니다. 필자가 어렸을 때만 해도 1년 내내 고기를 거의 한 번도 먹어 보지 못했습니다. 겨우 설날 떡국 끓일 때 고기 한 2점, 추석에 고기 한두 점 먹으면 그걸로 끝났지요. 1년 내내 잡곡밥에 짠지 하나 놓고 먹었던 기억이 납니다. 그러나 그때는 요즘 같은 병들이 그렇게 많지 않았습니다. 한국 사람들은 경제가 발전하면서 육고기를 먹기 시작했습니다. 특별히 한국 사람들이 좋아하는 고기는 돼지 삼겹살로 기름이 덕지덕지 붙어 있고, 소고기는 마블링이라고 하얀 기름이 잔뜩 끼어있는 고기를 먹는데 이 기름이 많은 질병을 가져오게 됩니다. 그동안 맵고 짜게 먹는 습성이 있는 한국인들에게 위암이 대종을 이루었는데, 근래에는 대장암이 더 많아진 이유가 바로 육고기를 지나치게 섭취해서 장에 기름이 낀 이유라 합니다. 최근 육식이 건강에 해롭다는 인식이 늘어나면서 육식을 줄이고, 서서히 채식을 하는 사람들이 늘어나고 있는 추세입니다.

05
22

채식과 육식 (2)

"하나님이 이르시되 내가 온 지면의 씨 맺는 무든 채소와 씨가진 열매 맺는 모든 나무를 너희에게 주노니 너희의 먹을거리가 되리라." (창 1:29)

하나님께서는 모든 초식동물에게 풀을 먹거리로 주셨습니다. 하나님께서 소에게는 위장을 4개나 붙여 주셨습니다. 풀을 뜯어 먹으면 가장 큰 '혹 위'에 저장합니다. 그리고 서서히 그 속에 있는 것을 다시 꺼내 되새김질을 합니다. 필자가 어렸을 때 큰댁에서 기르는 소를 몰고 가서 풀을 뜯게 한 일이 더러 있었습니다. 소는 자연에서 풀을 뜯어 먹고 돌아다니면서 사는 동물입니다. 그런데 인간들은 돈에 욕심이 생겨 소를 들에서 풀을 뜯게 하는 것이 아니고, 공장식 사육을 하기 시작했습니다. 공장식 사육이란 소가 돌아다니면서 풀 뜯어 먹게 하는 것이 아니라 한 공간에 많은 소를 모아놓고 활동을 하지 못하게 하고 사료를 먹여서 소를 빠르게 성장시키는 것입니다. (활동을 하면 에너지가 소모되어 성장이 느려집니다.)

소에게 먹거리로 풀을 주는 게 아니고, 강냉이를 먹입니다. 강냉이는 탄수화물이 엄청 많아서 빠르게 살찌게 만드는 역할을 합니다. 뿐만 아니라 사료에 소가 병에 걸리지 않게 하려고 엄청난 양의 항생제를 집어넣고, 빨리 자라도록 성장 촉진제를 집어넣으며, 고기가 부드럽게 하기 위해 화학 물질을 넣어 먹입니다. 이렇게 빠르게 성장시켜 억지로 살을 찌운 후, 대체로 18개월에서 20개월 정도 되면 소를 팔아서 돈을 법니다. 따라서 우리가 먹고 있는 소고기는 풀 뜯어 먹고 산 정상적인 소가 아니고 공장에서 인간의 조정에 의해 사육된 이상한 소의 고기를 우리가 먹고 있는 것입니다. (물론 오가닉 소고기는 여기 해당되지 않습니다.)

소 한 마리가 하루에 약 10킬로 정도의 강냉이를 먹습니다. 소 6만 마리가 약 20만 톤의 강냉이를 먹어치웁니다. 따라서 소 한 마리가 사람 약 50명 분의 강냉이를 먹는 셈입니다. 다시 말하면 소 한 마리를 키우기 위해 50명의 사람이 굶주림으로 고통을 당해야 합니다. 멕시코 사람들은 또띠아를 비롯 강냉이 가루로 만든 음식을 주식으로 하고, 아프리카의 많은 사람들이 강냉이를 주식으로 합니다. 따라서 사람들이 먹을 강냉이를 소들이 먹어 치우고 있고, 사람들은 그 강냉이가 없어 굶어 죽는 것이지요. 어떤 글을 읽다가 한 여성이 이런 사실을 알고 나서, 자기 한 사람이라도 소고기를 먹지 않기로 작정했다는 말을 했습니다. 소고기를 먹지 않은 사람들이 늘어나면 소고기 수요가 줄어들고, 수요가 들어가면 사육 두수(頭首)가 줄어들면 소가 먹을 강냉이가 사람을 살리는 데 가게 되지 않을까요?

다른 하나는 지구상에 약 13억 마리의 소가 사육되고 있는데 이 소들이 뀌는 방귀에서 나오는 이산화탄소가 어머 어마하다고 합니다. 사람 수십 명이 뀌는 방귀보다 소 한 마리가 뀌는 방귀에서 나오는 이산화탄소는 지구 온난화에 큰 역할을 해서 지구가 파멸하는 데 엄청난 공헌(?)을 하고 있습니다. 지구 온난화는 파멸적 결과를 가져옵니다. 파리 지구협약이 2050년까지 지켜진다 해도 해수면 상승으로 뉴욕 등 전 세계 수십 개 도시에 사람이 거주할 수 없게 되어 수억 명 인구가 기후 난민이 되고, 식물의 60%가 멸종 위기에 처하게 됩니다. 인간들의 이기적 축산 방식은 지구 온난화에 악 영향을 주어 적게는 15%, 많게는 51%의 기여(?)를 한다는 것이 과학계의 추산입니다.

또한 공장식 사육장에서 수십 억 만 마리의 가축이 방출한 오줌과 대변 양이 어마어마해서 그것이 쌓여 있는 못(池)이 썩어 냄새는 말할 것 없고, 그 땅은 완전히 썩어 더 이상 쓸 수 없게 만들고 있습니다.

결론적으로 이야기해서 모든 인류가 채식을 갑자기 할 수는 없습니다. 또 그럴 필요도 없습니다. 다만 육식을 적게 하는 운동을 벌여야 합니다. 나로부터 우리 가족부터 육고기 먹는 횟수를 줄이고, 또 양을 줄여 나가는 것을 시도해 볼 필요가 있습니다. 흔히 필자가 필요에 의해 채식을 시도하고 있는데 적지 않은 이들이 나이 들면 동물성 단백질이 필요하다고들 말합니다. 필자를 그럴 때마다 그럼 전 세계 안식교회 노인 교인들은 어떻게 된 것인가. 필자가 알기로 안식교인들 거의 대부분이 채식만 하는 것으로 알고 있습니다.

필자가 인디애나에서 목회할 때 근처, 미시간주 베리안 스프링즈에 미국 안식교 본부가 있었습니다. 자연히 한국 안식교 교인들도 더러 있었는데, 그중 우리 교회에 출석하는 의사와 같은 병원에 근무하는 안식교인 의사가 있었습니다. 그분 집에 가면 국을 끓여도 멸치 한 마리 넣지 않고 100% 채식만 했습니다. 육고기는 물론 물고기도 일체 먹지 않고 주로 콩으로 단백질을 섭취했습니다. 그런데 그분은 아들만 둘을 낳았데요. 육식하는 필자는 딸만 둘 낳았는데요.^^

한 번은 안식교회 삼육신학교 교수와 함께 걸었는데, “채식만 하면 힘이 없다는데 괜찮으냐?”고 질문을 했더니 “그럼, 나하고 걷기나 달리기 시합을 한번 해 보겠느냐?”고 자신만만하게 대답하더이다. 한국 사람들이 육고기를 먹기 시작한 것은 불과 몇 10년밖에 안 됐습니다. 식단이 서구식으로 변하면서, 또 육고기 값이 저렴해지면서 많이 먹게 되었지요. 육식은 우리 건강을 위해서뿐만 아니라, 우리 후손들에게 넘겨줄 지구의 운명을 위해서도 적게 먹고, 안 먹는 운동을 전개해야 할 것 같습니다.

채식을 하는 사람들은 대체로 피부가 희고, 육식을 많이 하는 사람들은 피부 색깔이 거무스름한 것을 알 수 있습니다. 동물의 피가 인체에 들어가면 성정이 격해지고, 사나워지며, 경우에 따라서는 잔인할 수 있다는 점은 부인할 수 없습니다. 여호와께서 피를 완전 뺀 후에 먹으라고 규정한 것은 깊은 의미가 있는 것입니다. 스테이크 굽기 정도 중 레어(rare)는 거의 익히지 않고 생고기 그대로 가져옵니다. 칼로 자르면 피가 주르륵 흐르지요. 그것을 먹으면 입술에 피가 묻어 마치 드라큘라가 날카로운 이로 여자의 목을 물어 피를 빨아 먹는 장면이 연상되기도 합니다. 본디 서양 사람들의 본류인 게르만 민족들은 야만족으로 화식을 하기 전에는 생식을 해서 생고기를 뜯어 먹었는데, 그 피가 그들에게 흐르고 있는 것입니다.

우리는 성경으로 돌아가서 하나님께서 천지를 창조하셨을 때에 곡식과 채소, 과일을 먹거리로 주신 것을 유념하면서 채식 위주의 생활로 나아가는 것이 좋겠다고 생각합니다. 물론 이것은 필자의 견해입니다. 강요할 필요도, 이유도 없습니다. 다만 우리 건강과 지구의 미래를 위해 육식을 줄여 나가자는 의도로 이 글을 썼다는 점을 밝혀 둡니다.

먹거리 문제 해결

05
23

"이 여인이 내게 이르기를 네 아들을 내 놓아라 우리가 오늘 먹고 내일은 내 아들을 먹자 하매 우리가 드디어 내 아들을 삶아 먹었더니"
(왕하 6:28-29)

필자가 1970년대 초 미국에 왔을 때, 처음에 시카고에 도착했습니다. 마중 나온 필자의 친구 목사가 차를 갖고 공항에 나와 주어 그 친구 차를 타고 그의 집으로 갔습니다. 친구 집에서 이틀을 머물며 시카고 관광을 한 후, 필자가 공부할 학교가 아이오와에 있어서 시카고에서 작은 프로펠러 비행기를 타고 아이오와로 날아갔습니다. 이 작은 프로펠러 비행기는 고도를 낮추어 지면에서 그리 높지 않은 거리로 날아갔기 때문에 창문 밖으로 지상을 내려다보았는데 온통 파란색으로 뒤덮여 있었습니다. 그것은 곡식 같았습니다. 그래서 옆자리에 있는 미국인에게 저 파란 것이 무엇이냐고 물었더니 강냉이(corn)라 했습니다. 그런데 미국의 중서부인 일리노이주, 인디애나주, 아이오와주, 위스콘신주, 네브래스카주 일대는 비행기로 몇 시간을 가도 끝없이 비옥한 지평선만 펼쳐져 있습니다. 참으로 복받은 땅입니다.

필자는 그 강냉이는 당연히 사람들이 먹는 것인 줄 알았는데 후에 알고 보니 사람이 먹는 강냉이가 아니고 소와 기타 여러 동물들의 사료로 쓰일 강냉이였습니다. 사람이 먹을 수 있는 강냉이를 심을 수 있음에도 불구하고 소와 다른 동물들을 먹이기 위해서 그 넓은 땅에 동물 사료를 기르고 있었습니다. 그 비옥한 땅에 인간들이 소고기를 먹기 위해서 그 많은 농작물을 소의 먹이로 재배하고 있는 것을 알고 배신감을 느꼈습니다. 굶어 죽어가는 사람들이 수없이 있는데 소 먹이를 재배한다는 것이 자본주의의 민낯을 보는 것 같아 속이 편치 않았습니다.

선배 목사님 한 분이 텍사스의 한 농촌 감리교회에서 목회를 한 일이 있었습니다. 한번은 교인 집에 심방을 가서 예배를 드린 후에 "당신 농장을 한번 구경하고 싶다."고 말했습니다. 그랬더니 선배를 집 뒤쪽으로 데리고 갔는데, 거기 경비행기가 하나 있었습니다. 집사는 비행기에 선배 목사를 태우고, 발진해 공중으로 쭉 올라갔습니다. 상공으로 올라가 자기의 농장을 한 바퀴 돌면서, 내 농장이 저 끝에서부터 이 끝까지라면서 비행기 위에서 자기 농장을 보여주었습니다. 농장이 얼마나 큰지 비행기를 타고 다녀야 할 정도였습니다. 비행기로 씨를 뿌리고, 비행기로 비료를 주고, 소독을 하며 추수 때가 되면, 거대한 콤바인으로 추수를 합니다. 그 넓은 농장에서 생산되는 곡물들은 미국 국민뿐만 아니라 미국 곡물을 수입하는 수많은 나라 사람들에게 먹거리로 제공됩니다. 이런 농장이 미국 50개 주에 헤아릴 수 없이 널려있고, 거기에서 생산되는 곡물은 곡물시장을 통해서 전 세계로 팔려 나갑니다.

인류는 지금까지 땅에 농사를 지어 먹거리를 마련해서 굶주림의 문제를 해결했습니다. 그러나 이제는 새로운 농사법이 개발되어 땅에다 곡물을 심는 것이 아니라 수경(水耕) 재배라 해서 물에서 작물을 재배하는 방법이 시험 중입니다. 물이 흘러갈 수 있는 기다란 통을 반으로 쪼개서 물이 흐르게 하는 것으로 거기에 작물의 뿌리를 넣고 걸어둡니다. 시간에 따라 물이 흘러가고, 또 비료가 흘러가면서 작물에 물과 비료를 공급하여 기르는 방식입니다. 이 방법이 땅에서 기르는 것보다 물도 1/10밖에 안 들고 비료도 마찬가지로 적게 듭니다. 땅에 작물을 심지 않아, 토양 오염을 방지하고 비가 오지 않아도 소량의 물만 통과시키면 작물이 자라므로 훨씬 경제적입니다. 또한 농사를 지을 수 없을 정도로 기온이 높거나 낮은 곳, 심지어 사막에서도 건물만 지으면 그 안에서 수경 재배를 할 수 있습니다. 이렇게 수경 재배를 하면 인류의 먹거리 문제를 해결할 수가 있습니다. 다만 후진국에서는 이런 시설을 갖추는 게 문제인데, 뜻 있는 이들의 성금과 WFO(World Food Programme: 세계식량계획) 같은 유엔 공식 기구에서 자금을 마련하면 후진국에도 이런 시설을 갖출 수 있고, 인류를 굶주림의 고통에서 해방시킬 수 있습니다.

인류 역사가 시작된 이래 굶주림과 기아(饑餓)로 죽는 사람이 없는 때는 없었습니다. 주님께서도 "가난한 사람들은 항상 너희와 함께 있을 것이라"(막 14:7) 말씀하셨습니다. 가난한 사람들은 먹을 것이 없는 사람들입니다. 또 주님께서는 "너희가 먹을 것을 주라."(막 6:37)고 말씀하십니다. 먹거리 문제가 완전 해결되는 때가 언제쯤 올지 모르겠습니다. 먹거리가 모자라 굶주리는 것이 아니고 분배가 잘 안 되어 그렇습니다. 분배의 정의가 실현될 때 굶주린 사람 없는 세상이 될 것 같습니다.

앞모습과 뒷모습

05
24

"젊은이가 그(음녀)를 따랐으니 소가 도수장으로 가는 것 같고 미련한 자가 벌을 받으려고 쇠사슬에 매이러 가는 것과 같도다." (잠 7:22)

연방수사국(FBI: Federal Bureau Investigation)은 미국 법무부 안에 설치되어 있는 정보기관입니다. 여기서는 전국적인 범죄 수사 외에 스파이 및 연방의 이해에 관계되는 문제의 정보를 탐지하는 등의 일을 합니다. FBI는 1908년 법무부 수사국(Bureau of Investigation)으로 발족했는데 1935년 연방수사국(FBI)로 개명했습니다. 본부는 워싱턴 D.C.에 위치하고 있고 본부 건물명은 존 에드거 후버(J. Edgar Hoover) 빌딩입니다. 국내 정보 수집 기관이지만, 미국의 이해관계에 따라 국제 문제에 대처하기 위해 전 세계에 지부를 두고 있는데 한국에도 지부가 있습니다. 인원은 약 4만 명 정도입니다.

초대국장으로는 존 에드거 후버가 취임했습니다, 후버는 대통령이 8번이나 바뀌었지만 그 자리를 48년간 굳건히 지켜 냈습니다. 그가 그렇게 오랜 세월 그 자리를 지킬 수 있었던 이유는 주요 인사들의 사생활 자료를 거머쥐고 있어서 감히 그 누구도 건드리지 못했기 때문입니다. 그는 어떤 사람이든지 정보를 사찰할 권리를 가지고 있었기 때문에 도청과 도촬 등의 방법으로 자기를 적대시하는 사람들과 유명 정치인들의 사생활을 파헤쳐 무기로 사용했습니다. 존 F. 케네디, 로버트 케네디, 마릴린 먼로 등도 그의 그물망에서 빠져 나올 수 없었습니다. 찰리 채플린, 알버트 아인슈타인, 엘리노어 루즈벨트, 헬렌 켈러, 존 스타인벡 등의 사생활도 모두 사찰했습니다.

이 과정에서 발견된 누드 사진, 포르노 자료 등은 그들을 협박하는 자료로 유용하게 사용할 수 있었습니다. 정적들을 몰락시키는 데 가장 중요하게 사용한 것은 주로 섹스 스캔들이었습니다. 뒤가 깨끗하지 못한 정치인들이나 정부 관리들은 후버 앞에서 꼼짝을 할 수가 없었습니다. 심지어 대통령들조차도 후버를 마음대로 하지 못했습니다. 비록 대통령은 깨끗하다 해도 주요 참모들의 비리를 손아귀에 쥐고 있는 후버를 건드릴 수가 없었지요.

후버는 민권 운동의 주축으로 부상하고 있던 마틴 루터 킹 목사를 파멸시키기 위해서 구체적인 음모를 꾸몄습니다. 킹 목사 주변에 요원들을 배치했고, 전화 회사 직원을 가장해서 킹 목사 참모들의 집에 도청장치를 설치했습니다. 킹 목사는 1963년 8월 28일, 워싱턴 D.C. 링컨 기념관 앞에 20만 명이 넘는 흑인과 백인이 모인 대규모 집회에서 "나에게는 꿈이 있습니다."(I have a dream)라는 유명한 연설을 했습니다. 그런데 바로 그 역사적인 날 밤에 킹 목사는 그의 참모들과 더불어 여러 명의 여성들과 현란한 음란의 잔치를 벌였습니다.

기록에 의하면 킹 목사는 여러 참모들이 여인들과 더불어 못된 짓을 하는 것을 지켜보기만 하고, 함께 놀지는 않은 것으로 되어 있습니다. 그러나 누가 봐도 킹 목사는 자기 참모들이 그런 짓을 하는 것을 보았으면 목사로써 적극 말리고 중지시켰어야만 했습니다. 그런데 그는 말리지도 않았고 오히려 현장에서 즐겁게 지켜보았다는 것은 암묵적으로 허락했다는 것이 됩니다. 후버는 그날 저녁 현장에서 일어난 일에 대한 녹음 파일을 모두 갖고 있었습니다. 이런 킹 목사의 바람직스럽지 못한 행위에 대해 녹음한 파일은 국가 1급 비밀문서로 분류되어 현재는 들을 수 없지만, 앞으로 6년 후인 2027년에는 공개될 예정에 있습니다. 이 문서가 공개되면 킹 목사에 대한 평판에 오점이 생기지 않을까 염려스럽습니다.

두말할 필요도 없이 킹 목사는 정의와 진실, 공평, 인종 차별 없는 사회를 위하여 투쟁했던 평화주의자였습니다. 그러나 상당수 미국인들은 아직도 그가 미국에서 가장 위험한 흑인이라는 잘못된 인식을 갖고 있습니다. 월남 전쟁을 반대하고 흑인 참정권을 강력히 요구한 킹 목사를 백인 우월주의자들이 반역자로 보는 데는 후버의 음모가 큰 역할을 했습니다. 킹 목사의 일거수일투족은 FBI 요원들에 의해 계속 체크되었고, 기자들을 매수, 협박해서 킹 목사에 관한 부정적 기사를 쓰게 만들기도 했습니다. 1964년 킹 목사가 노벨 평화상을 수상하고 난 후, 후버는 그를 '위대한 거짓말쟁이'라고 공개적으로 비난했습니다. 결국 킹 목사는 1968년 4월 4일 테네시 멤피스의 한 모텔 2층 발코니에서 테네시 출신 백인 우월주의자 제임스 얼 레이(James Earl Ray)가 쏜 총에 머리를 맞아 39세의 젊은 나이에 유명을 달리했습니다.

여기서 후버의 비겁하고 불법적인 도청, 도촬 등의 행위가 정당하지 못했다는 것을 거론하는 것은 부질없습니다. 왜냐하면 그것은 불법이기 때문입니다. 그런데 그가 그런 불법적인 일을 했는데도 아무도 그에게 불법이라고 말하지도 않고, 항의하지도 못했다는 게 이상하지 않습니까? 그것은 두말할 것 없이 그런 말을 해야 하는 사람들이 후버에게 약점을 잡혀 있었기 때문입니다. 만일 후버에게 잘못 보였다가는 후버가 갖고 있는 그들의 비리, 특별히 여자관계를 터뜨리는 날에는 주류 언론과 매스컴에 특종으로 보도되어 그의 정치적, 사회적 명망은 순식간에 몰락하게 되겠지요. 뿐만 아니라 온 천하에 그의 부정한 행위가 드러나게 되면 장관, 국회의원, 법관 등 노른자위 같은 지위가 순식간에 사라지고, 아내로부터 이혼을 당하고, 자녀들과 일가친척들에게까지 파렴치한 인간으로 매도될 것이 분명하기 때문에 감히 후버를 건드릴 수가 없었던 것입니다.

후버를 무서워하지 않은 사람들도 있었습니다. 그들은 누구일까요? 돈과 여자(이성)에 깨끗한 사람들이지요. 후버가 파고 든 두 가지가 '부정한 돈과 부정한 여자관계'였습니다. 청교도주의가 사회 저변에 아직도 도도히 흐르는 미국 사회에서 돈과 여자 문제는 그야말로 아킬레스의 건(腱)입니다. 인간은 누구나 범죄 할 수 있습니다. 그러나 지도자들은 일반인들의 본이 되는 삶을 살아야 하기 때문에 항상 '뒷모습'(behind life)이 청결해야 합니다. 특히 '돈과 여자' 관계가 깨끗해야 합니다. 그런 사람은 반세기를 FBI 국장으로 전권을 휘두르던 후버도 두려워할 필요가 없습니다. 적어도 그 두 가지 면에서는 깨끗하니까요.

우리 모든 그리스도인들은 항상 하나님 앞에서 '청결한 양심과 거짓 없는 믿음'(딤후 1:3,5)을 갖고 살기 위해 꾸준히 기도하면서 삼가는 삶을 살아야겠습니다. 후버가 아니라, 사탄 앞에서도 떳떳할 수 있는 믿음의 삶을 살기 위해 성령님의 도움을 구하는 오늘 하루 됩시다.

우주 탐사

05/25

"하나님이 그들에게 복을 주시며… 생육하고 번성하여 땅에 충만 하라, 땅을 정복하라… 모든 생물을 다스리라 하시니라." (창 1:28)

하나님께서는 태초에 인간을 창조하시고 "땅을 정복하라"고 말씀하시고 또 "모든 생물을 다스리라"고 말씀하셨습니다. 인간은 이 하나님의 명령에 따라 지상에 내려온 이후 계속해서 세상을 정복해 와서, 이제 지구상에 인간의 발길이 닿지 않는 곳은 거의 없습니다. 이제 인간의 탐심은 지구 밖으로 나가는 데 집착했습니다. 인간이 최초로 인공위성을 쏘아올린 것은 소련의 스푸트니크(Sputnik)입니다. 1957년 10월 4일 저녁 7시 28분에 소련 연방 카자흐스탄 우주 기지에서 발사되었습니다. 발사 5분 후, 인간이 만든 최초의 위성은 궤도에 자리를 잡고 최초의 메시지를 지구에 보내왔습니다. 스푸트니크의 발사는 인간이 우주 개발에 첫발을 내디딘 의미 있는 출발이었습니다. 이때부터 미국을 비롯해서 세계 각국이 우주 개발에 열을 올리기 시작했습니다. 기선을 빼앗긴 미국은 몹시 분개하고 개발에 온 힘을 다해 드디어 인류의 영원한 신비와 비밀을 간직한 달에 인간을 착륙시키는 거대한 발걸음을 내디뎠습니다.

인류 역사 이래 모든 사람의 동경의 대상이던 달에 인간이 착륙한 것은 미국 플로리다 케네디 우주센터에서 발사된 아폴로(Apollo) 11호였습니다. 드디어 1969년 7월 20일 오후 8시 17분 40초에 '고요의 바다'에 착륙했습니다. 인류의 역사가 시작된 이래 인류가 지구 밖의 행성에 도착한 것은 이번이 처음입니다. 선장 닐 암스트롱, 사령선 조종사 마이클 콜린스, 달착륙선 조종사 버즈 올드린이 탑승하여 암스트롱과 올드린이 달에 내렸습니다. 뛰기 시작했고 성조기를 달에 꽂았습니다.

그 후 인간은 달뿐만 아니라 지구에서 가까운 화성 탐사를 시작했습니다. 1964년 11월 미국에 메리노사가 화산 근처까지 날아가서 사진을 찍는 데 성공한 이래 오십 여 차례 탐사선이 화성을 향해 날아갔습니다. 그러나 거의 모두 실패했고, 성공한 경우는 불과 몇 차례에 불과했습니다. 그러던 중 드디어 2021년 2월 19일 오전 5시 55분(한국 시간) 미 항공우주국 나사에서 발사한 퍼서비어런스(Perseverance: 인내) 호가 지구를 떠난 지 6개월 반 동안 4억 7천만 km를 날아 화성 대기권에 진입했습니다. 화성 대기권에서 화성 탐사선이 화성 표면에 내릴 때까지 '공포의 7분'을 기다렸습니다. 드디어 탐사선이 화성의 적도 북쪽에 안착하는 데 성공했습니다. 이 탐사선은 앞으로 2년간 화성에서 생명체의 흔적이 있는지를 찾고 또한 토양 표본을 수집할 예정이라고 합니다. 마이클 왓킨스(Michael D. Watkins) JEPL 소장은 이번 착륙 성공으로 앞으로 진행될 유인(有人)화성탐사의 길을 열게 될 것이라고 말했습니다. 즉 사람을 화성에 보내는 계획에 한발자국 가까이 갔다는 의미입니다. 화성 탐사는 미국뿐만 아니라 유럽, 러시아, 인도, 중국, 아랍 등지의 나라에서도 계속하고 있습니다.

지구가 태양을 한 바퀴 도는 공전 주기는 1년 365일인데 반해 화성은 689일입니다. 따라서 지구와 화성이 가장 가까이 만나는 시점에 탐사선을 발사해야만 합니다. 그런데 탐사선 하나를 발사하는데, 한국돈 수조원의 비용이 듭니다. 인류가 화성 탐사에 열을 올리는 첫째 이유는 화성에 생명체가 존재하느냐와 물이 있느냐 등이며, 그 외에도 인간의 과학적 호기심과 국력 과시 등 다양한 이유가 있습니다.

나사는 2030년대 유인 탐사를 목표로 하고 있고, 테슬라 회장 일론 머스크는 한술 더 떠 2026년 이전에 유인 탐사선을 화성해 보내고, 2050년에 화성에 100만 명의 인구를 보낼 계획이라고 말했습니다. 유인 탐사 연구비용만 해도 5천 억 달러로 한화 약 600조 원에 달합니다. 인간이 화성에 가기 위해서는 물과 식량, 그리고 가장 중요한 산소가 필요합니다. 또한 화성에 체류할 때도, 돌아올 때도 그만큼의 물, 식량과 산소가 필요합니다. 지구에서 그만큼의 분량을 싣고 가거나 아니면 화성 현지에서 자원을 조달해야 합니다.

그런데 문제는 화성은 인간이 살 수 있는 곳이 아니라는 점입니다. 인간이 화성에 맨몸으로 노출될 경우에는 단 5분도 살 수 없습니다. 화성의 대기는 대부분 이산화탄소로 되어 있고 산소는 불과 0.1%에 불과해 사람이 살 수 없습니다. 기온은 적도 근처가 낮에는 영하 20도이고 밤에는 영하 85도까지 떨어집니다. 또한 지구와 달리 자기장이 없어서 태양에서 쏟아지는 우주방사선에 그대로 노출되어 사람은 곧 죽음을 맞게 됩니다.

문제는 화성에 물이 있느냐 하는 것인데 이 물이 인간이 쓸 수 있는 물인지 또 지구 이주민들이 지속적으로 쓸 수 있는 정도의 물이 있는지도 문제입니다. 인류가 화성에 살기 위해서는 수천 년 또는 수만 년이 걸릴 수 있다는 것이 과학자들의 판단입니다 화성 탐사에 드는 비용은 가히 천문학적입니다. 인간이 살 수 없는 화성 탐사를 위해 그렇게 어마어마한 돈을 쓰면서 정작 기아, 병마에 죽는 사람이 하루에도 1만 명이 넘는데, 사람이 살 수도 없는 그런 탐사에 그 많은 돈을 허비한다는 것은 아무리 생각해도 이해할 수가 없습니다.

우주 탐사는 인간이 달에 가서 걸어보고, 미국의 성조기를 꽂고 오는 것으로 끝냈어야 합니다. 화성도 인간이 살 수 없는 곳이라는 것이 확실해졌으면 그만두는 게 옳다고 생각합니다. 생명체가 있는지 알아본들 있으면 어떻고 없으면 또 어떻습니까? 분명한 것은 하나님께서 인간과 동식물이 지구에 살게 하셨지 다른 행성에 살게 하신 것이 아님은 창세기 첫 장만 읽어 보아도 답이 나오는 간단한 문제가 아닌가요?

지구에만 인간과 동식물이 살 수 있는 산소가 충분히 있고, 또 온도도 적당하여 현재 70억의 인구가 사는 데 큰 문제가 없습니다. 그러나 달이나 화성 등 다른 행성은 인간이 살 수 있는 환경이 아닌 것이 과학적으로 밝혀졌는데, 화성에 인구 100만 명을 살게 한다는 황당한 말을 하는 사람은 이상주의자인지 정신이 나간 사람인지 모르겠습니다. 지구에는 아직도 개발되지 않은 지역이 너무 많습니다. 비행기 위에서 미국 남부 지역을 내려다보면 끝없는 산림이 우거져 있고, 중서부 지역의 광활한 땅에는 강냉이만 자라고 있습니다. 정확한 통계인지 알 수 없지만, 개발된 미국 땅은 불과 16%이고 나머지는 그대로 버려져 있다고 합니다. 한국도 인구 밀도가 높다고 하지만 전 국토의 73%에 이르는 산을 개발하면 몇 억의 인구는 너끈히 살 수 있다고 여겨집니다.

"가난한 사람들은 항상 너희와 함께 있으리라"(막 14:7)는 말씀은 그들을 돌보고 살아 갈 수 있도록 도우라는 말씀입니다. 우주 탐사에 쓰는 돈 1/10만 굶주린 사람들, 병든 사람들, 고아, 과부, 나그네(Homeless) 들을 위해 쓴다면 세상은 훨씬 더 좋은 세상이 될 것이고, 그 돈으로 지구 온난화와 지구 오염을 방지하는 데 쓴다면 많은 사람의 삶이 더욱 윤택해질 것이 분명합니다. 어리석은 인간은 쓸데없는 데 돈을 낭비하면서 정작 필요한 사람들에게는 쓰지 않은 죄를 범하고 있습니다.

자애로우신 주님의 눈은 굶어 죽는 사람들, 병들어 죽는 사람들에게 가 있다는 사실을 늘 염두에 두고 살아야 하겠습니다. 과학의 문외한인 필자가 무식한 소리를 한다고 말할지 몰라도, 무식해도 성경에서 말씀하시는 것과 주님의 말씀을 상고해 보면 필자의 말이 헛소리가 아님을 간파할 수 있을 것입니다.

유효 기간과 공소 시효

05
26

"한번 죽는 것은 사람에게 정하신 것이요 그 후에는 심판이 있으리니"
(히 9:27)

우리가 어떤 물건, 식품, 약품을 살 때는 유효기간을 확인합니다. 미국에서는 대체로 'Best buy before'라 쓰여 있고, 바로 날짜가 있습니다. 그 날짜 안에 사는 것이 좋다는 것입니다. 법에 따라 이 기간이 지난 식품을 팔면 많은 벌금을 물게 되고, 이 식품을 먹고 병이 나거나 사망을 하는 경우는 무거운 벌칙이 따릅니다. 제과점에서 오늘로 유효 기간이 끝나는 빵은 모두 노숙자들에게 보내 그들이 내일 아침 먹게 합니다.

모든 약품에도 유효기간이 있습니다. 그러나 의사들의 말에 의하면 약품은 시효가 지났다고 해서 바로 그 약품의 효과가 없어지는 것은 아니고 상당 기간 혹은 수년 동안 그 약의 효능이 지속된다 합니다. 비록 시효가 지나면 그 약품의 효능이 100%는 아니더라도 99% 혹은 98%는 남이 있기 때문에 그 약을 써도 아무 상관이 없다 합니다. 상식적으로 생각해서 어떤 약품의 유효기간이 12월 31일이라 해서 다음날인 1월 1일에 그 약을 쓸 수 없을까요? 이것은 삼척동자에게 물어봐도 대답이 바로 나오는 질문 아닙니까?

시효는 또 다른 곳에도 있습니다. 어떤 사람이 범죄를 한 후에 일정한 시간이 지나면 공소시효가 만료(滿了)되어 더 이상 그 죄에 대해 책임을 물을 수 없습니다. 예를 들면 한국에서 살인죄 공소시효는 15년입니다. 따라서 15년이 지나면 그 살인범을 검거했다 해도 처벌할 수 없습니다. 왜냐하면 이미 공소시효 15년이 지났기 때문입니다.

2021년 3월 5일자 미국 LA 지역 조간신문에 38년 전 살인사건 용의자가 체포되었다는 뉴스가 났습니다. 38년 전에 제임스 보겟(James Boget)이 한 주택에 침입해 침실에 누워 있는 남성을 칼로 찔러 살해한 혐의입니다. 당시 현장에 아무런 단서가 남아있지 않아서 결국 이 사건은 미제 사건으로 처리되었습니다. 미제로 남아 있던 이 사건이 당시 현장에서 수거한 담배꽁초에서 검출된 DNA를 대조해 그를 전국에 수배해서 텍사스주 샌안토니오 시에서 체포했습니다. 그는 곧 샌디에고 카운티로 이송되어 재판을 받게 되었다는 기사였습니다.

일단은 이 기사를 보면서 한국 같으면 15년이 두 번이나 지나고도 8년이 지난 사건이므로 범인이 체포되어도 아무 책임을 물을 수 없지만, 미국은 다릅니다. 중범죄는 공포 시효가 없고 범인이 죽는 날까지 계속 따라 다닙니다. 비록 38년 전 살인 범죄지만 범인을 재판에 넘긴 미국의 법이 얼마나 합리적인가를 생각했습니다. 남편, 아내, 자식, 부모를 무고하게 죽인 범인이 15년 지났다고 웃으며 활개치고 다니며 살아가게 하는 것은 피해자 가족들에게 참을 수 없는 고통입니다. 그 범인에게 죽임을 당한 아버지 때문에 그들 가족은 생계가 막연해졌고 가족이 뿔뿔이 흩어지고 어린 것들은 고아원으로 보내지는 비극을 안긴 자가 자유를 얻고 돈 많이 벌어 떵떵거리면 사는 모습을 보는 피해자 가족을 생각한다면 중범죄의 공소시효는 마땅히 없어져야 하지 않을까요?

제2차 세계대전이 끝난 후 유태인 600만 명을 살해한 히틀러 졸개들의 죄는 공소 시효가 없습니다. 이스라엘 정보기관 모사드는 지구 끝까지 쫓아가서 90살이 넘은 범인을 체포해서 재판에 넘겨 처벌을 합니다. 천하 없는 중범죄자라도 그가 죽으면 그걸로 사건은 종결됩니다. 죽은 사람을 처벌할 수는 없기 때문이지요. 옛날 우리나라에 부관참시(剖棺斬屍) 제도가 있었습니다. 사후에 그가 역적모의를 한 사실이 밝혀지면 그의 무덤을 파헤치고 그 시체를 꺼내 목을 도끼로 찍어 죄를 물었습니다. 중세 교회에서는 죽은 후에라도 그가 이단자임이 밝혀지면 무덤을 파헤치고 시체나 뼈를 꺼내 화형에 처했습니다.

하나님의 법정에는 공소 시효가 없습니다. 세상에서는 죽은 자에 대해 죄를 묻지 않지만, 하나님의 법정은 정작 죽은 후에 그가 세상에 살 때 지은 죄에 대해 심판하십니다. 세상에서 예수 믿지 않고 온갖 죄를 범한 그는 죄 값으로 지옥에서 영벌(永罰)을 받습니다. 그러나 아무리 큰 죄를 지었어도 예수님 보혈의 공로로 죄 씻음을 받은 사람은 심판대 앞에서 특별 사면을 받습니다. 세상에서도 대통령이 사면을 하면, 수십 년 옥살이를 할 사람도 바로 석방되는 원리입니다.

성경은 사람이 죽은 후에 반드시 심판이 있다 했습니다. 하나님의 심판대 앞에 서면 세상에서 지은 남모르는 모든 죄상이 적나라하게 밝혀질 것입니다. 무서운 심판의 형벌을 면할 수 있는 길은 철저한 참회와 결산밖에 다른 길이 없습니다. 마음속에 숨어 있는 죄를 낱낱이 하나님께 고백하고 청산한 후 하나님 앞에 나가야겠습니다.

05
27

귀신이 존재하나요?

"마귀가 벌써 시몬의 아들 가룟 유다의 마음에 예수를 팔려는 생각을 넣었더라." (요 13:2)

귀신(鬼神)이 존재하느냐 하는 문제는 오랫동안 질문되어 온 문제 중 하나입니다. 어떤 사람은 귀신은 분명히 존재하다 말하고, 어떤 사람은 귀신의 존재는 없다고 합니다. 재래적으로 한국에서는 돌아가신 부모님과 위로 5대 조(祖)까지 제사를 모십니다. 제사를 지낼 때 돌아가신 부모님의 혼령(魂靈)이 온다고 믿고 있습니다. 조상님의 은덕(恩德)이란 말도 많이 하면서 조상의 가호로 건강하게 잘 살아간다고 믿습니다.

세상을 떠나신지 제법 오래 되신 성결교회 소속 최○○ 목사님이 계십니다. 그분은 필자의 가족과 깊은 관계가 있고 필자 개인으로도 존경하는 목사님이십니다. 이분은 어려서부터 매우 영특해서 천재라는 말을 듣고 자랐습니다. 머리가 얼마나 좋았던지 이미 5살 때 천자문을 떼고, 중국의 여러 고전을 섭렵할 정도로 머리가 명석했습니다. 특히 어려서 바둑을 익혀서 대가들과 대결할 정도의 실력을 갖췄습니다. 최 소년이 12살 되었을 때, 아랫마을에 바둑 대국(對局)이 있었습니다. 최 소년도 내려가서 바둑을 뒀습니다. 밤늦게까지 대국을 하고 늦은 밤 집으로 돌아오게 되었습니다.

그런데 아래 마을과 최소년이 살던 윗마을 사이에 넓은 들판이 있는데, 그 중간쯤에 옛날에 많은 사람들이 죽임을 당해서 늦은 밤에 귀신이 출몰한다는 장소가 있었습니다. 그래서 사람들이 밤늦게 그곳을 지나는 것을 꺼려하고 특별히 비가 부슬부슬 내리는 밤에는 더욱더 그랬습니다. 그런데 최소년이 집으로 돌아오기 위해서는 이곳을 지나야만 되었습니다. 최소년도 그곳에 귀신이 자주 출몰한다는 이야기를 듣고 있었기 때문에 의식하면서 그곳을 지나게 되는데 저쪽에서 흰 옷을 입은 키가 큰 귀신이 걸어오는 것을 보았습니다. 담대한 최소년은 귀신과 한번 맞닥뜨려보자는 심산으로 귀신을 향해 걸어갔습니다. 한 20m 정도 거리에서 갑자기 귀신이 슬쩍 옆으로 걸어가더니 약 10m쯤 떨어져 있는 전봇대 뒤에 몸을 감추었습니다.

최소년은 귀신을 확인해보기 위해서 그 전봇대 쪽으로 가까이 가서, 살과 뼈가 있는지 없는지 확인하기 위해 두 손으로 귀신을 확 붙잡았습니다. 그랬더니 그 귀신이 꽥 소리를 지르면서 쓰러졌는데, 장정한 사람이 그대로 기절을 해버렸습니다. 12살 작은 소년이 혼자 그 장정을 어떻게 할 수 없어 윗동네로 올라와서, 다른 사람의 도움을 받아 기절해 있는 장정을 업고 사랑방에 와서 손발을 주무르고 물을 마시게 해서 간신히 정신을 차리게 했습니다.

사람들이 어떻게 된 영문이냐고 묻자, 그 사람 대답이 "갑자기 아랫마을에 볼 일이 생겨 자정쯤 그곳을 지나게 되었는데, 그곳이 귀신이 나오는 곳이어서 무서움 증을 느끼면 걸어가는데, 맞은편에서 조그마한 귀신이 하나 걸어왔습니다. 겁이 나서 전봇대 뒤에 숨었는데 그 꼬마 귀신이 자기 쪽으로 가까이 오더니 두 손으로 자기를 붙잡는 통에 그대로 기절해 버렸다."고 이야기를 했습니다. 최소년도, 그 사람도 서로 귀신으로 오인한 것입니다. 이 이야기는 최 목사님이 직접 필자에게 자신이 어려서 겪었던 이야기를 해 주신 것이므로 지어낸 이야기는 아닙니다. 그분을 거짓말을 할 분이 아니고, 고매한 인격을 지니신 분이고, 또 지방 신학교의 교장도 지내신 분이므로 실제 겪었던 이야기를 해 주신 것입니다.

귀신(spirit)과 사탄 (satan)과 마귀(devil), 또 다른 마귀 (demon)라는 용

어들은 성경에 다 나옵니다. 그 차이가 어떻게 다른가는 확실치 않습니다. 계시록 20장 12절에는 '용'(dragon), '뱀'(serpent), '마귀요 사탄'(devil and Satan)이라 기록했습니다. 요한복음 13장에 가룟 유다의 마음속에 들어간 존재가 'devil'(13:2)과 'satan'(13:27)이라고 기록했습니다. 따라서 이 둘은 동일한 존재임이 확인됩니다. 사탄은 타락한 천사 루시퍼로, 천사장 중 하나였으나 하나님을 배반하고 하나님과 같은 위치에 있으려는 반역을 했다 결국 하나님의 저주를 받고 천국에서 추방되어서 세상에 내려와 온갖 흉악한 일들을 저지르고 있다고 알려져 있습니다. 베드로 사도는 "하나님이 범죄한 천사들을 용서하지 않으시고 지옥에 던져 어두운 구덩이에 두어 심판 때까지 지키게 하셨으며"(벧후 2:4)라 말씀했습니다.

그런데 이 마귀가 사람들 마음속에 들어가서 온갖 악행을 하게 만듭니다. 가룟 유다로 하여금 선생을 팔게 했고, 아나니아의 마음속에 들어가서 거짓말하게 만들었습니다. 멀쩡한 사람 속에 군대 마귀로 들어가서 옷을 다 벗어버리고 집을 떠나 공동묘지에서 살게 했습니다. 그 외에도 성경 여러 곳에 예수님께서 귀신들인 사람들에게서 귀신을 내쫓는 장면들이 많이 나옵니다. 결국 성경은 사탄도 귀신도 존재함을 증명하고 있습니다. 귀신은 언제 어디서나 인간을 괴롭게 하고 죄를 범하게 만듭니다.

사탄은 인간을 저주하고 죄를 짓게 만들어 하나님과의 관계를 끊어놓는 우리의 가장 무서운 원수입니다. 우리가 이 사탄을 이기지 못하면 결국 사탄의 종이 되고 사탄이 하라는 대로 하는 노예가 됩니다. 유다서 19절에, "육신에 속한 자들은 성령이 없는 자들이라"고 말씀하십니다. 육에 속한 자는 주님과 상관없이 사는 일반 세상 사람들이며, 또 신앙인이라 해도 세상의 물질, 명예, 향락에 심취해서 믿음을 잃은 자들입니다. 이들은 결국 귀신에 붙잡혀 귀신이 하라는 대로 하며 살 수밖에 없습니다.

우리는 "모든 것 위에 믿음의 방패를 가지고 이로써 능히 악한 자의 모든 불화살을 소멸하고 구원의 투구와 성령의 검 곧 하나님의 말씀을 가지라."(엡 6:16-17) 그렇습니다. 성령의 검을 가지고 달려오는 사탄을 찔러 물리쳐야 합니다. 성령의 검은 하나님의 말씀입니다.

05
28

안락사

"야곱이 아들에게 명하기를 마치고 그 발을 침상에 모으고 발을 거두니 그의 백성에게로 돌아갔더라." (창 49:33)

안락사는 글자 그대로 평안하게 죽음을 맞이하는 것을 의미합니다. 우리는 서부영화에서 말을 타고 가던 사람이 말이 총에 맞거나 혹은 심각한 부상을 당해, 땅에 넘어져 고통을 당하는 모습을 보는 때가 있습니다. 그는 말이 회생 가능성이 없다고 판단되면, 권총을 뽑아 말 머리에 총을 쏴서 말이 고통당하지 않고 편안하게 빨리 죽게 하는 모습을 가끔 봅니다. 이것이 안락사입니다. 회생 가능성이 없는 동물이나 사람을 인위적으로 생명을 단축시켜 죽음의 고통을 들어주는 것을 의미합니다.

필자가 살고 있는 캘리포니아주에서는 안락사를 인정합니다. 단 세 가지 조건이 있습니다. 첫째는 환자가 의식이 있을 때 안락사에 동의한다는 사인을 할 것. 둘째는 직계 가족 모두가 동의할 것. 셋째는 전문의(專門醫) 두 사람이 회생 가능성이 없다는 데 동의하는 사인이 있을 것입니다. 이 세 가지가 충족되면 환자에게 연결되어 있는 모든 생명 연장 장치를 제거하고 편안하게 마지막 숨을 거두게 도와줍니다. 경우에 따라서는 약물을 주사해서 그의 마지막을 편안하게 해주는 경우도 있습니다.

필자가 신학교 1학년 때, 강사로 오셨던 목사님의 마지막에 대한 얘기를 들었습니다. 그분은 미국에서 오래 목회 하시고 은퇴하여 노년을 보내시다 구순이 넘은 나이에 치매가 시작되어 많이 어려워하셨습니다. 어느 날, 목사님은 날짜를 정하고 모든 자녀 손들을 그날 한 사람도 빠지지 말고, 모두 다 모이라고 부탁했습니다. 그날 저녁 음식을 푸짐하게 차려 온 가족이 배불리 먹고 난 후에 목사님은 선언했습니다. "내가 오늘 저녁 너희들과 마지막 만찬을 했다. 이제 내 나이 90이 넘었고 병도 점점 짙어 가므로 나는 이제 하늘나라에 가서 편안히 쉬어야겠다. 내일부터 단식을 하려 한다. 그러니 너희들도 나의 마지막을 감사함으로 받아들기 바란다."라 선포했습니다. 그리고 다음 날부터 음식은 물론 물 한 컵도 마시지 않고 며칠 후 조용히 하늘나라로 가셨다는 말을 들었습니다.

이 이야기를 들으면서 그것도 참 좋은 안락사라 여겼습니다. 중증 치매로 가족도 못 알아보면서, 대소변을 가족이나 간병인이 치우게 하면서 오래 사는 것이 무슨 의미가 있을까하고 생각했습니다. 필자의 신학교 동기생 1명이 미국에서 목회를 하다 고혈압으로 쓰러졌습니다. 한동안 치료를 받고 상황이 호전되어 다시 목회를 시작했습니다. 그러나 서서 예배를 인도하지 못하고 강대에 의자를 놓고 앉아서 설교를 하는 모습을 보았습니다. 그런데 다시 고혈압으로 쓰러졌습니다. 이번에는 정도가 심해 바로 식물인간이 되어 양로병원에 입원했습니다. 필자는 당시 한국 장신대에 봉직하고 있었기에 부모님을 방문하기 위해 미국에 왔을 때. 친구가 누워있는 양로병원에 문병을 갔습니다.

가서 보니 몸 전체에 움직이는 것이라고는 아무 것도 없고 오직 눈꺼풀만 깜박거리고 있었습니다. 말 한마디 하지 못하고, 말을 알아듣는지 못 알아듣는지, 누가 왔는지 알지도 못했습니다. 필자가 말을 해도 전혀 반응이 없었습니다. 그래서 필자가 그 친구에게 내 말을 알아듣거든 눈을 두 번 깜빡거려 보라고 얘기했지만, 무의식적으로 깜빡거리는지 혹은 내 말을 알아듣고 깜빡거리는지는 알 수가 없었습니다.

음식도 넘기지 못해 위장에 구멍을 뚫고 튜브로 영양죽을 밀어 넣고, 배설도 밑에 구멍을 뚫어서 빼내고 있는 모습을 보았습니다. 그렇게 누워 있는 친구를 하루 세끼 간병인이 밥을 먹여주고 대소변을 받아내고 일주일에 두 번 목욕을 시키고 옷을 갈아입히고 시트를 갈고 또 여러 가지 약이 든 병들이 주렁주렁 매달려 있는 것을 보았습니다. 소독을 하고, 청소를 하며, 양로병원을 운영하는 데 드는 모든 비용은 건강 보험국에서 지불했습니다. 그 친구는 십여 년 동안 그렇게 누워 있다가 결국 하늘나라로 갔습니다. 그 부인을 만나 얼마나 고생이 많으냐고 말하면 자기는 고생하는 것도 없고 병원에서 다 해주기 때문에, 그저 조용히 몇 시간 남편 옆에 앉아있다 가는 것뿐이라고 말했습니다. 그러면서 목사님이 살아계신 것만도 감사하다고 말했습니다.

당시에는 캘리포니아에 안락사법이 없습니다. 그러므로 자연사할 때까지 기다릴 수밖에 없었습니다. 친구가 십여 년 동안 그렇게 누워있는 동안 얼마나 많은 비용이 들어갔을까를 생각해보면 상상이 되지 않습니다. 어차피 회생 가능성은 없었는데요. 그런데 그런 노인들이 한두 명이 아니고 미국 50개 주에 엄청나게 많은 식물인간 노인들이 양로병원에 누워 있습니다.

교통사고로 인해 식물인간이 된 젊은이들도 많이 있습니다. 그 젊은이는 아마 50년, 70년을 그렇게 누워서 살다갈 겁니다. 그들에게 들어가는 엄청난 비용은 결국 국민들이 낸 세금에서 충당되고 있습니다. 미국의 건강보험 재정이 이제 곧 바닥을 드러내게 되고 앞으로 미국 시민들은 이러한 혜택을 받지 못할 수도 있다고 합니다.

안락사는 신학적으로 자살이냐, 타살이냐 하는 문제가 생길 수 있습니다. 어떻게 보면 자살이라고 말할 수 있고, 또한 타살일 수도 있습니다. 아무튼 자연사하는 것이 가장 바람직한 일이지만 경우에 따라 안락사가 본인이나 가족들, 간병인, 병원, 나아가 국가에 이익이 될 수 있는 문제이기도 합니다. 당신은 이 문제에 대해 어떻게 생각하시나요?

사기

05
29

"게으른 자여 개미에게 가서 그가 하는 것을 보고 지혜를 얻으라… 먹을 것을 여름 동안에 예비하며 추수 때에 양식을 모으느니라." (잠 6:6,8)

세상에는 선과 악이 공존합니다. 그러나 선의 세력은 약하고 악의 세력은 강합니다. 악은 사탄이 조종하고 있기에 사탄이 주장하는 세상에는 악이 성할 수밖에 없습니다. 악은 더욱 번창하고, 교묘해지며, 간교해지면서 그 수법이 놀랄 만큼 정교해 집니다. 한국 사람들은 머리가 참 좋은 민족입니다. 누가 그런 조사를 했는지 알 수는 없지만, 세계에서 가장 머리가 좋은 사람들은 유대인이고, 그 다음이 한국 사람이라는 말을 들었습니다. 사실인지는 확인할 방법은 없지만, 아무튼 한국 사람들은 머리가 특출난 것만은 사실인 것 같습니다.

미국에서 보면 수학경시대회나 SAT(Scholarship Aptitude Test: 대학입학시험)에서 만점을 받은 학생들이 속출하고 혹은 미술, 음악 등 다양한 분야에서 두각을 나타내는 아이들이 많이 있는 것이 사실입니다. 좋은 머리로 소위 아이비리그 대학에 들어가 공부하고 좋은 직장에 취직하고, 훌륭한 과학자, 법관, 변호사, 의사 등 미국 상류층에 속하는 직업을 가진 사람들이 많아 같은 동족으로 뿌듯함을 느끼는 때가 많습니다. 유색인종을 차별하고, 아시아인을 하시하는 분위기 속에서 거친 장벽을 건어치우며, 머리 위에 있는 유리 천장을 깨고 위로 올라가는 것은 소수민족이나 보통 사람들에게는 쉬운 일이 아닙니다.

그런데 그 좋은 두뇌를 잘못 사용하는 사람들이 있습니다. 교묘한 방법으로 사람들을 현혹시키고, 간교한 방법으로 국가의 돈을 갈취하는 자들이 가끔 있어서 동족임을 부끄럽게 하는 경우가 더러 있습니다. 한국에도 사기꾼이 많지만, 미국에서도 적지 않은 한국 사람들이 개인, 회사, 심지어 주(州), 시(市) 나아가 연방 정부를 상대로 사기를 칩니다. 2021년 3월 29일 조간신문에 LA 지역에 사는 김모 씨(35세)가 연방 정부 자금인 실업급여 300만 불을 재소자(在所者)들의 명의로 받아 챙긴 사건이 보도되었습니다. 이 친구는 교통위반을 해서 경찰이 단속 중에 차 안에서 'metamfetamine'이란 마약과 다량의 EDD(실업자 급여) 신청 서류가 발견되었습니다. 그는 재소자의 개인 정보를 이용해서 400건 이상을 신청, 약 300만 달러를 챙겼습니다. 32개의 EDD 카드 중 26개가 재소자 이름인 것이 발각되었습니다. 그는 EDD 신청을 도와주고 10%의 수수료를 받은 것이라 주장했지만, 자세히 조사한 결과 재소자의 명의로 부정한 일을 저질렀음이 밝혀졌습니다.

사기를 친 사람은 결국 들통이 나게 되어 있습니다. 특히 미국에서는 시효가 거의 없어 결국 발각되면 무거운 처벌을 받게 되어 있습니다. 물론 범죄 기록은 항구적으로 남아 그가 무엇을 할 때마다 그의 기록이 컴퓨터에 남아 뜨게 되어 있어 시민권 신청, 결혼, 가족 초청 등 여러 가지로 불이익을 받을 수 있고, 심한 경우에는 시민권자라도 추방을 당할 수 있습니다. 미국에서는 범죄 기록이 주홍 글씨처럼 평생 따라 다니게 되어 있습니다. 특히 단순 폭행 같은 것이 아닌 중범죄의 경우, 미국에서 사는 것을 포기하는 게 나을 정도로 제약이 많습니다.

보이스 피싱이나, 컴퓨터 해킹 등 머리가 좋은 사람들이 그 좋은 머리로 정당하게 합법적으로 돈을 벌 생각을 하지 않고 사기를 쳐서 불쌍한 사람들의 등을 쳐 먹으려 하는지 그 해답이 간단합니다. 사탄이 그로 하여금 그런 일을 하도록 사주(使嗾)하기 때문입니다. 예수님을 믿지 않은 사람은 사탄의 꾐에 빠지기 쉽습니다. 믿는 사람들은 마음속에 부정한 생각이 날 때, "사탄아 물러가라."고 버럭 소리를 지르고 떨쳐 일어날 수 있지만, 믿지 않은 사람은 사탄이 무엇인지도 모르고, 사탄이 자기를 죄악의 구렁텅이로 몰고 가는 것도 모르고 악행을 하다가 자신뿐만 아니라 가족 전체를 패망케 하는 경우를 많이 볼 수 있습니다.

사기범들을 몰아내고, 나와 주변 사람들이 사기에 걸려 원통한 일을 당하지 않게 하기 위해서는 전도하는 길밖에 없습니다. 주님께서 마태복음 마지막장 마지막 부분에 제자들에게 부탁하신 "모든 민족을 제자로 삼아 아버지와 아들과 성령의 이름으로 세례를 베풀라"는 명령을 따를 때 이 문제도 자연 해소될 수 있습니다. 가까운 가족, 친족, 친구, 사업 파트너의 말만 믿고 있는 돈뿐만 아니라, 집을 담보 잡혀 은행에서 융자를 내고 친가, 처가, 외가까지 동원해서 투자한 것이 사기 조직에 걸려 일가족이 몽땅 털리는 경우를 많이 봅니다.

MAY

주변에서 사기 당했다는 말을 자주 듣지요. 사기꾼에게 걸려 몽탕 털렸다는 말을 듣는 이유는 사기꾼에게 걸린 사람 대부분을 터무니없는 돈을 번다는 감언이설(甘言利說)에 속아 넘어가 결국 털리고 마는 것입니다. 사기꾼에 걸린 사람들은 정당하게 돈을 벌려는 사람들이 아니고, 한탕해서 졸부(猝富)가 되려는 허황된 꿈 때문에 당하는 것입니다. 세상은 그렇게 호락호락하지 않다는 것을 알아야 합니다. 조금씩 저축하고, 절약하고, 검소하게 살면서 돈을 모아야지 일확천금(一攫千金)하려는 생각을 버리면 사기꾼의 속임수에 걸려들지 않습니다. 세상은 성실하게 일하며 정직하게 사는 사람을 눈여겨봅니다. 얕은꾀를 부리지 않고 우직하게 자기 할 일에 충성을 다하는 사람은 결코 실패하지 않고, 보는 이들이 인정하며 도와주려고합니다. 그러나 약삭빠르게 눈치 보면서 간사한 말을 흘리고 다니고, 아첨과 아부의 말을 하면서 기회를 노리는 자는 결국 실패하고 맙니다.

잠언은 우리에게 개미의 교훈을 일러 줍니다. 개미는 부지런히 움직이면서 겨울에 먹을 양식을 비축합니다. 단 하루도 놀지 않고 움직이면서 일합니다. 게으름이나 나태라는 단어는 개미들의 사전에 없습니다. 개미가 굶어 죽었다는 말은 들어 본 일이 없지요. 사기꾼들은 자기 힘으로 돈을 벌려 하지 않고, 순진한 사람들을 꼬여 돈을 갈취하는 사탄들입니다. 사탄의 세력에 끌려가지 않으려면 성령님의 사람이 되어야 합니다. 성령님의 사람은 결코 사기꾼의 꼬임 즉 일확천금할 수 있다는 얄팍한 속임수에 넘어가지 않습니다. 말씀으로 무장하고 성령의 사람이 되는 것만이 세상을 지혜롭게 사는 길입니다.

05
30

인 앤 아웃 버거와 사탄 운동화

"네가 들어와도 복을 받고 나가도 복을 받을 것이니라." (신 28:6)

미국에 사는 분들 중 '인 앤 아웃'(In and Out)이라는 햄버거 가게를 아시는 분이 많을 겁니다. 필자가 미주 장로회신학대학교에 왔을 때, 미국에 살고 있던 딸이 미국 햄버거 가게 중에서 제일 맛있는 햄버거가 인 앤 아웃이라고 알려 주었습니다. 필자는 무엇이든지 잘 먹기에 맛도 모르고 먹을 때가 많습니다. 그래서 맥도날드와 인 앤 아웃의 맛도 잘 구별 못합니다. 어려서 어렵게 살아서 세 끼 안 굶고 먹으면 그것이 감사할 따름이지요. 그 후로 외출해서 인 앤 아웃이 눈에 띠면 그곳에 가서 식사를 하곤 합니다. 그런데 인 앤 아웃은 맥도날드와 같이 흔치 않아서 눈에 잘 띄지 않습니다.

인 앤 아웃 회장이 그리스도인이라는 말은 들었습니다. 그곳에 가서 음료수를 다 마시고 난 다음, 컵 밑을 보면, 작은 글씨로 'John 3:16'이라고 인쇄되어 있습니다. 요한복음 3장 16절이지요. 그리고 후에 들은 얘기로는 인 앤 아웃도 신명기 28장 6절 말씀, "네가 들어와도 복을 받고 나가도 복을 받을 것이니라."(Blessed shall you be when you come in, and blessed you be when you go out.) 중 'come in'과 'go out'에서 '인 앤 아웃'이란 상호를 따왔다고 합니다. 햄버거 장사를 하면서도 간접으로 복음을 전하려는 미국 사람들의 신앙과 믿음을 보면서 그래도 아직 청교도 신앙이 조금은 살아 있다는 느낌을 갖게 됩니다.

그런데 최근 이상한 보도를 접하게 되었습니다. 세계적인 운동

MAY

화 회사인 나이키(Nike) 상표에 사람의 피를 담은 이른바 '사탄 운동화' 판매에 대해 나이키 측이 판매 금지 가처분 신청한 것을 뉴욕 브루클린 법원이 금지 처분을 내렸다는 것이었습니다. 나이키는 최근 스트리트 웨어 업체인 MSCHF가 래퍼 릴 나스 엑스(Lil Nas X)와 공동 작업으로 나이키 '에어 맥스 97S'를 변경한 운동화를 내놓자 상표권 침해 소송을 제기한 것입니다. 이 운동화는 사탄을 주제로 제작한 운동화로 검은색과 빨간색으로 되어 있고, 나이키 고유 로고도 그대로 사용했습니다. 뿐만 아니라 직원 중 한 명의 피 한 방울을 운동화 깔창 부분에 넣고, 누가복음 10장 18절에 "예수께서 이르시되 사탄이 하늘로부터 번개같이 떨어지는 것을 내가 보았노라."는 말씀도 넣었습니다. 또한 이 운동화는 사탄을 상징하는 것으로 알려진 숫자 '666'을 활용해 666켤레만 제작했고, 한 켤레 당 1,018달러의 고가에 팔았습니다. 더 나아가 이 666켤레 운동화를 엄선한 666명에게만 팔려고 계획했는데 나이키 측이 소송에서 이기면서 무산되었습니다.

이제 사탄이 온갖 수단과 방법을 가리지 않고 인간 세계 속에 파고들고 있습니다. "근신하라 깨어라 너의 대적 마귀가 우는 사자 같이 두루 다니며 삼킬 자를 찾나니"(벧전 5:8) 마귀는 끊임없이 우리를 공략하고 있습니다. 우리가 알게 모르게 사탄은 우리 삶 속에 깊이 들어와서 문화, 예술, 미술, 음악, 문신, 옷, 운동화 등 모든 분야에 깃들어 있습니다. 언뜻 보기에는 별 뜻 없어 보여도 자세히 들여다보면 거기에 사탄의 상징이 교묘히 들어가 있는 것을 확인할 수 있습니다. 어차피 이 세상은 사탄이 왕 노릇하는 곳이어서 신자들이 살아가기에는 너무 험난합니다. 사방에 우리의 신앙을 흔들려는 유혹과 덫이 놓여 있음을 명심해야 합니다.

바울 선생은 우리에게 권면하십니다. "마귀의 간계를 능히 대적하기 위하여 하나님의 전신갑주를 입으라, 우리의 씨름은 혈과 육을 상대하는 것이 아니요… 이 어둠의 세상 주관자들과 하늘에 있는 악의 영들을 상대함이라."(엡 6:11-12) 말씀의 전신갑주를 입고 성령님의 도우심으로 사탄 마귀의 권세를 누르고 승리하는 오늘 하루 되세요.

대한민국 제헌국회 개원 기도

05/31

"기도를 계속하고 기도에 감사함으로 깨어 있으라." (골 4:2)

우리 민족 역사 중 잊을 수도, 지울 수도 없는 고통의 일제 35년 식민 통치가 1945년 제2차 세계대전 연합국이 승리함에 따라 전리품처럼 해방이 찾아왔습니다. 3년간의 미군정이 끝나고 새로운 나라를 만들기 위해서는 헌법을 제정하는 일이 최우선적 과제였습니다. 1948년 북한에는 김일성이 조선민주주의인민공화국을 설립했고, 남한에서는 UN의 감시 하에 1948년 5월 10일 제헌국회의원 198명의 선거가 실시되었습니다. 4천년 배달겨레의 역사에 처음으로 국민들의 직접 선거로 국회의원을 선출한 것입니다.

1948년 5월 31일 개원한 국회는 임시 의장으로 리승만 박사를 선출했습니다. 회의를 주제한 리승만 의장은 "대한민국 독립민주국 제1차 회의를 여기서 열게 된 것을 우리가 하나님에게 감사해야 할 것입니다. 종교, 사상 무엇을 가지고 있던지 누구나 오늘을 당해 가지고 사람의 힘으로만 된 것이라고 우리가 자랑할 수 없을 것입니다. 그러므로 하나님에게 감사를 드리지 않을 수 없습니다. 우리가 다 성심으로 일어서서 하나님에게 감사를 드릴 터인데 이윤영 의원 나오셔서 간단한 말씀으로 하나님에게 기도를 올려주시기를 바랍니다."라고 말했습니다.

이윤영은 북한에서 목회하다 남한에 내려와 서울 남산감리교회를 세운 목사였습니다. 이 목사는 한국 정치1번지 서울 종로에서 제헌국회의원으로 선출된 분입니다. 198명 전원이 기립한 가운데 이윤영 의

원(목사)의 기도가 시작되었습니다. 그 내용은 다음과 같습니다.

"이 우주와 만물을 창조하시고 인간의 역사를 섭리하시는 하나님이시여, 이 민족을 돌아보시고 이 땅에 축복을 하셔서 감사가 넘치는 오늘이 있게 하심을 주님께 저희들은 성심으로 감사하나이다. 오랜 시일 동안 이 민족의 고통과 호소를 들으시사 정의의 칼을 빼서 일제의 폭력을 굽히시사 하나님은 이제 세계만방의 양심을 움직이시고 또한 우리 민족의 염원을 들으심으로 이 기쁜 역사적 환희의 날을 이 시간에 우리에게 오게 하심은 하나님 섭리가 세계만방에 정시하신 것으로 저희들은 믿나이다.

하나님이시여, 이로부터 남북이 둘로 갈리어진 이 민족의 어려운 고통과 수치를 신원하여 주시고 우리 민족 우리 동포가 손을 같이 잡고 웃으며 노래 부르는 날이 우리 앞에 속히 오기를 기도하나이다. 하나님이시여, 원치 아니한 민생의 도탄은 길면 길수록 이 땅에 악마의 권세가 확대되나 하나님의 거룩하신 영광은 이 땅에 오지 않을 수밖에 없을 줄 저희들은 생각하나이다. 원컨대 우리 조선 독립과 함께 남북통일을 주시옵고 또한 우리 민생의 복락과 아울러 세계 평화를 허락하여 주시옵소서. 거룩하신 하나님의 뜻에 의지하여 저희들은 성스럽게 택함을 입어 가지고 글자 그대로 민족의 대표가 되었습니다.

그러하오나 우리들의 책임이 중차대한 것을 저희들은 느끼고 우리 자신이 진실로 무력한 것을 생각할 때 지와 인과 용과 모든 덕의 근원이 되시는 하나님 앞에 이러한 요소를 저희들이 간구하나이다. 이제 이로부터 국회가 성립이 되어서 우리 민족의 염원이 되는 모든 세계만방이 주시하고 기다리는 우리의 모든 문제가 원만히 해결되며 또한 이로부터 우리의 완전 자주 독립이 이 땅에 오며 자손만대 빛나고 푸르른 역사를 저희들이 정하는 이 사업을 완수하게 하여 주시옵소서.

하나님이 이 회의를 사회하시는 의장으로부터 모든 우리 의원 일동에게 건강을 주시옵고 또한 여기서 양심의 정의와 위신을 가지고 이 업무를 완수하게 도와주시옵기를 기도하나이다. 역사의 첫 걸음을 걷는 오늘의 우리의 환희와 우리의 감격에 넘치는 이 민족적 기쁨을 다 하나님에게 영광과 감사를 드리나이다. 이 모든 말씀을 주 예수 그리스도 이름을 받들어 기도하나이다. 아멘."

이 기도문은 1948년 5월 31일 제헌국회 제1차 본회의록에 속기되어 있는 내용입니다. 대한민국 헌정사에 이때 이 목사의 기도가 처음이자 마지막입니다. 대한민국은 기독교 국가가 아니고, 국회의원 중에는 불교, 유교, 천도교 등 다양한 종교인들이 있었기에 기독교 기도만 계속할 수는 없었습니다. 그러나 당시 서울 정동감리교회 장로였던 리승만 의장의 갑작스런 제안에 이의를 달 사람은 없었을 뿐만 아니라, 역사적이고 감격스런 개헌의회 서두에 하나님께 기도하자는 제안을 반대할 사람도 없었으므로 그대로 수용한 것입니다. 또한 198명 의원 중에는 목사, 장로, 권사 등 기독교계 의원이 다수 포함되어 있었습니다.

그 이유는 대체로 일제 강점기에 전문학교를 나왔거나, 일본이나 미국 등 외국으로 유학할 수 있는 젊은이들은 재력과 역량이 있는 기독교 가정 출신들이 많았습니다. 또한 선교사들의 후원으로 해외에 나갈 수 있는 사람들은 기독교 가정의 자녀들이나 목사 자녀들이 많아, 자연히 국회의원에 당선된 분들 중 이런 분들이 많았기 때문입니다.

결과적으로 대한민국 최초 국회는 기도로 출범했습니다. 그러나 그 이후로 그런 일은 결코 일어나지 않았고, 또 일어날 수도 없었습니다. 왜냐하면 한국은 다종교 국가이기 때문입니다. 기도로 시작된 이 나라는 여러 역경 속에서도 이윤영 목사의 기도대로 하나님께서 계속 인도해 주셨고 또한 은혜를 내려주셨습니다. "이러한 백성은 복이 있나니 여호와를 자기 하나님으로 삼는 백성은 복이 있도다."(시 144:15)

6 June

예수님의 밥상

"너희가 먹을 것을 주어라." (마 14:16)

인간이 살아가는 데 가장 중요한 것은 물론 공기입니다. 공기가 없으면 인간은 잠시도 살아갈 수 없습니다. 그래서 하나님께서는 인간이 나면서 죽을 때까지 마시고 살 수 있는 공기를 무한정 제공해 주셨습니다. 이 세상 그 누구도 돈을 지불하고 숨을 쉬는 사람은 없습니다. 이번 코로나 바이러스에 감염된 사람이 병원에 입원해서 치료를 받던 중, 폐에 문제가 생겨 며칠간 산소 호흡기 치료를 받고 퇴원을 했습니다. 그 후 병원에서 청구된 산소 호흡기 값이 어마어마했다는 글을 읽은 일이 있습니다. 그런데 우리는 나면서 죽는 날까지 그 많은 산소를 들이키면서도 단 한 푼도 내지 않습니다. 하나님의 무한하신 은총입니다.

다음으로 인간이 생명을 유지하는 데 절대 중요한 것은 음식입니다. 에덴동산에는 하나님이 마련해 놓으신 각종 과일과 먹거리가 한없이 풍부했습니다. 그러나 하나님께서 엄금하신 선악과를 따먹은 죄로 인해 아담과 이브가 에덴에서 쫓겨났습니다. 쫓겨나는 날, 하나님께서는 아담에게 "네가 흙으로 돌아갈 때까지 얼굴에 땀을 흘려야 먹을 것을 먹으리라"(창 3:19) 말씀하셨습니다. 그때부터 인간은 일하지 않거나 혹은 일거리가 없어서 일을 못하면 결국 먹지 못하여 굶어 죽게 됩니다. 오늘 우리가 살고 있는 21세기에도 10초마다 한 사람씩 굶어 죽는다는 슬픈 얘기를 듣고 있습니다. 사실 먹을 것이 없어서 죽는 것이 아니라 한쪽에는 먹을 것이 쌓여 있는데 이것이 그들에게 제대로 전달되지 않아서일 뿐입니다.

예수님께서 세상에 계실 때 음식과 관계된 기사들을 많이 베푸셨습니다. 그 가운데 가장 필자의 마음에 감동을 주는 대목은 요한복음 21장에 나오는 장면입니다. 부활하신 예수님께서 물고기를 잡으러 간 베드로와 다른 제자들을 위해 숯불을 피우시고 그 위에 생선과 빵을 구웠습니다. 밤새도록 물고기를 잡느라 몸과 마음이 지친 제자들에게 아침 밥상을 예비해 두셨습니다. "예수께서 이르시되 와서 조반을 먹으라."(요 21:12) 조반 즉 아침밥을 먹으라는 이야기입니다. 배고픈 사람은 밥을 먹어야 살 수 있고, 배가 불러야 일을 할 수 있습니다.

예수님께서 공생활을 시작하시기 전에 40일 동안 광야에서 금식기도를 하셨습니다. 기도를 마치고 나왔을 때, 사탄의 먼저 예수님에게 와서 한 첫 번째 유혹이 돌로 빵을 만들어 먹으라는 것이었습니다. 40일 굶은 예수님에게 가장 필요한 것은 바로 먹거리였습니다. 그렇습니다. 마귀가 인간에게 하는 최초의 유혹은 바로 빵 즉 물질의 요혹입니다. 인간에게 가장 근본적인 문제가 바로 빵과 물질이기 때문입니다.

예수님께서는 회당장 야이로의 딸을 살리신 후에 하신 첫마디가 "소녀에게 먹을 것을 주라."는 말씀이었습니다.(막 5:43) 죽었다가 살아난 딸을 보고 감격하고 기뻐하는 이들에게 지금 어린 소녀에게 필요한 것이 먹을 것임을 상기시켜 주셨습니다. 음식을 먹지 않으면 살아난 딸이 또다시 죽게 되어있습니다. 이것을 영적으로 생각하면 우리가 육의 양식만 탐내고, 영의 생명인 말씀을 먹지 않으면 우리의 영은 죽는다는 것을 의미합니다.

예수님의 말씀을 듣기 위해 모인 5천 명이 먹을 것이 없어 굶주리게 되었을 때, "너희가 먹을 것을 주어라."(마 14:16)고 말씀하셨습니다. 굶주린 사람들에게 먹거리를 주어야 할 책임이 세끼 밥을 먹는 우리에게 있다는 사실을 환기시키십니다. 예수님의 마지막도 열두 제자와 더불어 마가의 다락방에서 마지막 유월절 만찬을 하시는 것이었습니다.

구약에 끊임없이 권고하신 말씀 중, '고아와 과부와 나그네'를 돌보라는 말씀이 있습니다. 이들에게 가장 중요한 것은 우선 먹거리입니다. 그들에게 먹거리를 마련해 주라는 말씀입니다. 예수님께서는 "가난한 사람들은 항상 너희와 함께 있으니라."(막14:7)고 말씀하셨습니다. 가난한 사람들에게 가장 필요한 것은 무엇일까요? 바로 먹거리 아니겠습니까? 걸인들이 처음 하는 말이 "밥 좀 주세요."입니다. 그들에게 밥은 곧 생명입니다. 어떤 시인은 "밥이 하나님이다."라고 말 한 바 있습니다. 밥을 먹어야 살고, 살아야 하나님도 찾는다는 의미겠지요.

많은 고아들, 과부들, 장애인들, 극빈자들, 일가족이 먹거리가 없어서 동반 자살을 하는 현실 앞에서 "너희가 먹을 것을 주어라."라는 예수님의 말씀을 우리 모두에게 주시는 말씀으로 받아야 하지 않겠습니까? 내 배가 부르니까, 배고픈 사람들을 잊고 사는 것이 우리의 삶입니다. 2천 년 전 예수님께서 제자들을 위해 밥상을 차려주신 것 같이 이제는 우리가 예수님을 대신해서 굶주리는 사람들에게 밥상을 차려 줄 차례입니다.

유유상종 (1)

06
02

"믿는 무리가 한마음과 한 뜻이 되어 모든 물건을 서로 통용하고 자기 재물을 조금이라도 자기 것이라 하는 이가 하나도 없더라… 그중 가난한 사람이 없으니 이는 밭과 집 있는 자는 팔아 그 판 것의 값을 가져다가 사도들의 발아래 두매 그들이 각 사람의 필요에 따라 나누어 줌이라." (행 4:32,34)

하나님께서는 태초에 한 남자 아담과 한 여자 이브를 창조하시고 두 사람이 부부가 되어 가정을 이루어서 자녀들을 생산케 하셨습니다. 이 때부터 인구가 점차 불어나기 시작했고 이곳 저곳에 흩어져 살게 되었으나, 그때까지는 언어가 하나였습니다. 어디를 가든지 누구를 만나든지 말이 다 통했습니다. 그러다가 노아 홍수 때 하나님께서 범죄 한 인간들을 진멸하신 후 인간들은 하나님의 심판이 두려워 시날 평지에 거대한 탑을 쌓기 시작했습니다. 탑을 하늘까지 쌓아서 설령 홍수가 다시 나더라도 그 속에 들어가 재난을 피하자는 어리석은 생각을 했습니다. 그러나 하나님께서는 저들의 이러한 거역(拒逆)을 용납하지 않으시고 언어를 혼잡케 하셔서 저들을 각지로 흩어지게 하셨습니다. 자연히 언어가 통하는 사람들끼리 모여서 한 집단을 이루어 살게 되었습니다. 이 집단이 후에 마을이, 성이, 나아가 국가가 됩니다. 각 국가는 국경을 만들고 외지인의 출입을 막고 끼리끼리 통하고 교류했습니다.

그러나 인간은 본디 이기주의라는 기본적 욕망에다, 사탄이 그 욕망에 불을 질러 이기주의가 크게 발동을 하여, 약한 종족과 나라를 침략해서 사람을 죽이고, 물건을 강탈하며, 그 지역을 자기 나라에 편입시켜버리는 일을 시작하게 됩니다. 소위 '힘이 곧 정의'라는 논리가 이때부터 생겨났습니다. 강대국은 주변의 많은 약한 부족 국가를 통합하고, 그 주민을 노예로 삼고 그 지역의 농산물, 수산물, 광물 등 많은 자원을 수탈해 자기 나라로 끌고 가는 일을 반복했습니다. 이것이 인류의 역사입니다.

군함을 앞세워 약소국가를 침략하던 시대는 20세기까지 꾸준히 이어져 내려왔습니다. 그러나 20세기에 이르러 양차(兩次) 세계대전을 통해, 제국주의 식민지 침탈 시대가 끝나고 이제 아무리 약한 나라라도 독립된 국가를 이루어 세계 국가의 일원으로 유엔에서 당당히 한 표를 행사합니다. 이제는 초강대국이라 해도 약소국가를 함부로 침략하거나, 수탈할 수 없습니다. 국제 사회가 용납을 하지 않습니다. 그러나 여전히 세상은 힘이 지배하고 있습니다. 경제적 수단을 통해서 그 나라의 자원을 흡수해 버리는 다른 형태의 수탈을 하고 있습니다.

문제는 소위 강대국 또는 선진국의 인구 구성이 대부분 백인이라는 점입니다. 인류의 인종은 크게 백인, 황인, 흑인 세 종류로 나눌 수 있습니다. 그런데 백인들이 군사, 경제, 과학, 예술, 문학 등 제(諸) 분야에서 황인이나 흑인보다 압도적 우위를 차지하고 있습니다. 세계의 대상(大賞)이란 노벨상 수상자 통계를 봐도 한눈으로 볼 수가 있습니다. 거의 90%를 백인들이 차지하고 있습니다. 세상은 결국 경제력과 군사력을 많이 가지고 있는 세력이 지배하게 되어 있습니다.

최근 한국에서 벌어지고 있는 소위 갑의 횡포에 을의 비애는 커져만 가고 있습니다. 소위 금 수저와 흙 수저의 싸움은 이미 결말이 나있습니다. 같은 언어를 쓰는 한국 사회에서도 돈 많고 권력 있는 사람이, 없는 사람을 짓누르고 하대하고 노예 부리듯 하는 것이 힘의 논리입니다. 이스라엘 백성들이 애굽에서 노예가 되어 벽돌을 굽고, 성을 쌓는 고된 노역에 시달렸던 것은 그들이 애굽이란 나라에 이민자로 온 것이 원인이었습니다. 이런 곳에 인권이나 평등이란 말은 존재할 수가 없습니다.

오늘 우리가 살고 있는 이 시대에도 인권이 유린되고 평등은 사전에나 나오는 말과 같이 여전히 불평들이 세상을 지배하고 있는 사회에서 살고 있습니다. 초기 예루살렘 교회에는 "가난한 사람이 없었다."(행 4:34)고 했습니다. 즉 모두가 평등한 사회였다는 것이지요. 여기 참된 그리스도교회의 모습이 드러나 있습니다. 교회 안에 불평등이 있다면 사회는 말해 무엇 하겠습니까? 교회 안에 불평등이 사라지려면 모두가 "그리스도의 마음"을 갖는 길입니다. 여기 진정한 하나님의 나라가 임하는 것입니다. 불가능할 것 같아도 예루살렘 교회는 이런 교회를 이루었습니다.

유유상종 (2)

"그는 근본 하나님의 본체시나 하나님과 동등 됨을 취할 것으로 여기지 아니 하시고, 오히려 자기를 비워 종의 형체를 가지사 사람들과 같이 되셨고, 사람의 모양으로 나타나사 자기를 낮추시고 죽기까지 복종하셨으니 곧 십자가에 죽으심이라." (빌 2:6-8)

필자가 80년대 초, 인디애나주 사우스벤드(Southbend)에서 목회할 때, 필자가 섬기는 교회는 시카고에서 동부 뉴욕 쪽으로 약 2시간 정도 떨어진 한적한 농촌 지역이었습니다. 사람들이 사우스벤드는 잘 몰라도 유명한 가톨릭 계통 대학인 노트르담 대학교는 거의 알고 있습니다. 한때 전미(全美) 대학 아메리칸 풋볼 챔피언도 했던 강팀을 보유한 대학으로도 유명합니다. 필자가 섬기는 교회는 시골 이민 교회라서 교인수가 고작 50~60명 정도밖에 안 되었습니다. 그런데 교인들 구성은 아주 선명하게 구분되어 있었습니다. 편의상 네 그룹으로 나누겠습니다. 제1그룹은 미국에서도 상류층에 속하는 의사, 교수, 박사 그룹이고, 제2그룹은 일반 직장에 다니는 그룹이고, 제3그룹은 노트르담 대학에서 박사 과정을 밟는 그룹, 제4그룹은 국제 결혼한 여자들, 즉 남편이 미국사람인 그룹입니다.

예배는 같은 예배당에서 예배를 드립니다. 함께 찬송 부르고, 함께 기도하고, 설교 말씀 듣고 그 외 모든 순서에 다 같이 참여합니다. 이 네 그룹이 골고루 섞여 앉아서 예배를 드립니다. 네 그룹이 각각 정해진 좌석이 없습니다. 오는 대로 다 섞여 앉아서 예배를 드립니다. 그런데 예배가 끝난 후, 식당에 가서 커피 한 잔, 도너츠 하나씩을 갖고 와서는 완벽하게 네 그룹이 각각 모여 커피를 마시면서 담소를 나눕니다. 예배를 드릴 때는 같은 장소에서 다 같이 모여 예배를 드렸는데, 예배가 끝나고 친교실에서 차를 마시며 친교를 할 때는 정확하게 따로 따로 앉아서 친교를 나누었습니다. 이 네 그룹 간에 눈에 보이지 않은 담이 있습니다. 집에 돌아갈 시간이 되어 일어날 때까지 그룹 간 이동은 없고 끝까지 그 자리를 고수하다가 헤어지는 모습을 보았습니다.

이런 교인 구성을 가진 교회에서의 목회는 쉽지 않았습니다. 분명히 똑같은 한국말을 사용했지만, 그들의 교육수준, 경제 수준, 사회적 신분이 현격히 달랐기 때문에 화합이 대단히 어려웠습니다. 예를 들어 의사들이나 대학 교수 그룹 사람들이 영어는 고사하고, 한글도 제대로 읽지 못하는 제4그룹에 가서 격의(隔意)없이 대화하는 것은 거의 불가능한 일입니다. 또 일반 이민자들이 제1그룹에 가서 허심탄회하게 대화하는 것도 쉽지 않았습니다. 이런 상황에서 필자는 한 곳에 오래 머물러 있을 수 없었습니다. 따라서 각 그룹을 골고루 돌아다니면서 잠깐씩 얘기를 나누어야 했지요. 2천 년 전 고린도교회 안에 예수파, 바울파, 아볼로파, 게바파 이렇게 넷으로 나뉘었던 것처럼(고전 1:12) 필자의 교회도 이렇게 네 그룹으로 나뉘어 성도의 교제가 부분적으로 이루어졌습니다.

교회는 분명히 사도 바울이 갈파(喝破)한 것처럼, "유대인이나 헬라인이나 종이나 자유인이나 남자나 여자나 다 그리스도 예수 안에서 하나이니라."(갈 3:28)고 했는데 수천 년이 지나도 교회는 여전히 파가 갈리어 갈등을 빚고 있습니다. 그러나 이 문제가 불가능한 것은 아닙니다. 교인 모두가 진정으로 그리스도 안에서 거듭나고, 성령님의 인도를 받으면서 "그리스도의 마음을 품고" 자신을 낮추면 가능합니다. 내가 소위 가방끈이 좀 길어도, 재력이 좀 있어도, 사회적 신분이 좀 높아도 철저히 낮아지는 자세를 취하면 가능합니다.

예수님께서 니고데모에게 하신 말씀이 있습니다. "사람이 물과 성령으로 거듭나지 아니하면 하나님의 나라에 들어갈 수 없느니라."(요

3:5) 여기서 물은 물세례를 의미하고 성령으로 거듭난 다는 말씀은 성령 세례를 의미합니다. 성령님으로 거듭난 사람은 비록 그가 의사나, 교수라 해도, 낫 놓고 ㄱ자도 모르는 사람 앞에서 자신을 낮추고, 겸허하게 대화를 이어갈 수 있습니다. 그들의 고뇌, 영어가 짧아 남편은 물론 시집 식구들, 이웃들 심지어 자기가 낳은 자식들까지 무시하고 괄시하는 괴로운 상황에서 그들을 위로하고 격려하고 용기를 북돋아 줄 수 있습니다.

문제는 성령님 세례를 받았느냐 입니다. 여러분 스스로 질문해 해보세요. 나는 성령 세례를 받은 사람인가? 만일 여러분 마음속에 나보다 좀 못 배우고, 가진 것이 적고, 사회적으로 내 놓을만한 것이 없는 사람이라며 조금이라도 깔보는 마음이 있다면 그것은 성령 세례를 받지 못한 증거입니다. 나보다 못한 사람을 불쌍히 여기고 사랑하는 마음으로 내가 깨어지고, 부서져서 가장 낮은 데까지 내려가면 제1그룹이 제4그룹에 자연스럽게 가서 대화를 유도하고 도울 것이 없는지 물어보고, 도와 줄 수 있습니다.

드와이트 무디

06
04

"그러나 하나님께서 세상의 미련한 것들을 택하사 지혜 있는 자들을 부끄럽게 하려 하시고 세상의 약한 것들을 택하사 강한 것들을 부끄럽게 하려 하시며" (고전 1:27)

드와이트 무디(Dwright L. Moody)는 1837년 미국 매사추세츠 노스필드에서 소작농이며 석수인 아버지의 여섯 번째 자녀로 태어났습니다. 초등학교 5학년 때 아버지가 사고로 세상을 떠나자 학교를 그만두고 일선에서 일을 하지 않으면 안 되는 가난에 시달리며 어린 시절을 보냈습니다. 17살이 되자 어머니의 농장을 떠나 보스턴에서 일하며 유니테리언 교회(Unitarian Church: 삼위일체를 부인하고 하나님은 오직 한 분이라고 주장하는 교회)로 개종했습니다. 1856년 시카고로 이주하여 외삼촌의 제화점에서 영업사원으로 일하면서 지냈습니다. 1855년 주일학교 교사 에드워드 킴벌(Edward Kimball)의 영향으로 정규 교회로 돌아온 그는 시카고 빈민가에서 어린이 전도를 시작했습니다. 성령의 힘을 얻은 그의 설교에 어린들이 크게 감동받아, 몰려들기 시작했습니다. 그는 술집을 빌려 어린이들에게 성경을 가르쳤는데 정작 예수님을 믿는 아이들은 별로 없었습니다.

무디는 1861년에서 65년 사이의 남북전쟁과 스페인전쟁 동안 YMCA 간부로 부상병들을 치료하며 전도했습니다. 이때 많은 군인들이 회개하고 주님께 돌아왔습니다. 1865년 시카고에 돌아와 주일학교 교사회를 조직하고 YMCA 회장을 지내며 빈민굴 전도를 시작했습니다. 1870년 생키(Ira Sankey)가 무디의 설교에 감동을 받고 그의 전도 사역에 동참하여 노래와 풍금으로 전도 운동에 적극 협력하여 많은 성과를 거두었습니다. 1867년 무디는 생키와 함께 영국에서 대대적인 전도 운동을 하여 많은 사람들을 주님께 인도했습니다. 스코틀랜드와 아일랜드에서도 전도 집회를 열어 열변을 토했는데, 자리가 모자랄 정도로 많은 사람들이 모여들어 큰 성과를 올렸습니다.

무디의 사역 중 가장 중요한 일 가운데 하나는 해외 선교를 위한 학생자원운동(SVMFM: Student Volunteer Movement for Foreign Missions)입니다. 이 운동은 무디가 매사추세츠주 노스필드에 있는 헐몬 산에 세운 남자 학교로 매년 한 달간 진행했던 대학생 여름 수양회에 기원을 둡니다. 이 운동은 2천 년 기독교 역사에 가장 획기적 해외선교운동의 기록으로 남아 있습니다. 이곳을 통해 해외에 나간 선교사가 줄잡아 약 3만 명이었으니 이런 일을 기독교 역사가 시작된 이래 처음이고 아마도 마지막일 것입니다.

한국에 처음 나온 장로교회의 언더우드 선교사와 감리교회의 아펜젤러 선교사가 신학생일 때 이 여름 수양회에서 만난 후, 공교롭게도 1885년 4월 한국에 오는 배를 함께 타고 한국에 와서 비록 교파는 달랐지만, 평생의 동지 협력한 친구로 사역을 감당했습니다. 무디가 맺어준 친 형제보다 깊은 우정을 나눈 사이가 되었습니다. 그 이외에 한국에 나온 선교사들 중 이곳 출신이 많고 모두 무디의 영향 하에서 선교의 소명을 받고 조선에, 그리고 온 세계에 나갔습니다. 이 SVMFM의 모토가, "이 세대 안에 온 세계를 복음화하자."(The Evangelization of the World in This Generation.)였습니다.

정규 학교와 신학교육을 받지 못한 무디의 메시지는 성경에 있는 말씀을 투박한 언어로 전했으나 수많은 사람들이 그 앞에 고꾸라져 참회하고 주님을 영접했습니다. 참회하고 주님께 돌아온 많은 사업가들이 그의 선교사역에 후원을 해 주어 사역은 더 탄력을 받고 진군해 나갔습니다. 조금 과장되게 말하면 무디가 없었다면 한국 선교가 얼마나 오래 지연되었을지는 아무도 모르는 일입니다. 하나님께서 4천 년 동안 어둠에 앉아 있었던 배달겨레의 복음화를 위해 무디 선생을 예비해 두신 것입니다.

조나단 에드워즈는 예일 대학 출신의 당대 최고 학력 소지자였고, 무디는 초등하교 5학년이 정규 교육의 모든 것이었는데 하나님께서는 최고 수준의 에드워즈도 최하위 학력의 무디도 들어 쓰시는 분입니다. 어떤 의미에서 무디의 사역이 에드워즈의 그것을 능가한다고 봐도 과언이 아닐 것입니다. 에드워즈는 미국 내의 각성운동이었다면 무디는 해외 선교로 전 세계를 품고 사역했다는 다른 점이 있습니다. 하나님께서는 인간들이 보는 표준과 전혀 다른, 학력과는 상관없이 복음에 대한 열정과 성령 충만한 사람을 들어 쓰신다는 평범한 진리를 여기서 볼 수 있습니다.

06/05

시민권

"그러나 우리의 시민권은 하늘에 있는지라 거기로부터 구원하는 자 곧 주 예수 그리스도를 기다리노니" (빌 3:20)

사람은 자기가 태어난 나라의 시민권을 갖습니다. 미국은 부모가 시민권자가 아닌 경우에도, 미국 땅에서 태어나기만 하면 자동으로 시민권을 받습니다. 이것을 속지(屬地)주의라 합니다. 한국 시민도 미국에 와서 살면서 합법적으로 영주권을 받고, 영주권 받은 후 5년이 지나면 미국 시민권 시험을 보고 인터뷰를 한 후에 미국 시민이 됩니다.

처음 미국에 와서 들은 말은 영주권이나 시민권은 공기와 같아서, 가지고 있는 사람은 별로 고마움을 느끼지 못하지만, 그것이 없어서 고통받는 사람들에게는 그것이 얼마나 소중한 것인지 뼈저리게 느낀다고 했습니다. 미국에 들어온 지 오래된 한국 사람들 가운데 합법적으로 영주권이나 시민권을 받지 못하고 불법 체류를 하고 있는 사람들이 많이 있다는 사실을 알게 되었습니다. 그들은 미국에서 오래 살면서 아이들도 낳고 아이들이 유치원부터 대학까지 다 졸업했지만 여전히 시민권이 없어서 어려움을 당합니다. 시민권이 없으면 취업을 할 수도 없고 당당하게 관공서에 가서 모든 일을 처리할 수도 없습니다.

미국 의회는 1790년 '귀화제한법'(Immigration Act)을 통과시켰습니다. 이 법은 한마디로 유럽 출신 백인들에게만 미국 시민권을 주고 비유럽 출신 특히 아시아인에게는 시민권을 주지 않겠다는 의도를 가진 법이었습니다. 1912년 4월 10일, 북대서양 바다에서 타이타닉호가 빙산과 충돌하여 침몰하는 사고가 발생했습니다. 승선자 2,224명 중, 구조자는 710명에 불과했습니다. 그들 대부분은 여자와 어린이들이었습니다. 그런데 남자 승선자 중 8명이 중국인이었는데, 그중 6명이 구조되어 뉴욕 항으로 돌아왔지만 그들은 도착 즉시 추방을 당했습니다. 이유는 구체적으로 밝기지 않았지만, 내막은 백인들이 살아야 하는데 중국인이 살아 돌아왔다는 이유였습니다.

6명의 중국인 생존자는 뉴욕에 도착하자마자 바로 쿠바로 보내졌고, 1914년 제1차 세계대전이 벌어지자 영국으로 팔려갔습니다. 단지 중국인이라는 이유 때문에 그런 대우를 받았습니다. 지상의 시민권은 경우에 따라 아무 쓸데가 없습니다. 1910년 일제가 조선을 강제 병합하자 조선 사람들은 바로 일본 제국의 시민이 되었고, 조선 여권이 아니고, 일본국 여권을 가지고 해외를 여행해야 했습니다. 삽시간에 조선 사람이 일본 사람이 된 것입니다.

미국 시민권이 좋다 해도 어떤 나라에서는 무척 푸대접을 받습니다. 오래전, 필자가 아직 한국 시민이었을 때, 남미 볼리비아에서 선교하는 친구 목사가 초청을 해서 볼리비아 비자를 받기 위해 대사관에 갔습니다. 그곳에서는 한국 여권을 내놓았더니 무료로 비자가 나왔습니다. 그런데 뉴욕에서 온 친구 장로 부부는 미국 시민이라며 각각 250불씩 합 500불(현재 한화 약 60만 원)을 내고 비자를 받았다고 했습니다. 볼리비아가 좌파 정권이라 미국과 사이가 안 좋아 미국 시민들은 오지 말라고 비싸게 받는다는 이야기를 들었습니다.

세상의 시민권은 많은 제한이 있습니다. 바울 선생은 우리 그리스도인들의 시민권은 하늘에 있다고 말했습니다. 세상 시민권을 100개 갖고 있어도 그것이 우리가 세상을 떠나는 날에는 아무 소용이 없고, 하늘의 시민권이 필요합니다. 그것이 없으면 하늘나라 입국이 불가합니다. 이 천국 시민권은 오직 예수님을 믿는 사람들에게만 주어집니다.

만족한 삶

"내가 궁핍하므로 말하는 것이 아니니라. 어떠한 형편에든지 나는 자족하기를 배웠노라. 나는 비천에 처할 줄도 알고 풍부에 처할 줄도 알아 모든 일 곧 배부름과 배고픔과 풍부와 궁핍에도 처할 줄 아는 일체의 비결을 배웠노라." (빌 4:11-12)

"삶과 세상을 다른 태도로 보게 되고, 삶을 더 즐기게 된다. 따뜻한 방, 음악, 책이 있으면 더 바랄 것이 없다. 침대에[누워]서 나무만 봐도, 새소리만 들어도 행복하다. 나는 아름다운 곳만 본다. 사람의 좋은 점만 본다." 이 말은 유대인으로 2차대전 때 독일의 포로수용소에서 살아나온 한 피아니스트, 알리스 좀머(Alice Sommer)의 말입니다. 알리스는 어렵고 힘든 강제 수용소에서 음악을 낙으로 삼고 이리 저리 보여주기 식 쇼를 하라는 독일군의 명령에 따라 수없는 연주회를 했지만 자기의 현재 고통스런 상황에 절망하지 않고 언제나 음악이 있음에 감사하며 희망을 품고 살았습니다. 독일인이 죽도록 싫고 증오할 만한데, 알리스는 독일인 베토벤이 자기의 종교라고 말했습니다. 음악의 세계에서 적과 동지가 없다는 말이지요. 음악은 온 인류가 공유하는 인류 공통의 언어입니다.

오사카 나오미(24세, 일본)는 세계 최고의 테니스 대회에서 최근 4번이나 우승한 최고의 여자 테니스 선수입니다. 아시아 국적 선수로는 여자 단식 1위에 오른 선수입니다. 물론 돈도 많이 벌어 최근 1년에 6천만 달러(1,200억 원 정도)를 벌어들여 여성 스포츠 선수 중 최고의 수입을 얻은 선수이기도 합니다. 그러니까 명예와 돈을 양손에 쥔 스타입니다. 모든 연예인, 운동선수 등 인기를 등에 업고 사는 사람들의 인생 목표는 세계 제일이 되는 것입니다. 올림픽에서도 금메달을 따야지, 은메달은 별로입니다. 불과 0.01 차이로 금메달을 놓쳐도 은메달은 그저 그런 것이고, 별로 알아주지도 않지요. 무조건 1등, 금메달이어야 합니다.

그러므로 모든 연예인, 운동선수는 세계 제일이 되는 것이 꿈이고 돈 많이 버는 것이 꿈입니다. 그래서 그런 꿈을 이룬 사람들이 많습니다. 그러면 그 사람들은 행복할까요? 더 이상 바랄 것이 없을까요? 그들이 얻은 명예, 돈이 그들 인생을 마지막까지 행복과 인기, 건강을 보장해 줄 수 있을까요? 그렇다면 세계 정상에 오른 나오미가 왜 우울증에 걸렸을까요? 세계 최고의 팝 가수 엘비스 프레슬리는 돈과 명예를 한꺼번에 가졌는데, 왜 마약 과다 복용으로 자살의 길로 갔을까요? 세계 최고 섹스 심벌(sex symbol)로 인기 절정에 이르고, 미국 대통령 케네디의 생일에 특별 초대되어 "Happy Birthday to You"(생일축하해요)를 불렀던 마릴린 먼로는 왜 자살을 했을까요? 그들은 명예와 돈을 양손에 다 가졌었는데요.

해답은 의외로 간단합니다. 명예와 돈이 인간을 행복하게 해 줄 수 없다는 단순한 논리입니다. 인간의 외형적 요인이 인간 내면에 문제를 해결해 줄 수 없습니다. 성경에 삭개오는 적어도 돈은 많은 사람이었습니다. 점령국 로마의 관원인 세리장에 오른 사람으로 비록 동족들의 질시를 받았지만, 그는 권력과 명예, 그리고 돈이 많았습니다. 그러나 그의 영혼은 만족을 얻을 수가 없었지요.

그는 결국 자기를 박차고 일어나 예수님을 만나러 갔습니다. 예수님을 만난 삭개오는 진정한 자유를 찾았습니다. 돈, 명예, 지위가 주지 못한 내적 행복이 예수님을 만남으로 채워졌습니다. 바울 사도는 돈도 명예도, 지위도 없었지만, 인간 내면의 평화를 얻은 후에 '자족'하기를 배웠노라고 실토했습니다. 비록 우리가 돈이 조금 없어도, 명예나 지위가 없어도 "주님 한 분 만으로 만족하옵니다."는 고백을 할 수 있는 그리스도인은 참 행복한 사람입니다.

성경 해석

"먼저 알 것은 성경의 모든 예언은 사사로이 풀 것이 아니니 예언은 언제든지 사람의 뜻으로 낸 것이 아니요 오직 성령의 감동하심을 받은 사람들이 하나님께 받아 말한 것임이라." (벧후 1:20-21)

마르틴 루터와 장 칼뱅이 주도한 16세기 교회(종교)개혁 이전에는 교회가 로마가톨릭교회와 그리스정교회밖에 없었고, 두 교회 다 성경을 읽고 해석할 수 있는 권리가 교황청에만 있었기에 성경 해석은 하나밖에 존재하지 않았습니다. 그러나 교회 개혁 후부터 개혁자들은 성경을 자국어로 번역해서 일반 평신도도 읽을 수 있게 했고, 한 걸음 더 나아가 해석도 개인이 할 수 있도록 자유를 주었기에 개혁 이후 무수한 교파가 생겨났습니다.

그런데 문제는 성경을 해석할 수 있는 권리가 개인에게 주어지자 누구든지 성경을 읽고 자기 마음대로 해석 하면서 이단(異端) 사설(私設)이 일어나기 시작했습니다. 고대 교회에서는 예수님이 하나님이 아니고 인간일 뿐이라는 해석이 일어남과 동시에 인간은 아니고 오직 하나님뿐이라는 주장도 나오게 되었습니다. 이런 주장은 전통교회로부터 이단으로 정죄가 되었습니다. 이런 정통 교회의 해석에 반(反)하는 해석이 나와 교인들은 혼란에 빠뜨리고 진리에서 벗어나 이단 사설(私設)에 빠지는 경우가 많아지게 되었습니다.

특히 구약의 다니엘서의 여러 상징들과 신약의 요한계시록에 나오는 여러 상징들을 자의적으로 해석해서 일반 교인들은 혼란에 빠지게 하는 일이 자주 일어나게 되었습니다. 한국에서 1950년대 나타난 통일교회는 문선명이 『원리강론』이란 책자를 만들어 인간의 에덴동산

타락, 즉 이브가 뱀의 유혹에 빠져 선악과를 따 먹은 사실을, 이브가 뱀과 성관계를 가졌다는 것으로 해석했습니다. 따라서 인간에게는 뱀 즉 사탄의 더러운 피가 섞여 있어서 멸망을 받게 되는데, 문선명의 피를 받으면 사탄의 피가 맑아져 구원에 이른다는 터무니없는 이론을 주장했습니다. 그런데 무수한 사람들이 이 이단에 넘어가 패가망신을 했습니다.

같은 시기에 당시 장로였던 박태선이 일어나 신유(神癒)의 은총을 받았다며 박태선의 손 씻은 물이나 발 씻은 물을 마시면 무슨 병이든지 다 낫는다며 물을 팔아먹는 사기극을 연출했습니다. 근래에는 신천지교회 이단 집단이 일어나 계시록에 나오는 14만 4천 명(계 14:1) 만이 구원을 받게 되는데, 그 14만 4천 명에 들어가려면 자기 교회, 즉 신천지교회의 교인이 되어야 한다며 교인들을 현혹했습니다. 미국 테네시주의 방송인인 지미 드영(81)이 코로나로 입원하지 8일 만에 세상을 떠났는데, 그가 진행하는 라디오 프로그램에서 코로나 백신에 대한 불신을 여러 차례 나타냈습니다. 2020년 12월 방송에서 출연자에게 "백신이 요한계시록 3장의 짐승의 표와 관련이 있는가?"라고 물었습니다. 마치 백신과 계시록에 나오는 짐승의 표와 관계가 있는 것처럼 이야기한 것입니다.

성경 해석은 아무나, 아무렇게나 해서는 안 되고 성서학자들의 견해를 청취하고 자기 교단에서 정통교리로 인정하는 부분에서만 따를 필요가 있습니다. 물론 성서학자들도 극(極) 보수에서 극 자유주의까지 다양한 학자들이 있어서 누구의 말을 믿어야 할지 헷갈릴 때가 많습니다. 성경 해석은 그 누구도 자신 있게 "그것은 이것이다."라고 말할 수 없습니다. 다만 성경은 성경으로 풀어야 하는데, 그것도 역시 사람이 푸는 것이어서 진리는 아니고 '그의 해석'(his interpretation)일 뿐입니다. 따라서 지난 500년 동안 내려오는 전통 교단의 해석을 따르는 것이 가장 안전한 방법이고, 어떤 개인이나 단체가 해석하는 것은 극히 조심해야 합니다. 온전한 것은 천국에 이르렀을 때 알게 될 것입니다. 성경 해석을 하는 목사나 학자들의 말을 전적으로 의뢰하지는 말고 참고만 하시기 바랍니다.

06
08

한국의 현실

"그런데 나사로라 이름 하는 한 거지가 헌데 투성이로 그의 대문 앞에 버려진 채 그 부자의 상에서 떨어지는 것으로 배불리려 하매 심지어 개들이 와서 그 헌데를 핥더라." (눅 16:20-21)

2021년 6월 8일자 조간 기사 중 두 가지가 저를 놀라게 했습니다. 첫째는 골프를 한번 치는 데 드는 비용입니다. 이 보도가 확실한지는 잘 모르겠습니다만, 권위 있는 신문(한국에서 발행되는 3대 신문 중 하나)이 최근 보도한 내용에 따르면, 한국에서 대중 골프장 입장료가 20만 원, 주말에는 30만 원, 캐디 15만 원, 카트 12만 원이라 합니다. 이 보도에 따르면 대중 골프장에서 어떤 사람이 주말에 캐디와 더불어 골프를 치면 약 50만 원이 든다는 말인데, 미화로 환산하면 약 450불 정도 드는 셈이네요. 미국에 사는 사람은 잘 알지만, 400~500불이면 큰돈입니다. 이렇게 큰돈을 들여 골프를 칠 사람은 교포 가운데는 거의 없을 겁니다.

미국에서는 노인이 대중 골프장에서 골프를 치면 20불(2만 2천 원) 정도고, 보통 사람은 주중에 40불(4만 4천 원), 주말에는 50불(5만 5천 원)면 가능합니다. 그것도 골프 칠 여유 있는 돈이 없어 골프를 못 치는 사람이 태반입니다. 미국 생활은 참 팍팍하고 힘듭니다. 여유 있게 골프치고 놀 수 있는 사람은 극히 제한적입니다. 부부가 한 주간 내내 힘들게 일하고, 자녀들 돌보는 일이 보통 고된 일이 아니어서 여유롭게 골프치고 생활할 수 있는 사람은 한계가 있습니다. 돈 많이 버는 사람이나, 일할 때 돈 많이 벌어 놓은 이들이 은퇴한 후, 여유롭게 골프를 즐기면서 사는 사람도 많지 않습니다. 은퇴한 후에도 노후 대책이 잘 되어 있지 않아서 국가에서 주는 기본 생활비로 노인 아파트에서 쓸쓸히 사는 이들이 대부분이지요.

또 한 가지 한국에서 온 소식 중 놀란 것은 골프 인구가 515만 명이라는 사실입니다. KB 경영연구소가 2021년 6월 6일에 발간한 『KB 자영업 분석 보고서』에 의하면 2020년 골프 인구가 전년 대비 46만 명이 증가한 515만으로 추산된다 합니다. 한국에서 골프 치는 사람이 500만 명이 넘는다면 인구 5천만의 10%가 되는 셈입니다. 그런데 좀 더 분석해 보면, 0살에서 20살까지 인구 약 1천만을 빼면, 4천만이 남고 그중 여자가 절반 2천만 명을 빼면(물론 여자들 중에도 골프를 치는 사람이 적지 않겠지요) 2천만 명이 남지요. 그중에는 나이가 많아 골프를 칠 수 없는 노인들, 장애인들, 노동자들, 극빈자들을 빼고 나면 나머지 골프를 칠 수 있는 인구가 더욱 줄어들어, 대강 한국 남자 4명 중 1명은 골프를 친다는 셈인데, 과연 그럴까 의심이 들기도 합니다. 아무튼 500만 명이 넘는 사람들이 한번 칠 때 수십만 원이 드는 골프를 친다는데, 미국에 사는 필자 같은 서민들에게는 꿈같은 이야기네요. 필자 같은 은퇴자가 골프 한번 치는 데 몇백 불을 들여 친다는 것은 상상할 수 없는 이야기입니다.

그런데 한국 한쪽에서는 이렇게 호화판으로 인생을 즐기는 사람들이 많은데, 한쪽에서는 굶어 죽고 있다는 사실입니다. 탈북자 두 모녀가 굶어 죽었다는 보도를 필자는 지금도 잊을 수가 없습니다. 굶주림에 못 견딘 소년이 맨발로 편의점에서 빵과 우유를 훔쳐 먹다 발각되었다는 뉴스를 볼 때, 미국에서 배불리 먹고 사는 필자는 양심에 심한 가책을 느낍니다. 왜 한국은 부익부 빈익빈의 현상이 가중되고 있을까요? 부잣집 마나님들은 하나에 수백, 수천만 원하는 핸드백을 들고 다니며, 명품으로 치장하고 사는데, 한쪽에서는 굶어 죽는 한국의 현실을 어떻게 이해해야 할지 난감할 뿐입니다.

필자는 이런 뉴스를 보면서, 누가복음 19장에 나오는 부자와 나사로의 이야기가 생각났습니다. 부자는 날마다 잔치를 베풀고, 일가친척들과 친구들을 불러 먹고, 마시며, 즐기고 있을 때, 그 집 문간에는 병들고, 굶주리며, 헐벗고, 고통받는 거지 나사로가 누워있었습니다. 그러나 부자나 그 집 식구들, 그리고 잔치에 초대받은 수많은 사람들은 대문 앞에 누워 있는 나사로에게 눈길 한 번 주지 않고, 없는 사람 취급하면서 드나들었습니다. 결국 나사로는 병으로 죽었거나, 굶어 죽었겠지요. 예나 지금이나 그야말로 부자들과 가난뱅이들의 삶의 현장입니다. 주님은 부자에게 눈길을 주시지 않고, 측은한 거지 나사로에게 관심을 두고 계셨습니다. 주님은 오늘도 우리에게, "지극히 작은 자에게 한 것이 곧 나에게 한 것이라."고 말씀하십니다. 내 집 주변에 '나사로'가 누워 있지 않은지 살펴봐야겠습니다.

골드 러시와 골든 스테이트

"예수께서 제자들에게 이르시되 내가 진실로 너희에게 이르노니 부자가 천국에 들어가기가 어려우니라. 낙타가 바늘귀로 들어가는 것이 부자가 하나님의 나라에 들어가는 것보다 쉬우니라." (막 19:23-24)

필자가 살고 있는 캘리포니아를 '골든 스테이트'(Golden State)라고 말합니다. 소위 캘리포니아 골드러시는 1848년에서 1855년 사이에 캘리포니아의 수도인 새크라멘토(Sacramento) 인근 콜로마(Coloma)에서 새크라멘토 개척자 존 슈터(John Sutter)의 현장 감독 제임스 마샬(James W. Marshall)이 근처 개천에서 사금(砂金)을 발견하면서 시작되었습니다. 금이 발견되었다는 소식이 퍼지자 미국은 말할 것도 없고 유럽, 심지어 아시아에서부터 약 30만 명이 캘리포니아로 몰려 왔습니다. 그때가 1849년으로 그때 온 사람들을 'Forty Niners'라 불렀습니다. 현재 샌프란시스코의 유명한 풋볼팀 이름이 '49ers'입니다.

처음에는 사금을 찾기 위해 냄비와 같은 것으로 강바닥을 훑어 내려갔습니다. 그러나 후에는 금 탐사를 위한 보다 세련된 기술이 개발되었습니다. 최고조에 이르렀을 때는 기술적 진보를 위해 막대한 자금이 필요했으므로 개인 채굴자들보다 자금이 풍부한 회사의 광산 개발 비율이 늘어갔습니다. 금 캐는 도구를 독점하여 비싸게 파는 사무엘 브란만(Samuel Brannan), 금광 안으로 광부들을 실어 나르는 철도를 놓은 리랜드 스탠포드(Leland Stanford), 탄광에서 쉽게 닳지 않은 청바지를 만들어 많은 돈을 번 리바이 스트라우스(Levi Strauss) 등입니다. 오늘날 미국 달러로 셈해도 수십억 달러에 달하는 금이 발견되어 극소수에게는 막대한 부를 안겨 주었지만, 대부분의 사람들은 왔을 때와 별 다름없는 상태로 고향으로 돌아갔습니다.

그러나 골드러시의 영향은 상당한 결과를 낳았습니다. 개척지였던 샌프란시스코는 신흥 도시로 성장했고, 캘리포니아에는 도로, 교회, 학교 및 다른 소도시들이 연거푸 건설되었습니다. 법률 체계가 정리되면서 1850년 협정에 의해 캘리포니아는 미국의 31번째 주로 연방에 편입되었습니다. 이 골드러시로 캘리포니아에는 여러 항만이 건설되었고 증기선이 정기적으로 운행했으며, 철도가 연결되자 광업에 이어 농업 등 다양한 산업이 광범위하게 발전되었습니다. 금을 캐기 위해 많은 사람들이 모여드니까, 자연히 식당이 생기고, 숙박을 위한 모텔이 생겼으며, 잡화상, 술집, 홍등가, 도박장 등이 우후죽순 생겨났습니다.

그러나 골드러시는 부정적 결과도 가져왔는데, 본디 캘리포니아에서 살던 인디언들은 조상 대대로 경작하던 땅에서 쫓겨났고, 질병과 기아 및 캘리포니아 대학살로 급격히 감소하는 결과를 초래했습니다.

금은 세상에서 거의 유일하게 변하지 않는 물질입니다. 은이나 동이나 기타 모든 광물질은 엔트로피 현상이 일어나지 않은 물질이라고 합니다. 물속에서도, 땅 속에서도 오랜 세월이 지나가도 본디 모습 그대로 보존됩니다. 찬송가에 "금보다 귀한 믿음은 참 보배되도다."라는 가사가 있습니다. 우리 믿음은 참 보배입니다. 금보다, 금강석보다 더 귀한 것입니다. 금은 인간의 물질적 문제에 다소 도움이 되겠지만, 우리가 세상 떠나는 날에는 아무 소용이 없습니다. 세계적 대재벌도 운명하는 날, 그 많은 금덩이가 무슨 소용이 있겠습니까? 오직 예수님을 믿는 그 믿음만이 우리를 영원한 세계로 이끌어 줍니다. 골드러시가 아니고, 페이스러시(Faith Rush)가 인류를 영원한 세계로 이끌고 갑니다. 금을 찾아 캘리포니아로 갈 것이 아니고, 진리를 찾아 성전으로 가야 합니다. 금보다 귀한 믿음을 전하는 데 열심을 더 내야겠습니다.

새로운 세상

"우리는 그의 약속대로 의의 거하는바 새 하늘과 새 땅을 바라보도다."
(벧전 3:13)

16세기가 되면서 인류 역사는 커다란 변혁기를 맞게 됩니다. 이 변혁을 가져오는 몇 가지 사건이 있었습니다. 그 사건들에 대해 살펴보기로 합니다.

첫 번째 사건은 르네상스(Renaissance: 문예부흥)입니다. 르네상스는 고대 그리스나 로마의 문화로 돌아가자는 운동입니다. 르네상스 운동은 인간중심운동입니다. 500년에서 이후 1500년까지 1천년 동안 로마가톨릭교회가 모든 학문과 문화를 장악한 시대였습니다. 따라서 서양사에서는 중세 1천년을 '암흑시대'(The Dark Age)라 합니다. 그것은 '신학은 모든 학문의 여왕'(The Queen of All Sciences)라 하여 신학 아래 모든 학문을 두었습니다. 문학, 철학, 법률, 심지어 과학까지도 신학의 범위를 넘어설 수 없었습니다. 그 대표적인 것이 지동설을 주장했던 갈릴레오를 종교재판에 넘겨 화형에 처하려 했던 일입니다. 과학적으로 입증된 지동설을 교회가 억누른다고 지구가 돌고 있지 않았던 것은 아닙니다. 여기에 교회의 오만과 과오가 적나라하게 표출되고 있습니다.

그런데 16세기에 와서는 그동안 신학에 억눌려 있던 모든 분야의 학문들이 교회의 규제를 벗어나 자유롭게 발전되고 향상될 수 있었습니다. 이제는 교회의 권위로 세속 학문의 발전을 억누를 수 없는 시대가 도래한 것입니다. 인문주의자들을 중심으로 한 교회의 장벽을 뛰어넘는 학문의 자유가 쟁취되었습니다. 1천 년의 긴 세월 동안 내려오면서 내부적으로 썩을 대로 썩어버린 교회는 새로운 개혁 세력에 맞부딪치면서 그 힘을 상실하게 되었습니다. 지난 천년이 교회 중심, 신 중심의 문화였다면 르네상스는 이제 인간 중심, 세상 중심의 문화로 대 변혁기를 맞게 된 것입니다.

두 번째 사건은 종교개혁 Reformation입니다. 한 편 교회 쪽에서는 부패한 로마교회를 계획하려는 새로운 운동이 일어나면서 종교개혁의 3대 영웅인 루터, 칼뱅, 츠빙글리 같이 뛰어난 지도자들의 헌신으로 새로운 성서적인 교회가 대두된 것입니다. 개신교회는 과거 로마가톨릭교회 전횡 시대를 마감하고 새로운 교회를 통한 복음 선교 활성화로 세계 곳곳에 선교사가 파송되고, 교회와 신학교가 세워져 이민족 복음화가 본격적으로 이루어졌습니다.

16세기 장로교회가 시작되었을 때, 장로교회의 예정론 즉 구원을 받을 자와 멸망을 받을 자가 예정되어 있다는 이중 예정론에 의해, 구원 받을 자와 멸망 받을 자가 이미 예정되어 있다면 무엇 때문에 전도나 선교를 하느냐? 어차피 구원받을 사람은 구원받을 것이고, 멸망 받을 사람은 멸망 받을 것인데 전도나 선교를 할 필요가 있느냐면서 선교를 반대하는 사람들이 일어났습니다. 이에 따라 선교의 기운이 쇠잔해졌습니다. 그러나 예정론은 장로교회가 주장하는 교리일 뿐 예수님께서 "온 천하에 다니며 복음을 선포하라." 명하셨고, 바울 선생도 "너는 말씀을 전파하라 때를 얻든지 못 얻든지 항상 힘쓰라"(딤후 4:2)란 말씀에 따라 선교를 반드시 이행해야 한다는 주장이 설득력을 얻었습니다. 이에 따라 세계 선교가 서서히 불이 붙기 시작했습니다.

세 번째는 1492년 콜럼버스가 신대륙을 발견한 사실입니다. 콜럼버스는 새로운 대륙에 갈 생각을 한 것이 아니고, 유럽에서 고가로 팔리는 향신료 수입을 위해 인도로 갈려고 닻을 올린 것입니다. 그는 아무도 감행하지 않은 항해를 시도했습니다. 지구가 둥글다는 것을 확신하고 동쪽으로 계속 가면 다시 자기가 출발한 곳으로 되돌아온다는 확신을 가지고 출항했습니다. 그는 그가 도착한 곳이 인도로만 생각했지 신대륙이라고는 상상도 못했습니다. 그는 죽을 때까지 자기가 도착한 곳이 인도라 여기고 살았지만 그곳은 인도가 아니고 새로운 대륙이란 사실이 밝혀지면서 신대륙 시대가 열리게 되었습니다.

1620년 영국에서 소수의 청교도들이 이주하면서 유럽 사람들의 신대륙 이주는 결국 수백, 수천만에 이르렀고 영국 식민지 시대를 거쳐 미국이라는 강국이 서서히 그 모습을 드러내더니 오늘에 이르러 세계 최강국이 되었습니다. 많은 청교도 후예들은 이 신대륙은 하나님께서 그들에게 마련해 주신 새로운 땅으로, 그들은 세계 복음화라는 중책을 지고 있다고 여겨, 수많은 선교사들을 온 세계에 파송했습니다. 19, 20세기뿐 아니라 오늘날에도 세계에서 가장 많은 선교사들을 파송하는 나라는 미국입니다. 우리나라도 미국의 선교사들이 와서 4천 년 동안 어두움에 앉아 있던 배달겨레에게 복음을 전해주고, 세계 10대 경제대국이 되는 기틀을 마련해 주었습니다.

네 번째는 귀족과 평민이란 두 계급에서 또 다른 사회 계층이 생겨난 것입니다. 이탈리아를 중심으로 도시 국가들이 형성되면서 무역을 매개로한 상인이라는 제3의 계급이 나타났습니다. 이들은 교역을 통하여 자본을 축적했고 은행을 세워 대부업을 활성화시켰습니다. 이로써 세상은 농경사회에서 산업사회로 이전되었습니다.

다섯 번째는 이미 말씀드린 대로 구텐베르크(Gutenberg)가 금속활자를 발명한 것입니다. 이 인쇄술로 대량의 책들이 생산되는 체제로 넘어가면서 일부 왕족이나 귀족들에게 머물렀던 지식이 이제는 일반 평민들에게까지 보급되어 민도가 향상되었고 자기들의 권리를 주장하게 되었습니다. 따라서 손으로 쓰던 수기(手記) 시대가 지나고 이제는 인쇄를 통해 책을 발행하는 새로운 시대로 전환하게 되었습니다.

보다 좋은 질

06
11

"그러면 너희가 어찌하여 나갔더냐 선지자를 보기 위함이었더냐 옳다 내가 너희에게 이르노니 선지자보다 더 나은 자니라." (마 11:9)

필자는 1974년 시카고 쪽으로 유학을 왔습니다. 한 해가 지난 후에 양복을 한 벌 사기 위해서 시카고 다운타운 쪽에 있는 한 양복 가게에 들어갔습니다. 처음에는 그 가게 상호도 몰랐는데, 후에 알고 보니까 이 가게는 1818년 유태인 형제가 시작한 브룩스 브라더스(Brook's Brothers)라는 미국에서는 널리 알려진 남성 전용 양복점이었습니다.

가게 안에 진열된 양복들을 살펴보았습니다. 시카고는 추운 계절이 특히 길어 따뜻한 양복을 사려고 순모 양복을 찾았습니다. 디자인 색상 등을 살펴보면서 마음에 드는 것이 있어 가격표를 보았더니 지금 기억으로 $300이 붙어 있었습니다. 지금부터 약 50년 전 300불은 적지 않은 돈이였지요. '역시 이름 있는 가게는 가격도 만만치 않구나'라는 생각이 들었습니다. 그런데 다른 쪽에 마음에 드는 양복이 눈에 띄어 가서 살펴보니 역시 순모였고, 가격은 500불이었습니다. 필자는 두 양복 모두 순모인데 어떻게 200불이나 차이가 날까 의아해하면서 점원을 불러 물어보았습니다.

그랬더니 그 점원이 간단히 대답했습니다. "Better Quality."(질이 더 좋습니다) 이해가 되지 않아 다시 점원을 불러 "Better Quality"란 무엇을 의미하느냐고 물어볼까 하다, 그만두었습니다. 그리고 큰 맘 먹고 300불 짜리 양복을 사 갖고 왔습니다. 양복을 입어 보니까 역시 브랜드 상품이 다르긴 다른지 친구들이 양복 좋다며 어디서 샀냐고 물어보곤 했습니다. 그 후 필자는 양복이나, 양복저고리, 바지나 기타 남성용 의복을 살 때는 좀 비싸더라도 브룩스 브라더스(Brook's Brothers)를 애용하면서 단골손님이 됐습니다. 집으로 돌아오면서, 곰곰이 생각해 봤습니다. 도대체 "better Quality"란 무엇을 의미하는 것일까, 다 같은 순모 양복인데, 어떻게 200불씩 차이가 난다고 말할까.

결국 다음과 같은 결론에 이르렀습니다. 같은 양모라도 어떤 양의 털이냐에 따라 질이 달라지겠지요. 죽을 때가 얼마 되지 않는 늙은 양에서 나온 털은 그만큼 윤기도 없고 깨끗하지도 않을뿐더러 풀이 죽은 양모가 될 수밖에 없지요. 그러나 싱싱한 젊은 양 또는 어린 양의 틀은 부드럽고 윤기가 잘잘 흐르고 그야말로 질이 좋은 양털 일 수밖에 없을 것입니다. 또 한 가지 생각을 해 보았습니다. 젊은 양이라도 그 양의 어느 부위의 털이냐에 따라 또 그 질이 달라질 수밖에 없다고요. 다시 말하자면 엉덩이 쪽 털은 질이 떨어질 수밖에 없고, 목 밑이나 다른 것에 접촉되지 않는 부분의 털은 질이 좋을 수밖에 없다는 생각을 하게 되었습니다. 그래서 순모라도 다 같은 순모가 아니겠다는 결론을 얻게 되었습니다.

또 한 가지는 양모로 천을 짤 때, 날줄과 씨줄이 있습니다. 1인치 평방에 날줄과 씨줄이 몇 회 왔다 갔다 했느냐에 따라 그 촘촘함이 달라 질 수밖에 없겠지요. 다시 말해서 20번 왔다 갔다 한 천과 10번 왔다 갔다 한 천이 같은 질일 수 없습니다. 많은 횟수 왔다 갔다 한 천이 튼튼하고 질이 좋을 수밖에 없겠지요. 엉성하게 대강 왔다 갔다 한 것은 그만큼 천이 엉성하고 후에 쉽게 떨어질 수밖에 없습니다.

필자는 이런 생각을 하면서 우리 그리스도인들을 생각해 보았습니다. 겉으로 보기에는 다 똑같이 그리스도인입니다. 모태 신앙이고, 유아세례를 받았으며, 입교문답도 했고, 집사와 장로가 되고, 결혼식도 목사 주례로 했지요. 겉으로 보기에는 다 비슷비슷해 보입니다. 교회

봉사도 열심히 하고 주일 성수도, 십일조도, 찬양대, 교회학교 교사, 주방봉사, 주차장 봉사 등 다양한 분야에서 열심히 일합니다. 사람들 보기에는 정말 믿음이 좋고, 신실하고, 본받을 만하고 칭찬받을 만한 모범 교인입니다. 그러나 그들의 진짜 생활을 들여다보면 결코 한결같을 수가 없습니다. 교회에서는 그렇게 모범적인 교인이지만, 일단 교회를 벗어나 가정으로, 직장으로 사회로 들어가면 전혀 딴 판인 사람들이 한둘이 아니지요.

"인사과에 Mr. Kim 말이야, 그 친구 참 요즘 세상에 보기 드물게 진실하고, 성실하고, 근면하고, 겸손하고, 참 나무랄 데 없는 사람이야, 교회에 다닌다더니 역시 교인은 다르군." 이런 말을 듣는 사람이 "better quality"란 말을 들을 수 있는 사람입니다. 순모라도 같은 모직 양복이 아닌 것처럼, 겉으로 보기에는 모범적인 교인 같지만 그들의 속생활을 보면 표리가 부동한 교인들이 적지 않게 있다는 것은 우리를 슬프게 하는 현실입니다. 이런 사람들 때문에 교회가 욕을 먹고 전도에 방해가 되지요. 우리 모두는 "Better Quality Christian"이 되기 위해 기도하고 노력합시다.

검도와 검술

"내 사랑하는 자들아 너희가 친히 원수를 갚지 말고 진노하심에 맡기라 기록되었으되 원수 갚는 것이 내게 있으니 내가 갚으리라고 주께서 말씀하시니라." (롬 12:19)

오늘은 검도(劍道)와 검술(劍術)에 대해 생각해 보겠습니다. 검도와 검술은 서로 다른 개념입니다. 일단 검술은 검을 어떻게 잘 쓰느냐는 방법론입니다. 상대방을 제압할 수 있는 기술을 연마하는 것이지요. 그러나 검도는 그 연마한 검술을 언제, 누구에게 쓰느냐 하는 것입니다. 이 검도와 검술은 서양과 동양이 서로 개념이 다르다는 것을 알게 되었습니다. 서양에서는 검을 뽑을 때 두 가지 경우에 한 해서입니다.

첫째는 국가에 전쟁이 일어났을 때, 국가와 민족을 위해서 검을 뽑아야 합니다. 다음 두 번째 검을 뽑을 때는 삼각관계일 때, 즉 한 여자를 두고 두 남자가 서로 경쟁할 때 남자끼리 남자답게 서로 검을 뽑아 대결합니다. 한 사람이 상대를 완전히 제압하면 자연히 그 여자는 자기 여자가 되는 식이지요. 그러나 동양에서 첫째는 서양에서와 같이 국가에 전쟁이 났을 때 검을 뽑아 나라를 지킵니다. 다음 두 번째로 동양에서는 억울한 죽음을 당한 부모의 원수를 갚을 때 검을 뽑습니다.

우리나라의 경우를 생각해 보겠습니다. 예를 들어, 한 좌의정이 있었습니다. 그 이는 충신이고, 올곧고, 충언을 서슴지 않고, 일편단심 왕과 국가를 위해 충성을 다하는 모두가 존경하는 어른이었습니다. 그런데 이런 경우 반드시 그를 시기, 질투하는 간신배가 있게 마련이지요. 이조판서는 간사하고, 아첨 잘하고 모함 잘하는 소인배였습니다. 이 이조판서가 동류들과 야합해서 좌의정에게 역모를 했다는 누명을 씌워 죽음에 이르게 했습니다. 가산은 적몰(籍沒)됐고, 부인과 모든 가솔들은 관노(官奴)가 되어 종살이를 하게 되었지요. 그러나 하나뿐인 어린 아들은 유모의 기지(奇智)로 무사히 도피하여 깊은 산속 작은 절에 들어가 동자승으로 연명하며 살았습니다. 유모는 철없는 아이에게 너는 커서 반드시 억울하게 돌아가신 아버님과 노비가 된 가족들의 원수를 갚아야 한다고 세뇌교육을 시켰습니다.

A는 어려서부터 유모의 세뇌로 꼭 아버지와 가문의 원수인 이조판서에게 원수를 갚겠다는 일념으로 검술을 갈고 닦은 후, 원수를 갚으러 갔습니다. 은퇴 후 호화롭게 만년을 보내는 병조판서의 집을 심야에 월담하여 홀로 깊은 잠에 빠져 있는 이조판서의 목을 베어 피가 뚝뚝 흐르는 머리의 털을 잡고 아무렇게 묻혀 있던 아버지 좌의정의 묘 앞에서 흐느끼며, "아버님, 소자가 원수를 목을 갖고 왔습니다. 이제 한을 푸시고 더 이상 구천을 헤매지 마시고 좋은 곳으로 가세요."라고 했습니다. 평생 절치부심(切齒腐心) 하던 원수를 갚았지요. 그런데 문제는 이조판서의 아들 B에게는 A가 자기 아버지를 죽인 원수가 되는 것이지요. B는 또 A의 목을 따기 위해 검술을 익혀 결국 A의 목을 베어 자기 아버지 이조판서 묘 앞에 놓고 똑같이 원수를 갚았다고 외쳤습니다.

이렇게 되면 좌의정과 이조판서 두 집안은 대대로 원수지간이 되어 서로를 죽이고 죽는 피의 보복전을 계속하게 됩니다. 이 두 가문간의 화해는 불가능합니다. 원수를 갚기까지는 결혼도 가정도 있을 수 없습니다. 이것이 동양의 효(孝) 사상입니다. 이런 윤리에서는 두 가문 간에 영원히 평화가 존재할 수 없습니다. 그런데 예수님께서는 이 피의 보복의 연결 고리를 끊어 버릴 수 있는 원리를 알려 주셨습니다. "네 원수를 사랑하라."는 말씀입니다. 바울 선생도 원수를 사랑하는 것은 머리에 숯을 쌓아 놓는 것이라고는 말씀하십니다. 어느 쪽에서라도 그 원수를 사랑하여 복수극을 그치면, 피의 보복의 악순환이 그치게 됩니다.

이것은 참으로 어렵고 힘든 일입니다. 그러나 이것이 예수님의 가르침이며, 기독교 정신입니다. 이것이 두 가문의 연속되는 비극이 끝내는 일이고 양 가에 평화를 가져오는 첩경입니다.

원수를 사랑한다는 것이 말은 쉽지만 그렇게 쉬운 일이 아니지요. 지극히 어렵고 힘든 일입니다 그렇지만 불가능한 일은 아닙니다. 이런 경우를 손양원 목사님에게서 봅니다. 자기 두 아들을 한 날 한 시에 죽인 공산당 학생을 양아들로 삼았던 사실을 볼 수 있습니다. 결코 불가능한 일이 아니지요. 다만 그가 성령의 사람이어야 한다는 단서가 붙을 뿐이지요. 이것이 두 가문 간에 피의 보복전이 아니고, 사랑의 연결고리가 생겨 평화가 찾아오게 하는 유일한 길입니다.

JUN

귀 무덤 이총

06/13

"이는 우리의 허물이 주의 앞에 심히 많으며 우리의 죄가 우리를 쳐서 증언하오니 이는 우리의 허물이 우리와 함께 있음이니라 우리의 죄악을 우리가 아나이다." (사 59:12)

일본 교토 시에는 '이총'이라는 귀 무덤이 있습니다. 이 귀 무덤은 1592년 일본의 풍신수길(風臣秀吉)이 일으킨 임진왜란 때, 일본군이 조선군과 백성들의 귀를 베어간 것을 모아 무덤으로 만든 것입니다. 풍신수길은 일본군 장수들에게 조선군과 백성들의 수급(首級:싸움터에서 베어 온 적군의 머리)을 갖고 오라고 명령했는데, 수급이 너무 무겁고 부피가 커서 그 대신 귀와 코를 베어 갖고 오게 한 것입니다. 일본군 장수들의 부하들이 갖고 온 코와 귀를 모아 풍신수길에게 보내면, 그는 그 숫자를 정확히 헤아려본 후, 장수들에게 영수증을 써주고 소금에 절였습니다. 그러고 나서 이것을 일본 전역에 순회케 하여 일본군의 혁혁한 전공을 널리 알리고, 자신의 과업을 뽐내는 데 사용했습니다.

이 귀 무덤에는 조선인 약 12만 6천여 명의 코와 귀가 묻혀 있습니다. 일부는 경남 사천시로 옮겨가 그곳에 묻혔으나 대부분은 교토에 그대로 남아 있습니다. 일본 정부도, 한국 정부도 이 무덤을 돌볼 예산을 전혀 세우지 않아 그대로 방치되어 있었는데, 어떤 개인이 삼대 째 이 무덤을 관리하고 있습니다. 코와 귀를 베는 행위는 천인공노(天人公怒)할 야만적 행위인데 이런 일을 교회가 교인들에게 했다는 사실은 모르고 계실 겁니다.

기독교에 이단 운동이 일어난 것은 초기교회 때부터였습니다. 그러나 초기교회 시대에는 이단을 출교 처분은 했으나 처단하지는 않았습니다. 그러나 중세기(약 500~1500년)에는 이단들을 불에 태워 죽이는 화형(火刑)에 처했습니다. 그런데 중세 가톨릭교회가 이단이라 정의한 것은 다름이 아니라 가톨릭교회의 가르침을 따르지 않고 독단적인 교리를 만들어 전파하고, 가톨릭교회를 부정하는 사람들을 의미합니다.

중세에는 왕에게 반역하는 자는 참수형(목을 쳐 죽임)에 처했으나, 교회에 반기를 든 자는 화형시켜 죽였는데, 그 이유는 교회와 예수님을 배반한 죄를 불에 태워 정화시킨다는 의미였습니다. 중세 이단(가톨릭의 입장에서) 가운데 카타리파(Cathari) 또는 알비파(Albigensians)라는 집단이 있었습니다. 이 운동은 12세기에서 13세기까지 프랑스 남부 알비와 툴루즈를 중심으로 생겨난 집단입니다. 이 이단 운동은 이원론(영은 선하고 육은 악하다)에 입각해서 선신(善神)과 악신(惡神)이 있는데, 선신은 영적 세계를 다스리고, 악신은 육적 세계를 다스린다고 주장하면서 로마가톨릭교회는 세속에 물든 타락한 교회이고 자기를 따르는 자들만이 올바른 기독교 신앙을 가진 자라고 주장했습니다.

당시 세속화되고 타락했던 가톨릭교회에 환멸을 느끼던 많은 교인들이 이 운동에 가담하자 가톨릭교회에서는 이들을 소탕하기 위해 십자군을 동원했습니다. 프랑스 남부의 '막달라 마리아 교회'(St. Magdalene Church)에서만 약 7천 명이 학살을 당했고, 베지에(Beziers)에서는 약 3만 명이 도륙을 당했습니다. 그런데 이 집단을 토벌하던 십자군들은 추종자들을 붙잡아 칼로 코를 베고, 귀를 자르고, 입술을 도려내서 이단자들을 불에 태워 죽일 때, 이것들을 함께 던져 태웠습니다. 끼리끼리 모여 예수님의 대리자인 교황을 욕하고, 성교회를 모독한 자들의 코와 귀와 입술을 베어버린 것입니다.

일본군들이 조선군과 백성의 코와 귀를 베어가기 약 400년 전에 하나님의 교회가 하나님의 이름으로 같은 교인을 이렇게 잔인하게 죽인 것이 교회의 산 역사입니다. 과거와 현재의 교회가 하나님께 지은 죄악을 어떻게 참회해야 할까요? 어떤 면에서는 과거 가톨릭교회는 비록 그것이 뒤틀린 방법이었지만, 진리를 수호한다는 명분이라도 있었지만, 현대 교회가 짓고 있는 죄악은 무슨 명분이 있을까요? 나 자신부터 철저한 참회가 요청되는 때입니다.

06
14

노숙자 나사로

"아브라함이 이르되 얘 너는 살았을 때에 좋은 것을 받았고 나사로는 고난을 받았으니 이것을 기억하라 이제 그는 여기서 위로를 받고 너는 괴로움을 받느니라." (눅 16:25)

예수님께서 한 비유를 말씀하셨습니다. 어떤 동네에 한 부자가 있었는데, 그는 항상 자색 옷과 고운 베옷을 입고 날마다 호화롭게 즐기며 살았습니다. 그런데 나사로라 하는 거지가 온몸에 헌데 투성이인 상태로 부자의 대문 앞에 버려진 채 부자의 상에서 떨어지는 것을 먹으며 살고 있었습니다. 심지어 동네 개들이 와서 그의 상처를 핥았다고 말씀했습니다. 나사로는 집도 가족도 없는 노숙자였습니다. 그는 부잣집 문전에서 살았지만, 제대로 먹지 못해서 영양실조로 아사 직전에 놓여 있었습니다. 온몸이 상처투성이로, 피가 흐르고, 진물이 나며, 고름이 흘러내려도, 단 한 번도 집안에 흔해 빠진 약품을 보내 상처를 치료해주지 않았습니다.

나사로는 현대판 노숙자입니다. 우리 주변에 널려 있는 노숙자들을 보면 글자 그대로 그들은 집이 없습니다. 그리고 가족과 사는 사람은 거의 없습니다. 그리고 그들은 먹거리가 없어서 자선 기관에서 주는 음식을 받아먹고 살다가, 그 음식마저 없으면 굶을 수밖에 없습니다. 물론 그들은 육체에도 정신적으로도 많은 질병을 갖고 있습니다. 오랫동안 샤워를 하지 못하고, 더러운 옷을 그대로 입고 길거리에서 자기 때문에 전혀 위생적인 생활을 하지 못하여 몸에 있는 병과 몸속에 각종 질병에 시달리고 있음이 확실해 보입니다. 그들은 육체적으로뿐만 아니라 정신적으로도 엄청난 우울증과 스트레스, 좌절감, 자존감 상실,

스스로의 운명을 원망하고 자조(自嘲)하는 생각들로 가득 차 있어 마음의 병을 앓고 있음에 분명합니다.

일반적으로 노숙자들이 그렇게 되는 원인은 크게 세 가지라 볼 수 있는데, 첫째는 술, 둘째는 마약, 셋째는 도박입니다. 술과 마약과 도박이 그들을 노숙자로 만들어버렸습니다. 그들이 거주할 수 있는 집(Shelter)을 지어 놓고 언제든지 와서, 따뜻한 방에서 살며, 따뜻한 물로 샤워할 수 있고, 세탁도 할 수 있으며, 따뜻한 음식도 준비되어 있지만, 노숙자들이 한사코 그곳에 가기를 거부하는 것은 그들을 얽매고 있는 쇠사슬인 술과 마약과 도박을 안 할 수 없기 때문입니다. 그곳에 잠시 들어간 이들도 곧 그 모든 혜택을 뿌리치고 또 다시 밖으로 나와서 길거리에 누워 있는 비극이 반복되고 있습니다.

이 문제는 간단치가 않습니다. 필자가 살고 있는 LA에도 노숙자 문제가 심각한 수준에 이르고 있습니다. 그들이 시내 곳곳의 거리에 조그마한 텐트를 치고 거주하면서 온갖 더러운 물건들을 쌓아놓아 그 길을 왕래해야 하는 사람들에게 큰 위협이 됩니다. 그중에는 정신적인 문제를 갖고 있는 사람들이 있어 주민들과 그 근처를 지나다니는 시민들을 공격하여 큰 사건이 일어나기도 합니다. 이 문제가 어려운 문제이기도 하지만, 지금 당장 굶고 있고, 여러 질병에 시달리고 있는 그들에게 우리 교회가 따뜻한 사랑을 전해주고 먹거리와 의복 등 필요한 물품을 제공하는 일을 게을리해서는 안 되겠습니다. 구약에 자주 언급되는 '객과 고아와 과부를 돌보라.'는 말씀에 나오는 객은 노숙자라 여겨집니다.

우리는 예수님께서 해 주신 이 비유 가운데 부자를 한번 생각해 볼 필요가 있습니다. 부자는 날마다 호화로운 잔치를 베풀고 가족과 친척과 친구들을 초청해 먹고 마시고 즐기면서 자기 집 대문 앞에 누워 있는 나사로에게 먹다 남은 음식이라도 따뜻하게 전해주지 않았습니다. 이렇게 비정한 인간이 죽은 후에 갈 곳은 지옥밖에 없겠지요. "지극히 작은 자에게 한 것이 내게 한 것이라."는 말씀 속에 지극히 작은 자 중에 한 사람이 노숙자가 아닐까요?

JUN

한국인의 가치관

06
15

"그러므로 염려하여 이르기를 무엇을 먹을까, 무엇을 마실까, 무엇을 입을까 하지 말라… 너희는 먼저 그의 나라와 그의 의를 구하라. 그리하면 이 모든 것을 너희에게 더하시리라." (마 6:31-32)

미국 여론조사기관 'Pew Research Center'는 한국을 포함한 17개 선진국 성인 1만 9천 명을 상대로 '삶을 의미 있게 하는 것은 무엇인가?'를 조사했습니다. 조사 대상 17개국 가운데 14개국에서 삶을 의미 있게 만드는 원천으로 가족과 아이들을 가장 많이 뽑았습니다. 가족을 1 순위로 꼽지 않는 나라는 세 나라인데, 스페인, 대만, 한국이었습니다. 스페인은 건강, 대만은 사회, 한국은 '물질적 풍요'를 1위로 보았습니다. 이번 조사에서 인생에서 중요한 1위는 가족, 2위는 직업, 3위는 물질적 풍요를 꼽은 비중이 높은 것으로 나타났습니다. 가족이 38%, 직업적 성취가 25%, 다음으로 물질적 풍요가 19%를 꼽았습니다.

한국인들이 뽑은 순위는 물질적 풍요 19%, 건강, 가족, 지위, 사회 순이었습니다. 미국, 호주, 뉴질랜드, 그리스의 응답자 절반 이상은 가족을 삶의 중요한 가치로 꼽았습니다. 가족이 삶을 의미있게 만든다는 답변에 부모, 형제, 자녀, 손자와의 관계, 그들과 함께 보내는 시간에 대한 만족감, 자녀와 친척의 성취에서 얻는 자부심, 자녀들에게 더 나은 세상을 물려주고자 하는 열망 등이 포함되어 있었습니다.

종교를 삶의 가장 큰 의미로 답변한 비율은 미국이 15%로 가장 높았습니다, 종교를 삶의 가치 상위 5위로 꼽은 나라는 미국이 유일합니다. 종교를 삶의 의미로 꼽은 한국인은 1%, 일본인은 0%였습니다. 이 조사에서 한국인들은 가족보다 물질을 가장 선호한 이유를 이해할 수 있습니다. 배달겨레는 지난 4천 년 동안 굶주림 속에서 살아왔습니다. 보릿고개를 해결한 것이 불과 30~40년 전입니다. 보릿고개를 넘을 때 초근목피(草根木皮)로 굶주림에 고통당하면서 아이들이 영양실조로 죽어 가는 모습을 지켜보면서 살아온 우리 한국 사람들이 삶을 의미있게 하는 것은 오직 돈밖에 없다고 생각하는 것은 자연스런 일입니다.

돈이 없으면 가족도 함께 살아 갈 수 없습니다. 입을 하나라도 줄이려고, 아들은 부잣집 심부름꾼으로 보내고, 어린 딸은 부잣집 할머니의 몸종으로 보내야 하는 핍절(乏絕)한 삶 속에 살아온 사람들에게는 가정이 문제가 아니고 돈이 문제였습니다. 돈이 없어 부부가 어린 두 아이들과 함께 농약을 마시고 자살을 하는 비극이 벌이진 것이 불과 얼마 되지 않은 일입니다. 경제적 여유가 있어야 가정의 평화가 온다는 것은 몇 날 며칠을 굶어 보지 않은 사람들은 상상할 수 없습니다.

그러나 이제는 한국도 세계 경제 대국 10권이고, 1인당 국민 소득이 거의 4만 달러에 이르는 선진국 대열에 올라섰습니다. 이제 굶어 죽는 사람도 옛날에 비해서 거의 없다고 보여 집니다. 최저생활비를 국가에서 보장하고 있기 때문입니다. 굶어 죽는 일이 없어지니까, 돈을 써야 할 곳이 한두 곳이 아닙니다. 우선 자녀들에게 남부끄럽지 않은 교육을 시켜야 하고, 경우에 따라서는 해외 유학까지 보내야 하기 때문에 여전히 한국 사람들의 최우선 삶의 목표는 돈일 수밖에 없습니다. 그러나 돈이 모든 문제를 해결해 주는 것은 아닙니다. 부잣집 아이들이 모두 성공하고, 행복하게 사는 것은 아닙니다. 오히려 가난한 집 가정의 자녀들보다 더 고통스런 삶을 사는 사람들도 적지 않습니다.

"무엇을 먹을까, 무엇을 마실까, 무엇을 입을까 하지 말라… 너희는 먼저 그의 나라와 그의 의를 구하라. 그리하면 이 모든 것을 너희에게 더하시리라."(마 6:31-32) 하나님의 나라와 의를 삶의 가장 큰 의미로 제일 많이 답변한 미국이 잘 사는 것은 우연이 아닙니다. 종교(신앙)를 삶의 가치 상위 5위로 꼽은 나라는 미국이 유일합니다. 하나님을 전적으로 신뢰하는 일이 가장 행복하게 사는 유일한 길입니다.

예배당을 생각합니다

06
16

"내가 네게 이르노니 너는 베드로라 내가 이 반석 위에 내 교회를 세우리니 음부의 권세가 이기지 못하리라." (마 16:18)

모든 종교는 그 신도들이 모이는 건물이 있습니다. 기독교회는 예배당, 가톨릭교회는 성당, 불교는 절(사찰), 유교는 향교, 이슬람은 모스크, 유대교는 성전(회당), 힌두교 사원은 만디르(Mandir)입니다. 각 종교의 집회소는 그 나름대로 특징이 있습니다. 건물 지붕 첨탑에 십자가가 붙어있으면 예배당이나 성당입니다. 모스크에는 초승달이 달려 있지요. 절에는 만(卍) 표식이 있습니다.

언젠가 필자가 강화도에 갔을 때 성공회(Anglican Church) 성당에 간 적이 있습니다. 그런데 그 성당은 대한제국 시절에 지은 것으로 한국 최초 한옥 성당입니다. 겉모양은 언뜻 보면 마치 절에 온 것 같은 착각을 하게하는데, 또 특이한 것은 뜰에 보리수(나무)가 서 있는 것이었습니다. 지금도 보리수가 있는지 모르지만, 필자가 갔을 때, 보리수를 보고 여러 생각이 났습니다. 보리수는 부처가 앉아 수도를 한 후 득도(得道)를 했다 해서 유명한 나무라는 것을 알 만한 사람들은 다 알고 있습니다.

따라서 보리수는 불교와는 아무 연관이 없는 나무임에도 부처가 그 나무 아래 앉았다는 이유로 불교와 깊은 연관이 있는 것으로 여겨지고 있지요. 그런데 기독교회인 성공회 성당 뜰에 보리수가 있다는 것은 무척 상징적 의미가 있다고 여겨졌습니다. 보리수가 불교를 대표하는 것도 아니고, 불교의 나무도 아닌 종교 중립적인 나무에 불과합니다. 따라서 보리수가 어디에 있든지 아무 상관이 없지요. 그러나 기독교회 성당에 불교와 깊은 관계가 있는 나무가 있는 것은 당시 성공회 지도자들이 한국의 전통 종교인 불교와 기독교와의 관계 개선을 위해 심어 놓은 것이 아닌가 하는 생각을 해 보았습니다.

한국의 초기 예배당은 대부분 'ㄱ'자로 지었습니다. 그 이유는 유교의 '남녀칠세부동석'(男女七世不同席)이란 가르침에 따라 남자들이 들어가 앉는 부분과 여자들이 앉는 부분을 갈라 서로 쳐다보지 못하게 하기 위함이었습니다. 각각 출입구가 다르게 되어 있는 것이 옛적 한국 예배당의 모습이었습니다. 현재 한국에 ㄱ자 예배당이 둘 있습니다. 전라북도 김제 지역의 금산교회 예배당과 전북 익산시에 있는 두동교회 예배당입니다. 이 예배당은 기독교가 이 지역에 처음 전파되던 때, 유교 문화가 짙게 깔려 있어 당시 문화에 따라 남녀 석을 분리해서 지은 예배당입니다. 어쩔 수 없이 직 사각형으로 예배당을 지어야 하는 경우에는 남녀 석 사이에 포장(커튼)을 쳐서 서로 볼 수 없게 해 놓았습니다.

그러나 서서히 기독교 문화가 확장되고, 세대가 변하면서 ㄱ자 예배당도 더 이상 짓지 않게 되었고, 남녀석 사이에 쳐 놓았던 포장도 더 이상 치지 않았습니다. 필자가 중고등학교에 다닐 때만 해도 포장은 없었지만, 예배당에 남녀 석이 따라 되어 있었습니다. 집에서 예배당에 갈 때, 부친, 모친, 누이와 함께 집을 나와 같이 걸어서 예배당으로 갔습니다. 정작 예배당에 들어갈 때는 모친과 누이는 오른쪽 출입문으로 들어가 여자 석에 앉았고, 부친과 필자는 왼쪽 출입문으로 들어가 남자 석에 앉았습니다. 요즘은 남녀좌석 구분이 없어졌고, 가족이 함께 나란히 앉아 예배를 드리지요. 기독교가 수백 년 내려오던 유교의 남녀 차별의 벽을 부수고, 남녀평등의 정신을 구현한 것입니다.

필자가 유럽을 여행하는 동안 주로 들른 곳은 가톨릭 성당들이었습니다. 유럽은 1500년까지 가톨릭이 유일한 종교였기에 가는 곳 마다 거대한 성당들이 서 있습니다. 고딕 형태 건축물의 높은 십자가의 첨탑과 웅장한 건물, 거대한 출입문, 성당 내에도 호화스런 금, 은 보석으로 치장된 장식품들과 마리아와 사도들, 그리고 성인들의 동상들과 초상들, 호화스럽고 찬란한 스테인드 글라스의 창문들…. 그러나 정작 미사 드리는 사람들은 불과 몇십 명 정도의 초라한 무리들뿐이었습니다. 넘쳐 나는 사람들은 필자와 같은 관광객들뿐이었습니다. 비록 초라하고 볼품없는 예배당일지라도, 텐트를 치고 예배를 드리더라도, 성도들이 넘쳐나는 예배당이 진정으로 하나님께 예배드리는 예배당이 아닐까요? 텅 빈 예배당, 교인이 더 이상 모이지 않아, 무슬림들에 팔려 십자가가 떨어져 나가고, 초승달이 달리는 예배당이 늘어가고, 심지어 예배당이 술집에 팔려 나가는 안타까운 현실을 어떻게 해야 하겠습니까? 멋있게 건축되어 대상(大賞)을 받는 예배당을 짓는 게 중요한 게 아니고, 비록 초라한 예배당일지라도 성도들이 넘쳐나는 예배당을 하나님께서는 원하시고 계십니다.

사생활

06/17

"이스라엘은 지키시는 이는 졸지도 아니하시고 주무시지도 아니 하시리로다." (시편 121:4)

사람들에게는 사생활(私生活)과 공생활(公生活)이 있습니다. 사생활은 주로 집에서 사는 생활이고, 공생활은 사회에서 다른 사람들과 부딪히며 사는 생활입니다. 직장생활이 가장 일반적이고, 교인들은 교회, 동창회, 동우회. 계모임 등 여러 사람과 더불어 함께하는 생활입니다. 사생활은 주로 집 안에서 하는 생활이기 때문에 가족들만 있어서 별로 거칠 것이 없습니다, 배우자와 단 둘이 있을 때는 팬티만 입고 다녀도 아무 문제가 없습니다. 그렇지만 성인이 팬티만 입고 집 밖으로 나가 걸어 다니면 아마 정신 나간 사람으로 여기고 경찰에 연락해서 체포하게 할 것입니다. 그렇지만 생각해보면, 많은 사람들이 팬티만 입고 활보하는 곳이 있습니다. 여름철 바닷가 해수영장에서는 남자들은 수영 팬티 하나만 걸치고 자연스럽게 활보합니다. 여자들도 꼭 가릴 곳만 가리고 거닐지요. 그곳이 해변이기 때문입니다. 따라서 시간(계절)과 장소에 따라 팬티만 입고 다녀도 아무 문제가 없습니다.

필자가 아미쉬들이 사는 곳에 갔을 때, 여러 가지 인상적인 것들이 많이 있었지만 그중 하나는 집집마다 창문에 커튼이 없다는 것이었습니다. 보통 가정에서는 낮에는 창문 커튼을 제쳐 놓았다고 어둠이 깔리면, 집안에 불을 켜고, 곧 창문에 있는 커튼을 쳐서 밖에서 안이 들여다보이지 않게 합니다. 만일 커튼을 치지 않으면 밖에서 사람들이 집안 구석구석을 들여다볼 수 있습니다. 그래서 많은 사람들은 집안에서의 생활을 노출시키지 않기 위해 커튼을 칩니다. 아미쉬들은 집안 사람들의 생활을 다른 사람이 보아도 아무 문제가 없다고 생각하기 때문에 구태여 돈 들여 비싼 커튼을 설치하지 않습니다.

밤에 가족들끼리 모여 생활하는 것을 노출시켜도 문제가 없다고 여기기 때문입니다. 그들은 밤과 낮의 삶이 혹은 낮의 공적 삶과 밤의 사적 생활이 조금도 차이가 없고 보통 사람들이 살아가는 모습 그대로 살아간다고 여기는 사람들입니다. 식사를 함께 하고, 식사가 끝나면 각자 자기들의 할 일을 하고 살아갑니다. 그런 일을 특별히 다른 사람들에게 감추어야 될 필요가 없고 또 다른 사람이 보아도 부끄러운 일을 하지 않기 때문입니다.

우리가 요즘 자주 쓰는 말 가운데 '사생활 노출'이 있습니다. 거리거리 마다 CCTV가 붙어 있어, 사람들의 일거수 일투족이 찍혀서 사생활이 전혀 보장되지 않는다고 불평을 합니다. 그런데 생각해보면 우리가 누구를 만나고, 대화를 나누고, 식사를 하는 일 따위는 감춰야 할 이유가 전혀 없습니다. 이런 일상적인 일을 구태여 사생활이라 할 필요가 없습니다.

사생활 노출을 꺼리는 사람들은 대개 범죄자들입니다. 다른 사람이 알아서는 안 되는 불법적인 일을 하는 사람들입니다. 아내 몰래 불륜 관계를 갖는 남자들, 불법적으로 돈을 주고받은 일, 마약을 거래하는 일, 도둑질을 하는 자들은 극히 CCTV를 꺼리고 무서워합니다.

특히 우리 그리스도인들을 사생활 노출을 두려워할 이유가 없습니다. 어차피 우리는 하나님 앞에서 살아가고 있기 때문입니다. 하나님께서는 "졸지도 아니하시고, 주무시지도 아니하시고" 우리의 공생활뿐만 아니다 우리 삶 깊은 곳까지 들여다보고 계십니다.

다윗 왕이 밧세바를 강제로 끌어다 자기의 욕망을 채우고 있을 때, "다윗이 행한 그 일이 여호와 보시기에 악하였더라."(삼하 11:27)고 하여

JUN

여호와께서 보고 계셨다고 기록했습니다. 우리 그리스도인들은 항상 여호와께서 보고 계시기에, 구태여 감추어야 할 사생활이 없습니다. 커튼을 치지 말라는 뜻은 아닙니다. 공사 구별 없이 떳떳한 삶을 살아야 한다는 말입니다.

일확천금

06
18

"누구에게서든지 음식을 값없이 먹지 않고 오직 수고하고 애써 주야로 일함은… 누구든지 일하기 싫어하거든 먹지도 말게 하라… 조용히 일하여 자기 양식을 먹으라." (살후 3:8,10,12)

우리가 살고 있는 이 시대는 "뭐니 뭐니 해도 머니(money, 돈)"라는 말을 종종 합니다. 강대국이라고 하면 강력한 군사력을 가지고 있는 나라를 말하는데, 이를 유지하기 위해서는 막대한 돈이 필요합니다. 따라서 돈을 많이 가지고 있는 나라가 세계 최강국이 됩니다.

'돈'이라고 하는 것은 일반적으로 화폐를 말합니다. 인간이 필요한 물건을 구입하기 위해서는 교환할 수 있는 수단이 있어야 합니다. 옛날에는 화폐가 없었기 때문에 물물교환을 했습니다. 그러나 이것도 내가 가진 물건을 다른 사람이 원하지 않거나 다른 사람이 내가 필요한 물건을 가지고 있지 않다면 교환이 이뤄질 수가 없습니다. 이런 불편을 해결하기 위해 생겨난 것이 바로 화폐입니다.

사람이 살아가기 위해서는, 더욱이 보다 나은 생활, 좋은 주택, 자동차, 옷, 가족 여행 등을 하면서 여유 있게 살기 위해서는 돈이 필요합니다. 그런데 문제는 돈이라는 것이 원하는 대로 벌리지 않는다는 데 고민이 있습니다. 그래서 사람들은 일확천금할 수 있는 방안을 고려합니다. 어떤 사람들, 아니 바로 우리 주변에, 가족 중에, 친구들 중에, 직장 동료 중에 주식 투자를 해서, 복권을 사서, 요즘 유행하는 비트 코인을 사서 떼돈을 번 사람들을 보게 됩니다. 한 걸음 더 나아가 도박을 해서 떼돈을 버는 사람도 더러 있습니다. 이렇게 되면 나도 한 번 해봐야 되지 않을까하는 유혹에 빠지게 되지요. 가지고 있는 돈을 몽땅 쏟아부어 투자했지만 모두 날린 경우는 그런대로 살아갈 수 있습니다. 문제는 빚을 내어 투자했다가 몽땅 날리고 고통을 당하는 경우입니다.

인간의 욕망은 끝이 없습니다. 가난한 사람들은 1억만 있으면 소원이 없겠다고 말하지만, 10억을 벌면 100억을 갖고 싶은 것이 인간의 욕망입니다. 성경은 말합니다. "욕심이 잉태한 즉 죄를 낳고 죄가 장성한 즉 사망을 낳느니라."(약 1:15) 그렇습니다. 인간의 욕심은 죄를 낳게 됩니다. 여기서 죄는 반드시 법을 어기는 죄만 의미하는 것은 아닙니다. 평화롭게 살던 집이 차압되어 경매로 넘어가 어쩔 수 없이 모든 식구들이 햇볕도 들지 않는 지하 단칸방으로 몰려나는 것은 가족들에게 죄를 짓는 것입니다. 또한 양가의 부모와 형제자매들에게도 불명예를 안겨주고, 근심을 끼쳐 드리는 죄를 짓는 것입니다.

인간은 자기 분수에 따라 살아야 합니다. 위를 처다 보면 내가 처지가 불행해 보이지만, 아래를 바라다보면 내가 행복하다는 것을 깨닫게 됩니다. 나보다 못 버는 사람, 우리 집보다 못사는 사람, 장애를 갖고 고통 속에 사는 사람, 실직을 하고 고민에 빠져 사는 사람 등 어려운 사람과 비교하면 그래도 나는 우리 가족은 행복하게 살고 있다는 사실에 감사할 수 있습니다.

히브리서 기자는 "돈을 사랑하지 말고, 있는 바를 족한 줄로 알라."(히 13:5)고 권면합니다. 내가 가지고 있는 바를 족한 줄 알면, 무리한 투자를 하여, 일확천금을 하려는 어리석은 일은 하지 않습니다. 욥의 말을 들어 봅시다. "나로 가난하게도 마옵시고 부하게 마옵시고 오직 필요한 양식으로 나를 먹이시옵소서. 내가 배불러서 하나님을 모른다 여호와가 누구냐 할까 하오며 혹 내가 가난하여 도둑질 하고 내 하나님의 이름을 욕되게 할까 두려워 함이니이다."(잠 30:8-9) 그렇습니다. 일용할 양식만 있으면 족한 줄 알고 사는 것이 그리스도 안에서 참된 자유를 누리며 사는 삶입니다.

인간 마모트

"이 말씀을 하시고 그들을 향하사 숨을 내쉬며 이르시되 성령을 받으라."
(요 20:22)

1932년 미국 공공보건서비스청은 미국 앨라배마주 터스키기(Tuskegee)에서 성병의 일종인 매독에 관한 연구를 40년간 진행했습니다. 매독 환자 399명과 일반인 201명을 대상으로 연구가 진행됐습니다. 이들은 모두 가난한 흑인들로 대부분 문맹이었습니다. 병에 걸렸으나 돈이 없거나 보험이 없어 제 때 치료 받지 못한 사람들을 상대로 무료 치료에 식사제공, 그리고 사망하는 경우, 부검 후 가족들에게 장례비용을 제공한다는 조건이었습니다.

당시에는 이 무서운 성병의 진행 과정이 자세히 밝혀지지 않아서, 이 병에 대한 연구가 절실한 때였습니다. 연구소 측은 처음부터 이들에게 병명을 알려 주지 않고, 진행과정을 관찰하다는 목적도 감추고, 치료 효과를 관찰하는 것이라 속였습니다. 그런데, 이 연구가 진행되는 동안, 페니실린이 매독 치료에 아주 효과적이라는 사실이 밝혀졌습니다. 이렇게 되면 이 연구는 즉시 중단되어야 함에도 불구하고, 이 사실을 이들에게 알리지 않고, 연구를 계속했습니다. 이 사실을 알고 항의하는 환자에게는 식염수를 주사하면서 페니실린이라고 속였습니다. 이는 곧 내부고발자를 통해 외부에 알려졌고, 드디어 1972년 7월, 뉴욕타임즈 1면 머리기사로 특종 보도되면서 연구가 중단되었습니다.

그동안 매독으로 28명이 사망했고, 100명이 매독 합병증으로 사망했으며, 배우자 중 40명이 매독에 감염되었고, 1명의 아이가 선천성

매독으로 출생했습니다. 연구 책임자 존 헬러 박사는 전혀 반성하지 않고, "의사들과 공무원들은 그들에게 지워진 임무를 지시에 따라 수행했고, 과학의 영광을 위해 일했다. 그들의 상태는 윤리적 논쟁감이 아니었다. 그들은 환자가 아니고 연구 대상자였으며, 임상 자료였다."며 연구를 옹호했습니다. 환자들은 소송을 제기했고, 미국 정부는 1천만 달러의 위로금을 주기로 합의했으나 사과하지는 않았습니다.

드디어 42대 빌 클린턴 대통령이 1997년 5월, 연구 참가자 중 5명을 백악관에 초대해서 공식으로 사과했습니다. "이미 저질러진 일을 되돌릴 수는 없습니다. 그러나 우리는 침묵을 깰 수는 있습니다. 미국 정부는 깊이, 심각하게, 도덕적으로 잘못된 일을 저질렀습니다. 죄송합니다. 미국 국민이 생명을 잃은 것에 대해, 여러 해를 거쳐 여러분이 받은 고통에 대해 사과합니다. 여러분은 아무것도 잘못한 게 없지만 통탄할 정도로 부당한 취급을 받았습니다. 이 공식 사과가 나오기까지 그토록 오랜 시간이 걸린 것을 죄송하게 생각합니다." 피해자들은 사과를 수용했고, 미국 정부는 이들의 치료를 끝까지 책임지기로 하고 마무리했습니다. 이 사건을 의학연구 윤리를 되돌아보는 계기가 되었습니다.

인류는 새로운 약을 개발하기 위해 먼저 동물 실험을 합니다. 실험용 동물은 주로 마모트를 사용합니다. 마모트는 쥐의 한 종류로 생산능력이 좋고 약에 대한 반응이 빨라 시약(試藥) 검증에 알맞은 동물입니다. 사실 인류의 행복을 위해 헤아릴 수 없는 마모트가 희생을 당했고 지금도 희생되고 있습니다. 그런데 마모트로 실험을 해야 하는 대신 사람을 실험용으로 쓴 사례가 적지 않습니다.

마루타(丸太)라는 말은 일본어 '통나무'라는 뜻으로 제2차 세계대전 당시, 일제의 세균부대 중 하나였던 731부에대 의해 희생된 인체 실험 대상자를 일컫는 말입니다. 731부대는 각종 전염병을 연구하며 감옥에 수감된 마루타에게 실험을 했습니다. 적어도 3천여 명의 중국, 러시아, 한국, 몽골인이 희생되었으며 이 실험에서 살아나간 사람은 단 한 명도 없었습니다. 역시 2차 세계대전 중 독일의 히틀러 정권하의 일부 의사들이 국익이라는 미명 하에 장애인, 정신병 환자, 혼수상태의 환자들을 실험용으로 사용했습니다. 그중에서도 의사 요제프 멩겔레(Jesef Mengele)는 '죽음의 천사'로 악명 높은 의사로서 특히 쌍둥이들만 골라 독약, 세균, 화학물질 등을 주사한 후 그 결과를 분석하기도 했습니다. 쌍둥이의 장기나 혈액을 교환하기도 하고 남녀 이란성 쌍둥이를 근친교배 시키기도 했습니다. 그 이외에도 그가 행한 악행은 다 기록할 수 없을 정도로 악랄함 그 자체였습니다.

부활하신 예수님께서는 제자들에게 "성령을 받으라"고 명령하셨습니다. 성령님을 받지 못하면 악령이 들어오기 때문입니다. 인간을 생체실험 해야겠다고 생각한 인간들 속에서 악령이 역사한 것입니다. 인간은 누구나 성령님과 악령, 둘 가운데 하나가 그 속에 들어가 있습니다. 성령님의 사람이 되기 위해 꾸준한 기도가 요청됩니다.

환자와 의사

06
20

"만일 형제나 자매가 헐벗고 일용할 양식이 없는데 너희 중에 누구든지 그에게 이르되 평안히 가라, 덥게 하라, 배부르게 하라 하며 그 몸에 쓸 것을 주지 아니하면 무슨 유익이 있으리요." (약 2:15-16)

어떤 병원의 응급실 의사가 "환자의 소원을 들어줄 수 없었다."라고 쓴 글을 읽었습니다. 내용은 이렇습니다. 한 고령의 여성이 극단적인 선택을 한 채, 응급실에 들어왔습니다. 환자가 도착한 후에 보니까 음독을 한 상태로 많이 안 좋아 보였습니다. 그러나 빨리 처치를 하면 생명을 살릴 수도 있었습니다. 보호자의 동의를 얻어야 하기 때문에 보호자를 찾기 위해, 환자의 주머니를 뒤졌으나 핸드폰도 지갑도 들어 있지 않았습니다.

마지막으로 환자의 외투 안주머니를 뒤졌더니, 반듯하게 접힌 메모지가 한 장 나왔습니다. 메모지에는 삐뚤삐뚤한 노령의 글씨로 정성스럽게 쓴 편지 내용이 적혀 있었습니다. 수신자는 자기를 치료해주는 의사였기에 이 글을 쓰는 의사에게 보낸 편지였지요. 편지 내용은 "저를 만날 선생님은 누구실까요? 저는 선생님을 모르지만 선생님도 저를 모를 것입니다. 저는 심각한 육체적, 정신적 마음의 고통을 받으며 살아온 늙은이입니다. 온통 절망 속에서 오래 살다 보니 헤쳐 나갈 능력이 없음을 깨닫게 되었습니다. 부끄럽지만 저는 어떤 치료도 거부합니다. 외람되게 생각하지 마세요. 제발 저를 조용히 하나님 곁에 인도해 주시길 바랍니다. 한 가지 더 소원이 있다면 이미 망가진 몸이지만 의과대학에 시신을 기증하고 싶습니다. 마지막으로 가치 있는 몸이 되고 싶습니다. 부디 제 소원을 들어주세요."라는 것이었습니다.

이 메모 편지는 환자 이름과 작정한 날짜로 끝나고 있었는데, 그 날짜는 이미 5년 전이었습니다. 의사는 "그 노인이 삶에 지쳐서 더 이상 살아갈 희망을 잃고 마지막을 정리하면서 남긴 글이기에 충분히 이해가 되었다. 그러나 생을 다루는 의사가 그의 의지에 순응하는 것은 불가능하다. 그는 살아날 것이다. 또 고통스러운 삶으로 돌아갈 것이다. 그의 소원을 도저히 들어줄 수가 없었다. 죽고자 하는 마음과 살려야만 하는 마음, 둘은 이 공간에서 치열하게 싸우고 있다. 어떤 우열이나 승자가 가려지지 않은 채, 또 무엇이 선인지 영영 깨닫지 못한 채, 앞으로도 그 둘은 치열하게 다툴 것이다. 그래서 슬픈 삶은 영원히 이어질 것이다."라고 글을 맺었습니다.

자살을 결단한 이 노인의 형편을 우리는 알 수 없습니다. 아마 영감님도, 자식도 없이 홀로 사는 독거노인이거나, 치명적인 병에 걸려 오랜 세월 고통을 당하다 더 이상 참을 수가 없어서 마지막을 결단했거나, 늘 의지하고 자기를 돌봐 주던 영감님마저 세상을 먼저 떠나자 더 이상 살 희망을 잃고 마지막을 결행했을 가능성도 있습니다. 이유야 어떻든 이 노인의 마지막 선택은 죽음이었습니다. 더 이상 세상에 살 이유도 희망도 없어 그런 결단을 하면서 혹 응급실에 실려 가면 의사가 자기를 또 살려 놓을까 봐 담당 의사에게 이런 편지를 남겼습니다.

그런데 이 글을 쓴 의사는 공교롭게도 이렇게 살기를 포기한 노인을 다시 살려 놓아야 하는 얄궂은 운명을 맞닥뜨린 것입니다. 노인을 살려야 하는 것은 의사의 마땅한 책무입니다. 그런데 그 노인이 살아갈 방도나 수단을 의사가 제공할 수는 없습니다. 또 그런 의무도 없습니다. 그러나 의사는 이 불행하게 살아가야 하는 노인의 문제는 하나도 해결해 주지 않고, 또 고통스러운 삶을 이어가도록 만든 결과가 된 것입니다. 그럼에도 불구하고 의사는 사람을 살려야 하는 지상 명령을 받은 사람입니다. 현재 자기가 해야 할 책무에 충실하고 사람의 생명을 살려야 한다는 의사로써의 의무에 충실해야만 합니다.

이 노인을 글을 보면 그리스도인일 가능성이 짙어 보입니다. 그중에 "조용히 하나님 곁으로 인도해 주시길 바랍니다."라는 대목과 마지막 소원으로 "의과대학에 시신을 기증하고 싶다."는 내용을 보면 그렇습니다. 그렇다면 이 노인이 출석했던 교회는 이 노인이 극단적 선택을 할 수밖에 없었던 상황을 파악하고 있었을까요?

많은 의문이 생기는 사건입니다. 우리 교회에, 우리 교구에, 구역에 이렇게 불행한 삶을 살고 있는 교인은, 노인은 없는지 돌아보아야 하는 상황입니다. 이런 노인을 방치한 것은 교회로서 큰 죄를 짓는 일이 아닐까요?

앵글로 색슨족 (1)

06/21

"가로되 주 예수를 믿으라 그리하며 너와 네 집이 구원을 얻으리라 하고"
(행 16:31)

오늘은 앵글로 색슨족(Anglo Saxons)에 대해 생각해 보겠습니다. 미국에 좀 오래 사신 분들은 와스프(WASP)란 말을 들어 보셨을 것입니다. 이 용어는 주로 미국 남부의 백인우월주의자들 특히 KKK(Ku Kux Klan)가 미국에는 오직 백인(White), 앵글로(Anglo) 색슨족(Saxon), 그리고 개신교도(Protestants)들만 살아야 한다며 쓰는 말입니다. 즉 미국에는 백인, 영국계통 앵글로 색슨 족, 그리고 개신교 외에는 모두 미국을 떠나라는 뜻입니다. 특히 저들이 우선 추방시켜야 할 대상으로 가톨릭, 흑인 그리고 유대인을 꼽습니다. 물론 이 말속에는 스패니쉬, 아시안 등도 모두 포함되어 있습니다.

그럼 이 앵글로 색슨족은 누구인가에 대해 살펴보겠습니다. 오늘 필자가 특별히 이 종족에 대해 얘기를 하려는 이유는 이들이 한국에 가장 많은 선교사를 파송했고 엄청난 선교비를 보냈다는 사실에 주목했기 때문입니다. 한국에 교회는 말할 것도 없고, 각지에 병원, 학교, 실업학교, 맹(盲)학교, 농(聾)학교 등 교육 기관과 고아원, 양로원, 자모원 등 수많은 자선기관을 설립해준 나라들이 바로 앵글로 색슨 국가들이기 때문입니다. 지금 필자와 더불어 약 200만 명의 한국인이 살고 있는 세계 최대 강국으로 세계를 리드하고 있는 이 미국도 앵글로 색슨족이 시작한 나라입니다. 또한 얼마 전까지 오대양 육대주에 해지는 날이 없다고 일컫던 대영제국이 바로 앵글로 색슨족의 원조 나라입니다.

미국 북쪽에 세계에서 두 번째로 넓은 영토를 가진 캐나다, 세계 지도를 펴놓고 남쪽으로 내려가 보면 인구는 얼마 되지 않지만 세계 6번째로 영토가 넓은 오스트레일리아, 그리고 세계 청정 지역 가운데 빼놓을 수 없는, 호주 남쪽에 위치한 뉴질랜드 이 다섯 나라가 모두 앵글로 색슨족 나라입니다. 이 다섯 나라 가운데 뉴질랜드만 뺀 나머지 미국, 캐나다, 영국, 호주 네 나라가 한국에 선교사를 파송했습니다. 뿐만 아니라 1950년 6.25전쟁이 터졌을 때 미국을 포함한 앵글로 색슨 다섯 나라가 군대를 파견해서 무수한 사상자를 내면서 북한 공산당들로부터 우리 남한을 구출해 주었습니다. 오늘 우리가 이런 자유를 누리고 사는 데는 이 나라들이 있었다는 점에 유의하며 그 은혜를 잊어서는 안 됩니다.

자, 그러면 앵글로 색슨족은 어떤 종족인지 한번 살펴보도록 하겠습니다. 본디 앵글로 색슨 족들은 앵글족과 색슨족의 혼혈입니다. 앵글족과 색슨족은 북유럽 즉 덴마크 제도와 독일 북부지방에 흩어져 살고 있던 게르만족의 일파입니다. 이 게르만 족은 오늘날의 영국, 독일, 네덜란드, 오스트리아, 스위스, 덴마크, 노르웨이, 스웨덴, 아이슬란드 등 나라의 민족 원조입니다. 지금 독일 동부에 있는 작센(sachsens)이라는 지명도 영어로 삭소니(Saxony)라 하는데 색슨족을 말합니다. 앵글로 색슨족이 영국으로 이동해 온 것은 대체로 5세기 초로 봅니다. 본디 현재 런던을 중심으로 한 지역에 켈트족(Celtics)이 살고 있었는데 앵글로 색슨이 들어오면서 켈트족을 북쪽으로 몰아내고 자기들이 그 지역을 차지했습니다. 기온이 온화하고, 땅이 비옥하여 농사가 잘 되고, 풀이 잘 자라 목축하기에 좋은 지역을 차지했지요, 반면 켈트족은 북쪽의 춥고, 땅도 척박하여 농사에도 안 맞고, 풀도 잘 자라지 않아 목축하기에도 적합지 않은 험지로 몰려나고 말았습니다.

런던을 중심으로 한 앵글로 색슨이 사는 지역을 잉글랜드(England)

라 하고, 거친 서쪽에 켈트족이 사는 곳이 웨일즈(Wales), 북쪽이 스코틀랜드(Scotland), 그리고 서북쪽 섬, 아일랜드, 이렇게 넷으로 나뉘는데 이 네 지역을 연합해서 UK 즉 United Kingdom이라 합니다. 이것이 소위 영국입니다. UK는 영국의 공식 국가명입니다. (영국을 England나 Britain이라 생각하시는 분들이 있을 텐데, 이것은 영국의 공식명칭이 아닙니다.) 그러나 웨일즈와 스코틀랜드에 사는 켈트족들은 자기들의 옛 삶의 터전을 빼앗은 앵글로 색슨족에게 지금도 적대감정을 갖고 있습니다. 스코틀랜드에 가서 영국을 '잉글랜드'라고 말하면 뺨을 얻어맞습니다. 지금도 보수층에서는 스코틀랜드의 독립을 주장하고 있지요.

JUN

앵글로 색슨족 (2)

"여호와를 자기 하나님으로 삼는 백성은 복이 있도다." (시 144:15)

그런데, 이 야만족들이 어떻게 현재 세계를 지배하는 종족이 되었을까요? 그 이유는 간단합니다. 기독교 복음이 그렇게 만들었습니다. 주후 600년경에 어거스틴(Augustine: 신학자 성 어거스틴이 아닌 동명이인) 선교사는 교황 그레고리의 영국 선교 명(命)을 받고, 40여 명의 수도사와 함께, 597년 영국에 도착하여 켄트 지방의 왕 에델베르트(Ethelbert)의 환영을 받았습니다. 에델베르트는 어거스틴에게 캔터베리를 선교 거점으로 하사하고 선교를 허락했습니다.

영국 복음화에 결정적 역할을 한 사람은 로마 교황 그레고리입니다. 그레고리는 본디 수도사였는데, 수도 생활을 하던 중 하루는 노예 시장 앞을 지나가게 되었습니다. 노예 판매대 위에 팔려나갈 노예 둘이 서 있었는데, 큰 키, 우람한 체격, 하얀 피부, 노란 머리색, 오뚝한 코, 이목구비가 또렷하고 잘 생긴 청년 둘이었습니다. 그레고리는 그들에게 "너희들은 어느 종족이냐?"라고 묻자 그들은 "앵글스"(Angles)라고 대답했습니다. 그때 그레고리는 저렇게 잘생긴 젊은이들이 그리스도의 복음을 몰라 노예로 팔려가는 신세가 되었구나라고 한탄하면서, "너희들이 복음을 알게 되면 "천사들"(Angels)이 되겠구나."라며, 앞으로 이들에게 복음을 전하는 선교사가 되기로 결심했습니다. 마침 로마에서 교황 후임을 물색하고 있었습니다. 여러 사람을 검토 하던 중, 다수의 추기경들이 그레고리를 추천했습니다. 그래서 그들이 그레고리가 소속된 수도원에 갔으나 그를 찾지 못했습니다. 여러 곳을 수소문한 끝에 그가 도망가고 있다는 소식을 접하고, 그를 붙잡아 로마에 갔고, 결국 그레고리는 교황으로 취임하게 되었습니다. 참, 옛날이야기지요. 현재 전 세계에 120여 명의 현역 추기경들이 있는데 이들의 꿈은 혹 자기가 교황이 되지 않을까 하는 것이지요. 현재 교황이 빨리 선종(善終)하기를 은근히 바라거나, 은퇴하기를 바란다는데, 그레고리는 넝쿨 채 굴러 들어온 교황 자리가 싫어 도망을 간 참된 신앙인이었지요. 그는 재직 시 남긴 여러 사적으로 교회사에 큰 획을 그은 교황으로 기록되어 있습니다.

그레고리는 앵글족의 선교사가 되려고 계획했으나 뜻하지 않게 교황이 되자, 자기 대신 어거스틴 수도사를 앵글족의 선교사로 파송합니다. 어거스틴의 선교에 힘입어 야만족들이 서서히 문명화되기 시작했습니다. 영국 사람을 영국 신사라고 하지요. 신사는 멋진 남자로 교양과 풍부한 지식, 하얀 와이셔츠에 멋있는 넥타이 위에 세련된 양복, 빛나는 구두에 멋진 모자, 비가 오는 런던 거리에 한 손에 까맣고 긴 우산을 들고 점잖게 걸어가는 남자가 연상되지요. 그러나 본디 앵글로 색슨족은 거친 동물 가죽옷을 걸치고, 한 손에 창을, 다른 손에는 도끼를 들고 달아나는 야생동물을 좇던 야만인들이었습니다. 그러나 이들이 복음을 접하고 나서 180도 다른 사람들로 거듭났습니다. 16세기 중엽 엘리자베스 1세 때부터 영국은 서서히 국력을 길러 당대 최강인 스페인의 무적함대를 침몰시키면서 그 존재를 과시하기 시작했습니다. 교회사적으로도 1천년 동안 로마 교황청의 지배를 받아오던 영국교회를 세기의 풍운아 헨리 8세가 왕위 계승권 문제로 로마와의 관계를 청산하면서 영국 국교회를 시작했습니다. 결국 영국 국교회의 박해를 피해 신대륙으로 이주한 앵글로 색슨 청교도들에 의해 현재 세계 최강의 미국이 탄생했습니다.

미국 북쪽의 청정 국가 캐나다가 역시 앵글로 색슨 족에 의해 건설되었고, 영국의 탐험가이며 항해사인 제임스 쿡(James Cook)에 의해 발견된 오늘의 오스트레일리아와 네덜란드의 탐험가 아벨(Abel Tasman)이 발견한 뉴질랜드도 영국의 식민지가 되었습니다. 이들 두 나라도 역시 앵글로 색슨족입니다. 물론 캐나다, 호주, 뉴질랜드 모두 독립국이 되었으나 이전 영국의 식민지였던 52개국과 더불어 영연방(Commonwealth of Nations) 소속입니다. 영연방 국가의 수장은 형식적이지만, 취임할 때 영국 여왕의 윤허를 받아야 하고, 여전히 형식적이지만 그 국가들의 수장은 현재 영국 여왕 엘리자베스 2세입니다.

필자가 한 번은 영국 히드로(Heathrow) 공항에 도착하여 입국 수속을 하는데, 이민국 앞에 이르러 보니, 많은 줄이 있었어요. 그런데 표시판이 있는데, 맨 오른쪽에 영국 시민(UK), 가운데에 영연방국(Commonwealth: 캐나다, 호주, 뉴질랜드, 인도, 스리랑카, 방글라데시, 파키스탄, 싱가포르, 아프리카의 가이아나, 가나, 나이지리아 등 52개국), 그리고 맨 왼쪽에 기타국(Others)이라고 되어 있었는데, 필자는 미국 시민이므로 기타국 줄에 서야 했습니다. 필자가 세계 여러 나라를 여행해 봤지만, 미국 시민을 기타 국가 취급하는 나라는 영국이 처음이었습니다. 사실 미국 여권을 내밀면 비자 수수료도 안 받고 그 자리에서 바로 찍어 주는 나라도 많은데, 영국에서는 완전 기타국 취급을 받았네요.

앵글로 색슨족 (3)

“여호와를 자기 하나님으로 삼는 백성은 복이 있도다.” (시 144:15)

현재 앵글로 색슨족 나라들이 세계를 재패하고 있습니다. 영국은 복음화 된 후 유럽에 산재한 야만족에게 선교사들을 파송하여 유럽 복음화에 크게 공헌했습니다. 현대 선교의 아버지라 부르는 윌리엄 캐리(William Carey)도 영국 침례교 선교사로 인도 벵갈에서 평생을 선교에 헌신했습니다. 1807년 개신교 최초 개신교 중국 선교사로 복음 선교에 최선을 다하고, 근 30년을 그곳에 머물며 중국어로 신구약성경을 번역하고, 선교지에 뼈를 묻은 로버트 모리슨(Robert Morrison)도 영국 태생의 앵글로 색슨입니다.

1840년 아프리카 선교사로 나선 리빙스톤은 선교뿐만 아니라, 아프리카 여러 지역을 탐험했고, 거대한 폭포를 발견하고 당시 영국 여왕 빅토리아의 이름을 붙여 ‘빅토리아 폭포’라 명명했습니다. 그는 60세에 아프리카에서 말라리아로 생을 마감하고 그곳에 뼈를 묻었는데, 그도 역시 영국 출신이었습니다. 영국으로부터 독립한 미국은 2천년 기독교 역사에 수십만 명의 선교사를 전 세계에 파송했습니다. 현재 전 세계 선교사 파송 10대 국가 중 1위가 미국, 3위 영국, 4위 캐나다, 6위 오스트레일리아, 9위 뉴질랜드로 앵글로 색슨 국가가 절반을 차지하고 있습니다. 이들이 쓰는 선교비는 전 세계 교회들이 쓰는 비용보다 훨씬 더 많습니다.

노벨상 수상자 국가별 순서를 보면 단연 미국이 1위로 371명, 다음이 영국으로 128명, 그리고 10위 캐나다가 20명입니다. 그러니까 노벨상 수상자 국가별 통계에 앵글로 색슨족이 1, 2, 10위로 전체 800명 중 500명이 앵글로 색슨족입니다. 놀랍지 않으세요? 국가별로 보면 세계 그 어떤 종족보다 월등한 지적 수준을 보여 주고 있습니다. 또한 이들 다섯 나라는 '파이브 아이즈'(Five Eyes)라는 상호 첩보 동맹을 맺고 민감한 정보를 공유하고 있습니다. 가히 앵글로 색슨이 세계를 제패하고 있으며 이런 현상은 상당한 세월 동안 이어질 것 같습니다.

하나님께서는 짐승들과 별 차이 없었던 야만족을 들어 이렇게 큰 나라들을 일으키시고, 세계 선교의 첨병으로 사용하실 원대한 계획이 있었던 것 같습니다. 19세기 말 유명한 부흥사 드와이트 무디의 인도로 시작된 학생자원운동(Student Volunteer Movement for Foreign Missions)이 내건 표어는 "이 세대 안에 전 세계를 복음화 한다."였습니다. 이 SVM이 파송한 평신도, 목사, 독신여성 등 수만 명의 선교사들이 한국을 포함 전 세계로 흩어져 나갔습니다. 그중 한국에 온 선교사들 대부분이 이 학생자원운동 출신들이었습니다. 이들 대부분이 앵글로 색슨이었습니다. 기독교 2천 년 역사를 통틀어 앵글로 색슨족이 전체 선교사의 4/5를, 선교비의 50% 이상을 담당했다는 사실을 간과해서는 안 됩니다. 이는 하나님의 특별한 섭리와 은총이 아니면 불가능한 일이지요.

오늘 전 세계의 공용어가 영어입니다. 국제회의에서는 반드시 영어가 쓰입니다. 물론 UN 같은 대규모 국제회의에서는 동시통역이 제공 되지만 그렇지 않은 모임에서는 영어를 모르면 도통 통하지 않은 세상이 됐습니다. 필자가 세계 여행을 하면서 느낀 점은 그 나라 말은 몰라도 영어만 하면 많은 경우 의사소통이 된다는 사실이었습니다. 과연 이 시대는 언어에 있어서도 앵글로 색슨의 시대입니다. 물론 앵글로 색슨의 시대가 언제까지 계속 될지는 아무도 모르는 일입니다. 인류 역사에 한 종족이, 또 한 언어가 오랜 세월 지속된 일은 없었으니까요. 그러나 당분간 앵글로 색슨이 세계를 지배 한다는 것은 부인할 수 없는 사실입니다. 다만 그것이 언제까지냐 하는 문제는 오직 하나님만 아시겠지요.

본디 야만인이었던 앵글로 색슨족이 복음으로 변화되어 인류 역사상 단일 종족으로 기독교 선교 역사에, 그리고 세계 역사에 지울 수 없는 공헌을 한 것은 모두 하나님의 섭리입니다. 우리 교회도 이들 종족에 헤아릴 수 없는 은덕을 입은 것은 부인할 수 없는 사실입니다. 비록 지금은 야만족 같은 종족이라도 복음이 들어가면 이렇게 놀라운 변화를 이룰 수 있다는 산 증거입니다.

JUN

앵글로 색슨족의 언어, 영어

06
24

"자 우리가 내려가서 거기서 그들의 언어를 혼잡하게 하여 그들이 서로 알아듣지 못하게 하자 하시고" (창 11:7)

민족마다 자기들만 쓰는 고유한 언어가 있습니다. 한국 사람은 한국말을, 중국 사람은 중국말을, 일본 사람들은 일본 말을 합니다. 앵글로 색슨족인 영국, 미국, 캐나다, 호주, 뉴질랜드에서는 그들의 언어인 영어를 사용하고 있습니다. 따라서 영어는 결코 세계적인 언어가 아니었습니다. 앵글로 색슨족들의 언어였을 뿐입니다. 프랑스 사람들은 프랑스 말을, 독일 사람들은 독일 말을 합니다.

그러면 왜 세계의 수많은 종족들이 그들 고유의 언어를 쓰고 있을까요? 대답은 간단합니다. 성경이 이를 답해 줍니다. 창세기 11장에 보면 인류의 조상이 동방으로 나아가다 시날 평지를 만나 그곳에 거대한 탑을 쌓을 계획을 세우고 나서 실천에 옮겼습니다. 이 사실을 간파하신 하나님께서 하강하셔서 둘러보시고, 그들이 하는 일이 괘씸해서 이 일을 중단시키시는 방법으로 언어를 혼잡하게 하셨습니다. 조금 전까지 서로 통하던 언어가 갑자기 통하지 않게 되자, 작업은 중단되었고, 같은 언어를 쓰는 사람들끼리 흩어져 살게 된 것이 바로 다른 언어가 생겨난 과정입니다. 고대에는 부족들끼리 모여 살았기에, 다른 종족들과 언어가 소통되지 않아도 별 문제가 없었습니다. 그러나 이민족들 간에 교류가 본격화되면서 언어의 불통(不通)은 심각한 문제가 되었습니다.

130년 전 한국에 처음 나온 서양 선교사들이 맨 먼저 한 일은 한국말을 배우는 것이었습니다. 한국 사람들에게 전도하기 위해서는 한국말을 익혀야 했기에 많은 고통을 겪으면서 한국어 습득에 공을 들였습니다. 한 선교사는 한국어가 너무 어려워, "마귀가 한국에 복음 전하는 것을 방해하기 위해 한국말을 이렇게 어렵게 만들어 놓았다."고 한탄을 했다는 이야기도 전해집니다. 한 언어에 능통한다는 것은 참으로 어려운 일입니다. 필자는 중학교 1학년부터 영어를 배우기 시작했습니다. 중, 고등, 대학, 신학교 그리고 미국에 유학을 와서 석, 박사 학위를 받을 때까지 영어를 공부하고 영어 원서를 읽고 영어로 논문을 썼습니다. 그러니까 영어를 약 70년 가까이 공부를 한 셈입니다. 그러나 요즘도 모르는 단어가 나와 사전을 찾습니다. 한 언어를 통달하는 것은 거의 불가능합니다.

고대 사회, 로마 시대에는 그리스어와 라틴어를 사용했습니다. 중세 스페인과 포르투갈이 세계 해상권을 장악했을 때는 스페인어가 큰 세력을 가졌습니다. 그러다 19세기가 되면서 영국이 본격적으로 부상하더니, 드디어 "대영제국의 영토에 해지는 날이 없다."고 할 만큼 전 세계에 영국의 식민지가 확장되면서 영어가 서서히 국제통용어가 되어 갔습니다. 20세기가 되자 영국에 이어 미국이 1, 2차 세계대전을 지나면서 세계패권국가로 부상하여, 영어가 국제어의 위치를 견지하게 되었습니다. 이제 영어를 모르면 국제회의에 참석할 수 없을 정도로 세계 보편어가 되었습니다. 콧대 높은 프랑스 사람들도 울며 겨자 먹기로 영어를 공부합니다. 영어를 모르면 컴퓨터 사용이 불가능하기 때문입니다. 앵글로 색슨족이 세계를 재패하는 동안은 어쩔 수없이 영어가 세계 언어가 될 수밖에 없습니다. 언어는 국가의 힘과 비례합니다.

이렇게 고통스러운 언어 습득의 과정을 거쳐야 하는 것은 순전히 인류 조상들의 바벨탑 사건에서 비롯되었습니다. 바벨탑은 하나님의 뜻을 거스르는 반역이었습니다. 하나님을 거역한 대가가 언어의 혼잡이었고, 이 혼잡으로 인해 후예들이 다른 언어 습득에 한없는 고통을

JUN

겪고 있는 것입니다.

오늘 인간들은 하나님을 거역하는 일들을 너무 많이 하고 있습니다. 심지어 교회 지도자들도 하나님의 뜻을 거역하고 있습니다. 미국 장로교회, 감리교회, 루터교회, 회중교회 등이 동성 결혼을 지지하면서 동성애자들을 목사로, 신부로 세우고 있습니다. 우리 조상들이 바벨탑을 쌓아 하나님의 뜻을 거스르는 일을 한 것 이상으로 현실 교회나 세상이 하나님의 뜻을 거스르고 있기에, 언어의 혼잡 이상의 준엄한 심판을 받고 있으며, 더 큰 심판이 기다리고 있다는 사실을 명심하고 회개해야 합니다.

과거 역사를 통해 하나님을 거스르는 개인과 가정, 교회와 국가가 징벌을 받은 일은 얼마든지 찾아볼 수 있습니다. 지금이라도 우리의 과오를 철저히 회개하고 돌이켜, 하나님께서 징계의 채찍을 거두시게 해야 합니다. 철저한 회개의 기도를 드려야겠습니다.

6.25전쟁

"난리와 난리의 소문을 듣겠으나 너희는 삼가 두려워 말라 이런 일이 있어야 하되 끝은 아직 아니니라." (마 24:6)

미증유(未曾有)의 대참변을 겪은 교회는 전쟁 동안에도 꾸준히 교회가 해야 할 임무를 부분적으로나마 수행했습니다. 전쟁이 발발하자 서울을 탈출한 교역자들과 공산군 미 점령 지역의 교역자들이 모여 그해 7월 대전 제일교회에서 '대한기독교구국회'를 구성했습니다. 구국회는 대구, 부산 등 전국에 30여 지회를 설치하고 국방부, 사회부와 긴밀한 연락을 가지면서 선무(宣撫:민중을 안정시킴), 구호, 방송 사업에 참여했습니다. 또한 의용군 모집에도 협력하여 기독교 의용군 1연대 3천 명을 모집하여 국방부에 이관하기도 했습니다.

국군과 유엔군이 9월 28일 서울을 수복하고 북으로 진격해 들어갔을 때에도 교회는 1천여 명의 선무 대원을 북으로 보내 적극적인 활동을 펼쳤습니다. 연합군이 압록강까지 진격하면서 한반도 통일이 눈앞에 온 것 같았으나, 전쟁은 중공군이 개입하면서 1.4 후퇴라는 또 다른 시련에 부딪쳤습니다. 부산까지 밀려간 교회 지도자들은 그곳에서 하나님이 교회와 민족 앞에 내린 심판에 참회의 기도회를 열었습니다. 또한 '기독교 연합 전시 비상 대책위원회'를 조직하고 우선 미국의 트루먼 대통령과 유엔사무총장, 유엔군 사령관에게 호소문을 보냈습니다. 한국교회 대표로 장로교회의 한경직, 감리교회의 유형기를 미국에 파송하여 미국 교계에 한국 지원을 호소함으로써 미국 내의 여론을 환기시키기에 노력했습니다. 이들의 노력으로 거제도와 제주도에 피난

간 2만여 명의 그리스도인들과 1천 명의 교직자들에게 구호품을 전달하는 한편 구호부장 김성준 목사를 파송하여 피난민들을 구호하게 하고 피난 교역자들로 하여금 전도활동을 하게 하여 10여 처의 개척교회를 설립했습니다.

1952년 1월 한국기독교연합회 주관 아래 여러 교파가 연합으로 교회재건운동을 결의하고 주일학교, 교육과 문화, 사회의 후생, 농촌, 경제, 산업 등 6개 분야의 교회 재건 사업을, 주한 각파 선교부와 제휴하여 추진해 나갔습니다. 각파 선교부의 노력으로 기독교세계봉사회, 국제선교협의회, 기독교국제연합위원회 등의 세계교회협의체 대표들이 한국을 방문했고, 이들의 주선과 호소로 세계교회가 한국교회 및 한민족 구호에 나서게 되었습니다.

휴전이 되고 나서 여러 선교 단체들이 밀려들어 오기 시작했습니다. 먼저 한국에 들어온 선교회는 남침례회(Southern Baptists)였습니다. 미국에서 가장 보수적인 이 교회는 오랫동안 중국에서 선교활동을 하다 중국이 공산화됨에 따라 더 이상 선교를 할 수 없게 되어 한국으로 방향을 돌려 서울에 선교의 거점을 확보하여 활동을 시작했습니다. 그들은 대전에 신학교를 세우고 목사후보생을 훈련시키면서 장기전에 돌입했습니다. 그 외에도 나사렛(Nazarene)교회, 그리스도의 교회(Church of Christ), 순복음교회(Assembly of God), 한국복음선교회(Korea Gospel Mission), 여호와의 증인(Jehovah's Witnesses) 등의 소종파들이 서울이나 인근에 거점을 확보하고 자파교회의 증식을 위해 활동을 개시했습니다. 이즈음에 나타난 선교회 중 팀미션(Team Mission: Evangelical Alliance Missions, 복음주의연합선교회)은 1953년부터 한국에서 활동을 시작했습니다. 이 선교회는 교회 설립을 목적으로 하지 아니하고 고아원, 성경학교 등을 경영했으며, 특히 방송 선교와 문서 선교를 통해 교파 구별 없이 기성교회를 돕는 선교활동을 했습니다.

이들은 1956년 인천에 극동방송국(HLKX)을 세워 한국어, 영어, 중국어, 러시아어, 몽골어, 우크라이나어 등으로 방송하여 공산권 선교에 큰 공헌을 했으며 오늘에 이르기까지 기독교방송국과 더불어 많은 신자들의 신앙지도와 선교에 주력하고 있습니다.

팀미션이 방송을 시작하기 전 이미 기독교방송국(HLKY)이 선교방송을 실시하고 있었습니다. 1949년 이승만 정부는 기독교방송국 설치를 인가했습니다. 이 방송국을 설치하는 데 드는 비용 약 12만 달러는 재한 선교부들이 분담했습니다. 모든 장비가 미국에서 수송되어 오는 도중 6.25가 일어나 일본에서 지체되다가 휴전이 된 후 설비를 갖추고 방송을 시작했습니다. 기독교방송이 시작되기 전에 한국방송(HLKA)을 통해 이따금씩 월드비전(World Vision)의 밥 피얼스(B.Pierce), 빌리 그래함(B. Graham), 옥호열(H.Voelkel, 玉鎬烈) 등의 인사들이 한경직 목사의 통역으로 방송을 하기도 했습니다.

월드비전도 6.25 후에 우리나라에 들어온 선교 단체 가운데 하나였습니다. 이 단체는 한국 전란으로 많은 이재민이 생기자 이들을 돕기 위해 1953년 한국에 진출하여 대구에 본부를 두고 교파 구별 없이 기존 교회나 선교부의 사업에 협력했습니다. 월드비전 소속 선명회어린이합창단은 고아들로 구성되어 구미 여러 나라를 순방하면서 전쟁 동안 한국의 고아들을 도와 준 은덕에 감사하고 그들의 뛰어난 자질을 과시했습니다.

컴패션(Compassion Inc.)은 미국의 유명한 부흥사 에버레트 스완슨(Everett Swanson) 목사가 세운 단체입니다. 그는 동란이 한창 진행 중이던 1952년에 내한하여 전투에 참가중인 미군들을 위해 부흥집회를 하고 돌아갔습니다. 한국 군종감실에서 그에게 다시 한국에 와서 한국 군인들을 위해 집회를 해달라는 요청을 하자 이듬해 다시 한국에 온 그는 수많은 전쟁고아들을 보고 고아원 사업을 하기로 결심하고 컴패션이라는 단체를 만들었습니다. 그는 전국에 190여 개의 고아원을 설립하여 2만여 명의 고아들을 수용하고 교육했습니다. 이 단체는 농촌교회 교역자들을 돕기도 하고 진료 사업도 펼쳤습니다.

홀트아동복지회(Holt Adoption Program)는 미국 오레곤주에 거주하는 농부였던 헨리 홀트(Henry Holt) 씨가 한국 전쟁의 비극적 유산으로 남은 혼혈고아 80여 명을 미국 각 가정에 입양함으로써 시작된 입양기관입니다. 본래 목재상이었던 홀트 씨가 전쟁고아들 중 특히 혼혈아들의 참상을 보고 1955년에 이 입양기관을 발족해 수천 명의 전쟁고아 및 일반아를 입양했고, 오늘에 이르기까지 크게 공헌하고 있습니다.「재미한 인사략」라는 조그마한 책자에 기록한 홀트 씨의 내력을 옮겨 봅니다.

"1958년 1월 23일 오레곤주 그리스웰 지방에서 농업에 종사하는 해리[헨리] 홀트 씨는 한국으로부터 혼혈 고아 80여 명을 데리고 항공편으로 포클랜드에 안착했다. 홀트 씨는 지금까지 500여 명에 달하는 미국에 데려온 고아들을 그 양부모들에게 소개해 주느라고 늘 동분서주해서 그의 건강과 얼마 안 되는 재산마저 희생하여 왔다 하며 그는 남가주 파사데나에 있는 월드 · 비순 재단이라는 전도기관의 후원과 격려를 받은 이외에는 아무 보조도 받지 않았고 그 거대한 고아 구호 사업의 부담을 순전히 혼자 짊어지고 헌신투쟁하고 있으며 그 자신이 8명의 고아들을 자기 가정에서 수양하고 있다 한다."

선한 뜻을 지닌 한 사람이 얼마나 많은 사람들에게 행복과 기쁨을 가져다주며, 얼마나 많은 하나님의 일을 하는지 여기서도 볼 수 있습니다. 오늘까지도 홀트아동복지회는 보호자 없는 아이들과 자녀 없는 가정에 기쁨을 선사하고 있습니다. 어려운 때 우리를 도운 이들과 기관에 늘 감사한 마음으로 보은의 삶을 살아야겠고, 우리도 이제 어려움 가운데 있는 이들을 위해 어떻게 도움의 손길을 뻗칠 것인가를 생각해 보시는 오늘 되세요.

누가 예배당 문을 닫았을까요? (1)

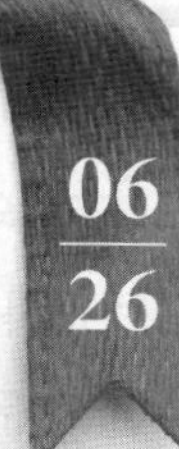

"매를 아끼는 자는 그의 자식을 미워함이라 자식을 사랑하는 자는 근실히 징계하느니라." (잠 13:24)

코로나가 전 세계의 예배당과 성당 문을 닫게 만들어 예배당에 가서 예배드리기를 원하는 교인들의 발을 묶어 놓고 예배당 문을 닫게 만든 것은 다 아는 사실입니다. 이번 질병과 같이 전 세계 예배당 문을 닫은 일은 교회 역사가 시작된 이래 단 한 번도 없었습니다. 심지어 로마 제국의 박해 아래서도 카타콤에서 신자들이 모여 예배를 드렸던 사실은 잘 아는 일입니다.

요즘 주일에 예배당에 가서 예배를 드리지 못하고 난생처음 경험하는 영상예배라는 묘한 형태의 예배를 집에서 드리면서, 코로나 문제가 해결되면 예배당 문을 닫는 일은 앞으로 결코 없을까 하고 생각해 보았습니다. 그런데 그 물음에 결코 그렇다고 대답할 수 없다는 생각이 들었습니다. 비록 전 세계 예배당이 동시에 문을 닫는 일은 없을지 모르나 개교회 예배당 문은 계속 닫히게 될 것이라는 불안한 마음이 드는 이유는 무엇일까요?

여러 해 전에 영국 요크에서 학술 대회가 있어 가게 됐는데, 그때 스코틀랜드 수도 에든버러에서 박사 과정을 이수하고 있는 제자 목사가 있었습니다. 필자가 영국에 온다는 소식을 듣고, 제자 목사가 필자더러 며칠 일찍 스코틀랜드에 와서 북쪽 하일랜드라는 곳에 한 번 가보면 좋겠다는 이야기를 했습니다. 그곳에는 1870년대 만주에서 선교 사역을 하면서 최초로 한국어 성경을 번역하고, 그곳에 홍삼 장사를 하러 간 의주 청년들에게 우리 교회 역사에 첫 세례를 베푼 로스(John Ross) 선교사의 고향과 생가가 있으니, 한국교회사를 강의 하는 필자가 꼭 한 번 방문하는 게 좋겠다는 얘기를 해서 그곳에 갔습니다.

제자 목사의 차로 여러 시간 북쪽으로 올라가 하일랜드에 도착했습니다. 조그만 시골 동네에 있는 로스 목사의 생가에 들러, 그곳에 살고 있는 가족을 만났습니다. 로스 목사가 살던 집은 이미 없어졌고, 그 자리에는 새 가옥이 들어서 있었습니다. 필자가 멀리 한국에서 왔다니까 들어와 차 한 잔 하고 가라해서 차를 같이 마시며 여러 대화를 나누고 나왔습니다.

그 집을 나와 마침 동네 예배당 앞을 지나는데, 그렇게 큰 규모는 아니나 아담하게 지은 석조 예배당이었고, 지붕 꼭대기에 십자가가 걸려 있었습니다. 예배당 내부를 보고 가기로 하고, 안으로 들어갔는데, 공사를 하고 있었지요. 필자가, "예배당 내부 수리를 하는 모양이지요?"라고 물었더니 제자 목사가, "교수님, 불행하게도 이 예배당이 모텔 업자에게 팔려 지금 모텔 개조 공사를 하고 있는 중입니다."라는 충격적인 얘기를 했습니다.

그 동네에 적지 않은 사람들이 멀쩡히 살고 있고, 영국 사람들은 대부분이 교인인데, 어떻게 예배당 문이 닫히고 모텔이 될 수 있을까요? 출석하는 교인이 하나도 남아 있지 않은 예배당을 노회가 팔기로 결정하고 모텔 업자에게 넘긴 것이겠지요. 코로나나 외부의 강압에 의해 예배당 문이 닫힌 것이 아니고, 교회 스스로 문을 닫은 것입니다.

예배당이 모텔로 전환되는 현실에 놀라움을 금치 못했는데, 정말 필자를 놀라게 한 일은 다른데 있었습니다. 에든버러로 돌아와서 명문 에든버러 대학 경내를 둘러보는데, 멀리 고딕 스타일의 돌로 지은 멋지고 큰 예배당(성당)이 보였습니다. 고딕 스타일 건물의 특징인 까맣게 높은 첨탑에 십자가가 붙어 있었습니다. 필자가 제자 목사에게 "저 예배당이 대학교 예배당인가요?" "예, 그런데 요즘 예배(미사)는 안 드리고 바(술집)가 되어, 학생들과 교직원들이 예배당 안에서 맥주 등 술을 마십니다."라는 놀라운 말을 했습니다. 분명 십자가가 하늘 높이 붙어 있는 예배당이 술집이 되었다는 것은 무엇을 의미합니까? 건물이 훌륭하고 첨탑에 십자가가 붙어 있다고 다 예배당이 아니라는 것이지요. 성도 없는 예배당은 단순 건물에 불과합니다. 십자가가 붙어 있는 건물이라고 다 예배당이 아니란 말입니다. 서글픈 현실이라 아니할 수 없습니다.

JUN

누가 예배당 문을 닫았을까요? (2)

06/27

"이는 네 속에 거짓이 없는 믿음을 생각함이라 이 믿음은 먼저 네 외조모 로이스와 네 어머니 유니게 속에 있더니 네 속에도 있는 줄을 확신하노라." (딤후 1:5)

영국을 비롯해서 유럽 여러 나라에서 교인이 없어 더 이상 예배(미사)를 드릴 수 없는 예배당이나 성당이 무슬림들에게 팔려 십자가가 뜯겨져 나가고 그 자리에 초승달이 붙는 예배당이 적지 않다는 믿을 수 없는 얘기를 듣고 있습니다. 필자는 말로만 듣던 서구 기독교의 몰락을 눈으로 확인했습니다. 이곳 LA에서도 예배당이 불교 재단에 팔려 사찰로 변모했다는 보도가 일간지에 나온 것을 보고 충격을 받아 지인들에게 보낸 일이 있었습니다. 미국 장로교회를 비롯해서 주류 교단의 예배당이 매년 수백 개가 문을 닫아, 다른 목적으로 팔리기도 하고 혹은 그냥 폐가로 남아 있다는 얘기를 듣고 있습니다. 2008년부터 2018년까지 지난 11년간 미국 장로교회(PCUSA)에서 감소된 노회가 3개, 교회 감소가 1,560개, 교인 감소는 747,487명, 감소된 교역자수가 2,043명입니다.(2018년 미국 장로교회 총회 발행 자료)

왜 이렇게 많은 예배당이 문을 닫고 교회 역사를 마감하는 것일까요? 답은 간단합니다. 교인이 없어서지요. 왜 교인이 없을까요? 이유는 두 가지입니다. 첫째는 부모들이 자녀들을 어려서부터 철저한 신앙교육을 시켜 그리스도 안에서 거듭난 삶을 살도록 이끌어 주지 않았기 때문입니다. 둘째는 전도하지 않았기 때문입니다. 1850년 영국에서 국교회(Church of England or Anglican Church, 성공회) 성도의 2/3가 교회에 나가지 않고, 비국교도 50%가 안 나갔습니다. 지금으로부터 170년 전에 이렇게 교회를 안 나갔으니 현재의 상황은 짐작이 가고도 남지요.

지금은 세상을 떠났는데, 미국 유학 시 함께 공부한 친구가 필자에게 이런 얘기를 해주었습니다. 자기에게 아들이 둘 있는데, 둘 다 미국 해군사관학교를 졸업한 후 각각 대위로 제대하고 좋은 직장에서 일을 하고 있었습니다. 두 아들 다 여자 친구를 사귀는데, 큰 아들은 한국 여자를, 작은 아들은 일본 여자였습니다. 친구 목사가 작은 아들을 불러 놓고, "너, 일본 여자는 안 된다. 민족 감정도 있고 해서 아빠는 일본 며느리를 보고 싶지 않다"고 얘기했더니, 아무 대답도 하지 않고 나갔답니다. 그런데 지켜보니까 계속 일본 여자와 사귀기에 둘째 아들을 다시 불러, "내가 일본 여자 안 된다고 했는데, 왜 계속 만나느냐? 한국 여자가 아니면 차라리 서양 여자라도 사귀라"고 말했습니다. 역시 아무 말도 하지 않고 나간 아들이 며칠 후 편지를 한 통 보내 왔습니다. "아버지가 믿는 기독교가 인종을 차별하는 종교라면, 나는 기독교 신앙을 포기하겠어요."라는 내용이었습니다. 그 얘기를 듣고, 아들이 기독교 신앙을 포기하겠다는데 어떻게 계속 자기주장만 할 수 있었겠냐며, 결국 그렇다면 일본 여자하고 결혼해도 좋다고 허락을 했답니다. 결혼 후에 지내며 보니까, 한국 며느리보다 일본 며느리가 시부모에게 훨씬 잘하더랍니다.

이 목사는 아들들에게 어려서부터 "사람을 차별해서는 안 된다. 가난해도, 못 배웠어도, 못 났어도 결코 차별해서는 안 된다."고 누누이 강조했으면서도 막상 자기에게 그런 상황이 닥치니까, 사람을 차별하는 이중성을 본 아들이 아빠가 믿는 기독교 신앙을 포기하겠다고 한 것은 어쩌면 자연스런 일이 아닐까요? 우리는 얼마나 이중적 신앙생활을 하는지 모르지요. 그럴듯하게 말은 하면서도 막상 자기에게 그런 상황이 오면 언제 그랬느냐는 듯이 딴 사람이 되는 모습을 본 자식들이 교회를 등지게 되는 것입니다. 우리 자녀가 교회를 떠나는 것은 부모의 이중적 신앙생활이 그 이유 가운데 하나라는 사실에 유념해야 합니다.

예배당 문이 계속 열리고, 교회 역사가 계속 되려면 우리 아이들이 교회에 계속 출석하면서 우리들 뒤를 이어 교회를 이끌고 나가야 한다는 사실은 명약관화(名若觀火)한 일이지요. 다만 한국말 하는 교회(Korean Speaking Church)가 계속 되느냐는 또 다른 문제입니다. 어려서 미국에 온 1.5세나 미국에서 태어난 2세들의 90% 이상은 한국말을 못하고 영어만 하기 때문이지요. 비록 영어만 하는 교회가 되는 한이 있더라도 한국인 정체성(Korean Identity)을 유지하는 교회를 계속 이어 간다는 것은 매우 의미 있는 일이라 여겨지지만 반드시 그것을 고집할 필요는 없다고 생각합니다. 한국인 정체성 유지가 중요한 게 아니고, 우리 아이들이 신앙을 계속 유지하는 것이 더 중요한 일이지요.

다시는 예배당 문이 닫히는 일이 없게 하는 길은 자녀들이 부모의 신앙을 이어받아 계속 교회 생활을 하면서 교회의 중심이 되게 하는 길밖에 없습니다. 이 일은 물론 그렇게 쉽게 되는 일은 아닙니다. 부모들의 눈물어린 기도 없이는 어려운 일입니다. 부모들에게는 자녀들이 신앙생활을 잘할 수 있게 신앙생활을 지도해야 할 책무가 무겁게 지워져 있습니다. "또 네가 어려서부터 성경을 알았나니 성경은 능히 너로 하여금 그리스도 예수 안에 있는 믿음으로 말미암아 구원에 이르는 지혜가 있게 하느니라."(딤후 3:15) 그렇습니다. 우리 자녀들에게 어려서부터 성경을 알게 해야 합니다. 성경을 알고 그리스도를 바로 아는 자녀는 결코 교회를 떠나지 않습니다. 여러분들 중 신앙생활을 제대로 하지 않은 자녀나 손주가 있으면 오늘 당장 눈물어린 기도를 시작하셔야 합니다. 하루 이틀이 아니고 1년이고 10년이고 간에 성령님께서 그의 마음을 움직여 하나님 앞으로 나올 때까지 계속 하셔야만 합니다. 이것이 당신이 짊어지고 가야 할 무거운 십자가입니다. 이 길만이 주님 오실 때까지 예배당 문을 닫지 않는 길입니다.

누가 예배당 문을 닫았을까요? (3)

06
28

"너는 말씀을 전파하라 때를 얻든지 못 얻든지 항상 힘쓰라 범사에 오래 참음과 가르침으로 경책하며 경계하며 권하라." (딤전 4:2)

2018년도 미국장로교회 총회 발행 자료에 따르면 1년에 교회가 평균 160개 씩 문을 닫았습니다. 그렇다면 현재 교회 수가 1만 개 정도라 하니, 산술적으로 계산 하면 앞으로 67년, 넉넉잡아 70년 즉 두 세대 정도 후에는 미국에 장로교회가 단 하나도 남아 있지 않는다는 결론에 이릅니다. 교인도 매해 평균 7만 5천 명씩 감소했으니, 앞으로 10년 후면 75만 명 내지 100만 명이 감소할 것이고, 30년 후면, 현재 300만 장로교인은 단 한 사람도 남아 있지 않을 것이라는 산술적 결론이 나옵니다. 이는 산술적 계산이므로, 변수는 얼마든지 있을 수 있으니 이런 예측이 빗나갈 수 있습니다. 현재 미국장로교회의 교인 프로테이지를 살펴보면 25세 미만 교인이 12%에 불과하고, 65세 이상 고령층 교인이 31%입니다. 나이든 이들은 계속 세상을 떠날 것이고 젊은이들은 점점 줄어드는 교회의 앞날이 점쳐지지 않으시나요? 얼마나 우려스러운 자료입니까? 왜 미국 장로교회가 이 지경이 됐을까요? 이는 두말할 필요 없이, 교회가 그리고 교인이 전도하지 않기 때문입니다.

오늘도 누가 예배당 문을 닫는지 묵상해 봅시다. 이 이야기는 필자가 직접 들은 이야기입니다. 초창기 이민이 오기 시작하면서 자연히 교인들이 주일에 모여 예배들 드리게 되었는데, 그곳 장로교회 예배당을 빌려 예배를 드렸습니다. 그런데 예배당은 크고 화려하며 웅장한데 정작 교인이라고는 노인들 5~6명밖에 없었습니다. 한인교회는 수십 명이 예배를 드리는데, 작은 방 하나를 주어 거기서 예배를 드리니까 불편했지요. 한인교회 대표가 교회 대표를 만나, 당신들은 몇 명 안 되고, 우리는 숫자가 많으니 장소를 바꿔 우리가 본당을 쓰고, 당신들이 작은 방에서 예배를 드리면 안 되겠냐고 물었습니다. 그 대표 할머니가 그럴 수는 없다며, 이 예배당은 우리 조상들이 피땀 흘려 가며 지은 예배당이고 지금까지 우리가 예배를 드리고 있는데, 어떻게 본당을 당신들에게 줄 수 있겠느냐며, 우리 노인들 모두 천국에 가면 그때 당신들이 본당을 쓰라했습니다. 그래서 알겠다 하고 기다렸는데, 얼마 안 가 몇 노인은 세상을 떠나고, 나머지 몇은 양로병원에 입원해서 그 교회 교인이 하나도 남지 않게 되었습니다. 그래서 한인교회가 노회에 상징적인 매매가 1불을 주고 예배당을 사서 사용하게 되었습니다.

개교회는 대체로 50년사, 100년사를 써서 교회 역사를 후세에 남깁니다. 이 교회의 역사를 쓰게 되면, 교회가 언제, 어디서, 몇 명이 모여 첫 예배를 드림으로 교회가 시작되었다고 쓰겠지요. 100년 혹은 200년의 역사를 써내려 간 후 이 교회의 마지막에 대해 쓰게 되겠지요. 언제 이 교회가 마지막 예배를 드렸고, 더 이상 교회에 오는 교인이 없어 오랜 역사를 지닌 이 교회는 결국 예배당 문을 닫고, 예배당은 한인교회가 사용하게 되었다고 쓸 것입니다. 비록 개교회이지만 어떻게 교회의 역사가 끝날 수 있습니까? 많은 교인에게 자녀들이 있었을 것이고, 또 그 지역에 수많은 사람들이 살고 있는데 어떻게 교회 역사가 끝난단 말입니까?

그 교회의 역사가 끝난 것은 두 가지 원인입니다. 첫째는 교인들이 자녀들에게 철저하게 신앙교육을 시키지 않아, 자녀들이 교회에 나오지 않았기 때문이고, 둘째는 교회 주변 지역 주민들에게 전도하지 않아 새 신자가 교회에 나오지 않았기 때문입니다. 교인 자녀들은 사방에 흩어져 살기에 부모 교회에 출석하지 않을 수도 있겠지만, 교회 주변에 사는 사람들에게 전도해서 그들이 교회에 나왔다면 교회 역사가 결코 끝날 수 없지요. 따라서 이 교회 예배당 문이 닫힌 이유는 그 교회 교인들이 전도하지 않았기 때문입니다. 코로나가 교회 문을 닫은 것이 아니고, 결국 그 교회 교인들 스스로가 문을 닫은 것입니다.

전도만이 교회가 사는 길이고, 전도하지 않은 것은 교인이 자기 책임을 방기(放棄)하는 것입니다. 주님의 마지막 명령이 전도하라는 것입니다. 어떻게 전도할 수 있을까요. 필자의 목사 50년, 교수 40년 생활의 결론은 성령님을 받아야 할 수 있다는 것입니다. 예수님은 "성령이 너희에게 임하시면 너희가 권능을 받고… 내 증인이 되리라."(행 1:8)고 말씀하셨습니다. 성령님이 우리 마음속에 임하시기 전에는 전도를 하려고 해도 할 수 없고, 또한 증인도 될 수 없습니다.

일본의 여류 기독교 작가인 미우라 아야꼬(三浦綾子) 여사가 쓴 자전적 수상집 『고독에도 손길이』라는 책 마지막 페이지에 "나는 복음을 전하지 않고는 견딜 수가 없다."라고 썼습니다. 그렇습니다. 성령님을 받은 사람은 복음을 전하지 않고는 견딜 수가 없게 됩니다. 우리가 복음을 전하지 않아도 아무 감각이 없다면 우리는 성령님과 상관없는 신앙생활을 하고 있는 것입니다. 죽어가는 가족, 친족, 친구, 이웃을 보고 튀어나가 전도하게 될 때 비로소 성령님은 여러분 마음속에 와 계시는 것입니다. 그러면 어떻게 해야 성령님을 받을 수 있을까요? 그 길을 예수님께서 일러 주셨습니다. "이르시되 기도(혹은 '기도와 금식') 외에 다른 것으로는 이런 유가 나갈 수 없느니라."(막 9:29) 그렇습니다. 바로 기도입니다. 기도 외에 다른 길이 없습니다. 기도(와 금식)을 통해 여러분 모두 성령님의 충만한 능력을 받아 "견딜 수 없는 심정"으로 전도에 매진할 수 있게 되길 바랍니다. 이 길이 예배당 문을 계속 열어 놓는 첩경입니다.

종교의 자유

06
29

"그리스도께서 우리로 자유케 하려고 자유를 주셨으니 그러므로 굳세게 서서 다시는 종의 멍에를 메지 말라." (갈 5:1)

라틴어 'cujus regio, eius religio'라는 말이 있습니다. 그 의미는 "한 지역을 통치하는 자는 그 지역의 종교를 결정한다."는 뜻으로, 그 나라 왕이 국민의 종교(교파)를 결정한다는 말입니다. 요즘으로 말하면 미국 대통령이 장로교인이면 모든 미국 국민은 무조건 장로교인이 되어야한다는 얘기입니다. 만일 장로교를 믿지 않고 다른 교파를 믿으면 불에 태워 죽였습니다. 이것이 'cujus regio eius religio'입니다. 오늘은 우리가 현재 누리고 있는 종교의 자유에 대해 생각해 봅시다. 여러 차례 언급한 바와 같이 미국 초기 역사에 청교도들이 영국에서 신대륙으로 건너온 이유는 영국이 영국 국교회를 강압했기 때문입니다.

영국은 16세기 초 튜더 왕가 헨리 8세(Henry VIII)의 후계자 문제로 로마 교회와 충돌하면서 헨리 8세는 1534년 수장령(首長令: Act of Supremacy)을 발표했습니다. 이 법령은 1천 년 동안 로마 교황 통치하에 있던 영국교회를 로마와의 관계를 끊어 버리고 '영국교회'를 선포한 것입니다. 이 법령에 따라 이제까지 영국교회의 수장은 당연히 로마 교황이었는데, 이제부터 헨리 자신이 영국교회 수장이 됐습니다. 이제부터 영국 국민은 누구나 영국교회를 신봉해야만 했습니다. 1517년 마르틴 루터가 종교개혁을 시작한 이래로 유럽에서는 1500년 동안 내려오던 로마교회의 부당한 통치에서 벗어나 새로운 교회가 우후죽순처럼 일어나기 시작했습니다. 지금까지 내려오던 획일적 로마교회의 통치를 끝내고 성경에 의한 새로운 교회가 다양하게 형성된 것입니다.

그럼에도 불구하고 영국은 로마교회 체제에서 영국국회 체제로 바뀌었을 뿐 여전히 개인의 종교를 국가가 강제하는 체제였습니다. 그러나 자유의 물결은 서서히, 꾸준히 그리고 조용히 널리 퍼져 나갔습니다. 이 물결은 개인의 종교를 결정하는 것은 국가가 아니고, 국민 개인이 선택해야 된다는 사상이었습니다. 1500년을 내려오는 전통이 그렇게 쉽게 변할 수는 없었고, 결국 피 흘리는 전쟁을 통해서야 이루어졌습니다. "자유라는 나무는 피를 먹고 자란다."는 말은 이를 두고 한 말입니다. 루터의 종교개혁은 부패할 대로 부패한 로마교회에 반기를 들고 일어나는 국가가 나타나면서 결국 두 세력 간에 전쟁은 불가피했습니다. 독일 내에서 가톨릭 측 국왕 카를 5세(Karl V)와 루터의 신학을 따르는 제후들 간에 전쟁이 벌어졌습니다. 결과는 가톨릭 측의 승리였지만 여전히 산발적으로 반발이 일어나자 카를 5세와 개신교 제후들과의 사이에 1555년 '아우크스부르크 협약'(The Peace of Augsburg)이 맺어졌습니다. 이 조약으로 국가 종교를 국민들에게 강요하지 않고, 국왕의 종교를 따르기를 원치 않는 자는 자기 종교 지역으로 이주할 수 있는 자유를 보장했습니다. 이로서 개인의 종교 선택의 자유는 일단 인정은 됐지만, 국왕의 종교와 다른 종교를 그 지역 내에서는 가질 자유는 없었습니다. 또한 이 자유도 루터파에 한한 것이었지 장로교파에 자유를 준 것은 아니었으므로 장로교파는 독일에서 여전히 불법 종교였습니다.

개인의 종교 자유는 이것으로 마무리될 수 없었습니다. 이제 마지막 전쟁이 남아있었습니다. 1618년 가톨릭 국가와 개신교 국가들 사이에 전쟁이 벌어졌습니다. 사망자 수가 800만 명이나 되는 잔혹한 전쟁이었지요. 이 전쟁은 결국 1648년 베스트팔리아(Westphalia)에서 조약을 맺고 끝이 났습니다. 이 조약을 '국제법의 출발점'이라 말합니다. 이제 비로소 개인이 자신의 종교를 선택할 수 있는 자유가 확보되었습니다.

그러나 이 자유는 아직도 갈 길이 멀었습니다. 왜냐하면 여전히 국가나 영지에 살고 있는 신민은 그 나라의 왕이나 영지의 영주의 종교와 같은 종교를 믿어야 했기 때문입니다. 다만 다른 점이 있다면 직전 왕이나 영주의 종교를 믿던 사람은 현재 국왕이나 영주의 종교와 다르더라도 그대로 그곳에서 살 수 있게 된 점입니다. 따라서 이 조약으로 교회 역사상 최초로 서로 다른 두 종파가 한 지역에 공존(共存)할 수 있게 되었습니다. 그러나 여전히 국왕이나 영주의 신앙과 같아야 한다는 전제가 있었으므로 아직 완전 자유를 쟁취한 것은 아니었습니다.

국왕이나 영주의 신앙과 상관없이 개인이 완전히 자기 종교를 선택할 수 있게 되기까지는 미국의 독립과 헌법 공포까지 기다려야 했습니다. 1776년 미국이 독립을 선언하고 1789년 각 주가 비준해 공포된 미국 헌법은 인류 역사에 처음으로 '국가와 교회의 분립'(separation between state and religion)이라는 위대한 성취를 이루었습니다. 즉 국가는 개인의 종교에 일체 간여하지 않고, 오로지 종교는 국민 개인이 스스로 선택할 수 있는 자유가 확보된 것입니다. 이것이 바로 400년 전 청교도들이 그토록 바라며 죽음을 각오하고 아메리카로 이주를 강행했던 꿈이었습니다. 그 꿈이 미국의 독립으로 이루어진 것입니다. 이는 실로 교회 역사가 시작된 이래 처음으로 얻은 완전 자유였습니다. 이 자유를 얻기 위해 얼마나 많은 피를 흘렸는지 모릅니다. 그 피는 이슬람이나 힌두교나 기타 다른 종교에 의해 흘린 것이 아니고, 같은 삼위일체 하나님을 믿는 가톨릭교회, 루터교회, 장로교회 등에 의한 것입니다.

오늘 우리가 이렇게 국가나 어떤 집단에 억압받지 않고 내가 원하는 종교, 교파 신앙을 가질 수 있기까지 참 오랜 세월이 흘러야 했고, 또 수많은 피를 흘려야만 했다는 역사적 사실을 생각하면, 우리가 누리는 자유는 참으로 값진 것이 아닐 수 없습니다. 이는 실로 주님 탄생으로부터 1800년을 기다린 셈입니다.

개신교와 교파

“우리에게 주신 은사대로 받은 은사가 각각 다르니… 가르치는 자는 가르치는 일로” (롬 12:6-7)

“종교의 자유”와 연결해서 오늘은 개신교 내에 왜 교파가 그렇게 많은지, 그 원인에 대해서 살펴보도록 하겠습니다. 세계 기독교회는 크게 네 가지입니다. 로마가톨릭교회, 그리스(동방)정교회, 개신교회 그리고 성공회(聖公會)입니다. 성공회가 개신교회라 이야기 하는 사람들이 많습니다. 그러나 성공회는 개신교회가 아닙니다. 말씀 드린 것 같이 성공회는 영어로 Anglican Church or Church of England, Protestant Episcopal Church라 합니다. 그런데 가톨릭, 그리스정교회, 성공회는 각각 한 교회 집단입니다. 다시 말해 교파가 없고, 단일체 교회란 말입니다. 가톨릭은 로마 교황(Pope), 그리스정교회는 총대주교(Patriarch), 성공회는 영국 캔터버리(Canterbury)에 위치한 대주교(Achbishop)가 전 세계의 교회를 총괄합니다. 그러나 개신교회는 장로교파, 감리교파, 침례교파, 성결교파, 오순절교파, 순복음교파, 하나님의 교회파, 나사렛교파, 그리스도교파 등등 약 300여 개 교파로 나뉘어 있습니다. 이 모든 교파를 통설하는 기구나 사람이 없습니다.

그렇다면 개신교회는 왜 이렇게 많은 교파로 나뉘어져 있을까요? 1517년 독일의 마르틴 루터가 교회개혁(종교개혁)를 일으키기까지 약 1500년 동안 성경은 교회에서 그렇게 중요하게 여겨지지 않았습니다. 이유는 우선 1517년 마르틴 루터가 개혁하기 전까지 오직 라틴어성경뿐이었습니다. 15세기 중엽, 독일인 구텐베르크(Johannes Gutenberg)가 금속활자를 통한 인쇄술을 발명하기 전까지는 모두 손으로 쓴 수기(手記) 성경밖에 없었습니다. 수도원에서 수도자들은 하루 종일 성경을 필사했습니다. 신구약성경 66권에 외경 7권까지 73권을 다 쓰려면 일생에 몇 권이나 썼겠습니까? 뿐만 아니라, 교황청은 평신도가 성경 읽는 것을 엄금했습니다. 비록 성경을 손에 넣었다 해도 라틴어로 된 성경을 읽을 수도 없었습니다. 오직 성직자만 읽기가 허락됐는데, 대다수 신부는 라틴어 독해력이 없어 읽지도 못했습니다. 따라서 성경과는 거리가 먼 교회가 되고 말았지요.

교회 개혁이 시작된 직후, 루터는 가톨릭의 박해를 피해 독일 바르트부르크(Wartburg)성에서 약 1년간 도피 생활을 했습니다. 그동안 루터는 신약성경을 독일어로 번역했습니다. 금속활자와 인쇄술을 통해 루터가 번역한 독일어성경이 무수히 발간되어 삽시간에 독일어권 여러 나라에 빠르게 반포되었습니다. 이제 독일어를 해독할 수 있는 사람들은 성경을 읽을 수 있는 시대로 접어들었습니다. 이는 실로 기독교가 시작된 이래 1500년 만에 주어진 값진 기회였습니다. 성경을 개인이 소유할 수 있고, 마음대로 읽을 수 있는 자유가 확보된 것입니다.

교회개혁의 3대 원리는 '오직 믿음', '오직 성경', '오직 은혜'입니다. 그런데 제4원리가 있습니다. 그것은 '만인제사장'입니다. 신도들은 누구나 사제라는 것입니다. 가톨릭교회에서는 성직자와 평신도가 엄격히 구분되어 있었습니다. 성직자는 교황, 추기경, 대주교, 주교, 신부, 수(도)사, 수녀입니다. 그리고 그 아래 평신도가 있습니다. 그러나 루터가 교회 개혁을 하면서 이런 교직 계급을 없애고 신자는 누구나 다 하나님 앞에서 사제라 선언했습니다. 따라서 누구나 성경을 읽을 수 있고, 한 걸음 더 나아가 해석할 수 있는 자유까지 확보해 주었습니다.

가톨릭교회는 자의(自意)로 성경을 해석하고 가르칠 때 불에 태워 죽이는 화형(火刑)에 처했습니다. 교황청에서 해석하는 성경 해석 외에 다른 소리를 하는 것은 이단이고, 이단은 사탄에 조종을 받는 반(反) 교회적 악마로 규정하고 처단했습니다. 그러나 교회 개혁은 이런 중세 로마 교황청의 폭거로부터 모든 신자에게 자유를 찾아 주었습니다.

자유, 이것이야말로 하나님께서 인류에게 주신 최초의 그리고 최선의 선물입니다. "동산 각종 실과는 네가 임으로 먹되,"(창 2:16) 에덴동산 안의 모든 실과를 마음대로 먹을 수 있는 자유를 주셨습니다. 그러나 자유가 지나치면 방종이 되고, 방종은 구속과 처벌로 연결됨을 우리는 익히 알고 있습니다. 오늘도 하나님께서 주신 자유와 평화를 만끽하시기 바랍니다.

7 July

장로교회와 감리교회

07/01

"내 어머니의 태로부터 나를 택정하시고 그의 은혜로 나를 부르신 이가"
(갈 1:15)

개신교에 이렇게 많은 교파가 생겨난 이유는 성경 해석의 자유 때문이었습니다. 사실 평신도가 성경을 읽고 해석까지 할 수 있는 데는 역시 큰 희생의 대가가 따랐습니다. 영어성경을 누구나 읽을 수 있는 것은 라틴어성경을 영어로 번역한 사람들이 있었기 때문입니다. 맨 처음 영어성경을 번역한 사람은 영국사람 위클리프(John Wycliff, 1320?-1384)였습니다. 위클리프는 옥스퍼드대학 졸업생으로 어려운 중에도 라틴어성경을 영어로 1382년 완역했습니다. 링컨이 했다는 게티즈버그 연설은 "국민의, 국민에 의한, 국민을 위한"(of the people, by the people, for the people)으로 유명하지만, 사실 이 말을 처음 한 사람이 바로 위클리프였습니다. 이 세 마디 말은 민주주의를 정의한 것이 아니고, 바로 성경을 두고 한 말이었습니다. 위클리프는 부패한 로마 교회와 암투를 벌이다, 1384년 평온한 가운데 숨을 거두었습니다. 그러나 그가 죽은 지 30여 년이 지난 후, 콘스탄츠 공의회에서 성경을 영어로 번역했다는 죄를 물어 이단으로 정죄해서 그의 성경을 불태우고, 무덤을 파헤쳐 유골을 꺼내 불구덩이에 던져 화형시켰습니다.

그로부터 약 70여 년 후 영국에서 윌리엄 틴데일(William Tyndale, 1494-1536) 역시 성경을 영어로 번역했습니다. 그는 독일로 건너가 영어성경을 비밀리에 번역했는데, 영어에 없던 낱말을 만들어가면서 번역을 완료했습니다. 그러나 결국 그는 성경을 번역했다는 죄목으로 체포

JUL

되어 1536년 10월, 화형을 당해 산화했습니다. 지금도 권위 있게 통용되는 영어성경의 고전 킹제임스버전(King James Version)의 70%가 바로 틴데일 성경에서 왔습니다.

성경을 번역한 일이 화형에 처해 죽일 죄로 정죄한 가톨릭교회의 죄악이 얼마나 큰지 상상이 되시지요. 우리가 아무 때나, 어디서나, 마음대로 성경을 살 수 있고, 소유하고, 읽을 수 있는 자유가 보장된 것은 이런 선각자들의 피 흘림의 값진 희생이 있었기 때문입니다. 이렇게 귀하게 얻어진 자국어로 번역된 성경을 누구나 읽을 수 있고 해석할 수 있는 자유를 얻게 된 것은 루터, 칼뱅, 츠빙글리 등 여러 개혁자들의 피나는 희생의 결과였습니다. 성경 해석의 자유를 얻은 이들은 자기들 나름대로 성경을 번역하여 자기를 추종하는 사람들과 더불어 교파를 만들었습니다. 장로교파, 감리교파, 침례교파 등의 교파가 쏟아져 나왔고, 후에는 안식교, 몰몬교, 여호와의 증인, 크리스천 사이언스(Christian Science), 퀘이커, 메노나이트, 아미쉬 등등 수많은 이단과 소종파도 끊임없이 쏟아져 나왔습니다. 따라서 교파란 말은 교회 개혁 이전에는 없었던 말이고 교회 개혁 이후에 나온 용어입니다.

헬라어에 '밥티조'(bab-ti-zo)라는 단어가 있습니다. 이 단어에서 영어 baptize가 나왔습니다. 이 단어를 보통 '세례'(洗禮)라 번역하는데, 이에 반기를 들고 '침례'(侵禮)라 번역해야 한다고 주장하는 사람들이 나왔습니다. 예수님은 요단강에서 침례자 요한에게서 침례를 받고 올라오셨지, 세례를 받은 것이 아니라고 주장했습니다. 이들은 성경에 유아세례란 용어가 없으므로 유아세례를 인정할 수 없다며 성인세례만을 주장했습니다. 침례(세례)는 성인이 자기 입으로 예수님을 구세주로 고백하는 사람들에게 베푸는 것이지, 자의식(自意識)이 없는 갓난애에게 세례를 베푸는 것은 전혀 성경적이 아니라 주장합니다. 이들이 침례교파, 즉 Baptist Church를 만들었습니다. 결국 단어 하나로 새로운 교파가 생겨난 셈이지요.

교리 문제로 교파가 생긴 경우를 살펴봅시다. 일반적으로 장로교회와 개혁교회는 예정론 교리를 따릅니다. 이 예정론은 초기교회 교부성 어거스틴이 주장한 것으로, 교회개혁 시에 장 칼뱅에 의해 구체화되었습니다. 칼뱅 신학의 주제는 '하나님의 주권'이었습니다. 즉 이 세상에서 일어나는 모든 일은 하나님의 주관 하에, 하나님의 예정 가운데서 이루어진다는 것입니다. 하나님은 "참새 두 마리가 한 앗사리온에 팔리는 것이 아니냐 그러나 너희 아버지께서 허락지 아니하시면 그 하나라도 땅에 떨어지지 아니하리라."(마 10:29) 즉 하나님은 참새 한 마리가 땅에 떨어지는 것도 주관하시는데, 하물며 사람이 구원을 받고, 멸망을 받는 것을 어떻게 주관치 않으시겠느냐는 주장입니다.

그러나 칼뱅 시대로부터 약 200년 후에 태어난 영국인 요한 웨슬리(1703-1791)는 예정론을 부인하고 인간의 '자유의지와 능력'에 방점을 찍었습니다. 예수를 믿느냐, 안 믿느냐는 개인의 선택 문제지 예정과는 무관하다고 주장했습니다. 이런 주장은 그가 처음이 아니고, 네덜란드 신학자 야코부스 아르미니우스(Jacobus Arminius, 1560-1609)에게서 비롯됐습니다. 그는 칼뱅보다 한 세대 후 사람으로 칼뱅의 예정론에 반(反)하여 인간의 의지, 즉 인간 스스로가 자기 구원과 멸망을 결정한다고 주장했습니다. 웨슬리가 바로 이 아르미니우스의 주장을 따른 것입니다. 웨슬리는 주장합니다. 만일 예정론이 진리라면 어떤 사람이 예수님을 믿고 싶어 안달해도, 택함을 받지 못했으면 결국 멸망으로 간다는 결론에 이릅니다. 또 어떤 사람은 전혀 예수님을 믿고 싶은 생각도 없고 무신론자인데, 어느 날 우연히 교회에 나가게 되어 예수님 믿고 죽은 후에 영생을 얻는다는 것이지요. 그렇다면 믿고 싶어도 믿지 못하고 지옥으로 간 사람은 누가 책임을 져야 할까요? 그렇게 믿고 싶어 했는데, 단지 택함을 받지 못해서 지옥행이 됐으니, 그는 너무 억울한 것이 아닌가 라는 질문이 나오게 되지요.

인간의 자유의지를 주장하는 쪽은 요한복음 3장 16절에 "저를 믿는 자마다" 구역(舊譯)성경에는 "누구든지 저를 믿으면"이라 하여, 개인의 선택을 제시했다고 말합니다. 결국 아르미니우스나 웨슬리는 예정론을 거부하고 예수를 믿고 안 믿고는 개인의 선택 사항이라며 인간의 자유의지에 악센트를 찍었습니다. 여기서 출발한 교회가 감리교회입니다.

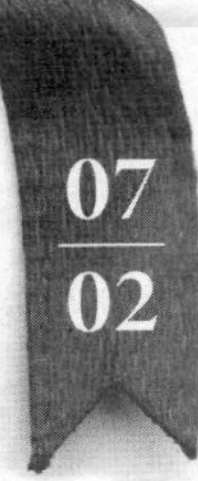

400 대 1의 선지자 미가야

"이스라엘 하나님 여호와를 찾지 아니하는 자는 대소 남녀를 막론하고 죽이는 것이 마땅하다 하고" (대하 15:13)

유다왕 여호사밧은 하나님 앞에서 선한 일을 많이 한 왕으로 유다 왕들 중에 몇 안 되는 훌륭한 왕이었습니다. 여호와 하나님을 성심껏 섬겼고, 여호와의 율법 책을 백성들에게 가르쳤으며, 전심으로 여호와의 길을 걸어 산당들과 아세라 목상들을 유다에서 제거한 왕이었습니다. 그는 부귀와 영화를 크게 떨쳤으며, 이스라엘 왕 아합과 혼인 관계를 맺어 인척이 되었습니다.(대하 17) 이 여호사밧이 사마리아로 내려가 아합 왕에게 갔습니다. 아합은 사돈 관계인 여호사밧을 위하여 큰 전치를 배풀어 환대했습니다. 잔치가 한창 무르익어 갈 무렵, 아합 왕은 여호사밧 왕에게 "당신이 나와 함께 길르앗 라못에 올라가시겠나이까"라고 물었습니다.

그때 여호사밧이 아합에게 먼저 여호와의 말씀이 어떠한지 물어보자고 말합니다. 그러자 아합은 선지자 400명을 모으고 그들에게 물었습니다. 400명의 선지자들은 한 목소리로 "올라가소서, 하나님께서 그 성을 왕의 손에 붙이셨나이다"라고 말했습니다. 여호사밧 왕은 "이 외에 우리가 물을 만한 여호와의 선지자가 여기 있지 아니하나이까?"라고 묻습니다. 그때 아합 왕이 아직 미가야라는 선지자가 하나 있는데 그는 항상 나에게 불길한 말만 하기로 부르지 않았다고 말합니다. 그러자 여호사밧이 그를 부르자고 말했습니다. 미가야를 데리러 간 사신이 미가야에게 400명의 선지자들의 아합 왕에게 길(吉)한 말을 했으니,

JUL

선지자님도 그렇게 말하라고 권하자 미가야는 “여호와께서 살아계심을 두고 맹세하노니 내 하나님께서 말씀하시는 것 그것을 내가 말하리라.”고 대답했습니다.

미가야가 당도하자 아합은 미가야에게, “우리가 길르앗 라못으로 싸우러 가랴 말랴.”고 물었습니다. 미가야는 “여호와께서 말씀하시기를 누가 이스라엘 왕 아합을 꾀어 그에게 길르앗 라못에 올라가서 죽게 할까?” 하시니, 한 영이 나아와, “내가 그를 꾀이겠나이다.”고 말했고, 여호와께서 어떻게 하겠느냐고 묻자, “내가 나가서 거짓말하는 영이 되어 그의 모든 선지자들의 입에 있겠나이다.”라고 말했습니다. 결국 400명 선지자가 같은 말을 한 것은 거짓말하는 영이 그들을 그렇게 만들었기 때문입니다. 아합 왕은 “이놈을 옥에 가두고 내가 평안히 돌아올 때까지 고난의 떡과 고난의 물을 먹게 하라.”고 말하고 미가야를 옥에 가두었습니다.

아합은 전쟁터에서 자기만 살려고 일반 병사의 옷을 입고 여호사밧 왕만 왕복을 입게 했습니다. 마치 여호사밧이 이스라엘 왕인 것으로 오인하게 하려 한 것이지요. 그러나 결과적으로 여호사밧 왕은 살았고, 아합 왕은 적진을 향해 마구 쏟아진 화살에 맞아 그날 해질 무렵에 생명을 잃었습니다. 하나님의 심판의 칼날을 피할 수는 없었습니다. 아합은 이세벨이라는 이방 여인을 왕후로 맞아들인 후 여호와를 배반하고 이방 신을 섬겼습니다. 무죄한 나봇을 죽여 포도밭을 빼앗아 채소밭을 만들었으며, 이스라엘 백성들로 하여금 바알신을 비롯한 이방신을 섬기게 한 죄를 짓고 결국 비극적으로 삶을 마감했습니다.

400명의 선지자들이 한결같이 아합 왕에게 아첨하는 말을 했지만, 끝까지 그의 눈치를 보지 않고, 하나님의 말씀을 전하다가 옥에서 고통을 당한 미가야 선지자는 죽음을 두려워하지 않고 여호와의 말씀에 충실한 선지자로 그의 이름을 후세에 길이 남겼습니다.

1938년 한국장로교회총회에서 총회장 홍택기 목사가 신사참배 안을 상정했을 때, 당시 180여 명의 목사, 장로 총대들은 대부분 그것이 성경에 어긋나는 일이라는 것을 알면서도 침묵으로 일관했습니다. 총회장이 불법적으로 신사참배 안이 가결되었음을 선포했을 때, 선교사들은 일제히 불법이라고 일어서서 소리쳤으나, 한국 목사, 장로들은 침묵으로 일관했습니다. 지금부터 약 3천 년 전, 미가야 시대에 역사했던 '거짓말하는 영'이 3천 년 후 한국에 와서 '침묵의 영'으로 역사하여 총대들의 입을 닫아 버린 것이지요. 이에 반대한 주기철 목사 등 소수의 목사들은 일제 경찰이 미리 검속해서 옥에 넣어 두었기에 총회 장소에 가지도 못하고 감옥에서 온몸으로 울부짖고 있었을 뿐이었습니다. 몸으로 울부짖으며 신사 참배에 반대했던 순교자들의 향거는 두고두고 후세의 귀감이 되고 있습니다. 하지만 '침묵하는 사탄'에 사로잡힌 목사, 장로들은 역사에 그 오명(汚名)을 길이 남겨 놓았습니다.

400명을 짓누르고 외롭게 하나님의 뜻을 선포한 미가야 같은 목사들이 많이 나와야 한국교회가 살고, 민족이 살 수 있는데, 참 안타까운 현실입니다. 모두의 각성과 기도가 요청되는 시기입니다.

무곡 찬송가 (1)

07/03

"할렐루야 그의 성소에서 하나님을 찬양하며 그의 권능의 궁창에서 그를 찬양할지어다… 호흡이 있는 자마다 여호와를 찬양할지어다. 할렐루야" (시 150:1)

이번 주일도 집에서 영상 예배를 드렸습니다. LA 인근에 있는 어떤 교회를 연결해서 예배를 드렸는데, 예배를 드리면서 두어 가지 생각이 나서 오늘 이 말씀을 드리려 합니다.

첫째는 예배 중, 복음 성가를 두어 번 불렀는데, 필자가 잘 모르는 성가를 가사만 영상으로 띄워 주어 함께 부르지 못했습니다. 왜냐하면 가사만 나오고 악보가 없어 따라 부를 수가 없었기 때문이었습니다. 악보만 있으면 어느 정도 따라 부를 수 있겠는데 악보가 없어서 같이 부르지 못했습니다.

우리나라에 찬송가가 처음 나온 것은 우리나라 최초 선교사로 내한한 언더우드가 1893년 발간한 '찬양가'입니다. 찬양가에는 117곡이 들어 있었는데, 그중 88곡에 사성부(四聲部) 악보를 넣었습니다. 사성부 즉 소프라노, 알토, 테너, 베이스를 넣은, 우리가 요즘 가지고 있는 찬송가와 같은 것이었습니다. 이 찬양가는 일본 요코하마에서 출판되었습니다. 그런데 이 찬양가가 출판될 당시 조선 팔도에 2천만이 살고 있었는데, 그중에 악보를 읽을 수 있는 사람은 단 한 사람도 없었습니다.

필자의 할머니는 필자가 군목으로 복무하고 있을 때인 1971년에 83세로 세상을 떠나셨습니다. 지금부터 50여 년 전입니다. 할머님은 증조할머니와 더불어 신앙생활을 시작하셨습니다. 할머니가 어렸을 때는 초등학교도 없었고, 한글을 가르쳐주는 기관이 없었습니다. 할머니가 교회에 나가셨으나, 다른 사람들은 찬송가도 부르고, 성경도 읽는데, 할머니는 까막눈이어서 찬송가도 성경도 읽을 수 없었습니다. 당시 조선의 여자들, 상인들, 천민들은 글을 배울 수도 없었고 또 배울 필요도 없었습니다. 초기 선교사들은 교회가 세워지는 곳마다 야학(夜學)교를 세워 한글을 깨우치지 못한 농민, 노동자, 부녀자들과 천민들을 모아 놓고 한글을 가르쳤습니다. 할머니가 출석하시던 교회에도 야학교가 세워져 언문을 모르는 사람들에게 가르쳐 주었습니다. 할머니는 이 야학교에서 언문을 깨우치셨고, 찬송가를 부르며, 성경을 읽기 시작하셨습니다. 찬송가는 물론 무곡(無曲) 찬송가 즉 가사만 있고, 곡은 없는 찬송가였지요. 악보가 있은들 읽을 수도 없었기 때문에 악보를 넣을 필요가 없었지요. 곡을 넣으려면 편집, 교정, 출판에 많은 비용과 시간이 요(要)했으므로 곡을 읽을 수 없는 당시 교인들을 위해 곡조가 든 찬송가를 만들 필요가 없었지요.

할머니가 1971년에 돌아가셨으니까 50년이 됐습니다. 50여 년 전 할머니 세대는 곡을 읽을 수가 없었습니다. 그런데 하물며 지금으로부터 120년 전, 언더우드가 찬양가를 출판할 당시에는 곡을 읽을 수 있는 사람이 전무한 상태였는데 4성부 찬양가를 편찬, 출판했다는 데 놀라지 않을 수가 없습니다. 언더우드는 먼 앞날을 내어다 보았습니다. 언젠가는 조선 사람도 곡을 배우고 반드시 4성부 찬송가를 부를 때가 올 것이라는 확신을 갖고 출판한 것이지요.

그런데 120년 후 현재, 그것도 미국에서 한국교회가 무곡 찬송을 영상에 띄워 놓으니, 필자같이 어느 정도 곡을 읽을 수 있는 사람도 멍하니 가사만 쳐다보고 있을 수밖에 없지요. 곡을 모르니 따라 부를 수가 없지 않습니까? 참 한심한 노릇입니다. 필자가 출석하는 교회도 전에는 가사만 띄우고 복음 성가를 불렀는데, 여전히 필자가 모르는 복음 성가가 나오면 멍하게 쳐다만 봤지요. 담임 목사에게 멜로디(소프라노)

JUL

만이라도 곡을 넣자고 말해서 요즘은 멜로디와 가사를 같이 띄웁니다.

요즘은 모든 초등학교 교과과정에 음악 시간이 있고, 또 기본적인 음악을 가르치기 때문에 아무리 음치라도 음표를 읽는 기본은 배우지 않습니까? 그러니 음치가 아니면 곡만 있으면 대강 따라 부를 수 있지요. 현재 목회하고 있는 목사들에게 부탁합니다. 제발 무곡 찬송가 띄우지 말고 꼭 곡을 넣어서 띄우세요. 알토, 테너, 베이스는 없어도 소프라노 곡만이라도 띄워 주면 곡을 어느 정도 읽을 수 있는 사람은 따라 부를 수 있지요. 무곡 찬송을 부르던 시대는 이미 저물지 않았나요?

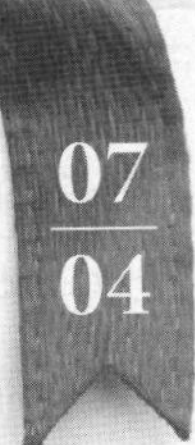

07
04

무곡 찬송가 (2)

"할렐루야 그의 성소에서 하나님을 찬양하며 그의 권능의 궁창에서 그를 찬양할지어다… 호흡이 있는 자마다 여호와를 찬양할지어다. 할렐루야" (시 150:1)

지금부터 120년 전 사성부란 말도 없었고, 또 아는 사람도 없었을 때였기에 언더우드 선교사는 조선 교인들에게 계몽을 할 필요가 있다고 생각했습니다. 조선 교인들이 찬송가를 부르는 것은 오직 소프라노 유니송(Unissons)만 알고 있던 때, 찬송가는 사성부로도 부를 수 있고, 또 4성부 찬송은 화음이 되어 얼마나 아름다운 찬송이 되는지를 보여 주기로 했습니다.

우선 평양 숭실전문대학 학생 가운데 노래를 잘하는 학생들만 뽑아 합창단을 만들고 찬송가를 사성부로 연습시켰습니다. 어느 정도 연습이 된 후에 언더우드는 합창단을 데리고 먼저 평양에서 제일 크고 대표적 장로교회인 장대현교회에 가서 공연을 했습니다. 주일예배가 끝난 후, 2부 순서로 숭실대학 합창단이 여러 찬송가를 사성부로 불렀지요. 순서가 진행되는 동안, 예배당을 가득 메운 교인들과 노인들은 묘한 표정을 지으며 그 찬송을 들었습니다. 모든 순서가 다 끝이 났는데, 교인들은 박수도 안치고 학생들만 빤히 쳐다보고 있었지요. 맨 앞자리에 갓을 쓰고, 하얀 두루마기를 입고, 길게 기른 흰 수염을 만지작거리며 앉아 있던 나이 드신 장로님들과 노인들이 서로 말을 주고받았습니다. "저놈들이 얼마나 연습을 안 했으면 각각 딴소리를 하고 있네."라고요.

주일날 필자가 영상 예배를 드린 그 교회는 1시간 예배 중 한 번도 찬송가를 부르지 않고 복음 성가만 두 번 부르고 예배가 끝났지요. 필자는 이 복음 성가 둘 다 곡을 몰라서 멀뚱히 서서 가사만 바라다보고 있었네요. 보통 복음 성가는 예배 시작 전에 부르고, 예배 시간 첫 부분에 찬송가 1장부터 60장에 있는 예배 찬송을 부르지요. 어떤 교회는 설교 전에 찬송 한 번 더 부르고 말씀 후에 그 말씀에 맞는 찬송을 부르는 것이 일반적인 전통 예배 형식이지요.

물론 전통이 반드시 다 좋은 것이 아닐 수도 있고, 또 시대에 따라 예배 의식도 달라질 수 있다는 것은 인정합니다. 그러나 전체 예배 시간에 찬송가를 하나도 부르지 않은 것은 문제가 아닐까요? 복음 성가만 부르는 것이 문제가 될 수 있다는 점을 하나 더 말씀드리지요. 이런 일이 있었습니다. 한국 찬송가 공회가 새로운 찬송가를 만들면서 각 교파에서 위원이 나와 가사위원회, 곡조 위원회, 성구 위원회 등에 각계의 권위자들이 모여 위원회를 구성하고 새로운 찬송가를 만들게 되었습니다.

그런데 작곡 위원회에서 문제가 하나 발생했습니다. 한국인 작곡자 가운데 저명한 분이 작곡한 찬송가곡을 선정하기로 하고, 제작에 들어갈 무렵, 그 작곡자가 찬불가(讚佛歌) 즉 불교의 부처를 찬양하는 작곡을 했다는 사실이 밝혀졌습니다. 성삼위 하나님을 찬양하는 찬송가를 작곡한 이가, 부처를 찬양하는 찬불가를 작곡했다고 하는 것은 문제가 안 될 수 없었지요. 결국 그분이 작곡한 찬송가는 삭제하기로 결정됐습니다. 우리가 일반적으로 부르는 찬송은 시편과 몇백 년 전에 작시, 작곡한 것들이 많습니다. 그것들은 긴 세월동안 세계 여러 나라 교회에서 부르던 찬송입니다. 해설 찬송가, 또는 어떤 찬송가는 각 찬송 밑 각주난에 이 찬송의 작사자 또는 작곡자가 어떤 환경과 상황에서 작시, 작곡을 했는지 설명이 나와 있습니다. 모두 은혜로운 내용입니다. 문제는 오늘 우리 교회가 부르는 복음성가는 대체로 한국 사람들이 작시, 작곡한 것들이 대부분인데 그들이 누군지 확실치 않은 사람들이 많다는 것이지요. 다만 가사가, 곡이 은혜롭다는 것 때문에 각 교회에서 애창되는 것들이 많지요.

그러나 그 작시, 작곡한 사람이 지금 무슨 일을 하는지, 신앙생활은 잘하고 있는지, 본받을만한 영적 생활을 하는지, 작시, 작곡할 때는 신앙생활을 열심히 모범적으로 잘했지만, 현재는 어떤지? 혹 교회를 떠나지는 않았는지, 혹 불교로 개종을 한 건 아닌지? 또 무신론자나 반(反)기독교적 사람은 아닌지? 우리가 알 수 없다는 점입니다. 그럼 복음성가 작시, 작곡한 이가 교회를 떠나서 술 마시고, 담배 피우며, 허랑방탕한 생활을 한다 합시다. 그래도 그가 작사, 작곡한 성가를 예배 시간에 불러야 하나요?

필자는 역사가로서 살아있는 사람에 대한 평가는 하지 않습니다. 왜냐하면 그가 인생 후반에 어떤 삶을 살았는지, 임종 시에 어떤 말을 하고 죽는지를 유심히 지켜봐야 하기 때문입니다. 필자의 의견입니다. 목회하는 목사들은 나이 든 선배 목사의 말에 귀를 기울여 주세요. 예배시간에는 찬송가를 적어도 하나 정도는 부릅시다.

물질문화 (1)

"예수 그리스도는 어제나 오늘이나 영원토록 동일하시니라." (히 13:8)

문화는 대체로 세 가지로 구분할 수 있습니다. 물질문화, 사회문화, 정신문화입니다. 오늘은 물질문화에 대해서 말씀드리겠습니다. 물질문화는 간단히 말해서 우리가 먹고, 입고, 사는 의식주 문화입니다. 시대에 따라 지역에 따라 종족에 따라 의식주 문화가 다 다릅니다.

의(衣)문화는 독특한 경우가 많지요. 인도 여성들을 보면 허리 한쪽을 내놓는 옷을 입고 지냅니다. 무슬림 여성들은 온몸을 가리고 심지어 얼굴까지 가리는 부르카를 쓰고 다니므로 곧 판별이 됩니다. 자주는 아니지만 일본에 가보면 주로 나이 많은 여자들이 기모노라는 독특한 의상을 걸치고 다니는 것을 가끔 봅니다. 세계 여러 나라를 다녀보면 지역, 종족에 따라 특이한 복장을 볼 수 있습니다. 심지어 남미 안데스 산맥 깊숙이 사는 한 종족은 어린이는 말할 것 없고, 성인 남녀가 실오라기 하나 안 걸치고 벌거벗고 살기도 합니다. 그것도 하나의 의 문화지요.

음식문화도 다릅니다. 서양 사람들은 빵과 고기를 포크나 나이프로 먹고, 중국, 한국, 일본, 동남아 사람들은 쌀을 주식으로 하고, 숟가락과 젓가락으로 먹습니다. 중국과 한국 사람들은 개고기를 먹습니다. 조선왕조실록에도 개고기에 대한 기록이 8번 나옵니다. 중종실록에(1534. 9. 3일자) 당시 권력자 김안로가 개고기를 좋아해서 아첨하는 무리들이 맛있는 개고기를 상납했다는 기록이 나옵니다. 배달겨레는 왕조

실록에 나올 정도로 개고기를 좋아한 셈이지요.

그러나 서양 사람들은 개고기 먹는 사람을 야만인 취급합니다. 그들에게 개는 단순한 동물이 아니고, 가족 중 일원입니다. 여행 갈 때, 개는 개 호텔에 맡기고, 좋은 옷을 입히고, 목욕시켜 주고, 털 깎아 주고, 다이어트 음식을 먹이고, 죽으면 슬픔 속에서 거하게 장례를 치러 줍니다. 개 묘지도 따로 있지요. 세상을 떠나면서 자기 유산을 개에게 상속해 주고 떠나는 사람도 있지요. 개가 유산을 받아 어떻게 하라는 것인지요. 전 세계 각 가정에서 기르는 개나 고양이 등 애완동물에게 들어가는 비용을 합하면 수억의 굶주린 인구가 먹고도 남습니다.

한국을 비롯한 많은 동양 나라들의 식(食)문화가 서구화되어 갑니다. 우리 배달겨레는 4천년 동안 삼시 세 끼 밥을 먹었습니다. 필자의 선친은 미국에 이민 온 지 수십 년이 됐는데도, 몇 해 전 95세로 세상을 떠나시기까지 세 끼 밥을 드셨습니다. 모친의 불평이 대단하셨지요. 90이 넘은 모친이 남편 하루 세 때 밥에, 국에, 반찬에. 가끔 "다른 영감들은 아침에 빵도 잘 먹고, 간단히 식사를 하는데, 저 영감은 하루에 세 끼 다 밥을 먹으니 내가 너무 힘들고 귀찮다."고 자주 불평을 하셨지요. 그렇게 평생을 사셨으니, 식습관이 쉽게 바뀌지가 않더군요.

이제 미국은 말할 것도 없고, 한국에서도 아침에 밥을 먹는 경우는 흔치 않지요. 특히 젊은 세대는 더하지요. 식문화가 서구화되어서 아침에는 커피 한잔에 토스트 한 쪽, 달걀 프라이 하나를 먹고 출근하는 사람이 많습니다. 점심도 맥도날드, 스파게티, 파스타, 치킨, 피자 등 서구 식품을 먹는 경우도 흔한 일이 되었습니다. 한국의 식문화가 서서히 바뀌고 있는 것입니다. 우리 민족은 수천 년 동안 쌀을 주식으로 하고 살았습니다. 흰 쌀밥을 먹는 것이 가난한 사람들의 소원이었지요. 가난한 사람들은 꽁보리밥, 강냉이, 감자, 고구마 등을 먹고 살면서 '흰 쌀밥을 세 끼 먹고 살면 얼마나 좋을꼬' 하고 한숨을 쉬곤 했지요.

필자가 6.25전쟁 때 시골로 피난 가서 살 때, 쌀 한 톨 섞이지 않는 100% 꽁보리밥만 삶아 먹고 살았습니다. 쌀을 딱 한 숟갈 가운데 넣고, 밥을 해서 맨 먼저 흰 쌀밥만 살짝 떠서, 막내 동생에게 주고 나머지 3남매는 꽁보리밥만 먹었습니다. 그때 흰 쌀밥이 얼마나 먹고 싶었던지요. 필자는 지금도 꽁보리밥집은 절대 안 갑니다. 보리밥은 지긋지긋해서요. 그런데 요즘 한국의 상황은 쌀이 남아돌아, 5년 전에 정부가 사들인 쌀이 창고에서 썩어간다고 하네요. 그만큼 한국 사람들이 밥을 안 먹어서, 쌀 소비량이 줄어 그렇게 먹고 싶던 쌀이 천덕꾸러기가 된 모양입니다. 쌀이 남아돌자, 쌀 막걸리, 쌀 라면 등으로 소비한다 합니다. 농민들은 쌀농사 지어봐야 돈이 안 되니까, 논을 밭으로 만들어 비닐하우스를 만들어서 돈 나가는 작물을 심어 파는 것이 훨씬 돈벌이가 된다 하네요. 한국의 식문화가 변한 것이지요.

물질문화 (2)

"예수 그리스도는 어제나 오늘이나 영원토록 동일하시니라." (히 13:8)

다음으로는 주(住)문화입니다. 우리가 살고 있는 주택이지요. 인류는 수천 년 동안 땅 위에 집을 짓고 살았습니다, 집을 짓는다고 하면 당연히 땅 위에 짓는 것 아닙니까? 그러나 언제부턴가 집을 땅에 짓지 않고 공중에 짓고 삽니다. 옛날에는 집 한 채 겨우 지을 땅 면적 위에 30층, 50층, 80층이나 되는 높은 아파트를 짓습니다. 옛날에는 그 땅에 집 한 채 짓고 한 세대가 살았지만, 요즘은 80층 아파트를 올려 160세대가 한 건물에 살고 있지요. 이 얼마나 효율적인 집짓기입니까? 아파트는 영어 'Apartment'를 줄여서 부른 것입니다. 'a(no) part' 즉 조각이 아니고 집합체라는 것입니다. 아파트의 역사는 멀리 로마시대까지 거슬러 올라갑니다. 유명한 폭군 네로 시절인 주후 64년, 로마 시내에 대 화재가 일어나 시내 거의 절반이 소멸되는 재난이 있었습니다. 이때 시내를 재건하면서 여러 세대가 같이 살 수 있게 2층에서 5층까지 공중에 집을 짓게 했습니다. 그러나 당시 인구는 적고 땅은 넓어 구태여 공동 주택에 살기를 원치 않은 사람들이 시외로 빠져 나가면서 자연히 아파트 문화가 시들해졌습니다.

근래에 이르러 본격적으로 아파트 문화가 꽃피게 된 곳은 영국입니다. 19세기 영국에 산업혁명이 일어나면서 노동력이 무한대로 필요하게 되었고, 농민들이 농촌을 떠나 도시로 몰려오면서 대규모 주택이 필요하게 되자, 다시 아파트를 짓기 시작한 것이 아파트 시대의 본격화입니다. 현대 한국 인구 50% 이상이 아파트에 살고 있다 합니다. 그 많은 아파트에 사는 사람들이 모두 땅에 집을 짓고 살아야 한다고 상상해 보세요. 서울에 얼마나 많은 땅이 필요할까요? 사람들이 이제 집을 땅에 짓는 것이 아니고, 공중에 짓고 사는 시대가 됐습니다. 현재 서울의 아파트 값이 천정부지로 올랐다 하네요. 따라서 필자는 학생들에게, 아파트를 많이 갖고 있는 사람들이 바로 '공중 권세 잡은 자들'이라고 말하곤 합니다.^^ 누가 아파트 문화를 처음으로 착상했는지 모르지만 그에게는 노벨상을 10개를 줘도 아깝지 않다고 생각합니다. 인류의 주거 문화를 혁명적으로 바꾸어 놓은 사람입니다.

개인 주택은 별로 인기가 없지요. 요즘 같이 도둑이 많은 세상에서는 반드시 누군가가 집을 지켜야 하고, 언제 담을 넘어올지 모르는 불안 속에 살아야 합니다. 특히 온 가족이 해외에 몇 개월씩 장기간 집을 비워 놓고 다녀온다는 생각을 못하지요. 그러나 아파트에 살면 몇 달 아니라 몇 년씩 문을 잠가두고 가도 아무 걱정이 없습니다. 철저하게 출입문을 단속하고, 엘리베이터는 물론 사방에, CCTV가 설치되어 있고, 아파트 들어갈 때도 비밀번호를 눌러야 하고, 대다수의 경우 아파트 앞에 경비실이 있어서 출입자를 확인하기에 아파트, 특히 고층 아파트에서의 도둑질이란 그렇게 쉽지 않지요. 따라서 장기간 집을 비워도 별로 걱정하지 않습니다. 더욱이 요즘은 특수 카메라가 있어서 실시간으로 집안을 살필 수 있어서 크게 염려하지 않아도 되는 것이 아파트 문화입니다.

옛날 필자의 어린 시절에 화장실은 변소, 측간(廁間)이라 해서 주로 집 뒤쪽에 있었지요. "처가와 측간은 멀수록 좋다."라는 말이 있었지요. 왜 측간이 멀리 있어야 했을까요? 두말할 것 없이 냄새가 나니까 그렇지요. 새벽 2시에 설사가 나서 측간에 가려면 무서워서 못가지요. 측간에는 측간 귀신이 있었으니까요. 곤히 잠든 엄마를 깨워서 같이 가야만 했습니다. 그러나 아파트가 세워지면서 그 냄새나던 측간이 주방 바로 옆에 위치하고 있지요. 왜지요? 물론 냄새가 나지 않기 때문입니다. 새벽 2시에 엄마를 깨울 필요가 없어졌지요.

20세기 인류 최대 발명품 세 가지는 첫째 자동차, 둘째 컴퓨터, 셋째가 뜻밖에도 수세식 변기입니다. 인류가 수십만 년 동안 먹거리 문제는 해결해 왔습니다. 그러니까 우리가 여기 이렇게 존재하고 있지요. 그런데 먹기는 했어도 배설 문제를 해결하지 못했습니다. 냄새 안 나게 안전하게 처리할 수 있는 방법이 바로 수세식 처리법이었지요. 수세식 처리법은 수천 년 전 로마 시대에도 있었습니다. 그리고 영국 엘리자베스 여왕 시절(1589년) 존 해링턴 경이 이를 고안해 여왕에게 하나, 그리고 자기 집에 하나 설치했다는 기록이 있으나, 오늘 우리가 쓰는 이런 수세식 즉 물로 쓸어 내려 지하로 보내고, 거기서 정화시켜 쓸 만한 물로 처리하는 기술은 물론 없었지요. 이 수세식 변기가 있어서 아파트 문화 가능한 것입니다. 냄새나는 화장실이 아파트 안에 있었다면 아파트는 불가능하지요. 냄새가 나서 좁은 아파트에 어떻게 살 수 있을까요? 아파트 문화가 가능한 것은 바로 수세식 변기 때문입니다. 주거 문화는 이렇게 급속하게 전 세계로 퍼져나가 세계 어느 곳에서나 아파트를 볼 수 있는 시대가 됐습니다. 주거문화의 혁명입니다.

자 그럼 의식주 즉 물질문화가 변하는 기준은 무엇일까요. 언제, 어떻게 수천 년 내려오던 조상들의 문화를 과감하게 버릴 수 있을까요? 대답은 간단합니다. "쉽고, 편리하면" 됩니다. 과거 자기들의 문화보다 쉽고 편리하면 과감히 새로운 문화로 바꾸는 것이 인간들의 보편 심리입니다. 누가 편리한 것을 놔두고 불편한 쪽을 택하겠나요? 우리 민족은 4천년 동안 한복을 입고 살았습니다. 그러나 서구 문화가 들어오면서 한복을 과감히 벗어 버렸습니다. 서울 시내 여러분 주변에 한복을 입고 생활하는 사람을 보았나요? 한복은 딸 결혼식 때, 교회헌금위원 할 때 가끔 입지요. 한복을 입지 않는 것이 민족정신의 문제일까요? 아니지요. 한복은 불편하고, 서양 옷은 편하니까 입는 것이지요. 한옥을 과감히 버리고 아파트에 사는 것 역시 편리하기 때문입니다. 의식주 모두 편하고 쉬우면 과감히 바꿉니다.

물질문화는 민족정신과 상관없이 쉽고 편리한 쪽으로 흘러가는 것입니다. 앞으로 지금보다 더 낫고 쉽고 편리한 문화가 나오면 인류는 또 그것을 택할 겁니다. 물질문화는 민족의 얼이나 민족이 지켜야 하는 그런 문화는 아닙니다. 또 그렇게 하지 말라 해도 소용이 없지요. 왜냐하면 인간은 본디 쉽고 편리한 쪽을 선호하기 때문입니다.

사회문화

07
07

"예수 그리스도는 어제나 오늘이나 영원토록 동일하시니라." (히 13:8)

오늘은 사회문화에 대해서 말씀드리겠습니다. 사회문화는 어떤 지역에 형성된 관습, 전통, 관례 등입니다. 따라서 이 사회문화도 지역과 종족과 시대에 따라서 그 모양과 형태가 다릅니다. 예를 들어서 한국에서는 나이든 어른을 마주치면 고개 숙여서 "안녕하세요."라고 인사를 합니다. 그렇지만 서양 사람들은 고개를 숙이지 않고 까딱 하면서 "Hi, Hello." 하고 인사합니다. 필자가 인디애나에서 목회하고 있을 때, 50대 중반의 집사님 내외분이 있었습니다. 그분들에게는 아들 하나, 딸 하나가 있었는데, 아들은 의과 대학을 다니고 있었습니다. 그런데 그 아들이 여자 친구가 있었는데 한 번은 집사 부부가 외출하고 돌아왔더니 아들과 여자 친구가 카드놀이를 하고 있었습니다. 한국 같으면 시부모님 될 분이 들어오면 놀던 걸 잠시 멈추고 일어나서 이제 오시냐고 깍듯이 인사를 했을 것입니다. 그런데 미국에서 태어난 아들의 여자 친구는 미국에서 태어나 미국 문화에 젖어 있어서 일어나지도 않고 그대로 앉아서, "Hi, Mommy!"라고 손을 흔들었다며 여자 집사님이 기가 막힌다는 듯이 이야기를 했습니다. 여자 집사님은 한국문화권에서 살았기 때문에 미국문화에 익숙한 아들의 여자 친구가 이해되지 않았던 것입니다.

필자가 광나루 장신대에 근무하고 있을 때, 4년제 대학을 졸업하고 신학대학원에 와서 목사 수업을 하는 신학생들은 교수를 만나면, 대체로 깍듯하게 인사를 합니다. 그러나 고등학교를 졸업하고 대학 과정에 들어온 교회음악과 학생들은 필자를 보면 고개만 까닥 하면서, "안녕하세요." 하고 지나갑니다. 필자는 그 학생들을 가르치지도 않고, 서로 잘 모르지만 자기가 다니는 학교의 교수라는 것은 알고 있으니 그냥 지나칠 수 없어 고개만 까닥하고 가는 것입니다. 한국의 사회문화가 서구의 그것으로 변천한 것이지요.

한번은 선친께서 어떤 선교사 댁을 방문했는데, 마침 선교사 아들 내외와 두 손자 손녀가 며칠 머물다 가면서, 떠나기 전에 자기네 네 식구가 먹었던 음식 값을 계산해서 놓고 가는 것을 보셨답니다. 부모 집에 와서 식사비를 놓고 가는 것이 어떻게 보면 지극히 인정머리 없는 일 같지만 서구 사회는 그것을 당연하게 여기고 있는 듯합니다. 만일 한국에서 우리 딸네, 네 식구가 며칠 머물다 가면서, 부모님 용돈 쓰시라고 봉투 하나를 놓고 가면 고맙게 받겠지만, "우리 가족 먹은 밥값이에요."라며 돈을 놓고 간다면 얼마나 정 떨어지는 일입니까. 여기 동양과 사양의 사회문화의 차이가 있습니다.

한국에서는 부모와 자식 간에 원수가 아닌 다음에는 부친이나 모친이 위독하다, 혹 세상을 떠났다고 하면 자녀들이 즉시 본가로 오게 되어 있지요. 열일을 제쳐 두고 달려와서 임종을 하고 상을 치르는 것이 당연한 일이 아닙니까? 그런데 필자가 살고 있는 미국이나 서구 사회는 전혀 다르다는 것을 알게 되었습니다. 누구에게 들은 이야기입니다. 예를 들어, LA에 사시는 부모님이 위독하다고 뉴욕에 있는 아들에게 전화를 하면, 아들이 지금 회사 일이 바빠서 갈 수가 없다고 말합니다. 며칠 후, 아버지가 돌아가셨다고 오라고 전화를 했는데, 회사 일이 바빠서 갈 수가 없다며, 자기 아버지의 장례식에 오지 않는다는 겁니다. 우리 입장에서 보면, 이것이 자식이며 아들입니까? 이런 천하에 불효자, 패륜아가 어디 있겠습니까? 그런데 이곳 서구 사회에서는 있을 수 있는 일이라는 거예요.

자세히 살펴보면 아들이 아버지에게 그렇게 한 것은 결국 자업자득(自業自得)이란 생각이 듭니다. 아버지가 할아버지 위독할 때 안 왔고, 할아버지 장례식에 오지 않은 것을 그 아들이 기억하고, 자기 아버지를 본받아 되풀이한 것이지요. 서구 사회에서는 그런 것이 크게 비난할 일도 아니고, 나무랄 일도 아니라는 사실을 알게 되었습니다. 역시 동서양이 서로 다른 사회문화를 가지고 있다는 것을 우리에게 보여주는 것입니다.

사회문화 역시 물질문화와 같이 편하면 변하게 되어 있습니다. 물론 물질문화와 같이 그렇게 쉽게 단시일 내에 변하는 것은 물론 아닙니다. 사회문화의 변화는 무척 오래 걸리지만, 과거 전통적으로 내려왔던 문화가 불편하고, 거추장스러우며, 바람직하지 않으면 그 사회의 문화도 서서히 바뀌게 되는 법입니다. 이제는 젊은 것들이 어른들을 구시대, 구닥다리 할배라 폄훼하면서, 존경이란 눈곱만치도 없이 나이 들었다고, 늙었다고, 구시대 유물이라고 골동품 취급하면서 사람으로도 보려 않으려는 폐륜의 시대가 이미 와버렸습니다. 질서(Cosmos)에서 혼란(Chaos)으로 전락한 현상을 보고 있습니다. 옛날에는 젊은 애들이 잘못하면 어른들이 준엄하게 꾸짖었습니다.

장신대에 근무할 때 한 번은 출근하는데 고등학생 서너 명이 담배를 피우고 있어서 필자가 야단을 쳤습니다. "학생들이 어디서 담배를 피우고 있느냐, 당장 담뱃불을 끄라."고 야단을 쳤습니다. 그 녀석들은 필자를 쳐다보더니 담배 불도 끄지 않고, 그대로 담배를 피면서 술술 사라졌습니다. 필자가 이 이야기를 동료 교수들에게 했더니, 큰일 날 일을 했다며 요즘 애들이 "당신이 뭔데 남의 일에 간섭하느냐"며 주먹을 날리고 행패를 부릴 수 있다는 겁니다. 애들이 그래도 관여하지 말고 못 본 척하고 그냥 지나치라고 이야기를 했습니다. 이것이 어제 오늘 이야기가 아니고 벌써 수십 년 전, 한국에 있었을 때 일입니다. 전에는 젊은 애들이 잘못했을 때, 내 자식, 네 자식 상관하지 않고, 잘못을 지적해 주고, 시정하도록 하는 게 한국의 사회문화였는데, 어설픈 서구문화가 들어와 윤리 도덕이 무너진 것 같아 씁쓸했습니다.

자기들 삶은 자기들이 결정하고 책임지는 것이니까, 어른들의 훈계가 젊은 사람들의 자유를 억압하는 것으로 이해가 되는 모양입니다. 아름다운 우리 사회의 문화를 무너뜨리는 엔트로피 현상(나쁜 방향으로 흘러가는 현상)이라고 볼 수 있습니다. 이것은 다분히 나쁜 서구문화가 가져다 준 결과라 볼 수 있습니다. 우리가 배워야 하고 본받아야 할 서구문화가 많지만, 버려야 할 것은 과감히 버려야 하는데, 인간이란 대체로 좋은 것은 잘 본받지 않고, 안 좋은 것을 선호하는 악성(惡性)이 있어서 사회가 점점 악하게 변하고 있습니다.

이 더러워져 가는 사회문화를 정화시킬 수 있는 힘은 오직 진리되시는 예수 그리스도의 정신과 가르침 외에 다른 방도가 없습니다. 따라서 우리는 "너는 말씀을 전파하라 때를 얻든지 못 얻든지 항상 힘쓰라."(딤후 4:2)는 바울 선생의 말씀에 순응해야 할 것입니다. 이것만이 오늘 우리가 당면한 사회문화를 고쳐 나갈 수 있는 유일의 길입니다.

정신문화

"예수 그리스도는 어제나 오늘이나 영원토록 동일하시니라." (히 13:8)

한 선교사가 가난하지만 명석한 학생을 보고 그를 공부시켜 지도자로 키우기로 했습니다. 이 학생은 "죽는 날까지 선교사님의 사랑과 은혜를 잊지 않고 보람있는 삶을 살겠다."고 다짐하며 감사했습니다. 하지만 그는 끝끝내 그리스도인이 되지는 않았습니다. 고마운 것은 고마운 것이지만 조상 대대로 믿어 오던 불교신앙을 포기하고 기독교 신앙으로 갈 수는 없었던 것입니다. 종교란 은혜를 좀 입었다고 쉽게 바꾸는 그런 것이 아니지 않습니까?

이렇게 생각하면 간단히 이해될 수 있습니다. 여러분들이 기독교 신앙을 가지고 있습니다. 그런데 불교 측 사람들로부터 은혜를 입었다고 기독교 신앙을 버리고 불교로 갈 수가 있겠습니까? 감사한 것은 감사한 것이고, 종교를 바꾸는 것은 전혀 별개의 문제지요. 어떤 사람이 10억을 줄 테니 기독교 신앙을 버리고 불교로 개종하라면 여러분들이 그 10억 때문에 종교를 바꿀 수 있습니까? 아닐 겁니다. 이렇듯 자기 종교 신앙을 지키기 위해서는 자기 생명까지 버릴 수 있는 것입니다. 그러므로 정신문화를 바꾼다고 하는 것은 거의 불가능한 일입니다. 선교란 선교지 주민들의 전통 종교를 포기시키고, 기독교 신앙으로 대치시키는 일이기에 지난(至難)한 일입니다. 인간의 힘으로는 불가능한 일이지요. 오직 성령님의 은사를 통해서만 가능한 일입니다.

쉽게 종교를 바꾸는 사람은 그만큼 쉽게 종교를 버릴 수 있는 사람입니다. 그리고 그런 사람은 진실로 종교를 바꾼 것이 아닙니다. 선교사는 선교 현장에서 만나는 현지 문화 중 보존하야 할 문화와 버려야 할 문화를 구분해야 합니다. 개종한 신자가 와서 고래로부터 내려오는 문화를 이야기 하면서 "이런 건 해도 돼요?"라고 물을 때, 선교사는 '해도 된다. 하면 안 된다'고 이야기 해 주어야 합니다. 예를 들어 한국에서, "점 처도 돼요? 사주 봐도 돼요? 무당 불러 푸닥거리해도 돼요? 이사할 때 택일해도 돼요? 제사지내도 돼요?" 등등 물을 것이 많을 수 있지요.

버려야 할 문화는 둘이 있습니다. 첫째는 신(神)문화이고, 둘째는 인간이나 인간성을 훼손하는 문화입니다. 신문화란 그 지역 주민이 섬기는 종교, 신앙입니다. 야웨 하나님과 삼위의 하나님 외에 다른 신을 섬기는 것을 결코 용납할 수 없습니다.

한 번은 인도네시아 선교사가 이런 이야기를 했습니다. 어떤 섬에 갔는데, 그 섬사람들이 손가락 마디가 없는 것을 보게 되었습니다. 처음에는 사고로 손가락을 잃었나 생각했는데 가만히 살펴보니까 나이가 많을수록 손가락 마디가 많이 없고, 어떤 노인은 손가락이 완전히 없어져 손등만 있는 모습을 보게 되었습니다.

궁금해서 알아보았더니, 그 섬의 조상(弔喪) 문화가 그렇게 만들었다는 것을 알게 되었습니다. 한국에서는 가까운 친족이나 친구나 이웃이 상(喪)을 당하면 찾아가서 조의금을 내고, 위로해주고, 아주 친한 경우에는 같이 밤을 새우고 , 입관식, 하관식까지 같이 해주면서 먼저 간 이를 조상하고, 상을 당한 친족이나 친구를 위로해 주고 도와주지요. 천수를 누리고 가시는 부모님들을 둔 가족들은 호상(好喪)이라 별로 슬퍼하지도 않고, 오히려 웃으면서 장례를 치르는 모습을 가끔 볼 수 있습니다. 이런 경우는 조문객도 발걸음이 가볍지요.

그러나 아직 가서는 안 되는 젊은 나이에 남편, 아내, 혹은 어린 자식을 잃었을 경우에는 정말 가서 뭐라고 위로를 해야 할지 막연한 때가 있습니다. 선배 목사님 한 분이 대학교에 다니는 외아들을 잃었습니다. 그 슬픔과 고통을 무엇으로 말할 수 있겠습니까? 후에 그런 말을 했습니다. 자기를 위로해 주는 사람들이 많았는데 가장 잊혀지지 않은 것은 친한 친구 목사가 와서 아무 말 없이 그냥 손만 꼭 잡아 주고 가는데, 자기는 깊은 우정을 느꼈다고 했습니다.

그런데 이 섬에서는 돈 몇 푼 얹어 주고, 말로만 조문하는게 아니라, 나도 당신의 슬픔에 동참하는 의미로 이렇게 손마디 하나를 잘라서 보여준다고 합니다. 그러니 긴 세월 살다 보니 한 마디씩 잘라 준 나머지 남은 것 없이 오직 손등만 남았다는 것입니다. 얼마나 잔인하고 야만적인 사회 문화입니까? 이런 문화는 없어져야 합니다.

JUL

07/09

시니어들의 일 (1)

"때가 아직 낮이매 나를 보내신 이의 일을 우리가 하여야 하리라 밤이 오리니 그때는 아무도 일할 수 없느니라." (요 9:4)

한번은 필자가 출석하던 LA에 있는 큰 교회 노인선교회에서 다음 월례회 때 간단한 10분 설교를 부탁해 왔습니다. 그 선교회 회원 나이가 70세 이상인지 80세 이상인지 지금 기억이 잘 안 나는데, 아무튼 나이가 많으신 할머니, 할아버지들로 구성된 시니어 선교회였습니다. 필자는 의도적으로 본문을 요한복음 9장 4절을 정하고 봉독했습니다. 인도자가 본문을 읽었습니다. "때가 아직 낮이매 나를 보내신 이의 일을 우리가 하여야 하리라 밤이 오리니 그때는 아무도 일할 수 없느니라." 그리고 이어 필자가 설교를 했습니다.

"여기 예수님께서 하신 말씀 중, '낮'은 하루 24시간 중 12시간은 낮, 12시간은 밤이라는 물리적 하루 24시간을 의미하는 것이 아니고 인생의 낮과 밤을 가리키는 것입니다. 인생의 낮은 우리가 건강해서 활동할 수 있는 시간이고, 밤은 더 이상 일할 수 없는 때, 즉 병들어 누워 있을 때, 그리고 우리의 생명이 끝나는 때를 의미하는 것입니다. 병이 들면 아무리 일 하고 싶어도 일할 수가 없습니다. 두말할 필요 없이 세상을 떠나면 일을 할 수 없지요. 그러므로 내가 아직 인생의 낮에 살고 있다면 우리가 일을 해야 한다는 말입니다. 이 인생의 때는 한국에 있는 정년이란 것이 없습니다."

한국에 있을 때 한번은 TV를 보고 있는데 나이가 많아 보이는 할아버지 한 분이 인터뷰를 하러 나오셨습니다. 아나운서가 "아무개 선생님은 의사 선생님이신데, 70세에 현직에서 은퇴하신 후, 강원도 무의촌(無醫村)에 들어가셨습니다. 금년 100살이 되시기까지 30년 동안을 가난하고 고달픈 삶을 살아가는 분들을 위해 무료 진료를 계속해 오시다 금년 100살이 되셔서 이제 은퇴를 하게 되었다."고 소개를 했습니다. 그러면서 여러 가지 질문을 했는데 자세한 내용은 기억할 수 없고, 다만 필자의 뇌리 속에 '100살이 될 때까지도 일할 수 있구나.'라는 생각이 지금도 생생하게 기억되고 있습니다. 사실 100살까지 사는 것도 쉬운 일이 아닌데, 100살까지 일을 했다는 것은 참으로 경이로운 일이 아닐 수 없습니다. 하나님께서 그분에게 특별히 건강을 주시고 일할 수 있는 능력을 주셨기 때문에 그런 일을 할 수 있었다고 여겨집니다. 하나님께서 그분에게 그런 은혜를 주신 이유는 그분의 고귀한 뜻을 높이 사셨기 때문이 아니겠습니까?

70에 은퇴한 건강한 의사들 중에는 한 주에 한두 차례씩 골프 치고, 부인과 더불어 국내여행과 해외여행을 하면서 여생을 즐기는 이들이 한둘이 아닙니다. 그래서 이분의 귀한 삶이 더욱 돋보입니다. 필자의 친구 중 금년 80살에, 아프리카 우간다에서 환자를 돌보고 계신 분이 있습니다. 사실 한국이나 미국에서 80살에 환자를 보는 것도 쉬운 일이 아닌데, 모든 것이 열악한 아프리카에서 돈 한 푼 안 받고, 계속 진료를 한다는 것이 결코 쉬운 일이 아니지요. 이는 그리스도께서 나를 위해 십자가에 죽으시고, 구속해 주신 그 놀라운 은총에 감격했기에 가능한 일입니다. 100살까지 강원도 무의촌에서 진료하신 노인이 그리스도인인지 아닌지 알 수는 없었지만, 필자의 생각에 십중팔구 그렇지 않았을까하고 생각이 됩니다. "내가 이 나이에 무슨 일을 할 수 있겠느냐"는 말을 해서는 안 됩니다. 일할 수 있는 건강만 있으면, 아니 좀 건강이 어려워도 일을 열심히 하다보면 건강해질 수 있는 것은 열심히 일하는 그분에게 하나님께서 건강의 복을 내려 주시기 때문입니다.

이제 나도 쉬면서 생을 정리하겠다고 하시는 분은 아직 아닙니다. 쉬는 것은 죽은 후에 지루하리만치 쉴 것입니다. 일할 수 있으면 해야 됩니다. 그때 거기 모인 노인들에게 여러 어르신들은 나이가 드셨고 은퇴했기 때문에 할 일이 없다고 생각할지 모르지만 제 생각에는 여러분들 모두는 적어도 세 가지 일은 할 수 있다고 말했습니다.

시니어들의 일 (2)

07/10

"때가 아직 낮이매 나를 보내신 이의 일을 우리가 하여야 하리라 밤이 오리니 그때는 아무도 일할 수 없느니라." (요 9:4)

첫째는 기도 하는 일입니다 중세 수도원의 입구에 "기도는 노동이다. 노동은 기도다."라는 구호가 쓰여 있습니다. 기도하는 것은 노동을 하는 것만큼 힘든 일이고, 노동 자체가 곧 하나님께 기도하는 것입니다. 기도를 하신 분은 경험해 보셔서 알지만 기도가 얼마나 힘들고 어려운지 모릅니다. 방언 기도 하는 사람들은 시간 가는 줄도 모르고 힘든지도 모르고 한다고 하는 이야기를 들었습니다. 방언 기도하는 사람들이 그렇게 말하면 그 말이 사실이겠죠. 그러나 문제는 방언 기도 하는 사람들은 자기의 기도 내용을 잘 모른다는 것입니다. 자기도 모르는 기도를 계속 중얼거리고 있는 것이죠. 필자의 생각은 자기가 하는 기도의 내용도 모르고 기도 하는 것보다는 잠시라도 내가 무엇을 기도하는지 알고 기도하는 게 낫다 여겨집니다. 필자의 의견입니다. 그렇다고 방언 기도를 부정하거나 무가치하다고 이야기하는 것은 아닙니다. 일반적으로 아침에 일어나서 기도하고 저녁 자기 전에 기도하고, 또 하루 세 끼 식사할 때 식사 기도를 하면서 신앙생활을 하는 사람이 대부분입니다. 정말 진지하게 '기도가 노동이다.'라고 생각하고 기도하기는 쉽지 않다는 것을 인식해야 할 것입니다.

우리가 기도해야 할 제목이 산적해 있습니다. 자신을 위해서, 남편, 아내, 자녀들, 손주들, 형제자매들, 친척들, 이웃들, 한국교회, 미국교회, 세계교회, 우리나라, 북한 사람들, 미국을, 세계를, 세계 선교를,

굶어죽는 사람들, 약 한 알도 먹어 보지 못하고 병들어 죽는 사람들, 옥에 갇힌 사람들, 살 길이 막연하여 극단적 선택을 하려는 사람들, 교통사고와 산업재해로 생명을 잃은 사람들의 유가족들, 의식불명에 빠져 있는 사람들, 식물인간이 된 사람들, 중상을 당하여 고통받는 사람들, 아직 유치원에도 가지 못한 어린 자녀의 시신을 붙잡고 통곡하는 부모들, 사고로 부모를 동시에 잃은 고아들, 생계를 책임지던 남편이나 가장을 잃은 과부들, 선교 현장에서 생명을 잃은 선교사 부인들과 아이들, 목회현장에서 병이나 각종 사고로 생명을 잃은 목회자 남편을 둔 사모들과 아이들, 아직도 돌봐야 하는 어린 것들을 놔두고 병이나 각종 사고로 유명을 달리한 아내의 시신 앞에서 절규하는 홀아비들, 의지할 자녀가 없는 독거노인들, 태어날 때부터 혹은 중도에 장애를 갖게 된 장애인들, 장애아를 가진 부모들, 특히 예수님 믿지 않는 형제자매들, 일가친척들, 이웃들, 친구들의 영혼이 멸망을 향해 내닫고 있는 현실을 바라보다보면 쌓여 있는 기도제목들이 얼마나 많은지 알 수 있습니다.

이렇게 많은 기도 제목이 있으므로, "쉬지 말고 기도하라."는 의무가 우리에게 무겁게 지워져 있습니다. 기도는 노동입니다. 기도는 결코 쉬운 일이 아닙니다. 우리가 기도하려 할 때 마귀는 끊임없이 우리 기도를 방해합니다. 기도를 하면 능력이 나타나고, 하나님의 역사(役使)가 일어나기 때문에 사탄은 이것을 가장 싫어하고 또 무서워합니다. 그러므로 사탄의 방해로 우리는 기도를 게을리 하게 되고, 기도에 소홀하게 됩니다.

두 번째는 전도하는 일입니다. 노인들도 전도할 수 있습니다. 이웃에 살고 있는 불신자들에게 말로, 문서로, 삶으로 전도해야 합니다. 찬송가 가사처럼, "멀리 가서 이방 사람 구원하지 못해도, 내 집 근처 다니면서 건질 죄인 많도다." 우리 가족 가운데 일가친척 가운데 우리의 이웃들 중에 우리의 친구들 중에 예수 믿지 아니하는 사람이 분명히 있습니다. 그들을 위해 얼마나 전도하고 있습니까? 그들 위해 얼마나 기도하고 있습니까? 전도하지 아니하는 것은 그리스도인의 가장 중요한 임무를 저버리는 것입니다. 일반적으로 국민에게는 4대 의무가 있지요. 납세의 의무, (남자는) 병역의 의무, 교육의 의무, 근로의 의무입니다. 이 의무를 다하지 않으면 처벌받게 되어있습니다. 외국 여행을 위한 여권도 발부 받지 못합니다. 취직이나 기타 수많은 사회생활에서 제약과 불이익을 받습니다.

전도는 우리 그리스도인들의 무거운 의무입니다. 예수님께서도, 사도 바울 선생도 누누이 전도를 명했습니다. 우리는 예수 믿은 후에 얼마나 전도했습니까? 내가 전도한 사람이 신앙생활을 하고 있느냐 안 하느냐는 문제가 되지 않습니다. 그 일은 나의 영역이 아닙니다. 그것은 성령님의 영역입니다. 우리는 단지 복음만 전하면 됩니다. 농부가 씨를 뿌릴 때 이 모든 씨가 결실할거라고 생각지 않습니다. 개 중에는 길 가에, 돌밭에, 가시떨기 숲에, 그리고 더러는 옥토에 떨어지기도 하지요. 신자가 된 지 수십 년이 되어도 한 번도 전도하지 않은 사람이 있습니다. 내가 전도한 사람이 교회에 나와야 된다는 것이 아닙니다. 그가 교회에 나오고 안 나오고는 그의 자유이고, 성령님의 영역입니다. 우리가 할 일은 그가 믿든지 안 믿든지 꾸준히 기도하고, 끈질기게 전도해야 된다는 것입니다. 말로, 문서로, 그리고 삶으로 전도해야 합니다.

셋째로 물질로 일해야 합니다. 은퇴한 노인들이 무슨 돈이 있다고 물질로 일하라는 것이냐고 반문할 분들이 있을 겁니다. 자식 하나 없는 독거노인들은 국가에서 주는 쥐꼬리만 한 돈을 받아 근근이 살아가는데, 무슨 돈으로 물질로 일하라는 건지. 필자는 그렇게 이야기했습니다. "여러 어르신들이 어렵게 사시는 것을 알고 있습니다. 따라서 많은 돈을 내어 일하라 것 아닙니다. 한 분이 한 달에 딱 2불씩, 한화 2천 원씩만 내시면 여기 모인 100여 명이 한 달에 200불, 1년에 2,400불의 장학금을 모을 수 있습니다. 2,400불이면 신학생 한 사람의 한 학기 등록금이 됩니다. 신학생 한 사람의 한 학기 등록금을 충당한다면 이 선교회는 큰일을 하시는 겁니다. 그 신학생이 훌륭한 목사가 되어 목회를 잘 한다면 얼마나 뿌듯한 일이 되겠습니까? 내가 낸 2불은 보잘것없는 돈이지만, 여러 사람이 모으면 큰 결실을 얻게 됩니다. 따라서 은퇴한 노인도 인생이 낮에는 여전히 전과 같은 모습으로 일할 수 있습니다. 언제 우리에게 밤이 찾아올지 모릅니다. 물리적 시간의 밤은 우리가 예측할 수 있지만, 인생의 밤은 결코, 아무도 예측 불가입니다. 언제 어느 순간에 우리가 병상에 누울지는 아무도 모릅니다. 예수님 말씀과 같이 "오늘 밤에 네 영혼을 도로 찾으리니 그러면 네 예비한 것이 뉘 것이 되겠느냐?"(눅 12:20)"

우리는 항상 준비하는 삶을 살아야 합니다. 하나님께서 우리는 부르실 때, 그분 앞에 부끄럼 없는 모습으로 설 수 있게 준비하고 있어야 합니다. 하나님께서 우리에게 은혜를 베풀어 주시어 아직 낮에 살고 있습니다. 낮에는 일을 해야 합니다. 곧 인생의 밤이 다가올 것입니다. 우리 모두 밤이 올 때까지 열심히 일해야겠습니다.

07/11

한국신조 (1)

사도신조(경) : "전능하사 천지를 만드신 하나님 아버지를 믿사오며… 영원히 사는 것을 믿사옵나이다. 아멘."

신조 혹은 신경은 교회가 공식적으로 고백하는 신앙 고백문 입니다. 최고(最古)의 신조는 사도신조입니다. 이 사도신조가 언제 누구에 의해 만들어졌느냐는 자세히 알 수 없습니다. 다만 '사도의 신조'(Apostle's Creed)라는 말과 같이 사도들이 만든 신조라는 전설이 있습니다. 우스갯소리로 베드로가 "전능하사 천지를 만드신 하나님 아버지를 내가 믿사오며"라고 말하자 요한이 뒤이어, "그 외아들 우리 주 예수 그리스도를 내가 믿사오니" 그 다음 안드레, 마태 등등의 제자들이 한 마디씩 하고 나자, 가룟 유다 차례가 왔는데 더 이상 할 말이 없어 그냥 '아멘'이라고 했다나 어쨌다나요.^^ 아무튼 사도신조는 100년경에 세례 문답 중에 나오는 주요 내용이 200년경에 이르러 오늘날 사도신조의 모습으로 형성되었다고 전해 내려옵니다. 이름은 사도들의 고백문이라 하여 '사도신조'(신경)이라 명명되었습니다. 신앙고백을 인정하지 않고, 고백하지 않은 교회들이 있는데, 그중 대표적 교회가 침례교회입니다. 그들은 성경 이외의 어떤 것도 인정하지 않습니다.

필자가 버지니아 리치몬드에 소재한 유니온 신학교에서 공부할 때, 한 번은 학교에서 예배 인도를 해달라는 요청을 받았습니다. 흔히 우리 한국 장로교회에서 했던 것처럼, 예배 서두에 사도신경을 고백하자고 했더니, 교수, 직원, 학생들의 분위기가 이상하더니 모두 서서히 일어나서 사도신경을 외우기 시작했습니다. 필자는 왜 사도신경을 외우자고 하는데 분위기가 이상해지고, 모두 우물쭈물하면서 어색하게 신조를 외우는지 이해할 수 없었습니다. 예배가 끝난 후 친하게 지내는 친구에게 왜 예배 시간에 사도신조를 외우자고 하니까 분위기가 이상해졌냐고 물었습니다. 그 친구 대답은 이러했습니다. 사실 우리 학교 채플에서는 늘 전통적으로 예배 시간에 사도신조를 외웠는데, 제법 오래전에 침례교회 목사가 교수로 온 뒤로, 예배 시간에 신조를 외우지 않는 침례교회출신 교수를 배려해서 사도신조 외우는 것을 중지했다는 것입니다. 필자는 그런 내용을 몰랐기 때문에 외우자고 했고, 오랫동안 하지 않던 신조를 외우자고 하니까, 분위기가 그렇게 된 것이라고 이야기해 주었습니다. 필자는 그 이야기를 듣고 여러 가지 생각을 했습니다. 예배 시간에 신조를 반드시 외워야 한다는 법은 없습니다. 적지 않은 장로교회에서 예배 시간에 사도신조를 외우지 않습니다. 예배 의식에 일정한 규정은 없습니다. 따라서 사도신조를 필수적으로 외워야 할 필요는 없습니다. 그것은 본인이 속한 교회 전통에 따라 할 수도, 안 할 수도 있습니다.

대부분의 사람들은 한국신조(The Korean Creed)가 있다는 것을 모를 겁니다. 특히 장로교회는 더더욱 모를 겁니다. 사실 교회 역사를 전공한 필자도 몰랐습니다. 1974년 미국에 처음 유학을 와서 아이오와에서 공부하고 있을 때, 박사 과정을 이수하던 감리교회 목사가 한 분 있었습니다. 한번은 '한국신조'가 있는 것을 아느냐고 물어서 그런 게 있느냐고 되물었습니다. 그 목사님이 이렇게 설명해 주었습니다.

"감리교회에 정경옥(鄭景玉) 목사가 있습니다. 정 목사는 전남 진도 출신으로 감리교신학교를 졸업하고 도미하여 시카고의 가렛(Garrett) 신학교에서 수학했습니다. 이때 미국 경험주의 신학자 롤(F. H. Roll) 교수에게 사사했습니다. 정 목사는 시카고의 노스웨스턴 대학원에서 신학석사학위를 받고 귀국하여 감리교신학교의 조직신학교수로 재직했고,

일제 강점기 말엽 미국에 유학했다는 이유로 친미파로 몰려 체포 8개월간 구금되었다가 풀려나 광주교회에서 목회하다 복막염으로 42세의 아까운 나이에 요절했습니다. 그가 미국에 유학할 때 이 한국신조를 만들었는데, 지도교수 롤이 그의 천재성에 감탄하여, 이 신조를 감리교회가 공식적으로 쓰는 찬송가 뒤에 싣게 하여 지금도 미국 연합감리교회가 이따금씩 한국신조를 외웠습니다."

JUL

한국신조 (2)

07
12

사도신조(경): 전능하사 천지를 만드사 하나님 아버지를 믿사오며…
영원히 사는 것을 믿사옵나이다. 아멘.

한 번은 선배 목사와 함께 우리가 공부하던 지역 감리교회에 주일에 예배에 참석했는데, 선배 목사가, 그 교회 목사에게 한국에서 유학 온 학생들 몇이 예배에 참석 하다는 말을 미리 해 두었습니다. 주일예배 시간에 예배 인도하던 담임 목사가 "오늘 한국에서 유학 온 친구 몇이 우리 교회 예배에 함께 참석했는데, 이분들과 함께 오늘은 '한국신조'를 고백합시다."라고 말하자 모든 교인이 일어서서 찬송가 뒤에 있는 '한국신조'를 함께 외우는 감격을 맛보았습니다. 정작 한국 사람들은 모르고 있는 한국신조를 미국 감리교회 교인들이 외우고 있다는 사실에 놀랍기도 하고 부끄럽기도 했습니다. 한국신조 내용은 다음과 같습니다.

THE KOREAN CREED

We believe in the one God, Maker and Ruler of all things, Father of all men,

the source of all goodness and beauty, all truth and love.

We believe in the Jesus Christ, God manifest in the flesh,

our teacher, example, and redeemer, the Saviour of the world.

We believe in the Holy Spirit, God present with us for guidance,

for comfort, and for strength.

We believe in the forgiveness of sins, in the life of love and prayer,

and in grace equal to every need.

We believe in the word of God contained in the Old and

New Testaments as the sufficient rule both of faith and of practice.

We believe in the Church as the fellowship for worship and

for service of all who are united to the living Lord.

We believe in the Kingdom of God as the divine rule in human society

and in the brotherhood of man under the fatherhood of God.

We believe in the final triumph of righteousness, and in the life

everlasting.

A-man.

한국신조

우리는 만물의 창조주이시고, 통치자이시며, 온 인류의 아버지시요,

모든 선과

아름다움의 근원이시며, 모든 진리와 사랑이신 한 분 하나님을 믿는다.

우리는 하나님이 육신으로 나타나시고, 우리의 선생이며, 모범이시고,

대속자이시고, 세상의 구주이신 예수 그리스도를 믿는다.

우리는 하나님이 우리와 함께 계시사 인도하시고,

위로가 되시고, 힘이 되시는 성령을 믿는다.

우리는 죄 사함을 믿으며, 사랑과 기도의 생활을 믿고,

모든 필요에 은혜의 공평함을 믿는다.

우리는 신구약성경에 기록된 하나님의 말씀이

신앙과 행위의 충분한 규범이 됨을 믿는다.

우리는 살아 계신 주님에 연합된 모든 사람들의

예배와 봉사로서의 교회가 친교임을 믿는다.

우리는 인류사회에 거룩한 통치와 하나님의 아버지 되심 아래

인류가 형제 되는 하나님 나라를 믿는다.

우리는 의의 최후 승리와 영생을 믿는다.

아멘.

잠깐 훑어봐도 참 좋은 신조입니다. 다만 정 목사는 자유주의 신학을 갖고 있어서 그런 냄새가 좀 나기는 합니다만, 그래도 한국인이 지은 신조를 미국 교인들이 정식 예배 시간에 읽는다는 것은 자랑스러운 일이라 아니할 수 없습니다. 우리 선배 가운데 이런 훌륭한 분이 있었다는 것에 자부심을 느낍니다. 오늘은 필자가 소개한 한국신조로 신앙을 고백해 보시는 건 어떨까요?

무속신앙 (1)

07/13

"진리를 알지니 진리가 너희를 자유케 하리라." (요 8:32)

어떤 임산부가 직접 체험한 이야기 하는 것을 들었습니다. 신혼부부인데 기다리던 어린 아이를 갖게 되었습니다. 그런데 그 새댁 시아버지는 무속신앙에 빠져 맹신하는 사람이었습니다. 매사를 늘 다니던 점쟁이에게 가서 물어보고, 점쟁이가 하라는 대로 움직였습니다. 결혼에 동의한 것을 보면 점쟁이가 궁합을 보고 좋다고 했는 모양이라 했습니다.

그런데 결혼한 지 얼마 되지 않아 임신을 하게 되었습니다. 물론 시아버지는 또 점쟁이에게 가서 며느리가 아이를 무사히 출산할 수 있을지 물어보았습니다. 긍정적인 대답을 받았는지 역시 특별한 이야기가 없었습니다. 그 후, 며늘아기가 먹고 싶은 것이 있느냐고 물어보곤 즉시 사다 주고, 몸 상태를 물어보고, 매사에 몸가짐도, 음식도, 생각하는 것도, 말하는 것도 항상 조심하고 또 조심해서 태아 교육에 전념하라고 말했습니다.

출산이 얼마 남지 않자 이제는 시아버지가 아예 자기 집에 들어와서 출산할 때까지 같이 살겠다고 말했습니다. 사실 무거운 몸으로 시아버지를 모시는 것은 그렇게 쉬운 일이 아니고 또 신경을 써야 할 일도 많을 것 같아 부담이 됐지요. 그래도 남편의 직장이 야간 근무가 많았고, 또 작업에 들어가면 스마트폰도 못 갖고 가게 되어 있어서 갑자기 무슨 일이 일어나면, 시아버지가 즉시 처리해 줄 수 있겠다 싶어 그렇게 하기로 했습니다.

물론 불편한 점도 많아 신경이 많이 쓰였지만, 세심히 보살펴 주고 배려해 주어서 좋은 점도 있었습니다. 그런데 예정 날짜보다 2~3주 전에 밤에 갑자기 통증이 오기 시작했습니다. 처음에는 가벼운 통증이 오더니 점점 통증이 심해지기 시작했습니다. 그래서 남편에게 아무래도 병원에 가 봐야겠다고 말하고 옷을 챙겨 입고 나가려는데, 시아버지가 갑자기 며느리 손목을 잡더니 가지 말고 조금만 더 참으라고 말했습니다. 그래서 왜 그러냐고 물었더니 내 말만 듣고 조금만 더 참으라고 말했습니다. 그러나 통증이 점점 심해져서 아버님 지금 빨리 병원에 가야 돼요. 제가 통증이 점점 심해져요. 그랬더니 시아버지가 "너는 무조건 내 말만 듣고 더 참아라. 지금 병원에 가면 안 된다."라고 말씀하셨습니다.

이번에는 아예 문을 걸어 잠그고 문간에서 절대 나가지 못하게 했습니다. 통증이 심해지는데 시아버지는 "내일까지 참아야 한다. 오늘 애가 나와 선 안 된다. 아기는 반드시 내일 나와야 된다."라고 같은 이야기만 되풀이했습니다. 더 이상 참을 수가 없어서 어쩔 수 없이 친정어머니에게 전화를 했습니다. "지금 통증이 심해서 병원에 가야 되겠는데 시아버지가 문을 걸어 잠그고 못 나가게 하니까 엄마가 빨리 와서 나를 병원에 데리고 가주세요. 필요하면 경찰과 앰뷸런스도 같이 와주세요." 하고 쓰러져 실신을 해버렸습니다. 눈을 떠 보니 병원에 누워 있었고, 여러 시간 진통 후, 건강한 아들을 출산했습니다. 의사 이야기가 바로 오지 않았더라면 산모나 태아에게 큰일이 났을 뻔했다고 합니다. 시아버지에게 도대체 왜 병원에 가지 못하게 했냐고 했더니 우리 장손은 반드시 오늘 낳아야 한다고 점쟁이가 이야기한 모양입니다. 그 날 바로 병원에 오지 않았다면 아마 엄마나 아기가 생명을 잃는 위험한 상황이었을 수도 있었던 일입니다.

필자는 이 이야기를 들으면서 그 시아버지가 그렇게 행동한 것은 점쟁이의 말을 철석같이 믿은 그 무속신앙 때문이지 나빠서가 아니라고 생각했습니다. 무속신앙에 대한 맹신이 그 시아버지를 그렇게 만들었던 것입니다. 어떤 날짜에 꼭 태어나야 무병장수하고 부귀영화를 누리고 살 수 있다는 재래 무속신앙에 빠지면 사람이 이성을 잃고 그렇게 외골수로 나가게 되어 있습니다. 배달겨레는 무속신앙을 4천 년 동안 믿어 왔습니다. 이 무속신앙은 불교도, 유교도, 어떤 면에서 기독교도 무속신앙이란 못에 빠지고 말았습니다. 무속신앙이야말로 한국에서 가장 강력한 종교입니다. 엊그저께 무슨 프로그램을 보다가 어떤 권사가 점쟁이에게 가서 점을 쳤다는 이야기하는 것을 들었습니다. 한국 기독교가 아직도 무속신앙의 늪 속에서 허우적거리고 있습니다.

무속신앙 (2)

07/14

"진리를 알지니 진리가 너희를 자유케 하리라." (요 8:32)

새해가 되면 수많은 사람들이 금년 1년 동안의 신수(身數)를 보고, 관상을 보고, 손금을 보고, 궁합을 맞춰 보고, 토정비결을 보는 일들을 배달겨레는 4천년 동안 반복해 왔습니다. 어떤 점쟁이가 "당신 오늘도 북쪽 방향으로 가면 큰 불행을 당할 수 있습니다. 자동차 사고나 기타 손재수(損財數)가 있어 재산상 큰 손해 볼 일이 있으니 절대 북쪽으로 가서는 안 됩니다."라고 말하면 대부분의 사람은 그날 북쪽으로 가지 않습니다. 특히 차를 운전하는 사람은 사고가 나서 다른 사람을 살상하면 엄청난 손해를 볼 수 있고, 자신이 다칠 수도 있으므로 갈 엄두를 못 내지요. 어쩔 수 없이 가더라도 점쟁이의 말이 마음에 걸려 두려움과 공포 속에서 발걸음 하나하나를 조심하면서 걷고, 가능한 빠른 시간 안에 일을 마치고 돌아오게 됩니다.

점쟁이가 필자에게 그런 이야기를 하면 이렇게 이야기 해주고 싶습니다. "그럼 나하고 내기를 합시다. 만일 내가 손재를 당하면 당신에게 1천만 원을 주고, 만일 아무 일이 없으면 당신이 내게 1천만 원을 주기로 할까요?"라고 말하면 필자 생각에 열에 아홉은 안 할 겁니다. 왜냐하면 자신이 없을 테니까요. 점쟁이는 엉터리입니다. 사주를 보러 가면 당신의 사주팔자를 쓰라고 합니다. 점치러 온 사람이 자기 사주를 적어 주면 점쟁이는 그것을 가지고 어쩌고저쩌고 이야기를 합니다. 그럼 그 사람은 점쟁이의 말을 철썩 같이 믿지요. 필자는 질문합니다. 점쟁이가 점을 치러 온 사람의 사주도 모르면서 무슨 남의 앞날에 점을 쳐준다는 말이냐고요. 그렇게 모든 것을 잘 알면 온 세상 사람의 사주 팔자도 다 알고 있어야 하지 않나요?

바울과 아볼로가 에베소에서 전도했을 때, “마술을 행하던 많은 사람이 그 책을 모아 가지고 와서 모든 사람 앞에서 불사르니 그 책값을 계산한즉 은 오만이나 되더라.”(행 19:19) 마술사들이 진리 안에서 자유를 얻었습니다. 예수님 믿고 마술을 포기한 것입니다. 은 5만이나 되는 마술 책을 불살랐습니다. 진리가 그들을 자유케 했습니다.

기독교가 한국에 들어와, 많은 사람들이 예수 믿은 후 이 무서운 무속신앙에서 해방이 되었습니다. 제사를 폐지하고 신주(神主) 단지를 부숴버리고, 사당을 불태우고, 부적을 찢어버렸습니다. 이렇게 무속신앙을 청산하는 사례가 사방에서 끊임없이 일어났습니다. 우리 배달겨레가 진리 안에서 자유를 얻었습니다. 예수 믿는 사람들은 점쟁이에게 가서 물어보지 않습니다. 이사 갈 때 택일을, 이름을 지을 때 작명소에, 결혼할 때 궁합을 보지 않습니다. 비과학적 기만입니다. 무지하고 어두웠던 시대에 미래가 두려웠던 우리 조상들이 의지했던 위안의 방편이었을 뿐입니다. 예수님께서는 말씀하셨습니다. 진리를 알면, 진리가 너희에게 자유함을 준다고요. 예수님을 알게 된 사람은 모든 두려움에서 해방되고 자유를 얻습니다. 점쟁이 말 따위에는 추호도 관심 없고 귀를 기울일 필요도 없으며 결코 그들의 말을 믿지 않습니다.

왜냐하면 우리는 주님 안에서 자유인이기 때문입니다. 세상의 모든 두려움과 걱정, 근심 모든 것은 주님께 맡기고 우리는 자유를 누리며 살아가야 합니다. 세상의 모든 일은 하나님의 섭리 가운데서 이루어지고 있고 하나님께서는 내 삶을 일일이 간섭하고 계시기 때문입니다 우리는 하나님을 믿고 신뢰하면서 자기의 삶을 살아야 됩니다.

악은 어디서 왔을까요?

07/15

"너 아침의 아들 계명성이여 어찌 그리 하늘에서 떨어졌으며 너 열국을 엎은 자여 어찌 그리 땅에 찍혔는고" (사 14:12)

필자가 신학교에 다닐 때 요한복음을 강의하시던 선교사 교수님에게 질문을 했습니다. "교수님 악도 하나님이 창조하셨습니까?" 그랬더니 교수님은 즉시 "하나님 창조하지 않으신 것이 있습니까?"라고 대답하여서 온 학급이 다 같이 크게 웃은 일이 있었습니다. 그런데 그 대답에서 의심되는 부분이 있지요. 하나님은 완전 선이신데 어떻게 선에서 악이 창조될 수 있을까 라는 것입니다. 악이 어디서 나왔느냐 하는 문제는 인류 역사 이래 지금까지 해결되지 않는 난제(難堤) 중 하나입니다. 수많은 철학자들, 사상가들, 신학자들이 이 문제로 씨름을 했지만 명쾌한 답을 얻지 못하고 있습니다.

그리스 신화 가운데 판도라의 상자(Pandora's Box)가 있습니다. 원래는 항아리였는데, 번역을 잘못해서 상자가 됐습니다. 태초에 신들의 왕 제우스는 대장장이 신 헤파이스토스를 불러 여자 인간을 만들라고 명령했습니다. 그는 여자 인간으로 판도라를 만들었습니다. 제우스는 판도라의 탄생을 축하하는 의미로 항아리 선물을 주면서 절대 열어보면 안 된다고 당부했습니다. 판도라는 호기심을 참지 못하고 항아리의 뚜껑을 열었더니 그 속에서 인간이 안고 살아가는 근심, 걱정, 불안, 초조, 질병, 증오, 질투, 잔인성, 분노, 굶주림, 가난, 노화 등 각종 재난이 쏟아져 나왔는데, 마지막에는 죽음까지 그 단지 안에서 나왔습니다.

너무나도 놀란 판도라가 빨리 뚜껑을 덮었으나 나올 만한 것들은 모두 다 빠져 나온 후였습니다. 놀란 가슴을 진정시키며 단지를 바라보고 있는데 단지 속에서 희미한 소리가 들려왔습니다. 호기심이 강한 판도라가 귀를 가까이 대고 들어 보니 "판도라 다시 뚜껑을 열어 나를 내보내야 돼. 나를 내보내지 아니면 인류에겐 멸망이 올 거야. 빨리 뚜껑을 열어서 나를 꺼내야 된단 말이야." 하는 소리가 들려 왔습니다. 어차피 한번 뚜껑을 열었던 판도라는 에라 모르겠다는 심정으로 또 다시 뚜껑을 열었습니다. 그런데 그 안에서 마지막으로 나온 것이 곧 '희망'이었습니다. 인간이 고난 중에 살아도, 희망만 있으면 난경을 극복하고 평정을 되찾을 수 있다는 이야기입니다.

이것이 그리스 신화에 나오는 판도라의 상자 내용입니다. 어떤 어려움과 고난과 슬픔과 눈물 흘리는 일, 감내하기 어려운 절망 속에서도 희망만 있으면 그래도 인류는 계속 생을 이어갈 수 있다는 교훈입니다. 우리는 세상을 살아가면서 수많은 어려움에 당면합니다. 그 어려움을 겪을 때마다 절망하고, 고통하며, 눈물 흘리면서 좌절합니다. 이런 시련을 이기지 못하고 스스로 생명을 끊어 버리는 사람들도 많이 있습니다. 요즘도 한국에서는 하루에 약 40명이 자살을 감행하여 OECD 국가 중 가장 높은 자살률을 기록하고 있습니다. 신생아 출생률은 0.9%로 OECD 가운데 가장 낮고, 자살률은 가장 높으니 한국의 인구는 치명적으로 줄어들 수밖에 없지요. 그렇다면 언젠가 배달겨레는 이 지구상에서 사라져 버리는 때가 올 것이라고 인구 학자들은 예언하고 있습니다.

기독교는 악의 근원을 하나님을 배반한 천사장 루시퍼(Lucifer)로 봅니다. 본디 루시퍼는 '샛별'이란 뜻인데, 하나님께서 주신 귀중한 선물인 자유의지를 남용하여 하나님을 배반하고 인간에게 엄청난 고통을 안겨줍니다. 신약성경에는 사탄을 마귀, 바알세불, 벨리알, 뱀, 용, 악한 자, 이 세상 임금, 참소하던 자, 시험하는 자, 꾀는 자, 살인한 자,

거짓말쟁이 등으로 표현합니다.

예수님께서는 누가복음 10장 18절에서, "나는 사탄이 번개처럼 하늘에서 떨어지는 것을 보았다."고 말씀하셨습니다. 하늘에서 떨어진 사탄이 루시퍼입니다. 사탄이 하는 일은 사람을 유혹하고, 미혹하고, 정죄합니다. 구약성경 욥기에 보면 하나님의 아들들이 와서 여호와 앞에 서고 사탄도 그들 가운데에 왔다고 기록되어 있습니다.(욥 1:6) 여호와께서 사탄과 대화를 하시는 장면이 나옵니다. 여호와께서 사탄에게 "욥을 주의하여 보았느냐 그와 같이 온전하고 정직하여 하나님을 경외하며 악에서 떠난 자가 세상에 없느니라."고 말씀하셨을 때, 사탄이 "어찌 까닭 없이 하나님을 경외하리이까?"라고 대답합니다. 하나님께서는 사탄에게 욥의 모든 것을 앗아갈 수 있도록 허락하십니다. 마지막에는 욥의 건강에 손을 대는 것까지 허락하시지요.

여기서 모든 재난은 하나님의 허락 하에 사탄이 주관하여 일으키는 것임을 알게 됩니다. 따라서 사탄은 세상에 사는 모든 사람들에게 견디기 어려운 난경(難境)을 주고 즐거워합니다. 재앙은 사탄에게서 옵니다. 따라서 재앙을 물리치기 위해서는 사탄의 세력을 물리쳐야 합니다. 욥이 마지막까지 고난과 절망 속에서도 좌절하지 않고 여호와 하나님을 바라보며 그 믿음과 신앙을 굳게 지킨 것을 보시고 하나님은 그의 건강을 회복시켜주셨을 뿐만 아니라 잃어버렸던 과거의 모든 재산을 배로 불어나게 하셨고, 먼저 간 10남매와 꼭 같이 아들 일곱에 딸 셋도 다시 주셨습니다.

세상의 모든 고난과 고통은 결국 사탄의 역사에서 이루어졌다고 볼 수 있습니다. 그러므로 우리는 세상을 살아가면서 부닥치는 어려운 일과 고난 속에서도 결코 우리의 신앙과 믿음을 저버리지 말고, 마지막까지 인내하며 나갈 때 최후의 승리의 면류관을 받을 수 있다는 소망을 가지고 극복에 나가야겠습니다.

편견과 오만

"우리가 다 수건을 벗은 얼굴로 거울을 보는 것 같이 주의 영광을 보매 그와 같은 형상으로 변화하여 영광에서 영광에 이르니 곧 주의 영으로 말미암음이니라." (고후 3:18)

TV를 보다가 한 필리핀 예비 신부의 글을 읽어 주는 것을 들었습니다. 외국계 회사에 다니는 청년이 필리핀에서 근무하다 같은 직장에서 필리핀 아가씨와 사귀게 되었습니다. 교제를 하다 결혼하기로 하고 예비 신부 가정을 방문했는데 부모들이 적극 반대를 했습니다. 이 청년은 예비 신부 부모 앞에 무릎을 꿇고 여러 차례 간청하여 드디어 승낙을 받았습니다. 이제 한국에 있는 부모에게 허락을 받기 위해서 한국으로 오게 되었습니다. 예비 신부는 무척 긴장을 했습니다. 대체로 한국 사람들은 외국 며느리를 좋게 여기지 않았기 때문입니다.

JUL

예비 신랑 집에 가서 시어머니 될 사람과 시누이 될 사람을 만났습니다. 예상한 대로 외국 며느리 될 사람을 데리고 온 아들을 매우 못마땅하게 여기면서, 예비 며느리는 거들떠보지도 않고 아들하고만 대화를 했습니다. 그때 시누이 될 아가씨가 이야기했습니다. "오빠 미친 거 아니야? 동남아 여자라니 그럼 내 조카가 까맣게 나오는 거야? 못사는 나라 사람들은 자격지심이라는 것이 있어. 그리고 오빠 저 집에다가 돈 퍼 줘야 한다고. 오빠 지금 제정신이야?"

결국 이 두 사람은 시집에서 결혼 허락을 받지 못하고 신랑만 필리핀에 가서 신부 쪽 가족들과 더불어 결혼식을 올렸습니다. 그러나 직장이 필리핀에 있었기 때문에 별 문제가 없었습니다. 그러나 아이가 생기고 아이 교육 문제도 있고 해서 한국으로 들어가는 것이 좋겠다고 의논하고 한국으로 들어왔습니다. 그러나 여전히 시집에서는 거들떠 보지도 않고 무시하고 막 대했습니다. 그런데 사실이 신부는 보통 필리핀 농촌의 가난한 집안 출신도 아니고, 어엿한 4년제 대학 법대를 나온 엘리트였습니다. 필리핀 현지어와 영어는 기본이고 중국어와 한국어를 유창하게 하는 유능한 인재였으며 친정집도 무척 부유한 편이었습니다.

두 사람은 아무래도 시어머니와 시누이를 필리핀에 데리고 가서 며느리 집이 어떤지 보여 주는 것이 좋겠다고 의논을 하고, 시어머니와 시누이에게 여름에 필리핀으로 여행을 가자고 제안을 했습니다. 처음에는 왜 하필 필리핀이냐고 핀잔을 했으나, 설득 끝에 필리핀으로 여행을 갔습니다. 필리핀에서 며느리 집을 방문하게 되었습니다. 며느리 집은 부자들이 사는 부촌에 있었고, 4층의 대저택에 친정아버지 직업은 한국의 어지간한 도시의 시장 정도의 직급에 있는 고위 공직자였습니다. 뿐만 아니라 집안에는 10명의 도우미들이 각각 맡은 일들을 하고 있는 것을 보고 시어머니와 시누이는 입이 쩍 벌어져 닫지를 못했습니다. 이렇게 잘 사는지 몰랐다며, 왜 진즉 이야기하지 않았냐고 나무랐습니다. 며느리 집이 시집보다 훨씬 부자고 부모들도 필리핀에서 최고 엘리트들이었던 것을 알고 나서 며느리 대하는 태도가 180도 바뀌었습니다. 그동안 며느리보고 “야, 야” 하던 시어머니는 “애야” 하면서 말부터 달라졌습니다.

이렇게 실제 일어난 일을 보면 평소 갖고 있는 ‘편견과 오만’이 얼마나 부당한 것인가를 가늠해 볼 수 있습니다. 물론 동남아 필리핀, 태국, 캄보디아, 베트남, 미얀마 등지의 가난한 농촌 출신 소녀들이 한국에 와서 농촌 노총각들과 결혼을 하는 것을 많이 보았지요. 가련한 이 소녀들은 아무도 의지할 사람 없는 외로운 외국 농촌에서 아침부터 밤늦게까지 온갖 힘든 일을 하면서 시집살이에 아기 낳고, 시집을 와서 말 못할 고통을 당하며 사는 사례를 TV에서 많이 보도하고 또 그런 글을 접하기 때문에 일반적으로 동남아 신부들은 우리보다 못 배운 저소득층 사람들이라는 인식이 박혀 있는 것은 부인할 수 없습니다.

우리가 지금 필리핀하면 한국보다 훨씬 뒤떨어지고 후진국이며 가난한 나라라고 생각하지만 6.25 때 우리나라에 7,500명의 군인을 파송해 준 고마운 나라입니다. 1950년대 말 서울 장충동에 체육관을 지으려할 때, 한국에는 설계할 사람도, 시공할 회사도 없었습니다. 이때 필리핀 사람이 설계를 했고, 필리핀 회사가 와서 건설해 준 것이 바로 서울장충체육관입니다. 지금은 필리핀과 한국을 경제적으로 비교하면 일인당 GDP가 한국 3만 달러에 필리핀 3,500달러로 약 10배 정도 차이가 납니다. 그러나 70년 전 6.25전쟁 당시 한국은 세계 최빈국 가운데 하나였고, 필자가 대학, 신학교를 다니던 60년대에 보릿고개를 넘으며, 많은 농촌 사람들이 초근목피(草根木皮)로 연명했고, 굶어 죽는 사람들도 있었습니다.

한국이 옛날부터 그렇게 잘 먹고 잘살던 부자나라가 아니었지요. 박정희 대통령의 경제 개발 의지로 한강의 기적을 일으켜, 불과 두세대 안에 이렇게 잘살게 된 것이지 처음부터 잘산 것은 아니었습니다. 이제 조금 잘살게 되었다고 동남아 사람들은 무조건 가난하고, 못 배웠다고 하대하면서 하층민 취급하는 태도는 결코 용납할 수 없습니다. 법대 졸업에 귀족 같은 부모님에 시집과 비교할 수 없을 정도의 부를 갖고 있는 며느리를 멸시하는 시어머니와 시누이가 바로 내가 아닐까요? 우리도 동남아 출신 소녀들을 그렇게 보았고, 여기지 않았을까요?

이런 이야기를 들었습니다. 직장에서 만난 두 남녀가 교제를 하다 결혼을 하게 되었습니다. 총각은 평범한 가정이었고, 친정은 아버지가 큰 사업을 하여, 대단한 부자였답니다. 대궐 같은 저택에 값비싼 외제차며 가구 등 눈이 휘둥그러지게 으리으리하게 잘 사는 집이었습니다.

총각은 물론 시집에서도 며느리 될 처녀 집안이 대단한 부자요, 며느리 될 처녀는 외동딸이라서 그 모든 재산을 다 물려받을 것이라 여기고 예비 며느리를 칙사 대접을 하였지요. 그런데 여자가 볼 때, 신랑 될 사람도, 시집 사람들도 자기 집 재산에 집착하는 것 같아, 시험을 해보기로 했습니다. 어느 날 신랑 될 사람 집에 가서 시집 식구들이 다 있을 때, 아버지 회사가 큰 프로젝트에 사운(社運)을 걸고 투자를 했는데 그것이 결국 사기극에 걸려 회사가 부도가 나고 집도 자동차도 다 빚쟁이들이 몰려와 몽탕 털어가고, 지하 단칸방으로 나앉게 되었다고 눈물 흘리면 이야기했습니다. 그 이야기를 듣는 순간 신랑의 얼굴 표정이 바뀌면서 지금까지와 전혀 다른 태도를 보였을 뿐만 아니라, 시댁 식구들도 역시 표정이 싹 바뀌면서 망한 집 처자와 결혼을 시킬 수 없다고 선언했습니다. 예비 신부는 결국 남자 친구나 시댁은 자기를 보고 결혼하려는 것이 아니라 자기 집 재산이 탐나서 결혼을 하려 한다는 사실을 확인하고 그 자리에서 파혼을 선언하고 나왔다는 내용이었습니다.

부(富)가 확실히 인간 삶의 중요한 부분을 차지하는 것을 부인할 수는 없습니다. 특히 자본주의 사회에서 돈같이 중요한 것은 없지요. 그러나 그 부나 재산이 인격보다 상위에 올라갈 수는 없습니다. 우리가 사람을 평가할 때 그 얼마나 많은 재산을 가졌느냐 하는 것을 평가하는 것이 아니고, 그 사람 됨됨이가 어떠냐 하는 것이어야 하는 게 아닐까요. 아무리 많은 재산을 가지고 있다 해도 사악한 인간들이라면 결코 결혼 생활에 성공할 수 없다는 것은 상식 아닌가요? 돈은 있다가도 없고, 없다가도 있을 수 있는 가변적인 것이기 때문에 돈으로 인격을 평가해서는 안 되는 것이지요. 이것을 모르는 사람은 없지만 현실이, 내가 그렇게 되지 않는다는 데 우리의 고뇌가 있습니다.

사도 바울의 직업

07/17

"누가 자비량하고 병정을 다니겠느냐 누가 포도를 심고 그 실과를 먹지 않겠느냐 누가 양떼를 기르고 그 양떼의 젖을 먹지 않겠느냐… 모세 율법에 곡식을 밟아 떠는 소에게 망을 씌우지 말라 기록하였으니" (고전 9:7,9)

사도행전과 바울서신에 보면 바울 선생의 직업에 대한 이야기가 나옵니다. 그것은 우리가 잘 아는 대로 '텐트를 제조'하는 일이었습니다. 물론 그의 본업은 선교였습니다. 그러나 그 일의 경비를 조달하기 위해 끊임없이, 가는 곳마다 동업자들과 텐트를 제작했습니다.

당시 텐트는 오늘 같이 특수한 천으로 만드는 것이 아니라 동물의 가죽으로 만들었습니다. 동물에게서 벗긴 가죽을 가져다가 털을 뽑고, 기름 빼서 부드럽게 무두질을 해서 텐트를 만들기 좋게 다듬어야 합니다. 그런 일을 하는데, 오늘날 같이 정교한 도구가 있었던 것이 아니기 때문에 상당한 노력을 기울이고, 숙련된 기술이 없으면 무척 고된 작업이 됩니다. 하루 종일 여러 날카로운 칼과 여러 뾰족한 송곳으로 가죽을 자르고 이어 꿰매며 다듬어야 하는 여러 과정을 거쳐 텐트를 제작합니다. 또 주문에 따라 큰 것, 중간 것, 작은 것 등 다양한 텐트를 제작하는 것은 고도의 기술과 요령이 없으면 수행하기 어려운 중노동이었습니다.

우리나라에서는 전통적으로 직업에 대한 차별이 심했습니다. 그것은 사농공상(士農工商)이지요. 그중 가장 낮은 직업은 장사꾼, 장돌뱅이인데, 그보다 더 천하고 하찮은 직업이 백정(白丁)이었습니다. 짐승을 잡는 업이었지요. 백정이 짐승을 잡으면 맨 먼저 가죽을 벗깁니다. 벗겨놓은 가죽을 이번에는 갖바치가 가져다 쓸 수 있는 가죽으로 만들

JUL

고 또 그 가죽으로 여러 물건들, 가죽 옷, 혁대, 신발, 가방, 지갑 노리개, 책 겉장 등 다양한 물건을 제작했습니다. 장사치보다 더 천시하던 직업이 백정이었고 백정보다 더 하찮은 일이 동물의 가죽을 가져다 털을 뽑고 기름을 빼어 무두질을 한 후 큰 것, 중간 것, 작은 물건에 따라 날카로운 칼로 가죽을 베어서 그 조각을 맞추어 도구를 만드는 갖바치였습니다. 이 일은 상당한 육체노동으로 신체가 약한 사람은 감당하기 어려웠습니다. 사실 갖바치가 없으면 이런 물품들을 쓸 수가 없습니다. 따라서 이들은 우리 삶에 중요한 물건을 만들어 주는 사람들로 결코 하대하거나 천시할 수 없는 기술자들입니다.

우리가 아는 대로 바울은 베냐민 지파로 당대 최고 학자였던 가말리엘 문하에서 최고의 학문을 수학했던 지성인이었습니다. 그는 베냐민 지파 후손으로 바리새인이어서 누구보다 모세의 율법과 계명을 철저하게 지킨 골수 유대주의자였습니다. 그의 직업이 비록 가죽을 다루는 일이었지만 이스라엘에서는 이런 일 하는 사람을 천민이나 갖바치라고 천시 여기지 않았습니다. 당당한 직업이었지요. 성경 어디에도 바울이 천한 직업을 가진 사람이란 말은 없습니다.

근래 선교학에서 '텐트 미니스트리'(Tent Ministry)란 말을 씁니다. 이 말은 자비량 선교사를 말하는 것으로 바울 사도의 삶을 본받아 하는 말입니다. 즉 외부의 도움을 받지 않고 자기 스스로 비용을 마련해서 전도하는 일을 말합니다. 필자가 목사고시 필기시험을 마치고 면접을 볼 때 선배 목사님이 그런 이야기를 했습니다. "요즘 목사들은 교회에서 주는 월급보다 자기가 특별한 직업이나 기술을 가지고 살아야 한다는 생각을 가지고 있지만 목사는 교회가 주는 생활비로 사는 것이 원칙이다." 네, 맞는 말입니다. 모세 율법에도, "곡식을 밟아 떠는 소에게 망을 씌우지 말라."(신 25:4)고 합니다. 전적으로 교회 일을 하는 목사에게 교회가 자립만 할 수 있으면 생활비를 주는 것은 당연한 일이지요.

그러나 퀘이커, 제자교회, 형제교회, 플리머스 형제교회 등에 속한 목사는 일반 평신도와 같이 직업을 갖고 주중에는 일하고 주일에는 교회에서 목사직을 감당합니다. 그것은 그 교단의 교리에 따라서 행하는 형태임으로 월급을 받는 것은 잘못된 일이고, 안 받는 것이 옳다고 말할 수 없습니다. 또는 목사가 세속 직업을 갖고 일주일 내내 세상에서 일하다가 주일에만 목사 일을 하는 것은 하나님의 뜻에 반(反)한다는 생각을 갖고 있는 사람들도 많습니다.

초기 예수살렘 교회에서 일곱 집사를 택한 이유가 사도들은 교회 다른 일을 하지 않고, 오직 말씀을 전하는 일에만 전력하기 위함이라 기록하고 있습니다. 따라서 목사가 세속 직업을 갖고 있으면, 자연히 설교 준비, 교회 행정, 교인들을 돌보기가 소홀해질 수밖에 없고, 교회 성장에 지장을 초래할 것은 명약관화(明若觀火)한 사실입니다.

사도바울 시대에는 복음이 널리 전파되지 않은 때여서, 바울 선생이 처음으로 복음을 선포하고, 말씀을 따르는 몇몇 사람과 더불어 교회를 세우는 일을 계속했으므로, 바울 사도 일행의 생활비나 활동비를 책임질 교회가 없었던 때였습니다. 따라서 바울 사도는 어쩔 수 없이 일행의 비용을 위해 밤낮으로 일할 수밖에 없었던 것입니다. 우리가 여기서 주목해야 하는 것은 어떻게 하면 복음 선포를 빠르게 그리고 널리 할 수 있느냐 입니다. 이 문제만큼 시급하고 긴요한 일은 없습니다. 목사가 세상 직업을 갖고서는 이 긴요한 사명을 감당할 수 없습니다.

이곳 미국에서 교인 몇 명 안 되는 미자립 개척교회를 하는 목사들은 가족들의 생계를 위해 우버 택시 운전 등 여러 가지 일을 할 수밖에 없는 상황입니다. 목사 부인이 전문직을 갖고 있으면 그보다 더 좋은 일은 없겠지만, 그렇지 않으면 목사 부인도 무슨 일이든지 해서 가족 생활비와 자녀들 교육비를 벌어야 하는 상황입니다.

목사가 세속 직업을 갖는 것은 옳으냐 그르냐의 문제가 아니고, 그 교회 형편이 어떻냐에 따라 결정되어야 하는 문제입니다. 가장 바람직스런 것은 교회가 목사나 부목사의 생활비를 충분히 마련해 주어, 목사가 세속 직업을 갖지 않고 교역에 몰두하도록 해 주는 것입니다. 그러기 위해서는 교회가 부흥해야 하고, 부흥하기 위해서는 열일 제쳐두고, 열심히 전도해야 합니다. 그 길 외에 무슨 다른 방도가 있을까요?

07/18

유언장은 쓰셨나요?

"한번 죽는 것은 사람에게 정하신 것이요 그 후에는 심판이 있으리니."
(히 9:27)

어떤 일본 그리스도인의 유언장

1. 나는 감사하며 모든 것을 하나님께 바친다.
2. 나의 큰 죄는 예수로 말미암아 속죄되었다. 형제자매여 나의 죄가 크든 작든 모든 것을 용서하라. 나는 여러분이 나의 죽음에 의하여 하나님 아버지께 가까이 가고 감사의 참뜻을 맛보게 되기를 기도한다.
3. 어머니나 친족을 기다리지 말고 24시간 내에 장례지내 주시오.
4. 우리 집의 역사, 일기장 그 외 내가 쓴 것은 불로 태워 주시오.
5. 화장하고 가급적 허례는 피하고 거기에 관한 시간과 비용은 가장 경제적이어야 한다. 이력의 낭독, 의례적 추도사는 폐할 것.
6. 생사고락 모두 감사한다.
7. 내가 죽었을 때 미안하지만 여기 쓰여 있는 대로 실행해 주시오.

이 유언장은 기차 사고를 온몸으로 막은 30세 독신 청년 나가노가 작성한 것입니다. 명치 42년(1900년) 2월 24일 출장길에 타고 가던 기차가 언덕길을 올라갈 때 객차의 연결고리가 끊어지면서 많은 여객이 타고 있는 객차가 미끄러지면서 밑으로 내 달리기 시작하자, 그는 급히 뛰어가 핸드 브레이크를 걸고, 즉시 뛰어 내려 자기 몸을 기차 바퀴 밑에 밀어 넣어 기차를 정지시켰습니다.

나가노는 일본 삿포로 지방 아사히카와 교회에 젊은 집사였고 주

JUL

일학교 교장이었습니다. 그 지방 철도회사 서무 주임으로 일하고 있었습니다. 그는 매년 정월 위와 같은 유언장을 써서 안주머니에 넣고 다녔습니다. 이 사건이 있은 후 그의 사진과 유언장이 그림엽서가 되어 널리 팔려 그의 고귀한 생을 기렸습니다.

사람이 한번 죽는 다는 사실을 모르는 사람은 없습니다. 모든 사람은 자기도 언젠가 죽는다는 사실을 알고 있습니다. 그런데 그 죽음이 언제 올지 모르기 때문에 사람들은 먼 훗날 올 것이라고 착각하고 살아갑니다. 그렇지만 예수님께서는 분명히 말씀하셨습니다. 오늘 저녁에라도 네 영혼을 불러 갈 수 있다고요. 우리는 오래 살 것이라고 착각하고 살지만 실상은 단 한 치 앞을 내다볼 수 없는 한계적인 존재입니다. 아침에 나간 남편이, 학교에 간 아이들이 저녁에 시체가 되어 돌아오는 경우를 우리는 어렵지 않게 보고 있습니다.

미국과 같이 자동차가 일상화된 나라에서는 차를 타고 집에서 출발하는 그 순간부터 모든 일을 마치고 다시 집에 돌아올 때까지 우리의 생명은 내 것이 아닙니다. 내가 졸음운전을 해서 스스로 생명을 잃어버리는 경우도 많지만, 대체로는 상대방의 실수로 내 생명이 소멸될 가능성이 훨씬 더 높습니다. 운전자 중에는 음주 운전, 마약 운전, 스마트폰 운전 등 다른데 정신이 팔려 중앙선을 넘어와 내 차와 정면충돌해서 생명을 앗아갈 수 있는 가능성을 배제할 수 없습니다.

뿐만 아니라 캘리포니아에서는 소위 '빅 원'(Big One)이라고 하는, 언젠가 올지 모르는 거대한 지진이 캘리포니아를 본토에서 떼어 내 태평양으로 끌고 간다는 지질학자들의 경고를 듣고 살아가고 있습니다. 지금도 진화되지 않고 계속 타고 있는 무서운 산불이 거대한 산림과 수많은 가옥들을 불태우고 있습니다. 미국 동남부 지방에 자주 오는 토네이도, 태풍, 홍수, 화산 폭발 등 수많은 자연 재해가 우리의 생명을 위협하고 있습니다.

미국 사는 사람이 한국을 방문하려면 적어도 며칠 전부터 준비를 시작합니다. 우선 한국에 가지고 갈 선물을 준비하고, 여행용 가방을 꺼내놓고 2주 동안 한국에서 쓸 여러 가지 물건들을 챙겨야 합니다. 특히 계절에 따라 가져갈 옷을 챙겨야 하지요. 한국이나 미국에서 남미나 호주로 여행을 하려면 계절이 정반대이기 때문에 한국이나 미국이 여름이면 그쪽은 겨울, 이곳이 여름이면, 그곳은 겨울이어서 특히 의복에 신경을 써야 합니다. 결혼을 하려면 준비할 일이 한두 가지가 아니지요. 양가 부모님과의 상견례 날짜, 장소 등, 결혼식장 예약, 주례, 반주, 축가, 청첩장, 식후 식당 예약, 신혼여행지 선택, 항공기 예매 등 준비가 보통 문제가 아니지요.

그런데 여행이나 결혼식보다 백배, 천배 중요한 죽음에 대해서는 거의 대부분의 사람들이 전혀 준비하지 않고 살아갑니다. 왜냐하면 "나는 쉽게 죽지 않을 것이다. 나의 죽음은 아직도 멀리 있다. 나는 그렇게 쉽게 죽지 않는다, 버스가 절벽에 굴러 승객이 다 죽어도 나만은 살 수 있다. 비행기가 추락해서 승객이 다 죽어도 나만은 행운으로 죽지는 않을 것이다."라는 희망적인 생각을 하기 때문에 죽을 준비가 전혀 되어 있지 않습니다.

그러나 나도 어느 날, 갑자기 죽을 수 있습니다. 필자가 버지니아에서 유학할 때, 학교 근처의 작은 도시(Fredericksburg)에서 잠시 목회를 했습니다. 그 교회 장로님 딸이 미국 해군사관학교를 마치고 대위 제대를 한 미국 청년과 결혼을 해서, 1살 된 딸을 두었습니다. 사위는 사관학교 출신답게 건장하고 씩씩한 미남 청년이었습니다. 아침 5시면 일어나 약 7~8마일을 뛰고 와서 사워하고 아침 식사하고 출근을 합니다. 어느 날 아침, 이 친구가 늦게까지 자고 있었습니다. 장로 딸이 남편에게, "여보 일어나요, 늦었어요." 하면서 흔들어 깨워도 미동도 하지 않아 자세히 보니 죽어 있었습니다. 의사는 심장마비 진단을 내렸습니다.

JUL

28살의 해군사관학교 출신, 건장한, 매일 아침 8마일을 조깅하는 청년이 심장마비라니요. "나에게는 절대 심장마비가 오지 않을 거야." 과연 그럴까요? 예수님은 말씀하십니다. "어리석은 자여 오늘 밤에 네 영혼을 도로 찾으리니"(눅 12:20)

준비해야 할 일들이 많지만, 나의 장례식을 위한 준비도 빼놓지 말고 예비합시다. 만일 하나님께서 "오늘 밤에 네 영혼을 도로 찾으리니"라 말씀하신다면 나는 준비가 되어 있나요? 유언장을 아직 쓰지 않은 분들은 오늘 유언장을 써 보는 것이 어떨까요?

교회 오빠

"청년이 무엇으로 그 행실을 깨끗게 하리이까 주의 말씀만 지킬 따름이니이다." (시 119:9)

요즘 이따금 '교회 오빠'라는 용어를 듣습니다. 교회 오빠는 교회에서 만난 자기보다 나이가 많은 미혼 남성을 의미하지요. 교회 오빠는 교회 안에서 생활하고, 또 기독교 신앙을 가지고 있다는 의미에서 교회 밖 세상에서 만난 오빠들보다 모든 면에서 건전하고, 깨끗하며, 신선한 이미지를 갖게 됩니다. 따라서 교회에서 만난 오빠와 교제를 하면 앞으로 결혼을 하더라도 세상에서 만난 오빠들보다 훨씬 더 나은 그리고 성공적인 결혼 생활을 할 수 있을 것이라는 무언의 보증 같은 것이 포함되어 있습니다.

필자가 한국에 있을 때 한번은 잘 아는 장로님이 위원장으로 계시는 개인 병원에 일이 있어서 갔습니다. 그 병원에는 30대 초반쯤 되어 보이는 미혼의 안내 겸 간호사가 있었습니다. 몇 번 병원에서 만났기 때문에 안면이 있어 서로 알고 있었습니다. 그때 처음으로 "간호사님은 교회 출석하세요?"라고 질문을 했더니 자기는 교회에 나가지 않는다고 이야기를 했습니다. 그래서 필자가 "앞으로 결혼을 하시려면 교회를 나가서 신앙생활 하는 것이 좋을 것입니다. 교회에서 교회 오빠를 만나 결혼하는 것이 좋을 것이다."고 이야기했습니다.

그러면서 다음과 같은 이야기를 했습니다. 일단 기독교 신앙을 가지고 있는 교회 청년들은 신앙 양심이 있고 교회와 성경의 가르침에 따라 성적으로도 깨끗한 생활을 하게 됩니다. 아내 이외 다른 여자와

JUL

관계를 갖는 것은 간음이고, 또 하나님의 계명을 어기는 것이며 그리스도인으로서는 해서 안 되는 금기사항이란 사실을 알고 있기 때문에 어떤 유혹도 이겨낼 수 있는 신앙의 힘을 가지고 있습니다. 그러나 세상에서 만난 오빠들은 그런 개념이 없습니다. 아내 이외에 다른 여자와 관계를 갖더라도 아내에게 들키지만 않으면 아무렇지도 않는 일이라고 생각합니다. 특히 요즘 사람들은 아내 이외의 여성과 관계를 갖는 것이 죄라는 의식이 전혀 없어 보입니다. 특별히 해외에 갔을 때 현지 여자들과 자는 것은 당연한 것이고 시간 여유도 있고 돈도 있는데 그러지 못하는 사람은 숙맥이나 못난 놈 취급을 받는 경우가 흔한 일입니다.

그렇지만 교회 오빠는 지방 출장을 가든 해외여행을 가든 현지 여자와 성적 관계를 갖는 것은 하나님 앞에 범죄 하는 일이고, 간음하지 말라는 계명을 어기는 일이라는 기본적 신앙 양심 있기 때문에 그런 일을 하지 않습니다. 물론 모든 교회 오빠가 다 그런다는 것은 아니지요. 교회는 다니지만, 깨끗한 양심과 진실한 삶으로 철저한 신앙생활을 하는 사람은 그렇게 많지가 않습니다. 그러나 적어도 교회 오빠 사이에는 신앙 양심이라는 것이 있어서 어떤 부정한 일을 할 때 세상 오빠는 별로 양심의 가책을 느끼지 못하지만 교회 오빠는 가책을 느끼기 때문에 아무래도 가정생활을 영위하는 데 세상 오빠들 가정보다는 낫다고 판단합니다.

지금은 그런 말을 하는 사람이 별로 많지 않지만, 우리 부모님 때만 해도 아들이나 딸이 믿지 않는 가정의 자녀들과 결혼하는 것을 결코 허락하지 않았습니다. 다시 말하면 불신 가정의 자녀와 혼사를 맺지 않았습니다. 즉 교회 오빠와만 결혼을 시켰지요. 이렇게 신앙을 맺어진 가정에서는 거의 이혼이란 것이 없었습니다.

그런데 교회 오빠라고 해서 여러 가지 면에서 자기의 결혼 대상이 되지 않는다는 것이 문제입니다. 예를 들면 나이도, 학력도, 집안환경, 재력 등등 서로 비슷한 사람들끼리 만나는 것이 가장 성공적인 결혼 생활이 되는데 위에 말한 여러 가지 조선이 맞지 않으면 결혼생활을 파탄 날 가능성이 농후하기 때문입니다. 그러므로 교회 오빠라 해서 무조건 결혼 대상이 되는 것은 아니고 또 문제는 교회 오빠 숫자가 많지 않다는 것입니다. 신앙심이 깊은 자매들은 무엇보다 신앙을 제일 조건으로 생각하는데 그런 오빠가 많지 않다는 게 고민입니다.

비록 교회는 출석한다 해도 신앙생활에 깊이가 없고 형식적이고, 부모 체면 때문에 강제로 출석하는 오빠들도 적지 않다는 데 또 다른 문제가 있습니다. 교회 밖에 나가면, 세상 친구들과 어울리면서 담배 피우고, 술 마시고, 클럽에 가고 세상 오빠와 똑같은 생활을 하는 교회 오빠들이 있다는 게 교회 자매들의 고민입니다. 따라서 출가시킬 딸을 둔 부모들과 당사자는 하나님께 많은 기도를 드려야 합니다.

결혼도 결국 하나님의 뜻에 따라 하나님이 인도해 주시는 당사자와 해야지 인위적으로 하면 결국 파탄으로 끝나게 되어 있습니다. 여러 면에서 적합한 교회 오빠를 만나는 것이 행복한 그리고 성공적인 가정생활을 이끌어 가는 길입니다. 이런 의미에서 자녀가 있는 가정은 자녀들에게 어려서부터 철저한 신앙교육을 시키고 믿음을 넣어 주어 일생 동안 신앙 안에서, 믿음 안에서, 교회 안에서 살아가고 교회 안에서 배우자를 만나서 기독교 신앙으로 맺어진 가정이 되어야 합니다. 시편 기자는 이야기했습니다. "청년이 무엇으로 그 행실을 깨끗게 하리이까 주의 말씀만 지킬 따름이니이다." 이 말씀이 진리의 말씀입니다. 교회 오빠는 주의 말씀을 지키는 이입니다. 혼기에 접어든 교우 여러분, 딸이 이런 교회 오빠를 만나게 해달라고 열심히 기도하세요.

서원

07
20

"그가 여호와께 서원하여 가로되 주께서 과연 암몬 자손을 내 손에 붙이시면 내가 암몬 자손에게서 평안히 돌아올 때에 누구든지 내 집 문에서 나와서 나를 영접하는 그는 여호와께 돌릴 것이니 내가 그를 번제로 드리겠나이다… 딸이 그에게 이르되 나의 아버지여 아버지께서 여호와를 향하여 입을 여셨으니 아버지 입에서 낸 말씀대로 내게 행하소서."
(삿 11:31,36)

사사기 11장에 보면 길르앗 사람 입다에 대한 기사가 나옵니다. 입다는 길르앗이 기생에게서 낳은 아들입니다. 본부인에게서 태어난 아이들이 자라면서 입다에게 아버지 집에서 기업을 이을 수 없다며 쫓아냈습니다. 입다는 돕 땅에 거하면서 건달들을 모아 힘을 길렀습니다. 얼마 후에 암몬 자손이 이스라엘을 치러 올라왔습니다. 길르앗 장로들이 돕 땅에 내려가 입다에게 요청했습니다. 암몬 자손이 우리를 치러 왔는데 와서 우리들의 군대 장관이 되어 달라고 부탁했습니다.

입다는 말했습니다. 너희가 전에 나를 내 아버지 집에서 쫓아내더니, 이제 너희가 어려움을 당하니까 나에게 도움을 요청하러 왔느냐고 힐문했습니다. 그때 장로들이 우리가 암몬과 전쟁을 해야 되는데 네가 와서 우리를 위해 싸워 승리하면 우리들의 우두머리를 삼겠다고 약속했습니다. 정말 약속대로 하겠느냐고 다짐했고, 장로들은 여호와는 우리 사이에 증인이시니 입다의 요구대로 우리가 반드시 행하겠다고 약속했습니다.

입다가 이스라엘 군대 장관이 되어, 전쟁에 나가게 되었습니다. 그때 여호와의 신이 입다에게 임하셔서 입다가 힘을 얻고 전쟁에 나섭니다. 이때 입다가 "주께서 과연 암몬 자손을 내 손에 붙이시면 내가 암몬 자손에게서 평안이 돌아올 때에 누구든지 내 집 문에서 나와서 나를 영접하는 그는 여호와께 돌릴 것이니 내가 그를 번제로 드리겠나이다."(30)고 서원했습니다. 입다가 이스라엘 군대를 이끌고 암몬 군대와 싸울 때 여호와께서 암몬 자손을 입다의 손에 붙이심으로 입다가 암몬 군대를 대파하고 이스라엘의 승리로 전쟁은 마무리되었습니다.

입다가 전쟁에서 승리하고 미스바에 돌아와 자기 집에 이를 때에 무남독녀 외딸이 조그만 북을 치며 춤추면서 나와 전쟁의 영웅 아버지를 영접했습니다. 입다가 딸을 보고 자기 옷을 찢으며 "슬프다, 내 딸이여 너는 나로 참담하게 하는 자요 너는 나를 괴롭게 하는 자 중에 하나로다. 내가 여호와를 향하여 입을 열었으니 능히 돌이키지 못하리라."(35) 전후 사정을 들은 딸이 자기 아버지 입다에게 이야기했습니다. "아버지께서 여호와를 향하여 입을 여셨으니 아버지 입에서 낸 말씀대로 내게 행하소서. 여호와께서 아버지를 위하여 아버지의 대적 암몬 자손에게 원수를 갚으셨나이다."

대신 한 가지 부탁을 했습니다. '두 달만 내가 나의 동료들과 함께 산에 올라가서 처녀로 죽음을 인하여 애곡 하겠습니다.'라는 부탁이었습니다. 입다가 그렇게 하라고 허락하니 딸은 친구들과 함께 산에 올라가서 처녀로 죽음을 애곡하고 두 달 만에 집에 돌아왔습니다. 입다는 자기가 서원한 대로 딸을 여호와께 번제(燔祭)로 드렸습니다. 입다의 딸이 남자를 알지 못하고 죽었으므로 이 일이 이스라엘의 규례가 되어 이스라엘 여자들이 해마다 사흘씩 입다의 딸을 위하여 애곡했습니다.

우리는 이 애잔한 이야기에서 몇 가지 교훈을 얻을 수 있습니다. 먼저 입다가 여호와께 서원한 것을 실행했다는 점입니다. 사실 서원은 시행하지 않아도 당장 문제가 되는 것은 아닙니다. 우리가 하나님께 서원하고 이행치 않은 일이 많습니다. 정월 첫 날, 금년에는 제가 이렇게 하겠습니다. 십일조를 드리겠습니다. 성수 주일하겠습니다. 한 사람 이상 전도하겠습니다. 등등 나름대로 서약과 다짐을 하는 경우가 많지만,

돌이켜 보면 서원을 다 이행한 일은 과히 많지 않지요. 그러나 입다는 자기가 한 서원을 이행하기 위해 무남독녀를 실제로 불에 태워 제물로 바쳤습니다. 이 얼마나 기가 막힌 이야기입니까? 보통 사람은 이런 서약을 실천하기가 매우 어려웠을 겁니다.

둘째는 입다의 딸의 태도입니다. 입다의 딸에게는 청천벽력과 같은 소리였습니다. 아버지가 시집도 가지 않은 자기를 불에 태워 제물로 바치겠다는 말을 들었을 때, 얼마나 기가 막혔겠나요? 자기와는 아무 상관이 없는 일이지 않습니까? 자기가 동의한 것도 아니고, 아버지가 일방적으로 서원한 것인데 순종해야 할 의무가 없지 않나요? 이 일은 아빠가 나의 동의도 구하지 않고 일방적으로 하신 일이니까 나는 응할 수 없다고 할 수도 있었을 터인데, 순순히 아버지가 여호와께 서약한 대로 이행하라는 결연한 태도를 보인 것은 만고의 효녀임을 입증하는 대목입니다.

다음으로 우리는 입다의 서원에 대해서 생각해 보겠습니다. 입다는 경솔하게 하나님께 서원을 했습니다. 전쟁에 나가는 장수가 여호와께 반드시 서원을 할 필요는 없습니다. 율법의 어느 조항에도 전쟁에 나가는 장수가 여호와께 소원을 하야 한다는 조항은 없습니다. 따라서 입다는 하지 않아도 되는 서원을 해서 낭패를 본 것입니다.

다음으로 입다의 실수는 서원의 내용이었습니다. 그는 전쟁에 승리하고 돌아오면 누구든지 자기 집 앞에 맨 먼저 나오는 자를 번제로 드리겠다는 경솔한 내용을 서원했습입니다. 즉 사람을 잡아 불태워 번제를 드린다는 내용이었지요. 왜 사람을 불태워 번제를 드린다 했을까요? 구약성경 어디에도 여호와께서 사람을 번제로 드리라는 말씀은 없습니다. 양이나 소를 번제로 드리라는 데는 있어도, 사람은 없습니다. 사실 사람을 제물로 드리는 종교는 이방인들의 제사 풍습 중에 있습니다. 몰록의 신에 장자를 불태워 번제를 드리는 습속은 있었지요.

여기 입다의 실책이 있습니다. 사람을 잡아 번제로 드리겠다고 하는 발상 말입니다. 여호와 하나님께서 아브라함에게 100세에 얻은 아들 이삭을 번제로 바치라고 하는 것에서 볼 수 있듯이 사람을 제물로 바치는 습속은 동서양의 여러 종족의 종교적 관습에서 찾아볼 수 있습니다. 우리나라에도 민속 소설 중, 심청전은 물고기를 잡으러 가는 어부들이 안전 항해와 만선을 꿈을 이루기 위해 공양미 300석을 주고 심청을 사다 물속 용왕에게 제물로 바쳤다는 이야기가 있습니다. 구약성경에도 암몬 자손들이 자기들의 신 몰록에게 자녀를 불로 지나게 하는 제사를 드렸다는 기사가 있습니다.(왕하 23:10) 심지어 이스라엘 백성들 가운데서도 자기 아들들을 불로 지나가게 했다고 하는 기사가 있습니다.(왕하 17:17)

예수님께서도 맹세하지 말라고 가르치셨습니다. "나는 너희에게 이르노니 도무지 맹세하지 말지니 하늘로도 말라 이는 하나님의 보좌임이요. 땅으로도 말라 이는 하나님의 발등상임이요 예수살렘으로도 말라 이는 큰 임금의 성임이요."(마 5:34-35)라 하셨습니다. 결국 경솔한 서약은 비극을 가져 올 수 있다는 교훈을 준 입다의 경우입니다. 오늘도 이미 약속한 일은 이행해야 하고 아직 약속하지 않은 일은 신중에 신중을 기해 말하는 지혜를 배워가는 하루 되세요.

JUL

07/21

군자와 소인배

"그에게서 그 한 달란트를 빼앗아 열 달란트 가진 자에게 주라. 무릇 있는 자는 받아 풍족하게 되고 없는 자는 그 있는 것까지 빼앗기리라."
(마 25:28-29)

동양 유교에서는 남자를 군자(君子)와 소인(小人)으로 구별합니다. 군자는 학식이 있고 예의 바르며 점잖고 말하는 태도나 행동, 몸가짐에 절도가 있는 사람입니다. 또 지조가 있고, 자기 이익을 위하는 것보다 공익을 우선합니다. 또 정의 앞에서 결코 물러섬이 없고, 목숨을 걸고 충언(忠言)을 진언(進言)하는 기개 있는 사람을 일컫습니다. 반면 소인배는 옹졸하고, 속이 좁으며, 자기중심적이고, 품격이 없고, 물질만을 탐하는 그리고 감각적 욕망에 사로잡힌 사람을 의미합니다. 우리가 흔히 쓰는 말로 "군자(君子) 대로(大路)행(行)이라." "군자는 얼어 죽어도 겻불을 쬐지 않는다."는 등을 말을 가끔 듣습니다.

동양 유교의 철학에서 군자와 소인을 가르는 것은 시대상 어쩔 수 없는 측면이 있었다는 것을 인정합니다. 그러나 가장 치명적인 것은 사람을 군자와 소인배라고 하는 두 부류로 갈라놓는 것입니다. 게다가 소인배는 사람으로 여기지 아니하고 경우에 따라서는 개나 짐승같이 취급했다는 것입니다. "소인배 같은 놈"이라는 말은 사람 같지 않다는 말입니다. 그러나 치명적인 것은 군자와 소인 사이에 매울 수 없는 간격이 있었다는 점입니다. 즉 사람은 태어날 때부터 양반 가정에서 태어나면 군자가 되고 쌍놈 가정에서 태어나면 소인배가 되는 것으로 사회구조가 되어 있었습니다.

조선의 사회 구조는 양반과 쌍놈이라고 하는 두 부류로 구성 되어 있습니다. 물론 쌍놈보다 못한 천민 계급이 있었지요. 양반 가문에서 태어나면 무조건 양반이고 쌍놈 가문에서 태어나면 무조건 쌍놈입니다. 쌍놈 가정에서 태어나면 뛰어난 재주와 출중한 기술이 있다 해도 죽는 날까지 귀족 양반이 되는 일은 없었습니다. 출세를 하려면 한문 공부를 하고 과거 시험에 합격해야 하는데 쌍놈은 과거 시험을 볼 수 없으니 영원히 양반, 군자가 될 길은 없었습니다.

물론 조선조 말엽에 이르러 사회풍조가 흐려지자 돈 많은 쌍놈이 몰반(沒班: 몰락한 양반 가문)에게서 거액을 주고 양반 족보를 사서 양반 행세를 하는 경우가 있었다고 합니다. 그렇다고 그가 본디 쌍놈임을 알고 있던 동네 사람들이 양반 행세를 한다고 양반으로 여겨 주지 않을 것은 명약관화한 사실이지요. 돈이 많으니 그 앞에서는 굽실거리지만, 돌아서면 온갖 욕을 다 했지요. 양반 족보를 사서 양반 행세를 해도 쌍놈의 근본이란 벗어날 수 없는 것이 유교 사회의 단면이었습니다. 한번 양반이면 영원한 양반이고 한번 쌍놈이면 영원한 쌍놈입니다. 결코 신분 상승이 되지 않았습니다. 또한 양반 가문에서 태어났다 할지라도 정실부인에게서 태어났느냐 첩에게서 태어났느냐에 따라 그 신분이 전혀 달라졌습니다. 정실부인의 자녀는 양반이 되지만, 첩실 자녀들은 양반과 쌍놈 중간 계급인 중인(中人) 신분이 됐습니다.

그러나 기독교는 이러한 잘못된 전통적이고 유교적인 사회구조를 완전히 바꾸어 버렸습니다. 인간은 모두 평등하고 계급이 없다는 사상이지요. 양반도, 쌍놈도, 천민도 없습니다. 모두가 다 평등한 사람들이고 하나님의 자녀입니다. 모두가 다 주 예수 그리스도 말미암아 죄 씻음을 받고 구원 받은 사람들입니다. 태생(胎生)적 계급이 없으니, 누구나 재간이 있고, 노력만 하면 얼마든지 신분 상승이 가능합니다.

우리나라 최초 의료 선교사 알렌은 1885년 서울에 최초의 서양 진료소 제중원을 세우고 의학교를 시작했습니다. 그때 박성춘이란 백정의 아들 박서양이 이 의학교에 입학을 했습니다. 백정의 아들이 대학교라니요. 그것도 일반대학도 아니고 의과대학엘요. 1880년대면 아직도 반상(班常: 양반과 쌍놈)의 구별이 서릿발 같았던 시절인데 쌍놈의 아들도 아니고, 천민 백정의 아들이 의학교라니요?

양반집 자녀들이 작당을 해서 박서양에게 모진 박해를 한 것은 자연스런 일이었지요. 양반의 자제들이 앉아서 공부하는데 어디서 동물의 피 냄새 풍기는 백정의 아들이 와서 양반의 아들들과 같이 공부를 할 수 있단 말이냐면서 박서양을 괴롭히기 일쑤였습니다. 그러나 원장 알렌의 강력한 보호로 공부를 계속할 수 있었었습니다. 그러나 졸업을 할 때까지 왕따 신세는 면치 못했지요. 그는 결국 세브란스 의학교를 졸업하고 외과 의사가 되어 만주에 가서 개업했고 많은 환자를 치료하는 일을 했습니다. 양반과 쌍놈이 엄격했던 조선 사회에서는 백정의 아들이 대학을 가고 의사가 된다고 하는 것은 하늘이 두 쪽이 나도 있을 수 없는 일이었습니다.

그러나 기독교가 한국에 들어와서 복음이 한국 사람들에게 퍼져 나가면서 결코 인간은 신분으로 차별 받을 수 없다는 사상이 진작되었던 것입니다. 그러므로 백정의 아들도 재산만 있으면 대학도 갈 수 있고 자기 실력을 발휘할 수 있는 시대가 된 것입니다. 아무리 부잣집 자녀 소위 금 수저라 해도 열심히 공부하지 않으면 그는 사회에서 결코 좋은 직장을 가질 수 없고 신분 상승은 어렵습니다. 비록 가난한 집에서 태어났다 할지라도 재능 있고 열심히 공부하면 그는 얼마든지 사회적으로 신분이 상승될 수 있는 사회가 된 것입니다.

이제는 유교의 차별적 문화에서 기독교회 평등사상 문화로 변한 세상에 살고 있습니다. 따라서 모든 사람들에게 기회가 주어져 있습니다. 자기가 어떻게 하느냐에 따라 자기와 자기 가문을 상승시킬 수도 몰락으로 끌고 갈 수도 있습니다. 조상들이 아무리 많은 재산을 남겨주었다고 할지라도 그가 도박으로 재산을 탕진하면 그는 결국 노숙자가 될 수밖에 없습니다. 그러므로 이제부터는 어느 집안에서 태어난 것이 중요한 것이 아니라 개인 개인에 따라 출세할 수도, 몰락할 수도 있는 시대가 된 것입니다.

만인에게 주어진 기회를 어떻게 쓰느냐는 각인이 결정할 문제입니다. 이제 군자도 소인도 없는 시대입니다. 군자가 되느냐 소인이 되느냐도 자기가 결정하면 됩니다. 가문에 의해 태어날 때부터 결정 되던 시대는 지났습니다. 아브라함 링컨은 사람이 40살이 되면 자기 얼굴에 대해 책임을 져야 한다고 말한바 있습니다. 이 말은 자기가 자기 운명에 대해 책임지라는 말입니다. 마태복음 25장에 달란트 비유가 이 문제에 대한 답이 될 수 있습니다. 5달란트, 2달란트 받은 종은 최선을 다해 장사해서 갑절을 남겨 주인에게 드리고 큰 칭찬을 받았지만, 1달란트 받은 종은 그것을 땅 속에 파묻어 놓았다가 그대로 주인에게 갖다 주고 저주를 받았지요. 1달란트 받은 종은 최선을 다해 일하지 않으므로 저주를 받았습니다. 자기 스스로 선택한 일로 멸망으로 간 것입니다. 누구를 원망하겠습니까? 가문을 원망할 수도 없지 않나요.

신앙생활에도 군자와 소인배가 없습니다. 각자가 얼마나 열심히 믿음 생활, 기도, 독경(讀經), 전도, 구제, 헌신하는가를 하나님께서는 주시하고 계십니다. 신앙생활의 군자도 소자도 자기가 결정합니다. 오늘도 신앙의 군자로 살아갑시다.

07
22

시간제와 Piece Work

"친구여 내가 네게 잘못한 것이 없노라… 네 것이나 가지고 가라. 나중 온 이 사람에게 너와 같이 주는 것이 내 뜻이니라. 내 것을 가지고 내 뜻대로 할 것이 아니냐. 내가 선하므로 네가 악하게 보느냐 이와 같이 나중 된 자로서 먼저 되고 먼저 된 자로서 나중되리라." (마 20:13-16)

1970년대 초 미국에 와서 배운 것 가운데 하나가 'Piece Work'라는 말입니다. 한국에 있을 때는 이런 말을 들어보지 못했는데, 미국에 와서 알게 되었습니다. 이제 한국이나, 미국이나 이 말이 보통으로 쓰이는 말이 되었지만, 당시에 한국에서는 안 쓰던 말입니다. 'Piece Work'란 봉제 공장에서 옷 만드는 사람이 하루에 옷을 몇 벌 만들었느냐에 따라 돈을 지불하는 방법입니다. 10벌을 만들었으면, 그에 해당되는 돈을 주고, 30벌을 만들었으면, 10벌 만든 사람의 3배를 줍니다. 반면에 시간제는 일을 얼마나 많이 했느냐를 따는 것이 아니고, 몇 시간 일을 했느냐에 따라 임금을 지불합니다.

마태복음 20장에 예수님께서 말씀하신 포도원 일꾼들에 대한 비유와 같습니다. 포도원 주인이 이른 아침에 나가 일꾼들을 포도원에 들여보내 일을 시켰습니다. 계약은 하루 품삯 한 데나리온이었습니다. 오전 9시, 12시, 오후 3시 그리고 마지막에 오후 5시에도 일꾼을 포도원에 보내 일하게 했습니다. 오후 6시에 일이 끝나고 일당을 주는데, 아침 6시에 온 사람도, 9시, 12시, 3시, 5시에 온 사람 모두 한 데나리온씩 주었습니다. 당연히 아침 일찍 온 일꾼들이 불만을 터뜨렸지요. 아침 6시부터 오후 6시까지 11시간(점심시간 1시간 빼고) 동안 일한 사람도 한 데나리온, 오후 5시에 와서 6시까지 1시간 일하는 사람도 한 데나리온을 주자 불평하는 것은 자연스런 일이지요.

이른 아침부터 와서 일한 일꾼들은 불평을 늘어놓았습니다. 뜨거운 태양 아래 11시간 일한 사람과, 해가 다 넘어가는 5시에 와서 딱 1시간밖에 일을 하지 않은 사람이나 똑같이 임금을 주는 것은 불공평하지 않으냐는 것이었습니다. 그러나 주인은 너와 내가 하루 일당으로 한 데나리온을 약속하지 않았느냐, 한 데나리온에 계약했으니 한 데나리온이나 받아 가라. 내가 이 일꾼들에게 얼마를 주느냐는 나의 자유니 네가 간섭할 권리가 없다고 잘라 말했습니다.

하루 11시간 일한 사람과 1시간 일한 사람을 비교하면 보통은 11시간 일한 사람이 1시간 일한 사람에 11배를 했다고 생각할 수 있습니다. 그러나 과연 그럴까요? 11시간 일한 사람이 무척 게을러서 1시간 열심히 일한 사람의 양보다 적을 수도 있습니다. 따라서 노동 생산성이란 얼마나 많은 시간을 투입했느냐로 따져서는 안 되고, 생산량이 얼마냐로 따져야 합니다.

소비에트 소련이 왜 망했나를 분석한 학자들은 한 가지 이유를 발견했습니다. 소련은 모든 노동자들에게 하루 평균 8시간 일을 시키고, 균일한 임금을 주었습니다. 다시 말하자면 열심히 일한 사람이나 게으름을 피운 사람을 가리지 않고 꼭 같은 일당을 주었기 때문에 열심히 일한 사람만 손해보고, 게으름을 피운 사람은 유익이었지요. 그러나 누가 열심히 일을 하려 하겠습니까? 열심히 일한 사람만 바보가 되는 것이지요.

우리 신앙도 마찬가지입니다. 모태 신앙으로 평생을 예수 믿어도 실적이 없는 신앙생활을 하는 경우가 많습니다. 겨우 자기와 배우자 그리고 잘하면 아이들까지 성실한 신앙생활을 하도록 이끌지요. 그러나 전도 실적은 거의 없습니다. 평생 예수님 믿었어도 자기가 전도한 사람은 불과 한두 명이거나 아니면 전혀 없을 수도 있습니다. 그러나 믿은 지 얼마 안 된 초신자가 신앙에 불이 붙어서 열심히 전도해서 평생 예수님 믿고 전도한 사람의 열배 실적을 내기도 합니다.

과연 나는 이른 아침부터 일한 일꾼인가, 오후 5시에 온 일꾼인가 돌아봅시다. 1시간 일한 사람이 11시간 일한 사람보다 더 좋은 실적을 낼 수도 있습니다. 문제는 시간이 아니라 양입니다. 주님께서는 얼마나 오래 신앙생활을 했느냐를 묻지 않으시고, 얼마나 많은 일(전도와 봉사)을 했느냐를 물으실 겁니다. 나는 어떻게 대답할 수 있을까요?

미국은 기독교 국가일까요?

07/23

"손에 키를 들고 자기의 타작 마당을 정하게 하사 알곡은 모아 곳간에 들이고 쭉정이는 꺼지지 않는 불에 태우시리라." (눅 3:17)

최근 미국의 여론 조사 기관인 갤럽이 미국인들과 종교(교회)에 관한 조사를 했습니다. 기간은 2018년에서 2020년까지, 미국 내 성인 6,117명을 대상으로 인터뷰, 설문조사 등을 통해서 진행했습니다. 실제로 미국은 한 번도 기독교 국가였던 때가 없었습니다. 다시 말해 미국이 기독교 국가라는 말을 들으려면 미국 전체 인구의 50% 이상이 기독교 신앙을 가지고 있어야 되는데, 미국 역사에서 단 한 번도 50% 이상이 기독교 신앙을 가지고 있었을 때는 없었습니다. 우리는 보통 미국을 청교도들이 세운 나라라고 얘기합니다. 그러나 1620년 청교도가 미국에 처음 상륙했을 때, 그들의 타고 온 메이플라워호 선상의 102명 가운데 청교도는 35명에 불과했고 나머지 67명은 청교도가 아니었습니다. 그들은 신앙의 자유를 찾아 신대륙에 온 것이 아니고, 돈을 벌기 위해 온 사람들이었습니다.

그 이후 신대륙으로 물밀듯이 쏟아져 들어온 이민 물결은 대체로 기독교 배경 국가에서 왔지만, 그들은 지극히 형식적인 그리스도인 즉 나라 전체가 가톨릭이나 개신교였기에 태어나면서 유아세례를 받고, 부모를 따라 교회에 나가게 된 사람들이었습니다. 성장한 후, 결혼식은 성당에서 신부가, 교회에서 목사가 하는 식을 올렸고, 죽은 후에 성당이나 교회에서 역시 신부나 목사가 집례 하는 장례식을 치루면서 자연히 기독교 신자라 여기게 되었습니다. 그러나 대부분의 경우 진정한 기

JUL

독교 신앙은 없고 형식적이고 외형적이 신앙인에 불과합니다. 물론 성당이나 교회에는 출석하지 않지요.

현재 남미의 형편을 보면 이해가 쉽습니다. 남미 인구의 90%가 가톨릭 신자입니다. 그러나 그들 중 매주 성당에 나가는 사람은 전체 인구의 10%도 되지 않습니다. 다만 그가 신자임을 가늠해 볼 수 있는 표식은 성당 앞을 지나갈 때 가슴에 '성부 성자 성령 아멘'하며 성호를 긋는 것 정도입니다. 미국은 초창기부터 불신자들이 가득했고, 교회에 출석을 해도 신앙은 전혀 없고, 형식적으로 그리고 습관적으로 몸만 나가는 신자가 대부분이었습니다.

요즘 교인통계는 갤럽이 종교에 관해 조사한 1930년대 이후 최저 숫자를 기록하고 있습니다. 교회, 회당, 사원 등에 정식회원자격을 갖고 있는 종교인 비율은 47%입니다. 이는 미국인 2명 가운데 1명도 종교 기관에 소속되지 않는다는 의미입니다. 역대 갤럽 조사 결과를 보면 특정 종교 기관에 소속된 비율은 2000년 70%에서 2015년에 55%로 계속 감소하고 있습니다. 1937년 갤럽이 교인들에 대한 통계를 냈을 때, 개신교의 경우 교회에 소속된 교인이 73%였는데 현재 그 비율이 49%까지 내려갔습니다. 가톨릭교회 역시 마찬가지로 성당에 정식으로 소속된 신자 비율은 58%로 나타났습니다. 이는 1998년에서 2000년에 76%와 비교하면 18%가 줄었습니다. 개신교의 경우는 20년 전 73%와 비교하면 현재는 64%에 불과합니다.

교인 숫자가 줄어드는 것은 여러 가지 다양하고 복잡한 이유가 있을 겁니다. 여기서 일일이 다 분석하는 것은 쓸데없는 일입니다. 우선 절대 인구가 늘어나지 않고, 젊은이들이 교회에 흥미를 잃고 있으며, 세속화의 길을 걷고 있는 것이 주요 원인이라 할 수 있겠네요. 또한 현실 교회들이 세상 사람들로부터 비난의 표적이 되어 젊은이들이 교인임을 드러내기 싫어하고, 교회 자체를 혐오하는 분위기가 형성된 것도 사실입니다.

미국은 기독교 국가가 아닙니다. 교인이 많으면 기독교 국가가 되는 것이 아닙니다. 적은 수라도 하나님의 마음에 합한 사람들이 많아야지 형식적 교인인 99%인들 그것이 무슨 소용이 있겠습니까? 주님께서 원하시는 것은 알곡이지 산더미 같은 쭉정이는 다 필요 없습니다. 교인 숫자가 줄어드는 것은 걱정할 일이 아닙니다. 교인수는 얼마든지 늘어날 수 있습니다. 기성 교인들이 자녀들에게 철저한 신앙교육을 시키면 됩니다. 더욱 중요한 것은 교인들이, 아니 내가 전도하면 됩니다. 나는 언제 전도하고 안하고 있나요? 내가 전도하지 않은 한 교인 숫자는 더욱 줄어들 수밖에 없습니다. 단언컨대, 교인수 감소는 바로 내 탓입니다. "주여, 우리가 전도하지 않은 이 큰 죄악을 용서하여 주시옵소서." 전도하지 않은 그리스도인은 그리스도인이 아닙니다. 하나님은 전도하지 않은 교인을 당신의 자녀로 인정하지 않습니다. 오늘 이 문제를 깊이 생각해 봅시다. 나는 하나님께서 인정해 주시는 교인일까요?

07
24

문명의 이기

"다니엘아 마지막 때까지 이 말을 간수하고 이 글을 봉함하라 많은 사람이 빨리 왕래하며 지식이 더하리라." (단 12:4)

인간은 처음부터 인간생활에 필요한 도구를 발전시켜 왔습니다. 그리하여 인간의 생활은 세월이 가고, 역사가 흐르면서 점점 더 살기 편해졌고 쉬워졌으며 시간도 절약하게 되었습니다. 요즘 가정생활을 보면 옛날 우리 어머니들이 살았던 시대와는 하늘과 땅만큼 차이가 있는 것을 보게 됩니다. 하나부터 열까지 손으로 해오던 농사일이 이제는 기계 농업으로 바뀌어 온 동네에 사는 수십 명의 사람들이 모여 품앗이 모를 심고, 벼를 베던 상황에서, 이제 농부 한 사람이 기계로 모를 심고 수학을 하는 모습을 봅니다.

옛날에는 처음부터 끝까지 두 발로 걸어 다녔습니다. 보통 장정 한 사람이 아침 6시에 출발해서 저녁 6시까지 12시간을 걸으면 40km(25마일) 즉 100리를 걷는다고 합니다. 그러나 요즘 자동차를 이용하면 40km 정도는 30분 이내에 도착할 수 있는 짧은 거리가 되었습니다. 1885년 1월 언더우드 선교사가 샌프란시스코에서 배를 타고 일본 요코하마까지 오는 데 약 두 달이 걸렸습니다. 그런데 지금은 LA에서 인천 공항까지 비행기로 12시간 정도면 도착합니다.

현대 문명의 총아(寵兒)는 자동차입니다. 자동차는 인류의 생활을 근본적으로 바꿔놓았습니다. 전에는 마음먹고 나서야 갈 수 있는 거리를 짧은 시간에 도착할 수 있습니다. 그런데 문제는 교통사고입니다. 모든 문명의 이기가 좋은 점만 있는 것이 아닙니다. 자동차가 좋은 이기(利器)이지만, 사고가 나면 사람들이 생명을 잃게 되고, 평생 장애를 가지고 살아야 하며, 중상을 당해 장기간 병원에 입원을 해야 하는 경우도 흔합니다.

교통사고의 원인은 여러 가지가 있습니다. 크게 나눠서 인간의 실수와 기계적 고장입니다. 기계적 고장은 얼마든지 예방할 수 있지만, 문제는 인간에 의해서 일어나는 사고입니다. 우선 교통사고 원인 중 가장 치명적인 것은 음주 운전입니다. 만취한 상태에서 운전을 하다가 맞은편에서 오는 차를 들이받아 사람을 죽게도 하고, 평생 장애를 갖고 살아가게 만드는 경우도 흔합니다. 두말할 필요도 없이 자기 자신도 생명을 잃거나 치명적 부상을 당합니다.

2020년 필자가 살고 있는 LA시에서 915명이 마약 운전을 하다 체포되었는데 75%가 마리화나를 흡연하고 운전하다 사고를 냈습니다. 교통사고는 168건 일어났는데 그중 3명이 숨지고 45명이 중경상을 당했습니다. 그런데 체포된 운전자 중에 약 80%가 마리화나를 흡연했습니다. 마리화나 흡연 후 운전대를 잡는 것을 쉽게 생각하는 이들이 많으나, 이는 음주운전만큼이나 위험하다고 경고합니다. 관계자에 따르면 마리화나 흡연한 뒤 4시간까지 운동 저하 현상 등 부작용이 일반 운전자보다 몇 배 높은 것으로 나타났습니다.

마약 흡연을 하게 되면 30분 이내로 판단력과 반응이 느려질 뿐만 아니라 여러 차량 기능을 한 번에 다룰 능력이 떨어져서 위험한 결과를 초래할 수 있다고 경고합니다. 일단 사고가 나면 차량 견인 비용, 변호사 비용, 음주운전학교 수강비용과 보험료 상승 등 약 1만 2천 달러(1,400만 원)의 손실이 발생하는 것으로 추산했습니다. 그런데 문제는 캘리포니아주가 2016년 말부터 마리화나를 합법화해서 누구나 피울 수 있게 했다는 점입니다. 그 이전에는 마약류로 분류되어 이것을 피우면 체포되고 벌금을 내거나 투옥되었는데, 이 규제를 풀어 자유롭게 해준 것입니다. 한국은 지금도 마리화나가 불법으로 되어 있지요.

사탄은 무서운 전략으로 인간 사회를 파멸로 이끌고 가려 합니다. 분명히 그렇게 되면 안 되는 것인데도 불구하고 그렇게 만들어 갑니다. 이 세상은 사탄이 지배하고 있는 곳입니다. 우리 그리스도인들은 사력(死力)을 다해 사탄의 작전을 물리쳐야 합니다. 이것이 오늘 우리에게 지워진 십자가입니다. 성령님의 능력을 통해 이 어려운 책무를 이행해 나갑시다.

그리스도인의 주식 투자

07/25

"우리가 너희와 함께 있을 때에도 너희에게 명하기를 누구든지 일하기 싫어하거든 먹지도 말게 하라 하였더니" (살후 3:10)

근래 우리 주변에 이슈가 되는 문제 가운데 하나는 그리스도인이 주식투자를 하는 것이 올바른 일이냐는 의문입니다. 주식에 투자하는 것은 여러 사람들이 적은 돈을 모아 그 회사에 투자하면 회사는 그 기금을 가지고 여유 있는 자금력으로 더 좋은 제품을 만들어 낼 수 있습니다. 좋은 제품을 만들어 팔면 판매량이 올라 회사가 커지고 회사 가치가 높아집니다. 따라서 그 회자 주식 가지도 높아져서, 주식에 투자한 사람들이 배당금을 더 받게 되는 선순환이 이루어집니다.

그러나 세상의 모든 문제가 그렇게 선한 방향으로만 가지 않는다는 데 있습니다. 유명한 기업이라고 해서 전 재산을 다 틀어 주식을 샀는데, 하루아침에 회사가 부도가 나면서 그 회사 주식이 휴지조각이 되고, 그 회사에 전 재산을 투자한 사람들은 모든 재산을 날리고 온 가족이 길가에 나앉는 신세가 되는 사람도 적지 않습니다. 특별히 요즘 비트코인이라는 것이 나와서 사람들이 열광하고, 그 가치가 천정부지로 뛰어올라서 비트코인에 투자하지 않는 사람은 시대에 뒤떨어진 사람같이 된다고 합니다. 여기 투자해서 하루아침에 일확천금을 얻는 사람들이 속출하면서 앞 다투어 이곳에 투자하는 사람들이 많이 있다는 얘기를 들었습니다.

자, 여기서 우리가 한번 생각해 봅시다. 성경적으로, 또 하나님께서는 이러한 투기성 짙은 곳에 투자하는 것이 옳은 방향인지요? 투자

(投資)와 투기(投機)는 분명히 구분되어야 합니다. 투자는 어떤 유망한 회사 주식을 사서, 그 회사가 잘되는 방향으로 이끌어주는 것이지만, 투기는 단기간에 많은 돈을 벌 목적으로 주식을 샀다가, 그 주식이 오르면 한꺼번에 다 팔아 치워 그 차액을 챙기는 것을 얘기합니다.

자 그럼 성경은 우리에게 어떻게 얘기하고 있을까요? 성경은 일단 모든 사람이 일을 하도록 권면하고 있습니다. 바울 선생은 데살로니가 교회에 써 보낸 편지에서 "일하기 싫거든 먹지도 말게 하라."(살후 3:10)고 말씀을 하셨습니다. 일하지 않는 사람은 먹지 말라고 하는 것입니다. 가나안 농군학교 김용기 장로님 생전에 필자는 학생들과 함께 농군학교를 여러 차례 방문했습니다. 그때 김 장로님이 늘 강조한 것은 "3시간 일하지 않으면 밥을 먹지 말라."입니다. 아침 아홉 9시부터 12시까지 일한 사람만 점심 먹고, 1시부터 4시까지 일한 사람만 저녁을 먹어야 한다고 말했습니다. 일하지 않은 사람은 먹을 권리가 없다는 말씀입니다. 땀 흘려 일해서 한 푼 두 푼 저축해서 돈을 버는 것이 올바른 기독교적인 축재 방법입니다. 결코 로또에 당첨되거나 혹은 복권에 당첨되어 한꺼번에 수십억을 버는 것을 기독교는 권장하지 않습니다.

잠언에 이런 말씀이 있습니다. "게으른 자여 개미에게 가서 그가 하는 것을 보고 지혜를 얻으라. 개미는 두령도 없고 감독자도 없고 통치자도 없으되 먹을 것을 여름 동안에 예비하며 추수 때에 양식을 모으느니라. 게으른 자여 네가 어느 때까지 누워 있겠으며 네가 어느 때에 잠이 깨어 일어나겠느냐. 좀 더 자자 좀 더 졸자 손을 모으고 좀 더 누워 있자 하면 네 빈궁이 강도같이 오며 네 곤핍이 군사 같이 이르리라."(잠 6:6-11)

그런 의미에서 기독교는 도박을 엄금합니다. 도박이야말로 일확천금을 노리고 하는 사행(邪行) 행위입니다. 일확천금을 노리는 도박꾼의 말로는 한 마디로 쫄딱 망하는 것입니다. 개인은 말할 것 없고, 아무

죄 없는 아내와 자녀들까지 길바닥에 나아 앉게 하는 무서운 범죄입니다. 건전한 주식투자는 자기 직업을 갖고 시간 날 때마다 조금씩 건전한 회사에 투자하는 일입니다. 아무 일도 하지 않고, 하루 종일 주식현황을 알려 주는 전광판을 들여다보고 있는 사람은 결국 무일푼으로 끝날 확률이 많습니다.

하나님께서는 불로소득을 얻으려는 자들에게 은혜를 내려 주시지 않습니다. 이마에 땀을 흘려 가면 최선을 다해 일하는 사람들에게 은총을 베풀어 주십니다. 우리 그리스도인들은 주식으로 떼돈을 벌려는 생각을 버리고, 건전한 투자와 성실한 근로로 소득을 올려야 합니다. 쉽게 번 돈을 쉽게 없어진다는 사실은 상식에 속하는 문제지요. 우리 모두 개미에게 가서 근면을 배우고, 게으름을 청산하고 주어진 업무에 최선을 다하면서 성실하게 살아갑시다. 이것이 그리스도인들의 경제생활입니다.

잃어버린 예수

07/26

"예수께서 열두 살 되었을 때에 그들이 이 절기의 관례를 따라 올라갔다가… 동행 중에 있는 줄로 생각하고 하룻길을 간 후에 친족과 아는 자 중에서 찾되 찾지 못하매 찾으면서 예루살렘에 돌아갔더니" (눅 22:42,44)

예수님의 육신의 부모인 요셉과 마리아는 예수가 12살이 되었을 때 유월절을 맞아 성인식을 하러 예루살렘에 올라갔습니다. 모든 일정을 마치고 다시 고향으로 돌아가게 되었는데 그때 소년 예수는 부모와 같이 동행하지 않고 예루살렘에 그대로 남아서 성전에서 율법학자들과 더불어 토의를 하며 질문도 하고 대답도 했습니다. 하룻길을 간 후 저녁에서야 비로소 요셉과 마리아는 예수가 일행 중에 없다는 사실을 알게 되었습니다. 이리저리 수소문 해봤지만 아무도 예수의 행방을 아는 사람은 없었습니다. 어쩔 수 없이 요셉과 마리아는 그 길로 예루살렘으로 되돌아갔습니다.

예루살렘에서 아이들이 갈만한 곳을 헤매며 이곳저곳을 찾아다녔습니다. 3일 동안을 찾아 헤맨 끝에 비로소 성전에서 예수를 찾았습니다. 자녀를 잃어버리고 찾지 못한 안타까운 부모들의 심정을 겪어 보지 않은 사람들은 알 수가 없습니다. 그때 마리아가 이르되 "아이야 어찌하여 우리에게 이렇게 하였느냐 보라 네 아버지와 내가 근심하여 너를 찾았노라."(눅 2:48)고 말했습니다. 그때 예수님은 "어찌 나를 찾으셨나이까 내가 내 아버지 집에 있어야 할 줄을 알지 못하셨나이까?"라고 반문합니다. 예수님은 당연히 성전에 계셨다는 것입니다.

자, 그럼 여기에서 왜 요셉과 마리아는 예수를 잃어버리게 되었는지를 더듬어 살펴보겠습니다. 유월절 모든 행사가 끝나고 집으로 돌아가게 되었을 때, 사람들은 짐을 다 챙겨 귀향길을 재촉합니다. 요셉과 마리아도 유월절 한 주간 동안 지내는 동안 필요한 물건들을 하나도 빠짐없이 챙겨서 짐을 꾸려서 일가, 친족, 이웃들과 귀향길에 올랐습니다. 그러고는 일행과 더불어 나사렛 고향을 향해 즐거운 발걸음을 옮겼을 것입니다. 그러나 정착 가장 소중한 어린 아들을 챙겨 함께 출발해야 했는데, 아무 생각 없이, 일행 중에 있으려니 하고, 또래 꼬마들과 함께 오려니 하고 방심하게 화근이 되었습니다.

우리가 신앙생활을 하면서 예수님은 나의 어느 곳엔가 계실 것이라는 막연한 생각을 갖고 사는 때가 많습니다. 예수님은 분명히 나와 함께 계실 것이라고 생각하고 살지만, 정작 예수님은 나와는 상관없이 멀리 계실 때가 많습니다. 따라서 우리는 수시로 예수님이 우리와 동행하고 계시는지 확인할 필요가 있습니다. 예수님과 동행하지 않는 길은 헛걸음입니다. 어린 예수 없이 간 하루 길은 헛걸음이었습니다. 요셉과 마리아는 왔던 길을 되짚어 예루살렘까지 갔습니다. 그리고 삼일 동안을 헤매고 다녔지요. 하루 갔고, 하루 되돌아왔고, 삼일동안 찾아 헤맸으니, 쓸데없이 5일을 허비한 셈입니다.

예수님과 동행하는 삶만이 진정한 삶이요, 가치 있는 삶입니다. 예수님 없이 아무리 많은 돈을 벌어도, 아무리 높은 자리에 올라가도, 아무리 높은 명예를 얻어도 그것은 그리스도인들에게는 무의미한 것입니다. 그런 세상적인 것들이 예수님을 대체할 수 없습니다. 비록 재산은 많지 않다 해도, 높은 자리에 오르지 못했다 해도, 주님과 더불어 걸어가는 인생은 세상에서 가장 소중하고 값어치 있는 일인 것입니다. 우리의 삶 속에 예수님이 계시지 않는다면 우리 삶은 그 자체가 무의미합니다. 주님이 동행하는 삶 그 자체가 가장 행복한 삶입니다.

07
27

과학을 신뢰할 수 있나요?

"예수께서 이르시되 내가 곧 길이요 진리요 생명이니 나로 말미암지 않고는 아버지께로 올 자가 없느니라." (요 14:6)

2004년 3월 11일 스페인 마드리드에서 열차 폭파 사건이 일어났습니다. 알카에다 소행으로 밝혀진 이 사건으로 사망자 191명을 포함 2천 명이 넘는 사람이 사상(死傷)한 비극적 폭탄 테러 사건이었습니다. 스페인 경찰은 범인을 체포하기 위해 갖은 노력을 다했고, 국제적 공조를 위해서 인터폴에도 수배령을 내렸습니다. 그런데 같은 해 5월 6일 미국 오리건주에 살던 변호사 메이필드(Bradon Mayfield)가 폭탄 테러 용의자로 전격 체포되었습니다. 그 이유는 폭탄범의 지문과 메이필드의 지문이 일치하게 나왔기 때문이었습니다.

공교롭게도 그의 부인은 이집트 출신 무슬림 이민자였고, 메이필드 자신도 이슬람교로 개종한 사람이어서 더욱 의심을 샀습니다. 뿐만 아니라 메이필드는 과거 미국 정부를 상대로 전쟁을 선언하고 유죄판결을 받은 '포틀랜드 칠인 방' 가운데 한 사람의 자녀 양육권 관련 사건을 변호한 적도 있었습니다. 메이필드는 지난 10년 동안 해외에 나간 일도 없었고 여권조차 갖고 있지 않았지만 사건 현장에서 발견된 지문의 주인공으로 지목되었습니다. 그러나 후에 스페인 경찰이 진범을 체포했고 메이필드가 억울하게 체포된 사실이 밝혀지게 되었습니다.

메이필드가 진범으로 오인을 받게 된 것은 지문 때문이었는데 나중에 밝혀진 바에 의하면 진범과 메이필드의 지문이 아주 흡사해서 FBI 요원이 착각을 한 것임이 밝혀졌습니다. 이처럼 지문을 대조하는 과정에서 오류가 발생할 가능성은 얼마든지 열려 있습니다.

최근 필자가 거주하고 있는 캘리포니아주 어바인 주립대학의 범죄학자 사이먼 콜 교수는 「형법 및 범죄학 학회지」에 실린 보고서에 지문 증거가 억울한 사람을 범인으로 몰고 간 스물두 건의 사례를 제시하면서 지문 증거의 오류 가능성이 제로라고 확신하는 사고방식은 금물이라고 강조했습니다. 콜 교수는 범인의 지문으로 채택된 지문 자체가 부분적으로 오류가 있을 수 있고, 뭉개졌거나 왜곡된 형태를 띠고 있을 수 있다고 했습니다. 또한 분석과 대조 과정에서 엉뚱한 사람을 지목하는 경우가 있지만 법정에서는 오류의 가능성이 전혀 없는 것처럼 제대로 검증도 하지 않고 억울한 사람을 진범으로 판결하는 경우가 많이 있다고 말했습니다. 콜 교수는 미국에서 1년에 1천 명 이상이 잘못된 지문 대조로 억울한 처벌을 받을 것으로 추정을 했습니다.

결국 세상에 완벽이란 없다는 결론에 이릅니다. 모든 증거는 확실해야 하고 무엇보다 범인의 자백이 전제 되지 않은 증거들은 완벽하지 않다는 사실이 전제되어야 합니다. 세상에서 일어나는 일들, 또한 인간들이 판단하는 사실들은 오류 가능성이 다분히 있다는 것을 인정하고 움직일 수 없는 증거와 본인의 자백이 없는 한 사형 선고를 보류해야 합니다. 또한 그가 철저히 회개하고 새사람이 되어 자기가 지은 죄값을 해를 끼친 가족에게, 사회에 되갚을 수 있는 인간으로 개조시켜야 합니다. 그렇게 하기 위해서 성령님으로 거듭나게 해야 합니다. 기독교는 참회하고 돌아오는 사람을 포용하고 품어주는 종교입니다. 어떤 방법으로도 억울하게 누명을 쓰고 형을 받는 사람이 없어야 합니다. 지문도 과학도 결코 완벽하지 않고 한계가 있습니다. 오직 완벽한 것은 삼위 하나님밖에 없습니다. 세상의 법은 모순투성이고, 미완(未完)의 임시법일 뿐입니다.

07/28

아메리칸 드림

"요셉을 멀리서 보고… 서로 이르되 꿈꾸는 자가 오는 도다."
(창 37:18-19)

미국에 와서 흔히 듣는 말이 '아메리칸 드림'(American Dream)입니다. 아메리칸 드림은 미국에 오는 사람들이 아메리카에서 이루고자 하는 꿈을 의미합니다. 그렇다면 한국 사람들이 미국에 올 때 어떤 꿈을 가지고 왔을까요? 두 가지라고 생각합니다. 첫째 자녀들의 교육, 그리고 돈을 벌기 위함입니다.

먼저 자녀들의 교육입니다. 아무래도 미국이 세계 제일의 선진국이어서 미국에서 자녀들 교육을 시키려는 부모들이 많은 것은 자연스런 현상입니다. 특히 오늘 세계 공통 언어인 영어를 어려서부터 배우게 해서 세계무대에 나가 활동할 수 있도록 본토 영어를 가르치려고 합니다. 다른 목적은 기회가 많은 미국에서 열심히 일해서 많은 돈을 벌어 보겠다는 꿈입니다. 24시간 일주일 내내 문을 열고 일을 합니다. 이렇게 되면 설날도, 성탄절도 없이 1년 내내 단 하루도 쉬지 않고 가게 문을 열어 놓고 손님을 받아 돈을 벌게 됩니다.

돈이라면 자기 목숨도 내놓는다는 유대인들도, 24시간 영업은 안 하고, 무슨 일이 있어도 안식일 즉 토요일에는 가게 문을 닫고 안식을 하는데, 유대인들보다 더 지독한 배달겨레는 그렇게 돈을 벌고 있지요. 그렇게 돈을 벌어 부자가 된 사람들도 있지만, 그래봤자 돈도 제대로 못 벌고 고생만 실컷 하면서 여전히 냄새나는 아파트에서 근근이 사는 사람들도 많습니다.

자녀 교육을 위해 온 이민 1세들의 꿈은 자녀들이 미국 대학을 나와 적어도 법과대학을 마치고 판, 검사, 변호사가 되던가, 아니면 의과대학을 나와 전문의가 되던가, 박사 학위를 받고 유수한 대학에 교수가 되던가, 공인회계사 등 미국 상류층에 속하는 직업을 갖기를 바라는 것이 사실입니다. 단순히 대학을 나와 적당한 회사에 취직하고, 결혼하고 손주들 낳고 사는 것을 바라는 것은 아닐 겁니다. 그런 정도는 한국에서도 할 수 있는 일이니까요. 그러나 불행하게도 1세들이 바라는 대로 상류층에 속한 직업을 가진 1.5세나 2세는 극히 제한적이고 나머지는 그렇고 그런 직업을 갖고 평범하게 살아가고 있습니다.

그나마 대학이라도 마치고 괜찮은 직장에 취업이라도 하고 살면 다행입니다. 대학도 못 마치고 건달들과 어울려 다니며 술과 마약에 도박까지 하는 아이들이 적지 않다는 데 문제가 있습니다. 좋은 교육을 시키겠다고 미국까지 와서 오히려 아이를 망치는 경우가 적지 않습니다. 문제는 교인 가정의 자녀들 신앙생활 지도가 쉽지 않다는 데 있습니다. 부모들의 바람과는 달리 신앙생활을 제대로 하지 않고 세상으로 나가는 아이들이 많습니다. 차라리 한국에서 신앙 교육을 시키고, 교회 중심으로 키웠으면 좋았을 껄 하고 후회하는 부모들이 적지 않습니다.

꿈은 항상 신앙이 전제되어야 합니다. 신앙 없는 꿈은 허황해질 수밖에 없습니다. 극히 일부에 국한된 일이지만, 이곳 신문에 가끔 한인 변호사나 의사가 부정을 해서 변호사 자격을, 의사 자격을 박탈당하고 구속되어 감옥에 가는 경우도 있습니다. 그들은 아메리칸 드림을 이룬 것일까요? 그들이 진정한 기독교 신앙을 가졌었다면 결코 그런 부정을 하지는 않았을 것입니다. 세속적 목적의 아메리칸 드림은 실패하기 마련입니다. 모든 일의 시작과 결말은 하나님의 영광을 위해서, 이웃을 위한 것이어야 합니다. 이기적 동기는 언제나 실패하게 되어 있습니다. 진정한 아메리칸 드림을 실현하기 위해서는 먼저 하나님의 뜻이 무엇인지, 하나님께서 기뻐하시는 일이 무엇인지를 헤아리는 일이라 생각합니다. 이 일은 비단 아메리칸 드림만이 아니고 우리 그리스도인들이 계획하는 매사(每事)가 그렇습니다.

아동 학대

"예수께서 그 어린 아이들을 불러 가까이 하시고 이르시되 어린이 아이들이 내게 오는 것을 용납하고 금하지 말라 하나님 나라가 이런 자의 것이니라." (눅 18:16)

한국은 한때 '정인이' 사건으로 시끌시끌했습니다. 생후 8개월밖에 안 된 입양아를 죽음에 이르게 한 양부모에 대한 국민들의 분노가 들끓었습니다. 그러나 생각해보면 비단 정인이 뿐만 아니라 학대받고 죽어가는 어린 아이들이 한 둘이 아닐 것이고, 여전히 가정에서 무자비한 폭행과 굶주림으로 고통당하고 있는 어린 아이들이 헤아릴 수 없이 많다고 여겨집니다. 어떻게 보면 인류 역사는 어린이 잔혹사라고도 말할 수 있습니다. 분명히 어린 아이가 자라서 어른이 되었건만 자기들의 어린 시절은 생각하지 않고, 어린아이들을 학대하고 죽이는 어른들이 인류 역사가 시작된 이래 계속 존재해 왔습니다.

일찍이 이스라엘 백성들이 애굽에서 종살이할 때, 강성해져 가는 이들이 두려운 바로왕은 이스라엘 여인이 아들을 낳으면 나일 강에 버려 죽게 만들었습니다. 또한 구약에 암몬 족속은 그들의 신 몰록에게 어린 아이들을 불태워 바치는 잔인한 습속이 있었습니다. 고대 국가 스파르타에서는 사내아이가 태어났을 때 튼튼한 병정이 될 가능성이 없다고 판단되면 죽였습니다. 로마제국에서도 부모들은 자녀들을 죽일 수 있는 권리가 있었습니다.

헤롯왕은 이스라엘의 왕으로 오신 아기 예수를 죽이기 위해 베들레헴 인근의 2살 미만의 모든 아이를 죽이는 가혹한 짓을 저질렀습니다. 아프리카에서는 부족들 간의 전쟁에서 성인 남자가 부족하자 어린

JUL

소년들을 데려다 사격 연습을 시키고, 아이들 키보다 더 긴 총으로 적군을 죽이게 하고 있습니다. 10살 미만의 어린 아이들이 학교에 가지 못하고, 뜨거운 태양 아래서 하루 종일 커피콩이나 코코아 열매를 따야 하는 일이 오늘 우리가 살고 있는 이 지구상에서 벌어지고 있습니다.

한국에서 동학(東學)을 시작한 최제우의 후계자 최시형은 "어린이를 때리지 말라. 너는 지금 하느님을 때리고 있다. 하느님은 매 맞는 것을 싫어하신다."고 말한 바 있습니다. 그는 어린이가 하느님이라 설파했습니다. 어린이들은 결코 어른들의 부속품이 아닙니다. 어린 아이는 독립된 인격체고 세상 그 어떤 것보다 귀한 존재입니다. 어린이가 없으면 미래는 없습니다.

어려서 부모를 잃고 고아로 자란 아이들이 참 많습니다. 이 아이들은 마땅히 받아야 될 부모의 사랑을 받지 못하고, 고아원이나 보호 기관에서 천대와 멸시를 받으면서 고통스럽게 살아가고 있습니다. 구약에는 끊임없이 '고아와 과부와 나그네'를 돌보라고 말씀합니다. 그중에 고아를 맨 먼저 언급합니다. 과부나 나그네는 어른들이지만, 고아는 보호받아야 할 어린이기 때문입니다.

동양 문화는 가문과 피를 중요시하여 다른 피를 가진 아이의 입양을 꺼리지만, 2천 년 기독교 문화권 서양에서는 자기 자녀들이 있음에도 불구하고 고아를, 더구나 장애아를 입양하는 사례가 많습니다. 세상 사람들과는 상관없이, 우리 집 아이들이거나, 남의 집 아이들, 고아에 이르기까지 모두 독립된 인격체로 대우해야 합니다. 이 아이들이 장래에 우리 가정, 교회, 사회를 이끌고 갈 인재들임을 인식해야 합니다. 아이들을 최선을 다해 말씀으로 기르고 교육시켜, 하나님 나라와 세상 나라를 위해 일할 수 있는 인재로 양육하기에 최선을 다 해야겠습니다. 오늘 특별히 고통 중에 살아가는 어린이들을 위해 기도드리는 시간을 가져봅시다.

악습으로부터의 자유

"너희는 유혹의 욕심을 따라 썩어져 가는 구습을 따르는 옛 사람을 벗어 버리고 오직 너희의 심령이 새롭게 되어 하나님을 따라 의와 진리의 거룩함으로 지으심을 받은 새 사람을 입으라." (엡 4:22-24)

인간이 어떤 행위를 반복적으로 행하면 습관이 됩니다. 아침에 일찍 일어나기를 시도하는 사람은 결국 일찍 일어나게 되고, 부지런하게 일하게 일하는 사람은 부지런함이 몸에 배어 부지런함이 일상이 됩니다. 그러나 인간은 사탄의 조종을 받는 존재여서 좋은 일의 습관에 길들여지기보다 나쁜 일 그리고 악한 일에 습관을 들이는 게 더 쉽습니다. 인간의 삶을 피폐하게 만드는 악습 가운데 술과 담배와 마약과 도박과 음란입니다.

담배가 인류에게 알려진 것은 16세기 초 콜럼버스가 신대륙을 발견했을 때부터입니다. 콜럼버스가 신대륙에 이르렀을 때에 아메리칸 인디언들이 입에서 연기를 뿜어내는 것을 발견하게 되었습니다. 그것은 그들이 날고기를 먹고, 입에서 나는 피비린내를 지우기 위해서 담배 일종의 풀을 말린 것에 불을 붙여 그 연기를 입안에 불어 넣어, 그 냄새를 지우려했던 것이 시초였습니다. 콜럼버스는 이것을 유럽으로 가져갔고, 유럽에서 이것이 정제되면서 담배가 되어 사람들이 피우기 시작했습니다. 본디 담배는 에스파냐어, 포르투갈어 '타바코'(tobbaco)가 일본에 전해지면서 '다바코'가 되었고, 조선에 들어와서 담배라는 이름을 얻게 되었습니다.

당시 유럽 사람들 가운데 담배를 피우는 사람은 교양이 있고, 품위가 있는 사람으로 여겨졌고 또 돈 있는 사람들 중심으로 담배가 퍼져 나갔습니다. 그러다 주(駐)영국 프랑스 대사이자 브라질에서 담배를 모국 프랑스에 도입한 장 니코(Jean Nicot)의 이름에서 니코틴이란 말이 나왔습니다. 니코가 담배를 섬세하게 정제해서 보급하여 사람들의 기호품이 되었고, 드디어 니코틴 중독이 되어 담배를 피우지 않고서는 안 되는 지경에 이르게 되었습니다. 오늘에는 과학이 발전되어 담배가 여러 암의 원인이며 건강을 해치는 주범이라는 것이 밝혀져 의사들은 모두 담배를 끊으라는 말을 하지만, 중독된 사람들은 밥은 못 먹어도 담배는 피워야 하는 절대 불가결(不可缺)의 요소가 되었습니다.

필자가 젊었을 때에는 담배가 보편화되어 있어서 어느 곳이나 언제나 필 수 있었습니다. 그러나 현재는 담배의 해독이 널리 알려지면서 애연가들이 마음 놓고 흡연을 할 수 없습니다. 승용차, 버스, 기차, 비행기 공공장소, 공원, 운동자 어느 곳에서도 필 수 없고, 일정한 장소에서만 피워야 하기 때문에 보통 불편한 게 아니지만, 중독이 된 사람들은 엄동설한에 직장 건물 밖 눈보라 치는 곳에서 담배를 피우고 있는 모습을 보면 가련하기만 하지요.

과거에는 몰랐는데, 소위 간접흡연이 직접 흡연 못지않게 위험하다 하여 아이들이 있는 집안에서도 피울 수 없어 아파트 밖으로 나와 피워야 하는 불편이 있어도, 피우는 사람은 피우지요. 이제는 담배를 피우는 그 자체가 부끄러운 시대가 되었습니다. 그러나 개탄스런 일은 한국에서 담배를 피우는 여성들이 늘어가고 있다는 것입니다. 전에는 여성들이 담배를 피우는 것이 부끄러운 일이였는데 요즘 젊은 여자들은 담배를 멋과 문화로 여기고 남성의 장벽을 깨뜨리는 것으로 착각하며 담배를 피웁니다. 그러나 여성들이 피우는 담배가 후에 임신을 했을 때 태아에 얼마나 치명적인 영향을 미치는가 하는 것을 아는지 모르는지 답답할 뿐입니다. 만일 모르고 있다면 일깨워 주어 담배를 끊도록 해야 합니다.

담배 중독자들은 밥을 한두 끼 굶는 한이 있어도 담배는 굶을 수 없다고 합니다. 그만큼 담배는 한 번 중독이 되면 끊기가 어렵습니다. 이것은 사탄이 인간을 파멸로 끌고 가려는 작전인 것을 쉽게 알 수 있습니다. 담배로 인해 폐암 말기 판정을 받으면 그때 후회하지만, 때는 이미 늦었지요. 담배로부터 해방이 되려면 예수님을 영접하면 됩니다. 예수님은 그를 담배 중독에서 해방시켜 주십니다. 가장 쉬운 길이 여기 있습니다. 골초들이 예수님 영접하고 담배는 보기도 싫어하는 경우를 많이 봅니다. 열심히 전도하여 담배 중독자들을 해방시킵시다.

JUL

우리 교회 목사는 누가 결정하는가?

07/31

"형제들아 너희 가운데서 성령과 지혜가 충만하여 칭찬 받은 사람 일곱을 택하라. 우리가 이 일을 그들에게 맡기고… 택하여… 사도들 앞에 세우니 사도들이 기도하고 그들에게 안수 하니라." (행 6:3,5,6)

"우리 교회 목사는 누가 선택하는가?"라는 문제는 상식에 속하지 않을까요? 우리 교회 목사는 우리 교회 교인들이 선택을 해야 하는 것이지요. 16세기 장로교회를 시작한 장 칼뱅 선생은 "어떤 교회의 목사는 그 교회 교인들이 선택한다."는 원리를 세워 놓았습니다. 따라서 장로교회는 자기 교회 목사를 선택할 때, 청빙위원회에서 후보자를 물색해서 추천하면 당회가 심사하여 선출하고, 그 목사를 제직회에서 의논하여 통과한 후, 마지막으로 교인 전체회의인 공동의회에서 투표하여 과반수가 넘으면 그 목사가 최종 결정됩니다. 따라서 장로교회의 목사는 그 교회 교인들이 선택하고 청빙하는 것입니다. 따라서 우리 교회 목사의 선택권은 우리 교인들에게 있습니다.

그러나 감리교회는 상황이 전혀 다릅니다. 18세기 초 영국교회 즉 성공회 목사였던 요한 웨슬리가 옥스포드 대학에 다닐 때 몇몇 뜻이 맞는 친구들과 더불어 주기적으로 성경을 공부했습니다. 그런데 그들이 얼마나 철저하게 시간을 지키며 성실하게 모였던지 다른 학생들은 그들에게 'Methodist' 즉 '방법론자들', '규율론자들'이라며 조롱하는 말을 했습니다. 이 말이 후에 'Methodist Church' 즉 감리교회란 이름으로 불리게 됩니다.

감리교회는 감독(Bishop)이 통치하는 제도를 도입했습니다. 즉 한 구역을 담당한 감독이 그 지역의 목회자 파송과 교체를 결정할 권리를 갖고 있습니다. 그러므로 A 감리교회의 목사는 A 감리교회의 교인들이 결정하는 것이 아니고, 그 지역 감독이 파송하게 되어 있습니다. 그러므로 A 교회 교인들은 자기 교회 목회자 청빙에 아무런 권한 없이 일방적으로 감독이 파송한 목사를 받아야 합니다. 또한 감리교 목사는 일정 기간 목회한 후 다른 교회로 이동하는데 그것도 감독이 일방적으로 결정하지 본인의 의견이나 교인들의 의견은 참작되지 않습니다.

장로교회는 교회가 청빙한 목사가 특별한 사유 없이는 그 교회에서 은퇴할 때까지 계속 목회를 합니다. 그러나 감리교회는 일정 시간이 되면 감독의 명에 따라 그 교회를 떠나 다른 교회로 가야 합니다. 감리교회 목사는 순환 사역을 하게 되어 있습니다. 따라서 교회는 교인들이 원치 않는 목사도 받아야 되고, 원하는 목사도 때가 되면 떠나보내야 하는 어려움에 빠지는 경우도 있습니다. 이 체제는 좀 심하게 말하면 독재 체제라 얘기할 수가 있습니다. 이런 제도는 가톨릭교회에서 하는 전형적인 방법입니다. 각 성당 교인들은 신부 선택권이 추호(秋毫)도 없습니다. 주교가 신부를 파송하면 그 성당 성도들은 무조건 그를 받아야 합니다. 즉 신부 선택권이 전혀 없습니다.

2021년 5월 20일, 이 지역 신문에 "교단 재 파송 불가 조처에 한인교계 반발"이라는 큰 제목의 기사가 나왔습니다. 이 문제는 감리교회가 동성 결혼에 대한 입장을 정리하면서 생겨났습니다. 감리교회 역시 동성애와 동성애자들의 결혼 문제에 있어서 의견을 달리하는 두 파로 갈렸습니다. 그들을 동정해서 인정하자는 파와 이는 성경에 어그러진 일이기 때문에 불가하다는 입장을 가진 측입니다. 미국 연합감리교회는 이 문제를 '한 지붕 두 살림' 즉 연회(年會: 감리교회의 총회)는 그대로 두면서 그 안에 동성애 지지파와 반대파, 두 그룹이 동시에 존재하는 것으로 정리했습니다.

그런데 이번에 문제가 된 것은 동성애를 지지하는 감독이 반대하는 한인 목회자 3명의 재파송을 하지 않겠다고 한 데서 발단되었습니다. 즉 보복성 행정 처리를 한 것이지요. 따라서 이 세 목사는 금년 6월 말로 목사 사역을 끝내야 하는 상황이 되었습니다. 그런데 이 문제가 감리교회 내부 문제로 끝나지 않고, 초교파적으로 한인 교회에 분노를 일으켰습니다. 한인에 대한 보복성 조치, 인종 차별 문제로 비화하게 된 것입니다. 문제의 본질은 감리교회 목사 파송과 교체권이 감독에게 있고, 개교회 교인들에게 주어지지 않은 데서 비롯된 것입니다. 칼뱅 선생이 장로교회에 부여한 목사 선택권을 그 교회 교인들에게 주었으면 이번 사태는 벌어지지 않았을 겁니다. 어떤 교회 목사 선택권을 그 교회 교인이 갖는 게 성경적 기준이 아닐까요? 여러분의 생각은 어떠세요?

8 August

명예살인

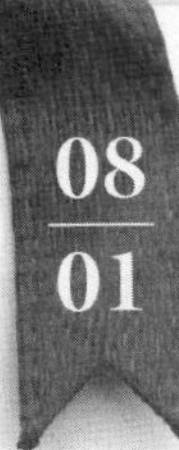

"내가 너희에게 이르노니 이와 같이 죄인 한 사람이 회개하면 하늘에서는 회개할 것 없는 의인 아흔아홉으로 말미암아 기뻐하는 것보다 더하리라." (눅 15:7)

주후 7세기 초에 중동에서 마호메트에 의해 시작된 이슬람교가 철저하게 여성을 차별하는 종교라는 것은 익히 알려진 사실입니다. 그들의 경전인 코란에 한 남자가 아내를 4명까지 얻을 수 있다고 하는 것에서 단적으로 저들의 여성 차별을 엿볼 수 있습니다. 여자가 외출 할 때는 반드시 온몸과 얼굴까지 가리고 눈만 내어놓고 다니게 합니다. 또 여자 혼자 다닐 수도 없고, 반드시 남편이나 오빠나 남동생이 동반해야 합니다. 물론 이런 엄격한 계율이 모든 이슬람 국가에 적용되는 것은 아니고, 국가에 따라 경중이 있습니다.

그 외에도 여성차별에 문화가 많이 있지만 오늘은 '명예살인'에 대해 말씀을 드리겠습니다. 명예살인이란 가문에 폐해를 끼친 여자를 가족들이 죽이는 행위를 말합니다. 파키스탄 라호르 지역에 살고 있는 '칸딜 발로치'라는 여성은 파키스탄의 보수적인 전통에 굴하지 않고 남녀평등을 주장하며 파격적인 의상과 사진으로 현지에서 논란의 중심에서 서 있었습니다. "파키스탄이 크리켓 대회에서 우승하면 스트립쇼를 하겠다."는 등의 발언으로 관심을 끌었고, 호텔 방에서 유명 종교 지도자와 나란히 셀카를 찍어 올리기도 해서 물의를 일으키기도 했습니다. 발로치의 트위터 팔로우가 4만 명이 넘었고, 공식 페이스북 계정에 '좋아요'를 누른 이용자도 70만 명이 넘었습니다. 그만큼 그녀는 국내외로 주목을 받는 여성이었습니다.

그런데 발로치가 2016년 7월 자택에서 숨진 채로 발견이 되었습니다. 며칠 뒤 오빠 와심은 "여동생이 가문을 수치스럽게 했다. 내 행동을 후회하지 않는다."며 범행을 자백했습니다. 이 일로 와심은 체포되었고, 다른 오빠와 명예살인을 부추긴 성직자 등 8명이 범행에 가담한 혐의를 받았으며 그중 7명이 체포되었습니다. 2019년 파키스탄 지방법원 1심은 와심에게 종신형을 선고했고, 다른 사람들은 석방시켰습니다. 와심은 바로 항소를 했는데, 그 지방 고등법원은 와심에게 무죄를 선고하고 풀어주었습니다.

파키스탄에서는 집안의 명예를 더럽혔다는 이유로 가족 구성원이 여성 가족을 살해하는 명예살인이 종종 벌어지고 있는데, 해마다 약 1천여 명의 여성이 희생되는 것으로 추정합니다. 명예살인에 대해 대내외에서 비난이 폭증하자 파키스탄 정치권은 이에 대한 처벌을 강화했습니다. 지금까지는 가족이 용서를 구하면 처벌할 수 없었는데, 법 개정 이후에는 가족이 용서를 구해도 처벌을 피할 수 없도록 했고 형량도 높였습니다. 그러나 여전히 살인을 영예 범죄로 규정할지의 여부는 판사의 재량에 맡기고 있습니다.

오늘 같은 문명사회, 21세기에 어떻게 여동생을 친오빠가 죽일 수 있는지 참으로 한심한 이야기가 아닐 수 없습니다. 오늘날과 같이 어떤 차별도 용인되지 않은 문명사회에서 여동생이 지나친 행동이나 말을 했다고 구타를 하는 것도 아니고, 살인을 한다는 것이 말이 됩니까? 한 생명이 온 세상보다 더 귀하다는 인명존중사상이 중심 교리인 종교가 결국 세상을 이길 것입니다. 그 어떤 명분을 내세운다 해도, 사람의 생명을 앗아가는 종교는 반드시 소멸할 것입니다. 사람 여럿을 죽인 살인범도 죽여서는 안 된다는 사형폐지론이 대세인 세상에 큰 잘못이 없는 여동생을 죽이는, 그리고 그런 행위를 가문의 명예를 지켰다고 부추기는 종교나 사회는 결코 세상을 다스릴 수 없습니다.

두 가문

08
02

"포도주는 붉고 잔에서 번쩍이며 순하게 내려가나니 너는 그것을 보지도 말지어다. 그것이 마침내 뱀같이 물 것이요 독사같이 쏠 것이며"
(잠 23:31-32)

미국의 초창기인 18세기 초 두 사람의 젊은이가 청운의 꿈을 안고 영국에서 배를 타고 신대륙 미국에 도착했습니다. 그 두 사람은 바로 '마르크 슐츠'(Mark Shultz)와 '조나단 에드워즈'(Jonathan Edwards)였습니다. 이 두 사람은 똑같이 신대륙에서 새로운 미래를 개척하기 위해 대서양을 건너 새로운 땅에 도착했습니다. 가난한 집안 출신인 슐츠는 "내가 이곳에서 큰돈을 벌어 부자가 되어서 내 자손이 가난이라는 것을 모르고 살도록 돈을 벌어야겠다."고 생각하고 뉴욕에 술집을 차려서 열심히 일했습니다. 결국 그의 소원대로 엄청난 돈을 벌어서 당대에 큰 부자가 되었습니다. 반면에 에드워즈는 "내가 여기까지 온 것은 신앙의 자유를 찾아서 왔으니 바른 신앙생활을 통하여 신앙의 자유가 있는 이곳에서 진실한 신앙생활을 해야 되겠다."고 생각하고 예일신학교에 들어가서 회중교회 목사가 되었습니다.

그리고 세월이 흘렀습니다. 150년이 지나 5대 자손들이 태어난 후 뉴욕시 교육위원회에서는 컴퓨터로 이 두 사람의 자손들을 추적해 과연 어떻게 되었는지를 조사했습니다. 그런데 참으로 놀라운 결과가 나왔습니다. 돈을 벌어서 많은 재산을 모아 자손들을 잘살게 해줘야겠다고 생각한 슐츠의 자손은 5대를 내려가면서 1,062명의 자손을 두었습니다. 그런데 그 자손들이 어떻게 되었을까요? 교도소에서 5년 이상 형을 살은 자손이 96명, 창녀가 된 자손이 65명, 정신 이상자나 알코올 중

AUG

독자가 58명, 자신의 이름도 쓸 줄 모르는 문맹자가 460명, 정부의 보조를 받아서 살아가는 극빈자가 286명이었습니다. 이들이 정부의 세금을 축낸 액수가 1억 5천만 불, 우리나라 돈으로 환산하면 1,800억 원이나 됩니다.

반면에 신앙의 자유를 찾아 미국에 와서 목사가 되었던 에드워즈는 5대를 내려가면서 1,394명의 자손을 두었습니다. 자손들 중에 선교사 혹은 목사가 116명, 예일 대학교 총장을 비롯한 교수 및 교사가 86명, 군인 76명, 고위직 관리 80명, 문학가 75명, 사업가 73명, 발명가 21명, 부통령 한 사람, 상하의원 및 주지사가 나왔고, 장로와 집사가 286명이었습니다. 또 놀라운 것은, 이 가문이 나라에 많은 세금을 납부했고, 각 방면에 지도자로서 미국 발전에 지대한 공헌을 했을 뿐만 아니라, 정부 재산을 전혀 축내지도 않았습니다.

우리는 이 두 가문에 대한 통계를 보고 전혀 놀랄 것도, 이상할 것도 없습니다. 사필귀정이지요. 술장사 집안과 목사 집안 중 하나님께서 어느 집안에 복을 내려주신다고 생각하세요? 삼척동자에게 물어 봐도 답이 나와 있지 않습니까? 슐츠가 뉴욕에서 경영했던 술집에서 술을 먹은 주정뱅이들이 지질렀을 해악들은 상상이 가도고 남습니다. 음주운전으로 많은 사람의 생명을 살상했을 것이고, 알코올 중독으로 패가망신한 사람은 또 얼마나 많았겠습니까?

19세기 중엽, 아일랜드에서 감자 기근이 일어나 수백만 명의 아일랜드인들이 미국에 이민을 올 때, 케네디 대통령 조부가 매사추세츠에 정착해서 선술집을 하면서 돈을 벌어 미국에서 손 꼽히는 가문으로 번창했지만, 그 후손인 케네디 대통령은 암살되었고, 그 동생 로버트도 LA에서 민주당 대통령 후보로 유세하던 중 암살되었습니다. 큰 아들 조셉은 제2차 세계대전 중, 비행기 훈련을 하다가 추락사했고, 막내 에드워드는 알코올 중독으로 생을 마감했습니다. 이외에도 케네디 가문에서 비명횡사한 가족이 부지기수입니다. 술 팔아 잘된 집안 보셨나요? 성경은 술에 대해 "너는 그것(술)을 보지도 말지어다."(잠 23:31)라고 경계하고 있습니다. 우리가 갈 길은 둘 중 하나입니다. 하나님의 말씀대로 살아가느냐, 아니면 말씀에 역행하느냐. 이 중에서 하나를 택하라는 것은 어리석은 일이지요? 정답이 너무 분명하기 때문입니다.

헨리 펠럿과 루이스 세브란스

08/03

"너희를 위하여 보물을 땅에 쌓아 두지 말라 거기는 좀과 동록이 해하며 도둑이 구멍을 뚫고 도둑질 하느니라." (마 6:19)

오늘은 헨리 펠럿(Henry Pellatt, 1858-1939)과 루이스 세브란스(Louis Severance, 1838-1913)에 대해 생각해 보겠습니다. 캐나다 토론토에 가면 사람이 죽기 전에 꼭 한 번 가봐야 하는 관광지가 있습니다. 바로 '카사로마'(Casa Loma: 언덕 위의 집)입니다. 북아메리카에 하나뿐인 대규모 성으로 토론토에 있는 최고의 역사 유물입니다. 필자도 오래전에 토론토에 갔을 때, 이곳에 가보았습니다. 참 거대한 성이었는데, 개인 주택이라고는 전혀 생각이 안 되고 중세의 한 성에 온 기분이었습니다.

1911년 캐나다 태생의 헨리 펠럿은 나이아가라 폭포의 수력발전으로 큰돈을 번 재벌이었습니다. 그는 자기 집을 짓기 위해 유명한 건축가 레녹스(E. J. Lenox)의 설계로 토론토 시내가 내려다보이는 언덕 위에 방이 98개나 되는 거대한 저택을 건축했습니다. 20만 평방피트의 이 성은 3층 건물로 약 3년에 걸쳐 300명의 일꾼들이 동원되었고, 그 비용만 당시 미화 약 350만 달러가 들었습니다. 5에이커 면적의 대지 위에 지은 캐나다에서 가장 큰 개인 주택입니다. 이 집이 완성된 후, 펠럿 가족은 행복에 겨운 삶을 살았지만, 그 기간은 겨우 10년이었습니다. 이후 그는 재정 파탄으로 대저택을 포기할 수밖에 없었습니다. 평생을 사랑하는 아내와 자녀들, 그리고 자자손손 이 거대한 저택에서 행복과 평화를 누리고 싶었겠지만 어디 인생이 자기 계획대로 되던가요? 이 세상살이가 덧없다는 것을 죽음에 임박해서 깨닫는 사람들도 많지요. 따라서 보다 가치 있는 삶이 무엇인지 일찍 깨닫는 사람은 지혜로운 사람입니다.

한편 비슷한 시기에 미국 오하이오주 클리블랜드 시에 루이스 세브란스가 살고 있었습니다. 한국은 물론 세계적으로도 이름 난 '세브란스 병원'이 바로 그의 이름입니다. 한국 최초 의료 선교사로 나온 호러스 알렌(Horace Allen, M. D.)이 1884년 12월에 일어난 갑신정변 때 명성황후의 조카 민영익을 치료해 완쾌시킨 후, 고종 황제의 윤허를 받고 4천년 조선 역사 처음으로 광혜원(廣惠院)이란 진료소를 세웠습니다. '널리 시혜를 베풀라'는 뜻이었지요. 1885년 4월이었습니다. 그로부터 2주 후 많은 '민중을 구제한다'는 의미를 담은 제중원(濟衆院)으로 개명하고 환자를 치료했습니다.

제중원은 처음 갑신정변 때 맞아 죽은 홍영식의 집을 개조해서 진료소를 쓰다가, 집이 너무 좁아 을지로1가로 옮겨가서 진료했습니다. 그러나 이곳 역시 밀려드는 환자들 때문에 더 넓은 곳을 물색했으나 자금이 없어 애를 먹고 있었습니다. 당시 병원장이던 에이비슨(Oliver R. Avison)이 1900년 뉴욕에서 열린 세계선교사대회에서 조선 선교 현황에 대한 연설을 하면서 의료선교후원에 대해 역설했습니다. 이때 클리블랜드장로교회 장로였던 세브란스가 그 연설을 듣고 에이비슨 원장을 만나 병원 건축을 위해 1만 5천 불을 후원하겠다고 약속했습니다. 이 자금으로 서울역전에 대지를 사서 1902년 건축을 시작하여 1904년 현대식 지상 2층, 지하 1층의 병원 건물을 완성한 후, 이 병원 이름을 '세브란스 병원'이라 명명했습니다. 세브란스 병원은 국왕으로부터 백정에 이르기까지 모든 진료를 무료로 해주는 자선병원이 되었습니다.

세브란스는 자기 주치의 어빙 러들로를 세브란스 병원에 파송했는데, 그는 26년을 외과 전문의로 진료하면서 한국 의학 발전에 크게 공헌했습니다. 러들로가 한국에 나온 이듬해 세브란스는 갑작스런 복통을 호소한 후 유언도 남기지 못하고 세상을 떠났습니다. 만약 러들로가 그곳에 있었더라면 세브란스가 생명을 건질 수 있었을지도 모르는 일이었지요. 세브란스가 세상을 떠난 후 그의 주머니 속에서 낡은 수첩이 하나 나왔습니다. 그 수첩에는 후원할 곳이 적혀 있었는데, 필리핀 세부병원, 중국 지푸병원, 항주 유니온여학교, 태국 치앙마이여학교 등의 이름이 적혀있었습니다. 이곳들을 후원할 자금도 마련해 두었지만, 정작 자신 명의의 집은 한 채도 없었습니다. 참으로 본받을만한 위인이요, 신앙인이었지요.

생전에 그렇게 많은 돈을 기부하는 이유가 무엇이냐고 묻는 기자에게 세브란스는, "받는 당신보다 주는 내가 더 행복하기 때문입니다." 라고 대답했습니다. 주님께서 말씀하신 "주는 것이 받는 것보다 복이 있다."(행 20:35)는 말씀이 기억나지요.

세브란스 병원은 1957년 서울 서대문구 신촌동에 있던 연희대학교와 합병하면서 연희의 '연'자와 세브란스의 '세'자를 모아 오늘의 '연세대학교'가 되었습니다. 신촌에 2만평 부지에 당시 공사비 60만 원을 들여 1954년 착공하여 1962년 완공함으로 한국 제일의 병원으로 새 출발했습니다. 세브란스는 미국의 저명한 석유회사 스탠더드 오일(Standard Oil Company)이 창설될 때, 미국의 석유왕 록펠러(John Rockfellow)와 더불어 창립 멤버요, 이 회사의 재무이사로 일하면서 많은 부를 축적해 나갔습니다. 그의 부모는 두 분 다 의사로 생전에 빈민과 고아를 돌보는 후생 사업을 많이 지원했는데, 부모의 본을 받은 그는 은퇴한 후, 모아 놓은 돈을 오하이오 교육국에 후원하여 2세 교육에 힘썼고, YMCA와 미국 장로교회 해외 선교에도 많은 기여를 했습니다.

1904년에는 장로로 미국 장로교회총회 부총회장으로 섬겼으며, 클리블랜드 시내 여러 교회가 예배당을 건축할 때 막대한 자금을 희사했습니다. 뿐만 아니라, 아시아 여러 나라를 위한 선교회와 선교지에 대학과 병원을 짓는 데 적극 후원했습니다. 세브란스는 여러 교회 지원에 매년 당시 미화 10만 불 이상을 기부했습니다. 세브란스의 전기를 쓴 사위는 "세브란스의 전 생애는 기독교 교회 건설에 있었다."고 기록했습니다. 세브란스는 장학재단(L. H. Severance Scholarship Foundation)을 만들어 펜실베이니아주에 있는 링컨대학교 학생들에게 장학금을 지급했고, 1912년에는 세브란스 체육관을 지어 우스터칼리지에 헌납했으며, 1909년 이 대학이 전소되자 재건 사업에 들어가는 대부분의 비용을 부담했습니다. 세브란스 도서관을 지어 오벌린 대학교에 기부를 했으며 기타 여러 교회, 학교, 도서관, 체육관을 지어 일반에게 공여했는데, 세브란스 가문의 기부문화는 그가 죽은 후 자손들에게까지 이어졌습니다.

동시대를 살았던 펠럿과 세브란스의 삶은 좋은 대비가 됩니다. 세브란스가 1만 5천 달러로 당시 한국 최대의 서양식 병원을 건축한 일을 생각하면, 펠럿이 '카사 로마'를 건축할 때 든 비용 350만 달러는 아시아, 아프리카, 남미 등지에 세브란스 병원 같은 건물 약 250개를 건축할 수 있는 자금이었습니다. 그러나 펠럿은 그 거금으로 가족이 살 집을 지은 후, 단 10년도 살지 못하고 파산을 했습니다. 그때 그가 적당한 집에 살면서 전 세계 선교지에 250개의 병원을 세웠다면 '헨리 펠럿 기념 병원'이 전 세계 선교지에 남아, 그 이름이 아름답게 후세에 남아 있을 것이고, 세계 선교 역사에 빛나는 이름이 영구히 기록되어 있었을 것입니다.

오늘날에도 많은 사람들이 엄청난 재산을 갖고 겨우 자기 가족을 위해서만 쓰고 인류 복지를 위해서는 조금도 쓰지 않고 있는 것은 참으로 애석한 일이 아닐 수 없습니다. 하나님께서 주신 재산을 하나님께 돌려 드리는 세브란스의 전통이 어느 나라에서나 이어졌으면 하는 바람이 간절합니다.

개인주의와 집단주의

08
04

"사람이 온 천하를 얻고도 제 목숨을 잃으면 무엇이 유익하리요 사람이 무엇을 주고 제 목숨을 바꾸겠느냐." (마 16:26)

대체로 동양은 가정 중심의 집단적 삶이 중심이고, 서양은 개인 중심의 개인주의가 중심적 가치 사회라 말 할 수 있습니다. 물론 개인이나 각 가정에 따라서 이것이 다 통용되는 것은 아니지만, 일반적으로 이야기해서 그렇다는 것입니다. 동양은 공맹(孔孟)사상 의해서 효(孝)를 중요한 덕목으로 생각했습니다. 가정에서 부모에 대한 효성과 국가와 임금님에 대한 충성, 즉 충효(忠孝) 사상이 가정과 사회를 지탱하는 중요한 두 가지 가치 기준이었습니다. 특별히 가정과 가문은 엄청난 가치를 가지고 있었습니다. 따라서 가문을 위해서는 개인 하나쯤은 희생이 되어도 상관이 없는 것으로 여겨졌습니다. '가문의 영광' '가문 수치'란 말을 종종 쓰고 듣는 것은 가문이란 집단 개념이 개인보다는 훨씬 더 중요한 가치를 두는 사회 통념입니다.

"우리 집안을 빛낼 인재가 나왔다." "저 놈이 완전히 집안 망신을 시키는 놈이다."란 말 속에 이미 개인의 가치보다 가문의 영광이 앞서 있습니다. 보통 우리 집안에서 정승이 몇 명 나왔고, 판서가 몇 명 나왔으며, 과거 급제한 사람, 장원 급제한 사람이 몇 명 나왔다는 말을 스스럼없이 하는 것은 가문의 가치 체계가 굳건히 구축되었다는 사실을 반증합니다. 어린 처녀가 시집와서 얼마 후 신랑이 죽으면 당연히 15살, 16살 난 과부 며느리를 친정에 보내 재혼을 하게 하는 것이 며느리를 위하는 길이거늘, 조선시대 사대부(士大夫)가의 며느리는 죽어 시체가 될 때까지 시댁 밖으로 나갈 수 없었습니다. 남편 잃은 며느리 개인 인권보다 가문의 영광을 먼저 생각한 것이지요.

그러나 서양 문화는 가문이라는 것에 그렇게 큰 가치를 두지 않습니다. 물론 가문이 없었던 것은 아닙니다. 중세 시대에 공작, 백작, 후작 등의 계급이 존재했습니다. 그러나 동양의 그것과 다른 점은 가문 때문에 개인이 희생되어야 한다는 가치관은 없었습니다. 왜냐하면 성경을 바탕으로 하는 기독교 가치관은 개인의 영혼이 천하보다 귀하다고 생각했기 때문입니다. 따라서 서양에서는 동양에서와 같이 '우리 가문에서는', '우리가문의 전통' 등을 말하면 개인의 희생을 강요하지 않았습니다.

그러나 문제는 이런 개인주의가 여러 가지 부작용을 낳는다는 것입니다. 동양에서는 3대, 4대가 한 집에 사는 것이 보통이고, 더러는 사촌까지 한 울타리 안에서 한 솥에 밥을 먹으며 공동체를 이루고 살았습니다. 그러나 서양의 핵가족 풍조가 밀려오면서 이제 결혼을 하면 집에서 나와 따로 단 둘이서 사는 가정이 대세를 이루고 있습니다. 강력한 과학 문명을 바탕으로 한 서양문화가 전통적 동양 문화를 부숴 버리고 서구화 된 세상을 만들어 버렸습니다.

이제는 결혼하면 부모와 더불어 사는 것보다 전세든 월세든 얻어서 독립해서 살고 있습니다. 이는 현재 한국에서 벌어지고 있는 주택부족 문제로 비화한 것입니다. 특히 소위 '가방끈이 긴' 며느리들은 전통적인 한국 가정에 시집살이를 하지 않는 것을 결혼의 전제 조건으로 세웁니다. 이전 세대만 해도 여자들이 경제력이 없었기 때문에 어쩔 수 없이 남편이 벌어다 주는 것으로 살 수밖에 없었고, 시집살이도 참아가면서 살았지요. 그러나 이제 여성들도 대학을 나오고 번듯한 직장에서 월급을 받으면서 경제적 능력이 있기 때문에 남편이나 시집 앞에 고개를 숙일 필요가 없다고 생각하게 된 것입니다. 이런 개인주의가 결국 당당히게 비혼을 주장하기에 이르렀습니다.

자기 일과 개인 생활이 결혼이나 자녀보다 더 중요시 하는 시대가 되어버렸습니다. 가문을 중시해서 개인을 희생할 필요는 없습니다. 그러나 결혼할 수 있는데 개인의 이익을 위해 결혼을 포기하거나 결혼해도 자녀를 일부러 낳지 않은 것은 극단적 이기주의일 뿐입니다. 인생은 언제나 자기만을 위해 살아갈 수는 없습니다. 더러는 남편을 위해, 아내를 위해, 자녀들을 위해, 부모님, 시부모님을 위해 일정 부분 희생할 각오가 되어 있어야 합니다.

아무리 세상이 변했다 해도 하나님의 창조 질서를 위배해서는 안 됩니다. 하나님께서 남자와 여자가 부부로 한 몸을 이루어 생육하고 번성하라고 말씀하셨습니다. 결혼을 할 수 없는 신체적 · 정신적 장애가 있는 사람 외에는 결혼을 하는 것이 정상적인 삶이지 않을까요? 필자는 그것이 하나님께서 원하시는 일이라 생각합니다.

각인의 생각이 다르기 때문에 무엇이 옳고 그름을 단정적으로 말하기는 어렵습니다. 그러나 우리가 돌아가야 할 최종 목적지는 성경이고, 하나님의 명령이며, 그분의 뜻입니다. 과연 하나님이 결혼할 수 있는 사람이 결혼하지 않고 살아가는 것, 또 비혼자가 정자 은행에서 정자를 가져다가 애를 낳고 혼자 기르는 일을 기뻐하실까요?

이런 일이 자기만족을 위한 것은 아닐까요? 결혼은 하지 않으면서 아이는 갖고 싶은 자기 욕심 때문에 한부모 가정에서 자라는 아이의 고통은 생각해보지 않았을까요? 우리 그리스도인들은 하나님께 여쭈어 봐야 합니다. “하나님, 하나님께서는 이런 일을 기뻐하십니까?” 답은 필자가 언급하지 않아도 이미 나와 있지 않나요.

고센과 메노나이트

08
05

"무리가 그들의 칼을 쳐서 보습을 만들고 그들의 창을 쳐서 낫을 만들 것이며 이 나라와 저 나라가 다시는 칼을 들고 서로 치지 아니하며 다시는 전쟁을 연습하지 아니하리라." (사 2:4)

요즘 자주 거론되는 인물 가운데 한 사람이 하버드 법대 교수 램지어(John M. Ramseyer)입니다. 그는 일본군 위안부들이 매춘을 했다는 아무 근거도 없는 논문을 제출하여 한국뿐만 아니라 미국 나아가 전 세계적으로 규탄의 대상이 된 인물입니다. 필자는 여기서 그의 논문의 부당성을 지적하려는 것은 아니고, 그의 이력 가운데 그가 메노파 소속으로 일본에 파송된 선교사의 아들이라는 것과 일본에서 초등학교 6학년까지 다녔고, 일본어에 능통했다는 것이 인상적이었습니다. 그리고 그는 메노파들이 모여 사는 미국 인디애나주 고센에 위치한 고센 대학(Goshen University)에서 역사학으로 학사 학위를 받았다는 점이 필자의 눈에 띄었습니다.

오늘은 메노파와 고센에 대해 잠시 생각해보려 합니다. 메노파에 대해 생소한 분들이 많으실 겁니다. 우선 메노파에 대해 조금 설명을 해드리겠습니다. 메노파는 16세기 종교개혁 기간에 나타난 기독교 소종파 중 하나인 재세례파(Anabaptists)의 한 지류(支流)입니다. 이 파는 메노 시몬스에 의해 시작되었습니다. 메노는 네덜란드 가톨릭교회 신부로, 그때 한창 가톨릭교회와 갈등을 빚고 있던 개혁교회 신앙에 대해 많은 고민을 하고 있었습니다. 그가 40대 중반이 되었을 때 종교개혁의 선봉장의 한 사람이 되었습니다.

어느 날 점심을 먹고 휴식을 취하고 있는데, 밖에서 요란한 소리와 비명소리가 들려 왔습니다. 창문을 여는 순간 어떤 사람이 산 채로 우물 속에 던져지는 모습을 목격했습니다. 우물터를 자세히 바라다보았더니 산 채로 던져진 사람이 바로 자기 친형임을 깨닫게 되었습니다. 이어 많은 사람을 우물 속으로 던져 생매장 하는 모습을 보고 경악을 금치 못했습니다. 메노는 사제복을 찢어버리고 1536년경부터 개혁운동의 선봉에 나서게 됩니다. 그는 재세례파 지도자가 되었는데, 재세례파는 유아 세례가 성경에 없는 제도라면서 유아 세례를 거부하고 성인 세례(침례)를 주장하는 파였습니다. 물론 메노에게는 현상금이 붙어 가톨릭교회와 개신교회 양쪽으로부터 쫓기는 신세가 됩니다. 십여 년 동안 계속된 박해로 재세례파는 겉으로는 완전히 사라진 것처럼 보였습니다. 그러나 메노는 교묘히 몸을 숨겨 그로부터 약 20년 동안 자기를 따르는 무리를 인솔했습니다. 깊은 산속, 공동묘지, 지하 동굴 등에서 은신하던 신자들이 메노의 휘하에 들어왔습니다.

재세례파가 처음 생겨난 곳은 독일로, 콘라드 그레벨(Conrad Grevel, 1498-1526)과 펠릭스 만츠(Felix Manz, 1500-1527) 등이 시작한 운동입니다. 그러나 재세례파는 혹독한 박해로 크게 확장되지 못했으나 여러 곳에서 다양한 공동체가 형성되었습니다. 이 운동은 영적이며 신비주의적인 경향을 띠었고, 종말론적 사상도 함께 곁들어 있었습니다. 이들은 그리스도교의 전형을 따른 공동체 교회로 세상으로부터의 분리, 맹세 거부, 병역 거부, 이자(利資) 거부, 정부 공직 취업 거부, 공동체 식사 등을 주장하면서 세상에서 멀리 떨어져 살았습니다. 따라서 메노 시몬스를 따르는 이 무리는 메노나이트라고 불렸고, 보통 메노파라 부릅니다. 램지어 교수가 이 파에 속해 있습니다.

메노파는 전쟁을 결사반대하고 완전 평화주의를 주장하는 파인데, 램지어는 일본의 전범(戰犯) 기업 미쓰비시의 후원으로 공부를 했고, 또 미쓰비시의 기부금으로 하버드대학 교수가 되었다는 것은 아이러니가 아닐 수 없습니다. 이 미쓰비시는 일본의 3대 기업, 미쓰비시, 미쓰이, 스미토모 등으로 전쟁 범죄에 적극 가담한 기업입니다. 즉 전쟁 범죄로 회사가 컸고, 거대 재벌이 된 회사입니다. 완전 평화주의자 메노파 자손이 전범 기업의 돈으로 공부하고 그 기부금으로 교수가 되었다는 점은 참으로 이해하기 어렵습니다. 돈 앞에서는 신앙의 정절도 헌신짝처럼 차 버리는 모습을 보는 것 같아 씁쓸할 뿐입니다.

다음으로 고센에 대해 살펴보겠습니다. 고센은 필자가 70년대 말과 80년대 초 인디애나주 사우스벤드에서 목회할 때, 필자의 교구였습니다. 고센에 몇 사람의 교인이 살고 있어서 그들 가정을 방문한 일이 있었습니다. 그분들 중 집사 한 분이 공인회계사였는데, 우리 교회 재정을 맡았고, 필자의 연말 세무보고도 담당해 주었습니다. 그 두 부부는 필자의 기억에 남는 참 좋은 분들이었고, 또 모범적인 그리스도인들이었습니다. 법 없이도 살 수 있는 선량한 분들이었지요. 그분들은 메노파에 속한 사람들로, 집에서 교회까지 약 30마일(48km) 정도 떨어져 살고 있었지만, 매주 성실하게 출석했습니다.

램지어가 졸업한 고센 대학이 있는 고센은 전형적인 농촌 지역입니다. 인디애나주가 있는 미국 중서부 지방은 몇 시간을 가도 산하나 없는 끝없는 지평선이 펼쳐진 평화로운 대평원인데 메노파가 이곳에 정착했습니다. 그런데 이 고센은 창세기 47장에 나오는 이집트에 있는 고센과 같은 이름입니다. 요셉이 가나안 땅에 살던 아버지 야곱과 열한 형제 가족 70인을 이집트로 데려 왔습니다. 요셉이 형들에게 바로 왕 앞에 나가게 되면 "가나안 땅에 기근이 심하고 종들이 양떼를 칠 곳이 없기로 종들이 이곳에 거류하고자 하오니 원하건대 종들로 고센 땅에 살게 하소서."(창 47:4)라 말하라고 일렀습니다. 바로 왕은 요셉에게 "애굽 땅이 네 앞에 있으니 땅의 좋은 곳에 네 아버지와 네 형들이 거주하게 하되 그들이 고센 땅에 거주하고 그들 중에 능력 있는 자가 있거든 그들로 내 가축을 관리하게 하라."(6절)고 말합니다. 그리하여 고센은 이민자 이스라엘 백성의 근거지가 되었습니다. 이곳에서 야곱이 세상을 떠났고, 열 한 아들이 정착했으며, 이스라엘 백성들이 창대해지기 시작하여 430년 동안 애굽 종살이가 시작되었던 곳입니다.

지금도 고센에선 평화주의자 메노파 후손들이 안전하게 살고 있는데, 메노파 후손인 램지어는 총성 없는 전쟁을 일으킨 전범이 되어 전장의 한 복판에서 패전한 장수같이 초라한 모습을 보이고 있습니다. 예수님께서 말씀하셨습니다. "네 칼을 도로 칼집에 꽂으라, 칼을 가지는 자는 다 칼로 망하느니라."(마 26:52) 전범 기업 미쓰비시의 장학금으로 공부하고, 그 회사 기부금으로 교수된 사람은 메노파의 일원이 될 수 없습니다. 솔직히 자신은 메노파에서 나왔다고 선언하는 것이 학자의 양심일겁니다. 언제 "칼을 쳐서 보습을 만들고… 창을 쳐서 낫을 만드는 날"(사 2:4)이 올 수 있을까요?

나 언제 집에 가?

"내가 너희를 위하여 처소를 예비하러 가노니 가서 너희를 위하여 처소를 예비하면 내가 다시 와서 너희를 내게 영접하여 나 있는 곳에 너희도 있게 하리라." (요 15:2-3)

필자의 모친이 한국 나이로 95세에 세상을 떠나실 때까지 지팡이도 집지 않고 어디든지 잘 다니셨습니다. 그렇게 건강한 다리를 유지할 수 있었던 것은 노인대학(영어학원)에 다니신 덕분입니다. 집에서 버스 정류장까지 몇 블록을 걸어가서 버스를 타고 학교 근처에서 내려 또 몇 블록을 걸어 학교까지 가서 공부를 하시면서 다져진 것입니다. 영어 공부가 목적이긴 했지만 싸 가신 점심을 풀어 놓고 교회 친구 권사님들과 또 학교에서 만난 여러 친구들과 나눠 드시면서 대화를 하고 교제하는 것도 영어를 배우는 것 못지않게 쏠쏠한 재미였었지요.

월요일부터 금요일까지 하루도 빠지지 않고 방학도 없이 1년 내내 다니는 노인대학은 어머니에게 소일거리였습니다. 컴퓨터의 C자도 모르던 어머니는 그곳에서 영어와 한글 자판을 익혀 독수리 타법으로 구약 잠언을 한글로, 또 영어로 1장부터 31장 마지막 장까지 쳐서 한국에 있던 필자에게 보내 주시고 또 여러 유익한 글들을 쳐서 보내 주셨습니다.

필자는 늘 웃는 말로 어머니가 다니는 노인대학은 일반대학교와 다른 몇 가지 특징이 있다고 말했습니다. 먼저 이 대학은 아무 때나 입학하고, 입학시험도, 등록금도 필요 없고, 누구나 원하는 사람은 언제든지 와서 공부하는 자유대학이고, 입학식도 졸업식도 없는 대학이며, 졸업은 본인이 어떤 사정으로 혹 병이 나서 학교를 못 나오게 될 때 비로소 졸업하는 대학이고, 또 하나는 아무리 오래 다녀도 영어가 별로 나아지지 않는 대학이라고 했지요.

어느 주일날 어머니가 출석하시던 교회에서 예배 후 교회 식당에서 식사를 마치고 일어서서 막 돌아서는데 어떤 젊은이와 부딪쳐 어머니가 그 자리에서 주저앉으면서 몹시 통증을 호소하셨습니다. 상태가 중한 것 같아 응급실로 모셨는데, 검사결과 고관절에 금이 갔다는 진단이 나왔습니다. 곧 수술에 들어갔고, 수술은 대체로 잘 되어 안정기를 거쳐 재활 치료를 받으면서 병원에 3주 있다가, 규정에 따라 양로병원에서 다시 3주를 보내야 해서 처음으로 양로병원에 입원하시게 되었습니다.

마침 양로병원 책임자가 같은 교회 권사님이셔서, 특별히 2인용 방으로 배정해 주어 들어가셨습니다. 그런데 양로병원 병실 문은 24시간 열어 두는 규칙이 있었습니다. 혹시 방 안의 노인이 무슨 변고가 있는지 복도를 오가는 직원이 바로 발견할 수 있도록 한 듯했습니다. 그런데 공교롭게도 어머니가 들어가신 방이 복도 컴퓨터 바로 앞방이어서 24시간 소음이 그치지 않아 잠을 잘 수가 없고, 시끄러워 도무지 견딜 수 없다 하셔서 어쩔 수 없이 3인용 방으로 옮겼습니다. 그런데 이 방은 복도가 조용은 했으나, 같은 방에 있는 노인 두 분의 가족이 수시로 들락거리고, 또 더 어려운 것은 한 노인이 치매기가 있어 밤낮으로 소란을 피우고 한 밤 중에도 밖으로 나가고 방에 불을 켜고 도무지 같이 지내기가 힘들었습니다.

양로병원에서 주는 밥이 어머니 입맛에 안 맞으신다 해서 필자가 아침마다 집 밥과 반찬을 마련해서 병원으로 갖다드렸습니다. 어머니는 필자를 볼 때마다 애처로운 눈빛으로 "나 언제 집에 가?"라며 말씀하셨습니다. 그럴 때마다 필자는 "어머니 조금만 참으세요. 이곳 규정이 있어서 아무 때나 나가는 것이 아니라 시간이 돼야 퇴원을 한대요.

이제 조금만 참으시면 집에 갈 수 있어요. 조금만 더 참으세요."라고 위로하며 시간을 보냈습니다. 드디어 3주간 입원 기간이 끝나고 주치의의 퇴원 허락을 받고 바로 집으로 모시고 왔습니다.

집에 돌아오신 어머니는 무척 기뻐하셨습니다. 어머니 방은 독방으로 혼자 쓰고 계셨고 또 단독 주택이어서 조용하고 아늑한 방에서 맏며느리가 해주는 입맛에 맞는 삼시 세끼 식사를 하시면서 하루하루를 행복하게 보내셨습니다. 어머니가 그렇게 애타게 그리워했던 집에 오신 겁니다. 그러나 어머니는 오래 사시지 못하고 고관절 골절 후유증으로 1년 후에 하나님의 부르심을 받아 영원한 집으로 가셨습니다. "나 언제 집에가?"라고 하셨던 집은 이 세상 집이 아니었고, 불신가정에서 온갖 핍박을 받으며 12살 때부터 홀로 신앙생활을 하시면서 95세까지 평생 그리워하셨던 영원한 집, 천국으로 귀향하셨습니다.

그렇습니다. 사람들은 언제나 고향을 그리워합니다. 특히 타향에서 살고 있는 사람들은 늘 고향을 그리워하지요. 향수(鄕愁, Nostalgia)입니다. 집을 떠난 해외 유학생, 사업가, 원양어선을 타고 먼 바다로 나가 일 하는 선원들의 유일한 희망은 모든 일이 끝나고 가족이 있는 집으로 귀향하는 일입니다. 아무리 보잘것없고 초라한 집이라도 가족이 있는 곳이 그립고, 또 행복을 느끼는 곳이 바로 내 집입니다.

그러나 생각해 보면 정말 우리가 돌아가야 할 집은 어디에 있을까요? 이 세상에 우리가 영구히 살 집이 있나요? 미국을 비롯한 해외 이민자들이 돌아갈 집은 현재 자기가 살고 있는 외국에 있는 집일까요 아니면 한국에 있는 집일까요? 한국에 돌아 갈 집은 있나요? 우리가 살았던 집, 부모와 형제자매들이 살고 있던 집은 현재 존재하고 있나요? 연로하신 부모님은 세상을 떠나시고, 아옹다옹하면서 같이 자라나던 형제자매는 각각 출가해서 자기들 가정을 이루어 살고 있지요. 눈에 넣어도 안 아플 것 같았던 자녀들도 장성해서 각각 가정을 이루어 나가

AUG

고, 언제나 함께할 줄 알았던 남편도, 아내도 먼저 가버리고, 나 홀로 남아 외롭게 살고 있는 이 집이 그렇게 그리워하던 그 집(Sweet Home)일까요?

나도 언젠가 시간이 되면 이 집을 떠나야 합니다. 그리고 영원한 집으로 가야 합니다. 예수님께서는 우리에게 말씀하셨습니다. "내가 너희를 위하여 처소를 예비하러 가노니 가서 너희를 위하여 처소를 예비하면 내가 다시 와서 너희를 내게 영접하여 나 있는 곳에 너희도 있게 하리라." 여기 처소를 영어 성경은 'Mansion'이라 번역해 놓았네요. 이 세상에서 큰 집에 살아 보지 못한 사람도 천국에 가면 대저택(Mansion)에서 살 겁니다. 필자의 어머니가 말씀하셨던, "나, 언제 집에 가?"의 집은 LA 한인 타운에 있는 어머니가 사셨던 집이 아니고, 우리 모두가 갈 그 집, 천국의 '처소'(Mansion)입니다. 오늘도 하늘에 마련된 집을 사모하는 마음으로 경건한 하루를 보내시기 원합니다. "나 언제 집에 가?" 네, 머지않아 천국의 'Mansion'으로 가게 될 것입니다. 준비하는 삶을 사십시다.

다름과 틀림

08/07

"너희는 유혹의 욕심을 따라 썩어져 가는 구습을 따르는 옛 사람을 벗어 버리고" (엡 4:22)

오래전 8월 한창 더울 때, 파키스탄에 간 일이 있었습니다. 후배 선교사 집에 들어갔는데, 에어컨도 없고 겨우 선풍기가 도는데, 더운 바람이 불어와 차라리 안도는 게 더 나았습니다. 날씨가 얼마나 더운지 집 안에 세워 놓은 초가 촛대에서 완전히 꼬부라져 초 꼭대기가 땅을 향해 있었습니다. 그때 어떤 파키스탄 목사 댁에서 저녁 식사 초대를 했습니다. 이런저런 이야기를 하다가 식사 준비가 다 되었다고 해서 식탁에 가서 앉았습니다. 식사 기도를 하고 식사를 하려고 하는데 식탁에 수저가 없었습니다. 목사와 가족들은 모두 손으로 밥을 먹기 시작했습니다. 필자가 머뭇거렸더니, 포크를 줄까라고 묻길래, 그냥 한 번 손으로 먹어 보겠다고 했습니다. 손으로 밥을 몇 번 떠먹었는데, 도저히 먹을 수가 없어서 미안하다고 포크를 달라고 했습니다. 자, 여기서 한 번 생각해 봅시다. 중동이나 이슬람권 사람들 식사 방법을 비문명적이라고 할 수 있을까요? 아니지요. 왜냐하면 그것은 그들의 식생활일 따름이기 때문입니다.

그런데 이것은 어떠세요? 오래전에 성지 순례 차 이집트에 갔을 때, 화장실에 들렀습니다. 당시 필자는 미국에서 목회하고 있었는데, 미국은 어디를 가든지 화장지가 비치되어 있지 않습니까? 이집트도 그럴 것이라 생각하고 무심코 용변을 보고 화장지를 찾았지만 화장지가 없었습니다. 무척 당황했죠. 그런데 자세히 보니까, 물 주전자가 하나 있는데 그 안에 물이 들어 있었습니다. 나중에 알게 된 일이지만 이집트 사람들은 용변 후에 왼손으로 밑을 닦고 그 주전자에 있는 물로 손가락을 씻고 나온다고 합니다. 물론 비누도 없었습니다.

그 지방에서는 유치원 때부터 그렇게 교육을 시킨답니다. 오른손은 고운 손, 왼손은 미운 손, 오른손으로는 식사 등 많은 일들을 하지만, 왼손은 전적으로 화장실용이어서 다른 물건에 왼손을 대지 않는 답니다. 특히 음식물에 왼손을 대는 것은 불문율이라고 합니다. 그래서 사람과 마주쳤을 때, 항상 왼손은 슬쩍 감추고, 오른손으로만 악수를 한다는 겁니다. 그 지역에서 왼손으로 먹을 것을 집어 주는 것은 '당신과 완전히 절교한다'는 의미라고 합니다. 왼손으로 어린 아이의 머리를 쓰다듬는 다든지, 볼을 만지는 것은 결코 해서는 안 되는 행동입니다.

자, 이 지역의 왼손 문화를 생각해 봅시다. 이는 분명 다른 문화임에 틀림없습니다. 필자가 6.25전쟁 때 시골로 피난 가서 살 때, 당연히 화장실 휴지가 없었습니다. 용변 후 신문지를 사용하는 것은 호화로운 일이었지요. 짚을 마구 비벼서 부드럽게 만들어 쓰기도 하고, 더러는 호박잎, 콩잎 등을 사용하기도 했지요. 그러나 적어도 손가락을 사용하지는 않았는데, 사실 요즘 우리가 쓰는 비데는 중동 지방의 손으로 처리하고 물로 세척하는 방법의 연장선상이라 볼 수도 있지요. 이렇게 지역과 종족이 달라서 다른 문화를 판단하는 것은 참 어려운 일입니다. 그냥 그 지방, 그 사람들의 문화를 다르다 여기고 살아가면 되는 것이지요.

그러나 초기 한국에 나온 의료 선교사들이 한국 사람들에게 물을 끓여서 먹으라고 계몽한 것은 옳은 일이라 여겨집니다. 여름에 오염된지도 모르고 찬물을 마구 마시는 문화는 잘못된 문화지요. 요즘 같은 코로나 시대에 물김치를 상 가운데 놓고 온 식구들이 다 같이 먹는 문화, 자기가 마시던 술잔을 옆에 있는 사람에게 주고 돌려 가면 마시는 문화는 확실히 위험한 식문화라고 말할 수 있습니다. 우리 식문화를 개선하려면 동치미 그릇에 수저를 바로 넣지 말고, 국자 같은 것을 놓고 자기만 쓰는 공기에 덜어 먹으면 괜찮을 것이라 생각합니다. 아무리 한 식구라도, 요즘 같은 코로나 시대에는 결코 용납되지 않는 식사 문화입니다. 이것은 다른 문화 아니고, 폐기 처분해야 하는 문화입니다. 왜냐하면 무서운 병을 가족에게 혹은 친구, 이웃에게 옮길 수 있기 때문입니다.

AUG

어떤 마라톤

08/08

"경기하는 자가 법대로 경기하지 아니하면 승리자의 관을 얻지 못할 것이며" (딤후 2:5)

올림픽의 꽃은 마지막 경기인 마라톤입니다. 2021년 도쿄올림픽대회 마라톤 경주에서 일어난 해프닝은 여러 가지 생각을 하게 합니다. 프랑스의 마라톤 선수 모하드 암도우니가 스포츠맨십에 맞지 않은 행동을 해서 논란이 되었습니다.

8월 8일 일본 삿포로 오도리 공원에서 출발한 마라톤 경기에서 암도우니는 선두 그룹에서 달리고 있었습니다. 총 42.195km 중 28km 지점에 물을 마실 수 있는 워터 스테이션(Water Station)이 있었는데, 앞서간 선수들이 차례대로 물병을 집어든 뒤 암도우니 차례가 되었습니다. 그런데 암도우니는 오른손으로 테이블 위에 있는 물병을 모두 다 쓸어버리고 마지막 한 병 남은 물병을 들고 뛰었습니다. 그때 일본인 자원봉사자들이 당황할 정도로 물병 한 줄이 순식간에 사라져 버렸습니다.

마침 그때 호주의 장거리 육상 선수인 벤 세인트 로런스가 이 장면을 8초 분량의 동영상으로 찍어 자기 트위터에 올렸습니다. 이 동영상은 즉시 전 세계에서 100만 명 이상이 조회했고, 암도우니의 비신사적인 행동을 비난하는 댓글이 봇물 터지듯 올라왔습니다. 암도우니의 행동은 비난받아 마땅합니다. 같이 뛰는 선수들이 마셔야 할 물을 쓸어버리고 자기 것만 들고 뛰었다는 것은 단순한 실수라고 보이지 않습니다. 분명히 의도적으로 그랬던 것이 아닌가 하는 의심을 사기에 충분합니다.

스포츠는 정정당당하게, 규정에 맞게, 법에 따라 경기를 해서 우승을 했을 때 칭찬과 격려가 따릅니다. 예를 들어서 약의 힘으로 금메달 10개를 땄다고 할지라도, 금메달은 취소될 뿐만 아니라 모든 사람들로부터 비난을 받게 되어 있습니다. 왜냐하면 정정당당하게 자기의 힘으로 뛴 것이 아니라 약의 힘에 의지해서 뛰었기 때문입니다.

사람이 세상을 살아가는 데 매사에 합법적이고 정정당당하게 일을 해야지 불법적으로 혹은 교묘한 방법으로는 목적을 이뤘다 할지라도 법의 심판을 받을 수도 있고 많은 사람들의 비난을 받을 수도 있습니다. 바울 선생은 "경기하는 자가 법대로 경기하지 아니하면 승리자의 관을 얻지 못할 것이며"(딤후 2:5)라고 경계했습니다. 세상에서도 불법은 용납되지 않습니다. 세상에서는 교묘한 방법으로 법망을 피할지 모르나, 하나님의 법정에서는 그 어떤 불법도 용인되지 않습니다. 주님께서는 말씀하셨습니다. "내가 너희를 도무지 알지 못하니 불법을 행한 자들아 내게서 떠나가라."(마 7:23)

암도우니의 행위가 현행법에 저촉되지 않을지는 모르지만, 적어도 도덕법에, 스포츠맨십에 어그러진 것은 사실이므로 비난받아 마땅합니다. 그가 일생 어디를 가든지 동경 올림픽 때 동료 선수들이 마실 물병을 쓸어버린 쓰레기 같은 인간이라는 비난을 받고 살 것 같아 안타깝네요. 우리 모두 도덕적으로 비난받을 행위를 성찰하면서 살아가야 하겠습니다.

비장애인과 장애인

"너희는 유혹의 욕심을 따라 썩어져 가는 구습을 따르는 옛 사람을 벗어 버리고 오지 너희의 심령이 새롭게 되어… 새 사람을 입으라."
(엡 4:22,24)

장애인의 반대말이 무엇이냐고 물으면 정상인이라고 대답하는 사람이 많을 것 같습니다. 그러나 생각해 보면 과연 세상에 정신적으로나 육체적으로 정상인 사람이 단 한 사람이라도 있을까요? 말을 안 해서 그렇지 모든 사람들은 한 가지 이상의 장애를 갖고 살아갑니다. 당장 수많은 사람들이 안경을 끼고 있는데 그 사람들은 다 시각장애인입니다. 보청기를 끼고 다니는 사람도 적지 않은데 그들은 청각장애인입니다.

동경올림픽대회가 끝날 때 중계방송을 하던 아나운서가 "제32회 도쿄 비장애인 올림픽 중계방송을 마칩니다."라고 말해서 화제가 되고 있습니다. 비장애인이란 말을 쓴 것은 이 올림픽이 끝나고, 8월 24일부터 장애인 경기인 '패럴림픽'이 시작되기 때문입니다. 장애인은 오랜 세월동안 차별을 받아왔습니다. 특별히 유교 문화권인 동양에서는 기독교권인 서양보다 장애인에 대한 차별이 심했고, 이들의 인권은 철저히 무시되었습니다.

고대에 장애인에 대한 차별이 심했다면 이해가 가지만, 기독교권인 서구에서 19세기 말까지 장애인에 대한 차별이 극심했다면 이해가 되십니까? 19세기 말에 시작된 우생학운동이 있었습니다. 이 운동은 19세기에 갑자기 나타난 것은 아니고, 고대 그리스 철학자 플라톤까지 올라갑니다. 플라톤이 쓴 『국가』(주전 374)에는 "가장 훌륭한 남자는 될 수 있는 대로 가장 훌륭한 여자와 동침해야 하며 이렇게 태어난 아이는 키워야 하지만, 그렇지 못한 아이는 내다 버려야 하며, 고칠 수 없는 정신병에 걸린 자와 천성적으로 부패한 자는 죽여 버려야 한다."는 내용이 있습니다.

이런 시각은 19세기에 이르러 더 구체화되었는데, 지적 · 도덕적으로 우월한 사람은 더 많은 자손을 남기도록 장려되어야 하고, 열등한 사람은 되도록 자손을 남기지 못하도록 억제 되어야 한다고 주장했습니다. 이 법은 미국에서 19세기 초부터 1940년대 말까지 시행되었고, 1927년 연방 대법원의 허가를 받은 이 법 때문에 7만여 명의 미국인들이 강제로 피임수술, 정관수술, 나팔관 수술을 받았고, 중증 장애인들은 생식이 가능한 나이 동안 강제 집단 수용소에 갇히기도 했습니다.

열등 인간으로 간주되었던 사람들은 지적장애인, 신체장애인, 간질병이나 정신질환 환자, 유색인종, 혼합 결혼자 등이었고, 백인 중에는 주로 동유럽이나 남유럽인들이 이에 포함되었습니다. 이 우생학운동의 절정은 히틀러 치하의 독일 나치 정권이 벌인 유대인 학살과 장애인, 집시, 동성애자 집단 학살이었습니다. 현재는 우생학운동처럼 노골적으로 장애인을 차별하지 못하지만, 우리들의 의식 속에는 여전히 장애인들과 정신질환자들을 꺼리는 생각이 잠재되어 있음을 부인할 수 없습니다.

예수님께서는 세상에서 가장 보잘것없는 사람들, 시각장애인과, 청각장애인, 말 못하는 사람들, 나병 환자들, 귀신들려 괴로움을 당하는 사람들을 만져주시고, 동정해주시며 고쳐 주셨습니다. 이 세상에는 없어져야 될 사람, 후손을 남겨두면 안 되는 사람은 단 한 사람도 없습니다. 모든 인간은 정도의 차이는 있지만 다 부족한 사람들이고 장애를 가지고 사는 사람들입니다. 그리스도인은 비장애인보다 장애인에 대해 더 많은 관심을 가져야 하고, 그들을 위해 봉사하는 삶을 살아야 합니다. 이것이 우리 그리스도인들의 바람직한 삶의 태도입니다.

08
10

피난민

"너희는 마음에 근심하지 말라 하나님을 믿으니 또 나를 믿으라… 내가 너희를 위하여 거처를 예비하러 가노니 가서 너희를 위하여 거처를 예비하면 내가 다시 와서 너희를 내게로 영접하여 나 있는 곳에 너희도 있게 하리라." (요 14:1-3)

피난민은 난(難)을 피해서 살던 곳을 떠나는 사람들입니다. 인류 역사는 피난민의 행렬로 이어집니다. 필자가 초등학교 1학년 때 6.25전쟁이 났습니다. 필자는 어린 나이에 부모님을 따라 서울에서 남쪽으로 피난길에 올랐습니다. 피난민 자녀의 학교생활은 피곤했습니다. 아이들은 필자더러 '피난 온 놈', '서울 놈'이라며 소위 왕따를 시켰습니다. 필자는 친구 하나 없이 항상 외톨이가 되어 아이들의 따돌림 속에서 외로운 피난 시절을 보냈습니다.

6.25전쟁 때, 이북에서 800만 명의 사람들이 3.8선을 넘어 남쪽으로 피난 왔습니다. 그 후에도 육지나 바다를 통해 남으로 넘어온 사람들이 부지기수였습니다. 1975년 월남에서 미군이 철수할 때 수많은 사람들이 미군 비행기에 매달려 탈출하려던 장면과 온갖 종류의 배들을 동원해서 탈출하던 소위 보트 피플을 많은 사람들은 기억하고 있습니다. 최근 아프가니스탄에서 미군이 철수하자 수많은 피난민들이 아프가니스탄을 떠나는 모습을 지켜보고 있습니다.

역사를 거슬러 올라가면 북쪽 이스라엘이 주전 722년에 앗시리아에 점령당하고, 남쪽 유다가 주전 586년에 바벨론의 느부갓네살 왕에 의해 점령당했을 때, 많은 사람들이 포로로 잡혀 갔을 뿐만 아니라, 더 많은 사람들이 피난민이 되어 고향을 떠났습니다.

그런데 왜 이북 사람들이 남한으로 피난을 왔을까요? 그건 공산당이 무서워서였습니다. 월남이 패망했을 때, 왜 수많은 사람들이 고국을 탈출했을까요? 그것도 공산당이 무서워서였습니다. 근래 아프가니스탄을 떠나려는 많은 사람들은 이슬람 극단주의 탈레반 정권의 폭압(暴壓)이 두려워 고향을 떠나려는 것입니다. 탈레반과 공산당의 공통점은 국민의 자유를 박탈하고 자기 입맛에 맞는 법을 공포하여 강압하고, 불복종하는 사람은 가차 없이 처형하는 최악의 정권이기 때문입니다. 국민의 자유, 그중에서도 종교의 자유를 인정하지 않는 집단이 공산당이고, 이슬람 극단주의자들입니다. 자유민주주의 국가가 아닌 폭압, 독재 정권 하에 살고 싶어 하는 사람은 단 한 사람도 없습니다.

미국 등 서구 자유민주주의 국가에 살면 국가가 국민에게 부당한 억압이나 폭력을 행사하지 않습니다. 그러나 그곳에 사는 사람들이 모두 행복할까요? 그곳 사람들은 정부의 부당한 억압은 받지 않아도, 다양한 불평등 속에 살고 있습니다. 비록 자유의 땅이라 해도 눈에 보이지 않는 얽매임과 부자유가 숱하게 널려 있습니다. 어차피 이 세상에는 낙원이 존재하지 않습니다. 북쪽에서 남한으로 피난 온 사람들도, 탈북자들도, 보트를 타고 자유 국가에 정착한 월남 사람들도, 아프가니스탄을 탈출한 피난민도 어디를 가든지 떠돌이 삶은 면할 수 없습니다.

결론적으로 이야기해서 세상에 사는 모든 사람들은 피난민입니다. 왜냐하면 세상은 그 누구에게도 항구적으로 살아갈 고향이 아니기 때문입니다. 우리가 돌아갈 궁극적 고향은 예수님께서 마련해두신 하늘나라 거처뿐입니다. "나그네와 같은 내가 힘이 부족하오니… 저기 뵈는 가나안 땅 편히 닿게 하소서."(찬송가 376장) 우리 모두 이 세상에서 피난민처럼 살다가 주님 예비하신 거처에 갈 때까지 성령님의 인도를 받으며 진리의 길에 서서 힘차게 나아갑시다.

물

"태초에 하나님이 천지를 창조하시니라 땅이 혼돈하고 공허하며 흑암이 깊음 위에 있고 하나님의 영은 수면 위에 운행하시니라." (창 1:1-2)

2021년 여름, 전 세계적으로 물 부족 현상이 심각합니다. 특히 필자가 거주하고 있는 캘리포니아의 물 부족 사태가 위험 수위에 이르고 있습니다. 1년 내내 비가 오지 않다가 겨울이 되면 한두 달 사이에 조금 내리던 비가 재작년에 이어 작년에도 비가 거의 내리지 않아 물이 심각하게 부족한 상황입니다. 캘리포니아에 약 1,500여 개의 저수지가 있는데 이 저수지의 물이 거의 소진되어 가고 있습니다. 급기야 주지사가 물 사용을 억제하라는 행정 명령을 내리고 물 절약 운동을 전개하고 있습니다. 특히 미국 주택 앞 잔디밭과 정원에 물주는 주기를 늘려 일주일에 한두 번으로 제한하라고 권고하고 있습니다. 이곳 캘리포니아는 자체적으로 물을 해결할 수 없어서 멀리 콜로라도 강에서 수천 마일을 거쳐 수로를 통해 물을 끌고 옵니다. 식수는 물론 수영장, 공업용수에 이르기까지 모든 물을 끌어다 쓰면서 농사를 짓고 있습니다.

캘리포니아 남쪽에서 북쪽으로 올라가다 보면 끝없는 지평선 위에 파란 작물들과 포도를 비롯한 각종 과일밭이 끝없이 펼쳐 있습니다. 그런데 이 모든 농작물과 과일은 멀리서 끌어 온 물을 뿌려 기른 작물들입니다. 물론 농작물에 주는 물은 지하수를 끌어올려 주기도 하지만 한계가 있습니다. 이런 농작물과 과일은 물이 없으면 재배가 불가능합니다. 캘리포니아가 미국에서도 농산물 산지로 유명하고 오렌지를 비롯한 각종 열대 과일이 엄청나게 생산되는데, 그 비결은 시간이 되면 자동으로 뿜어져 나오는 끝없는 스프링쿨러 덕분입니다.

사람들은 하나님께서 최초로 창조하신 것이 빛이라고 생각하는데, 창세기 1장 2절을 보면 빛이 창조되기 전에 땅과 동시에 물이 존재했습니다. "하나님의 영이 수면 위에 운행하셨다."라고 기록되어 있습니다. 이는 지구의 근본과 생명의 원천이 물임을 간접적으로 보여줍니다.

물이 없으면 지구상의 모든 생물은 사멸(死滅)합니다. 40일 금식기도 하는 분들도 물은 계속 먹어야 합니다. 물을 먹지 않고 생명을 유지할 수 없습니다. 생명과 같은 물이 부족해지는 것은 지구적 재난입니다. 물, 특히 정제된 식수 부족은 인간의 삶을 피폐하게 만들고 있습니다. 근래에 물 도둑이 극성을 부린다는 보도가 있었습니다. 수로(水路)에 구멍을 뚫고 물을 빼돌리는 것입니다. 그런데 우리 삶에 필요한 농작물이나 과일을 재배하기 위해 물 도둑질을 하는 것은 그런 대로 이해할 수 있겠는데 마리화나를 재배하기 위해 물 도둑질을 한다는 보도는 우리를 분노케 합니다. 마리화나를 불법으로 재배하는 것도 모자라 이것을 재배하려고 물까지 도둑질을 한다니 인간들의 사악함이 끝이 없네요. 이런 자들은 법이 규정한 최대의 형벌을 해야 할 것입니다.

우리나라 속담 중에, "돈을 물 쓰듯 한다."라는 말이 있습니다. 그런데 이제는 물을 돈 쓰듯 아껴야 하는 시대가 되었습니다. 돈은 없어도 살 수 있지만, 물은 없어서는 안 될 필수불가결의 요소이기 때문입니다. 이른 비와 늦은 비를 내려 주시는 하나님의 은혜에 감격하면서 물 절약을 생활화해야겠습니다.

인간의 생명은 언제 시작되는가? (1)

08
12

"사람이 만일 온 천하를 얻고도 자기 목숨을 잃으면 무엇이 유익하리요."
(막 8:36)

주일예배를 드릴 때, 장로들이 대표기도를 하면서 "생사화복을 주관하시는 하나님"이라는 말을 자주 합니다. 사람이 세상에 태어나고 죽는 것, 복을 받고 화를 당하는 모든 것이 하나님의 주관 하에 있다는 말입니다. 우리 옛말에 '인명(人命)은 재천(在天)'이라는 말이 있고 또 '천불생(天不生) 무록지인(無祿之人)'(하늘은 양식이 없는 사람을 내보내지 않고), '지불생(地不生) 무명지초(無名之草)'(땅은 이름 없는 풀을 내지 않는다)라는 말이 있습니다. 인간은 하늘이 낸다는 뜻입니다.

성경에 보면 여인의 태를 닫고 여는 권한이 하나님께 있다는 말씀을 자주 보게 됩니다. 아브라함과 사라가 나이 많아 생식 능력이 없었지만, 하나님의 은총으로 아브라함 100세, 사라 90세에 이삭을 낳았습니다. 하나님께서 한나가 "임신하지 못하게 하셨으므로"(삼상 1:5) 임신하지 못하다가, 하나님의 은혜로 사무엘을 낳았습니다. 신약에서도 세례자 요한의 아버지 사가랴와 어머니 엘리사벳이 하나님의 특별한 은혜로 늘그막에 요한을 얻었습니다.

사람의 생명이 세상에 나오는 것은 하나님의 섭리와 은총입니다. 피임과 낙태 기술이 없던 시대에는 아이가 생기면 무조건 낳아 길렀습니다. 18세기 초, 감리교회를 시작한 요한 웨슬리의 어머니는 아이들을 19명 낳았습니다. 그중 8명은 어려서 죽었고, 11명이 살았는데, 요한 웨슬리는 15번 째 아이였고, 찬송가 가사를 많이 작사한 찰리는 17

번 째였습니다. 필자는 이 대목을 강의할 때, 학생들에게 아이들을 많이 낳다 보면 역사에 한 획을 긋는 아이도 태어날 수도 있으니, 많이 낳으라고 말하고 같이 웃습니다.

사람의 생명이 언제 시작되느냐 하는 문제는 신학적인 문제이기도 하지만, 생물학적인 문제 일 수도 있습니다. 필자는 신학자의 한 사람으로 인간의 생명은 정자와 난자가 결합하는 순간 즉 수정되는 순간에 시작된다고 확신합니다. 왜냐하면 수정으로부터 인간의 생명이 시작되어 9개월 10일 만에 출산하기 때문입니다.

낙태 문제가 나올 때마다 거론되는 것은 인간의 생명이 언제 시작되느냐는 문제입니다. 그런데 수정되면서 세포분열이 일어나기 시작하여 출산 직전에 완전한 사람이 되기까지의 전 과정에 사람의 생명은 유지되고 있는 것입니다. 따라서 낙태가 언제부터 되고, 안 된다는 논의는 신학적으로 무의미합니다. 왜냐하면 수정이 곧 생명의 시작이기 때문입니다. 인간의 생명은 어떤 경우에도 절단되어서는 안 됩니다. 왜냐하면 그 생명은 하나님께서 허락하셨기 때문에 특별한 경우가 아니면 자연스럽게 태중에서 자라 출산해야 합니다. 특별한 경우는 태아 때문에 산모의 생명이 위험한 경우와 치명적 장애를 가진 경우뿐입니다.

미국 텍사스주 주지사 그렉 애보트(Gregg Abbott)는 2021년 9월 1일부터 임신 6주 이후 낙태를 금지하는 강력한 법을 공포했습니다. 전에는 20주(5개월) 이후에 금지했던 것을 6주로 단축한 것입니다. 이렇게 단축한 것은 6주부터 태아의 심장 박동을 감지할 수 있기 때문이라 합니다. 그래서 이 법을 '심장 박동법'(Heartbeat Bill)이라 합니다. 임산부가 수정된 지 6주까지는 태아의 심장 박동을 느끼지 못하기 때문에 낙태를 하지 않아, 사실상 낙태를 전면 금지하는 법이라고 할 수 있습니다. 낙태 지지자들이 결사반대하는 이유이지요.

인간의 생명은 언제 시작되는가? (2)

08/13

"사람이 만일 온 천하를 얻고도 자기 목숨을 잃으면 무엇이 유익하리요."
(막 8:36)

심장 박동법'(Heartbeat Bill)은 불법 낙태를 시술하거나 이를 방조한 모든 사람들을 상대로 민사 소송을 제기할 수 있도록 했습니다. 이에 따라 임신 6주차 임산부가 낙태 수술을 했을 경우 시술을 한 병원과 의료진, 환자를 병원까지 실어 나른 우버 운전기사, 낙태 수술비를 지원한 단체, 낙태 수술을 알고도 묵인한 가족과 친구도 소송 대상이 됩니다. 이 법은 불법 낙태를 한 병원 등을 상대로 소송을 하면, 최소 1만 달러를 지급하기로 해 이른바 현상금 사냥꾼이 등장할 길도 열어 놓았습니다. 이렇게 되자 텍사스주에 거주하는 낙태를 원하는 여자들이 휴스턴에서 차로 7시간 30분이나 걸리는 오클라호마 털사(Oklahoma Tulsa)까지 가서 낙태 시술을 하고 오는 경우도 생겨났습니다.

낙태 지지 단체는 즉시 연방 대법원에 가처분 신청을 냈지만, 5:4로 기각되었습니다. 교회의 입장에서는 트럼프 대통령 재임 시절에 연방 대법원에 보수적인 판사 3명이 더 임명되어서 보수 대 진보 6:3으로 절대 우위를 차지하고 있어, 심장박동법이 뒤집힐 가능성이 희박한 것이 참으로 다행스런 일이 아닐 수 없습니다. 트럼프 대통령을 욕하는 사람들이 많지만 잘한 일도 적지 않습니다. 낙태라는 말 자체는 기독교에서는 용납되지 않은 용어입니다. 인간의 생명을 중지시킬 수 있는 분은 오직 하나님 한 분뿐입니다.

인간은 그 누구도 생명을 중도에 끊을 수 없습니다. 그러므로 기독교에서 자살을 살인으로 규정하는 것입니다. 자기 생명은 자기의 것이 아니고, 하나님의 소유입니다. 하나님께서 허락하실 때, 인간의 생명이 끝나는 것이지, 원치 않는 임신이라고 뱃속에서 자라고 있는 태아를 중절하는 것은 용납할 수 없습니다.

우리는 분명히 해야 합니다. 임신 중절은 분명히 살인입니다. 엄마 뱃속에서 나오면 인간이고 뱃속에 있으면 인간이 아니라고 누가 말합니까? 어떤 사람이 이제부터 인간이라고 단정적으로 말할 수 있을까요? 임신을 원하지 않은 여성들은 철저히 피임을 해서 임신이 되지 않게 해야 하고, 만일 부주의했던지, 피임을 했는데 실패했을 경우에도 반드시 출산해서 가정과 사회의 협력 하에 신생아를 양육해야 합니다. 우리 개신교에서는 피임약이나 피임 기구 사용을 용인합니다. 그러나 가톨릭교회는 '주기적 피임'을 제외한 약이나 기구 사용을 엄격히 금합니다. 그러나 많은 가톨릭 신자들이 몰래 피임을 하고 있다는 사실을 부인할 수 없습니다. 예수님께서는 '지극히 작은 자'의 생명도 소중히 여기는 분이심을 생각하면, 비록 세상 밖으로 나오지 않은 생명이라도 죽이는 것은 결코 용납할 수 없습니다. 우리 신자들은 솔선수범해서 생명 존중의 모범을 보여야 합니다. "낙태는 살인이다. 낙태는 하나님께서 가장 증오 하시는 범죄다."라는 생각을 늘 하면서 모범적인 삶을 살아가야 합니다. 본인들은 물론 자녀들에게도 낙태는 살인이라는 인식을 깊게 심어 주어야 합니다. 낙태를 쉽게 생각하는 것은 사탄이 넣어 주는 사악한 생각입니다.

탄소세

08
14

“하나님이 지으신 그 모든 것을 보시니 보시기에 심히 좋았더라.”
(창 1:31)

하나님께서 우주를 창조하신 이후 오늘 우리가 살고 있는 21세기는 인간이 우주를 가장 고통스럽게 만드는 시기라고 말할 수 있습니다. 요즘 전 인류를 고통으로 몰아넣고 있는 코로나 바이러스 문제뿐만 아니라, 자연재해도 심각한 문제로 대두되고 있습니다.

일찍이 많은 학자들은 지구 온난화를 경고하면서 지구 온도가 1도만 올라가도 지구가 전대미문의 재난에 처할 것이란 점을 누누이 경고해 왔습니다. 기온의 급격한 변화는 지금까지 인류가 경험해 왔던 모든 것들을 근본적으로 뒤엎어 버리고 있습니다. 예를 들면 2021년 여름, 독일과 베네룩스 삼국(벨기에, 네덜란드, 룩셈부르크)에서는 200년 만의 홍수로 수백 명이 사망했고, 스위스 고산시대의 빙하가 녹아내려 난데없이 생긴 호수로 많은 주택이 침수되는 이상이 일어났습니다. 2019년 겨울 미국에서는 평소 따뜻했던 텍사스가 갑자기 영하로 떨어져 눈과 우박이 내렸고, 북쪽은 이상 기온으로 여러 곳에 산불이 발생해서 많은 사람들이 고통을 당했습니다.

유럽연합과 미국은 기상재해의 주범으로 꼽히는 탄소를 줄이기 위해 앞으로 탄소 국경세 도입 방침을 발표했습니다. 한마디로 EU나 미국보다 탄소 배출에 대한 규제가 약한 국가에서 생산되는 제품에 탄소세를 부과하겠다는 것입니다. 물론 탄소세를 부과하는 표면적인 이유는 지구에 해로운 탄소 배출량을 줄이겠다는 것이지만 국가의 수입을 늘리겠다는 속셈도 있습니다. 후진국에서는 탄소를 제거해야 하는 이유도 잘 모르고, 또 어린 아이들까지 동원해서 제품을 만드는 일을 아무런 거리낌 없이 감행하고 있습니다. 2026년부터 철강, 알루미늄, 시멘트 등에 탄소세를 적용하면 한 해 약 140억 유로의 추가 재원을 확보할 수 있습니다. 미국 역시 2022년부터 탄소세를 시행하면 최대 160억 달러의 수입을 얻게 된답니다.

비록 돈을 벌려는 의도가 있다 해도, 지구를 파멸로 이끌고 가는 탄소는 반드시 척결해야 하는 악입니다. 탄소세는 그래서 지구를 도탄에서 건지려는 몸부림의 일부라고 볼 수도 있습니다. 왜냐하면 지금과 같이 계속해서 탄소를 뿜어낸다면 지구의 앞날은 암울할 수밖에 없습니다. 이제 모든 역량을 기울여 비용이 저렴하고 공해가 없는 그린 에너지를 통해 탄소 감축을 위한 체질 개선을 해나가야 합니다. 이를 위해서 인센티브와 더불어 장기적인 정책 지원을 통해 지구를 살릴 수 있는 방안에 몰두해야 할 것입니다.

하나님께서 천지를 창조하신 후 둘러보실 때 심히 좋았더라고 말씀하셨습니다. 하나님께서 창조하신 좋은 세상을 인간이 탐욕과 이기심으로 망쳐 놓는다면 하나님께서 용서하시지 않을 것입니다. 인간이 자연과 더불어 사는 공생의 삶으로 나가지 않는다면 결국 파멸의 늪 속으로 빨려 들어갈 것입니다. 자연은 자연으로 내버려 두어야 합니다. 물론 과학은 발전해야 합니다. 그러나 과학이 자연을 파괴한다면 결국 자연으로부터 무서운 보복을 당할 것입니다.

자연의 보복은 무자비할 수 있습니다. 2004년 인도네시아에서 쓰나미가 한 번 스쳐 지나갔을 때 재산 피해 총 100억 달러에 인명 피해는 사망 약 35만 명, 실종 약 5만 명이었습니다. 자연 재해는 상상을 초월합니다. 자연을 다스리라는 하나님의 명령은 자연을 보존하라는 지상 명령입니다. 자연을 살리는 길이 사람이 사는 길입니다. 자연을 파괴하는 모든 행위를 즉시 중단하지 않는다면 지구의 파멸은 불을 보듯 분명합니다. 지구를 살리는 일에 우리 모두가 나서야 할 때입니다.

들어야 할 말을 듣지 않는 사람들

"롯이 나가서 그 딸들과 결혼할 사위들에게 말하여 이르기를 여호와께서 이 성을 멸하실 터이니 너희는 일어나 이곳에서 떠나라 하되 그의 사위들은 농담으로 여겼더라." (창 19:14)

하나님께서는 오직 인간들에게만 말할 수 있는 능력을 주셨습니다. 따라서 인간은 말을 하고, 말을 들으면서 의사를 소통합니다. 사람이 하는 말에는 세 가지 종류가 있습니다. 첫째는 사실대로 하는 말이고, 하나는 과장하서 하는 말이며, 다른 하나는 거짓말입니다.

그러나 어떤 사람이 무슨 말을 할 때 그것이 사실인지, 과장인지, 거짓말인지 판단하기가 대단히 어렵습니다. 결국 듣는 사람이 판단해서 행동해야 합니다. 많은 경우 사람들은 거짓말을 합니다. 특히 사기꾼들은 감언이설로 사람을 속여 돈을 갈취합니다. 사기꾼들의 말에 현혹되어 많은 돈을 투자하여 패가망신하는 경우도 있고, 최악의 경우는 자살하기도 하지요.

따라서 그 사람의 말이 사실인지 아닌지 확인할 길이 없기 때문에 일단 그 사람의 말을 의심하는 것이 좋습니다. 확인해 본 다음 믿어도 늦지 않습니다. 우리의 속담에 "돌다리도 두들겨 보고 건너라."라는 말은 아무리 믿을 만한 말이라도 확인하고 또 확인하라는 의미입니다.

반드시 믿어야 될 말을 믿지 않다가 멸망을 당한 사람들이 많이 있습니다. 창세기 19장에 여호와께서 소돔과 고모라를 멸망시키실 계획을 가지고 천사들을 보내 정황을 살펴보게 하셨습니다. 천사들은 아브라함의 간청으로 그곳에 의인 10명만 있으면 멸망시키지 않겠다고 약속했습니다. 아브라함의 조카 롯은 천사의 말을 듣고 딸들과 정혼한 사위들에게 성이 멸망할 것이라는 말을 했지만, 농담으로 여기고, 듣지 않다가 결국 성과 함께 유황불 속에서 멸망을 당했습니다. 장인 롯이 진심을 담아 하는 말을 사위들은 농담으로 들었던 것이지요.

열왕기상 22장에 이스라엘 왕 아합이 길르앗 라못을 점령하려고 선지자들에게 묻는 장면이 나옵니다. 400여 명의 선지자들은 전쟁에 나가 승리할 것을 예언했지만 오직 미가야 선지자 한 사람만 반대를 합니다. 아합은 400 대 1의 예언 중 어느 쪽을 택했을까요? 알량한 다수결이란 것이 크게 작동했겠지요. 그러나 결과는 비참했습니다. 하나님께로부터 받은 미가야 선지자의 말을 듣지 않고, 거짓말의 영을 받은 선지자 400여 명의 말을 따른 아합은 그 전쟁에서 돌아오지 못하고 전사하고 말았지요.

오늘 코로나 팬데믹 상황에서 수많은 사람들은 전문가들이 백신을 맞아야 된다고 강권하고, 심지어 돈을 100달러씩 주면서까지 백신을 맞으라고 해도 말을 듣지 않습니다. 백신을 맞으면 불행한 결과를 가져온다는 말을 듣고도 맞지 않다가, 이번 델타변이 바이러스에 많은 사람이 감염되었고 생명을 잃었습니다. 2021년 9월 13일 보도에 따르면 코로나로 인한 사망자의 90%가 백신을 맞지 않은 사람들입니다. 어떤 사람의 말을 듣고, 듣지 않는 것은 자기 결정이지만, 경우에 따라서 비참한 결과를 초래할 수 있다는 사실을 명심해야 합니다.

우리가 복음을 전하지만 많은 사람들은 그 말을 흘려버립니다. 오히려 화를 내기도 하면서 신이 어디 있느냐고 대들면서 신을 내 눈앞에 보여 달라 하는 어리석은 말을 하기도 합니다. 전도인의 말을 듣지 않고 죽으면 그 결과는 결국 자기가 져야 합니다. 그럼에도 우리는 열심히 전도해야 합니다. 죽음으로 달려가는 가족과 일가친척, 친구들, 이웃들을 그대로 방치할 수 없습니다. 그들의 마침은 멸망이기 때문입니다. 죽어 가는 영혼들을 위해서 지치지 말고 꾸준히 전도합시다.

미소

"웃음을 네 입에, 즐거운 소리를 네 입술에 채우시리니" (욥 8:21)

한국에서는 길을 가다 모르는 사람을 만나면 얼굴을 쳐다보고 무표정하게 지나갑니다. 그러나 미국에 와서 살아보니 한국과 전혀 다른 문화가 있는 것을 알게 되었습니다. 이 사람들은 전혀 모르는 사람들에게 미소를 띠우면서 인사를 하곤 합니다. 한국 문화에 찌든 우리 같은 1세대들은 이 문화가 여간 낯선 게 아닙니다. 미국에서는 길에서 처음 만난 사람에게 인사를 하면 상대는 대개 미소를 띠우며 반드시 답례 인사를 하고 지나갑니다. 처음 미국에 온 유학생이 교정에서 예쁜 여학생을 자주 만났는데, 그 여학생이 만날 때마다, 계속 미소 띤 얼굴로 인사하자, 이 학생은 그 여학생이 자기를 좋아하는 줄 알고 접근했다가 큰 코를 다쳤다는 이야기는 유학생들 사이에 두고두고 하는 이야기 가운데 하나입니다.

그런데 길을 가다 처음 만난 한국 사람에게 "안녕하세요?"라고 인사를 하면, 상대는 '이 사람이 누군가, 나를 아는 사람인가' 하고 얼굴을 자세히 보면서 계면쩍게 인사하고 지나갑니다. 처음 만난 한국 사람들끼리는 그냥 지나치는게 상책이란 생각이 들 때가 많습니다.

선교 역사 가운데 재밌는 얘기가 있습니다. 중세기 어느 때에 로마에서 신부 한 사람을 아프리카 어떤 지역의 선교사로 파송했습니다. 이 선교사가 마주친 원주민의 첫 모습은 당황스럽기 그지없었습니다. 옷은 거의 걸치지 않고 맨 발로 이리 저리 뛰어다니면서 짐승을 잡아 생

AUG

고기를 뜯어 먹는 모습을 보면서 이들이 사람인지 침팬지인지 원숭인지 헛갈렸습니다. 이들이 짐승이라면 물론 선교를 할 필요도, 할 수도 없었으니까요.

신부는 갈등을 하다가 로마 교황청에 문의 편지를 보냈습니다. 원주민들이 있는데 사람 같기도 하고 원숭이 같기도 한데 이 사람들에게 전도해서 영세를 베풀어야 하는지 알려달라는 내용이었습니다. 얼마 후, 교황청에서 회신이 왔습니다. "그 피조물이 웃는지 확인해 보고, 만일 웃을 수 있는 존재라면 영세를 베풀어도 좋다."는 내용이었습니다. 참으로 지혜로운 답이었다고 생각합니다. 동물도 눈물을 흘리며 울기도합니다. 소가 푸줏간으로 끌려갈 때, 앞발로 버티며 눈물을 흘리면서 들어가지 않으려 한다는 이야기를 아시지요? 비록 짐승이지만 자기를 죽이려고 끌고 간다는 사실을 본능적으로 알고 버티며 눈물을 흘리는 것입니다. 그러나 우리는 소가 큰 소리로 혹은 조용히 미소 짓는다는 말을 들어본 일이 없습니다. 하나님께서는 오직 인간에게만 웃을 수 있는 기능을 허락하셨습니다.

우리가 보통 그분은 참 인자하고 온후(溫厚)한 분이라는 말을 할 때, 그 이의 얼굴에 엷은 미소가 깔려 있는 경우를 자주 봅니다. 사람을 만날 때 미소 지어줄 수 있는 사람은 상당한 인격과 교양을 갖춘 사람입니다. 잔인한 흉악범이나 살인자의 얼굴에서 잔잔한 미소를 본 일이 없습니다. 독기 서린 눈으로 세상을 바라보면서, "내가 더 많은 사람을 죽이지 못한 것이 한이다."라고 말하는 살인자의 얼굴에서 미소를 볼 수 있을까요? 그 얼굴에 스친 웃음은 미소가 아닌 냉소이며 '썩은 미소'이지요. 사람을 상대해 보면 항상 얼굴에 웃음을 띠고 말하는 사람을 만납니다. 그 사람은 참으로 행복한 사람이고 상대를 즐겁게 해주고 기쁘게 해주는 사람입니다. 반면, 항상 심각한 얼굴이나 노기 띤, 불만이 가득한 얼굴로 지나는 사람을 볼 때는 불안한 마음이 들어 접근하기가 꺼려집니다. 바울 선생은 "너희 안에 이 마음을 품으라 곧 그리스도 예수의 마음이니"(빌 2:5)라고 말씀하십니다. 예수님의 마음을 품고 사는 사람은 그 얼굴에 미소가 가득한 사람이며, 미소가 가득한 사람이 곧 그리스도인입니다.

이런 의사, 이런 변호사

08
17

"돈을 사랑함이 일만 악의 뿌리가 되나니 이것을 탐내는 자들은 미혹을 받아 믿음에서 떠나 많은 근심으로써 자기를 찔렀도다." (딤전 6:10)

부모들에게 자녀들이 무슨 직업 갖기를 원하느냐고 물어보면 대부분 의사, 변호사, 혹은 판 · 검사라고 이야기할 것입니다. 소위 '사'(士, 師)자 들어가는 직업 갖기를 희망합니다.

미연방 법무부는 2021년 9월 17일 총 14억 달러 규모의 헬스 케어(Health Care) 사기로 130명을 무더기로 형사 기소했다고 발표했습니다. 이번 사기 사건에 23명의 전문의가 포함되어 있었습니다. 또한 전국에 31개 변호사 사무실이 함께 기소된 것으로 보도했습니다. 이번 사기 사건에서 가장 큰 비중을 차지한 사례는 원격 의료 서비스로 총 11억 달러의 예산을 축낸 것입니다. 또 다양한 의료 사기로 2,900만 달러를 축냈고, 약물 남용 치료에 1억 300만 달러, 오피오이드(Opioid) 등의 위조 유통과 관련한 범행으로 6천만 달러를 부당하게 타낸 것으로 밝혀졌습니다, 오피오이드는 마약성 진통제입니다. 양귀비에서 추출한 모르핀으로 암과 같이 엄청난 진통으로 고통을 당하는 환자에게 의사가 특별히 처방하는 약입니다. 코끼리 같은 큰 동물의 마취제로 쓰이는데, 모르핀보다 1만 배나 강한 위험한 약물이라 합니다.

불법 처방으로 사회적 문제까지 됐던 오피오이드 배포와 관련해서는 1,200만 도스 이상의 오피오이드 및 기타 마약을 처방하여 1,400만 달러 상당을 청구한 의료 전문가 등 19명을 기소했습니다. 이들은 진료도 하지 않고 메디케어(medicare), 민간 보험 회사 등에 진료비를 청구한 것으로 밝혀졌습니다. 이들은 원격 서비스를 이용해 가짜 유전자 암 검사에 대한 비용을 메디컬에서 청구했으며, 불필요한 내부 의료 장비, 진단 테스트 및 약물 등의 비용을 청구했습니다. 이들은 심지어 환자를 단 한 번도 만나지 않고, 비용을 청구한 것으로 밝혀졌습니다. 법무부 관계자는 부패한 의료 전문가들의 범죄로 인한 오피오이드 과다복용으로 지난해만 7만 명의 미국인이 사망했으며, 약물과다복용으로 인한 사망이 전체적으로 30% 이상 증가했다고 발표했습니다.

나쁜 의사, 불량한 변호사들의 불법적 편취(騙取) 행각은 어제 오늘의 일이 아닙니다. 범죄 한 사람들은 엄정한 법의 심판을 받을 것이고, 감옥에서 오랜 세월을 보내야만 할 것입니다. 불법적인 방법으로 돈을 벌지 않아도, 적어도 의사, 변호사라면 보통 사람들보다 훨씬 더 많은 돈을 버는 것이 일반적인 일이 아닙니까? 이번에 걸려든 사람들은 돈을 못 벌어서가 아니고, 더 많은 돈을 벌려는 욕심 때문에 불법적인 일을 자행하다 법망에 걸려들어 준엄한 처벌을 받게 되었습니다. 야고보 선생은 "욕심이 잉태한즉 죄를 낳고 죄가 장성한즉 사망을 낳느니라."(약 1:15)고 말씀하셨습니다.

무식한 시정(市政) 잡배(雜輩)들은 돈에 눈이 어두워 불법적인 일을 자행하는 경우가 흔하지만, 누구보다 도덕적으로 깨끗하게 살면서 모범적으로 법을 지켜야 할 의사, 변호사들이 공금을 축내는 행위는 용서받을 수 없습니다. 이들에게는 가중 처벌을 해야 하지 않을까요? 세상에서는 최고의 지성인이요 전문가라는 말을 듣는 사람들도 사탄이 쳐 놓은 덫에 걸려들면 빠져나갈 길이 없습니다. 주님께서는 우리에게 이렇게 기도하라고 가르쳐 주셨습니다. "우리로 시험에 빠지지 않게 하옵시며" 우리가 마귀의 유혹을 이길 수 있는 길은 오직 성령님의 도움을 받는 길밖에 없습니다.

가퐁 신부

08/18

"내가 불을 땅에 던지러 왔노니 이 불이 이미 붙었으면 내가 무엇을 원하리요." (눅 12:49)

오늘은 역사 이야기 하나 하겠습니다. 1917년 러시아에서 일어난 20세기 최대의 혁명인 러시아 볼셰비키 공산당 혁명의 전초전은 1904년 12월 상트페테르부르크(St. Petersburg)의 한 공장에서 몇 사람의 노동자를 부당해고한 데서 비롯되었습니다. 그런데 유명한 '피의 일요일'(Bloody Sunday) 사건은 공교롭게도 차르(제정 러시아의 왕)의 꼭두각시 노릇을 하고 있던 정교회 사제인 신부 가퐁(Gapon)에 의해서 주도되었습니다.

노동자들은 8시간 노동에 최저 임금제 실시, 조정위원회(노 · 사)의 항구적 설치, 해고 노동자의 복직, 악질 감독관의 해고 등 기본적이고도 납득할 만한 요구조건을 내걸고 파업을 시작했습니다. 그런데 이 운동이 조금씩 확대되어 결국은 민주화 요구에까지 이르게 됩니다. 파업을 주도한 가퐁 신부는 황제에게 다음과 같은 청원을 했습니다.

"폐하! 장관들을 믿지 마십시오. 그들은 진상에 대해 폐하를 속이고 있습니다. 신민들은 폐하를 믿고 있습니다. 그들은 내일 오후 2시에 동궁 앞에 모여서 그들의 요구를 폐하 앞에 진언키로 했습니다. 만일 폐하께서 그들 앞에 모습을 보이지 않는다면 그들과 폐하 사이를 연합하게 하는 영적 연결을 끊어 버리시게 될 것입니다. 아무것도 두려워하지 마십시오. 내일 그들 앞에 서시어, 그들의 겸허한 청원을 받아들이십시오. 본인과 노동자들의 대표와 본인의 동무(comrades)들은 폐하 자신의 신성불가침성을 보장합니다."

20여만 명의 남녀 노동자 및 어린이들이 겨울 궁전을 향해 평화로운 행진을 하는 동안 가퐁 신부는 선두에 서서 착잡한 마음으로 다음과 같은 염원을 하였습니다. "관리들은 이 나라를 완전한 파멸과 가증스러운 전쟁 속으로 몰아넣었습니다. 관리들의 견딜 수 없는 억압을 치워 주십시오. 폐하와 폐하 신민 사이의 벽을 깨뜨리고 그들로 하여금 폐하와 함께 이 나라를 다스리게 해주십시오… 젬스키 소보르(Zemski Sobor: 16~17세기 러시아 대표 회의)의 즉각적인 소집을 명령하십시오. 제헌의회(Constituent Assembly)가 보통, 평등, 비밀 투표의 조건 아래 실시될 것을 명령하십시오. 이것이 저희들의 요구 가운데 가장 기본적인 것이며, 저희들의 고통스런 상처에 대한 일차적이고도 유일한 약입니다."

이렇게 기도했던 가퐁 신부나 행진하는 노동자들은 당시 러시아가 역사의 전환점에 서있었다는 사실을 모르고 있었습니다. 또한 이 사실을 러시아 황제인 니콜라이 2세도 모르고 있었습니다. 그러나 노동자들의 간절한 열망에도 불구하고 행진이 도착한 뜰에서 그들을 맞이한 것은 군대와 경찰의 일제 사격이었습니다. 순식간에 수백 명의 사상자가 발생했고, 이 '피의 일요일'(Bloody Sunday) 사건은 러시아 역사의 새로운 장을 여는 전기가 되었습니다. 황제의 오판으로 인한 피에 젖은 일요일 사건은 사실상 충성을 바치기를 염원한 러시아 국민들의 충절에 종지부를 찍었고, 황제의 사랑과 보호에 대한 믿음은 깨어지고 말았습니다.

가퐁 신부가 주도한 1905년 1월 파업사건은 일단 실패로 끝났지만, 그해 5월에 이바노보 보즈네센스크(Ivanovo Voznesensk) 파업의 지도본부로서 노동자 대표 소비에트(Soviet)가 조직되었습니다. 이 조직은 러시아 민중들이 정치적 투쟁을 전개하는 가운데, 자연 발생적으로 생겨난 것입니다. 이때 볼셰비키와 멘셰비키로 갈라진 마르크스주의자들 중 볼셰비키는 이 소비에트를 혁명 정권의 맹아로 착안했고, 멘셰비키는 이것을 민주화된 도시 자치제와 같은 지방 자치 기관으로 보았다는 차이가 있었습니다. 소비에트는 1917년 볼셰비키 혁명이 성공할 때까지 내막에서 러시아의 농민, 노동자를 이끌면서 전제 타도의 선명한 목표를 잃지 않고 있었습니다.

요컨대 러시아에서 소비에트 공산당이 출현한 것은 소박한 농민, 노동자들의 생존권과 시민 권리의 요구에 냉담한 반응을 보였던 시대착오적 전제 체제의 결과였습니다. 결국 러시아는 무서운 대가를 치러야 했습니다. 역사에 있어서 가정(假定)은 없지만 만일 1905년 1월, 혹은 10월에라도 황제가 철저한 개혁과 권력 양도를 약속했다면 소비에트 공산당은 출현하지 않았을 것이며, 또 러시아 역사는 비극으로 끝나지 않았을 것입니다. "신이 인간을 창조한 것이 아니고, 인간이 신을 창조했다."(Ludwig A. Feuerbach)고 말한 공산당들에 의해 시작된 소비에트 공산당은 기독교를 무자비하게 박해했고 무수한 신부들과 교인들을 살해하는 범죄를 저질렀는데, 이 공산당 혁명의 불을 지른 것이 바로 러시아 정교회 신부라는 점이 참 아이러니합니다.

제너럴 셔먼 트리

08
19

“우리의 연수가 칠십이요 강건하면 팔십이라도 그 연수의 자랑은 수고와 슬픔뿐이요 신속히 가니 우리가 날아가나이다.” (시 90:10)

캘리포니아에는 세계적으로 유명한 것들이 많이 있습니다. 그 가운데 하나는 세쿼이아(Sequoia) 국립공원 안에 있는 제너럴 셔먼 트리(General Sherman Tree)입니다. 그런데 요즘 이 공원 인근에 큰 산불이 나서 막대한 산림이 불타고 가옥들이 소실되는 불행한 일이 일어나고 있습니다. 비단 거기뿐만 아니라 사방에서 산불이 나서, 수백 마일 떨어진 곳에서 난 산불의 연기가 이곳 LA 하늘에 검은 구름을 몰고 오고 있습니다. 몇 해째 계속된 가뭄이 산야를 건조하게 만들었고, 뜨거운 날씨가 계속되면서 산불이 여기저기서 걷잡을 수 없이 타고 있습니다.

그런데 많은 사람이 근심스럽게 관심을 갖고 염려하는 일이 있습니다. 그것은 세쿼이아 공원 안에 있는 제너럴 셔먼 트리가 혹 불에 타 버리지 않을까 하는 염려입니다. 이 나무는 현재 세계에서 가장 큰 나무로 알려져 있는데 키는 275피트(84m)로, 아파트 25층 높이에, 나무 둘레가 약 103피트(31m)로, 성인 남자 10명이 에워싸야 겨우 닿을 정도로 큰 나무입니다. 살아 있는 건물이라고 불릴 만한 이 나무는 2,300년 이상의 나이를 가지고 있습니다. 지난 2천 년간 이 지역에 약 83번의 대형 산불이 났는데, 이 산불 속에서도 나무는 잘 견뎌냈습니다. 따라서 점점 타 들어오는 산불에서 이 나무를 보호하기 위해 당국 소방관들은 나무 밑 등에 알루미늄 방화벽을 설치해 놓고 나무가 불에 타지 않도록 지키고 있습니다.

AUG

이번 84번째 산불을 견디고 있는 이 나무 앞에 이런 안내문이 적혀 있습니다. "이 나무는 오늘날 세계에서 가장 커다란 생명체일 뿐만 아니라 세상에서 가장 빠르게 성장하는 생명체이다." 이번에도 많은 사람들의 관심과 또 관계 당국에 돌봄으로 나무가 산불을 무사히 견뎌내리라 여겨집니다. 제너럴 셔먼 트리는 1820년 미국 오하이오주 랭커스터(Lancaster)에서 태어난 윌리엄 셔먼(William T. Sherman, 1820-1891) 장군의 이름에서 따온 것입니다. 그는 1861년 남북전쟁이 일어났을 때, 북군(링컨 대통령 쪽)의 명장으로 혁혁한 공을 세운 군인이었습니다. 그는 전쟁 동안 남부의 군수 물자와 시설에 막대한 타격을 가하는 전술인 이른바 전면전을 응용한 장군으로 현대전의 창시자로 알려져 있습니다. 그는 주로 서부 전선에서 전투를 벌였는데, 기병대를 이끌고 바람처럼 나타나서 주민들을 소개시킨 후, 도시 전체에 불을 질러 초토화시키는 장군으로 명성이 났었습니다. 사후(死後)에 그의 이름을 딴 전차 'M-4 셔먼'과 선박 '제너럴 셔먼 호'도 있습니다.

그런데 이 제너럴 셔먼 호는 한국교회사에 지울 수 없는 이름으로 남아 있습니다. 1866년 영국의 로버트 토마스(Robert Thomas) 선교사가 이 배를 타고 한국에 와서 순교한 사실이 있습니다. 당시 제너럴 셔먼 호의 선주는 미국 장로교회 교인이었었던 프레스톤(Preston)이었는데, 그는 이 배를 타고 동양 여러 나라를 순방하고 있었습니다. 그런데 이 소식을 들은 상인들이 프레스톤을 설득해 제너럴 셔먼 호는 무역선의 역할을 하게 되었습니다. 마침 이 배가 중국에서 한국을 거쳐 일본으로 간다는 이야기를 듣고 중국에 머물며 한국 선교의 기회를 노리던 토마스 목사가 이 배를 탔다가 조선에서 순교하게 됩니다. 아무튼 이 유명한 장군의 이름이 붙은 '제너럴 셔먼 트리'가 이번 화재에도 잘 견뎌, 세계에서 가장 오래되고, 가장 큰 나무라는 명예를 지켰으면 좋겠습니다.

코로나는 하나님의 징벌일까요? (1)

08
20

"네가 악을 행하여 그를 잊으므로 네 손으로 하는 모든 일에 여호와께서 저주와 혼란과 책망을 내리사 망하며 속히 파멸하게 하실 것이며"
(신 28:20)

예수님을 믿지 않는 사람들은 그런 생각을 하지 않겠지만, 예수님을 믿는 그리스도인들 가운데는 개인이나 가정, 국가, 인류 전체에 커다란 불행이 닥쳤을 때, '이것이 혹 하나님의 심판이 아닐까'하는 생각이 들 때가 종종 있습니다. 그러나 이번 코로나 펜데믹처럼, 개인이나 가족이 아니고, 많은 사람들이나 나라 전체, 인류 전체에게 닥친 문제라면 하나님께 회개하면서 기도나 독경(讀經) 같은 일은 따로 하지 않습니다. 나나 우리 가족만이 아니라 수많은 사람들이 동시에 당하고 있다 보니 내 죄악 때문이라고 여기지 않기 때문입니다.

필자가 어렸을 때 6. 25전쟁이 났는데 그때 많은 사람들이 북한에서 남한으로 피난을 왔습니다. 정든 집과 전답을 다 버리고 괴나리봇짐 하나 짊어지고 내려올 때, 우리가 하나님께 큰 죄를 지어 이런 심판을 받는다며 회개의 기도를 드린 신자들이 많았습니다. 그러나 남한에서 편안하게 살고 있는 사람들은 자기들에게 직접 닥친 재난이 아니었기에 회개의 필요성을 느끼지 못했습니다. 이번 코로나 펜데믹도 한 가정이나 나라의 문제가 아니라 전 인류적인 문제이기 때문에 이 문제 때문에 개인이 하나님 앞에 "이것은 나의 죄 때문입니다."라며 철저하게 회개하고 참회하는 교인들이 얼마나 되는지 알 수 없습니다.

그러나 인류 전체에게 닥친 재난이 반드시 나의 죄와 상관이 없다고 생각하는 것은 잘못된 일이라고 생각합니다. 왜냐하면 인류 전체가 70억이라고 하지만 그 70억을 계수하려면 하나부터 즉 나부터 시작된다고 여겨야 합니다. 따라서 인류 전체에 닥친 재난도 결국 나 하나의 죄 때문이라는 것을 자각해야만 합니다. 전 세계 20억 그리스도인들 하나하나가 하나님 앞에 철저히 회개를 해야 하는 이유입니다. 하나님께서 니느웨 성을 멸망시키려 계획하셨을 때는 그 성의 몇몇 사람들 때문에 멸망시키시려는 것이 아니고, 성 주민 전체가 하나님께 범죄 했으므로 모두 멸망시키시려 하신 것입니다.

그중 바르고 정직하게 살고, 이웃을 돕고 산 선량한 사람들도 분명히 있었을 것입니다. 그러나 하나님께서는 모두를 동시에 멸망시키시려 하셨습니다. 다행히 요나의 경고를 듣고 각인이 이 멸망이 다른 사람의 죄악 때문이 아니고 바로 나의 죄악 때문이라는 의식을 갖고 참회하기 시작했습니다. 왕은 어명을 내려 왕으로부터 모든 사람들, 노비와 심지어 짐승들까지도 금식을 선포하고 참회의 기도를 드렸습니다. 그 결과 하나님께서는 그 성에 내리실 재앙을 거두어 가셨습니다.

결론적으로 이야기해서 코로나 재난도 결국 나의 죄악 때문이라는 강력한 의식을 갖고 하나님 앞에 철저한 참회와 더불어 이 재난이 속히 종식되도록 기도해야 하겠습니다. 현재 나나 가족이 안전하다고 해서 안전한 것은 아닙니다. 언제 어디서 어떻게 나나 가족이 재난의 희생자가 될지 알 수 없는 상황입니다. 오늘도 참회하는 마음으로 하나님께 내가 지은 죄, 가족이 지은 죄, 우리 교회가 지은 죄, 그리고 인류가 범하고 있는 죄악을 참회하는 기도 시간을 가지시기를 권합니다.

코로나는 하나님의 징벌일까요? (2)

"네가 악을 행하여 그를 잊으므로 네 손으로 하는 모든 일에 여호와께서 저주와 혼란과 책망을 내리사 망하며 속히 파멸하게 하실 것이며"
(신 28:20)

하나님께서는 분명히 이스라엘 민족이 하나님께 범죄 했을 때, "전염병(염병)과 칼(전쟁)과 기근(흉년)"(렘 21:7,9, 29:18)으로 심판하시겠다고 누누이 경고하셨습니다. 그러나 신약에 오면 다른 상황이 전개됩니다. 예수님의 제자들이 날 때부터 맹인 된 사람을 보고, "이 사람이 맹인으로 난 것이 누구의 죄로 인함이니이까 자기니이까 그의 부모니이까?"라고 물었을 때, 예수님께서는 "이 사람이나 그 부모의 죄로 인한 것이 아니라 그에게서 하나님이 하시는 일을 나타내시고자 하심이라."(요 9:2-3)고 말씀하셨습니다.

1947년 프랑스 작가 알베르 까뮈가 재난 소설 〈페스트〉를 발표했습니다. 이 소설은 흑사병 공포를 적나라하게 묘사하고 있습니다. 알제리 해안 도시 오랑에서 피를 토하며 죽은 쥐떼들의 여러 곳에서 발견됩니다. 의사 리외는 이것이 페스트의 초기 징조라 여기고, 정부 당국에 페스트의 심각성을 알리고 대비책을 요구합니다. 정부는 처음에 반신반의하다가 결국 환자들이 급증하고 사망자가 발생하자 비로소 비상사태를 선포합니다. 공포와 죽음의 도시에 갇힌 시민들은 속수무책으로 일상을 견뎌야 했습니다. 많은 사람들이 공포와 두려움으로 성당을 향해 달려갔는데, 신부는 이 질병이 하나님의 징벌이니 철저히 회개하라고 설교합니다.

성경은 욥에 대해 "온전하고 정직하여 하나님을 경외하며 악에서 떠난 자"라고 묘사합니다.(욥 1:1) 그런데 어느 날, 그는 전 재산을 다 잃었고, 10 남매가 죽었고, 자신도 치명적인 병에 걸려 깨진 기와 조각으로 헌데를 긁고 있었습니다. 위로 차 온 친구들은 욥의 처참한 모습을 보고 기가 막혀 일주일 동안이나 아무 말도 하지 못했습니다. 마침내 입을 연 친구 엘리바스는 "생각하여 보라 죄 없이 망한 자가 누구인가 정직한 자의 끊어짐이 어디 있는가, 내가 보건대 악을 밭 갈고 독을 뿌리는 자는 그대로 거두나니"(욥 4:7-8)라며 욥에게 하나님께 회개하라고 권고합니다. 즉 욥이 죄가 많아서 이런 불행을 당했다는 것이지요.

그러나 성경은 욥이 그런 상황에 봉착한 것은 하나님께로부터 허락을 받은 사탄의 역사라는 것을 보여줍니다. 그러므로 우리는 세상에 나타나는 재난이 반드시 하나님의 심판만은 아니라는 결론에 이르게 됩니다. 물론 하나님의 허락 없이, 다시 말해 하나님 모르게 인류가 고통을 당하는 일은 없습니다. 하나님께서는 물론 다 알고 계시고, 더러는 사탄에게 그렇게 할 권리를 위임하시기도 한다는 사실을 욥기를 통해 유추해 볼 수 있습니다.

코로나 펜데믹이 인간에 대한 하나님의 심판인가를 따지는 것은 부질없는 일입니다. 물론 하나님께서는 죄악의 도시 소돔과 고모라를, 죄악이 관영했던 노아 시대의 모든 인간을 싹쓸이 하셨습니다. 이스라엘에 범죄 했을 때, '칼과 기근과 염병'으로 징치하신 때가 많았습니다. 분명한 것은 모든 인간들이 계속 무서운 범죄를 저지르면서도, 하나님 앞에 회개하지 않는다는 사실입니다. 회개는 우리의 일상이 되어야 합니다. 회개하지 않은 개인이나 민족이 하나님의 심판을 받는다는 사실은 구약에서나 이스라엘 역사에서 쉽게 찾아볼 수 있습니다. 코로나 펜데믹을 극복하기 위해 참회하라는 것이 아닙니다. 참회해야 하는 이유는 참회야말로 우리 그리스도인들이 반드시 해야 할 당위이기 때문입니다.

일하면 장수한다 (1)

"그러므로 너희는 가서 모든 민족을 제자로 삼아 아버지와 아들과 성령의 이름으로 세례를 베풀고 내가 너희에게 분부한 모든 것을 가르쳐 지키게 하라." (마 28:19)

사람은 누구나 오래 살기를 원합니다. 하나님께서 주신 십계명 가운데 제5계명이 "부모를 공경하라, 그리하면 네 하나님 여호와가 네게 준 땅에서 네 생명이 길리라."(출 20:12)는 말씀입니다. 아무리 훌륭한 사람이라도 요절하면 그 생이 너무 아쉽습니다. 따라서 병 없이 오래 사는 것이 바람직한 일입니다.

일을 오래하는 사람들이 장수한다는 것은 일반적으로 알려진 사실입니다. 이 사례를 보여주는 기사가 2021년 9월 25일자 조간신문에 보도되었습니다. 두 분의 할머니인데, 이 두 분은 100세가 넘었는데, 현직에서 일을 하고 있습니다. 먼저, 소스킨(Betty R. Soskin) 할머니입니다. 할머니는 캘리포니아 리치몬드에 있는 '로지 더 리베터 국립역사공원'(Rosie the Riveter National Historical Park)에서 일하고 있습니다. 할머니는 1921년 9월 22일 미시간주 디트로이트에서 태어났습니다. 따라서 할머니는 얼마 전 100세를 넘겼습니다. 할머니는 앞으로도 계속 레인저로 일하겠다면서 "열정을 따르는 것이 중요하며 우리 모두에게 열정이 필요하다."고 말했습니다. 국립공원 관리청은 소스킨을 소개하는 글에서 "민권운동가이자 음악가이면서 선구적인 사업가"라고 소개했습니다. 국립공원에서 일을 시작한 것은 2000년부터입니다.

'로지 더 리베터'(Rosie the Riveter: 리벳공 로지)는 제2차 세계대전 때 공장에서 일하며 군수물자를 생산한 여성들을 상징합니다. 이처럼 청춘

AUG

을 바쳐 미국이 전쟁에서 승리하도록 뒷받침한 이들을 기념하고자 조성된 곳이 '로지 더 리베터 국립역사공원'입니다. 흑인인 소스킨은 로지 더 리베터가 백인 여성의 경험만을 반영했다는 문제의식을 느꼈습니다. 이에 공원에서 일하며, 전시 군수산업에서 일하면서 인종차별과 맞서 싸워야 했던 이들의 이야기를 직접 전하기로 했습니다. 2004년 정식 레인저가 되었고, 최근 리치몬드 교육 당국은 소스킨의 100번째 생일을 맞아 한 중학교 이름을 '베티 소스킨' 중학교로 바꿨습니다.

또 한 사람의 할머니는 버지니스 올리버(Virginis Oliver)로 78세 아들과 함께 새벽 3시에 일어나 바다로 나가 랍스터를 잡는 일을 하고 있는 열혈 할머니입니다. "평생 이 일을 해왔어요. 그러니까 앞으로도 계속할 거예요." 이 할머니는 100세가 넘는 고령에도 배를 타고 랍스터를 잡고 있습니다. 언론에 따르면 대공황(The Great Depression) 이전인 1928년부터 랍스터 잡는 일에 종사한 올리버는 금년 101세로 지금까지도 메인주 로클랜드시 해안에서 일을 하고 있습니다. 매년 5월 말부터 11월 초까지 랍스터 잡는 시기가 되면, 올리버와 아들 막스는 잠자리에 들 때까지 랍스터 잡는 일을 합니다. 올리버는 8살 때 아버지를 따라 처음 배를 탔으며, 남편과 결혼 후에도 부부가 함께 바다로 나갔습니다.

처음 이 일을 시작했을 때 여자는 자기 혼자뿐이었다고 합니다. "남편과 나는 날씨가 어떻든지 일을 나갔고 일을 마감했습니다."라고 회상했습니다. 올리브는 선상에서 랍스터의 크기, 무게를 재고, 집게에 밴드를 묶는 등의 일을 하고 있습니다. 할머니는 일을 좋아한다면서 할 수 있는 데까지 이렇게 계속해서 일할 것이라고 말했습니다. 올리버의 주치의는 "왜 랍스터를 잡는다고 밖에 나가냐?"고 책망하자, "내가 원해서 그렇다."라고 대답했습니다. 이 두 할머니의 무병장수 비결이 무엇일까요? 젊었을 때부터 하던 일을 계속하고 있기 때문이라고 생각되지 않습니까?

일하면 장수한다 (2)

08
23

"그러므로 너희는 가서 모든 민족을 제자로 삼아 아버지와 아들과 성령의 이름으로 세례를 베풀고 내가 너희에게 분부한 모든 것을 가르쳐 지키게 하라." (마 28:19)

필자가 한국에 있을 때, 한 번은 TV를 보는데, 어떤 노인 한 분이 나왔습니다. 그 노인은 꽤 나이가 많아 보였는데, 사회자가 이분은 특별한 분이라고 소개를 했습니다. 그분 나이가 100살이라고 말했습니다. 이름은 기억이 나지 않는데, 그분은 의사로 개업을 하고 진료를 하다가 나이 70세가 되어 은퇴를 했습니다. 은퇴한 다른 의사들은 집에서 쉬면서 놀러 다니는데, 그분은 장비를 갖추고 강원도 깊은 산골 무의촌으로 들어갔습니다. 그곳에서 강원도 시골 할머니 할아버지들을 위한 무료 진료를 시작하여 100세가 되도록 일하고 있었습니다. 그런데 그분은 건강해 보였고 지친 모습도 보이지 않았습니다. 아마도 강원도의 맑은 공기와 물, 그리고 오염되지 않은 유기농 식품을 드셔서 그런지 혈색도 표정도 밝고 건강해 보였습니다.

한국에는 은퇴 연령이 있어서(미국에는 은퇴 연령이 없습니다.) 교수는 65세, 목사는 70세에 은퇴합니다. 은퇴한 교수들이나, 목사들에게 무엇을 하고 지내냐고 물어보면, 대체로 손주들을 본다고 말합니다. 그런데 그 일도 손주들이 크고 나면 그만입니다. 더러는 취미 생활로 등산을 하거나, 낚시나 골프 등을 한다고 하지만 그것도 겨울이 되어 눈이 오고 땅이 얼기 시작하면 할 수가 없습니다.

그러나 우리 그리스도인들은 은퇴 후 할 일이 많습니다. 먼저 집에서 기도하는 시간을 많이 가질 수 있습니다. 조용한 시간에, 조용한 곳에서 시간제한 받지 않고 기도할 수 있어서 좋습니다. 다른 하나는 전도하는 일입니다. 전도는 우리 그리스도인들이 반드시 해야 하는 주님의 명령입니다. 주님께서는 "그러므로 너희는 가서 모든 민족을 제자로 삼아 아버지와 아들과 성령의 이름으로 세례를 베풀고"(마 28:19)라고 명령하셨습니다. 찬송가에 "멀리 가서 이방 사람 구원하지 못해도, 네 집 근처 다니면서 건질 죄인 많도다."라는 가사가 있습니다.

가장 손쉬운 전도 방법은 전도지를 갖고 나가, 길에 다니는 사람들에게 전도지를 나누어 주는 일입니다. 더러는 길거리에서 "예수 천당, 불신 지옥"이라는 샌드위치 판을 매고 다니면서 전도하는 이들도 있지만, 우리가 그렇게 하기는 어렵고 전도지 나누어 주는 일은 얼마든지 할 수 있는 일입니다. 하루에 단 1시간씩만이라도 전도지를 나눠주고 전도하는 일은 마음먹기에 달렸습니다. 물론 대부분의 사람들은 전도지를 받지도 않고 그냥 가고, 받은 사람도 대충 훑어보고 그냥 쓰레기통에 던져버리는 사람들도 많이 있습니다.

그러나 우리는 그것을 각오하고 전해야 합니다. 이것이 예수님의 명령이기 때문입니다. 바울 선생도 "너는 말씀을 전파하라, 때를 얻든지 못 얻든지 항상 힘쓰라."(딤후 4:2)고 강권하고 있습니다. 한국교회의 거목(巨木) 김익두 목사는, 젊어서 난봉꾼이었으나, 여자 선교사가 전해 준 전도지 한 장을 받아 읽은 후, 회개하고 신학교에 들어가 신학을 마치고, 목사가 되어 한국교회 최대 신유(神癒)의 역사를 남긴 분이 되었습니다.

우리가 전해 준 전도지 중, 단 하나를 통해 불신자가 하나님의 자녀가 된다면 그것은 천하를 얻는 것과 같은 일이 됩니다. 우리는 복음선교에서 은퇴한 것이 아닙니다. 계속 전도해야 하는 소임을 갖고 있습니다. 그리스도인들에게 은퇴는 없습니다. 세상 직장에서 은퇴를 해도, 전도인은 은퇴란 있을 수 없습니다.

장애인에 대한 표현과 처우

08
24

"내 형제 중에 지극히 작은 자 하나에게 한 것이 곧 내게 한 것이니라."
(마 25:40)

인류 역사가 시작된 이래, 장애인은 항상 있어 왔습니다. 왜 하나님께서 장애인을 세상에 보내시는지 알 길이 없지만, 아무튼 장애인은 항상 우리 가정, 우리 주변에서 흔히 볼 수 있습니다. 그런데 역사 속에서 장애인들은 차별과 무시, 학대를 받아왔습니다. 예수님께서 세상에 오셔서 일하시는 동안 장애인에 대한 대우와 치유 그리고 사랑을 가르치시면서 상황이 나아졌습니다. "내 형제 중에 지극히 작은 자 하나에게 한 것이 곧 내게 한 것이니라."(마 25:40) 이러한 정신으로 기독교는 출발부터 장애인에 대한 처우와 태도를 차차 바꾸어 나가기 시작했습니다.

초기 한국 선교에서도 선교사들은 맹아학교, 농아학교 등을 만들어 그들을 위해 일반 교육과 더불어 직업교육을 시켜 자활할 수 있는 길을 열어주었습니다. 감리교 여자 의료 선교사 로제타 홀(Rosetta Hall)은 평양에서 의료 선교를 하면서 한국 최초의 맹아학교를 창설하고, 한지에 풀을 먹여, 빳빳한 종이를 만든 후, 그것에 구멍을 뚫어 한국 최초의 점자를 만들어 시각장애인들이 글을 읽을 수 있게 해 주었습니다.

필자는 성경이 장애인을 어떻게 표현했는지 살펴보았습니다. 최초 한글 번역 신약성경은 1887년에 만주에서 출판된 『예수셩교젼셔』입니다. 이 성경에 보면 시각장애인을 '소경'으로 번역했는데, 1937년에 출판된 개역성경에도 여전히 '소경'으로 번역되어 있고, '문둥병자', '귀먹은 자'라는 용어를 썼습니다. 그러다가 근래에 번역된 개역개정판

AUG

에는 소경을 '맹인'이라고 번역했고, 문둥병자는 '나병환자'로 '귀먹은 자'는 여전히 '귀먹은 자', '다리 저는 자', '지체 더한 자', '키 못자란 자' 용어를 쓰고 있습니다.

그런데 근래 한국에서 장애인에 대한 용어가 확 바뀌었습니다. 교회 내에서뿐만 아니라, 일반 사회에서도 변화가 일어나기 시작했습니다. 국가인권위원회는 장애인 비하 용어를 바꿀 것을 권고했습니다. 예를 들면, '꿀 먹은 벙어리'는 '말문이 막힌', '말을 못하는'으로, '장님 코끼리 만지기' 같은 용어는 '일부만 알면서 전체를 안 듯이', '주먹구구식' 같은 표현으로 바꾸라고 권고했습니다. 또한 '눈먼 돈'은 '임자 없는 돈', '우연히 생긴 공돈'으로, '외눈박이'는 '한쪽으로 기울어진', '편파적인'으로 표현할 것을 권했습니다. 또 '장애를 앓고 있는'은 '장애를 갖고 있는'으로 써야 한다고 했습니다.

우리는 무의식적으로 장애인을 '소경', '귀머거리', '벙어리', '절뚝발이', '곰배팔이', '앉은뱅이' 등과 같이 비하(卑下)하는 용어로 많이 불러왔습니다. 그러나 근래에 와서 '시각장애인', '청각장애인', '언어장애인', '하반신 장애인', '팔 장애인' 등으로 표현합니다.

선진국 특히 기독교 문화권의 서구에서는 대체로 장애를 부끄럽게 여기지 않고, 비장애인들도 그들을 따뜻하게 품어주고, 도와주며 협조하는 생활이 습관화되어 있습니다. 국가에서는 이들에게 매달 생활비를 지급하여 생활에 지장이 없도록 도와줍니다. 미국에서는 법적으로 어떤 건물이든지 정문에 반드시 휠체어 경사로를 의무적으로 설치하게 되어 있습니다. 유명한 하버드대학에 휠체어를 타는 학생 하나가 입학을 하자, 그 학생 한사람을 위해 500년 이상 내려오던 유서 깊은 정문을 부수고, 휠체어가 드나들 수 있는 경사로를 만들었습니다.

미국 시내버스에 휠체어를 탄 사람이 버스를 타면, 기사가 리프트로 그를 태운 후 리프트를 올리고 버스에 밀어 넣은 후, 휠체어를 고정

시켜 움직이지 못하게 하고, 그가 내리겠다고 하면 다시 내려 문을 열고 리프트를 내려 거리로 나가게 합니다. 이러면 시간이 적지 않게 소모되지만, 불평하는 사람은 아무도 없습니다. 서울에서 운행하는 모든 시내버스에 이런 시설이 되어 있나요? 또 기사가 내려 그 장애인에게 그런 친절을 베푸나요? 장애인에 대한 배려와 관심, 그리고 지원은 예수님의 말씀을 따르는 일입니다. 교회가 이 일에 앞장서서 사회를 선도해 나가야 합니다.

AUG

사회적 자본

"형제를 사랑하여 서로 우애하고 존경하기를 서로 먼저 하며 즐거워하는 자들과 함께 즐거워하고 우는 자들과 함께 울라." (롬 12:10,15)

우리는 보통 자본(capital) 하면 돈을 생각합니다. "사업을 하려면 자본이 있어야지. 그런 사업을 할 자본은 있어? 자본을 많이 가진 사람이 이기게 되어 있어. 자본도 없이 무엇을 한단 말이야?"라고 말하는데, 이때 자본은 물론 돈을 의미합니다. 돈 없이 사업을 할 수 없다는 말이지요. 이런 사람들에게 '사회적 자본'(Social Capital)이란 말은 약간 생소한 용어입니다. 여기서 말하는 자본은 돈을 의미하지 않습니다. 눈에 보이지 않는 그 사회를 구성하고 있는 사람들 간의 신의를 말합니다.

공자의 제자 하나가, 국가가 흥왕(興旺)하기 위해서는 무엇이 필요하냐고 물었을 때, 공자는 "첫째, 식(食)을 족(足)하게 하라. 둘째, 병(兵)을 족하게 하라. 셋째, 신(信)을 족하게 하라."고 말했습니다. 여기서 "신(信)을 족하게 하라."는 말이 바로 '사회적 자본'을 의미합니다. 따라서 사회적 자본이란 용어는 요즘 개념이 아니고, 적어도 2500년 전부터 있어왔던 개념입니다.

한국은 이제 세계 어느 곳을 가도 모르는 사람이 없을 정도로 이름이 나 있습니다. 필자가 50년 전 유학을 왔을 때는 사람들이 어디에서 왔냐고 물어본 후, "China or Japan?"(중국 아님 일본)이라고 물어보았지요. "Korea"(한국)라고 대답하면 "Korea?"라며 의아해 했습니다. 요즘은 삼성, SK, LG 등의 전자 제품, 특히 삼성의 스마트폰, BTS(방탄소년단) 등으로 널리 알려져 있습니다. 이렇게 한국은 세계 어느 나라와 견주어도 뒤쳐지지 않는 나라가 되었습니다. 한국의 발전 역량을 세계 여러 나라는 높게 평가합니다. 세계경제포럼(WEF)은 한국을 세계 13위의 국제경쟁력을 가진 나라로 평가합니다. 인프라(사회 기반 시설), 시장 규모, 교육수준, 정보통신기술에서 최상위 평가를 받았습니다. 영국의 싱크탱크 레가툼 연구소(Legatum Institutes)가 발표한 2020년 자산 항목(Property Index) 평가에서 한국은 투자환경, 인프라, 교육, 정부의 목표 달성 능력 등에서 세계 28위를 기록했습니다.

그러나 이 기관들은 '사회적 자본' 항목에서 한국을 매우 낮게 평가했습니다. 세계경제포럼 평가에서 한국의 사회적 자본은 세계 78위였고, 레가툼에서는 세계 167개 국가 중 139위를 받았습니다. 사회적 자본은 개인 간의 신뢰와 사회, 네트워크 제도에 대한 신뢰, 개인과 가족과의 관계, 시민 참여도 등을 조사해서 평가합니다. "당신은 대체로 타인을 신뢰합니까?" "사람들이 당신을 존중하며 대하나요?" "당신 나라의 사법제도를 신뢰합니까?" "정부를 신뢰하나요?" "지난 한달 동안 기부하거나 봉사활동에 참여한 적이 있나요?" "당신이 어려움을 당했을 때, 진심으로 도와줄 수 있는 친척이나 친구가 있나요?" 같은 질문에 긍정적으로 답한 사람의 비중이 높을수록 사회적 자본이 높아집니다. 위의 몇 가지 질문에 당신은 몇 가지를 '예'라고 답할 수 있나요? 여러 항목에서 '예'라고 대답하는 것이 많으면 우리 사회는 사회적 자본이 높은 나라이고, 아니면 아무리 돈을 많이 벌고, 많은 사람이 대학 교육을 받았다고 해도 우리나라의 사회적 자본은 외국 기관들이 여전히 낮은 성적을 줄 수밖에 없습니다.

세계 여러 나라 사람들이 섞여 사는 미국에 살고 있는 한국인들의 사회적 자본의 정도도 한국의 그것과 별반 차이가 없다고 여겨집니다. 사회 여러 단체는 말할 것도 없고, 심지어 교회들도 싸우고 갈라지는 일이 빈번하고, 서로 믿을 수 없는 사람들임을 간단히 살펴봐도 알 수 있습니다. 필자는 자주 이런 말을 합니다. "사람을 절대 믿지 마세요. 사람은 믿을 수 없습니다. 우리가 확실하게 믿을 수 있는 분은 오직 예수 그리스도 한 분뿐입니다."

한국 사회에 사기꾼, 보이스 피싱, 해킹, 날치기, 들치기 등 믿을 수 없는 사람들이 너무 많지요? 공자가 말한 대로 신(信)이 없으면 사회는 무너지고, 국가는 필망하게 되어 있습니다. 해결 방법은 오직 신실한 그리스도인을 만드는 길밖에 다른 길이 없습니다. 그리고 신자인 내가 신임을 받는 사람이 되고, 우리 아이들이 모든 사람들로부터 신임을 받을 수 있는 사람이 되도록 확실한 기독교 교육을 시켜야 합니다. 이 길이 우리나라의 사회적 자본이 높아지는 유일한 길입니다.

성경 속의 장자 (1)

08
26

"에서가 이르되 내가 죽게 되었으니 이 장자의 명분이 내게 무엇이 유익하리요." (창 25:32)

필자는 구약성경을 읽을 때 한 가지 의아한 점이 있습니다. 그것은 하나님께서 장자를 선택해 쓰시지 않고, 차자(次子)나 다른 아들을 쓰신다는 점입니다. 필자는 3남 2녀, 5남매의 장남으로 성경에 장남들이 좋지 않은 모습을 보여주고, 하나님의 택하심을 받지 못하는 점이 늘 아쉬웠습니다.

구약에 나오는 몇몇 집안의 사례를 살펴보겠습니다. 맨 먼저 인류의 시조인 아담과 이브 사이에 태어난 장남 가인과 차남 아벨의 사적을 우리는 너무 잘 압니다. 가인은 농사를 짓는 농군이었고, 아벨은 양을 치는 목동이었습니다. 두 사람 모두 하나님께 제사를 드렸지만, 하나님께서는 둘째 아들 아벨의 제사는 받으시고, 장남 가인의 제사는 받지 않으셨습니다. 왜 하나님께서 가인의 제사를 받지 않으셨는지 성경이 침묵하고 있기 때문에 그 이유를 알 수 없습니다. 결국 형이 동생을 쳐 죽이는 인류 최초의 살인 사건이 인류 최초의 가정에서 일어난 비극이 연출되었습니다. 가인은 이 일로 하나님의 저주를 받아 방랑하는 사람이 되었고, 하나님의 은총은 셋에게로 넘어갔습니다.

다음은 이삭의 두 아들은 에서와 야곱입니다. 에서는 남자답게 사냥꾼이 되어 산으로 들로 뛰어 다니면서 짐승을 잡아 온 식구들에게 맛있는 먹거리를 제공했습니다. 반면에 야곱은 집안에서 어머니의 잔심부름이나 하는 소극적이고 내성적인 아이였습니다. 그러나 하나님께서는 에서를 택하시지 않으시고, 야곱을 택하셔서 이스라엘 열두 지파의 조상으로 삼으셨습니다. 왜 하나님께서 에서를 버리고 야곱을 택하셨는지에 대해 역시 성경은 침묵하고 있습니다. 다만 에서가 사냥에서 돌아와 배가 고픈 나머지 장자의 명분을 헌신짝처럼 야곱에게 넘기고, 팥죽을 먹은 사건은 간단히 넘길 문제는 아닌 듯싶습니다.

야곱에게는 열두 아들이 있었는데, 맏아들이 르우벤이었습니다. 그러나 야곱은 네 아내들 중 라헬이 낳은 요셉을 극진히 사랑했습니다. 자연히 가장 좋은 음식을 먹이고, 가장 좋은 채색 옷을 입혔으며, 형들이 들에 나가 양을 치는 고달픈 일상을 보낼 때도 아버지 품속에서 고이 키웠습니다. 야곱이 요셉더러, 형들이 양을 치고 있는 곳에 가서 안부를 묻고 오라고 보냈을 때, 미운털이 박힌 동생이 오자 형들은 그를 죽이려는 음모를 꾸밉니다. 그러나 맏형 르우벤은 요셉을 살려 아버지에게 돌려보내려고 물 없는 구덩이에 넣자고 제안했는데, 그의 계획은 동생들이 방심하고 있을 때, 요셉을 꺼내 아버지에게로 보내려는 속셈이었지요. 여기서 맏형의 아량을 엿볼 수 있습니다.

그러나 동생들은 이스마엘 대상(隊商)들이 지나가는 것을 보고 동생을 노예로 팔아버리면, 일석이조의 득을 얻겠다고 판단하고 요셉을 팔아 버립니다. 잠시 딴 일을 보고 돌아온 르우벤은 요셉이 없어진 것을 보고 "옷을 찢고 아우들에게 돌아와서 이르되 아이가 없도다 나는 어디로 갈까"(창 37:29-30)라며 한탄했습니다. 아버지가 그토록 사랑하는 요셉이 없어졌다는 사실에 큰 슬픔을 느꼈던 것입니다. 그러나 르우벤은 일생일대의 큰 실수를 범하고 말았습니다. 그는 서모인 빌하를 범하는 패륜을 저지릅니다. "이스라엘이 그 땅에 거주할 때에 르우벤이 가서 그 아버지의 첩 빌하와 동침하매 이스라엘이 이를 들었더라."(창 35:22) 따라서 그는 장자로서의 권한을 잃게 되고 그 권한이 동생 유다에게로 옮겨갔습니다.

성경 속의 장자 (2)

"에서가 이르되 내가 죽게 되었으니 이 장자의 명분이 내게 무엇이 유익하리요." (창 25:32)

야곱이 마지막 임종 시에 열두 아들들에게 축복할 때, "르우벤아 너는 장자요 내 능력이요 내 기력의 시작이라. 위풍이 월등하고 권능이 탁월하다마는 물의 끓음 같았은즉 너는 탁월하지 못하리니 네가 아버지의 침상에 올라 더럽혔음이로다."(창 49:3-4)라고 말합니다. 이처럼 패륜아가 아버지의 맥을 이어 갈 수 없음은 분명합니다. 야곱이 말년에 이르자 요셉은 자기 두 아들을 늙으신 아버지 야곱 앞으로 인도해 갔습니다. 눈이 어두워 보지 못하는 아버지 앞에 장자 므낫세를 오른손 앞에, 차자 에브라임을 왼손 앞에 앉혔습니다.

야곱은 사랑하는 아들 요셉이 두 아들들을 데리고 들어와 축복 기도해 주기를 원하자 손을 교차하여 오른손을 차자 에브라임의 머리 위에, 왼손을 장자 므낫세 머리 위에 얹고 기도하려고 했습니다. 요셉이 야곱에게 "이쪽이 장자이니, 오른손을 장자 므낫세의 머리 위에 얹으라"고 부탁했으나, 야곱은 듣지 않았습니다. "나도 안다. 내 아들아, 나도 안다. 그도 한 족속이 되며 그도 크게 되려니와 그의 아우가 그보다 큰 자가 되고 그의 자손이 여러 민족을 이루리라."(창 48:19)고 말했습니다. 이 역시 왜 야곱이 요셉의 장자와 차자를 바꾸어 손을 얹고 축복 기도를 했는지에 대한 설명이 없으므로 그 이유를 알 수 없습니다.

다음은 아론과 모세입니다. 분명 레위 족속 아므람이 아내 요게벳에게서 장자 아론과 차자 모세를 낳았습니다. 그런데 말 잘하는 장자 아론을 이스라엘 민족의 지도자로 세우시지 않고, 말이 어눌한 모세를 세운 이유는 무엇이었을까요? 이 역시 그 이유를 알 수가 없습니다. 어쨌든 하나님께서는 장자를 제치시고, 차자 모세를 지도자로 세워 이스라엘 역사에 길이 남을 지도자로 삼으셔서 430년 동안 애굽에서 종살이하던 이스라엘 민족을 구원해 내어, 아브라함과 이삭, 야곱에게 약속하신 땅 가나안으로 인도하게 하셨습니다.

모세가 하나님의 선택을 받은 결정적 원인은 형 아론이 백성들의 성화로 금송아지를 만든 후, 하나님께서 진노하셔서 이스라엘 백성을 멸망시키려 하셨을 때 다음과 같이 기도했기 때문입니다. "그들의 죄를 사하시옵소서 그렇지 아니하시오면 원하건대 주께서 기록하신 책에서 내 이름을 지워 버려 주옵소서."(출 32:32) 이 진심어린 호소가 모세가 하나님의 선택을 받은 결정적 원인입니다.

다음은 다윗입니다. 베들레헴에 살던 이새에게는 여덟 아들이 있었습니다. 하나님께서는 이스라엘 백성들이 왕을 세워주실 것을 요청했을 때, 겸손한 지도자로써 출중한 베냐민 지파 기스의 아들 사울을 초대 왕으로 간택해 주셨습니다. 그러나 그는 블레셋과의 전투에서 혁혁한 공을 세운 베들레헴의 목동 다윗의 인기가 하늘을 찌르자 질투하기 시작했습니다. 머잖아 다윗이 자기 왕좌를 빼앗을 것이라고 생각한 사울은 그를 죽이기 위해 여생을 소비하다 결국 블레셋과의 전쟁에서 자살하는 것으로 그 생을 마감했습니다.

하나님께서는 이스라엘의 둘째 왕으로 베들레헴에 살던 이새의 막내아들 다윗을 간택해 주셨습니다. 하나님께서는 사무엘에게 베들레헴에 내려가 이새의 아들 중 하나에게 기름을 부어 왕으로 세우라고 명하셨습니다. 사무엘이 베들레헴 기스의 집에 이르러 아들을 면접하기 시작했습니다. 장자 엘리압이 사무엘 앞에 나왔을 때, 사무엘은 그를 보고 "여호와의 기름 부으실 자가 과연 주님 앞에 섰도다."라고 확신에 찬 말을 중얼거렸습니다. 그러나 하나님께서는 "그의 용모와 키를 보지 말라. 내가 이미 그를 버렸노라. 내가 보는 것은 사람과 같지 아니하니 사람은 외모를 보거니와 나 여호와는 중심을 보느니라."(삼상 16:7)고 하셨습니다.

일곱 아들이 사무엘 앞을 지나갔으나 아무도 택하지 않으셨습니다. 사무엘이 이새에게 다른 아들이 없냐고 묻자, 막내가 있는데 그는 지금 들에서 양을 치고 있다고 말했습니다. 사무엘이 그를 데리고 오라고 명하여 다윗이 왔을 때에 "그의 빛이 붉고 눈이 빼어나고, 얼굴이 아름답더라."(삼상 16:12)고 기록하고 있습니다. 이 성경에서 보면 다윗이 왕재(王才)가 될 만한 묘사는 없었습니다. 그러나 하나님께서는 다윗의 중심을 보시고 그를 이스라엘의 왕으로 삼으셨습니다. 하나님께서 장자를 버리고 차자나 막내를 택하여 지도자로 삼으셨는지 성경이 침묵하고 있기 때문에 우리로서는 그 이유를 알 수가 없습니다. 그러나 성경 다른 곳을 찾아 그 이유를 유추해 볼 수는 있습니다.

AUG

08
28

성경 속의 장자 (3)

"여호와께서 가인에게 이르시되 네 아우 아벨이 어디 있느냐? 그가 이르되 내가 알지 못하나이다 내가 내 아우를 지키는 자니이까?" (창 4:9)

하나님께서 가인을 버리신 이유가 무엇이었을까요? 그 의도를 정확히 알 수는 없습니다. 다만 하나님께서 아벨의 제사를 받으시고 가인의 제사를 받지 않자 분노가 끓어오른 가인이 동생 아벨과 함께 들에 있을 때, 동생을 쳐 죽일 것이라는 것을 미리 알고 계셨습니다. 자기 제사를 받지 않으신 이유를 헤아려 내년에는 꼭 하나님께서 받으실 만한 제사를 드려야겠다고 다짐하기는커녕 오히려 동생을 죽이려는 악독한 생각을 가지고 실천한 가인의 성정을 미리 내어다 보셨다고 여겨집니다.

또 한 가지는 가인이 동생 아벨에 대한 태도입니다. 하나님께서 "네 아우 아벨이 어디 있느냐?"고 물어보셨을 때, 가인은 "내가 알지 못하나이다. 내가 내 아우를 지키는 자니이까?"(창 4:9)라며 앙큼한 말을 했습니다. 여기 "내가 알지 못한다."고 말할 때, 가인은 이미 아우 아벨을 쳐 죽인 후였습니다. 분명히 하나님께 거짓말을 했습니다. 세상에 단 하나밖에 없는 동복(同腹) 동생이 어디 있는지, 무엇을 하는지 모른다고 딱 잡아떼는 그의 모습에서 비정한 인간의 단면을 볼 수 있습니다. 동생을 전혀 돌보지 않는 철저한 이기주의자였던 것입니다. 앞을 내어다 보시는 하나님께서는 가인이 살인자가 될 것이고, 거짓말쟁이로 철저한 이기주의자임을 미리 아셨기 때문에 장남 가인을 버리셨다고 생각할 수 있습니다.

다음으로 하나님께서 에서를 버리시고 야곱을 택하신 이유는 두

말할 것 없이 장자의 명분이라는 소중한 직분을 배가 고프다고 팥죽 한 그릇에 팔아 버릴 수 있는 경박한 사람임을 미리 아셨기 때문입니다. 장자의 명분을 헌신짝처럼 버릴 수 있는 사람을 장자로 인정해주실 수 없는 것은 명약관화(明若觀火)한 사실입니다.

다음으로 장자 아론을 제치고 동생 모세를 택하신 이유는 황금 송아지를 만들어 광란의 이스라엘의 백성들에게 "이것이 너희를 애굽에서 인도해 낸 하나님"이라고 말하는 어리석은 사람임을 아신 것입니다.(출 32:4) 아론의 범죄는 그 누구의 것보다 컸습니다. 보통은 인간 사이의 문제나, 금전적인 것임에 반해, 아론은 비록 백성들의 성화에 못 이겨 한 일이기는 하지만, 하나님을 대신할 우상을 만들었다는 것은 하나님께 용서받을 수 없는 큰 죄악이었습니다. 하나님께서는 어떤 죄악보다 우상을 만들어 절하고, 섬기는 것을 가장 싫어하는 분이십니다.

아론이 정신이 제대로 든 사람이라면 아무리 아둔한 백성들이 신을 만들어내라 해도 백성들을 설득해서 모세를 기다려야 한다고 말하고, 자기의 생명이 위태로운 지경에 이르러도 하나님을 대신할 우상을 만들어서는 안 되는 일이었습니다. 뿐만 아니라 그는 "그들이 그것을 내게 가져 왔기로 내가 불에 던졌더니 이 송아지가 나왔나이다."(출 32:24)라고 하나님 앞에서 거짓말을 했습니다. 이 일로 결국 이스라엘 백성은 하나님의 진노를 받고 3천 명이 죽음을 당했습니다.(출 31:28)

다음은 이새의 장남 엘리압입니다. 하나님께서는 사무엘에게 "그의 용모와 키를 보지 말라 내가 이미 그를 버렸노라."(삼상 16:7)고 말씀하셨습니다. 사무엘이 보기에 그는 "여호와의 기름 부으실 자가 과연 주님 앞에 있도다."(삼상 16:6)라고 말할 정도로 왕재(王才)였음에 틀림없었습니다. 그러나 하나님께서는 그를 버리셨습니다. 그 이유가 무엇일까요? 성경은 블레셋 사람 골리앗이 소리를 지를 때, "이스라엘 모든 사람이 그 사람을 보고 두려워하여 그 앞에서 도망하며"(삼상 17:24)라고 당시 상황을 기록해 놓았습니다. 엘리압은 용모가 출중하고, 키가 컸지만, 결국 겁쟁이였습니다. 그도 다른 군인들과 같이 도망했던 것이지요.

동생 다윗이 와서 골리앗이 이스라엘을 향하여 욕하는 소리를 듣고 분개하여 나가려할 때, 엘리압은 막내 동생 다윗에게 "나는 네 교만과 네 마음의 완악함을 아노니 네가 전쟁을 구경하러 왔도다."(삼상 17:28)라며 핀잔을 주었습니다. 비록 어린 동생이지만 동생 다윗의 마음속에 여호와를 경외하며 의뢰하는 신심을 헤아리지 못한 겁 많고, 어리석은 사람이었음을 유추해 볼 수 있습니다.

결국 하나님께서 구약에 나오는 장자들은 택하시지 않으셨을 때는 그에 합당한 이유가 있었다는 것을 성경을 통해 간파할 수 있습니다. 따라서 장자냐, 차자냐, 막내냐가 문제가 아니고 하나님께서 사무엘에게 "사람은 외모를 보거니와 나 여호와는 중심을 보느니라."(삼상 16:7)는 말씀과 같이 여호와 하나님은 항상 우리의 중심을 보고 계신다는 사실을 유념해야 합니다.

대학 교육과 돈

08
29

“그리고 맡은 자들에게 구할 것은 충성이니라.” (고전 4:2)

미국 대학 하버드는 2021년 6월 말 회계년도 보고에, 금년은 전년보다 110억 달러를 벌어, 전체 기금의 27%가 증가돼, 대학이 보유하고 있는 기금이 총 532억 달러(약 63조 8천억 원)로 늘었다고 발표했습니다. 이 금액은 남아프리카공화국의 1년 예산과 네덜란드 중앙은행이 보유하고 있는 금액과 맞먹는 것이라고 AFP 통신은 보도했습니다. 또한 하버드는 2020년에서 2021년에 기부금으로도 4억 6,500만(약 5,580억 원) 달러를 거두어들였습니다.

하버드 대학에 이어 두 번째로 많은 기금을 보유한 예일 대학은 지난 해 수익률이 40% 늘어, 기금이 423억 달러로 늘어났습니다. 또한 MIT(매사추세츠 공과대학)는 56%가 증가하여 274억 달러로 늘었습니다. 미국이 세계 제일의 국가가 된 것은 정치, 경제, 사회, 문화, 군사 등 여러 부분에서 세계를 선도하는 국가이기 때문인데, 이 모든 것들의 기초에는 대학 교육이 뒷받침하고 있습니다. 소위 아이비리그 대학들을 비롯해서, 중부에 시카고 대학, 남부에 반더빌트, 에모리 대학, 서부의 스탠포드 등 세계적인 대학을 포함한 3천여 대학들이 인재들을 양성하고 있습니다.

금년 노벨 경제학상을 받은 세 교수도 스탠포드, 캘리포니아, 버클리, MIT 대학 교수들이었습니다. 지금까지 노벨상을 받은 사람들의 국가는 미국이 267명, 영국이 88명, 독일 70명, 일본 23명입니다. 이 숫

AUG

자는 무엇을 의미할까요? 네, 결국 대학교육입니다. 대학에서 인재를 제대로 기르면, 세계적인 학자가 나오고, 그런 사람들이 세계적인 노벨상을 받게 됩니다.

대학이 충실한 교육을 하기 위해서는 돈이 필요합니다. 세계적 석학(碩學)을 교수로 모시기 위해서는 파격적인 대우를 해야 합니다. 하버드대학 학부생은 6,700명, 대학원은 1만 4천 명입니다. 대학원생이 대학생보다 2배 이상입니다. 이 말은 연구 중심의 대학이란 말입니다. 그런데 재미있는 것은 하버드 대학의 학생과 교수 중 유대인이 1/3이란 점입니다. 유대인 인구는 미국 인구 3억 3천 가운데 불과 3%인 800만 명밖에 되지 않습니다.

하버드 대학에 유대인 학생과 교수 비율이 1/3이란 것은 무엇을 의미할까요? 이는 유대인이 교육에 얼마나 치중하고 있는가를 보여줍니다. 한국의 교육은 어떤가요? 유치원부터 초 · 중 · 고등학교 교육의 목표는 소위 SKY 대학에 들어가는 것과 의대, 법대, 상대에 들어가는 것이지요. 좋은 대학, 좋은 학과를 졸업하고 소위 사(士, 師)자 들어가는 직업을 갖는 것이 교육의 목표라는 것을 부인할 사람은 없을 것입니다.

미국 대학의 졸업 비율은 평균 32%입니다. 그만큼 대학을 졸업하기 어렵다는 이야기입니다. 미국 대학을 졸업하기 위해서는 목숨 걸고 공부하지 않으면 안 됩니다. 한국 대학은 어떤가요? SKY 대학에 100명이 들어갔다면 과연 중도 탈락한 학생이 몇이나 될까요? 등록금 내고, 적당히 출석하고, 적당히 과제내고, 적당히 시험 보면 대개는 졸업을 합니다. 입학생의 2/3가 졸업을 못하는 대학은 단 한 곳도 없지요. 과연 어느 나라가 학문적으로 앞서며 어느 나라 대학 졸업생들과 교수들이 노벨상을 많이 받을까요? 선진국의 사례를 본받아야 하는 것들이 많지만, 한국 대학들은 미국 대학의 제도를 많이 본받아야 대학 본연의 임무를 제대로 수행할 수 있을 것입니다.

08
30

교회수와 교인수가 감소하는 문제, 어떻게 해결해야 할까요?

"너는 말씀을 전파하라 때를 얻든지 못 얻든지 항상 힘쓰라." (딤후 4:2)

한국이나 미국을 막론하고 전 세계 개신교도들의 교인수가 점점 줄어들고 있다는 사실은 모르는 사람이 없습니다. 이 문제와 더불어 구체적으로 지난 1년 동안 교인이 얼마나 줄었는가를 알 수 있는 통계가 나왔습니다.

한국 내 최대 교단인 대한예수교장로회 통합 측 통계에 따르면 2020년 12월 31일 기준으로 교인수는 239만 2,929명입니다. 이는 전년 대비 11만 4,066명이 감소한 것입니다. 2015년 278만 9,102명과 비교하면 교인수가 무려 14%가 급감한 셈입니다. 통합 측과 더불어 대한민국 기독교의 양대 산맥이라 부르는 대한예수교장로회 합동 측은 현재 교인수가 238만 2,804명으로 집계되었습니다. 이 역시 전년 대비 17만여 명이 줄어든 것입니다. 합동 교단 역시 2015년 270만 977명과 비교하면 전체 교인 11%가 줄어든 셈입니다. 한국을 대표하는 두 교단의 교인수가 지난해만 무려 28만여 명이 줄어들었고, 약 200명이 모이는 교회로 셈하면 1년여 만에 무려 1,400개의 교회가 사라진 셈입니다.

중소 교단도 마찬가지로, 대한기독교장로회의 교인수는 현재 21만 5,617명인데 이는 전년에 비해 약 8천 명이 줄어든 수치입니다. 물론 이 통계는 코로나 펜데믹 사태로 교인수가 많이 줄어든 요인도 있지만 근본적으로는 기독교의 사회적 역할과 영향력이 그만큼 줄어든 결과라 여겨집니다. 한국의 주요 교단인 통합, 합동, 고려신학교 측, 기독교장로회, 감리회, 기독교 성결교회의 교인수를 합하면, 703만 8,298명입니다. 따라서 한국 그리스도인 수를 지난해와 비교해보면 약 40여 만 명이 줄어든 셈입니다. 현재 한국교회의 교인 감소 현상이 점점 심화되고 있다는 것을 의미합니다.

교인수가 감소되는 것은 미국교회도 마찬가지입니다. 미국에서 가장 큰 교단인 남침례교회도 2020년 기준, 교인수가 1,408만 8,947명인데 전년 대비 무려 43만 5,632명이 줄었습니다. 남침례교단 교인수가 최고조에 이른 2006년의 1,630만 명에 비하면 14년간 연속 감소한 것으로, 지난 100년 만에 가장 크게 하락한 수치입니다. 미국의 최대 장로교단인 PCUSA도 상황은 마찬가지입니다. PCUSA가 최근 발표한 연례 통계 보고서를 보면 이 교단은 현재 124만 5,354명의 교인이 있는데, 이는 전년(130만 2,043명)에 비하면 약 5만여 명이 감소한 수치입니다. 교회 수도 8,925개로 전년(9,041개)보다 줄어들었습니다.

교인수, 교회수 감소는 이제 일상이 되었습니다. 그 이유는 무엇일까요? 우선 인구 수 감소에 원인이 있습니다. 아시는 대로 한국은 OECD 국가 중 최하위의 인구 성장률을 기록하고 있습니다. 결혼한 부부가 아이를 낳는 %가 0.8명으로 1명도 낳지 않으며, 결혼을 해도 못 낳는 부부, 안 낳는 부부(DINK족), 결혼을 안 하는 남녀, 못하는 남녀가 많으니 인구가 불어날 가능성이 없습니다. 미국도 인구 증가율이 하강 곡선을 그리고 있습니다.

그럼 교회가 어떻게 해야 성장할 수 있을까요? 무슨 좋은 방법이 없을까요? 아니요, 있습니다. 그 길은 바로 전도하는 것입니다. 교인수가 줄어도, 전도만 하면 교회는 성장합니다. 한국 인구가 5천만 인데, 개신교 1천만, 가톨릭 500만을 빼면 3,500만이 남습니다. 이들이 바로 우리가 전도해야 할 대상입니다. 전도하면 부흥합니다. 전도하기 위해서는 성령님의 능력을 받아야 합니다. 성령님의 능력을 받으려면, 자기의 죄악을 철저히 참회하고 성령님의 오심을 간절히 기도해야 합니다. 이 길이 교회가 부흥하는 유일한 길입니다.

AUG

08
31

성경과 교회

“모든 성경은 하나님의 감동으로 된 것으로 교훈과 책망과 바르게 함과 의로 교육하기에 유익하니 이는 하나님의 사람으로 온전케 하며 모든 선한 일을 행하기에 온전하게 하려 함이니라.” (딤후 3:16)

신약성경에는 ‘마태, 마가, 누가, 요한’이라는 4복음서가 나옵니다. 그런데 이 네 복음서 저자 중 예수님의 제자 즉 3년 동안 예수님을 따라다니며 같이 생활하고, 현장에서 말씀을 듣고, 이적 행하심을 직접 눈으로 본 사람은 마태와 요한 두 사람뿐이고, 마가와 누가는 열두 제자가 아닙니다. 그런데 사실은 예수님의 제자들 가운데 마태, 요한 외에 복음서를 쓴 제자들이 있었습니다. 베드로가 쓴 베드로복음서, 도마가 쓴 도마복음서 등이 있습니다. 제자들이 쓴 복음서를 정경으로 채택할 때, 단연 베드로의 복음서를 제일 먼저 택했었어야지요. 왜냐하면 마태가 가보지 못한 변화산 위에 베드로는 현장에 있었고(마 17:1-8), 회당장 야이로의 죽은 딸을 살리실 때도 현장에 있었습니다.(눅 8:41) 또한 예수님께서 대제사장 가야바에게 심문받으실 때, 그는 멀리서 모닥불을 쬐면서 예수님의 상황을 현장에서 지켜 본 제자입니다. 가룟 유대를 뺀 나머지 열 제자는 다 도망가고 베드로 홀로 현장을 지켜보았습니다. 그러니 누구보다 예수님에 대한 기록을 자세히, 그리고 정확히 기록할 수 있는 사람이지요. 그런데 정작 수제자 베드로의 복음서가 정경에서 빠진 것이 이상하지 않습니까? 그리고 의심은 많았지만, 꼬박 3년 동안 예수님을 따라다니면서 그의 모든 행적을 직접 눈으로 본 도마의 복음서가 빠진 이유를 밝혀야 하겠지요? 예수님을 따라 다니지도 않은 마가, 누가가 쓴 복음서는 정경이 되었는데 말이지요.

성서학자들의 추론은 이렇습니다. 초기 예루살렘교회를 비롯 여러 교회가 주일이 되면 성도들이 모여 예배를 드렸는데, 찬미가를 부르고, 기도하고 구약성경을 읽고 또 예수님을 잘 모르는 젊은 세대와 기타 초신자들을 위해 예수님의 전기를 낭독했습니다. 예수님의 행적을 쓴 책들 중 맨 먼저 베드로의 복음서를 읽었겠지요. 그런데 대부분의 교인들이 베드로의 복음서를 들을 때, 이것은 예배 시간에 읽는 것이 합당치 않다는 생각들을 했습니다. 도마의 복음서도 마찬가지였고요. 반면에, 마가나 누가가 쓴 복음서는 읽으면 읽을수록 은혜롭고, 깊은 감명을 받게 되었습니다. 이런 현상은 비단 예루살렘교회뿐만 아니라 다른 지방 교회들도 마찬가지로 공통적인 현상이 되어 자연히 예배 시 낭독서 중에서 빠지게 되었습니다. 신약 27권은 대체로 주 후 100년경까지 다 쓰인 것으로 여깁니다. 따라서 100년부터 400년까지 약 300년 이상 여러 지방 교회들이 주일에 공통으로 가장 많이 읽은 책들이 간추려지면서 자연히 27권이 남게 된 것입니다. 따라서 이 27권이 정경으로 확정된 것입니다.

예를 하나 들겠습니다. 어떤 농부가 밭을 갈다가, 쟁기에 걸린 돌멩이를 하나 발견했습니다. 그런데 이 돌은 보통 돌이 아니고 광채가 나는 특별한 돌이었습니다. 비록 무식한 농부지만 이 돌이 금강석 원석 같다는 생각이 들어 깨끗이 씻은 후 보석상을 찾아갔습니다. 돌을 내어 놓으면서 “밭을 갈다 발견한 돌인데 무식한 내가 봐도 금강석 원석 같은데 한 번 살펴봐 주세요.”라고 말했습니다. 전문가인 보석상 주인은 육안으로 보고, “앗, 이것은 금강석 원석입니다.”라고 감탄했습니다. 농부는 “그래도, 보석 감정기(鑑定機)에 넣어 확실히 봐 주세요.”라고 말하자, 주인은 원석을 감정기 속에 넣고 관찰하더니, “이것은 ‘완벽한 다이아몬드’(A+A+A+) 원석입니다.”라고 말했습니다. 다이아몬드라고 모두 같은 것이 아니고, 등급이 있습니다.

AUG

자, 그럼 이 돌이 보석상 주인이 원석이라고 선언해서 원석이 됐나요? 아니면 선언하기 전부터 원석이었나요? 당연히 선언하기 이전부터 원석이었지요. 선언은 공식화한 것뿐이지요. 그렇습니다. 397년에 감독 회의가 27권이 정경이라 선언한 것은 공식화한 것이고, 선언 이전에 27권은 이미 정경이었습니다. 즉 교회는 성경이 정경이라 선언하지 않을 수 없어 선언한 것이지, 선언해서 정경이 된 것이 아니란 뜻이지요. 그러므로 교회가 성경 위에 있다는 가톨릭의 주장은 사리에 맞지 않습니다. 성경은 교회 회의가 선언했던지 말았던지, 여전히 하나님의 말씀으로 존재합니다. 선언과 상관없이 모든 교회는 이 27권을 소중히 여겨 읽고, 암송하고, 설교하면서 영적 양식으로 보존해 왔습니다.

역사를 통해 교회 회의는 많은 실수를 저질렀습니다. 431년 에베소에서 모인 회의에서 알렉산드리아 감독이 현재 가치 미화 약 300만 달러어치의 뇌물을 써서 자기의 뜻을 관철시킨 일이 있었습니다. 16세기 중엽 모든 교회가 천동설을 믿고 있을 때, 갈릴레이가 지동설을 주장하자 화형을 시키겠다고 협박해서 지동설을 철회시켰지요. 그로부터 350년이 지난 1992년 교황 요한 바오로 2세가 갈릴레이 재판이 잘못되었다는 점을 인정하고 갈릴레이에게 사죄한 일이 있었습니다. 이것은 무엇을 의미합니까? 교회 회의도 오류를 범할 수 있다는 얘깁니다. 오직 하나님만이 절대이시지, 교회도 범죄하고, 오류를 범합니다. 따라서 교회는 결코 성경 위에 설 수 없습니다. 오직 하나님의 말씀만이 절대 진리입니다.

9 September

추석이 달갑지 않은 사람들

"즐거워하는 자들과 함께 즐거워하고 우는 자들과 함께 울라."
(롬 12:15)

미국에는 추석 명절이 없습니다. 송편을 못 먹고 지날 때도 많고, 직장인들은 직장에 출근하고, 아이들은 학교에 등교를 하지요. 그러나 한국에서 한가위는 명절 중에 명절이지요. 예로부터 "더도 말고 덜도 말고 한가위만 같아라."는 말이 있을 만큼 추석은 온 민족이 즐거워하고 기뻐하는 명절입니다. 한 해 동안 타지에서 생활하던 자식들이 고향에 돌아와 부모님과 일가친척들과 더불어 조상의 묘에 성묘하고 차례(茶禮)를 지냅니다, 맛있는 음식을 나누어 먹으면서 윷놀이도 하고 오랜만에 고향 친구들도 만나는 행복한 명절입니다.

그러나 이 계절이 지겹게 싫은 사람들이 있습니다. 그들 중 하나는 며느리들입니다. 어느 집에 며느리 셋이 있는데, 맏며느리 외 두 동서는 대학을 졸업하고 직장에 다니고 있고, 또 친정이 잘살아 모든 면에서 여유가 있지만, 맏며느리는 집안이 가난하여 겨우 고등학교를 졸업하고 시집을 와서, 시부모를 모시고 살면서 모진 시집살이를 하고 있습니다. 맏며느리는 추석 며칠 전부터 혼자 장을 봐 와서 밤새서 음식을 장만하느라 허리가 휠 정도입니다. 그런데, 손아랫 동서 둘은 직장에 다닌다는 핑계로 추석 전날 늦게 올 뿐만 아니라 추석 당일 제사만 드리고, 맏동서가 마련해 놓은 음식을 먹고는 시어머니에게 용돈이 든 봉투를 쥐어 주고 당일 오후에 집으로 돌아가 버리고 말지요. 이때 받은 스트레스가 극에 달해, 더 이상 더 버틸 수 없어 이혼을 선언하고 홀로 사는 길을 택하는 며느리들이 적지 않습니다. 명절 끝나고 나서 이혼율이 평소보다 높다는 뉴스는 빈말이 아니지요.

추석을 불행하게 보내는 또 다른 사람들은 독거노인들입니다. 독거노인에는 세 종류가 있습니다. 하나는 자녀들이 없고 남편은 이미 세상을 떠나 홀로 살고 있는 노인들입니다. 자녀가 없으니 찾아올 자식도 없고, 늙고 병들어 누워 있지만 물 한 그릇 떠다주는 사람이 없는 고독한 노인들입니다. 이웃집은 타지에 살던 아들딸들이 손주들과 더불어 선물을 많이 가지고 와서 웃음꽃을 피우며 맛난 음식을 즐기고 있는데, 입에 겨우 풀칠을 하고 냉방에 누워있는 독거노인들의 처지는 참으로 가련하기 그지없습니다.

다른 하나는 자식들은 있지만 먹고 살기 바빠, 홀로 지내야 하는 안타까운 상황의 노인들도 있습니다. 이런 분들은 이웃집 자녀들이 돌아와서 즐거운 한 때를 보내는 모습을 부러운 눈으로 바라보면서 눈물을 흘리겠지요. 또 다른 하나는 어려운 살림에 하나뿐인 아들을 공부시키고 좋은 직장에 보내 부잣집 딸과 결혼시킨 홀어머니입니다 처가 집에서 혹은 아내가 시골에 홀로 계시는 어머니 찾아뵙는 것을 달가워하지 않기 때문에, 처가나 아내의 눈치를 보느라 홀로 계시는 어머니를 찾지 못하는 불효자를 둔 노인들입니다.

다음은 고아, 소년 소녀 가장들입니다. 부모도, 일가친척도, 찾아갈 고향도 없이 어려서부터 홀로 살아가고 있는 고아들에게 추석은 또 다른 서러움이고 고통입니다. 또 다른 사람들은 노숙자들입니다. 사업에 실패하고 빚더미에 짓눌려, 집을 나와 길거리에 자리를 잡은 노숙자들에게는, 재잘거리는 어린 것들과 선물 보따리를 들고 귀향하는 사람들을 보는 것은 고통이 아닐 수 없습니다.

온 민족이 행복해 하는 시절에 눈물을 흘리는 사람들에 대한 관심과 도움을 줄 사람들은 우리 그리스도인들뿐이라고 생각합니다. 불교에서는 자비의 마음이 부처의 마음이라고 가르칩니다. 명절에 고독하게 지내는 사람들에게 불교 신자들은 자비의 마음으로 물심양면 돕고 있을 때, 교인들은 가족들과 함께 즐거운 시간을 보내면서 눈물 흘리는 이웃들에게 눈길 한 번 돌리지 않는다면, 기독교 신앙이 불교 신앙보다 나은 것이 무엇인가요? 예수님께서는 "내 형제 중에 지극히 작은 자 하나에게 한 것이 곧 내게 한 것이니라."(마 25:40)고 말씀하십니다. 우리 이웃에 서럽게 추석을 보내는 작은 자들에게 우리의 마음과 물질을 나누는 한가위가 되기를 기원합니다.

어떤 목사님

09
02

"저희가 배들을 육지에 대고 모든 것을 버려두고 예수를 좇으니라."
(눅 5:11)

하루는 필자가 장신대 연구실에 있었는데 전화가 울렸습니다. 전화를 받았더니 멀리 제주도 서귀포에 사시는 목사님이셨습니다. 김 교수냐고 물어서 그렇다고 했더니, 자기는 옛날 신학교가 [서울] 남산에 있을 때 공부한 사람이라며 김 교수 선배 되는 사람인데, 지금은 은퇴하고 제주도에서 여생을 보내고 있다고 했습니다. 김 교수가 쓴『한국기독교회의 역사』책을 두 번 읽었는데 많은 은혜를 받았고, 또 책에 목사님 작은 아버님 성함이 두 번 나와 기뻤다고 말씀했습니다. 그러면서 서울 올라가게 되면 꼭 김 교수에게 식사 대접 한 번 하고 싶다고 말씀했습니다. 그래서 필자가 "목사님 서울 올라오시면 연락 주세요. 제가 선배 목사님 식사 대접해 드리겠습니다." 하고 전화를 끊었습니다.

구정 무렵에 목사님에게서 다시 전화가 왔습니다. 이번 구정에 서울 올라가는데 김 교수와 식사를 하고 싶다고 말씀하셔서 올라오시면 연락을 주시라고 말씀드렸죠. 구정 때 목사님에게서 전화가 왔습니다. 그래서 시간 약속을 하고, 그날 어떻게 오시겠냐고 여쭈었더니, 전철을 타고 오시겠다고 하시기에, 그럼 5호선을 타시고 '광나루' 장신대역에서 내려서 2번 출구로 나오시면 제가 차를 대 놓고 기다리고 있겠다고 말씀을 드렸습니다.

12시 무렵에 2번 출구에서 기다리고 있었더니, 목사님께서 손자 둘과 더불어 나타나셨습니다. 제 차에 모시고 식사를 하러 식당을 찾았는데, 마침 그때가 구정이어서 모든 식당 문이 닫혀 있었습니다. 그래서 어떻게 할까 하다 호텔 식당은 열었겠지 하고 워커힐 호텔로 갔습니다. 워커힐은 장신대 바로 뒤쪽에 있습니다. 워커힐 뷔페식당에서 마주 앉은 후, "목사님, 오늘 점심은 제가 대접하겠습니다."라고 말씀드렸더니, 목사님이 "그러지 마세요. 오늘은 내가 점심 대접합니다. 내가 이래 보여도 재산이 좀 있습니다."라고 말씀하셨어요. 그래서, "아, 그러십니까, 그럼 그렇게 하세요. 다음에는 제가 한 번 대접을 하겠습니다."라고 말하고 식사를 했습니다. 식사하는 동안 목사님이 필자에게 다음과 같은 말씀을 하셨습니다.

목사님이 오래전에 부산에서 개척교회를 시작해서 17년 동안 목회를 했는데, 17년째 되던 해에 미국에서 목회하던 친구 목사에게서 연락이 왔습니다. 적당한 교회가 하나 났는데, 미국 와서 목회할 생각이 없냐고요. 그래서 가겠다고 말했습니다. 그리고 다음 주일예배 후, 바로 임시 당회를 소집하고 사표를 제출했습니다. 장로님들이 깜짝 놀라며 왜 갑자기 사표를 내시냐면서, 앞으로 3년만 더 목회하시면 원로목사가 되시는데, 왜 그러시냐고 묻더랍니다. 한국 장로교 통합측 총회는 한 교회에서 20년 이상 목회를 하면 원로목사로 추대되고, 원로목사가 되면 은퇴 후에도 평소 받던 월급의 70%를 돌아가실 때까지 드리는 제도가 있습니다. 그래서 목사님이 "사실 난 원로목사가 되기 싫어서 그러는 겁니다. 그러니 사표를 수리해 주세요."라고 했더니, 장로님들이, "정 그러시다면 목사님 일단 가십시오. 저희들이 목사님 사표는 3년 후에 수리하겠습니다. 3년 후에 20년 되면 원로목사로 추대하고 나서 사표를 수리하겠습니다."라고 얘기를 했습니다. 정말 그 목사에 그 장로님들이지요? 목사가 목회를 하려면 이 정도 신임과 신뢰를 받아야 하지 않겠습니까? 그래서 목사님은, "그럴 필요 없습니다. 목사가 교회를 떠나면 그만이고, 또 다른 목사가 와서 목회를 해야 하는데 어떻게 이전 목사 사표가 3년이나 수리 되지 않고 20년을 채울 때까지 기다린단 말입니까? 그렇게 할 필요 없고 또 나는 그런 것을 결코 원치 않습니다."라고 단호하게 말하고 교회를 떠났습니다.

목사님은 교회에서 주는 퇴직금을 받아서 짐을 부치고 가족들 비행기 표 사고 또 용돈 얼마를 남겨두고, 얼마 남지 않은 돈을 제주도에서 목회하고 있던 친구 목사에게 보냈습니다. 친구 목사에게 몇 푼 안 되는 돈이니까, 사람이 살 수도 없고, 농사도 지을 수 없는 아무 쓸모없는 땅이 있으면 사 놓으라 부탁을 하고, 미국에 가서 목회를 했습니다.

여러 해가 지난 후에 제주도 친구 목사에게서 전화가 왔습니다. "잠깐 좀 나와야 되겠네. 지난번 자네 이름으로 사 놓은 땅이 수용(收用) 되어서 서류 정리를 해야 하니까 인감을 꼭 가지고 나와. 등기이전을 해야 되네."라고 했습니다. 그래서 한국에 나가 봤더니 그 땅이 관광단지로 수용이 됐는데, 현재 제주도 '중문단지'가 된 곳이었습니다. 그런데 놀랍게도 그 땅이 살 때 가격에서 2천 배가 올랐다는 겁니다. 목사님은 액수를 말씀하시지는 않았지만, 필자 상상에 그 땅을 만일 1천만 원에 구입했다면 2천 배가 올랐으니, 보상 가격이 200억 원, 당시 미화로 2천만 달러가 되는 엄청난 재산이었지요. 목사님 큰 아들이 그 재산을 관리하고 있는데, 아버님 은퇴 후 노년을 보내시라고 바다가 내려다 보이는 서귀포 고급아파트에, 소일하시라고 조그만 감귤 밭도 하나 마련해 두었습니다. 미국에서 은퇴한 후 지금은 말년을 행복하게 지낸다고 말씀하셨습니다. 그래서 "내가 재산이 좀 있다."고 말씀하셨다는 겁니다.

필자는 목사님의 말씀을 들으면서 역시 하나님은 살아계셔서, 섬기던 교회에 은퇴 후 재정적 부담을 주지 않으려고, 교회가 권하는 원로목사를 거절하고 도미한 목사를 눈여겨보고 계시다가 이렇게 보상을 해주셨다고 생각했습니다. 돈은 벌고 싶다고 해서 버는 것도 아니고, 돈에 초연하게 산다고 해서 늘 궁핍하게 사는 것도 아니란 사실을 다시 한 번 확인했습니다.

필자는 어떤 교회에서 19년 6개월 목회한 목사를, 원로목사 안 시키려고 6개월 남겨 놓고 내쫓았다는 얘기를 들은 일이 있습니다. 두 말할 필요도 없이 그 장로들은 정말 못된 인간들이지만, 장로들이 그렇게 하도록 목회한 목사도 무거운 책임을 져야겠지요. 여기 소개드린 목사님과 부산의 그 교회 장로들을 보면, 이런 목사, 이런 장로들, 이런 교회도 있다는 말을 널리 알려도 좋을 것입니다.

필자는 적지 않게 "우리 교회 목사는 돈밖에 몰라요."라고 말하는 교인들을 만나 보았습니다. 그 말을 들을 때, 필자도 목사의 한 사람으로 얼마나 모욕감을 느꼈는지 모릅니다. 그런 말을 듣는 목사가 설교를 한들 어떤 교인이 그 말씀에 은혜를 받으며, 목사를 하나님의 종으로 여기겠습니까? 살아계신 하나님은 늘 우리 한 사람 한 사람의 생각, 말, 행동 일체를 지켜보고 계십니다. 그리고 우리의 삶에 대한 보상을 언젠가는 반드시 이행하시는 분이십니다.

애국 시인 윤동주는 간도에서 태어나 장로교 가정에서 신앙 교육을 받으면서 자랐고, 미션 스쿨인 숭실중학교를 졸업하고, 연희전문학교에서 수학한 후 일본에 유학을 갔습니다. 일본에서 개신교 신자였던 니지마조(新島襄)가 설립한 개신교 도시샤 대학 재학 중, 독립운동을 했다는 혐의로 후쿠오카 감옥에 투옥되었습니다. 옥중에서 온갖 고초를 겪다 해방을 불과 6개월 남겨두고 27세 나이에 옥중에서 요절했습니다. 그는 생전에 유명한 '서시'(序詩)를 발표했지요. 우리 그리스도인들은 죽는 날까지 하나님 앞에 한 점 부끄럼 없이 재물에 관해 투명하고 청결한 삶을 살기를 다짐하며 하루하루를 살아가야 하지 않을까요?

도덕적 힘

"이것을 인하여 나도 하나님과 사람에 대하여 항상 양심에 거리낌이 없기를 힘쓰노라." (행 24:16)

오늘은 도덕적 힘에 대해서 말씀드리겠습니다. 물리적 힘은 눈에 보이는 경제력과 군사력입니다. 천문학적인 경제력과 가늠하기조차 어려운 막강한 군사력을 가지고 있으면 세계를 재패할 수 있습니다. 그러나 도덕적 힘은 물리적 힘과 같이 눈에 보이는 것이 아니고 눈에 보이지 않은 힘입니다. 이 도덕적 힘은 한 개인, 한 집단, 그리고 한 국민에게 있는 도덕의식, 양심과 관계되는 문제입니다. 필자는 도덕적 힘이 가장 강했던 사람은 인도의 마하트마 간디(Mohandas Karamchand Gandhi, 1869-1948)라고 생각합니다. 마하트마는 '위대한 영혼'이란 뜻으로, 노벨 문학상을 받은 인도의 시인 라빈드라나트 타고르가 지어 준 이름입니다. 간디는 본래 변호사였지만 200여 년간 영국의 지배를 받고 있는 모국의 독립을 위해 변호사 직을 포기하고 독립 운동에 나섰습니다.

독립운동에는 두 가지 패턴이 있습니다. 첫째는 물리력을 동원하는 방법이고, 다른 하나는 비폭력, 무저항입니다. 물리적 힘을 동원하는 것은 폭탄이나 무기를 써서 살인, 폭파, 게릴라전, 암살 등으로 적을 괴롭히는 것입니다. 무장 테러를 하고 사람이나 건물을 폭파하고, 전화, 전선줄 절단 등 물리적인 폭력을 동원하는 것입니다. 소위 '백색 테러'입니다. 그러나 이런 백색 테러는 결코 승리할 수 없습니다. 왜냐하면 점령군은 훨씬 더 강력한 물리적 힘 즉 군사력을 가지고 있기 때문이지요. 물리적 힘을 이길 수 있는 것은 도덕적 힘입니다. 간디는 독립

운동을 할 때, 무장투쟁을 하지 않았습니다.

그는 예수님의 산상수훈이 담긴 마태복음 5, 6, 7장을 매일 아침 읽었습니다. 그는 예수님의 가르침에서 무저항, 비폭력의 원리를 찾아냈습니다. 간디는 러시아의 문호 톨스토이가 이 산상수훈에서 무저항, 비폭력 정신을 찾은 것을 본받아 자신도 그 정신을 이어받았습니다. 간디의 이 정신은 후에 미국 인권 운동의 선두 주자 마틴 루터 킹에게 전수되었습니다. 간디는 어느 날 이런 얘기를 했습니다. "나는 그리스도를 좋아한다. 그러나 그리스도인은 좋아하지 않는다. 왜냐하면 그들은 그리스도를 닮지 않았기 때문이다." 예수님의 산상수훈의 정신을 따르지 않는 자는 그리스도인으로 인정할 수 없다는 경고입니다. 또한 그리스도인의 정신으로 산다는 영국이 인도에서 갖은 못된 일을 하는 것을 보고, 그리스도는 존경하지만, 그리스도인은 존경하지 않는다고 일갈(一喝)한 것입니다.

영국 정부가 인도에 불합리하거나 부당한 법률을 공포하면, 간디는 "우리는 이 법률을 따를 수 없다. 이 법률을 당장 취소하라."고 선전포고를 했습니다. 그러고는 평소 염소 한 마리 끌고 다니며, 염소젖을 짜 먹으면서 민중 계몽과 독립 운동을 펼치던 그는 염소를 나무에 묶어 놓고, 그 옆에서 무기한 단식 투쟁에 들어갔습니다. 음식은 고사하고 물 한 모금 마시지 않은 단식입니다. 부당한 법을 취소할 때까지의 죽음을 각오한 투쟁이었습니다. 처음 3일 동안은 앉아서 이야기도하고 강론도 했지만, 며칠 지나지 않아 차차 힘이 빠지기 시작했습니다. 홀로 앉아 있기 어려워 옆에 있는 나무에 머리를 기대고 앉아 있다가 나중에는 누워서 일어나지도 못했습니다.

전 세계 언론은 간디의 상황에 대해 시시각각으로 보도를 했습니다. "간디가 드디어 자리에 누웠다, 말을 계속하지 못한다, 눈을 감고 조용히 누워있다. 점점 숨이 거칠어져 간다, 이대로 가면 얼마 가지 못해서 생명이 끝날 것 같다." 등의 뉴스를 연거푸 퍼 날랐습니다. 전 세계 양심은 영국 정부에 무언의 압력을 가했습니다. "간디를 죽이지 말라. 그를 살려내라."는 것이었습니다. 영국 정부는 지팡이에 의지하여 비틀거리며 다니는 늙은이 하나 정도는 총 한 방에 혹은 칼로 간단히 처리할 수 있었지만 그렇게 할 수 없었지요. 세계의 양심이 주시하고 있었기 때문입니다. 만일 영국 정부가 간디를 죽이면, 시대의 성자를 죽였다는 오명을 영원히 뒤집어쓰기 때문에 어쩔 수 없이 그 법을 취소하고 맙니다. 도덕적 힘의 승리입니다.

드디어 간디는 무저항 비폭력으로 "오대양 육대주에 해지는 날이 없다."고 하는 대영제국을 상대로 승리했습니다. 물리적 힘이나 군사력으로 이긴 것이 아니라 한 사람의 깊이를 알 수 없는 심연에서 뿜어져 나오는 도덕적 힘으로 대영제국을 굴복시킨 것입니다.

간디는 인도가 200년간의 영국 식민지 생활을 청산하고 독립할 무렵, 힌두교도와 모슬렘들이 갈등을 표출하면서 각각 국가를 따로 건설하려 할 때, 적극 만류하면서 서로 화해하고 함께 국가를 이루자고 역설했으나 종파 간 갈등이 심화된 상태에서 별로 먹혀들어 가지 않았습니다. 결국 인도는 힌두 중심의 인도, 모슬렘 중심의 파키스탄과 동파키스탄(현재는 방글라데시)로 분열되고 말았습니다. 극우 힌두 조직의 멤버인 나트람 고드세는 이슬람과의 합의를 주장하는 간디를 1948년 1월 10일 뉴델리에서 기도회에 참석하고 나올 때 총으로 암살했습니다. 일생을 모국 독립을 위해 헌신한 위대한 영혼은 물리적 힘에 의해 쓰러졌습니다. 물리적 힘은 그의 생명을 앗아 갔으나 그의 위대한 정신만은 결코 빼앗을 수 없었습니다. 간디의 육신을 화장한 재는 전 세계의 유명한 강에 각각 뿌려져 그의 정신이 온 세상에 살아 있음을 상징적으로 표현했습니다.

이런 도덕적 힘은 유약하기 짝이 없어 보이지만 무한의 힘을 가지고 있습니다. 간디는 인도 전통 의상을 걸치고 지팡이 하나에 의지하여 불안정한 걸음으로 비틀거리면서 돌아다니는 노인에 불과했지만, 그에게서 뿜어져 나오는 도덕적 힘은 그 어떤 물리적 힘으로도 대적하기 어려운 난공불락의 성 그 자체였습니다. 간디가 매일 아침 읽었던 산상수훈에서 그의 정신과 삶의 원천을 찾았듯이, 우리 모두는 오늘 산상수훈을 통해 들려주시는 주님의 말씀에 귀를 기울여야겠습니다.

영적 힘

“여호와여 원컨대 저의 눈을 열어서 보게 하옵소서 하니 여호와께서 그 사환의 눈을 여시매 저가 보니 불말과 불 병거가 산에 가득하여 엘리사를 둘렀더라.” (왕하 6:17)

오늘은 영적(靈的) 힘에 대해서 말씀드리겠습니다. 영적 힘은 물리적 힘이나 도덕적 힘과 달리 글자 그대로 영적인 힘입니다. 영적 힘은 수양이나 수행으로 얻어지는 것이 아니라 깊은 신앙심에서 우러나옵니다. 기독교적 입장에서 얘기하면 성령님의 은총과 능력을 받아야만 얻을 수 있는 힘입니다. 따라서 성령님의 능력을 받지 못하면 영적 힘은 얻을 수 없습니다.

인간은 에덴동산에서 추방된 이후, 이기적인 존재로 변했습니다. 다른 사람은 죽거나 말거나 나와 내 가족, 우리 민족과 국가만 잘 살면 되고, 남은 죽거나 살거나 아무 상관이 없습니다. 이것이 19~20세기 제국주의 국가들의 극단적인 이기주의입니다. 그들은 약소민족은 죽거나 말거나 식민지의 모든 좋은 것들을 앗아갔습니다. 일제강점기에 일제가 조선에서 저질렀던 일을 생각하면 쉽게 이해할 수 있습니다.

영력은 인간의 노력으로 얻어지는 힘이 아니고 성령님께서 주시는 힘이기 때문에 이기적 인간을 이타적으로 바꿔놓습니다. 영적 능력을 받은 사람들에 대해 한두 경우를 소개하겠습니다. 먼저 세리장 삭개오의 경우를 살펴봅시다. 돈밖에 모르고 돈 버는 것을 생애 최대 목표로 삼았던 삭개오가 예수님을 만난 후에 근본적으로 변화되어 생명처럼 소중하게 여겼던 자기 전 재산의 절반을 풀어 가난한 사람들에게 나누어 주겠다는 결단을 했습니다. 삭개오로 하여금 이런 결단을 하게 한 힘이 바로 영적 힘입니다. 이 결단은 성령님의 감동으로 된 것이지 삭개오 개인의 결단이 결코 아니었습니다. 따라서 영적 힘은 물리적 힘이나 도덕적 힘과 같이 인간의 노력, 수양, 수행으로 얻어지는 것이 아니고 성령님이 내려 주시는 은총에 의해서만 가능합니다.

벨기에(Belgium) 출신 신부 다미안(1840-1889)은 가난한 농부의 아들로 태어났습니다. 신학을 공부하고 사제 서품을 받은 후, 33살의 나이에 700여 명의 나병 환자가 모여 사는 하와이 몰로카이(Molokai) 섬으로 들어갔습니다. 가서 보니까 거기는 완전 지옥이었습니다. 날마다 폭력, 난투극, 절도, 강간, 살인도 저질러졌습니다. 희망 없는 사람들의 나락(奈落)이었습니다. 전도하는 그에게 환자들은 "너도 문둥이가 되어봐라. 그래도 네가 하나님을 얘기하며 예수의 사랑을 얘기하는지"라며 조롱했습니다. 그러나 다미안은 묵묵히 사역을 계속하며 어려운 환자를 돌보면서 주어진 길을 갔습니다.

어느 날 저녁, 몇 명의 환자들과 더불어 모닥불 주변에 둘러앉아 담소를 나누고 있었는데, 갑자기 탁 하는 소리와 함께 작은 불똥 하나가 신부의 손등에 뚝 떨어졌습니다. 그런데 신부는 전혀 뜨거움을 느끼지 못했습니다. 이미 나병에 감염되어 신경이 죽어 있었던 것입니다. 주변에 있던 환자들이 신부의 반응이 어떤지 자세히 살펴보았습니다. 신부는 조금도 흔들림 없이 환자들을 섬기며 사목을 했습니다. 이 모습을 본 그 섬의 환자들이 모두 나와 신부 앞에 무릎을 꿇고 용서를 구했습니다. 변함없는 신부의 그리스도의 사랑에 녹아내린 것입니다.

그때부터 몰로카이 섬은 지옥에서 낙원으로 변해갔습니다. 한결같이 성당에 나와 미사에 참석했으며, 고백 성사를 하고, 환자들 스스로 정결한 삶을 이어갔습니다. 신부를 성자와 같이 떠받들면서 어떤 말씀에도 절대 복종했습니다. 신부의 병세는 날로 악화되어 결국 1889년 49세를 일기로 천국으로 떠났습니다. "이제는 지상에서가 아니라 천국에서 영원한 부활절을 경축하고 싶습니다." 그가 마지막 남긴 말이었습니다.

건강한 사람들을 위한 사목도 가능했던 다미안 신부를 나병환자의 지옥으로 몰아간 것은 성령님이셨고, 이는 곧 영적 힘이었습니다. 영적 힘을 얻지 못하면 온전한 신앙인으로 살아 갈 수 없습니다. 우리 그리스도인들은 물질적 힘, 도덕적 힘보다 더욱 강력한 영적 힘을 얻어야 세상을 이길 수 있습니다.

양화진을 아시나요? (1)

09
05

"그가 우리를 위하여 목숨을 버리셨으니 우리가 이로서 사랑을 알고 우리도 형제들을 위하여 목숨을 버리는 것이 마땅하니라." (요일 3:16)

헤론(John W. Heron, M.D.)은 미국 북장로교회로부터 한국 선교사 제1호로 임명받은 의사로 1856년 6월 15일 영국에서 태어났습니다. 그의 부친은 영국 회중교회 목사였는데, 1870년 가족을 데리고 미국으로 이주하여 미국 북장로교회에 가입했습니다. 헤론은 고학으로 동(東) 테네시의 메리빌 대학을 졸업한 후 테네시 주립대학 의과대학에서 공부하고, 1883년 개교 이래 최우수 성적으로 수석 졸업했습니다. 졸업한 후, 그는 동테네시의 존스보로(Jonesboro)와 뉴욕대학 의과대학에서 수련한 후 내과의사가 되었습니다.

그의 수련이 끝날 무렵 테네시 의과대학으로부터 그에게 교수직을 제안하는 편지를 받았습니다. 그는 장시간 숙고한 끝에 그가 처음 선택한 일(해외선교)로 이 요청을 거절하기로 결정했습니다. 그는 교수회에 다음과 같은 편지를 써 보냈습니다. "존경하는 은사님들께서 부족한 사람에게 모교 교수 자리를 제안해 주신 것을 무한한 영광으로 생각합니다. 그러나 저는 의과대학을 진학할 때, 조선(Corea)에 선교사로 가기로 하나님께 서원 기도를 드렸습니다. 따라서 저는 조선으로 가야만 합니다. 그러므로 이 귀한 제안을 받아들일 수가 없음을 혜량하여 주시기 바랍니다. 죄송하고 감사합니다."

의과대학을 졸업 하던 해, 헤론은 해티 깁슨(Hattie Gibson)양과 결혼한 후, 한국에 가기 위해 샌프란시스코에서 일본행 배에 올랐습니다.

두 달간의 긴 항해를 마치고 일본 요코하마에 도착하여 현지 미국 북장로교회 선교사들의 환영을 받았고, 현지에서 한국어를 배우면서 한국으로 가는 배를 기다리고 있었습니다. 그러는 동안 언더우드(Horace Underwood)가 도착했고, 그는 1885년 4월 헤론보다 먼저 한국행 배를 탔습니다. 따라서 헤론은 한국 선교사 1호로 임명은 받았으나 언더우드가 먼저 한국에 도착했습니다. 언더우드가 한국에 도착한 2달 후인 1885년 6월, 헤론은 아내와 함께 한국에 도착했습니다. 그는 어학 수업을 받으며, 자기보다 먼저 한국에 와서 제중원(후에 세브란스병원)을 개원하고 환자 진료를 하던 알렌을 도왔습니다. 2년 후인 1887년 원장 알렌이 주미 한국 영사관 서기로 미국으로 가게 되자 자연히 헤론이 제중원 원장 자리를 이어 받게 되었고, 동시에 알렌이 맡았던 고종 황제의 시의(侍醫) 역시 그가 맡게 되었습니다.

헤론은 늘 자기 집을 개방하고 손님 접대에 적극적이었습니다. 그는 뛰어난 의술로 병원과 진료소에서 지칠 줄 모르고 일했습니다, 또한 기독교에 대한 편견을 깨뜨리는 데 크게 공헌했습니다. 헤론이 한국에서 일한 5년간 약 4만 명의 환자를 치료했다는 보고서가 남아 있습니다. 그는 의사로 한국에 나와 의료 선교를 했으나 내한 목표는 분명했습니다. 그것은 복음 선교였습니다. 그는. '선교의 최대 목적'(The Great Aim of Missions)이란 글에서 다음과 같이 말했습니다.

"나는 나의 사명이 의술을 시행하는 것이 아니고 '위대한 의사'(the Great Physician: 예수)에 대해 증언하는 것임을 잊지 않고 있습니다. 나는 이들에게 그들을 위해 죽으신 구주에 대해 증언하기를 원하고 있습니다. 우리는 이미 하루에 평균 60명 이상의 외래 환자를 보고 있는데 그들 중에는 시골로부터 보통 수 마일을 걸어오는 사람들이 적지 않게 있습니다. 사업은 진척되고 있습니다. 주님의 사역이 이곳에 정착되기 위해 계속 기도해 주세요."

양화진을 아시나요? (2)

"그가 우리를 위하여 목숨을 버리셨으니 우리가 이로서 사랑을 알고 우리도 현제들을 위하여 목숨을 버리는 것이 마땅하니라." (요일 3:16)

헤론 의사가 한국에 나온 지 5년 후인 1890년 여름에 각종 전염병이 창궐하여 수많은 사람들이 전염병으로 생명을 잃고 있었습니다. 한국에서 선교하던 선교사들은 7, 8월 두 달은 더위와 장마로 원활한 선교 사역을 할 수 없어서 남한산성에 휴양지를 마련하고 그곳에서 여름을 지낸 후 서늘한 바람이 불기 시작하는 9월부터 다시 사역을 시작했습니다. 그러나 헤론은 휴식을 취하고 있을 수 없었습니다. 그는 폭염 속에서도 서울까지의 먼 거리를 오가며 환자들 치료를 게을리하지 않았습니다.

여름이면 어김없이 유행하던 돌림병에 걸린 사람들이 새벽부터 제중원 문 앞에서 진료소 문 열리기를 기다리고 있었습니다. 소문이 나기를 서양 병원은 신분의 차별 없이 오는 순서대로 진료를 해주고 또 돈이 없는 사람은 공짜로 치료를 해줄 뿐만 아니라, 백정의 아들에게도 나랏님에게 쓸 귀한 약을 아낌없이 사용한다는 소문이 퍼져 수많은 사람들이 밀려 온 것입니다. 지금부터 140년 전, 1880년대의 한국은 그야말로 형편없는 나라였습니다. 상, 하수도는 물론 전기도 없었고, 우물도 먼 곳에 있었으며, 땔감을 사는 일도 쉽지 않은 때였습니다.

헤론이 섭씨 38도가 넘는 무더위 속에서 도와주는 의사도, 간호사도 없이 혼자 환자를 진찰하고 조제 하고, 간단한 수술도 하면서 쉴 새 없이 환자 치료를 계속 했습니다. 그는 미국 본부에 보낸 편지에서 한국에서의 힘든 사역을 이렇게 적어 보냈습니다. "제가 이곳에 도착한 이후에 아내를 상해에 데려다 준 때(헤론의 부인 헤티가 정구공에 눈을 맞은 상처가 심하여 안과 의사를 보러 간 일이 있었음) 외에는 단 하루도 쉬는 날이 없었습니다… 정말 바빠서 자주 점심도 [오후] 4시나 5시 이후에 먹거나 아예 거르곤 합니다… 환자를 진료하지 않고 돌려보내느니 내가 일을 더하는 것이 낫습니다. 아내나 나나 테니스 모임이나 승마 모임에 갈 시간이 거의 없고 친구들의 초대에 답할 시간도 없습니다. 아시겠지만 내 자신의 위락 생활은 전혀 없이 전적으로 진료만하고 있습니다."

다른 편지에 밤이 낮보다 더 힘들다고 피력한 일이 있었습니다. 낮에 38도까지 오른 기온은 밤에도 떨어지지 않아 열대야의 고통을 안겨 주었습니다. 에어컨은 고사하고 선풍기조차 없었으며, 모기장도 없어, 모기떼가 몰려오고, 불나방들이 날아들었으며, 방에는 이, 빈대, 벼룩이 득실거리고, 벽에는 지네, 돈벌레가 기어 다니는 열악한 환경에서 살아간다는 것이 얼마나 힘들었겠는지 짐작이 가시지요. 이렇게 맡겨진 일에 진력하던 그가 마침내 이질에 걸려 3주간을 앓다가 1890년 7월 16일, 한국에 나온 지 5년 만에 이역만리 먼 나라에 사랑하던 아내와 어린 두 딸을 남겨두고 34살의 젊은 나이에 하늘나라로 먼저 여행을 떠났습니다.

국왕 고종은 자기의 시의(侍醫)였던 헤론이 세상을 떠났다는 말을 듣고 그의 죽음을 애석해 했습니다. "의술이 그렇게 좋은 사람이 먼 나라에서 와서 헌신적으로 우리 백성을 돌보던 젊은 의사가 그렇게 세상을 떠났단 말이냐."며 애석해 했습니다. 그의 장례를 정중하게 치르라 명하면서 땅 한 뙈기를 하사해 주었는데, 그곳이 양화대교 북단에 있는 양화진(楊花津)입니다. 여기 헤론이 처음으로 묻혔고, 그 후 양화진은 외국인 묘지가 되었습니다. 제1호로 이곳에 묻힌 헤론은 자기의 생을 밑거름으로 성장하는 한국교회의 모습을 지금도 지켜보고 있습니다. 양화진에는 111기의 선교사와 부인들, 그리고 36기의 선교사 자녀들의 묘지가 있습니다. 한국 최초 장로교 선교사 언더우드의 일가와 감리교회 최초 선교사 아펜젤러 일가 묘지가 여기 있어 성장해 가는 한국교회를 묵묵히 바라보고 있습니다.

미국에서 의과대학 교수로 가족들과 단란하게 살 수 있었던 헤론은 이 모든 것을 뒤로하고 어둠이 짙게 깔려 있던 조선에 나와 병든 배달겨레를 진료하다 내한 5년 만에 34살의 젊은 나이에 하늘나라로 갔습니다. 그의 생애는 작은 예수의 삶 그 자체였습니다.

필자가 한국 광나루 장신대 교수로 한국교회사를 강의할 때 모든 학생들에게 반드시 양화진을 다녀와서 감상문 한 장을 의무적으로 써내게 했습니다. 그리고 갈 때 그냥가지 말고 천원(1달러)짜리 장미나 카네이션 한 송이를 사서 헤론의 묘나 언더우드나 기타 다른 선교사들 묘에 헌화하고 왜 이들은 미국이라는 문명국의 평안한 삶을 뒤로하고 모든 것이 열악한 이역 땅에 뼈를 묻었는지 조용히 묵상하는 시간을 가질 것을 당부했었습니다. 오늘의 한국교회는 양화진이 있어서 존재하고 있습니다. 여러분들이 예수를 믿고 하나님의 자녀가 되는 권세를 얻게 된 것도 모두 양화진이 있기 때문입니다. 양화진 없는 한국교회는 없다고 해도 과언이 아닙니다.

한국에 사시는 분들 중 아직 한 번도 양화진을 방문하지 않으신 분들은 시간을 내어 아이들을 데리고, 꼭 한번 들러 보시기를 권해 드리며, 해외에 사시는 분들은 한국 방문 시 시간을 내어 양화진을 성묘하는 시간을 가지시기를 당부 드립니다. 조선 선교를 위해 생명과 모든 것을 희생한 은인들의 성덕(聖德)을 길이 기억하는 우리 모두가 될 수 있기를 염원합니다. 청춘을 불사르며 한국 선교에 매진하다 쓰러져간 순교자들의 후손들을 위한 우리의 기도는 언제까지나 계속되어야 하고, 그 의무 또한 우리에게 무겁게 지워져 있습니다.

카이로스와 크로노스 (1)

09/07

"범사에 기한이 있고 천하만사가 다 때가 있나니 날 때가 있고 죽을 때가 있으며 심을 때가 있고 심은 것을 뽑을 때가 있으며 죽일 때가 있고 치료할 때가 있으며 헐 때가 있고 세울 때가 있으며 울 때가 있고 웃을 때가 있으며 슬퍼할 때가 있고 춤출 때가 있으며 돌을 던져 버릴 때가 있고 돌을 거둘 때가 있으며 안을 때가 있고 안는 일을 멀리할 때가 있으며 찾을 때가 있고 잃을 때가 있으며 지킬 때가 있고 버릴 때가 있으며 찢을 때가 있고 꿰맬 때가 있으며 잠잠할 때가 있고 말할 때가 있으며 사랑할 때가 있고 미워할 때가 있으며 전쟁할 때가 있고 평화할 때가 있느니라." (전3 :1-8)

미국은 11월 1일부터 '서머 타임'(Summer Time)이 해제되어 1시간이 뒤로 물러가게 되었습니다. 필자가 미국 유학을 왔을 때, 한국에서 없었던 서머 타임 제도를 잘 몰랐습니다. 그때 정말 시간을 쪼개가면서 공부에 열중했던 때여서 수면 시간이 무척 부족했었습니다. 그런데 깊은 가을, 주일이 되어 예배를 드리러 교회로 갔습니다. 11시에 예배가 시작되기 때문에 10시 50분쯤 교회 주차장에 갔는데, 평소 같으면 적지 않은 차들이 주차되어 있었을 텐데 차가 단 한 대도 없었습니다. 필자는 몹시 당황했습니다. '왜 차가 한 대도 없지. 오늘 예배를 안 드리는 건가' 하면서, 오늘이 주일 맞나, 공부하는데 정신이 없어 요일을 잘못 생각했나, 오늘이 토요일인가, 월요일인가 헛갈렸습니다.

아무리 생각해 봐도 오늘이 주일인 것은 분명했습니다. 그래서 조금 기다려 보기로 하고 한 40분쯤 지나자 담임 목사가 맨 먼저 모습을 드러냈습니다. 웃으면서 필자에게 다가와서, "오늘 서머 타임이 해제된 걸 모르셨군요."라 말을 했습니다. 그래서 한국에 없는 서머 타임 제도가 미국에 있다는 것을 그때야 실감했습니다. 그 사실을 미리 알았다면 1시간을 더 잘 수 있었는데 하면서 얼마나 한스러워했는지 모릅니다. 지금도 그때 서머 타임 해제를 모르고 1시간 잠을 더 못 잔 것이 억울하고 한스럽습니다.

미국에서 서머 타임 제도가 시작된 것은 제1차 세계대전 당시로, 전국적으로 연료가 몹시 부족했기 때문에 연료를 절약할 목적으로 낮 시간을 늘리기 위해 서머 타임이 시작되었습니다. 이 서머 타임 제도는 일찍이 미국 건국 시대 지도자였던 벤저민 프랭클린(Benjamin Franklin)이 "해가 떠 있는 동안 더 많은 일을 할 수 있다."는 말에 근거합니다. 프랭클린 당시는 농업이 주산업이기에 농사와 관계되는 제도가 많이 시행되었습니다. 미국 초 · 중 · 고, 대학교 여름 방학이 5, 6월에 시작되어 9월 초까지 오래 계속된 것도 집에서 부모님을 도와 농사일을 거들라고 긴 여름 방학을 하게 된 것입니다.

서머 타임은 3월 둘째 주일 새벽 2시부터 시작해서 11월 첫째 주일 새벽 2시에 끝납니다. 약 33주간으로 1년 365일의 65%에 해당하는 238일입니다. 그러나 같은 미국이라도 대륙에서는 애리조나, 태평양 위의 섬 하와이는 이 제도를 시행하지 않습니다.

필자가 목회 했던 인디애나주 일부 지역은 서머 타임 제도를 실시하고, 일부지역은 시행하지 않습니다. 필자가 속한 미국 장로교회 중서부 와바시 밸리(Wabash Valley) 노회는 모일 때, 시간을 항상 둘로 표기했습니다. 서머 타임이 적용되는 지역과 적용 안 되는 지역에 따라 따로 시간을 적었습니다. 필자가 살던 지역은 적용이 안 되는 지역이었습니다. 가끔 혼란스러웠지요. 노회가 모이면 시간을 둘로 조정했고, 회의가 좀 늦어지면 서머 타임 적용 지역 목사, 장로들은 "우리 먼저 떠납니다."라며 1시간 먼저 나가는 모습을 지금도 기억하고 있습니다.

서머 타임이 시행되는 지역 사람들 중에 수면 장애를 일으키는 이들도 있고, 생체리듬이 깨져 심장마비나 뇌졸중 발병이 증가한다는 통계도 나와 있습니다. 또 1시간 어둠이 일찍 찾아오는 바람에 11월 초에 교통사고가 평소보다 37% 증가한다는 통계 역시 나와 있습니다. 이에 따라 서머 타임제를 해제하자는 여론이 점증하고 있습니다. 10월 31일 현재 해제 청원사이트에 약 20만 명이 서명을 했습니다. 2018년 필자가 살고 있는 캘리포니아주에서 주민 발의로 서머 타임제 폐지 주민투표가 실시되었는데 약 60%가 찬성을 했습니다. 그러나 주 의회 표결 과정에서 보류되어 아직까지 이행되지 않고 있습니다.

사실 31일 토요일 밤, 자기 전에 각 방 안에 있는 모든 시간을 뒤로 1시간 물리는 것도 귀찮은 일 가운데 하나입니다. 전자시계도, 오븐에 있는 시계도, 손목시계도 1시간 뒤로 밀어 놓아야 하지요. 다만 스마트폰 만은 자동으로 뒤로 1시간 물러갑니다. 손목시계를 1시간 뒤로 하는 것을 깜빡하고 약속시간에 1시간 늦게, 혹은 빨리 가기도 하지요. 전에 필자가 예배에 1시간 빨리 간 것처럼요.

시간은 항상 앞으로만 갑니다. 정확하게 1초 1초 앞으로 나갑니다. 시간이 뒤로 가는 법은 창조 이래 단 한 번도 없었습니다. 다만 구약성경 여호수아 10장에 여호수아가 아모리 사람들과 전쟁할 때 태양이 중천에 머물러서 거의 종일토록 속히 내려가지 아니 하였다고 기록되어 있습니다. 또 개인적으로는 유다 왕 히스기야가 죽을병이 들어, 금식하며 눈물로 하나님께 기도했을 때, 하나님께서 그를 가련히 여기사 그의 수한을 15년 연장해 주셨습니다. 그때, 해 그림자가 10도를 뒤로 물러가게 하여 수명을 15년 연장해 주신 일이 있었습니다.(왕하 20:11) 이것은 히스기야 왕 개인의 해 시계가 뒤로 물러 간 것이지, 온 유다 백성의 해 시계가 뒤로 물러간 것은 아닙니다. 즉 개인적인 일이란 뜻입니다.

그런데 인간이 서머 타임이란 제도를 만들어 인위적으로 1시간을 빨리 또는 뒤로 가게 하는 것은 시간을 가지고 장난을 하는 것입니다. 옛날 농사를 짓던 시절에 일을 더 많이 하기 위해 이런 제도를 도입했다면, 오늘 미국 인구의 약 3%밖에 안 되는 농민이 기계로 수많은 사람들의 노동력을 대신하므로 구태여 구제도를 유지할 필요가 없는데도 계속 하는 것은 불합리한 일이지요. 하나님께서 창조하신 시간을 그대로 흘러가게 해야지 인간들이 마음대로 1시간을 빨리, 늦게 가게 하는 것은 어떤 면에서 보면 하나님의 창조 질서를 어지럽히는 일이라 생각됩니다. 시간은 자연스럽게 흘러가는 것입니다. 인간이 조절할 수 있는 것도 아니고, 또 조절해서도 안 됩니다. 자연은 자연 그대로가 가장 자연스런 것입니다.

어쨌든 미국에 살고 있는 사람들은 미국 제도권 속에 살고 있기 때문에 이 서머 타임 제도가 법적으로 완전히 해제되기 전까지는 어쩔 수 없이 1시간 빨리 혹은 늦게 사는 불합리한 세계 속에서 살 수밖에 없습니다. 따라서 LA와 한국과의 시간차는 16시간에서 17시간으로 1시간 늘어나게 됩니다. 한국과 미국을 오전, 오후로 바꿔서 5시간 차이가 난다고 생각하면 됩니다. 한국에서는 미국이 5시간 늦게, 미국에서는 한국이 5시간 빨리 간다고 생각하면 됩니다. 전도서 3장에 천하범사에 '때'가 있다고 했습니다. 서머 타임 제도가 해제되는 '때'가 오겠지요?

SEP

카이로스와 크로노스 (2)

“천하 범사가 기한이 있고 모든 목적이 이룰 때가 있나니” (전 3:1)

우리말에는 ‘시간’이란 말밖에 없습니다. 영어에도 시간은 ‘Time’이란 말밖에 없습니다. 그러나 헬라어 시간은 2개의 단어가 있습니다. 하나는 하나님의 시간인 ‘카이로스’(Kairos)고 다른 하나는 인간의 시간인 ‘크로노스’(Kronos)입니다. 전도서 3장 1절에 “범사에 기한이 있고 천하만사에 다 때가 있나니,”란 말씀이 있는데 처음 ‘기한’은 카이로스고 둘째 ‘때’가 크로노스입니다. 하나님의 시간 카이로스는 영원입니다. 영원은 시작도 없고 끝도 없습니다. 그러나 크로노스는 인간의 시간으로 시작이 있고 끝이 있습니다.

크로노스 즉 인간의 시간은 하나님의 창조로부터 시작됩니다. 창세기 1장 1절에 “태초에 하나님이 천지를 창조하시니라.”라 되어있고, 3절에 하나님이 이르시되 “빛이 있으라 하시니 빛이 있었고”라 되어 있습니다. 이 하나님의 첫마디 “빛이 있으라”는 말씀으로 인간의 시간인 크로노스가 시작되었습니다. 창조 이전 즉 영원의 세계에는 인간 시간 크로노스가 없었습니다. 시계상점에 가면 벽에 많은 시계가 걸려 있습니다. 그러나 그 시계는 움직이지 않고 서 있습니다. 예전에는 태엽을 감아, 태엽이 풀리는 힘으로 시간을 가리켰지만, 요즘 디지털 시계는 배터리의 힘으로 움직입니다. 서 있는 시계에 배터리를 집어넣는 순간 초침이 움직이면서 시계가 작동하기 시작합니다. 그때부터 그 시계는 1년 혹은 2년 동안 배터리의 수명이 끝날 때까지 계속 돌다, 배터리가 다 소진 되는 날 시계는 다시 멈춥니다.

하나님께서 천지를 창조하실 때, "빛이 있으라."라 선포하신 그 시각이 바로 디지털시계에 배터리를 넣는 것과 같습니다. 그때부터 인간의 역사가 시작됐습니다. 배터리를 넣는 순간에 초침이 움직이기 시작하는 것처럼 하나님께서 "빛이 있으라"고 말씀하신 그 순간부터 인간의 크로노스가 시작되었습니다. 정확하게 그 창조의 시점이 언제인지 우리는 알 수 없습니다. 보수주의 신학에서는 창조가 주전 4004년 10월이라고 계산하지만 그것은 어디까지나 성경에 나오는 사람들의 수명과 여러 가지 자료를 참조해서 계산해 낸 것이지 과학에서는 보다 훨씬 전에 우주가 시작이 되었다는 증거를 제시합니다.

따라서 하나님께서 천지를 창조하신 때, 즉 '빛이 있으라'고 선포하신 때부터 인류의 역사는 시작되었고, 예수님께서 재림 하실 때 세상 역사는 끝이 납니다. 인간 시간 크로노스는 멈춥니다. 시간 즉 역사는 천지 창조부터 예수님의 재림까지 잠깐 있는 기간입니다. 예수님께서 재림하신 후에 다시 영원의 세계로 들어가기 때문에 더 이상 크로노스의 시간은 없습니다. 따라서 크로노스는 창조 이전의 영원에서, 예수님 재림 이후의 영원 사이에 잠시 있는 기간일 뿐입니다.

장로교회를 시작한 장 칼뱅 선생에게 어떤 젊은 친구가 와서 질문을 했습니다. "선생님, 하나님이 천지를 창조하시기 이전에는 무얼 하고 계셨습니까?"라는 쌩뚱 맞은 질문을 했습니다. 칼뱅 선생이 잠깐 생각하더니 그 친구를 바라보면서 이렇게 말했습니다. "그런 질문을 하는 놈들을 위해 몽둥이를 깎고 계셨다." 쓸데없는 질문하지 말라는 얘기죠. 교회에 이런 엉뚱한 질문을 하는 친구들이 더러 있습니다. "가인의 장모 이름은 뭡니까?" "가인의 아내는 어디에서 왔습니까?"라고 하는 그런 얘기죠.

인간은 시간을 측정하기 위해서 시계를 만들었습니다. 최초의 시

SEP

계는 기원전 3세기 그리스의 에라토스테네스가 만든 그노몬(Gnomon)으로 알려져 있습니다. 그노몬은 해시계의 원조입니다. 중세 시대에는 해시계와 물시계가 시간을 측정하는 기본적인 도구였습니다. 해 시계는 햇빛 때문에 생겨난 그림자로 시간대를 알려 주는 도구였습니다. 그러나 이 시계는 날씨가 흐리거나 밤에는 아무 소용이 없었지요. 더러는 초가 녹아내리는 시간을 계산하는 양초시계를 만들기도 했습니다. 또 작은 구멍으로 모래가 위에서 아래로 빠져나가는 것을 측정해서 만든 모래시계도 사용했습니다. 그러나 이런 시계마저도 왕궁이나 부호 가정에서 사용되었을 뿐 일반 백성들과는 아무 상관없는 일이었습니다. 일반 백성들은 태양 시계가 주로 쓰였지요. 해가 뜨면 아침이고, 해가 머리 위에 와 있으면 점심 때며, 서산에 넘어가면 저녁입니다. 그래서 해 뜨면 일어나고, 해가 머리 위에 있으면 점심 먹고, 해가 서산에 넘어가면 일을 끝내고 저녁에 집에 와서 저녁밥을 먹고, 자고 또 내일 아침 해가 뜨면 일을 나가는 단순한 삶이었지요.

그러나 과학이 발달되면서 정교하게 하루가 24시간, 1시간이 60분으로 시침, 분침, 초침까지 있는 시계가 나타난 것은 주후 16세기 그러니까 1,500년경입니다. 이런 시계가 나와 우리 생활을 편리하게 했습니다. 시계가 반드시 편리한 것만은 아닙니다. 이제 시간 약속이 정교해져서, 며칠, 몇 시, 몇 분까지 정확하게 약속을 하게 되었습니다. 옛날 시계가 없던 때는 "아침녘에 만나지, 점심 때 만나, 해거름에 당산나무 아래서 보자구." 하는 식의 약속을 했습니다. 몇 시 몇 분이 없었지요. 그래서 여유가 있었어요. 늦어지면 늦는 대로, 빠르면 빠른 대로 만났지요. 정확히 12시란 개념이 없었기에 여유가 있었습니다.

우리 한국 초기교회 즉 19세기 말에는 물론 시계가 없었습니다. 오래 만에 시골 교회에 목사가 오면 주일 설교를 오래 했습니다. 특히 저녁 예배 때 설교를 오래 했는데, 그것은 시계가 없어서 당신이 설교를 얼마나 오래 했는지 가늠할 수 없었기 때문이지요. 교인들이 주로 농사를 짓는 사람들이어서 몸이 많이 피곤한데 설교가 길어지니까, 한둘이 졸기 시작해서 여러 사람이 졸고 있으면 설교를 끝냈답니다. 내 설교가 길었나보다 하고 목사가 깨달은 거죠.

현대인은 시간의 굴레 속에 살고 있습니다. 여러분들이 하루에 시계를 몇 번 쳐다보는지 한 번 헤아려 보세요. 인간은 시간적 존재이기 때문에 시간의 한계 속에서 살아갈 수밖에 없습니다. 이것은 인간이 크로노스의 한계 속에 살아가고 있다는 것을 의미합니다. 욥기 19장 26절에 욥은 "나의 이 가죽 이것이 썩을 후에 내가 육체 밖에서 하나님을 보리라."고 절규했습니다. 육체 밖에서 하나님을 본다는 말은 죽은 후를 의미합니다. 육체 밖이란 크로노스의 마감을 의미합니다. 인간 시간의 옷을 벗고, 카이로스의 세계로 들어가는 것을 말합니다.

우리는 세상에 살면서 하나님께서 각자에게 맡겨주신 사명에 충성을 다한 후, 크로노스의 세계를 벗어나 카이로스의 세계로 들어가서 참된 자유를 얻게 됩니다. 우리의 육신은 이 세상 크로노스의 세계에서 살지만, 우리의 영은 카이로스의 세계로 들어갈 수 있습니다. 우리가 비록 육체로 살지만 우리 영혼은 육체 밖에서 살 수 있습니다. 그것은 하나님과 영적 교제를 통해 이루어집니다. 성령님께서 내 안에 들어오셔서 나의 삶을 지배할 때 나는 크로노스의 세계를 벗어나 카이로스의 세계로 들어간 것입니다. 이것은 오직 우리 그리스도인들에게만 주어진 특권이며 또한 행복입니다.

09
09

199 대 1

"너희 말은 옳다 옳다, 아니라 아니라 하라 이에서 지나는 것은 악으로부터 나느니라." (마 5:37)

한국 역사에 길이 남을 수군(水軍)의 영웅 이순신 장군에 대한 이야기를 읽어봅시다. 파격적인 진급을 하고 현지에 부임한 이순신은 '경상 좌수사 박홍, 경상 우수영 원균, 전라 우수사 이억기' 당시에 '전라 좌수영 절도사'로 왔습니다. 예나 지금이나 군대 조직에서 파격적인 계급장을 달고 내려온 장수를 보고 기존 세력들이 순순히 인정할리 만무했습니다. 1597년 2월 원균의 모함으로 이순신은 '한산통제영'에서 체포됩니다. 한양으로 압송되어 '국형장(國刑場)'이 열리고, 선조가 지켜보고 있는 가운데 문무백관(200명) 모두가 "이순신은 역적이오니 죽여야 마땅하옵니다."라고 외칩니다.

아침부터 다음 날 새벽까지 읍소하며 임금을 압박하고 있으니 이순신을 발탁해주고 6계급 파격 진급에 힘을 써준 유성룡까지도 '공은 공, 사는 사'라고 하며 이순신을 죽여야 한다는 문무백관들의 의견에 반대하지 못합니다. 당시 이순신의 누명 상황이 어떠한지 미루어 짐작이 갑니다. 이틀이 걸려도 이순신 형 집행을 못하고 있던 이유는 당시 영의정 겸 도제찰사(制札士: 국가 비상사태 직무 총사령관)인 오리(梧里) 이원익이 임금의 어명으로 전시 상태의 모든 권한을 쥐고 있었기 때문이었습니다.

당시 전시상태에서는 임금과 문무백관들이 '이순신을 죽여야 한다.'고 아무리 외쳐도 이원익의 승낙 없이 선조 임금도 어쩔 수 없는 상황이었습니다. 이원익은 거듭되는 선조의 형 집행 재촉에, 청사에 길이 남은 유명한 명 대사로 고합니다. "전하께서 전시에 신을 폐하지 못하시는 것처럼, 신 또한 전쟁 중에 삼도수군통제사인 이순신을 해임하지 못하옵니다." 이원익의 말에 선조도 체념을 하고 이틀이나 걸린 이순신 '국형장'에서 문무백관들이 지켜보는 가운데 "도체찰사가 그리 말을 하니 이순신이 죄가 없는가 보구나!"라고 말합니다.

오직 한사람의 곧고 바른 판단과 집념으로 199명의 고집을 꺾습니다. 드디어 이순신은 사형을 면하게 됩니다. 당시 문무백관 199명 대 1, 이원익 한 사람의 반대로 이순신을 살려 낸 것입니다. 자신을 낮추고 오직 나라와 백성만 떠받든 공복, 그가 있으면 온갖 사물이 제 자리를 잡게 되는 소박하고 비범한 조선의 대표적 청백리, 초가집에 살았던 조선의 명재상 오리 이원익 대감. 온갖 시기 질투와 모함으로 사형 직전까지 간, 만고의 충신을 알아보고 199대 1로, 임금의 불신으로부터 지켜준 탁월한 선견지명이 도탄에 빠진 나라를 지켜냈습니다.

한 사람! 올바른 한 사람이 중요합니다. 생각해 본다면 이순신 장군은 행복한 분이셨습니다. 자신의 목숨을 두려워하지 않고 불의에 뜻을 굽히지 않았던 오리 대감과 같은 분과 동시대를 살았으니 말입니다. 그는 84세로 눈을 감으시면서 모든 자식들을 불러 놓고, "나를 위해 부고도 알리지 마라, 사후에 어떠한 사당이나 칭송된 일이나 비석도 세우지 마라." 그러기에, 오리 정승은 우리에게 잊혔는지 모릅니다.

세월이 400년이 지났지만 오늘 이 시대에 이원익 대감 같은 정정당당했던 청백리는 어디에 있는지 묻고 싶습니다. 역사의 한 페이지를 생각나게 할 뿐입니다. 성경에 오리 이원익 대감 같은 선지자가 있었습니다. 바로 미가야 선지자입니다. 예수님께서는, "너희 말은 옳다 옳다, 아니라 아니라 하라 이에서 지나는 것은 악으로부터 나느니라."(마 5:37)고 말씀하셨습니다. 오늘도 옳은 것은 옳다, 아닌 것은 아니라고 말할 수 있는 용기를 갖고 사는 하루가 됩시다.

과학의 발전 (1)

09/10

"사람들이 한 종족이라 말이 같아서 안 되겠구나 이것은 사람들이 하려는 일에 시작에 지나지 않겠지, 앞으로 하려고만 하면 못 할 일이 없겠구나."
『공동번역성경』(창 11:6)

어떤 프로그램을 보다 게놈(Genom, 유전체)에 대한 얘기를 들었습니다. 필자는 과학도가 아니라 문외한(門外漢)이지만, 신학자의 입장에서 이에 대한 필자의 견해를 피력해 보려합니다. 게놈이란 말은 유전자 'gene'과 염색체 'chromosome'에서 유래되었는데, 1920년 독일 함부르크대학교 식물학 교수 한스 빙클러(Hans Winkler)가 만든 말이라 합니다. 한글 용어는 이화여대 교수 최재천이 '유전체(遺傳體)'라는 용어를 제안했다네요.

한 인간은 부모로부터 많은 유전인자를 받고 태어납니다. 얼굴 모양, 피부 색깔, 눈 색깔, 신장(身長) 심지어 성질 등 다양한 요소를 물려받습니다. 흔히 "저 녀석은 지 애비 붕어빵이네." "지 어미 꼭 빼다 박았어." "씨 도둑질은 못한다더니" 등 여러 말들이 있는데, 이것은 한 인간은 부모의 유전자를 받고 태어나 부모의 유전자 한계 내에 존재한다는 의미입니다. 우리가 어떤 병에 걸렸을 때, 병원에서 흔히 "부모님들이나 혹 가족 중에 이 병에 걸린 사람이 있었나요?"라고 묻습니다. 소위 가족력(家族歷), 영어로 'family history'를 묻습니다. 이 말은 가족의 유전자를 묻고 있는 것입니다.

쉽게 말해서 암, 당뇨, 혈압, 뇌졸중, 심장병 등 많은 병의 유전자가 자손들에게 전수된다는 겁니다. 유명한 할리우드 여배우 안젤리나 졸리는 아카데미 주연상도 받았고 3번의 골든 글로브 상을 수상한 유명한 배우입니다.그런데 졸리의 어머니, 이모, 외할머니가 유방암과 자궁암에 걸려 생명을 잃었습니다. 그녀는 어머니가 암으로 세상을 떠났을 때 가슴이 찢어지는 듯한 고통을 느꼈기 때문에 내가 만일 암으로 죽는다면 이런 고통을 브래드 피트와의 사이에서 낳은 여섯 자녀에게 똑같이 안겨 줄 수 있다고 여겨 이를 방지하고, 또 오래 살면서 자녀들이 결혼하는 것도 보고 또 손주들을 보는 기쁨을 맛보고 싶었습니다. 그러던 중 2015년 3월 졸리는 난소에서 악성 종양이 발견되어 난소절제수술을 받았습니다. 졸리는 가족력을 알고 있었기에 유방 제거 수술과 자궁 절제 수술까지 받았다는 뉴스가 온 세계에 전파되었습니다.

유전자 분석은 이런 가족들에게 유전되는 그 병의 요인을 사전에 제거해서 그 유전자를 자손들에게 물려주는 것을 방지하여 그 병에서 자유롭게 해 줄 수 있다는 강점을 갖고 있습니다. 그러나 게놈 조작은 질병 예방에 도움이 되는 한편 개인 정보를 침해할 수 있다는 점에서 해결해야 될 문제로 남아 있습니다.

이 글을 읽는 대부분의 사람들은 GMO라는 단어를 아실 줄 믿습니다. GMO는 'Genetically Modified Organism'의 첫 글자로 유전자 조작이라는 의미입니다. 이는 기존의 생물체 속에 다른 생물체의 유전자를 끼워 넣음으로써 기존의 생물체에 존재하지 않던 새로운 성질을 갖도록 한 새로운 생물체입니다. 본래 유전자를 변형 및 조작하여 생산성 및 상품의 질을 높이는 등의 목적으로 생산되는 것입니다. 1994년 미국 식품의약청(FDA)의 승인으로 '무르지 않은 토마토'를 생산한 것이 처음입니다. 그 후 옥수수, 감자, 콩, 수박, 오이, 양파 등 여러 가지 곡식, 채소, 과일과 다양한 분야에서 기존의 그것보다 훨씬 크고, 영양분이 많고, 썩지 않고, 보기 좋은 제품이 쏟아져 나왔습니다. 그러나 이런 유전자 변형 식품을 먹었을 때 인체에 어떤 영향이 있느냐는 아직도 미제(謎題)로 남아있습니다. 따라서 세계 각국은 식품에 GMO, 또는

Non GMO을 표기해서 소비자가 선택하도록 하고 있습니다. 필자의 경우 GMO 표시가 있는 식품은 사지 않습니다. 이런 식품을 많이 먹으면 당대 혹은 태아에, 2세, 3세 때 기형아가 나올 확률이 있을 가능성이 있다고 보는 학자들도 적지 않습니다.

자, 여기에서 우리는 우리 몸 안에 있는 부모로부터 유전 받은 암이나 당뇨, 고혈압, 심장병, 뇌졸중 등 수많은 현대 의학이 해결하지 못한 질병들을 미리 유전자 속에서 걸러내어 건강하고 씩씩하게 일생을 살아간다면 얼마나 좋을까 하는 생각을 해 볼 수 있습니다. 예를 들어 다운 증후군의 유전자를 갖고 있는 부모에게서 그 유전자를 제거한다면 정상적인 아이가 태어나니 그 부모에게 얼마나 좋을까요? 이뿐만 아니라 지적장애, 정신박약 같은 장애를 갖고 태어날 아기를 사전에 차단하다면 이는 참으로 놀라운 과학의 성취라 할 수 있습니다.

오래전 한국에 있을 때, 아내가 한번은 목욕탕에 다녀와서 하는 말이 목욕탕에서 한 엄마를 만났답니다. 한 5살 정도 되는 심각한 장애를 가진 딸을 데리고 왔는데, 엄마가 그 애랑 같이 탕 속에 들어가 있어서, 집 사람도 탕 속에 같이 몸을 담구고 있으면서 "아기 때문에 고생이 많으시겠어요."라고 말하니까, 그 엄마가 한숨을 깊이 내쉬면서, "쟤 때문에 내 인생을 포기했어요."라고 대답하더라고 전해 주었습니다. 만약 그 애의 부모 유전자 속에서 아이가 그런 장애를 갖고 나올 유전자를 사전에 제거했다면, 그 아이는 정상아로 태어났을 것이고, 엄마도 정상적인 삶을 영위해 나갈 수 있었을 텐데요. 그러나 이는 유전자 조작이라는 심각한 문제에 부닥치게 됩니다. 유전자 조작을 어디까지 허락해야 하느냐 하는 어려운 문제가 남아 있습니다.

과학의 발전 (2)

"사람들이 한 종족이라 말이 같아서 안 되겠구나 이것은 사람들이 하려는 일에 시작에 지나지 않겠지, 앞으로 하려고만 하면 못 할 일이 없겠구나."
『공동번역성경』(창 11:6)

문제는 유전자 조작이라는 난제입니다. 치명적인 질병 외에 흔히 걸리는 감기, 알레르기, 소화불량 등 소소한 병을 일으키는 유전인자까지 완전히 제거하면 약을 먹을 필요도, 병원에 갈 필요도, 예방 주사를 맞을 필요도 없어지는 세상이 되겠지요. 유전자 조작은 흑인들이 엄청난 콤플렉스를 가지고 있는 검은 피부, 꼬불꼬불한 머리털, 튀어나온 입술과 엉덩이 등등 그들이 그렇게 부러워하는 백인들과 똑같은 늘씬한 몸매, 파란 눈동자, 은발의 긴 머리, 가느다란 허리 등으로 조작 할 수 있는 가능성이 열린 것입니다. 뿐만 아니라 술, 마약, 도박, 음란과 같은 골치 아픈 유전인자를 모두 제거해 버리면 평생 술 한 잔 마시지 않고, 마약에는 손도 대지 않을 것이고, 도박장이나 음란한 일도 원천적으로 차단 할 수도 있을 것입니다. 참으로 깨끗하고 순수한 삶을 살아가는 사람들을 만들 수 있겠지요. 심지어 남을 미워하고, 질투하고, 시기하고, 게으르고, 지저분하고, 벌컥 성질을 내는 등등 어떤 사람이 꼭 고쳤으면 하는 유전인자를 모두 제거하고 나면 이 세상은 얼마나 좋은 세상이 될까요? 아마 천사에 가까운 사람들만 사는 세상이 되겠지요? 그야말로 인류가 꿈꾸어 오던 유토피아가 전개되겠네요.

이것은 지극히 긍정적인 면을 얘기하는 것이고, 다른 한편 악용되는 경우도 생각해야 되겠습니다. 유전자 조작은 양 날의 칼과 같아서 분명 부정적인 요인이 있습니다. 인간이 인간의 유전자를 조절할 수 있다면 악용하는 자들이 분명히 나타 날 것입니다. 자기의 악한 목적을 위해 이상한 인간을 조작할 수도 있을 것입니다. 레닌, 스탈린, 히틀러, 김일성 같은 악한들이 유전자 조작을 한다면 얼마나 끔찍한 결과가 나올까는 여러분들이 상상할 수 있겠지요. 예를 들어 히틀러가 유대인들만 골라서 죽이는 그런 능력과 성향을 가진 인간을 만들어 낼 수 있을 것입니다. 레닌, 스탈린, 김일성은 자유민주주의나 시장경제를 주장하는 사람들만 골라 없애는 인간을 만들지 않는다고 누가 장담할 수 있을까요?

유전자 변형에 드는 비용이 처음에는 수십억이었지만, 오늘날은 불과 100만 원(800불) 정도면 누구든지 그것을 할 수 있는 단계에 와 있다고 합니다. 인간의 유전자 조작 문제는 고도의 윤리성과 종교적 통제를 받지 않으면 엄청난 문제를 양산할 중요하고도 시급한 현안입니다. 국가에서 법을 만들고, 국제법을 만들어 악용하는 것을 사전에 막을 수 있어야 하겠지요. 그러나 문제는 그것이 완벽하지 않다는 데 있습니다. 어떤 법이든지 빠져 나갈 수 있는 허점이 있게 마련입니다. 이 세상에 완벽은 없으니까요.

뿐만 아니라, 과학자들이 흔히 가질 수 있는 호기심 때문에 엉뚱한 짓을 안 한다는 보장도 없지요. 이 문제는 앞으로 윤리학회와 종교 등 관계되는 여러 사람들이 협력하여 유전자 조작이 인류에 유익한 방향으로 나아 갈 수 있는 길을 모색하고, 악용되는 것을 원천적으로 방어할 수 있는 길을 찾아야 하는 험난한 길을 가야만 합니다. 과학 발전은 인류를 편리하고 유익하게만 하는 것이 아니고, 반드시 부작용이 있게 마련이라는 점을 항상 염두에 두어야 합니다. 마치 자동차가 무척 유익한 과학의 산물이지만, 자동차 사고가 안겨주는 고통은 당해 보지 않은 사람들은 상상이 안 되는 영역입니다.

여호와 하나님께서 바벨탑을 쌓고 있는 인간들을 내려와 보시고 분명히 말씀했습니다. "이것들이 나중에 못 할 일이 없겠구나." 황우석 교수가 복제 개를 만든 것 같이, 복제 인간을 만드는 일 같은 오만한 자들을 하나님께서는 결코 용납하시지 않을 것입니다. 유전자 조작은 신의 영역을 범하는 첫 걸음입니다. 이 문제를 해결하는 방법을 찾는 것이 우리에게 주어진 풀기 어려운 과제입니다.

과학은 발전되어야 합니다. 또 현대 의학이 해결하지 못한 암과 같은 질병은 빠른 시일 내에 정복되어야 합니다. 그러나 그것은 자연법과 하나님의 법 안에서만이 허용될 뿐입니다. 그 한계를 넘어서는 날, 인류는 엄청난 재난에 직면할 수 있다는 사실을 유념해야 합니다.

교회의 사명 (1): 케리그마

09
12

“오직 성령이 너희에게 임하시면 너희가 권능을 받고 예루살렘과 온 유대와 사마리아와 땅 끝까지 이르러 내 증인 되리라 하시니라.” (행 1:8)

교회의 본질을 보통 세 가지로 정의합니다. ‘복음선포’(Kerigma), ‘성도의 교제’(Koinonia), ‘봉사(구제)’(diakonia)입니다. 케리그마는 말씀 선포 인데 설교, 전도, 선교 등으로 쓰이는 단어입니다. 코이노니아는 성도들 간에 아름다운 교제, 영적 친교 등을 의미하고, 디아코니아는 성도들 상호간의 섬김과 아울러 이웃 특히 성도들의 도움을 필요로 하는, 예수님께서 말씀하신 ‘지극히 작은 자’들을 섬기는 일을 일컫는 단어입니다.

오늘은 케리그마에 대해 이야기하겠습니다. 예수님께서 제자들에게 마지막으로 부탁하신 말씀이 “그러므로 너희는 가서 모든 민족을 제자로 삼아 아버지와 아들과 성령의 이름으로 세례를 베풀고 내가 너희에게 분부한 모든 것을 가르쳐 지키게 하라”(마 28:19-20)였습니다. 사도행전 1장 8절 말씀에, “오직 성령이 너희에게 임하시면 너희가 권능을 받고 예루살렘과 온 유대와 사마리아와 땅 끝까지 이르러 내 증인이 되리라 하시니라.”고 말씀하셨습니다.

오늘 강조하고 싶은 것은 예수님께서 케리그마 즉 말씀 선포를 부탁하셨는데, 사도행전에 보면 그 순서가 있습니다. 예루살렘으로부터 유대, 사마리아, 땅 끝입니다. 이 말씀 중, 예루살렘과 유대는 바로 열한 제자들이 살고 있었던 땅입니다. 다음으로 사마리아와 땅 끝은 제자들이 살지 않았던 먼 곳, 이방인들이 사는 곳, 지금까지 가 보지 않았던 세상입니다.

예수님은 제자들이 살고 있는 지역에 먼저 말씀을 선포하라고 명하셨습니다. 그런데 현재 우리 한국교회는 자기들이 살고 있는 지역 전도는 안하고, 땅 끝 즉 해외 선교에 열을 올리고 있지요. 해외 선교사를 파송하기 위해 많은 예산을 세우고, 선교사를 모집하고, 파송 예배를 성대하게 드립니다. 예배당 입구에 큰 판을 걸어 놓고, '우리 교회가 파송한 해외 선교사님들'이란 제목의 세계 지도를 걸어 놓지요. 파송 선교사가 사역하는 곳을 핀으로 꽂고 실로 죽 끌어내어 러시아, 중국, 일본, 동남아시아, 아프리카, 남미 등 여러 나라를 열거하고 교인들과 교회 방문객들에게 우리 교회가 이렇게 많은 선교사를 해외에 파송한다고 자랑스럽게 전시하고 있습니다. 그렇습니다. 자랑스러운 일입니다. 해외 선교사 1명도 파송하지 못한 교회가 수두룩한데, 여러 명의 선교사를 파송한다는 것은 분명 자랑스러운 일임에 틀림없습니다.

그런데 필자는 그 교회 목사와 장로들, 그리고 제직들에게 묻고 싶습니다. 교회 주변, 한국 내에, LA에, 캘리포니아와 미국 내에 거주하는 한국 동포들을 위해 몇 명의 선교사(전도인)을 파송했냐고요. 그리고 이들을 위해 해외 선교사 파송에 드는 비용의 몇 %를 동포 선교에 쓰고 있느냐고요. 이 말은 한국에 있는 교회나 목사들에게도 적용되는 내용입니다. 국내 선교를 한다고 겨우 지방에 있는 개척교회 목사, 전도사들에게 생활비 얼마를 보내거나 기독교방송국이나 기타 기독교 단체에 얼마 보내는 것 정도지요. 국내 선교를 위한 예산이 해외 선교 예산과 비교하면 몇 %나 될까요.

왜 해외 선교를 위해서는 엄청난 예산과 집중 기도와 관심을 쏟으면서 내지 선교에는 무관심할까요? 우리교회가 튼튼해야 해외 선교도 있지, 만일 우리교회가 쇠약해지면 해외 선교가 어떻게 가능하겠습니까? 해외 이(異)민족들, 아프리카, 러시아, 중국, 남미 등지의 영혼을 구하기 위해 애쓰면서 왜 우리 동포 영혼 구원에는 관심이 없을까요? 시골 개척교회 목사, 전도사 생활비 보내는 것도, 기독교 기관에 헌금을 보내는 것도 간접 선교지만, 직접 불신자에게 전도하는 것이 급선무가 아닐까요?

한국 개신교 인구를 대충 1천만 명으로 잡고, 가톨릭교인 500만 명을 포함해서 기독교 인구가 1,500만이라 합시다. 남한 인구가 약 5천만이면, 불신자 즉 우리가 전도해야 할 대상이 3,500만이지요. 이 수많은 사람이 멸망을 향해 가는데, 한국교회는 이들에 대해 어떻게 전도하고 있나요? 전도인을 몇 명 파송하고 있을까요? 그리스도인 가정 역시 아이들을 몇 명 낳지 않고, 노인들은 계속 천국으로 가고 있으니, 교인 수가 줄어드는 것을 당연한 일 아닙니까? 이렇게 계속 나가면 언젠가 교인이 없어 문을 닫는 때가 오겠지요. 절대 그런 일은 일어나지 않는다고 누가 장담할 수 있을까요?

LA 지역에 거주하는 한인 인구를 정확히 알 수는 없습니다. 불법 체류자들은 어차피 통계에 잡히기 않으니까요. 대충 50만이라 말하는 이가 있습니다. 그러면 LA 지역에 1천여 개 교회가 있다는데, 교인수가 10만이 될까요? 필자는 아닐 거라 생각합니다. 왜냐하면 10만이 되려면 1천 명 모이는 교회가 100개가 돼야 합니다. 그런데 현재 1천 명 이상 모이는 교회가 100개는 고사하고 손가락으로 꼽아도 10개도 안 됩니다. 100명 이상 모이는 교회가 약간 있을 거고, 나머지 대부분 교회는 목사 한 사람 월급 주기도 바쁜, 불과 몇십 명밖에 안 되는 미자립 교회가 태반입니다.

교인을 10만 명이라 칩시다. 그 외 가톨릭 교인들이 몇천 명 또는 몇만 명이라 해도 우리의 전도 대상자들이 수십만 명입니다. 그런데 멸망으로 달음질치고 있는 우리 동포를 위해 이민교회들은 무엇을 하고 있을까요? 나이 드신 권사님들 몇이 식품점 앞에서 교회 주보, 목사 설교 CD, 전도지 나누어 주는 정도밖에 눈이 띄지 않네요. 이민 교회 역시 해외 선교에 열을 올리면서도, 정작 우리 동족 선교에는 관심도 없는 것은 불행한 일이 아닐 수 없습니다. 교회들 마다 초 · 중 · 고, 대학, 청년부가 빈약하기 짝이 없지요. 노인들은 차차 사라지고, 올라오는 젊은이들이 적으면 교회의 결국이 어떻게 되겠습니까?

예루살렘과 온 유대에 전도하라고 하신 주님 말씀과 같이, 남한, LA 지역, 그리고 미국 내의 여러 도시, 전 세계 여러 나라에 있는 한인 교회들은 주위에 살고 있는 한인 불신자들을 위한 전도에 박차를 가해야 합니다. 아니면 코로나가 교회 문을 닫는 것이 아니고, 우리 스스로 교회 문을 닫을 날이 곧 닥칠 것입니다. 이 시대에 명하시는 준엄한 주님의 음성을 듣는 모두가 될 수 있기를 바랍니다.

교회의 사명 (2): 디아코니아

09
13

"인자의 온 것은 섬김을 받으려 함이 아니라 도리어 섬기려 하고 자기 목숨을 많은 사람의 대속물로 주려 함이니라." (막 10:45)

디아코니아는 헬라어로 'dia'(통하여)+'konia'(먼지)라는 의미입니다. 글자 그대로 번역하면 '먼지를 통하여'라 해석 되지만, 조금 의역을 하면 '먼지가 나도록 뛰어 다니면서 섬기라'는 의미가 되기도 합니다. 또는 아무리 많은 봉사를 해도 나는 먼지같이 보잘것없는 존재라는 의미이기도 합니다.

초기에 예루살렘 교회가 형성되었을 때, 사도들은 말씀을 선포하는 일을 주로 했지만, 교회 안에 일어나는 여러 잡다한 일들, 구제하는 일, 재정을 관리하는 일, 새 신자 관리하는 일까지 하다보니까, 정작 가장 중요한 일인 말씀 선포에 소홀하게 된 것을 깨닫게 되었습니다. 이에 따라 사도들은 케리그마에 치중케 하고 교회 내의 여러 일들은 일꾼을 세워 맡기는 게 좋겠다는 의견에 따라, 형제들 가운데 "성령과 지혜가 충만하여 칭찬 듣는 사람 일곱을 택하여"(행 6:3) 이 일을 저희에게 맡기게 되었습니다. 이들을 집사(deacon)라 불렀는데, 이 단어에서 디아코니아가 나왔습니다.

디아코니아는 교회 내 섬김과 봉사, 교회 밖 섬김과 봉사로 생각해 볼 수 있습니다. 집사들은 교회 안팎에 있는 사람들을 위해 봉사하고 섬기는 일을 했습니다. 현재 교회도 제직회에 각 부서를 두고 그 부서에 따라 교회를 위해 섬기는 일을 하고 있습니다. 전도부는 전도 사역을, 재정부는 재정을, 봉사부는 주방과 차량, 교회 건물 관리 등 여러 분야에서 교회를 위해 봉사합니다. 주일학교에서 아이들을 가르치는 일도 물론 디아코니아에 속합니다. 교인들이 자기 교회를 위해 얼마나 많은 디아코니아를 하느냐 따라 그 교회가 발전하고 성장하는 바로미터가 됩니다. 그러나 교인들의 디아코니아 정신이 부족하면, 교회는 침체되고 점점 위축될 수밖에 없습니다.

디아코니아는 비단 교회 안의 봉사와 섬김뿐만 아니라 교회 밖의 그것도 매우 중요합니다. 왜냐하면 교회 밖의 섬김과 봉사는 교회의 첫째 사명인 선교 케리그마와 직접 연결되어 있기 때문입니다. 교회 주변에 굶주리는 사람들을 돌보는 것, 돈이 없어서 병원에 가지 못하는 사람을 찾아서 재정 지원을 해 주는 것, 교회의 의료 인력들이 무료진료를 나가는 것, 가난한 집 아이들을 모아 중고등학교 과정을 가르치는 일, 근래는 노숙자들을 위해서 식사를 제공하거나, 치료를 해 주는 일, 가을에 김장을 담가서 나눠 주는 일, 겨울에 산동네에 연탄을 져다 주는 일, 독거노인들에게 음식을 제공하고, 필요한 생활필수품을 전달해 주는 일 등 교회 밖 세상을 위해 할 수 있는 일은 산적해 있습니다.

교회가 해야 되는 일은 복음을 선교하는 일이고 교회 안에서 성도들이 교제하는 것도 중요한 일이지만, 교회의 손길을 기다리고 있는 사람들을 위해서 봉사하는 것은 바로 주님께서 세상에 계실 때 어려운 사람들에게 먹을 것을 주셨고, 병든 자를 찾아 병을 치료해 주셨고, 세상에서 버림받고 따돌림 당하는 죄인들, 창녀들, 세리들, 보잘것없는 사람들의 친구가 되셔서 그들과 더불어 사시면서 가르치시고 권면하셨던 모습이 바로 교회가 본 받아야 할 디아코니아입니다. 억울한 일을 당하여도, 법적으로 보호받지도 못하고, 돈이 없어서 변호사에게 가지 못하고 눈물 흘리는 사람들을 찾아가 저들의 권리를 찾아주고 무료변호를 해 주는 일, 억울한 일을 해결해 주는 일은 바로 교회가 해야 될 디아코니아입니다.

세상에서 돌보아야 될 사람들은 아직도 많이 있습니다. 장애우들, 미망인들, 옥에 있는 수인들, 부모 없는 소년, 소녀 가장들, 생의 마지막 단계에 이르러 죽음에 대한 두려움 속에서 떨고 있는 사람들을 위한 돌봄 등의 일이 교인들의 손길을 학수고대하고 있습니다.

디아코니아는 성경에 구제(행 6:1), 봉사(행 21:19), 섬김(계 2:19) 등으로 한 가정의 집사가 주인을 섬기는 일을 의미합니다. 우리가 디아코니아를 행함은 어려운 이웃을 섬기는 일이지만, 이는 또한 주님을 섬기는 일입니다. 주님께서 우리에게 오신 목적이 포로 된 자에게 자유를, 눈먼 자에게 다시 보게 함을, 눌린 자를 자유케 하고, 주의 은혜를 해를 전파하게 하려 함이라고 선포하셨습니다. 이러한 주님이 오신 목적을 우리 교회는 수행해야 합니다. 우리나라에 맨 처음 온 언더우드 선교사가 한 최초의 일은 부모 잃은 고아들을 모아 먹을 것을 주고, 옷을 주고 가르치는 일을 한 것입니다. 이것이 언더우드 학당이 되었는데, 오늘 서울에 있는 경신중고등학교와 후에 연희(세)대학교가 된 모체였습니다.

6.25전쟁 중, 폭격, 질병, 기아 등으로 부모를 잃은 고아가 10만 명이 넘었습니다. 이 많은 고아들을 미국 정부와 특히 미국교회가 헤아릴 수 없이 많은 재정을 드려 각지에 고아원을 세우고 고아들을 돌보아 주었습니다. 뿐만 아니라 어린 아기들을 위한 영아원, 전쟁미망인들을 위한 자모원, 장애아들을 위한 시설을 세우고 보살펴 주었습니다. 뿐만 아니라 미국 정부는 한국 여자와 미군 사이에 태어난 영아들을 미국 기독교 가정에 입양하는 프로그램을 진행해 1955년부터 1960년대 중반까지 약 8천 명의 영아들이 미국으로 건너갔습니다. 이것이 미국교회가 수행한 디아코니아의 일환이었습니다.

필자가 어려서 6.25전쟁을 겪었는데, 그때 굶주린 피난민들에게 우유가루, 밀가루, 강냉이가루, 치즈, 버터 등 많은 먹거리가 제공되었습니다. 그 박스에 “미국에 있는 교회가 한국 전쟁 난민들에게 보내는 선물"이라고 쓰여 있었던 것을 기억하고 있습니다. 음식뿐만 아니라, 옷도 많이 보내 주어서, 필자도 이 구제품 옷을 입고 살았습니다.

전쟁의 고통에 빠져 있는 난민들에게 구호의 손길을 뻗어 준 미국 교회야 말로 주님께서 명령하신 디아코니아를 실천한 모범 사례입니다. 예수님께서 말씀하셨습니다. "가난한 자들은 항상 너희와 함께 있을 것이다."(요 12:8) 이 말씀은 우리가 돌보아 주어야 할 사람들이 항상 우리 곁에 있을 것이라는 말씀입니다. 이 세상 끝 날까지 우리의 디아코니아는 계속 되어야 한단 말씀입니다. 교회가 이 세상에 존속하는 한 케리그마, 코이노니아, 디아코니아는 우리의 당연한 책무입니다. 이 일을 위해 교회가 이 세상에 존재하는 것입니다. 우리 모두 이 짐을 함께, 그리고 감사함으로 지고 앞으로 진군해 나아갑시다.

사람은 죽을 때 무엇을 가지고 가는가?

09
14

"내가 모태에서 알몸으로 나왔사온즉 또한 알몸이 그리로 돌아 가올지라 주신이도 여호와시요 거두신이도 여호와시니 여호와의 이름이 찬송을 받으실지니이다." (욥 1:21)

필자가 1980년대 초 인디애나주에서 목회를 할 때 우리 교회에 캔디라는 이름을 가진 국제결혼을 한 자매가 출석했습니다. 캔디는 딸만 일곱인 칠공주의 맏이였습니다. 미국인과 결혼을 했기에 시민권을 받았고, 그 후 동생들을 하나씩 미국에 초청해서 미국 생활을 익히게 해주었고, 운전면허 취득, 취업 그리고 배우자까지 만나게 해서 결혼을 시켜 가정을 이루게 해주는 착한 언니였습니다. 어느 날 캔디가 전화를 해서 부모님과 막내 동생이 마지막으로 들어오셨다고 말했습니다. 그래서 알았다고 말하고, 다음날 심방을 갔습니다. 만나보니 부모님들은 60대 후반쯤 되어 보이는, 경기도 평택에서 농사를 짓다가 오신 농촌 출신이었습니다.

그동안 농촌에서 농사지으시면서 딸을 일곱이나 기르시느라 수고가 많으셨다고 치하의 말했습니다. 이제 미국에 오셨으니, 딸들과 더불어 행복한 여생을 보내시고 주일이면 큰 따님과 함께 교회 열심히 나오시라 권면하고 기도하고 돌아왔습니다. 이분들은 본디 교인은 아니었으나 주일이면 큰딸 가족과 함께 열심히 출석했습니다. 우리 교회에 몇 안 되는 노인들과 더불어 담소를 나누며 이내 친해졌습니다. 시골이어서 주변에 한국 사람들이 없어 늘 외로운 생활을 했기에 교회에 와야 한국 사람들 만나고, 노인들도 만나 이야기를 할 수 있어서 주일 맞는 것이 유일한 낙이었습니다.

얼마 지난 후 캔디 아버님이 병들어 투병하다 세상을 떠나셨습니다. 필자는 바로 캔디 집에 가서 가족들을 위로하고 간단히 기도를 드린 후 장례 절차에 대해 이야기하고 돌아왔습니다. 이튿날, 가족들과 교우들과 함께 입관예배를 마치고, 관 뚜껑을 닫으려는데, 할머니가 필자에게 와서, "목사님 드릴 말씀이 있습니다."라고 해서 "말씀해 보세요."라 했더니, "할아버지가 평소에 차고 다니던 시계를 채워 드리면 안 될까요?"라고 물었습니다. 시계를 보니까 시골에서 농사지으면서 늘 차고 다니던 오래된 시계 같았습니다. 그래서 필자가 "채워 드리세요."라고 말하자 할머니가 할아버지 왼손에 시계를 채워 드렸습니다.

그리고 관 뚜껑을 닫으려는데, 할머니가 우물쭈물하면서 무슨 말을 더 하려는 것 같아, "할머니 하실 말씀 더 있으세요?"라고 물었더니 "예, 목사님" 하면서 자동차 열쇠를 보여 주면서, "목사님 우리 영감님이 살아생전에 자동차를 그렇게 좋아하고 아끼고 사랑했는데 자동차 열쇠를 쥐어 보내면 안 될까요?"라고 물었습니다. 그래서 캔디를 불러 여분의 열쇠가 있느냐고 물었더니 있다고 해서 "그럼 손에 쥐어 드리세요."라고 말했지요. 할머니는 흐느끼면서 영감님 오른손에 차 열쇠를 쥐어 준 후, 관 뚜껑을 닫았습니다.

두 분에게는 주일에 교회 오는 것이 유일하게 차를 타고 집 밖을 나오는 시간이었습니다. 아버지가 차가 없이 답답하게 사시는 모습을 본 캔디는 차를 마련해 드려야겠다고 생각했습니다. 영어라고는 ABC도 모르는 영감님을 어떻게 했는지 운전면허증을 받아 드리고, 중고차를 한 대 사서 쓰게 해 주었습니다. 영감님은 이 차를 무척 좋아하고 사랑했습니다. 80년대 한국 농촌에서 자가용은 상상도 할 수 없었던 때, 미국 와서 내 차를, 그것도 미국산 차를 갖게 된 기쁨을 무엇으로 표현하겠습니까? 자주 타지도 않고, 먼지도 별로 앉지 않았는데 아침마다 물로 청소하고 왁스를 바르고 비까번쩍하게 해 놓고, 주중에 가끔 노인들하고 공원에도 가고 낚시도 가곤 하였지요. 영감님이 생전에 그렇게 애지중지하던 차를 관에 넣어 줄 수는 없고, 열쇠라도 들려 보내고 싶은 한국의 나이 드신 할머니의 마음을 십분 이해하고도 남지요.

인간이 관 속에 들어갈 때 무얼 가지고 가나요? 아무 것도 가지고 가는 것 없고, 오직 수의(壽衣) 한 벌 입고 가지 않습니까. 전해 내려오는 얘기로 알렉산더 대왕이 죽기 전에 유언하기를 "내가 죽어 관 속에 들어갈 때, 관 양쪽에 구멍을 뚫고 내 두 손을 관 밖으로 내놓으라." 했답니다. 그것은 인간이 죽을 때 아무것도 가지고 가는 것이 없고 빈손으로 간다는 것을 모든 사람에게 알리려 한 것이지요.

일찍이 욥은 고백했습니다. "내가 모태에서 알몸으로 나왔사온 즉 또한 알몸이 그리로 돌아 가올지라 주신이도 여호와시요 거두신이도 여호와시니 여호와의 이름이 찬송을 받으실지니이라."(욥 1:21) 인생 공수래(空手來) 공수거(空手去)입니다. 예수님께서는 어리석은 농부의 비유에서 "내가 내 영혼에게 이르되 여러 해 쓸 물건을 많이 쌓아 두었으니 평안히 쉬고 먹고 마시고 즐거워하자 하리라 하되 하나님은 이르시되 어리석은 자여 오늘 밤에 네 영혼을 도로 찾으리니 그러면 네 준비한 것이 누구의 것이 되겠느냐?"(눅 12:19)

우리는 생의 마지막에 빈손으로 천국으로 떠납니다. 롤렉스 금딱지 시계도, 롤스로이스, 링컨 컨티넨탈, 캐딜락 등 아무것도 가지고 갈 수 없습니다. 이 영감님은 마나님 잘 둔 덕분에 왼손에 시계를, 오른손에 자동차 열쇠를 갖고 관속에 들어갔지만, 시간이 지나면 시계도, 자동차 열쇠도, 뼈도 다 녹아 먼지가 되지 않습니까? 그런데 사람들은 살아생전에 물질에, 명예에, 향락에 그렇게 탐욕을 부리며 온갖 불법을 자행하면서 바둥거리며 살아갑니다. 세상을 떠날 때 그가 이루어 놓은 것 중 단 하나도 갖고 가는 것이 없다는 것을 잘 알면서도 남이야 죽든지 말든지 상관없이 냉혈동물 같이 갑질을 하면서 저질스럽게 살아가는 인간이 태반입니다. 우리가 세상에 살아가면서 할 수 있는 가장 보람 있는 일이 무엇일까요? 그것은 세상에서 몇 사람을 전도해서 몇 명의 영혼을 구원의 길로 인도했는지가 아니겠습니까? 우리가 세상을 떠난 후, 오직 그것만 갖고 심판장이신 하나님 앞에 설 것입니다.

자기를 사랑하고

09/15

"네가 이것을 알라, 말세에 고통하는 때가 이르리니 사람들은 자기를 사랑하며, 돈을 사랑하며… 쾌락 사랑하기를 하나님 사랑하는 것보다 더하며" (딤후 3:1-4)

바울 선생은 믿음의 아들 디모데에게 보낸 두 번째 편지에서 말세가 되면 사람들은 세 가지를 사랑하게 되는데, '첫째, 자기를 사랑하고, 둘째, 돈을 사랑하고. 셋째 쾌락 사랑하기를 하나님 사랑하는 것보다 더 할 것.'이라 말씀했습니다. 즉 이기주의, 배금주의, 쾌락주의가 말세를 살아가는 사람들의 공통점이라고 했습니다. 이 세 가지 사랑에 대해 생각해 보겠습니다.

그럼 먼저 자기 사랑에 대해 말씀드리겠습니다. 자기를 사랑한다고 하는 것은 두말할 필요 없이 자기가 세상에서 가장 중요한 존재고, 온 세상은 자기를 중심으로 움직여야 되고, 자기 없는 세상은 이미 세상이 아니라고 생각하는 극단적인 이기주의(egoism)입니다. 가정, 직장, 교회, 사회 어느 곳에서든지 모든 것이 자기중심으로 움직여야 된다고 생각하는 것입니다. 이런 사람은 자기주장은 항상 옳고, 다른 사람의 주장은 틀렸다고 말합니다. 세상에서 자기가 가장 똑똑하고, 잘났고, 잘 생겼다고 여기면서 자기주장을 받아들이지 않는 사람이나, 반대하는 사람, 이의를 제기하는 사람은 항상 적대시하고, 경우에 따라서는 원수 같이 미워하고, 말도 하지 않고, 전혀 교류하지 않는 극단적 자기중심주의 삶을 사는 사람입니다.

필자가 고등학교 시절, 지방 소도시 교회에서 유년주일학교 교사를 하고 있을 때, 주일학교 교장 집사님이 아이들에게 질문을 했습니다. "세상에서 내가 가장 사랑하는 사람이 누구냐?"고 묻자 많은 아이들이 "어머니"라고 대답했습니다. 그러자 교장선생님은 "거짓말하지 마라. 세상에서 자기가 가장 사랑하는 사람은 자기 자신이다."고 말했습니다. 그러면서 예를 들어, "만약 내 발등에 불이 붙고, 어머니의 발등에도 불이 붙었으면, 누구 발등에 불을 먼저 끄겠느냐?"면서 백이면 백, 천이면 천 모두 자기 발등에 붙은 불을 먼저 끄고 나서, 어머니의 발등에 불을 끌 것이라 말했습니다. 필자는 그때 크게 깨달았습니다. 극한 상황이 되면 세상에서 가장 사랑하는 사람은 결국 자기 자신이라는 것을요.

비행기 여행을 하면 출발 즈음에 스튜어디스들이 나와, 응급 시 대처 방법을 설명하면서 산소마스크 쓰는 법을 알려 줍니다. 응급 시 산소마스크가 내려오면 먼저 보호자인 자기가 마스크를 쓴 후에 아이들에게 마스크를 씌우라 합니다. 물론 이것은 자기가 마스크를 쓰지 않고, 아이 먼저 씌워 주려다, 아이가 숨을 못 쉬어, 당황해서 발버둥치고 난동을 부리면 아이에게 제대로 마스크를 씌워 주지 못할 뿐 아니라, 보호자 자신도 숨을 쉴 수 없게 되기 때문입니다. 그러다가 잘못하면 보호자도 아이도 동시에 위험에 빠질 가능성이 있으므로, 먼저 보호자가 안정적으로 숨을 쉬면서 고통을 호소하는 아이를 침착하게 씌어 주라는 의미겠지요. 이런 경우는 이기주의와는 상관이 없습니다. 엄마나 보호자가 먼저 쓰라는 것은 아이의 생명을 안전하게 보호하기 위함이지, 자기 먼저 편하게 하고 나중에 아이를 챙기라는 의미는 아니지요.

바울 선생이 "자기를 사랑하고.."라고 말했을 때, 그 사랑은 아가페의 사랑도, 에로스의 사랑도 아니고, 필레오의 사랑입니다. 필레오 사랑은 이웃을 사랑하는 바로 그 사랑입니다. 그런데 이웃을 사랑해야 할 그 사랑을 자기에게로 옮겨와 자기가 자기를 사랑하는 것입니다. 극단적으로 얘기하면 자기 자녀, 남편, 아내, 부모, 형제자매보다 가장 먼저 사랑하는 대상이 바로 자기라는 것입니다. 일반적으로 모성애하면, 자기는 굶어도 아기에게 밥을 먹이고, 아이가 생명의 위협을 느끼면 자기의 몸으로 감싸 안아 아기를 구하는 아가페 사랑의 모형입니다.

어떤 집에 불이 나서 집 전체가 다 타버렸습니다. 불이 진화된 후 가족들이 현장에 가서 이곳저곳 살펴보는데, 한 곳에 재가 수북이 쌓여 있어, 발로 툭 건드렸더니 재가 쏟아지면서 그 안에서 살아있는 병아리 한 무리가 쏟아져 나왔습니다. 불이 나자 어미닭이 병아리들을 모아 자기 날개 아래 감싸 안고, 어미 닭은 불에 타 죽은 것입니다. 엄마는 타 죽으면서도 자기 새끼들을 사랑한 것입니다. 이 모성애가 바로 아가페 사랑의 단면입니다.

그러나 극단적 이기주의는 자식은 죽든 말든 자기 입에 먼저 음식이 들어가고, 자식이 불에 타 죽건 말건 자기 생명을 구하려 현장에 아이를 버려두고 뛰쳐나오는 모습, 이것이 곧 극단적 이기주의입니다. 필자가 7살 때 6.25전쟁이 났습니다. 부모님을 따라 남쪽으로 피난을 가는데, 한 번은 어떤 엄마가 등에 업었던 한 3살쯤 되어 보이는 아기를 가로수 옆에 앉혀 놓고, 손에 먹을 것 하나를 쥐어 주고, "엄마 저기 좀 갔다 올게."라며 아기를 버리고 가는 것을 지금도 선명히 기억하고 있습니다. 전쟁 통이었으니까 그랬겠지만 그래도 제 새끼를 어떻게 버릴 수 있을까요? 6.25까지 갈 것도 없지요. 여자고등학교 화장실에, 공동 화장실에 갓 태어난 신생아를 버리고 도망가는 비정의 모정을 매스컴을 통해 심심찮게 접하지 않습니까? 이렇듯 모성애는 모든 엄마에게 통용되는 단어는 아니지요.

기독교 신앙은 극단적 이기주의를 철저하게 배격합니다. 예수님께서, "네 이웃을 내 몸처럼 사랑하라."(마 22:39)고 말씀하셨을 때, 사랑이란 단어가 아가페입니다. 또한 "친구를 위하여 자기 목숨을 버리면 이에서 더 큰 사랑이 없다."(요 15:13)고 말씀하실 때 사용한 단어 역시

아가페입니다. 이웃을 위해, 친구를 위해서 자기 목숨을 버릴 수 있는 사람은 예수님의 아가페의 사랑을 실천하는 사람입니다. 필레오의 사랑으로는 도저히 실천할 수 없는 사랑입니다. 자식도, 남편도, 아내도, 자기 부모도 형제자매도 아니고 피 한 방울 섞이지 않은 친구를 위해 자기 생명을 줄 수 있는 사람이라면 그는 기독교의 진리로 거듭난 사람입니다.

사도 요한은, "그가(그리스도께서) 우리를 위하여 목숨을 버리셨으니 우리가 이로써 사랑을 알고 우리도 형제들을 위하여 목숨을 버리는 것이 마땅하니라."(요일 3:16)고 선언하셨습니다. 이런 사랑을 갖지 못하면 우리는 진정한 그리스도의 제자가 될 수 없습니다. 이것이 그리스도인이 넘어야 할 거대한 장벽입니다. 예수님은 한탄하셨습니다. "인자가 올 때에 세상에서 믿음을 보겠느냐?"(막 18:8) 다른 사람의 주장을 경청하고, 자기의 주장을 겸손하게 내려놓을 수 있는 사람이 예수님의 제자가 될 수 있는 사람입니다. 하나님의 뜻이 하늘에서 이루어진 것 같이 땅에서도 이루어지는 그날이 올 수 있는 길은 이기(利己)에서 이타(利他)로 옮겨 갔을 때입니다. 주님의 부름을 받은 우리는 오늘도 이 무거운 짐을 지고 있음을 명심하면서 오늘 하루만이라도 자기중심의 생활에서 벗어나 이웃 사랑으로 자신을 내려놓을 수 있기를 바랍니다.

돈을 사랑하고 (1)

09/16

"네가 이것을 알라, 말세에 고통 하는 때가 이르리니 사람들은 자기를 사랑하며, 돈을 사랑하며… 쾌락 사랑하기를 하나님 사랑하는 것보다 더하며" (딤후 3:1-4)

바울 선생은 말세를 살아가는 사람들이 두 번째로 "돈을 사랑한다."고 합니다. 여기서 돈은 물론 물질을 가리키는 것이지요. 인간이 세상에 태어나서 죽는 그 순간까지 물질을 떠나서는 살 수 없습니다. 의식주 모두가 다 물질이고, 일상생활에 필요한 자질구레한 것부터 학교 다닐 때 학비와 학용품, 결혼할 때 준비해야 될 모든 것이 물질과 관계되어 있으며, 세상 떠난 후 장례식에 관한 모든 것이 물질과 직접 연관되어 있습니다. 한마디로 인간은 그 누구도 물질 없이 살 수 없습니다.

한번은 필리핀에 갔는데 현지 선교사가 명승지 한 곳을 소개한다며 중국 사람들의 공동묘지로 안내를 했습니다. 그런데 그곳 중국 화교들의 풍습은 죽은 후에도 귀신이 살아 있을 때 같이 집에서 산다고 여겨, 묘지에 집을 지어 놓은 것을 보았습니다. 보통 집과 똑같이 응접실, 식당, 침실 등을 꾸며 놓았습니다. 그런데 그곳에서도 가난한 귀신의 집과 부자 귀신의 집은 천양지차였습니다. 죽은 후에도 빈부격차가 확연히 드러나 보이는 해괴한 모습이었습니다.

돈은 참으로 우리에게 없어서는 안 되는 필수불가결의 요소입니다. 가난한 집 처녀가 부잣집으로 시집가면, 결혼하는 순간부터 특별한 예외가 아니면 이혼을 할 때까지 아니면 죽어 시체가 되어 나올 때까지 그 집에 노예나 종과 다름없는 생활을 할 가능성이 농후합니다. 물론 100%가 그렇다는 것은 아닙니다. 그러나 그 확률은 매우 낮다는 것 역시 부인할 수 없습니다. 한 마디로 얘기해서 돈 없으면 사람대접 못 받은 세상이란 것이지요. 시쳇말로 유전무죄(有錢無罪) 무전유죄(無錢有罪)지요.

성경에 보면 이스라엘 백성들이 타락할 때는 항상 물질과 관계가 되어 있었습니다. 구약성경을 보면 물질 때문에 멸망한 대표적인 사람은 아간입니다. 여리고 성을 점령할 때 여호와께서 그 성의 모든 것을 진멸하라 명하셨는데 아간이 '시날 산 아름다운 외투 한 벌과 은 이백 세겔과 오십 세겔 중의 금덩이 하나'를 탐내어 감춘 것이 화근이 되어, 결국 동족 36명이 아이성 군인들에게 죽임을 당하는 비극이 연출되었습니다. 결국 아간은 그의 가족 그리고 그가 도둑질한 물건과 함께 이스라엘 백성들의 돌팔매질에 몰살당했고 그곳이 아골 골짜기가 되었지요. 아람 군대 장관 나아만의 나병 치료 과정에서 엘리사의 시종 게하시가 선생을 속이고 '은 한 달란트와 옷 두 벌'을 부정 취득한 죄로 즉시 나병환자가 되었고 그의 자손만대로 나병환자가 되는 무서운 저주를 받은 사실도 보여줍니다.

신약에서도 예수님의 열두 제자 중 하나인 가룟 유다가 선생님을 은 30에 팔았으나 그 돈을 써 보지도 못하고, 비극적 자살로 끝난 사건을 우리는 잘 알고 있습니다. 물질에 눈이 어두워 망한 표본입니다. 사도행전 5장에는 아나니아와 삽비라 부부가 자기 소유를 팔아 교회에 헌금하기로 합의하고도 그중 얼마를 감춘 죄로, 즉 물질 때문에 거짓말한 죄로 부부가 같은 날 성전에서 즉사한 사건을 예시합니다. 역시 물질로 망한 현장이지요.

구약성경에 줄기차게 나오는 고아와 과부와 나그네를 돌보라는 말씀은 돈 없이 힘들게 살아가는 사람들을 차별하지 말고 도와주라는 말씀입니다. 인류 역사가 시작된 이래로 가난한 사람들은 항상 부한 사람들의 종이나, 노비가 되었습니다. 지금은 제도적으로 노비제도가 없어졌지만 돈이 없는 사람은 돈 있는 사람의 노비나 다름없는 삶을 살아야 하는 것이 현실입니다. 요즘 유행하는 갑과 을의 관계가 그것이지요. 을은 항상 갑의 눈치를 봐야 되고 갑의 비유를 맞춰야 되며, 갑은 을을 시종처럼 부리는 현상을 심심찮게 매스컴은 보도하고 있습니다.

예수님께서 늘 관심 가지셨던 '지극히 작은 자' 즉 가난한 자, 병든 자, 옥에 갇힌 자, 고아, 과부, 장애인, 의지할 곳 없는 독거노인들, 소년소녀 가장들, 요즘 우리 주변에 널려있는 노숙자들, 술과 마약과 도박 중독으로 그들의 삶을 송두리째 망가뜨린 사람들, 살아 갈 길이 막연해서 극단적 선택을 하는 사람들은 늘 우리 주변을 맴돌고 있습니다. 이들 대부분은 돈이 없이 이렇게 비참한 삶을 살아가고 있습니다.

시간이 좀 지났지만, 지금도 필자가 잊을 수 없는 안타까운 사건은 32살 가장이 집주인으로부터 전세금 300만 원을 올리겠다는 말을 들었습니다. 아무리 생각해도 300만 원(3천불)을 구할 방도가 없었습니다. 부부가 작심하고 농약을 사서 5살, 3살 두 아이에게 먹이고, 부부도 동시에 농약을 마셔 네 식구가 집단 자살한 사건이 서울에서 있었습니다. 유서에 이런 말이 쓰여 있었습니다. "조상 때부터 물려 받은 가난, 이 가난을 우리 자녀들에게 물려줄 수 없다. 내 대(代)해서 끝내야 된다."

이 사건 역시 제법 시간이 지난 얘기지만 인천에서, 물질적으로 극한 상황에 내몰린 홀로된 엄마가, 13층 아파트 옥상에 올라가 5살 아이를 아래로 던지고, 3살 아기를 던진 후 자신은 1살 아기를 안고 뛰어 내려 4인 가족 모두가 자살하는 비극이 일어났습니다. 돈이 없어 일어난 사건이지요. 이 부인이 비록 남편은 없었어도 돈만 있었으면 이런 극단적 선택을 하지 않았을 터인데, 결국 돈이 일가족을 죽인 비극이었습니다.

모세가 여호와께서 주시는 계명을 받기 위해 시내산에 올라가 있는 40일 동안, 이스라엘 백성들은 아론에게 애굽에서 인도해 낸 신을 만들어 내라고 아우성을 쳤습니다. 아론이 백성들의 금귀고리와 금반지, 금목걸이 등을 모아서 우상을 하나 만들었습니다. 이 우상이 바로 '금송아지'였습니다. 이스라엘 백성들은 이 금송아지 앞에서 아침저녁으로 술 마시고 노래하고 춤추며 섬기는 작태를 연출했습니다. 금송아지, 그렇습니다. 바로 황금을 신으로 섬긴 것입니다. 지금도 경제가 어려워지고 물가가 상승하며 불안한 사회 환경이 되면 맨 먼저 치솟는 것이 금값입니다. 돈 많은 사람들은 현금도 마지막에는 휴지가 된다는 사실을 알고 있기에 금 사는 데 열을 올립니다. 사들인 금은 집안 금고에 혹은 은행 금고에 차곡차곡 쌓아 놓습니다. 금 외에는 어떤 것도 믿을 수 없습니다. 미국 달러도 안전 자산이 아닙니다. 주식은 말할 것도 없지요. 마지막까지 그 가치를 보유하고 있는 것은 금입니다. 금이 최고의 가치입니다. 금이 곧 돈이요 물질입니다. 황금 만능시대란 말이 바로 이런 뜻입니다. 세상 모든 것이 변하지만, 오직 금만은 변하지 않습니다. 물질은 인간 사회를 저질스럽게 만드는 사탄의 무기입니다. 성경은 그래서 부자가 천국에 들어가기가 낙타가 바늘구멍을 통과하기보다 어렵다고 합니다.

인간이 물질의 거대한 장벽을 넘기 위해서는 성령님의 도우심이 필요합니다. 물질보다 더 귀한 것이 있다는 사실을 깨닫는 것은 우리의 이성, 경험, 결의로는 불가능합니다. 오직 성령님의 도우심이 있어야만 가능합니다. 성령 받지 못하면 진정한 그리스도인이 되지 못합니다. 어떻게 성령님을 받을 수 있을까요? 주님이 말씀하셨지요. "기도 외에는 다른 방법이 없다."고요. 나는 물질의 장벽을 넘은 사람인가 생각하는 시간을 가져보세요.

돈을 사랑하고 (2)

09/17

"네가 이것을 알라, 말세에 고통 하는 때가 이르리니 사람들은 자기를 사랑하며, 돈을 사랑하며… 쾌락 사랑하기를 하나님 사랑하는 것보다 더하며" (딤후 3:1-4)

어떤 경제학자가 이런 분석을 내놓았습니다. 중국이 세계 제2위 경제대국으로 발돋움하고 있지만, 1위인 미국을 치고 올라오기는 어렵다고요. 그것은 중국이 보유하고 있는 금이 1천 톤인데 반해 미국은 7천 톤을 보유하고 있기 때문이라고 합니다. 따라서 이 두 나라 사이의 경제 경쟁은 게임이 되지 않는다고 얘기했습니다. 먼 훗날은 물론 아무도 모르는 일이지만요. 필자는 경제 문외한이라 이 말의 정확한 내용은 알 수 없었지만, 단순히 금 보유량으로만 본다면, 그럴 수도 있겠다는 생각을 했습니다. 물질은 사람의 삶을 풍요롭게 하고 여유 있게 만들어줍니다. 그래서 사람들은 돈을 벌기 위해서 혈안이 되어 있습니다. 돈벌이가 된다고 하면 어떤 수단이나 방법도 가리지 않고 투자를 하고 투신을 하지요. 조금이라도 돈을 더 벌수만 있다면 있는 돈, 없는 돈, 집을 저당 잡히고, 심지어 처가에까지 손을 벌려, 결국 모두가 쫄딱 망하는 모습을 여러 번 보았습니다.

많은 사람들이 복권을 사는 이유는 분명합니다. 적은 돈으로 떼돈을 벌어 보려는 것이지요. 지금도 복권 파는 집 앞에 늘어 선 사람들을 보면 참으로 한숨이 절로 나옵니다. 도박장에 가서 끊임없이 배팅을 하는 사람들도 마찬가지입니다. 일확천금을 노려보려는 심사지요. 도박을 끊는 것은 마약을 끊는 것보다 어렵다는 말을 종종 듣습니다. 이유는 분명하지요. 지금까지 쓸어 넣은 원금을 찾으려는 마음이고, 또 이번에는 잭팟이 터질지 모른다는 가망 없는 희망을 갖고 있기 때문입니다. 도박으로 개인이, 가정이, 일가 친족이 망하는 것은 결국 일확천금하려는 못된 인간의 사행심 때문입니다. 이는 사탄이 놓은 덫에 걸려 모두가 망하는 지름길로 접어드는 행위입니다. 돈 때문에 형제자매 간에, 심지어 부자, 부녀가 재판장에 나란히 서 있는 모습을 보면 참으로 돈이 묘한 존재라는 생각을 지울 수 없습니다. 돈은 천륜도 간단히 끊어 놓는 무서운 존재입니다. 이런 싸움은 돈이 없어 살기 어려운 사람들 사이에서만 일어나는 게 아니고 이름만 들어도 아는 대재벌 집안에서도 일어난다는 사실에 어안이 벙벙할 뿐이지요.

예수님께서는 "하나님과 물질(mammon)을 겸하여 섬길 수 없다."(마 6:24)고 말씀하셨습니다. 한 손에 하나님을 또 한 손에 물질을 붙잡고는 하나님을 바로 섬길 수 없다는 말씀입니다. 물질을 잡은 손을 놔야 비로소 하나님을 바르게 섬길 수 있습니다. 하나님을 두 손으로 꼭 붙잡고 나가는 것이 올바를 신앙생활을 하는 것이라는 말씀입니다.

잠언에 지혜자는, "나로 가난하게도 마옵시고, 부하게도 마옵시고 오직 필요한 양식으로 내게 먹이시옵소서."(잠 30:8) 라고 간구하고 있습니다. 이 말씀은 부자가 되는 것을 원치 않고, 먹을 양식만 있으면 족하다는 뜻입니다. 바울 선생의 "어떠한 형편에든지 나는 자족하기를 배웠노니"(빌 4:11)라는 말씀은 자기가 가지고 있는 것에 만족하고, 물질은 먹고 살 정도만 있으면 넉넉하다는 의미입니다. 미국 최고 부자 20명에게 물었습니다. "도대체 당신들 같은 부자들에게는 무슨 걱정이 있느냐?"고요. 그랬더니 부자 20명이 똑같이 "돈 걱정한다."고 대답했답니다. 왜 돈 때문에 걱정하는지 이유를 아시겠지요? 돈이 적당히 있으면 돈이 내 노예가 되지만, 너무 많으면 내가 돈의 노예가 된다는 말이 이해가 되는 대목입니다.

그리스의 철학자 디오게네스는 통 하나를 굴리고 다니면서 그 속에서 물질적으로는 비천한 삶을 살았습니다. 천하의 권력을 갖고 천하의 물질을 소유했던 알렉산더 대왕이 그에게 와서 "당신이 원하는 것이 무엇이냐?"고 묻자, "한 발짝만 옆으로 비켜서서 내게 오는 햇빛을 막지 말라."고 했다지요. 그런 그를 보고 알렉산더 대왕은 "내가 만일 알렉산더가 아니면 저 디오게네스가 되었을 것이다."라는 유명한 말을 했습니다. 그래서 대(大)는 대(大)와 통한다네요. 천하를 소유한 알렉산더 대왕보다 아무것도 소유하지 못한 디오게네스가 더 행복한 삶을 살았다는 것은 보여주는 일화입니다. 알렉산더는 불과 32세 약관에 세상을 하직했습니다.

많은 돈을 가지고 인생을 만족스럽게 살았지만, 영생의 길이 어딘지 알고 싶었던 부자 청년은 예수님에게 와서 "내가 무엇을 하여야 영생을 얻을 수 있겠습니까?"라고 물었습니다. 예수님은 "네 소유를 모두 다 팔아 가난한 사람들에게 나누어 주고 나를 따르라."(막 10:21)는 말씀을 했습니다. 그러나 그는 그렇게 할 수 없었습니다. 이 청년이 소유한 물질은 그가 영생으로 가는 길에 결정적 걸림돌이 되었습니다. 예수님은 그가 의지하고 있던 물질을 놓아 버려야 한다고 말씀하신 것입니다. 물질은 영원의 세계로 가는 결정적 거침돌임이 분명합니다.

물질을 잡은 손으로는 영원을 소유할 수 없습니다. 예수님을 만난 사람은 물질의 거대한 장벽을 넘어 섭니다. 일생을 돈 모으는 데 몰입했던 삭개오가 예수님을 만난 후, 누가 시키지도 않았는데 스스로 물질을 포기하는 결단을 내렸습니다. 전 재산의 절반을 가난한 사람들에게 나눠주겠다고 선언했습니다. 이것은 예수님을 만난 후에 물질을 움켜잡았던 손을 단호히 놓아버리는 모습을 보여준 것입니다. 우리는 물질 없이 살 수 없습니다. 그러나 물질이 우리의 좋은 친구가 되어야지 우리의 주인이 되어서는 안 됩니다.

그리스도인의 삶이란 이스라엘 백성 앞에 버티고 서 있는 아낙 자손, 철옹성 같은 성벽, 놀랄만한 군사력과 같은 물질의 장벽과 싸워야 하는 삶입니다. 그러나 넘기 어려운 거대한 물질의 장벽도 여호와께서 그들과 함께 하셨을 때, 승리할 수 있습니다. 물질은 그리스도인들이 넘어야 될 마지막 장벽입니다. 자본주의는 공산주의를 무너뜨렸습니다. 그러나 자본주의가 남긴 부작용은 물질 지상주의로 전락해서 인간의 모든 삶의 표준을 물질의 과다(夥多)로 측정하게 만든 것입니다. 마치 군대에서 계급이 높으면 인격도 높다고 착각하게 만드는 착시현상을 일으키듯이, 돈이 많은 사람은 훌륭한 인격과 본받을 만한 삶을 사는 사람이고, 가난한 사람들은 인격도, 인품도 없는 사람으로 치부하게 만드는 현상이 자본주의가 보여주는 추한 작태입니다. 따라서 돈만 되면 청부 살인도 서슴지 않은 천민자본주의가 횡행하게 된 것입니다. 수단과 방법을 가리지 않고 돈 많이 벌어서 부자가 되기만 하면 온 천하가 자기 것이 된다는 착각을 하는 사람들로 점철되어 있는 것이 오늘 우리가 살고 있는 세상입니다.

세계는 미국이 움직이고, 미국은 유대인들이 움직인다고들 합니다. 미국인구가 약 3억 3천인데 유대인은 약 800만 그러니까 4% 정도밖에 되지 않습니다. 그러나 이들이 미국을 움직이고 있습니다. 그들이 미국을 움직이는 힘은 경제력입니다. 다시 말하면 돈의 힘이지요. 돈 많은 유대인들은 미국을 움직이고, 미국은 세계를 다스리는 것입니다. 돈의 힘이 이렇게 무섭습니다. 그러나 아무리 돈의 힘이 위대하고 크다 해도 할 수 없는 일이 있습니다. 그것은 돈은 결코 인간의 영혼을 구원할 수 없다는 사실입니다. 돈은 속세에서나 힘을 쓰지, 디오게네스처럼 초연한 삶을 사는 사람에게는, 즉 신앙의 높은 경지에 이른 사람에게는 소용이 없습니다. 진정한 신앙인은 물질이 덧없어 보입니다. 모든 소유를 버리고 수도원으로 들어가는 수도사들을 물질로 유혹해 봐야 쓸데없는 일입니다. "고명한 자는 고명한 일을 도모하나니 그는 항상 고명한 일에 서리라”(사 32:8) 고명한 사람은 고명한 것을 바라지 물질을 바라지 않습니다. 진실한 그리스도인이라면 이런 자리에 서야 하지 않겠습니까? 나도 이런 자리에 설 수 있는 믿음 생활을 하고 있는지 잠시 묵상하는 시간을 가지시기 바랍니다.

쾌락 사랑

09/18

"네가 이것을 알라, 말세에 고통 하는 때가 이르리니 사람들은 자기를 사랑하며, 돈을 사랑하며… 쾌락 사랑하기를 하나님 사랑하는 것보다 더하며" (딤후 3:1-4)

오늘은 바울 선생이 디모데에게 써 보낸 두 번째 편지에서 말씀하신 내용 중, 말세에 사는 사람들이 사랑하는 세 가지 중, 마지막 쾌락 사랑에 대해 생각해 보겠습니다. 바울 선생은 "쾌락 사랑하기를 하나님 사랑하는 것보다 더하며"라 말씀했습니다. 인간은 누구나 세상을 살아가면서 행복하게 살기를 원합니다. 행복하게 살기 위한 조건이 여럿 있는데 그 가운데 쾌락을 통해 찾으려는 것이 인간의 공통된 마음입니다. 쾌락에는 건전한 쾌락과 불건전한 쾌락이 있습니다.

건전한 쾌락은 누가 보아도 바람직스럽게 여겨지는 일, 계속해도 아무 문제가 없는 일입니다. 그것은 대체로 자기가 좋아하는 일을 하는 것입니다. 예를 들면 골프를 좋아하는 사람은 골프장에서 좋은 성적이 났을 때 기쁘고 마음이 즐겁습니다. 낚시를 좋아하는 사람은 월척(越尺)과 기대 이상으로 큰 고기를 많이 잡았을 때, 등산을 하는 사람은 자기가 늘 목표한 해발 8,000m 산 정상에 도달했을 때, 스키를 하는 사람들은 스키를 타고 가파른 비탈을 쏜살같이 미끄러져 내려 올 때, 파도타기를 즐기는 사람은 신나게 파도를 탈 때, 그 누구도 누릴 수 없는 즐거움을 누리게 됩니다.

이렇게 건전하고 좋은 취미 생활을 통해 쾌락을 얻는가 하면, 그가 즐기는 쾌락이 개인을 망치고, 가정을 망치며, 사회를 병들게 하는 것도 있습니다. 그 대표적인 것은 술, 마약, 도박, 그리고 음란입니다. 이

SEP

런 것들은 인간들에게 일시적 쾌락을 줄 수 있지만, 계속하면 중독이 되고 중독이 된 후에는 빠져 나올 수 없는 악마의 덫에 걸리고 맙니다. 그것으로 결국 개인, 가정, 친족, 친구, 교우 등 모든 인간관계가 파괴됩니다. 또한 이런 것들이 무수한 사회 문제와 노숙자를 양산하고 있습니다. 술과 마약과 도박, 음란을 즐기는 사람들은 결과적으로 자기가 가지고 있는 모든 것을 잃게 되는 비극을 맞게 됩니다.

사람이 행복을 추구 하려는 것은 기본적인 욕망입니다. 또 그 행복 추구권은 헌법에도 보장되어 있는 인간의 기본적 권리입니다. 그렇지만 자기 개인의 행복 추구 즉 소위 바람을 피우는 일은 가정이 파괴되고, 자기가 낳은 어린 자식들이 고통을 당하면서 계모, 계부의 학대에 시달리다 가출해 비행 청소년이나, 불량배가 되어 엄청난 사회 문제를 일으키는 결과를 초래할 수 있습니다. 개인의 행복 추구도 일정한 한계 내에서 이루어져야지 지나친 자유는 방종이 되고, 이 방종은 결국 많은 사람들에게 해를 끼치는 흉기가 된다는 사실을 명심해야 합니다.

갈라디아서 5장 22절, 23절에 성령의 9가지 열매가 나오는데, 그 중 마지막 열매가 절제(self control)입니다 사랑도, 희락도, 화평도. 인내도, 자비도, 양선도, 충성도, 온유도 '절제'라는 한계 내에서만 허락됩니다. 사랑, 자비, 충성 등 이 모든 것들은 우리 인류가 보존하고 실천해야 할 주요 덕목임에 틀림없지만, 절제 없는 이들 덕목은 결코 덕목이 될 수 없고, 고삐 풀린 망아지처럼 끝 간 데 없이 날뛰게 되어 있습니다. 엄마가 아기를 사랑하는 것은 모성애로 세상에서 가장 아름다운 사랑입니다. 그러나 자식을 사랑하는 그 사랑이 절제가 없으면 결국 자식을 고통으로 몰아넣는 결과를 가져옵니다. '절제된 사랑' 이것이 진정한 사랑이지 끝없는 사랑은 결코 선한 행위가 아닙니다.

쾌락을 추구하는 것은 인간 기본 욕망입니다. 따라서 그것을 나무랄 필요는 없습니다. 인간은 누구나 쾌락을 추구할 권리와 자유가 있습니다. 그러나 거기에는 반드시 절제가 있어야 한다는 단서가 붙어야 합니다. 절제 없는 쾌락은 결국 몰락으로 가는 지름길이기 때문입니다. 절제 없는 쾌락 추구는 개인의 몰락, 가정의 몰락, 사회의 몰락, 국가의 몰락입니다. 로마 제국은 외국의 침략을 받아서 몰락한 것이 아닙니다. 쾌락 추구가 극에 달해 로마 제국이 쓰러진 것입니다. 수많은 제국이 무너질 때 외국의 침략에 의해서가 아니고, 자체 내의 부패와 극한 쾌락으로 인해 멸망한 경우를 얼마든지 찾아볼 수 있습니다.

고대 로마가 무너질 무렵, 귀족들은 날마다 모여 산해진미를 차려 놓고, 포도주와 각종 술에, 무희(舞姬)들의 현란한 춤과 더불어 쾌락을 즐기면서 세월을 보냈습니다. 연회장 입구에는 큰 항아리들이 여럿 놓여 있었는데, 그 항아리들은 잔뜩 먹은 인간들이 배가 너무 부르면, 밖으로 기어 나와 손가락을 목구멍에 집어넣어 음식을 다 토해 낸 것을 담는 항아리였습니다. 먹은 음식을 다 토해 낸 후, 다시 연회장에 들어가 음식을 잔뜩 먹고, 또 배가 차면 기어 나와 토하고 들어가는 작태를 벌렸으니, 그런 나라가 망하지 않으면 어떤 나라가 망했겠습니까?

비단 2천 년 전 고대 로마시대만 그런 것이 아니고 우리나라 역사에서도 신라 말기, 경주 포석정에 술을 냇물처럼 흐르게 해놓고 주지육림(酒池肉林)에 세월 가는 줄 모르고 흥청망청 노닐다가 나라가 거덜 났습니다. 술, 여자, 음악, 춤은 어느 시대 어느 나라나 다 있었습니다. 그러나 그런 일이 지나치면 경국(傾國)의 길로 가게 되어 있음을 역사는 증명하고 있습니다. 백제의 멸망도 마지막 의자왕이 술과 음란에 빠져 국사를 거들 떠 보지 않고 흥청대다, 결국 신라와 당나라 연합군의 침공을 받아 나라가 거덜 나 망국으로 매듭을 지었습니다. 전해 내려오는 얘기로는 삼천 궁녀가 낙화암에서 강으로 뛰어 내려 죽었다는 전설은 당시의 환락을 이야기하는 한 단면입니다. 절제 없는 쾌락은 한 가정뿐만 아니라, 나라까지 거덜 낸다는 역사적 교훈입니다. 우리의 모든 행위에는 절제가 요청됩니다.

바울 선생이 성령의 아홉 가지 열매 중 절제를 맨 마지막에 놓은 것은 절제 없는 열매는 결국 선한 결과를 가져오지 못한다는 사실을 주지시키기 위함입니다. 쾌락을 사랑하는 것은 죄가 아닙니다. 그러나 그 쾌락을 추구하는 데 절제가 없을 때, 그것은 바로 악으로 치닫는 첩경이 되게 되어 있습니다. 바울 선생의 경고를 가볍게 여겨서는 많은 열매를 맺고도 낭패를 볼 가능성이 농후함을 마음속에 늘 간직하고 살아가야 하겠습니다.

09
19

성공회는 어떤 교회인가요? (1)

"그런즉 너희 하나님 여호와께서 너희에게 명령하신 대로 너희는 삼가 행하여 좌로나 우로나 치우치지 말고" (신 5:32)

교회 개혁 시기에 나온 교회 가운데 하나가 성공회(聖公會)입니다. 오늘은 성공회에 대해 말씀드리겠습니다. 아시는 분은 아시겠지만 성공회는 영국교회입니다. 영어로 'Church of England' 또는 'Anglican Church'입니다. 따라서 성공회는 영국 사람들의 교회입니다. 성공회가 어떤 교회인가 물으면 대체로 개신교회라고 대답하는 사람들이 많습니다. 그러나 성공회는 개신교회가 아닙니다. 왜냐하면 개신교회는 '목사'가 '예배'를 인도합니다. 그러나 성공회는 '신부'가 '미사'를 집전합니다. 그러므로 개신교라 볼 수 없지요. 그렇다고 가톨릭교회라 할 수도 없습니다. 왜냐하면 전 세계 13억의 가톨릭 교인을 거느린 가톨릭교회의 최고 수장인 로마 교황을 인정하지 않기 때문입니다. 성공회에서는 영국 캔터베리에 있는 대주교가 세계 성공회의 우두머리입니다. 따라서 교황을 인정하지 않는 성공회가 가톨릭교회가 될 수가 없지요. 또 한 가지 가톨릭교회가 될 수 없는 이유는 성공회 신부는 결혼을 합니다. 가톨릭교회는 2천년 동안 모든 성직자는 결코 결혼을 할 수 없습니다. 그러나 성공회 신부는 결혼을 할 수 있고 가정을 가질 수도 있습니다. 따라서 성공회는 가톨릭교회 범주에 포함될 수 없습니다.

로마 교회도 아니고 개신교회도 아닌 성공회는 어떻게 생겨난 것일까요? 오늘 내일 두 번에 걸쳐 영국 성공회의 출현에 대해 설명하겠습니다. 영국에는 튜더 왕조가 있습니다. 이 왕조를 시작한 헨리 7세는 당시 약소국 영국을 강대국으로 만들 큰 그림을 그리기 시작했습니다. 우선 당시 세계에서 가장 강력한 국가였던 스페인과 왕실 혼인 관계를 맺어 영국의 국격을 높이려는 계획을 세웠습니다. 그리하여 스페인의 페르디난트 왕과 이사벨라 여왕 사이의 공주였던 캐서린을 자기 맏아들 아더(Arthur)와 결혼을 시키는 데 성공했습니다. 자연히 두 나라는 사돈 관계가 되어 서로 협력하는 사이가 되었습니다. 그런데 불행하게도 결혼한 지 얼마 되지 않아서 아더가 세상을 떠나고 말았습니다. 헨리 7세는 젊은 미망인 캐서린을 자기 둘째 아들, 헨리(훗날의 헨리 8세)를 형수 캐서린과 결혼시켜 스페인과의 관계를 지속했습니다.

그러는 동안 헨리 7세가 세상을 떠나자, 자연히 독자 헨리가 튜더 왕가의 두 번째 왕이 되어 헨리 8세로 등극했습니다. 처음에는 헨리와 캐서린 간에 사이가 좋아 아이들도 여럿 낳았습니다. 그런데 문제는 아이들이 태어나자마자 혹은 출산 후 얼마 되지 않아 계속 죽어 나간 것입니다. 헨리는 그렇게 된 이유가 레위기 20장 21절, "누구든지 그 형제의 아내를 취하면 더러운 일이라 그가 그 형제의 하체를 범함이니 그들이 무자(無子) 하리라."는 말씀이 늘 마음에 걸렸습니다. 캐서린과의 사이에 딸 메리(Mary) 하나만 살아남고 나머지 애들은 다 죽고 말았습니다. 튜더 왕가의 계승자가 될 아들이 필요한 헨리는 캐서린의 궁녀 앤 불린(Anne Boleyn)의 미모에 혹하여 임신까지 시켰으나 앤은 사생아를 낳기 싫다며 정식 결혼을 요구했습니다. 이런 상황에서 앤이 아들을 낳아도 사생아는 왕이 될 수 없는 전통 때문에 헨리는 캐서린과의 이혼을 결심하게 됩니다.

당시 각국 왕들의 결혼과 이혼 등은 모두 교황청의 승인을 받아야만 가능했습니다. 헨리는 교황청에 캐서린과의 이혼을 허락해 달라고 청원서를 보냈습니다. 그러나 교황청은 아들을 낳지 못한다는 이유로 이혼을 허락할 수 없다고 청원을 거절했습니다. 명분은 그럴 듯했지만 사실은 강력한 가톨릭 국가인 스페인의 눈치를 봤기 때문이었지요. 당시 유럽은 독일에서 마르틴 루터가 1517년 면죄부에 대한 항의서를 제출하고 로마 교회와의 관계를 끊고 새로운 개신교회를 시작했으므로, 그 물결이 전 유럽에 급속이 파급된 때였기 때문에 교황청의 권위가 많이 흔들리던 때였습니다.

헨리는 자기의 뜻을 이루기 위하여 1534년 수장령(首長令: Act of Supremacy)을 발표하고, "이제부터 영국교회의 수장은 로마 교황이 아니고 국왕인 나다."라 선포했습니다. 이 수장령 선포가 곧 성공회의 시작입니다. 1천 년 이상 가톨릭교회로 내려오던 영국교회가 이제 교황청과는 상관없는 영국 단독의 교회로 탄생한 것입니다. 따라서 국왕의 명령에 의해 모든 영국 신민은 영국교회교인이 되어야 했습니다. 영국교회는 루터의 개혁 운동에 따른 개혁교회가 아니고, 단순히 튜더 왕가의 왕위 계승권 문제 때문에 생긴 교회였고, 자연히 교회 이름도 '영국교회'(Anglican Church)가 됐습니다. 그러므로 성공회의 출현은 교회 개혁과는 상관이 없었으므로 교리나 조직 등은 거의 가톨릭교회와 동일합니다.

다만, 한 가지 다른 점은 말도 많고 탈도 많은 성직독신주의(Celibacy)만은 폐지시켜, 신부도 결혼하고 가정을 가질 수 있는 길을 터 주었습니다. 따라서 성공회는 교리와 의식은 가톨릭교회와 거의 같으나, 교황을 따르지 않고, 신부가 결혼하는 것만 다를 뿐 나머지는 가톨릭교회와 같다고 보면 됩니다. 수장령을 선포한 헨리는 영국의 고위성직자들, 수도원장들, 대학교 총장 등을 모아 놓고, 캐서린과의 이혼을 선포하고, 앤 불린과의 재혼을 허락받습니다. 앤이 출산할 때가 되자 헨리는 말할 것도 없고, 온 국민이 아들 낳기를 학수고대하는 가운데 출산을 했는데, 그만 딸을 낳고 말았습니다. 이 딸이 후에 엘리자베스 I세로 영국 역사에 길이 남을 위대한 여왕으로 기록되는 바로 그 여성입니다.

성공회는 어떤 교회인가요? (2)

09/20

"그런즉 너희 하나님 여호와께서 너희에게 명령하신 대로 너희는 삼가 행하여 좌로나 우로나 치우치지 말고" (신 5 : 32)

앤 불린이 딸을 낳자 헨리 8세의 실망은 이만저만이 아니었습니다. 전 부인 캐서린과 이혼을 하고 앤과 재혼하는 과정이 보통 험난한 길이 아니지 않았습니까? 세계 최강 국가 스페인과는 척(隻)을 지게 되었고, 또한 1천 년 이상 유지되어 오던 교황청과도 단절하는 등 힘들고 어려운 과정을 거쳐 재혼하고 아들을 기대했는데 딸을 출산하자 낙담이 클 수밖에 없었지요. 앤에게 실망한 헨리는 자연히 앤을 멀리하게 되었고, 결국 2년쯤 지난 후 확실한 증거도 없이 죄를 뒤집어씌워 참수형에 처했습니다. 이 글을 읽는 분들 가운데 오래전에 '천일의 앤'이란 영화를 감상한 분도 있을 텐데, 이 영화가 바로 여기 앤 불린과 헨리 8세와의 관계를 그린 영화입니다. 영화 제목의 '1,000일'은 헨리 8세와 앤이 함께했던 3년 기간입니다.

아들이 필요했고 혼자 살 수 없었던 헨리는 세 번째 부인 제인 시모어(Jane Seymour)와 결혼을 했습니다. 제인은 헨리가 그렇게 바라고 바라던 아들을 낳아 주었습니다. 헨리와 영국 국민들의 기쁨은 가이없었습니다. 헨리는 아들 이름을 에드워드(Edward)라 지었습니다. 본디 병약했던 제인은 에드워드 출산 후 건강을 회복하지 못하고 세상을 떠났습니다. 아들이 더 필요했고 혼자 살 수 없었던 헨리 8세는 가톨릭 국가인 스페인과의 관계가 단절되자 이번에는 개신교 국가의 공주를 탐색하다 독일의 클레베 공작의 딸 앤을 네 번째 아내로 맞이했습니다.

헨리는 앤이 아들을 빨리 낳지 못하자 이혼을 선언하고 왕궁에서 내어 보냈습니다. 혼자 살 수 없었던 헨리는 다섯 번째 아내로 캐서린 하워드(Catherine Howard)를 맞이했습니다. 결혼 당시 캐서린은 15살로 헨리보다 32살이나 어렸습니다. 헨리의 기대와는 달리 캐서린 역시 아들을 빨리 낳지 못하자 실망한 나머지, 적당한 죄목을 뒤집어씌운 후 또 다시 참수형에 처했습니다. 참 잔인한 왕이지요? 혼자 살 수 없었던 헨리 8세는 여섯 번째 아내 캐서린 파(Catherine Parr)와 결혼을 했습니다. 캐서린 역시 아들 낳아주지 못했지만 죽임을 당하지는 않았는데, 그 이유는 헨리 자신이 먼저 죽었기 때문이었지요.

헨리가 죽고 나자 왕위는 자연히 아들인 에드워드에게 갔습니다. 그는 튜더 왕가의 세 번째 왕인 에드워드 4세로 9살에 왕위에 올랐습니다. 왕이 나이가 어려 외삼촌 시모어(Seymore)가 섭정을 했습니다. 그러나 에드워드는 병약한 엄마의 유전자를 이어받아 몸이 허약했습니다. 에드워드는 왕위에 오른 지 6년 만에 세상을 떠났습니다. 이렇게 되자 헨리가 그렇게 염려했던 현실에 부닥쳤습니다. 튜더 왕가를 이어갈 아들이 없었습니다. 이제 큰딸 메리와 둘째 딸 엘리자베스만 남았는데, 자연히 큰딸 메리가 동생 에드워드의 뒤를 이어 튜더 왕조의 네 번째 왕으로 등극했습니다. 이는 영국 역사에 처음 등장한 여왕으로 희귀한 경우였습니다.

메리는 어머니 캐서린이 가톨릭국가 스페인의 왕녀였으므로 자연히 메리의 신앙도 가톨릭이었습니다. 메리는 부왕 헨리가 선포한 수장령을 즉시 취소하고, 영국교회를 다시 로마 교황청 산하 가톨릭교회로 환원하고 말았습니다. 뿐만 아니라 자기 어머니를 억울하게 이혼시키고 자기를 사생아라고 모욕하던 개신교 인사들을 색출해서 서서히 복수극을 벌이기 시작했습니다. 재위 5년 동안 그녀가 죽인 사람이 300명이 넘었습니다. 따라서 역사는 이 메리를 가리켜 '피에 젖은 메리'(Bloody Mary)라 호칭합니다. 외로움과 국민들의 백안시 속에 복수의 칼을 휘두르던 메리는 재위 불과 5년 만에 세상을 떠나고 말았습니다.

이제 하나밖에 남지 않은 앤 불린의 딸 엘리자베스가 튜더 왕가의 다섯 번째 왕이 되었습니다. 엘리자베스는 모든 면에서 부왕 헨리를 가장 많이 닮아 총명하고 지혜로웠으며, 과감하고 용인술에 능할 뿐 아니라 판단력이 빠른 그야말로 제왕의 자격을 고루 갖춘 여왕이었습니다. 엘리자베스는 맨 먼저 언니 메리가 취소했던 수장령을 다시 복원시키고, 영국을 가톨릭교회에서 영국교회로 환원시켰습니다. 영특한 엘리자베스에게 유럽 여러 왕실의 왕과 왕자들이 구애를 해왔습니다. 영리한 엘리자베스는 언젠가 때가 되면 당신과 결혼하겠다는 가능성을 보이면서 모든 구혼자들을 자기 발 앞에 무릎 꿇게 하고 이용했습니다. 그러나 끝까지 아무하고도 결혼하지 않고 일생 동안 홀로 살면서 오직 영국을 위해 자기 전 생애를 바쳤습니다. 그녀는 자주 "나는 영국과 결혼했다."고 말하곤 했습니다.

그녀의 재위 시절 스페인과 전쟁이 벌어졌을 때, 세계 최강을 자랑하는 강력한 무적함대(Armada)를 대서양 속에 침몰시킴으로써, 스페인의 해상권 재패시대를 끝내고 대영제국의 세계 해양 시대의 문을 넓게 열어 놓았습니다. 문화적으로도 윌리엄 셰익스피어가 이 시대에 활동하면서 그 빛이 흐려지지 않을 위대한 작품들을 계속 발표했고 인류 문화 발전에 지울 수 없는 족적을 남겼습니다.

엘리자베스는 영국교회를 국민들에게 명했지만 심하게 강요하지 않았고, 가톨릭에게도 폭압적 태도를 보이지 않았으며, 개신교도들도 수용하는 관용 정책을 폈습니다. 이렇게 영국을 '5대양 6대주에 해지는 날이 없'는 대 제국을 만들 기틀을 마련해 놓은 엘리자베스는 재위 45년이란 대 기록을 세우고 1603년 향년 70세로 세상을 떠났습니다. 엘리자베스가 죽자 튜더 왕가를 이어갈 적통이 없어 결국 튜더 왕가는 문을 닫고 말았습니다. 튜더 왕가의 가장 가까운 친족이 헨리 8세 누나의 손자인 스코틀랜드 왕 제임스 6세가 영국 왕으로 오면서 제임스 1세가 되었습니다. 이때 영국과 스코틀랜드가 한 나라로 통일됩니다. 결론적으로 성공회는 영국 국가 교회로 가톨릭과 개신교의 중간 지대에 있는 중도 노선(via media)을 걷는 교회로 자리매김했습니다. 따라서 가톨릭, 동방정교회, 개신교회의 통합을 논하는 이들에게 성공회는 연구의 대상이 되어 있습니다. 성공회가 어떻게 생겨난 교회인지 이제 이해가 되셨나요?

기해교난과 앙베르 주교의 순교

09/21

"죽임을 당한 영혼들이… 거룩하고 참되신 대 주재여 땅에 거하는 자들을 심판하여 우리 피를 갚아 주지 아니하시기를 어느 때까지 하시려 하나이까" (계 6:9-10)

조선의 천주교회라는 나무는 순교자들의 피를 먹고 자랐습니다. 순교자들이 흘린 피가 없었으면 오늘의 천주교회는 초라한 모습이었을 것입니다. 19세기 초, 조선 교회는 1명의 주교와 2명의 신부들이 비밀리에 입국하여 신자들을 찾아 심방하고 성사(聖事)를 거행하며 전교(傳教: 가톨릭교회의 전도)에 힘써 교우들의 사기는 진작되었습니다. 개종하는 사람들이 늘어가고 변절자들이 교회로 돌아오는 등 교회가 활기를 띠기 시작했습니다.

그러나 이런 교회의 성장과 활기도 잠깐, 또다시 박해의 회오리바람이 휘몰아치기 시작했습니다. 정조대왕이 승하한 후, 불과 11살의 순조가 왕위에 오르자, 대왕대비였던 순원왕후(純元王后)가 섭정을 하게 되었습니다. 천주교회에 반감을 갖고 있던 정순왕후는 1839년 4월 천주교도 박멸의 포고령인 '사학토치령'(邪學討治令)을 반포했습니다. 이것이 기해(己亥)교난의 시작입니다. 흔히 박해가 오면 배교자들도 나타나게 마련이어서, 그들 때문에 더 많은 희생자들이 생겨났습니다. 배교자 김순성(金順性)의 밀고로 천주교회 지도급 인사들이 거의 체포되었고, 프랑스 예수회 소속 앙베르(I. M. J. Imbert) 주교까지 체포되었습니다.

도피생활을 하던 모방, 샤스탕 신부도 주교의 "착한 목자는 자기 양들을 위해 목숨을 바칩니다."라고 라틴어로 써 보낸 앙베르 주교의 자수 권고의 편지를 받고 자수하여 체포되었습니다. 샤스탕 신부가 자수하기 전에 자기 부모에게 보낸 편지는 우리의 마음을 아프게 합니다. 그는 아래와 같이 기록했습니다.

"조선에서 1839년 9월 1일(양력). 사랑하는 아버지 어머니. 주의 평화가 두 분과 함께 있으시기를… 성사를 다하고 나서 제 숙소가 준비되어 있는 기분 좋고 조용한 곳에 가서 좀 쉬기를 바랍니다. 그러나 천주께서는 저희들에게 무한히 더 즐거운 거처를 마련하십니다. 저희들은 오래지않아 그리로 들어갈 행복을 주시고 저희들의 앞서 간 영화로운 순교자들과 같이 영원히 쉬게 될 것이 확실한 것 같습니다… (이 나라는) 세상 재물로는 가난하나, 십자가로는 비옥한 이 복받은 포교지에서 저를 불러 주신 주의 섭리에 천만 번 감사를 드립니다… 천국에 가서 부모님을 기다릴 터이니, 그동안 온 마음과 온갖 힘을 기울여 우리 주 천주를 사랑하고… 그러면 틀림없이 약속 장소에 오는 기쁨을 누리실 것입니다. 예수 마리아의 성심(聖心) 안에서 가장 진실한 애정으로 결합하여 있는 지극히 겸손하고 지극히 정성스러운 아들, 교황 파견 선교사 자크 오노레 샤스탕 올림."

앙베르 주교와 모방, 샤스탕 신부는 1839년 9월 21일 대역 죄인이라는 판결을 받고 66대의 곤장을 맞은 후 목 베임을 당해 그 머리가 군문효수(軍門梟首:군부대의 정문에 잘린 머리가 걸림)되었습니다. 프랑스 신부 샤를 달레(Charles Dallet)는 그 장면을 다음과 같이 기록했습니다.

"그날이 되자, 그들은 등 뒤에 손을 결박당한 채 가마를 타고 100여 명의 군인에게 호송되어 형장으로 끌려갔다. 정해진 장소에는 말뚝을 세워 놓았는데, 그 위에는 기(旗) 한 폭이 펄럭이고, 말뚝에는 그들의 사형선고문이 달려 있었다. 도착하자 그들의 상의를 벗기고 바지만 남겨 놓았다. 그런 다음 군사들이 그들의 손을 가슴 앞에 결박하고 겨드랑이에 긴 몽둥이를 지르고 화살로 귀를 위에서 아래로 꿰뚫고, 얼굴에 물을 끼얹은 다음 회를 한 줌 뿌렸다. 그런 다음 6명이 몽둥이를 붙들고 순교자들에게 광장을 세 바퀴 조리를 돌려 군중의 조롱과 입에 담지 못할 욕설을 듣게 하였다. 끝으로 그들의 무릎을 꿇리고, 군사 12명이 손에 칼을 들고 그들 주위를 빙빙 뛰어 돌아다니며 싸움하는 흉내를 내며 지나는 결에 각기 한 차례씩 칼로 쳤다. 샤스탕 신부는 첫 칼질이 어깨를 스치기만 하였기 때문에 본능적으로 몸을 일으켰다가 이내 다시 무릎을 꿇었고, 앙베르 주교와 모방 신부는 꼼짝도 하지 않았다. 머리가 떨어지자 군사 하나가 판자에 얹어 상관에게 갖다 보이니 이 관리는 사형집행 보고를 하러 이내 궁궐로 떠났다. 순교자들의 시체는 3일간 효시를 당한 후 강변 모래에 매장되었다."

이들이 처형된 곳은 제일 한강교에서 멀지 않은 새남터였습니다. 이들의 고귀한 피는 조선 천주교회의 기초가 되었습니다. 체포를 면한 천주교인들이 야밤을 타서 이들 신부들의 시신을 몰래 거두어 장사 지내 천명(天命)에 순명(順命)한 순교자들에게 지하에서의 쉼터를 제공해 줌으로써 살아남은 교우들의 임무를 다했습니다. 그들이 순교했던 다음 날, 정하상은 만면에 미소를 띠고, 유진길은 묵상에 잠긴 채 서소문 밖에서 역시 참수형을 받았으니 정하상이 45세, 유진길이 49세였습니다. 이때 순교자의 수가 54명, 옥사한 이들이 60여 명, 그리고 배교하고 석방된 자들이 50여 명이었습니다.

이것이 초기 한국 천주교회의 5대 교난(教難), 즉 신해(辛亥), 신유(辛酉), 기해(己亥), 병오(丙午), 병인(丙寅)교난 가운데 하나인 기해교난(己亥教難)입니다. 순교는 기독자의 가장 큰 영광이지만, 아무나 할 수 있는 것은 아니고, 오직 순교의 은총을 입을 사람들만 갖는 영예입니다. 순교의 피를 많이 흘린 한국 천주교회는 의연히 그리고 꾸준히 성장해 가고 있습니다. 순교자들의 후예에 성 삼위 하나님의 은총이 언제까지나 함께 하시기를 기원 드립니다.

SEP

인류를 망치는 마귀의 작품, 술 (1)

09
22

"청년이 무엇으로 그 행실을 깨끗케 하리이까 주의 말씀을 따라 삼갈 것이니이다." (시 119:9)

필자는 가끔 이런 말을 합니다. "하나님께서는 물을 창조하셨고, 인간은 소다를 재조했으며, 사탄을 술을 만들었다." 장편소설 『장발장』(레미제라블)의 작가 빅토르 위고는 정관시집(Les Contemplations)에서 "신은 단지 물을 만들었지만 인간은 와인을 만들었다."고 말한 바 있습니다. 사탄이 인간을 망치기 위해 만든 것 세 가지 흉기가 있습니다. 첫째는 술, 둘째는 마약, 셋째는 도박입니다. 이 세 가지는 악마의 작품으로 인간을 멸망으로 끌고 가는 3대 요소입니다. 우리 주변에 수많은 노숙자가 있는데, 이들이 노숙자가 된 원인을 분석해 보면 이 세 가지 가운데 하나가 그 원인입니다. 물론 두 가지가 겹친 경우도 많겠죠. 이 세 가지는 개인과 가정을 망치며 사회를 병들게 하고, 국가와 온 인류를 고통으로 몰아넣습니다. 이 세 가지 문제가 해결되기 전에는 인간의 비극이 그치지 않을 것입니다.

그중 가장 일반적인 것이 술입니다. 술은 마취제의 일종으로 합리적 판단을 하는 전두엽을 마비시켜 자제력을 잃게 하고 파괴적 행동을 촉발시킵니다. 따라서 술을 마신 사람이 평소와는 전혀 다른 사람이 되어 엉뚱한 행동이나 말을 하고 영 딴 사람이 되는 것은 이런 연유입니다. 이런 얘기를 자주 듣습니다. 저 사람은 술 안 마셨을 때는 천사와 같은데, 술만 들어가면 악마가 된다고요. 소위 필름이 끊겼다고 하는 것은 이미 자신이 무슨 일을 했는지 무슨 행동을 했는지 전혀 기억하지 못하는 심각한 상태에 이른 것입니다. 범죄 행위를 한 것조차 깨닫지 못하지요. 술을 많이 먹어 기억이 안 난다고 해서 범죄를 불문에 붙이는 것이 아니고 당연히 그에 따른 처벌이 기다리고 있습니다.

미국에서는 모든 악의 근원인 술을 미국 땅에서 근절시키기 위해 1919년 금주법(禁酒法: Prohibition Law)을 시행했습니다. 미국 안에서는 술의 제조, 판매, 음주를 금하는 법으로 청교도 정신에 근거한 것이었습니다. 그러나 이 법이 시행되자 밀주(密酒)가 성행해서 엉뚱하게도 마피아 같은 범죄 집단이 이 사업에 손을 대, 시카고의 마피아 대부 알 카포네(Alponse G. Capone)가 주축이 된 범죄 조직이 밀주로 엄청난 축재를 하여 경찰과 사법부를 매수해서 초법적 범죄를 저질렀습니다. 특히 캐나다에서 술이 밀 반입돼 음성으로 거래되면서 많은 문제가 야기되었습니다. 마침내 이 법은 14년 후인 1933년 수정헌법 제21조로 폐기되어 오늘에 이르고 있습니다.

한국사회가 술 때문에 얼마나 많은 고통을 당했는지는 백범(白凡) 김구(金九) 선생이 그의 「백범일지」에서 한 단면을 보여줍니다. 백범의 모친이 그의 남편과 가족들의 술주정 때문에 너무 고통을 당한 나머지 어린 김구에게 "너의 집에 허다한 풍파가 모두 술 때문이니 두고 보아서 네가 또 술을 먹는다면 나는 자살을 하여서 네 꼴을 안 보겠다."고 한 말에서 한국 사회 술의 폐해를 뚜렷이 엿볼 수 있습니다.

성경에 나오는 최초 음주자는 의인이라고 일컬어지던 노아였습니다. 홍수 후에 노아가 포도나무를 심어 포도주를 만들었습니다. 그러고는 포도주를 잔뜩 퍼 마시고 취해 열이 나니까 옷을 훌렁 벗어 던지고 텐트 속에 누워 잠들었습니다. 둘째 아들 함이 그 모습을 보았을 때, 조용히 홑이불로 아버지를 덮어 드렸다면, 아마 칭찬을 받았을 텐데, 그대로 나가 형 셈과 동생 야벳에게 아버지 흉을 보았지요. 셈과 야벳이 홑이불을 갖고 뒷걸음으로 들어가 아버지의 벗은 몸을 덮어드렸습니다.(창 9:20) 잠에서 깨어난 노아가 전후 사정을 파악한 후, "가나안은 저주를 받아 그의 형제의 종들의 종이 되기를 원하노라."(창 9:25)고 저주를 퍼부었습니다.

성경에는 술에 대한 경계가 많습니다. 구약에 삼손의 어머니가 삼손을 잉태할 때, 천사가 경계하기를 "너는 삼가 포도주와 독주를 마시지 말며 어떤 부정한 것도 먹지 말지니라."(삿 13:4)하여, 나실인(Nazirite: 거룩하다, 분리되다)이 될 사람은 포도주나 독주를 마시지 못하게 했습니다. 바울 선생은 "술 취하지 말라"(롬 13:13)고 했고 심지어 잠언에는 "포도주는 붉고 잔에서 번쩍이며 순하게 내려가나니 너는 그것을 보지도 말지어다."(잠 23:31)고 말씀합니다. 보지도 말라 했는데, 혹자는 취하지 말라는 말은 있어도 마시지 말라는 말은 없지 않느냐고 말하는 사람에게 필자는 "보지도 말라"했다고 면박을 주지요.

술은 만 악의 원인입니다. 도대체 술이 인간에게 무슨 선한 일을 하나요? 술은 사람 사이를 가깝게 하고 대화를 쉽게 한다는 등 술의 이점을 얘기 하는 사람들이 있는데, 그럼 술 안 마시는 사람들은 타인과 가까이하지도 못하고, 대화를 쉽게 하지 못한다는 말인가? 묻고 싶습니다. 술로 망한 사람과 가정이 얼마나 많은지 알고 있느냐고요. 그걸 알면 술의 장점을 감히 이야기할 수 없을 겁니다. 술을 마시는 순간, 그는 악마의 덫에 걸리는 겁니다. 운이 좋으면 무탈하겠지만, 대다수가 사고를 치게 됩니다. 음주 운전으로 자신을 죽일 뿐만 아니라, 아무 죄 없는 이웃을 죽이는 살인이 얼마나 많은지 모릅니다. 적지 않은 경우 음주 운전자가 고속도로에서 출구로 역주행해 들어와 맞은편 차와 정면충돌하여 자신은 물론, 어린이를 포함해서 일가족을 몰살시키는 일이 심심치 않게 일어납니다. 이런 현상은 술만 안 마셨으면 일어나지 않았을 참극입니다.

주마(酒魔:술의 마귀)가 술 마시는 사람들 속에 들어가 운전하도록 부추겨, 음주운전으로 운전면허 정지 상태인 사람을 꼬드겨 다시 운전을 하게 해서 비극을 초래케 하고 만면의 웃음을 짓고 있지요. 술은 참으로 사탄의 멋진 작품입니다. 술 마시는 사람과는 거리를 멀리 하세요. 한국교회나 온 세계의 보수적 교단은 금주를 원칙으로 하고 있습니다. 그리스도인들이! 술은 보지도 말고 술로부터 깨끗한 삶을 삽시다. 하나님께서는 그런 삶을 사는 자녀들을 원하십니다.

인류를 망치는 마귀의 작품, 술 (2)

09
23

"청년이 무엇으로 그 행실을 깨끗케 하리이가 주의 말씀을 따라 삼갈 것이니이다." (시 119:9)

통계에 의하면 한국에서 1년에 음주 운전 사고가 42만 건, 사망이 4,200명, 부상이 33만 명입니다. 하루 평균 12명 사망에, 부상이 900명이 넘습니다. 사망한 12명 중에는 유치원, 초 · 중 · 고, 대학생, 청년, 신혼부부, 아내와 자녀를 둔 가장, 남편과 자녀를 둔 주부 등 다양한 사람이 포함되어 있지요. 부상자 중에는 식물인간, 혼수상태, 팔, 다리를 절단해야 하는 사람, 두 눈을 잃은 사람, 또 수년을 병상에 누워 있어야 하는 사람, 몇 달을 치료 받아야 하는 사람 등등 말할 수 없는 고통으로 삶이 망가진 사람들이 부지기수입니다. 필자가 살고 있는 미국은 1년에 사망자 수가 4만 명이 넘어, 하루 사망자 수 110명, 부상자 수 평균 300만 명으로 하루 8,200명 이상입니다. 그런데 문제는 음주 운전자가 정상적으로 아무 문제없이 운전하는 사람의 차를 들이받아 멀쩡한 사람을 죽이고, 장애인을 만들어 놓는다는 것이지요.

몇 달 전 이곳 LA 오렌지카운티에서 어느 날 새벽 2시 30분 경, 사거리에서 신호를 대기하던 트럭이 푸른 신호등을 보고 사거리로 진입했는데, 왼쪽에서 쏜살같이 달려오던 차가 트럭을 들이받아 트럭이 몇 번 구른 다음 멎었는데 가서 보니 타고 있던 네 사람이 그 자리에서 즉사했습니다. 차를 받은 자는 28살의 젊은이로 만취 상태였습니다. 이 사건을 보도한 기자는, "졸지에 죽은 사람들도 불쌍하지만, 평생 옥에서 썩을 젊은이도 불쌍하다."라고 썼습니다. 술이 여러 사람을 잡았습니다. 단 한 번이라도 음주 운전하다 적발된 사람 차에 음주 측정기를 달게 하고 출발 전에 거기 숨을 힘껏 불어 넣어 조금이라도 술기운이 있으면 시동이 걸리지 않게 하는 장치를 법제화해야 합니다. 아예 자동차 제조 단계에서 이런 차를 만들어, 음주 운전 경력이 있는 자들에게는 반드시 이런 차를 사게 해야 합니다. 이것이 바로 당신과 당신 가족을 살리는 길이요, 우리 가족이 장애인으로 살아가지 않을 길입니다.

한국에 기독교가 처음 들어왔을 때, 선교사들이 보니 한국 사람들의 주벽(酒癖)이 말이 아니어서, 아예 처음부터 교인들에게 금주를 규정하고 술을 끊도록 계도했습니다. 여자 교인들이 중심이 되어 조직한 절제회가 가장 역점을 둔 사업이 금주 운동이었습니다. 1893년 8월에 모인 감리교 선교사 연회(年會)에서 처음으로 금주주의(禁酒主義)가 발표되었고, 1903년 연회록에는 절제와 사회개혁 프로그램으로 술에 대해 다음과 같이 규정했습니다.

1. 교인은 어떤 형태로든 어떤 종류의 술이든 사용해서는 안 된다. 다만 의료 선교사가 약으로서 처방해 준 병자의 경우는 예외로 한다.
2. 교인은 술의 제조나 판매에 종사하는 것을 허락할 수 없다.
3. 교인은 술의 제조, 판매 혹은 사용하는 다른 사람들에게 영향력을 발휘해서 단념하도록 권고한다.

장로회 총회에서도 교인 중 누룩 장사하는 자가 있으면 해당 당회가 권면하고 그 형편에 따라 치리하도록 권고한다고 기록되어 있습니다. 이렇게 조선 초기교회는 교인들에게 금주를 강력히 권고했고, 이것은 우리 교회의 좋은 전통으로 남아 있습니다. 1930년대에 이르러서는 교회 내의 금주 운동이 사회계몽운동으로 발전했는데 술의 해독에 대해 다음과 같이 썼습니다.

> “술은 탄환 업는 대포와 갓흔데 도로혀 용기를 준다고 밋게 하엿다. 여러 해 동안 연구한 결과 지금은 그 비밀을 알엇다. 그러니 우리는 금주하고 금주 운동을 철저히 하야 조선을 살니자. 조선의 금주 운동은 모든 운동 중에 가장 큰 운동이다. 육을 살니고 영을 살니는 운동이며 죽어 가는 조선을 살니는 운동이다.”

여기서 보는 바와 같이 금주 운동은 단순히 교회 내의 운동의 차원을 넘어 국가를 살리는 운동이라는 애국적 차원으로 연결된 것을 볼 수 있습니다. 당시 여전도회 사경회 때 금주 강연을 하고 전도할 때에 금주에 대한 전도지를 나누어 주면서 이 운동에 심혈을 기울였습니다.

1927년 11월 평남 황주에서 열렸던 주일학교 연합대회 기간 중에 ‘주마정벌’(酒魔征伐) 행군식을 갖고 금주 운동에 동참했습니다. 「기독교신보」는 손정규의 금주 강연활동에 대해 다음과 같이 보도했습니다.

> “죠션 녀자 금쥬회 총무 손메레 녀사는 본회 임무를 띠고 젼션 각디로 순회하며 금쥬 션젼에 항샹 만흔 활동을 하야 가는 곳마다 셩적이 자못 량호 한바… 평북 션쳔군 남면 봉동이란 슈구(守舊)의 풍이 가장 만흔 곳에 가서 도도한 열변으로 만흔 군중을 감동식힌 결과 감각이 예민한 해면 면장은 자긔가 일 면민의 머리가 되어 일향 광음 난취한 행동을 하면 불가하다 션언하고 당장에 금쥬하기로 결심하였다 하며 츙남 공쥬에 갓을 때에도 역시 금쥬 강연을 한바 그 디방에 술 먹기로 유명한 사람이 회개하고 연보를 거둘 때도 가장 만히 동졍하였다더라.”

이 금주 운동에 특히 적극성을 보인 교회는 구세군입니다. 구세군은 창설 때부터 사회악의 척결을 목표로 적극적으로 이 운동에 협력했습니다. 그들 기관지 「구세공보」에 ‘금주 호’를 특별히 제작하여 살포하고 악대를 동원하여 가두에서 계몽운동을 전개했습니다. 교회가 금주 운동을 전개하는 중 가장 괄목할 만한 실적은 미성년자들이 술과 담배를 금하는 법령을 만드는 일을 성사시킨 일입니다. 1932년 12월 범 교단 차원에서, 그리고 사회 지도자들까지 망라하여 조선 총독부를 상대로 미성년자 음주, 흡연 금지법 제정을 요구했습니다. 마침내 1938년 4월 '청소년 보호법'을 만들 때, 미성년자 음주, 흡연 금지 조항이 포함됐습니다.

한국교회는 초기부터 교인들에게 철저히 금주하도록 했고, 금연 역시 강력히 계몽했습니다. 술과 담배의 해악은 이제 교회가 아니라도 일반 사회, 특히 의학계에서 강력히 권고하는 사항이 되었습니다. 요즘 세상 사람들이 가장 중요시 여기는 건강과 직결되어 있기 때문입니다. 담배가 폐암을 비롯해서 수많은 암의 원인이 된다는 사실을 모르는 사람은 하나도 없습니다. 그러나 여전히 많은 사람이 담배를 피우고 있습니다.

필자가 목회했던 인디아나 교회에 마취과 의사가 있었습니다. 그는 애연가로 항상 담배를 피웠습니다. 한번은 필자가 "닥터 ○, 담배 끊으셔야 하지 않나요?"라고 말했더니, "잘 알지요. 수술할 때마다 폐가 시커멓게 되어 암이 퍼져 있는 것을 매일 봅니다, 하하하" 하면서도 담배를 못 끊었습니다. 사탄이 그 의사 속에 담배를 끊어야 한다는 이성의 소리를 마비시켜 계속 담배를 피우게 만든 것이지요. 닥터 ○가 담배를 피우는 것이 아니고 사탄이 담배를 피우고 있는 겁니다. 우리 속에 도사리고 있으면서 우리로 하여금 악한 길을 걷도록 부추기고 격려하는 사탄을 몰아내지 않으면 안 됩니다. 이 길은 오직 기도를 통해 성령님의 역사하심을 구하는 길밖에 없습니다.

인류를 망치는 마귀의 작품, 술 (3)

"술 취하지 말라 이는 방탕한 것이니 오직 성령의 충만을 받으라"
(엡 5:18)

교회가 벌인 금주 운동은 큰 반향을 불러일으켜, 1931년 「신정찬송가」가 출판될 때 임배세(林培世)가 지은 '금주가'가 정식 찬송가로 채택됐습니다. 당시 많이 불렸던 금주가의 내용을 옮겨 보면 다음과 같습니다. 필자도 어렸을 때 교회에서 이 찬송가를 부른 기억이 납니다.

> "금수강산 내 동포여/ 술을 입에 대지 말라/ 건강지력 손상하니/ 천치될까 늘 두렵다./ 패가망신될 독주는 빗도 내서 마시면서/ 자녀교육 위하야는/ 일 전 한 푼 안 쓰려네/ 전국 술값 다 합하야/ 곳곳마다 학교 세워/ 자녀수양 늘 식히면/ 동서문명 잘 빗내리/ 천부 주신 네 재능과/ 부모님께 밧은 귀체(貴體)/ 술의 독기 밧지 말고/ 국가 위해 일할지라/ 후렴 : 아 마시지 마라 그 술/ 아 보지도 마라 그 술/ 조선사회 복 받기는 금주함에 잇나니라/"

필자가 어렸을 때 부르던 찬송가에 들어 있었던 금주 찬송입니다. 한국교회의 금주 운동은 널리 확산되었고 「기독신보」는 구세군의 지원으로 1년에 1회씩 금주호(禁酒號) 특집을 발간해 계몽활동에 적극 협력했습니다. 그러나 일제는 교회가 중심이 되어 활발하게 전개하던 금주 운동을 방해하기 위해 1935년 금주 강연 금지령을 내리고 더 이상 금주 운동을 하지 못하도록 악랄한 와해공작을 자행했습니다. 일제는 조선 사람들을 술주정뱅이로 만들어, 독립운동이나 민족계몽운동을 방해할 목적으로 술을 적극 권장했습니다. 즉 민족 말살 정책이었지요. 술을 마시는 일은 결과적으로 일제의 조선 말살 책동에 적극 참여하는 일입니다.

오늘날은 교회가 금주 운동을 하지 않아도 술의 해독에 대해 많이 계몽이 되었고, 특히 의사들이 술을 끊으라고 환자들에게 권면하고 있으며, 사회에서도 술이 건강에 해롭고 주벽과 알코올 중독 때문에 결국 이혼으로 가는 부부가 많은 것은 알려진 사실입니다. 더욱 문제가 되는 것은 여자 청소년들의 음주가 늘어나는 현상입니다. 여성 음주, 흡연은 임신과 출산 등 2세에 결정적 영향을 미치며, 거기서 발생하는 해독이 이미 널리 알려져 있는데도 불구하고 스스럼없이 술잔을 기울이는 것은 우려되는 현상이 아닐 수 없습니다. 여자 알코올 중독자 수도 점차 늘어가고 있는 현실입니다.

마귀는 술이라는 물건을 만들어 멋지게 인간을 파멸로 끌고 가면서 하하호호 좋아 하고 있지요. 알코올 중독자가 늘어가고 노숙자가 늘어 가면 갈수록 악마는 춤추며 좋아합니다. 악마의 유혹에 넘어 가지 않도록 믿음으로 단단히 무장하고, 특히 자라나는 청소년들에게 술은 입에도 대지 말도록 단단히 교육시켜야 합니다. 술의 해악은 술독 때문에 건강을 해치고, 술 마시고 흥청대는 시간 낭비로 인해 발생하는 생산성 저하, 금전 소비, 술 취함으로 인한 착오와 실수, 그로 인해 발생하는 주위 사람들과의 알력 등 헤아릴 수 없이 많습니다.

특히 술을 많이 마신 사람들은 간이 상해 간경변, 간암 등으로 생명을 잃은 경우가 흔하고, 음주 운전으로 자신의 생명과 타인의 생명까지 앗아가고, 많은 사람을 평생 장애우로, 수년 혹은 오랜 기간 병원에서 지내게 하는 살인적 범죄자들입니다. 과음(過飮)은 개인을, 가정을, 사회를 망치는 백해무익한 일입니다. 술을 먹고 들어와 부인을, 아이들을 때리고, 집안 물건을 박살내는 사악한 주마(酒魔:술의 마귀)의 망나니들이 많습니다. 평소에는 천사같이 착하던 사람이 술만 들어가면 악마로 변한다는 말을 자주 듣습니다. 이는 그 사람이 본디 악한 것이 아니고, 주마가 그를 악하게 만들기 때문에 술만 들어가면 전혀 다른 사람이 되는 것입니다.

음주 운전으로 처벌을 받은 경력이 있는 자가 다시 운전대를 잡고 운전하면서 큰 사고를 내는 경우를 자주 봅니다. 그것은 사탄이 그렇게 하도록 부추겨서 그런 거지요. 따라서 사고를 친 것은 음주 운전자가 아니고, 바로 사탄입니다. 사탄의 지상 목표는 개인을, 가정을, 사회를, 그리고 인류를 망가뜨리는 것이니까요. 술을 마시는 순간 그는 사탄을 마시는 것이고 사탄은 결코 그 술 마신 사람을 그대로 두지 않고 반드시 악을 행하게 만듭니다. 그것이 사탄이 사람들로 하여금 술을 마시게 하는 목적이니까요.

술 마시는 친구나 지인의 음주를 적극 만류해서 본인이나 그의 가정이 파멸로 가는 것을 막아야 하는 것이 그리스도인들의 또 다른 사명입니다. 함께 식사하면서 반주(飯酒)를 한 친구나 지인이 술 마시고 운전하려는 경우 어떤 방법을 동원해서라도 운전을 못하도록 권해야 합니다. 대리 운전자 비용을 지불해 주는 일이 있더라도 그렇게 해야 합니다. 음주 운전을 적극 만류하는 것은 아무 죄 없는 다른 운전자와 그 가족이 평생 고통에서 몸부림치는 고통을 덜어 주는 일이고 그 자신과 무고한 이웃을 살리는 길이기도 합니다. 술잔을 기울이는 그리스도인들이여, 사탄의 유혹을 이겨내고 믿음으로 승리하는 삶을 사소서.

인류를 망치는 마귀의 작품, 도박 (1)

09
25

"게으른 자여 개미에게로 가서 그 하는 것을 보고 지혜를 얻으라."
(잠 6:6)

악마가 인간을 파멸시키기 위해 고안해 낸 또 하나의 도구는 도박입니다. 도박도 개인, 가정을 망가뜨리고, 사회와 국가에 엄청난 피해를 주는 백해무익한 사탄의 도구입니다. 이번 코로나 때 필자가 쾌재를 부른 것은 미국 네바다주에 있는 라스베이거스가 문을 닫았다는 소식이었습니다. 이곳에서 인생을 망친 사람들이 얼마나 많을지 헤아릴 수도 없을 겁니다. 한국 강원도 정선 카지노에서 다 털린 사람은 둘 중 하나를 선택해야 한다네요. 자살이냐 노숙자냐?

한국 사람들 사이에 여가 활동으로 빠질 수 없는 것이 화투지요. 화투(花鬪)는 글자 그대로 '꽃(동양화)들의 전쟁'이란 의미입니다. 기원은 일본의 카드놀이인 화찰(花札)이 조선조 후기에 국내에 들어와 놀이로 정착된 것으로 봅니다. 그러나 이것은 그렇게 대중적 인기를 얻지 못했는데, 일제 강점기에 사행(射倖)성 경향이 짙은 조선인들에게 일제가 계획적으로 보급한 것이 오늘에 이른 것입니다. 화투를 그냥 하는 것은 민화투라 하는데, 노인들 치매 예방 활동으로 단순히 하는 경우도 있지만, 민화투를 하는 것은 밋밋하니까 대개 내기를 하게 됩니다. 처음에는 심심풀이로 100원짜리 동전을 놓고 하다 좀 더 발전하면 500원, 나아가 1천 원, 5천 원, 1만 원, 100만 원 등등 액수는 계속 늘어나게 마련이지요.

민화투가 '고스톱', '섯다', '도리짓고 땡' 등으로 발전하게 되었습니다. 일제가 조선 사람들에게 화투를 보급시킨 것은 다목적이었지요. 먼저 게으르게 하여 일을 못하게 하자는 목적이었습니다. 화투를 치기 시작하면 하루 종일 그리고 밤새도록 치지요. 판이 쉽게 끝나지 않는 것은 돈을 잃은 사람이 잃은 것을 되찾으려고 계속 하기를 원하고 또 돈을 딴 사람은 돈을 따 갖고 그냥 갈 수가 없지요. 돈을 잃은 사람이 돈을 마련해 와서 잃은 돈을 되찾겠다고 살기등등해서 요구하는데 그대로 일어설 수 없으니 자연히 밤새도록 도박을 하게 됩니다.

그러니 화투가 한 번 시작되면 끝날 줄 모르고 계속 되므로, 농사일이나 기타 생업에 종사할 수 없어 가정이 기울고, 사회가 병들게 되는 것입니다. 일제는 바로 이 점을 노리고 화투를 적극 보급한 것입니다. 그러나 그것보다 더 중요한 요인은 바로 사행심(射倖心)입니다. 내기놀이를 하게 하는 것이지요. 처음에는 적은 돈으로 점심 내기 정도에서 차차 판돈이 커지면서 큰 도박판으로 변모하는 것입니다. 처음에는 지갑이나 주머니에 있는 푼돈으로 시작해서, 돈을 잃으면 집에 가서 있는 돈을 다 긁어모아 오고, 그게 떨어지면 반지, 시계, 보석 등 값나가는 물건을 팔고, 전답, 집, 딸, 마지막에는 마누라까지 팔아 도박을 하는 것입니다.

대개 도박판에서는 작은 일로 싸움이 일어나, 급기야 살인 사건까지 벌어집니다. 일제는 바로 이점을 노린 것입니다. 조선인들이 도박에 중독되어 개인이, 가정이, 그리고 사회가 망가지고, 급기야 살인에까지 이르도록 화투를 보급한 것입니다. 우리가 화투에 침잠하고 있는 것은 아직도 우리가 일제의 마수에 걸려 빠져 나오지 못한 증거입니다. 한국 사람이 모이면 언제, 어디서나, 특히 명절에 가족과 친족이 모이면 화투를 하는데, 이것을 보고 쾌재를 부르는 인간들은 바로 일본인들이라는 점을 똑똑히 기억해야 합니다.

우리 민족의 전통 놀이인 윷놀이는 많은 가족과 친족이 패를 갈라

공동으로 즐길 수 있는 놀이인데 반해 화투는 윷놀이처럼 다수가 할 수 없고 다 같이 즐길 수 있는 놀이가 아닙니다. 화투는 반드시 도박성을 띠게 되는 해로운 놀이임을 명심해야 합니다. 어린 자녀들에게 단단히 교육을 시켜 화투를 배우지 못하게 해야 합니다. 우리 교인들은 절대로 화투를 해서는 안 됩니다. 그 시간에 성경을 공부하고, 기도하며, 구제 활동을 하고, 전도에 전념해야 합니다. 도박장을 경영해서 돈을 벌려고 하는 국가, 지방 자치단체, 개인이 있다면 이는 대단히 잘못된 판단을 하는 것입니다. 백성이 도박에 빠져 개인이, 가정이, 사회가 병드는 것을 이용해서 돈을 벌려고 한다면 그것은 국민의 생명을 노략질하는 것입니다. 국민이 행복하게 잘 살게 해야 할 책무가 국가, 지방자치단체에 지워져 있습니다. 도박은 폭망(暴亡)의 지름길입니다.

깨어 있는 성도들은 화투와 도박에 침잠(沈潛)되어 있는 동포들을 계몽해서 도박에서, 화투 놀이에서 헤어 나오도록 해야 합니다. 화투놀이 할 그 시간에 독서를 하고, 성경을 읽으며, 진지한 토론을 하고, 묵상의 시간을 가져야 합니다. 그것이 그리스도인들이 세상을 살아가는 모습입니다. 그리스도인들은 세속에 사는 사람들과 무엇인가 달라야 합니다. 거룩한 성도의 삶에 화투는 없습니다. 도박은 더더욱 없습니다. 교회가 앞장서서 사행성 행위를 엄금해야 합니다. 성경은 말씀합니다. "부지런하여 게으르지 말고 열심을 품고 주를 섬기라."(롬 12:11) 그랬습니다. 열심히 주를 섬기는 사람이 그리스도인입니다.

인류를 망치는 마귀의 작품, 도박 (2)

09/26

"게으른 자여 개미에게로 가서 그 하는 것을 보고 지혜를 얻으라."
(잠 6:6)

사탄이 인간을 파탄시키기 위해 고안한 도구 중 하나인 도박에 관해 한 번 더 이야기 하겠습니다. 도박은 한번 빠지면 대단히 빠져나오기 어려운 유혹입니다. 술이나 마약보다 더 힘들다고 하는데, 술이나 마약은 돈이 그렇게 많이 들지 않지만, 도박은 자기가 가지고 있는 모든 것을 잃었을 뿐만 아니라, 가정이 파괴되고 사회까지 병들게 하는 악 중에 악입니다. 도박이 술이나, 마약보다 끊기 어려운 이유는 그동안 자기가 투자한 자금을 다시 찾겠다는 생각으로, 언젠가는 엄청난 돈이 쏟아 질 것이라는 환상과 복권 1등에 당첨이 되어 지금까지 털어 넣은 돈뿐만 아니라, 헤아릴 수 없이 많은 돈을 벌 것이라는 유혹 때문입니다.

결과는 자신이 노숙자가 되거나 자살을 택할 뿐만 아니라 정상적 가정생활이 안 돼, 결국 이혼을 하고 가정이 파괴되어 부인은 말할 것도 없고, 애비 없는 자식들까지 불행의 도가니로 끌고 가는 결과를 초래합니다. 그런데 필자가 이해할 수 없는 것은 한국에서도 그렇지만 어떻게 공공기관이나 국가가 도박장을 운영해서 국민들을 도탄에 빠지게 하는지 모르겠습니다. 거기서 벌어들인 돈으로 가난한 사람들을 구제 한다는 허울 좋은 구실을 내세우면서 개인과 가정을 파괴하는 일을 자행하는 웃기는 일이 또 있을까요? 도박에 미친 인간의 가정은 파괴되어 이런 가정 아이들이 결국 비행 청소년이 되어 사회에 엄청난 해악을 끼치는 것을 저들은 모르고 있을까요?

도박은 아니지만, 재미있는 것은 구약시대 때 제비를 뽑아 무엇을 결정하는 것을 볼 수 있습니다. 아간이 돌이킬 수 없는 큰 죄를 지었을 때도 제비를 뽑아서 그를 찾아냈고(수 7:18) 요나가 하나님의 명령을 어기고 다시스로 도망갈 때에 풍랑의 원인자를 찾기 위해 제비를 뽑았으며(요 1:7), 신약에서도 가룟 유다의 빈자리를 채우기 위해 제비 뽑아 맛디아를 사도 중 하나로 결정한 사실이 있었습니다.(행 1:26) 물론 제비를 뽑기 전에 하나님께 기도하고 하나님의 뜻을 따라 제비를 뽑았지요.

따라서 기도하고 제비를 뽑는 것은 신앙 안에서 행해지는 행위로 도박은 아닙니다. 도박은 돈을 걸고 돈 먹기를 하는 것이지만, 제비뽑기는 하나님의 뜻을 헤아리는 것이기에 도박과는 먼 얘기입니다. 한국의 어떤 큰 교단에서 총회장을 뽑을 때, 마지막에 기도하고 제비 뽑아 결정한다는 말을 들었습니다. 보통 다른 교단 총회는 총회장이 되기 위해 엄청난 돈을 뿌리는 일이 흔한데, 이 교회는 마지막에 제비를 뽑아 결정하니까, 돈을 한 푼도 안 쓴다고 하네요. 참 좋은 제도라 여겨집니다. 성서적이기도 하고요.

교회 역사에 제비뽑기로 낭패를 당한 사람이 하나 있는데, 그가 바로 감리교회를 시작한 요한 웨슬리(John Wesley) 목사입니다, 웨슬리는 성공회 신부로 미국 조지아에 선교사로 파송 받고 그곳에서 선교 사역을 시작했습니다. 교회를 세우고 영국에서 이민 온 이민자들의 교회에서 목회를 했지요. 그때 그는 아직 결혼하지 않은 총각이었습니다. 그런데 그 교회에 소피 홉키(Sophie Hopkey)라는 예쁘장한 아가씨가 출석하고 있었습니다. 총각 목사는 자연히 이 아가씨에게 마음이 끌리기 시작했지요. 그래서 소피와 교제를 시작했습니다. 어느 정도 교제를 한 후, 자연히 결혼 이야기가 나왔습니다. 웨슬리는 소피에게 결혼 제안을 받고, 내가 결혼을 하고 목회를 하는 것이 하나님의 뜻인지 아니면 미혼으로 평생 목회하는 것이 하나님의 뜻인지 알아보기 위해 3일간 기도

SEP

한 후에 알려 주겠다고 말했습니다.

웨슬리는 집에 돌아와 기도하기 시작했습니다. 3일째 되던 날 그는 하나님께 이렇게 기도를 드렸습니다. "제가 결혼 여부를 제비뽑기로 결정 하겠습니다. 'Yes, No' 중 하나를 하나님께서 결정해 주시는 걸로 알고 순종하겠습니다."라고 기도한 후에 제비를 뽑았는데, 'No'가 나왔습니다. 웨슬리는 이것이 하나님께서 결혼하지 말라는 뜻으로 알고, 그날 오후에 소피를 만나, "내가 하나님께 기도해 본 결과 결혼하지 말라는 계시를 받아서 결혼을 할 수 없으니, 나를 포기 하고 좋은 사람 만나 결혼해서 행복하게 사시오."라고 말을 했습니다. 소피는 아쉬웠지만 하나님의 뜻이 그렇다고 하니 어쩔 수 없이 결별하고 다른 남자를 만나 결혼했습니다. 결혼 후에 소피의 남편은 웨슬리가 인도하는 성경공부반에 나가지 말라고 했습니다. 소피는 남편의 말에 따라 성경공부반에 나가지 않았고, 자연히 웨슬리와 거리를 두게 되었지요.

웨슬리는 괘씸한 생각이 들어 소피에게 성찬 예식 참석을 금지한다는 통보를 했습니다. 자연히 소피의 가족과 친구들이 들고 일어났고, 교회에 문제가 안 될 수가 없었지요. 도대체 목사라는 사람이 성례를 어떻게 개인적 감정을 가지고 차별할 수 있는가? 어떻게 이런 목사가 목회를 하고 선교를 할 수 있단 말인가 라며 배척 운동이 일어났습니다. 급기야 교회 법원에 제소를 당했고, 웨슬리는 더 이상 이곳에서 목회도 선교도 할 수 없게 되어 마침내 다시 영국으로 돌아오고 말았습니다.

그때까지 웨슬리는 아직 성령님을 받지 못하고 목회를 했던 것입니다. 사역의 실패를 곱씹으면서 기도하는 가운데 어느 수요일 저녁 런던의 앨더스게이트(Aldersgate) 거리에 있는 조그만 교회에서 예배를 드렸습니다. 인도하던 목사가 마르틴 루터의 『로마서 주석』 서문에서 "그리스도를 믿는 믿음으로 하나님이 우리 마음에 변화를 일으켜 주신다."는 루터의 말을 들었을 때, 웨슬리의 가슴이 뜨거워지지 시작했고, 놀라운 성령님의 은총을 받게 됩니다. 그때부터 그는 완전히 변화된 사람이 되어 엄청난 사역을 감당하게 되었습니다. 오늘날 전 세계적으로 감리교회라는 거대한 교단의 창시자로 칭송을 받고 있고, 미국에서도 침례교 다음으로 두 번째 큰 교회가 됐습니다. 웨슬리는 47살이 되었을 때, 아이들 넷을 둔 과부 메리와 결혼했으나, 그 결혼 생활은 그리 행복하지 못했습니다. 웨슬리가 계속 부흥집회를 다니면서 지나치게 가정에 소홀했기 때문이었습니다.

도박은 두말할 것 없이 사탄이 인류를 파멸시키려는 수작입니다. 우리는 결코 사탄의 유혹에 빠져들어가거나 혹은 거기 가까이 가서는 안 됩니다. 인간에게는 사행심이 있습니다. 즉 노력하지 않고, 일확천금을 하고 싶은 검은 욕망이 있습니다. 도박은 성경의 가르침에 반하는 일입니다. 성경은 "일하기 싫거든 먹지도 말라."(살후 3:6)고 교훈합니다. 자기 이마에 땀을 흘려 모은 돈이 진짜 내 돈이지, 일확천금한 것은 내 것이 아니어서 결국 그 돈 때문에 폐가망신한 사람이 한두 사람이 아닙니다. 하나님께서는 이런 일은 결코 기뻐하시지 않습니다. 우리는 정당하게 일해서 돈을 벌고 정의로운 삶을 살아야 합니다.

쌀 교인 (1)

"이익을 탐하는 모든 자의 길은 다 이러하여 자기의 생명을 잃게 하느니라." (잠 1:19)

네비우스(John L. Nevius, 1829-1893) 목사는 화란계로 1829년 미국 뉴저지에서 출생했습니다. 그는 유니온대학교를 마치고 프린스턴신학교를 졸업한 후, 북장로교회에서 목사 안수를 받았습니다. 코언(Helen S. Coan) 양과 결혼한 후 1854년 중국 산둥성 선교사로 파송받아 40년 동안 그곳에서 선교 사역을 했습니다. 그는 중국에 도착한 후 어학교육을 받았고, 그 어려운 한자와 중국말을 익히고 서서히 선교 사역을 시작했습니다. 각지에 교회를 세우고, 병원, 학교, 출판, 노동자, 농민의 복지 등 여러 분야에게 크게 공헌했습니다.

1877년과 1889년 북중국이 대기근으로 수많은 사람들이 굶어 죽는 고통의 시간을 보낼 때, 네비우스는 구호 자금을 모아 음식 분배 센터를 세우고 곡물을 나누어주는 일에 힘을 다했습니다. 그는 선교를 하면서 미국 선교사들이 선교지의 현지 교회에 모든 것을 제공하는 선교, 소위 '퍼주기 선교'를 하는 것을 목격했습니다. 그중 특히 그가 주목한 것은 중국 사람들에게 선교하는 것이 보통 어려운 일이 아니고, 정말 힘들고 인내가 필요한 사역임을 뼈저리게 느끼게 되었습니다.

어떤 사람에게 어렵게 복음을 전하고 그가 믿음 생활을 시작한 후, 교리 교육을 시켜 서서히 신앙이 굳어지면, 학습(學習) 교육을 시킨 후, 학습교인이 되고 6개월 후 세례를 받을 준비를 하면서 세례 교육을 시켰습니다. 세례 교육이 끝난 후 예정된 주일에 세례를 베풀었습니다.

이제 길고 힘든 과정을 마치고 세례교인으로 교회 정교인이 되었습니다. 선교사들은 세례 받은 이들에게 기념 선물을 주는 것이 좋겠다고 여기고 선물을 준비했습니다. 선물은 그가 많이 가지고 있는 것을 주는 것은 별 의미가 없지요. 예를 들어 필자에게 누가 성경을 선물로 준다면 필자에게 그 선물은 별로지요. 왜냐하면 필자가 평소 오랫동안 갖고 있던 성경을 매일 읽고 또 필요한 곳에 빨간 줄도 긋고, 또 옆에 필요한 것을 적어 놓기도 하여, 성경 구절을 찾거나 기타 필요한 자료를 이 성경을 통해 얻기에 새 성경을 받아도 별로 좋지가 않지요. 다시 말해 지금 당장 필요한 것을 주는 것이 받는 사람에게는 가장 좋은 선물이 됩니다. 산둥성은 논이 없는 지역이어서 쌀이 아주 귀했습니다. 주로 밭농사여서 밀이나 보리 같은 밭곡식만 재배했습니다. 자연히 이 지역 사람들은 쌀밥 먹는 일이 아주 희귀했습니다.

선교사들은 세례를 받은 사람들에게 그 지방에서 구하기 힘든 쌀을 선물로 한 포대씩 주었습니다. 수세자(受洗者)들은 쌀을 받고 무척 기뻐하면서 감사했습니다. 그런데 이 소문이 밖으로 흘러 나갔습니다. 그러고 나서 많은 사람들이 교회에 몰려오기 시작했습니다. 사람들은 앞다투어 자기도 예수를 믿겠노라며, 교리 교육을 시켜 달라고 요청했습니다. 물론 선교사들은 기쁜 마음으로 이 초신자들을 환영하고 학습 교육과 세례 교육을 시키고 1년이 지난 후 세례문답을 하고 세례를 주었습니다. 전에 했던 것처럼 수세자들에게 쌀을 한 포대 씩 선물로 주었습니다. 그런 후 교회로 몰려오는 사람들은 기하급수적으로 늘어났고, 멀리 있는 동네 사람들도 나오기 시작했습니다. 세례를 받으면 쌀을 한 포대씩 받는다는 말을 들은 사람들이 몰려 온 것이지요. 교리 교육을 시키면 교육은 대강하고, 어서 세례를 베풀어 달라고 요청했지요. 물론 세례를 받고 쌀을 받은 후에는 교회에 나오지 않았습니다. 이렇게 세례 받고 교회 안 나오는 사람들을 일컬어 '쌀 교인'(Rice Christian)이란 말이 생겨났습니다.

퍼주는 선교의 맹점이 바로 여기에 있었습니다. 교회가 무엇인지는 안중에 없고, 다만 물질 받는 데만 여념이 없어서 물질로 도와주면 교회 생활은 끝나게 됩니다. 이 모습을 지켜 본 네비우스 선교사는 선교가 이런 방향으로 가면 안 되겠다고 생각했습니다. 어떤 지역에 있는 교인들은 예배당 지을 땅을 사는 것부터 건축비, 예배당 안에 있는 모든 기구들을 사는 데 드는 비용 일체를 모두 선교부 돈으로 하는 것이 당연한 것으로 여기고 있었지요. 뿐만 아니라, 그 교회 전도사나 목사의 월급까지 선교부가 다 대주기를 바랐습니다. 교회에 무슨 일이 있을 때마다 선교사들에게 손을 내밀고, 당연히 선교부가 부담하는 것으로 고착되었지요.

네비우스가 산둥성에 처음 갔을 때, 예배시간에 헌금하는 순서도 없었습니다. 헌금을 하고 십일조 하는 것을 선교사들이 가르치지 않았던 것이지요. 물론 대다수 교인들이 극빈자여서 헌금할 여력이 없었던 것도 한 이유였지요. 그러나 '과부의 헌금'(막 12:42)같이 단 1전이라도 헌금하라고 가르쳤어야 했었지요. 그리고 헌금하라는 부담을 주면 교회에 나오려 하지 않고, 아예 예수를 믿지 않으려고 했으며, 또 왔던 사람들도 교회를 떠났기 때문입니다. 이런 이유로 선교 역사상 많은 선교사들이 퍼주는 선교의 시행착오를 일으켰습니다. 그 후, 이런 역사적 교훈에 따라 선교를 이렇게 해서는 안 된다는 뼈저린 교훈을 얻었습니다. 따라서 퍼주는 선교가 아니라 자립하는 정신을 가르쳐야 한다고 판단했지만 현실은 그렇게 녹록하지 않았습니다. 왜냐하면 이미 받는 일이 몸에 배어버렸기 때문이었지요.

쌀 교인 (2)

“이익을 탐하는 모든 자의 길은 다 이러하여 자기의 생명을 잃게 하느니라.” (잠 1:19)

6.25전쟁 당시 가끔 교회나 성당에서 미국교회가 보낸 양식과 옷 등 구제품을 나누어 주었는데, 이 소식을 접한 동네 사람들이 교회나 성당으로 몰려왔던 일이 생각납니다. 그때 당시 이런 노래가 유행했었지요. (‘예수 사랑하심은’ 찬송가 곡조로) “예배당 나가면 양식(옷)준다하더니, 잠자리채를 들고서 돈 달라고 하더라.” 옛날에는 헌금을 잠자리채 같이 막대기가 긴 채를 들고 안 쪽 깊숙한 곳으로 보내서 받았었지요.

대체로 새로운 선교지에서 복음을 쉽게 받아들이는 계층은 주로 하층민, 즉 가난과 굶주림에 시달리는 사람들이었습니다. 돈 많은 부자들, 권력을 가진 사람들, 많이 배운 사람들은 구태여 서양 사람들이 믿는 기독교를 믿을 필요성을 느끼지 못했기 때문에 쉽게 복음을 받아들이지 않았으므로, 주로 하층민 중심 선교를 하게 되는 경우가 많았습니다. 하층민들은 구제 대상이지 그들에게 헌금을 강요할 수 없는 게 현실이었습니다.

네비우스는 이런 중국 선교 현실에 부닥쳐서 분명 ‘쌀 교인’ 선교는 아니라는 결론에 이르렀고, 새로운 선교 전략을 모색했습니다. 당시 중국 현지 선교사들이 발행하던 ‘차이니즈 리코더’(Chinese Recorder)라는 잡지에 자신의 선교 전략에 대한 논문을 발표하기 시작했습니다. 그의 논문의 핵심은 자립에 관한 내용이었습니다. 특히 세 가지 점을 강조했는데 이것을 ‘삼자(三自) 정책’이라 합니다. 삼자 정책의 핵심은 다음과

SEP

같습니다.

1. 선교사들 개인은 폭넓은 순회 선교를 통하여 전도한다.
2. 성경이 모든 사역의 중심이 되어야 한다.
3. 자립전도: 신자 각인은 타인의 [복음의] 선생이 된다.
4. 자립정치: 모든 그룹은 봉급 받지 않는 지도자들과 봉급 받는 조사(助事: helper)들을 후에 각 지역과 전국적인 지도자로 만들기 위해 훈련을 한다.
5. 자립보급: 모든 예배당은 신자들 스스로의 힘으로 건축되어야 하며 교회가 설립되면 조사들의 봉급을 책임진다. 목사들의 봉급은 결코 선교사들의 보조에 의존하면 안 된다.
6. 모든 신자들은 그들의 지도자, 조사들에 의해 조직적인 성경공부를 해야 한다. 그 지도자들과 조사들은 '성경반'(Bible Classes)에서 공부해야 한다.
7. 성경에 규정한 벌칙에 따라 엄중한 훈련과 치리를 해야 한다.
8. 다른 단체들과 [긴밀한] 협조와 연합을 해야 한다. 적어도 지역을 분할하여 일한다.
9. 교인들의 법정 소송문제 같은 것에 일체 간여하지 않는다.
10. 가능한 한도 내에서 자립을 돕기 위해 경제면에서는 서로 협력해야 한다.

이 열 가지 중 가장 중요한 것은 3, 4, 5로 자립전도, 자립정치, 자립보급입니다. 개교회는 철저하게 외부 간섭이나 보조 없이 스스로 문제를 해결하라는 것이었습니다. 이 네비우스 선교 정책을 줄여 '3자 정책'이라 합니다. 즉, 자전, 자립, 자치입니다. 이 3자 원칙은 원래 영국 런던의 '교회선교협회'(Church Missionary Society)의 총무 헨리 벤(Henry

Venn)의 3자 정책 선교 이론에 근거한 것으로, 외부의 간섭을 받지 않고 스스로 교회를 운영한다는 것과, 원조 받지 않고 자기 교회를 자립으로 운영한다는 것, 그리고 스스로 전도한다는 것으로 압축됩니다.

한번은 언더우드 선교사가 자기의 선교 구역인 황해도 서해안 갯마을 송천(松川:솔내 또는 소래)에 내려갔습니다. 그때 교회 대표가 와서 언더우드에게 이렇게 말했습니다. "선교사님, 우리가 더 큰 예배당이 필요해서 새로 지으려고 하는데 선교부에서 도움을 좀 주세요."라고 말했습니다. 언더우드는 이 말을 듣고, "당신들 예배당을 짓는 데 왜 우리가 도와 줘야 됩니까? 당신들 예배당은 당신들 자력으로 지으세요. 산에 저렇게 나무가 많고 바닷가에 모래와 자갈이 한없이 많은데, 이런 것으로 얼마든지 예배당 지을 수 있지 않습니까? 내가 물질적으로는 돕지 못해도, 여러분들과 같이 나무도 자르고, 모래도 나르고, 노력 봉사는 할 수 있습니다. 힘을 내서 여러분들 스스로 예배당을 지어 보세요."라고 격려의 말을 했습니다.

이 말을 듣고 소래교회 교인들이 크게 깨닫고, 그래 우리 예배당은 우리의 힘으로 지어보자 하면서 산에 나무와 바닷가에 모래와 자갈을 가져다 예배당을 지었습니다. 예배당의 공사를 완료하고 헌당 예배를 드리겠다며 언더우드에게 와서 예배를 인도해 달라고 요청했습니다. 언더우드는 소래로 내려가면서 당시에는 흔치 않던 램프 등 5개를 구입해서 선물로 가지고 갔습니다. 주일 낮에 헌당 예배를 드리고, 저녁 예배를 드릴 때, 지금까지 희미한 호롱불을 켜 놓고 찬송가를 부르고 성경을 보다가, 램프 등 5개를 매달아 불을 밝히니, 대낮같이 밝았습니다. 온 교인들이 기뻐서 어쩔 줄을 몰라 했지요.

네비우스가 교육한 대로 자립 교회의 정신이 한국교회에 자리 잡는 계기가 되었습니다. 그 이후 한국교회는 선교부에 의지하지 아니하고 오직 교인들 힘만으로 예배당을 짓고, 전도사 생활비까지 책임지는 전통이 세워졌습니다. 같은 시기에 선교를 시작한 장로교회와 감리교회는, 네비우스 정책을 채택한 장로교회가 이 정책을 쓰지 않은 감리교회보다 100년이 지난 후 비교 해 보니, 장로교회가 감리교회보다 약 세 배 이상 성장한 결과가 나왔습니다. 자립정신의 선교가 얼마나 큰 효과를 내는지를 보여주는 좋은 실례입니다. 네비우스야 말로 선교 역사에 그 이름이 길이 남을 업적을 이루었습니다.

이제 쌀 교인(rice Christian) 시대를 역사 속으로 떠나보내고, 쌀 베푸는 교인(rice giving Christian) 시대로 접어들어야겠습니다. 이것이 선교의 바른 정신이요 방법론입니다.

흉악범과 돼지 심장

09/29

"여호와께서는 모든 것을 선대하시며 그 지으신 모든 것에 긍휼을 베푸시는도다." (시 145:9)

전 세계를 놀라게 한 뉴스가 전해졌습니다. 그것은 심장병으로 죽어가는 사람에게 돼지 심장을 성공적으로 이식해서 건강하게 회복되어 가고 있다는 소식이었습니다. 그런데 미국에서 유전자 조작 돼지의 심장을 이식받은 환자 데이브 베넷(Dave Bennett, 57)이 34년 전 흉악 범죄를 저지른 범인이었다는 사실이 밝혀졌습니다. 1988년 4월, 이 범인은 고교 동창 에드워드 슈메이커(Edward Shoemaker, 당시 22세)를 흉기로 9차례나 찔렀습니다. 그는 재판에서 의도적 살인 기도 등 중범죄 혐의는 벗었으나 폭력과 흉기 은닉, 소지 등으로 유죄가 인정돼 10년 형을 선고받고 복역했습니다.

친구의 칼을 맞은 슈메이커는 이후 휠체어를 타는 장애인이 되었고, 각종 합병증에 시달리다 2005년 뇌졸중으로 쓰러진 후 2007년 41살로 세상을 떠났습니다. 슈메이커의 누나는 "돼지 심장 이식 소식을 보고 획기적인 과학 성과라고 생각하다가, 환자 이름을 보고 소스라치게 놀랐다. 사람들이 그를 영웅으로 보는 게 가슴 아프다. 우리 가족에게 그는 결코 영웅이 아니다. 우리 가족은 수년간 참상과 트라우마로 시달려야 했다. 그는 새 심장으로 새 삶의 기회를 얻었지만 내 동생은 그 사람 때문에 생명을 잃었다. 그 심장은 자격 있는 사람에게 갔어야 했다."고 말했습니다.

워싱턴포스트지에 따르면 10만 6천 명 이상의 미국인이 장기 이식 대기 명단에 있고, 매일 17명이 이식을 받지 못해서 죽는 상황에서 강력 범죄로 유죄 판결을 받은 범인이, 많은 이가 절실하게 필요로 하는 생명 구제 절차를 받았다고 하는 것은 비양심적으로 보일 수 있다고 지적했습니다. 이 수술을 주도한 메릴랜드 의과대학 측에 베넷의 범죄 경력을 알고 있었는지에 대해 물어보았으나 답변을 거부했습니다. 그러면서 의료 서비스 제공자는 모든 환자의 배경이나 과거 삶의 흔적과는 상관없이 치료를 해야 한다는 원론적인 말만 했습니다. 병원 측은 "모든 병원이나 의료기관은 의학적 필요에 따라 들어오는 모든 환자를 치료하는 게 의무다. 다른 기준이 개입되면 위험한 선례가 되고 의사와 간병인이 환자에 대해 갖는 윤리, 도덕적 가치를 위반하게 될 것"이라고 언급했습니다.

워싱턴포스트지는 범죄 경력자에 대한 장기 이식이나 실험적 치료를 금지하는 법이나 규정은 없고, 그런 차별이 있어서는 안 된다는 게 연방 정부와 윤리위원회 등의 공식 입장이라고 말했습니다. 그러나 누구에게 장기를 이식할 것인지에 대해서는 병원에 폭넓은 재량권이 있으며, 종종 약물 오남용 전력 등이 고려되기도 한다고 말했습니다.

여기서 우리는 두 가지 중요한 문제에 부닥치게 됩니다. 첫째는 돼지 즉 동물의 심장을 사람에게 이식하는 것이 옳으냐하는 점입니다. 사람에게는 '마음'이라는 것이 있다고 여깁니다. 한국 사람들은 마음이 가슴(심장)에 있는 것으로 생각합니다. "마음이 아프다."라고 말할 때, 가슴에 손을 댑니다. 그러나 서양 사람들은 마음이 머리에 있다고 생각하는 듯합니다.

돼지 심장을 사람에게 이식하는 게 윤리적으로 맞는 것인지, 한 걸음 더 나아가, 기독교 윤리에 맞는 것인지는 깊이 논의해 봐야 하는 문제라 여겨집니다. 물론 이번 이식이 끝까지 성공할 수 있을지 현재로서는 판단하기 어렵습니다. 비록 성공을 했다 해도 그 기간이 얼마나 될지는 아무도 장담할 수 없습니다. (데이브 베넷은 결국 심장이식 2개월 만에 사망함) 만일 동물의 심장, 간, 콩팥, 폐 등 중요 기관을 사람에게 계속 이식하면 인체 기관은 거의 사라지고, 돼지나 원숭이, 쥐 등의 장기들만 갖고 사는 날이 올 것은 명약관화(明若觀火)한 일이 아니겠습니까? 내장 대부분의 기관들이 동물들의 그것으로 뒤덮은 사람이 온전한 사람일까요? 다음은 선량한 시민들은 계속 죽어 나가는데, 친구를 흉기로 아홉 차례나 찔러 결국 휠체어를 타는 장애인을 만들었고, 41세라는 이른 나이에 죽음에 이르게 한 흉악범에게 돼지 심장을 이식해서 살려 놓아야 했느냐 하는 문제입니다. 돼지 '심장'을 이식받은 흉악범의 '마음'은 이제 먹기를 탐하기는 해도 친구를 흉기로 9번 찌를 생각은 하지 않겠지요? 이번 사건은 우리에게 여러 가지 생각할 문제들을 제시해 주었습니다.

SEP

인간의 탐욕

09/30

"욕심이 잉태한즉 죄를 낳고 죄가 장성한즉 사망을 낳느니라." (약 1:15)

2022년 1월 신문에 "약값 5,000% 폭리 사업가 퇴출"이란 제목에 다음과 같은 기사가 실렸습니다.

> "천문학적인 약값 폭리를 취해 미국인들이 가장 싫어하는 '밉상 사업가'로 꼽히는 마틴 슈크렐리(Martin Shkreli)가 거액의 배상금과 함께 제약업계 영구 퇴출 명령을 받았다. 14일 AP 블룸버그 통신에 따르면 뉴욕 맨해튼 연방지방법원은 슈크렐리에 대한 반독점 소송에서 시장 독점을 통한 약값 폭리로 거둔 수입금 6천 4백만 달러를 반환하라고 판결했다. 이와 함께 슈크렐리가 다시는 제약 업계에 종사할 수 없다고 데니즈 코티 판사는 결정했다. 헤지펀드 매니저 출신인 슈크렐리는 지난 2015년 튜링제약(현 비에라 제약)이라는 회사를 설립해 희귀 기생충병 치료제이자 암과 에이즈에도 효과가 있는 '다라 프림'의 독점적 권리를 사들인 뒤, 한 알에 13.50달러였던 약값을 750달러로 5,000% 이상 올려 파문을 일으켰다."

우리는 이 기사에서 셰익스피어의 작품 '베니스의 상인'에 나오는 유태인 샤일록을 연상해 볼 수 있습니다. 13.50달러 하던 약값을 750달러로 5,000% 이상 올려 많은 돈을 벌었지만 결국 그는 수입금 6,400만 달러를 토해내야 할 뿐만 아니라 평생 제약업계에 발을 붙이지 못한다는 판결을 받고 몰락해 버리고 말았습니다. 인간은 왜 이렇게 탐욕을 부릴까요? 인간은 물질이라고 하는 거대한 우상 앞에 고개를 숙이는 존재라는 것을 인정하지 않을 수 없습니다.

성경의 기록이나 인류 역사를 통해 볼 때, 물질 때문에 무너진 개인과 가정 그리고 단체를 우리는 무수히 보아 왔습니다. 약값을 올리는 것은, 그것도 상식 이상으로 올리는 것은 소비자들에게는 보통 문제가 아닙니다. 특히 비싼 약은 보험에서 커버해주지 않는 것이 많아서 자기 돈으로 사야 하는 사람들에게 약값의 폭등은 생존과 관계되는 문제입니다. 돈이 많아 약값이 오르든 말든 상관하지 않은 사람들은 신경도 안 쓰겠지만, 서민들에게는 약값이 한꺼번에 많이 오르면 그 약을 살 수 없어 고통 중에 생을 마감할 수도 있습니다.

약값을 올리는 것은 자연스런 일입니다. 더욱이 코로나 펜데믹 상황에서 물가가 많이 오르고, 인건비도 올라서 약값을 올리는 것은 자연스런 일일 수 있습니다. 그러나 문제는 오르는 정도입니다. 13불 하던 약이 14불이나 15불로, 백 번 양보해서 20불로 올랐다면 고개가 갸우뚱해질 수도 있습니다. 좀 더 나아가면 13달러 하던 약이 배로 올라 26불이 되었다면 보통 사람들은 이해할 수가 없습니다. 그런데 13달러가 750달러로 5,000%가 올랐다면 이를 받아들일 사람이 있겠습니까? 결국 슈크렐리는 터무니없이 약값을 올려 팔다, 반독점 소송에서 수익금 전체인 6,400만 달러를 압수당했고, 제약업계에서 영구 퇴출되는 비참한 결국을 맞게 되었습니다. 이 경우가 바로 욕심이 잉태하여 죄(반독점법을 어김)를 낳고, 죄가 장성하여 사망(수입금 몰수에 제약업계 영구 퇴출)을 낳는 결과를 가져왔습니다. 역시 성경은 진리입니다.

인간은 물질 앞에 너무나 약한 존재들입니다. 몰락의 길이 환하게 보이는데도 그 길로 매진하여 돌이킬 수 없는 구렁텅이로 추락하는 사람들을 흔히 볼 수 있습니다. 장사는 이윤을 추구하는 사업입니다. 물건을 받아 팔 때는 이윤을 붙여 파는 것은 정도(正道)입니다. 그러나 그것도 정도(正度)가 있어야 합니다. 일반 사람들이 수긍할 수 있는 정도야지 터무니없는 이윤을 붙이는 것은 결국 자멸의 길로 들어서는 것입니다. 항상 좌로나 우로나 치우치지 않고(신 32:32) 교회 생활과 세상 삶에서 어떻게 균형을 맞춰 살아가야 하는 것이 신앙인의 바른 삶의 모습일지 지혜롭게, 말씀에 비추어 판단하며 나아가시기를 바랍니다.

10 October

오징어 게임 (1)

"너는 이것을 알라 말세에 고통 하는 때가 이르러 사람들이 자기를 사랑하며, 돈을 사랑하며… 무정하며… 절제하지 못하며 사나우며 선한 것을 좋아하지 아니하며… 이 같은 자들에게서 네가 돌아서라."
(딤후 3:1-5)

전 세계를 휘어잡은 영상 콘텐츠가 있습니다. 한국에서 만든 '오징어 게임'이라는 것입니다. 넷플릭스에 올라온 오징어 게임은 전 세계적으로 열풍이 부는 작품이라며 호평을 하는 사람들도 많다고 합니다. 필자는 본디 컴퓨터 게임 같은 것에는 흥미도 없고, 할 줄도 몰라서, 오징어 게임이라는 것이 있는 줄도 몰랐는데, 매스컴을 통해 알게 되었습니다. 워낙 유명하고, 전 세계적으로 많은 사람들이 즐기다 보니 자연히 이 게임에 대한 기사가 매스컴에 자주 오르내리고 있습니다. 이렇다 보니 필자도 자연히 이 게임을 알게 되었고, 직접 보지는 않았지만, 대강의 내용은 보도를 통해 또 이 게임을 본 사람들의 말을 통해 알게 되었습니다. 그런데 이 게임에 심각한 문제가 있다는 것을 알게 되었습니다.

그것은 다른 것이 아니라 여러 게임을 진행해 가는 동안, 게임에서 탈락하는 사람을 기관총이나 권총으로 쏴 죽인다는 점입니다. 전에 아이들이 '무궁화 꽃이 피었습니다.'라는 게임을 할 때, 실격된 사람에게 "너는 죽었어"라며 게임에서 탈락시켰는데, 오징어 게임에서는 진짜 총으로 쏴서 죽인다고 합니다. 사실 지금 와서 생각해 보면 "너는 죽었어"라는 말도 좋은 용어는 아닙니다. '죽었다'라는 말은 사실 쉽게 써서는 안 되는 말입니다. 예를 들어 "철수 아버지가 죽었대"라고 말하지 않지요. "세상을 떠나셨다. 임종하셨다. 저승으로 가셨다. 저 세상으로 가셨다"라고 말합니다. 좀 유식한 말로는 "유명(幽明)을 달리하셨다. 고

인(故人)이 되셨다."라고 말합니다. 죽음이란 그 자체가 극단적인 의미가 있습니다. 따라서 어릴 때부터 "너 죽었어, 너 아까 죽었잖아?"라는 말을 하는 것도 바람직스럽지 않습니다. 그런데 이 게임에서는 "너 죽었어"라고 말하는 대신, 권총이나 기관총으로 진짜 쏴 죽인다니, 심각한 문제입니다.

더욱 심각한 문제는 사람을 1명 죽이면 1억 원을 준다는 점입니다. 그러니까 사람을 많이 죽이면 죽일수록 어마어마한 돈을 벌어들인다는 내용입니다. 그래서 이것을 영어로 'Death Game', 한국말로는 '살인 게임'이라 한답니다. 이 영상을 보는 초등학생들과 중고등학교 청소년들이 이렇게 잔인무도(殘忍無道)한 내용에 심취하여 신나게 사람을 쏴 죽이는 게임을 즐기면 후에 어떤 영향을 미칠까요?

어려서부터 좋은 것을 보고, 아름다운 이야기를 듣고 읽어야 하며, 좋은, 선한 게임을 해서 그 심성(心性)이 선하게 훈련되어야 하는데, 이렇게 기관총으로 사람을 쏴 죽이는 영상을 보면 그 아이들이 커서 과연 선한 마음으로 착하게 살아갈까요? 사람을 살해하는 게임을 하면서 사람을 잔인하게 죽이면 아이들의 심정은 더욱더 거칠어지고 사악해질 수밖에 없습니다. 사람 죽이는 것을 즐긴다는 것은 청소년들의 마음을 더욱 표독스럽게 만들고 잔인하게 만들 것이며, 사람 죽이는 것이 아무것도 아닌 것처럼 인식하게 되지 않을까요?

우리 배달겨레는 4천 년 동안 참으로 순박하고 선하게 살아온 민족입니다. 그런데 언제부터 배달겨레가 이렇게 잔인하고 무자비하며, 폭력적인 백성이 되었는지 모르겠습니다. 요즘 살인 사건이 일어나도 별로 큰 뉴스도 되지 않은 것 같습니다. 전에 지존파라는 살인마가 "더 많은 사람을 죽이지 못한 것이 한이다."라고 말을 했다니 참으로 아연실색(啞然失色)하지 않을 수 없습니다. 필자는 이 기사를 읽으면서 이것이 과연 인간이 할 수 있는 말인지, 이것이야말로 악마가 하는 말이 아니겠습니까? 이렇게 된 이유 가운데 요즘 사형 제도가 폐지되면서 많은 사람을 죽인 살인범도 사형을 당하는 일이 없고, 살인범이 하나를 죽이든 100명을 죽이든 교도소에서 수명이 끝날 때까지 살아갈 수 있으니, 마음 놓고 살인을 하는 것이 아닐까요.

사도 바울 선생은 말세가 되면 사람들이 무정하고, 절제하지 못하고, 사나우며, 선한 것을 좋아하지 아니하고 배신하며 조급하며 쾌락 사랑하기를 하나님 사랑하는 것보다 더 한다고 말했습니다. 인간이 게임을 하는 것은 쾌락을 얻기 위함입니다. 그 쾌락을 얻는 것이 선한 방법으로 이루어지는 것이라면 얼마나 좋겠습니까만, 사람을 많이 죽이면 많이 죽일수록 상금이 커지는 이 비정한 현실을 우리는 어떻게 해야 할까요? 세계 모든 사람들이 이 오징어 게임을 보면서, 한국 사람들을 어떻게 생각할지 걱정이 되는 서글픈 현실입니다.

오징어 게임 (2)

10/02

"너는 이것을 알라 말세에 고통 하는 때가 이르러 사람들이 자기를 사랑하며, 돈을 사랑하며… 무정하며… 절제하지 못하며 사나우며 선한 것을 좋아하지 아니하며… 이 같은 자들에게서 네가 돌아서라."
(딤후 3:1-5)

최근 신문에 어떤 이가 '오징어 게임의 씁쓸한 흥행'이란 글을 썼는데, 그 글 중에, 오징어 게임 속에 기독교를 풍자하는 내용이 있다는 이야기를 읽으면서, 오징어 게임을 보지 않은 그리스도인들은 그의 글을 한 번 읽어보는 것이 좋을 것 같아 여기 그의 글을 인용합니다.

"오징어 게임을 보면서 또 하나 씁쓸한 건 드라마 속에서 풍자되는 기독교에 대한 이미지이다. 기훈(주인공)이가 줄다리기를 할 때, 같은 팀이 된 기독교인은 수시로 기도한다. 그러나 그 내용이 나만 살기를 바라는 기도다. 즉, 남이 죽어야 한다는 전제가 있다. 지영이는 그 기도를 흉내 내면서 비아냥거린다. 우리가 평소에 기복 신앙으로 나만 또는 가족, 내 교회만 구원받고 잘 살면 된다는 이기적인 단면을 보여준다.

또한 마지막 장면에서 기훈이 게임이 끝나고 버려질 때 '예수 천당, 불신 지옥'을 외치는 기독교인 옆에 내려진다. 그때 그 기독교인이 "예수를 믿어야 천국 간다."고 말한다. 우리가 평소 보는 예수의 삶의 실천은 없고, 그냥 립 서비스만 하는 전도의 전형이며, 강도당한 자를 지나치는 제사장의 모습이다. 지영의 아버지는 목사였는데 엄마를 때리는 폭력 남편이면서 매일 죄를 사하여 달라고 하나님께 기도하는 이중인격자이다. 비기독교인이 바라보는 한국 기독교에 대한 모습이 오징어 게임에 나와서 들킨 것 같은 기분이다. 저번 한국에 다녀오면서 너무 잘사는 모습, 편리함, 잘 꾸며진 문화적 콘텐츠, 먹거리가 많아 오감이 즐거운 경험을 했다… 기독교인들도 대안적인 삶을 살지 못하고, 비기독교인과 같은 게임 판에서 악착같이 이기려고 경쟁한다.”

필자는 이 글을 읽으면서, 한국 기독교가 일반 사회에 어떻게 비춰졌나를 가늠해 보았습니다. 물론 이 오징어 게임의 작가가 반 기독교적 경향을 가진 사람들에게 호감을 갖게 하고, 이 게임을 흥미 위주로 끌고 가려는 의도가 있었을 것이라는 것은 유추해 볼 수 있었습니다.

우리 교회는 이 게임에서 보이는 교회에 대한 인식과 평판을 돌아볼 필요가 있다고 여깁니다. 먼저 기독교가 기복(祈福)신앙으로 복받는 것을 제일로 여기면서 나, 우리 가족, 우리 친족, 우리 교우, 우리 교회 등 ‘우리’라는 울타리를 벗어나지 못하고, 우리라는 울타리 속에 갇혀서 끼리끼리 복받고 잘살아 보겠다는 이기주의적 성향을 갖고 있었다는 점을 부인할 수 없습니다. “네 이웃을 네 몸과 같이 사랑하라.”고 하신 예수님의 당부는 온데간데없고 오직 나, 우리만을 찾았던 점은 깊은 반성이 요청되는 대목입니다.

다음은 “예수를 믿어야 천국 간다.”며 전도하는 전도인의 삶에 예수님께서 교훈하신 말씀에 대한 실천은 없고, 그냥 립 서비스만 하는 전도의 전형이며, 강도당한 자를 지나치는 제사장의 모습이라는 대목입니다. 평소 세상 사람들이 교회에 출석하는 소위 기독교인이라는 사람들의 삶에서 전혀 예수님의 향기가 드러나지 않고, 말로만 예수님 믿고 구원 받으라는 전도의 말만하는 것은 일반 불신자들에게는 전혀 감흥이 없는 ‘소귀에 경 읽기’밖에 안 된다는 말입니다. 우리의 고뇌가 여기 있습니다.

마지막으로 이 게임에 나오는 지영이의 아버지는 목사였는데 엄마를 때리는 폭력 남편이면서 매일 죄를 사하여 달라고 하나님께 기도하는 이중인격자라는 점입니다. 이 대목은 마치 나의 삶을 보고 있는 것 같은 부끄러운 생각이 드는 것은 어쩔 수 없는 일입니다. 신앙인의

OCT

이중성, 즉 말로는 번지르르하게 성경 말씀을 줄줄 외우면서, 실생활에서는 전혀 그 말씀대로 살지 못하는 이중성에 대한 고민입니다. 그러면서 매일 잠자기 전에 "사랑의 하나님, 오늘 제가 하나님 앞과 사람들 앞에서 지은 모든 죄악을 용서하여 주시옵소서."라고 기도를 하고 있는 모습입니다. 이 역시 우리가 날마다 지고 가야 하는 십자가요, 신앙적 고민입니다. 오징어 게임은 폭력성과 이기주의, 입에 담지 못한 욕설, 쾌락주의, 잔인성 등 수많은 문제점을 안고 있어 많은 어린이들과 청소년들에게 심각한 폐해를 끼칠 수 있는 악성 놀이임에 틀림없습니다. 한편 기독교인들에게 심각한 반성의 여지를 남긴 작품이기도 합니다.

오징어 게임 (3)

"너희는 세상의 빛이라… 사람이 등불을 켜서 말 아래에 두지 아니하고
등경 위에 두나니 이러므로 집안 모든 사람에게 비치느니라."
(마 5:14-15)

현재 오징어게임이 세계적인 열풍을 불러일으키며 수많은 사람들이 이 영상에 빠져 있는 듯합니다. 따라서 한국의 문화 예술이 방탄소년단 등과 더불어 온 세계에 퍼져나가는 것은 참으로 바람직한 일이고 또 자랑스러운 일입니다.

그러나 다른 한편 이 게임이 한국에 얼마나 부정적인 영향을 미치는 지를 생각해봐야 합니다. 2021년 10월 26일 미국 뉴욕 맨해튼 한 복판에서 오징어 게임 이벤트가 열렸습니다. 한국관광공사 뉴욕 지사가 열성 시청자 80명을 선발해, '달고나 뽑기', '딱지치기', '무궁화 꽃이 피었습니다' 등 드라마 속에 나오는 게임을 서바이벌 형식으로 진행했습니다. 참가 인원은 20대에서 40대로 다양했는데 이들은 전에 한국에 대해 잘 알지 못했는데, 이 게임을 통해서 알게 된 경우가 많았습니다. 참가자 가운데 한 사람은 이 드라마를 보고 "한국에 살지 않아 행복하다. 미국에서도 노동자 계층의 생활은 힘겹지만 노력하는 사람에게는 여전히 기회가 열려 있다는 점이 다르다."고 말했습니다.

공교롭게도 한동안 인기를 끈 영화 '기생충'과 오징어게임, 둘 다 한국 사회의 비슷한 면모를 보여주고 있습니다. 빈부격차와 양극화, 소득 불평등, 계급 충돌, 계층 간 이동 제한, 무한 경쟁, 청년 실업, 기회 박탈 같은 개념들이 기생충과 오징어게임에 숱하게 널려 있습니다. 이런 영화나 드라마를 통해 한국을 알게 된 이들에게 한국에 대한 이미지는 긍정적 면은 거의 없고, 부정적 이미지만 잔뜩 갖게 만들었습니다.

이 작품을 만든 한국은 OECD 국가 중 자살률이 가장 높고, 출산율은 가장 낮으며, 지니계수(소득의 불평등 정도를 나타내는 소득 분배 지표)로 본 소득 불평등은 상위 39개 국가 중 11위와 같은 한국 사회의 어두운 면이 널리 세계 사람들에게 알려지는 계기가 되었습니다. 사실 미국 사회는 한국보다 소득 불평등이 훨씬 더 심합니다. 그런데도 미국인이 절망하지 않는 이유는, 본인이 원하기만 하면 일할 수 있는 직장이 널려 있기 때문입니다. 코로나가 시작되기 전인 2019년 실업률은 최저 수준인 3.5%까지 내려갔고, 지금은 임금을 아무리 올려준다 해도 일할 사람을 찾을 수 없는 구인란에 시달리고 있는 것이 미국입니다.

이제부터라도 한국을 살기 좋은 나라로 만들어야 할 책무가 우리 모두에게 주어져있습니다. 영화나 드라마, 예술 작품을 만드는 사람들은 한국 사회의 어둡고 부정적인 면을 부각시키지 말고, 한민족이 얼마나 우수한 민족이며 또 얼마나 가능성이 있는 나라인가를 알려야 합니다. 불과 2세대 만에 세계 최빈국에서 세계 경제 10위권에 올라오게 된 저력과 한국 사람들의 교육에 대한 열망, 예술, 문화, 스포츠 등 각 분야에서 얼마나 위대한 인물들이 많이 나왔는지를 보여 주어야 합니다.

예수님은 우리에게 "너희는 세상의 빛이라."고 말씀하셨습니다. 빛은 어두움을 이기는 힘을 가지고 있습니다. 한국 사회의 어두운 곳에 복음의 빛을 비춰야 합니다. 한국 교회는 아시아에서 제일의 기독교인 수를 갖고 있고, 교인수 비율로 보면 세계 제일의 선교사 파송국입니다. 우리 교회가 세상의 빛이 되어 사회의 음산한 어두움을 물리쳐야겠습니다. 세상 사람들이 한국 교회에서 희망을 보는 것이 아니라 절망을 본다면 "너희는 세상의 빛이라."는 말씀에 부응하기는커녕 오히려 역행한다는 것을 깨닫고 회개해야 합니다.

호부견자

10
04

"네 자녀에게 부지런히 가르치며 집에 앉았을 때에든지 길을 갈 때에든지 누워 있을 때에든지 일어날 때에든지 이 말씀을 강론할 것이며" (신 6:7)

호부견자(虎父犬子)라는 말은 아버지는 훌륭하고 존경받는 인물인데 반해, 그의 아들은 개 같이 보잘것없는 자라는 의미입니다. 성경에는 호랑이 같이 훌륭한 아버지에 개 같은 자식이 여럿 나옵니다. 이렇게 된 원인은 두말할 필요 없이 그 아비가 아들을 제대로 교육시키고 훈육하지 못했기 때문입니다.

성경에 나오는 대표적인 호부견자의 경우는 제사장 엘리와 그 아들 홉니와 비느하스입니다. "엘리의 아들들은 행실이 나빠 여호와를 알지 못하더라."(삼상 2:12)고 기록되어 있습니다. 어떻게 제사장의 아들이 여호와를 알지 못할 수가 있을까요? 그것은 두말할 필요도 없이 엘리가 아들들에게 여호와의 법도를 제대로 가르치지 않았기 때문입니다. 이들은 여호와 하나님께 드릴 제물을 탐내고 이것을 가로채 자기들의 배를 채우는 데 급급했습니다. 참으로 여호와 하나님을 두려워하지 않고, 자기 욕심을 채운 개탄할 만한 일을 저지른 것입니다. 제사장의 아들이면 자기들도 제사장이 되어야 하고, 백성들을 대신해서 여호와 하나님께 제사를 드려야 하는 중차대한 책무가 지워져 있는데, 여호와를 알지 못하는, 아니 알면서도 여호와 하나님을 두려워하지 않은 무지몽매(無知蒙昧)한 자들임을 알 수 있습니다. 이 일로 하나님의 사람이 엘리에게 와서 '네 집에 노인이 하나도 없게 되는 날이 임하고, 네 집에서 출산하는 모든 자가 젊어서 죽으리라. 네 두 아들 홉니와 비느하스가

OCT

전쟁에서 한 날 죽으리라'고 말씀하셨습니다. 그들은 블레셋과의 전쟁에서 이스라엘 보병 3만 명과 함께 동시에 죽임을 당했습니다. 엘리도 이 소식을 듣고 높은 의자에서 넘어져 목이 부러져 죽었습니다. 자식들에게 여호와 하나님의 교훈을 바르게 가르치지 못한 엘리의 책임에 따른 저주였습니다.

다음으로 우리를 당황하게 하는 것은 하나님의 사람 사무엘의 아들들입니다.(삼상 8:3) 사무엘의 뒤를 이은 아들은 장자 요엘, 차자 아비야였는데, "그의 아들들이 자기 아버지의 행위를 따르지 아니하고 이익을 따라 뇌물을 받고 판결을 굽게 하니라."(삼상 8:1-3)고 기록되어 있습니다. 이 일로 이스라엘 백성들이 사무엘에게 와서 우리에게 왕을 달라고 요청하자, 사무엘은 못마땅했지만, 여호와의 지시에 따라 사울을 이스라엘의 왕으로 세우게 됩니다. 여기서 우리는 사무엘이 어려서부터 엘리 집안의 모든 사정을 잘 알았고, 또 홉니와 비느하스가 여호와 하나님을 멸시하여 몰락한 것을 알았으면서도, 왜 자기 아들들을 제대로 교육시키지 않아 이런 불행을 자초했는지 이해하기 어렵습니다.

다음으로 솔로몬입니다. 그는 지혜의 왕으로 칭송 받았으나, 아들 르호보암의 교육을 제대로 시키지 않아 결국 이스라엘이 남북으로 갈려 긴 세월동안 남북이 갈등을 겪고 전쟁을 이어온 사실을 성경은 보여 줍니다. 솔로몬이 지혜의 왕이라지만, 초기부터 애굽의 공주를 비롯 여러 이웃 이방 공주를 첩으로 맞이하면서 이방 신들을 갖고 와서 자신과 이스라엘이 우상을 섬기게 하는 우(愚)를 범함으로 이스라엘 역사에 큰 오점을 찍은 왕으로 남게 되었습니다.

마지막으로 히스기야 왕입니다. 히스기야 왕은 이스라엘 역대 왕들 중 가장 모범적인 왕 가운데 한 사람입니다. 그가 여호와 하나님을 경외하여, 모든 이방신과 산당을 제거하고 오직 여호와 하나님만 섬기게 한 일은 크게 칭찬받아 마땅한 일입니다. 그가 세상을 떠난 후 아들

므낫세가 뒤를 이어 왕이 되었습니다. 그런데 므낫세는 그의 아버지의 행실을 따르지 않고, 여호와를 배반하고 이방신을 섬기고 부왕 히스기야가 제거한 이방 산당을 다시 재건하고 이스라엘 백성들이 이방신을 섬기도록 했습니다. 아세라 목상을 만들며 하늘의 일월성신을 경배하고 자기 아들을 불 가운데로 지나게 하며 점을 치고, 신접한 박수를 신임하는 죄를 범했습니다.(왕하 21:6-7) 다행히 그는 말년에 회개하고 여호와께 돌아옴으로 당시 누구보다 오래인 55년이나 왕위에 앉은 이로 기록되어 있습니다. 히스기야는 위대한 왕이었지만, 자식 교육을 제대로 시키지 않아 '호부견자'라는 말을 듣는 신세가 되고 말았습니다.

사람마음대로 되지 않는 것이 둘 있는데, '자식과 골프'라는 말이 있습니다. 아무리 부모가 자식 교육을 잘 시켰다 해도 자식이 옆길로 새는 경우도 적지 않습니다. 그러나 명심해야 하는 것은 교육으로 끝나는 것이 아니고, 끊임없이 기도해야 한다는 사실입니다. 기도의 자식은 결코 딴 길로 가지 않습니다. 자식이 옆길로 가는 것은 부모의 기도 부족이라 여겨집니다. 기도가 모든 문제 해결의 첩경이기 때문입니다.

OCT

10/05

미국의 청교도 정신의 잔재

"하나님을 경외하고 그의 명령들을 지킬지어다 이것이 모든 사람의 본분이니라." (전 12:13)

미국이 청교도들에 의해 시작된 나라라는 것을 모르는 사람은 거의 없습니다. 1620년 영국 플리머스 항구를 출발한 메이플라워 호 위에 102명이 승선하고 있었는데, 그중 35명은 청교도들이었고, 나머지 67명은 돈을 벌기위해 가는 노동자, 상인. 퇴역 군인 기타 잡다한 무리들이었습니다. 그 이후 신대륙 미국은 신앙의 자유를 찾아온 청교도들과 국교(國教)를 강압하는 자국 정책에 반발하여 신대륙으로 이주해 오는 사람들로 채워졌습니다. 따라서 미국은 청교도들과 종교의 자유를 찾아 온 신앙인들이 중심이 되어 나라가 세워졌고 또 그 정신에 의해 역사가 이어져 내려왔습니다.

그러나 청교도들이나 신앙의 자유를 찾아서 오는 신앙인들은 줄어들고, 돈을 벌기 위해 오는 사람들이 늘어가면서 서서히 청교도 정신이 흐려지기 시작했습니다. 물론 미국 헌법에 국가와 종교는 완전 분리된다고 명시되어 있어서 기독교를 국교로 지정할 수는 없습니다. 역사가 계속되면서 점점 청교도의 정신이 흐려지고 있지만, 아직 미국 곳곳에 그 흔적이 남아 있습니다. 대통령 취임식 때, 성경 위에 손을 얹고 선서를 한다거나, 'God Bless America'를 국가처럼 부르고, "May God bless you. Oh My God!"은 일상 통용어입니다.

2021년 10월 취임 3주년을 맞은 미국 테네시 주지사 빌 리(Bill Lee)가 주(州) 전체에 '기도'와 '금식'과 '겸손'을 요청했다는 기사가 「크리스천포스트」(Christian Post)에 실렸습니다. Lee 지사는 10월 17일 트위터를 통해서 "나는 11일을 기도와 금식의 날로 바치겠다는 선언문에 서명했다. 모든 테네시 주민들은 마리아(그의 아내)와 나와 함께할 것을 초대한다. 우리가 잠시 멈춰, 우리의 축복을 인정하고, 우리 주(州)에 대한 하나님의 인도하심을 구하고, 앞날을 위한 자유와 은혜, 자비를 구하자."고 말했습니다.

이것은 2019년에 취임한 빌 리 주지사가 세 번째로 선언한 기도와 금식의 날이었습니다. 이 선언문에 서명한 리 지사는 "우리는 하나님의 통치와 주(州)와 국가에 대한 하나님의 은혜의 필요성을 인정한다. 그러므로 우리는 소망 가운데 겸손하게 하나님과 동행하며, 어떤 상황에서도 정의와 친절과 사랑을 가지고 행동할 수 있기를 바란다. 그런즉 우리는 마음과 생각을 새롭게 하기 위해, 우리의 많은 죄악의 용서를 구한다. 성공은 지혜의 근본이신 주님을 경외하는 것이며, 주님은 당신께 구하는 자에게 아낌없이 지혜를 주신다. 테네시 주민들이 우리의 풍성한 축복과 심각한 잘못, 앞으로의 복잡한 도전, 그리고 잠시 멈춰서 자신을 낮추고 앞날을 위해 하나님의 인도하심을 구해야 할 필요성을 인정한다. 지금 나 빌 리 주지사는 자발적으로 2021년 10월 11일을 테네시 주의 '기도, 겸손, 금식의 날'로 선포한다. 모든 시민들이 나와 함께 이 가치 있는 기도에 동참할 것을 촉구한다."고 선언했습니다.

또한 리 지사는 텍사스주가 채택한 심장박동법, 즉 태아의 심장 소리가 들리기 시작하는 시기인 임신 6주 이후 낙태를 금지하는 법안에도 서명했습니다. 이 법안은 임산부의 생명이 위험한 경우를 제외한 어떤 상황에서도 낙태를 금지하는 강력한 낙태 금지법입니다. 그는 이 법안이 "이 나라에서 가장 보수적인 낙태반대법"임을 밝히며 "생명은 소중하고 모든 소중한 것은 보호할 가치가 있다. 우리 사회에서 가장 취약한 사람들을 보호하는 것이 우리의 책임이다."라고 말했습니다.

또한 지난 4월에는 테네시 주 하원에서 성경을 “공식적인 주정부 서적으로 채택하는 결의안을 55 : 28로 통과시켜 화제가 되기도 했습니다. 이 결의안에 따르면 20세기 이전, 테네시 주 전역에 있는 각 가정의 성경에 출생, 결혼, 사망 날짜가 기록되어 있는 것이 발견되었으며, 이는 주 경제와 역사에 지대한 영향을 끼친 점이 널리 인정된다.”고 평가했습니다. 리 지사의 정신에서 청교도의 유산이 엿보입니다.

만일 한국에서 어떤 도지사가 이런 행정 명령에 서명을 하고 발표했다고 생각해 보세요. 아마 난리가 나지 않았을까요? 불교, 유교, 천도교, 이슬람 등 타종교들이 들고 일어났을 겁니다. 그런데 미국에서는 테네시 주지사가 이렇게 노골적인 기독교 편향적인 성명을 발표하고 서명을 해도 아무도 이 행위에 대해 반감을 갖거나 항의하지 않고 오히려 칭송하는 소리가 드높습니다. 미국에 아직 청교도 정신이 저변에 깔려 있음을 보여주는 사례입니다.

기아 문제를 해결하는 비결

10
06

"게으른 자여 개미에게로 가서 그 하는 것을 보고 지혜를 얻으라."
(잠 6:6)

2020년 10월 6일자 조간신문에 이번 코로나 사태로 인해 미국에서 끼니를 걱정하는 사람이 5,400만 명이나 된다고 보도했습니다. 미국 인구가 대강 3억 3천 정도니까 전 국민의 약 17%가 끼니를 걱정한다는 얘기입니다. 미국은 세계에서 가장 잘 사는 나라인데 내막을 들여다보면 빈부 격차가 너무 커서 전체 인구의 1%도 안 되는 사람들이 99% 사람들의 재산보다 더 많이 갖고 있다는 사실은 자유민주주의 시장경제의 한계를 보여 주는 대목입니다.

필자는 이번 코로나 기간에 집에 갇혀 살면서, 인간이 살아가는 데 꼭 있어야 하는 최소한의 요인이 무엇일까를 생각해 봤습니다. 외출도 제한되고, 해외여행은 고사하고 국내 여행도 자유롭지 못한 상황에서 계속 살아야 한다면 우리에게 최후까지 있어야 하는 것은 '세 끼 양식'이라는 결론을 내렸습니다. 인간은 세 끼 밥만 먹을 수 있으면 살아갑니다. 요즘 우리 생활에 떨래야 떨 수 없는 스마트폰, 전기, 자동차, 심지어 집이 없어도 식량만 있으면 삽니다.

우리는 어제 코로나로 또 몇 명이 죽었을까 관심을 가지면서, 기아(飢餓)로 죽은 사람은 몇 명이냐고 묻는 사람은 없지요. 굶어 죽는 사람에 대해 세계 그 어느 신문도, 방송도, TV도 말이 없습니다. 코로나로 죽은 사람은 불쌍해도 굶어 죽는 사람은 나와 상관없는 일이라는 태도입니다. 우리가 살고 있는 이 지구상에 굶어 죽는 사람이 몇 명이나 되는지 아시나요? 대체로 10초에 1명이 굶어 죽는다고 합니다. 하루에 약 1만 명! 한 달에 30만 명 씩! 1년도 아닌 열 달 만에 300만 명이 굶어서 죽고 있습니다. 이렇게까지 심각 한지 모르셨지요. 왜냐하면 내 배가 부르면, 옆에서 굶어 죽는 사람이 있어도 별로 신경을 안 쓰는 것이 인간의 악한 본성이기 때문입니다.

옛날부터 내려오는 한국의 인사는 "진지 잡수셨습니까?" "식사하셨습니까?" "식전(食前)이시지요?" 입니다. 모두 밥 먹었느냐는 인사지요. 밥은 생명입니다. "밥이 곧 하나님이다."라 말한 시인도 있습니다. 한국은 전체 식량의 75%를 외국에서 수입하고 있습니다. 오직 한 가지 쌀은 남지만, 음식이 서구화되어 밥 먹는 것을 즐겨하지 않습니다. 또 의사들 중에는 흰 쌀밥 먹는 것을 삼가라 말하는 이들도 적지 않습니다. 대신 라면부터 빵, 도너츠, 핫도그, 파스타, 국수, 짜장면, 우동, 짬뽕 등 주로 밀가루로 만든 음식을 대량 소비하고 있는데 이 밀가루 원료인 밀을 거의 전량 외국에서 수입하고 있는 실정입니다. 외국에서 밀 수출을 금지하면 옛날처럼 모두 밥을 먹어야 하는데, 그래도 쌀이 남을지는 알 수 없습니다. 많은 논이 택지로 전환됐고, 농민들은 돈이 안 되는 쌀농사보다 비닐하우스를 만들어 특수 작물을 재배하려고 논을 갈아엎어버려 논의 넓이가 대단위로 축소되고 있는 실정입니다.

사람은 전기나 자동차 없어도 살 수 있지만 양식이 없으면 죽습니다. 따라서 국가는 식량 확보에 최선을 다해야 합니다. 공자의 제자 하나가 공자에게 국가가 부강하려면 무엇이 필요하냐고 물었을 때, 공자는 "첫째, 식(食)을 족하게 하라, 둘째, 병(兵)을 족하게 하라. 셋째, 신(信)을 족하게 하라."고 말했습니다. 식(食)은 양식이고, 병(兵)은 군사, 신(信)은 사람들 간에 신뢰를 말한 것입니다. 공자가 말한 첫째가 바로 밥입니다. 백성을 배불리 먹여야 한다는 겁니다. 인류 역사에 가장 큰 혁명 두 가지는 1789년 프랑스 대혁명과 1917년 러시아 볼셰비키 공산당

혁명입니다. 이 두 혁명이 일어난 동기는 바로 먹을 양식이 없어서였습니다. 굶주린 주부들이 빵을 달라며 삽과 곡괭이, 낫, 도끼를 들고 일어난 것이 혁명의 시발이었습니다. 백성들이 배불리 먹기만 했어도 이런 거대한 혁명은 일어나지 않았을 겁니다.

우리 민족은 4천년 동안 굶주리며 살아 왔습니다. 논농사를 주로 하는 우리나라는 논이 대부분 천수답(天水畓)이어서 비가 오지 않고 가뭄이 한두 해만 들어도 사방에서 굶어 죽는 사람들이 속출했습니다. 필자가 신학교를 다니던 60년대만 해도 봄철 보리 고개를 넘을 때 굶어 죽는 사람들이 적지 않았습니다. 그러나 4천년 동안 굶주려 죽어 가면서도 길가에 짓밟히는 질경이처럼 끈질긴 삶을 이어 온 것이지요.

그런데 일찍이 민족과 교회의 선각자셨던 길선주 목사님은 우리 민족이 배불리 먹고 살 수 있는 방도를 알려 주었습니다. 그것은 첫째, 한 치의 땅도 놀리지 말고 곡식을 심으라, 둘째는 어디든지 잡목(雜木)을 베어내고 과목(果木)을 심으라는 것입니다. 우리나라는 전체 면적의 70% 이상이 산입니다. 그러나 수천 미터 되는 고산은 몇 안 되고 대체로 그렇게 높지 않은 산이지요. 또 산자락에는 얼마든지 곡물 즉 각종 콩, 옥수수, 감자 고구마, 땅콩, 보리, 밀, 조 등을 심을 수 있습니다. 고속버스나 KTX를 타고 가면서 차창 밖을 내다보면 고속도로, 철도 양편에 곡물을 심을 수 있는 땅이 지천으로 널려 있습니다.

필자가 유럽을 여행하면서 기차를 타고 라인 강가를 가는데, 우측에는 라인 강이 도도히 흐르고 좌편 약 45도 경사지에 포도나무를 심어, 포도가 주렁주렁 달려 있는 것을 보고 많은 것을 깨달았습니다. 우리 산자락은 완만해서 포도는 물론 각종 작물을 심을 수 있는데도 놀리고 있지요. 그렇게 좋은 토지를 두고 4천 년 동안 굶어 죽으며 살았다는 것이 이해가 되십니까?

옛날 시골 논두렁에는 반드시 콩을 심었습니다. 논두렁도 놀리지 않고 콩을 심으면서도 정작 놀고 있는 땅에는 콩을 심지 않는 이유를 모르겠습니다. '콩은 밭의 소고기'란 말이 있습니다. 콩의 75%는 단백질이고, 25%는 탄수화물이라 하대요. 그러니까 콩을 먹으면 소고기, 돼지고기, 닭고기를 먹지 않아도 됩니다. 아무튼 길 목사님은 한 치의 땅도 놀리지 말고 곡물을 심으면 당시 2천만 국민은 굶지 않고 배 불리 먹고 살 수 있다고 말씀하셨습니다. 그러나 우리 조상들은 이런 선각자의 말을 따르지 않았으며, 널려있는 땅에 곡물을 심지 않고 굶어 죽었습니다. 이런 현상을 어떻게 설명해야 하나요?

피파 월드컵

10/07

"사람이 만일 온 천하를 얻고도 자기 목숨을 잃으면 무엇이 유익하리요." (막 8:36)

월드컵 하면 우리는 2002년 한국에서 열렸던 대회를 연상합니다. 기적적으로 4강까지 올라간 일과 기적을 이루어낸 히딩크도 떠올리지요. 4년에 한 번씩 열리는 월드컵은 전 세계가 열광하는 축구 대회로, 전 세계 스포츠맨들의 가슴을 설레게 하는 올림픽과 겨눌 수 있을 정도의 인기를 누리고 있습니다.

중동 카타르 도하에서 개최된 월드컵 대회는 사상 최초로 겨울시즌인 11월에 개막했습니다. 그런데 이 대회가 세계 축구인들뿐만 아니라 각국의 축구 관계자들과 팬들 간에 심각한 논쟁을 불러 일으켰습니다. 그것은 바로 인권침해 문제입니다. 이 대회는 카타르의 수도 도하와 인근 5개 도시의 8개 경기장에서 분산 경기를 치릅니다. 따라서 경기를 치르기 위해서는 경기장과 훈련장뿐만 아니라 숙박시설, 도로 건설, 통신시설, 상하수도 시설, 인프라를 구축해야 합니다. 이 모든 공사를 완성하기 위해서는 한꺼번에 대규모 공사가 진행되어야 해서 그 건설 규모가 어마어마하다고 합니다.

이 공사를 위해 계약 노동자 약 80만 명이 동원되어 작업을 하고 있는데, 이 노동자들 대부분이 가난한 나라에서 온 사람들입니다. 멀리 아프리카의 케냐, 아시아의 방글라데시, 스리랑카, 인도, 파키스탄, 말레이시아 등 멀고 가까운 여러 지역에서 몰려든 노동자들이 현장에 투입되어 일하고 있습니다. 그런데 문제는 이렇게 대규모 공사가 급격하게 진행되기 때문에 여러 현장에서 각종 사고가 빈발하고 있다는 사실입니다. 지금까지 약 6,500명이 넘는 노동자들이 건설 현장에서 생명을 잃었습니다.

이렇게 많은 노동자가 사망을 하게 된 원인은 작업 환경이 열악하고, 노동자들이 보호를 받을 만한 충분한 시설이 갖춰져 있지 않기 때문입니다. 근로자들은 뜨거운 태양 아래서 물과 충분한 휴식을 제공받지 못할 뿐만 아니라 제대로 된 잠자리도 제공받지 못한 채 강도 높은 노동을 해야만 합니다. 임금도 월 200파운드(약 270달러, 한화 약 32만 원)에 불과하지만, 노동자들이 열악한 환경과 저임금을 무릅쓰고 일할 수밖에 없는 것은 이 월급이 그래도 본국에서 버는 것보다는 높기 때문입니다.

문제는 카타르 정부도 이런 사실을 잘 알고 있으면서도 모르는 척하고 있다는 점입니다. 현재 작업 현장에서 몇 사람이 생명을 잃었고, 부상을 당했는지 제대로 된 데이터도 수집을 하지 않고 있으며, 외부에 전혀 공개하지도 않고 있습니다. 건장한 체격의 노동자들이 신체검사를 통과한 후, 현장에 투입된 지 얼마 되지 않아서 갑작스럽게 목숨을 잃어도 무슨 이유로 죽었는지 설명해 주는 사람은 아무도 없습니다. 카타르 정부는 그렇다 치더라도 이런 문제가 생기면 FIFA 조직위원회가 나서서 비인간적인 처사에 대해 관여를 해야 되는데, FIFA 역시 입을 다물고 있습니다. 현지 인권단체들은 "우리가 좋아하는 축구를 위해 이렇게 많은 사람들이 희생되고 있다는 사실을 알아야 한다."면서 "FIFA는 월드컵 한 번 치를 때마다 30억 파운드(40억 7,500만 달러) 이상의 수익을 올린다는데 월드컵 영광 이면에는 노동자들의 피가 흥건하다."고 질타했습니다.

우리는 축구를 좋아하고 사랑합니다. 우리나라 축구팀이 또다시 4강의 신화를 써주기를 기원합니다. 그러나 이렇게 수많은 생명이 희생되면서 건설된 경기장에서 경기하는 것을 즐길 수는 없습니다. 인간의 생명은 천하보다 소중합니다. 미국, 영국, 프랑스, 독일, 한국 시민권을 가진 노동자들이 이렇게 많이 죽었다면 당사국이나 세계가 발칵 뒤집힐 겁니다. 6,500명의 노동자들이 가난한 나라, 힘없는 나라 시민이라서 온 세상이 침묵하면서 도하 경기를 기다리고 있다면 이것은 오늘 같은 문명사회에서 있어서는 안 되는 비인간적인 잔인한 태도입니다.

우리는 피 흘리지 않고 건설된 경기장에서 관람하는 것을 원합니다. 도하 대회는 보이콧을 해야 마땅합니다. 수천 명 인간의 생명을 희생시킨 경기장에서 맥주 마시면서 자국 선수들을 응원하기 위해 목청을 높이는 사람들은 어떻게 된 사람들입니까? 한 인간의 생명을 구원하시기 위해 예수님은 십자가에서 희생되셨습니다. 한 인간의 생명은 이렇게 소중합니다. 부자 나라 사람 생명과 가난한 나라 사람의 생명 사이에 무슨 차이가 있을까요?

역사를 바꾼 1776년

10/08

"땅에 움직이는 생물이 다 죽었으니 곧 새와 가축과 들짐승과 땅에 기는 모든 것과 모든 사람이라." (창 7:21)

인류 역사에서 가장 큰 사건은 노아의 홍수 사건입니다. 이때 노아의 여덟 식구와 방주에 들어간 동물들 외에는, 온 세상의 사람과 살아 있는 생물 모두가 멸망했습니다. 이것은 세상의 종말이 온 사건입니다. 이 사건보다 더 큰 사건은 없습니다.

1776년에 인류 역사에 큰 획을 그은 세 가지 사건이 일어났습니다. 1776년 하면 역사에 대해 조금 관심을 가지고 있는 사람들은 이 해가 미국이 독립한 해라는 것을 알고 있습니다. 미국의 독립은 세계 역사에 획을 그은 거대한 사건이었습니다. 이 해에 신대륙의 13개 주가 영국에 독립을 선언하고, 독립선언서를 발표했습니다. 이 일은 인류 역사 발전에 거대한 발을 내딛은 사건입니다. 미국의 독립선언서는 국가를 다스리는 권력이 왕에게서 나오는 것이 아니고, 백성들로부터 나온다고 선언했습니다. 주권이 재왕(在王)에서 재민(在民)으로 바뀐 역사적 사건입니다. 왕조는 세습입니다. 왕이 죽으면 세자가 왕이 되고, 또 그 왕이 죽으면 세자가 왕이 되는 구조가 왕조입니다. 그러나 미국의 헌법은 백성들이 국가의 대표를 선출하고, 그 대표는 헌법에 규정된 기간 동안만 대통령을 하고 물러나는 권력에 시한(時限)을 두었습니다.

둘째로 1776년에 인류의 역사를 변화시킨 사건은 스코틀랜드의 발명가요 기계공학자였던 제임스 와트(James Watt)가 증기 기관을 실용화한 일입니다. 인간이 일하기 위해서는 도구가 필요합니다. 원시 시대에는 돌칼, 돌도끼 등의 도구가 사용됐고, 세월이 가면서 점점 편리하고 인력이 덜 소모되는 쪽으로 발달했습니다. 증기 기관은 석탄을 연료를 사용하여 기선과 기차를 움직이게 만들었습니다. 이것이 발전하여 오늘 증기 터빈까지 이르렀습니다. 이 증기 기관의 발명은 영국에 산업혁명을 가져와, 지금까지 수공업에 의지하던 산업이 기계화, 자동화되면서 각 분야에 혁명을 일으켰습니다. 이 증기 기관의 발명은 오늘의 슈퍼컴퓨터와 인공지능(AI: Artificial Intelligence) 산업에까지 이르게 하여 세상을 4차원으로 끌어 올렸습니다.

세 번째, 인류의 역사를 바꾼 사건은 영국의 경제학자 아담 스미스(Adam Smith)가 『국부론』(國富論, *The Wealth of Nations*)을 출판한 것입니다. 이 책은 지금까지 인류가 지녀왔던 경제 개념을 획기적으로 바꾼 서적으로 평가됩니다. 이 책은 한 마디로 '시장경제' 이론을 설명한 내용입니다. 이 책의 내용은 모든 사람이 각자 자기 이익을 위해 열심히 일하면 보이지 않는 손에 의해 가장 효율적인 방법으로 부를 창출하고 이로써 사회가 부유하게 된다는 것입니다. 실제로 시장 경제를 채택한 사회는 그렇지 않은 사회보다 더 큰 부를 창조했고, 세계의 많은 나라는 시장 경제를 경제의 기본 체제로 채택하고 있습니다.

역사는 계속 진보하고 있습니다. 그러나 그 진보가 반드시 인간을 행복하게 해주는 것은 아닙니다. 아날로그 시대에서 디지털 시대로 전환됐다고 해서 인간의 삶이 더욱 나아지고 인간들의 성품이 좋아지기는커녕, 오히려 더욱 사악해졌고 포악해졌으며 무정하고 잔인해져가고 있습니다. 성경은 세월이 갈수록 예수님의 재림이 가까이 오고 있다고 말씀하십니다. 그때까지 세상은 전에 보지 못했던 놀라운 사건들이 계속 일어날 것입니다. 코로나도 그 하나라고 보면 됩니다. 세상이 어떻게 변하든지, 우리는 오늘 저녁에 오실지도 모르는 주님 재림을 대비하는 삶을 살아가야 합니다.

10/09

한글 성경 (1)

"또 어려서 성경을 알았나니 성경은 능히 너로 하여금 그리스도 예수 안에 있는 믿음으로 말미암아 구원에 이르는 지혜가 있게 하느니라."
(딤후 3:16)

1880년대 초 선교사들이 한국에 들어와서 성경을 번역할 당시 한글은 있었지만 사대부집안에서는 한문만을 글로 여기고, 한글은 '언문'이라며 천시하고 아녀자들이나 배우는 쓸모없는 글이라고 업신여겼습니다. 그런데 선교사들은 한글의 위대성을 간파하고 한글 보급에 앞장섰습니다. 물론 이것은 성경을 한글로 번역해서 누구나 성경을 읽을 수 있고, 찬송가를 부를 수 있게 하기 위함이었습니다. 따라서 성경을 한글로 번역할 때 한자를 단 한 글자도 쓰지 않고 100% 한글로만 번역했습니다.

1870년대 만주에서 스코틀랜드 장로교회가 파송한 존 로스(John Ross) 선교사와 그의 매부 존 매킨타이어(John McIntyre) 선교사가 만주에 홍삼 장사를 하러간 의주 청년들을 만나 타협하고 선교사들이 머물고 있던 심양으로 데리고 가서 낮에는 한국말을 배우고, 밤에서 중국어 성경을 한글로 번역하게 했습니다. 거기서 성경을 번역할 때, 이 성경을 무식한 노동자, 농민, 부녀자, 심지어 백정, 남사당패, 기생, 장돌뱅이까지 읽을 수 있도록 가능한 범위 내에서 쉬운 우리말을 써서 번역을 했습니다. 이렇게 하나씩 하나씩 신약 27권을 다 번역한 후, 드디어 1887년 『예수셩교젼셔』라는 한국 최초의 신약성경이 출판되었습니다.

당시 대부분의 백성이 한글도 읽을 수 없는 문맹이어서 선교사들은 교회가 세워지는 곳마다, 예배당에 야학교를 세우고, 한글을 읽지 못하는 농민, 노동자, 아녀자, 천민들을 모아 놓고 한글을 깨우치게 했습니다. 필자의 할머니도 예수 믿기 전에 문맹이었는데, 고향 마을에 세운 교회 야학교에서 언문을 깨우쳐 성경도 읽고, 찬송가도 부를 수 있게 되었습니다. 선교사들은 아내가 문맹인 경우에는 남편에게 세례를 주지 않았습니다. 아내에게 반드시 한글을 가르쳐 문맹을 면하게 해서 성경을 읽을 수 있게 하라는 것이었지요. 만약 조선에서 한글이 일반화되지 않고 지금까지 한자만을 고집했다면 아마도 세계에서 가장 문맹률이 높은 나라 가운데 하나가 되어 있을 것입니다.

선교사들은 한글을 배우면서 한글이 세계에서 두 번째로 좋은 과학적인 글이라며 감탄하는 글을 많이 남겼습니다. 물론 첫째로 좋은 언어는 영어라고 생각했겠지요. 자기네 글이니까요. 그러나 영어를 배워 본 사람은 알지만, 영어처럼 고약한 언어가 없습니다. 배우기 어렵고, 발음하기 어렵고, 표현하기 난해한 언어가 영어입니다. 다들 동의하시지요?

로스 선교사와 만주에서 성경을 번역한 청년들은 성경을 번역하면서 순수 우리말을 쓰는 것을 원칙으로 했습니다. 예를 들면 요한복음 1장 1절 '태초에'라는 단어가 나옵니다. 이 태초(太初)라는 한자어를 아는 사람이 당시 몇 명이나 됐겠습니까? 시골에서 밭을 매는 할머니에게 "태초가 뭔지 아세요?"라고 물어보면 아마 대부분의 할머니들이 모른다고 말할 겁니다. 그런데 『예수성교전서』에는 '태초에'라는 한자어 대신 '처음에'를 썼습니다. 아무리 시골에서 밭을 매는 무식한 할머니라도 '처음에'란 말을 모르는 사람은 없습니다.

마태복음 5장 3절이 "심령이 가난한 자는"으로 시작하는데, 심령(心靈)은 어려운 한자입니다. 그런데 이 성경에는 '마음'이라는 단순하고 쉬운 우리말을 썼습니다. 시골 할머니가 심령은 몰라도 마음은 다 알지요. 또 '애통하는'은 '슬퍼하는', 마음이 '청결(淸潔)'한 자는 마음이

'말근(맑은) 자' 같이 쉬운 용어를 써서 쉽게 내용을 알 수 있게 했습니다. 재미있는 것은 고린도전서 13장 13절, "믿음 소망 사랑"에서 믿음과 사랑은 우리말이지만 소망(所望)은 한자입니다. 그런데 이 성경에서는 '소망' 대신 '바람'이란 우리말을 썼습니다. '믿음, 바람, 사랑'이라고 말이죠. 언젠가 신학교 어떤 반에서 이 얘기를 했더니, 한 학생이 "그럼 '소망교회'가 '바람교회'가 되겠네요."라고 해서 다 같이 크게 웃었지요. 그래서 필자가 "춤바람 난 사람들 모이면 안 돼지만, '성령 바람' 난 사람들 많이 모이면 좋지요."라고 말했습니다.

한글 성경 (2)

"또 어려서 성경을 알았나니 성경은 능히 너로 하여금 그리스도 예수 안에 있는 믿음으로 말미암아 구원에 이르는 지혜가 있게 하느니라."
(딤후 3:16)

『예수셩교젼셔』에 나오는 단어 중 인상적인 것은 유월절입니다 유월절은 영어로 'Passover'입니다. 이스라엘 백성들이 애굽에서 430년 동안 노예생활을 끝내고 출애굽 할 즈음에 하나님께서 열 가지 재앙으로 애굽 백성들을 징치(懲治)하셨습니다. 그때 마지막 재앙이 장자를 죽이는 재앙이었지요. 모세는 여호와 하나님의 명령에 따라 모든 이스라엘 백성들에게 애굽을 떠나던 전날 저녁에 양을 잡아서 그 피를 문설주에 바르고 양고기를 삶아 먹고 앞으로 광야에서 당분간 먹고 살 빵과 양식을 준비하라는 명령을 내립니다. 내일 새벽 일찍 떠나야 하기 때문에 무교병(無酵餠) 즉 누룩을 넣지 않은 빵을 많이 만들어 가지고 떠날 준비를 하라 했습니다. 누룩을 넣어 밀가루가 부풀어 오를 때까지 기다릴 시간이 없어 누룩 없는 빵, 즉 무교병을 만들어 먹고, 싸서 떠난 날이 무교절이고 또 유월절입니다.

그날 저녁 천사가 문설주에 피가 묻어 있는 이스라엘 백성 집은 넘어 가고(passover), 피가 묻어 있지 않은 애굽 사람들 집에 들어가 장자를 죽이는 참극이 벌어졌습니다. 그때 문설주에 피가 묻어 있는 이스라엘 집을 '넘어 지나가'는 일 그래서 유월절(Passover)이 된 것입니다. 그런데 말씀드린 대로 『예수셩교젼셔』에는 유월절이란 한자를 쓰지 않고 그냥 '넘는(난)절'이라 했습니다. 처음 성경을 읽는 사람들이 '유월절'이란 단어를 만났을 때, 혹 한자가 있으면, 한자를 읽을 수 있는 사람은 그 뜻을 이해할 수 있을 텐데, 한글만 있으니 뜻을 알 수 없지요. 그냥 6월에 있는 어떤 절기인가보다 하겠지요. 필자는 성경을 번역하는 분들이 왜 '넘는(난)절'이라는 좋은 용어를 버리고 유월절이란 용어를 썼는지 도무지 알 수 없습니다. 이런 경우를 두고, 개선(改善)이 아니고 개악(改惡)이라 하지요. 성경 번역 위원들이 한문을 잘 아는 유식쟁이들이었던 모양입니다. 보통 사람들이 유월(踰越)을 알 수 있나요?

다음으로 이 성경에 인상적인 단어는 '안식일'입니다. 요즘 안식일, 안식년이란 용어는 흔히 쓰는 단어입니다. 기독교 대학이 아닌 일반대학에서도 어떤 교수가 안식년 휴가를 갔다고 자연스럽게 얘기할 정도로 안식이란 용어를 자주 씁니다. 그런데 『예수셩교젼셔』에서는 이 용어를 쓰지 못했습니다. 당시 안식이나 안식일이란 용어가 조선에서 쓰이는 용어가 아니었고, 또 안식이 무엇인지 그 개념을 알지 못했습니다. 우리 배달겨레는 4천 년 동안 농사를 주업(主業)으로 살아 왔습니다. 비가 억수로 쏟아지는 날이 아니면 가을걷이가 끝날 때까지 논이나 밭에서 하루도 쉬지 않고 일을 했습니다. 소위 안식일이 없었습니다. 그래서 안식이란 말을 성경 번역하는 청년들이 알 수 없었습니다. 그래서 그들은 안식일이라는 영어의 'Sabbath Day'를 발음 그대로 해서 '사밧일'이라 번역했습니다. 이 사밧일이 후에 안식일이라 번역됐지요.

『예수셩교젼셔』는 한글 성서 번역 역사에 가장 기초되는 연구 대상일 뿐만 아니라 국문학 연구에도, 당시 사용하는 용어나, 어순, 어법 등 여러 방면에서 연구 대상이 되는 책입니다. 한글날을 지나면서 초기 교회가 한글 전용에 얼마나 큰 공헌을 했으며 문맹 퇴치에 결정적 역할을 한 일을 다시 한 번 돌아보면서 특히 초기 선교사들의 공헌에 감은(感恩)의 마음을 가져야 합니다. 한글학자 최현배는 후에 "기독교가 한글에 끼친 영향"에 대해 다음과 같은 점을 지적했습니다.

1. 한글을 민중 사이에 전파했다.
2. 신도들은 사상 표현의 말씨를 배우며, 글 읽고 글 쓰는 방법까지 깨치게 되었다.
3. 한글에 대한 존중심을 일으키고 한글을 지키는 마음을 길렀다.
4. 한글의 과학적 가치를 인정했다.
5. 배달의 말글을 널리 세계에 전파하였다.
6. '한글만 쓰기' (한글전용)의 기운을 조성하였다."

선교사들은 한글을 공부하고 연구하는 데 절대 필요한 사전을 편찬하는 일에도 심혈을 기울였습니다. 언더우드는 처음 한국어 공부를 하는 데 사전이 없어서 큰 불편을 겪었던 것을 생각하고 5년간의 노력 끝에 「한어자전」(A Concise Dictionary of the Korean Language)을 1890년 요코하마에서 간행했습니다. 이 책은 두 부분 즉 한영, 영한 편으로 되어 있어서 양쪽을 동시에 볼 수 있도록 편집했습니다. 그가 이 작업을 하는 동안에 겪은 최대의 어려움은 한글에 통일된 철자법이 없었다는 점이었습니다. 따라서 그들은 한글 통일 철자법을 만들기 위해 노력했고 후에 이는 한글 철자법 연구에 귀한 길잡이가 되었습니다. 한국인들에 의해 천대받던 우리의 글을 선교사들이 그 가치를 인정하고 폭넓게 사용함으로써 우리의 글을 실용화했습니다. 또한 우리 문화에 대한 자긍심을 갖게 했고, 우리 민족의 동질성을 자각시키는 데 큰 몫을 감당했습니다.

한글학자 최현배가 기독교가 한글을 전용하는 정책을 세운 결과에 대해 쓴 글은 다음과 같습니다.

"기독교는 한글만으로 된 성경을 가지고 들어왔다. 그리하여 그 교회가 전파되는 곳에 반드시 한글이 전파되며, 한글이 전파되는 곳에 그 교리가 또한 전파되는 서로 인과하는 결과가 되었다. 민중 사이에 한글이 널리 전파되어 사회적으로 미천의 처지에 있던 서민 대중이, 새로운 교훈인 기독교의 성경을 배움으로 말미암아 심령의 구원을 받는 기쁨을 누리는 동시에, 유학자, 한학자들이 천시하던 한글을 깨치어, 처음으로 글눈을 뜨고서 지식과 교리에 접하는 신생의 기쁨을 체험하게 되니, 여기에 비로소 '어리석은 백성들이 날로 쓰기에 편하게 하고자 한' 세종대왕의 한글 창제의 거룩한 뜻이 실현되게 된 것이다."

기독교가 한글 전용에 끼친 영향을 압축해 적은 글이라 여겨집니다. 일제는 한국을 영구 식민지화하기 위해 초기부터 줄기차게 일본어 상용(常用)을 강조하면서 한글 사용을 억압하고 한글 말살 정책을 폈지만 한글 성경과 찬송가 사용만은 용인할 수밖에 없었습니다. 이는 선교사들의 강력한 항의와 세계적 종교인 기독교를 탄압한다는 말을 듣지 않기 위해 취한 어쩔 수 없는 정책이었지만 결과적으로 기독교가 성경과 찬송을 통해서 한글을 유지했다는 또 다른 성과입니다. 선교사 게일(J. Gale)은 한글은 하나님께서 '복음을 위해 준비해 두신' 귀한 선물이라고 술회한 바 있습니다. 순수한 우리말과 글을 잘 간직하고 보존해서 오고 오는 세대에 계속 전수해 주어야겠습니다.

거짓 선지자

10/11

"많은 사람이 내 이름으로 와서 이르되 나는 그리스도라 하여 많은 사람을 미혹하리라." (마 24:5)

미국 오클라호마주에 있는 '변화교회'(Transformation Church)의 마이클 토드(Michael Todd) 목사는 지난 2022년 1월 16일, 코로나 펜데믹을 치료한다면서, 설교 도중 한 신도를 세워 놓고 자기 손에 침을 뱉어 눈에 발랐고, 또 다른 신도를 세워 놓고 자기 손에 다시 침을 뱉은 후 그 침을 그 신도의 얼굴에 문질렀습니다.

이와 비슷한 사건이 있었습니다. 6.25전쟁이 일어났던 50년대 중반에 박태선 장로가 전국을 다니며 전도 집회를 하면서 큰 센세이션을 일으켰습니다. 그는 평북 덕천군에서 태어나 신앙생활을 하다가 남하하여 서울 남대문교회에서 집사로, 서울 창동교회에서 장로로 안수를 받았습니다. 6.25 후의 혼란 속에서 그는 전도관이라는 조직을 만들어 자신의 집단을 이끌며 부흥운동을 강하게 주도했습니다. 필자도 어렸을 때, 이 집회에 참석한 일이 있었습니다.

박태선 장로가 나와서 열정적으로 설교를 하는데. 강대를 들어 내리치면서 회개하라고 소리를 질렀고, 교인들은 큰 텐트 속에 깔아 놓은 가마니 위에 잔뜩 앉아서 설교를 경청했습니다. 텐트 안 옆쪽으로는 긴 의자들이 놓여 있었는데, 거기에는 당대 내로라하는 목사들이 앉아 있었습니다. 박태선은 목사들이 성령을 받지 못해서 한국교회가 이 지경이 되었다며 "목사들도 모두 안수를 받고 성령을 받으라."고 소리를 치면서 목사들에게 안수를 했습니다. 목사들이 장로로부터 안수를 받는

OCT

우스꽝스러운 장면이 연출되었습니다.

새벽기도회가 끝 날 무렵 그러니까 해가 뜰 즈음, 대형 텐트 앞 쪽 위의 천장 텐트를 열어젖히면 하늘에서 은은한 빛이 텐트 속으로 쏟아져 들어옵니다. 그러면 하늘에서 은총의 단비가 내려온다며 뛰고 난리가 났었지요. 교인들은 열광적으로 할렐루야, 아멘을 반복하면서 광적 분위기가 이루어졌습니다.

박태선은 자기가 동방의 감람나무라며, 하나님의 대변자로 자처하면서, 자기에게 안수를 받으면 모든 불치병이 낫는다고 외쳤습니다. 박태선의 안수를 받으면 어떤 병이든지 낫는다는 소문이 퍼지면서 각종 환자들이 물밀듯이 몰려 왔습니다. 그 많은 환자에게 안수를 할 수 없다 보니, 박태선이 안수한 물은 생명수로 이 물을 마시면 어떤 병이든지 다 낫는다며 물을 팔기 시작했습니다. 물이 든 병은 삽시간에 다 팔려 나갔습니다. 박태선의 손을 담근 물, 나중에는 발을 담근 물이 팔려 나가는 웃지 못할 장면이 연출되었습니다. 결국 박태선은 점점 돈 버는 쪽으로 흐르더니 신앙촌 또는 천년성이라는 박태선 교도 집단 거주지를 경기도 부천과 덕소에 만들어 신앙촌 물건을 만들어 판매하기 시작했습니다.

박태선은 장로교단으로부터 장로 직이 박탈되었고, 이단으로 정죄되었습니다. 그는 후에 자기가 천부(天父)님이라며 스스로 하나님이 되었고, 전도관은 '천부교' 집단으로 전락했습니다. 박태선이 죽은 후에 남은 재산 분배 문제로 자식들 간에 싸움이 벌어졌고, 이리 저리 흩어져 지금은 거의 자취를 감추고 말았습니다.

이단 집단은 오래 가지 못합니다. 교주(敎主)가 죽으면 후계자들 간의 갈등으로 싸움을 이어가다 모두 사라지는 과정이 지난 2천 년 동안의 교회 역사입니다. 예수님께서는 일찍이 세상의 마지막이 되면 "많은 사람이 내 이름으로 와서 이르되 나는 그리스도라 하여 많은 사람을 미혹하리라."(마 24:5)라고 말씀하셨고, "거짓 선지자들을 삼가라 양의 옷을 입고 너희에게 나아오나 속에는 노략질하는 이리라."(마 7:15)고 말씀하셨습니다. 또한 "거짓 그리스도들과 거짓 선지자들이 일어나서 이적과 기사를 행하여 할 수만 있으면 택하신 자들을 미혹하려 하리라."(막 13:22)고 말씀하셨습니다. 교회 역사를 통해 어느 시대든지 거짓 선지자들이 나타났고, 또 그를 따르는 무리들이 반드시 있었습니다. 한국에서 근래에 나타난 신천지 같은 무리도 이런 부류에 속한 집단입니다. 진리를 가르치고 올바른 길로 인도하는 참 목사, 선한 목자가 절실히 요청되는 시대입니다. 이런 목자가 많이 나타나 방황하는 신자들을 올바른 길로 인도하여 주기 위해 끊임없이 기도해야 합니다.

사료와 역사기록 (1)

10/12

"요아스의 남은 사적과 그가 행한 모든 일을 유다 왕 역대 지략에 기록되지 아니하였느냐?" (왕하 12:19)

1984년 한국교회가 선교 100주년을 지나면서 오래된 교회들이 하나씩 창립 100주년을 맞이하기 시작했습니다. 교회가 창립 100주년이 되면 보통 100년사를 쓰는 것이 일반적입니다. 교회는 100주년을 앞둔 몇 년 전부터 100년사를 쓸 것을 당회가 결의하고, 누구에게 집필을 맡길 가를 논의합니다. 같은 값이면 권위 있는 사학자에게 맡기는 것이 좋겠다고 판단하고 어떤 교회에서는 필자에게 연락을 해오는 경우도 있었습니다. 필자는 개교회사는 쓰지 않기 때문에 사양을 하고, 대신 필자가 지도하는 박사과정의 학생들이나 또 쓸 만한 사람을 추천하고 대신 감수(監修)를 해 주었습니다. 그런데 문제는 100년사를 쓰려면 그 교회가 갖고 있는 사료(史料)가 많아야 하는데, 대체로 한국교회는 사료 보관에 큰 관심을 갖지 않습니다. 사료를 보관해야 한다는 의식 자체가 없어서, 필요한 사료가 거의 없는 경우가 많습니다.

소설, 수필, 시, 꽁트, 동요 등은 작가의 머릿속에서 나오지만, 역사는 사가(史家)의 머릿속에서 나오는 것이 아니고, 사료에서 나옵니다. 사료 없이는 역사를 쓸 수 없습니다. 교회의 가장 중요한 사료는 주보(週報)입니다. 주보가 처음 발행되던 때부터 100주년이 될 때까지 다 모아져 있어야 합니다. 또 교회에서 발행한 각종 잡지나 혹은 특별 행사 때에 발행했던 신문, 팜플렛, 전단지 같은 것도 좋은 사료입니다. 또 한 가지 중요한 것은 사진입니다. 옛날에는 사진기도 드물어서 창립기념 예배나 기타 중요 행사 사진을 갖고 있는 경우는 흔하지 않습니다.

100년 전 교회는 주로 선교사들이 창립했기 때문에, 선교사 중에는 더러 창립기념사진을 가지고 있다가 교회를 떠날 때, 사진을 주고 가는 경우도 있습니다. 비단 창립 예배뿐만 아니라, 창립 50주년, 75주년 기념, 목사 이, 취임 예배, 장로 장립, 권사, 안수집사, 성가대, 교회학교 교사, 남녀 선교회, 초 · 중 · 고, 대학, 청년부 등 각 기관과 관계되는 사진과 기타 인쇄물들이 모두 모아져 있어야 역사를 쓰는 사람들이 작업을 쉽게 할 수 있습니다.

또 다른 사료는 그 교회에 오래된 가정, 즉 할아버지, 아버지, 아들로 이어져 내려오는 전통적인 교인 가정에는 교회와 관계된 사료가 제법 있습니다. 또한 교회에 오래 출석한 노인 교인들의 증언도 중요한 사료가 됩니다. 유명한 교회라면 그 교회의 큰 행사들이 당시 기독교 신문에 게재되어 있을 수 있습니다. 따라서 당시 신문을 일일이 살펴볼 필요도 있습니다.

필자가 신학교에서 강의할 때, 목사후보생들에게 다음과 같은 이야기를 했습니다. 여러분들이 목사가 되어서 목회를 할 때, 설교도, 심방도, 교회 행정도 잘해야 하지만, 간과해서는 안 되는 항목은 자기가 목회하는 교회의 사료를 모아 두는 일이라고 말했습니다. 가능하다면 교회 안에 사료실을 만들어 교회와 관계되는 모든 사료를 모아 두는 것이 좋습니다. 그 교회가 후에 50년사, 75년사, 100년사를 쓸 때, 사료실에 있는 자료를 이용해서 바른 역사를 쓸 수 있게 해야 한다고 강조했습니다.

또 한 가지 유념할 것은 사료를 예배당에만 보관하지 말고, 복사본을 만들어 예배당 이외의 장소에 따로 한 부를 보관하라고 말합니다. 그것은 교회에 보관하고 있는 사료가 화재, 수해, 지진 등으로 소실될 우려가 있기 때문입니다. 따라서 목사 사택 또는 은행 금고에 넣어 두면 가장 안전하겠지요. 요즘에는 모든 자료를 USB에 보관할 수 있어서 큰 장소도 필요 없고 안전한 곳에 두기만 하면 되며, 매년 한 해 동안의 모든 자료를 업데이트해서 보관해야 합니다.

현재 목회하는 목사들은 이 글을 유념해서 읽어 주기 바라며, 혹 시무 장로나, 권사, 집사들도 자기 교회 목사에게 이런 사실을 일깨워, 교회 사료 보관에 관심을 갖도록 하셔야 합니다. 역사는 우리 조상들의 흔적이고, 또 우리 후손에게 전해 주어야 하는 소중한 우리 교회의 유산입니다. 과거 없는 현재가 없고, 현재 없는 미래는 없습니다. 역사는 과거, 현재, 미래가 한 끈으로 연결되어 이루어집니다. 우리는 역사의 산물입니다. 우리 모두 가정과 교회, 민족과 국가의 사료 보관에 충실해야겠습니다.

사료와 역사기록 (2)

10/13

"요아스의 남은 사적과 그가 행한 모든 일은 유다 왕 역대 지략에 기록되지 아니하였느냐?" (왕하 12:19)

구약성경은 이스라엘과 유다의 역사이며, 인류의 역사입니다. 신약은 예수님과, 열두 제자, 사도 바울과 기타 여러 성자들의 산 기록입니다. 신구약성경이 없었다면 기독교는 존재 할 수 없습니다. 역사 기록은 이렇게 소중한 것입니다. 성경에 보면 역사에 대한 기록이 많습니다. 구약 모세 오경이 끝난 다음 여호수아, 사사기, 사무엘상하, 열왕기상하, 역대상하 등은 모두가 역사서입니다. 물론 모세 오경 중에 창세기에는 인류의 창조와 새로운 역사의 시작과 타락, 노아 홍수, 바벨탑의 배반, 언어의 혼잡, 초기 인류의 역사 기록이 상세히 기록되어 있습니다. 아브라함의 선택과 그 자손들의 역사가 기록되어 있고, 이방 나라들의 역사까지 이스라엘과의 관계 속에 상세히 기록하고 있습니다. 또한 예언자들의 활동 속에도 역사에 대한 기록이 적지 않게 나옵니다. 다윗 왕 때 "아힐룻의 아들 여호사밧은 사관(史官)이 되고… 스라야는 서기관(書記官)이 되었다."(삼하 8:16-17)고 기록하여 왕의 일상에 대한 모든 행적을 기록으로 남겼습니다. 히스기야 왕도 서기관 셉나와 사관 요아를 가까이 두고 사적을 기록하게 했습니다.(왕하 18:18) 그 이외의 모든 왕도 사관과 서기관으로 하여금 당대의 역사 기록을 전담케 하여 당시 기록을 후대에 남기도록 했습니다.

이스라엘의 솔로몬이 죽으면서 남유다, 북이스라엘로 나뉘어 협력과 갈등의 역사가 기록되어 있습니다. 두 나라 왕들의 기록은 왕의 역대지략(歷代誌略: 간단히 적은 기록)에 자세히 기록되어 있습니다. 구약은 이스라엘 민족의 역사가 주축이지만, 그 이외의 이방 나라의 역사도 상당부분 포함하고 있습니다. 이스라엘과의 전쟁, 평화, 협력 등의 이야기가 계속되고 있습니다. 물론 신약에서도 역사 이야기는 자주 언급되고 있습니다. 사복음서는 예수님의 탄생으로부터 십자가의 죽으심, 부활, 승천까지 자세히 기록되어 있습니다. 사도행전에는 사도들의 행적이 시대를 따라 연속으로 기록되어 있습니다.

사도 바울의 서신들 속에서도 기타 베드로나 요한의 서신에서도 역사가 자주 언급되고 있습니다. 역사적 배경을 모르고서는 성경에서 언급한 이야기를 바르게 이해할 수 없습니다. 특히 누가는 의사요 과학자여서 역사 기록을 누가복음과 사도행전에 상세히 남겼습니다. 누가복음 3장에 예수님 출생 당시의 정치 상황에 대해 자세히 기록하고 있습니다. "디베료 황제가 통치한지 열다섯 해 곧 본디오 빌라도가 유대의 총독으로, 헤롯이 갈릴리의 분봉왕으로, 그 동생 빌립이 이두레와 드라고닛 지방의 분봉왕으로 루사니아가 아빌레네의 분봉왕으로, 안나스와 가야바가 대제사장으로 있을 때에 하나님의 말씀이 빈들에서 사가랴의 아들 요한에게 임한지라."(눅 3:1-2)고 기록하여 당시의 정치적 상황을 자세히 보여주고 있습니다.

우리는 성경을 통해 예수님 당시의 정치, 사회적 환경도 살펴볼 수 있습니다. 이스라엘은 주전 63년에 로마 제국의 속국이 되었습니다. 독립 정신이 강한 이스라엘 민족은 끊임없이 로마 제국으로부터 독립을 염원하며 암암리에 운동을 계속했지만 성공에 이르지는 못했습니다. 주후 70년에 이스라엘의 반란으로 로마 제국의 중앙 정부군이 진군해 와서 예루살렘이 완전 불타고 성벽은 다 허물어졌습니다. 이스라엘 민족은 로마제국 밖으로 추방되어 흩어진 유대인(diaspora)으로 유랑하는 고통의 세월을 2천 년간 보내야만 했습니다. 역사는 기록입니다.

10
14

사료와 역사기록 (3)

"히스기야의 남은 사적과 그의 모든 업적과 저수지와 수도를 만들어 물을 성안으로 끌어 들인 일은 유다 왕 역대 지략에 기록되지 아니하였느냐?" (왕하 20:20)

우리 조상들이 역사 기록을 남긴 일은 놀랄만합니다. 우선 조선 왕조 시대의 역사 기록인 〈조선왕조실록〉를 살펴보겠습니다. 어전(御前)에서 회의를 할 때, 왕이 중앙 상좌(上座)에 앉고, 양쪽으로 대신들이 품계(品階: 벼슬아치들의 서열)에 따라 좌정하고 앉습니다. 그리고 말석(末席), 왕의 정면 끝에 두 사람이 앉아 있는데, 우편에는 사관(史官)이, 좌편에는 언관(言官)이 앉습니다. 사관은 회의 중에 왕과 대신들이 하는 말을 받아서 기록합니다. 그리고 왼쪽에 앉은 언관은 왕과 대신들이 말 할 때 어떤 표정으로 또 어떤 모습으로 했는지를 적습니다. 역사 기록은 내용만 중요한 것이 아니라, 그 말을 할 때에 정황을 기록하여 후세가 읽을 때 정확한 상황을 파악하도록 했습니다.

실록의 열람도 극히 제한적이었습니다. 왕은 절대 자기나 부친의 기록을 볼 수 없었습니다. 1431년 3월 20일 세종이 어전에서 "이제 태종실록 편찬을 마쳤으니, 군주이자 태종의 아들인 내가 한 번쯤 실록을 열람할 수도 있지 않겠는가?"라고 짐짓 말을 했습니다. 그러자 모든 신하들은 펄쩍 뛰었습니다. 우의정 맹사성은 "전하께서 만일 이것을 보신다면 후세의 임금이 반드시 이를 본받아서 고칠 것이며, 사관 또한 군왕이 볼 것을 의식해서 그 사실을 반드시 기록하지 않을 것이니, 어찌 후세에 그 진실함을 전할 수 있겠습니까?"라고 말하자 세종은 이 말을 듣고 "과연 그렇겠구나."(연: 然)이라고 말 한 후 실록을 보지 않았습니다. 10대 폭군 연산군이 실록의 일부를 열람한 일 외에 그 어떤 왕도 실록을 보지 않았습니다.

조선의 사관들은 매우 강직하고 완강했습니다. 3대 왕 태종이 1404년(태종 4년) 2월 8일 사냥을 하던 중 노루를 보고 활을 쏘다 말에서 떨어진 일이 있었습니다. 시종들에게 "사관이 모르게 하라"고 말을 했습니다. 창피한 기록을 남기지 않으려는 것이었지요. 그러나 사관은 태종이 그렇게 말한 내용까지 기록에 남겼습니다. 태조부터 철종까지 25대 472년 동안의 역사를 날짜별로 기록한 조선왕조실록은 그 분량이 1,890권에 4,965만 자(字)(물론 한자로 썼음)에 이르러 중국 명나라 실록의 3배가 넘는 엄청난 분량입니다. 사료 보관에도 세심(細心)하여 중국, 일본, 베트남과 달리 당시 만들어진 원본이 그대로 전해진다는 점도 높이 평가 됩니다. 이 방대한 역사 기록 4부를 인쇄해서, 서울 춘추관에 한 부를 두고, 전라도 전주, 충청도 충주, 경상도 성주 세 곳에 분산 보관했습니다. 전란과 화재, 홍수, 태풍, 지진 등에 대처하기 위함이었습니다.

1592년(선조 25년) 임진왜란이 일어나서, 서울 춘추관과 충주, 성주 사고가 불타 없어졌습니다. 다행히 전주 사고(史庫)는 살아남았는데, 손홍록과 안의라는 두 선비가 전주 사고 실록을 내장산으로 옮겨 지켜냈습니다. 그 이후 춘추관 외에 강원도 오대산, 태백산, 강화도 정족산, 전라도 적상산 등 네 산에 사고를 만들어 사본을 보관했습니다.

조선왕조실록은 대단하며 자랑스러운 기록이지만, 단점은 지나치게 임금 중심으로 기록되어 지방에서 일어난 일을 제대로 알기 어렵다는 점입니다. 조선왕조실록은 태조부터 철종까지 25대 역사를 기록한 책입니다. 26대 고종, 마지막 27대 순종의 실록은 없습니다. 그 이유는 일제가 조선을 강점하면서 역사 기록이 일제 총독부 산하에서 이루어졌기 때문입니다. 일제의 침략, 항일운동에 관계된 사실을 의도적으로 누락시켰고, 일제의 입맛에 맞게 기록했습니다.

우리 민족은 역사를 소중히 여기는 민족입니다. 옛날 이스라엘 민족이 조상들의 사적(史蹟)을 항상 가르치고, 민족 종교인 유대교를 철저히 전수한 것처럼, 우리도 우리의 자랑스러운 역사를 후손들에게 철저히 교육시켜야만 합니다. 아울러 우리 그리스도인들은 우리 조상들의 신앙 역사와 죽음을 무릅쓰고 신앙을 지켰던 순교자들의 사적을 후손들에게 가르쳐야 합니다. 라오디게아 교회처럼 뜨겁지도 차지도 않은 신앙생활을 하는 우리 모두가 순교자적 각오로 이 타락한 세태 속에서 청순한 신앙의 열정을 갖고 살면서 후세에 자랑할 만한 역사를 남기기 위해 최선의 노력을 경주해야겠습니다.

세계교회협의회 (1)

10/15

"너희는 가서 모든 족속으로 제자를 삼아 아버지와 아들과 성령의 이름으로 세례를 주고 내가 너희에게 분부한 모든 것을 가르쳐 지키게 하라." (마 28:19-20)

오늘은 에큐메니칼 운동(Ecumenical Movement)과 WCC(World Council of Churches)에 대해 알아보겠습니다. 일반적으로 보수 쪽에서 WCC는 종교통합이요 종교다원주의라고 매도됩니다. 이 말이 옳은지 그른지 역사적으로 검토할 필요가 있습니다. 우선 에큐메니칼 운동과 WCC가 생겨나게 된 동기와 과정에 대해 말씀드리겠습니다.

먼저 '에큐메니칼'은 무슨 뜻일까요? 영어 에큐메니칼은 그리스어 '오이쿠메네'(oikoumene)에서 나왔습니다. 오이쿠메네는 "온 세상," "사람이 사는 곳은 어디나," 또는 로마의 지배력이 미치는 모든 땅을 의미합니다. "이때에 가이사 아구스도가 영을 내려 천하로 다 호적하라 하였으니"(눅 2:1) 이 말씀에 나오는 '천하'가 '오이쿠메네'입니다. 따라서 오이쿠메네 즉 에큐메니칼은 "온 천하에 복음을 전하고, 세상을 섬기자."는 복음 운동입니다.

이 운동은 선교 운동과 직결되어 있습니다. 기독교는 맨 처음부터 선교로 시작되었습니다. 예루살렘에서 미미하게 시작한 기독교가 2천 년이 지나 전 세계 인구의 1/3 이상을 차지할 수 있었던 것은 선교와 전도에 기인합니다. 사도행전 전반은 베드로가 유태인들에게 전도한 내용이고, 후반은 사도 바울이 이방인들에게 전도한 사적입니다. 이 두 사도로부터 시작된 전도 운동은 예수님의 마지막 명령에 따라 끊임없이 온갖 어려움과 고난과 죽음의 고통 속에서도 없어지지 않고 성령의 힘을 의지하고 끊임없이 지속돼 왔습니다.

4천년 동안 어두움에 앉아 있던 배달겨레에게도 이 기쁜 소식이 들려왔습니다. 먼저 로마가톨릭교회의 선교가 지속적으로 이루어져 오늘 5천만 인구의 10%인 500만의 가톨릭 신자가 있는 세계 굴지의 가톨릭국가가 되었습니다. 개신교 선교는 그보다 100년 후에 시작되었습니다. 1784년 이승훈이 북경에 가서 영세를 받아 4천 년 역사 최초의 그리스도인이 된 후, 꼭 100년이 지난 1884년 의사 선교사 알렌이 조선 땅을 밟으면서 개신교의 선교 역사가 시작되었습니다.

1880년대 조선에는 미국 북장로교회, 남 장로교회, 미국 감리교회, 남 감리교회 등 여러 선교부가 들어와서 선교를 시작했습니다. 예를 들어 북장로교회 선교부에 두 사람의 선교사들이 새로 조선에 왔습니다. 두말할 필요 없이 새로 온 이 두 선교사들은 조선말을 배우기 시작했습니다. 조선말을 배우기 위해서는 이들에게 한국말을 가르쳐 줄 선생, 교실, 난로, 땔감 등 다양한 환경과 물품들이 필요합니다. 그런데 며칠이 지난 후 미국 남장로교 선교부에 두 사람의 신입 선교사가 들어왔습니다. 이들에게도 한국말 선생, 교실, 난로, 땔감 등이 필요했지요. 그럼 선교부들 간에 무슨 생각이 들었을까요? 두말할 필요 없이 조선말을 교육하는 초교파적 어학당이 필요했고, 그래서 주한 여러 선교부는 조선어 학습에 서로 협력하게 되었습니다. 따라서 이제 다양한 선교부의 신입 선교사 조선어 교육은 한 선생, 한 교실, 한 난로와 땔감으로 가능해졌습니다.

또 다른 문제는 선교사 자녀들의 교육 문제였습니다. 여러 교파 선교부의 선교사들 가정에 어린 아이들이 자라가면서 자연히 교육문제가 대두되었습니다. 유치원부터 초등학교, 중학교, 고등학교까지 교육을 해야 하는데, 학교도 없고 선생도 없으니, 모든 선교사 가정의 아이들을 미국으로 보내 교육을 시켜야 되느냐는 현실적 문제에 부닥치게 되었습니다. 이에 따라 각 선교부 대표들이 모여 선교사 자녀 교육을 위한 학교 설립을 협의하게 되었습니다. 우선 초등학교를 세워, 선교사 부인들 위주로 교사 자격증이 있는 이들을 찾았고, 없으면 대학을 졸업한 학사 사모들이 선생으로 나서게 되었습니다. 중학교부터는 각 과목의 전공자가 있어야 합니다. 영어, 수학, 과학, 역사, 지리, 화학, 물리, 음악 등등 각 분야의 교사 자격을 가진 사람이 갖추어져 있을 리 만무했으므로 당분간 대학에서 각 분야의 학사(Bachelor) 학위 소지자가 가르치는 것으로 양해가 되었습니다. 이에 따라 각파 선교사 자녀들을 위한 국제학교가 생겨났습니다. 자연히 학부형회가 구성되었고, 여기에 각 교파 선교사 부인들이 회원이 되어 서로 협력하게 되었지요.

세계교회협의회 (2)

"너희는 가서 모든 족속으로 제자를 삼아 아버지와 아들과 성령의 이름으로 세례를 주고 내가 너희에게 분부한 모든 것을 가르쳐 지키게 하라." (마 28:19-20)

다른 경우를 생각해 봅시다. 태국은 본디 불교 국가지요. 그런데 국왕이 서양 선교사들이 너무 많이 들어와서 기독교 선교하는 것을 못 마땅하게 여기고 모든 선교사들은 한 달 내로 태국을 떠나라는 어명을 내렸습니다. 이 어명은 장로교나 감리교, 또는 침례교 단일 선교부의 문제가 아니고, 태국에서 선교하는 모든 선교부에 해당하는 문제였습니다. 발등에 불이 떨어진 모든 선교부는 이 문제를 위해서 함께 모여 기도회를 가졌고, 함께 국왕에게 어명 취소를 호소하는 호소문을 써 보내기로 했습니다. 뿐만 아니라, 미국, 영국, 캐나다, 호주, 독일 등 각 파 선교사들 모국 교회 총회에 현지 소식을 전하고 기도해주길 바라고, 또 지역의 국회의원들과 특히 외무장관과 대통령, 혹은 수상에게 이 사실을 알리고, 각국 선교사들이 자유롭게 선교할 수 있도록 허락해 달라는 국가 차원의 협조문을 써달라고 호소문을 보냈습니다.

이리하여 이 어려운 문제를 해결하기 위해서 초교파적으로 협력을 하게 되었고 같이 모여서 기도하고 어려움을 헤쳐 나가게 되었습니다. 선교회 간에 협력이 이루어지지 않아 중복 선교를 하는 일이 종종 있었습니다. 북 장로교회 선교사가 경기도 김포 어떤 마을에 가서 전도를 하고 성경을 나누어 주고, 어려운 사람들에게 양식을 나누어 주고, 병자들에게 약품을 나눠 주고 돌아왔습니다. 그런데 며칠 후에 남장로교 선교사가 동일한 동네에 가서 마찬가지로 전도라고 성경을 나누어 주고 양식을 나누어 주고 약품을 나눠주고 왔습니다. 그러고 나서 며칠 후에 캐나다 장로교회 선교사가, 또 며칠 후에는 호주 장로교 선교사가 동일한 지역에서 동일한 선교 활동을 했습니다. 왜 이런 일이 벌어졌을까요? 두말할 필요도 없이 선교부 간에 교류와 협력이 이루어지지 않았기 때문입니다.

이런 사실이 밝혀지고 나서, 선교부 간의 협력이 절실하다는 사실을 깨닫게 되었습니다. 우선 지역을 나누어 선교를 하자며, 북장, 남장, 캐다나, 호주 장로회 선교부 간에 지역 분할을 합의했습니다. 이것을 일컬어 예양협정(Comity Arrangement)이라고 합니다. 캐나다 장로교회는 함경도를, 북장로교회는 평안도, 황해도, 경기도, 경상북도를, 그리고 남장로교회는 충성, 전라도를, 마지막으로 호주 장로교회는 경남 지방을 맡아 선교하기로 협약을 맺었습니다. 이 협정으로 중복 선교를 피할 수 있게 됐고, 자기 구역에서만 선교를 했으므로 중복 선교를 방지할 수 있었던 것입니다. 수 있었습니다.

또한 이 문제는 단순히 장로교회 선교부들만의 문제가 아니고 감리교와도 상관이 있었습니다. 예를 들어 말씀했던 김포 어떤 마을에 장로교회 4 선교사가 며칠 간격으로 계속에서 선교를 갔던 것 같은 현상이 장로교와 감리교 선교사간에도 동일하게 반복되는 것을 발견하게 되었지요. 따라서 이 예양협정은 비단 동일한 교파들 간에만 맺을 것이 아니고, 타 교파와도 맺어야 하겠다는 공감대가 형성되었습니다. 그래서 장로교회와 감리교회 선교회가 모여서 협의를 했습니다. 2천 명 이상의 큰 도시에서는 두 선교부가 함께 선교하고, 2천 명 미만의 작은 마을에서는 먼저 들어간 선교부만 선교하고, 다른 하나는 그곳에 들어가지 않는 것으로 합의를 보았습니다.

다시 말하면 1,900명 보이는 지역에 감리교회가 먼저 선교를 시작했으면, 장로교회는 안 들어가고, 마찬가지로 1,500명 마을에 장로교회가 먼저 교회를 세우고 선교하고 있으면 감리교회가 들어가지 않는 것입니다. 물론 어떤 도시에 인구가 2,100명이면 장, 감이 함께 선교를 했지요. 이런 연유로 충청도와 강원도에 감리교회가 많은 이유입니다. 이 두 도는 당시 인구가 많지 않아 감리교회가 먼저 들어가 선교를 시작했기에 장로교회는 들어가지 않았습니다. 이렇게 선교지에서 선교사들이 서로 협력해서 선교하는 전통이 세워졌습니다.

다른 예를 하나 들겠습니다. 호남 지방에 홍수가 나서 많은 사람들이 삶의 터전을 잃었고, 농작물이 물에 잠겨서 못 쓰게 되어서 식량 부족으로 말할 수 없는 고통을 당하고 있다는 소식을 들었습니다. 그래서 북장로교회에서는 트럭을 한 대 세내서, 양식과 의복과 약품과 기타 필요한 것들을 싣고 서울에서 출발해서 광주까지 내려갔습니다. 당시는 도로사정도 좋지 않고 정확한 지도도 없어서 빠른 길로 가는 것이 쉽지 않았지요. 물론 그 물건을 싣고 갈 트럭을, 운전기사를 구하는 것도 쉽지 않았습니다. 그런데 문제는 그 트럭에 물자를 가득 채워서 갔으면 좋았을 텐데, 가진 것이 많지 않아서 겨우 절반만 채워 광주까지 내려가 그 지역에 있는 교회를 중심으로 구제 활동을 했습니다. 그런데 그 다음 날은 감리교회서도 구호물자를 싣고 도착했습니다. 역시 문제는 감리교회도 물자를 트럭에 절반만 채워 왔다는 것입니다.

자 여기서 어떤 생각을 했을까요? 당연히 다음부터 이런 일이 있을 때는 상호 연락을 해서 반반을 모아 트럭 한 대로, 기사 한 사람으로 내려가자는 협의를 했지요. 트럭 한 대 세내는 돈, 기사 수고비, 식사대, 숙박비 기타 등등의 비용이 절반으로 절감되게 되었지요. 자, 이런 전후 사정으로 선교지에서 선교부 간에, 교파 간의 정보 교환과 협력이 절실하다는 것을 모든 선교사들이 깨닫게 된 것입니다. 선교지에서 전도와 구제를 하는 데는 각 교파의 전통이나 예전, 이런 것들과는 아무 상관이 없습니다. 예를 들면 장로교와 침례교가 협력 한다고 해서 장로

교회가 침례를 받아야 되고 침례교회가 세례를 받는 것은 아닙니다.

장로교회와 감리교회 협력을 한다고 해서 장로교회가 감리교에 예정론을 강요하거나 감리교회가 장로교회에 만인구원론을 강요하지도 않습니다. 단순히 선교에 협력하고 정보를 교환해서 선교지의 효율적인 선교와 난민들 구제에 협력을 할 뿐입니다.

어떤 죽음과 장례식

10/17

"한 번 죽는 것은 사람에게 정하신 것이요 그 후에는 심판이 있으리니"
(히 9:27)

필자의 집 옆에 존(John)이란 백인이 살고 있었습니다. 필자의 부모님들이 1982년에 미국에 이민 오셔서 LA 한인 타운(Korea Town)에 개인 집을 한 채 사셨습니다. 그 집 바로 옆에 당시 한 50대 중반 정도 되어 보이는 존이 살고 있었습니다. 그는 2차 대전 때, 해군으로 복무했고, 제대 후, 로스엔젤레스 카운티(Los Angeles County)에서 근무했습니다. 그는 결혼을 하지 않고 혼자 사는 독신이었습니다. 작지 않은 집에 혼자 적적하게 사는 게 안 돼 보였지만, 존은 이미 평생을 홀로 살아 와서 습관이 된 듯했습니다.

필자는 한동안 한국에서 근무했기에 방학 때, 부모님 방문 와서 한두 번 존을 만났지만, 깊은 대화는 나누지 못했습니다. 그로부터 30년 후 필자가 미주 장신대로 오게 되어 학교에서 일하다 퇴임한 후 부모님 댁으로 합류하면서 존과 교제의 시간을 자주 가질 수 있었습니다. 한 번은 존에게 "Are you a Christian?"(그리스도인입니까)이라고 묻자, "No, I am not. I do not believe in God."(아니오, 나는 하나님을 믿지 않아요)이라 했습니다. 그래서 전도할 목적으로 여러 가지 이야기를 나누었으나 그는 완강한 무신론자였습니다. 성경은 사람들이 꾸며놓은 책에 불과하다고 말했습니다. 필자는 이 친구에게 전도하기가 만만치 않겠다고 생각하며 장기전으로 들어갔습니다.

한두 해 후 이 친구가 병원에 가겠다고 해서 필자가 태워다 주었습니다. 간단한 시술을 받는다며 오후에 집으로 돌아오는데 데리러 와 줄 수 있겠냐고 해서 끝나면 연락하라고 했습니다. 병원이 LA 시내여서 집에서 불과 10분밖에 안 되었지요. 오후 해가 넘어가도 연락이 없어 병원에 연락을 했더니, 오늘 퇴원을 못한다고 하는 겁니다. 이유가 뭐냐니까, 혹시 집에 동거인이 있냐고 해서 없다고 했더니, "He is confuse."라고 말합니다. 약간 치매기가 있다는 것이지요. 약을 먹어야 하는데, 존에게 약을 맡길 수 없다는 겁니다. 혼동을 해서 한꺼번에 다 먹거나, 잊고 안 먹거나 하면 안 된다면서요.

그럼 어떻게 할 것이냐니까, 양로원을 알아보고 그리로 보낸답니다. 그래서 양로원이 결정된 후, 내게 연락을 해달라고 부탁했습니다. 다음 날 오후 양로원이 결정됐냐고 물었더니, LA에서 북쪽으로 약 50분 정도 가는 곳이 결정됐다 해서, 다음 날 가보았습니다. 존은 양쪽에 침대가 2개 있는 방에 누워있었습니다. 필자를 보더니, 자기가 오후에 집에 갈 줄 알고 아무 준비도 없이 와서 당장 칫솔과 치약이 필요하고 기타 일상용품들이 필요하다 해서 알았다고 갖다 주겠다고 하고, 집 열쇠를 받았습니다.

떠나기 전에 "내가 너를 위해기도 하고 싶은데 괜찮냐"고 물었더니 하라 해서 기도를 했습니다. 기도를 끝내고 필자가 아멘이라 말했는데, 존은 아무 말도 하지 않았습니다. 설마 미국 사람이 기도 끝에 아멘이라 말 하는 것을 모르지를 않았을 것 같은데요. 그 후 몇 차례 더 찾아가서 대화하고, 헤어질 때마다 기도를 해 주었습니다. 여전히 아멘은 안 했습니다. 다음 날 집에 들어가 이것저것 챙겨서 갖다 주었더니 고맙다고 했습니다. 그는 5남매였는데 부모님은 두 분 다 세상을 떠나셨고, 5남매 중 형 한사람은 죽고 나머지 3명이 있는데, 지금 살았는지 죽었는지, 어디 사는지 수십 년 동안 서로 연락이 없어서 전혀 소재를 모른다 했습니다.

그래서 당신을 돌봐 줄 친척이나 친구는 없냐했더니 친척도 없고 친구 한 둘이 있는데 그들은 병이 나서 연락해도 소용없고, 연락한지도 오래 돼서 전화번호도 모른다 했습니다. 천하에 절대 고독자였습니다. 그로부터 두어 주 후에 양로원으로 전화를 해서(개인 방에는 전화가 없고 사무실에서 전화를 받아 개인에게 연락함) 존을 찾았더니 병원에 갔다고 합니다. 그래 많이 아프냐니까, 아니라면 간단한 병이어서 내일은 올 거라고 해서 알겠다고 끊었지요. 다음 날 전화해서 존이 퇴원해 돌아왔냐고 했더니 죽었다는 겁니다. 필자가 놀라서 그 사람 죽을병이 없었는데 어떻게 죽었느냐니까, 직원은 자기는 잘 모르겠다고 하더군요. 그래서 장례식은 어떻게 하느냐고 물었더니 카운티에서 알아서 한다고 합니다. 카운티에 전화해서 담당자에게 물었더니, 우선 가족을 찾아보고 가족과 의논하겠다고 합니다. 그래서 찾으면 꼭 나에게 연락하고, 만일 못 찾고 장례식을 하게 되면 잊지 말고 내게 연락하라 했습니다. 부탁을 했더니 그렇겠다고 했습니다.

한 석 달쯤 지나 카운티에서 연락이 왔습니다. 결국 가족을 못 찾았다며 며칠, 몇 시에 어느 공동묘지에서 장례식을 한다고 해서 알겠다고 했습니다. 장지는 집에서 남쪽으로 한 40분쯤 떨어진 거리에 있는 잘 모르는 장지였습니다. 당일 아침 일찍 묘지 장례식장에 존 올리버(John Oliver)라는 이름이 있는 방이 있어 들어갔더니, 나이가 있는 분이 혼자 앉아 있어서 혹 동생을 찾았나 하고 누구냐고 물었더니, 오늘 예식을 할 목사라 했습니다. 그 목사는 은퇴 후, 연고 없는 노숙자(homeless)들이 죽으면 예식을 해주는 목사였습니다.

필자더러 누구냐 해서 존 바로 옆집에 사는 은퇴한 목사라 했습니다. 잠시 후, 그 목사가 아무도 올 사람이 없는 것 같으니 식을 시작하자 합니다. 목사와 필자가 존의 관 앞에 서서, 그 목사가 시편 23편을 읽고 간단히 기도하고 식이 끝났네요. 장례식 순서가 단 두 가지, 세상에서 가장 간단한 장례식, 그리고 세상에 조문객이 오직 필자 한 사람이 온 장례식, 여러분 상상이 되시나요. 참으로 외로운 장례식이었습니다. 평생 홀로 외롭게 살더니 갈 때도 그렇게 외롭게 가대요. 밖으로 나와 장지 측에서 차에 존의 시신을 싣고 묘지로 가서 하관을 했네요. 목사가 필자더러 기도를 하겠느냐고 해서 간단히 기도를 했습니다. 흙을 뿌리겠냐고 해서 하자 하고 "존, 잘 가시오."라며 흙을 한 삽 떠서 관 위에 흩뿌렸습니다. 대기하고 있던 작은 불도저가 와서 흙을 밀어 덮어, 존은 그렇게 세상에서 흔적도 없이 사라졌습니다.

세상 사람은 누구나 생의 마지막을 맞이합니다. 가족들이 지켜보는 중에 임종하는 것은 참으로 행복한 사람입니다. 그러나 갑자기 교통사고나 각종 사고로 생명을 잃을 때는 가족의 임종이 불가합니다. 그러나 장례식만은 가족, 친척, 친지, 교우 등이 많이 와서 마지막 가는 길을 환송합니다. 그러나 이런 행운을 갖지 못한 사람들이 많다는 것이 문제지요. 지금까지 존의 삶을 조명했는데, 존은 눈을 감을 때도 가족이 없었고, 입관, 장례식 등 아무도 없이 혼자서 그렇게 외롭게 살다 간 일생이었습니다. 양로원에서 필자가 그와 같이 마지막 기도를 마쳤을 때, 존이 처음으로 "아멘"이라 했습니다. 그 아멘이 주님을 영접한 아멘이었기를, 그로 인해서 천국으로 입성했기를 기원할 뿐입니다.

그러나 생각해 보면 온 가족이 지켜보는 가운데 임종을 하고 예배당이, 장례식장이 메어지도록 조문객이 온들 그것이 무엇이 무슨 소용이 있는 일입니까? 어차피 땅 속에 들어가면 다 흙과 먼지가 될 텐데요. 문제는 그가 어떤 죽음과 어떤 장례식을 했느냐가 중요한 것이 아니고, 그가 그리스도를 구주로 고백하고 구원을 받아, 천군천사 환영하는 가운데 영원한 천국으로 입성하느냐가 중요한 것이 아니겠습니까?

바이러스와 백신 (1)

"내가 진실로 진실로 너희에게 이르노니 한 알의 밀이 땅에 떨어져 죽지 아니하면 한 알 그대로 있고, 죽으면 많은 열매를 맺느니라." (요 12:24)

코로나가 발생한 지 이제 8개월째 접어들고 있습니다. 수많은 사람들이 방콕에 지쳐 있고, 일일노동자나 식당, 가게 등 소상공업자들은 아파트 월세를 몇 달째 못 내고, 자동차 월부금도 내지 못해 압류 당하는 황당한 상황에 직면해 있습니다. 이런 현상이 계속 되면 앞으로 살던 집에서 쫓겨나 노숙자가 될 사람들이 수를 헤아릴 수 없이 많아지지 않을까 걱정이 많습니다. 코로나 문제를 해결하기 위해서는 효율적인 치료제와 예방 백신이 빨리 나와야되는데, 세계 여러 나라의 생리 의학자들이 밤을 새우며 연구를 거듭하고 있기 때문에 멀지 않은 장래에 치료제와 백신이 나올 것을 기대하고 있습니다. 확실한 치료제와 백신이 나와야 마스크를 쓰지 않고 사회적 거리두기와 상관없이 전과 같이 사람들을 자유롭게 만나고 소그룹이나 단체, 그리고 교인들이 어깨를 나란히 하고 앉아 예배를 드리고, 담소를 나누며 식당에서 맛있는 음식을 같이 먹을 날을 학수고대하고 있습니다. 그러나 이런 일은 일정한 희생 없이는 이루어질 수 없다는 사실을 역사는 우리에게 증언하고 있습니다.

필자가 어렸을 때는 얼굴이 얽은 사람들이 적지 않았습니다. 보통 이런 사람을 '곰보'라 불렀고, 어린이들도 곰보라고 놀리며 왕따를 시켰지요. 이런 사람들은 천연두(天然痘), 두창(痘瘡), 마마(麻麻), 손님 등 여러 이름으로 일컬어진 전염병을 앓은 사람들입니다. 영어 병명은

OCT

Smallpox지요. 세브란스 병원장을 지낸 애비슨(Oliver Avison)이 쓴 자서전에 이 병을 '손님'이라 부르게 된 내력을 적어 놓았습니다. 조선 사람들은 병을 악귀(惡鬼)가 가져다준다고 여겼습니다. 따라서 병이 들면 무당을 데려다 푸닥거리를 해서 악귀를 쫓아내야 병이 낫는다고 생각했습니다. 그런데 이 무서운 병을 '손님'이라 부르는 이유는 이 병을 앓은 후 완치가 되어도 그 후유증으로 얼굴이 흉측하게 되었기 때문입니다. 일반 병과 달리 이렇게 후유증을 남기는 이 병은 분명히 조선 악귀가 아니고, 중국 악귀일 거라 여겼습니다. 그래서 이 악귀가 중국에서 온 '손님'이라 해서 이 병명을 '손님'이라 했다고 썼습니다. 참으로 어두운 시대 얘기지만 이는 불과 100년 전 이야기입니다. 그만큼 조선은 어두운 시대에 살고 있었던 것이지요.

아메리카 신대륙에는 천연두가 없었습니다. 그런데 유럽에서 이민 온 사람들이 이 무서운 병을 옮겨 왔습니다. 이 병에 저항력이 전혀 없던 원주민들이 이 병에 걸려 무려 100만 명이 희생되었습니다. 이 병이 이렇게 무서운 병입니다. 한국에 처음 온 선교사들 중 이 병으로 생명을 잃고 순교한 선교사, 부인들, 어린애들이 많았습니다. 한국에서 처음으로 병사(순교)한 선교사는 호주장로교회가 파송한 다비(H. Davies) 선교사입니다. 그는 1889년 한국에 온지 불과 6개월 만에 부산지역으로 내려가다 천연두에 걸려 생명을 잃었습니다.

그레고리 렉(George Leck) 선교사는 미국 북장로교회 파송으로 1900년 내한하여 평북 선천 지역에서 선교했습니다. 그는 "외국의 선교사가 되는 것이 미국의 대통령이 되는 것보다 훨씬 더 영예스러운 일이다."라고 말할 정도로 선교에 대한 열정과 긍지를 가졌던 분이었습니다. 그는 평양에서 1년을 지낸 후 황해도 신천에 전도차 가다 천연두에 걸려 내한한 지 1년 만인 1901년 세상을 떠났습니다. 월터 존슨(Walter Johnson) 선교사는 미국 남장로교회 파송으로 1902년 갓 결혼한 부인 에

밀리 하트만(Emily Hartman)과 한국으로 오게 되었습니다. 2달간의 긴 선상(船上) 생활 중 부인이 중이염에 걸렸습니다. 그러나 배 위에는 약도 의사도 없어서 고통을 당하다 일본에 상륙하여 곧바로 병원으로 이송됐으나 균이 뇌에까지 퍼져 결국 27세의 젊은 나이에 생명을 잃고 말았습니다. 존슨 선교사는 신혼의 신부를 일본 땅에 묻고, 신혼의 아내를 잃은 슬픔을 안은 채 그대로 한국에 와서 어학 훈련을 받기 시작했습니다. 그러나 내한한지 2개월, 즉 아내가 떠난지 2개월 후에 천연두에 걸려 30세에 아내 곁으로 가고 말았습니다. 필자는 이 사적을 읽으면서 미지의 땅에 복음을 전해야겠다는 신념으로 조선을 향해 오던 신혼의 젊은 아내를 불러 가시더니, 아내를 잃은 고통을 안고 홀몸으로라도 복음을 전해야겠다는 소명감으로 어학연수를 받던 존슨 목사를 불과 두 달 만에 그것도 30세의 젊은 나이에 불러 가신 하나님의 뜻을 아무리 생각해도 헤아릴 수 없습니다. 우리의 보잘것없는 이성으로 어떻게 하나님의 원대하신 뜻을 헤아려 볼 수 있겠나요?

OCT

바이러스와 백신 (2)

10/19

"내가 진실로 진실로 너희에게 이르노니 한 알의 밀이 땅에 떨어져 죽지 아니하면 한 알 그대로 있고, 죽으면 많은 열매를 맺느니라." (요 12:24)

천연두는 현재 완전히 소멸되었습니다. 이렇게 되기까지 제너(Edward Jenner, 1749-1823)의 공이 컸습니다. 제너는 영국 글로스터셔 주 버클리에서 목사의 아들로 태어났습니다. 그는 스코틀랜드의 세인트 앤드류스 대학에서 의학박사 학위를 받은 의사였습니다. 의사가 된 후 고향 마을에 돌아와 개업을 했는데, 그 무렵 천연두가 창궐해 많은 사람이 희생되는 모습을 보고 이 병에 관심을 기울이기 시작했습니다. 그 지방에 우유 짜는 부인이 소의 우두를 경험한 뒤에 다시는 이 병이 재발하지 않는다는 점을 알게 되었습니다.

제너는 1796년 5월, 그가 개발한 약을 자기의 8살 난 아들에게 시술을 해서 성공을 거두었습니다. 한 번도 실험해 보지 않은 것이어서 잘못하면 아들이 죽을 수 있다는 사실을 알면서도, 새로운 약 개발을 위해 그런 일을 감행한 것입니다. 그 후 23번의 실험을 실시하여 그 결과를 왕립협회에 보고했습니다. 제너는 라틴어로 암소를 의미하는 '베카'(vacca)에서 백신(vaccine)이란 용어를 처음으로 사용했습니다. 제너가 개발한 약의 발전을 위해 1803년 런던에서 백신 접종 확산을 위해 왕립제너협회가 설립되었습니다. 미국에서도 유인원 실험이 끝나고 더 확실한 결과를 얻기 위해 사람들에게 접종을 할 필요가 있어서, 실험용으로 몸을 제공할 사람을 구했는데, 몇 사람이 자원을 했습니다. 그중 에드워즈(Jonathan Edwards, 1703-1758) 목사님이 있었습니다.

에드워즈 목사님은 미국 식민지 시대 목사, 신학자, 원주민 선교사로 사역했고, 미국의 제1차 대각성 운동의 기수였습니다. 미국이 내세우는 최고의 신학자입니다. 그는 매사추세츠주 노드햄턴에서 20여년 목회한 후, 스톡브리지로 가서 인디언 선교를 했습니다. 그때 현재 프린스턴대학교인 뉴저지대학에서 총장을 구하고 있었습니다. 프린스턴대학교는 미국에서도 저명한 대학으로 전 미국을 통해 최고 실력자, 신앙과 학문, 인격과 리더십에 있어 최고의 사람을 찾았습니다. 수많은 사람들을 검토한 후에 에드워즈 목사님이 낙점됐습니다.

1758년 에드워즈 목사는 프린스턴대학교 총장으로 취임했습니다. 총장으로 취임한 지 두 달 후에 천연두 실험용 자원자를 구한다는 얘기를 듣고 지원했습니다. 천연두 예방약을 어느 정도 인체에 투입해야 되는지 알 수 없었던 때였습니다. 너무 적게 투입 하면 아무 소용이 없고, 너무 많이 하면 생명을 잃을 수도 있기 때문에 모두 자신이 없었던 때였습니다. 어느 정도가 적당량인지 알 수 없었던 의사는 자기 견해에 이 정도면 적당량이겠지 하고, 에드워즈 목사에게 주사를 놓았습니다. 그런데 불행하게도 목사님에게 너무 많은 양을 주사해서 프린스턴 총장으로 온지 2개월 만에 세상을 떠나고 말았습니다. 지금도 프린스턴대학교 묘지에 가면 에드워즈 목사님의 묘가 있습니다. 이 무서운 질병이 완전 정복되기까지는 에드워즈 목사님 같은 위대한 희생의 영웅이 있었던 것입니다.

이 무서운 천연두는 1977년 아프리카 소말리아를 끝으로 완전 소멸되어 이 지구상에 더 이상 천연두에 걸려서 고통을 당하거나 얼굴이 얽어 일생을 고통 속에 사는 사람은 없어졌습니다. 천연두만큼 무서운 질병이 소아마비(小兒痲痺:folio 또는 Infantile Paralysis)입니다. 소아마비는 오염된 물과 음식 또는 감염된 사람과의 접촉을 통해서 전염이 되는 무서운 병입니다. 이 바이러스로 인해 1950년도에 미국 전역에서 약 6만

명을 감염되었고 그중 3천 명 이상이 사망한 무서운 병입니다. 이 병은 주로 어린이들을 공격해 다리를 영구 장애로 만드는 무서운 병입니다. 이 병을 정복하는 데 공헌한 사람이 피츠버그 의과대학 교수인 소크(Jonas Salk, 1914-1995)입니다. 그는 살아있는 바이러스로 백신을 만들어야 효과적이라는 당시의 견해와 달리 포르말린으로 처리해 불활성화 한 폴리오바이러스로 백신 개발을 시도했습니다. 다른 의사들은 그를 비웃었습니다. 그는 끊임없이 실험을 계속해서 영장류 실험을 성공적으로 마치고 1952년 자신이 개발한 백신을 사람에게 실험해야 하는 위험한 단계에 이르렀습니다. 자신이 개발한 백신을 인체에 투여해도 안전한지 확인하기 위해 자신과 부인, 그리고 세 아이들을 포함해 몇 사람에게 주사를 했습니다. 대성공을 거두었습니다.

1954년에 대규모 임상 시험을 시도했는데, 자기 자녀가 이 무서운 병에 걸려 영구 장애자가 되는 것을 두려워 한 부모들이 자기 아이들을 실험용으로 내 놓아 전국적으로 약 20만 명이 넘게 이 실험에 참여했습니다. 몇 차례 더 실험을 한 후 거의 완벽한 소아마비 백신을 개발해 전 세계 어린이들에게 접종하여 소아마비란 무서운 병에 대한 백신이 거의 완벽하게 효과가 있고 안전하다는 사실이 공포됐습니다. 2017년 세계보건기구(WHO)는 이 무서운 병이 이 지구상에서 박멸되었음을 선언했습니다. 누구나 새로운 약을 개발하면 그 약에 대한 특허를 신청하고 엄청난 돈을 벌 수 있는 기회가 주어지는데, 소크 교수는 "이는 나 혼자만의 노력이 아니고 수많은 사람들이 함께 참가한 공동의 작업이기 때문에 나는 백신 특허를 포기하겠다."고 선언했습니다. 참 훌륭한 의사입니다.

이 무서운 병이 박멸되기까지는 소크 교수의 피나는 노력과 자기 가족들의 생명을 담보한 실험 그리고 이 실험을 위해 스스럼없이 자기의 생명보다 귀한 자녀들을 내어 준 수많은 부모가 없었다면 이 무서운 병은 여전히 많은 아이들의 생명을 앗아 갔을 것이고, 또 평생 장애우로 살아가게 했을 것입니다. 예수님께서는 말씀하셨습니다, "한 알의 밀이 땅에 떨러져 죽지 아니하면 한 알 그대로 있고, 죽으면 많은 열매를 맺느니라." 조나단 에드워즈 목사님은 한 알의 밀이 되어, 그는 비록 귀중한 생명을 잃었지만, 많은 생명을 구하는 열매를 맺었습니다. 자기희생, 이런 희생이야 말로 기독교 신앙의 본질입니다.

OCT

성 차별 (1)

10
20

"하나님이 가라사대 우리의 형상을 따라 우리의 모양대로 우리가 사람을 만들고… 자기 형상 곧 하나님의 형상대로 사람을 창조하시되 남자와 여자를 창조하시고" (창 1:26-27)

오늘부터 몇 차례에 걸쳐 인류가, 우리나라가 형성해 놓은 성별(性別)의 장벽에 대해서 말씀 드리겠습니다. 하나님께서는 태초에 닷새 동안 천지 만물을 창조하신 후 마지막 여섯째 날 사람을 남자와 여자로 창조하셨습니다. 이때 남자가 여자보다 위에 있다거나, 여자가 남자보다 아래 있다거나 하지 않았습니다. 따라서 처음부터 남녀는 동등하게 창조되었습니다.

그러나 에덴동산의 선악과를 따먹은 죄로 이들은 하나님의 저주를 받고 그곳에서 쫓겨나는 신세가 되었습니다. 하와에게 하나님께서는 "또 여자에게 이르시되 내가 네게 잉태하는 고통을 크게 더하리니 네가 수고하고 자식을 낳을 것이며 너는 남편을 사모하고 남편은 너를 다스릴 것이니라."(창 2:16)고 말씀하셨습니다. 이 본문을 보면 하와가 아담보다 못한 존재로 보일 수 있습니다. 그러나 자세히 살펴보면 해산의 고통은 징벌이 아니고, 새 생명이 태어나는 과정이며, 남편이 너를 다스릴 것이라는 말씀은 무조건 군림한다는 것이 아니고, 가정을 잘 보살피고, 이끌고 가라는 것으로 해석해야 합니다. 따라서 하나님께서는 여자를 남자보다 못한 존재로 창조하신 것이 아니란 사실에 유념해야 합니다.

일반적으로 남자가 여자보다 힘이 세고, 몸집이 크기 때문에 물리적 힘으로 여자를 내리누르려고 하는 것은 야만적 행태일 뿐입니다. 교양 있고 상식적인 사람은 여자를, 아내를 내리누르고, 의견을 무시하며 윽박지르는 일은 결코 하지 않습니다. 그러나 시간이 흐르면서 남자들은 물리적 힘이 세다는 이유로 혹은 가장이라는 이유로 여자를 무시하고, 윽박지르며, 무조건 노예처럼 순종해야 하는 것으로 여기기 시작했습니다. 여기서부터 성차별이라는 고질적 병폐가 시작되었습니다.

성 차별은 참으로 오랜 시간에 걸쳐, 지역에 따라, 종족에 따라, 종교에 따라, 문화에 따라 각양각색으로 심화되었습니다. 널리 알려진 대로 이슬람권에서는 코란의 규정에 따라 한 남자가 여자 넷을 아내로 맞이할 수 있습니다. 넷 중 한 여자와 이혼하면 또 다른 여자를 얻을 수 있고, 싫증나면 이혼을 하고 또 다른 여자를 얻을 수 있습니다. 이혼 절차도 간단해서, 아침에 일어나 "네 친정으로 가라, 가라, 가라."라고 세 번 말하면 이혼이 성립된다고 합니다. 여자는 이혼을 요구할 권리가 없고, 남자는 여자를 구타할 권리까지도 보장되어 있습니다. 심지어 여자가 밖에 나갈 필요가 있을 때는 혼자 나갈 수 없고 반드시 남편이나 가족 중 남자 한 사람과 동행해야 합니다. 몸을 조금도 노출시키면 안 되고, 특히 얼굴을 다른 사람에게 보여서는 안 되므로 얼굴을 가리는 부르카를 쓰고 심지어 눈까지도 망으로 가려야 합니다. 나라마다 차이는 있으나, 본디 여자는 대학에 갈 수 없고, 투표할 수 없고, 운전할 수 없고, 운동 경기장에도 갈 수 없어 집 안에 유폐되어 사는, 지극히 제한적 삶을 살아가고 있습니다. 이슬람은 철저한 여성 차별 종교요 문화입니다.

중국에서는 여자 아이가 어렸을 때 전족(纏足)이라 하여 발을 15cm 이상 자라지 못하게 발가락을 긴 천이나 가죽으로 꽁꽁 묶어 놓아 성인이 된 후에 뒤뚱거리며 걸어야만 하는 야만 문화가 있었습니다. 필자가 어렸을 때, 동네 중국집 부인이 뒤뚱거리며 걷던 모습이 지금도 눈에 선합니다. 이런 악습을 고친 것은 기독교 복음이었습니다. 심지어 어린 남편이 죽으면 집안에서 어린 며느리를 열녀(烈女)로 만들기 위해,

날을 잡아 친지와 이웃이 모아놓고 거한 잔치를 한 다음, 어린 과부에게 천장에 천을 드리우고 목을 매 자살하게 하는 끔찍한 악습이 있었습니다. 물론 현재는 이런 야만적 작태가 사라졌지만, 한 때 중국 여성들의 기구한 삶의 한 형태를 보여 주는 예입니다.

조선 사회에서도 12살 어린 아들이 3살 연상의 며느리와 백년가약을 맺고 혼례를 치른 후, 첫날밤을 지내려는데, 흥분했는지 평소 병약했는지 어린 신랑이 심장마비로 그만 죽고 말았습니다. 초야(初夜)도 치르지 못한 채 15살 며느리는 80~90살이 되어 그 집에서 죽어 시체가 되어 나와야지 그 이전에는 집밖으로 나갈 수 없었습니다. 그렇게 서럽게 살다 죽으면 소위 '열녀문'이라는 것을 세워 주고, 열녀문이 있는 집안은 그것이 자랑거리가 되고, 또 부러움의 대상이 되기도 했지요. 여기 여성의 인권이나 존엄이 있을 수 있었겠습니까? 얼마나 잔인하고 소름끼치는 문화입니까, 자기 어린 딸이 그렇게 일생을 산다고 상상해보세요. 그런 제도를 계속 유지해야 되는지 답이 나오지 않습니까? 이런 비인간적이고 야만적인 문화를 기독교가 척결하고, 과부가 재가하는 길을 넓게 열어 놓았습니다.

성 차별 (2)

10/21

"남자나 여자나 없이 다 그리스도 예수 안에서 하나이니라." (갈 3:28)

기독교가 한국에 들어와서 직시한 한국 사회의 가장 고질적 병폐 가운데 하나가 여성 차별이었습니다. 유교적 관습에 기인한 남녀 차별의 전통은 기독교 교리에 반하는 것으로서 교회는 이 악습을 철폐하기 위해 노력했습니다. 100년 전으로 돌아가 봅시다. 우리나라에 처음 미국 선교사들이 들어와서 본 여자의 형편은 말로 표현할 수 없을 정도로 열악했습니다. 선교사들은 조선 여인들에게 이름이 없다는 것을 알게 되었습니다. 서양 사람들은 처음 만나면, "내 이름은 ○○○입니다."(My name is ○○○) 하고 나서, "당신의 이름은 무엇입니까?"(What's your name?)이라고 묻습니다. 존(John)이라고 대답하면 서로 이야기하면서 수시로 그 사람의 이름을 부르며 이야기하는 것을 들을 수 있습니다.

이름은 그 사람 자체입니다. 그런데 사람이 이름이 없는 경우를 생각해 보았습니까? 조선왕조 시대 때 여자들은 이름이 없었습니다. 물론 족보에도 올라가지 못했지요. 사람이나 사물은 그 고유한 이름이 있습니다. 하잘 것 없는 들풀도 이름이 있지 않습니까? 그러나 조선 여인들은 이름이 없었습니다. 보통 막내라는 의미의 '막둥이', '끝예', 딸 그만 낳으라고 '딸고만', '딸막음', '작은애', '개똥이', '쇠똥이' 등등. 선교사들이 가장 재미있어 한 이름이 바로 '섭섭이'였습니다. 선교사들은 섭섭이를 영어로 'I am sorry.'라고 했습니다. 아들을 바랐는데 딸이 나와서 'I am'은 'sorry'라는 것이지요. 이름 없는 조선 여인들은 시집을

OCT

가서도 "공주댁, 원주댁" 이렇게 불리다가 아이를 낳으면 ○○어미, ○○엄마, 할머니가 되면 ○○할매라 하여 일생을 이름 없이 살다 갔습니다.

이런 이름 없는 여인의 삶은 현재도 여전히 계속되고 있지요. 초, 중,고, 대학, 그리고 시집갈 때까지는 이름을 부르다가, 일단 시집을 가면 '새아기, 새댁, 며늘아기' 등으로 불립니다. 애를 낳으면 '○○어미, 아기야, 애야' 등으로 불리는 것은 예나 지금이나 마찬가지입니다. 필자의 아내도 첫애가 나온 후부터 모친은 '○○네야'라고 부르셨습니다.

홍길동전을 지은 허균의 누이 난설헌은 시와 그림에 뛰어난 재질을 가져 주옥같은 시와 그림을 남겼으나, 그 이름이 분명히 있음에도 불구하고 그 작품에 '허씨매'(許氏妹), 즉 '허씨의 누이'라고 작가의 이름을 대신했으니, 철저히 이름 없는 사람들이 조선조 여인들이었습니다. 이렇게 이름 없이 지내던 조선 여인들에게 선교사들은 각기 이름을 지어주고 세례자 명부에 이름을 올렸지요. 소위 자기 증명서(ID: Identification Card)를 갖게 해 주었습니다.

조선사회의 여인들은 아들을 낳는 기계에 불과했습니다. 아들을 낳지 못하면 여자구실을 하지 못한 것으로 쳤고, 여자로 여기지 않았습니다. 아들을 낳지 못하는 원인이 남편에게 있어도, 덤터기는 며느리가 지게 되어 있었습니다. 시집을 가면 벙어리 3년, 맹인 3년, 귀머거리 3년이란 말처럼 있어도 없는 투명 인간 취급을 당했지요. 조선 유교사회에서 여자들은 절대적으로 아들을 낳아야 되는 지상 명령을 받고 태어납니다. 아들을 낳아야 하는 이유 셋이 있었습니다. 첫째는 집안의 대(代)를 잇기 위해, 둘째는 늙은 후에 노후 대책을 위해서, 셋째는 죽은 후 기일(忌日)에 제삿밥을 얻어먹기 위해서였지요. 딸은 아무리 많아도 대를 잇지 못합니다. 시집간 딸은 친정 쪽의 대를 이을 수 없으니, 무조건 아들을 낳아야 했습니다.

유교 전통사회에서 한국인들이 여성을 차별하는 가장 대표적인 악습은 양반들이나 벼슬아치들이 소실, 즉 첩을 두는 일이었습니다. 철저하게 일부일처제를 강조하는 기독교의 가르침과 정반대되는 이 제도를 교회는 처음부터 엄격하게 금지했습니다. 소실을 정리하지 않은 자는 결코 세례를 받을 수 없었습니다. 이에 따라 데릴사위나 민며느리(씨받이) 제도도 금지됐습니다. 이는 물론 그렇게 쉽게 깨어질 수 있는 일이 아니었습니다. 특히 조강지처가 아들을 낳지 못하는 종가(宗家)에서는 아들을 얻기 위해 첩을 얻었습니다. 이것이 일부다처제의 시초였습니다. 아들이 없다는 것은 가문의 문을 닫는, 조상에게 씻을 수 없는 죄를 짓는 일이었지요. 이런 상황에서 교회가 일부다처제를 정죄한다는 것은 보통 어려운 일이 아니었습니다.

한국의 여성들은 소위 '삼종지도'(三從之道: 어려서는 아버지에게, 출가한 후에는 남편에게, 늙어서는 아들에게 순응해야 된다는 유교의 가르침)와 '칠거지악'(七去之惡: 아내를 내쫓는 일곱 가지 구실로 시부모에게 불순종, 자녀 없음, 음행, 질투, 악질, 구설, 도적질)'이라는 성차별적 악습에 얽매어 있었습니다.

장로교 공의회가 여성의 인권에 관하여 결의한 다섯 가지 항목을 보면 다음과 같습니다.

> "첫째는 남녀가 쟝셩하기 전에 혼인하는 일이오(조혼 금지), 둘째는 과부가 두 번 시집 가랴는 거슬 금하는 거시오(과부 재가 허용), 셋째는 교중 신도가 밋지 아니하는 이와 혼인하는 거시오(불신자와 결혼 경계), 넷째는 혼인을 매즐 때에 몬져 돈을 받는 거시오(인신매매 금지), 다섯째는 부녀를 압졔하는 일을 업시하자고 하는 일이오."

기독교가 한국에 들어온 후 최초로 과부가 재가한 것은 1888년 3월 14일로, 감리교 선교사 아펜젤러의 주례로 한용경과 과부 박씨가 결혼식을 올리고 부부가 된 일입니다. 이는 한국 개신교 첫 결혼식이며, 또한 과부가 공식적으로 재가하는 최초의 일이었습니다. 감리교회에서도 1895년 선교사 연회(年會)에서 일부다처제를 정죄하고, 첩을 가진 자는 교인 자격이 없으므로 교회에서 추방하기로 결의했습니다. 일부다처제는 수천 년 내려오는 우리 민족의 뒤틀린 고유 문화였습니다. 여성을 철저히 남성보다 못한 2등인(人)으로 여긴 문화였지요.

성 차별 (3)

10/22

"남자나 여자나 없이 다 그리스도 예수 안에서 하나이니라." (갈 3:28)

성차별적 악습 중에 순장법(殉葬法)이란 것이 있었습니다. 순(殉)자는 "따라 죽을 순'입니다. 순교자(殉教者) 할 때, 이 순자를 씁니다. 그러니까 '순장'이란 '따라서 같이 장례를 치른다.'는 의미입니다. 처음에는 왕이나 군주가 죽었을 때, 살아생전에 부리던 살아남은 처자와 노비를 함께 매장하는 야만적 습속이었습니다. 이런 야만적 풍속은 고대 인도, 메소포타미아뿐만 아니라 동양에서도 중국, 한국, 일본에서 행해졌습니다.

한국에도 있었던 이 야만 문화는 처음에 왕실에만 있었는데, 후에는 양반, 사대부, 부자 등으로 내려왔습니다. 부잣집 할머니가 세상을 떠나면, 생전에 부리던 12살, 13살 어린 계집종을 잡아 강제로 무덤에 같이 파묻었습니다. 저 세상에서도 할머니를 봉양하라는 것이었지요. 살려 달라고 울부짖으며 기절을 하고, 대소변을 저리면서 몸부림치는 소녀를 강제로 무덤 속에 쳐 넣던 광경을 상상해 보세요. 그 아이가 만일 내 동생이라면, 내 딸이라면 어떻겠습니까. 이 야만적 습속은 주후 502년 신라 지증왕 때 비로소 법적으로 금지되어 사라졌습니다. 사람 대신 무덤가에 망아지 같은 돌상, 기둥 같은 돌상을 대신 세워 놓았지요. 남종은 순장을 시키지 않으면서, 여종만 그렇게 하는 것도 철저히 여성 비하 문화의 한 단면이었습니다.

초기 선교사들은 조선 여성 인권의 신장은 여성 교육에 있다고 판단하고 여성 교육 기관 설치에 치중하여, 감리교에서 먼저 이화학당을

OCT

시작했습니다. 「대한 그리스도 신문」 기사에 "집안의 흥함과 나라의 부함과 백성의 강함이 전국 녀인을 교육시키는 데 달녔거늘"(1900년 2월 15일자)이라는 말에서 보듯이 여인들의 교육이 교회와 국가 장래에 커다란 영향을 미침을 강조하고 있습니다.

조선사회는 여아(女兒)들에게 교육을 시키지 않았습니다. 물론 교육 기관도 없었지만 있었다 해도, 남아(南兒)들만 교육을 시켰지 여아는 아무리 양반집 자제라 해도 교육은 시집가서 친정에 소식이나 전하라고 겨우 언문을 가르쳐주는 정도였습니다. 심지어 왕의 딸, 즉 공주에게도 한문은 가르치지 않았고 언문만 가르쳤습니다.

허균(홍길동 전의 저자)의 누이 난설헌은 여아(女兒)였지만 그 부친 허엽의 배려로 남동생들과 함께 한문을 배울 수 있었습니다. 이렇게 한문을 익힌 난설헌은 후세에 길이 남을 수많은 한시(漢詩)를 지어 유명한 여류 시인이 되었습니다. 허난설헌이 지은 한시는 조선에서는 철저히 무시되었지만, 오히려 중국 명나라에서 학자들 간에 회자 되면서, 뛰어난 허난설헌의 한시 300여 편을 모아 책으로 출판했습니다. 1700년경에는 일본에서도 그녀의 시집이 출간되었습니다. 만일 허난설헌이 언문 교육만 받고 언문 시만을 썼다면 명나라나 일본에서 그 시를 읽을 사람이 없었으니 외국에서 조선 여인의 시집이 출간될 리 만무했지요. 한 여인의 뛰어난 재능이 조선에서는 무시되었어도 오히려 외국에서 그 재질이 높이 평가되는 얄궂은 상황이 전개되었답니다. 허난설헌은 그림에도 뛰어난 솜씨를 보여 지금도 그 작품들이 전해지고 있습니다. 한국 여성들이 무한한 가능성과 능력을 소유하고 있었음에도 불구하고 유교의 남녀 차별이란 벽에 막혀 수많은 재능이 무참히 소멸되고 말았습니다. 허난설헌은 고된 시집살이를 이어가다 결국 27살의 젊은 나이에 요절하고 말았으니 참으로 안타까운 노릇입니다.

기독교는 이렇게 철저히 무시되던 조선 여인들을 한 '인간'으로 대우하기 시작했습니다. 황해도 평산 감바위교회에서는 "부부가 서로 존댓말을 쓸 것과 한 자리에서 식사할 것을 결정"(「그리스도신문」, 1901. 6. 20일자)했다고 보도했습니다. 교회 안에서 부인에게 하대하거나 반말을 하는 것을 금하고 존댓말을 쓰게 한 것도 당시로서는 획기적인 일이 아닐 수 없었습니다. 아내를 한 인격체로 인정한다는 의미였지요. 사실 지금도 제법 교양이 있다는 남편들도 부인에게 존댓말을 쓰지 않고, "…해라, …했는가, …했어?" 등을 쓰는 사람들이 많은 게 사실입니다. 아내가 비록 자기보다 나이는 어려도 존칭어를 쓰는 것은 아내를 한 인격체로 존중하는 일입니다. 이 기사가 나갈 당시인 1900년도 한국의 상황은 여전히 여자가 사람 취급받지 못하고 가사 노동자나, 애 낳는 기계와 다를 바 없었던 때였지요. 특히 상인(常人:쌍놈)들은 더 말할 나위가 없었지요. 그러나 선교사들은 아내의 인격을 존중하는 사상을 줄기차게 진작해 나갔습니다. 남편들이여! 아내에게 존칭어를 쓰세요. 그것이 교양인이요 또한 그리스도인의 언어 관습입니다. 아내에게 존칭어를 쓰는 남편들에게 복이 있을지어다.

또 한 가지 황해도 평산 감바위교회에는 온 가족이 한 상에서 밥을 먹는 것을 결정했습니다. 오늘 생각해 보면 온 가족이 한 상에서 밥 먹는 것이 당연한 것 아니냐고 반문할지 모르지만, 지금부터 100여 년 전에는 상상도 하지 못할 일이었지요. 시아버지, 남편, 아들은 안방에서 식사를 하고 며느리, 딸은 마루에서 또는 부엌에서 식사를 했습니다. 식사도 남녀를 구분해서 했습니다. 조선조 유교 문화가 만든 철저한 인간 차별의 한 단면이었습니다. 그런데 감바위교회에서는 이런 낡은 전통에 도전하고, 온 가족이 다 함께 식사할 것을 결정한 것입니다. 전통에 도전한 가히 혁명적 사건이 아닐 수 없었습니다. 기독교 복음의 승리였습니다.

한 문화권에서 수천 년 내려오는 문화를 변혁하는 것은 좀처럼 쉬운 일이 아닙니다. 특히 봉건적이고 무속신앙에 찌들어 있는 사람들에게 오랜 전통을 깨뜨리는 것은 정말 계란으로 바위를 깨뜨리는 것과 같이 험난하고 고통스러운 일이었습니다. 그러나 복음은 철옹성 같은 성벽도 서서히 무너뜨리는 힘을 갖고 있습니다. 무한하신 성령님의 능력이지요.

성 차별 (4)

10
23

"남자나 여자나 없이 다 그리스도 예수 안에서 하나이니라." (갈 3:28)

초기 한국교회는 여자 아이들의 교육에 치중했는데 그 성과를 다음과 같이 기록해 두었습니다.

> "셔울 연동 녀학당(지금의 서울 정신여자중, 고등학교)에 학도가 지금 이십 명인데 그 학교 규칙인즉 비단 학문만 가라쳐셔 발신하게 하는 거시 아니라 마음으로 하는 공부와 힘으로 하는 공부를 다 하는데 음식 만드는 일과, 바느질하는 일과, 국문과, 국문습자와, 셩경을 날마다 외오는 공부와 풍유(음악)하는 공부와, 산슐과, 디리와, 력사와, 한문과, 한문습자와, 화학과, 간혹 체죠운동하는 공부인데… 디리와 력사도 잘 알거니와 산슐에 통분까지 알고 한문은 거의 이쳔 자 가량이나 아는 거슬보니 우리 예수교 회중뿐만 유익한 거시 아니라 우리나라에 크게 유익한 긔초가 될 터히나 이거시 쥬 하나님 압헤 감샤한 거시라. 만일 엇더한 교우던지 딸을 학교에 너호랴 하면 일 년에 당 오백 양식 드려노흘것 갓흐면 학교에셔 먹이고 입혀 잘 교육 식혀 주나니 원하시는 이가 잇거든 셔울 련동 또틔(북장로교회 여 선교사 Susan A. Doty) 부인 앞으로 편지 하시압."

이 글에서 우리는 100년 전 여자 아이들의 교육이 얼마나 철저했는지 알 수 있습니다. 누구나 여아(女兒)들에게 한글, 음식조리법, 바느질하는 법, 육아법 정도만 가르쳐도 되리라 여길 수 있지만, 음악, 산술,

지리, 역사, 한문, 화학, 체육, 수학에 통분까지 알고 한문은 2천 자나 알고 있다는 기사에서 그 교육의 철저함을 짐작하고도 남습니다. 필자는 화학을 가르쳤다는 데 놀라움을 금치 못했습니다. H_2O(물), NaCl(소금), H_2SO_4(황산)… 옛날 생각 나시나요? 요즘 사람들 중 한자를 2천 자 아는 사람이 얼마나 될까요? 이런 선교사들의 철저한 여성 교육이 오늘 한국을 만드는 밑거름이 된 것은 두말할 필요 없는 일이지요. 여성 교육은 국가 발전과 성장의 토대임이 증명된 셈입니다.

한국에 첫 선교사로 왔던 언더우드는 한국 남성들의 여성에 대한 태도 변화에 대해 "한국에서는 여성을 격리시키는 관습이 중국보다 더 엄하여, 실제에 있어서는 인도의 관습과 비슷하다… 그러나 이 나라에서는 기독교로 인해 변화가 일어나고 있다. 남성들은 여성이 집에서 고된 일만 해서는 안 되고, 즐거움도 가져야 된다는 것을 깨닫기 시작하였다."고 기록했습니다. 여성이 비로소 사람임을 조금 깨닫게 되었다는 술회입니다.

전에 언급한 네비우스 선교 정책 중 "부녀자들과 소녀들에게 중점적으로 전도하라."고 한 대목이 있는데, 이것은 여인들의 중요성을 인식하고 선교의 초점을 맞춘 선교 정책이라고 볼 수 있습니다. 소녀들에게 집중 전도하라는 말은 소녀들이 시집가면 아이들을 생산하게 되고, 그 아이들은 엄마의 신앙을 따라 교회에 출석하게 되어 자연히 교인 숫자가 증가되는 장기전도전략(long term plan)을 세운 것입니다.

남녀 차별의 철폐는 하나님께서 일남일녀를 지으시고 부부가 되게 하셨으며, 서로 돕고 존경하고 사랑하라고 하신 말씀에 근거를 두고 있습니다. 최초 내한 선교사인 알렌 의사가 미국 본부에 보낸 첫 편지에서, "여자들은 격리된 뒤쪽의 집에서 거주하는데 이곳은 마치 감옥과 같이 격리되어 있는 곳이다. 여자들은 일반적으로 저녁 9시까지는 거리에 나올 수 없고 큰 종이 울리면 거리에는 남자들은 아무도 보이지 않게 된다."고 기록하여 여자들이 감옥과 같은 곳에서 구속되어 살던 모습을 묘사하고 있습니다.

일찍이 만주에서 한글 성경을 번역, 출판한 존 로스(J. Ross) 선교사는 기독교만이 조선 여성을 해방시킬 수 있는 유일한 길임을 다음과 같이 천명한 바 있습니다. "기독교만이 조선에 있는 부녀자들을 정당한 사회적 위치에 올려놓을 수 있습니다. 기독교만이 그들에게 그 위치와 위신을 확보해 줄 수 있습니다. 기독교만이 즐겁고 덕스럽게 그 의무를 수행하고 그 영향력을 발휘할 수 있게 하여 줍니다." 여성 인권 회복과 성차별의 철폐야말로 초기 한국교회가 이루어 낸 값진 선교의 결과 중 하나였습니다.

여성교육을 통한 가능성을 한 세기가 흐른 다음 체감할 수 있습니다. 남녀 스포츠가 구별된 올림픽이나 세계 여자 골프 선수권 대회 등 각종 대회에서 금메달을 먼저 딴 쪽은 여성입니다. 오늘날 여성의 활약은 결코 남성에 뒤지지 않습니다. 한국이나 미국이나 필자가 거래하는 은행에 가보면 거의 여성들이 일을 하고 있습니다. 사회가 돌아가는데 옛날 같이 여성 없이 남자들로만 운영되는 사회를 상상해 볼 수 있습니까? 여성이 국회의원, 판사, 장관 심지어 대통령까지 하지 않습니까?

필자의 모친은 친정이 여유가 있어서 얼마든지 현대식 교육을 받을 수도 있었고, 외가에서 맘만 먹으면 일본 유학도 시킬 수 있는 형편이었지만, 여자라는 이유로 초등학교도 보내지 않아 평생 못 배운 것을 한(恨)하면서 독학을 하셨지요. 그럼 지금의 한국 사회에서 여성 차별의 문화가 척결되었을까요? 남성과 동등한 위치에서 일하고, 동등한 대우를 받고 있나요? 누구든지 특히 현장에서 일하는 여성들 입장에서 보면 아직 멀어도 한참 멀었다고 이구동성으로 말할 것입니다. 누만년(累萬年) 쌓여 온 여성 차별의 문화를 척결하는 일을 교회에서, 우리 그리스도인 가정에서부터 더욱 가열 차게 실천해 나가야겠습니다.

영상 신학교육 (1)

10/24

"망령되고 허탄한 신화를 버리고 오직 경건에 이르기를 연습하라. 육체의 연습은 약간의 유익이 있으나 경건은 범사에 유익하니 금생과 내생에 약속이 있느니라. (딤전 4:7-8)

봄 학기 강의를 하던 중인 3월 중순부터 코로나로 대면 강의가 중단되고 시쳇말로 털 나고 처음으로 집에서 컴퓨터를 켜놓고 화면에 나오는 학생들을 바라보면서 소위 영상 강의를 했습니다. 물론 학생들 얼굴도 볼 수 있었고, 질문, 대답도 서로 할 수 있었지만, 실물 학생이 아니고, 영상에 뜬 움직이는 사진을 보면서 강의를 하다 보니 이런 저런 생각이 나지 않을 수 없었습니다. 누구 말마따나 한 번도 경험해보지 못한 영상 교육이라는 것을 실시했고, 9월 학기 역시 대면 수업이 아닌 영상 강의로 진행됩니다.

필자의 전공이 교회 역사여서 강의 시간에 칠판을 자주 사용하게 됩니다. 중요한 사람 이름, 사건 이름, 특수 명칭, 용어, 연대 등을 적을 때가 많습니다. 학생들은 그것을 보고 필기를 합니다. 그런데 영상 강의가 시작되자, 가장 불편한 것이 칠판이 없다는 사실입니다. 그래서 일일이 영어스펠링을 불러 주며 받아쓰게 했지요. 한자를 써야 하는 경우는 속수무책으로 그냥 지나가야 했습니다.

역시 얼굴을 대면하고 직접 눈과 눈을 마주치면서 묻고 답하는 형식이 아니라 영상을 통해서 하는 것이기 때문에 많은 제약이 따릅니다. 사실 이번 코로나 사태 이전부터 신학교에서는 온라인 교육을 실시했습니다. 온라인 교육은 학생들이 학교에 오지 않고 집에서 교수가 미리 녹화해 놓은 것을, 자기 편리한 시간에 켜놓고 강의를 듣고, 교수가 요구하는 숙제를 작성해서 메일로 제출하는 형식으로 이루어지는 교육 방식입니다. 이런 수업은 문제가 한두 가지가 아닙니다. 우선 학교 강의실에 오려면 머리, 얼굴, 몸, 옷매무새를 정리해야 하지요. 그 이유는 급우, 선배, 후배, 직원, 교수, 학교를 방문하는 인사들에게 자신의 모습을 노출해야 하기 때문에 여학생은 물론 남학생까지도 여러 가지로 신경을 써야만 합니다. 단정한 외모가 모든 사람에게 좋은 인상을 주고 또 그것이 예의이기 때문이지요.

그러나 집에서 혼자 TV 켜 놓고 듣는 온라인 강의는 이런 외형적인 면에 전혀 신경을 쓸 필요가 없지요. 때로는 잠자리에서 일어나 TV만 켜고, 이불 속에서 두 다리 쭉 펴고, 교수가 미리 녹화한 것을 들으면서 잠옷을 입은 채 혼자 강의 듣고 필요한 부분 노트북에 쓰고, 편안한 안락의자에서 커피를 마시면서, 차나 과일을 먹으며 강의를 들을 수도 있겠지요. 자기 외모에 대해서는 전혀 신경을 쓸 필요가 없지요.

이런 온라인 교육은 벌써 10여 년 전 필자가 서울 광나루 장신대에 있을 때부터 시작되었습니다. 필자는 이런 교육에 상당한 회의를 느꼈고, 의견도 제시했습니다. 선택과목 몇 개는 온라인 강의를 듣는다해도, 필수과목은 반드시 학교에 나와 들어야 한다고 역설해서 그렇게 결정한 일이 있었습니다. 왜냐하면 다른 교육은 몰라도 신학 교육만큼은 학생들이 학교에 와서 직접 교수와 대면해서 강의를 하고 듣는 구조가 되어야 한다고 생각했기 때문입니다. 신학교에서는 신학 지식을 전수하는 것뿐만 아니라, 더 중요한 경건 훈련이 이루어져야 합니다. 즉 목사의 인성과 영성 훈련을 다져야 하기 때문입니다. 광나루 장신대의 교훈이 '경건과 학문'(Pietas, Scientia)입니다. 신학 지식보다 더 중요한 것이 '경건 훈련'이기 때문입니다. 이 교훈은 바로 장로교회의 원조 장 칼뱅 선생에게서 나온 것입니다 신학 지식이 부족해서 목회 사역에 실패하는 것이 아니라 경건훈련이 모자라서 실패하는 경우가 대부분입니다. 그래서 신학 이론 교육 못지않게 경건 교육을 강조하는 것입니다.

필자가 장신대를 떠난 지 벌써 10여 년이 지나 현재 어떻게 변했는지 알 수 없지만, 크게 변하지는 않았다고 여겨집니다. 당시 장신대 경건 훈련은 상당히 철저했는데, 그 훈련 프로그램은 다음과 같았습니다.

우선 신입생은 첫 학기 무조건 기숙사에서 한 학기동안 경건훈련을 받아야 합니다. 이유 여하를 막론하고 기숙사에 입사해야 합니다. 부득이한 사정으로 금년에 못하면, 내년 신입생들과 같이 훈련받아야 했습니다. 기숙사생 전원은 매일 신학교 예배당에서 새벽기도회를 드려야 하고, 낮에는 학교에서 수업하고, 점심 식사 전에 전교생과 더불어 예배당에서 경건회를 갖습니다. 장신대는 강의가 있는 날, 모든 교수, 직원, 학생들이 모여 매일 경건회를 갖습니다. 그리고 1학기 중, 주말 한 번은 경기도 일동 산속에 있는 '장신대 경건훈련원'에 가서 2박 3일간 집중경건훈련을 받습니다. 또 한 학기에 한 번씩 전교생이 2박 3일간 사경회(査經會)를 갖습니다. 특별 강사가 와서 신학생들이 들어야 하는 말씀을 전하고, 또 특강 강사를 초청해서 필요한 강의를 듣고, 그룹성경공부를 하며 친교를 나눕니다. 사경회는 한 학기에 한 번씩 3년간 총 6번 하게 되어 있고, 사경회는 누구나 꼭 참석해야 하는 필수 과정입니다. 특별한 일이 생겨 참석을 하지 못하면 거기에 해당하는 벌칙(?)이 따르게 됩니다. 예를 들어 성경 통독을 한 주간, 자기가 비용을 부담하고 다녀와서 확인서를 학교에 제출해야만 합니다.

장신대에서는 성찬식을 여러 차례 갖는데, 개강예배, 사경회, 종강예배 시, 한 학기에 적어도 3번, 3년간 총 18번을 교수, 직원, 학생이 주님의 몸과 피를 나눔으로 한 몸이 되고 한 가족이 되는 체험을 하고 확인합니다. 그 외에도 반에서 기숙사에서, 친구들끼리, 선배와 후배 간에 긴밀한 교제와 친교가 이루어지는 가운데서 자연히 경건 훈련이 연장됩니다.

10
25

영상 신학교육 (2)

"망령되고 허탄한 신화를 버리고 오직 경건에 이르기를 연습하라. 육체의 연습은 약간의 유익이 있으나 경건은 범사에 유익하니 금생과 내생에 약속이 있느니라. (딤전 4:7-8)

그런데 영상 신학 강의는 이런 경건 훈련이 전무(全無)합니다. 오직 강의만 듣고 학교에서 정해 놓은 학점만 받으면 '목회학석사학위'(Master of Divinity)를 받고 목사가 되는 것이지요. 경건 훈련은 전무하고 오직 신학 지식만 갖고 목사가 되면 그 목사가 제대로 목회를 하겠습니까? 영상 강의는 이런 어려운 현실적 문제를 제시해 주고 있습니다.

교육은 크게 세 가지로 나눌 수 있습니다. 첫째는 기술교육, 둘째는 인격교육, 그리고 셋째는 영성교육입니다. 기술교육은 글자 그대로 기술을 가르치고 배우는 과정입니다. 예를 들면 필자는 1974년 군목에서 제대하고 바로 미국 유학을 가게 되었습니다. 미국에 가면 어차피 운전을 해야 해서, 미리 운전 교육을 받고 면허증을 따야 되겠다고 생각하고 운전 학원에 등록을 했습니다. 운전 실습 선생은 스물 두서너 살쯤 되어 보이는 선머슴 같은 총각이었습니다. 필자는 그때 31살이었지요. 그러니 운전 선생은 필자보다 거의 10살이나 어린 친구였습니다만, 선생은 선생이었지요. 운전 선생. 필자가 이 운전 선생에게서 배우는 것은 운전하는 법입니다. 그것만 잘 배우면 되지 다른 것은 그에게서 배울 것이 무엇이 있겠습니까?

다음으로는 인격교육입니다. 인격 교육은 정규 과정, 그러니까 초 · 중 · 고, 대학에서 선생들에게서 지식도 배우지만 인간이 세상을 어떻게 살아가야 하며, 사람을 어떻게 대해야 하는 등 인간교육을 받습니다. 훌륭한 인격자가 되는 법을 배우는 과정이지요.

영성교육은 일반인들과는 별로 상관이 없고 신부나 목사 같이 성직자가 될 사람들, 범위를 넓히면 유대교 랍비, 불교 승려, 이슬람의 이맘(Imam: 이슬람 성직자) 등 종교 지도자들이 이에 속합니다. 이런 영성교육은 특수한 학교 즉 신학교, 수도원, 승려학교 등에서 실시하고 또 거기서 교육을 받습니다. 영성교육은 인간의 영적인 면을 다루는 교육으로 기술이나, 인격교육과는 차원이 다른 교육이지요.

신학교 오전 수업은 9시에 시작합니다. 그러니까 학생들은 9시 이전에 교실에 앉아 있어야 합니다. 학교 구내에 있는 기숙사에 사는 학생들은 교실까지 5분이면 올 수 있지만, 인천, 수원, 의정부 등 서울 인근 지역에서 오는 학생들은 그 복잡한 버스나 전철을 두서너 번씩 갈아타야 합니다. 광나루 전철역에서 내리는 학생들은 걸어서 넉넉잡고 10여 분 내로 교정에 도착할 수 있으나, 2호선 강변역에서 내리는 학생은 또 마을버스를 타고 학교 앞에서 내려 다시 학교까지 걸어 올라와야만 합니다.(장신대는 산 중턱에 있어서 약간의 비탈길을 걸어 올라가야 합니다.) 이렇게 학교에 오고 가는 그 자체가 바로 영성 훈련입니다.

필자는 신학생들에게 이야기합니다. "머리는 부모로부터 받은 것이기에 선택의 여지가 없다. 지능지수가 높은 사람은 공부를 잘하고, 그렇지 못한 사람은 못하게 되어 있다. 그것은 선택 사항이 아니다." 그러나 필자는 성실성(誠實性)을 무척 강조하는 사람입니다. 성실성은 부모로부터 물려받은 것이 아니고, 자신의 선택 사항이라고요.

신학교에서는 본디 출결석을 엄격히 관리합니다. 또한 교육법도 전 학기 1/5 이상 결석을 하면 그 과목은 F를 주게 되어 있습니다. 또 지각을 3번 하면 결석 한 번으로 계산합니다. 따라서 지각도 신경을 써야 합니다. 필수 과목은 한 반에 평균 150여 명이 수강을 합니다. 그래서 교수들이 150명 출석을 다 부르지 않고, 일부만 부르기도 하고, 아예 안 부르는 교수도 있고, 교수 각자의 자유 선택으로 출석을 처리합니다. 그러나 필자는 철저하게 매시간 150여 명 명단을 전부 불렀습니다. 그렇게 하는 이유는 학생들의 성실성을 알아보기 위함이었습니다. 출석부 맨 윗 학생 이름부터 빠르게 부르기 시작하여 마지막까지, 150여 명을 다 부르면 약 7분이 소모됩니다. 한 강좌가 2시간 반, 150분이니까 7분은 그리 긴 시간도 아니지요. 자기 이름을 부른 다음 강의실에 들어오는 학생은 물론 지각 처리했습니다.

그래서 필자는 늘 강조했습니다. 교수가 강의실에 들어오지 전에 미리 들어와 자리 잡고 앉아 기도하고, 강의 받을 준비를 하라고요. 강의가 이미 시작됐는데 헐레벌떡 뛰어 들어와 가쁜 숨을 내쉬며 강의를 들으면 강의에 집중할 수 없기 때문이지요. 어떤 학생은 습관적으로 지각을 하는 경우도 있습니다. 성실성이 부족한 학생지요. 필자가 이렇게 까다롭게 구는 이유는 분명합니다. 강의 시간에 충실하지 못한 학생은 목회에도 성공하기 어렵습니다. 오랜 신학교 교수생활을 통해 신학교 때 학생의 평소생활과 목회현장을 보면 답이 나왔기 때문입니다. 한 학기 동안 결석은 물론, 지각을 한 번도 하지 않은 학생은 무척 성실한 학생입니다. 기숙사에 거주하지 않고 가깝지 않은 거리에서 등하교하는 학생은 특히 그 성실성이 돋보이지요.

그리고 필자가 저술한 교과서 일정량을 읽고 매주 한 페이지로 내용을 요약해서 제출토록 했습니다. 왜냐하면 그래야 교과서를 다 읽지, 그렇지 않으면 책만 사놓고 다른 일이 바빠서 안 읽는 것을 오랜 교수생활에서 잘 알고 있기 때문입니다. 그래서 매주 한 페이지를 제출하게 했지요. 페이퍼 한 장을 정성들여 쓰는 것도 신학 훈련이요, 또 영성 훈련입니다.

신학교는 신학교대로 고민이 많습니다. 사실 온라인 강의는 좋은 점도 있습니다. 멀리 아프리카나 남미 등 오지에서 선교하는 평신도 선교사들은 신학 수업을 하고 목사가 되고 싶은데, 여건상 한국이나, 미국까지 올 수 없습니다. 이럴 때, 온라인 강의를 통해 수업하고 신학교를 졸업할 수 있는 길이기 때문입니다. 또한 요즘 경향이 대면 수업보다 온라인 수업이 대세여서 신학교만 대면 수업을 고집할 수 없는 현실인 것도 사실입니다. 학생들은 온라인 강의가 편하니까, 이를 선호하는 경향이 있습니다. 그러나 필자의 생각에 목사는 기술인을 양성하는 것이 아니고, 교인들의 영적 삶을 책임져야 하는 중책이므로, 신학 지식보다 영성 훈련이 더 중요하고, 또 거기 집중해야 된다고 여기고 있습니다. 그러니 신학교는 이런 상황에서 어떻게 영성교육을 시켜야 하는지 고민하게 됩니다. 여러분들 생각은 어떠세요?

10
26

위안부 김학순 할머니의 용기

"진리를 알지니 진리가 너희를 자유롭게 하리라." (요 8:32)

〈뉴욕타임즈〉는 일본군 위안부 피해자로는 처음으로 위안부에 대한 사실을 고백했던 고(故) 김학순 할머니의 부고 기사를 내보냈습니다. 뉴욕타임즈는 2021년 10월 25일자 지면 '부고'란에 '간과된 여성들'(Ovelooked) 시리즈의 일환으로 김 할머니의 생애와 증언의 의미를 상세히 실었습니다. 이 시리즈는 뉴욕타임즈가 1851년 이후 제대로 보도되지 않은 주목할 만한 인물의 부고 기사를 통해 늦게나마 그들의 삶을 조명하려는 취지에서 기획한 것입니다. 지난 2018년 3월에는 3.1운동의 투사 유관순 열사를 추모하는 글을 실은 바 있습니다.

김 할머니가 1997년 12월 폐암으로 세상을 떠난 지 24년 만에 미국을 위시해서 전 세계 독자들에게 일본군 위안부 피해자 문제를 다시 제기한 것입니다. 1991년 8월 14일 김 할머니의 첫 기자 회견을 다시 조명한 뉴욕타임즈는 "그의 강력한 설명은 일본의 많은 정치 지도자들이 수십 년간 부인해 오던 역사의 생생한 현장을 보여주었다."고 보도했습니다. 일반 다른 폭력이나 상해 사건과 달리 성폭력 피해는 본인이나 가문에 치명적인 내용이라, 자신이 당한 성적 모욕을 적나라하게 노출시킨다는 것은 보통 용기로는 실행하기 어려운 일임에 틀림없습니다. 이렇게 용감하게 일제의 폭압성을 폭로한 김 할머니의 증언은 세계 각국에 흩어져 있던 일본군 위안부 피해자들의 이어지는 추가 증언으로 생생하게 드러나게 되었습니다.

지난 1998년 보고서에서 일본군 위안소 운영을 반 인류 범죄로 규정한 맥두갈(Gay M. McDougall) 전 유엔특별보고관이 최근 한 컨퍼런스에서 “내가 보고서에 쓴 어떤 것도 김 할머니의 30년 전 사건의 직접 증언이 미친 영향력의 근처에도 가지 못한다.”고 말했다는 내용도 부고 기사에 첨부되었습니다. 한일 관계를 연구하는 알렉시스 더든(Alexis Dudden), 코네티컷 대학 교수는 뉴욕타임즈와의 인터뷰에서 “김 할머니는 20세기에 가장 용감한 인물 중 한 명”이라며 “위안부 문제를 연구하는 역사학자들의 연구가 그의 1991년 회견을 기점으로 보다 상세한 내용에 접근할 수 있게 되었다.”고 말했습니다. 김 할머니의 증언을 통해 그의 삶을 자세히 보도한 뉴욕타임즈는 한국 정부가 김 할머니 증언일인 2018년 8월 14일을 ‘위안부 피해자 기림의 날’로 정했다는 내용도 보도했습니다.

역사의 어두운 면을 폭로함으로 새로운 역사를 쓴 이들이 많습니다. 매년 10월이 되면 늘 회자되는 인물이 바로 교회(종교) 개혁의 봉화를 올린 마르틴 루터임은 잘 아는 사실입니다. 그는 로마가톨릭 신부로 자신이 속한 교회의 치부인 면죄부 판매가 부당하고, 비성서적이라는 점을 적나라하게 폭로했습니다. 즉시 취소하라는 교황의 명령을 거부한 그에게 파문이라는 사형 선고가 내려져 결국 도피하면서 개혁의 불길을 지펴나간 일은 잘 알려져 있습니다.

부정을 부정이라고 고발하는 사람이 진정한 그리스도인이고, 그가 어두운 역사를 밝은 세상으로 이끌어 내는 투사입니다. 어떤 어려움이 있더라도 우리는 진리를 위해 우리의 생명도 내어 놓을 수 있는 용기를 갖고 살아야 합니다. 이런 용기는 우리의 의지로 되는 것이 아니고, 성령님께서 힘을 주셔야 합니다.

장 칼뱅 (1)

10
27

"야곱아 너를 창조하신 여호와께서 이제 말씀하시느니라 이스라엘아 너를 조성하신 자가 이제 말씀하시느니라 너는 두려워 말라 내가 너를 구속하였고 내가 너를 지명하여 불렀나니 너는 내 것이라." (사 43:1)

오늘은 종교개혁 2세대라고 일컫는 장 칼뱅(John Calvin, 1509-1564)에 대해서 생각해 보겠습니다. 칼뱅은 프랑스 피카르디 지방의 누아용에서 아버지 제라르 코뱅(Gerard Cauvin)의 3남 중 차남으로 출생했습니다. 부친은 누아용 대성당의 행정관으로 여유 있는 집안이어서 칼뱅은 경제적 어려움 없이 수학할 수 있었습니다. 그는 1523년 파리의 콜레주 몽테규에서 철학과 수사학을 배웠습니다. 종교개혁에 영향을 미친 유명한 인문주의자인 에라스무스(Erasmus)도 이 학교 출신이었습니다. 1528년 파리에서 학업을 시작한 로욜라(Ignatius Loyola)도 칼뱅과 비슷한 시기에 몽테규에 다녔는데 이 사람은 후에 가톨릭교회 역사에 큰 획을 긋는 예수회(Jesuit)를 창설하여 전 세계 선교와 교육에 심대한 영향을 남겼습니다. 한국의 서강대학교도 예수회 소속 대학입니다.

칼뱅은 아버지의 권유에 따라 법학 공부를 위하여 당시 유명한 법학자가 있었던 오를레앙대학으로 옮겼습니다. 1532년 법률사 자격을 취득한 뒤, 갑작스러운 회심으로 하나님의 부르심을 받고 개혁신앙으로 회심했다는 내용이 칼뱅의 시편 주석에 기록되어 있습니다. 그러는 동안 니콜라스 콥(Nicolas Cop)이 파리대학교 학장으로 취임하게 되었는데 칼뱅이 그 취임사를 쓴 사람 가운데 한 사람으로 여겨지고 있습니다. 이 연설문은 루터의 개혁 사상이 강하게 함유(含有)된 것으로 프랑스 종교개혁의 시발점이 되었습니다. 사람들은 콥의 취임식 연설문이

반(反)가톨릭적이라 비난하면서 콥을 정죄했고, 그는 스위스 바젤로 도망을 갔습니다. 자연히 이 연설문 작성에 연루된 칼뱅도 신변에 위협을 느껴 모든 것을 버려두고 도시를 몰래 빠져나가 지방에 몸을 숨기고 가명을 쓰면서 은둔 생활을 했습니다.

칼뱅의 생애 중 가장 큰 공헌은 『기독교 강요』(Institutes of the Christian Religion)라는 책을 써서 개신교 신학을 정리한 것입니다. 이 책은 당시 프랑스 왕인 프랑수아 1세에게 헌정하기 위해 집필한 것입니다. 면죄부에 대한 부당성을 지적한 루터는 뜻하지 않게 로마가톨릭교회로부터 축출당하여 개혁 운동을 시작할 수밖에 없었습니다. 그러나 그는 강력한 로마교회와 투쟁하느라 로마교회에서 떨어져 나온 교인들을 신학적으로 지도할 지침을 마련할 시간적 여유가 없었습니다. 로마교회와의 피비린내 나는 전쟁이 어느 정도 소강상태에 있던 때, 즉 루터보다 한 세대 후에 태어난 칼뱅은 개혁을 이끌어 가면서도 시간을 내어 『기독교 강요』를 집필했습니다. 그는 법학을 수학한 사람답게 기독교 신학을 조목조목 자세하게 정리했습니다. 1536년 『기독교 강요』 라틴어 초판이 출판되었고, 여러 차례 대폭 수정을 거친 후 최종판은 1559년 출판되었습니다.

필자는 1974년 미국에 유학 와서 첫 학기에 '칼뱅 신학'(Calvin Theology)을 수강했습니다. 교수님은 이번 학기에 『기독교 강요』를 첫 페이지부터 마지막 페이지까지 읽으라며, 매주 일정 분량의 책을 읽고, 일주일에 한번 씩 강의 시간에 한 페이지 독서 후 자신의 소감을 써내라 했습니다. 영어로 된 『기독교 강요』를 책방에 가서 샀는데, 상, 하 두 권으로 된 책은 한 권이 500페이지가 넘는 방대한 분량이었습니다. 영어가 필자의 모국어도 아니고, 유학 첫 학기에 그 많은 양을 읽는다는 것은 참으로 곤혹스런 일이 아닐 수 없었습니다. 다른 과목 과제도 있는데 정말 힘들었습니다.

기숙사에 같이 머물던 미국 학생들은 주말이 되면 집으로 또는 섬기는 교회로 떠나고, 필자는 홀로(유학 첫해는 가족과 같이 못 오고 1년이 지난 후에 가족을 초청할 수 있었음) 텅 빈 기숙사에 남아 토요일 온종일과 주일에는 11시 예배를 드리고 와서 점심 식사 후 오후 내내 그리고 저녁 늦게까지 『기독교 강요』를 읽는 데 소비했습니다. 문장도 어렵고 모르는 단어는 왜 그리 많은지요. 요즘 같이 스마트폰에 영어 사전이 있던 것도 아니어서, 사전에서 모르는 단어를 일일이 찾으며 읽는데 정말 짜증이 났습니다. 그렇다고 과제를 안 해갈 수도 없고, 서툰 영작 실력으로 한 페이지를 타자기로 쳐서 매주 제출했습니다. 그때 읽기 싫고 짜증이 나고 책을 던져 버리고 싶은 생각이 났을 때, "칼뱅 선생은 이 책을 27살 때 집필했는데, 너는 32살에 이 책을 읽지도 못하냐?"고 자신을 질책하며 읽었던 기억이 납니다. 과연 칼뱅 선생은 천재였습니다. 하나님께서는 그 시대에 이런 천재를 내셔서 개신교회 신학을 깨끗이 정립하게 하셨습니다.

필자는 그때 '칼뱅신학'을 강의하셨던 교수님의 수법을 배워 장신대에 와서 강의할 때, 필자가 쓴 책 『한국 기독교회의 역사』를 매주 일정 부분 읽고, 일주일에 한 페이지 요약을 써내도록 해서 책 전체를 모두 읽혔습니다. "이번 학기에 이 책을 다 읽지 못하면, 주님 재림하실 때까지 못 읽을 것이라."면서요.^^ 『기독교 강요』는 장로교 목사는 반드시 읽어야 할 필독서고, 장로교 목사가 아니라 해도 교회 지도자들은 개신교 신학의 대요(大要)와 장로교 신학의 기초를 이해하기 위해서 이 책을 반드시 읽어야 합니다.

칼뱅이 스트라스부르로 도피해 가던 때, 프랑스와 신성로마제국의 카를 5세와의 전쟁으로 길이 막혀 우회(右回)하기 위해 제네바에서 하루 저녁을 머물게 되었습니다. 이때 이곳에서 교회개혁을 주도하던 기욤 파렐(Guillaume Farel)이 『기독교 강요』의 저자가 제네바에 왔다는 소

OCT

식을 접하고 밤중에 칼뱅을 찾아왔습니다. 그리고 이곳에서 개혁 사역에 협조해 달라고 요청을 했습니다. 그러나 칼뱅은 여러 가지 이유를 들며 거절했습니다. 불같은 성질을 가진 파렐은 "일이 산적해 있는 도시를 버려두고, 자기 안일을 위해서 떠난다면 하나님의 저주를 면하지 못할 것이다."라는 험한 말을 하면서 칼뱅이 머물도록 강권했습니다.

칼뱅은 파렐의의 강권에 못 이겨 결국 제네바 개혁에 동참하기로 했습니다. 1536년부터 약 2년간 제네바에 머물면서 '생 피에르(Saint Pierre) 성당'에서 바울 서신을 강해하는 것으로 사역을 시작했습니다. 그는 제네바를 하나님의 말씀에 합한 도시로 만들려고 시민들의 일상생활에서 카드놀이, 극장 출입, 댄스 등 여러 가지를 법으로 통제하려 했습니다. 그러나 이런 칼뱅의 급격한 개혁으로 이윤을 잃게 된 상인들과 또 이런 놀이를 즐기던 사람들은 칼뱅에 대해 적대감을 드러내기 시작했습니다. 또 토착 세력은 외부에서 온 개혁파 지도자를 비난하며 노골적으로 불평을 늘어놓기 시작했습니다. 칼뱅의 급진적 개혁에 반기를 든 사람들이 많아지면서 1538년 선거에서 토착 세력이 승리함으로 칼뱅의 입지는 더욱 좁아졌습니다. 결국 의회는 칼뱅에게 3일 내로 제네바를 떠나라고 명했습니다.

장 칼뱅 (2)

10
28

"야곱아 너를 창조하신 여호와께서 이제 말씀하시느니라 이스라엘아 너를 조성하신 자가 이제 말씀하시느니라 너는 두려워 말라 내가 너를 구속하였고, 내가 너를 지명하여 불렀나니 너는 내 것이라." (사 43:1)

제네바에서 쫓겨난 칼뱅은 어쩔 수 없이 스트라스부르로 가서 1538년에서 1541년까지 3년 동안 프랑스에서 피난 온 이민자들을 위한 목회를 했습니다. 이곳의 개혁자 마르틴 부처의 중매로 1540년 이들레트 드 뷔르(Idelette de Bure)와 결혼을 했습니다. 칼뱅과 뷔르 사이에 아들 자크(Jacques)가 태어났지만, 출생한 지 2주 만에 죽었고, 그 후 두 아이도 역시 출생 후 얼마 되지 않아 사망하는 불운을 겪었습니다. 이를 두고 로마가톨릭은 하나님의 저주를 받은 것이라 욕했지만, 칼뱅은 개의치 않았습니다. 결혼한 지 9년 만인 1549년에 아내마저 세상을 떠나, 그의 가정생활은 그리 행복하지 못했습니다.

칼뱅이 떠난 후에 제네바는 여러 가지로 어려움에 처했습니다. 시민들의 도덕의식은 더욱 후퇴했고, 그 외 여러 요인으로 혼란에 빠져들었습니다. 제네바 시는 어쩔 수 없이 칼뱅을 다시 부르게 되었고, 칼뱅은 하나님의 부르심으로 알고 제네바로 돌아왔습니다. 제네바에 온 칼뱅은 시민들을 하나님의 말씀에 합하게 살도록 설득했고 젊은이들을 위해서 '제네바아카데미'(Geneva Academy)를 세워 교육을 실시했습니다. 또한 어렵고 가난한 사람들을 구제하기 위해서 '종합구빈원'(General Hospital)을 통해 난민들을 구조했습니다. 스코틀랜드에서 온 존 녹스(John Knox)는 1556년에 이곳을 보고 "사도시대 이후 가장 완벽한 그리스도의 학교"라 술회했습니다.

교회의 직분은 설교와 성례를 집례하는 목사, 믿음으로 신자를 가르치는 교사, 권징을 책임지는 장로, 가난한 자들을 돌보는 집사로 이루어진 4중 구조로 규정했습니다. 또 목사와 장로로 구성되는 제네바 치리회(Consistory)를 구성하여 교회 내 문제를 처리했습니다. 교회는 말씀과 성만찬, 기도와 찬송이 있는 곳이라 정의했습니다. 중세에는 신부만 찬송을 불렀고, 교인들은 부르지 않았는데, 칼뱅은 교인들도 찬송할 수 있도록 시편 찬송가를 만들어 회중들이 찬송을 부를 수 있도록 했습니다. 1539년 '제네바 시편찬송가'(Genevan Psalter)가 출판되었는데 그 중에는 자신이 직접 작사한 것도 여럿 들어 있었습니다.

칼뱅 생애에 흠결은 미카엘 세르베투스(Michael Servetus, 1511-1553)를 화형시킨 일이라고들 말합니다. 세르베투스는 스페인 아라곤 출신의 의사며 신학자였습니다. 세르베투스는 삼위일체론에 대해 관심을 많이 가졌습니다. 세르베투스는 1531년 『삼위일체론의 오류』(The Error of the Trinity)라는 책을 출판했고, 1532년에는 『삼위일체의 대화』(Dialogues on the Trinity)라는 책을 출판해서 삼위일체의 부당성을 고발했습니다. 그는 삼위일체 교리를 반대한다는 이유로 로마가톨릭교회에서뿐만 아니라 개신교회로부터도 이단으로 정죄 받았습니다. 세르베투스가 주장하는 삼위일체 교리는 고대 교회 325년 니케아 회의에서 문제가 됐던 아리우스와 같은 입장이었습니다. 오직 하나님은 한 분이시고 결코 셋일 수 없다는 주장입니다.

세르베투스는 변장을 하고 제네바에 몰래 들어와서 칼뱅이 성경을 강의하는 예배당 구석에 앉아서 그의 강해를 듣다 발각되어 바로 체포되었습니다. 그는 신문을 받았는데 삼위일체에 대해, "예수는 영원하신 하나님의 아들"(Jesus is the Son of the everlasting Father)이라고 주장했습니다. 보통 사람이 이 문장을 보면 아무 문제가 없습니다. 예수님은 영원하신 하나님의 아들임이 분명하지요. 이것을 부인할 사람은 없습니다. 따라서 이 문장이 이단이 된다고 생각하는 사람은 없었습니다. 그러나 예리한 칼뱅은 이 문장에 중대한 오류가 있음을 간파했습니다.

하나님이 '영원하신'(everlasting) 분이신 것은 분명합니다. 그런데 예수님도 하나님이시므로 '아들'(Son) 앞에도 '영원하신'(everlasting)을 넣어야 한다고 말했습니다. 따라서 '예수님은 영원하신 하나님의 영원하신 아들'(Jesus is the everlasting Son of the everlasting Father)이라 해야 한다고 말했습니다. 칼뱅이 세르베투스에게 '아들' 앞에 '영원하신'을 넣으라 했는데, 세르베투스는 거절했습니다. 하나님 외에 그 어떤 존재에게도 '영원하신'이란 말을 할 수 없다고 고집했습니다. 그는 결국 예수님의 신성을 부인하는 이단으로 정죄되었고, 제네바 의회의 결의에 따라 1553년 10월, 나이 42세에 화형을 당했습니다.

몇몇 사가(史家)들은 세르베투스가 화형에 처해진 것을 칼뱅의 책임으로 돌리기도 합니다. 그러나 그 일은 결코 칼뱅의 책임이라고 볼 수 없습니다. 왜냐하면 그 시대에는 이단으로 정죄되면 무조건 화형에 처하는 법이 있었고, 또 그 법을 집행한 것은 교회가 아니고 세속(시민) 법정이기 때문입니다. 제네바 시의회가 결의한 것을 칼뱅이 뒤엎을 권리는 없었습니다. 또 세르베투스는 다른 죄도 아니고 이단이기 때문에 더욱 그를 살릴 길은 없었지요.

칼뱅 신학의 주제는 '하나님의 주권'(God's Sovereignty) 사상입니다. 세상에서 일어나는 모든 일은 우연이 아니고, 하나님의 주권에 속한 것입니다. 예수님께서는 참새 두 마리가 한 앗사리온에 팔려 가도 하나님의 허락 없이는 그중 한 마리도 땅에 떨어지지 않는다(마 10:29)고 말씀하셨습니다. 참새 한 마리가 죽는 것도 하나님께서 관여하시는데 어떻게 천하보다 귀한 인간의 생명이 구원받고 멸망하는 것에 관여하시지 않겠느냐는 데서 '예정론'이 나왔습니다. 하나님께서는 '구원받을 자'와 '멸망 받을 자'를 예정해 두셨습니다. 이것이 '이중 예정'(Double

Predestination)입니다. 이는 초대교회의 성 어거스틴이 이미 주장한 이론입니다. 예수님의 열두 제자 중 베드로나 가룟 유다가 같이 죄를 범했으나, 베드로는 구원을, 유다는 멸망을 받았습니다. 예수님의 십자가 양편 강도 중, 하나는 구원을, 하나는 멸망을 당했습니다. 이런 상황을 보면 예정론이 맞지요?

그러나 칼뱅의 예정론에 반기를 들고 일어난 사람이 있었습니다. 그는 아르미니우스(Jacob Arminius, 1560-1609)인데 그는 칼뱅이 세상을 떠날 무렵에 태어난 사람입니다. 그는 칼뱅의 예정론을 공박하면서 구원과 멸망은 예정돼 있지 않고 각인의 자유 의지에 달렸다고 주장했습니다. 이 아르미니우스의 사상을 계승한 사람이 감리교회를 시작한 요한 웨슬리입니다. 감리교회에서는 예정론을 거부하고 '만일 구원설'을 주장합니다. 여기서 이 두 이론을 길게 이야기하지 않겠습니다. 예정론이나 만인 구원론이나 다 교리이지 진리는 아닙니다. 칼뱅은 교회개혁 시기에 루터 다음으로 개신교회를 올바른 교리적 토대위에 세운 위대한 인물입니다. 루터가 시작한 운동을 칼뱅이 마무리했다고 볼 수 있습니다. 루터와 칼뱅 이 두 분에 의해 개신교회는 든든한 토대 위에서 발전해 왔습니다.

칼뱅은 1564년 세상을 떠날 때까지 제네바에 목회자, 개혁자, 교육자, 신학자로써 책임을 감당했습니다. 『기독교 강요』의 맨 마지막 문장은 "하나님을 찬양하라"(Laus deo)입니다. '교회는 항상 개혁해야 한다.'(ecclesiam semper reformanda est.)라는 명제가 개혁교회의 표어입니다. 정체된 물이 언젠가 썩는 것처럼, 교회도 항상 개혁의 고삐를 늦추어서는 안 되는 것은 정체되어 있으면 부패하기 때문입니다. 교회는 시대의 변화에 따라 항상 복음의 정신으로 개혁되고 정진해야 합니다. 이것이 교회가 부패하지 않고 앞을 향해 나아갈 수 있는 정석(定石)입니다.

종교개혁의 원리 (1)

10/29

"내가 복음을 부끄러워하지 아니하노니, 이는 모든 믿는 자에게 구원을 주시는 하나님의 능력이 됨이라 첫째는 유대인에게요 또한 헬라인에게로다 복음에는 하나님의 의가 나타나서 믿음으로 믿음에 이르게 하나니 기록된바 오직 의인은 믿음으로 말미암아 살리라 함과 같으니라." (롬 1:16-17)

종교개혁을 주도한 마르틴 루터(Martin Luther, 1483-1546)는 1483년 독일 작센안할트 아이슬레벤에서 아버지 한스와 어머니 마가레테 사이의 7남매 중 장남으로 출생했습니다. 아버지는 광부 출신으로 제련업에 손을 대 성공했습니다. 비록 평민 집안 출신이지만, 집안의 경제력으로 루터는 수준 높은 교육을 받았습니다. 16세 때 에르푸르트 대학에 진학하여 졸업한 후 아버지의 강권으로 법과대학에 진학했습니다. 수학 하던 중 방학을 맞이하여 친구와 함께 귀가 하던 길에 들판에서 갑자기 폭우가 쏟아지는 가운데 천둥 벼락이 쳤습니다. 그런데 그 벼락이 바로 앞에 있는 큰 고목을 쳐서 그 나무가 삽시간에 숯덩이가 되는 것을 보고 놀라 "오, 안나여 나를 도와주소서. 그리하면 제가 수도자가 되겠습니다."라고 외쳤습니다.

그의 아버지는 루터가 수도자가 되겠다는 말을 듣고 몹시 화를 내며 나무랐지만, 루터의 결심을 바꾸어 놓을 수는 없었습니다. 루터는 훈련이 혹독하기로 이름난 아우구스티누스 수도원에 가입하여 수도사가 되었고, 1507년 신부로 서품 받고 나서 첫 미사를 드렸습니다. 그 후 루터는 신학박사학위를 받고 비텐베르크대학교 성서학 교수가 되어 성경을 가르쳤습니다. 어느 날 로마서를 읽다가 1장 16-17절을 만났는데, 마치 벼락을 맞은 것 같은 충격을 받았습니다. 그것은 로마 교회가 7성례를 통해 구원의 은총이 내려오고 선행을 해야 구원을 얻을 수 있다는 가르침에 정 반대되는 내용이었기 때문이었습니다. 성례와 선행을 통하여 구원의 은총이 내려온다면 반드시 성례를 행해야 하는데 그러면 성경이 말한 "이 복음은 모든 믿는 자에게 구원을 주시는 하나님이 능력이 됨이라."란 말씀과 "의인은 믿음으로 말미암아 살리라." 즉 예수 그리스도를 믿음으로 구원을 받는다는 사실과 정면 배치되는 것입니다.

따라서 루터는 이 로마서 본문을 통해 '예수를 믿음으로 구원 받는다.'는 원리를 발견하게 되었습니다. '이신득의'(以信得義) 즉 믿음으로 구원을 얻는다. 이 말씀은 우리가 구원을 얻는 데는 아무 조건이 없고 오직 믿음만 있으면 구원을 받는다는 원리입니다. 영국의 역사가 존 엑턴(John Ecton) 경은 "루터가 이 말씀을 만난 것은 지구를 움직일 수 있는 지렛대를 발견한 것이다."라는 말을 했습니다. 루터가 이 말씀의 정수를 간파한 것은 세계를 변혁시킨 놀라운 역사라는 것을 강조한 말입니다.

이때부터 루터는 로마교회의 가르침이 잘못되었다는 것, 특별히 면죄부를 구매함으로 죄 사함을 받을 수 있다는 주장에 분노하게 되었습니다. 뿐만 아니라 당시 고위 성직자들의 생활이 너무 방탕했고 보통 사람들도 할 수 없는 수치스러운 행위를 하는 모습을 보고 실망을 금치 못했습니다. 특별히 정부(情婦)를 두고 부정한 생활을 하면서 자녀들을 낳고 그 자녀들에게 들어가는 비용을 면죄부를 팔아서 충당하는 모습은 도저히 참을 수 없는 악이었습니다. 여기서 그는 기독교의 구원관과 면죄부에 대한 분노가 폭발하여 이를 본격적으로 규탄하게 됩니다.

전통적으로 로마교회는 교황, 전통, 성서 이 세 가지를 절대적으로 믿고 따랐습니다. 그러나 루터는 이 세 가지 가운데 오직 성서만이 절대이고, 교황이나 전통은 절대일 수 없다고 주장했습니다. 교황을 절대라 여기는 것은 베드로가 가이사랴 빌립보 지방에서 예수님께서 "너희는 나를 누구라 하느냐?"(마 16:16)고 질문을 하셨을 때, 베드로가 "주는 그리스도시요 살아 계신 하나님의 아들이시니이다."라고 한 신앙 고백에 근거합니다. 이 말을 들으신 예수님께서 베드로를 칭찬 하시며 "천국의 열쇠를 네게 주리니 네가 땅에서 무엇이든지 매면 하늘에서 매일 것이요, 땅에서 무엇이든지 풀면 하늘에서도 풀리리라."라는 말씀에 근거하여 베드로가 천국의 열쇠를 예수님께로부터 받았고, 그 열쇠가 교황들에게 전수되었다고 주장합니다. 따라서 베드로는 예수님의 대리자이고, 교황은 베드로의 대리자이므로 교황은 결국 예수님의 대리자가 되는 셈입니다. 그러므로 교황은 절대적 존재라 주장한 것입니다.

베드로가 예수님께로부터 받은 천국의 열쇠는 교황, 추기경, 대주교, 주교, 신부들에게 전수되어 이들 역시 열쇠를 갖고 있다고 주장합니다. 따라서 천국의 열쇠를 가진 교황은 절대적인 존재라고 그들은 믿었습니다. 천국에 들어가기 위해서는 천국의 열쇠를 가진 성직자를 통하지 않고는 결코 천국에 들어가지 못하게 되어 있습니다. 여기서 "교회밖에는 구원이 없다." 라틴어로 'Extra(out side) Ecclesiam(church) nulla(no) Salus(Salvation)'라는 명제가 나온 것입니다. 가톨릭교회밖에 다른 어떤 교회나 종교에는 구원이 없다는 말입니다.

그러나 루터는 교황은 천국 열쇠를 가진 것이 아니고 예수님께서 상징적으로 말씀하신 것뿐이고, 교황도 인간이기 때문에 실수하고 범죄 하는 사람이므로 절대라 할 수 없다고 단호히 주장했습니다. 당시 교황들은 정부(情婦)를 데리고 살면서, 사생아를 낳아 기르며, 아직 9살밖에 안 된 자기 사생아에게 추기경 자리를 주는 자가 바로 교황이었습니다. 이런 자가 절대자가 되겠습니까?

두 번째 절대는 전통입니다. 이 전통은 오랜 세월 동안 교회가 만들어놓은 교리나 예전, 교황의 회칙, 교회 회의의 결의 등으로 이것 역시 그 누구도 변개할 수 없는 역사적 산물이기 때문에 절대적인 것으로 여겼습니다. 그러나 루터는 전통은 어디까지나 인간들이 만들어 놓은 것이고, 교회 회의 결의도 잘못 결정할 수 있으므로 절대가 될 수 없다고 주장했습니다. 사실 451년 에베소에서 모인 제3차 전체 교회 회의에서 이집트 알렉산드리아 감독 시릴(Cyril)은 맞수인 콘스탄티노플 감독인 네스토리우스(Nestorius)를 이단으로 처단하기 위해 황실과 감독들에게 미화 약 300만 달러 가치의 돈을 뿌려 네스토리우스를 정죄하는 데 성공했습니다. 이렇게 돈에 매수된 감독들이 결의한 것이 하나님의 뜻에 따른 정의로운 결의였을까요?

마지막으로 성서인데, 성경은 하나님의 말씀이기 때문에 절대입니다. 따라서 로마 교회에서는 성서가 세 가지 절대 가운데 하나일 뿐 유일무이한 절대는 아니었습니다. 따라서 종교개혁의 3가지 원리 중 '오직 성경'(Sola Scriptura)은 개신교회가 생겨난 과정에서 가장 중요한 요인 중 하나가 되었습니다. 교회는 성경이 표준이 되어야 합니다. 성경에서 금하는 사항, 권하는 사항은 반드시 실천해야 합니다. 거기에 가감(加減)이 있을 수 없습니다. 물론 성경을 글자 그대로 따르라는 말은 아닙니다. 특히 구약은 주로 이스라엘 민족에게 계시한 말씀이고, 또 수천 년 전에 주신 말씀으로 현대에 그대로 적용할 수는 없는 내용이 많습니다. 신약도 마찬가지로 복음서나 사도 바울이 쓴 편지가 오늘 상황에 그대로 적용될 수 없는 경우가 있습니다. 따라서 우리가 성경을 읽을 때 글자의 뜻을 보는 것보다 그 내용이 표현하고자 하는 정신을 간파하고 그 정신에 따라 행해야 합니다.

'오직 성경'만이 절대라는 명제는 교회 개혁의 중요한 요소임을 명심하고 성경을 애독하고 그 내용에 따라 살기 위해 성령님의 도우심을 구해야 합니다.

종교개혁의 원리 (2)

"내가 복음을 부끄러워하지 아니하노니, 이는 모든 믿는 자에게 구원을 주시는 하나님의 능력이 됨이라 첫째는 유대인에게요 또한 헬라인에게로다 복음에는 하나님의 의가 나타나서 믿음으로 믿음에 이르게 하나니 기록된바 오직 의인은 믿음으로 말미암아 살리라 함과 같으니라." (롬 1:16-17)

종교개혁의 세 가지 원리 가운데 하나는 '이신득의'(以信得義)입니다. 우리가 구원을 받는 것은 주 예수 그리스도께서 우리 죄를 대신 지시고 십자가의 고난을 받으심으로 그 보혈로 우리의 죄가 다 사해졌다는 사실을 믿는 그 믿음으로 구원을 받는다는 원리입니다. 오늘 우리 개신 교회에서는 이것이 일반적이고 보편적인 원리지만 적어도 1500년대까지 이런 말은 교회 안에 존재하지 않았습니다. 인간이 구원을 얻는 길은 예수를 믿을 뿐만 아니라 교회가 규정한 성례에 반드시 참여하고, 그 성례를 통해 오는 구원의 은총을 받아 세상에 나가 선행을 행함으로 구원을 받는다고 했습니다. 다시 말하자면 위로부터 내리는 하나님의 구원의 은총과 아래 세상에 사는 신자들의 선행이 연합해 구원이 이루어진다고 가르쳤습니다. 이에 따라 문제가 되었던 면죄부가 생겨나게 된 것입니다. 고백 성사를 할 때 신부가 주는 보속(補贖) 대신 면죄부를 사기만 하면 죄 사함을 받고 구원을 얻는다는 터무니없는 주장을 중세의 우매한 농민과 노동자들을 세뇌시켜 그들로 하여금 면죄부를 사도록 교사(巧詐)했습니다.

그 말을 그대로 믿은 순진한 농민, 노동자들은 1년 내내 땀 흘려 지은 농작물과 기르던 가축을 팔아 돈을 마련해서 면죄부를 샀습니다. 사람이 언제 죽을지 모르고, 오늘 밤에라도 내 영혼을 불러 가실지 모

OCT

르는데 어떻게 죄 사함의 표를 사는 데 주저하겠습니까? 우리 개신교회는 천국과 지옥 둘밖에 없습니다. 예수 믿은 사람은 천국으로 가고, 믿지 않은 사람은 지옥으로 갑니다. 그러나 가톨릭교회는 천국과 지옥 사이에 연옥이 있습니다. 사람이 죽을 때 종부성사를 하지 못하고 죽은 영혼은 세상에서 지은 죄를 다 해결하지 못하고 죽었기 때문에 천국으로 가지 못하고 일종의 휴게소 격인 연옥에 가서 세상에서 해결하지 못한 죄를 다 정화시킨 후 천국으로 올라간다는 교리를 갖고 있습니다.

종부성사는 죽기 직전에 신부가 와서 마지막 죄의 고백을 듣는 고백성사입니다. 죄의 고백을 한 후 신부가 주는 성체를 받아먹고 죽어야 그 영혼이 천국으로 갑니다. 만일 종부성사를 하지 못하면 지난번 고백성사를 한 때로부터 죽을 때까지 지은 죄가 그대로 남아 있어서 천국에 가지 못합니다. 지상에서 해결하지 못한 죄를 연옥에서 불로 정화시킨 후 천국으로 올라갑니다. 따라서 부모나 형제자매가 연옥에서 남은 죄를 정화시키기 위해 고통받는 것을 알고 있는 자녀들은 부모의 영혼을 빨리 천국으로 입성시키기 위해, 교회가 주장하는 면죄부를 사야만 했습니다. 타락한 로마교회는 이 순진한 농민과 노동자들에게 면죄부를 사는 금화가 헌금 통 속에 떨어질 때 땡그랑 소리가 나는 순간, 부모의 영혼이 천국으로 훌쩍 뛰어 올라간다는 터무니없는 거짓말을 하면서 순박한 신도들을 유혹해 돈을 갈취했습니다.

루터는 독일(Teuton-Germanic Tribe) 사람으로 동족들이 1년 동안 뼈 빠지게 농사해서 또는 양이나 소를 길러서 번 돈을, 흉년에 끼니를 거르고 추위에 떨면서 면죄부를 사기 위해 줄 서 있는 모습을 보고 민족적 감정이 진하게 끓어 올랐습니다. 당시 독일 전체 GDP의 40%가 이탈리아로 흘러 들어가 라틴족들인 교황과 추기경 및 대주교 등 고위 성직자들의 타락하고 호화로운 생활비로 쓰인다는 것에 대한 민족적 분노가 치솟았습니다. 그 귀한 헌금이 선교나 구제를 위해서 소중하게 쓰여 진다면 모르되 쓸데없이 크게 짓는 성당 건축 비용과 타락한 성직자들의 생활비로 쓰이는 것을 생각할 때 루터는 결코 참을 수가 없었습니다.

루터는 강력하게 면죄부 판매를 규탄하면서 주 예수 그리스도께서 십자가에서 흘리신 보혈로 우리의 모든 죄가 다 씻음을 받았음을 확신하면 구원을 받는다는 단순한 논리를 전개했습니다. 가톨릭교회에서 금과옥조(金科玉條)처럼 내세우는 예수님께서 베드로에게 주셨다는 천국의 열쇠는 저들이 성경을 글자 그대로 믿었기 때문에 생긴 오해거나 알면서도 자기들의 정당성을 갖고자 성경을 이용하는 책략이라 볼 수밖에 없습니다.

예수님께서 베드로에게 우리 집 문 열쇠나 자동차 열쇠 같은 것을 주셨을까요? 아니지요. 예수님은 물질적 열쇠를 주신 것이 아닙니다. 예수님께서 베드로에게 주신 열쇠는 베드로가 "주는 그리스도요 살아계신 하나님의 아들이시니이다."라는 신앙 고백을 했을 때 주신 것입니다. 이는 베드로뿐만 아니라 베드로처럼, "주님은 그리스도이십니다. 하나님의 아들이십니다."라는 신앙을 고백하는 누구에게나 천국의 열쇠가 주어지는 것입니다. 오직 베드로 한 사람에게만 천국의 열쇠를 준 것이 아닙니다. 우리도 베드로와 같은 신앙 고백을 하면 천국의 열쇠를 받습니다. 마치 베드로 혼자 유일하게 열쇠를 받은 것처럼 오도하는 것은 분명 가톨릭교회의 오류이며 억지 주장입니다.

그런 논리라면, 예수님의 제자들인 요한, 안드레, 야고보, 마태, 도마 등 나머지 열 한 제자가 모두 베드로가 열어주는 천국 문을 통과해야 한다는 논리가 되는 것이지요. 사도 바울도 베드로가 열어 주어야 천국에 들어갑니까? 이것은 아닙니다. 누구나 베드로 같은 신앙고백을 하면 천국에 갈 수 있습니다. 이것이 종교개혁의 제4원리인 만인 제사장입니다. 믿는 사람은 누가나 다 사제요. 제사장입니다. 베드로만 아

OCT

닙니다. 그러므로 루터가 강력히 주장한 것은 로마서 1장에 있는 말씀처럼 "복음이 모든 믿는 자에게 구원을 주시는 하나님의 능력이 된다."는 사실에 초점을 맞추어 이신득의 신앙을 갈파(喝破)한 것입니다. 구원은 성례 참석이나 면죄부 구매에서 오는 것이 아니고 오직 믿음에서 오는 하나님의 무한하신 은총입니다.

종교개혁의 원리 (3)

10/31

"내가 복음을 부끄러워하지 아니하노니, 이는 모든 믿는 자에게 구원을 주시는 하나님의 능력이 됨이라 첫째는 유대인에게요 또한 헬라인에게로다 복음에는 하나님의 의가 나타나서 믿음으로 믿음에 이르게 하나니 기록된바 오직 의인은 믿음으로 말미암아 살리라 함과 같으니라." (롬 1:16-17)

종교개혁의 3대 원리 가운데 또 다른 하나는 '오직 은혜'(Sola Gratia)입니다. 우리가 구원을 받는 것은 전적으로 하나님의 은혜입니다. 인간의 노력과 선행은 결코 구원에 이르게 하는 요소일 수 없습니다. 로마 교회에서는 성례를 통해서 즉 교인이 성례에 참여할 때 은총이 그 성례를 통해서 내려온다고 주장했습니다. 따라서 성례에 참여하지 않은 교인은 결코 구원의 은총을 받지 못하며 구원의 자리에 설 수 없다고 가르칩니다. 그러므로 가톨릭교회의 구원관은 성례 없이 구원이 없습니다. 이것은 예수 그리스도의 십자가의 공로를 통해 구원을 받는다는 개신교의 구원관과 정면으로 배치되는 것입니다. 다시 말하면 로마 교회의 구원관은 인간의 노력이 첨가 되어야 한다는 것이지요. 위로부터 내리는 하나님의 은혜와 인간의 성례 참여와 선행이 어우러져야 구원에 이른다는 것입니다.

그러나 루터는 로마서 1장 16절 17절에 있는 말씀을 근거로 구원은 하나님의 은혜와 믿음에서 오는 것이지 인간의 노력으로 오는 것이 아님을 분명하게 선포했습니다. 이것이 개신교회의 구원관과 가톨릭교회의 구원관 간의 차이입니다. 그렇다면 가톨릭교회에는 구원이 없다는 말인가요? "천주교회 다니는 사람들도 구원 받을 수 있나요?"라는 질문을 하는 교인들이 있습니다. 그 질문에 대한 대답은 분명합니다. 그들이 구원을 받을지 못 받을지는 사람이 판단할 문제가 아니고, 오직 하나님께서 판단하실 일입니다.

우리 개신교의 구원관은 '예수를 믿음으로 구원을 받는다.'입니다. 그러면 가톨릭 교인들은 예수를 믿는지, 안 믿는지가 중요한 관건입니다. 그런데 그들도 예수님을 믿고 있습니다. 우리가 믿는 삼위일체 하나님 즉 성부, 성자, 성령 3위의 하나님을 믿습니다. 그들이 손으로 가슴에 성호를 그릴 때, 성부, 성자, 성령이라고 말하며 긋습니다. 따라서 그들은 분명히 삼위 하나님을 믿고 있습니다. 또한 우리가 믿는 신구약 성경이 하나님의 말씀임을 믿고 있습니다. 따라서 그들이 구원을 받을 수 없다고 잘라서 말할 수가 없습니다. 그들은 예수님을 믿습니다. 그러나 우리 개신교와 다른 점은 구원에 있어서 성례 참여와 선행을 강조한다는 점입니다. 또한 죄를 지었을 때 신부에게 가서 고백 성사를 하고 또 그 죄 사함을 받기 위해서 신부가 하라고 하는 보속 즉 사죄의 기도문을 외우거나 아니면 사회봉사를 몇 시간 하는 등을 수행해야 비로소 죄가 사해 진다는 교리를 갖고 있는 점이 문제일 수 있습니다.

루터가 주장하는 오직 은혜는 인간이 세상에서 어떤 선한 일을 하여도 그것은 구원에 조금도 보탬이 되지 않고, 100% 예수 그리스도를 믿음으로 즉 하나님의 전적인 은혜로 우리가 구원을 받는다는 것입니다. 따라서 우리 개신교의 성례인 세례와 성찬 이 두 가지를 이행하지 않아도 구원을 받는 데는 아무 지장이 없습니다. 여기서 한 가지 곁들여 말씀드리면 로마교회는 일곱 가지 성례가 있는데 왜 우리 개신교회는 둘밖에 없느냐는 질문을 하는 사람이 있을 수 있습니다. 그 대답은 이렇습니다. 가톨릭교회에서 주장하는 일곱 가지 성례 중 오직 세례와 성찬만 예수님께서 하라고 명령하신 것이고, 나머지 성례 즉 견진, 고백, 종부, 혼배, 서품 이 다섯 가지는 예수님께서 명령하신 것이 아니고 가톨릭교회가 결정해서 시행하는 것입니다.

따라서 우리 개신교회는 예수님께서 명령하신 세례와 성찬만 성례로 간주합니다. 그렇다 해도 세례와 성찬은 우리 구원과는 상관이 없습니다. 세례를 받지 않아도, 성찬에 단 한 번도 참석하지 않아도 예수 그리스도를 믿기만 하면 구원을 받는 데 아무 문제가 없습니다.

마지막으로 종교개혁의 원리 가운데 하나는 '만인 제사장'(Universal Priesthood of All Believers)입니다. 로마교회는 하나님과 평신도 사이에 성직 계급이 있습니다. 교황, 추기경, 대주교, 주교, 신부, 수도사, 수녀 이렇게 성직 계급이 있습니다. 이들은 결혼하지 아니하고 끝까지 순결을 지켜야 합니다. 성직독신주의입니다. 그리고 이들 성직 아래 평신도가 있습니다. 따라서 성직 계급은 평신도보다 위에 있는 존재들입니다. 평신도는 하나님께 직접 기도할 수 없고, 죄를 고백할 수도 없고 반드시 신부를 통해서 기도하고 죄를 고백해야 됩니다.

그러나 루터는 이 교황으로부터 수녀에 이르는 가톨릭교회의 성직 계급을 부정했습니다. 하나님과 교인 사이에는 그 어떤 것도 존재할 수 없고 평신도도 바로 하나님께 기도할 수 있고, 자기의 죄를 고백하고 용서를 받을 수 있다고 선포했습니다. 개신교회는 가톨릭교회와 같은 성직 개념이 없고 모든 교인들이 다 하나님 앞에 성직자이고 제사장이며 또 평신도입니다. 따라서 개신교회에서 목사, 장로, 집사, 권사, 평신도는 차별 없이 모두 다 동일한 하나님의 자녀들일뿐입니다. 일반적으로 교회에서 목사가 제일 높고 장로가 다음, 안수집사와 권사, 서리집사 그리고 평신도로 내려가는 계급이 있다고 여기는 사람이 있습니다. 그러나 그것은 개신교회를 잘못 이해하고 있는 것입니다.

개신교회는 교회 직분에 높고 낮음이 없습니다. 목사는 말씀을 선포하고 성례를 집행하는 직책을, 장로는 교회를 치리하고, 권사는 성도들의 신앙을 지도하고 권면하는, 그리고 집사는 교회 재정과 구제를 담당하는 직책일 뿐입니다. 각 직책이 다를 뿐 모두 평등한 하나님의 자녀들입니다. 가톨릭교회는 상하의 개념이지만 개신교회는 평등의 개념입니다. 모두 하나님의 자녀요 그리스도 안에서 형제요 자매입니다. 우리는 개혁교회의 일원으로 가톨릭교회와 같은 상하의 구조 속에서 신앙생활을 하는 것이 아니고, 하나님의 은혜로 모두 동일한 형제자매로 교제할 수 있는 은총과 자유로 하늘나라를 바라며 살아가게 된 것에 대한 감사와 감격을 갖고 남은여생을 살아가야 합니다.

루터가 제시한 개혁교회의 원리인 오직 믿음, 오직 성경, 오직 은혜, 만인 제사장이란 명제로 부패하고 비성서적인 로마가톨릭교회에서 벗어나 자유를 구가하면서 신앙생활 할 수 있는 은총을 주신 하나님께 감사드려야 합니다. 또한 생명을 걸고 타락한 옛 교회를 떨쳐 버리고 새로운 교회를 시작한 루터의 믿음과 용기 그리고 결단에 찬사를 보내지 않을 수 없습니다.

11 November

믿음

11/01

"예수 그리스도는 어제나 오늘이나 영원토록 동일하시니라." (히 13:8)

어떤 형사지법의 판사가 다음과 같은 글을 썼습니다.

"형사 법정의 내가 믿는다면 모두가 믿을 것이라는 생각을 하게 된 것이, 나는 숭고한 인간이기 때문이 아니라, 지겨워 견딜 수 없어서 희망을 떠올린 것이다. 물론 그렇다한들 형사 재판장은 형벌 말고 별다른 수단이 없다. 그러나 세상을 살다보면 한마디 말과 작은 선의에 삶의 궤적이 바뀌는 경우가 있기에, 나는 법정에서 말과 글로 안간힘을 썼고, 그 노력에 대한 응답은 오래 걸리지 않았다. 사랑하는 아들과 노모의 호소에도 출소 후 다시 마약을 손댄 자신에게 실망해, 자살을 하려고 진정제를 한 움큼 입에 털어 넣었다가 실패하고 내 재판을 받은 마약 중독자가 있었다. 나는 그 얘기를 책에 썼고 그 책을 읽은 그가 출소한 다음 편지를 보내왔다.
'수많은 죄인 중에서도 저를 믿어주시며 단약(斷藥)할 수 있다고 하신 판사님의 말씀이 저를 새로운 사람으로 일어설 수 있게 했습니다. 판사님께서 믿어주셨기에 생이 다할 때까지 꼭 그 믿음을 지켜가는 삶을 살 것입니다. 저는 믿음이 무엇이냐고 물을 때 이렇게 말을 합니다. 믿음이란 그 결과가 어떻게 나온다 하더라도 그것을 그대로 받아들이는 것이라고요. 저는 세상에서 판사님을 가장 존경합니다.'
이 편지에 대한 답신을 다시 책에 실었다. '편지 덕분에 판사 노릇한 게 참 기뻤습니다. 선생의 편지는 판결 기계가 되어가는 제 단약(單弱)한 의

지마저 다잡아주셨습니다. 남은 판사 생활도 정신 바짝 차리겠습니다. 저도 선생을 존경합니다."

이 글은 자기를 믿어준 판사에 대한 고마움으로 마약을 끊고 재생의 길을 걷게 된 한 마약 사범의 글입니다. 이 마약 사범의 말 가운데, "믿음이 무엇이냐고 물을 때, 믿음이란, 그 결과가 어떻게 나온다 하더라도 그것을 그대로 받아들이는 것이라고요."라는 말을 필자는 생각해 보았습니다. 사람 간의 믿음은 결과가 어떻게 나온다 해도 그것을 그대로 받아들인다는 말은 의미가 있는 말입니다. 사람들 사이에는 신의라는 것이 있습니다. 그것은 믿음이지요. 아버지가 아들에게 "나는 너를 믿는다. 네가 잘 할 것으로 확신한다."라고 말하기도 하고, 죽마고우(竹馬故友) 절친에게도 "나는 자네를 믿네, 세상 모든 사람이 다 나를 배신한다 해도 자네는 나를 끝까지 믿어줄 줄 믿네."라고 말하기도 합니다.

로마 시대 영웅, 율리우스 황제(Julius Caesar)는 주전 44년 3월, 원로원에서 암살을 당합니다. 그때 그에게 칼을 들고 덤벼드는 사람들 중, 황제의 가장 절친한 친구 브루투스가 섞여 있는 것을 보고, 카이사르는 "브루투스, 너마저"라며 브루투스의 칼에 맞아 죽었습니다. 황제에게 있어서 브루투스는 배신자였지요. 황제는 적어도 절친 브루투스만은 자기를 배신하지 않으리라고 확신하고 있었지만, 브루투스는 절친인 황제가 로마 공화정을 전제 국가로 변형시키려는 것을 보고, 암살자들과 결탁하여 암살한 것입니다.

인간은 그 누구도, 가족도, 친척도, 친구도, 동업자도 믿을 수 없는 존재입니다. 인간은 사탄의 꼬임에 넘어가게 되어 있습니다. 마치 가룟 유다가 사탄의 꼬임에 넘어가 선생을 단 돈 은 30에 팔아먹은 것 같은 경우지요. 우리는 어떤 경우도 사람을 믿어서는 안 됩니다. 우리가 믿을 대상은 "어제나 오늘이나 영원토록 동일하신" 예수님뿐입니다.

다윗 왕의 보복

"죽은 자들이 자기 행위를 따라 책들에 기록된 대로 심판을 받으니"
(계 20:12b)

다윗 왕이 나이 많아 생의 마지막에 이르렀을 때에 후계자인 솔로몬에게 여러 가지 권면과 부탁을 했습니다. 그중 하나가 그의 생전에 보복하지 못한 사람들에 대한 응징을 아들에게 부탁한 일입니다. 첫째는 요압 장군이고 둘째는 시므이였습니다.

요압은 충성스런 다윗의 장군이었습니다. 여러 전쟁에서 혁혁한 공로를 세운 개선장군이었고, 이스라엘을 굳건하고 강력한 나라로 만든 일등 공신이었습니다. 그러나 그는 치명적인 실수를 했습니다. 그것은 무죄한 이스라엘 군사령관 넬의 아들 아브넬과 유다 군사령관 예델의 아들 아마사를 칼로 죽인 일입니다. "그가 그들을 죽여 태평 시대에 전쟁의 피를 흘리고 전쟁의 피를 자기의 허리에 띤 띠와 발에 신발에 묻혔으니… 그의 백발이 평안히 스올에 내려가지 못하게 하라."(왕상 2:5-6) 솔로몬이 제사장 아비아달의 대제사장직을 박탈하고 고향으로 쫓아냈다는 소식을 들은 요압이 겁을 먹고 성전에 들어가 제단 뿔을 잡고 있었습니다. 요압은 무죄한 장군 두 사람을 죽인데 더해, 압살롬을 따르지는 않았지만 압살롬의 편에 가담한 제사장 아비아달을 쫓은 죄가 더 있었습니다. 솔로몬은 여호야다의 아들 브나야를 보내 그를 쳐 죽이라고 명령했습니다. 따라서 그는 성전 안에서 죽임을 당해 불행한 생을 마감했습니다.

솔로몬은 제사장 아비아달에게 "네 고향 아나돗으로 가라 너는 마땅히 죽을 자이로되 네가 내 아버지 다윗 앞에서 주 여호와의 궤를 메었고, 또 내 아버지가 모든 환난을 받을 때에 너도 환란을 받았은즉 내가 오늘 너를 죽이지 아니하노라."(왕상 2:26)하고 아비아달의 제사장 직을 박탈하고 고향으로 추방시켰습니다.

다음은 시므이입니다. 다윗이 아들 압살롬에게 쫓겨 감람산 길로 올라갈 때 그의 머리를 가리고 맨발로 울며 가고 그와 함께 하는 모든 백성들도 각각 자기의 머리를 가리고 올라가고 있었습니다.(삼하 15:30) 그때, 사울의 친척 중 하나인 시므이가 나와 계속하여 저주하고 또 다윗 왕과 그의 모든 신하를 향하여 돌을 던졌습니다. 시므이는 다음과 같이 말했습니다. "피를 흘린 자여 사악한 자여 가거라 가거라. 사울의 족속의 모든 피를 여호와께서 네게 돌리셨도다… 네 아들 압살롬의 손에 넘기셨도다. 보라 너는 피를 흘린 자이므로 화를 자초하였느니라."(삼하 16:5-8) 불난 집에 부채질을 하는 시므이를, 아비새 장군이 "저 죽은 개를 내가 당장 쫓아가서 머리를 베어 버리겠다."(삼하 16:9)고 말했지만, 다윗은 내 친아들도 나를 죽이려 하지 않느냐, "여호와께서 그에게 다윗을 저주하라 하심이라"(삼하 16:10)며 그를 말렸습니다.

비록 말은 그렇게 했지만, 다윗이 얼마나 비통했겠습니까? 그러나 그는 끝까지 그에게 보복하지 않고 아들에게 그 일을 맡겼습니다. 솔로몬은 시므이를 불러, "너는 이제부터 예루살렘에 집을 짓고 거기서 살고 어디든지 나가지 말라… 네가 기드론 시내를 건너는 날에는 반드시 죽임을 당하리라. 그때는 그 피가 네 머리로 돌아가리라."고 경고했습니다.(왕상 2:36-37) 3년 후에 시므이의 종 2명이 도망을 하자, 시므이는 종들을 찾으러, 솔로몬과의 약속을 어기고 기드론 시내를 건너가, 가드에서 그 종들을 데리고 왔습니다. 어떤 사람이 이 사실을 솔로몬에게 이르자, 솔로몬이 시므이를 불러 "네가 밖으로 나가서 어디든지 가는 날에는 죽임을 당하리라 하지 않았느냐 네가 어찌하여 여호와를 두고 한 맹세와 내가 네게 이른 명령을 지키지 아니하였느냐? 여호와께서 네 악을 네 머리로 돌려보내시리라."(왕상 2:39-44)라고 말한 뒤 브나야를 보내 시므이를 쳐 죽였습니다.

우리는 이 사적을 통해 교훈을 얻습니다. 무엇보다 죄는 언젠가는 반드시 그 값을 치른다는 사실입니다. 요압 장군도 시므이도 자기들의 죄 값으로 죽임을 당했습니다. 무죄한 장군들을 죽인 요압도, 고난에 처한 다윗 왕에게 위로하기는커녕 오히려 저주하고 욕한 시므이가 살아 날 길은 없었습니다. 죄 값은 반드시 치러야 합니다. 세상에서 치르지 않으면 하나님의 심판대 앞에서 치를 것입니다. 우리는 세상에 살면서 성령님의 도움을 받아 범죄 하는 일을 최소화해야 합니다. 우리는 모두 하나님 앞에서, 사람들 앞에서 죄인입니다. 날마다 나의 죄악을 청산하는 삶을 살아야 합니다.

기독교권의 남녀 차별 (1)

11/03

"여호와 하나님이 이르시되 사람이 혼자 사는 것이 좋지 아니하니 내가 그를 위하여 돕는 배필을 지으리라 하시니라." (창 2:18)

인간의 역사는 차별의 역사라고 볼 수 있습니다. 사람이 이 세상에 태어날 때 공통적으로 하나님의 보내심을 받고 세상에 나왔습니다. 그렇지만 태어나는 순간, 그 생명의 운명은 결정되어 버린다고 해도 과언이 아닙니다. 우선 남자로 태어났느냐, 여자로 태어났느냐에 따라서 그의 운명은 결정됩니다. 또한 그가 귀족의 집안에서 태어났느냐 평민이나, 천민 가정에서 태어났느냐에 따라 그의 일생 역시 결정됩니다.

인류 역사가 시작된 이래, 지금까지 변함없이 내려오는 차별 중 하나는 남녀 차별입니다. 현재 자유민주주의 체제하에서 또 기독교 문화권 속에 여성의 인권이 옛날에 비해 획기적으로 신장된 것이 사실입니다. 이제는 모든 면에서 성차별이 없애기 위한 제도적 장치와 성숙한 시민의식으로 평등 사회가 이루어진 것 같습니다. 그렇지만 여성들이 완벽하게 남성과 동등한 위치에 이르렀냐고 질문하면 그렇다고 대답하기가 어렵습니다.

왜냐하면 여전히 눈에 보이지 않는 성차별이 존재하고 있기 때문입니다. 같은 시기에 같은 직장에 입사를 해도 임금에 차이가 있고, 또 진급하는 데도 성별이 장애가 되어 남성들보다 늦어지는 경우가 많습니다. 물론 결혼해서 출산하고 또 육아를 해야 되는 점은 남성 직원에 비해 불리한 여건임에 틀림이 없습니다. 결국 일과 육아라는 이중고를 감당하지 못하고 직장에 사표를 내고 전업 주부로 돌아가는 여성들도 적지 않습니다.

세계 종교 즉 불교, 힌두교, 기독교, 이슬람 가운데 가장 성차별을 철저히 하는 종교는 이슬람입니다. 모두 잘 아시는 것처럼 이 종교는 여자를 아이를 낳는 기계로 본다고 말하는 것이 정확합니다. 코란경에 한 남자는 아내를 넷까지 둘 수 있다고 규정하고 있고, 여자가 외출을 할 때는 얼굴과 온몸을 완전히 가리고 다녀야 하고, 반드시 아버지, 남편, 오라비가 동행해야 합니다. 여자는 교육을 받아서도 안 되고, 운전도, 투표도 할 수 없도록 규정합니다. 여자는 철저히 가정 안에 유폐되어 살아가게 되어 있습니다.

그렇다면 기독교 문화권에서는 여성을 어떻게 대우하고 있을까요? 태초에 하나님께서 사람을 창조하실 때, 아담과 이브를 차별하여 창조하시지 않았습니다. 아담을 먼저 창조하시고, 다음에 아담의 갈비뼈 하나로 여자를 창조하셨지만, 아담과 이브, 즉 남자와 여자 사이에 차별을 두시지 않았습니다. 이들이 선악과를 따 먹고 에덴에서 추방되었을 때, 이브에게는 "내가 네게 임신하는 고통을 크게 더하리니 네가 수고하고 자식을 낳을 것이며 너는 남편을 원하고 남편은 너를 다스릴 것이니라."(창 3:16)라고 말씀하셨습니다.

아담이 이브를 다스릴 것이라고 규정하셨는데, 여기서 다스린다는 말은 가정의 질서를 유지하라는 말입니다. 소위 가장(家長)을 의미합니다. 가장은 자기 마음대로, 원하는 대로, 하고 싶은 대로 할 수 있는 사람이 아닙니다. 다스리라는 말은 보호하고, 도와주며, 희생하라는 의미입니다. 폭군이 되라는 말은 절대 아니지요. 하나님의 창조에는 항상 질서가 있습니다. 가정의 질서를 유지하는 책무를 남편에게 준 것이지 아내를 하인이나 노예처럼 마음대로 부리라는 뜻은 그 어디에도 없습니다. 오늘도 여러분들의 가정에 하나님의 은총과 평화가 깃들기를 기원합니다.

기독교권의 남녀 차별 (2)

11
04

"여호와 하나님이 이르시되 사람이 혼자 사는 것이 좋지 아니하니 내가 그를 위하여 돕는 배필을 지으리라 하시니라." (창 2:18)

구약 성경에 보면 확실히 여성은 남성보다 차별을 받은 사실을 알 수 있습니다. 보통은 이스라엘을 모계(母系) 사회라고 보는데, 여러 면에서 지도자는 남성이었습니다. 가끔 여자 선지자가 없었던 것은 아니고, 또 드보라처럼 여자가 사사가 된 일도 있었으나 역대 왕들은 모두 남자였고, 여왕은 없었습니다. 제사장도 남자만 할 수 있었고(신 21:5), 이혼 요구도 남편만 할 수 있었으며(신 24:1-4), 특히 십계명의 열 번째 계명에는 아내를 물건들과 같이 나열하고 있습니다. 딸을 낳았을 때는 아들을 낳았을 때보다 정결예식 기간이 길었습니다.(레 12:1-5) 신약시대에 와서도 여성에 대한 차별이 있었습니다. 마태복음 1장에 보면 예수님의 족보가 나오는데 5명의 여성들이 나오지만 그 경우는 특수한 상황이어서 나온 것이지 일반적인 경우 족보에 여자 이름은 기록하지 않고 남자만 기록했습니다.

그러나 예수님의 사역으로부터 여성의 위치는 달라지기 시작했습니다. 우선 누구나, 즉 남녀 차별 없이 예수님을 믿을 수 있었고, 예수님은 이혼을 금지(막 10:2-12)하는 등 여성의 위치를 향상시키셨습니다. 예수님 승천 후, 이방인의 사도가 된 바울은 복음 선교에서 남녀 차별 철폐를 위해 애쓴 흔적이 보입니다. 고린도 교회에서 여자들이 분란을 일으키자, "여자는 교회에서 잠잠 하라."(고전 14:34)고 하셨고, 디모데에게 보낸 편지에서는 "여자가 가르치는 것과 남자를 주관하는 것을 허락하지 아니하노니 오직 조용할 지니라."(딤전 2:12)라고 경계하긴 했지만 이는 보편적으로 모든 여성에게 적용해서는 안 됩니다. 바울 선생의 중심에는 만인 평등사상이 짙게 배어 있습니다. 갈라디아교회에 보낸 편지에 "남자나 여자나 다 그리스도 안에서 하나이니라."(갈 3:28)라고 선언하였습니다. 즉 그리스도 안에서는 남자나 여자가 다 하나며 차별이 있을 수 없다는 의미입니다. 따라서 교회 안에 남녀의 구별이나 차별은 없습니다. 만일 있다고 하면 그것은 그리스도의 교회가 아닙니다.

그러나 교회 2천 년의 역사는 여성 차별의 역사입니다. 우선 2천 년 가톨릭교회 역사에서 여성은 결코 사제(priest)가 될 수 없습니다. 오직 남자만 사제가 될 수 있습니다. 유대교에서 남자만 제사장이 되었던 것과 같은 원리입니다. 개신교회는 교파마다 다른 입장을 취하고 있습니다. 즉 여자를 목사나 장로로 세우는 교단이 있고 결사반대하는 교단이 있습니다. 성경 어디에 여자를 목사로 세우면 안 된다는 말이 있나요? 예수님께서는 그런 말씀을 하신 일이 없습니다. 사도 바울도 그런 말을 한 일이 없습니다.

여자 목사, 장로 안수를 반대하는 측에서는 바울 선생이 디모데에게 보낸 편지에, "감독은… 한 아내의 남편이 되며"(딤전 3:2)라는 구절을 대며 한 아내의 남편은 남자이기 때문에 남자만 목사가 되어야 한다고 주장합니다. 그러나 여기 한 아내의 남편이란 성별을 강조한 것이 아니고, 일부일처에 초점을 맞춘 것으로 해석해야 한다는 학자도 많습니다.

성경 해석은 한 구절에 매이지 말고, 성경 전체의 맥락을 살펴보아야 합니다. 예수님께서는 여자를 남자보다 못한 존재로 여기셨느냐가 관건 아니겠습니까? 그런데 신약 성경 어느 곳을 찾아 봐도 예수님께서 여자를 남자보다 못한 존재로 여기신 대목을 찾을 수 없습니다. 그리스도의 복음은 인류가 형성해 놓은 낡은 전통과 구습을 타파하고 사람을 사람답게 여기는 복된 소식입니다. 그리스도 안에서는 선민이라는 유대인이나 개처럼 취급받던 이방인이나, 자유인이나 종이나, 남자나 여자가 다 그리스도 안에서 하나입니다.(갈 3:28)

이것이 기독교의 진수(珍羞)입니다. 인간을 인간으로 보는 것, 인간을 남녀로 차별하지 않는 것, 한 인간의 생명을 천하보다 귀하게 여기는 것, 한 생명은 하나님께서 자신의 생명을 버릴 만큼 소중하다는 것, 이것이 기독교의 진리입니다.

기독교권의 남녀 차별 (3)

"여호와 하나님이 이르시되 사람이 혼자 사는 것이 좋지 아니하니 내가 그를 위하여 돕는 배필을 지으리라 하시니라." (창 2:18)

예수님과 바울 선생이 남녀 차별을 언급한 일이 없었음에도 불구하고, 교회 안에서 여성을 차별한 역사는 교회의 시작으로부터 2천 년간 이어져 내려왔습니다. 동양의 유교 사상에서 남녀를 차별하여 남녀칠세부동석(男女七歲不同席), 즉 남녀가 7살이 되면 한 자리에 앉지 말라는 계율이 있었습니다. 여자는 남자와 같이 앉을 자격이 없다는 것이지요.

가계(家系)는 남자 즉 장손에 의해 이어져 내려간다는 전통에 따라 남아 선호 사상이 짙게 배어 있어, 무조건 여자가 어떤 집에 시집을 가면 아들을 낳아야 했습니다. 아들을 낳지 못하여 소박(疏薄)맞을 수도 있었습니다.

그러나 남녀 차별이 없다는 기독교 문화권에서도, 일반 문화권이 아닌 교회 안에서도 남녀의 차별은 심각했습니다. 가톨릭교회 2천년 역사에 여자사제가 없었고, 지금도 없습니다. 전 세계 가톨릭교회의 가장 심각한 문제는 신부 부족 사태입니다. 가톨릭교회는 교회 성격상 신부(神父)가 없으면 교회가 아닙니다. 신부가 있어야 성당(聖堂: 본당)이 되고, 신부가 없으면 공소(公所)일 뿐입니다. 따라서 신부 충원이 심각한데도 결코 수녀를 신부로 세우지 않습니다. 구약 이스라엘에서 제사장은 남자만 된다는 전통이 그대로 전수된 것입니다. 16세기 마르틴 루터와 장 칼뱅이 주도한 교회(종교)개혁 이래 1500년의 가톨릭교회를 청산하고 새로운 개신교회가 창설되었지만 남자만 목사가 될 수 있고, 여자는 목사가 될 수 없다는 가톨릭의 전통이 개신교에서도 여전히 이어져 내려 왔습니다.

미국에서 여성으로 처음 목사 안수를 받은 사람은 블랙웰(Antoinette B. Blackwell)로 회중교회목사입니다. 그 후 조금씩 진보적인 교회들이 여성에게 안수를 했습니다. 미국 장로교회는 1861년 남북전쟁으로 장로교회가 북장로교회, 남장로교회로 나뉘어 내려오다가, 갈라진 지 123년 만인 1983년에 다시 합해 현재 연합장로교회(United Presbyterian Church)가 되었습니다. 진보적인 북장로교회는 1950년대에, 보수적인 남장로교회는 1960년대에 여성에게 목사 안수를 실시했습니다. 미국 연합감리교회는 1956년 여성 목사 안수를 가결하고 27명의 여성에게 목사 안수를 하였습니다. 여기서 보는 바와 같이 여성에게 목사 안수를 한 것이 교회 개혁의 봉화가 올라 간지 500년이 지난 후에야 비로소 여성에게 안수를 했다는 사실을 보더라도 여성 차별의 벽이 무너지는 것이 얼마나 어려운지 알 수 있습니다.

교회개혁의 원리 중 '만인 제사장'이 있습니다. 모든 믿는 사람은 제사장이라는 의미입니다. 그러나 500년 동안은 남자만 제사장(목사)이었습니다. 그리스도의 정신과 바울 선생의 말씀이 교회 안에 실현되기까지 이렇게 긴 세월이 흐른 것입니다. 그런데 아직도 여성에 안수하는 것에 신경질적인 반응을 보이는 교단이 적지 않습니다. 실제로 보수적인 교단에서는 여전도회 주관 헌신예배 시에, 회장이나 기타 순서를 맡은 여성은 강단에 올라갈 수 없고, 한 단계 아래에서 예배를 인도하고 기도하게 하는 교회도 적지 않습니다. 이들이 말하는 '성경적'이란 무엇을 의미하는지 모르겠습니다. 여성에 안수하는 것이 죄를 짓는 것일까요? 말씀이 현실 교회에서 실현되기까지는 앞으로도 오랜 세월이 지나야 할 것 같습니다. 진정한 남녀 차별 없는 교회와 세상을 위해 계속 기도 해야겠습니다.

군대 마귀 (1): 옷을 입지 아니하고

11/06

"그 사람은 오래 옷을 입지 아니하며 집에 거하지도 아니하고 무덤 사이에 거하는 자라" (눅 8:27)

예수님께서 이 세상에 오신 목적은 죄악에 얽매여 있는 인류에게 자유를 주시기 위함입니다. 특히 사탄의 권세에 얽매여 있는 인간을 구원하시고 자유를 주시기 위해 오셨습니다. 이 세상은 사탄이 장악하고 다스리는 곳입니다. 사탄은 특히 사람들 속에 들어가 인간을 악마로 만들어 버립니다. "인간의 탈을 뒤집어쓰고, 어떻게 그런 잔인한 일을 할 수 있을까?" 인면수심(人面獸心) 즉 인간 얼굴에 짐승의 마음으로 행동한다는 뜻이지요. 그런 짓은 그 인간이 한 것이 아니고, 사탄이 그 사람 속에 들어가 그로 하여금 그렇게 하도록 만든 것입니다. 우리가 죄악을 범하는 것은 우리 속에 있는 악마가 죄를 짓게 한 것입니다. 사탄에 얽매여 있는 인간은 사탄의 종일뿐입니다.

누가복음 8장에 예수님께서 제자들과 함께 거라사 지방으로 여행을 하신 기사가 있습니다. 그곳에 가셔서 귀신 들린 자 하나를 만났습니다. 그 사람은 오랫동안 옷을 입지 않고, 집을 떠나 무덤 사이에 사는 사람이었습니다. 그가 예수님을 보고 큰소리로 "지극히 높으신 하나님의 아들 예수여 나와 당신과 무슨 상관이 있나이까? 당신께 구하노니 나를 괴롭게 마옵소서."라며 부르짖었습니다. 그 사람은 지나는 행인에게 행패를 부리고, 자기 몸을 자해(自害)하는 일을 수시로 해서 사람들이 그의 손과 발을 쇠사슬과 쇠고랑으로 채워 놓았지만, 어디서 그런 힘이 났는지 그것을 끊고 귀신에게 몰려 광야로 달려 나가곤 했습니다.

예수님께서 "네 이름이 무엇이냐?"고 물으니 "군대"라고 대답했습니다. 군대는 헬라어로 레기온(Legion)인데, 이는 로마제국시대 약 5~6천 명의 기병과 보병으로 이루어진 군대 단위였습니다. 그가 자기의 이름을 레기온이라고 말한 것은 자기 속에 그렇게 많은 귀신이 들어 있었기 때문입니다. 예수님은 그를 불쌍히 여겨 그 군대 마귀에게 명하사 근처에 있던 돼지 떼 속으로 들어가게 하셔서 그를 온전케 해주셨습니다.

우리는 이 사건에서 몇 가지 교훈을 얻게 됩니다. 먼저 이 군대 마귀 들린 사람은 본디 정상적인 사람이었는데, 군대 마귀가 그 속에 들어가면서부 악마로 전락했습니다. 인간이 인간인 것은 인간답게 살 때입니다. "그 놈은 인간도 아니다."라는 말을 듣곤 하는데, 그 말은 인간이라기보다는 차라리 짐승이란 말이지요. 군대 마귀가 들린 이 사람은 인간이 아닌 악마로 전락했습니다. 인간이기를 포기한 첫 번째 모습은 옷을 입지 않은 상태입니다.

세상에 수많은 동물 가운데 옷을 입는 동물은 오직 인간밖에 없습니다. 따라서 동물과 인간이 구별되는 첫 번째 차이점은 옷을 입었느냐 안 입었느냐 입니다. 가끔 애완견이 옷을 입고 밖에서 운동하는 모습을 보는데, 그것은 귀엽게 보이기보다 어울리지 않는다는 생각을 하지요. 동물은 생긴 그대로, 옷을 입지 않은 상태가 그 동물의 본디 모습입니다. 동물이 옷을 입은 것은 마치 인간이 옷을 벗은 것과 동일한 모습입니다.

하나님께서 에덴동산에서 처음 인간 아담과 이브를 창조하셨을 때, 그들은 옷을 입지 않았습니다. 그렇지만 그들이 하나님의 명령을 어기고 선악과를 따먹은 후에 맨 먼저 알게 된 것은 자기들이 옷을 입지 않았다는 사실이었습니다. 그래서 그들은 넓은 무화과나무 잎을 엮어 허리 아래를 둘러 수치를 가렸습니다. 이것이 인간이 느낀 첫 감정 즉 수치의 감정입니다. 따라서 수치를 모르는 인간은 인간이 아닙니다.

동물은 수치를 모릅니다. 아니, 수치라는 개념 자체가 없습니다. 옷을 입는 행위는 수치를 안다는 의미입니다. 하나님께서는 아담과 이브를 에덴동산에서 추방시키실 때 가죽으로 된 옷을 입혀 세상으로 내보냈습니다. 우리 속담에 '입은 거지는 먹고 살아도, 벗은 거지는 굶어 죽는다.'는 말은 아무 옷도 입지 않은 거지는 집집마다 다니며 구걸을 할 수 없기 때문입니다.

아이들을 길러본 사람들은 가끔 이런 경험을 합니다. 서너 살 정도 되었을 때 여름에 날씨가 더우니까 아기가 옷을 훌랑 다 벗고 밖으로 뛰어 나가는 경우가 있습니다. 그때 엄마는 당황해서 아이를 쫓아가서 집으로 데리고 들어와 옷을 입히지요. 이 아이는 아직 수치의 개념을 모르는 미성숙한 상태입니다. 아이가 조금 커, 유치원에 다닐 정도가 되면 결코 옷을 벗고 밖에 나가지 않습니다. 아무리 맛있는 것을 주면서, 아무리 갖고 싶은 장난감을 주면서 벌거벗고 밖으로 나가라 해도 결코 밖에 나가지 않습니다. 왜냐하면 옷을 벗고 나가는 것이 수치스럽다는 사실을 벌써 5살 된 어린 것들이 알았기 때문이지요. 수치를 아는 것 그것이 바로 인간이 되는 첫 번째 단계입니다.

그러나 우리 주변에 수치를 모르는 인간들이 부지기수로 널려 있습니다. 수백억 수천억을 사기 쳐 먹고 또 온갖 부정한 짓을 해놓고도 양복에 넥타이를 매고 영국 신사처럼 차린 후 검찰 청사 앞 기자들에게 자기는 아무 죄가 없고, 이것은 모함이라며 큰소리칩니다. 저들은 얼마 후 유죄 판결을 받고 수의(囚衣)를 걸친 채, 손에 수갑을 차고, 고개를 푹 숙이고, 기자들의 질문에 묵묵부답으로 교도관에게 끌려가지요. 수치를 모르는 짐승과 진배없는 인간들입니다. 잘못했으면 솔직히 시인하고 피해자들과 국민에게 사과하고 뉘우치는 모습을 보이면 일말의 동정이라도 받을 수 있을 터인데, 수치를 모르는 인간은 스스로 짐승으로 전락해 버리는 것입니다. 인간들은 주변에 보는 눈만 없으면,

법망만 피해 갈 수 있으면, 양심은 헌신짝처럼 내버리고, 온갖 더러운 짓을 하며 살아갑니다. 수치의 개념이 아예 없는 짐승들이지요.

일제가 35년 동안 배달겨레와 교회에 저지른 무수한 범죄행위에도 불구하고 제대로 된 사과 한 번을 하지 않고 있습니다. 뻔뻔스러운 일본인들의 행태에서 수치를 모르는, 인간이기를 포기한 모습을 봅니다. 거라사 지방 군대마귀는 주님 만난 후 오래 입지 않던 옷을 입고 주님 앞에 겸손히 앉아 있었습니다. 그는 옷을 입은 후 수치를 깨달은 인간이 된 것입니다.

성경은, "그에게 허락하사 빛나고 깨끗한 세마포를 입게 하셨은즉 이 세마포는 성도들의 옳은 행실이로다."(계 19:8)라고 말합니다. 빛나고 깨끗한 세마포를 입는 날이 올 터인데 그 세마포는 바로 성도들의 행실이라 했습니다. 우리의 행실이 바르지 못하면 우리는 세마포를 입을 자격이 없고 수치를 그대로 드러낼 것입니다. "청결한 양심과 거짓 없는 믿음"(딤후 1:3,5)이 우리가 천국에 갈 때 입을 깨끗한 세마포입니다. 우리 모두 육신의 장막을 벗는 날, 청결한 세마포를 입고 천상의 삶을 시작할 날을 기다리며 재림하실 예수님을 맞을 준비를 하면서 오늘 하루를 살아갑시다.

군대 마귀 (2): 집을 떠나서

11
07

"집으로 돌아가 하나님이 네게 어떻게 행하신 것을 일일이 고하라 하시니 저가 가서 예수께서 자기에게 어떻게 큰 일 하신 것을 성내에 전파하니라." (눅 8:39)

군대 마귀의 두 번째 특징은 집을 떠났다는 점입니다. 사람은 집에서 태어나서 자라고, 교육 받고, 성인이 되면 출가해서 새로운 가정을 이루어 부모의 집을 떠납니다. 옛날 맏아들은 부모님이 돌아가실 때까지 본가에서 부모님을 모시고 살았지요. 출가한 동생들은 명절이나 부모님 생신을 맞이하면 다시 고향집으로 돌아와서 온 가족이 축하하며 즐거움을 나누었습니다.

사람은 죽는 날까지 부모님이 계시는 집, 고향을 그리워하며 기쁜 일이나 슬픈 일이 있을 때 부모님에게 와서 기쁨과 슬픔을 함께 나눕니다. 예전 사람들은 집에서 태어나 삶이 시작되고 생을 마감할 때도 집에서 그렇게 했습니다. 물론 요즘은 집에서 숨을 거두는 사람보다는 대개 병원으로 실려가 응급실에서 혹은 중환자실에서 생명을 거두는 경우가 많지만 조금만 과거로 거슬러 올라가면 병원이 많지 않아, 사람은 거의 집에서 숨을 거두었습니다.

집에서 생을 마무리하는 사람은 행복한 사람입니다. 집을 떠나 타향에서 생을 마감하면 그것을 객사(客死)라 하지요. 객사한 사람은 가족들이 그가 살았는지 죽었는지도 모르고 시신도 수습하지 못하여 기일(忌日)조차 알 수 없는 경우도 적지 않습니다. 사람은 아침에 집을 나가면 저녁에 돌아옵니다. 그래서 인간 삶의 터전이 바로 집이요 가정입니다. 그런데 이 군대 마귀는 집을 떠났습니다. 그럴 수밖에 없었던 이유는 성인이 옷을 다 벗어 버렸기 때문에 집에 살 수가 없었지요. 따라서 그는 집을 떠날 수밖에 없었습니다.

인간이라면 옷을 입고 수치를 가려야 비로소 인간이 되는 것 아닙니까? 그런데 우리는 나체촌, 나체 해변이 있다는 말을 듣고 있습니다. 필자는 그런 곳에 가 본 일이 없어서 어떤지 알 수 없지만, 상상은 할 수 있습니다. 그곳에서는 남녀를 불문하고 실오라기 하나 걸치지 않고, 완전히 벗은 몸으로 지낸다는 얘기를 들었습니다. 상상만 해도 그곳에 있는 인간들이 인간이기를 포기하고 모두 옷을 벗고 집을 떠나서 사는 군대마귀와 다른 점이 무엇인지 모르겠습니다. 옷 입지 않고 끼리끼리 사는 사람들은 원숭이들이나, 침팬지들이 떼 지어 사는 것과 무슨 차이가 있을까요? 그들도 겨울이 되면 나체로 살지는 못하겠지요. 하나님께서 아담과 이브에게 가죽옷을 입혀 세상으로 내보내신 것은 인간이 벗고 살 수 없는 존재이기 때문이 아니겠습니까? 짐승들도 자기가 낳은 둥지나 굴이 있습니다. 동물들도 먹이를 구하기 위해 둥지나 굴을 떠났다가 저녁이나 아침이 되면 다시 그 둥지나 굴로 돌아와서 휴식을 취합니다.

"집 떠나면 고생이다."라는 말을 자주합니다. 집에는 부모 형제가 있을 뿐만 아니라 내게 필요한 것들이 거의 갖추어져 있습니다. 그러나 집을 떠나면 필요한 것들을 모두 가지고 다닐 수 없기 때문에 그때부터 불편한 삶이 이어지게 됩니다. 집을 떠난 사람은 다시 집으로 돌아오게 되어 있습니다. 외국 유학생은 공부가 끝나고 목표한 학위를 받은 다음 다시 집으로 돌아옵니다. 사업 때문에 해외에 나갔던 사람도 일이 끝나면 집으로 돌아옵니다. 해외여행을 떠난 사람도 여행이 끝나면 다시 집으로 돌아옵니다. 집은 사람이 이 세상에서 돌아가야 할 마지막 종착지입니다. 우리가 세상에 사는 동안에는 육신의 집이 종착지지만, 우리의 생명이 끝나는 날 영원한 우리 삶의 종착지인 천국으로 돌아가게 되어 있습니다.

그러나 군대 마귀는 집을 떠난 후 다시 집으로 돌아오지 않았습니다. 다 벗은 몸으로 집을 떠나 무덤 사이에서 살고 있었기 때문이었지요. 35년의 일제 강점기를 지나 해방이 되었을 때, 김일성은 북한에 인민공화국을 수립했고, 공산당은 배운 사람, 가진 사람, 관리, 군인, 기독교도들을 박해하기 시작했습니다. 그래서 수많은 사람들이 공산당의 박해를 피해서 이남으로 내려 왔습니다. 소위 월남민(越南民)들이지요. 그들은 꿈에서라도 고향에 남겨 두고 온 부모님, 가족들, 교회 교우들, 그리고 고향 사람들을 그리워하며 살아갑니다. 태어나고 자라던 그 고향을 다시 한 번 돌아가 보고 싶은 심정으로 애달픈 귀향의 서글픔을 품고 살아갑니다. 이산가족 만남이 있을 때, 많은 사람이 가족을 만나기 위해, 고향 소식을 듣기위해서 앞 다투어 신청을 하지만 선발이 안 돼, 슬픈 눈물을 흘리는 월남민이 얼마나 많은지요. 집으로 돌아가지 않고 목적 없이 떠돌아다니는 사람은 분명 제정신이 아닌 사람입니다. 치매에 걸린 노인들이 집을 나와 정처 없이 헤매고 다니는데, 자기 집 주소도 전화번호도 몰라 집을 찾아 주기 난감한 경우가 흔하지요.

군대 마귀 들린 사람이 예수님을 만난 후 제정신이 돌아왔습니다. 옷을 입었고, 전에는 만나는 이마다 상해를 입히던 그가 많은 동네 사람들이 보고 있는 가운데, 예수님 앞에 겸손히 무릎 꿇고 앉았습니다. 군대마귀 레기온은 떠나가고, 제정신이 돌아온 것입니다. 이제 그는 옷을 입은 정상적인 사람이 되었습니다. 그는 예수님을 따르겠노라고 하소연했습니다. 그러나 예수님께서는 "집으로 돌아가라."고 말씀하셨습니다. 예수님은 이 세상에 집이 없었고 한 집에 머무르지도 아니하셨습니다. 이곳저곳을 다니면서 말씀을 선포하고, 병자를 치료해주셨으며, 백성들에게 천국 복음을 가르치시는 일을 하셨습니다. 그 가운데 중요한 일은 군대 마귀 들린 정신 나간 사람들, 술에, 마약에, 도박에, 음란에 미쳐 옷을 벗고, 집을 나간 인간들을 제정신 차리게 해주시는 일이었습니다. "집으로 돌아가라, 그리고 하나님이 네게 어떻게 행하신 것을 일일이 고하라."는 말씀은 복음 선포를 의미하신 것입니다. 세상 집에 살면서 하나님의 사역을 끝낼 때, 비로소 영원한 집, 천상의 집으로 가는 것이 그리스도인의 삶입니다. 내가 갈 최종 종착지 그곳이 바로 진정한 나의 집입니다. 주님은 말씀하셨습니다. "네 집으로 돌아가라."

군대 마귀 (3): 무덤 사이에 거하는 자

11
08

“이 사람은 오래 옷을 입지 아니하며 집에 거하지도 아니하고 무덤 사이에 거하는 자라.” (눅 8:27)

예수님께서 거라사 지방에서 만난 군대 마귀 레기온의 세 번째 모습은 무덤 사이에 거주한 것입니다. 공동묘지는 사람들이 사는 곳이 아니고, 죽은 시신들이 묻혀 있는 죽음의 땅입니다. 따라서 살아 있는 사람은 무덤 사이에 살 수 없습니다. 그곳은 사람들이 평소에 잘 가지 않는 곳이며 밤에는 유령들이 떠돌아다닌다는 소문으로 공동묘지 근처에 가기 꺼려합니다. 묘는 겉으로 보기에 아무렇지도 않지만, 그 속에는 썩은 냄새 나는 시신이 놓여 있고, 구더기와 각종 벌레들이 득실거리는 절망의 현장입니다.

묘지는 가족들이 한가위 때 벌초 하고 제사 드리기 위해 잠시 다녀가는 곳입니다. 산 사람은 공동묘지에서 살 수 없습니다. 그런데 군대 마귀 레기온은 산 사람임에도 불구하고 그의 거처를 무덤 사이에 정했습니다. 그도 그럴 것이 그는 옷을 다 벗어 버리고 집을 떠났으니, 갈 곳이 없었지요. 옷을 벗은 성인이 어떻게 사람들이 거주하는 동네에서 살 수 있었겠습니까? 그래서 레기온은 아무도 오지 않는 무덤가에 그의 삶의 터전을 마련한 것입니다.

현대 문명은 무덤과 같습니다. 무덤은 희망이 없는 절망의 장소지요. 현대인은 예수님께서 지적한 것 같이 회칠한 무덤 같은 존재들입니다. 겉은 번지르르하고 멋있어 보이나, 속에는 썩어문드러진 더러운 오만, 거짓, 허위, 시기, 질투, 모함, 멸시, 하시(下視), 불법 등이 도사리고 있는 무덤 속 오물과 같은 것이 가득 차 있는 존재들입니다. 현대인은 내일이 없는 현세주의자들로 끝 간 데 없는 향락주의와 더불어 온갖 더러운 비리와 부정으로 넘쳐나는 존재들입니다. 가는 곳마다 사기꾼이 득실거리고 흉악한 범죄들이 자행되고 있으며 사기, 방화, 폭행, 탈세, 성추행, 성폭행, 동성혼, 수간, 불륜 등 가지각색 죄악이 가득 찬 곳이 우리가 살고 있는 현대 문명사회입니다.

허무주의와 향락주의에는 내일이 없습니다. 오직 오늘만 있을 뿐입니다. 살아 있는 사람은 저녁에 잠을 자고 내일 아침에 일어나면 새로운 날이 시작되지만, 죽은 이들에게 내일은 없습니다. 하루살이 한 마리와 모기 한마리가 하루 종일 같이 놀다 저녁에 되어 헤어지면서, 모기가 하루살이에게 얘기했습니다. "내일 또 다시 만나서 놀자." 하루살이가 대답했습니다. "내일이 뭐야?" 하루살이는 하루밖에 살지 못하기 때문에 내일이라는 개념이 없습니다. 그러나 모기는 여러 날 살기 때문에 내일을 알고 있고, 또 내일은 반드시 온다는 것을 알고 있습니다. 그런데 세상 사람들은 이 세상에 종말이 오면 모든 것이 끝난다고 여기면서 내세(來世)가 없다고 생각합니다. 천국도, 지옥도 없고, 죽으면 모든 것이 끝난다고 생각합니다. 그러나 그것은 그들의 생각일 뿐 내일은 분명히 있습니다. 하루살이가 내일을 모르는 것 같이, 불신자들이나 공산주의자들은 내일이, 내세가 없다고 항변하지만, 내세는 반드시 존재한다고 성경은 분명히 선포합니다. "한번 죽는 것은 사람에게 정하신 것이요 그 후에는 심판이 있으니라"(히 9:27) 사람이 죽은 후에는 반드시 최후의 심판이 있습니다. 만일 심판이 없다면 이 세상에서 억울한 일을 당하고도 원한을 풀지 못하고 죽은 사람의 신원(伸冤)은 어디서, 누가 해결해 준단 말입니까? 저들이 믿든지 말든지 천국과 지옥은 있고 또 모든 인간은 이 두 곳 가운데 한 곳으로 가게 되어 있습니다. 예수님의 가르침입니다.

요즘 자유주의 신학자들 중에, 목사들 중에, 신학생들 중에 천국도 지옥도 없다고 말하는 사람들이 적지 않게 있습니다. 그러나 필자는 그들에게 묻습니다. 당신들은 성경에 기록된 말씀을 믿습니까? 성경에 기록된 것을 믿지 않으면 그가 유명한 신학자인지, 저명한 목사인지, 뛰어난 신학생인지 모르지만, 그는 그리스도인은 아닙니다. 그리스도인이 아닌 사람들이 성경 말씀을 믿지 않는 것은 당연한 일이지요. 내일이 없는 현실주의자들은 이 세상만이 유일하기 때문에 죽기 전에 먹고 마시고 즐기고 춤추고 놀고 인생을 만끽하는 것으로 삶의 의미를 찾아보려고 합니다. 그러나 그들에게 주어지는 것은 삶의 만족이 아니라 허무와 불안, 공포와 두려움뿐입니다. 그들은 일생을 살아가면서 그들에게 닥쳐오는 모든 고난과 역경 속에서 절망하고 경우에 따라서는 스스로 자기 생명을 끊는 마지막 선택을 하는 사람들도 적지 않은 것을 우리는 알고 있습니다.

그러나 우리 그리스도인들에게는 결코 이 세상으로 끝나는 것이 아니고 무덤이 끝이 아닙니다. 많은 사람들은 이 세상으로 모든 것이 끝나고 그 이후에는 아무것도 없다고 주장하지만, 그것은 그들의 착각에 불과하고, 믿든 안 믿든 내세는 존재하고 영원의 세계가 있다는 것을 성경이 분명히 알려 주고 있습니다. 따라서 우리는 이 세상을 살아가는 동안 내 삶에 충실해야 하고, 하나님의 말씀에 순복해야 하고, 하나님의 뜻을 따라 하나님께서 기뻐하시는 삶을 살아야 합니다. 내세가 없다고 하면서 예수님을 믿지 아니하는 사람은 영원한 멸망과 지옥이 있을 따름입니다.

군대 마귀는 예수님을 만난 후에 무덤에서의 절망적 삶을 끝맺음 했습니다. 영원한 삶의 원천이신 예수님께서는 그에게 "집으로 돌아가라."고 말씀했습니다. 더 이상 무덤 사이에 살지 말고 가족이 있는, 기쁨과 위로가 있는, 부모와 아내 그리고 자녀들이 있는 집으로 다시 돌아가라고 명하셨습니다. 여기서 예수님께서 말씀하신 집은 레기온의 세상 집과 더불어 영원한 세계에 있는 영생의 집을 의미하신 것입니다. 우리가 돌아가야 할 마지막 집은 천국에 있는 영원한 집입니다.

사랑의 징계

"초달을 차마 못하는 자는 그 자식을 미워함이라 자식을 사랑하는 자는 근실히 징계하느니라." (잠 13:24)

동서고금 언제나, 어디서나 부모는 자식이 잘 되기를 바랍니다. 내 자식은 어디에 내어 놓아도 교양 있고, 겸손하며, 바르고, 진실할 뿐만 아니라 정직하게 살면서 많은 사람들로부터 사랑과 존경을 받으며 살아가기를 원합니다. 모든 부모는 "그 부모가 누군지 참 자녀 교육을 잘 시켰다."라는 말을 듣기 원합니다.

그렇게 되기 위해서는 어려서부터 가정교육을 철저히 시켜야만 합니다. 특히 양친 부모가 없는 고아들은 부모 없이 고통 중에 살아온 것도 서러운데, 평생을 고아라는 딱지를 붙이고 살아가지 않으면 안 됩니다. 특히 여자인 경우, 결혼할 때 이것이 치명적 결점이 되어 다 된 결혼이 파혼으로 끝나는 경우도 적지 않습니다. 흔히 시어머니는 며느리가 못마땅하면 "친정에서 그렇게 배웠느냐? 친정에서 어떻게 배웠기에 그 모양이냐?"라는 말로 며느리를 구박할 뿐만 아니라, 며느리 친정까지 싸잡아 욕을 하는 경우가 많습니다. 그럼 그런 말을 하는 시어머니는 자기 자식들을 어디 내놓아도 흠 잡힐 것 없는 완벽한 자식으로 교육시켰을까요?

오늘 성경 본문 잠언의 말씀에도 "자식에게 회초리를 들지 않은 것은 그 자식을 미워하는 것"이라 말하고 있습니다. 자식을 사랑하는 부모는 소위 '사랑의 매'를 들어야 한다고 권면하고 있습니다. 영어에 "Spare the Rod, Spoil the Kids."라는 말이 있습니다. '회초리를 아끼는 것은, 아이들을 망하게 한다.'는 뜻입니다. 그런데 2021년 1월, 한국 국회에서 소위 '사랑의 매'를 금지하는 법을 통과시켰습니다. 이것은 민법 제915조에 '친권자는 그 자녀를 보호 또는 교육하기 위하여 필요한 징계를 할 수 있고, 법원의 허가를 얻어 감화 또는 교정기관에 위탁할 수 있다.'라는 조항을 삭제한 것입니다.

우리나라에서 부모는 자녀들에게 체벌 즉 매를 때려서라도 바르게 교육을 시킬 수 있다는 법이 지금으로부터 60년 전인 1958년에 제정되었습니다. 따라서 이 조항은 부모의 체벌을 정당화하는 법적 근거가 되어 부모가 자식을 구타해도 교육적 목적이었다라고 말하면 처벌을 할 수가 없었습니다. 그러나 근래에 부모들이나 양부모들이 지나치게 자녀들을 학대하고 폭행하여 상해를 입히는 일이 자주 일어나자 결국 한국 국회도 오래된 법을 폐지하기에 이른 것입니다. 결정적인 계기는 최근 '정인이 사건' 입니다.

한국에서 2019년 한 해 동안 신고 된 아동 학대 건수는 약 4만 건이었습니다. 이 중 약 80%가 가정에서 즉 부모가 자녀를 학대한 사례입니다. 학대의 대부분은 체벌(구타)입니다. 이 학대로 사망한 아동이 42명이나 됩니다. 물론 이런 체벌로 영구 장애와 일시적 장애 그리고 평생 지워지지 않는 흉터를 갖고 살아가야 하는 아이들이 부지기수입니다. 모든 법이나 제도는 좋은 목적을 위해 만든 것인데 이를 악용하는 자들이 있어 다양한 폐해가 생겨납니다. 술 마시고 들어와서 아무 잘못도 없는 어린 것들을 때리고 상처를 내도, 후에 아이들이 말을 안 들어 교육시킨 거라고 말하면 처벌을 할 수 없는 것이 이번에 폐지된 법의 맹점이었습니다.

잠언에서 말하는 "근실히 징계하느니라"(chasten him betimes)는 그야말로 '사랑의 매'를 의미합니다. 사랑이 결여된 징계, 즉 부모가 화가 나서 자식을 체벌하는 것은 교육이 아니고 자기 화풀이에 지나지 않습니다. 화가 나서 매를 때리면 부모의 화가 독이 되어 가볍게 때렸는데도 생명을 잃는 경우가 있는데, 이는 그 부모의 분(憤)이 독이 되어 아이를 독살한 결과가 되는 것입니다. 결국 아버지의 폭행에 견디지 못하고 집을 뛰쳐나가기도 하고 심지어 아버지에 대한 원한을 품고 평생 만나지도 않고 아비로 인정도 하지 않은 최악의 상황에 이른 경우도 흔합니다. 자식이 잘못을 저질렀을 때, 빰을 때린다든지, 주먹으로 머리를 때린다든지, 발로 찬다든지, 물건으로 때리는 등 어떤 경우도 직접 몸에 위해를 가해서는 안 됩니다. 왜냐하면 이런 경우 십중팔구는 홧김에 화풀이하는 것이지 교육이 목적이 아니기 때문입니다. 좋은 말로 설득하고, 안 되면 체벌이 아닌 '반성 의자'에 앉힌다든지, 일정한 시간 자기 방에서 새악할 시간을 준다든지 하는 방법을 강구해야 할 것입니다. 성경에서 이야기하는 '근실히 징계한다'는 말은 사랑이 전제된 것이고, 분풀이 체벌은 안 된다는 의미로 해석해야 합니다. 이번 법 개정으로 이제 이런 행위는 모두 체포되고 처벌을 받게 되어 있어서 앞으로는 더 이상 이런 야만적인 행위가 사라지기를 기대해 봅니다.

이제 한국도 문명사회로 한 걸음 진일보하게 되었습니다. 기독교의 근본은 사랑입니다. '사랑의 매'가 아니라 '눈물 어린 부모의 사랑의 기도'가 자녀를 바른 길로 인도하는 첩경입니다. 부모가 어거(馭車)하지 못하는 자식도 성령님께서 바르게 이끌어 주시기 때문입니다. 예수님의 말씀은 진리입니다. "기도 외에는 다른 길이 없다."(막 9:14) 자녀들과 손주들을 사랑하십니까? 자녀와 손주들이 잘 되기를 바라십니까? 열심히 기도하셔야 합시다. 이 험악하고 타락한 세상에서 우리 아이들을 지키는 길은 오직 기도 외에 다른 길은 없습니다.

동물의 세계, 인간의 세상

11
10

"자녀들아 우리가 말과 혀로만 사랑하지 말고, 오직 행함과 진실함으로 하자." (요일 3:18)

헬무트 틸리케(Helmut Tielicke, 1908-1986)는 독일 개신교 윤리학자로 함부르크대학교 교수를 오래 하신 분입니다. 그의 저서 『윤리학』은 기독교 윤리학계의 명저로 알려져 있습니다. 그는 성경적이고 복음적 기독교 사상을 주장한 신학자로 기독교의 전통 교리를 수용하면서도 현대 상황과 관련지은 기독교 윤리를 전개했습니다. 제2차 세계대전이 종반전에 접어들었을 때 독일은 나치 치하에서 매우 어려운 상황에 놓여 있었습니다. 특히 직장을 찾아 헤매는 사람들이 몰려다니던 상황이었지요. 틸리케도 직장을 찾아 다녔지만, 전쟁 통에 직장이 그렇게 쉽게 구해지지 않았습니다.

그러던 어느 날 아침 조간신문 구인난을 보았더니, 함부르크 동물원에서 사람을 구한다는 구인광고가 올라와 있었습니다. 아침 식사도 거른 채 이른 아침 동물원 원장 집무실 앞에서 기다리다 원장이 사무실에 들어서자 "사람을 구한다고해서 왔습니다."라고 얘기를 했습니다. 원장은 미소를 지으면서, "당신, 동물원에서 시키는 일은 무슨 일이든지 다 하겠소?"라고 물었습니다. 틸리케는 "무슨 일이든지 시켜만 주시면 열심히 잘 하겠습니다."라고 대답했습니다. 그랬더니 원장이 웃으며 "그렇게 어려운 일은 아니오. 당신이 알다시피 전쟁 통에 사람들이 먹을 것이 없어 동물들을 다 잡아 먹어버리고, 가죽밖에 남지 않았소. 이제 동물원을 다시 개원해야겠는데 갑자기 많은 동물을 구할 수도 없고, 또 예산도 없어서, 한 가지 아이디어를 생각했소. 그것은 실업자들이 많으니 그들을 고용해서 사람이 동물 가죽을 쓰고 동물 행세를 하게하는 것이오. 당신, 이 일을 잘 해낼 수 있겠소?"라고 물었습니다. 틸리케는 집에서 굶는 것보다 낫다고 생각하고 "채용만 해주시면, 열심히 하겠습니다."라고 대답을 했습니다.

틸리케는 그날 바로 채용이 되었고, 원장은 "당신은 키도 크고 덩치도 좋으니까 곰 가죽을 쓰고 곰이 되시오."라고 얘기했습니다. 틸리케는 바로 곰 우리에 가서 곰 가죽을 뒤집어쓰고 곰 행세를 하며 지냈습니다. 관람객들이 없을 때는 앉아서 쉬다가 관람객과 아이들이 우리 앞에 오면 어슬렁거리며 곰 행세를 했지요. 어느 날, 여느 때처럼 곰 우리에서 곰 가죽을 뒤집어쓰고, 앉았는데, 초등학교 3학년 정도 되는 아이들 수십 명이 선생의 인솔로 곰 우리 앞으로 우르로 몰려 왔습니다.

선생은 아이들에게 곰의 생태에 대해서 설명해 주기 시작했습니다. "곰은 고집이 세고, 머리는 멍청하며, 기운은 무척 세고, 겨울에는 겨울잠을 자며"어쩌고 한참 설명하더니, 마지막으로 "이놈은 미련한 곰탱이지만 그래도 춤을 추는 재주가 있다."고 말했습니다. 틸리케는 그 말을 듣고 아이들을 즐겁게 해 주려고 앞발을 들고 일어서서 덩실 덩실 춤을 추기 시작했습니다. 아이들은 곰이 춤춘다며 손뼉을 치고 깔깔거리면서 난리가 났습니다. 신이 난 틸리케는 아이들을 좀 더 즐겁게 해 주려고 곰 우리 위로 길게 뻗은 나무 가지 위로 기어 올라가서 앞발을 들고 춤을 추다 그만 헛발을 디뎌서 아래로 뚝 떨어지고 말았습니다.

아이들은 놀라서 소리를 지르면서 어떻게 되었나 하고 궁금해했습니다. 그런데 공교롭게도 옆에 있는 호랑이 우리로 뚝 떨어졌습니다. 아픈 것도 모르고 벌벌 떨면서 호랑이 눈치를 봤더니 먹을 것을 제대로 못 먹고 배가 홀쭉한 큰 호랑이가 길게 누워 있었습니다. 호랑이는 틸리케를 노려보면서 서서히 몸을 일으켜 어슬렁어슬렁 걸어오기

Nov

시작했습니다. 틸리케는, "아이고 이제는 죽는구나, 내가 전쟁 통에 내 꿈을 이루어 보지도 못하고 동물원에서 굶주린 호랑이 밥이 되는가보다."라며 두려워 떨고 있는데, 호랑이가 가까이 오더니, 뒷발로 틸리케의 엉덩이를 툭 걷어찼습니다. "아이쿠, 이제 죽었구나" 하고 벌벌 떨고 있는데, 호랑이가 가까이 오더니 틸리케의 귀에다 대고 하는 말이 "야, 임마 걱정하지 마, 나도 사람이야."라고 말하는 게 아니겠습니까? 그때야 비로소 틸리케는 한숨을 길게 내쉬며 "아, 이제 살았구나." 하고 안도의 숨을 쉬었다는 이야기를 그의 자서전에 써 놓았습니다.

우리는 틸리케가 젊은 날 경험했던 동물원 사건에서 좋은 교훈을 얻을 수 있습니다. 동물의 세계는 약육강식(弱肉强食)의 사회입니다. 약한 것은 강한 것의 먹이가 되고, 강한 자는 그보다 더 강한 자의 먹이가 됩니다. 거기에 관용이나 가련히 여김은 없습니다. 약자를 잡아먹지 않으면 자신의 생명을 이어갈 수 없기 때문이지요. 이 원칙은 창조주께서 주신 질서입니다. 이런 질서에서는 오직 강자만 살아남고 약자는 사라지게 되어 있습니다. 이것은 진화론자 찰스 다윈이 말한 적자생존(適者生存)의 법칙입니다. 자연과 사회에 적응하는 자는 살아남고, 그렇지 못한 자는 사라진다는 것이지요. 그러나 인간 사회에는 약육강식의 논리가 적용되어서는 안 됩니다. 20세기까지 약육강식의 방식이 적용되었으나 이제 그런 시대는 지나갔습니다. 이런 시대가 오래 갈 수 없는 것은 인간 사회란 강자가 약자를 죽이는 것이 아니고, 약자를 도와주고 이끌어 주며, 살아갈 수 있는 길을 마련해 주어야만하기 때문입니다.

성경에 보면 극한 상황에서 어미가 자식을 잡아먹는 사건을 기록해 놓았습니다.(왕하 6:28-29) 그러나 이것은 극단적인 경우이고 일반적으로는 아무리 배가 고파도 사람을 잡아먹을 수는 없습니다. 그런데 현실은 그렇지가 않습니다. 대기업은 중소기업을 잡아먹고, 중소기업은 소기업을 흡수하고, 소기업은 개인 사업자나 동네구멍가게를 망쳐 놓습니다. 약육강식의 사회는 천민자본주의의 가장 추악한 모습입니다. 대기업은 중소기업에 기술을 가르쳐 주고 자본을 더 대주고, 일감을 주어 중소기업이 튼튼하게 커 갈 수 있도록 도와주어야 합니다. 중소기업도 소기업에, 소기업은 개인 사업자나 구멍가게도 살아갈 수 있는 기회를 보장해 주는 것이 인간 사회 아닙니까?

예수님의 법칙은 가난한 사람들, 병든 자들, 고아와 과부와 장애인들, 독거노인들, 감옥에 갇혀있는 수인(囚人)들을 돌보라는 것입니다. 그들을 돌보라고 말씀하시고, 이웃을 내 몸처럼 사랑하라고 가르치십니다. 이런 사회가 바람직한 인간 사회고, 사람이 살아갈 수 있는 사회입니다. 그러나 복음을 모르는 인간들에게 이런 얘기는 한낱 종교인들이 배불러서 하는 말이라며 코웃음 치지요. 돈만 된다면 청부 살인도 서슴지 않은 무서운 세상 아닙니까? 이런 사회, 이런 사람들이 더불어 살아가는 공생의 사회, 상부상조(相扶相助)의 사회, 역지사지(易地思之)의 정신을 갖고 살아가게 하는 길은 바로 복음뿐입니다. 복음만이 세상을 바르게 이끌어 가는 첩경입니다. 우리 모든 그리스도인들에게는 이 복음 선교의 막중한 책임이 무겁게 지워져 있습니다. 비록 바깥출입이 어려운 상황이지만, 끊임없이 복음 선교를 위해 하나님께 기도해야 합니다. 기도와 선교는 우리 모든 그리스도인들의 가장 중요한 의무이고 당위(當爲)입니다.

고귀한 모성애

"사랑은 죽음같이 강하고 질투는 스올 같이 잔인하며 불길같이 일어나니 그 기세가 여호와의 불과 같으니라." (아 8:6)

세상에서 가장 고귀한 사랑은 모성애입니다. 엄마는 자기 자식을 살리기 위해서 생명 내어 놓는 것을 주저하지 않습니다. 자식이 위험에 처했을 때 엄마는 자기의 생명을 돌아보지 아니하고 자녀를 구하려고 물속이든 불속이든 가리지 않고 뛰어듭니다. 따라서 세상에 모성애만큼 귀한 사랑은 없습니다. 엄마는 자기는 굶으면서도 자식들 입에 먹거리를 넣어주고, 자기는 헐벗으면서도 자기 자식들에게 좋은 옷을 입힙니다. 자식을 위해서는 허약한 몸을 이끌고 밤낮으로 힘든 일을 하면서 자식을 가르치는 것이 어머니의 사랑입니다. 세상 모든 사람들에게 어머니라는 존재는 가슴 속 깊은 곳에 간직하고 있는 보석과 같이 마음속에 늘 그리워하는 존재입니다. 어머니가 자식을 사랑하는 것은 세상의 그 어떤 것과도 비교할 수 없습니다.

6.25전쟁이 일어난 이듬해인 1951년 1월 4일, 1.4 후퇴 때 강원도에서 선교 사역을 하던 미국 선교사 부부가 차를 타고 부산을 향해 남하(南下)하고 있었습니다. 눈 덮인 다리가 안전한지 점검하기 위해 잠시 내린 선교사는 다리를 둘러보던 중, 갓난아기 우는 소리를 들었습니다. 선교사는 본능적으로 다리 밑으로 내려가 보았습니다. 그런데 그곳에는 엄청난 광경이 펼쳐져 있었습니다. 젊은 엄마가 벌거벗은 몸으로 자기가 벗은 옷으로 갓난아기를 감싸 안고 있었는데, 엄마는 이미 얼어서 생명이 떠났고 아기는 울고 있었습니다. 전쟁 통에 만삭의 엄마는 출

산 준비도 하지 못하고 피란길에 올랐다가 산통(産痛)을 느끼고 다리 밑으로 내려가 혼자 아기를 낳았습니다. 그러나 아기를 쌓아 줄 포대기가 없어서, 자기가 입고 있던 옷을 벗어 아기를 싸서 안고, 자기는 눈보라 속에서 결국 얼어 죽고 만 것입니다.

선교사는 젊은 엄마의 품속에서 아기를 꺼내 차로 돌아와 부산까지 내려온 후에 배를 타고 일본을 거쳐 미국 본가로 돌아왔습니다. 선교사 부부는 이 아기를 입양하고 제프란 이름을 지어 주었습니다. 제프는 선교사 가정에서 무탈하게 잘 자랐습니다. 가끔 제프는 엄마 아빠에게, "엄마 아빠는 미국 사람인데 왜 나는 동양 사람이야?"라고 물었습니다. 그때마다 선교사는 네가 고등학교를 졸업하고 대학에 입학하면 그때 비밀을 알려 주겠다고 말했습니다. 드디어 제프가 고등학교를 졸업하고 대학에 입학했습니다. 그는 조용히 엄마 아빠에게 말했습니다. "내가 대학에 입학했으니 약속한 대로 내 출생의 비밀에 대해 말씀해 주세요." 그때 선교사 부부는 차분하게 1.4 후퇴 때, 강원도 어느 다리 밑에서 너의 생모가 너를 낳고 너를 감쌀 포대기가 없어서 입고 있던 옷을 벗어 너를 감싸놓고 엄마는 그곳에서 얼어서 생명을 잃었다. 그래서 우리가 너를 데리고 와서 양자로 삼았단다. 그 이야기를 들은 제프는 한동안 흐느껴 울었습니다. 한참 후에, "엄마, 아빠, 내년 여름 방학 때 제가 태어났던 그곳에 저를 데려다 주실 수 있어요?"라고 물었습니다. 선교사 부부는 그렇게 해 주겠다고 약속했습니다.

다음 해, 선교사 부부와 제프는 한국으로 왔고, 옛날을 더듬어 그 다리가 있는 곳을 찾아갔습니다. 옛날 다리는 이미 철거되어 없어졌고, 멋있는 철근 콘크리트 다리가 건설되어 있었지만, 강원도 산골 주변은 크게 변하지 않았습니다. 선교사 부부와 제프는 다리 밑으로 내려가 큰 바위 앞에서, "여기가 네 엄마가 너를 낳고, 엄마의 옷으로 너를 감싸놓고 동사(凍死)한 곳이라고 말했습니다. 한 참을 묵묵히 서서 눈물을 흘리던 제프는 서서히 양복저고리를 벗어 바위 위에 폈습니다. 이어 바지를 벗어 그 위에 놓았습니다. 넥타이를 풀고 와이셔츠를 벗어 폈고, 이어 러닝셔츠까지 벗어 그 위에 펴 놓았습니다. 팬티만 걸친 채, 제프는 무릎을 꿇고 앉아서 통곡하기 시작했습니다. "어머니, 어머니, 얼마나 추우셨어요. 어머니, 얼마나 고통스러웠어요. 얼마나 쓰리고 아프셨어요. 어머니! 어머니! 나의 어머니! 나를 살리려고 대신 죽으신 나의 어머니!" 하면서 통곡하며 울부짖었습니다. 마침, 그때 미국에서 한국에 특파원으로 나온 어떤 방송사 기자가 그곳을 지나다, 다리 밑에서 두 사람의 서양 사람과, 팬티만 입은 젊은이가 오열하는 모습을 보고, 이상히 여겨 사진을 여러 장 찍었습니다.

제프는 한 동안 울고 나서 서서히 옷을 다시 입고, 올라왔습니다. 기자는 무슨 일이냐고 물었고, 선교사는 자초지종을 이야기했습니다. 기자는 미국에 돌아가서 그것을 특종으로 보도했고 그 기사를 읽은 많은 사람이 큰 감동을 받았습니다.

우리는 여기에서 위대한 어머니의 모성애를 볼 수 있습니다. 그러나 우리는 우리를 살리기 위하여 예수님께서 십자가에서 처절한 고통을 당하시고 수난을 받으셨다는 사실을 잊어버리고 살아가는 때가 많습니다. 정말 예수님께서 나의 생명을 살리기 위하여 돌아가신 그 십자가 앞에서 우리는 눈물 흘리면서 그 은혜에 감사한 일이 있으신가요? 제프를 살리기 위해 어머니가 죽은 것 같이 예수님께서는 십자가에서 생명을 희생시켜 나를 구원해 주셨습니다. 제프의 어머니가 희생하여 제프가 살았던 것같이, 예수님께서 자기 생명을 희생시켰기 때문에 내가 살 수 있었습니다. 예수님의 희생 없이 나의 영생은 없습니다. 우리는 주님의 그 놀라운 사랑에 보답하는 마음으로 이 땅에 사는 날 동안 진정으로 주님의 명령에 따라 참되고, 거룩한 삶을 이어가야 합니다.

뒤틀린 모성애

"오직 성령의 열매는 사랑과 희락과 화평과 인내와 자비와 양선과 충성과 온유와 절제니 이 같은 것을 금지할 법이 없느니라." (갈 5:22-23)

모성애는 이 세상에서 가장 위대한 사랑입니다. 그런데 문제는 자식을 사랑하는 그 사랑이 지나쳐 뒤틀린 사랑으로 변할 수 있다는 점입니다. 즉 절제 없는 사랑은 이미 사랑이 아니고 패망입니다. 뒤틀린 아들 사랑을 하는 어미는 아들이 군대 가서 고생할 것을 생각하니 마음이 아파 군대에 가지 않을 방도를 연구하기 시작합니다. 아들의 척추를 수술해서 군대에 가지 않게 만들고, 살찌는 음식만 계속 먹여 보기 흉한 뚱뚱이를 만들고, 밥을 거의 굶기다 시피해서 바짝 마른 몸으로 제대로 걷지도 못하게 해서 신체검사에서 불합격을 시키기도 합니다.

남자라면 떳떳하게 군 복무를 마치고 나와 사회생활을 해야지 남들은 다 가는 데 자기만 가지 않으려고 불법적인 일을 자행하는 그 친구나, 그렇게 하도록 교사(巧詐)하는 어미나 다 똑같은 부류들이지요. 남자는 군대에서 규칙생활, 단체생활, 책임감, 전우애, 상명하복(上命下服) 등 가정이나 사회에서 배울 수 없는 것을 많이 배웁니다. 남자는 군대를 갔다 와야 비로소 사나이가 되는 것입니다.

미국 명문대학을 아이비리그라고 합니다. 아이비(Ivy)는 '담쟁이 넝쿨'입니다. 미국의 명문 대학은 모두 역사가 오랜 대학으로 하버드 대학은 1636년에 존 하버드 목사가 세상을 떠날 때, 자기 유산과 장서(藏書)을 남기면서 대학을 세워 목회자와 국가 지도자를 양성하라는 유언에 따라 세워진 대학입니다. 따라서 하버드 대학은 금년 2021년부터 계산하면 385년 전에 세워진 유서 깊은 대학입니다. 약 400년의 역사지요. 이렇게 오래된 대학의 건물 벽에는 담쟁이 넝쿨(Ivy)이 달라붙어 온 건물 벽을 점령하고 있습니다. 따라서 오래된 건물 벽을 아이비가 달라붙어 있는 대학들, 즉 역사가 오래된 대학들을 아이비리그라고 합니다. 모두 이름난 명문대학들이지요. 아이비리그 대학은 주로 미국 동부에 있는 8개 대학, 즉 브라운(Brown), 컬럼비아(Columbia), 코넬(Cornell), 다트머스(Dartmouth), 하버드(Harvard), 펜실베이니아(Pennsylvania), 프린스턴(Princeton), 예일(Yale) 등입니다.

어떤 사기꾼 일당들이 미국 유명 대학에 자기 아이를 입학시키기 원하는 재력 있는 부모들에게 접근해서 미국에는 기여(寄與) 입학제가 있다면서 억대의 금품을 요구한 일이 드러났습니다. 자기 자녀들이 미국의 명문 대학에 입학하는 것을 원하지 않는 부모가 어디 있겠습니까? 그렇지만 자녀들이 실력으로 당당하게 들어가서 공부를 해야지 들어갈 실력도 없는 자녀들을 돈을 주고 그 학교에 넣어봐야 미국의 대학은 한국과 전혀 다릅니다. 한국에서는 대학 입시가 어렵고 힘들지만 일단 들어가면 중도 탈락은 거의 없지요. 그러나 미국은 들어가기는 상대적으로 쉽습니다. 그러나 졸업은 그야말로 하늘에 별 따기입니다. 더욱이 아이비리그 같은 좋은 대학은 졸업이 정말 힘듭니다. 설령 돈을 들여 자식을 아이비리그에 입학시켰다 해도 세계적 수재들만 모인 그런 대학을 졸업하는 것은 처음부터 불가능에 가깝다는 사실을 알아야 합니다.

최근 한국에서 미국의 대학 입학 자격시험인 SAT 시험지를 부정으로 유출해서 빼돌린 학원 관계자와 학부모들이 적발됐습니다. 자기 자녀들이 좋은 대학을 나와 누구나 부러워하는 직장에 취직하고, 좋은 배우자를 만나길 원하는 것은 부모들의 공통된 바람입니다. 이곳 미국도 한국과 별반 다르지 않아 부자 엄마들의 뒤틀린 모성애가 결국 비극을 초래하는 경우가 있습니다. 2020년 11월 보도에 모 통신사 사장(61)과 하버드대학교 전 펜싱 코치(67)가 뇌물 수수로 기소되었습니다. 사장은 코치에게 감정가의 2배에 달하는 100만 달러(한화 12억) 상당의 주택을 사주고 자기 아들을 하버드 대학 펜싱 선수로 입학시켰습니다. 그러나 이런 부정행위는 탄로가 났고 비극으로 끝났지요.

필자가 간접으로 알고 있는 분이 쓴 자서전에 자기 아들이 하버드 법대를 나와 변호사가 되었습니다. 하버드 법대는 미국에서뿐만 아니라 전 세계적으로도 가장 좋은 법과대학으로 인정받고 있습니다. 이 학교를 나와 변호사가 된 사람은 높은 몸값으로 최고의 로펌에서 스카우트되는 경우가 많습니다. 출세와 엄청난 연봉도 보장되어 있지요. 그러나 이 변호사는 몇 년 변호사 일을 하더니 도저히 적성에 맞지 않다며 사표를 내고, 초등학교 교사가 되어 학생들을 가르치고 있습니다. 이 사람에게는 명문대학과 세상이 알아주는 좋은 직업을 갖는 것보다 내가 선호하는 일, 하고 싶은 일, 보람 있다고 생각하는 일이 더 중요했던 것입니다. 하버드 법대를 졸업한 변호사와 초등학교 교사를 보통 사람들은 비교가 안 되는 차이가 있다고 여길 수도 있습니다. 그렇지만, 그가 무슨 직업을 갖고 있느냐가 중요한 것이 아니라, 그가 무슨 일을 하면서 보람을 느끼며 또한 행복하게 사느냐가 더 중요한 일이 아니겠습니까?

실력 없는 아이를 부정한 방법으로 시험지를 빼내어 좋은 대학에 보내려고 하지 말고 실력에 맞추어 보내고 대학에 갈 실력이 못되면 2년제 전문학교나 고등학교를 졸업한 후에 그가 좋아하는 일, 그가 하면서 기쁨을 느낄 수 있는 일을 하도록 지도하는 것이 진정한 모성이며 자녀를 사랑하는 길임을 명심해야 합니다. 뒤틀린 모성애는 자녀를 위하는 것이 아니고 오히려 망치는 일입니다. 졸업할 능력도 없는 아이를 거액의 돈을 주고 억지로 입학시켰다 해도 따라가기 못하고 좌절하고 곁길로 나갈 수 있다는 것을 알면서도 불법을 행하는 작태는 자녀를 파멸시키는 뒤틀린 모정입니다. 아이비리그에 입학해서 제대로 따라가지 못한 적지 않은 학생들이 자살로 생을 마감하는 일은 비밀도 아닙니다.

모성애는 위대합니다. 그러나 뒤틀린 모성애는 자녀를 망하게 하는 첩경입니다. 어머니는 정의와 진실에 입각한 모성을 보여야 합니다. 오늘 우리에게 주시는 말씀, 갈라디아서 5장 22-23절은 성령의 열매들입니다. 이 유명한 말씀에 유의해야 하는 것은 처음 8가지 열매를 다 맺어도, 마지막 아홉 번째 절제(節制)의 열매가 없거나 빠지면 8가지 열매는 무의미합니다. 모성애도 절제 없는 사랑은 진실한 사랑이 아니고 패망의 길임을 명심합시다.

부정행위 (1)

"이 교훈의 목적은 청결한 마음과 선한 양심과 거짓이 없는 믿음에서 나오는 사랑이거늘" (딤전 1:5)

2020년 12월 조간신문에 미국 웨스트포인트(Westpoint) 육군사관학교에서 73명의 생도가 온라인 시험 중 부정행위를 한 사실이 밝혀져 처벌을 받게 되었다는 소식이 보도되었습니다. 사실 미국 육군사관학교는 해군, 공군사관학교와 더불어 미국에서 최고의 지성인이요, 지도자인 군인 장교가 양성되는 인재들의 산실(産室)로 알려진 명문 교육 기관입니다. 육군사관학교의 교칙이 '거짓말 금지, 사기 금지, 절도 금지'로 이 세 가지는 절대 용납할 수 없는 범죄로 취급합니다. 시험 중 부정행위는 거짓말을 한 것으로 생도의 자격을 상실하는 중범죄입니다.

한국의 육 · 해 · 공, 삼군 사관학교도 소위 무감독 시험을 실시하고 있습니다. 생도들이 자율적으로 서로 감독을 하며 양심을 지키면서 시험을 치릅니다. 만일 부정행위를 하는 생도가 있으면 학생 자치회에서 퇴학 처분을 내리고 정문도 아니고 뒷문으로 내보내 사병 훈련소로 직행 시킵니다. 부정을 한 사람은 대한민국 장교가 될 자격이 없으니, 사병으로 군복무를 하란 의미지요. 그런데 문제는 사관학교 때 익힌 그런 정직성이 일생을 가야될 텐데, 장교가 된 후에 부정한 행위를 하고 처벌을 받는 경우가 종종 있습니다.

무감독 시험으로 유명한 학교는 제물포고등학교입니다. 이 학교는 1956년부터 무감독 시험을 실시해 금년으로 65년째 계속하고 있습니다. 그런데 이 학교는 기독교 계통 학교가 아닙니다. 기독교 계통 학교 가운데, 무감독 시험을 실시하는 학교가 있는지 모르겠습니다. 예수님 안 믿는 학교가 하는데, 왜 예수님 믿는 학교는 못할까요? 그 외에도 전국적으로 몇몇 학교가 무감독 시험을 실시하고 있습니다.

필자가 6.25전쟁으로 남쪽 어느 소도시로 전학을 했습니다. 그런데 필자는 그때 소위 왕따를 당했습니다. 피난을 왔다고 '피난 온 놈' 서울 말씨를 쓴다고 '서울 놈'이라며 놀림을 받았지요. 그런데 우리 반 반장은 공부도 제일 잘했고, 싸움도 제일 잘하는 친구였습니다. 그야말로 문무를 겸한 인재였지요. 공부도 잘하는데다 싸움까지 잘하니까, 감히 그 친구에게 당할 사람은 없었습니다. 지독한 일인 독재, 전제 정치를 했고, 우리는 무조건 그 친구의 명령에 절대 복종을 해야 했습니다.

그때는 한 분단이 책상을 맞대고 10여 명이 무리를 지어 앉아서 공부도 하고 시험을 보았습니다. 그런데 공교롭게도 필자가 그 반장의 짝이 되어 같이 앉게 되었습니다. 문제는 시험 때였습니다. 반장이 시험을 볼 때 누구를 지명하면, 그 친구는 몰래 책이나 공책을 보고 반장이 모르는 문제의 답을 알려 주어야 했습니다. 한번은 드디어 필자의 차례가 되어 몰래 책을 보고 정답을 반장에게 알려 주고, 물론 필자도 모르는 문제에 답을 썼지요.

문제는 전교생 시험이 끝나고, 각 반에서 최고 성적을 받은 학생들을 월요일 아침 전교생이 모여 조회 시간에 표창을 했는데, 우리 반에서는 필자가 최고 성적을 받아, 표창장을 받았습니다. 표창장을 갖고 모친에게 가져다 드렸더니 우리 아들 장하다며 칭찬을 해주시고, 그 표창장을 벽에 붙여 놓았습니다. 이모님이 오셔서 표창장을 보시더니 "아이고, 우리 인수가 공부 잘했구나." 하시면서 머리를 쓰다듬어 주셨습니다.

그런데 문제는 우리 반 아이들이 뒤에서 수군거리기 시작했습니다. 부정행위로 1등을 한 놈이라고 노골적으로 비난하기 시작했습니다. 필자는 도저히 견딜 수 없어 담임 선생님을 찾아가 부정행위를 했다고 고백을 했고, 표창장은 취소되고, 성적도 물론 정정이 되었지요. 정직하게 자백을 했다고 처벌은 받지 않았습니다. 그러고 나니까 마음이 얼마나 가벼운지 몰랐습니다. 친구들도 제가 담임에게 찾아가 고백했다는 사실을 안 다음부터 놀리거나 힐난하지 않았습니다. 그때 필자는 마음에 다짐을 했습니다. 어떤 경우에도 부정행위를 다시는 하지 않겠노라고요. 비록 그때 부정행위를 필자가 의도적으로 한 것이 아니고, 독재자 반장이 시켜서 한 일이지만, 그 일은 필자가 일생동안 정직하게 살게 만든 계기가 되었습니다.

부정행위 (2)

11/14

“이 교훈의 목적은 청결한 마음과 선한 양심과 거짓이 없는 믿음에서 나오는 사랑이거늘” (딤전 1:5)

1966년 필자가 신학교 입학시험을 치르게 되었는데, 시험 감독이 들어왔습니다. 그리고 신학교 3년 동안 교수님이 감독을 했습니다. 신학교는 목사후보생들이 공부하는 곳 아닙니까? 그런데 시험 감독이 필요할까요? 신학생들의 양심을 믿으면 안 될까요?

필자가 신학교 교수가 된 후, 학기마다 중간고사, 기말고사를 치르게 되었습니다. 시험 시간이 되면 문제지를 갖고 가서 나누어주고 강대에 앉아 책을 보면서 간간히 감독을 했습니다. 대체로 조교가 한두 명 들어와 같이 감독을 합니다. 필자는 문제를 많이 내고 3시간 동안 시험을 치르게 했습니다. 물론 일찍 끝낸 학생은 일찍 시험지를 내고 나가면 됩니다. 그런데 철통같이 감독을 해도 간혹 커닝을 하는 학생이 있었습니다. 물론 대부분의 학생들은 정직하게 시험을 치르지만 개중에 한두 명은 부정행위를 하는 경우가 있습니다. 커닝을 하다 발각되면 그 과목은 물론 F학점 처리가 될 뿐만 아니라 1년 동안 정학을 받고 그 학생이 봉사하고 있는 교회와 또 그 학생을 추천해 준 노회에 통보하기 때문에 부정을 저지른 학생은 치명적인 상황이 되지요. 이런 경우 신학 공부를 중도 하차해야 될 경우도 있습니다. 신학생들의 부정행위가 그치지 않는 것은 순 사탄의 역사입니다. 그 학생이 부정행위를 해서는 안 된다는 사실을 모를 리 없고, 또 발각되는 날에는 영구히 목사가 되지 못할 수도 있다는 사실을 알면서도 감행하는 것은 사탄의 역사라고 말할 수밖에 없습니다.

한번은 입학시험 때, 성경 시험에 감독을 하러 들어갔습니다. 그런데 선생을 오래 하다보면 수험생의 눈초리, 행동 등을 보면 수상한 점이 잘 띕니다. 한 수험생의 의심이 포착되었습니다. 딴청을 하다 갑자기 그 수험생을 보았더니 커닝을 하고 있었습니다. 볼펜 속에 깨알같이 작은 글씨로 성경 구절을 적은 것을 보고 답을 쓰고 있었습니다. 현장에서 체포(?)되었고, 퇴실 조치되었으며 향후 5년간 우리 신학교 입학 자격이 박탈되었지요. 영어 시험도 아니고, 성경 시험을 커닝해서 목사 후보생이 되어 신학공부를 하고 목사가 되겠다고 하는 발상은 사탄의 유혹이 아니고 무엇이겠습니까?

필자가 미국에서 박사과정을 공부할 때 3명이 같이 공부를 했습니다. 학기말에 시험을 보는데 시험 감독이 없고, 시험문제를 나눠 주고 각자 알아서 시간 내에 답안지를 내는 형식이었습니다. 장소도 각자 알아서 정합니다. 교실, 도서관, 자기 집, 서재 어디서든지 답안지를 써도 되었습니다. 감독이 없으니 얼마든지 커닝을 해도 아는 사람이 없지요. 그 어려운 시험을 커닝하면 쉽게 학점도 받고, 어려운 종합시험도 통과할 수 있지요.

그러나 그렇게 할 수가 없습니다. 하나님께서 감독을 하고 계시니까요. 다윗 왕이 우리야의 아내 밧세바를 범할 때, "다윗의 소위가 여호와 보시기에 악하였더라."(삼하 11:27)고 했습니다. 다윗이 범죄 할 때 여호와께서 보고 계셨다는 것이지요. 누가 커닝할 때, 여호와께서 보고 계십니다. 여호와를 의식하면 감독이 있거나, 없거나 정직하게 시험을 치르게 됩니다. 여호와를 의식하지 않는 사람은 신학도도, 신자도, 목사도 아닙니다.

필자가 박사과정 시험에서 부정을 행하고 학위 받고 신학교 교수가 되었다고 생각해 봅시다. 아찔하지 않으세요? 이 얼마나 가증스러운 일입니까? 그런 사람이 목사후보생을 교육시킨다? 도저히 있을 수 없는 일입니다. 문제는 이런 사람이 있다는 것입니다. 구체적으로 여기 쓸 수는 없지만, 남의 박사학위증과 졸업 논문에 그 사람의 이름을 지우고, 자기 이름을 써 넣어 신학대학교 교수가 되어 학생들을 가르치다가 이 사실이 들통이 나서 교수직에서 즉시 해고된 사건을 필자는 알고 있습니다. 양심을 속이는 것은 사탄의 역사입니다. 보통 신앙인은 속이는 일을 하지 않습니다. 그러나 사탄이 어떤 사람 속에 들어가면 그 사람은 사탄의 조종을 받고 거짓으로 못할 일이 없습니다. 문제는 우리 마음속에 사탄이 들어오느냐 아니면 성령님께서 들어와 계시느냐가 관건입니다.

부정행위 (3)

"이 교훈의 목적은 청결한 마음과 선한 양심과 거짓이 없는 믿음에서 나오는 사랑이거늘" (딤전 1:5)

필자가 장로회신학대학교 신학대학원장으로 있을 때, 익명의 편지가 하나가 신학대학원장 앞으로 배달되었습니다. 내용은 00년에 입학해서 00년에 졸업한 학생에 대한 정보였습니다. 그 친구는 대학을 졸업하지 않았는데, 동생의 대학 졸업장을 갖고 동생 이름으로 입학해서 졸업하고 목사 안수를 받은 후, 현재 어느 노회 소속, 어느 교회에서 목회를 하고 있다는 내용이었습니다. 즉시 교무처에 연락해서 자세히 검토한 결과 편지 내용이 사실이었습니다. 본인은 고졸인데, 동생의 대학 졸업장을 제출하고 시험을 본 후, 동생 이름으로 신학교 다니고 목사가 되어 목회를 하고 있었던 것이 밝혀졌습니다. 즉시 임시교수회의가 소집되었고, 그 친구의 입학 취소, 졸업 취소를 결의하고 그 노회에 이런 사실을 통보했습니다.

필자는 1966년 광나루 신학교에 입학했습니다. 그때 모집 정원이 40명이었는데, 44명이 지원해서 입학시험을 친후, 4명이 불합격을 하고, 40명이 합격해서 공부를 시작했습니다. 첫 학기가 끝나고 여름 방학 후 9월에 2학기가 시작되었는데, 4명이 안보였습니다. 내용을 알고 보니 대학 졸업장을 위조해서 가짜 졸업장을 학교에 제출하고 입학을 한 것이 들통 났습니다.

신입생이 들어온 첫 학기 동안 교무처에서는 입학생들이 졸업한 대학에 조회를 해서 몇 년도, 무슨 학과에 이런 졸업생이 있는지 확인을 하는데, 그런 졸업생이 없다는 통보를 받고 퇴학 처분을 내렸습니다. 대학 졸업장을 위조해서 신학교에 입학하고 목사가 되려고 했으니, 한국 기독교의 수준을 알 수 있지요?

더욱 기가 막힌 것은 1학년이 끝나고 이듬해 3월, 2학년 봄 학기가 되었는데, 그 친구 중 2명이 우리 클래스에 들어 와서 명함을 나누어 주었는데 그 명함에 목사 ○○○이라 되어 있었습니다. 그러니까 1학년 가을학기 동안, 어느 무인가(無認可) 신학교에서 몇 달 공부하고, 목사 안수 받고 목사가 된 것입니다. 참 재미있는 세상, 재미있는 한국교회지요?

인간은 다른 동물이 갖고 있지 않은 양심을 갖고 있습니다. 양심은 우리가 부정을 하려 할 때, 그래서는 안 된다고 무언의 경고를 합니다. 그러나 인간은 악해서, 아니 사탄이 유혹하므로 결국 양심에 거리끼는 행위를 합니다. "네가 양심이 있는 놈이냐?"라고 말할 때, 왜 양심이 허락하지 않는 일을 했느냐는 힐난이지요. 또 "양심에 털 난 놈"이란 말도 있습니다.

범죄하고 도피해 지내던 범인이 체포된 후에 "차라리 후련하다."는 말을 더러 하지요. 비록 도피해 살지만, 양심에 가책이 될 뿐만 아니라 언제 경찰이 들이 닥칠지 몰라 불안 속에 살다가, 차라리 체포되어 형을 받고 교도소에서 사는 것이 마음은 편하다는 뜻이지요. 양심을 속이는 자는 결국 하나님의 징계를 받고 파멸로 가는 경우를 성경은 우리에게 보여 줍니다. 물질에 눈이 먼 아간은 가족과 함께 아골 골짜기에서 이스라엘 백성들의 무수한 돌에 맞아 죽었고, 그의 모든 소유는 불살라졌습니다.

선생님 엘리사 선지를 속이고 은 두 달란트와 옷 두 벌을 받은 게하시는 자신뿐만 아니라 자손만대 그 집에서 태어나는 아이들이 모두 나병환자가 되는 저주를 받았습니다. 가룟 유다가 선생님을 은 30에 팔아먹은 후, 그 돈을 써 보지도 못하고 자살로 끝난 사건, 밭 판돈 대부분을 베드로의 발 앞에 갖다 놓았으나, 거짓말 한 번 한 아나니아와 삽비라 두 부부가 한 날 성전에서 즉사해서 죽은 사건(행 5:) 모두는 양심을 속인 죄로 인한 형벌이었습니다.

컨닝을 비롯하여 양심을 속이는 행위는 그 내용이 어떻든 간에 자신과 학교(기관)와 하나님을 속이는 무서운 죄악입니다. 따라서 하나님을 두려워하는 사람은 어떤 상황에서도 양심을 속이는 컨닝뿐만 아니라, 크고 작은 일까지 양심에 거리끼는 일은 결코 해서는 안 됩니다.

그리스도인들의 삶은, 애굽 바로 왕의 경호대장 보디발의 아내가 요셉을 잡아끌면서 동침하자 할 때, 요셉이 "내가 어찌 이 큰 악을 행하여 하나님께 죄를 지으리이까?"(창 39:9)라며 뛰쳐나왔던 것 같이, 하나님 의식, 즉 하나님께서 나의 행동을 주시(注視)하고 계시다는 의식을 가지고 양심에 거리낌 없이 사는 삶입니다.

Nov

교회 내의 분쟁과 재판

11/16

"너희 중에 누가 다른 이와 더불어 다툼이 있는데 구태여 불의한 자들 앞에서 고발하고 성도 앞에서 하지 아니하느냐." (고전 6:1)

LA 지역에 꽤 알려진 교회가 예배당 건축을 하면서 은행에서 대출을 받았습니다. 교회 형편이 어려워 월부금을 제대로 납부하지 못하자 은행이 예배당을 차압하면서 결국 세상 법정에 서게 되었습니다. 항소 법원까지 갔으나, 결국 교회가 패소하여 상대편 은행에 소송비용과 변호사 비용까지 합해 약 400만 달러(한화 약 50억)을 지불하라는 판결을 받았습니다. 이 교회가 지불해야 하는 400만 달러는 결국 교회가 가지고 있는 돈 즉 교인들이 하나님께 드린 헌금으로 지불해야 하는 안타까운 일이 전개된 것입니다. 비단 이 교회뿐만 아니라, 적지 않은 이민 교회들이 교회 내의 문제와 기타 여러 문제로 세상 법정에 제소했다가 결국 한쪽이 패소하면 많은 헌금으로 상대방에게 지불해야 하는 불행한 사태가 발생한 경우가 적지 않았습니다. 교회도 인간들이 모여 이룬 집단이기 때문에 분쟁에 휩싸일 때가 있습니다. 또 사탄은 평화로운 교회의 화합을 깨뜨리기 위해 온갖 수단 방법을 다 동원합니다.

일찍이 바울 선생은 고린도 교회의 분쟁에 대해 책망을 하셨습니다. 고린도 교회는 바울파, 그리스도파, 아볼로파, 게바파 등 네 파로 갈려 분쟁을 하고 있었습니다. 최초 교회였던 예루살렘 교회 안에서도 구제 문제로 히브리파 과부들과 헬라파 과부들 간에 분쟁이 있었던 것을 볼 수 있습니다.(행 6:1) 교회 안에 문제가 있는 것은 어떻게 보면 자연스러운 현상이라 볼 수 있습니다. 왜냐하면 교회 안에 있는 교인들이 모두 다 성령님으로 거듭난 사람들이 아니고 형식적으로 교회만 왔다 갔다 하는 사람들이 적지 않기 때문입니다. 교회 내의 분쟁을 해결하기 위해 장로교회는 3심 제도를 두고 있습니다. 개교회 당회는 지방법원 격이고, 노회 재판국은 고등법원, 그리고 총회 재판국은 대법원에 해당됩니다. 당회의 결정에 불만이 있으면 노회 재판국에 항소를 하고, 이 재판에도 불복하면 총회 재판국에 상고하는 3심 제도가 마련되어 있어서 무슨 문제든지 교회 안에서 해결할 수 있습니다.

그러나 적지 않은 경우 교회 재판보다는 세상 법정에 제소하여 세상 법정의 판결을 받으려 합니다. 왜냐하면 교회 재판에서 나온 판결은 강제할 방법이 없어서 어떤 판결을 내려도 상대가 이행하지 않으면 이를 징벌할 방법이 없습니다. 그러나 세상 법정에서 판결을 내리면 반드시 그 결정에 따라야만하고 만일 따르지 않으면 법적 제재가 가해지기 때문에 세상 법정을 선호하는 경향이 있습니다. 그러나 바울 선생은 교회 안에 문제를 세상 법정으로 가지고 가는 것에 대해 경계하셨습니다. 고린도전서 6장 1절에 "너희 중에 누가 다른 이와 더불어 다툼이 있는데 구태여 불의한 자들 앞에서 고발하고 성도 앞에서 하지 아니 하느냐?"고 일갈했습니다. 이 말씀은 교회 문제라면 교회 안에서 해결해야지 왜 세상 법정에까지 끌고 가느냐는 말씀입니다. 예를 들어 목사와 장로 사이에 분쟁이 생겼을 때, 세상 법정의 불신자 판사에게 어느 쪽이 정당한지 판결해 달라고 하는 것 아닙니까? 목사와 장로간의 문제를 불신자에게 판결해 달라는 것이 말이 됩니까?

400만 달러면 한국 돈으로 약 50억에 가까운 돈인데 이렇게 많은 헌금을 상대편 회사와 변호사에게 주는 것이 얼마나 개탄스러운 일입니까? 문제를 세상 법정으로 가져가지 않고, 서로 양보하고 조정해서 타협했더라면 헌금도 낭비하지 않고, 문제도 간단히 끝날 수 있었을 것입니다. 패소한 경우, 장기간의 양쪽 변호사 비용과 재판 비용 등의 경비를 교인들이 하나님께 바친 소중한 헌금으로 충당해야 하니 하나님 보시기에 얼마나 한심한 일입니까?

교회 안에서 일어난 문제는 교회 안에서 은혜롭게 해결해야 합니다. 성령님을 받은 사람들은 분쟁이 일어나도 결코 싸우지 않고, 양보하여 분쟁의 소지를 아예 없애버립니다. 문제의 핵심은 교인들이 성령님으로 거듭나지 못했기 때문입니다. 세상 법정으로 문제를 끌고 가는 것은 교회에 재정적으로 엄청난 피해를 줄뿐만 아니라 불신 사회에 교회의 치부를 드러내는, 지극히 개탄스러운 결과를 초래합니다. 한국교회 교인들이여! 교회 일은 교회 안에서 기도하는 마음으로 해결합시다.

거듭남의 의미 (1)

"진실로 진실로 네게 이르노니 사람이 거듭나지 아니하면 하나님의 나라를 볼 수 없느니라… 진실로 진실로 네게 이르노니 사람이 물과 성령으로 나지 아니하면 하나님의 나라에 들어갈 수 없느니라."
(요 3:3,5)

요한복음 3장을 보면 예수님께서 니고데모와 대화하는 장면이 나옵니다. 예수님께서 니고데모에게 "진실로 진실로 네게 이르노니 사람이 거듭나지 아니하면 하나님의 나라를 볼 수 없느니라."고 말씀하셨을 때, 니고데모는 "사람이 늙으면 어떻게 날 수 있사옵니까 두 번째 모태에 들어갔다가 날 수 있사옵니까?"라고 묻자 예수님께서는 "진실로 진실로 네게 이르노니 사람이 물과 성령으로 나지 아니하면 하나님의 나라에 들어갈 수 없느니라."고 대답하셨습니다.

여기서 예수님께서 말씀하시는 '거듭난다.'란 무엇을 의미할까요? 물과 성령으로 거듭남을 의미할까요. 물은 일반적으로 세례라 하고 성령으로 거듭난다는 것은 성령 세례를 받는 것을 의미한다고 해석합니다. 물세례는 우리가 이미 받은 것이니까 주석이 필요 없고, 다만 성령 세례가 무엇이냐가 문제입니다.

어떤 사람은 방언을 받았으니, 나는 성령 세례를 받았다고 말합니다. 어떤 이는 신유(神癒) 즉 병 고치는 은사를 받았으니 성령 세례를 받았다고 확신합니다. 과연 방언을 한다고, 신유의 은사를 받았다고 그 사람이 성령 세례를 받은 것일까요? 그럼 방언도 못하고, 신유의 은사도 못 받은 교인은 성령 세례를 못 받은 사람이고 결국 그는 예수님께서 말씀하신 것 같이 하나님의 나라에 들어가지 못하는, 즉 구원을 받지 못하고 지옥으로 가는 것일까요?

예수님께서는 성령으로 나지 아니하면 하나님 나라에 들어가지 못한다고 말씀하셨습니다. 그럼 예수님께서 말씀하시는 '성령으로 나는 것'(born of the Spirit)은 무엇을 의미할까요? 불행히도 예수님께서는 성령으로 나는 것이 구체적으로 무엇인지 말씀하시지 않으셨습니다. 이에 대해서 신학자들마다 다른 해석을 내놓습니다. 그러나 그들의 해석은 모두 그들 자신의 개인적 신앙고백 내지 신학적 입장일 뿐 성경에서 말하는 '성령으로 나는 것'의 본디 의미를 정확하게 천명(闡明)한 것이라 볼 수 없습니다.

그렇다면 어떻게 해야 할까요? 필자의 생각은 이렇습니다. '성령으로 난다'는 말은 상당히 추상적인 의미입니다. 성령님은 우리가 볼 수도 만질 수도 없는 초월적인 하나님이십니다. 그러므로 성령으로 난다는 말을 구체적으로 표현하기 어렵습니다. 그러나 성령으로 거듭나야 천국에 갈 수 있다는 예수님의 말씀은 분명 구체적인 측면이 있습니다. 그럼 누가 성령으로 난 사람일까요? 필자는 성령으로 난 사람은 성령의 열매를 맺으면서 사는 사람이라고 봅니다.

성령의 열매는 바울 사도가 갈라디아교회에 써 보낸 편지에서 구체적으로 밝혀 주었습니다. 곧 "성령의 열매는 사랑과 희락과 화평과 오래 참음과 자비와 양선과 충성과 온유와 절제"(갈 5:22-23)입니다. 이 9가지 열매를 맺으며 사는 사람이 성령으로 난 사람입니다.

모세가 애굽왕 바로 앞에서 지팡이를 던져 뱀이 되게 했을 때, 애굽의 술사들도 그들의 지팡이를 던져 뱀이 되게 했습니다. 피 기적이나 개구리 기적 역시 애굽 술사들이 모세를 흉내낼 수 있었습니다. 하지만 방언을 하고, 방언을 통역하고, 병 고치는(신유)의 은사를 행하고, 예언하고, 영들을 분별하는 능력을 행한다 해도 성령의 9가지 열매 맺는 생활을 하지 못하면 그 성령의 은사는 의미가 없습니다.

거듭남의 의미 (2)

"진실로 진실로 네게 이르노니 사람이 거듭나지 아니하면 하나님의 나라를 볼 수 없느니라… 진실로 진실로 네게 이르노니 사람이 물과 성령으로 나지 아니하면 하나님의 나라에 들어갈 수 없느니라."
(요 3:3,5)

최근 미국의 유명한 기독교 싱크 탱크인 프로브 미니스트리(Probe Ministies)가 조사 발표한 내용을 보면 종교의 다원성, 혼합성 등이 종교계 전반을 지배하고 있다고 합니다. 이번 조사는 개신교, 가톨릭 등 미국 내 종교인 3,106명(18세-55세)을 대상으로 실시했습니다.

특정 종교에 속한 젊은 층(18~39세)에게 다음과 같은 질문을 했습니다. "예수, 무함마드, 부처는 모두 신(God)에게 갈 수 있는 방법을 가르쳐 주었다." 이 말에 동의 하는가?라 물었더니, 5명 중 1명 즉 20%만이 절대 동의할 수 없다고 말했습니다. 그러므로 80%가 동의했다는 의미입니다. 나머지 응답자는 예수, 무함마드, 부처 등의 가르침이 모든 신에게 가는 방법을 아는 데 유효한 것으로 인식했습니다. 그런데 이번 조사에 응한 개신교인들은 자신을 거듭난(born again) 교인이라고 밝혔습니다.

이번 조사에 참여한 개신교인들은 하나님께 가는 길은 오직 예수 그리스도만이 아니고, 다양하다고 했습니다. 그러면서도 조사에 응한 종교인 5명 중 3명 즉 60%는 적어도 1년에 한 번 이상은 전도를 목적으로 불신자와 대화를 한다고 답했습니다. 그리스도인들이 적극적으로 전도하지 않은 것은 타 종교인도 그들의 종교적 신념을 통해 천국에 갈 수 있기 때문에, 내 종교를 타인에게 적극적으로 강요하지 않는다고 했습니다. 뿐만 아니라 40세 미만의 응답자 중 "구원의 유일한 길은 예수"라고 믿는 사람은 7명 중 1명(14%)에 불과했습니다.

여러분은 이 자료에서 소위 '거듭났다'고 말 하는 사람들이 정말 거듭났다고 생각하십니까? 도대체 거듭난 사람이 예수님 이외에 구원이 있다고 말한다는 것이 믿어지십니까? 이들이 이야기하는 거듭남이란 도대체 무엇을 의미할까요? 기독교의 근본이 바로 예수님을 통한 구원 아닙니까? 예수님께서는 말씀하셨습니다. "내가 곧 길이요, 진리요, 생명이니 나로 말미암지 않고는 아버지께로 올 자가 없느니라."(요 14:6). 우리말에는 정관사가 잘 안 붙지만, 영어로는 'the Way, the Truth, the Life'입니다. 아시는 대로 영어 정관사 'the'는 세상에 하나밖에 없는 것 앞에 붙습니다.

베드로는 말합니다. "다른 이로써는 구원을 받을 수 없나니 천하 사람 중에 구원을 받을 만한 다른 이름을 우리에게 주신 일이 없음이라"(행 4:12) 베드로 사도는 분명히 선언합니다. 예수님 이름 외에, 천하에 어떤 사람의 이름으로도 구원 받을 수 없다고 말입니다. 문제는 간단합니다. 예수님이 "유일한 길, 유일한 진리, 유일한 생명"임을 믿는 사람은 그리스도인이지만, 다른 길이 있고, 다른 진리가 있다고 믿는 사람은 예수님과는 상관이 없는 사람입니다.

소위 종교다원주의(Religious Pluralism)를 주장하는 그 사람이 신학자요, 목사요, 교인일지 몰라도 예수님을 믿는 사람은 아닙니다. 예수님은 나의 유일한 구원자시요, 내가 신봉하는 유일한 신이라고 고백하는 사람, 그 신념에 자기 목숨을 내어 놓을 수 있는 사람이 바로 거듭난 사람입니다. 거듭났나는 사실을 입으로 말하는 것은 아무 의미가 없습니다.

물론 어제 말씀드린 대로 성령님으로 거듭난 사람은 성령님의 9가지 열매를 맺으면서 세상을 살아가는 사람입니다. 예수님께서도 "그들의 열매로 그들을 알지니 가시나무에서 포도를 또는 엉겅퀴에서 무화과를 따겠느냐?"(마 7:16)고 말씀하셨습니다. 예수님은 말씀하십니다.

"성령이 너희에게 임하시면 너희가 권능을 받고"(행 1:8) 그렇습니다. 성령님이 우리에게 임하셔야 권능을 받고, 성령의 열매를 맺을 수 있습니다. 문제는 성령님의 능력을 받았느냐 입니다. 성령님의 능력을 받지 못하면 결코 성령님의 열매를 맺을 수 없습니다.

Nov

85분간의 대통령

"하나님은 이르시되 어리석은 자여 오늘 밤에 네 영혼을 도로 찾으리니 그러면 네 준비한 것이 누구의 것이 되겠느냐?" (눅 12:20)

2021년 11월 19일 아침 뉴스에 카멀라 해리스 미국 부통령이 85분간 대통령 대행을 했다는 기사가 났습니다. 조 바이든 대통령이 월터 리드(Walter Reed) 육군병원에서 정기 건강 검진을 받았습니다. 대통령이나 가족들은 주로 이 병원에서 치료를 받습니다. 바이든 대통령은 대장내시경을 위해 마취를 해야 하기 때문에, 마취를 하고 깨어날 때까지 헤리스 부통령에게 권력을 이양했습니다. 바이든 대통령은 오전 10시 10분에 권력을 부통령에게 승계 한 뒤, 85분 후인 11시 35분에 다시 대통령 업무에 복귀했습니다.

대통령이 건강검진을 위해 잠시 권력을 이양한 것은 조지 부시(George W. Bush) 대통령 시절인 2002년과 2007년 두 차례뿐입니다. 1919년 우드로 윌슨(Woodrow Wilson) 대통령이 뇌졸중으로 쓰러졌을 때, 부인이 한때 대통령 역할을 한 적은 있지만, 헤리스 부통령처럼 법 절차에 따라 권력이 승계된 것은 아닙니다.

미국 역대 대통령 중 최고령인 바이든 대통령은 11월 20일 79세가 되었지만, 주치의는 건강검진 후에 대통령은 건강하고 활기찬 79세의 남성으로 대통령 직무를 수행하기에 적합하다고 말했습니다. 85분간의 짧은 시간이지만 헤리스 부통령의 대통령 대행은 미국 역사에 두 가지 기록을 남겼습니다. 하나는 미국 역사상, 처음으로 여성이 대통령(대행)을 한 일이고, 다른 하나는 여성 유색인종이 대통령 역할을 했다는 점입니다. 미국 250년 역사에 여성이 단 한 사람도 대통령이 된 일이 없었다는 사실은 미국이 얼마나 성차별을 하는 나라인가를 보여주는 좋은 실례입니다.

미국에서는 대부분의 공직자가 공직에 봉직하는 기간(Term)이 있습니다. 대통령의 임기는 4년인데, 한 차례 더 할 수 있어서 재선만 된다면 8년까지 가능합니다. 연방 하원의원은 2년(연임 가능), 상원 의원은 6년(연임 가능)입니다. 따라서 행정부 수장(대통령), 입법부의 국회의원은 임기가 있는 데 반해 연방 대법원 판사는 임기가 없습니다. 종신직입니다. 이에 따라 본인이 원하고 건강하기만 하면 100살 이상까지도 연방대법원 판사로 일할 수 있습니다. 최근에 세상을 떠난 루스 긴스버그(Ruth Ginsburg) 대법관은 작년 2020년 9월에 87세의 나이로 세상을 떠날 때까지 대법관으로 있었습니다.

그렇게 한 이유는 그녀가 민주당 공천으로 들어간 진보 성향의 판사로, 자기가 물러가면 보수적 판사가 그 자리를 채워 대법원 판정이 보수적으로 흐를 것을 염려한 때문입니다. 따라서 연방 대법원 판사들이 자리를 끝까지 지키려하는 것은 미국의 최종 판결이 미국의 현재와 미래에 결정적 영향을 미치기 때문입니다.

필자는 모든 공직에는 은퇴 연령이 있어야 한다고 생각합니다. 왜냐하면 은퇴 연령이 없으면 본인이 원하면 100살 이상 죽을 때까지 그 직에 있게 되는데, 그렇게 되면 후배들이 일할 수 있는 기회를 빼앗는 결과가 되기 때문입니다. 다른 하나는 사람은 누구나 나이가 들면 판단력이 흐려지고, 자기도 모르는 사이에 소위 치매 증상이 나타나는 게 일반적입니다. 치매 증상이 있는 연방 대법원 판사가 국가의 운명을 좌우하는 판결을 주도한다고 생각해 보세요.

인생에도 '기간'(term)이 있습니다. 그런데 인생의 기간은 기약이 없습니다. 한국에서 교수는 65세, 목사는 70세에 은퇴를 합니다. 그런데 인생은 은퇴 연령이 없고, “오늘 밤에 네 영혼을 도로 찾으리니”(눅 12:20)라는 말씀처럼 언제 끝날지 알 수 없습니다. 자동차를 타고 집을 나서는 순간부터 내 생명은 나의 것이 아닙니다. 언제, 어디서 대형 사고가 나서 내 목숨이 끝날 수 있습니다. 오늘 저녁이 아니고 바로 이 순간이 내 인생의 기간이 끝나는 때일 수 있습니다. 해리스 부통령이 불과 85분간 대통령 노릇을 했지만, 우리는 그 시간보다 더 짧게 내 인생의 기간이 끝날 수 있다는 가능성을 인식하고 살아야 합니다.

정직

11
20

"거짓말하는 자는 결코 그리로 들어오지 못하되 오직 어린양의 생명책에 기록된 자들뿐이라. (계 21:27)

미국에서는 대부분의 주(州)가 물건을 사면 10% 정도 매출세를 내게 되어있습니다. 100불 어치 물건을 사면 10불이 붙어 110불을 지불해야 합니다. 그런데 미국 상점에서는 한 번도 그런 제안을 받아 본 적이 없는데 한국 가게에 가면 적지 않은 상점에서 이런 제안을 합니다. 계산을 하려고 카드를 내면, 그 주인은 "카드로 계산 하시면 세금을 내야 하고, 현금을 주시면 세금을 안 내셔도 됩니다." 이런 경우 현금이 있을 때, 대부분의 사람들은 아무 주저함 없이 현금을 내고 세금을 안 내지요. 그러나 미국 세법 상 세금을 안내면 이는 분명 불법입니다.

이 일은 우리 그리스도인들에게는 마귀의 유혹입니다. 현금으로 그 물건을 사는 순간 그는 먼저 하나님께 죄를 범한 것이고, 둘째, 주(州)나, 카운티 혹은 시(市)를 속이는 것이고, 셋째 자기 양심을 속이는 것이며, 마지막으로 상점 주인이 탈세를 하도록 사주한 결과가 됩니다. 그런데 무심코 아무 양심의 가책도 없이 현금을 내고 물건을 사는 교인들이 적지 않습니다. 죄 의식이 없으니까 물론 회개도 안 하지요.

필자가 한 번은 한국인이 운영하는 옷가게에 가서 내의를 샀는데 약 60불 정도였습니다. 계산하라며 신용카드를 냈더니, 가게 주인이 어김없이 "카드로 내시면 세금을 부과합니다. 현금을 주시면 세금을 안 내셔도 됩니다."라고 말했습니다. 그래서 필자가 "그냥 카드로 결제하세요. 나는 예수 믿는 사람이라 세금을 냅니다. 저는 탈세할 마음이 없습니다."라고 말했더니 주인이 머쓱해 하면서 필자를 한 번 쳐다보고 결재를 해 준 일이 있었습니다. 필자가 보기에 가게 주인이 예수를 믿는 사람 같다는 인상을 받았습니다.

매출세를 안 내는 것은 죄가 아닐까요? 하나님께서는 이것을 죄로 여기지 않으실까요? 이것이 양심에 거리끼는 일이 아닐까요? 그러나 필자는 분명히 말씀 드립니다. 이것은 확실한 죄입니다. 아무것도 아닌 것이 아닙니다. 하나님께서는 이것을 아무것도 아닌 것으로 결코 여기지 않으신다는 것이 필자의 확신입니다. 될 수 있는 대로 자신의 얘기를 하지 않은 것이 바람직스럽다는 것을 알면서도 혹 도움이 될까 싶어 이 이야기를 씁니다. 필자가 인디애나에서 목회할 때, 교회 규모가 작은 개척교회라 서기도, 사찰도 없이 필자 혼자 교회의 모든 일을 처리했습니다.

80년대 초에는 스마트폰도, 카톡도, 이메일도 없던 때라 교회에서 우표를 쓸 일이 많았습니다. 특히 지난 주일에 교회 나오지 못한 교우들에게 그 주일 주보를 일일이 보내면서 간단히 메모를 했지요. "이번 주일에 교회 나오지 못하셨는데, 무슨 특별한 일은 없으시죠? 다음 주일에는 꼭 만나 뵐 수 있기를 바랍니다." 그 외에도 교회에서 공문을 보낼 때 등 교회 우표가 필요했습니다. 또 필자 개인적으로도 우표가 필요했습니다. 그때만 해도 대부분 공과금을 우편으로 납부했습니다. 전기세, 가스세, 수도세 또 개인적으로도 편지를 보 낼 일이 있었으므로 필자 개인용 우표가 필요했습니다.

그래서 필자는 늘 교회용 우표 100개 뭉치 1개, 개인용 우표 100개 뭉치 1개를 우체국에서 사다 놓고 교회용과 개인용을 엄격히 구분해서 사용했습니다. 그러다 80년대 초 모교인 장신대에서 교수로 나오라는 부름을 받고, 후임 목사에게 교회 사무를 인계할 때, 여러 서류를 인계하면서 마지막으로 교회용 우표 몇 장을 넘겨주면서 "이것은 쓰다 남은 교회용 우표입니다. 앞으로 교회용으로 쓰시기 바랍니다."라며 인계했습니다, 그 목사 표정이 별 시시한 것까지 다 인계를 한다는 그런 표정이었습니다. 필자는 그것도 교회용이기 때문에 개인용으로 쓰면 안 된다는 신념하에 우표 몇 장까지 인계했던 일이 있었습니다.

많은 경우에 공(公)과 사(私)를 구별하지 않고 사용하는 사람들이 있습니다. 가룟 유다가 선생 예수를 팔아먹은 데까지 이른 것은 그가 공금과 개인 돈을 섞어서 썼기 때문이라 여깁니다. 분명히 열 세 사람의 경비 즉 공금과 자기 개인용 돈을 엄격히 구별하지 않고 쓰다 보니까 공금을 자기 개인으로 쓰기 시작했고 급기야 막판에 몰리니까, 선생을 팔아먹는 데까지 이른 것이라 여겨집니다.

미국에서는 비영리단체(Non Profit Organization), 즉 교회, 교육기관, 고아원, 양로원 같은 영리를 목적으로 하지 않은 공익단체에 세금을 면제해 주는 제도가 있지요. 교회가 연방 국세청(IRS)에 세금 면제(Tax Exemption)를 신청하면 세금 면제 번호(Tax Exemption Number)가 나옵니다. 교회가 어떤 물건을 살 때 이 번호를 제시하면 10% 매출세를 부과하지 않지요. 필자가 목회할 때도 이 제도를 선용했습니다. 예를 들어 교회가 3천 불짜리 피아노를 하나 사면, 피아노 값 3천 불만 내면되고 세일즈 텍스 300불은 내지 않아도 됩니다. 세금 면제 번호를 제시하면 됩니다.

그런데 어떤 교회 목사가 자기 딸이 시집가는데 선물로 피아노 한 대를 사서 주려고 피아노 상회에 갔습니다. 피아노 가격 3천 불짜리 피아노를 샀다면 매출세 300불까지 3,300불을 내야 합니다. 왜냐하면 그 피아노는 교회용이 아니고, 목사가 개인적으로 자기 딸 결혼 선물로 사 주는 것이기 때문에 3,300불을 지불해야 합니다. 그러나 이 목사가 마치 교회용인 것 같이 말하고 3천 불만 주고 샀다면 그것은 분명히 300불을 탈세한 것이고, 하나님 앞에 범죄 한 것입니다. 이 300불을 청산하기 전에는 이 목사가 하나님께, 또 LA시에 양심을 속인 죄가 그대로 남아 있습니다.

대형교회 주방 책임자는 매 주일 점심식사용으로 쌀, 고기 등 여러 식품을 대량으로 구입하지요. 이때 물론 교회용이므로 텍스 면제 번호를 제시하면 세금을 낼 필요가 없습니다. 그러나 그 사람이 자기 개인용 고기를 살 때, 교회 면제 번호를 제시하고 물건을 샀다면 이는 분명한 범죄입니다. 또 교회용 고기를 사면서 자기 고기도 같이 사면서 세금을 안 냈다면 그것도 하나님 앞에 범죄한 것입니다. 비록 사소한 일이라도 그리스도인의 삶은 "청결한 양심"(딤후 3:3)과 "거짓 없는 믿음"(딤후 1:5)을 갖고 살아야 합니다. 예수님 바르게 믿고 신앙생활 하는 일 쉽지 않습니다. 당신은 그렇게 살고 계시지요?

저는 목사님들을 존경합니다

"그가 우리를 위해 목숨을 버리셨으니 우리가 이로써 사랑을 알고 우리도 형제들을 위하여 목숨을 버리는 것이 마땅하니라… 자녀들아 우리가 말과 혀로만 사랑하지 말고 행함과 진실함으로 하자." (요일 3:16,18)

필자는 1971년 광주보병학교에서 16주 군종장교 훈련을 마치고 중위로 임관된 후, 육군 1사단 12연대에 배속되었습니다. 당시 12연대는 서부전선 경기도 문산 판문점 지역에 있었는데, 휴전선 철책선을 지키는 부대였습니다. 연대가 낮에는 잠자고 밤새도록 철책선을 지키는 일을 담당하고 있었지요. 당시는 아직도 남북이 첨예하게 대치하고 있을 때여서 간첩이 수시로 철책선을 넘어 침투하고, 임진강 물속으로 침투하여 들어오던 살벌한 때였습니다. 1사단 경내에 들어섰더니 사단 표어가 큰 간판에 이렇게 적혀 있었습니다.

"적을 보면 쏘아 죽이고, 찢어 죽이고, 밟아 죽이자." 섬뜩한 구호였지요. 또 "졸면 죽는다."라는 것도 있었습니다. 매일 밤, 수색중대의 한 분대가 철책선 문을 열고 비무장 지대에 안으로 들어가 매복을 합니다. 깜박 잠이 들면, 넘어오는 간첩이 총을 쏠 수 없으므로(총소리가 나면 자기 위치가 탈로 나니까) 칼로 잠복 조 병사의 목을 베어 버리는 일이 가끔 일어났기에, "졸면 죽는다."는 구호가 새겨져 있었습니다.

지금은 물론 그런 섬뜩한 구호가 적힌 간판은 다 사라졌을 겁니다. 12연대 본부는 임진강 건너에 있었는데, 임진강 이북은 민통선이어서 민간인들은 들어갈 수 없고, 오직 우리 군부대만 여기 저기 흩어져 있었습니다. 연대 본부는 임진강 건너 약 8km 정도 들어가 있었습니다. 그 지역은 전에 미군 2사단이 주둔한 지역이었는데, 2사단이 철수하고

Nov

한국군 1사단이 인수해서 모든 시설을 그대로 이용하고 있었습니다. 미군이 건설한 건물과 내부 시설이 아주 훌륭했습니다. 연대 본부가 멀리 보이는데, 본부 안에 멋있는 예배당이 맨 먼저 눈에 띄었습니다. 안으로 들어가 보니 약 300명은 족히 들어갈 수 있는 멋있는 예배당이었습니다. 예배당 지붕에 첨탑이 높이 솟아 있었는데, 꼭대기에 정작 십자가는 없었습니다. 미군들 중 유대교 신자들이 토요일에 모여 예배드리며 공동사용하고 있어서 십자가가 없는 것으로 이해했습니다.

연대장에게 전입신고를 하고 다음날부터 각 중대를 순방했습니다. 중대와 중대 사이가 보통 20~30리 거리였는데, 낮이면 모든 병사가 잠들어 있어, 정적이 깔려있는 허허벌판을 필자 혼자 오토바이를 타고 흙먼지를 날리며 달렸지요. 필자가 탄 오토바이 소리만 정적을 깨뜨렸고, 각종 새소리와 풀벌레 소리가 어우러지는 적막한 무인(無人)지대였습니다. 1중대부터 시작해서 하루에 서너 중대를 방문했는데, 어느 날 9중대를 방문하게 되었습니다. 병사들은 잠들어 있었지만, 중대장은 낮에도 깨어 업무를 보고 있었습니다. 중대장 실에 들어가 중대장에게 이번에 새로 전입해 온 군목이라고 소개하고 서로 수인사를 나누었습니다.

중대장이 "목사님 어서 오세요."라고 환영하면서 앉으라고 해서 중대장 건너편 소파에 앉았습니다. 당번병에게 차를 내오라고 시킨 후, 중대장이 저를 똑바로 쳐다보면서, "목사님 저는 기독교 신자는 아니지만 목사님들을 존경합니다."라고 말했습니다. 그래서 필자가 "목사들을 존경하게 된 동기가 있나요?"라고 묻자, "예 있습니다." 하면서 얘기를 시작했습니다.

1970년대 당시에는 월남전이 한참 벌어지고 있던 때였는데, 우리 한국군도 월남에 파병되어 전투를 하고 있었습니다. 제9중대장이 육군사관학교를 졸업하고 소위로 임관된 후 월남으로 가게 되었는데, 맹호

부대 수색중대에서 소대장으로 근무를 하게 되었습니다. 어느 날 중대장으로부터 소대원을 인솔하고 정찰을 나가라는 명령을 받고 1개 분대와 더불어 정찰을 나갔습니다. 아시는 대로 월남전은 원래 전선이 따로 없고, 베트콩들이 숲속에 굴을 파놓고 그곳에 숨어 있다가, 갑가기 나와 총을 쏘고, 수류탄을 던지고는 삽시간에 굴속으로 잠적해 버리는 어려운 전장(戰場)이었습니다. 숲속에서 그들의 정체를 찾기란 쉬운 일이 아니어서 참으로 어려운 전투를 하고 있었습니다.

따라서 여러 지역에 지뢰를 묻어놓고, 베트콩들이 함부로 다닐 수 없도록 했습니다. 그러므로 작전을 나갈 때면 반드시 지도를 갖고 다니면서, 특히 지뢰지대를 잘 살펴 그곳에는 진입하지 못하게 하는 것이 지휘관의 중요한 책무 중 하나였습니다. 그런데 소대장이 인솔해 간 병사 중 하나가, 지뢰밭에 잘못 들어가서 지뢰를 밟아 발목이 날아가 버렸습니다. 그 병사의 발목에서는 피가 철철 흐르고 있고, 살려달라고 계속 아우성을 쳤지만 소대장을 비롯해서 어떤 병사도 그곳에 들어갈 수가 없었습니다. 만일 그 병사를 구하기 위해서 들어갔다가, 자기 발목을 잃을 수도 있기 때문이지요. 병사를 버려두고 갈 수도, 구출할 방법도 없어 발만 동동 구르고 있는데, 그때 멀리서 지프차 하나가 달려왔습니다. '누구 차일까'하고 그쪽을 바라봤더니 연대 군목의 지프였습니다. 군목이 차에서 내리더니, 무슨 일이냐고 물었습니다. 그래서 소대장이 "우리 병사 하나가 지뢰밭에 잘못 들어가서 지금 발목이 절단되어 살려달라고 아우성을 치고 있는데 어떻게 할 방도가 없어 난감해하고 있습니다."라고 얘기했습니다.

군목이 그 이야기를 듣고는, "그래?" 하더니 서슴지 않고 지뢰밭으로 뚜벅 뚜벅 걸어 들어가서 발목이 잘린 병사를 들쳐 업고 나와, 자기 차에 싣고 후방으로 사라지는 것을 직접 목격했습니다. 성령님께서 그 군목의 발걸음을 인도해 주신 것이 분명합니다. 그 기막힌 현장을 보고, 지휘관인 소대장 자신도 또 동료 병사들도, 죽어가는 동료 전우를 빤히 바라보면서도 아무도 들어갈 용기가 없었는데, 위험천만한 지뢰밭으로 서슴지 않고 그대로 걸어 들어간 군목을 보면서 "과연 예수를 믿는다는 것이 이런 것이구나, 이것이 기독교라는 종교의 본질이로구나, 또 목사님들은 도대체 어떤 분들인가를 곱씹어 생각하게 되었습니다. 그 이후로 저는 목사님을 무척 존경하게 되었습니다."라고 술회했습니다.

필자는 이 이야기를 듣고 병아리 군목으로 많은 생각을 했습니다. '과연 내가 그 현장에 있었다면, 나는 주저함 없이 걸어 들어갈 수 있었을까?'하는 질문을 수없이 했습니다. 사도 요한은 말했습니다. "그가(그리스도) 우리를 위해서 목숨을 버리셨으니 우리도 형제를 위하여 목숨을 버리는 것이 마땅하니라."(요일 1:16) "자녀들아 말과 혀로만 사랑하지 말고 행함과 진실함으로 하라."(요일 1:18)고 말씀했습니다. 예수를 믿는다는 것은 참으로 어렵고 힘든 일입니다. 한경직 목사님이 문병 온 목사들에게 유언처럼 권면하신, "목사님들, 예수 잘 믿으세요."란 말의 의미는 지뢰밭에 들어갈 용기가 없는 목사는 예수 믿는 것이 아니란 말씀이겠지요.

주님께서 세상에 오신 목적은 우리를 대신해서 십자가에 죽으시기 위함입니다. 오늘 하루도 자기 자신을 되돌아보면서 '나는 지뢰밭에 들어갈 수 있을까'를 묵상하시기 바랍니다. 예수님께서는 비정하게 "너도 들어가야 한다."고 말씀하십니다. 그것이 그리스도인이 가야 할 길이라고 말씀하십니다. 예수님을 제대로 믿는다는 것은 참으로 고통스런 일입니다. 그래서 이런 비정한 기독교는 아무나 믿을 수 있는 종교가 아닙니다.

링컨 대통령의 추수감사절 메시지

"여호와는 나의 목자시니 내게 부족함이 없으리로다. 그가 나를 푸른 풀밭에 누이시며 쉴만한 물가로 인도하시는도다." (시 23:1)

추수감사절 다음날 금요일을 '블랙 프라이데이'(Black Friday)라고 합니다. 이렇게 부르는 것은 미국에서 연중 가장 큰 규모로 수많은 사람들이 쇼핑을 하는 날이어서 상점마다 흑자를 기록하기 때문에 붙여진 이름이랍니다. 이날 연중 매상의 70%를 올리는 것은 1년 내내 팔지 못한 재고를 처리하기 위해 대폭 할인하는 날이기 때문입니다. 한국식으로 '땡 처리'하는 날이라 하네요. 재고를 남겨두면 겨울을 지내는 동안, 여러 달 치, 창고 세(稅)를 내야 하고, 더러는 유행이 지나 다음 해에는 잘 팔리지 않고, 부패할 수 있는 것은 상할 수도 있지요. 따라서 차라리 저렴한 가격으로라도 팔아 치우는 게 더 낫다고 여겨 대폭 세일을 하므로 새벽부터 장사진을 이루는 것이 블랙 프라이데이의 모습입니다.

미국의 제16대 대통령 아브라함 링컨은 1863년 남북전쟁이 치열하게 전개되고 있을 때, 추수감사절을 11월 마지막 목요일로 공포하면서 다음과 같은 성명을 발표했습니다. "한해가 저물어 가는 지금 넓은 들판과 푸른 하늘에는 축복이 가득 차 있습니다. 수확의 기쁨을 내린 전능하신 하나님께 감사를 드립니다. 나는 이 땅에 사는 모든 국민들, 바다를 항해하는 선원들, 타국을 여행하는 미국인 모두가 11월의 마지막 주 목요일을 추수감사절로 경건하게 기리기를 원합니다. 그리고 우리의 잘못을 회개하면서 전쟁 중 사망한 군인의 아내들, 고아들, 그리고 고통받는 모든 사람들을 위해 축복하고 기도합니다."

위의 짧은 성명서에 여러 가지 의미가 함축되어 있습니다. 먼저 수확의 기쁨을 내리신 전능하신 하나님께 감사를 드리고 있습니다. 은총에 대한 하나님께 감사하는 마음은 깊은 신심(信心)에서 우러나오는 고백입니다. 우리 조상들은 추석(한국 추수감사절)에 조상들의 음덕(蔭德)에 감사하는 차례(茶禮)를 드리고 또 조상들에게 제사를 드리며 절하고 감사하지요. 감사의 대상을 잘못 알고 있는 것입니다. 조상은 자손들에게 은총을 내리는 존재가 아닙니다. 다만 진리(예수님)을 바르게 알지 못해서 하는 행위일 뿐입니다. 진리를 알게 된 그리스도인들은 차례나 제사를 드리지 않고 한 해 동안 보호해 주시고 인도해 주신 하나님께 감사를 드립니다. 링컨은 어려서부터 성경을 읽고 부모들로부터 배운 신앙을 간직하면서 은택을 내리신 하나님께 진실로 감사하고 있습니다.

다음으로 미국의 모든 국민, 특히 집을 떠나 임무에 충성하고 있는 바다 위 선박에서 일하는 선원들을 언급하고, 또 국가의 임무를 띤 공무원, 개인이나 회사가 준 임무를 위해 해외에 나가 있는 국민들에게 11월 마지막 목요일을 감사절로 지키면서 하나님께 감사의 마음을 갖고 임하라는 당부를 하고 있습니다. 다시 말하면 미국의 모든 국민들은 농사를 짓는 농민뿐만 아니라 기타 여러 다른 직종에서 일하는 국민들 모두는 하나님께 감사를 드려야 한다는 말입니다. 흔히 추수감사절은 농사가 대종이었던 시절, 농민들이나 감사의 예배를 드렸던 옛 습속이라고 생각하는 사람들이 적지 않습니다.

그러나 추수감사절은 곡식을 거두어들인 일에 대한 감사를 넘어 1년 동안 나 개인에게, 우리 가족 모두에게, 일가, 친족, 친구, 이웃, 교우 등 수 많은 사람들과의 유대 관계에서 보호해 주시고, 인도해 주신 은혜에 감은(感恩)하는 날입니다. 특히 모두에게 건강을 주시고 각자의 집안과 이웃, 교회, 사회, 민족, 국가에 큰 변고가 없었던 일에 대한 감사를 잊어서는 안 된다는 뜻이 들어 있습니다.

다음으로 링컨은 우리가 하나님께, 인간에게, 자연에 잘못한 일에 대한 회개를 촉구하고 있습니다. 진정한 감사는 그 무엇보다 우리가 죄인 되었을 때에 우리 죄를 대신 지시고 십자가의 모진 고난을 당하신 예수 그리스도의 구속의 은총에 대한 감사가 제일 먼저 할 일이고, 이에 대한 감사보다 더 큰 감사는 없다고 여깁니다. 우리 죄를 대신 지신 주님께 진솔하게 우리의 죄를 고백하는 일이 진실한 감사의 시작입니다. 자기 죄를 뉘우치지 않고 내가 무슨 잘못을 그렇게 많이 했느냐는 식의 뻔뻔한 태도야말로 가장 큰 배은망덕이요 배신입니다.

예수님의 말씀 중, 1만 달란트 빚진 종이 갚을 길이 없어 고민하자, 채권자 주인은 그를 불쌍히 여겨 탕감해 주었습니다. 채무자는 그 기쁨과 감격을 가눌 길이 없었습니다. 채권자에 대한 감사가 얼마나 깊었겠습니까? 그런데 이 자가 자기에게 단 돈 100데나리온 빚진 동료가 빚을 갚지 않는다며 옥에 가둬 버렸습니다. 이 모양을 본 동료들이 이 친구가 너무 괘씸해서 1만 달란트 돈을 빌려준 채권자 주인에게 가서 사실대로 고하자, 이 채권자는 100데나리온 돈을 빌려준 종을 괘씸히 여겨 잡아다 가두었다는 말씀을 하셨습니다.(마 18:21-35)

여기서 우리는 감사와 회개는 동시적이어야 한다는 사실을 깨닫게 됩니다. 즉 회개 없는 감사는 진정한 감사가 아니고 입에 발린 감사라는 말이지요. 링컨이 회개를 언급한 것은 진정한 감사는 회개가 전제되어야 함을 의미함입니다. 우리도 먼저 우리 죄를 하나님께 참회하고, 사함을 주신 하나님, 먹거리를 주신 하나님께 감사해야 합니다.

마지막으로 링컨은 물론 그때가 전쟁 중이어서 그랬겠지만, 전쟁 중 남편을 잃은 전쟁미망인들, 부모를 잃은 고아들, 그리고 전쟁으로 고통받은 모든 이들을 위해 축복하면서 기도했습니다. 추수감사절은 우리 가족끼리만 모여 감사하고 축복하며 즐거워하는 축제일이 아닙니다. 가족을 고국에 남겨두고 이국땅에 와서 외롭게 추수감사절을 지내는 외국 유학생들을 자기 가정에 초청해 음식을 제공해 주고 위로해 준 필자의 첫 유학 시절 신학교 총무처장의 그 마음이 진정한 추수감사절을 지내는 감은(感恩)의 마음임을 일깨워 주고 있습니다.

구약에 끊임없이 언급되는 "고아와 과부와 나그네를 돌보라"는 말씀과 같이 우리 주변에 힘들게 살아가는 고아들, 미망인들, 장애인들, 독거노인들, 노숙자 등등 우리가 돌아보아야 하는 수많은 '지극히 작은 자들'을 위한 사랑의 손길을 펼치는 추수감사절이 되어야겠습니다.

추수감사절 (1)

"모든 육체에게 먹을 것을 주신 이에게 감사하라 그 인자하심이 영원함이로다." (시136:25)

1620년 9월 영국 플리머스 항구에서 메이플라워 호를 타고 떠난 102명을 일반적으로 청교도라 말합니다. 그러나 미국 역사를 자세히 들여다보면 102명이 다 청교도가 아니고 그중 35명만 청교도고 나머지 67명은 청교도가 아닌 일반 상인, 노동자, 제대 군인, 탐험가 등 잡다한 사람들이었습니다. 따라서 102명 가운데 청교도는 1/3밖에 되지 않았고 나머지 2/3는 청교도가 아니었습니다. 이들 청교도를 일컬어 '순례자의 아버지들'(Pilgrim Fathers)이라 합니다. 청교도들이 메이플라워호를 타고 신대륙에 간 목적은 두말할 필요 없이 영국이 영국교회를 믿으라고 강압했기 때문에 자기 신앙은 자기 신앙 양심에 따라 자기가 원하는 종교를 믿어야 한다는 신념으로, 국가 간섭 없는 자유의 땅에서 자유롭게 신앙생활을 하기 위함이었습니다.

그러나 67명의 청교도가 아닌 사람들은 돈을 벌기 위한 목적으로 신대륙에 갔습니다. 따라서 메이플라워가 미국에 상륙할 때 두 가지 이데올로기가 상륙했습니다. 즉 청교도들의 '청교도주의'(Puritanism)와 나머지 사람들의 '세속주의'(Secularism)입니다. 청교도주의는 신앙의 자유가 목적으로, 하나님의 뜻을 따라 살려는 신앙 중심이라면, 세속주의는 어떻게 하면 돈을 많이 벌 수 있을까? 어떻게 하면 출세할 수 있을까? 어떻게 하면 인생을 즐길 수 있을까하는 지극히 비성서적이고 비기독교적인 사탄의 역사를 의미하는 것입니다.

영국인들이 신대륙에 도착한 것은 1620년 청교도가 처음이 아니고 실제로 13년 전 그러니까 1607년에 일단의 영국민이 이미 신대륙에 도착하여 식민지 개척을 시작했습니다. 1604년에 설립된 런던 버지니아 회사는 1606년 영국 왕의 특허장을 하사 받고, 1607년 초 144명의 탐험대가 3척의 배로 대서양을 건너 같은 해 4월 지금의 버지니아주 체사피크 만(灣)에 도착했습니다. 그들은 자기들이 정착한 곳을 영국 왕 제임스 1세의 이름 따 제임스타운(Jamestown)이라 명명했습니다. 이곳이 미국 최초의 식민지 정착지입니다. 물론 이들은 종교의 자유를 찾아서 온 것이 아니고 영국이 신대륙 개척을 위해서 보낸 개척단이었습니다. 이들은 자기들이 안착지로 정한 그 지역을 처녀왕 엘리자베스 1세를 기념하여 버지니아라고 불렀습니다. 이것이 오늘날 미국 동부 버지니아주입니다.

그러나 그들의 삶은 척박했습니다. 신대륙의 풍토병, 해충, 내부 반란도 어려웠지만, 무엇보다 식량 부족이 가장 고통스런 일이었습니다. 도착하던 때 100여 명이었던 인원이 1년 만에 70% 줄었습니다. 1609년 12월 영국인 인구가 220명이었는데 이듬해 봄 생존자는 60명에 불과했습니다. 식량부족이 주원인이었지요. 이들은 주변 인디언들로부터 담배 경작법을 배워 담배를 대량 재배하여 영국에 수출함으로 많은 돈을 벌었습니다. 노동력 부족으로 1619년 미국에 처음으로 아프리카로부터 노예가 실려 왔는데 이것이 신대륙 노예무역의 시발점입니다.

식민지 개척 성격상 남자들만 오게 된 신대륙에서 신부 부족은 심각한 문제였습니다. 드디어 버지니아 회사는 이 문제를 해결하기 위해 1619년 배 한 척에 90명의 여성을 싣고 왔습니다. 남자들은 서로 신부를 데려 가려고 한 사람당 약 60Kg의 담배를 갖다 바치고 앞 다투어 이들을 아내로 데려 갔습니다. 이곳은 돈 버는 데 혈안이 된 지역이었습니다.

메이플라워 호는 본디 제임스타운 근해에 상륙하려 했으나 뜻밖에 폭풍이 불어 배가 북쪽으로 밀려가다 한 곳에 정박해 상륙했습니다. 그들은 그곳 이름을, 자기들이 영국에서 출발한 항구 이름인 플리머스라 명명했습니다. 현재 보스턴, 매사추세츠 근처 해안입니다. 이들이 내렸던 신대륙은 12월 크리스마스 무렵으로 온 천지는 흰 눈으로 뒤덮여 있었고 사람의 흔적은 하나도 없었습니다. 노인들과 어린아이들까지 있는 그들은 눈으로 덮인 땅에 내려 굴을 파고 거적때기로 움막을 짓고 간신히 추위를 피할 수는 있었지만, 문제는 식량 부족이었습니다. 영국에서 싣고 온 양식은 두 달 동안 100여 명이 배 위에서 거의 다 먹었기 때문에 먹거리 부족은 심각했습니다. 굶어 죽는 사람, 추위에 얼어 죽는 사람, 먹거리 구하러 밖에 나갔다 야수에 물려 죽은 사람, 풍토병에 걸려 죽는 사람 등 많은 사람들이 고통 속에서 죽었습니다.

이듬해 살아남은 사람을 점검하니 절반이 죽고 겨우 50여 명만 살아남았으나, 노인과 어린이를 뺀 나머지 사람, 즉 노동력을 가진 사람은 거의 없었습니다. 기록에 의하면 죽은 사람의 시체를 묻을 수 있는 힘이 있는 사람은 단 2명에 불과했다니 그때 그들의 상황이 어떠했는지 짐작이 가시지요? 자유를 찾으려는 사람들의 고뇌가 통절하게 느껴지는 대목입니다.

추수감사절 (2)

11
24

"모든 육체에게 먹을 것을 주신 이에게 감사하라 그 인자하심이 영원함이로다." (시 136:25)

고통의 겨울을 지내고 있을 때 일단의 인디언들이 그들 앞에 나타났습니다. 이들은 왐파노아그 인디언이었습니다. 이들은 착하고 유순한 사람들이고 동정심이 많은 사람들이었습니다. 이들이 보니까, 전혀 다른 인종의 사람들이 어린 아이와 노인, 부녀자들이 굶어죽고, 얼어 죽는 모습을 보고 동정심이 우러났습니다. 우선 자기네들이 살고 있는 것과 동일한 천막을 쳐 주고, 자기들 겨우살이를 위해 마련해 둔 감자와 옥수수, 콩 등을 가져다가 이들에게 먹였고 또 동물의 털로 만든 따뜻한 이불을 갖다 주면서 덮으라고 말했습니다.

이들의 도움으로 혹독한 겨울을 지내고 눈이 녹고 훈풍이 불어오는 봄이 되었지만 굶주림과 풍토병 등으로 제대로 기동을 할 수 있는 사람은 거의 없었습니다. 죽은 사람들을 묻어 줘야 하는데, 이 일을 할 수 있는 사람은 단 두 사람밖에 없었습니다. 이듬해 봄이 돌아왔을 때, 겨울 동안 인구의 절반이 죽고 나머지는 50여 명에 불과했습니다.

그러나 살기 위해서는 농사를 짓지 않으면 안 되는 상황이어서 모두 사력을 다해 나무를 베어 내고, 나무뿌리를 캐내고, 밭을 일구어 영국에서 가져온 씨를 뿌리고 인디언들이 전해준 강냉이와 콩을 심기 시작했습니다. 문제는 그들에게 농사력이 없었다는 점입니다. 언제 봄이 끝나고, 여름이 오며, 가을이 오고, 겨울이 오는지 도무지 알 수가 없었습니다. 언제 비가 오는지, 언제 눈이 오는지 전무한 상황에서 농사를 지을 수밖에 없었습니다.

신대륙에서 첫 농사를 시작한 이들은 비가 내리지 않아서 농작물이 시들어 가자, 모든 주민이 냇가에서 물을 길어다가 작물에 물을 주었습니다. 한참을 지난 후에 먹구름이 몰려오더니 억수 같은 폭우가 쏟아지면서 홍수가 나서 물에 잠기고 떠내려가기도 했습니다. 농작물에 새 순이 돋아나기 시작하자, 어디서 구름처럼 메뚜기 떼들이 몰려와 새순을 뜯어먹기 시작했습니다. 이주민들은 횃불을 만들어 메뚜기와 싸우면서 농작물을 지켜냈습니다. 가을이 되고 곡식이 익어 가자 이번에는 구름처럼 각종 새들이 몰려와서 곡식을 까먹기 시작했습니다. 역시 꽹과리를 만들어 온 주민이 동원되어 새들을 몰아내고 가능한 범위 내에서 곡식을 지켜냈습니다. 농사는 결코 성공적이지 못했습니다.

드디어 11월 하순이 되자 변변찮은 곡식을 추수하고 나서, 하나님께서 한 해 동안 지켜 주신 일과 그래도 적지 않은 수확을 하게 해 주심에 감사 예배를 드렸습니다. 이것이 1621년 11월 말에 드린 첫 추수감사절이었습니다. 예배가 끝난 후 각종 음식을 차리고 잔치를 베풀었습니다. 지난겨울에 자기들에게 텐트를 쳐 주고 먹거리를 갖다 주었으며, 덮을 것을 제공해 준 친절한 왐파노아그 인디언들을 잔치에 초대했습니다.

인디언들은 초대를 받고 오면서 빈손으로 오지 아니하고, 야생 노루 두 마리와 야생 칠면조 몇 마리를 선물로 가지고 왔습니다. 그들은 노루와 칠면조를 잡아 큰 잔치를 베풀고 서로 말은 통하지 않았지만 몸짓으로 감사를 표시하면서 53명의 백인들과 90명의 인디언들이 더불어 식사를 했습니다. 음식은 칠면조, 그레이비가 얹어진 으깬 감자, 크랜베리 소스, 옥수수, 호박파이, 채소 등이었습니다. 이때 인디언들이 칠면조를 잡아 온 것이 전통이 되어 추수감사절에 칠면조 요리를 해 먹는 관습이 생겨났습니다. 우리가 음력설에 떡국을 먹어야 1살 더

Nov

먹는다는 습속과 비슷한 것이지요. 따라서 추수감사절에 미국 전역으로 수천만 마리의 칠면조가 대학살을 당하는 칠면조 수난의 날이 되었습니다.

식사가 끝난 후, 백인들과 인디언들이 어울려 달리기 경주와 씨름 시합을 했습니다. 서양인들과 아메리카 원주민, 백인종과 홍인종이 어울려서 음식을 같이 나누고 경주를 하면서 간격 없는 교제를 했습니다. 이들은 종족이 다르고, 피부 색깔이 다르고, 언어가 다르고 문화가 다르고, 전통이 달랐지만, 평화롭게 며칠 동안 즐거움을 나누었습니다. 이것이 바로 미국이란 나라의 시작입니다. 미국에서는 피부 색깔, 인종, 전통, 관습, 생활양식, 사고방식, 음식과 기타 모든 것이 다른 종족이 어우러져 더불어 음식을 나누고, 같이 놀이를 하며 노래하고 춤추는 아름다운 화해의 정신으로 시작된 나라입니다. 이것은 '다양성 속의 하나'(Unity in Variety), '하나 속의 다양성'(Variety in Unity)입니다. 모든 다른 것들이 하나 되는 세상, 그곳에 하나님의 나라가 임재해 있습니다.

추수감사절 (3)

"모든 육체에게 먹을 것을 주신 이에게 감사하라 그 인자하심이 영원함이로다." (시 136:25)

메이플라워 호에 승선해 있던 사람들 중, 성인 남자 41명이 1620년 11월 20일 케이프 코드 해변에서 서약 하나를 만들고 서명했습니다. 이것을 '메이플라워 서약'(Mayflower Compact)이라 합니다. 이 서약은 신대륙 미국의 정치 체제를 규정한 중요하고도 소중한 서약입니다. 그 내용은 "영국 왕에 충성을 다하며, 아메리카 대륙에 식민지를 건설할 것을 기약하고, 자치 사회를 형성하여 질서와 안전을 도모하며, 평등한 법률을 만들어 관제를 정한 다음 여기에 종속할 것을 맹세한다."였습니다. 영국에서 왕이 절대 권력을 가지고 백성들의 자유를 억압하고 심지어 종교까지 지정해주며 강압하는 폭압 정치 체제에 반기를 든 이들은 이제까지 내려오는 왕권신수설(神授說)을 거부하고, "자치 사회를 형성한다."는 것과 "평등한 법률을 만들어 관제를 정한다."는 내용을 확인했습니다.

위의 두 원칙은 인류 역사가 시작된 이래, 힘 있는 자(추장, 부족장, 영주, 왕)가 다스리던 시대를 끝내고, 자치(自治) 사회 즉 왕이 아니고, 주민 스스로 질서와 안전을 도모한다는 것에 역점이 있었습니다. 또한 평등한 법률을 만든다는 점인데, 오늘 우리에게는 당연한 내용이지만, 1600년대에 만일 이런 말을 하면 그는 반역자로 목이 잘렸습니다. '평등한 법률'이란 왕도, 왕족도, 귀족도, 성직자도 없는 평등한 세상, 모두 다 같은 대우를 받는 세상을 지향한다는 것으로 당시로서는 지극히 반

NOV

역적인 내용이었습니다. 또 "우리의 지도자는 우리가 선출한다. 또 선출된 지도자는 일정한 기간 동안만 집권한다. 그들은 지배자가 아니고 대표자일 뿐이다."라는 내용이었습니다. 왕권을 종식시키고 민중들이 지도자를 뽑는, 민중이 주인이 되는 민주주의 체제가 시작된 것입니다. 이 서약이 미국 민주주의의 씨앗이 되었으며, 세계 최초의 성문 헌법입니다.

따라서 미국 역사는 첫 출발부터 절대권을 가진 왕은 없었습니다. 프랑스에서 절대 권력을 가진 왕이 사라진 것은 1789년 프랑스 대혁명이 일어난 후 루이 16세와 마리 앙투아네트의 단두대 처형이었습니다. 이 프랑스 혁명은 1776년 미국이 독립을 선언함으로써, 왕 없는 정부가 세워진 것을 본 후에 일어난 점에 유의해야 합니다. 러시아에서 왕권이 종식된 것은 프랑스 혁명보다 130년이나 지난 1917년 볼셰비키 공산당 혁명으로 로마노프 왕조의 마지막 왕 니콜라스 2세와 왕후 그리고 그의 가족들이 외딴 농가의 지하실에서 총살당함으로 끝이 났습니다. 이렇게 인류 역사에서 20세기까지 내려오던 왕이 다스리던 시대가 끝이 나고 이제는 국민들이 지도자를 선출하는 시대에 접어들었습니다. 사실 이런 민주주의 체제는 메이플라워 서약에서 그리고 미국에서 시작된 것입니다.

그러다 메이플라워호가 도착한 때로부터 150년이 지난 1776년에 이르러서야 비로소 영국에 독립을 선포하고 6년간의 전쟁을 통해서 비로소 독립을 쟁취할 수 있었습니다. 메이플라워 서약에서 약속한 민(民)이 주인이 되는 정치 체제가 공식 출범되었습니다. 13개주 대표들이 모여 조지 워싱턴을 '프레지던트'(President)로 선출했습니다. 그때까지 국가 대표를 프레지던트라고 부른 적이 한 번도 없었기 때문에 새로운 지도자 명칭을 무엇으로 할 것인가의 문제로 갑론을박했습니다. 지도자(Leader), 통치자(Ruler), 대표자(Representative), 프레지던트라는 의

견으로 장시간 의논하다가 프레지던트로 낙찰했습니다. 사실 한국에는 프레지던트(대통령)가 한 사람이지만, 미국에는 기관별로 수십만 명이 넘습니다. 따라서 프레지던트 뒤에는 반드시 설명이 따라 붙습니다. "The President of the United States of America, The President of the Harvard University, The President of the Amazon Company" 필자도 미국에서 "The President of the Presbyterian Theological Seminary in America"였습니다. 한국에서는 프레지던트가 딱 한 사람이므로 고유명사지만, 미국에서는 프레지던트는 고유명사가 아니고 보통 명사입니다. 시쳇말로 게나 고동이나 다 프레지던트가 될 수 있습니다. 한국에서 프레지던트(President)를 대통령(大統領)이란 용어로 쓰는데 이는 잘못된 해석입니다. 미국 개념으로 말하면 프레지던트는 '대(大)통령'이 아니고 '보통(普通)령'입니다.

1623년 매사추세츠주가 추수감사절을 공식 명절로 선포하여 매년 즐기면서 이웃 주(州)로도 확산되었습니다. 1789년 미국 초대 대통령 조지 워싱턴이 추수감사절을 국경일로 지정했고, 1863년 16대 대통령 아브라함 링컨이 남북전쟁 중에 11월 마지막 목요일을 국경일로 선포했는데, 1941년 프랭클린 루즈벨트 대통령이 11월 넷째 목요일로 확정한 후 오늘까지 이 날을 지켜오고 있습니다.

우리가 비록 농사는 짓지 않지만, 추수감사절을 지키며 어려운 중에도 한 해 동안 우리를 지켜 주신 하나님의 은혜를 감사하는 것은 400년 전 미지의 황무지에서 죽음을 무릅쓰고 신세계를 개척했던 순례자 조상들의 희생과 신앙을 반추(反芻)하기 위함입니다. 따라서 코로나 사태를 비롯하여 오늘 우리가 겪고 있는 여러 역경을 헤쳐 나갈 수 있는 지혜를 구하며, 절망적인 상황에서도 희망을 잃지 않고, 믿음으로 승리하기 위한 영적 힘을 갈구하는 계기로 삼아야 합니다. 우리가 어떤 어려움에 봉착해 있다 할지라도 400년 전 순례자의 조상들이 부닥친 황무한 땅, 인구의 절반이 기아와 병으로 죽어가던 상황보다는 낫지 않습니까?

필자가 1974년 가을 처음 미국에 유학 와서 맞은 첫 추수감사절에, 공부하던 신학교 총무처장이 외국에서 유학 온 학생들을 자기 집에 청해서 함께 식사를 했습니다. 그때 필자는 처음으로 칠면조 고기를 맛보았습니다. 필자는 칠면조라는 동물이 어떻게 생겼는지도 몰랐네요. 그런데 칠면조 고기보다 필자가 더 좋아했던 것은 햄이었습니다. 그때 햄이 얼마나 맛이 있었던지, 난생처음으로 그렇게 맛있는 음식은 맛보았습니다. 물론 그것이 햄인지도 몰랐지요. 그 후 햄은 필자가 선호하는 음식 중 하나가 되었습니다. 그때 푸짐한 음식을 즐겼던 기억이 새롭습니다. 벌써 거의 50년 전 일이네요. 어려운 때를 지내고 있지만, 세 끼 밥만 먹을 수 있다면 그것이 최고의 행복이고 최선의 은택입니다. 어떤 형편에서든지 스스로 만족할 수 있는 삶(빌 4:11)의 원리를 아는 것이 행복의 원천입니다. A Happy Thanksgiving Day.

신앙의 자유 (1)

"그리스도께서 우리로 장유케 하려고 자유를 주셨으니 그러므로 굳세게 서서 다시는 종의 멍에를 메지 말라." (갈 5:1)

추수감사절을 지내면서 400년 전 신대륙에 도착한 '순례자의 아버지들'에 대한 이야기를 자세히 했습니다. 신대륙에 도착한 102명 중 35명의 청교도들이 험난한 여정을 무릅쓰고 거친 땅에 오게 된 것은 두말할 필요 없이 신앙의 자유를 찾아 온 것입니다. 신앙의 자유는 그들에게 무엇보다 귀한 것이기에 생명을 걸고 신대륙 행을 선택한 것입니다. 인류가 얼마나 처절한 투쟁을 통해 신앙의 자유를 확보했는지를 두서너 번의 글을 통해 살펴보겠습니다.

오늘 아침 신선한 뉴스가 보도되어 기쁨을 같이 나누려 합니다. 최근 코로나로 인해 세계 여러 나라가 그리고 미국의 여러 주가 사람들이 모이는 회집에 대한 금지령을 내렸는데 물론 그중 교회도 예외가 아니었지요. 한국에서는 대구 신천지교회를 중심한 제1차 유행과 서울 사랑제일교회 발 제2차 유행으로 인해 마치 교회가 코로나의 진원지인 것처럼 여기고 교회 회집에 쌍심지를 켜고 달려드는 모습에 비록 멀리서 보아도 무척 속이 상했습니다. 그런데 미국도 예외가 아니어서 각 주지사가 교회 회집을 금지하는 명령을 내려, 필자가 출석하는 교회도 주일에 예배를 드리지 않아 예배당에 가서 예배를 드린 것이 언젠지 기억도 나지 않습니다.

추수감사절 바로 전날, 미국 연방대법원이 코로나 방역보다 종교활동의 자유를 확보해 주어야 한다는 판결을 내렸습니다. 연방대법원

Nov

은 2020년 11월 25일 뉴욕의 정통파 유대교 측과 가톨릭교회가 종교 행사 참석자 수를 제한하는 앤드류 쿠오모 뉴욕 주지사의 명령이 부당하다고 제기한 소송에서 대법원 판사 9명 중 5 대 4로 예배 참석 규제가 종교의 자유를 보장하는 수정헌법 제1조를 위반하는 것이라고 판결했습니다.

이번에 결정적인 역할을 하는 것은 얼마 전 트럼프 대통령이 임명한 보수 성향의 여성 에이미 배럿 대법관의 찬성이었습니다. 9명의 대법관 중 존 로버츠(John G. Roberts) 대법원장을 제외한 나머지 5명이 모두 종교의 자유 쪽에 손을 들어 결국 5 대 4로 원고 승소 판결이 났습니다. 원고 측이 주장하는 내용 가운데 종교시설에 대해서는 참석자를 제한하면서 슈퍼마켓이나 애완 용품 판매점 등은 규제하지 않는 것은 온당치 않다며 헌법이 보장하는 종교의 자유를 명백하게 침해하는 규제라고 주장했습니다. 이번 판결은 연방 대법원의 판결이라 이제 미국 내에서는 그 어떤 기관도, 그 어떤 권력자도 교회나 성당, 회당의 집회에 제재를 가할 수 없게 되었습니다. 미국의 종교 자유에 대한 확실한 승리입니다. 400년 전 청교도들의 꿈이 다시 한 번 실현되었습니다.

청교도들이 갈망한 신앙의 자유는 그 누구의 간섭도 받지 않고, 나 스스로가 내가 원하는 신앙을 신봉할 수 있는 자유였습니다. 인간은 고래로부터 어떤 초월적인 존재를 믿으려는 신앙을 가져 왔습니다. 인간은 세상에 살면서 많은 일이 자기 의지대로 되지 않는다는 사실을 절감하면서 살아갑니다. 인간은 무엇보다도 죽음에 대한 두려움과 죽음 이후의 세계에 대한 공포 때문에 어떤 형태로든지 신앙을 갖게 되어 있습니다. 원시시대 때는 자기가 원하는 신앙을 무엇이든지 가지고 살았습니다. 그러나 차차 세월이 흐르면서 지배자 또는 왕이 나타나면서 개인이 갖고 있던 종교 선택의 자유가 제한되기 시작되었습니다. 왕은 자기 신민들에게 자기가 신봉하는 종교를 강제하기 시작했습니다.

주후 496년 프랑크(Franks, 지금의 프랑스) 족의 우두머리 클로비스(Clovis)가 기독교 왕실의 공주를 아내로 맞으면서, 그 공주의 권고에 따라 기독교 신앙을 받아들였습니다. 그가 침례를 받을 때 그를 따르던 프랑크족 신민 3천여 명과 함께 침례를 받았습니다. 이것이 교회 역사에 처음 있었던 집단 침례(세례)였습니다. 주권자가 자기 신민을 신앙을 강제한 경우입니다. 그런데 그 3천여 명 중, 군인들은 온몸이 물속에 들어갈 때, 오른손은 모두 물 밖으로 내어 놓고 침례를 받았다네요. 왜냐하면 오른손은 전쟁에 나가 계속 상대편 군인과 인민을 죽여야 했기 때문이라네요.

Nov

신앙의 자유 (2)

11/27

"그리스도께서 우리로 자유케 하려고 자유를 주셨으니 그러므로 굳세게 서서 다시는 종의 멍에를 메지 말라." (갈 5:1)

교회 역사가 2천 년을 지나고 있습니다. 초기 예루살렘에서 미미하게 시작된 기독교는 세월이 가면서 점차 그 세력이 확장되기 시작했습니다. 기독교가 발아(發芽)될 때는 로마제국이 이스라엘을 다시리던 때였습니다. 그러나 교회가 점점 성장하고 확장되자 당국은 긴장하기 시작했습니다. 더욱이 그리스도인들이 황제 숭배를 거부하고, 징집을 거부하며, 주일만 되면 자기들끼리 따로 모여서 특별한 의식을 거행하는 것을 간파했습니다. 또한 일반 사회생활에 참여하지 않고 자기들끼리만 뭉쳐 사는 모습을 보고 사회의 균열을 일으킨다는 이유로 기독교를 박해하기 시작했습니다. 약 300년 동안 십자가 죽였고, 맹수의 굴에 몰아넣었으며, 끓는 기름 가마에 던져 넣었고, 참수형에 처하는 등 온갖 혹독한 박해를 받으면서도 그리스도인들은 신앙을 죽음으로 지켜냈습니다.

그러다 313년 콘스탄티누스 대제가 기독교를 로마 제국의 공인된 종교로 선포하면서 이제 누구든지 기독교를 자유롭게 신앙할 수 있는 시대로 접어들었습니다. 400년경에는 드디어 기독교가 로마 제국의 유일한 종교로 선포되면서 오랜 세월 박해를 받아 오던 기독교가 이제 전혀 딴 세상을 맞이하게 되었습니다. 따라서 유럽은 이제 완전히 기독교 세계가 되었습니다. 이렇게 기독교는 평화롭게 1500년을 내려왔습니다.

그러나 1500년 동안 로마가톨릭교회가 온 세상을 지배하고 있었기 때문에 교황을 정점으로 하는 가톨릭교회는 교황이나 교회 또는 교리에 도전하는 세력을 무자비하게 진압해 버렸습니다. 교황을 인정하지 않거나 로마교회가 가르치는 교리 이외의 다른 주장을 하는 사람은 이단으로 정죄하고 화형에 처해 아예 그 싹을 잘라버렸습니다. 가톨릭교회는 종교재판소란 기관을 만들어서 교황이나 교회에 미세한 반항의 낌새만 보이면 체포하여 고문하고 화형에 처했습니다. 아무런 증거가 없는데도, 증인만 있으면 그대로 죽였습니다. 그 증인 중에는 평소 그에게 원한을 가진 사람도 물론 있었습니다.

심지어 이미 죽은 사람이 이단으로 판명되면 무덤을 파헤쳐 그 뼈를 꺼내, 불에 태웠고, 죽은 지 오래 되어 뼈가 녹아 없어졌으면, 그 이단자의 화상(畫像)을 많이 그려서 불타는 장작불에 그 화상을 하나씩 던져 넣으면서 화형식을 치루었습니다. 한국에서는 어떤 사람이 죽은 후에 반역한 사실이 드러나면 그 사람의 무덤을 파헤쳐 시신의 목을 칼로 치는 부관참시(剖棺斬屍)를 했습니다. 동서양이 어떻게 그렇게 동일하게 잔인했을까요? 전해 내려오는 우리말에 "죽은 시체에는 발길질도 하지 않는다."는 말도 있는데요.

요즘 '마녀사냥'이란 말을 많이 들어보셨지요. 마녀사냥이란 중세 가톨릭교회가 만든 종교재판소에서 여자들 중에 누가 마귀가 들렸다고 고발하면 그 여자를 데려다가 무자비한 고문을 가한 뒤 마녀 자백을 받아내고 화형에 처하는 일을 가리키는 말입니다. 젊은 여인이 달밝은 밤에 밖에 나와 달을 쳐다보면서 "달이 참 밝고 아름답구나."라며 중얼거리기만 해도 마녀로 몰아 죽였습니다. 마귀가 들려 달밤에 헛소리를 한다는 거였지요. 특히 미인들이 많이 죽었는데, 그 이유는 못생긴 여자들이 질투를 해서라고 합니다. 웃기지도 않지요. 한국에 전래되어 내려오는 말 중에도, '미인박명'(美人薄命)이란 말이 있지요.

신앙의 자유 (3)

11/28

"그리스도께서 우리로 자유케 하려고 자유를 주셨으니 그러므로 굳세게 서서 다시는 종의 멍에를 메지 말라." (갈 5:1)

16세기에 들어서면서 마르틴 루터는 부패한 가톨릭교회에 개혁의 봉화를 올렸습니다. 가톨릭교회의 뒤틀린 교리를 바로 잡기 위해 면죄부에 대한 저항을 시작했습니다. 그것은 새로운 교회를 만들려는 뜻이 아니었고, 부패하고 타락한 로마 교회를 바로 잡기 위함이었습니다. 그러나 로마교회는 그를 이단으로 파문하고 루터를 죽이기로 결정했습니다. 다행히 루터가 봉직하던 독일 작센 지방은 프리드리히라는 영주가 다스렸고, 자기가 세운 비텐베르크 대학 교수인 루터를 보호해 주어서 루터는 계획을 착실하게 진행시킬 수 있었습니다.

로마 교황의 통치에서 벗어나 성경적 신앙을 가지려 했던 개신교도들은 로마교회로부터 이단으로 정죄되어 혹독한 박해를 받았고 로마교회와 개신교 사이에 처절한 신앙의 자유를 위한 투쟁이 지속되었습니다. 1555년 독일 아우크스부르크에서 로마가톨릭 측 신성로마제국 카를 5세와 프로테스탄트 제후들 간에 협정이 맺어졌습니다. 그 내용은 각 지방의 제후가 종교를 자유롭게 선택할 수 있는 권리를 인정한다는 것이었습니다. 그러나 개인이 종교를 자유롭게 선택할 수는 없었고 그 지방 군주의 선택에 따라야만 했습니다. 이것도 루터파에게만 자유가 주어진 것이지, 그 외 다른 종파 특히 칼뱅파에게는 신앙의 자유가 허락되지 않았습니다. 1618~1648년까지 독일에서 30년 동안 치러졌던 로마가톨릭과 개신교 사이의 종교 전쟁이 끝나면서 비로소 개신교회, 특히 장로교회가 로마가톨릭교회와 더불어 살아갈 수 있는 자유가 확보되었습니다.

그러나 아이러니컬하게도 로마 교회로부터 자유를 얻은 개신교는 또 다시 개신교 내 소종파를 박해하기 시작했습니다. 특별히 유아세례를 거부하고 성인 침례만을 고집하는 재세례파들을 박해했습니다. 장로교인들은 재세례파 교인들을 다뉴브 강으로 끌고 가서 물에 빠뜨려 죽임으로써 자기들과 신앙이 다른 교인들을 죽이는 일을 자행했습니다. 웃기는 일은 재세례파를 화형에 처해 죽이지 않고 강으로 끌고 가 익사시켜 죽였는데 그 이유는 침례 좋아하니까, 영원무궁토록 침례하고 있으라고 했다네요. 웃어야 할지, 울어야 할지?

그러나 신앙의 자유를 갈구했던 소종파 사람들은 온갖 박해를 받아 가면서도 절대 자기의 신앙을 포기하지 않았습니다. 지난 주 연속으로 썼던 1620년 메이플라워호를 타고 영국 플리머스 항구를 출발해서 거친 대서양을 건너 신대륙으로의 항해를 감행했던 청교도들은 결국 신앙의 자유를 찾아 간 것입니다. 국가가 정해준 신앙이 아니고 자기 양심이 명하는 종교를 신봉하기 위한 불타는 열정이 새로운 자유의 나라를 건설하게 만들었습니다. 그러나 또 아이러니컬한 것은 종교의 자유를 찾아서 새로운 땅에서 새로운 사회를 건설한 청교도들이 또 자기들과 다른 종파를 박해하기 시작한 것입니다.

자기 신앙만이 진리이고, 조금이라도 다른 소리를 하면 이단으로 정죄하는 교회의 편견과 오만은 측량하기 어려운 비극을 초래했습니다. 특히 보수신앙을 가졌다는 사람들은 자기들이 보유한 신앙과 조금만 차이가 나도 자유주의 신학이니, 신(新)신학이니 하면서 함께 예배도, 성찬식도 하지 않으려 합니다. 한걸음 더 나아가 그 교회에는 구원이 없다느니, 하나님의 교회가 아니라느니 하는 참담한 말을 하면서 정죄하기를 조금도 서슴지 않습니다.

신앙의 편협은 결국 교회 분열이란 비극을 초래하고서야 끝을 맺는 것이 교회 역사의 증언입니다. 미국 프린스턴신학교에서 신약학 교수로 봉직하던 메이첸(J. Gresham Machen) 교수는 프린스턴신학교가 자유주의 신학으로 흐른다며 1929년 필라델피아에 웨스트민스터신학교를 세웠습니다. 웨스트민스터신학교가 자유주의에 물들었다며 칼 매킨타이어(Karl McIntyre)를 중심으로 메릴랜드주 볼티모어에 페이스 신학교를 세웠습니다. 이 페이스 신학교가 자유주의로 기울어졌다며 갈라져 나온 일파가 1971년 필라델피아 비블리컬 신학교를 세웠습니다. 그 다음은 또 어떤 신학교가 생겨날지 모르겠네요. 자기 신학만이 옳고 자기만이 올바른 신앙을 갖고 있다는 오만이 끝없는 분열과 갈등을 일으키고 있습니다. 오늘 나는 내 신앙만이 옳다는 아집에 사로잡혀 살아가고 있는 것은 아닌지 스스로를 살펴보며 묵상하는 시간을 가져 봅시다.

신앙의 자유 (4)

11/29

"그리스도께서 우리로 자유케 하려고 자유를 주셨으니 그러므로 굳세게 서서 다시는 종의 멍에를 메지 말라." (갈 5:1)

미국 장로교회의 아버지라 일컫는 프랜시스 메이케미(Francis Makemie)가 뉴욕 지방에서 주일날 설교를 했습니다. 그런데 뉴욕 지사는 그가 뉴욕 지역의 설교 허가권 없이 설교를 했다는 이유로 체포해서 투옥시켰습니다. 메이케미는 보석금을 내고 풀려 날 때까지 두 달 동안 감옥에서 고생을 한 후, 설교 자격증을 얻은 후에야 풀려 날 수 있었습니다. 종교의 자유가 보장되지 않은 상황의 한 단면입니다. 미국 초창기에는 자유의 땅 미국에서도 이렇게 자기의 신앙을 설교할 수 있는 자유가 제한되어 있었습니다. 뿐만 아니라 퀘이커 같은 소종파는 박해를 받아 아무 곳에서나 살 수 없었습니다.

영국 제독의 아들이었던 윌리엄 펜(William Penn)은 부친이 영국 왕실에 거액을 빌려 주었는데, 왕실에서는 상환할 자금이 부족하자 신대륙에 있는 영토 일부를 할양해 주었습니다. 22살 때 퀘이커교도가 된 펜은 그 땅에 완벽한 종교의 자유를 주기 위해, 필라델피아라는 도시를 건설했습니다. 그 지역을 펜(Penn)의 숲(Sylvania)이라 하여 오늘의 펜실베이니아주가 되었습니다. 펜실베이니아에서는 어떤 신앙을 가졌던, 그 누구의 간섭도 받지 않고 신앙생활을 할 수 있는 자유가 보장된 땅이 되었습니다.

펜은 펜실베이니아에 거주하는 모든 사람들에게 완벽한 자유를 주었습니다. 인종과 종교를 차별하지 않았고, 자기 신앙을 보유케 해주

Nov

었습니다. 여성이 남성과 동등하다고 천명했으며, 아메리카 인디언들과도 평화 조약을 맺었습니다. 신대륙에서 로마가톨릭 신자들에게 자유를 준 곳은 오직 펜실베이니아뿐이었습니다. 이런 일로 펜은 6번 투옥되는 수난을 겪었지만, 그는 끝까지 양심적 신앙 선택을 보장해 주었습니다. 펜과 같은 이들이 있어서 오늘 미국이 완벽한 종교 자유가 보장된 것입니다.

로저 윌리엄스(Roger Williams)는 미국 초장기에 "모든 사람은 그들 자신의 양심에 따라 믿고 싶은 종교를 믿어야한다."는 사상을 전파하기 시작했는데 이에 분노한 영국 법원이 당장 체포해서 영국으로 소환하라는 명을 받자, 체포 직전, 매사추세츠를 떠나 로드아일랜드 지역에 프로비던스(Providence)라는 도시를 건설하고 누구나 자기 양심에 따라 신앙생활을 하고자 하는 사람은 다 오라고 했습니다. 신앙의 자유가 보장된 도시지요.

19세기 중엽, 미국에서 일어난 몰몬교, 말일성도교회는 초창기에 일부다처제를 주장하다 그 창시자 윌리엄 밀러(William Miller)가 감옥에서 살해를 당했습니다. 그의 후계자인 브리검 영(Brigham Young)이 교도들을 이끌고 멀리 서쪽으로 피란 가서 사막의 땅에 아름다운 도시를 만들었는데 이곳이 솔트레이크 시티로 유타주 수도입니다. 미국에서 가장 아름다운 도시라는 명예를 얻은 도시지요. 그들이 내세운 일부다처제를 국가가 용납하지 않자, 이 제도를 폐지한 후로는 신앙의 자유가 보장되었습니다. 즉 미국은 국가법을 준수하기만 하면 국가는 헌법에 규정한 대로 결코 개인 신앙에 대해 간섭하지 않습니다.

그 외에도 '여호와의 증인', '제7일 안식교', '크리스천 사이언스'(Christian Science) 같은 소종파의 자유를 확실히 보장해 주고 있습니다. 심지어 양심의 자유를 표방하고, 국가의 법을 어기는 아미쉬도 용납합니다. 이들은 국가의 명령에도 불구하고 병력의 의무를 거부하고,

심지어 국가에 세금도 내지 않으며, 교육의 의무도 이행하지 않고 살지만, 국가는 그들을 용납합니다. 아미쉬는 철저히 국가를 인정하지 않고 국가의 명령 따위는 무시해 버립니다. 그러나 국가는 이들 교도 수가 그렇게 많지 않을 뿐만 아니라, 죽음을 두려워하지 않고 신앙 양심에 따라 행동하는 이들의 태도를 인정하고 있습니다. 따라서 미국이란 나라는 완벽한 종교의 자유가 확보된 나라라고 볼 수 있습니다. 물론 대한민국도 종교의 자유가 확보되어 있습니다. 개신교나 로마가톨릭이나 불교나 그 외 어떤 종교를 믿어도 국가의 법을 어기지 않는 한 그들을 간섭하지 않습니다.

이번 코로나 사태 때문에 신천지교회가 많이 알려졌지만 신천지는 기독교에서 이단으로 여기는 교회일지라도, 국가는 그런 문제에 전혀 관여하지 않습니다. 다만 코로나 확진자가 무수하게 쏟아져 나옴에도 불구하고 협조하지 않은 점에 대해서는 조사를 하고 현행법을 위반한 사항에 대해서는 기소하고 재판을 통해 처벌을 받게 합니다.

인류는 종교의 자유를 확보하기 위해 수천 년 동안 피나는 저항을 해 왔고 이제 겨우 자유민주주의 체제 속에서는 종교의 자유가 확보되어 있습니다. 그러나 아직도 이슬람권 국가들은 완전한 종교의 자유가 보장되어 있지 않습니다. 헌법에 종교의 자유가 보장되어 있지만, 그것은 타 종교인이 이슬람으로 개종하는 경우만이지, 무슬림이 타 종교로 개종하는 것은 허락하지 않습니다. 사형을 시키는 것은 아니지만, 가정에서, 직장에서, 동네에서 추방되고, 알라 신을 배신한 자로 여겨 살해되어도 살인자를 철저히 검거, 수사해서 처벌하지 않고 어느 정도 시간이 지나면 적당히 처리하는 형편입니다.

그러나 북한을 포함, 지역에 따라서는 지금도 예수를 믿는다는 이유로 혹독한 박해를 받고 있는 수많은 그리스도인들이 아직도 이 시대에 존재하는 것은 참으로 가슴 아픈 일이 아닐 수 없습니다. 이집트의 콥틱 성당에서 주일 미사를 드릴 때, 폭탄이 유리창을 깨고 날아 들어와 미사 중인 교인들을 죽이고 중상을 입히는 일이 자행되고 있습니다. 아마도 인간의 종교적 편견으로 이 세상이 끝나는 때까지 완벽한 신앙의 자유는 확립될 수 없지 않나 하는 불길한 생각을 하게 되는 현실입니다. 미국에 사는 사람들 같이 완벽한 신앙의 자유가 보장된 세상이 오기 위해 자유를 누리고 사는 그리스도인들은 더욱 열심히 기도를 드려야 하겠습니다. 오늘 전 세계에 복음이 빠르게 전파될 뿐만 아니라, 신앙의 자유도 완벽하게 보장되는 세상이 될 수 있도록 기도하는 시간을 가집시다.

대림절, 대강절, 강림절

"외치는 자의 소리여 가로되 너희는 광야에서 여호와의 길을 예비하라 사막에서 우리 하나님의 대로를 평탄케 하라." (사 40:3)

우리는 지금 대림절(待臨節), 대강절(待降節) 또는 강림절(降臨節)에 들어와 있습니다. 대림절은 11월 마지막 주일부터 시작됩니다. 대림은 주님의 오심을 기다린다는 의미고, 대강은 주님의 강림을 기다리는 의미며, 강림은 주님의 내려오심을 기리는 절기입니다. 연말에 성탄절이 있는데 이 성탄절 전 4주간을 대림절, 대강절, 또는 강림절이라 합니다. 대림절은 11월 마지막 주일부터 시작해서 12월 24일 크리스마스 전날까지입니다. 영어로는 '아벤트'(Advent)라 하는데 이 단어는 라틴어 '아벤투스'(adventus, 오다)라는 말에서 유래합니다. 대림절에 사용되는 색깔은 기다림을 뜻하는 '보라색'입니다.

대체로 대림절 기간에는 강대 앞에 보라색 양초를 4개 꽂아 놓고 매 주일 하나씩 켜다, 마지막 주일에는 4개를 다 켜 놓고 주일예배나 미사를 드립니다. 그리고 성탄절 당일에는 한가운데 하얀 촛불을 켜 놓고 주님의 탄생을 기리는 예배를 드립니다. 이 촛불의 의미는 빛으로 오시는 주님을 기다리며, 어두운 세상을 밝히려 오시는 주님을 상징하는 것으로 성탄이 가까울수록 더욱 빛을 발하여 마지막 네 번째 초에 불을 밝혀, 천하 사방(四方)의 어두움을 물리치고 밝은 빛으로 환하게 밝힘을 상징합니다.

첫 번째 촛불은 감사의 촛불입니다. 우리를 구원하시기 위해 독생자를 보내주신 하나님께 대한 감사와 자신을 희생하여 인류를 구원하시기 위해 오시는 주님에 대한 감사입니다. 또한 금년 한 해 동안 우리를 보호해 주시고 인도해 주신 하나님께 감사를 드리는 촛불입니다. 두 번째 촛불은 참회의 촛불입니다. 주님께서 세상에 오신 것은 나의 죄를 대속하시기 위함입니다. 따라서 나의 모든 죄는 주님의 십자가 보혈로 정함을 받지만 주님은 나의 죄 때문에 십자가의 모진 고난과 고통을 감내하셔야만 합니다. 따라서 내가 지은 죄를 하나님 앞에 철저하게 참회하는 의미의 촛불입니다.

세 번째 촛불은 평화의 촛불입니다. 주님께서 세상에 오심으로 내 마음에 평화가 찾아오고, 우리 가정에, 교회에, 사회에, 국가와 온 세계에 평화를 이루기 위해서 오십니다. 따라서 평화의 주님은 이 세상을 평화의 세상으로 만들기 위해서, 그리고 진리로 세상의 분쟁과 전쟁을 평화로 변화시키기 위해서 오십니다. 진정한 평화는 온 세계에 굶주리는 사람, 치료 받지 못하는 사람, 심한 장애를 가진 사람, 독거노인, 과부, 고아, 수인(囚人)들이 기쁨의 메시지를 들을 때 진정한 평화가 올 것입니다. 네 번째 촛불은 소망의 촛불입니다. 한 해를 보내고 새로운 해를 맞이하면서 우리는 주님과 더불어 소망을 가지고 살아갑니다. 금년 한 해 동안은 코로나19로 힘들고 고통스럽게 살아 왔지만, 지난 일은 모두 과거에 묻고 새해를 맞이해 새 소망으로 우리의 삶과 신앙을 바르게 이끌어 갈 것을 또한 주님 앞에서 부끄럼 없이 살 것을 약속하는 촛불입니다.

마지막 성탄예배 때 꽂는 가운데 흰 촛불은 거룩한 옷을 상징하는 촛불입니다. 우리의 모든 거짓되고 죄로 물든 불결한 옷을 벗어 버리고, 거룩한 세마포로 만들어진 새 옷을 입고 주님을 맞이할 것을 다짐하는 촛불입니다.

대림절은 단순히 예수님이 세상에 처음 오시는 초림(初臨)만을 의미하는 것이 아닙니다. 다시 오실, 즉 재림하실 예수님을 기다린다는 뜻도 포함되었는데, 12세기부터 시행되었습니다. 이는 인류를 구원하시기 위해 오시는 초림과 더불어 세상 종말에 재림주로 또한 심판장으로 오시는 주님을 동시에 기다리는 절기로 지키는 것입니다. 대림절이 시작되면 성탄목을 세우고 나무에 별, 눈(雪), 깜박등, 각종 성탄을 축하하는 상징들을 나무 가지에 달아 놓지요. 특별히 성탄목 꼭대기에 큰 별을 다는데, 이 별은 동방박사들을 베들레헴까지 인도한 그 별을 상징합니다. 성탄목은 이듬해 1월 6일 주현절(主顯節)까지 둡니다. 가정의 성탄목 밑에는 자녀들에게 줄 성탄 선물을 두었다가 성탄절 예배가 끝나고 온 식구가 둘러 앉아 선물을 하나씩 풀어 주지요. 물론 성탄절 이브에 산타클로스 할아버지가 주고 간 선물을 성탄절 아침에 받는 아이들의 기대와 기쁨은 경험해 보신 분들에게는 기분 좋은 추억 중 하나입니다. 우리는 코로나로 인해 정말 힘든 한 해를 보내고 있는 중입니다. 그러나 광명으로 그리고 소망으로 오시는 아기 예수님을 맞을 마음의 준비를 하셔야 합니다. 우리의 모든 죄악을 참회하면서 정결한 마음으로 주님을 영접할 준비를 합시다.

12 December

인간에게 있는 네 가지 눈 (1): 육안

12/01

"실로암 못에 가서 씻으라. 이에 가서 씻고 밝은 눈으로 왔더라." (요 9:7)

사람에게는 네 가지 눈이 있습니다. 첫째 육신의 눈, 둘째 지식의 눈, 셋째 아름다움을 보는 눈, 넷째 영적 눈입니다. 먼저 육신의 눈에 대해 살펴보겠습니다. 일반적으로 우리는 태어날 때부터 얼굴에 두 눈을 갖고 태어납니다. 이 눈은 육신의 눈입니다. 태어나면서부터 죽는 순간까지 육체의 눈으로 세상을 보고, 사물을 판단하며, 책을 읽고 가족들의 얼굴을 봅니다. 나이가 들어가면서 물론 눈의 시력이 약해지고 쇠퇴하여 안경을 끼고, 콘택트 렌즈를 끼며, 라식 수술을 하기도 하고 백내장, 녹내장 수술을 하면서 현대 의학을 통해 보다 선명한 눈을 보유하려 노력합니다. 그러나 뇌쇄하여 오는 시력 감퇴를 현대 의학으로도 젊었을 때로 되돌려 놓을 수는 없습니다. 마지막에는 실명의 고통을 겪기도 하지요. 실명은 당뇨나 기타 질병으로, 또는 교통사고를 비롯한 각종 사고로, 실수로 가시에 찔려서, 또는 아무 이유 없이 차차 눈이 흐려져 앞을 보지 못하는 중도 실명 등 다양한 원인으로 시력을 잃습니다.

필자가 광나루 장신대에 봉직할 때, 어느 해 첫 학기에 강의실에 들어갔는데, 시각장애인이 한 사람 있었습니다. 그 학생을 눈여겨보면서 강의를 했는데 열심히 점자를 찍으며 강의 내용을 적고 있었습니다. 학기말에 그 학생을 따로 불러 위로를 해주려 같이 식사를 하자고 했습니다. 약속된 식당에서 식사를 하면서 어떻게 하다 실명을 하게 되었느냐고 물었습니다. 자기는 소위 SKY 대학 중 하나를 졸업하고, 한국

DEC

은행에서 근무하고 있었는데 어느 날부터 시력이 차차 떨어지더니 사물이 희미해졌답니다. 안과에 가서 정밀 검사를 해도 결국 그 원인을 찾을 수 없었고, 급기야 시력을 완전히 잃었다는 겁니다. 이런 사람을 '중도 실명자'라 한답니다. 그리고 중도 실명자가 적지 않다는 사실을 알고 나서 그들을 위해 복음을 전해야겠다는 생각으로 신학교에 들어왔다고 했습니다. 그 학생은 신학교를 졸업하고, 목사 고시 후, 안수를 받고 필자의 친구가 목회하는 예배당을 빌려 중도 실명자들을 위한 목회를 시작했습니다.

1966년 3월, 신학교에 입학하고 입학 예배를 드린 후, 동기생 40명이 광나루 신학교 근처에 있는 허름한 중국집 2층에 올라가 짜장면, 우동을 각자 시키고, 자기소개를 했습니다. 그런데 동기생 중 시각장애인이 있었습니다. 그 친구 차례가 되자 자기는 6.25전쟁 당시 10살로, 폭탄이 터져 두 눈을 상실했다 했습니다. 사고에 의한 중도 실명이지요. 같은 기숙사에 살면서 강의 시간이 되면 강의실에서 교수님들의 강의를 듣고 열심히 점자를 찍었습니다. 당시 60년대 중반에는 교과서도 없었고, 교수님이 불러주는 내용을 열심히 받아 적었지요. "줄 바꾸고, 점찍고." "교수님 그 부분 다시 한 번 말씀해 주세요" 하면 다시 강의 내용을 불러주고 받아쓰고. 당시에는 복사기가 없었던 때라, 하루 결석을 하면, 친구들 노트를 빌려서 그날 하루 종일 각각의 강의한 내용을 내 노트에 옮겨 적어야 하는 괴로움이 있었습니다.

그 친구는 교수님이 불러주는 내용은 열심히 점자를 찍었는데, 일단 교수님이 칠판에 무엇인가를 적으면, 우리 눈이 있는 사람들은 바로 보고 노트에 적을 수 있었는데 그 친구는 볼 수 없어, 무엇을 적었는지 알 수가 없었지요. 필자는 그 친구 옆에 자주 앉았는데, 필자더러 "무어라고 적었냐?"라 물었지요. 내용을 일러주면 점자를 찍었습니다. 조용한 강의 시간에 다른 친구들은 노트에 적는데, 이 친구는 점자를 찍어야 하기 때문에 "똑똑똑" 소리가 조용한 교실에 울려 퍼졌습니다. 물론 아무도 불평을 하지 않았지요. 목사후보생들이었으니까요.

문제는 중간고사, 기말고사 때입니다. 우리는 인쇄된 문제를 보고 답을 쓰면 되는데, 이 친구는 시험 문제를 읽을 수가 없었어요. 그래서 또 필자에게 문제가 무엇이냐고 물어보면 1번은 무슨 내용이라 말해주면, 역시 점자를 찍어 넣고 끝나면 2번 문제를 알려주곤 했지요. 이렇게 필자 답안지 쓰는 것도 시간이 모자라는 판에 그 친구 문제까지 불러 줘야 하니까, 짜증도 났지만, 예수님께서 장애인을 잘 돌보라 했으니, 돌봐 줄 수밖에 없었네요.

문제는 시험 시간이 끝나면 모두 시험지를 교수님 탁자에 놓고 나가지요. 그 친구도 점자로 찍은 답안지를 놓고 나갔는데, 문제를 교수님이 그 점자를 읽을 수 없다는 것이었지요. 후에 따로 교수님 연구실에 가서, 그 친구가 손가락으로 점자를 더듬으면서 답을 말하면, 교수님이 듣고 점수를 주는 형식으로 3년 모든 과정을 잘 마치고 동기생으로 같이 졸업을 했습니다.

당시 60년대 중반만 해도 전력 사정이 좋지 않아, 밤에 자주 정전이 되기도 했는데, 기숙사 한 방에 네 사람이 기거했습니다. 우리는 전기가 나가면 초를 켜 놓고 추운 겨울 기숙사 방에서 덜덜 떨면서 책상에 앉아 시험 준비를 했습니다. 그런데 그 친구는 이불속에 들어가 점자 노트를 가슴에 올려놓고 손가락으로 읽으면서 공부를 합디다. 그런 때는 눈 감은 것도 좋아 보이데요. 그 친구는 졸업 후 시각장애인 교회를 설립하고 목회를 했습니다. 그 후 뜻을 세우고 한국에서도 알만 한 사람은 다 아는 안과병원을 설립해서 원장으로 일하면서 적자 병원의 재정을 위해 전 세계를 돌아다니면서 모금을 하여 현재는 적지 않은 규모의 안과병원이 되었습니다. 그 친구는 "맹인이 병원장인 안과병원은 전 세계 어디에도 없다."고 말하곤 합니다.

볼 수 있는 육신의 눈을 갖고 있는 것이 얼마나 큰 은혜인지 헬렌 켈러 여사의 소원을 보면 알 수 있습니다. "만약 내가 사흘간만 볼 수 있다면, 첫 날에는 나를 가르쳐준 설리반 선생님을 찾아가 그분의 얼굴을 바라보겠습니다. 그리고 산으로 가서 아름다운 꽃들과 풀과 빛나는 노을을 보고 싶습니다. 둘째 날에는 새벽 일찍 일어나 먼동이 터오는 모습을 보고 싶습니다. 저녁에는 영롱하게 비치는 하늘의 별을 보겠습니다. 셋째 날엔 아침 일찍 큰 길로 나가 부지런히 출근하는 사람들의 활기찬 표정을 보고 싶습니다. 점심때는 아름다운 영화를 보고, 저녁에는 화려한 네온사인과 쇼윈도의 상품을 구경하고, 저녁에는 집으로 돌아와 사흘간 눈을 뜨게 해 주신 하나님께 감사의 기도를 드리고 싶습니다."

우리가 일상 아무런 감사의 마음도 없이 바라다보는 사물을 켈러 여사는 세상 떠날 때까지 단 한 번도 보지 못했습니다. 아침에 일어나서 저녁 잠자리에 들 때까지 순간도 감지 않고 사물을 볼 수 있는 눈을 주신 하나님의 은총이 얼마나 큰지를 다시 확인하는 계기가 되어야 합니다. 예수님은 우리에게 광명을 주시기 위해 이 세상에 오셨습니다. 우리에게 볼 수 있는 육신의 눈을 주신 하나님께 다시 한 번 감사 기도를 드리는 하루 삶이 되세요.

인간에게 있는 네 가지 눈 (2): 지안

12
02

"여호와를 경외하는 것이 지식의 근본이거늘 미련한 자는 지혜와 훈계를 멸시하느니라." (잠 1:7)

인간에게는 지안(智眼)이 있습니다. 지안은 쉽게 얘기해서 글을 읽을 수 있는 능력과 지식을 습득 할 수 있는 안목(眼目)입니다. 얻어진 지식은 그 사람의 삶을 풍요롭게 하고, 또 지혜로운 삶의 길을 제시해 줍니다. 글을 읽을 수 없는 사람을 문맹(文盲)이라 합니다. 개신교 초기 선교사들이 한국에 들어온 1880년대 조선의 문맹률이 거의 90% 이상이었습니다.

세종대왕이 창제한 훌륭한 한글이 있었지만, 양반과 관료들은 이 한글을 언문이라고 천시하고 멸시했습니다. 그때까지만 해도 한문이 조선의 글이었지 언문은 글로 인정받지 못했습니다. 따라서 공식 용어나 관공서에서 쓰는 공용 문자가 아니었습니다. 그러나 선교사들은 한글의 위대성을 발견하고 한글 보급에 최선을 다했습니다. 그들은 한글이 배우기 쉽고 과학적이어서 읽고 쓰고 배우는 데 이렇게 좋으며 쉬운 글은 없다고 판단했습니다. 선교사들은 교회가 서는 곳마다 야학(夜學)교를 세우고 문맹 노동자, 농민, 성인 여자, 소녀, 심지어 천민에 이르기까지 한글을 깨우쳐 주었습니다.

필자가 어렸을 때 흔히 부르는 동요 가운데 "아는 것이 히-임 배워야 산다."라는 가사의 노래가 있었습니다. 그렇습니다. 아는 것이 힘입니다. 아는 만큼 자신 있는 삶을 살 수 있습니다. 법을 잘 모르는 사람은 법이 허용하는 자기 권리를 찾을 수 없습니다. 그러나 법을 잘 아는 사람은 결코 자기 권리를 유린당하지 않고, 불법은 불법이라고 당당히 얘기하고 필요하다면 법정에 제소해서 자기 권리를 찾습니다, 그러나 법을 모르는 사람은 억울하게 당하고도 하소연할 곳이 없어서 분노하며 억울하게 살아가지요.

한국 사람들은 한국에서 언어 때문에 어려움을 당하지는 않습니다. 그러나 미국에 이민 오면 상황은 급변하지요. 영어를 말하고, 듣고, 쓸 수 없으면 삶이 고달파집니다. 관공서에서 공문이나 편지가 와도 속수무책이지요. 영어를 잘 아는 사람에게 가서 해석해 달라고 해야 합니다. 미국 사람이나 관공서에서 오는 전화도 물론 받을 수가 없습니다.

한국 사람들 중 미국 시민권을 받기 원하는 사람들이 적지 않습니다. 시민권을 받으면 한국에 있는 가족들을 이민 초청을 할 수 있기에 그랬습니다. 문제는 시민권을 받기 원하는 많은 노인들이 영어를 할 능력이 없다는 데 있습니다. 시민이 되려면 영어를 말하고, 듣고 쓸 수 있어야 합니다. LA 한인 사회에 이런 우스운 이야기가 회자(膾炙)되고 있습니다. 영어를 전혀 모르는 할머니가 시민권을 꼭 받고 싶었습니다. 한국에서 고생하는 자녀들을 이민 초청해서 기회가 많은 미국에서 한껏 꿈을 펼쳐보게 해주고, 손주들 교육을 위해 초청했으면 좋겠는데, 영어가 안 돼 절망했습니다. 그런데 이 할머니가 한 가지 아이디어를 생각해 냈습니다. 할머니는 미국 국가를 영어로 배우기 시작했습니다. 비록 영어는 몰랐지만 서툰 영어로 미국 국가 가사와 곡을 수백 번 연습해서 완전히 익혔습니다.

시민권 시험 인터뷰 날짜가 되어 이민국에 가서 이민관을 만났습니다. 이민관이 영어로 뭐라고 얘기했습니다. 이름이 뭐냐고 물어봤겠죠. 그러자 할머니가 갑자기 일어나서 큰소리로 미국 국가를 부르기 시작했습니다. 미국 사람들은 국가가 울려 퍼지면 모두 하던 일을 멈추고 그 자리에서 일어서야 합니다. 할머니가 미국 국가를 크게 부르기 시작하자 사무실 내 모든 사람이 다 일어나 노래가 끝날 때까지 꼼짝하지 않고 서 있었습니다. 할머니 노래가 끝나자, 누가 불렀는지 둘러보면서, 모두 다시 앉아 일을 보기 시작했습니다. 심사관은 미소를 띠며 할머니를 바라보면서 "통과되었습니다."(OK, You are passed)라고 말했습니다. 할머니는 통과됐다는 것을 짐작하고, "쌩큐, 쌩큐" 하면서 이민관 손을 붙들고 눈물을 흘리면서 고마워했다네요. 지식은 사람의 삶을 풍요롭게 해주고, 책 속에서 많은 지혜를 얻습니다. 지식이나 지혜는 눈을 통해서만 얻는 것이 아니며, 또 학교 교육을 통해서만 얻는 것도 아니고, 스스로 노력해서 얻을 수 있습니다.

흔히 링컨 대통령의 이야기를 하지요. 집안이 가난해서 학교 교육이라고는 통틀어 18개월이 전부였습니다. 초등학교도 변변히 못 나온 링컨이 변호사가 되었고, 대통령이 될 수 있었던 것은 학교 교육을 통한 것이 아니고, 자력(自力)에 의한 것이란 걸 모르는 사람은 없지요. 그렇습니다. 지안은 학교 교육으로만 얻어지는 것이 아니고 자기의 결단과 실천에서 오는 것입니다. 생래(生來)적 맹인은 다른 방도가 없지만, 지안이 열리는 것은 순전히 자기 선택이며 노력의 산물입니다. 성경이 말하는 지안은 지식보다 지혜를 통해 얻어짐을 제시합니다. 지혜의 왕 솔로몬이 쓴『잠언』은 누누이 지혜를 구할 것을 강조하고 있습니다. "지혜를 얻는 자와 명철을 얻는 자는 복이 있나니 이는 지혜를 얻는 것이 은을 얻은 것보다 낫고 그 이익이 정금보다 나음이니라. 지혜는 진주보다 귀하니 네가 사모하는 모든 것으로도 이에 비교할 수 없도다."(잠 3:13-15)

지혜로운 사람은 지안을 가진 사람입니다. "여호와를 경외하는 것이 지식의 근본이거늘 미련한 자는 지혜와 훈계를 멸시하느니라."(잠 1:7) 지안을 가진 사람은 여호와를 경외하는 사람이고, 여호와를 경외할 때 지혜의 안목을 갖게 됩니다. 지안을 갖는 길은 오직 말씀으로 돌아가는 길뿐입니다.

인간에게 있는 네 가지 눈 (3): 심미안

12
03

"하나님이 지으신 모든 것을 보시니 보시기에 심히 좋았더라." (창 1:31)

인간은 심미안(審美眼)을 보유하고 있습니다. 심미안은 글자 그대로 아름다움을 볼 수 있는 또 볼 줄 아는 눈입니다. 똑같은 광경을 보고 한 사람은 아무 감동이 없지만, 다른 사람은 감탄해 마지하면서, "아! 얼마나 아름다운 광경인가?"라고 소리를 지릅니다. 일상에서 볼 수 있는 사물이나 풍광을 보면서 그 속에서 아름다움을 볼 수 있는 눈을 가진 사람은 그에 감탄하고 감격하면서 자기 감정을 겉으로 표현합니다.

프랑스 파리에는 세계 3대 박물관 가운데 하나인 루브르 박물관이 있습니다. 필자는 이곳을 두어 번 가서 감상할 기회를 가졌습니다. 그곳에 있는 그림들은 참으로 천태만상입니다. 실제 사람과 똑같은 크기와 체구 등 실물과 조금도 차이 없는 그림에서부터 아무리 빨리 보아도 몇 주일 내에 다 볼 수 없을 다양한 그림과 조각이 전시되어 있습니다. 전시된 작품 외에도 소장고(所藏庫)에 있는 작품이 헤아릴 수 없이 많다 하네요. 필자와 같이 그림에 조예가 없는 사람들은 대강 대강 훑어보고 나오지요. 작품이 너무 많아 다 감상한다는 생각을 감히 할 수 없습니다. 그림이나 조각 하나하나를 자세히 감상할 시간도 없을뿐더러 또 그럴 생각도 나지 않습니다. 그냥 단지 루브르에 갔다 왔다는 눈도장만 찍고 나오지요. 그러나 미술을 전공한 학생이나 미술가들은 한 그림 앞에서 시간 가는 줄 모르고 얼이 빠져 한없이 앉아서 혹은 서서 심취해 있는 모습도 자주 보았습니다. 그들은 정말 세월 가는 줄 모르고 감상을 하고 있더군요. 참 대단한 예술가로구나 하고 생각했습니다.

지금 기억에 아마 두 번째 루브르에 갔던 때 같습니다. 그곳을 향해 가는 버스 안에서 가이드가 우리 일행에게 재미있는 얘기를 하나 해 주었습니다. 자기가 한국에서 효도 관광으로 온 노인들 20여 명을 인솔하고 이곳저곳을 구경시키고 나서, 마지막으로 루브르 박물관에 가게 되었습니다. 시간을 보니까 박물관 문 닫을 시간이 그렇게 많이 남아 있지 않아, 입장한 후, 할머니, 할아버지들에게 말했습니다. "이제 박물관 문 닫을 시간이 얼마 남지 않아서 우리가 모두 돌아볼 수는 없으니, 이 박물관에서 가장 유명하고 훌륭한 그림 하나만 보고 나가겠습니다. 제가 앞장서서 조금 빨리 걸어 갈 테니까 빠르게 제 뒤를 따라 오세요."라고 말하고 조금 속도를 내어 걸었더니 할머니, 할아버지들이 열심히 쫓아왔습니다.

드디어 모나리자가 전시되어 있는 방에 들어가서 다 모인 후에, "이 그림이 저 유명한 레오나르도 다빈치가 그린 세기적인 작품 모나리자입니다."라고 말했습니다. 그때, 어떤 할머니가 숨을 몰아쉬면서 떨떠름한 표정으로 하는 말씀이 "아니, 저X 보려고 이렇게 쫓아온 거여?"라며 불평을 늘어놓았답니다. 이 이야기를 듣고 우리 일행이 배꼽 빠지게 웃었습니다. 사실 필자가 봐도 모나리자 그림이 사이즈가 좀 크다 뿐이지 필자가 어렸을 때 살던 동네 중국집 벽에 걸려 있던 모나리자 사진과 별로 차이가 없어 보여, '역시 나는 미술에 문외한이구나.' 하는 생각을 했었습니다.

'모나리자의 신비'라는 말이 있습니다. 말하기 좋아하는 사람들이 만들어 낸 말이라고 생각합니다. 그 신비는 이렇다네요. 모나리자의 얼굴에는 눈썹이 없습니다. 왜 다빈치가 눈썹을 그리지 않았는지 아무도 알 수가 없습니다. 다음은 그녀의 유명한 미소입니다. 그 미소가 웃음을 짓기 시작할 때 미소인가, 아니면 웃음을 마무리 하는 미소인가? 다음으로 모나리자는 귀부인인가 계집종인가? 그리고 모나리자는 유부녀인가, 처녀인가? 마지막은 남자인가 여자인가 등 모나리자에 대한 의문은 끝없이 이어지고 있습니다. 정답은 없습니다.

아무튼 모나리자는 이렇게 많은 비밀을 간직하고 있다고 합니다. 직접 가 보신 분은 아시겠지만, 모든 그림들은 한 줄로 다닥다닥 붙어 있는데, 모나리자 그림은 상당히 큰 방 전면에 딱 하나만 걸려 있습니다. 처음 갔을 때는 따로 큰 방에 홀로 걸려 있지 않고, 여러 그림들과 같이 나란히 걸려 있었습니다. 다만 다른 점은 방탄유리로 보호되어 있었고, 지킴이가 옆에 붙여서 감시를 하고 있었습니다.

카메라로 사진을 찍는 것은 허락되었으나, 플래시를 터뜨려 찍는 것은 금지되어 있습니다. 1년에 약 500만 명이 이곳을 다녀간다는데, 누구나 모나리자는 보러 옵니다. 오는 사람마다 플래시를 터뜨려 사진을 찍으면 그 불빛으로 색깔과 그림이 상할 수 있기 때문에 절대 플래시를 사용해서는 안 된다는 경고문이 붙어 있었던 것이 기억납니다. 모나리자는 대단한 세기적인 작품임에 틀림없고, 인류가 보존해야 될 가치 있는 작품임을 의심할 나위가 없습니다.

독일의 작가요 정치가였던 요한 볼프강 괴테는 “보이는 것만 그린다면 그는 진정한 예술가는 아니다. 예술가는 보이지 않은 것을 그릴 줄 알아야 한다.”고 말했습니다. 보이는 것만 그리는 것은 초등학생들의 풍경화지요. 그러나 깊은 심미안을 가진 화가는 풍경 뒤에 감추어진 깊은 내면을 그려낼 수 있는 사람입니다. 그리고 심미안을 가진 사람은 그 보이지 않은 감추어진 것까지 볼 수 있는 눈을 가진 사람입니다.

심미안을 가진 사람은 풍성한 감성과 깊은 사색의 삶을 사는 사람입니다. 이는 부단한 노력과 수업이 필요한 영역입니다. 심미안을 가진 사람과 교제하는 사람은 그에게서 얻는 것이 많습니다. 모세가 파송한 열두 사람의 정탐꾼은 가나안 땅을 살펴보고 온 후 보고를 했습니다.

열 사람은 그 땅의 아름다움은 보았으나 절망을 말했지요. 그들은 겉에 보이는 땅의 아름다움은 일별했으나 그 속에 감추어진 여호와 하나님의 섭리를 보지 못하고 스스로 메뚜기와 같다고 말했습니다. 그러나 여호수아와 갈렙은 똑같은 땅을 정탐하고 나서, 여호와께서 우리와 함께 하시면 그들은 우리의 밥이라는 확신을 말했습니다. 똑같은 곳을 살펴보았으나, 10명의 정탐꾼은 자기를 메뚜기로 보았고, 여호수아와 갈렙은 가나안 사람들을 밥으로 보았습니다. 지안(智眼)은 깊은 내면을 보는 눈입니다.

보잘것없어 보이는 사람의 내면을 볼 수 있는 심미안을 가진 사람은 그 어떤 사람도 가볍게 여기지 않습니다. 왜냐하면 그 사람의 영혼은 우주와 바꿀 수 없는 가치를 지녔고, 또 그 사람의 생명을 위해 주님께서 십자가의 고난을 당하시기 위해 이 세상에 오셨기 때문입니다. 코로나의 모진 세파 속에서 고난의 삶을 사는 지극히 작은 자들의 삶 속 깊은 곳을 볼 수 있는 안목을 갖고 이번 성탄절을 맞이하시는 여러분 되시기를 기원합니다. 오늘도 표면적 아름다움보다 그 내면에 감추어져 있는 가치를 볼 수 있는 깊은 명상과 묵상 훈련을 해 보시기를 권면합니다.

12
04

인간에게 있는 네 가지 눈 (4): 영안

"기도하여 이르되 여호와여 원하건대 그의 눈을 열어서 보게 하옵소서 하니 여호와께서 그 청년의 눈을 여시매 그가 보니 불말과 불병거가 산에 가득하여 엘리사를 둘렀더라." (왕하 6:17)

사람이 가진 또 하나의 눈은 영적 눈(靈眼)입니다. 영안은 영적 사람만이 갖는, 누구나 가질 수 없는 특별한 눈입니다. 구약 열왕기 6장에 보면, 아람 왕이 선지자 엘리사를 사로잡으러 말과 병거와 많은 군사를 엘리사가 거주하고 있던 도단 성으로 보냈습니다. 엘리사의 종 게하시는 아람 병거와 수많은 군사들이 성을 둘러쌓고 있는 것을 보고 두려워 엘리사에게 이 사실을 고했습니다.

엘리사는 이미 천사와 불 말과 불 병거가 하늘에서 준비된 것을 보고 있었습니다. 그러나 이것을 볼 수 있는 눈이 없었던 게하시는 두려워 선생에게 보고했던 것입니다. 엘리사 선지는 "여호와여 원하건대 그의 눈을 열어서 보게 하옵소서 하니 여호와께서 그 청년의 눈을 여시매 그가 보니 불 말과 불 병거가 산에 가득하여 엘리사를 둘렀더라."(17절) 여호와께서 게하시의 눈을 열어 주셨습니다. 게하시는 영의 눈이 있었으나 그 눈은 감겨져 있었습니다. 영맹(靈盲)이었지요. 사람은 누구나 영의 눈을 갖고 있습니다. 다만 감겨져 있어 영계를 보지 못하는 사람들이 대부분일 뿐입니다. 영의 눈을 뜨면 초월적 힘을 갖고 계신 여호와의 능력을 볼 수도, 행할 수도 있습니다. 이적과 기사는 비단 구약시대나 초기 사도시대에만 일어났던 것은 아닙니다. 오늘에도 얼마든지 일어 날 수 있고 또 일어나고 있습니다. 왜냐하면 "예수 그리스도는 어제나 오늘이나 영원토록 동일하시기"(히 13:8) 때문입니다.

초대 예루살렘 교회에 일곱 집사가 있었습니다. 그중 스데반이 순교할 때, 하늘을 우러러 보면서 "보라 하늘이 열리고 인자가 하나님 우편에 서신 것을 보노라."(행 7:56)고 외쳤습니다. 여기 스데반이 "보라." "보노라"고 말할 때, 그는 "하늘을 우러러 주목하여… 서신 것을 보고"라고 기록하여 스데반이 보통 사람이 보지 못하는 하늘 아버지의 영광의 보좌를 영의 눈으로 보고 있음을 기록하고 있습니다. 스데반의 영안이 열린 것입니다.

필자는 성경에 나오는 이적과 기사를 믿지 못하는 사람들에게 다음과 같은 예를 들어서 설명을 해 줍니다. 필자는 강의실에서 탁자 위에 놓여있는 마이크를 한 손가락으로 들어 올립니다. 개미는 수백만 마리가 달라붙어도 이 마이크를 공중에 들어올 수 없습니다. 파리나 모기가 수백만 수천만 마리가 달라붙어도 결코 마이크를 공중에 들어 올릴 수 없습니다. 그러나 사람은 수백만 마리의 곤충이 들어 올릴 수 없는 마이크를 한 손가락으로 들어 올립니다. 곤충과 사람은 같은 동물입니다. 그러나 많은 동물이 할 수 없는 일을 사람은 할 수 있습니다. 사람 수십 명이 모여도 들어 올릴 수 없는 무거운 바위덩이를 포크레인이나 크레인은 가볍게 들어 올립니다.

초월적 세계는 현실세계에서 볼 수 없는 영적 세계입니다. 따라서 현대 의학이 더 이상 방법이 없다고 손을 든 환자도 성령님의 치유의 은총을 통해 깨끗하게 낫는 경우를 많이 봅니다. 현대 과학이 고친 것이 아니라 하나님의 능력이 고친 것입니다. 예수님 당시에만 성령 치유의 역사가 있었던 것이 아니라 우리가 살고 있는 이 현실에서도 얼마든지 가능한 일입니다. 지금도 성령의 역사는 부지기수로 일어나고 있으며, 또 앞으로도 계속 일어날 것입니다. 그것은 이상한 것도 신비한 것도 아니고 자연적인 성령님의 역사라는 사실을 인지해야 합니다. 자연의 한계 속에 존재하는 우리는 자연 현상만 볼 수 있지만, 그 자연과

DEC

이성의 한계를 넘어 초월적인 신비한 세계가 있다는 사실을 기억해야 합니다.

기독교 신학은 과학을 수용합니다. 과학도 넓은 의미에서 신학의 한 부분입니다. 과학이 우주의 모든 비밀을 풀 수 없습니다. 과학이 언제나 확실성을 담보하지도 않습니다. 코로나가 한창인 2020년 11월, 미국 회사 테슬라의 사장 일론 머스크(Elon Musk)가 어느 날 4회 진단 검사를 받았습니다. 그런데 같은 날, 같은 진단 키트로, 같은 간호사에게 검사를 받았는데, 음성과 양성 판정을 각각 두 번씩 받았습니다. 이것이 과학의 한계입니다. 전에 필자가 장신대에 봉직할 때, 모든 교수들이 한의학에서 사상의학(四象醫學), 팔상(八象)의학에 용하다는 한의사에게 가서 진맥을 하고 태양, 태음, 소양, 소음 체질 판정을 받은 일이 있었습니다. 필자는 소양인이란 판정을 받았습니다만 사실 음체질이라 생각합니다. 찬 음식을 먹으면 배탈이 나고 추운 겨울이 싫은데, 음체질 아닐까요? 그런데 어떤 교수가 의심스러워 다른 날 세 번을 가서 진맥을 해봤는데 다 각각 다른 판정을 했다는 겁니다. 그래서 엉터리라고 말했습니다. 진맥은 과학이 아니므로, 한의사의 주관적 판단이 있었겠지요.

과학이 해결하지 못한 문제는 신학에서 답을 줄 수 있습니다. 현미경만 들여다보는 학자는 머리 위의 천체에 대해 모르는 것이 많지요. 과학은 눈에 보이는 물체만 대상으로 하지만, 신학은 육체의 눈에 보이지 않은 존재를 영적 눈, 영안으로 봅니다. 눈에 보이지 않는 영원한 세계, 신비의 세계를 성령님의 역사를 통해 봅니다. 사도 바울은 자신이 셋째 하늘에 이끌려 올라간 사실(고후 12:2)을 술회하고 있는데, 바울 선생이 올라갔던 이 셋째 하늘을 과학은 입증하지 못합니다. 그러나 신학은 이를 실증합니다. 그것은 신비의 영역에 속하는 것으로, 아무나 이해하지 못하는 지경이지요. 마치 유치원생이 양자물리학 강의를 이해하지 못하는 것과 같습니다.

인도의 독립운동가 마하트마 간디는 그리스도인은 아니었지만 매일 아침 예수님의 산상수훈을 읽음으로 영혼의 양식을 얻었습니다. 그는 자서전에 "결혼하고 부인이 있었지만, 36살의 젊은 나이에 부부관계를 완전히 끊어 버렸다."고 썼습니다. 자기 통제력이 없는 보통 인간은 이런 높은 경지에 이르지 못하지만, 높은 뜻을 세운 의지의 신앙인은 가능합니다. 그런 인간의 기본 욕망을 제어할 수 있는 힘은 인격이나 도덕이나 수양으로는 거의 불가능하지만, 성령님의 은총과 그의 힘을 받으면 어려운 일이 아닙니다. 마치 2세기 말엽 이집트 알렉산드리아에 거주하던 교부 오리겐이 인간의 육적 욕망을 단절하기 위해 스스로 거세(去勢)하고 고자가 된 경우가 그랬습니다.

영적 눈을 가진 사람은 영계(靈界)를 볼 수 있습니다. 높은 신앙의 수련과 끊임없는 기도, 그리고 금식에서 이런 은총을 받게 됩니다. 우리 신앙인의 궁극적 목적은 영적 눈을 뜨는 것이고, 그 눈으로 영원한 생명의 세계를 바라보는 것입니다. 구약 욥의 고백입니다. "나의 이 가죽 이것이 썩은 후에 내가 육체 밖에서 하나님을 보리라 내가 친히 그를 보리니 내 눈으로 그를 보기를 외인처럼 하지 않을 것이라.(욥 19:27) 우리도 육신의 장막을 벗는 날, 육체 밖에서 하나님을 보게 될 것입니다. 그러나 이 육체 안에서도 스데반 같이 볼 수도 있습니다. 물론 그런 사람은 특별한 은총을 받은 사람이지요. 여러분도 영의 눈을 떠서 영계를 바라다 볼 수 있는 은총 받기를 기도해 보시지 않겠습니까?

구세군

12/05

"주 예수께서 친히 말씀하신바 주는 것이 받는 것보다 복이 있다 하심을 기억하여야 할지니라." (행 20:35)

크리스마스가 다가오면 여러 풍경들이 나타나는데, 그중 하나는 백화점 앞이나, 마켓 앞에서 종을 치며 모금하는 사람들입니다. 바로 구세군 교회에서 나와 자선냄비를 걸어 놓고 모금하는 것입니다. 이 자선냄비에 넣은 돈을 모아 크리스마스 때 어렵고 힘들며 고통스럽게 살아가는 사람들에게 주님 탄생의 기쁜 소식을 전하며, 또한 먹거리와 선물을 전해 줍니다.

2021년 10월 30일자 신문에 '자선냄비를 울릴 사람이 없다.'는 제목의 기사가 났습니다. LA 구세군교회는 11월 19일부터 한인 타운 몇 곳에 자원봉사자들이 자선냄비를 걸어놓고 모금 운동을 합니다. 구세군교회 사관(목사)은 구세군교회 교인과 보이스카우트 소년들을 제외하면 현재까지 자원봉사 신청자가 단 한 사람도 없다고 말합니다. 자원봉사자가 부족해서 자선냄비 설치 지역을 늘리는 데 어려움이 있다면서, 자원봉사자가 없으면 임금을 주고 인력을 확보해야 하는데 현실적으로 쉽지 않다고, 많은 한인들이 동참해 주기를 바란다고 말했습니다.

모금을 하려면 자선냄비 1개당 최소 8명(2인 1조, 2시간씩)의 인원이 필요한데, 한인 타운에는 2개의 자선냄비가 설치될 예정이어서, 하루에 적어도 16명이 필요한 셈입니다. 냄비는 11월 19일부터 12월 24일까지 오전 10시부터 오후 6시까지 설치됩니다. 구세군 측은 펜데믹 사태로 인하여 모금이 쉽지 않을 것을 예상하고 있습니다. 오히려 펜데믹 때문에 어려움을 호소하는 사람들이 적지 않아서 모금을 더 많이 해야 되는데 경제적 상황은 녹록치 않아 걱정이 된다고 합니다.

구세군(The Salvation Army)은 영국의 감리교 목사였던 윌리엄 부스(William Booth)와 그의 부인 캐서린(Catherine)이 창시한 교회 단체로 19세기 영국 산업혁명으로 나타난 빈민 전도, 자선 및 사회사업을 목적으로 출발했습니다. 부스는 1865년 런던에 본부를 두고 천막을 치고 전도에 전념했습니다. 본디 이 단체는 '동런던부흥전도단' 또는 '기독교전도단'이라 불렸는데, 후에 부스가 '그리스도인의 사명은 구세군(Salvation Army)이 되는 것이다.'라고 한 말에서 1878년부터 이 단체를 '구세군'이라고 불렀습니다. 부스는 구세군을 창설한 목적을 다음과 같이 설명했습니다.

"나는 오래전부터 자기의 이익과 안락을 위해 사는 것을 그만두고 세상의 불행한 사람들을 구원하기 위해 이 몸을 바쳤다. 세상 어디를 가든지 죄와 슬픔이 없는 곳은 없다. 그런 슬픈 자의 눈물을 씻어 주고, 죄에 빠진 자들을 구원함은 나의 평생소원이다. 나는 선량한 정부의 친구다. 모든 인민은 나의 벗이다. 나는 모든 인류가 이 세상에서는 행복하게, 내세에서는 천국에 들어가도록 힘쓸 것이다."

구세군은 그들의 조직을 군대식으로 하여, 부스 자신이 대장(大將)으로 취임했습니다. 이들의 사업이 활발하게 진행되면서 자연히 미국으로 건너갔고, 1895년에는 일본에 진출했으며, 한국에는 1908년 10월, 호가드(R.Hoggard) 정령(正領: 대령) 일행이 도착하여 새문안에 영(營: 교회)을 설치하고 개전(開戰: 전도)함으로 사역을 시작했습니다.

그들은 항상 군인 제복을 입고 길거리에서 나팔을 불고 북을 치면서 사람들을 모아 놓고 전도하는 것으로 유명했으므로, 일제 말기에는 그들의 군복 착용으로 인해서 박해를 많이 받았습니다. 일제가 군(軍)자가 들어간 것에 계속 시비를 걸자, 구세군이란 명칭 대신 구세단이라

개칭했습니다. 성탄절이 되면 길모퉁이에 자선냄비를 걸어 놓고 모금한 기금으로 빈민들에게 음식을 만들어 봉사하는 단체로 널리 알려졌습니다.

1909년에는 구세군사관학교(신학교)를 설립하고 사관(목사) 양성을 시작했습니다. 그들은 본디 사명인 가난 및 사회악과의 대결로 복음을 전했고, 고난 속에 살아가는 우리 민족에 꿋꿋한 정신으로 봉사했습니다. 또한 사회사업으로 애오개에 소녀 고아원을 경영하면서 일제 침략과 함께 들어온 여러 사회악에 대항하여 투쟁했습니다. 현재 교세는 전 세계에 약 120만 정도의 병사(교인)들이 있습니다.

추수감사절과 성탄절이 다가오는 연말에 우리 교우들의 온정이 더욱 요청되는 시기입니다. 주님께서 친히 말씀하신대로 "주는 것이 받는 것보다 복되다."는 말씀을 기억하면서 어려운 시절이지만, 우리보다 더 어렵게 지내는 이들을 위한 도움의 손길을 펼치며 살아야겠습니다.

지극히 작은 자에게 행한 것이 (1)

12
06

"임금이 대답하여 가라사대 내가 진실로 너희에게 이르노니 너희가 여기 내 형제 중에 지극히 작은 자 하나에게 한 것이 곧 내게 한 것이니라."
(마 25:40)

중세 시대 유럽 어떤 성에 론폴(Launfal)이란 성주가 살고 있었습니다. 그는 신실한 기독교 신앙을 갖고 성민들에게 선정을 베풀어 성민들로부터 사랑과 존경을 받았던 인물이었습니다. 그는 뛰어난 지도력과 온화한 성품으로 어렵고 힘들게 살아가는 성민들을 잘 보살펴 주고 배려하는 드물게 보는 착한 성주였습니다. 나이가 들어 이제 아들에게 성(城)의 업무를 맡겨야겠다고 생각하고, 맏아들에게 자기가 보던 업무를 인계해 주었습니다. 그는 자기 여생을 어떻게 보낼까 생각하던 중, 인류 역사에 길이 남을 값진 일을 해야겠다고 생각했습니다. 그것은 바로 예수님께서 수난 당하시기 전날 밤, 마가의 다락방에서 열두 제자들과 더불어 최후의 만찬을 하셨을 때 사용하셨던 잔, 곧 성배(聖杯)를 찾아야겠다는 생각이었습니다. 이 성배를 찾으면 이는 기독교 역사에 뿐만 아니라 세계 역사에도 길이 남을 기념비적 업적이라 여기고 자기 필생의 사업으로 준비를 시작했습니다.

모든 준비를 다 마치고 마침내 출발의 날이 밝았습니다. 여러 시종들을 거느리고 황금 마차를 타고 많은 성민들의 배웅을 받으면서 성문을 열고 장정(長征)에 올랐습니다. 그런데 성문에서 불과 200~300m도 안 떨어진 길가에 병들고 헐벗고 굶주린 늙은 거지 영감이 피골이 상접한 모습으로 떨고 앉아 있었습니다. 영감은 깡마른 손을 내밀고 론폴 공에게, "성주님, 저에게 빵 한 조각만 주세요. 배가 몹시 고픕니다."라

DEC

고 더듬거리며 말했습니다. 론폴 공은 귀중한 성배를 찾아나서는 첫 날 아침에 이 더러운 거지가 자기 길을 막아서는 것을 보고 몹시 분통이 터졌습니다. 론폴 공은 시종들에게, "저 영감을 빨리 한쪽으로 치워 버려라." 하고 명했습니다. 시종들이 즉시 영감을 길가로 밀쳐내고 그대로 출발했습니다.

여러 달 여행 후, 드디어 예루살렘에 도착했습니다. 예수님께서 최후의 만찬을 하셨던 마가의 다락방을 중심으로 많은 사람들에게 수소문 하면서 성배 찾기에 열심을 다했습니다. 그러나 1천 년도 훨씬 지난 때에 예수님께서 직접 사용하셨던 성배를 찾는다는 것은 바닷가 모래사장에서 바늘을 찾는 것 같이 어려운 일이었습니다.

세월은 가고 자금은 다 바닥이 났고, 먹을 것조차 떨어지자 시종들이 하나둘 씩 도망을 가기 시작했습니다. 마지막 하나 남은 시종까지도 결국 떠나버리고 말았습니다. 론폴 공은 홀로 남게 되었습니다. 황금마차도, 소유하고 있던 자금과 귀금속도, 돈 될 만한 것들은 죄다 팔아썼고, 남은 것이라고는 고작 다 떨어진 입고 있는 헌옷과 물을 떠먹으며 항상 사용하던 표주박 하나밖에 없었습니다. 나이 든 론폴 공은 병까지 들어 더 이상 거동하기도 어려웠습니다. 돈 한 푼 없이 병든 몸으로 성배를 찾는 것은 고사하고, 잘못하면 객사하겠다 싶은 그는 고향에 돌아가 조상들이 묻혀 있는 선산에 뼈를 묻자는 생각으로 고향을 향해 출발했습니다. 구걸로 연명하면서 오랜 시간이 흐른 후 드디어 멀리 자기 성을 바라보게 되었습니다.

힘겹게 성문을 향해 절뚝거리며 지팡이에 의지하여 다리를 끌고 가는데, 옛날 자기가 성을 떠나던 날 아침에 만났던 그 거지 영감이 아직도 죽지 않고 그 자리에 있는 것을 보게 되었습니다. 론폴 공이 가까이 갔을 때, 그 영감은 여전히 같은 목소리로, "배가 고픕니다. 빵 한쪽만 적선해 주세요."라고 구걸했습니다. 론폴 공은 그 거지 영감이나 자기나 별반 다를 바가 없다고 생각했습니다. 론폴 공은 노인을 불쌍히 여기는 마음으로 먹다 남은 딱딱하게 말라비틀어진 빵 한 조각을 꺼내서 그 영감에게 주었습니다. 배고픈 거지 영감이 먹으려고 했지만, 빵은 너무 딱딱했고, 이는 다 빠져 씹을 수가 없었습니다.

그 모양을 본 론폴 공은 잠깐 기다리라고 말하고, 자기가 늘 쓰던 찌그러진 표주박을 가지고 냇가로 가서 물을 떠와 그 영감에게, "먼저 물을 좀 마시고, 그 빵을 물에 적셔 드시오."라고 말했습니다. 그러면서 그 영감에게 물을 먹이려 표주박을 입에 갔다 대는 순간, 그 찌그러진 표주박이 번쩍번쩍 빛나는 황금 잔으로 변했습니다. 표주박이 그가 그렇게 찾아 헤맸던 예수님의 성배가 된 것입니다. 깜짝 놀란 론폴 공이 깨어 보니 한바탕 꿈이었습니다. 대오각성(大悟覺醒)한 론폴 공은 성의 곳간 문을 활짝 열고 어렵고 힘들게 살아가는 성민들에게 양식과 필요한 모든 것은 베풀어 주었습니다.

이 이야기는 미국의 시인이며 비평가인 로웰(James Russul Lowell, 1819-1891)이 쓴 "The Vision of Sir Launfal"(론폴 공의 꿈)이란 장편 서사시의 내용입니다. 이 시는 우리에게 시사하는 바가 아주 큽니다. 그리스도인들은 하나님께서 정말로 기뻐하시는 일이 무엇인지를 생각하지 않고, 자기 나름대로 판단해서 열심히 자기 일을 수행합니다. 그러나 정작 하나님께서 원하시는 일은 성배를 찾는 것 같은 거대하고, 이루어질 수 없는 사업이 아니라 바로 내 집 주변에 굶주리고 병든 독거노인과, 고아와 과부와 노숙자와 빈곤으로 고통받은 사람들을 돕는 일입니다. 따뜻한 밥 한 끼를 대접하는 그 그릇이 바로 성배인 것입니다.

코로나로 힘든 삶을 살아가는 우리 이웃들에게 따뜻한 빵 한 조각, 따끈한 차 한 잔에 사랑을 담아 주는 것이 주님이 제자들에게 나눠 주셨던 성찬의 빵과 포도주입니다. 부잣집 문전에 누워있던 나사로는 지금도 당신 집 문전에서 당신의 따뜻한 손길을 기다리고 있습니다.

지극히 작은 자에게 한 것이 (2)

"임금이 대답하여 가라사대 내가 진실로 너희에게 이르노니 너희가 여기 내 형제 중에 지극히 작은 자 하나에게 한 것이 곧 내게 한 것이니라."
(마 25:40)

부모를 일찍 여의고, 고아원에서 자란 김 중사는 모 지방 고아원에서 어려서부터 살았습니다. 고등학교를 졸업하면 고아원을 떠나야 하는 원칙에 따라 고등학교를 졸업하고 정든 고아원을 나왔습니다. 그러나 막상 갈 곳도, 환영하는 사람도 없었습니다. 생각 끝에 어차피 군대는 가야 하고 또 숙식을 해결할 길도 없어 군에 자원입대했습니다. 만기가 되어 제대를 할 때가 되었지만, 여전히 갈 곳도, 반기는 사람도 없는 세상에 나가느니 차라리 군에 계속 있는 게 낫겠다고 생각하고 하사관학교에 지원하여 훈련을 받고 하사가 되었고, 진급이 되어 중사가 되었습니다.

휴가를 갈 때가 되었지만 갈 곳이 없었습니다. 특히 명절이 되면 많은 동료, 부하들은 고향으로 돌아가 가족들과 함께 행복한 시간을 보내고, 부대에 돌아 와서는 또 고향에서 있었던 가족들과의 이야기를 즐겁게 했습니다. 그럴 때마다 김 중사는 왜 자기만 이렇게 불행하게 또 고통스럽게 살아야 하는가 하는 회의와 괴로움으로 세상에 대한 원한을 품게 되었습니다. 더러운 운명을 타고난 나 같은 것이 더 살아야 무슨 소용이 있겠냐고 생각한 그는 세상을 등질 생각을 했습니다, 그러나 혼자 죽기에는 억울해서 자기를 냉대하고 박대하는 세상에 복수를 하려고 수류탄 2개를 주머니에 넣고 탈영을 했습니다.

그는 자기가 자라난 지방으로 내려가 한 극장 앞에서 영화를 감상하고 행복한 표정으로 나오는 군중을 향해 수류탄 2개를 연거푸 던졌습니다. 여러 사람이 죽고, 많은 사람들이 중, 경상을 입는 큰 사건이 벌어졌습니다. 김 중사는 은신하고 있던 처소에서 군 수사대에 의해 체포되었습니다. 김 중사는 경기도 남한산성 밑에 있는 육군 교도소에 수감되어 있다 군사재판에서 사형 선고를 받았습니다. 김 중사는 어차피 삶을 포기한 상태였기에 담담하게 처형의 날을 기다리고 있었습니다. 갈 곳 없고 반기는 사람도 없는 세상에 홀로 살아남아 생을 이어 가는 것보다 차라리 죽는 게 낫겠다고 체념했던 것이지요.

교도소에서 김 중사를 따뜻하게 대해 주는 사람은 그 부대 군목이 유일했습니다. 그러나 김 중사는 군목의 면접 요청을 거부했습니다. 누굴 만나기도 싫고, 또 만나봐야 뾰족한 수도 없는데 차라리 혼자 조용히 죽는 게 났다고 생각했습니다. 그러나 군목은 포기하지 않고 꾸준히 그를 위해 기도하면서 계속 면접을 시도했습니다. 제법 시간이 지난 후, 김 중사는 끈질기게 면접을 요청하는 군목과의 만남을 수락했습니다.

군목이 어렵게 김 중사를 처음 만났을 때, "당신이 이런 일을 저지른 것은 나의 책임이고 우리 사회의 책임입니다. 우리가 당신을 사랑으로 대하지 못한 죄 때문입니다. 나의 죄를 용서해 주세요."라며 눈물을 흘리며 용서를 구했습니다. 의외의 말을 들은 김 중사는 속으로 놀라며 복받치는 감정에 자기도 모르는 사이에 눈물이 흐르기 시작했습니다. 김 중사는 "저도 누군가에게 진정한 사랑을 조금만 받았어도 이런 일을 저지르지는 않았을 것입니다."며 회한의 눈물을 흘렸습니다.

이 일 후에 김 중사는 마음의 문을 열기 시작했습니다. 군목은 김 중사에게 "과거에도 지금도, 장래에도 당신을 진심으로 사랑해주는 분이 계십니다."라고 말했습니다. 김 중사는 "그분이 누구십니까?"라고 물었습니다. 군목은 "그분은 바로 하나님 아버지십니다."라고 대답했습니다. 김 중사는, "목사님 그럼 저를 그분에게로 인도해주세요. 저는 갈 곳이 없지 않습니까?" 그 이후부터 군목이 보내준 성경을 읽기 시작했고, 군목과 더불어 찬송가도 불렀습니다. 그리고 하나님께 자기의 과거 죄악을 참회했고 용서의 확신도 얻었습니다.

하루는 군목이 면회를 갔을 때, 김 중사는 "목사님, 저는 어차피 죽게 되어 있는데 마지막으로 제게 보람된 일은 제 장기를 필요한 사람에게 기증하는 것이라 생각했습니다. 이 일을 좀 알아봐 주세요."라고 부탁했습니다. 군목이 알아본 결과 김 중사는 총살을 당해야 해서 장기를 기증할 수는 없고 다만 각막만은 기증할 수 있다는 것을 알게 되었습니다. 김 중사에게 이를 알렸더니 "그럼 각막이라도 필요한 사람에게 기증하고 싶으니 제가 죽은 후, 각막을 꺼낼 수 있는 조치를 취해 주십시오."라고 부탁했습니다.

사형 집행 일이 되어 군목과 군의관과 앰뷸런스가 도착했습니다. 김 중사는 형장에 묶여 세워졌고, 눈은 검은 천으로 가려졌습니다. 집행관이 마지막으로 할 말이 없느냐고 물으니 "군목님을 불러 주세요."라고 말했습니다. 군목이 가까이 갔더니 "목사님 제가 평소 부르던 찬송가를 부르는 동안 집행해 달라고 지휘관에게 부탁해 주세요. 목사님 그동안 감사했습니다. 먼 훗날 천국에서 다시 만나 뵙겠습니다."라고 말했습니다. 김 중사가 찬송가를 한 절 부른 후에 총성이 길게 울리고 김 중사는 그렇게 세상을 떠났습니다. 즉시 김 중사의 눈에서 각막이 수거되어 앰뷸런스에 실려 육군병원으로 옮겨졌습니다.

김 중사는 그렇게 쓸쓸하게 죽어 갔습니다. 유족이라고는 세상에 단 한 사람도 없었고, 그의 죽음을 서러워하는 사람도 없었습니다. 다만 군목만이 흐르는 눈물을 닦고 있을 뿐이었습니다. 비록 김 중사는 불행한 짧은 삶을 살다 갔지만, 그의 각막을 이식받을 시각장애인은 새로운 세상을 살게 될 것입니다. 김 중사의 몸은 갔지만, 눈은 살아서 그 시각장애인을 통해 따뜻한 세상을 바라보게 될 것입니다.

김 중사는 고아였습니다. 고아원에서는 음식과 잠자리와 고등학교까지는 보살펴 주었지만, 원을 떠난 후부터는 아무 관심도 돌봄도 못 받고 결국 엄청난 비극을 연출하고 말았습니다. 과연 김 중사가 이런 사건을 일으킨 원인은 어디 있었을까요? 단지 그가 악인이기 때문에 그런 일을 저질렀을까요? 우리 주변에 또 다른 김 중사는 없을까요? 교회는 그리고 그리스도인들은 김 중사를 돌보아주고 기도해 주고 있는 걸까요? 해외 선교에는 엄청난 돈을 쓰면서, 정작 교회 주변에 수류탄을 주머니에 넣고 방황하는 김 중사들을 방관하고 있는 것이 주님이 원하시는 일일까요?

예수님께서 말씀하신 '지극히 작은 자'(마 25:45)에게 한 것이 나에게 한 것이라는 말씀을 얼마나 지키며 살아가고 있는지 우리 모두 반성해야 합니다. 구약에 반복되는 말씀 중, '고아와 과부와 나그네를 돌보라.'는 말씀이 있지요. 지금이라도 고아원에 가서 단 몇 시간이라도 봉사를 해야 할 것 같습니다. 부모 없이 고독하게 살아가는 고아를 안고 "너를 사랑하는 사람들이 있단다."는 말을 해 주어야 하지 않을까요?

예수님은 하나님이신가요?

12/08

"태초에 말씀이 계시니라. 이 말씀이 하나님과 함께 계셨으니 이 말씀이 곧 하나님이시니라. 그가 태초에 하나님과 함께 계셨고" (요 1:1-2)

성탄에 오신 아기 예수님은 인간의 몸을 입고 오셨습니다. 그럼, "예수님은 하나님이십니까?"라는 질문을 하면, "그렇습니다. 예수님은 하나님이십니다."라고 대답합니다. 그럼 "무슨 근거로 그런 얘기를 하시나요?"라고 물으면, 어떻게 대답을 할지 잘 모릅니다. "우리 교회 목사님이 그러시던데요."라고 하는 사람도 있지요. 그러나 목사님이 하는 말이 다 맞나요? 목사님이 잘 못 알고 말 할 수도 있고, 잘못 전해 듣고 한 말일 수도 있지 않겠습니까?

가장 중요한, 그리고 움직일 수 없는 증거는 성경에 "예수님은 하나님이시다."라고 쓰여 있으면 간단히 해결되는 문제지요. 그러나 불행하게도 성경 어디에도 "예수님은 하나님이다."라는 말씀이 없습니다. 예수님은 세상에 계실 때 줄기차게 하나님을 아버지라 불렀고, 자신은 '인자(人子), 사람의 아들'(huios tu anthropou, Son of Man)이라 지칭하셨습니다.

마태복음 16장 16절에 예수님께서 "너희는 나를 누구냐 하느냐?"라는 질문에 베드로의 대답이 "주는 그리스도시요 살아 계신 하나님의 아들이시니이다."라고 대답했습니다. 여기서도 '하나님의 아들'이라 했지요. 예수님은 "이를 네게 알게 한 이는 혈육이 아니요 하늘에 계신 내 아버지시니라."고 말씀하십니다. 예수님은 하나님과 자신의 관계를 부자(父子) 관계로 얘기하셨지, "아버지와 내가 하나다 또는 동일하다."고 말하지 않으셨습니다.

더러는 요한복음 1장 1절 말씀, “태초에 말씀이 계시니라 이 말씀이 하나님과 함께 계셨으니 이 말씀은 곧 하나님이시니라.”는 말씀을 근거로, 말씀 즉 로고스(Logos)가 예수님이니까, 로고스인 예수님은 하나님이시라고 주장하기도 합니다. 그러나 이 ‘말씀’이 예수님이란 말은 없습니다. 그리고 요한복음은 사도 요한이 그렇게 기록한 것이지, 예수님께서 직접 하신 말씀은 아니지요. 또 요한복음은 요한이 이 책을 쓴 후, 300년이 지난 후에야 비로소 성경 곧 정경(Canon)이 됐습니다.

또 한 곳 바울 선생이 빌립보 교회에 써 보낸 편지에서 “그는 근본 하나님의 본체시나 하나님과 동등 됨을 취할 것으로 여기지 아니하시고”(빌 2:6)라 하여 예수님이 하나님의 본체라 말씀했습니다. 그러나 이 구절 역시 바울이 빌립보 교회에 써 보낸 편지의 일부이지 예수님의 말씀은 아닙니다. 이 말은 바울 선생의 신앙고백이고, 또 이 글을 써서 보낸 때는 빌립보서가 정경(canon)으로 확정된 때도 아니고, 단지 빌립보 교회에 써 보낸 개인 편지에 불과했습니다. 그로부터 300년 후에야 비로소 빌립보서가 정경(성경)이 됩니다.

다시 말해 요한이나 바울의 입을 통해서가 아니고, 예수님 본인의 입을 통해 “나는 하나님이다.”라는 성경 말씀이 없다는 데 문제가 있지요. 그러므로 예수님은 하나님이신가, 단지 사람인가하는 문제가 초기 교회 300년 동안 심각한 논쟁을 불러일으켜 왔습니다.

예수님 당시 실제로 예수님을 보았던 사람들은 이적과 기사를 행하시는 예수님을 볼 때, 특이한 능력을 가진 사람으로 여겼지 야웨 하나님과 동일한 분으로 여기지 않았습니다. 예수님은 낮잠을 주무시고, 눈물을 흘리시고, 역정을 내시고, 음식을 잡수시는 등 보통 사람들과 조금도 차이가 없으셨습니다. 그래서 결국 제사장들과 서기관, 바리새인들은 군중들을 동원해서 예수님이 하나님의 아들이라 지칭한다며,

신성모독의 죄목으로 십자가에 처형했습니다.

예수님은 하나님이신가 단지 인간인가 하는 문제가 본격적으로 교회 안에서 제기된 것은 주후 300년경이었습니다. 알렉산더 대왕이 이집트에 세운 이집트 제2의 도시 알렉산드리아 교회의 장로 아리우스(Arius)는 예수님은 하나님이 아니라는 주장을 강하게 했습니다. 그는 해박한 신학자로 여러 자료를 검토한 결과 예수님은 하나님일 수 없다는 결론에 이르렀습니다. 아리우스는 예수님은 하나님이 아니고, 하나님이 창조하신 '최초의 피조물'이라고 선언했습니다. 따라서 예수님은 창조되기 전에는 존재하지 않으셨다고 말했습니다.(There is a time when He was not.) 예수님이 비록 동정녀의 몸에서 태어나시고 이적과 기사를 행하셨으며, 3일 만에 부활하시고 승천하셨다 할지라도 하나님과 완전 동일한 하나님은 아니고, 하나님과 '유사 본질'(homo-i-ousion)로 하나의 피조물에 불과하다고 역설했습니다.

자연히 아리우스의 주장에 동조하는 사람들이 많이 일어나게 되었습니다. 특히 유대교 배경을 가진 교인들 중에서 그랬습니다. 그러나 "이것은 이단적 사상이다. 예수님은 하나님과 완전 '동일한 본질'(homo-ousion)이시다."라고 주장하는 사람이 나타났습니다. 그는 아리우스가 장로로 있었던 알렉산드리아 교회의 젊은 집사(후에는 감독) 아타나시우스(Athanasius)였습니다. 이 논쟁은 알렉산드리아 교회뿐만 아니라 기타 많은 교회에서도 큰 이슈가 되었습니다. 예수님은 완전한 하나님이신가 아니면 하나님의 창조물인 인간인가 하는 문제였지요.

주후 313년 분열된 로마 제국을 통일한 콘스탄티누스 대제는 천신만고 끝에 하나로 통일된 제국이 교회내의 싸움으로 분열될 위험에 처하자 이 문제를 해결하기 위한 로마 제국 내의 전(全)교회 대표자들을 모아 교회 회의를 소집하게 됩니다. 이 회의는 325년에, 현재 튀르키예(터키) 이스탄불 서북쪽에 위치한 조그만 마을 니케아에서 로마 세계에 산재한 모든 교회 대표 감독들이 모여 회의를 한 것인데 이것을 제1차 보편 공의회(Ecumenical Council)라고 합니다. 로마 전역에서 각 지역 감독 약 300여 명이 모였습니다.

각지에서 오는 모든 감독들의 교통편은 제국의 군대가 제공했고, 그 경비 역시 왕실에서 부담했습니다. 각지에서 온 감독들은 불과 얼마 전까지 제국이 그리스도인들을 고문하고 죽이는 박해 속에서도 핍박을 견뎌 낸 역전의 신앙 투사들이었습니다. 더러는 한 눈이 뽑혔고, 한 팔이 떨어져 나간 분도 있었고, 다리 하나를 잃은 장애를 가진 감독들도 적지 않게 있었습니다.

성탄의 두 메시지 (1): 하늘의 영광

"지극히 높은 곳에서는 하나님께 영광이요 땅에서는 기뻐하심을 입은 사람들 중에 평화로다." (눅 2:14)

성탄의 메시지는 둘입니다. 하나는 '하나님께 영광' 다른 하나는 '땅에서는 사람들 중에 평화'입니다. 먼저 '하나님께 영광'에 대해서 살펴보겠습니다. '하나님께 영광'이란 말은 하늘에 계시는 하나님께 영광을 돌린다는 의미입니다. 인간의 역사는 하나님께 영광을 돌리는 것이 아니고, 하나님 아닌 거짓 신에게, 그리고 인간들에게 영광을 돌린 배반의 기록입니다. 하나님께 돌려야 될 영광을 하나님께 돌리지 아니하고 세상에 다른 것들에게 돌려온 역사입니다.

사도행전 12장 21절에 "헤롯이 날을 택하여 왕복을 입고 단상에 앉아 백성에게 연설하니 백성들이 크게 부르되 이것은 신의 소리요 사람의 소리가 아니라 하거늘 헤롯이 영광을 하나님께 돌리지 아니하므로 주의 사자가 곧 치니 벌레에 먹혀 죽으니라."는 말씀이 있습니다. 인류는 헤롯왕과 같이 하나님께 돌려야 될 영광을 하나님께 돌리지 아니하고 자기에게 돌림으로 멸망을 자초한 역사를 이어 오고 있습니다.

구약 창세기 6장에 보면 노아 때 "여호와께서 사람의 죄악이 세상에 가득함과 그의 마음으로 생각하는 모든 계획이 항상 악할 뿐임을 보시고, 땅 위에 사람 지으셨음을 한탄 하사… 내가 창조한 사람을 내가 지면에서 쓸어버리되… 내가 그것을 지었음을 한탄함이라 하시니라.(창 6:5-7) 하나님께서는 사람의 죄악이 세상에 가득함과 그들의 생각이 항상 악하다고 한탄하셨습니다. 죄악은 하나님을 배반하는 일이었습니다. 하나님께 돌려야 할 영광을 스스로 가로챔으로 하나님을 격노케 하여 결국 물의 심판을 받고 싹쓸이되었습니다.

홍수 후에 노아의 식구들을 통해 또 많은 인구가 땅위에 불어났습니다. 사람들이 많아지자 또 저들은 하나님을 반역할 일을 계획했습니다. 창세기 11장에 온 땅의 언어가 하나요 말이 하나였는데 그들이 동방으로 옮기다가 시날 평지를 만나 거기 거류하면서 벽돌을 만들어 탑을 건설하기 시작했습니다. 그 탑 꼭대기를 하늘에까지 닿게 하여 우리 이름을 내고 온 지면에 흩어짐을 면하자고 했습니다. 홍수로 다시는 인류를 멸망시키시지 않겠다는 약속과 더불어 그 표로 무지개까지 주셨으나 인류는 그 약속을 믿지 않고 배역의 길로 갔습니다. 이들은 하나님을 두려워하고 하나님께 영광을 돌리지 아니하고 자기 이름을 내고 흩어짐을 면함으로, 인간의 힘으로 하나님의 진로를 면해 보자는 허황한 꿈을 꾸었습니다.

이스라엘 백성들의 하나님 배반의 역사는 끝이 없었습니다, 하나님께서는 430년 동안 애굽에서 종살이 하던 이스라엘 백성들을 모세를 통하여 구원해 주셨습니다. 저들은 광야 40년 동안 끝없이 하나님을 배반하고 하나님께 영광을 돌리기는커녕 아론으로 하여금 황금송아지 신을 만들게 해서 그것에 절하고 경배하며 신으로 섬겼습니다. 배역(背逆)의 현장이었습니다. 가나안 땅에 들어온 이후에도 이스라엘 백성들은 이방 신인 바알을, 아세라 목상을, 몰록의 신을 섬겼습니다. 이방 족속들의 습속을 따라 사무엘에게 자기들에게도 왕을 세워 달라고 요구했습니다. 사무엘은 그 요구가 못마땅했지만, 하나님의 재가(裁可)를 받아 이스라엘 백성들의 요구를 받아들여 왕을 세웠습니다. 처음 무척 겸손했던 사울을 첫 왕으로 세웠지만 그는 결국 교만하여 다윗을 죽이는 데 혈안이 되어 미쳐 날뛰다가 온 집안이 멸망을 당했습니다.

성군(聖君) 다윗을 거쳐 지혜의 왕 솔로몬이 3대 왕으로 등극했으나, 그도 말년에 이방 여인들을 아내로 맞아들여 이방 신들을 섬기다 결국 아들 르호보암 때 나라가 둘로 쪼개져서 북쪽 이스라엘과 남쪽 유다로 갈리는 비극을 연출했지요. 이 두 나라는 계속 야웨 하나님 섬기기를 거부하고 이방신을 섬기다, 결국 북이스라엘은 주전 722년 앗수르에 멸망당했고, 남유다는 주전 586년 바빌론의 느부갓네살 왕에 의해 멸망당하는 수치와 고통을 맛보았습니다. 야웨 하나님을 배반한 결과였습니다.

예수님 탄생 이후 2천 년 동안의 기독교 역사는 하나님 대신 물신(物神)을 섬기고 세상의 향락에 빠져 성직매매와 성적 타락으로 전락한 기록입니다. 로마가톨릭교회의 타락에 반기를 들고 일어난 마르틴 루터의 개혁 이후에도 개신교회는 갈기갈기 찢기는 분열의 역사를 반복하면서, 세상 사람들로부터 손가락질을 당하면서 하나님의 영광을 가렸고, 욕 돌리는 추태를 보여 왔습니다. 근래 코로나 시대에 또 한 번 교회는 세상의 비난거리가 되고 있습니다. 당국의 집회 금지 명령에도 불구하고 계속 회집을 하더니 이제 교회가 집단 감염의 온상이라는 인식이 일반 세상에 깊게 박혀, 앞으로 어떻게 낯을 들고 다니면서 전도를 할 것인지 참으로 한심한 세태입니다. 온 세상이 하나님께 영광을 돌려야 하는데, 그 영광을 차지한 로마 교황청이나 개신교의 교권을 가진 자들의 오만과 추태가 안타까울 뿐입니다.

스데반은 순교의 현장에서 하늘을 우러러 하나님의 영광을 보았습니다. "스데반이 성령 충만하여 하늘을 우러러 주목하여 하나님의 영광과 및 예수께서 하나님 우편에 서신 것을 보고"(행 7:55) 하나님의 영광은 진정한 신앙인의 눈에만 보이는 현상입니다. 온 세상이 마치 인간이 하나님의 위치에 선 것처럼 하나님을 모독하고 마치 인간이 모든 것을 할 수 있는 것처럼 오만하지만, 하나님께서 한 번 치시면 인간 세상은 한순간에 초토화 된다는 사실 앞에 겸허히 머리 숙여야 합니다.

코로나 바이러스라는 세균이 온 세상 70억 인구를 순식간에 공포와 두려움에 떨게 하는 사실 앞에서도 하늘을 거역하면서 오만한 눈을 치켜뜰 것인가를 반성해야 합니다. 동양의 고전은 말합니다. "순천자(順天者)는 흥(興)하고, 역천자(逆天者)는 망(亡)하느니라."

동방의 박사들이 왔을 때, 아기 예수의 탄생을 탐문하면서 예수를 죽일 음모를 꾸몄던 헤롯왕과 같은 자들이 득실거리는 세상에는 하나님께 영광을 돌리려는 생각보다 하나님을 배반하려는 음모만 꿈틀거리고 있습니다. 오만한 인간들은 "하나님은 없다."(어리석은 자) "하나님은 죽었다."(F.Nietzsche), "하나님은 인간이 창조한 것에 불과하다."(L. Feuerbach)는 참람한 말들을 해왔습니다. 그러나 이런 오만한 말을 한 인간들은 결국 영멸의 길로 가고 말았습니다.

인간의 제일 되는 목적은 '하나님을 영화롭게 하는 것과 영원토록 그를 즐거워하는 것'입니다. (웨스트민스터 소요리문답 제1문) 이번 성탄절은 코로나 때문에 가라앉은 분위기지만, 성탄은 외형적 즐거움보다 우리 마음속에 감격과 감사가 넘치는 계절임을 잊어서는 안 됩니다.

성탄의 두 메시지 (2): 땅 위의 평화

12/10

"지극히 높은 곳에서는 하나님께 영광이요 땅에서는 하나님이 기뻐하신 사람들 중에 평화로다." (눅 2:14)

성탄의 두 번째 메시지는 '땅 위에 평화'입니다. 아기 예수가 세상에 오신 목적은 이 땅 위에 평화를 주기 위함입니다. 예수님의 수난의 상징인 십자가가 가는 곳에 평화가 있습니다.

아는 사람은 알고 있는 사실이지만, 전쟁이 났을 때 폭격하지 않는 건물 세 종류가 있습니다. 예배당(성당), 수도원(수녀원), 그리고 병원입니다. 이 세 건물에는 다른 건물에 없는 표식이 붙어 있지요. 십자가입니다. 적십자는 전쟁터에서 피아(彼我)를 구별하지 않고 부상병을 치료해주고, 전사자들의 매장을 돕습니다. 적십자 표식이 있는 곳에는 항상 굶주린 사람, 병든 사람, 장애인, 고아, 과부, 감옥에 갇혀있는 수인(囚人)들을 돌보는 봉사자들이 있습니다. 십자가의 희생과 봉사의 정신이지요. 십자가는 예수 그리스도를 가리킵니다. 따라서 평화의 상징인 십자가가 붙어 있는 건물은 폭격을 하지 않는 것 같이 십자가 표식이 있는 앰뷸런스도 폭격하지 않습니다. 십자가에 있는 곳에 전쟁은 없습니다. 예수님이 오심으로 세상에 진정한 평화가 이루어지게 되었습니다.

이사야서에, "무리가 그들의 칼을 쳐서 보습을 만들고, 그들이 창을 쳐서 낫을 만들 것이며 이 나라와 저 나라가 다시는 칼을 들고 서로 치지 아니하며 다시는 전쟁을 연습하지 아니하리라."(사 2:4) "그때에 소경의 눈이 밝을 것이며 귀머거리의 귀가 열릴 것이며 그때에 저는 자는 사슴같이 뛸 것이며 벙어리의 혀는 노래하리니 이는 광야에서 물이

솟겠고 사막에서 시내가 흐를 것임이라."(사 35:5-6)

인류의 역사는 전쟁사(戰爭史)라 해도 과언이 아닙니다. 전쟁이 없는 시대는 단 한 번도 없었습니다. 거대한 제국은 모두 전쟁을 통해서 광대한 영토와 인구를 확보했고 그 과정에서 수많은 군인들뿐만 아니라 어린이, 노인, 부녀자 할 것 없이 많은 사람이 죽임을 당했습니다. 한 사람을 죽이면 살인자가 되지만, 많은 사람을 죽이면 영웅이 되는 세상이 바로 우리가 살고 있는 이 땅입니다. 전쟁이 일어나면 살인은 기본이고, 폭력과 방화, 성폭행과 탈취가 이루어집니다. 전쟁이 있는 한 평화가 있을 수 없습니다. 전쟁이 휩쓸고 간 제2차 세계대전 후의 독일과 영국 등 전쟁 당사국들의 피폐함은 말할 나위가 없습니다. 나이 든 세대는 6.25 후의 한국을 연상하면 쉽게 이해가 될 것입니다.

예수님은 세상에 평화를 주기 위해서 오셨습니다. 전쟁을 그치게 하셨고, 인간 사회에 도사리고 있는 모든 불평등과 불균형을 해소시키기 위해서 오셨습니다. 굶주린 백성들에게 주님께서는 "너희가 먹을 것을 주라"(막 6:37)고 말씀하십니다. 한쪽에는 먹을 것이 산처럼 쌓여있고, 한쪽에는 먹을 것이 없어서 굶어 죽는 이 비극적인 현실을 어떻게 설명할 수 있을까요. 한쪽에서는 곡식이 남아 창고에서 썩어 가고 있고, 한쪽에서는 그 곡식이 없어서 굶어 죽어 가고 있는 현 세상에 평화는 있을 수 없습니다. 코로나로 인해 죽는 사람이 10초에 1명 꼴이라며 언론들은 대대적으로 보도하면서, 10초에 1명씩 굶어 죽고 있는 사실을 보도 하는 매스컴은 단 하나도 없습니다.

코로나로 죽는 기저 병을 가진 노인은 안타깝고, 굶주려 죽는 어린이는 죽어도 괜찮다는 말일까요? 병마도 마찬가지입니다. 한쪽 세상은 가장 좋은 의료 시설과 약품, 가장 뛰어난 의료 인력으로부터 충분한 진료를 받고 있는데, 한쪽에서는 약 한 톨 먹어 보지 못하고 평생 의사 한 번 만나 보지도 못한 채 무수한 사람들이 죽어 가고 있는 이 세상에 평화는 존재하지 않습니다.

선진국에서는 유효 기간이 가까웠다는 혹은 지났다는 이유로 멀쩡한 약을 쓰레기장에 내다 버리거나 불에 태워 없애버립니다. 그러나 비록 유효 기간이 조금 지났다 해도 약효는 99% 이상 그대로 남아 있는 것 아닙니까? 그 약만 있으면 수많은 어린이들을 치료하고 살릴 수 있는데, 여전히 약은 쓰레기장으로 가고, 병든 아이들은 죽고 있는 세상에 평화가 있습니까?

학교에 가서 공부를 해야 할 나이의 굶주린 어린 아이들이 병든 부모로부터 보살핌도 받지 못하고, 하루에 12시간씩 썩은 냄새 나는 쓰레기장에서 쓸 만한 것이 있는지 뒤지고 있는 현장에 평화가 있을 리가 없습니다. 한 남자가 네 여자를 아내로 거느리고 사는 세상(이슬람), 남편이 죽으면 미망인을 불태워서 죽은 남편을 저승에 가서 돌보게 하는 무지몽매한 종교(힌두교)가 이 땅 위에 있는 한 여성들에게 평화는 있을 수 없습니다.

피부 색깔로, 직업의 귀천으로, 지식의 유무로, 지역으로, 성별로, 연령으로, 집안의 재력으로 차별하는 사회에는 평화가 존재하지 않습니다. 주님은 인간들이 만들어 놓은 철옹성 같은 차별의 장벽을 허물어뜨리려, 그 어떤 차별도 없는 세상을 만들기 위해 이 세상에 오셨습니다. 둘이 사는 집에 화장실이 서너 개씩 있는데, 산동네 극빈자들이 사는 동네에서 화장실 하나로 대여섯 가구가 써야 되는 세상에 평화가 있을까요?

우리 그리스도인들은 이런 세상의 차별과 차등을 없애는 데 앞장서야 합니다. 그런데 교회 안에서도 이런 차별과 차등이 있는 현실을 어떻게 해명해야 하나요? 주님 오신 지 2천 년이 지났는데도 인간 세상은, 심지어 교회까지도 차별이 존재하는 현실이 개탄스러울 뿐입니다. 금년 성탄절은 작년 성탄절보다 좀 더 나은 세상이 됐을까요? 아니면 그 도(度)가 더 심해졌을까요? 이 땅 위에 평화를 주시기 위해 오신 아기 예수님을 우리 마음에, 가정에, 마을에, 교회에, 국가에, 온 인류의 가슴에 뜨거운 마음으로 맞아들여야 하겠습니다. 우리 그리스도인들은 이 분쟁의 세상에 평화를 전하는 작은 전령(傳令)자로서의 소임을 다 해야겠습니다.

DEC

12/11

아기 예수님을 처음 본 사람들 (1): 마리아

"은혜를 받은 자여 평안할찌어다 주께서 너와 함께 하시도다…
천사가 일러 가로되 마리아여 무서워하지 말라 네가 하나님께 은혜를
얻었느니라… 나는 사내를 알지 못하니 어찌 이 일이 있으리이까."
(눅 1:28,30,34)

예수님이 탄생하신 2천 년 전, 아기 예수를 처음으로 만난 사람들이 몇 명 있었습니다. 그들은 어떻게 아기 예수의 탄생 현장에 함께 하는 영광을 누리게 되었을까요? 성경에 그들에 대한 이야기가 부분적으로 기록되어 있습니다. 이들은 인류 역사가 지속되는 동안 줄곧 이야기되는 영광을 누리게 될 사람들입니다. 아기 예수의 탄생 현장에 있었던 사람들은 첫째, 아기 예수의 어머니 마리아, 둘째, 예수의 육신의 아버지 요셉, 셋째, 동방의 박사들, 넷째, 들에서 양을 치던 목동들입니다. 이 네 사람들에 대해 성경을 중심으로 살펴보겠습니다.

먼저 예수님의 어머니 마리아입니다. 마리아는 유대 땅 갈릴리 나사렛이라는 보잘것없는 촌 동네에 살던 여성이었습니다. 당시 요셉이라는 목수와 약혼을 한 상태였습니다. 요셉과 약혼한 것을 보면 마리아의 신분도 그렇게 좋은 것은 아닌 것으로 여겨집니다. 돈 많고 권세 있는 집안 처녀라면 거기에 버금가는 총각과 약혼했을 테지요. 그렇지만 동네 목수 요셉과 정혼한 것을 보면 마리아의 신분이 좋지 않았다는 것이 단적으로 증명됩니다.

그러면 왜 많은 여성들 가운데 마리아가 예수님의 육신의 어머니로 택함을 받았을까요? 그것은 보는 각도에 따라 다르겠지만 필자는 다음과 같은 두 가지 이유가 있었다고 생각합니다.

첫째, 마리아는 하나님의 명령에 자기 생명을 건 용감한 여자였습니다. 용감함이란 용어는 자기 생명을 버릴 수도 있는 경우도 포함된 단어입니다. 세상의 모든 것을 버릴 수 있어도 자기 생명을 버리는 것은 결코 아무나 할 수 있는 일은 아닙니다. 국가를 위해서 자기 생명을 버리는 순국열사도 있고, 신앙을 위에서 생명을 버리는 순교자도 있고, 더러는 자기 가족을 위해 생명을 버리는 경우도 있습니다. 그렇지만 마리아의 경우는 누구를 위한 죽음이 아니고, 치명적인 불명예를 안고 죽임을 당하는 경우입니다. 구약 율법에 정혼한 처녀가 부정을 저질러 임신했을 경우에는, 많은 무리들의 돌팔매질로 죽임을 당한다는 가혹한 형벌이 있었습니다. 그런데 마리아는 정혼한 상태에서 아직 약혼남과 아무 관계를 갖지 않았는데 임신을 했다는 것은 곧 죽음을 의미했습니다. "처녀인 여자가 남자와 약혼한 후에 어떤 남자가 그를 성읍 중에서 만나 통간하면 너희는 그들을 성읍 문으로 끌어내고 그들을 돌로 쳐 죽일 것이니"(신 22:20) 당시 약혼남 이외의 남자와 관계하여 임신을 한 경우는 곧 죽음이었습니다.

그렇지만 천사가 마리아에게 나타나서 네가 임신할 것이라는 얘기를 했을 때, "주의 여종이오니 말씀대로 내게 이루어지이다."(눅 1:38)라 말했습니다. 그 말은 내가 죽어도 좋으니 주님의 말씀대로 이루어지라는 결단이었습니다. 역사는 죽음을 각오한 사람들에 의해서 그 맥을 이어왔습니다. 죽음을 두려워하는 사람은 언제나 죽음 앞에 비굴해지고 자기의 지조를 꺾고 타협했습니다. 일제가 한국교회에 신사참배를 강요했을 때, 대부분의 목사, 장로들이 신사에 참배했습니다. 일제는 신사참배를 거부한 사람들을 투옥은 시켰어도 죽이지는 않았습니다. 그런데 감옥에 가는 것이 두려운 목사, 장로들은 신앙의 절개를 꺾고 신사에 참배하였지요. 일사각오로 신사참배를 반대하고 투옥된 후 순교한 분들은 주기철 목사님 외 몇십 명에 불과했습니다.

마리아는 자기가 임신을 하면, 약혼이 깨어지는 것은 명약관화(明若觀火) 한 사실이고, 자기는 돌에 맞아 죽임을 당할 뿐만 아니라, 양가의 가족들과 일가 친족들에게 지울 수 없는 불명예를 안겨 준다는 사실을 잘 알고 있었습니다. 뿐더러 자기는 동네 사람들에 의해 돌에 맞아 죽임 당할 것을 빤히 알면서도 하나님의 뜻이라면 자기가 그 길을 가겠다고 결단한 용맹한 여성이었습니다. 이런 결단과 각오, 그리고 죽음을 두려워하지 않은 신앙이 그가 성모(聖母) 마리아가 되는 영광을 얻게 만들었습니다.

둘째, 마리아는 순결한 여자였습니다. 정혼은 했지만 요셉과 아무 관계를 갖지 않았습니다. 마리아는 약혼 중에 있었지만, 요셉 이외 어떤 남자와도 관계를 갖지 않은 순결한 처녀였습니다. 오늘 우리가 살고 있는 이 시대에는 정조 개념이란 것이 사라진지 오랩니다. 혼전 임신은 일반화되어 있습니다. 혼전 임신이 창피한 것이 아니고 자연스런 것이며, 오히려 혼수감을 가지고 왔다고 시집에서 좋아한다고 하니, 웃어야 할지 울어야 할지 모르겠네요. 요즘 세태가 얼마나 타락했는지, 남녀가 교제하면 자연히 호텔이나 모텔에 가서 잠자리를 갖는 것은 일상이 된 것 같습니다. 원나잇이란 말을 들어 보셨나요? 캬바레에서 난생처음 만난 남녀가 술을 마시고, 그날 밤 바로 호텔이나 모텔로 가서 함께 자고 이튿날 소위 쿨하게 헤어진답니다.

벌써 수십 년 전입니다. 필자가 장신대에 봉직할 때, 서울의 어떤 여자대학교에서 여론 조사를 한 일이 있었습니다. 그때 질문 가운데 하나가 "진정으로 사랑하는 남자라면 결혼이 전제되지 않더라도, 몸을 허락할 수 있는가?"라는 질문에 약 65%가 그렇다고 대답했습니다. 그러니 지금 형편은 어떨지 짐작이 가시지요? 옛날 우리 할머니들은 미혼 시절, 작은 호신용 칼을 몸에 지니고 다니다, 치한이 범하려 하면 그 칼로 목을 찔러 죽음을 택했습니다. 정조를 빼앗기는 것보다 죽는 것이 더 낫다고 여긴 것이지요. 물론 마리아가 살았던 2천 년 전과 현재는 현격한 차이가 있지만, 여인의 정조에 대한 태도가 이렇게 달라질 수 있을까요? 정조가 시대에 따라 그 가치가 달라지는 것일까요?

그러나 마리아는 결혼할 때까지 자기 몸을 지켰다는 사실을 성경은 우리에게 보여주고 있습니다. 마리아는 말합니다. "나는 사내를 알지 못하니 어찌 이 일이 있으리이까?"(눅 1:34) 약혼한 요셉을 포함해서 어떤 사내도 알지 못했던 마리아, 그녀는 정숙하고 정결한 여인이었습니다. 자기 생명을 걸고 하나님의 뜻이 이루어지기를 감행했고, 정결한 몸과 마음을 지녔던 마리아는 성모가 될 자격을 갖춘 여인이었습니다. 로마가톨릭교회에서는 마리아를 성모라 부르며 항상 흠숭(欽崇)하는 태도를 보입니다. 성당 입구에 예수님 상보다 마리아 상이 먼저 크게 앞에 세워져 있는 모습을 종종 보고 계시지요. 우리도 이 더럽고 추잡한 세상에서 헤아릴 수 없는 죄악을 청산하고, 겉 사람뿐만 아니라 속사람도 정결한 상태에서 아기 예수를 맞을 준비를 해야 하겠습니다.

아기 예수님을 처음 본 사람들 (2): 요셉

12/12

"그의 남편 요셉은 의로운 사람이라 그를 드러내지 아니하고 가만히 끊고자하여" (마 1:19)

아기 예수를 처음 만난 사람들 중 둘째는 요셉입니다. 요셉은 나사렛 동네 청년 목수였습니다. 분명 그의 집안은 가난했을 것이고 따라서 제대로 교육을 받지 못한 청년이었을 것입니다. 그는 동네 이집 저집 다니면서 간단한 목공일을 해 주는 평범한 목수였습니다. 부러진 상(床) 다리를 고쳐주고, 선반을 하나 매달아주고, 가끔 헛간이나 작은 창고 같은 것을 만들어주고 수리하는 일을 했을 것입니다.

목수에는 두 종류가 있습니다. 대목(大木)과 소목(小木)입니다. 대목은 큰 집을 짓는 사람입니다. 큰 빌딩이나 거대한 체육관, 수십 층 아파트를 건설하는 사람을 대목이라 합니다. 소목은 요셉처럼 집 안 목공소에서 조그만 물건을 만들고, 동네에 출장 가서 간단한 목공 일을 하는 사람입니다. 요셉은 분명 소목이었을 것입니다.

작은 시골 마을 목수가 어떻게 예수님의 육신의 아버지가 되는 광영(光榮)을 누렸을까요? 성경은 그 원인을 분명히 밝히고 있습니다. 그는 그때 마리아와 정혼을 하고 결혼할 날을 기다리고 있었던 약혼남이었습니다. 그런데 정혼한 마리아가 임신을 했다는 청천벽력과 같은 소식을 들었습니다. 그는 마리아와 정혼은 했지만, 단 한 번도 잠자리를 같이 한 일이 없었습니다. 따라서 마리아가 임신한 것은 분명 부정한 관계에 의한 것입니다. 이것이 얼마나 기가 막힌 일이며 처절한 배신입니까? 그러나 성경에 "요셉은 의로운 사람이라 그를 드러내지 아니하고 가만히 끊고자 하였다."(마 1:19)고 기록되어 있습니다.

이런 기막힌 현실 앞에서 일을 어떻게 처리해야 될까요? 자기가 발고(發告)하면 마리아는 무수한 사람의 돌에 맞아 비참하게 생을 끝낼 것이고, 마리아 친정도 치명적 불명예를 안게 될 것이 자명했습니다. "요셉은 의로운 사람"이라 조용히 관계를 끊고 마리아가 스스로 일을 처리할 수 있도록 하려했습니다. 이 수치스러운 일을 나팔 불어 자기를 배신한 약혼녀를 죽음으로 몰고 갈 생각이 없었고, 당사자가 스스로 처리하도록 하려 했습니다.

요즘 적지 않은 남편들은 바람난 아내를 응징하기 위해 상간남(相姦男)에게 위자료 소송을 제기하고, 고소장을 여러 장 복사해서 그 남자의 직장에 가서 뿌리고, 그의 불륜 사실을 온 회사에 소문을 내어, 직장에서 쫓겨나게 합니다. 배신한 아내에게도 이혼 소송을 제기하고 이혼장을 아내의 직장에 뿌려 직장에서 면직 처리케 합니다. 이렇게 하는 것이 남편을 배반하고 가정을 파탄 낸 배신자에 대한 최소한의 보복입니다. 위자료, 아이들 양육비, 정신적 손해 배상 등 물질적으로, 사회적으로 매장시키는 남편들이 얼마든지 있습니다. 불륜에 대한 대가를 톡톡히 치르게 하는 것이지요.

불륜을 저지른 약혼녀의 일을 없었던 것으로 덮고 넘어갈 사람이 몇 사람이나 될까요? 배신감에 치를 떨면서 되갚아 줄 수 있는 모든 수단과 방법을 동원하여 보복을 하는 것이 일반 사람들의 형태입니다. 요셉은 공부를 많이 한 사람도, 수양과 덕을 갖춘 사람으로도 보이지 않습니다. 그냥 보통 동네 목수에 불과합니다. 그는 인생을 다 산 노인도 아니었고, 젊은 피가 펄펄 끓는 청년이었습니다. 하지만 그는 결코 경솔하게 행동하지 않았고, 이 문제를 조용히 해결하려 했습니다. 자기에게 사랑을 고백했으면서 부정을 행한 비열한 여인을 얼마든지 복수할 수 있었음에도 불구하고 그는 그 길을 택하지 않았습니다.

사랑했던 여인의 앞날에 먹칠하지 않고 행복을 빌어 줄 수 있는 너그러운 마음의 소유자, 그가 바로 요셉이었습니다. 요즘 세대는 없는 사실도 지어내고, 작은 결점도 침소봉대(針小棒大)하여 온 동네에 나팔을 불고 다니는 사람들이 얼마든지 있습니다. 구약 창세기에 나오는 노아의 포도주 사건을 잘 아시지요. 부친이 술 마시고 옷을 다 벗고 큰 대자로 누워 잠자고 있을 때, 그의 둘 째 아들 가나안의 아비 함이 아버지의 모습을 보고 형과 동생에게 가서 아버지 흉을 보았습니다. 형 셈과 동생 야벳이 옷을 어깨에 메고 뒷걸음질해서 아비의 하체를 덮었습니다. 함이 형제에게 알리지 않고 조용히 옷으로 아비의 하체를 가려주었다면, 형 셈이나 동생 야벳보다 더 큰 축복을 받았을 것입니다. 그러나 그는 그렇게 하지 않았고 아비의 부끄러움을 폭로한 대가로 노아로부터 저주를 받았지요. 함의 후예 아프리카 흑인들이 유럽과 북미에 노예로 팔려가 백인들의 종살이를 하면서 말로 형용할 수 없는 고난의 삶을 살아 온 것은 잘 알려져 있는 사실입니다.

"사랑은 허다한 죄를 덮느니라."(벧전 4:8) 요셉의 마리아 사랑은 여인의 부정을 덮어 주려했던 순백(純白)의 사랑이었습니다. 천사의 방문을 받은 요셉은 마리아가 잉태한 것은 성령으로 된 것이라는 사실을 알게 됩니다. 그러고는 조용히 마리아를 데리고 와 같이 지내면서 아기 예수의 출산의 때를 기다렸습니다. 임신한 약혼녀를 데리고 와서 같이 생활했지만 출산할 때까지 10달 동안 "아들을 낳기 까지 동침치 아니하고"(마 1:25) 기다린 사실에서 또 다시 요셉의 정결한 마음과 참을성 있는 성품을 엿볼 수 있습니다.

나사렛 동네 목수 요셉이 예수님의 육신의 아버지가 되는 광영을 얻은 것은 결코 우연이 아니었습니다. 그는 이 세상에 오신 예수님을 최초로 본 사람이 되었습니다. 모친 마리아보다 먼저 보는 영광을 얻었습니다. 그는 그럴 만한 인품과 신앙의 소유자였습니다. 주님을 만나 볼 수 있는 사람은 학벌, 집안, 재산, 인품, 소양을 가춘 사람이 아닙니다. 요셉처럼 비록 미천한 출신이고, 하는 일이 신통치 않아도, 가까운 사람의 허물을 덮어 줄 수 있는 사람, 배신한 사람에게 보복하려 하지 않은 사람입니다. 신앙인은 원수를 갚는 사람이 아니고, 주님께 맡기는 사람입니다.

아기 예수님을 처음 본 사람들 (3): 동방 박사들

"저희가 별을 보고 가장 크게 기뻐하고 기뻐하더라. 집에 들어가 아기와 그 모친 마리아의 함께 있는 것을 보고 엎드려 아기께 경배하고 보배합을 열어 황금과 유향과 몰약을 예물로 드리니라." (마 2:10-11)

아기 예수를 처음 본 사람들 중 동방에서 온 박사들이 있었습니다. 박사들은 헬라어로 '마그'(Mag)인데, 점성술사란 의미이며, 이들은 페르시아나 바벨론 혹은 아라비아 출신으로 추정합니다. 그들은 천문학과 점성술을 연구하던 학자들로 보입니다. 이들은 직업상 항상 밤에 별을 보고 연구하는 사람들이었습니다. 지구학을 연구하는 사람들은 언제나 땅을 쳐다보고 연구하지만, 이들은 하늘을 우러러 보면서 연구하는 사람들입니다.

미국 조지아 애틀랜타 컬럼비아신학교 구약학 교수인 월터 브루그만(Walter Bruegemann)은 『땅』(*The Land*)이라는 책을 저술했습니다. 그는 이 책에서 이스라엘 백성들이 언제부터 여호와를 본격적으로 배반했는지를 분석했습니다. 이스라엘 민족은 본디 유목민으로 1년 내내 풀과 물을 찾아다니며 이동하는 삶을 살았습니다. 유목민 생활은 하늘을 바라보면서 구름의 움직임으로 우기(雨期)를 좇아 이동을 하는 삶입니다. 광야 40년 동안도 늘 하늘을 바라보면서 구름기둥과 불기둥의 움직임을 살펴보아야 했습니다. 기둥이 움직이면 같이 움직이고, 서면 머물렀습니다.

그러나 이들이 가나안 땅에 들어간 후부터 유목 생활을 끝내고 농사를 짓기 시작했습니다. 농경문화가 시작된 것이지요. 농경문화는 농토에서 농사를 짓기 때문에 고정적인 삶을 삽니다. 땅을 근거로 하는 삶이어서 땅만 바라보며 살았습니다. 땅을 갈고 씨를 뿌리고 김을 매고 거름을 주고 추수하고 또 이듬해 농사 준비를 하면서 주로 땅을, 아래를 보는 삶을 살았습니다. 이때부터 그들은 하나님을 배반하고, 땅의 신 특히 농사의 신인 바알을 섬기기 시작했습니다.

박사들은 특이한 별을 발견하고 큰 인물의 출생을 즉시 감지했습니다. 그들은 주저하지 아니하고 별을 따라 길을 떠났습니다. 진리를 찾아 헤맨 사람들이 역사에 많이 나옵니다. 성 어거스틴은 진리를 찾기 위해 마니교를 비롯 여러 사상과 종교를 섭렵했지만, 영혼에 만족을 얻지 못했습니다. 그러다 결국 성경 말씀(롬 13:13)을 통해 진리이신 예수님을 만났습니다. 한국 초기교회와 민족의 지도자였던 길선주 목사도 진리를 찾아 불교의 일파인 관성교와 선도(仙道) 등 여러 종교를 섭렵했지만, 영적 만족을 얻지 못하다가 결국 기도를 하던 중 하나님의 음성을 듣고 예수님을 영접했습니다.

박사들은 지도도 없는 생면부지의 땅을 향해 밤으로의 긴 여행을 떠났습니다. 거친 광야와 험준한 산악, 무서운 하천, 맹수들과 도둑들이 들끓는 외롭고 힘든 여정을 새로 오시는 왕을 찾아 나섰습니다. 박사들은 예수님에게 가면서 선물을 준비해 갔습니다. 황금과 유향과 몰약입니다. 황금은 가장 귀한 물질입니다. 유향은 아라비아 사막에서 생산되는 향료요, 몰약은 예수님의 죽음을 예비한 것입니다. 황금은 우리가 소유한 물건 중 가장 귀한 것입니다. 내가 주님께 드리는 예물은 가장 소중한 것이어야 합니다. 우리가 예수님께 선물을 드릴 때 차선(次善)의 것을 드려서는 안 됩니다. 내가 드릴 수 있는 것 중 최고의 것을 드려야 하는데, 그것은 바로 나의 몸입니다. 몸을 제물로 드리는 것이 최선의 선물입니다. "너희 몸을 하나님이 기뻐하시는 거룩한 산 제물로 드리라. 이는 너희의 드릴 영적 예배니라."(롬 12:2)

성탄절은 받는 계절이 아니고 드리고 주는 계절입니다. 무엇을 주님께, 교회에, 그리고 이웃에게 드리고 주어야 할까요? 미국에서는 성탄절이 되면 1년 동안 나와 내 가족을 위해 수고한 우편배달부, 청소차 기사, 경비원 등에게 조그만 선물을 준비해서 드립니다. 세상 사람들은 성탄절에 어려움을 당한 사람에게 선물을 주는 것이 아니고, 한몫 챙기는 계절로 여기지요. 장사를 잘 해서 단단히 이익을 보려 계획합니다. 성탄목을 세우고, 깜박등 장식을 하고, 크리스마스 캐롤을 울리며 손님을 유혹해서 주머니를 털 생각에 몰두하지요. 연말, 연시에 동창회, 향우회, 친목회, 동우회 등에서 먹고, 마시고, 즐길 마음에 들떠 있습니다.

그러나 우리에게 성탄절은 먹고, 마시고 즐거워하는 계절이 아니고, 주님께서 부탁하신 지극히 작은 자를 찾아 그들과 함께 고통을 나누며, 주님의 오심을 같이 축하하는 계절입니다. 우리의 가장 귀한 것을 준비하여 고난 중에 있는 사람들에게 주는 것이 곧 주님께 하는 것입니다. 이런 사람이 오시는 아기 예수를 만날 수 있습니다. "주시옵소서"가 아니고 "주는 것이 받는 것보다 복되다."(행 20:35) 하심을 기억하는 계절이어야 합니다.

동방의 박사들이 아기 예수를 만날 수 있었던 것은 진리를 찾아 목숨을 건 사람들이었기 때문입니다. 그들의 행로는 살아 돌아온다는 보장이 전혀 없었던 험로였습니다. 그러나 그들은 진리를 찾는 데 자기들의 생명을 걸었습니다. 어딘지도 모르고, 여비 또한 만만치 않았을 것이고, 또 얼마나 먼 길인지 전혀 알 수 없는 행로에 과감히 도전장을 낸 사람들이었습니다. 진리를 찾기 위한 길에 재물이 문제가 아니었고, 어려움은 고려의 대상이 될 수 없었습니다. 또한 진리 되신 아기 예수님께 가장 귀한 예물을 들고 온 사람들이었습니다. 우리 보통 그리스도인들은 예수님께 무엇을 드릴까는 염두에도 없고, 그냥 "주시옵소서 주시옵소서"라고 주문처럼 외우고 있지 않습니까? "구하기 전에 너희에게 있어야 할 것을 아버지께서 아시느니라."(마 6:8)말씀하십니다.

동방의 박사들은 험난한 길을 마다않고 와서 아기 예수를 직접 본 사람들로 영구히 그 행적이 추앙받을 것입니다. 비록 원방(遠邦)의 이방인들이었지만, 그들은 아기 예수님을 만나 보는 특권을 얻은 이들이었습니다. 우리도 동방의 박사들처럼 우리의 생명을 걸고 주님을 찾아야겠고, 우리가 소유한 것 중 가장 귀중한 것을 드려, 꿈에라도 주님을 만나는 영광을 누리는 금년 성탄절이 되기를 기원해 봅시다.

12/14

아기 예수님을 처음 본 사람들 (4): 들의 목자들

"천사가 이르되 무서워하지 말라 보라 내가 온 백성에게 미칠 큰 기쁨의 소식을 너희에게 전하노라… 너희가 가서 강보에 싸여 구유에 뉘어 있는 아기를 보리니 이것이 너희에게 표적이니라… 빨리 가서 마리아와 요셉과 구유에 누어있는 아기를 찾아서 보고" (눅 2:10,12,16)

네 번째 그리고 마지막으로 아기 예수를 만난 사람들은 들에서 양을 치던 목자들입니다. 저들은 밤을 지새우면서 자기 임무에 충실하며 새벽이 오기를 기다리던 가난하고 힘들게 살던 가련한 사람들이었습니다. 양치기들에게 밤은 항상 위험이 따르는 시간입니다. 거친 들에서 양을 지키는 일은 결코 쉬운 일이 아니었습니다. 많은 야수들이 양들을 노리고 있고, 더러는 도둑들이 마구 쳐 들어와 양들을 탈취해가기도 하는 시간입니다.

양 떼 주인들을 비롯한 부자들은 따뜻한 집에서 가족들과 함께 편히 쉬면서 잠을 자고 있을 때, 이들은 밤을 새우며 추위와 위험 속에서 아침이 오기를 기다리는 사람들이었습니다. 부자, 관리, 귀족, 제사장, 서기관, 바리새인, 율법사들은 메시아가 오든지 말든지 아무 상관이 없는 사람들이였습니다. 그러나 목자들은 가난했지만 열심히 일하며 맡은 일에 충성하면서 근면하게 일하고 정직하게 살아가는 사람들이었습니다.

저들은 양심을 시키면서 일한 대로 임금을 받고 사는 순박한 사람들이었습니다. 목자들은 양을 지키며 지루하고 고된 시간을 보내면서 새벽과 아침을 기다리던 중 아기 예수의 탄생을 알리는 천사들의 음성을 들었습니다. 아기 예수를 만날 수 있는 천재일우(千載一遇)의 기회를 얻었습니다. 천사의 음성을 들은 이들 목자들은 양들을 들에 남겨두고, 서슴지 않고 서둘러 베들레헴으로 달려갔습니다. 한두 사람의 목자에게 온 양떼를 맡겨두고 현장을 떠났을 것입니다. 목자들은 이런 행위가 얼마나 위험한 일인지 잘 알고 있었습니다. 모든 목자가 눈을 부릅뜨고 양떼를 지켜도 늑대가 와서 양 새끼를 낚아채 가는 일이 흔한데, 목자 한 둘에게 온 양떼를 맡기고, 나머지 목자 모두가 다 현장을 떠난다는 것은 실로 위험한 일이 아닐 수 없습니다. 한 마리의 양이라도 잃으면 당연히 그 양 값을 자기들이 받을 임금(賃金)에서 제하고 주는 것은 당연지사(當然之事)이었지요.

만일 늑대 떼가 몰려오거나, 도둑떼들이 들이 닥치면 많은 양들을 헤치거나 도둑질해 갈 수 있는 위험한 상황임을 짐짓 알면서도 예수님을 만나러 가는 일에는 주저함이 없었습니다. 누가는 사도행전에 "우리가 하나님의 나라에 들어가려면 많은 환난을 겪어야 할 것이라."(행 14:22)고 써놓았습니다. 어떤 고난이 닥칠지도 모르는 상황에서 아침이 올 때까지 기다리지 않고, 모든 어려움을 무릅쓰고 즉시 달려간 목자들은 믿음의 사람들이었습니다. 분명, 하나님께서 양들을 지켜 주실 것이란 확신을 갖고 무모한 행동을 실천에 옮겼습니다. 그들은 천사의 음성에 즉시 행동하는 사람들이었습니다.

전도를 해보면 돈 벌어놓고, 아이들 대학에 보내놓고, 집안에 밀린 일 다 한 후에 차차, 천천히 믿겠다고 말하는 사람들이 많습니다. 예수는 여유 있는 사람들이나 믿는 것이지 우리 같이 못 살고, 먹고 살기 힘든 사람들에게는 한가로운 이야기라 말하는 사람도 적지 않습니다. 그들은 내일이 자기들 시간이라 여기며 사는 사람들입니다. 저들은 오늘 저녁에 자기에게 무슨 일이 일어날지 모르는 사람들이지요.

예수님을 만난 사람들은 마리아와 같이 순결한 몸과 마음을 갖고 있었던 사람들입니다. 부정한 몸과 마음을 갖고 있는 사람들은 주님을 만날 수 없습니다. 요셉은 의로운 사람으로 남의 불행을 원치 않았고, 사랑으로 용서하는 사람이었습니다. 동방 박사들은 하늘을 사모하고 바라보며 사는 사람들이었고 진리를 발견하고 즉시 행동에 나섰던 용맹의 사람들이었습니다.

가난했지만 진실하게 일하고 정직하게 벌어 사는 소박한 목동들이 아기 예수를 만날 수 있었습니다. 저들은 현실이 어렵고 힘들어도 새벽을 기다리며 희망을 품고 사는 사람들이었으며, 천사의 말을 듣고 즉시 행동하는 사람들이었습니다. 이런 사람들이 주님을 만날 수 있는 특권을 가진 사람들입니다. 우리 모두 그런 사람들이 되어 금년 성탄을 준비하고 아기 예수를 만날 수 있는 사람들이 되기를 기원합니다.

금년 성탄은 코로나 때문에 무척 조용하고 또 좀 쓸쓸한 면이 없지 않습니다. 흩어져 살던 가족들이 성탄절과 연말연시를 맞아, 멀고 가까운 곳에서 모여 즐거운 시간을 갖는 것이 정상인데 금년 성탄절은 전 세계적으로 유행병이 더욱 기승을 부려 예년의 모습을 보기 어렵게 됐습니다. 근 1년 가까이 집에 연금(軟禁)되어 살아 온 이들도 많고, 영세상인들, 일용직 근로자들, 외국인 노동자들, 장애인들, 자식 없는 독거노인들, 남편 없는 미망인들, 부모 없는 고아들, 소년 소녀 가장들, 집 나간 자녀를, 부모를 찾아 헤매는 사람들, 억울한 일을 당한 사람들, 노숙자들 등등 우리가 관심 가져야 할 사람들이 지나치게 많은 것이 현실입니다.

우리의 삶도 팍팍하고 여유가 없는 게 현실인데, 이들에게 사랑을 나누어주어야 하는 책무가 또 우리에게 무겁게 지워져 있는 게 사실입니다. 풍성한 가운데 도움을 주는 것보다, 우리도 힘들 때 사랑을 나누어주는 것이 진정한 그리스도의 사랑을 실천하는 것입니다.

여러 해 전, 인도에 흉년이 들어 모든 사람들이 굶주리고 있을 때, 여러 명의 아이들과 가족이 있는 부인이 어디서 빵 1개를 구해 왔습니다. 그 빵 하나는 자기 아이들과 가족들에게 한 조각씩 떼어 주기도 턱없이 부족했지만, 그 빵을 반으로 뚝 잘라서 옆에 굶주리고 있는 가족 부인에게 주었습니다. 여기 진정한 이웃 사랑이 있습니다. 풍족한 가운데 도움을 주는 것과 나와 내 가족도 부족한 가운데 나눔을 실천하는 것, 이것이 진정한 그리스도인의 사랑 실천입니다. 아기 예수님은 이 세상에 오셔서 모든 것을, 마지막에는 생명까지도 우리를 위해 주시고 떠나셨습니다. 그리고 준엄하게 말씀하십니다. "네 이웃을 네 몸처럼 사랑하라."(마 22:39) 내 몸처럼 사랑할 수는 없어도 내가 가진 것 조금은 나누어 줄 수 있지 않을까요?

베들레헴 (1)

12/15

"또 유대 베들레헴아 너는 유대 고을 중에서 가장 작지 아니 하도다 네게서 한 다스리는 자가 나와서 내 백성 이스라엘의 목자가 되리라." (마 2:6)

성탄절이 되면 전 세계의 이목이 유대 땅 베들레헴으로 집중 됩니다. 베들레헴(Bethlehem)이란 말은 히브리어로 Bet(집) + Lehem(빵)입니다. 즉 '빵집'이란 말입니다. 생명의 양식이 여기서 비롯되었다는 의미로도 해석됩니다. 베들레헴은 이스라엘 2대 왕 다윗의 고향이기도 합니다. 예수님 탄생 당시 베들레헴은 아주 작은 마을이었지만 아기 예수님이 이곳에서 탄생하심으로 이제 세계에서 모르는 사람이 없을 정도로 유명한 마을이 되었습니다. 본디 유명한 사람이 태어난 곳은 명소가 되어 수많은 순례객들과 관광객들이 그곳을 찾아가서 순례도 하고 관광도 하지요.

마호메트가 태어난 사우디아라비아의 메카는 전 세계 17억 무슬림의 성지로 일생동안 반드시 한 번은 이곳을 순례해야 한다는 계율이 있습니다. 이에 따라 매년 수백만 명의 무슬림 순례객들이 메카에 가서 마호메트가 탄생했다는 광장을 빙빙도는 모습을 매스컴에서 가끔 봅니다. 너무 많은 사람들이 몰려들어 때로는 수십 명, 혹은 수백 명이 압사(壓死)했다는 소식도 심심치 않게 듣고 있습니다. 베들레헴은 작은 마을이었지만, 이곳은 구세주가 탄생하실 곳으로 구약에 미리 예언되어 있었습니다. 구약 미가서에 "또 유대 땅 베들레헴아 너는 유대 고을 중에서 가장 작지 아니 하도다 네게서 한 다스리는 자가 나와서 내 백성 이스라엘의 목자가 되리라."(미 5:2) 했습니다.

베들레헴은 예루살렘에서 남쪽으로 약 8km 떨어져 있는 작은 마을입니다. 지금은 팔레스타인 점령 지역입니다. 필자는 이곳을 두 번 순례했는데, 이스라엘 지역은 미국이나 유럽과 다름없을 정도로 깨끗하게 정돈되어 있으며, 사람들의 삶도 매우 윤택해 보였습니다. 그러나 이스라엘 지역을 넘어 팔레스타인 지역으로 들어서면 완전히 하늘과 땅과 같은 차이를 한 눈에 확인할 수 있습니다.

LA에서 남쪽으로 약 2시간 정도 내려가면 샌디에고(San Diego)가 있고, 조금 더 내려가면 미국과 멕시코를 가르는 국경선이 있습니다. 미국 국경을 넘어 멕시코 땅으로 들어서면 국경선 이북의 미국과 이남의 멕시코가 정말 놀랄 만큼 차이가 나는 것을 확인할 수 있습니다. 이 차이는 이스라엘과 팔레스타인 지역의 그것과 흡사합니다. 온 천지가 어질러질 대로 어질러져 있고, 시내나 거리가 지저분하고 더럽기 그지없으며, 구걸하는 아이들이 사방에서 몰려와 관광객들에게 "1불만 주세요"라며 달라붙고, 상점과 가옥들은 초라하기 짝이 없습니다.

베들레헴 아기 예수님이 탄생하신 지점에 웅장한 '예수 탄생 기념 성당'이 있습니다. 이 성당은 세계에서 가장 오래된 성당으로 주후 313년 기독교를 로마 제국의 합법적 종교로 공인한 콘스탄티누스 황제의 어머니 헬레나가 324년 이곳을 순례하고 나서 아들에게 청하여 왕실에서 자금을 내어 지은 거대한 석조 성당입니다. 이름은 '콘스탄티누스 성당'입니다. 이 성당에 특징이 하나 있는데, 그것은 성당 출입문의 높이입니다. 이 문은 보통 사람이 서서 걸어 들어갈 수 없는 문입니다. 왜냐하면 문의 높이가 불과 120cm, 폭도 100cm 정도밖에 안 되기 때문입니다. 키가 작은 보통 사람도 완전히 허리를 굽혀 90도 각도로 꺾지 않으면 들어갈 수 없게 되어 있습니다.

그 이유는 옛날 성당 문이 높고 컸을 때, 왕족이나 귀족들이 말에서 내리기 싫어, 말을 탄 채 성당 안으로 들어오는 무뢰배들이 있어서,

아예 말을 타고 통과할 수 없도록 문을 낮추었습니다. 왕이나, 왕족이나, 귀족 그 누구도 머리를 숙이지 않으면 이 문을 통과할 수 없습니다. 주님은 말씀하셨습니다. "좁은 문으로 들어가라."(마 7:13) 뿐만 아니라 말을 타지 않은 보통 사람도 이 문을 통과할 때 똑바로 서서 걸어 들어올 수 없고, 반드시 허리를 90도로 굽히지 않으면 안 됩니다. 그래서 이 문은 '겸손의 문'입니다. 자기 몸을 낮추고 겸손한 모습으로 아기 예수님을 만나러 와야 한다는 교훈을 주기 위함입니다. 교만하여 머리를 꼿꼿이 세우고 들어오려는 사람, 허리를 굽히지 않고 곧추세우고 들어오려는 사람은 결코 이 문을 통과할 수 없습니다. 반드시 몸을 낮추고 이 문을 통과해야만 합니다. 이 성당 안 지하에 예수님이 탄생하신 바로 그 마구간이 있습니다.

아기 예수님이 탄생하신 그 지점에는 큰 별이 있는데, 14개의 꼭지가 붙은 별로 은으로 만들어졌고, 별 둘레에는 "Hic de Maria Virgine Jesus Christus Natus est."(여기서 예수 그리스도가 동정녀 마리아에게서 탄생하셨다) 라고 쓰여 있습니다. 베들레헴에서 아기 예수님을 만나기 원하시는 분은 몸을 낮추고, 겸손한 모습을 보여야만 합니다. 주님은 교만한 자를 비웃으시며, 겸손한 자에게 자비를 베풀어 주십니다. 우리 모두 겸손한 사람으로 하나님의 은혜를 풍성히 받는 금년 성탄 절기가 되기를 기원합니다.

베들레헴 (2)

“사람을 보내어 베들레헴과 그 모든 지경 안에 있는 사내아이를 박사들에게 자세히 알아본 그때를 기준하여 두 살부터 그 아래로 다 죽이니” (마 2:16)

예수님은 세상에 오실 때도 가장 비천한 모습으로 강림하셨습니다. 베들레헴은 호적 하러 모여 온 사람들로 인산 인해였고, 어디에도 만삭의 마리아가 머물 곳은 없었습니다. 겨우 동물 배설물 냄새나는 마구간이 하나 있었을 뿐입니다. 예나 지금이나 아무리 가나한 사람이라도 마구간에서 출산하는 경우는 없습니다. 그러나 인류를 구원하시기 위해 오시는 구세주는 그렇게 마구간에서 탄생하셨습니다. 예수님은 철저하게 자기 부정의 모습으로 오셨습니다. 그는 가장 낮고 천한 모습으로 오셨고, 또 가장 겸손한 모습으로 오셨습니다. 교만한 사람은 예수님을 만날 수 없습니다. 자기를 부정하지 않는 사람은 예수님을 대면할 수 없습니다. 주님 앞에 무릎 꿇는 사람만이 주님을 우러러 볼 수 있습니다.

베들레헴은 예수님의 탄생과 더불어 갑자기 슬픔의 마을로 변하게 됩니다. 당시 왕이었던 헤롯이 베들레헴에서 임금이 태어났다는 말을 듣고, 그곳으로 가는 동방박사들에게 자기도 경배하러 가기 원한다고 말했습니다. 그들이 경배하고 돌아올 때 자기에게 다시 와서 자세한 내용을 알려달라고 요청했습니다. 그러나 박사들이 천사의 지시를 받고 다른 길로 귀향한 사실을 알고, 헤롯은 몹시 화가 나서 베들레헴과 그 지경 안에 있는 2살 미만 사내아이들을 모두 다 죽이라 명령했습니다. “라마에서 슬퍼하며 크게 통곡하는 소리가 들리니 라헬이 그의 자식을 위하여 애곡하는 것이라 그가 자식이 없었으므로 위로받기를 거절하였도다."(마 2:18) 사실 베들레헴의 아이들은 아무 죄 없이 예수님이 베들레헴에서 탄생했다는 이유 때문에 죽임을 당했습니다. 그 아이들 부모의 슬픔이 얼마나 컸을 지 상상하기 어렵지 않습니다. 이 사건은 상징적으로 앞으로 예수님 때문에 헤아릴 수없이 많은 사람들이 고난과 죽임을 당할 것임을 보여주는 예표(豫表)였습니다.

예수님을 따르고, 가까이 하는 사람들에게는 고난과 죽음이 언제나 그림자처럼 뒤따르고 있음을 예시(豫示)해 줍니다. 예수님 때문에 희생된 첫 번째 사람은 예루살렘 교회의 일곱 집사 가운데 한 사람인 스데반이었습니다. 그는 예수를 믿고 교회 집사가 되었다는 이유로 돌에 맞아 죽음으로 첫 번째 순교자라는 명예를 안고 찬란한 최후를 맞이했습니다. 그 후 예수님의 제자 야고보가 목 베임을 당했고 주후 64년 폭군 네로 황제 때, 로마에서 베드로가 거꾸로 십자가에 달려 순교했으며, 바울 선생은 로마 시민권을 갖고 있었던 덕에 참수(斬首)형을 당해 순교했습니다. 그 이후로 로마 제국에 의해 십자형에, 굶주린 맹수의 먹이로, 참수형에, 끓는 가마 속에서, 기타 돌에 맞아서 순교한 역사를 어떻게 일일이 다 기록할 수 있겠습니까? 중세에는 로마 교회가 자기들의 교리와 다르다는 이유로 같은 하나님을 믿고, 같은 성경을 하나님의 말씀으로 믿고 고백하는 수많은 그리스도인들을 불에 태워 죽이는 일을 자행한 것은 글로 쓰고 말하기도 어렵습니다.

프랑스의 가녀린 여성 투사 잔 다르크를 이단으로 몰아 불태워 죽였고, 영어로 성경을 번역했다는 이유로 이미 죽어 무덤 속에 들어간지 오래된 존 위클리프의 유해를 파내어 불살랐습니다. '교회의 머리는 예수님'이란 말을 한 죄로 얀 후스도 화형을 당했고, 마르틴 루터를 이단으로 몰아 파문하고 불태워 죽이려 했던 것이 로마가톨릭교회였습니다. 사탄은 진리 수호라는 미명하에 타락한 교회를 통해 참 진리를 외치는 사람들을 잡아 불태워 죽였습니다.

한국교회 역사에서도 1866년 대동강 변에서 칼에 맞아 순교한 영국 선교사 로버트 토마스 목사로부터, 일제 시대 신사참배를 반대하고 투옥된 주기철 목사, 예수를 믿고 목사가 되었다는 이유로 6.25전쟁 중 순교한 손양원 목사를 비롯한 순교자들 열전을 보면 "만일 낱낱이 기록한다면 이 세상이라도 이 기록된 책을 두기에 부족할 줄 아노라."(요 21:25)는 말씀이 타당 하리라 여겨집니다.

지금도 세계 도처에서 예수를 믿는다는 이유로 가정에서, 직장에서, 동네에서 축출 당하여 살길이 막연해 이리 저리 헤매는 그리스도인들이 얼마나 많은지 알 수 없습니다. 지금도 중동이나 아프리카에서 무슬림들이 알라신을 버리고 기독교의 하나님을 믿는다는 이유로 가족들이나 친척들에게 명예살인을 당하는 사람들이 적지 않게 생겨나고 있습니다. 서울에서 1시간만 북쪽으로 올라가면 북한 공산당 정권이 예수를 믿는다는 이유로 공개 처형하거나, 강제 수용소로 보내 감당할 수 없는 노역을 시킵니다. 짐승보다 못한 대우를 받다 죽는 그리스도인이 얼마나 되는지 그 수를 아는 사람이 없습니다.

기독교회의 역사는 순교자들의 피로 쓴 적서(赤書)의 산(山)입니다. 우리는 지금 너무나 평안한 세상에 살고 있습니다. 한국이나 미국이나 기타 자유세계에 사는 그리스도인들은 예수를 믿는다는 이유로 박해를 받거나 죽음의 위협을 받지 않습니다. 우리는 평화를 누리며 살고 있습니다. 그런데 이 평화가 우리의 신앙을 나태하게 만들고 있으며, 믿음의 의무를 저버리고 살아가게 하고 있는 것은 아닌지 철저한 자성(自省)이 필요한 때입니다.

베들레헴은 인류의 영원한 구원자이신 예수님이 태어난 찬란한 곳이며 베들레헴은 작은 마을이었지만 그곳에서 생명의 빛이 발현(發顯)되었습니다. 베들레헴이 있어서 인류는 구원의 길인 참 진리를 발견할 수 있게 되었고, 또 터득할 수 있는 길을 깨닫게 되었습니다. 그러나 베들레헴은 또 그 진리이신 예수님을 바르게 따르려고 하는 사람들에게 죽음의 고통을 요청하는 곳이기도 합니다. 베들레헴은 기쁨과 환희의 동네면서 동시에 슬픔과 죽음이 뒤따르는 고통의 마을이기도 합니다.

크리스마스 씰과 결핵

"내가 주릴 때에 너희가 먹을 것을 주지 아니하였고 목마를 때에 마시게 하지 아니하였고 나그네 되었을 때에 영접하지 아니 하였고 벗었을 때에 옷 입히지 아니하였고 병들었을 때와 옥에 갇혔을 때에 돌아보지 아니하였느니라." (마 25:42-43)

지금은 거의 보기가 어려운데, 필자가 어렸을 때는 성탄절이 되면 크리스마스 씰(Seal)을 팔았고 또 그것을 사서 카드 뒷면에 붙여 보낸 일이 많았습니다. 나이가 든 분들은 잘 아실 겁니다. 처음에는 씰이 우표 대용인지 알고 붙였다가 카드가 되돌아오는 경우도 더러 있었지요. 이 크리스마스 씰을 처음 시작한 사람은 지금부터 약 120여 년 전인 1904년 덴마크 수도 코펜하겐의 우체국장이었던 아이나르 홀뵐(Einar Holbøll)이었습니다. 크리스마스 때 우체국에 쌓여 있는 카드를 보면서 이 많은 카드에 씰을 붙이면 적지 않은 기금을 모을 수 있을 것이고, 이 기금으로 폐결핵으로 죽어가는 어린이 환자를 위한 요양원을 설립할 수 있겠다는 생각을 했습니다. 그는 덴마크 국왕 크리스천 9세(Christian IX)에게 상신(上申)하여 허락을 받았고, 많은 국민들의 성원 하에 1904년 12월 10일 세계 역사 최초 씰이 발행되어 팔리기 시작했습니다. 첫 해에 약 400만 장이 팔려 기대하지 않았던 성과를 올렸습니다.

덴마크 다음으로 씰을 판매하기 시작한 나라는 미국입니다. 덴마크계 미국인 작가 제이콥스 리스의 형제 중 6명이 폐결핵으로 사망하여 절망하고 있던 중, 고향에서 날아온 편지에 씰이 붙어있는 것을 보고 에밀리 비셀과 함께 씰 모금 운동을 전개했습니다. 1907년 델라웨어 윌밍턴 우체국에서 처음으로 씰이 판매되기 시작했는데, 이 운동이 점점 확대되어, 대통령, 대법원장, 국회의장 등이 모금 운동에 적극 나선 덕분에 탄력을 받기 시작했습니다.

동양에서는 필리핀이 1910년, 일본은 1925년에 '자연 요양사'라는 민간 잡지사가 처음 발행했습니다. 한국에서는 평양에서 의료 선교 활동을 하던 감리교 여의사 선교사 로제타 홀(R. S. Hall, M.D.)이 1932년 12월 처음으로 크리스마스 씰을 발행했습니다. 처음에는 선교사들이 중심이 되어 판매되던 씰이 차차 한국 사람들에게까지 확대되어 나중에는 많은 한국인들이 이 사업의 중요성을 인식하고 동참하여 결핵 박멸 운동에 많은 도움을 주었습니다.

후진국에서 흔히 발생하는 대표적인 질병이며 또한 가장 치명적인 병인 결핵의 퇴치는 초기 한국 의료 선교사들에게 지워진 또 하나의 무거운 짐이었고 사명이었습니다. 당시 한국은 '결핵의 온상'으로 인구 2,500만 명 중 결핵 감염자가 50%였고, 100만 명이 병을 앓고 있는 형편이어서 심각한 문제가 아닐 수 없었습니다. 2020년 통계를 보면 전 세계 인구 1/3이 결핵균에 감염되어 있고, 1초에 1명씩 새로운 환자가 나온다고 합니다.

초기 선교사들은 치명적이고 고질적인 결핵환자들의 치료를 위해 병원을 세웠습니다. 그 첫 번째 병원이 1920년 세브란스병원의 내과 의사 스타이츠(F. M. Stites)에 의해 세워진 것입니다. 이 병동이 설치되는 과정이 「세브란스교우회보」에 자세히 수록되어 있습니다. "세브란스 병원 내 철강으로 둘러쌓은 굉장한 테니스 코트 일우에 유취하고 고독의 자태를 쓸쓸히 보이고 아직 토지에 면적만 점령하고 있는 것이 조선 최초의 결핵병사로 1920년 3월 당시 내과 교수로 있던 스타이츠 의사의 주선으로 일금 600원을 들여 건축하여 우선 작고한 배동섭을 수용한 것이다."(「세브란스교우회보」 11호, 1929)

평양에는 1925년에 결핵진료소가 세워졌고, 1928년 감리교에 의해 해주(海州)에 '구세결핵요양원'이 세워졌으며, 후에 전남 광주에 제

중병원이 세워져 결핵환자 치료에 결정적 역할을 했습니다. 한국의 결핵 퇴치 사업은 하루 이틀에 해결될 문제는 아니었습니다. 이 일을 계속 추진하기 위해 항결핵회(抗結核會)가 결성되었는데, 그 첫 번째도 역시 세브란스병원에서 시작되었습니다. 1928년 10월 세브란스의 교직원, 학생 및 동문들이 총동원되어 조직했습니다.

'세브란스교우회'는 다음과 같은 현실을 직시했습니다. "전 인류의 8% 즉 매 12인에 1명은 결핵으로 사망하며 16억 세계 총 인구의 8% 즉 1억 2,800만 명의 결핵환자가 유하여 종말 이 병으로 사망할 운명을 가진 자들이다… 조선에 재하여 결핵병은… 연년이 증가하여 자세한 통계는 구득하기 난하나 15%를 불강할 것 같다… 인구가 불과 2천만에 300만의 결핵환자를 가지게 되는 조선은 가련타 함보다 전율할 일이라고 생각된다. 자기는 건강하다고 할지라도 매 7인에 1명의 비례되는 결핵환자 중에 생활하는 오인은 항상 그 전염의 위협 하에 생활하게 된다."(「세브란스교우회보」 11호, 1929) 이에 따라 1928년 10월 의학전문학교 교직원, 학생, 동문들을 중심으로 '인류가 전율하는 가공할 결핵병을 예방하려' 이 회를 결성한다고 선언했습니다.

이 무서운 병을 퇴치하기 위해 시작된 크리스마스 씰 판매 운동은 가난해서 못 먹고 비위생적인 환경에서 사는 가련한 이들을 위해 시작한 운동입니다. 이 운동은 작은 그리스도의 사랑을 실천하려 했던 한 우체국장의 따뜻한 마음에서 시작되어 오늘날 전 세계 많은 사람들의 사랑의 한 표현으로 구현되고 있습니다.

2017년 한국의 결핵 현황은 결핵환자 수 약 3만 6천 명(10만 명당 70명)이고 사망자는 약 2,200명입니다. 결핵은 영양실조로 저항력이 떨어진 사람이 쉽게 감염되고, 열악한 주거 환경이 발병의 주 원인입니다. 그런데 세계경제대국 10위권을 자랑하는 한국이 OECD 37개 국가 중 결핵 발병율과 사망률이 가장 높은 수준이라니 참 어이가 없습니다. 발병률은 일본의 3배, 미국의 17배, 그리고 사망률은 일본의 3배, 미국보다 100배 이상 높습니다. 한국은 OECD 국가 중, 칠레, 체코, 그리스, 아일랜드, 라트비아, 멕시코, 슬로바키아, 튀르키예(터키) 등의 나라보다 경제력이 훨씬 앞서면서도, 결핵 환자 수가 더 많다니 이해가 가지 않지요? 무역 잘해서 돈 좀 번다고 선진국이 되는 것은 아니고, 국민들 삶의 질이 높아져야지요. 130년 전 선교사들이 처음 들어왔을 때 걱정했던 결핵을 오늘날 세계경제대국 10위권의 한국이 아직도 염려한다는 현실이 참으로 한심하고 서글플 뿐입니다.

성탄절에 먹지 못해 영양실조에 걸려 무서운 병으로 죽어가는 어린이들을 위해 시작한 씰 판매 운동은 "내가 병들었을 때에 돌보아 주었느냐?"고 물으시던 주님의 음성을 다시 기억하게 합니다. 작은 씰 한 장을 사는 것은 곧 결핵으로 죽어가는 병든 이들을 위한 우리의 작은 사랑의 몸짓입니다. 이번 성탄절에는 씰을 몇 장 사보실 마음이 있으신가요? 그런데 어찌된 영문인지 씰을 파는 곳도, 살 곳도 눈에 띄지 않으니 참 답답합니다.

성탄절에도 미국에는 결핵으로 고통당하다 죽는 환자도 많고, 치병하는 환자도 적지 않습니다. 결핵은 인간이 사는 곳이면 어디에나 다 있습니다. 특히 이 병은 가난하고 어려우며 고통스럽게 사는 사람들 사이에 더욱 창궐하고 있습니다. 성탄의 계절에 씰 한 장은 사지 못할지라도 주변에 고통받고 있는 사람에게 조그마한 선물 하나 주는 것도 그리스도인의 사랑의 작은 실천입니다.

왜 하나님은 인간이 되셨나?

12/18

"하나님이 세상을 이처럼 사랑하사 독생자를 주셨으니 이는 저를 믿는 자마다 멸망치 않고 영생을 얻게 하려 하심이라." (요 3:16)

중세 스콜라 철학자 안셀름(Anselm of Canterbury, 1033-1109)은 1033년 이탈리아 아오스타에서 태어났습니다. 그는 27세에 벡(Bec) 수도원에서 수사가 되었고 훗날 영국교회의 본산인 캔터베리 대주교를 지낸 분입니다. 그는 중세 스콜라철학의 아버지이고 실재론(Realism)의 대가였습니다. 안셀름은 하나님의 존재를 증명하려고 노력했고, 또 그 논거를 제시하기도 했습니다. 또한 십자군 운동을 철저히 반대한 사람으로도 유명합니다. 그가 저술한 책 중에 "왜 하나님은 인간이 되셨나?"(Cur deus homo, Why God Became a Man?)이란 것이 있습니다. 안셀름은 이 책에서 예수님이 인간의 몸을 입고 세상에 오신 이유를 논술합니다.

만일 어떤 사람이 다른 사람을 쳐서 상해를 입혔다면, 그 사람은 상처 입은 사람의 치료비와 배상금을 물어 주어야만 그 죄에서 자유롭게 됩니다. 이와 마찬가지로 인간은 하나님께 죄를 범했으므로 그 죗값을 치러야만 합니다. 인간이 하나님께 죄를 지었으므로 그 배상도 마땅히 인간이 해야 하는데, 모든 인간은 원죄와 자범죄가 있기 때문에 죄인인 인간이 인간의 죗값을 치를 수가 없습니다. 따라서 아무 죄가 없는 완전히 순수한 인간이 필요합니다. 결국 하나님은 자신이 인간이 되어 인류를 구원할 희생양이 되는 길밖에 다른 도리가 없다고 판단하고 인간의 몸을 입고 세상에 오셨습니다.

그런데 문제는 인간이 되는 동시에 그는 죄인이 되어 버리고 말지요. 왜냐하면 모든 인간은 태어나는 순간 원죄를 갖게 됩니다. 인간은 인간의 한계를 벗어날 수 없으므로, 원죄는 물론이고, 자범죄도 짓는 존재이기 때문입니다. 따라서 인간이지만 죄가 없는 존재 즉 하나님이 필요합니다. 그는 신성과 인성 둘 다를 가진 존재여야 합니다.(who is both God and man.) 그리하여 하나님께서는 인간 예수를 통해 신인(神人) 양성을 가진 존재로 태어날 수밖에 없었습니다. 인간이며 하나님이신 분, 즉 예수 그리스도입니다.

그런데 이런 안셀름의 이론에 반박을 한 신학자가 나타났습니다. 그는 피에르 아벨라르(Pierre Abelard, 1079-1142)입니다. 아벨라르는 프랑스 귀족의 후예로 1079년경 프랑스 낭트 근처 르 팔레에서 태어났습니다. 그는 안셀름의 주장에 대해 정면으로 반박했습니다. 만일 하나님이 스스로 인간이 되는 방법밖에 없었다면, 그는 이미 신이 아닙니다. 신은 모든 것이 가능한 전능하신 분인데, "신이 인간이 될 수밖에 없다."고 한다면 그는 스스로 제한을 받는 존재로 이미 신이 아닙니다. 신은 막대기 하나를 무죄한 인간으로 만들 수 있는 능력을 가지고 있습니다. 전능한 신은 '인간이며 신'인 존재를 만들 수 있는 수억만 가지 방법을 갖고 있는 존재입니다.

그러므로 안셀름의 "할 수밖에 없었다"라는 말은 신의 전능의 속성을 제한하는 것으로 신을 바르게 이해하지 못한 처사라 주장했습니다. 그러면 왜 하나님이 인간이 되셨느냐고 묻는다면 그 답은 '하나님은 사랑(agape)'이시기 때문이라고 답합니다. 즉 신은 자신이 인간이 되어 십자가의 수난을 받지 않아도 되는 헤아릴 수 없이 많은 방법이 있었지만, 구태여 스스로 인간이 된 것은 인간을 사랑하는 그 무한하신 아가페의 사랑 때문입니다. 아벨라르는 기독교는 이런 사랑의 기초위에 있는 종교라 단언했습니다.

아벨라르는 가정교사로 그가 가르쳤던 10대 소녀 엘로이즈

(Heloise)와 사랑에 빠져 사생아를 낳았습니다. 정식 결혼을 해서 가정을 가지려 했으나 엘로이즈의 숙부가 아벨라르를 거세(去勢)시켜 버렸습니다. 또한 건달들을 동원하여 그를 강제로 수도원에 유폐시켰고, 엘로이즈도 수녀원에 강제 입원시켜 그곳에서 생을 마쳤습니다. 수도원과 수녀원에 유폐된 두 연인 간에 주고받은 애절한 사랑의 편지에 두 연인들의 애달픈 사연이 담겨 있어 읽는 이들의 심금을 울렸습니다. 안셀름의 주장을 공박하면서 아가페의 사랑을 강조한 그는, 여인을 사랑하는 에로스의 사랑 때문에 비운의 삶을 살다간 가여운 신학자였습니다. 아가페 사랑은 진정으로 자기를 희생하는 사랑입니다. 예수님의 인간사랑은 십자가에 죽으심으로 절정을 이루었습니다. 예수님이 십자가에 돌아가시지 않고, 훌륭한 말만 하고, 병자나 고치다가 그대로 하늘로 승천해 올라가시고, 막대기로 만든 신인(神人)이 십자가에서 고난을 받았다면 거기 기독교는 존재하지 않습니다. 아가페의 사랑이 없는 기독교는 결코 진정한 기독교가 될 수 없습니다.

기독교의 존재 가치는 자기희생의 사랑인 아가페가 있기 때문입니다. 인간은 자기 죄를 대신 지시고 십자가에서 희생하신 예수 그리스도를 생각할 때, 내가 형제를 위하여 자기 목숨을 버릴 수 있는 경지로 나갈 수 있게 되는 것입니다.(요일 3:16) 아기 예수님은 우리에게 모든 것을 주시기 위해 오셨습니다.

12/19

너희끼리 나누라 (1)

"이에 잔을 받으사 사례하시고 가라사대 이것을 갖다가 너희끼리 나누라."
(눅 22:17)

코로나로 어렵고 힘든 세월을 보내는 이웃들이 많습니다. 비록 나의 삶도 팍팍하지만, 그래도 나는 세끼 밥을 먹고 살고 있으니, 끼니 걱정은 안하고 살아도 되지만, 오늘은 또 어디서 한 끼를 때울까 걱정하며 사는 사람들도 많이 있다는 것을 모르는 사람은 없습니다. 이런 때 분배에 대해 같이 한 번 생각해 보겠습니다.

필자가 어렸을 때, 소풍을 가거나 야외에서 밥을 먹게 되면 맨 먼저 밥을 약간 떠서 내던지며 '고시레'라 했습니다. 그때는 그 뜻이 무엇인지도 몰라 남이 하니까 따라 했는데, 후에 알고 보니 이는 부족의 수호신, 또는 농사를 관장하는 신에게 풍년과 복을 빌어 달라는 의미였습니다. 그러나 사실 수호신이나 농사신이 그 밥을 먹는 게 아니고, 개미를 비롯한 각종 곤충과 동물들이 먹는 밥이었지요. 요컨대 고시레는 동물들과 먹이를 나눈다는 깊은 뜻이 있는 것입니다. 또 한 가지는 '까치밥'입니다. 까치밥은 다 알다시피 과일을 딸 때, 마지막 하나까지 다 따지 않고 몇 개를 남겨 두는데 이것은 까치를 비롯해 각종 새, 다람쥐, 파씀(아메리카 주머니쥐) 등의 먹이로 남겨두는 우리 조상들이 알려준 사랑의 배려입니다.

오늘 주신 말씀에 예수님께서 제자들과 함께 마지막 만찬을 하실 때, 떡과 포도주를 주시면서 "이것을 갖다가 너희끼리 나누라"고 말씀하셨습니다. 여기서 주목해야 될 말씀은 '나누라'입니다. 인간이 무엇을 나눌 때 그 나눔의 원칙은 평등입니다. 예를 들어 예수님께서 빵 12개를 담은 광주리를 초등학교 1학년 학생에게 주시면서 "이것을 제자들에게 나누어 주라"고 말씀하셨다면, 빵이 12개고 제자들이 12명이니까, 당연히 하나씩 나눠 주는 것이 원칙이고 또 그 초등학생은 분명히 한 사람에게 빵을 하나씩 나누어 줄 것입니다. 이것은 평등하게 나눠 준 것이고, 여기 불평이 있을 수 없습니다. 물론 '빵이 크냐, 작으냐'라는 불평이 있을 수 있을지 모르지만, 같은 빵 공장에서 같은 크기의 틀에서 나온 빵이라면 모두 똑같은 크기니까 공평한 분배가 이루어지지요. 그러나 인류 역사가 시작된 이래로 이렇게 모든 재물을 균등하게 나눈 때는 단 한 번도 없었습니다. 실제로 사도행전 2장, 4장에 초기 예루살렘 교인들이 각기 자기가 가진 재산을 팔아 고루 나눴다는 이야기가 나오는데, 이는 교회 안에서 잠시 있었던 꿈같은 얘기일 뿐, 바로 그 교회에서 과부들의 구호 문제로 불평등이 발생했습니다. 헬라파 과부들이 히브리파 과부들에게 구호금이 더 많이 가는 것에 불평을 했다는 기록이 있습니다.(행 6:1) 최초의 교회 안에서 분배의 불평등이 이루진 것입니다. 그런데 하물며 세상에서야 말해 무엇 하겠나요.

공산(共産)이란 말은 재산을 공유한다는 뜻입니다. 따라서 공산주의는 재산을 모든 인민이 고루 소유하다는 뜻이지요. 그런데 칼 마르크스의 『자본론』에서 시작한 공산주의는 자본주의를 넘어 공산사회, 무정부 사회, 그리고 지상낙원이란 무지개 꿈같은 이야기를 했지만, 그 공산주의는 시도된 지 불과 80년도 되기 전에 역사 속으로 사라져, 지금은 역사박물관 속으로 모습을 감추었습니다. 중국이 공산국가를 시도했으나 인민들이 굶어 죽어가자, 등소평이 나와 "흑묘(黑猫: 검은 고양이)건 백묘(白描: 흰 고양이)건 쥐만 잘 잡으면 된다."는 이론을 내세우며, 자유개방시장경제, 즉 자본주의 체제로 돌아 선 후 세계 제2의 경제대국이 됐습니다. 베트남도 정치는 공산주의지만, 경제는 역시 시장자본

DEC

주의를 택해, 비약적 발전을 하고 있는 모습을 보고 있습니다. 오로지 북한만 유일하게 공산주의 체제를 고집하면서 수천만 명의 죄 없는 백성들을 굶겨 죽이고 있는 실정을 우리는 보고 있습니다. 공평한 분배, 참 좋은 명제인데, 이게 실제 가능할까요? 만일 가능하다면 그곳은 낙원이 되겠지요.

필자가 장신대에서 봉직하고 있을 때, 어떤 해 3학년 지도교수를 맡고 있었는데, 졸업반 대표가 어느 날 오후 연구실에 와서, "교수님 우리가 수학여행을 가는데 같이 가실 수 있습니까?"라고 물었습니다. 그래서 "어디로 가지요?"라고 물었더니, "금강산으로 갑니다."라고 말을 했어요. 그래서 필자가 정신이 번쩍 들어서, "금강산? 아, 그럼 가야지." 라고 즉시 대답을 했습니다. 설악산이나 한라산으로 간다고 했으면 아마 가지 않았을지도 모르는데, 금강산으로 간다 해서 즉시 대답한 것이지요. 당시만 해도 금강산 광관이 허용되던 때여서 많은 사람들이 여행을 했었지요. 사실 북한에 있는 금강산은 일생에 한 번 갈까 말까 한 소중한 기회가 아니겠습니까? 신원조회 등 여러 절차를 마치고 금강산행 버스를 타고 졸업생 약 200여 명이 출발을 했습니다. 강원도 최북단 고성에서 입국(?) 수속을 하고 드디어 휴전선을 넘어 북한 땅에 들어갔습니다. 난생처음 북한 땅에 들어선 것입니다.

필자는 70년대 초, 육군 군목으로 서부 전선에서 복무할 때 최전방 휴전선 철책을 지키는 부대에서 근무했습니다. 휴전선 철책을 넘어 일주일에 한번 씩 비무장 지대 안에 있는 GP(Guard Post)에 식량과, 우편물, 신문, 잡지 등을 전하기 위해 방문을 했습니다. 그때 불과 몇 100m 밖에 안 떨어진, 아주 가까운 북한군 GP와 그리 멀지 않은 북한 땅을 바라보기는 여러 번 했지만, 실제로 북한 땅으로 들어간 일은 없었습니다. 금강산 관광으로 북한 땅을 직접 밟아 보니 여러 가지 감회가 새로웠습니다.

맨 먼저 필자가 놀란 것은 중학생들이 군복을 입고 총을 메고 경계를 선 것입니다. 속으로 중학생들이 학교에 가서 공부를 하지 않고 왜 경계를 서고 있을까 하고 의심했는데, 후에 알고 보니 그들은 중학생이 아니고 스무 살 먹은 청년들로 현재 군 복무를 하고 있다는 것이었습니다. 먹을 것이 없어 영양실조가 되어 20살 먹은 청년이 남한의 중학생 키나 몸집밖에 안 된 것입니다. 그 소리를 들으니 참으로 마음이 아팠습니다. 버스가 지나는 도로 양 편 멀리에 논밭에서 일하는 농민들이 보였습니다. 우리 일행 버스가 지나 갈 때 바라다만 보고 손 한 번 흔들어 주지 않은 모습을 보니 참 생경한 풍경이고 세계 그 어느 곳에서도 볼 수 없는 억압된 분위기가 마음을 짓눌렀습니다.

이튿날 우리는 이름도 모르는 산을 오르기 시작했습니다. 정상에 올라가서 내려다보는 풍악산의 경치는 참으로 아름답기 그지없었습니다. 영국의 여류 작가며 지리학자인 비숍(Bishop) 여사가 금강산을 구경하고 나서, "금강산은 일본에서도, 심지어 중국에서도 이토록 아름답고 장엄한 광경을 단 한 번도 보지 못했다."고 술회한 바 있습니다. 필자는 사람들이 적은 한적한 곳으로 가서 목청을 높여 '주 하나님 지으신 모든 세계 내 마음속에 그리어 볼 때' 찬송을 큰 소리로 불렀습니다. 아마 6.25전쟁 후에 금강산 어느 정상에서 찬송가가 울려 퍼진 것은 그때가 처음이 아닌가하고 생각을 해 보았습니다. 공산당이 지배하는 지역에서 큰 소리로 찬송가를 부른 것은 감격스러운 일이 아닐 수 없었습니다.

DEC

너희끼리 나누라 (2)

"이에 잔을 받으사 사례하시고 가라사대 이것을 갖다가 너희끼리 나누라."
(눅 22:17)

그런데 참으로 유감스러운 일은 정말 아름다운 풍광(風光)을 올려다보면, 특히 큰 바위가 있는 곳에는 어김없이 '위대하신 수령 김일성 장군 만세', '위대하신 영도자 김정숙 여사 만세', '조선민주주의 인민 공화국 만세' 등의 구호를 정으로 깊게 파서, 다시는 원상 복구를 할 수 없도록 글자를 새기고 그 위에 빨간 페인트로 칠해 놓아 깊은 한숨을 내쉬게 했습니다. 정말 그 아름다운 산을 완전 망쳐 놓았습니다. 앞으로 언젠가는 전 세계에서 관광객이 몰려오는 날이 올 터인데, 그때 관광객이 그것을 보고 무어라고 할까 심히 우울했습니다. 페인트는 벗겨 낼 수 있지만, 파버린 바위의 원상회복은 불가하지요.

필자는 하산하던 중 휴게소에서 연변 청년 하나를 만났습니다, 그는 그곳에 취업을 해서 일을 하고 있다 했습니다. 우리는 이북 사람을 직접 만나지 못했습니다. 남한에서 온 관광객은 북한 주민과 접촉이 금지되어 있어서, 관광객이 움직이는 동선에는 일체 북한 주민이 없었습니다. 연변 청년은 중국 사람이어서 약간 자유롭게 이야기를 할 수 있었던 것 같았습니다. 필자가 그 연변 청년에게 북한 사람들의 생활은 어떠냐고 물었습니다. 그는 모든 것이 다 배급제라고 얘기했습니다. 예를 들어서 청바지를 줘도 모두에게 하나씩 나눠 주고, 운동화도 모두에게 한 켤레씩 똑같이 나눠 주고, 여자들 얼굴에 바르는 크림도 똑같이 하나씩 나눠준다는 것입니다. 필자가 듣기로 여성의 피부는 건성과 지성이 있어서 거기에 맞는 것을 발라야 한다는데, 북한에서는 무조건 하나씩 나누어 준다 했습니다. 필자가 후에 어떤 수업에서 이런 얘기를 했더니, 한 여학생이 "중성 피부도 있어요."라고 얘기하대요.

아무튼 공산주의 국가에서는 그런 거 따지지 않고 무조건 하나씩 아주 '공평하게' 나눠 주고 있다는 사실을 알게 되었습니다. 운동화만 해도 사람마다 선호하는 디자인과 색깔이 있을 텐데 똑같은 운동화를 하나씩 나눠줌으로 분배의 평등은 이루어질지 모르지만, 개인의 취향과 특성은 무시되고, 무조건 나눠주는 대로 받아야 되는, 즉 개인의 개성과 선택은 철저히 무시되는 획일적 독제 체제라는 사실을 깨닫게 되었습니다.

다시 열두 제자에게 빵을 나누어주는 예를 생각해 보겠습니다. 빵을 나누어 주는 아이가 12개 빵을 열두 제자에게 하나씩 나눠 줬으면 불평이 없었을 텐데, 맨 먼저 가룟 유다가 "나는 열세 사람의 먹고, 입고, 자고, 쓰는 경비를 모두 책임진 사람이니까, 적어도 세 개는 가져야겠다."면서 3개를 가져갔습니다. 이에 질세라 성질 급한 베드로가 나서서 "나는 예수님의 수제자 아니냐"면서 2개를 가져갔습니다. 요한과 야고보도 "우리는 선생님의 사랑하는 제자 아니냐며 두 개는 가져야지"라며 2개씩 가져갔습니다. 그러니까 결국 빵은 3개밖에 남지 않았는데, 이것을 남은 여덟 제자가 나누어야 하는 결과가 됩니다.

이 이야기가 바로 인류가 지금까지 빵(재물)을 나누어 온 삶의 이야기입니다. 세계 인구 1%가 전 세계 부의 99%을 갖고 있습니다. 이 세상의 모든 부는 힘 있는 자, 권력 있는 자, 많이 배운 자들이 합법적으로 또는 불법적으로 취득, 독점합니다. 이런 폐단을 없애겠다고 나온 것이 마르크스와 엥겔스의 공산주의입니다. 북한에서 그런 것처럼 똑같이 누구든지 공평하게 분배하자는 것이지요. 그래서 마르크스는 공평하게 나누는 공산주의가 점점 발전해서 지상 낙원이 된다는 참으로 어리석을 정도의 낙관론을 펼쳤습니다.

공산주의란 불과 한 세기를 못 넘기고 75년 만에 스스로 붕괴해 버리고 말았습니다. 외국의 침략에 의해서가 아니라 자체 내의 모순으로 인해 자멸한 것이지요. 같은 공산주의 국가라도 중국은 등소평이 시장경제체제를 도입함으로써 세계 제2의 경제대국으로 발돋움했습니다. 그러나 시장경제체제는 결국 빈익빈 부익부의 결과를 낳아 돈 많은 사람들은 세계 최고 수준의 호화 생활을 하고, 빈민, 빈농, 농민공(농촌에서 도시로 올라와 날품팔이하는 노동자)들의 삶은 비참한 수준에 머물러 있습니다.

예수님은 말씀하셨습니다. "가난한 사람들은 항상 너희와 함께 있으니 아무 때라도 원하는 대로 도울 수 있거니와 나는 너희와 항상 함께 있지 아니하리라."(막 14:3) 가난한 사람들이 항상 우리와 함께 있을 것이라 말씀하셨습니다. 고아, 과부, 장애인, 독거노인, 극빈자, 노숙자, 알코올 중독자, 마약중독자, 도박중독자, 아사(餓死)자, 약이 없어 병들어 죽는 자 등 도움을 기다리는 사람들은 우리 주변에 넘쳐흐릅니다. 그러나 19세기, 20세기에 이루어진 공산주의는 총칼로 재산을 강탈해 가난한 사람들에게 나누어 주는 한편 지주들을 죽창으로 찔러 죽였습니다. 무법천지가 되어 버린 것이지요. 그러나 그곳에도 공평과 정의는 이루어지지 않았습니다.

물론 우리가 보는 것처럼 세계적인 부자 빌 게이츠나 워렌 버핏, 앤드류 카네기, 존 록펠러, 루이 세브란스 같은 사람들은 스스로 자선을 해서 어렵고 가난한 사람들을 돕고 있는 모습을 보기도 합니다. 그러나 동양의 유교 가족 중심 사회에서는 재벌들이 자선 사업을 한다는 것이 겨우 자기 회사에 장학재단 세우고 거기에 돈 얼마를 기부하고 나머지 재산 대부분은 자기 자녀들에게 상속하거나 증여하고 있습니다.

인간의 이기심은 합법적으로 또는 불법을 동원해서라도 재화를 챙기고, 가련한 노동자들의 임금을 착취하고 탈세를 해서라도 재산을 불리려는 악덕 자본가가 넘쳐나는 천민자본주의를 형성했습니다. 인간의 이런 탐욕은 그리스도의 마음을 품지 않고서는 극복할 수 없습니다. 주님께서 세상에 오신 목적은 탐욕적 인간의 마음을 그리스도의 마음으로 바꿔 그의 마음을 품고 살면서 필요한 사람에게 자신의 소유 일부를 나누어 주도록 하려는 것입니다. "너희 안에 이 마음을 품으라 곧 그리스도 예수의 마음이니"(빌 2:5) 그리스도의 마음을 품는 자가 많으면 많을수록 이 세상은 공평과 정의가 강물처럼 흐르는 세상이 될 것입니다.

돈밖에 몰랐던 삭개오가 주님 만난 후 전 재산의 절반을 가난한 사람에게 나누어 주겠다고 선언한 것은 그의 탐욕스런 마음이 그리스도의 마음으로 변화했기 때문입니다. 따라서 우리가 열심히 전도를 해야 되는 이유가 여기에 있습니다.

DEC

무소유

12/21

"너는 구제할 때에 오른손의 하는 것을 왼손이 모르게 하여 네 구제함이 은밀하게 하라. 은밀한 중에 보시는 너희 아버지가 갚으시리라." (마 6:4)

오래전에 장신대 대학원 세미나가 있어서 교실에 들어갔는데, 한 학생(목사)이 이런 이야기를 했습니다. "어떤 스가 있었는데요."라고 말해서 필자는 언뜻 무슨 말을 하는지 몰라, "뭐라 했지요?" 그랬더니 "어떤 스가" 그래서 필자가 "스가 뭐지요?"라고 물었더니, "사람들은 '스님'이라고 하는데 저는 '님'자 붙이기 싫어서 '스'라 합니다."라고 말해 세미나에 있었던 학생들과 함께 한바탕 웃은 일이 있었습니다. 그 목사 이야기는 그들은 우리를 '목사님'이라 부르지 않고 '목사'라고 부르는데 우리가 구태여 '스님'이라 부를 이유가 없다는 겁니다. 그래서 '스'라 한다고 했습니다. 그러나 스라 하면 사람들이 못 알아듣는 데 문제가 있지요. 물론 한 글자 단어도 많지요. 소, 말, 닭, 개 등등. '개가' 하는 것과 '스가' 하는 것은 같은 맥락인데 그래도 좀 의사소통이 잘 안 될 것 같네요.

그래서 필자가 적당한 단어를 생각해 보다 '중'이라 하면 너무 낮추어 부르는 것 같고, '스님'은 '님'자 붙이기가 싫고 해서 생각해 낸 것이 '승려'라는 단어였습니다. 그래서 그 이후 필자는 중을 말할 때 승려란 단어를 씁니다. 여러분도 그렇게 써 보세요. 성철 승려, 법정 승려.

최근 한국에서 한 승려에 대한 이야기가 회자(膾炙)되고 있습니다. H 승려는 한국에서 고등학교를 졸업하고 미국 최고의 대학인 하버드 대학교 대학원에서 종교학 석사를 받고, 프린스턴대학교에서 종교학

박사 학위를 받은 재원입니다. 그 후 그는 2006년 미국 매사추세츠주 햄프셔 대학 종교학 교수가 됩니다. 그런 그가 머리를 깎고 승려가 되었으니, 좋은 뉴스거리가 되었지요. 그는 미국 시민으로 현재 뉴욕 불광사 부주지(副住持)라는 직책을 갖고 있답니다.

그는 현재는 한국에서 활동하고 있는데, 『무소유: 멈추면 비로소 보이는 것들』이란 책을 써서 출판했는데 이 책이 삽시간에 100만부 이상이 팔릴 정도로 인기가 대단했습니다. 엄청난 인세가 들어왔겠지요. 그는 무소유를 유독 강조했답니다. 그렇게 무소유를 강조하던 H 승려는 정작 자기는 서울남산타워가 한눈에 들어오는, 서울에서도 부자들만 모여 사는 삼청동 호화 주택에 살면서 무소유를 강조했다니 좀 그렇지요? 그는 "무소유는 아무것도 소유하지 않는다는 의미가 아니고 가지고 있는 것에 대해 집착하지 않는다는 의미입니다. 아니다 싶을 때 다 버리고 떠날 수 있어야 진짜 자유인입니다."라고 말했다네요.

그래서 자기 것을 집착하지 않으니까 무소유란 말인 모양이네요. 한 유튜버는 H 승려에게 "자신은 단 한 가지도 내려놓지 않으면서 왜 남들에게는 포기하고 살려고 하는 것이냐?"라고 비아냥 거렸답니다. 우리는 이 이야기를 들으면서 예수님께서 사두개인과 바리세인들을 책망하신 장면을 연상합니다. 하버드대학을 졸업하고 승려가 된 미국인 파란 눈의 현각 승려는 H 승려를 향해, "그는 연예인일 뿐이다. 석가모니의 가르침은 전혀 모르는 도둑놈일 뿐이야. 부처님의 가르침을 팔아먹는 지옥으로 가고 있는 기생충일뿐이야."라고 일갈(一喝)했답니다.

한편 법정이란 승려는 30여 편의 책을 출판해서 인세 수입만 수십억이 되었습니다. 그렇지만 그분은 통장에 돈이 모이면 바로 장학 기금으로 보내서 30년 동안 수백 명의 학생들에게 장학금을 주었습니다. 장학금 봉투나 증서 어디에도 누가 이 장학금을 기증했다는 이름을 쓰지 않았다 합니다. 자기에게 들어온 돈을 모두 기부해버렸기 때문에 정작 본인은 계좌에 돈이 남아 있지 않아서, 입적(入寂)한 후에 밀린 병원비를 고 이건희 삼성그룹 회장의 부인 홍라희 씨가 대납을 했다고 합니다. 많이 가졌으나 자기를 위해서는 쓸 것을 남기지 않고 남을 위해 다 쓰는 사람이 무소유의 사람이지요. 이런 사람이 모범적인 승려가 아닐까요?

예수님께서는 "화있을진저 외식하는 서기관들과 바리새인들이여 잔과 대접의 겉은 깨끗이 하되 그 안에는 탐욕과 방탕으로 가득하게 하는도다… 회칠한 무덤 같으니 겉으로는 아름답게 보이나 그 안에는 죽은 사람의 뼈와 모든 더러운 것이 가득 하도다."(마 23:25,27) 바리새인은 토색, 불의, 간음을 행하지 않았고, 일주일에 두 번 금식하고, 소득의 십일조를 드리나이다.(눅 18:11, 12)라고 말했는데, 이것은 하나님께 하는 진실 된 행동이 아니고, 사람들에게 보이려고 한 행위에 불과하여 "저희는 자기 상을 이미 받았느니라."(마 6:2)라는 평가를 받습니다.

주님께서는 구제할 때, "너는 구제할 때에 오른손의 하는 것을 왼손이 모르게 하여 네 구제함이 은밀하게 하라 은밀한 중에 보시는 너희 아버지가 갚으시리라."(마 6:4)라고 말씀하셨습니다. 선한 일을 할 때, 나팔 불지 말라는 말씀입니다. 세상 사람들은 무슨 일을 할 때, 신문, 방송 기자들을 부르고 사진 촬영에 TV 방송 촬영에 자기 선전하는 데 급급해서 "자기 이름을 내고"(창 11:4) 회사 이름을 내고, 세상 사람으로부터 칭송받기를 원하는데 우리에게는 그것과는 다른 은밀한 구제를 권고하셨습니다.

필자가 6.25전쟁 때 지방 도시에서 살았습니다. 선친을 우리 가족이 나가던 교회 시무 장로였습니다. 피난 생활 중 우리 8식구(조모님, 부모님 두 분, 우리 5남매) 먹고 살기도 어려운 때, 교인들 중 굶는 사람이 있다는 소식을 들으며, 선친은 장남인 필자에게 신문지로 만든 봉지에 보리쌀이나 잡곡을 한 봉지 들려 야밤에 어느 교인 집에 갖다드리고 오라고 명하셨지요. 아무도 모르게 야밤에 은밀하게 행한 구제가, 담임 목사에게 알려지면서, 설교 중 누구라고 이름은 호칭하지 않았지만, 본인도 어려운 상황에서 굶는 교인에게 양식을 몰래 갖다 준 분이 있다고 말했습니다. 몰래 한 일도 백일하에 드러나게 되어 있습니다.

주님 오신 찬란한 계절이 금년은 코로나로 암담한 성탄절이 되어 갑니다. 많은 사람들이 렌트비가 밀리고, 자동차 모기지가 밀리고 각종 공과금이 밀리는 참 어려운 시절이 되었습니다. 어려운 중에 돕는 손길이 귀한 손길입니다. 오늘도 우리의 따뜻한 손길을 기다리는 지극히 작은 자들이 우리 주변에 널려 있습니다. 그들에게 작은 예수님이 되어 주시기 않겠습니까?

시신 기증

"내가 너희 영혼을 위하여 크게 기뻐하므로 재물을 사용하고 또 내 자신까지도 내어 주리니 너희를 더욱 사랑할수록 나는 사랑을 덜 받겠느냐." (고후 12:15)

가까운 친구 목사 하나가 여러해 전에 병으로 세상을 떠났습니다. 멀리 있어서 장례식에 참석하지는 못했지만 이듬 해 친구 사모를 만나서 들은 이야기는 친구 목사가 생전에 자기가 죽으면 시신을 모 대학교 의과대학에 실험용으로 기증하겠다는 서약을 했답니다. 친구가 세상을 떠나자, 시신은 약속한 그 의과대학에서 실어갔고, 정작 장례 예배는 시신 없이 진행했다고 합니다. 따라서 장지에 가서 하는 하관 예배도 드릴 수가 없었지요. 그의 시신은 의과대학에서 의대생들이 해부용으로 온몸 전체가 갈갈이 찢겨 학생들이 공부를 한 후, 시신의 파편들을 모아 화장을 한 후, 3년 뒤쯤 유족에게 인도한다고 했습니다. 그 재를 받는 유족들의 마음이 어떻겠는지 짐작이 가는 대목입니다.

그런데 최근 (2020년 말) 미국 LA 지역에서 어떤 단체가 시신 기증 운동을 벌였는데, 6년 만에 약 1,800명의 한국인들이 기증을 서약했습니다. 그 가운데 여성이 60%를 차지해서 남성보다 훨씬 많은 기증 서약을 했습니다. 연령대별로는 70~80대가 80%로 이제 생을 얼마 남겨두지 않은 노인들이 시신 기증을 열심히 했다는 것을 알 수 있습니다. 부부가 함께 기증을 한 경우도 있고, 형제가 함께 시신을 기증한 경우도 있었습니다. 땅에 묻히면 썩어 없어져 버리는데 온몸을 그대로 묻는다 해도 무슨 소용이 있겠느냐? 대신 좋은 일에 쓰였으면 하는 바람으로 기증을 서약했다고 하는 분도 있었습니다.

일부 노인들 중에는, 미국에 대한 고마움으로 시신이라도 기증해야겠다는 결심을 한 분들도 있습니다. 세금 한 푼 내지 않았는데, 죽는 날까지 매달 하루도 거르지 않고 꼬박 꼬박 돈을 보내왔고, 병원, 수술, 의사 검진, 약 등 의료비를 단 1불도 받지 않고, 100% 의료 혜택을 받게 된 것이 얼마나 감사하고 고마운지, 내 죽은 시신으로라도 미국에 보답을 하고자 결심했다는 분들도 계셨습니다.

사실 시신 기증은 그렇게 쉬운 일은 아닙니다. 홀로 사는 사람이라면 몰라도, 배우자가 있고, 자녀들 있고, 가족들이 있기 때문에 그렇습니다. 시신 없이 장례식을 치른다고 하는 것이 얼마나 허무할까 하는 생각도 나지요. 유교의 문화 속에 살았던 한국 사람들은 신체발부(身體髮膚)는 수지부모(受持父母)라 하여, 몸의 머리 터럭 하나라도 다쳐서는 안 된다는 교육을 받아 온 것이 사실입니다. 하물며, 비록 죽은 시체라도 칼로 갈갈이 찢어 헤친다는 것은 상상도 할 수 없는 불효가 되는 것입니다.

자식들은 부모의 시신을, 부모들은 자신의 시신을 해체 하는 것은 사람을 두 번 죽이는 것이라며 펄쩍 뛰는 사람들이 많은 것이 현실입니다. 그러나 기독교 문화에서는 시신이 곱게 땅속에 들어가든, 실험실에서 해체되든 그 육체는 모두 흙에서 왔다가 흙으로 돌아간다는 사실을 확실히 하고 있습니다. 먼 훗날 고인의 묘파를 판 후 관 속에 시신이 있나 보면 아무것도 없고 흙만 남아 있는 것을 볼 수 있습니다. 그렇게 보면 결국 흙으로 돌아갈 시신이 의사가 되어서 많은 사람의 생명을 구할 의과대학생들의 교육 재료로 사용할 수 있도록 허용 하는 것은 얼마나 보람 있는 일이지 모릅니다.

그러나 이론은 그런데 사실 실행은 여간 어려운 일이 아닐 수 없습니다. 살아 있을 때 장기를 기증하는 것도 쉽지 않은 일이지요. 자기 신장을 하나 떼어 필요한 환자에게 주거나, 간 일부를 떼어 필요한 사람에게 준다는 것, 골수를 기증하는 것은 보통 사람에게는 불가능한 일입니다. 비록 죽은 후의 일이지만 시신을 완전히 기증해서 자기 몸이 해체되어 버린다는 사실은 쉽게 결단할 일이 아닌데도 불구하고 6년 동안 1,800여 명의 한인들이 시체 기증서에 사인을 했다는 것은 참으로 놀랄 만한 일이 아닐 수 없습니다.

이 가운데 그리스도인들이 몇 퍼센트나 되는지 알 수 없지만 만약에 그리스도인들보다 비그리스도인들이 많다면 우리 그리스도인들은 부끄러워서 어떻게 얼굴을 들고 다니지 모르겠습니다. 자기의 생명과 같은 물질을 주는 것은 쉬운 일이 아닙니다. 그러나 자기의 지체를 내어 준다는 것도 결코 쉬운 일이 아닙니다. 이렇게 많은 한인들이 사후 시신 기증을 서약한 것은 유교의 문화의 장벽을 넘어서 이제는 "주는 것이 받는 것보다 복이 있다."는 주님의 말씀을 실천하는 그리스도인들의 삶의 한 표현인 것 같아서 마음속에 안도감을 느낍니다.

직업의 차별

"우리가 너희와 함께 있을 때에도 너희에게 명하기를 누구든지 일하기 싫어하거든 먹지도 말게 하라 하였더니" (살후 3:10)

교회는 노동의 신성을 강조하면서 "일하기 싫어하거든 먹지도 말게 하라."(살후 3:10)는 말씀을 종종 인용하며 노동의 신성과 근면을 강조했습니다. 초기교회의 지도자였던 윤치호는 민족의 살 길은 산업의 장려와 노동에 대한 한국인들의 인식 전환에 있다고 믿었습니다. 그는 한국 선교에 관심이 많아 적지 않은 돈을 기탁한 미국 조지아주에 소재한 에모리 대학 총장이었던 캔들러(W. Candler)에게 쓰기를 "우리가 어떤 종류의 학교를 세우기 원하느냐고 묻는다면 그것은 실업학교여야 합니다. 거기에서 한국의 젊은이들이 구원의 진리를 통하여 일에는 귀천이 없다는 것, 한국의 미래는 일에 달려있다는 것, 기독교는 일하는 종교라는 것 등을 배우게 될 것입니다."라고 했다. 그는 열심히 일하는 덕을 가르치는 것은 '기독교의 의무들 가운데 하나'이고, 기독교 실업대학은 '자립하는 용기를 줄 뿐만 아니라 자립의 수단도 제공'한다는 확신을 가졌습니다.

내한(來韓) 각 선교부가 세우는 학교에서는 이론 교육뿐만 아니라 실업 교육을 중시하여 병행했습니다. 북감리교회가 세운 배재학당에는 "매우 번성한 실업과가 있었다. 3개 국어를 인쇄하는 인쇄소와 제본소를 갖추고 있었는데 둘 다 완전 고용 상태였다."고 기록했습니다. 당시 유일한 기독교 출판사였던 삼문출판사(三文出版社)를 두고 한 말이었습니다. 영국 성공회도 인쇄소를 설치하여 학생들에게 작업을 시키고,

기술을 가르치고, 상업과 실업훈련을 실시했습니다. 남장로교회 구역의 소년학교에서도 실업교육에 치중했는데, 기계농업, 가마니 짜기, 벽지 바르기, 잔디 깎기, 샘 파기, 도로와 다리 수축하기, 철조망 울타리 치기, 목재 제재, 주물 등의 기술을 가르쳤습니다. 또한 소녀학교에서는 뜨개질하기, 단추달기, 자수, 레이스뜨기 등의 기술 교육을 시켰습니다. 전남 순천지방에서 선교 사역을 하던 밴스(Vance) 부인은 그곳 (매산)여학교 학생들이 만든 종이 인형 5만 6천 개를 미국에 팔아 적지 않은 수익을 얻어 학생들에게 돌려주었습니다. 그 외에도 평양의 안나 데이비스(Anna Davis) 실업과, 서울 존 웰스(John D. Wells, 후에 서울경신중고등학교) 실업과, 송도고등보통학교의 직물과, YMCA 실업학교, 독일 베네딕트 선교단의 실업학교 등이 있었습니다. 기독교 선교가 남긴 업적 중 하나가 한국인들로 하여금 노동에 대한 인식을 새롭게 하고 근면의 정신을 진작케 한 것이라고 볼 수 있습니다.

장로교회를 시작한 장 칼뱅 선생은 직업을 천직 또는 성직(Vocation)이라고 했습니다. 내 직업은 내가 선택한 것이 아니고 하나님께서 나에게 그 일을 하라고 부르셨다는 뜻입니다. 따라서 이 세상의 모든 일은 모두 하나님이 불러 그 일을 하게 하십니다. 따라서 모든 일에는 귀천이 없고, 하나님의 사역을 하는 것이고, 하나님께서 창조하신 이 세상을 아름다운 동산으로 만들기 위한 성스런 업(業)이라 했습니다.

생각해 봅시다. 소나 돼지나 닭을 잡는 사람이 없으면 우리가 어떻게 스테이크나 삼겹살, 닭갈비를 먹을 수 있나요? 여러분이 소, 돼지를 잡을 수 있나요? 왜 소 잡는 사람을 천민이라 했을까요? 백정이 잡은 소갈비나 돼지 삼겹살은 맛나게 먹는 양반들은 이들을 천민이라 하여 사람 취급도 하지 않고, 개, 돼지 취급을 했으니 얼마나 웃기는 일입니까?

필자가 1974년 미국에 처음 유학 와서 첫 주말에 청바지 파는 상점에 갔습니다. 그때만 해도 한국에는 청바지가 거의 없던 시절이었습니다. 청바지 하나면 사시사철 편하게 입을 수 있기 때문에 옷가게에 갔습니다. 나이가 지긋한 남자분이 저를 맞아 주었습니다. 마땅한 청바지를 하나 골라 사서 나오려는데, 청바지를 팔던 점원이 어디서 왔느냐고 물었습니다. 대한민국(South Korea)에서 유학왔다고 했더니, 어느 학교로 왔느냐고 물어 어느 대학에 왔다 했더니, 뜻밖에도 자기가 그 대학 교수라는 거예요. 필자가 놀라서, "아니 어떻게 교수가 청바지 가게 점원 노릇을 하느냐?"고 물었더니, 일주일 내내 학교에서 가르치고, 연구하다가 주말에 머리도 좀 식힐 겸, 여러 사람도 만나고, 용돈도 벌 겸 해서 토요일 하루를 청바지 가게에서 일 한다는 것입니다.

필자는 미국이란 나라가 이런 나라였구나, 대학교 교수가 청바지 가게에서 점원 일을 할 수 있는 나라구나하고 생각하면서 놀랐습니다. 만일 필자가 장신대 교수로 있을 때, 서울 남대문 청바지 가게에서 토요일마다 청바지를 판다고 합시다. 대학 교수가 청바지 가게에서 점원 일을 한다며 아마 TV에, 신문 사회면에 대서특필되지 않았을까요? 필자를 아는 사람들은 생활이 얼마나 어려우면 청바지 가게 점원을 하고 있느냐고 동정을 할까요, 아니면 비난을 할까요. 교수가 할 일이 그렇게 없어서 옷가게 점원을 하고 있느냐고요.

대학 교수가 청바지 가게에서 일하는 것이 이상한 일일까요? 우리는 여전히 직업의 귀천을 따지는 조선 사회에 사는 건 아닐까요? 요즘 한국에서 대학을 졸업한 친구들의 실업률이 40~50%라지요? 왜 실업자가 될까요? 이른바 3D(Dirty, Dangerous, Difficult) 업종 일은 안하겠다는 거 아닙니까? 3포 시대니 5포 시대니 등 이상한 용어가 난무하고 있는 현실이 참 비참하기도 하고 아이러니컬하기도 합니다. 젊은이들의 의식 전환이 이루어지지 않으면 안 된다고 생각합니다. 직업에 대한 귀천 의식을 불식시키고 이 세상에서 하는 모든 일은 다 하나님께서 맡겨

주신 일이고 하나님이 창조하신 세계를 아름답게 만드는 일이라는 사실을 마음속에 깊이 명심하고 교육시켜야겠습니다.

직업에 대한 차별이 없는 세상이 하나님의 정의가 실천되는 세상입니다. 세상의 모든 일은 가치가 있습니다. 놀고먹는 것은 무서운 범죄입니다. 성경은 분명, 일하기 싫거든 먹지도 말라고 준엄하게 명령하고 있습니다. 가나안 농군학교 김용기 장로는 "오전에 3시간 일하지 않은 자는 점심밥을 먹지 말라."고 했습니다. 이것이 성경의 정신입니다.

신앙고백

12/24

"시몬 베드로가 대답하여 이르되 주는 그리스도시요 살아 계신 하나님의 아들이시니이다." (마 16:16)

한 신문이 '영하 20도 속 신앙 고백'이라는 제목 하에 얼음물 속에 몸을 가슴까지 담구고 있는 사람의 사진을 보도했습니다. 그 내용은, "러시아 정교회 전통 주현절(主現節, 주님께서 대중에게 나타나신 날) 목욕 축제가 (2022년 정월) 19일 러시아와 동유럽 곳곳에서 대대적으로 열렸다. 주현절은 예수가 30번째 생일에 요르단 강에서 세례자 요한의 세례를 받고 대중 앞에 나타나 하나님의 아들로 공인되었음을 기념하는 정교회의 행사다. 신자들은 이날 최소한의 옷만 걸치고 차디찬 얼음물에 온몸을 담그고, 성호를 그어 성삼위일체에 대한 신앙을 고백한다. 최저 온도가 섭씨 영하 20도까지 내려간 19일 러시아 모스크바 외곽에서 한 신도가 십자가 모양으로 판 얼음 연못에 몸을 담그고 있다."

필자는 이 기사 내용과 사진을 보면서, 1999년에서 2000년으로 넘어가는 그해 12월에 모스크바 장로회신학교에서 강의를 위해 몇 주 머무는 동안 모스크바의 추위를 몸으로 직접 체험한 기억이 되살아났습니다. 그 추위는 서울에 살고 있었던 필자에게는 견디기 어려울 정도의 추위였습니다. 두꺼운 외투는 말할 것 없고, 머리에 두툼한 털모자를 쓰지 않고 밖에 나가면 머리의 실핏줄이 터져 생명을 잃을 수도 있다는 말을 들었습니다. 그런 추위 속, 영하 20도에 그것도 얼음물 속에 최소한의 옷만 걸치고 신앙 고백을 한다니, 우선 그들의 건강이 걱정되었습니다. 심장이 약한 사람들은 심장마비가 올 수도 있고, 손가락과 발가락 등에 동상이 걸리면 어떻게 하나 하는 생각도 들었습니다.

여기서 우리 그리스도인들은 '나의 신앙을 어떻게 성삼위 하나님께 고백하는 것이 옳은가?'라는 질문을 던지게 됩니다. 어떤 방법으로 나는 성삼위 하나님을 믿고 사랑한다는 표현을 해야 하는 것일까요? 전도를 받고 그리스도를 영접한 사람이 하나님께서 자기 영혼의 아버지 되심과, 주 예수 그리스도가 나의 죄를 대신 지시고, 십자가에 달려 돌아가셔서, 그 보혈로 나의 죄가 사함을 받았고, 내가 하나님의 자녀가 되었을 뿐만 아니라, 영원한 구원을 얻었음을 고백하는 길은 무엇일까요?

모태 신앙은 유아세례를 받았기에 성년이 된 후에 입교문답을 함으로 신앙을 고백하는 예식을 합니다. 신앙 고백을 하는 데는 여러 가지 방법이 있었습니다. 고대로부터 자기가 지은 죄를 고백하고 하나님의 은혜에 보답하는 방법으로 자기 몸을 괴롭게 하는 길이 있었습니다. 보편적인 방법은 금식과 절식, 그리고 금혼입니다. 채식만 하는 방법도 있었고, 하루 한 끼만 먹고 사는 방법도 있었습니다. 또 채찍으로 자기 몸을 쳐서 피가 흥건하게 흐르게 하는 방법도 있었습니다. 우리는 삼보일배(三步一拜)라는 것을 압니다. 티베트의 라마 종교에서 자기 죄를 참회하고 용서를 비는 방법으로 '세 걸음 걷고 나서 큰 절 한 번'하고, 또 '세 걸음 걷고 나서 큰절 한 번' 하는 방법으로 고지(高地)의 절간에까지 가는 방법이지요. 그렇게 해서 자기가 지은 죄악을 참회하는 것입니다.

기독교에서도 자기 몸을 괴롭게 함으로써 자기 신앙을 고백하고 신심(信心)을 표현하는 방법이 있습니다. 필리핀에서는 성금요일에 실제로 예수님께서 지셨던 십자가와 같은 십자가를 지고, 매를 맞으면서 피를 흘리며 걸어가서 실제로 양손과 양발에 못을 박는 사람도 있습니다. 고대와 중세에는 일단 집을 떠나 홀로, 혹은 집단적으로 독신 생활을 하면서 기도와 명상, 독경(讀經: 성경읽기), 노동으로 자기의 신앙을 고백하고 또 자기 전 생애를 주님을 위해 사는 것으로 여기는 수도원, 수녀원도 있었습니다.

수도원은 일단 들어가면 바깥세상으로 나오지 못하고, 죽어 시체가 나올 뿐입니다. 수도원의 생활은 혹독했습니다. 일단 하루 두 끼(아침과 점심) 식사만 하고, 오전에는 기도와 독경과 성경 필사, 점심 후에는 해가 지도록 노동을 했습니다. 저녁 식사는 차 한 잔과 과자 하나 정도로 끝내고, 7시 반 정도에 취침하면 새벽 1시 반에 일어나 기도와 명상, 성경 필사 등 신앙 수련을 했습니다. 그러나 교회(종교)개혁이 일어나면서 개신교에서는 수도원, 수녀원 제도가 없어졌고, 성직자들도 결혼하여 가정을 가지고 성직에 임하면서 일상생활을 했습니다. 물론 특정한 기간 동안 금식도 하고 특별 새벽 기도도 하면서 신앙 훈련을 합니다.

필자는 하나님께서 신자들이 자기 육체를 괴롭힘으로 신앙을 고백하는 방법을 원하시는 것이 아니고, 어려운 이웃을 위해 헌신하고 봉사하는 것을 더 선호하신다고 여깁니다. 나의 몸을 괴롭게 함으로가 아니고, 나의 몸을 헌신함으로 우리의 신앙을 고백해야 하지 않을까요?

DEC

12/25

크리스마스 (1)

"아들을 낳으리니 이름을 예수라 하라 이는 그가 자기 백성을 그들의 죄에서 구원할 자이심이라." (마 1:21)

오늘은 아기 예수님이 세상에 탄생하신 성탄절입니다. 성탄절은 영어로 크리스마스라고 합니다. 크리스마스(Christmas)는 Christ + Mass란 말의 합성어입니다. 마스(Mass)는 로마가톨릭교회에서 '미사'라 하는데, '예배'를 의미합니다. 따라서 크리스마스는 "그리스도를 예배한다."는 뜻입니다. 우리를 구원하시기 위해 세상에 오신 (아기)예수님을 예배한다는 말이지요. 우리에게 구원자를 보내 주신 하나님께 감사의 예배를 드린다는 의미입니다. 비록 2천여 년 전에 일어난 일이지만, "예수 그리스도는 어제나 오늘이나 영원토록 동일하시니라."(히 13:8)는 말씀과 같이 그의 탄생은 바로 오늘 새벽에 일어난 일과 다름없습니다. 그분은 하나님께 영광을 돌리기 위해서, 이 땅위에는 평화를 주시기 위해 오셨습니다.

성탄절은 기독교 배경의 국가는 세계 어느 곳에서든지 주님의 탄생을 축하하며 기뻐하고 노래합니다. 평화의 왕으로 오신 주님은 모든 인류에 평화를 전해 주셨습니다. 미국의 18대 대통령인 그랜트(Ulysses S. Grant, 1869-1877)는 1870년에 크리스마스를 미합중국 연방 공휴일로 서명했습니다. 또한 미국 백악관에서 성탄절에 처음으로 크리스마스 트리 점등 행사를 한 대통령은 30대 존 쿨리지(John C. Coolidge, Jr., 1923-1929)였습니다. 이 행사는 계속 이어져 내려와 금년에도 트럼프 대통령이 점등식과 연설을 했습니다. 근래 역대 대통령들이 유대인과 무슬림들 눈치를 보느라 메리 크리스마스(Merry Christmas)라는 말을 하지 못하고 해피 홀리데이즈(Happy Holidays)란 말을 했는데, 트럼프 대통령은 과감하게 "메리 크리스마스"라고 소리 높이 외쳤습니다.

이제 한국을 포함한 전 세계 대부분의 기독교 배경이 아닌 나라에서도 성탄절을 공휴일로 지정하고 기념하며 축하하고 있습니다. 성탄절에 대부분의 아이들은 산타클로스의 선물을 기대에 찬 마음으로 기다립니다.

제1차 세계대전은 1914년 6월 28일 사라예보에서 오스트리아-헝가리 제국 왕위 후계자 프란츠 페르디난트 대공이 부인과 더불어 마차를 타고 행진하던 중 세르비아 국민주의자 가블리로 프린치프에 암살을 당한 사건에서 비롯되었습니다. 이 사건으로 오스트리아-헝가리 제국이 세르비아를 침공하면서 제1차 세계대전의 서막이 올랐는데 러시아, 프랑스, 영국, 터키가 참전하면서 국제전으로 확대되었습니다.

전쟁이 발발한 1914년 12월, 서부전선에서 대치하던 독일군과 영국-프랑스 병사들 간에 '성탄절 휴전'이 이루어졌습니다. 1914년 성탄절을 맞아 영국, 프랑스군을 비롯한 연합군과 독일군이 대치하던 벨기에와 프랑스 서부전선 일부에서 비공식 휴전이 이루어졌습니다. 당시 전쟁 당사국 양측 병사들은 지휘부의 허락도 없이 자발적으로 무기를 내려놓고 크리스마스 휴전을 가졌습니다. 전투를 중지했을 뿐만 아니라 양 진영 중간 지대에서 서로 만나 부대 휘장, 계급장, 군모, 식량, 술, 담배 등 간단한 기호품을 교환하며 우정을 나눴습니다. 또한 양측 병사들은 축구 시합도 했습니다. 이러한 매우 파격적인 일탈행위를 코앞에서 지켜보던 부사관, 장교들도 대부분 분위기에 동참하여 상대측 지휘관과 만나 신사적으로 조약을 맺고, 당분간 교전을 하지 않기로 합의했습니다. 이때 양 진영 참호 사이의 무인지대에 그동안 전투로 미처 수습하지 못했던 전사자 시체들도 제대로 매장할 수 있었습니다.

역사학자들은 '2천 년 유럽 역사상 처음인 기적'을 유사 이래 가장 참혹했던 전쟁 중에 이름 없는 병사들이 이루어낸 전쟁 중의 이변이라고 기록하고 있습니다. 이런 이변이 가능한 것은 양측 모두 기독교 국가들이었고, 병사들은 전쟁의 의미도, 실익도 없는 살상의 현장에서 그리스도의 탄생이 평화를 기리기 위함이었음을 서로 실감했기 때문이었습니다. 사실 성탄을 앞두고 양 측 간에 공식적인 휴전의 기회는 있었습니다. 당시 교황이던 베네딕트 15세가 12월 초 "성탄절 며칠간이라도 휴전을 하자"고 양측에 권유했습니다. 독일은 연합군이 동의한다면 할 용의가 있다고 했지만 연합군 측은 이를 거부했습니다.

독일은 원래 다른 유럽 나라들보다 성탄절을 더욱 의미 있게 기념해 왔습니다. 영국군 병사들이 고향에 보낸 편지에 의하면 성탄 전날 저녁에 독일군은 식사도 크게 하고, 참호 위로 크리스마스 트리도 올리고 등불도 켜고 캐럴도 부르면서 분위기를 돋우었다고 썼습니다. 지금은 '고요한 밤'(Silent Night)이 성탄절 성가로 세계적으로 알려져 있지만 당시 영국에서는 잘 모르는 찬송이었습니다. 한 영국군 병사는 독일군이 부르는 독일어 '고요한 밤'을 처음 들었다고 썼습니다. 성탄 휴전을 하고 나서부터 이 노래가 영국에도 널리 퍼지기 시작했습니다. 양쪽 군인들이 함께 불렀던 찬송가 중 하나가 '참 반가운 신도여'(O Come, All Ye Faithful)였습니다. 당시 양측 병사들이 같이 부른 노래 중에는 오늘 세계적으로 애송되는 영국 곡 '즐거운 나의 집'(Home Sweet Home), 스코틀랜드 곡 '이별의 노래'(Auld Lang Syne), 독일 곡 '소나무야 소나무야'(O Tannenbaum) 등이 있었습니다.

휴전은 성탄절부터 새해 초까지 잠정적으로 이어졌고 전투가 다시 시작된 시기는 1월 초순을 지나서였습니다. 그 다음 해에는 이런 휴전은 볼 수 없었습니다. 전투는 점점 격렬해졌고 독가스까지 등장했습니다. 인간의 잔인성은 더욱 거칠어져 갔고 더 이상 크리스마스 휴전

같은 것은 없었습니다. 전쟁은 그러고도 4년을 더 끌었고 피아간(彼我間)에 1천만 명 이상이 전사한 참혹한 기록을 남겼습니다. 그 후로도 인간은 제2차 세계대전, 한국전쟁, 베트남전쟁, 이라크전쟁, 아프가니스탄 전쟁, IS(Islamic State) 전쟁, 시리아 내전, 아프리카 대륙의 부족 간의 내전은 헤아릴 수도 없이 많았고, 현재도 지속되고 있으며, 또 앞으로도 계속 이어질 것입니다. 아마도 인류의 역사가 끝나는 날까지 크고, 작은 전쟁은 지속될 것입니다. 거기 인간의 집단 이기주의가 시퍼렇게 살아, 여전히 약자의 소유를 자기 것으로 만들려는 탐욕이 도시리고 있기 때문입니다. 성탄의 목적인 "그들의 칼을 쳐서 보습을 만들고 그들의 창을 쳐서 낫을 만들 것이며 이 나라와 저 나라가 다시는 칼을 들고 서로 치지 아니하며 다시는 전쟁을 연습하지 아니하리라."(사 2:4)는 말씀이 실현 될 때 비로소 완성이 될 것입니다.

평화의 왕이 오신 지 2천 년이 지났으나 지구는 여전히 전쟁의 포화가 그치지 않고 지속되고 있으며, 기아(飢餓)와 병마, 편견과 차별이라는 총성 없는 또 다른 전쟁은 여전히 계속되고 있습니다. 이 세상에 진정한 평화는 언제쯤 이루어질 수 있을지 암담한 현실입니다. 지금도 세상은 코로나 펜데믹이란 무서운 적과 전투를 계속하고 있습니다. 이 무서운 적은 1년 중 가장 기쁘고 행복한 계절을 슬픔으로 몰아넣어 버렸습니다. 무서운 사탄의 역사입니다. 주여, 이 세상의 분쟁을 일으키는 사탄의 역사를 종식시켜 주시고, "하늘에 영광과 땅위에 평화"가 이루어지는 날이 어서 오게 하소서. 아멘!

크리스마스 (2)

12/26

“하나님이 세상을 이처럼 사랑하사 독생자를 주셨으니 이는 그를 믿는 자마다 멸망하지 않고, 영생을 얻게 하려 하심이라.” (요 3:16)

예수님의 탄생을 성탄(聖誕)이라 합니다. 영어로는 크리스마스라 하지요. 성탄은 성자(聖子)의 탄생이란 말이고, 크리스마스는 Christ, Mass 즉 그리스도의 미사란 의미입니다. 매년 연말에 맞는 성탄절은 하나의 신비한 사건입니다. 그 신비는 초월적인 하나님께서 상대적인 인간이 되신 사건입니다.

선친께서 필자에게 들려주신 이야기입니다. 서너 세대 전에 유재한 목사님이라는 유명한 분이 계셨습니다. 한 번은 유 목사가 하나님께서 인간이 되었다는 것이 어떤 의미인지 묵상을 하고 있었습니다. 그런데 갑자기 하나님의 음성이 들렸습니다. “유재한아, 유재한아,”라고 부르시는 소리를 듣고 “예, 제가 여기 있사옵니다.”라고 대답을 했습니다. 그때 “나를 따라 오너라.” 하는 음성을 듣고 이끄시는 대로 따라 갔습니다.

그런데 도착한 곳은 서울 종로 뒷골목에 있는 공동 변소였습니다. 변소 뒤쪽으로 인도하여 따라갔는데, X를 퍼내는 뚜껑이 있는데, 그 뚜껑을 열라고 하셔서 뚜껑을 여니까, 더운 여름철이라 구더기가 바글바글 한 것이 보였습니다. 그때 음성이 나기를 “네가 저 구더기가 되어야겠다. 그리고 33년 동안 구더기로 살아야겠다.”고 하셨습니다. 그래서 유 목사는 “하나님, 저는 구더기가 되기 싫습니다. 어떻게 인간이, 목사가 구더기가 되겠습니까? 그리고 잠시 잠깐도 아니고 33년 동안이나요?"라고 대답하자, 하나님의 모습은 사라져 버렸습니다.

유 목사님은 이 일이 있고 나서, 인간이 구더기가 되는 것과 하나님께서 인간이 되신 것과는 비교할 수 없는 차원의 사건이라는 것을 깨달았습니다. 인간과 구더기는 비교할 수 없는 차이가 있지만, 그러나 같은 동물들입니다. 그러나 하나님과 인간은 같은 동물이 아니고, 하나님은 초월적인 신(神)이신데, 그 신이 죄악 된 인간의 몸을 입고 오신 것입니다. 우리는 하나님께서 인간이 되었다는 사실을 간단히 여기고 그럴 수도 있겠다고 생각하지만, 이는 실로 인류 역사에 가장 큰 획을 그은 대사건이 아닐 수 없습니다. 하나님은 초월적인 존재, 즉 시간과 공간의 제한을 받지 않은 무한한 능력을 가진 존재입니다.

그러나 인간은 시간과 공간의 제한을 받은 너무나 초라한 동물에 불과합니다. 하나님은 전지전능하신 분이시지만, 인간의 지식이란 태평양 물에서 티스푼으로 물 한두 방울을 뜬 것보다 더 적은 지식을 갖고 있을 뿐입니다. 인간은 개보다 느리고, 소보다 힘이 약하고, 밤에도 물체를 볼 수 있는 고양이보다도 시력이 나쁩니다. 실로 인간은 하나님과 비교할 수 없는 무가치한 존재에 불과합니다. 인간으로 태어나는 순간부터 무덤에 가는 순간까지 죄악을 공기를 호흡하듯 범하며 사는 추악하고 미약한 존재입니다.

그런데 하나님께서 스스로 인간이 되셔서 세상에 오셨습니다. 예수님은 "근본 하나님의 본체시나 하나님과 동등 됨을 취할 것으로 여기지 아니하시고, 오히려 자기를 비워 종의 형체를 가지사 사람들과 같이 되셨고, 사람의 모양으로 나타 나사 자기를 낮추시고 죽기까지 복종하셨으니 곧 십자가에 죽으심이라."(빌 2:6-8) 그렇습니다. 예수님은 하나님과 본체시었는데, 동등 됨을 포기 하시고, 사람이 되셔서 종국에는 십자가에서 수난을 당하셔서 우리 인류를 구원해 주셨습니다.

성탄은 예수님의 탄생이고 십자가는 예수님 인생의 종말이었습니다. 예수님은 인류 구원을 위해 십자가에 죽으시기 위해 오셨습니다. 예수님의 수난이 없었다면 우리에게는 구원의 길은 없습니다. 그가 죽으시고 부활하셔서 우리에게 영원한 생명을 허락해 주셨습니다. 성탄은 하나님께서 스스로 인간이 되셔서, 인류 구원의 방도를 마련해 주신 일을 감사하며 즐거워하는 날입니다. 이 기쁜 소식을 온 세상에 전해야겠습니다.

교회 이월금

12/27

"가난한 자들은 항상 너희와 함께 있으니 아무 때라도 원하는 대로 도울 수 있거니와 나는 너희와 항상 함께 있지 아니하리라." (막 14:7)

연말이 되면 각 교회는 교회 전체의 연말 결산을 하는 제직회가 열립니다. 또 교회 안에 있는 남선교회, 여선교회, 기타 선교회, 청년부, 대학부, 중고등부 등등 여러 기관은 연말 정기 총회로 모여 새 임원을 선출하고, 사업보고, 회계보고 등을 하지요. 그중에 빼놓을 수 없는 항목은 회계보고입니다. 총회에서는 1년 동안 받은 회비, 찬조금, 기부금, 모금 등을 합한 총수입과, 한 해 동안 지출한 내역, 현재 남아 있는 잔고가 얼마라는 보고를 합니다. 이 남은 잔고가 이월금(移越金)으로 다음 회기로 넘어 갑니다.

그런데 필자는 교회 기관에서 돈을 쓰고 남는 이월금이 있다는 것을 도무지 이해할 수 없습니다. 어떻게 교회 기관에 돈이 남을 수 있을까요? 교회 건축을 위해 계속 건축비를 비축하고 있는 중이라면 물론 이월금이 있겠지요. 그러나 선교회에 돈이 남아서는 안 되는 것 아닐까요? 왜냐하면 선교회는 그 회의 목적이 선교를 위한 것이기 때문에 선교비나 구제비로 다 써야만 합니다. 교회 안에 있는 빈곤층에 구제도 해야 하며, 또 교회 주변에 예수님 안 믿는 사람들 중, 극빈자들과 막다른 상황에 내몰린 사람에게 마땅히 도움을 주었어야 합니다. 이월금은 그들을 위해서 선교비와 구제비를 써야 마땅한 금액입니다. 따라서 회계 보고는 금년에 일을 너무 많이해서 수입보다 지출이 많아 적자를 다음 회기로 넘겨야지, 돈이 남는 것은 직무유기고, 직무 태만입니다.

이는 하나님 앞에서 올바른 태도가 아니라고 여겨집니다.

필자는 신학교에서 오래 봉직해서 신학생들의 형편을 누구보다 잘 알고 있습니다. 신학생들 가운데 고학을 하는 학생들이 적지 않습니다. 등록금이 없어 돈을 마련하기 위해 어쩔 수 없이 휴학하고, 공사판 이곳저곳을 다니며 막일로 돈을 벌어 등록금을 마련하는 어려운 학생들이 있습니다. 교수들이 학기 초에 그리 많지 않은 월급에서 장학금을 갹출(醵出)하지만, 그 금액 가지고는 어림도 없습니다. 등록금을 못내는 학생은 많고, 장학금은 제한되어 있으니까요.

교과서 살 돈이 없어 20~30리 길을 걸어 등교하면서 버스비를 모아 책을 사는 학생도 있고, 기숙사 사생 중에는 시중 가격의 1/3도 안 되는 적은 돈으로 밥을 사먹을 수 있지만, 그 돈이 없어 초라한 밥 한 끼를 사먹지 못하고 굶는 학생들도 적지 않게 있습니다. 돈이 없어 아침밥도 거르고, 주일에 자기 교회에 와서 봉사하는 신학생이 있는데, 어떻게 교회에서 돈이 남아 이월을 한단 말입니까? 그 남은 돈으로 신학생들의 책을 사주고, 식권을 사주어 배곯지 않고 공부할 수 있게 해 주어야 하지 않을까요?

작년 2020년 9월 4일자 조간신문에 LA 지역에 사는 한인 부부가 코로나로 어려운 사람들을 위해 10만 달러(한화 약 1억 2천만 원)을 기부했다는 기사가 났습니다. 돈이 없어 진료를 받지 못하는 노인들, 저소득층, 불법체류자들을 위해서 써 달라고 성금을 기탁했습니다. 그분이 그리스도인인지 아닌지 알 수 없지만, 지극히 작은 자를 돌보라는 예수님의 명령을 순종한 사람이라고 여겨집니다. 그분은 2019년에 미국으로 이민 왔는데, 현재 한국에도 한 달에 1~2만 원하는 보험료를 내지 못해서 의료혜택을 받지 못하는 사람들이 적지 않다고 말했습니다. 한국에 다녀온 많은 사람들이 한결 같이 하는 얘기는, "한국에 가니까 다 잘 살더라."입니다. 서울 시내에 Benz, BMW, Lexus 등 외제차가 적지 않게 굴러다니고, 고층 아파트에 사는 사람들의 생활은 미국 중산층 이상의 호화 생활을 하고 있지요.

수십억이 넘는 럭셔리한 아파트에 사는 사람들도 많지만, 조금만 눈을 돌려 산비탈 달동네에 올라가 보면 다 쓰러져가는 오두막에, 가정용 화장실이 없어 공동 화장실 앞에 긴 줄을 서서 차례가 오기까지 발을 동동 거리며 서 있는 사람들이 많이 있다는 사실을 알아야 합니다. 세계 경제 10위권이라 자랑하는 한국에 이런 뒷모습이 있다는 사실을 어떻게 이해해야 할까요. 서민들을 위한다는 정부는 도대체 무엇을 하고, 누구를 위해 정치를 하고 있는지….

돈이 없어 전기가, 수도가, 가스가 끊겨 빗물을 받아 라면을 끓여 먹는 병든 노인들이 얼마든지 있다는 사실을 간과해서는 안 됩니다. 이런 불쌍한 사람들이 많은데, 교회에 돈이 남아 내년으로 이월하는 것은 아니지 않을까요? 큰 수술을 해야 하는데 수술비가 없어 결국 병원 앞에서 환자가 죽어 나가는 현실에 부닥친 가족들이 얼마든지 있다는 사실을 교회는 인지해야만 합니다.

주님께서 우리에게 말씀하셨습니다. "가난한 자는 항상 너희와 함께 있으니"(막 14:7). 그렇습니다. 가난한 사람들은 항상 우리 집 주변에, 그리고 교회 주변에 있습니다. 부자가 자기 집 문전에 누워 있는 병든 나사로를 거들떠보지 않은 것처럼 교회 주변에, 우리 집 주변에 누워 있는, 그래서 우리가 반드시 돌봐야 할 사람들을 간과해서는 안 됩니다. 우리의 소유 중 일부를, 교회 이월금을 그들을 위해 써야 하지 않을까요?

결론적으로 얘기해서 교회는 어떤 기관이라도 이월금이 있어서는 안 됩니다. 이월금이 있다는 것은 직무유기입니다. 앞으로 어떤 교회, 어떤 기관이든 간에 이월금이 있다면 연말 성탄절 전후로 주변에 가난하여 어렵게 사는 사람들, 홀로 사는 독거노인들, 소년 소녀 가장들, 고통스런 삶을 이어가는 장애인들을 위해 그것을 써야만 합니다. 다른 한 가지 방법은 교회 내의 모든 이월금을 모아 장학기금을 만들어서, 교회 내의 가난한 학생들과 교회 주변 불신자 가정의 어려운 학생들에게 장학금을 주면 그 아이들이 언젠가 교회에 나와 신앙생활을 할 수 있는 가능성이 농후해지지 않을까요? 교회가 이런 일을 할 때 주님께서 기뻐하십니다.

특히 목회하는 목사들은 필자가 하는 이야기를 마음속에 새겨서 우리 교회에서는 결코 이월금 없이, 한걸음 더 나아가, 회비가 모자라 할 일을 다 하지 못했다는 보고를 하는 날이 올 수 있도록 사목(司牧)하기를 권면합니다.

연탄

12/28

"마치 불의 혀처럼 갈라지는 것들이 그들에게 보여 각 사람 위에 하나씩 임하여있더니" (행 2:3)

불은 인류가 음식을 조리하고 온방(溫房)을 하는 데 절대 필요한 요소입니다. 인류가 불로 조리와 온방을 할 때, 일차적으로 나무를 땔감으로 사용했습니다. 인류가 먹거리를 마련하기 위해서 많은 시간과 정력을 들였지만, 땔감을 마련하기 위해서도 많은 수고를 해야만 했습니다. 구약의 엘리야 선지자가 사르밧에서 과부를 만났을 때, 그 과부는 나뭇가지 둘을 주워 다가 마지막 빵을 만들려고 했습니다.(왕상 17:12) 그때도 나무가 땔감이었음을 볼 수 있습니다.

필자가 7살 때 6.25전쟁이 나서, 부모님을 따라 시골로 피란 가서 살게 되었습니다. 선친은 산에 나무를 하러 다니셨습니다. 불과 10살밖에 안 된 필자에게 조그만 지게를 만들어주시고는 당신이 산에 나무를 하러 가실 때는 언제나 필자를 데리고 다니셨습니다. 그러고는 불과 10살밖에 안 된 필자에게 조그마한 지게에 나무를 몇 개 얹어주고 지고 내려가라 하셨지요. 한 번은 산 정산까지 올라가서 나무를 지고 내려오다 헛발을 디뎌, 밑으로 곤두박질을 쳐 굴러 내려왔습니다. 필자는 곧 정신을 잃고 말았지요. 눈을 떠 보니 아래쪽에 지게꾼들이 쉬는 넓은 공터가 있었는데, 그 곁에 흐르는 골짜기 물가에 필자를 뉘어 놓고, 피 범벅이 된 필자의 얼굴을 근심 어린 눈으로 내려다보시면서 찬물에 적신 손수건으로 닦아 주고 계셨습니다. 얼굴은 가시와 나무 덩굴에 찢어져 피가 흐르고 있었습니다. 지금 같으면 즉시 응급실로 실려 갔을 텐데, 전쟁 중에, 병원도 없는 시골에서 그렇게 할 수도, 돈도 없었지요. 얼굴이 찢어져 말로 다할 수 없이 아팠지만, 참고 견디는 길 외에 다른 방법이 없었습니다. 상처가 다 아문 후에 오른쪽 눈 밑에 약 4cm의 큰 상처가 가로로 크게 나 있었습니다. 그러나 그 상처는 나이가 들어가면서 서서히 사라져 지금은 흔적도 없어졌지만, 내 마음속에는 여전히 그 때의 기억이 고스란히 남아 있습니다. 땔감을 구하는 일은 그렇게 어려웠습니다. 당시에 땔감을 얻는 길은 산에서 나무를 해오는 길밖에 다른 도리가 없었습니다. 당시 3천만 국민이 모두 그렇게 산에 있는 나무를 베어다 땔감을 얻었기에 산에 나무가 남아 있을 수가 없었지요.

그러다가 연탄이라는 획기적 땔감이 나왔습니다. 연탄은 실로 우리 민족사에 땔감 문제를 해결한 기적의 땔감이었습니다. 땅에서 석탄을 채굴해서 연탄(19공탄)을 만들어 팔기 시작했는데, 연탄은 간편할 뿐만 아니라 불이 오래(약 12시간) 지속되어 산에서 나무를 해 오던 시절은 지나갔습니다. 그러나 연탄에서 치명적인 이산화탄소가 배출되면서, 하루 밤을 지나고 나면 이 가스를 흡입한 아까운 생명들이 세상을 떠나는 일이 자주 일어났습니다. 필자가 60년대 중반, 신학교 1학년 재학중에 집에서 연탄가스를 흡입해서 거의 죽음에 이르렀습니다. 가족들이 빨리 발견해서 문을 다 열고, 동치미 국물을 마시우고, 아스피린을 먹이고 해서 간신히 살아날 수 있었습니다.

그러나 머리가 아픈데 그 아픔의 강도는 상상을 초월하는 고통이었습니다. 약 30~40분 간격으로 머리가 아픈데, 통증이 오면 아무것도 할 수 없을 정도의 고통이 밀려 왔습니다. 그러면서도 강의실에서 강의를 듣고 필기를 해야 하는 고통을 지금도 잊을 수 없습니다. 이렇듯 편리하면서도 살인 무기인 연탄도 도시 가스가 나오면서 서서히 그 자취를 감추었습니다. 소위 고체연료에서 기체 연료로 바뀌게 되었지요. 도시 가스는 정말 편리한 땔감입니다. 조리는 물론 온방까지 깨끗하게 해결해 주는 하나님께서 인류에게 주신 소중한 선물입니다.

그런데 아직도 서울 외곽 산동네 극빈자들은 연탄을 사용하고 있는 것이 현실입니다. 성탄절 무렵이면 각 기관에서, 교회에서 극빈자들 가정에 사랑의 연탄을 무상으로 배달을 해 주는 귀한 일을 하고 있습니다. 세계 경제 대국 10위권이라고 자랑을 하지만 여전히 극빈자, 산동네, 빈민촌은 기체 연료 시대에 여전히 고체 연료를 쓸 수밖에 없는 현실에 놓여 있습니다.

한국교회는 해외 선교에만 열을 올릴 것이 아니라 교회 주변에 연탄 한 장이 없어 고통 속에 살아가는 독거노인들, 소년소녀 가장들, 장애인들을 열심히 도와야겠습니다. 교회의 사명은 복음 선교(Kerigma)뿐만 아니라, 구제(Diakonia)도 있습니다. 혹한기에 이웃을 돕는 것은 그리스도의 사랑을 나누는 일입니다.

12/29

그리스도인의 참회 (1)

세례자 요한 "회개하라 천국이 가까웠느니라." (마 3:2)
예수 그리스도 "회개하라 천국이 가까웠느니라." (마 4:17)

오늘은 기독교의 회개에 대해서 같이 생각해 보겠습니다. 신약성경에 보면 세례 요한이 공생활을 시작하면서 한 첫마디가, "회개하라 천국이 가까웠느니라."(마 3:2)는 말씀입니다. 마찬가지로 예수님께서도 공생활 첫마디가 "회개하라 천국이 가까웠느니라."(마 4:17)는 말씀입니다. 따라서 기독교는 회개로부터 시작된다고 말할 수 있습니다. 회개 없는 기독교는 기독교가 아닙니다. 그렇다면 회개는 어떻게 해야 할까요?

어떤 시골 마을에 가난한 아주머니인 영희 엄마가 살고 있었습니다. 가난하기 때문에 영희 엄마는 늘 남의 허드렛일이나 밭을 매주는 일을 해주며 살았습니다. 어느 해 7월 무척 더운 날 영희 엄마가 이웃집 밭에서 힘들게 밭을 매고 있었습니다. 햇볕은 뜨겁게 내려 쪼이고, 먹은 것은 시원찮아서 허기져 기력이 없어 쓰러질 것 같았습니다. 그래도 이 일을 해야 저녁에 곡식 한 됫박 얻어다 자식들하고 끓여 먹을 수 있기 때문에 이를 악물고 계속 밭을 매고 있었습니다. 그런데 어디선가 닭 한 마리가 후루룩 날아오더니 자기 치마폭 속으로 쏙 들어왔습니다. 그래서 영희 엄마는 '에라 모르겠다' 하고 닭을 잡아 집에다 두고 와서 하던 일을 마쳤습니다. 집에 돌아와서 솥에 물을 팔팔 끓여, 대추, 생강 등을 넣고 닭을 푹 고아서 가족들과 같이 닭죽으로 포식을 했습니다. 오랜만에 닭고기를 먹었더니 기운이 불뚝 솟고, 눈도 밝아지면서 몸 상태가 아주 좋아졌지요. 그런데 저녁 늦게 이웃집 순희 엄마가 와서, "영희 엄마, 우리 집 닭 한 마리가 없어졌는데 혹시 못 봤소?"라고 물었습니다. 영희 엄마는 시치미를 뚝 떼고 "못 봤는데요." 하며 닭 잡아먹고 오리발을 내 놓았죠.

여러 해가 지난 후, 영희 엄마가 우연히 교회를 나가 예수님을 믿기 시작했습니다. 교회를 나간 지 1년 후, 세례를 받을 때가 되어서 세례문답을 하게 되었습니다. 목사님이 "영희 어머니, 세례 받기 전에 과거에 지은 모든 죄를 하나님께 자백하고 용서받으셔야 합니다. 그러고 나서 세례를 받으셔야 합니다."라고 말했습니다. 그 말을 듣고 영희 엄마가 가만히 생각해 봤는데, 자기가 특별히 무슨 큰 죄를 지은 것이 생각나지 않았지요. 가난한 농부의 딸로 태어나서 착하게 살다가 가난한 농부에게 시집가서 지금까지 살았는데 뭐 그렇게 큰 죄를 지은 게 없었어요. 그런데 옛날에 이웃집 닭 한 마리 잡아먹은 게 생각났습니다. "아 내가 옛날에 순희네 닭 한 마리 잡아먹은 게 있었지." 이 일을 회개해야겠다고 생각했습니다.

여기 영희 엄마가 참회하는 데 두 가지 방법이 있습니다. 먼저, 잘 다니지 않던 새벽기도회에 나가서 "하나님 아버지 오래전에 제가 어렵게 살았을 때 순희네 집 닭 한 마리 잡아먹은 일이 있었습니다. 제가 큰 죄를 지었습니다. 진실로 회개하오니 용서하여 주시옵소서. 앞으로 다시는 이런 일을 하지 않겠습니다."라고 참회의 기도를 드렸습니다. 그러고 나서, "하나님 아버지, 제 죄를 용서해 주신 줄 믿습니다. 아멘. 할렐루야."라고 하는 회개입니다. 이것은 기독교의 회개가 아니고 자기 합리화입니다.

다른 하나는, '내가 옛날에 닭 한 마리 잡아먹은 일이 있었지. 내가 이것을 청산해야 되겠다'라고 생각하면서, 시장에 가서 닭을 한 마리 사 가지고 왔습니다. 옛날 자기가 잡아먹은 닭보다 큰 닭을 샀지요. 그러고는 순희네 집에 가서, "순희 엄마, 몇 해 전에 닭 한 마리 잊어버린 일 있었지요. 사실은 내가 그때 당신네 닭을 잡아먹었어요. 내가 일부러 도둑질 한 것은 아니고 닭이 제 발로 날아와 내 치마폭 속으로 들어와서 내가 그만 잘못 생각하고, 그 닭을 잡아먹었어요. 전에는 내가 이 일이 죄가 되는 줄 몰랐어요. 당신 집은 부자고, 닭도 많으니, 나 같은 가난뱅이가 닭 한 마리 정도 먹었다고 무슨 대수냐 싶어 대수롭지 않게 생각했는데, 내가 예수님 믿고 나서 이것이 죄란 것을 깨닫고 여기 닭 한 마리 사 왔으니 이것을 받고 내 죄를 용서해 주시오." 이것이 바로 기독교의 회개입니다. 다시 말하자면 남에게 재정적으로 손해를 끼친 일이 있으면 그것을 반드시 청산해야 그 죄가 용서되는 것입니다. 영희 엄마가 닭 한 마리 사다 주인에게 돌려주지 않고, 백 날 천 날 하나님께 회개의 기도를 드린다 해도 이는 아무 소용없는 일입니다.

기독교의 회개는 구체적이고 사실적이어야 합니다. 남을 미워한 죄야 어떻게 해결할 수 없겠지만, 남의 물건이나 돈을 도둑질 한 죄, 세금을 탈루한 죄, 공금을 횡령한 죄, 사기친 죄, 곗돈 떼어 먹은 죄, 빌려 쓰고 안 갚은 돈 등을 청산하고 해결해야 합니다. 이런 것들을 청산하지 않으면 하나님의 장부에 계속 그 도둑질한 내용이 기재되어 있고, 지워지지 않습니다. 영희 엄마가 순희 엄마에게 닭 한 마리 사다 주었을 때 비로소 남의 닭 잡아먹은 부정한 죄의 항목이 지워지는 것입니다.

삭개오는 예수님을 만난 후 회개합니다. "만일 누구의 것을 속여 빼앗은 일이 있으면 네 갑절이나 갚겠나이다."(눅 19:8) 이것이 기독교의 회개입니다. 우리는 삭개오처럼 4배나 갚지 않아도, 원금만이라도 갚아야 하지 않을까요? 두루 뭉실 회개는 몇백 날을 해도 소용이 없는 일입니다. 낱낱이 그리고 철저히 회개하고 다시는 같은 죄를 범해서는 안 됩니다. 오늘 조용한 시간에 자기가 과거에 지은 죄 가운데 청산하지 못한 것이 없는지 돌아보는 시간을 가져 봅시다.

12
30

그리스도인의 참회 (2)

세례자 요한 "회개하라 천국이 가까웠느니라." (마 3:2)
예수 그리스도 "회개하라 천국이 가까웠느니라." (마 4:17)

필자가 고등학교 다닐 때, 선친 친구 되시는 장로님 한 분이 필자에게 이런 이야기를 하셨습니다. 장로님이 예수님 믿기 전에 장로님이 사시던 시골 정거장에서 기차표를 끊지 않고 기차를 타고 목적지 시골 정거장에 기차가 서면 개찰구 반대 방향으로 내려 그냥 도망치듯이 사라졌답니다. 그렇게 무임승차를 많이 하셨답니다. 예수님을 영접한 후, 이 일이 양심에 걸렸습니다. 그것은 분명히 국가에 도둑질한 죄를 범한 것이라고 생각되었습니다. 그래서 그때부터 기차를 탈 때마다 표를 두 장을 사서 한 장은 버리고 한 장은 개찰구에서 역원에게 주었답니다. 이것이 그리스도인의 회개입니다. 이렇게 구체적으로 과거에 자기가 국가나 개인에 대해 실제적으로 진 빚을 갚아야 합니다. 말로만, 입으로만 엎드려서 회개하고 기도한다고 해서 그 죄가 없어지는 것이 결코 아닙니다. 이 장로님이 기차표 2장을 끊어 하나를 내버리기 전에는 하나님께서는 결코 이 죄를 용서치 않으십니다.

이 장로님이 "하나님, 제가 예수님 믿기 전에 부정으로 기차를 여러 번 탄 일이 있었습니다. 그때는 그것이 죄인 줄 모르고 그랬습니다. 용서해 주십시오. 이제 그것이 죄인 줄 깨달았으므로 앞으로 절대 무임승차하지 않겠습니다. 용서해 주신 줄 믿습니다. 아멘." 이것이 기독교 회개입니까? 아니지요. 하나님께서는 아마 이렇게 말씀하셨을 겁니다. "그래 그때는 모르고 했다 하자, 지금은 그것이 죄인 줄 알았으면 국가에 배상해야 한다." 기독교의 회개에 "나의 모든 죄를 용서해 주시옵소서."라는 회개는 천만 번 해봐야 아무 쓸데없습니다. 하나하나, 낱낱이 청산할 것 청산하고, 되돌려 줄 것 되 돌려주고, 갚을 것 갚고, 화해해야 할 사람 만나 화해해야 비로소 죄가 용서되는 것입니다.

한국에서 계주 노릇 하다 곗돈 떼어 먹고 미국으로 도망 온 사람, 회사나 국가 돈을 횡령하고 도망 온 사람, 친구나 친척 돈 떼어 먹고, 온다 간다 말 한 마디 없이 몰래 미국으로 도망 와서 사는 사람들 중 교인이 있다면 그것들 다 청산해야 합니다. 이런 거 청산 안하고 안수집사, 권사, 장로 직분 갖고 있는 사람들 있으면 지금이라도 회개하고 청산해야 합니다. 한꺼번에 갚지 못하면 용서를 구하는 편지를 보내고 형편 되는 대로 100불이고 200불이고 조금씩 갚겠노라며 성의를 보이면서 청산하는 삶을 사셔야 합니다.

기독교 신앙을 처음 받아들일 때, 맨 먼저 해야 되는 일은 바로 회개입니다. 개신교가 처음 한국에 소개된 것은 1870년대 중반입니다. 이때 평북 의주 청년 몇이 만주에 홍삼 장사 차 갔다가 거기서 스코틀랜드 장로교회가 파송한 선교사 로스(Ross)와 맥킨타이어(McIntyre) 등을 통해서 기독교 신앙에 접하게 되었습니다. 그들은 선교사들에게 한국말을 가르쳐 주고, 야간에는 중국어 성경을 한글로 번역하는 일을 했습니다. 그러던 중 그들은 주님을 영접하고 신앙을 고백한 후 1876년 세례를 받았습니다. 이것이 사천년 배달겨레 역사에 처음으로 개신교 신자가 생겨난 사건입니다.

그때부터 기독교 신앙은 조용히 전파되어 많은 사람들이 예수를 믿게 되었고, 교회도 차차 늘어났습니다. 그로부터 한 세대(30년)가 지난 1907년 1월에 평양에서 대부흥이 일어나게 됩니다. 그런데 이 부흥 이전 한 세대동안 한국교회에는 진정한 기독교 신앙이 배달겨레의 가슴에 와 닫지 않았습니다. 그것은 철저한 회개 없는 신앙이었기 때문입니다. 1907년 대부흥운동의 첫 시작은 회개에서 시작됐습니다. 이 회개 운동으로 인해 부흥운동이 확산되었고 또 열기가 더해갔습니다. 이 운동을 실제로 이끌고 간 분은 길선주 장로(길 장로는 당시 평양 장대현교회 시무 장로로, 그해 1907년 6월에 평양 장로회신학교를 1회로 졸업하고, 9월에 독(립)노회에서 목사 안수를 받았음)로 그가 먼저 자기 죄를 교인들 앞에서 고백했습니다.

길선주 장로는 자기 친구가 세상을 떠나면서 재산을 처분한 후 자기 가족들에게 주라는 부탁을 받았습니다. 길 장로는 재산을 처분한 후, 그중 얼마를 착복하고 나머지만 그 친구 가족에게 전해 준 죄를 지었습니다. 길 장로는 "나는 아간 같은 죄인입니다."라고 고백했습니다. 길 장로의 이 고백이 있자, 그곳에 모인 2천여 교인들이 앞 다투어 자기 죄악을 고백했습니다. 과거 도둑질한 죄, 음란한 죄, 남에게 상해를 입힌 죄, 그리고 지금까지 죄라고 생각하지 않았던 것까지 고백했습니다. 즉 첩을 얻어 산 죄, 노비를 부리며 산 죄 등 4천년 동안 전혀 죄라고 여기지 않았던 것을 죄로 깨닫고 회개를 했습니다. 이 회개운동이 한국교회를 거듭나게 한 동기였습니다.

자, 그러면 회개는 어떻게 하는 것일까요. 자기의 죄악을 하나님 앞에 고백하고 용서를 구하는 것이 회개입니다. 죄는 크게 나누어서 두 가지입니다. 한 가지는 하나님께 지은 죄고, 다른 하나는 사람에게 지은 죄입니다. 하나님께 짓는 죄악은 하나님 외에 다른 것을 믿고(미신) 더 소중히 여기는 것입니다. 예수님께서는 "너희가 하나님과 재물을 겸하여 섬기지 못하느니라."(마 6:24)고 말씀했습니다. 물질을 하나님처럼 섬길 수 있다는 말씀입니다. 하나님보다 더 사랑하는 것이 있다면 그것이 우상입니다.

한 부자 청년이 예수님께 와서 무엇을 하여야 영생을 얻을 수 있느냐고 물었을 때, 예수님께서 "네게 있는 것을 다 팔아 가난한 자들에게 주라"고 말씀하셨습니다. 그러나 그는 "재물이 많은 고로 이 말씀으로 인하여 슬픈 기색을 띠고 근심하며 가니라."(막 10:22). 이 청년에게는 하나님보다 재물이 더 소중했습니다. 따라서 그에게 영생의 길은 없었습니다. 마치 일제 강점기에 신사참배를 거부하고 투옥됐다가 가족들 때문에 신사참배를 하겠다고 서약하고 나온 목사들과 같습니다. 그들은 하나님 계명을 준수하는 것보다 가족을 더 중히 여겼기 때문에 목사라고 볼 수 없습니다.

다음으로 사람에게 짓는 죄입니다. 이 대인(對人)죄는 다시 둘로 나뉩니다. 첫째, 내가 어떤 사람을 미워하고, 욕하고, 모략, 중상한 죄입니다. 이것은 분명 그 사람에게 내가 지은 죄악입니다. 그러므로 당연히 그에게 가서 잘못을 고백하고 용서를 구해야 합니다. 만일 그렇지 않으면 그 죄는 그대로 남아있습니다. 그런데 그 사람이 이미 세상을 떠나고 없다면, 그에게 용서를 구할 수 없으므로, 하나님께 죄를 고백하고 용서를 구하면 됩니다. 다른 하나는 어떤 사람이나 단체에 물질적 손해를 끼쳤을 때입니다. 이런 경우 어떻게 회개해야 할까요? 삭개오의 회개를 해야 합니다. "남의 것을 도둑질한 것이 있으면 네 배로 갚겠나이다." 내가 손해 끼친 것만큼, 이자는 못 주어도 원금은 갚아야 합니다. 갚기 전에는 결코 사유함이 없습니다.

기독교의 회개는 이렇게 구체적이고 실질적이어야 합니다. "나의 모든 죄를 용서해 주시옵소서."는 기독교의 회개가 아닙니다. 그런 기도는 하나님께서 들으시는 기도가 아닙니다. 회개도 내가 하려고 한다해서 할 수 있는 일이 아닙니다. 성령님께서 나에게 회개의 영을 보내주셔야만 합니다. 성령님의 역사가 아니면 나는 결코 진정한 회개를 할 수 없습니다.

뒤늦은 배상

"도둑질한 것이 살아 그의 손에 있으면 소나 나귀나 양을 막론하고 갑절을 배상할지니라." (출 22:4)

2021년, 연말에 훈훈한 기사가 이곳 신문에 실렸습니다. 읽어 보신 분도 계시겠지만 읽지 못한 분들을 위해 그 기사를 여기에 옮깁니다.

"70년대 중반 어느 겨울 신촌시장 뒷골목 리어카 노점에서 고학생이 빚진 홍합 한 그릇 외상값이 50여 년 만에 돌아왔다. 당시 홍합 한 그릇이 몇백 원 수준이었던 점을 감안하면 단순 계산으로 100배 넘는 금액이 되어 돌아왔다.(2021. 12) 28일 서울 서대문 경찰서는 지난달 12일, 70대 노인이 신촌지구대를 찾아 미국에 사는 친구 부탁이라며 지구 대장에게 봉투 하나를 전했다고 밝혔다. 이 봉투엔 2천 달러 수표와 함께 '존경하는 신촌파출소 소장님께-'로 시작되는 편지 한 통이 담겨 있었다.

편지를 보낸 이는 익명을 요구한 장모(72)씨. 그는 본인을 "미국 뉴욕에 살면서 직장에서 은퇴할 날을 기다리고 있다."고 소개했다. 사연은 그의 학창시절인 1970년대 중반으로 거슬러 올라간다. 강원도의 농촌마을에서 서울 신촌으로 유학 와 학생으로 생활하던 장 씨는 어느 겨울 밤, 아르바이트를 마치고 귀가하는 중 신촌시장 뒷골목을 지난다. 골목엔 리어카를 세워 두고 홍합을 파는 아주머니들이 있었다. 배가 너무 고팠지만, 수중에 한 푼도 없었던 장 씨는 고민 끝에 아주머니에게 부탁을 했다고 한다. "한 그릇만 먹을 수 있을까요? 돈은 내일 가져다 드리겠습니다."

DEC

아주머니 중 한 사람이 선뜻 뜨끈한 홍합 한 그릇을 내줬고 그렇게 주린 배를 채웠다. 하지만 “돈을 내일 가져다 드리겠다.”는 약속은 지킬 수가 없었다. 다음날도 돈이 없는 건 마찬가지였기에. 장 씨는 이후 군에 입대하게 됐고, 전역 후엔 미국 비행기에 오르게 됐다. 하지만 홍합 아주머니에 대한 미안함과 마음의 빚은 항상 가지고 있었다고 한다. 그 친절하셨던 분께 거짓말쟁이로 살아 왔다는 죄책감이 들었다고 한다. 그러면서 “이제 삶을 돌아보면서 너무 늦었지만 선행에 보답하겠다는 마음에 돈과 함께 이런 편지를 보낸다.”며 “지역 내에서 가장 어려운 분께 따뜻한 식사 한 끼라도 제공해주시면 더할 나위 없이 감사하겠다.”고 덧붙였다.

지구대 측은 2천 달러를 환전한 226만 6,436원을 신촌동 지역사회보장협의회(마봄 협의체)에 전달했다. 이 협의체는 지역 내 기초생활보장 수급자, 노인, 장애인 1인 가구 등 어려운 이웃을 돕는 서대문구 산하단체다. 황경식 신촌지구 대장은 “기부자 의사에 따라 가장 어려운 분들에게 연말에 따뜻한 음식을 대접해 드릴 수 있어서 기쁘다며 어려운 시기에 이런 기부 문화가 더욱 퍼져 많은 분이 도움을 받았으면 좋겠다.”고 밝혔다.

이 기사는 우리에게 몇 가지를 시사(示唆)하고 있습니다. 우선 이 돈을 보내신 분의 양심입니다. 따지고 보면 홍합 한 그릇 값이 얼마나 되겠습니까? 도둑질을 한 것도 아니고, 아주머니가 기꺼이 준 국을 먹은 것뿐이므로, 돈 몇 푼 값지 않은 간단한 사건일 수 있습니다. 그러나 이분은 돈이 문제가 아니고, 어려울 때, 선뜻 자선을 베풀어준 아주머니의 따뜻한 마음에 약속을 지키지 못한 죄책감이 그를 늘 괴롭혔던 것 같습니다. 약속은 지켜야만 하고, 늦었더라도 꼭 지켜야 한다는 교훈을 주고 있습니다.

50년의 세월이 지나, 약속을 한 그 아주머니를 찾을 수 없어서, 사랑을 받았던 지역의 어려운 이웃들에게 갚아달라고 한 이분의 마음 씀씀이가 무척 존경스럽습니다. 양심에 거스르는 일은 시간이 지나도 결코 뇌리 속에서 사라지지 않는다는 사실을 보여주고 있습니다. 많은 사람들은 시간이 오래 지나면 그런 하찮은 약속을 지키지 못한 일은 잊어버리기 십상이지만, 이분은 시간이 지났다고 지키지 못한 약속을 결코 잊지 않고 되갚았다는 사실에 찬사를 보낼 수밖에 없습니다.

그렇습니다. 하나님께서는 우리가 저지른 잘못과 실수를 시간이 지났다고 잊지 않으십니다. 우리에게 50년, 100년은 오래된 시간(Kronos)이지만, 시공(時空)을 초월하시는 하나님의 시간(Kairos)에는 장단(長短)이 없습니다. 즉 모든 것을 생생히 기억하시고, 기록해 두신다는 사실을 잊어서는 안 됩니다. 불가능한 것은 어쩔 수 없지만, 지금이라도 청산해야 하는 빚은 청산하는 게 편한 마음을 갖고 사는 법입니다. 이 세상에서 청산하지 못한 빚은 후에 하나님의 심판대 앞에서 청산해야한다는 사실을 잊지 말아야 합니다. 빚은 언젠가는 청산해야 하는 부채(負債)일 뿐입니다.

DEC

김인수

학력 장로회신학대학교(교역학 석사 M.Div.)
연세대학교 연합신학대학원(신학 석사 Th.M.)
미국 University of Dubuque Theological Seminary(신학 석사 S.T.M.)
미국 Union Theological Seminary in Virginia(철학 박사 Ph.D.)

경력 미국 Michiana 한인교회, Fredericksburg 한인장로교회 담임목사
장로회신학대학교(역사신학 교수 26년)
한국신학교육연구원 원장
한국교회사학회 회장
전국신학대학협의회 총무
동북아신학대학협의회 총무
미주장로회신학대학교 총장

저서 《한국기독교회사》(한국장로교출판사)
《한국기독교회의 역사》(장로회신학대학교 출판부)
《간추린 한국기독교회의 역사》(한국장로교출판사)
《장로회신학대학교 100년사》(장로회신학대학교 출판부)
《대한예수교장로교회사》(공) (한국장로교출판사)
《사료 한국신학사상사》(편) (장로회신학대학교 출판부)
《일제의 한국교회 박해사》(쿰란출판사)
《예수의 양 주기철 목사》(홍성사)
Protestants and the Formation of the Modern Korean Nationalism (Peter Lang)
History of Christianity in Korea (Qumran)

역서 《아시아기독교회사》 vols. I, II (S. H. Moffett 저)
《새 하나님, 새 민족》(K. M. Wells 저)
《간추린 미국장로교회사》(J. H. Smylie 저)
《십자가와 검》(H. M. Goodpasture 저)
《마포삼열 목사의 선교편지》(S. A. Moffett)
《언더우드 목사의 선교편지》(H. G. Underwood)
《韓·中·日宣教史》(A. J. Brown 저)
《배위량 목사의 한국선교》(R. Baird 저)
《편하설 목사의 선교편지》(C. Bernheisel)
《알렌 의사의 선교·외교편지》(H. Allen, M.D.)
《헤론 의사의 선교편지》(J. Heron)
《제임스 S. 게일 목사의 선교편지》(James S. Gale)
《빈튼 의사의 선교편지》(C. C. Vinton)